Die Leiden des jungen Werthers
Charlotte Buffs Haus in Wetzlar
Die brotschneidende Lotte

Schauplätze und Motive ausgewählter Werke des jungen Goethe

Leipziger Lyrik

Götz von Berlichingen

Sturm und Drang-Lyrik
Ganymed

JOHANN WOLFGANG GOETHE

DIE GROSSEN KLASSIKER
LITERATUR DER WELT
IN BILDERN, TEXTEN, DATEN

JOHANN WOLFGANG GOETHE

WERKE

ANDREAS

Der Text folgt der zweibändigen Ausgabe der Werke Johann Wolfgang Goethes,
herausgegeben von Gerhard Stenzel
und erschienen in der Reihe
„Die Bergland-Buch-Klassiker", Salzburg 1951.

ISBN 3-85012-121-6 (Normalausgabe)
ISBN 3-85012-122-4 (Luxusausgabe)

Copyright © 1981 by Verlagsgruppe Kiesel, Lizenzausgabe für Andreas & Andreas, Verlagsbuchhandel, Salzburg

Einbandgestaltung: Volker Uiberreither, Salzburg

Satz: Druckhaus Nonntal, Salzburg

Druck und buchbinderische Verarbeitung: Druckhaus Kiesel, Salzburg. – Printed in Austria

INHALTSÜBERSICHT

DRAMEN

Götz von Berlichingen mit der eisernen Hand	11
Clavigo	49
Egmont	67
Iphigenie auf Tauris	99
Torquato Tasso	121
Faust	155
Erster Teil	156
Zweiter Teil	201

PROSA

Wilhelm Meisters Lehrjahre	
Erstes Buch	281
Zweites Buch	295
Drittes Buch	312
Viertes Buch	323
Fünftes Buch	340
Sechstes Buch	354
Siebentes Buch	370
Achtes Buch	382
Aus Wilhelm Meisters Wanderjahren	
Erstes Buch	399
Zweites Buch	404
Drittes Buch	409
Die Wahlverwandtschaften	
Erster Teil	415
Zweiter Teil	452

LYRIK

Unsterbliches Gedicht	483
Balladen	488
Weitere Auswahl	
Natur – Liebe	499
Welt – Anschauung	506
Geselliges – Künstlerleben	513
Vermischtes – Erlesenes	518
Betrachtendes – Gedenken	519
Sprüche in Reimen	523
Reineke Fuchs	537
Hinweise zu Entstehung und Veröffentlichung der Werke	577
Alphabetisches Verzeichnis der Titel und Anfänge aller Gedichte und Sprüche	580

VORWORT

Nach herausragenden Gestalten benannte Epochen der Kulturgeschichte – sei es das „Perikleische", das „Augusteische" oder das „Zeitalter Napoleons" – besitzen in der Regel einen Staatsmann als Namenspatron. Goethe ist der einzige Künstler, dessen Name zu einem Epochenbegriff wurde: dem der „Goethezeit". Handelt es sich hierbei um eine aus der historischen Distanz geschaffene Zusammenfassung und Etikettierung, so erkannten schon Goethes Zeitgenossen seine repräsentative, epochale Bedeutung. Heinrich Heine etwa sprach 1831 von der „Kunstperiode, die bei der Wiege Goethes anfing und bei seinem Sarge enden wird" sowie – in der „Romantischen Schule" – von der „Goetheschen Kaiserzeit". Beide Begriffe enthalten eine kritische Nebenbedeutung, anerkennen jedoch die Tatsache, daß in Goethes umfassendem Schaffen die Kunst zu einer einzigartigen Autonomie gelangt ist, die sich freilich nicht als vom Leben losgelöste Selbstgenügsamkeit darbietet, sondern vielmehr eine tiefe Betroffenheit des Individuums von den Grundtatsachen des Lebens zur Voraussetzung hat.

Eben diese Betroffenheit, die jedem einzelnen Werk Goethes eine autobiographische Bedeutungsebene verleiht und in seinem Schaffen insgesamt „Dichtung und Wahrheit" in Verbindung treten läßt, gehört zu den Brücken, auf denen sich die geschichtlich gegebene Distanz überwinden läßt. Sie ist darüber hinaus eine Erklärung dafür, daß sich letztlich eine Unterscheidung zwischen einem im engeren Sinne literarischen und einem wissenschaftlichen bzw. wissenschafts-publizistischen Teil sowie den explizit autobiographischen Werken bei Goethe kaum vornehmen läßt. Dennoch bietet die vorliegende Werkausgabe aus Gründen der unmittelbaren Zugänglichkeit die Hauptwerke aus Goethes lyrischem, dramatischem und epischem Schaffen, deren Kenntnis die Grundlage für eine weitergehende Beschäftigung mit dem Gesamtwerk bildet. Die Textauswahl ist abgestimmt auf das Gesamtbild, das in den beiden zugehörigen Goethebänden durch eine chronikalische Darstellung von Leben, Werk und Wirkung, durch schwerpunktmäßige Themenbeiträge und kommentierte Textbeispiele gezeichnet wird. Hier wird der Leser sowohl in der Chronik als auch im Teil „Texte" durch die Epochen geführt, an denen Goethes Schaffen in jeweils individueller, vielfach initiierender Weise Anteil hatte. Von der frühen Lyrik im Stil des ausgehenden Rokoko führt der Weg über erste Gestaltungen des freien Empfindungsausdrucks zur hymnischen, auf die Romantik vorausweisenden Kunstbetrachtung („Von deutscher Baukunst") und zur Lyrik und Dramatik des Sturm und Drang. Es folgt der „Werther", jener erste „Protestroman", dessen Wirkung die Kongruenz zwischen Goethes individueller Lebensproblematik und dem Krisenbewußtsein einer ganzen Generation zum Ausdruck gebracht hat; dann die literarischen Dokumente des Widerstrebens gegen eine Integration in die gesellschaftliche Konvention („Gedichte an Lili", „Stella"), die frühe klassische Lyrik der ersten Weimarer Jahre, die Erträge des Aufenthalts in Italien (Endfassung von „Iphigenie in Tauris" und „Torquato Tasso", „Römische Elegien"), die Auseinandersetzung mit der Französischen Revolution („Unterhaltungen deutscher Ausgewanderten", „Hermann und Dorothea"), schließlich die beiden Teile der Faust-Dichtung, zwischen die aus chronikalischen Gründen Textbeispiele aus den „Wahlverwandschaften" (dem ersten modernen Eheroman) und der späten Lyrik (insbesondere dem für Goethes Konzeption der „Weltliteratur" kennzeichnenden „West-östlichen Divan") eingefügt sind. Diese die Entwicklung des Gesamtwerks verfolgende Darbietung wird in der vorliegenden Werkausgabe ergänzt und erweitert durch die Gliederung nach Gattungen mit einer thematischen Einteilung der Lyrik, der vollständigen Wiedergabe der sieben wichtigsten Dramen und einem Teil „Prosa", in dem „Wilhelm Meisters Lehrjahre" den Mittelpunkt bilden – ein Werk, das vielleicht am ehesten geeignet ist, dem Realisten und Idealisten, dem Humoristen und Pathetiker, dem Menschen und Künstler Goethe zu begegnen.

DRAMEN

GÖTZ VON BERLICHINGEN MIT DER EISERNEN HAND

EIN SCHAUSPIEL

PERSONEN

Kaiser Maximilian
Götz von Berlichingen
Elisabeth, seine Frau
Maria, seine Schwester
Karl, sein Söhnchen
Georg, sein Bube
Bischof von Bamberg
Weislingen
Adelheid von Walldorf } an des Bischofs Hofe
Liebetraut
Abt von Fulda
Olearius, beider Rechte Doktor
Bruder Martin
Hanns von Selbitz
Franz von Sickingen
Lerse
Franz, Weislingens Bube
Kammerfräulein der Adelheid
Metzler, Sievers, Link, Kohl, Wild, Anführer der rebellischen Bauern
Hoffrauen, Hofleute, am Bambergischen Hofe
Kaiserliche Räte
Ratsherren von Heilbronn
Richter des heimlichen Gerichts
Zwei Nürnberger Kaufleute
Max Stumpf, Pfalzgräfischer Diener
Ein Unbekannter
Brautvater
Bräutigam
Bauern
Berlichingische, Weislingische, Bambergische Reiter
Hauptleute, Offiziere, Knechte von der Reichsarmee
Schenkwirt
Gerichtsdiener
Heilbronner Bürger
Stadtwache
Gefängniswärter
Bauern
Zigeunerhauptmann
Zigeuner, Zigeunerinnen

ERSTER AKT

SCHWARZENBERG IN FRANKEN. HERBERGE

Metzler. Sievers am Tische.
Zwei Reitersknechte beim Feuer.
Wirt.

SIEVERS: Hänsel, noch ein Glas Branntwein, und meß christlich!

WIRT: Du bist der Nimmersatt.

METZLER (leise zu Sievers): Erzähl das noch einmal vom Berlichingen! Die Bamberger dort ärgern sich, sie möchten schwarz werden.

SIEVERS: Bamberger? Was tun *die* hier?

METZLER: Der Weislingen ist oben auf 'm Schloß beim Herrn Grafen schon zwei Tage; dem haben sie das Gleit geben. Ich weiß nicht, wo er herkommt, sie warten auf ihn; er geht zurück nach Bamberg.

SIEVERS: Wer ist der Weislingen?

METZLER: Des Bischofs rechte Hand, ein gewaltiger Herr, der dem Götz auch auf 'n Dienst lauert.

SIEVERS: Er mag sich in acht nehmen.

METZLER (leise): Nur immer zu! (Laut) Seit wann hat denn der Götz wieder Händel mit dem Bischof von Bamberg? Es hieß ja, alles wäre vertragen und geschlichtet.

SIEVERS: Ja, vertrag du mit den Pfaffen! Wie der Bischof sah, er richt nichts aus, und zieht immer den kürzern, kroch er zum Kreuz und war geschäftig, daß der Vergleich zustand käm. Und der getreuherzige Berlichingen gab unerhört nach, wie er immer tut, wenn er im Vorteil ist.

METZLER: Gott erhalt ihn! Ein rechtschaffner Herr!

SIEVERS: Nun denk, ist das nicht schändlich? Da werfen sie ihm einen Buben nieder, da er sich nichts weniger versieht. Wird sie aber schon wieder dafür lausen!

METZLER: Es ist doch dumm, daß ihm der letzte Streich mißglückt ist! Er wird sich garstig erbost haben.

SIEVERS: Ich glaub nicht, daß ihn lang was so verdrossen hat. Denk auch, alles war aufs genauste verkundschaft, wann der Bischof aus dem Bad käme, mit wieviel Reitern, welchen Weg; und wenn's nicht wär

durch falsche Leut verraten worden, wollt er ihm das Bad gesegnet und ihn ausgerieben haben.
ERSTER REITER: Was räsoniert ihr von unserm Bischof? Ich glaub, ihr sucht Händel.
SIEVERS: Kümmert euch um eure Sachen. Ihr habt an unserm Tisch nichts zu suchen.
ZWEITER REITER: Wer heißt euch von unserm Bischof despektierlich reden?
SIEVERS: Hab ich euch Red und Antwort zu geben? Seht doch den Fratzen!
ERSTER REITER (schlägt ihm hinter die Ohren).
METZLER: Schlag den Hund tot!
Sie fallen übereinander her
ZWEITER REITER: Komm her, wenn du 's Herz hast.
WIRT (reißt sie voneinander): Wollt ihr Ruh haben! Tausend Schwerenot! Schert euch naus, wenn ihr was auszumachen habt. In meiner Stub soll's ehrlich und ordentlich zugehn. (Schiebt die Reiter zur Tür hinaus) Und ihr Esel, was fanget ihr an?
METZLER: Nur nit viel geschimpft, Hänsel, sonst kommen wir dir über die Glatze. Komm, Kamerad, wollen die draußen bleuen.
Zwei Berlichingische Reiter kommen
ERSTER REITER: Was gibt's da?
SIEVERS: Ei guten Tag, Peter! Veit, guten Tag! Woher?
ERSTER REITER: Daß du dich nit unterstehst zu verraten, wem wir dienen.
SIEVERS (leise): Da ist euer Herr Götz wohl auch nit weit?
ERSTER REITER: Halt dein Maul! Habt ihr Händel?
SIEVERS: Ihr seid den Kerls begegnet draußen, sind Bamberger.
ERSTER REITER: Was tun die hier?
METZLER: Der Weislingen ist droben auf'm Schloß, beim gnädigen Herrn, den haben sie geleit.
ERSTER REITER: Der Weislingen?
ZWEITER REITER (leise): Peter! das ist ein gefundenes Fressen. (Laut) Wie lang ist er da?
METZLER: Schon zwei Tage. Aber er will heut noch fort, hört ich einen von den Kerls sagen.
ERSTER REITER (leise): Sagt ich dir nicht, er wär daher! Hätten wir dort drüben eine Weile passen können. Komm, Veit.
SIEVERS: Helft uns doch erst die Bamberger ausprügeln.
ZWEITER REITER: Ihr seid ja auch zu zwei. Wir müssen fort. Adies! (Ab)
SIEVERS: Lumpenhunde die Reiter! wann man sie nit bezahlt, tun sie dir keinen Streich.
METZLER: Ich wollt schwören, sie haben einen Anschlag. Wem dienen sie?
SIEVERS: Ich soll's nit sagen. Sie dienen dem Götz.
METZLER: So! nun wollen wir über die draußen. Komm, solang ich einen Bengel hab, fürcht ich ihre Bratspieße nicht.
SIEVERS: Dürften wir nur so einmal an die Fürsten, die uns die Haut über die Ohren ziehen.

HERBERGE IM WALD

GÖTZ (vor der Tür hinter der Linde): Wo meine Knechte bleiben! Auf und ab muß ich gehen, sonst übermannt mich der Schlaf. Fünf Tag und Nächte schon auf der Lauer. Es wird einem sauer gemacht, das bißchen Leben und Freiheit. Dafür, wenn ich dich habe, Weislingen, will ich mir's wohl sein lassen. (Schenkt ein) Wieder leer! Georg! Solang's daran nicht mangelt und an frischem Mut, lach ich der Fürsten Herrschsucht und Ränke. – Georg! – Schickt ihr nur euren gefälligen Weislingen herum zu Vettern und Gevattern, laßt mich anschwärzen. Nur immer zu. Ich bin wach. Du warst mir entwischt, Bischof! So mag denn dein lieber Weislingen die Zeche bezahlen. – Georg! Hört der Junge nicht! Georg! Georg!
DER BUBE (im Panzer eines Erwachsenen): Gestrenger Herr!
GÖTZ: Wo steckst du! Hast du geschlafen? Was zum Henker treibst du für Mummerei? Komm her, du siehst gut aus. Schäm dich nicht, Junge. Du bist brav! Ja, wenn du ihn ausfülltest! Es ist Hannsens Küraß?
GEORG: Er wollt' ein wenig schlafen und schnallt' ihn aus.
GÖTZ: Er ist bequemer als sein Herr.
GEORG: Zürnt nicht. Ich nahm ihn leise weg und legt ihn an, und holte meines Vaters altes Schwert von der Wand, lief auf die Wiese und zog's aus.
GÖTZ: Und hiebst um dich herum? Da wird's den Hekken und Dornen gut gegangen sein. Schläft Hanns?
GEORG: Auf euer Rufen sprang er auf und schrie mir, daß ihr rieft. Ich wollt den Harnisch ausschnallen, da hört ich euch zwei-, dreimal.
GÖTZ: Geh! bring ihm seinen Panzer wieder und sag ihm, er soll bereit sein, soll nach den Pferden sehen.
GEORG: Die hab ich recht ausgefüttert und wieder aufgezäumt. Ihr könnt aufsitzen, wann ihr wollt.
GÖTZ: Bring mir einen Krug Wein, gib Hannsen auch ein Glas, sag ihm, er soll munter sein, es gilt. Ich hoffe jeden Augenblick, meine Kundschafter sollen zurückkommen.
GEORG: Ach, gestrenger Herr!
GÖTZ: Was hast du?
GEORG: Darf ich nicht mit?
GÖTZ: Ein andermal, Georg, wann wir Kaufleute fangen und Fuhren wegnehmen.
GEORG: Ein andermal, das habt ihr schon oft gesagt. O diesmal! diesmal! Ich will nur hinten drein laufen, nur auf der Seite lauern. Ich will euch die verschossenen Bolzen wieder holen.
GÖTZ: Das nächstemal, Georg. Du sollst erst ein Wams haben, eine Blechhaube und einen Spieß.
GEORG: Nehmt mich mit. Wär ich letzt dabei gewesen, ihr hättet die Armbrust nicht verloren.
GÖTZ: Weißt du das?
GEORG: Ihr warft sie dem Feind an Kopf, und einer von

den Fußknechten hob sie auf, weg war sie! Gelt, ich weiß?

GÖTZ: Erzählen dir das meine Knechte?

GEORG: Wohl. Dafür pfeif ich ihnen auch, wann wir die Pferde striegeln, allerlei Weisen, und lehre sie allerlei lustige Lieder.

GÖTZ: Du bist ein braver Junge.

GEORG: Nehmt mich mit, daß ich's zeigen kann.

GÖTZ: Das nächstemal, auf mein Wort, Unbewaffnet, wie du bist, sollst du nicht in Streit. Die künftigen Zeiten brauchen auch Männer. Ich sage dir, Knabe, es wird eine teure Zeit werden: Fürsten werden ihre Schätze bieten um einen Mann, den sie jetzt hassen. Geh, Georg, gib Hannsen seinen Küraß wieder, und bring mir Wein. (Georg ab) Wo meine Knechte bleiben! Es ist unbegreiflich. Ein Mönch! Wo kommt der noch her?

Bruder Martin kommt

GÖTZ: Ehrwürdiger Vater, guten Abend! Woher so spät? Mann der heiligen Ruhe, Ihr beschämt viel Ritter.

MARTIN: Dank Euch, edler Herr! Und bin vorderhand nur demütiger Bruder, wenn's ja Titel sein soll. Augustin mit meinem Klosternamen, doch hör ich am liebsten Martin, meinen Taufnamen.

GÖTZ: Ihr seid müde, Bruder Martin, und ohne Zweifel durstig! (Der Bub kommt) Da kommt der Wein eben recht.

MARTIN: Für mich einen Trunk Wasser. Ich darf keinen Wein trinken.

GÖTZ: Ist das Euer Gelübde?

MARTIN: Nein, gnädiger Herr, es ist nicht wider mein Gelübde, Wein zu trinken; weil aber der Wein wider mein Gelübde ist, so trinke ich keinen Wein.

GÖTZ: Wie versteht Ihr das?

MARTIN: Wohl Euch, daß Ihr's nicht versteht. Essen und trinken, mein ich, ist des Menschen Leben.

GÖTZ: Wohl!

MARTIN: Wenn Ihr gegessen und getrunken habt, seid Ihr wie neu geboren; seid stärker, mutiger, geschickter zu Eurem Geschäft. Der Wein erfreut des Menschen Herz, und die Freudigkeit ist die Mutter aller Tugenden. Wenn Ihr Wein getrunken habt, seid Ihr alles doppelt, was Ihr sein sollt, noch einmal so leicht denkend, noch einmal so unternehmend, noch einmal so schnell ausführend.

GÖTZ: Wie ich ihn trinke, ist es wahr.

MARTIN: Davon red ich auch. Aber wir –

GEORG (mit Wasser).

GÖTZ (zu Georg heimlich): Geh auf den Weg nach Dachsbach, und leg dich mit dem Ohr auf die Erde, ob du nicht Pferde kommen hörst, und sei gleich wieder hier.

MARTIN: Aber wir, wenn wir gegessen und getrunken haben, sind wir grad das Gegenteil von dem, was wir sein sollen. Unsere schläfrige Verdauung stimmt den Kopf nach dem Magen, und in der Schwäche einer überfüllten Ruhe erzeugen sich Begierden, die ihrer Mutter leicht über den Kopf wachsen.

GÖTZ: Ein Glas, Bruder Martin, wird Euch nicht im Schlaf stören. Ihr seid heute viel gegangen. (Bringt's ihm) Alle Streiter!

MARTIN: In Gottes Namen! (Sie stoßen an) Ich kann die müßigen Leute nicht ausstehen; und doch kann ich nicht sagen, daß alle Mönche müßig sind; sie tun, was sie können. Da komm ich von St. Veit, wo ich die letzte Nacht schlief. Der Prior führte mich in Garten; das ist man sein Bienenkorb. Vortrefflicher Salat! Kohl nach Herzens Lust! und besonders Blumenkohl und Artischocken, wie keine in Europa!

GÖTZ: Das ist also Eure Sache nicht.

Er steht auf, sieht nach dem Jungen und kommt wieder

MARTIN: Wollte, Gott hätte mich zum Gärtner oder Laboranten gemacht! ich könnte glücklicher sein. Mein Abt liebt mich, mein Kloster ist Erfurt in Sachsen; er weiß, ich kann nicht ruhn, da schickt er mich herum, wo was zu betreiben ist. Ich geh zum Bischof von Konstanz.

GÖTZ: Noch eins! Gute Verrichtung!

MARTIN: Gleichfalls.

GÖTZ: Was seht Ihr mich so an, Bruder?

MARTIN: Daß ich in Euren Harnisch verliebt bin.

GÖTZ: Hättet Ihr Lust zu einem? Es ist schwer und beschwerlich, ihn zu tragen.

MARTIN: Was ist nicht beschwerlich auf dieser Welt! und mir kommt nichts beschwerlicher vor als nicht Mensch sein dürfen. Armut, Keuschheit und Gehorsam – drei Gelübde, deren jedes, einzeln betrachtet, der Natur das Unausstehlichste scheint, so unerträglich sind sie alle. Und sein ganzes Leben unter dieser Last, oder der weit drückendern Bürde des Gewissens mutlos zu keuchen! O Herr! was sind die Mühseligkeiten Eures Lebens, gegen die Jämmerlichkeiten eines Standes, der die besten Triebe, durch die wir werden, wachsen und gedeihen, aus mißverstandner Begierde, Gott näher zu rücken, verdammt?

GÖTZ: Wär Euer Gelübde nicht so heilig, ich wollte Euch bereden, einen Harnisch anzulegen, wollt euch ein Pferd geben, und wir zögen miteinander.

MARTIN: Wollte Gott, meine Schultern fühlten Kraft, den Harnisch zu ertragen, und mein Arm Stärke, einen Feind vom Pferd zu stechen! – Arme schwache Hand, von jeher gewöhnt, Kreuze und Friedensfahnen zu führen und Rauchfässer zu schwingen, wie wolltest du Lanze und Schwert regieren! Meine Stimme, nur zu Ave und Halleluja gestimmt, würde dem Feind ein Herold meiner Schwäche sein, wenn ihn die Eurige überwältigte. Kein Gelübde sollte mich abhalten, wieder in den Orden zu treten, den mein Schöpfer selbst gestiftet hat!

GÖTZ: Glückliche Wiederkehr!

MARTIN: Das trinke ich nur für Euch. Wiederkehr in meinen Käfig ist allemal unglücklich. Wenn Ihr wie-

derkehrt, Herr, in Eure Mauern, mit dem Bewußtsein Eurer Tapferkeit und Stärke, der keine Müdigkeit etwas anhaben kann, Euch zum erstenmal nach langer Zeit, sicher vor feindlichem Überfall, entwaffnet auf Euer Bette streckt und Euch nach dem Schlaf dehnt, der Euch besser schmeckt, als mir der Trunk nach langem Durst; da könnt Ihr von Glück sagen!
GÖTZ: Dafür kommt's auch selten.
MARTIN (feuriger): Und ist, wenn's kommt, ein Vorgeschmack des Himmels. – Wenn Ihr zurückkehrt, mit der Beute Eurer Feinde beladen, und Euch erinnert: den stach ich vom Pferd, eh' er schießen konnte, und den rannt ich samt dem Pferde nieder, und dann reitet Ihr zu Eurem Schloß hinauf, und –
GÖTZ: Was meint Ihr?
MARTIN: Und Eure Weiber! (Er schenkt ein) Auf Gesundheit Eurer Frau! (Er wischt sich die Augen) Ihr habt doch eine?
GÖTZ: Ein edles vortreffliches Weib!
MARTIN: Wohl dem, der ein tugendsam Weib hat! des lebt er noch eins so lange. Ich kenne keine Weiber, und doch war die Frau die Krone der Schöpfung!
GÖTZ (vor sich): Er dauert mich! Das Gefühl seines Standes frißt ihm das Herz.
GEORG (gesprungen): Herr! ich höre Pferde im Galopp! Zwei! Es sind sie gewiß.
GÖTZ: Führ mein Pferd heraus! Hanns soll aufsitzen. Lebt wohl, teurer Bruder, Gott geleit Euch! Seid mutig und geduldig. Gott wird Euch Raum geben.
MARTIN: Ich bitt um Euren Namen.
GÖTZ: Verzeiht mir. Lebt wohl!

Er reicht ihm die linke Hand

MARTIN: Warum reicht Ihr mir die Linke? Bin ich die ritterliche Rechte nicht wert?
GÖTZ: Und wenn Ihr der Kaiser wäret, Ihr müßtet mit dieser vorlieb nehmen. Meine Rechte, obgleich im Kriege nicht unbrauchbar, ist gegen den Druck der Liebe unempfindlich. Sie ist eins mit ihrem Handschuh: Ihr seht, er ist Eisen.
MARTIN: So seid Ihr Götz von Berlichingen! Ich danke dir, Gott, daß du mich ihn hast sehen lassen, diesen Mann, den die Fürsten hassen, und zu dem die Bedrängten sich wenden. (Er nimmt ihm die rechte Hand) Laßt mir diese Hand, laßt mich sie küssen!
GÖTZ: Ihr sollt nicht.
MARTIN: Laßt mich! Du, mehr wert als Reliquienhand, durch die das heiligste Blut geflossen ist, totes Werkzeug, belebt durch des edelsten Geistes Vertrauen auf Gott!
GÖTZ (setzt den Helm auf und nimmt die Lanze).
MARTIN: Es war ein Mönch bei uns vor Jahr und Tag, der Euch besuchte, wie sie Euch abgeschossen ward vor Landshut. Wie er uns erzählte, was Ihr littet, und wie sehr es Euch schmerzte, zu Eurem Beruf verstümmelt zu sein, und wie Euch einfiel, von einem gehört zu haben, der auch nur eine Hand hatte, und als tapfrer Reitersmann doch noch lange diente – ich werde das nie vergessen.

Zwei Knechte kommen

GÖTZ (zu ihnen. Sie reden heimlich).
MARTIN (fährt inzwischen fort): Ich werde das nie vergessen, wie er im edelsten einfältigsten Vertrauen auf Gott sprach: und wenn ich zwölf Händ hätte und deine Gnad wollt mir nicht, was würden sie mir fruchten. So kann ich mit einer –
GÖTZ: In den Haslacher Wald also. (Kehrt sich zu Martin) Lebt wohl, werter Bruder Martin. (Er küßt ihn)
MARTIN: Vergeßt mein nicht, wie ich Euer nicht vergesse. (Götz ab)
MARTIN: Wie mir's so eng ums Herz ward, da ich ihn sah. Er redete nichts, und mein Geist konnte doch den seinigen unterscheiden. Es ist eine Wollust, einen großen Mann zu sehn.
GEORG: Ehrwürdiger Herr, Ihr schlaft doch bei uns?
MARTIN: Kann ich ein Bett haben?
GEORG: Nein, Herr! Ich kenne Betten nur vom Hörensagen, in unsrer Herberg ist nichts als Stroh.
MARTIN: Auch gut, Wie heißt du!
GEORG: Georg, ehrwürdiger Herr!
MARTIN: Georg! Da hast du einen tapfern Patron.
GEORG: Sie sagen, er sei ein Reiter gewesen; das will ich auch sein.
MARTIN: Warte! (Er zieht ein Gebetbuch hervor und gibt dem Buben einen Heiligen) Da hast du ihn. Folge seinem Beispiel, sei brav und fürchte Gott! (Martin geht)
GEORG: Ach, ein schöner Schimmel! Wenn ich einmal so einen hätte! – Und die goldene Rüstung! – Das ist ein garstiger Drach' – Jetzt schieß ich nach Sperlingen – Heiliger Georg! mach mich groß und stark, gib mir so eine Lanze, Rüstung und Pferd, dann laß mir die Drachen kommen!

JAXTHAUSEN. GÖTZENS BURG
Elisabeth. Maria. Karl, sein Söhnchen

KARL: Ich bitte dich, liebe Tante, erzähl mir das noch einmal vom frommen Kind, 's ist gar zu schön.
MARIA: Erzähl du mir's, kleiner Schelm, da will ich hören, ob du acht gibst.
KARL: Wart e bis, ich will mich bedenken. – Es war einmal – ja – es war einmal ein Kind, und sein Mutter war krank, da ging das Kind hin –
MARIA: Nicht doch. Da sagte die Mutter: Liebes Kind –
KARL: Ich bin krank –
MARIA: Und kann nicht ausgehn –
KARL: Und gab ihm Geld und sagte: Geh hin, und hol dir ein Frühstück. Da kam ein armer Mann –
MARIA: Das Kind ging, da begegnete ihm ein alter Mann, der war – nun Karl!
KARL: Der war – alt –
MARIA: Freilich! der kaum mehr gehen konnte, und sagte: Liebes Kind –

KARL: Schenk mir was, ich hab kein Brot gessen gestern und heut. Da gab ihm 's Kind das Geld –
MARIA: Das für sein Frühstück sein sollte.
KARL: Da sagte der alte Mann –
MARIA: Da nahm der alte Mann das Kind –
KARL: Bei der Hand, und sagte – und ward ein schöner glänziger Heiliger, und sagte: – Liebes Kind –
MARIA: Für deine Wohltätigkeit belohnt dich die Mutter Gottes durch mich: welchen Kranken du anrührst –
KARL: Mit der Hand – es war die rechte, glaub ich.
MARIA: Ja.
KARL: Der wird gleich gesund.
MARIA: Da lief das Kind nach Haus und konnt für Freuden nichts reden.
KARL: Und fiel seiner Mutter um den Hals und weinte für Freuden –
MARIA: Da rief die Mutter: Wie ist mir! und war – nun Karl!
KARL: Und war – und war –
MARIA: Du gibst schon nicht acht! – und war gesund. Und das Kind kurierte König und Kaiser, und wurde so reich, daß es ein großes Kloster bauete.
ELISABETH: Ich kann nicht begreifen, wo mein Herr bleibt. Schon fünf Tag und Nächte, daß er weg ist, und er hoffte, so bald seinen Streich auszuführen.
MARIA: Mich ängstigt's lang. Wenn ich so einen Mann haben sollte, der sich immer Gefahren aussetzte, ich stürbe im ersten Jahr.
ELISABETH: Dafür dank ich Gott, daß er mich härter zusammengesetzt hat.
KARL: Aber muß dann der Vater ausreiten, wenn's so gefährlich ist?
MARIA: Es ist sein guter Wille so.
ELISABETH: Wohl muß er, lieber Karl.
KARL: Warum?
ELISABETH: Weißt du noch, wie er das letztemal ausritt, da er dir Weck mitbrachte?
KARL: Bringt er mir wieder mit?
ELISABETH: Ich glaub wohl. Siehst du, da war ein Schneider von Stuttgart, der war ein trefflicher Bogenschütz, und hatte zu Köln auf 'm Schießen das Beste gewonnen.
KARL: War's viel?
ELISABETH: Hundert Taler. Und darnach wollten sie's ihm nicht geben.
MARIA: Gelt, das ist garstig, Karl?
KARL: Garstige Leut!
ELISABETH: Da kam der Schneider zu deinem Vater und bat ihn, er möchte ihm zu seinem Geld verhelfen. Und da ritt er aus und nahm den Kölnern ein paar Kaufleute weg, und plagte sie so lang, bis sie das Geld herausgaben. Wärst du nicht auch ausgeritten?
KARL: Nein! da muß man durch einen dicken, dicken Wald, sind Zigeuner und Hexen drin.
ELISABETH: Ist ein rechter Bursch, fürcht sich vor Hexen.

MARIA: Du tust besser, Karl, leb du einmal auf deinem Schloß, als ein frommer christlicher Ritter. Auf seinen eigenen Gütern findet man zum Wohltun Gelegenheit genug. Die rechtschaffensten Ritter begehen mehr Ungerechtigkeit als Gerechtigkeit auf ihren Zügen.
ELISABETH: Schwester, du weißt nicht, was du redst. Gebe nur Gott, daß unser Junge mit der Zeit braver wird und dem Weislingen nicht nachschlägt, der so treulos an meinem Mann handelt.
MARIA: Wir wollen nicht richten, Elisabeth. Mein Bruder ist sehr erbittert, du auch. Ich bin bei der ganzen Sache mehr Zuschauer, und kann billiger sein.
ELISABETH: Er ist nicht zu entschuldigen.
MARIA: Was ich von ihm gehört, hat mich eingenommen. Erzählte nicht selbst dein Mann so viel Liebes und Gutes von ihm! Wie glücklich war ihre Jugend, als sie zusammen Edelknaben des Markgrafen waren!
ELISABETH: Das mag sein. Nur sag, was kann der Mensch je Gutes gehabt haben, der seinem besten treusten Freunde nachstellt, seine Dienste den Feinden meines Mannes verkauft und unsern trefflichen Kaiser, der uns so gnädig ist, mit falschen widrigen Vorstellungen einzunehmen sucht.
KARL: Der Vater! der Vater! Der Türner bläst 's Liedel: Heißa, mach's Tor auf.
ELISABETH: Da kommt er mit Beute.

Ein Reiter kommt

REITER: Wir haben gejagt! wir haben gefangen! Gott grüß euch, edle Frauen.
ELISABETH: Habt ihr den Weislingen?
REITER: Ihn und drei Reiter.
ELISABETH: Wie ging's zu, daß ihr so lang ausbleibt?
REITER: Wir lauerten auf ihn zwischen Nürnberg und Bamberg, er wollte nicht kommen, und wir wußten doch, er war auf dem Wege. Endlich kundschafteten wir ihn aus, er war seitwärts gezogen und saß geruhig beim Grafen auf Schwarzenberg.
ELISABETH: Den möchten sie auch gern meinem Mann feind haben.
REITER: Ich sagt's gleich dem Herrn. Auf! und wir ritten in Haslacher Wald. Und da war's kurios: wie wir so in die Nacht reiten, hüt't just ein Schäfer da, und fallen fünf Wölf in die Herd und packten weidlich an. Da lachte unser Herr und sagte: Glück zu, liebe Gesellen! Glück überall und uns auch! Und es freut' uns auch das gute Zeichen. Indem so kommt der Weislingen hergeritten mit vier Knechten.
MARIA: Das Herz zittert mir im Leibe.
REITER: Ich und mein Kamerad, wie's der Herr befohlen hatte, nistelten uns an ihn, als wären wir zusammengewachsen, daß er sich nicht regen noch rühren konnte, und der Herr und der Hanns fielen über die Knechte her und nahmen sie in Pflicht. Einer ist entwischt.

ELISABETH: Ich bin neugierig ihn zu sehen. Kommen sie bald?
REITER: Sie reiten das Tal herauf, in einer Viertelstund sind sie hier.
MARIA: Er wird niedergeschlagen sein.
REITER: Finster genug sieht er aus.
MARIA: Sein Anblick wird mir im Herzen weh tun.
ELISABETH: Ah! – Ich will gleich das Essen zurecht machen. Hungrig werdet ihr doch alle sein.
REITER: Rechtschaffen.
ELISABETH: Nimm die Kellerschlüssel und hol vom besten Wein! Sie haben ihn verdient. (Ab)
KARL: Ich will mit, Tante.
MARIA: Komm, Bursch. (Ab)
REITER: Der wird nicht sein Vater, sonst ging er mit in Stall!

Götz. Weislingen. Reitersknechte

GÖTZ (Helm und Schwert auf den Tisch legend): Schnallt mir den Harnisch auf und gebt mir mein Wams. Die Bequemlichkeit wird mir wohltun. Bruder Martin, du sagtest recht – Ihr habt uns in Atem erhalten, Weislingen.
WEISLINGEN (antwortet nichts, auf- und abgehend).
GÖTZ: Seid guten Muts. Kommt, entwaffnet Euch. Wo sind Eure Kleider? Ich hoffe, es soll nichts verloren gangen sein. (Zum Knecht) Fragt seine Knechte, und öffnet das Gepäcke, und seht zu, daß nichts abhanden komme. Ich könnt Euch auch von den meinigen borgen.
WEISLINGEN: Laßt mich so, es ist all eins.
GÖTZ: Könnt Euch ein hübsches sauberes Kleid geben, ist zwar nur leinen. Mir ist's zu eng worden. Ich hatt's auf der Hochzeit meines gnädigen Herrn des Pfalzgrafen an, eben damals, als Euer Bischof so giftig über mich wurde. Ich hatt ihm, vierzehn Tage vorher, zwei Schiff auf dem Main niedergeworfen. Und ich geh mit Franzen von Sickingen im Wirtshaus zum Hirsch in Heidelberg die Trepp hinauf. Eh man noch ganz droben ist, ist ein Absatz und ein eisern Geländerlein, da stund der Bischof und gab Franzen die Hand, wie er vorbeiging, und gab sie mir auch, wie ich hinten drein kam. Ich lacht in meinem Herzen, und ging zum Landgrafen von Hanau, der mir ein gar lieber Herr war, und sagte: Der Bischof hat mir die Hand geben, ich wett, er hat mich nicht gekannt. Das hört der Bischof, denn ich redt laut mit Fleiß, und kam zu mir so trotzig – und sagte: Wohl, weil ich Euch nicht kannt hab, gab ich Euch die Hand. Da sagt ich: Herre, ich merkt's wohl, daß Ihr mich nicht kanntet, und hiermit habt Ihr Eure Hand wieder. Da ward das Männlein so rot am Hals wie ein Krebs vor Zorn, und lief in die Stube zu Pfalzgraf Ludwig und dem Fürsten von Passau, und klagt's ihnen. Wir haben nachher uns oft was drüber zugute getan.
WEISLINGEN: Ich wollt, Ihr ließt mich allein.
GÖTZ: Warum das? Ich bitt Euch, seid aufgeräumt. Ihr seid in meiner Gewalt, und ich werd sie nicht mißbrauchen.
WEISLINGEN: Dafür war mir's noch nicht bange. Das ist Eure Ritterpflicht.
GÖTZ: Und Ihr wißt, daß die mir heilig ist.
WEISLINGEN: Ich bin gefangen; das übrige ist eins.
GÖTZ: Ihr solltet nicht so reden. Wenn Ihr's mit Fürsten zu tun hättet, und sie Euch in tiefen Turn an Ketten aufhingen, und der Wächter Euch den Schlaf wegpfeifen müßte.

*Die Knechte mit den Kleidern.
Weislingen zieht sich aus und an.
Karl kommt*

KARL: Guten Morgen, Vater.
GÖTZ (küßt ihn): Guten Morgen, Junge. Wie habt ihr die Zeit gelebt?
KARL: Recht geschickt, Vater! Die Tante sagt: ich sei recht geschickt.
GÖTZ: So.
KARL: Hast du mir was mitgebracht?
GÖTZ: Diesmal nicht.
KARL: Ich hab viel gelernt.
GÖTZ: Ei!
KARL: Soll ich dir vom frommen Kind erzählen?
GÖTZ: Nach Tische.
KARL: Ich weiß noch was.
GÖTZ: Was wird das sein?
KARL: Jaxthausen ist ein Dorf und Schloß an der Jaxt, gehört seit zweihundert Jahren den Herrn von Berlichingen erb- und eigentümlich zu.
GÖTZ: Kennst du den Herrn von Berlichingen?
KARL (sieht ihn starr an).
GÖTZ (vor sich): Er kennt wohl vor lauter Gelehrsamkeit seinen Vater nicht. – Wem gehört Jaxthausen?
KARL: Jaxthausen ist ein Dorf und Schloß an der Jaxt.
GÖTZ: Das frag ich nicht. – Ich kannte alle Pfade, Weg und Furten, eh ich wußte, wie Fluß, Dorf und Burg hieß. – Die Mutter ist in der Küche?
KARL: Ja, Vater! Sie kocht weiße Rüben und ein Lammsbraten.
GÖTZ: Weißt du's auch, Hans Küchenmeister?
KARL: Und für mich zum Nachtisch hat die Tante einen Apfel gebraten.
GÖTZ: Kannst du sie nicht roh essen?
KARL: Schmeckt so besser.
GÖTZ: Du mußt immer was Apartes haben. – Weislingen! ich bin gleich wieder bei Euch. Ich muß meine Frau doch sehn. Komm mit, Karl.
KARL: Wer ist der Mann?
GÖTZ: Grüß ihn. Bitt ihn, er soll lustig sein.
KARL: Da, Mann! hast du eine Hand, sei lustig, das Essen ist bald fertig.
WEISLINGEN (hebt ihn in die Höh und küßt ihn): Glückliches Kind! das kein Übel kennt, als wenn die Suppe lang ausbleibt. Gott laß Euch viel Freud am Knaben erleben, Berlichingen!

GÖTZ: Wo viel Licht ist, ist starker Schatten – doch wär mir's willkommen. Wollen sehn, was es gibt. (Sie gehn).

WEISLINGEN: O daß ich aufwachte! und das alles wäre ein Traum! In Berlichingens Gewalt! von dem ich mich kaum losgearbeitet hatte, dessen Andenken ich mied wie Feuer, den ich hoffte zu überwältigen! Und er – der alte treuherzige Götz! Heiliger Gott, was will aus dem allen werden? Rückgeführt, Adelbert, in den Saal! wo wir als Buben unsere Jagd trieben – da du ihn liebtest, an ihm hingst wie an deiner Seele. Wer kann ihm nahen und ihn hassen? Ach! ich bin so ganz nichts hier! Glückselige Zeiten, ihr seid vorbei, da noch der alte Berlichingen hier am Kamin saß, da wir um ihn durcheinander spielten, und uns liebten wie die Engel. Wie wird sich der Bischof ängstigen, und meine Freunde. Ich weiß, das ganze Land nimmt teil an meinem Unfall. Was ist's! Können sie mir geben, wornach ich strebe?

GÖTZ (mit einer Flasche Wein und Becher): Bis das Essen fertig wird, wollen wir eins trinken. Kommt, setzt Euch, tut als wenn Ihr zu Hause wärt! Denkt, Ihr seid wieder einmal beim Götz. Haben doch lange nicht beisammen gesessen, lang keine Flasche miteinander ausgestochen. (Bringt's ihm) Ein fröhlich Herz!

WEISLINGEN: Die Zeiten sind vorbei.

GÖTZ: Behüte Gott! Zwar vergnügtere Tage werden wir wohl nicht wieder finden, als an des Markgrafen Hof, da wir noch beisammen schliefen und miteinander herumzogen. Ich erinnere mich mit Freuden meiner Jugend. Wißt Ihr noch, wie ich mit dem Polacken Händel kriegte, dem ich sein gepicht und gekräuselt Haar von ungefähr mit dem Ärmel verwischte?

WEISLINGEN: Es war bei Tische, und er stach nach Euch mit dem Messer.

GÖTZ: Den schlug ich wacker aus dazumal, und darüber wurdet Ihr mit seinem Kameraden zu Unfried. Wir hielten immer redlich zusammen als gute brave Jungen, dafür erkennte uns auch jedermann. (Schenkt ein und bringt's) Kastor und Pollux! Mir tat's immer im Herzen wohl, wenn uns der Markgraf so nannte.

WEISLINGEN: Der Bischof von Würzburg hatte es aufgebracht.

GÖTZ: Das war ein gelehrter Herr, und dabei so leutselig. Ich erinnere mich seiner, solange ich lebe, wie er uns liebkoste, unsere Eintracht lobte, und den Menschen glücklich pries, der ein Zwillingsbruder seines Freundes wäre.

WEISLINGEN: Nichts mehr davon!

GÖTZ: Warum nicht? Nach der Arbeit wüßt ich nichts Angenehmeres, als mich des Vergangenen zu erinnern. Freilich, wenn ich wieder so bedenke, wie wir Liebs und Leids zusammen trugen, einander alles waren, und wie ich damals wähnte, so sollt's unser ganzes Leben sein! War das nicht all mein Trost, wie mir diese Hand weggeschossen ward vor Landshut, und du mein pflegtest und mehr als Bruder für mich sorgtest? Ich hoffte, Adelbert wird künftig meine rechte Hand sein. Und nun –

WEISLINGEN: Oh!

GÖTZ: Wenn du mir damals gefolgt hättest, da ich dir anlag, mit nach Brabant zu ziehen, es wäre alles gut geblieben. Da hielt dich das unglückliche Hofleben, und das Schlenzen und Scherwenzen mit den Weibern. Ich sagt es dir immer, wenn du dich mit den eitlen garstigen Vetteln abgabst, und ihnen erzähltest von mißvergnügten Ehen, verführten Mädchen, der rauhen Haut einer Dritten, oder was sie sonst gerne hören, du wirst ein Spitzbub, sagt ich, Adelbert.

WEISLINGEN: Wozu soll das alles?

GÖTZ: Wollte Gott, ich könnt's vergessen, oder es wär anders! Bist du nicht eben so frei, so edel geboren als einer in Deutschland, unabhängig, nur dem Kaiser untertan, und du schmiegst dich unter Vasallen? Was hast du von dem Bischof? Weil er dein Nachbar ist? dich necken könnte? Hast du nicht Arme und Freunde, ihn wieder zu necken? Verkennst den Wert eines freien Rittersmanns, der nur abhängt von Gott, seinem Kaiser und sich selbst! Verkriechst dich zum ersten Hofschranzen eines eigensinnigen neidischen Pfaffen!

WEISLINGEN: Laßt mich reden.

GÖTZ: Was hast du zu sagen?

WEISLINGEN: Du siehst die Fürsten an, wie der Wolf den Hirten. Und doch, darfst du sie schelten, daß sie ihrer Leut und Länder Bestes wahren? Sind sie denn einen Augenblick vor den ungerechten Rittern sicher, die ihre Untertanen auf allen Straßen anfallen, ihre Dörfer und Schlösser verheeren? Wenn nun auf der andern Seite unsers teuren Kaisers Länder der Gewalt des Erbfeindes ausgesetzt sind, er von den Ständen Hilfe begehrt, und sie sich kaum ihres Lebens erwehren; ist's nicht ein guter Geist, der ihnen einrät auf Mittel zu denken, Deutschland zu beruhigen, Recht und Gerechtigkeit zu handhaben, um einen jeden, Großen und Kleinen, die Vorteile des Friedens genießen zu machen. Und uns verdenkst du's, Berlichingen, daß wir uns in ihren Schutz begeben, deren Hilfe uns nah ist, statt daß die entfernte Majestät sich selbst nicht beschützen kann.

GÖTZ: Ja, Ja! Ich versteh! Weislingen, wären die Fürsten, wie Ihr sie schildert, wir hätten alle, was wir begehren. Ruh und Frieden! Ich glaub's wohl! Den wünscht jeder Raubvogel, die Beute nach Bequemlichkeit zu verzehren. Wohlsein eines jeden! Daß sie sich nur darum graue Haare wachsen ließen! Und mit unserm Kaiser spielen sie auf eine unanständige Art. Er meint's gut und möcht gern bessern. Da kommt denn alle Tage ein neuer Pfannenflicker und meint so und so. Und weil der Herr geschwind was begreift, und nur reden darf, um tausend Hände in Bewegung zu setzen, so denkt er, es wär auch alles so

geschwind und leicht ausgeführt. Nun ergehn Verordnungen über Verordnungen, und wird eine über die andere vergessen; und was den Fürsten in ihren Kram dient, da sind sie hinter her, und gloriieren von Ruh und Sicherheit des Reichs, bis sie die Kleinen unterm Fuß haben. Ich will darauf schwören, es dankt mancher in seinem Herzen Gott, daß der Türk dem Kaiser die Waage hält.
WEISLINGEN: Ihr seht's von Eurer Seite.
GÖTZ: Das tut jeder. Es ist die Frage, auf welcher Licht und Recht ist, und eure Gänge scheuen wenigstens den Tag.
WEISLINGEN: Ihr dürft reden, ich bin der Gefangne.
GÖTZ: Wenn Euer Gewissen rein ist, so seid Ihr frei. Aber wie war's mit dem Landfrieden? Ich weiß noch, als ein Bub von sechzehn Jahren war ich mit dem Markgrafen auf dem Reichstag. Was die Fürsten da für weite Mäuler machten, und die Geistlichen am ärgsten. Euer Bischof lärmte dem Kaiser die Ohren voll, als wenn ihm wunder wie! die Gerechtigkeit ans Herz gewachsen wäre; und jetzt wirft er mir selbst einen Buben nieder, zur Zeit da unsere Händel vertragen sind, ich an nichts Böses denke. Ist nicht alles zwischen uns geschlichtet? Was hat er mit dem Buben?
WEISLINGEN: Es geschah ohne sein Wissen.
GÖTZ: Warum gibt er ihn nicht wieder los?
WEISLINGEN: Er hatte sich nicht aufgeführt, wie er sollte.
GÖTZ: Nicht wie er sollte? Bei meinem Eid, er hat getan, wie er sollte, so gewiß er mit Eurer und des Bischofs Kundschaft gefangen ist. Meint Ihr, ich komm erst heut auf die Welt, daß ich nicht sehen sollt, wo alles hinaus will?
WEISLINGEN: Ihr seid argwöhnisch und tut uns unrecht.
GÖTZ: Weislingen, soll ich von der Leber weg reden? Ich bin euch ein Dorn in den Augen, so klein ich bin, und der Sickingen und Selbitz nicht weniger, weil wir fest entschlossen sind, zu sterben, eh, als jemanden die Luft zu verdanken, außer Gott, und unsere Treu und Dienst zu leisten, als dem Kaiser. Da ziehen sie nun um mich herum, verschwärzen mich bei Ihro Majestät und ihren Freunden und meinen Nachbarn und spionieren nach Vorteil über mich. Aus dem Weg wollen sie mich haben, wie's wäre. Darum nahmt ihr meinen Buben gefangen, weil ihr wußtet, ich hatt ihn auf Kundschaft ausgeschickt; und darum tat er nicht, was er sollte, weil er mich nicht an euch verriet. Und du, Weislingen, bist ihr Werkzeug!
WEISLINGEN: Berlichingen!
GÖTZ: Kein Wort mehr davon! Ich bin ein Feind von Explikationen; man betrügt sich oder den andern, und meist beide.
KARL: Zu Tisch, Vater.
GÖTZ: Fröhliche Botschaft! Kommt, ich hoffe, meine Weibsleute sollen Euch munter machen. Ihr wart sonst ein Liebhaber, die Fräulein wußten von Euch zu erzählen. Kommt! (Ab)

IM BISCHÖFLICHEN PALASTE ZU BAMBERG
DER SPEISESAAL

Bischof von Bamberg. Abt von Fulda. Olearius. Liebetraut. Hofleute

An Tafel. Der Nachtisch und die großen Pokale werden aufgetragen

BISCHOF: Studieren jetzt viele Deutsche von Adel zu Bologna?
OLEARIUS: Vom Adel- und Bürgerstande. Und ohne Ruhm zu melden, tragen sie das größte Lob davon. Man pflegt im Sprichwort auf der Akademie zu sagen: So fleißig wie ein Deutscher von Adel. Denn indem die Bürgerlichen einen rühmlichen Fleiß anwenden, durch Talente den Mangel der Geburt zu ersetzen, so bestreben sich jene, mit rühmlicher Wetteiferung, ihre angeborne Würde durch die glänzendsten Verdienste zu erhöhen.
ABT: Ei!
LIEBETRAUT: Sag einer, was man nicht erlebt. So fleißig wie ein Deutscher von Adel! Das hab ich mein Tage nicht gehört.
OLEARIUS: Ja, sie sind die Bewunderung der ganzen Akademie. Es werden ehestens einige von den ältsten und geschicktesten als Doctores zurückkommen. Der Kaiser wird glücklich sein, die ersten Stellen damit besetzen zu können.
BISCHOF: Das kann nicht fehlen.
ABT: Kennen Sie nicht zum Exempel einen Junker? – er ist aus Hessen –
OLEARIUS: Es sind viel Hessen da.
ABT: Er heißt – er ist – Weiß es keiner von euch? – Seine Mutter war eine von – Oh! Sein Vater hatte nur ein Aug – und war Marschall.
LIEBETRAUT: Von Wildenholz?
ABT: Recht – von Wildenholz.
OLEARIUS: Den kenn ich wohl, ein junger Herr von vielen Fähigkeiten. Besonders rühmt man ihn wegen seiner Stärke im Disputieren.
ABT: Das hat er von seiner Mutter.
LIEBETRAUT: Nur wollte sie ihr Mann niemals drum rühmen.
BISCHOF: Wie sagtet ihr, daß der Kaiser hieß, der euer Corpus Juris geschrieben hat?
OLEARIUS: Justinianus.
BISCHOF: Ein trefflicher Herr! Er soll leben!
OLEARIUS: Sein Andenken! (Sie trinken)
ABT: Es mag ein schön Buch sein.
OLEARIUS: Man möcht's wohl ein Buch aller Bücher nennen; eine Sammlung aller Gesetze; bei jedem Fall der Urteilsspruch bereit; und was ja noch abgängig oder dunkel wäre, ersetzen die Glossen, womit die gelehrtesten Männer das vortrefflichste Werk geschmückt haben.
ABT: Eine Sammlung aller Gesetze! Potz! Da müssen auch wohl die zehn Gebote drin sein.
OLEARIUS: Implicite wohl, nicht explicite.

ABT: Das mein ich auch, an und vor sich, ohne weitere Explikation.

BISCHOF: Und was das Schönste ist, so könnte, wie ihr sagt, ein Reich in sicherster Ruhe und Frieden leben, wo es völlig eingeführt und recht gehandhabt würde.

OLEARIUS: Ohne Frage.

BISCHOF: Alle Doctores Juris!

OLEARIUS: Ich werd's zu rühmen wissen. (Sie trinken) Wollte Gott, man spräche so in meinem Vaterlande!

ABT: Wo seid Ihr her, hochgelahrter Herr?

OLEARIUS: Von Frankfurt am Main, Ihro Eminenz zu dienen.

BISCHOF: Steht ihr Herrn da nicht wohl angeschrieben? Wie kommt das?

OLEARIUS: Sonderbar genug. Ich war da, meines Vaters Erbschaft abzuholen; der Pöbel hätte mich fast gesteinigt, wie er hörte, ich sei ein Jurist!

ABT: Behüte Gott!

OLEARIUS: Aber das kommt daher: der Schöppenstuhl, der in großem Ansehen weit umher steht, ist mit lauter Leuten besetzt, die der Römischen Rechte unkundig sind. Man glaubt, es sei genug, durch Alter und Erfahrung sich eine genaue Kenntnis des innern und äußern Zustandes der Stadt zu erwerben. So werden, nach altem Herkommen und wenigen Statuten, die Bürger und die Nachbarschaft gerichtet.

ABT: Das ist wohl gut.

OLEARIUS: Aber lange nicht genug. Der Menschen Leben ist kurz, und in *einer* Generation kommen nicht alle Kasus vor. Eine Sammlung solcher Fälle von vielen Jahrhunderten ist unser Gesetzbuch. Und dann ist der Wille und die Meinung der Menschen schwankend; dem deucht heute das recht, was der andere morgen mißbilliget; und so ist Verwirrung und Ungerechtigkeit unvermeidlich. Das alles bestimmen die Gesetze; und die Gesetze sind unveränderlich.

ABT: Das ist freilich besser.

OLEARIUS: Das erkennt der Pöbel nicht, der, so gierig er auf Neuigkeiten ist, das Neue höchst verabscheuet, das ihn aus seinem Gleise leiten will, und wenn er sich noch so sehr dadurch verbessert. Sie halten den Juristen so arg, als einen Verwirrer des Staats, einen Beutelschneider, und sind wie rasend, wenn einer dort sich niederzulassen gedenkt.

LIEBETRAUT: Ihr seid von Frankfurt! Ich bin wohl da bekannt. Bei Kaiser Maximilians Krönung haben wir euren Bräutigams was vorgeschmaust. Euer Name ist Olearius? Ich kenne so niemanden.

OLEARIUS: Mein Vater hieß Öhlmann. Nur, den Mißstand auf dem Titel meiner lateinischen Schriften zu vermeiden, nenn ich mich, nach dem Beispiel und auf Anraten würdiger Rechtslehrer, Olearius.

LIEBETRAUT: Ihr tatet wohl, daß Ihr Euch übersetztet. Ein Prophet gilt nichts in seinem Vaterlande, es hätt Euch in Eurer Muttersprache auch so gehen können.

OLEARIUS: Es war nicht darum.

LIEBETRAUT: Alle Dinge haben ein paar Ursachen.

ABT: Ein Prophet gilt nichts in seinem Vaterlande!

LIEBETRAUT: Wißt Ihr auch warum, hochwürdiger Herr?

ABT: Weil er da geboren und erzogen ist.

LIEBETRAUT: Wohl! Das mag die *eine* Ursache sein. Die andere ist: weil, bei einer näheren Bekanntschaft mit den Herrn, der Nimbus von Ehrwürdigkeit und Heiligkeit wegschwindet, den uns eine neblichte Ferne um sie herum lügt; und dann sind sie ganz kleine Stümpfchen Unschlitt.

OLEARIUS: Es scheint, Ihr seid dazu bestellt, Wahrheiten zu sagen.

LIEBETRAUT: Weil ich's Herz dazu hab, so fehlt mir's nicht am Maul.

OLEARIUS: Aber doch an Geschicklichkeit, sie wohl anzubringen.

LIEBETRAUT: Schröpfköpfe sind wohl angebracht, wo sie ziehen.

OLEARIUS: Bader erkennt man an der Schürze und nimmt in ihrem Amte ihnen nichts übel. Zur Vorsorge tätet Ihr wohl, wenn Ihr eine Schellenkappe trügt.

LIEBETRAUT: Wo habt Ihr promoviert? Es ist nur zur Nachfrage, wenn mir einmal der Einfall käme, daß ich gleich vor die rechte Schmiede ginge.

OLEARIUS: Ihr seid verwegen.

LIEBETRAUT: Und Ihr sehr breit.

Bischof und Abt lachen

BISCHOF: Von was anders! – Nicht so hitzig, ihr Herrn. Bei Tisch geht alles drein. – Einen andern Diskurs, Liebetraut!

LIEBETRAUT: Gegen Frankfurt liegt ein Ding über, heißt Sachsenhausen –

OLEARIUS (zum Bischof): Was spricht man vom Türkenzug, Ihro Fürstliche Gnaden?

BISCHOF: Der Kaiser hat nichts Angelegners, als vorerst das Reich zu beruhigen, die Fehden abzuschaffen, und das Ansehn der Gerichte zu befestigen. Dann, sagt man, wird er persönlich gegen die Feinde des Reichs und der Christenheit ziehen. Jetzt machen ihm seine Privathändel noch zu tun, und das Reich ist, trotz ein vierzig Landfrieden, noch immer eine Mördergrube. Franken, Schwaben, der Oberrhein und die angrenzenden Länder werden von übermütigen und kühnen Rittern verheeret. Sickingen, Selbitz mit *einem* Fuß, Berlichingen mit der eisernen Hand, spotten in diesen Gegenden des kaiserlichen Ansehens –

ABT: Ja, wenn Ihro Majestät nicht halb dazu tun, so stecken einen die Kerl am End in Sack.

LIEBETRAUT: Das müßt ein Kerl sein, der das Weinfaß von Fuld in den Sack schieben wollte.

BISCHOF: Besonders ist der letztere seit vielen Jahren mein unversöhnlicher Feind und molestiert mich unsäglich; aber es soll nicht lang mehr währen, hoff ich. Der Kaiser hält jetzt seinen Hof zu Augsburg. Wir

haben unsere Maßregeln genommen, es kann uns nicht fehlen. – Herr Doktor, kennt Ihr Adelberten von Weislingen?
OLEARIUS: Nein, Ihro Eminenz.
BISCHOF: Wenn Ihr die Ankunft dieses Mannes erwartet, werdet Ihr Euch freuen, den edelsten, verständigsten und angenehmsten Ritter in einer Person zu sehen.
OLEARIUS: Es muß ein vortrefflicher Mann sein, der solche Lobeserhebungen aus solch einem Munde verdient.
LIEBETRAUT: Er ist auf keiner Akademie gewesen.
BISCHOF: Das wissen wir. (Die Bedienten laufen ans Fenster) Was gibt's?
EIN BEDIENTER: Eben reit Färber, Weislingens Knecht, zum Schloßtor herein.
BISCHOF: Seht, was er bringt, er wird ihn melden.
Liebetraut geht. Sie stehn auf und trinken noch eins.
Liebetraut kommt zurück
BISCHOF: Was für Nachrichten?
LIEBETRAUT: Ich wollt, es müßt sie Euch ein anderer sagen. Weislingen ist gefangen.
BISCHOF: Oh!
LIEBETRAUT: Berlichingen hat ihn und drei Knechte bei Haslach weggenommen. Einer ist entronnen, Euch's anzusagen.
ABT: Eine Hiobspost.
OLEARIUS: Es tut mir von Herzen leid.
BISCHOF: Ich will den Knecht sehn, bringt ihn herauf. – Ich will ihn selbst sprechen, Bringt ihn in mein Kabinett. (Ab)
ABT (setzt sich): Noch einen Schluck.
Die Knechte schenken ein
OLEARIUS: Belieben Ihro Hochwürden nicht eine kleine Promenade in den Garten zu machen? Post coenam stabis seu passus mille meabis.
LIEBETRAUT: Wahrhaftig, das Sitzen ist Ihnen nicht gesund. Sie kriegen noch einen Schlagfluß.
Abt hebt sich auf
LIEBETRAUT (vor sich): Wenn ich ihn nur draußen hab, will ich ihm fürs Exerzitium sorgen. (Gehn ab)

JAXTHAUSEN

Maria. Weislingen

MARIA: Ihr liebt mich, sagt Ihr. Ich glaub es gerne, und hoffe mit Euch glücklich zu sein, und Euch glücklich zu machen.
WEISLINGEN: Ich fühle nichts, als nur daß ich ganz dein bin. (Er umarmt sie)
MARIA: Ich bitte Euch, laßt mich. Einen Kuß hab ich Euch zum Gottespfennig erlaubt; Ihr scheinet aber schon von dem Besitz nehmen zu wollen, was nur unter Bedingungen Euer ist.
WEISLINGEN: Ihr seid zu streng, Maria! Unschuldige Liebe erfreut die Gottheit, statt sie zu beleidigen.

MARIA: Es sei! Aber ich bin nicht dadurch erbaut. Man lehrte mich: Liebkosungen sei'n wie Ketten, stark durch ihre Verwandtschaft, und Mädchen, wenn sie liebten, sei'n schwächer als Simson und dem Verlust seiner Locken.
WEISLINGEN: Wer lehrte Euch das?
MARIA: Die Äbtissin meines Klosters. Bis in mein sechzehntes Jahr war ich bei ihr, und nur mit Euch empfind ich das Glück, das ich in ihrem Umgang genoß. Sie hatte geliebt, und durfte reden. Sie hatte ein Herz voll Empfindung! Sie war eine vortreffliche Frau.
WEISLINGEN: Da glich sie dir! (Er nimmt ihre Hand) Wie wird mir's werden, wenn ich Euch verlassen soll!
MARIA (zieht ihre Hand zurück): Ein bißchen eng, hoff ich, denn ich weiß, wie's mir sein wird. Aber Ihr sollt fort.
WEISLINGEN: Ja, meine Teuerste, und ich will. Denn ich fühle, welche Seligkeiten ich mir durch dies Opfer erwerbe. Gesegnet sei dein Bruder, und der Tag, an dem er auszog, mich zu fangen.
MARIA: Sein Herz war voll Hoffnung für ihn und dich. Lebt wohl! sagt' er beim Abschied, ich will sehen, daß ich ihn wiederfinde!
WEISLINGEN: Er hat's. Wie wünscht ich die Verwaltung meiner Güter und ihre Sicherheit nicht durch das leidige Hofleben so versäumt zu haben! Du könntest gleich die Meinige sein.
MARIA: Auch der Aufschub hat seine Freuden.
WEISLINGEN: Sage das nicht, Maria, ich muß sonst fürchten, du empfindest weniger stark als ich. Doch ich büße verdient, und welche Hoffnungen werden mich auf jedem Schritt begleiten! Ganz der Deine zu sein, nur in dir und dem Kreise von Guten zu leben, von der Welt entfernt, getrennt, alle Wonne zu genießen, die so zwee Herzen einander gewähren! Was ist die Gnade des Fürsten, was der Beifall der Welt gegen diese einfache einzige Glückseligkeit? Ich habe viel gehofft und gewünscht; das widerfährt mir über alles Hoffen und Wünschen.
Götz kommt
GÖTZ: Euer Knab ist wieder da. Er konnte vor Müdigkeit und Hunger kaum etwas vorbringen. Meine Frau gibt ihm zu essen. So viel hab ich verstanden: der Bischof will den Knaben nicht herausgeben, es sollen kaiserliche Kommissarien ernannt, und ein Tag ausgesetzt werden, wo die Sache dann verglichen werden mag. Dem sei, wie ihm wolle, Adelbert, Ihr seid frei; ich verlange weiter nichts als Eure Hand, daß Ihr inskünftige meinen Feinden weder öffentlich noch heimlich Vorschub tun wollt.
WEISLINGEN: Hier faß ich Eure Hand. Laßt, von diesem Augenblick an, Freundschaft und Vertrauen, gleich einem ewigen Gesetz der Natur, unveränderlich unter uns sein! Erlaubt mir zugleich diese Hand zu fassen (er nimmt Mariens Hand) und den Besitz des edelsten Fräuleins.
GÖTZ: Darf ich Ja für Euch sagen?

MARIA: Wenn Ihr es mit mir sagt.
GÖTZ: Es ist ein Glück, daß unsere Vorteile diesmal miteinander gehn. Du brauchst nicht rot zu werden. Deine Blicke sind Beweis genug. Ja denn, Weislingen! Gebt euch die Hände, und so sprech ich Amen! – Mein Freund und Bruder! – Ich danke dir, Schwester! Du kannst mehr als Hanf spinnen. Du hast einen Faden gedreht, diesen Paradiesvogel zu fesseln. Du siehst nicht ganz frei! Was fehlt dir? – Ich – bin ganz glücklich; was ich nur träumend hoffte, seh ich, und bin wie träumend. Ach! nun ist mein Traum aus. Mir war's heute nacht, ich gäb dir meine rechte eiserne Hand, und du hieltest mich so fest, daß sie aus den Armschienen ging wie abgebrochen. Ich erschrak und wachte drüber auf. Ich hätte nur fortträumen sollen, da würd ich gesehen haben, wie du mir eine neue lebendige Hand ansetztest. – Du sollst mir jetzo fort, dein Schloß und deine Güter in vollkommenen Stand zu setzen. Der verdammte Hof hat dich beides versäumen machen. Ich muß meiner Frau rufen. Elisabeth!
MARIA: Mein Bruder ist voller Freude.
WEISLINGEN: Und doch darf ich ihm den Rang streitig machen.
GÖTZ: Du wirst anmutig wohnen.
MARIA: Franken ist ein gesegnetes Land.
WEISLINGEN: Und ich darf wohl sagen, mein Schloß liegt in der gesegnetsten und anmutigsten Gegend.
GÖTZ: Das dürft Ihr, und ich will's behaupten. Hier fließt der Main, und allmählich hebt der Berg an, der mit Äckern und Weinbergen bekleidet, von Eurem Schloß gekrönt wird, dann biegt sich der Fluß schnell um die Ecke hinter dem Felsen Eures Schlosses hin. Die Fenster des großen Saals gehen steil herab aufs Wasser, eine Aussicht, viel Stunden weit.

Elisabeth kommt

ELISABETH: Was schafft ihr?
GÖTZ: Du sollst deine Hand auch dazu geben, und sagen: Gott segne euch! Sie sind ein Paar.
ELISABETH: So geschwind!
GÖTZ: Aber nicht unvermutet.
ELISABETH: Möget Ihr euch so immer nach ihr sehnen als bisher, da Ihr um sie warbt! Und dann! Möchtet Ihr so glücklich sein, als Ihr sie lieb behaltet!
WEISLINGEN: Amen! Ich begehre kein Glück als unter diesem Titel.
GÖTZ: Der Bräutigam, meine liebe Frau, tut eine kleine Reise; denn die große Veränderung zieht viel geringe nach sich. Er entfernt sich zuerst vom bischöflichen Hof, um diese Freundschaft nach und nach erhalten zu lassen. Dann reißt er seine Güter eigennützigen Pachtern aus den Händen. Und – kommt Schwester, kommt Elisabeth! Wir wollen ihn allein lassen. Sein Knab hat ohne Zweifel geheime Aufträge an ihn.
WEISLINGEN: Nichts, als was Ihr wissen dürft.
GÖTZ: Braucht's nicht. – Franken und Schwaben! Ihr seid nun verschwisterter als jemals. Wie wollen wir den Fürsten den Daumen auf dem Aug halten! (Die drei gehn)
WEISLINGEN: Gott im Himmel! Konntest du mir Unwürdigen solch eine Seligkeit bereiten? Es ist zu viel für mein Herz. Wie ich von den elenden Menschen abhing, die ich zu beherrschen glaubte, von den Blikken des Fürsten, von dem ehrerbietigen Beifall umher! Götz, teurer Götz, du hast mich mir selbst wiedergegeben, und Maria, du vollendest meine Sinnesänderung. Ich fühle mich so frei wie in heiterer Luft. Bamberg will ich nicht mehr sehen, will alle die schändlichen Verbindungen durchschneiden, die mich unter mir selbst hielten. Mein Herz erweitert sich, hier ist kein beschwerliches Streben nach versagter Größe. So gewiß ist der allein glücklich und groß, der weder zu herrschen noch zu gehorchen braucht, um etwas zu sein!

Franz tritt auf

FRANZ: Gott grüß Euch, gestrenger Herr! Ich bring Euch so viele Grüße, daß ich nicht weiß, wo anzufangen. Bamberg und zehn Meilen in die Runde entbieten Euch ein tausendfaches: Gott grüß Euch!
WEISLINGEN: Willkommen, Franz! Was bringst du mehr?
FRANZ: Ihr steht in einem Andenken bei Hof und überall, daß es nicht zu sagen ist.
WEISLINGEN: Das wird nicht lange dauern.
FRANZ: Solang Ihr lebt! und nach Eurem Tod wird's heller blinken als die messingenen Buchstaben auf einem Grabstein. Wie man sich Euren Unfall zu Herzen nahm!
WEISLINGEN: Was sagte der Bischof?
FRANZ: Er war so begierig zu wissen, daß er mit geschäftiger Geschwindigkeit der Fragen meine Antwort verhinderte. Er wußt es zwar schon; denn Färber, der von Haslach entrann, brachte ihm die Botschaft. Aber er wollte alles wissen. Er fragte so ängstlich, ob Ihr nicht versehrt wäret? Ich sagte: Er ist ganz, von der äußersten Haarspitze bis zum Nagel des kleinen Zehs.
WEISLINGEN: Was sagte er zu den Vorschlägen?
FRANZ: Er wollte gleich alles herausgeben, den Knaben und noch Geld darauf, nur Euch zu befreien. Da er aber hörte, Ihr solltet ohne das loskommen, und nur Euer Wort das Äquivalent gegen den Buben sein, da wollte er absolut den Berlichingen vertagt haben. Er sagte mir hundert Sachen an Euch – ich hab sie wieder vergessen. Es war eine lange Predigt über die Worte: Ich kann Weislingen nicht entbehren.
WEISLINGEN: Er wird's lernen müssen!
FRANZ: Wie meint Ihr? Er sagte: Mach ihn eilen, es wartet alles auf ihn.
WEISLINGEN: Es kann warten. Ich gehe nicht nach Hof.
FRANZ: Nicht nach Hof? Herr! Wie kommt Euch das? Wenn Ihr wüßtet, was ich weiß. Wenn Ihr nur träumen könntet, was ich gesehen habe.
WEISLINGEN: Wie wird dir's?

FRANZ: Nur von der bloßen Erinnerung komm ich außer mir. Bamberg ist nicht mehr Bamberg, ein Engel in Weibesgestalt macht es zum Vorhofe des Himmels.
WEISLINGEN: Nichts weiter?
FRANZ: Ich will ein Pfaff werden, wenn Ihr sie seht und nicht außer Euch kommt.
WEISLINGEN: Wer ist's denn?
FRANZ: Adelheid von Walldorf.
WEISLINGEN: Die! Ich habe viel von ihrer Schönheit gehört.
FRANZ: Gehört? Das ist eben als wenn Ihr sagtet: ich hab die Musik gesehen. Es ist der Zunge so wenig möglich, eine Linie ihrer Vollkommenheiten auszudrücken, da das Aug sogar in ihrer Gegenwart sich nicht selbst genug ist.
WEISLINGEN: Du bist nicht gescheit.
FRANZ: Das kann wohl sein. Das letztemal, da ich sie sahe, hatte ich nicht mehr Sinne als ein Trunkener. Oder vielmehr, kann ich sagen, ich fühlte in dem Augenblick, wie's den Heiligen bei himmlischen Erscheinungen sein mag. Alle Sinne stärker, höher, vollkommener, und doch den Gebrauch von keinem.
WEISLINGEN: Das ist seltsam.
FRANZ: Wie ich von dem Bischof Abschied nahm, saß sie bei ihm. Sie spielten Schach. Er war sehr gnädig, reichte mir seine Hand zu küssen und sagte mir vieles, davon ich nichts vernahm. Denn ich sah seine Nachbarin, sie hatte ihr Auge aufs Brett geheftet, als wenn sie einem großen Streich nachsänne. Ein feiner lauernder Zug um Mund und Wange! Ich hätte der elfenbeinerne König sein mögen. Adel und Freundlichkeit herrschten auf ihrer Stirne. Und das blendende Licht des Angesichts und des Busens, wie es von den finstern Haaren erhoben ward!
WEISLINGEN: Du bist drüber gar zum Dichter geworden.
FRANZ: So fühl ich denn in dem Augenblick, was den Dichter macht, ein volles, ganz von *einer* Empfindung volles Herz! Wie der Bischof endigte und ich mich neigte, sah sie mich an, und sagte: Auch von mir einen Gruß unbekannterweise! Sag ihm, er mag ja bald kommen. Es warten neue Freunde auf ihn; er soll sie nicht verachten, wenn er schon an alten so reich ist. – Ich wollte was antworten, aber der Paß vom Herzen nach der Zunge war versperrt, ich neigte mich. Ich hätte mein Vergnügen gegeben, die Spitze ihres kleinen Fingers küssen zu dürfen! Wie ich so stund, warf der Bischof einen Bauern herunter, ich fuhr darnach und berührte im Aufheben den Saum ihres Kleides, das fuhr mir durch alle Glieder, und ich weiß nicht, wie ich zur Tür hinausgekommen bin.
WEISLINGEN: Ist ihr Mann bei Hofe?
FRANZ: Sie ist schon vier Monat Witwe. Um sich zu zerstreuen, hält sie sich in Bamberg auf. Ihr werdet sie sehen. Wenn sie einen ansieht, is's, als wenn man in der Frühlingssonne stünde.
WEISLINGEN: Es würde eine schwächere Wirkung auf mich haben.
FRANZ: Ich höre, Ihr seid so gut als verheiratet.
WEISLINGEN: Wollte ich wär's. Meine sanfte Marie wird das Glück meines Lebens machen. Ihre süße Seele bildet sich in ihren blauen Augen. Und weiß wie ein Engel des Himmels, gebildet aus Unschuld und Liebe, leitet sie mein Herz zur Ruhe und Glücklichkeit. Pack zusammen! und dann auf mein Schloß! Ich will Bamberg nicht sehen, und wenn Sankt Veit in Person meiner begehrte. (Geht ab)
FRANZ: Da sei Gott vor! Wollen das Beste hoffen! Maria ist liebreich und schön, und einem Gefangenen und Kranken kann ich's nicht übelnehmen, der sich in sie verliebt. In ihren Augen ist Trost, gesellschaftliche Melancholie. – Aber um dich, Adelheid, ist Leben, Feuer, Mut. – Ich würde! – Ich bin ein Narr – dazu machte mich *ein* Blick von ihr. Mein Herr muß hin! Ich muß hin! Und da will ich mich wieder gescheit oder völlig rasend gaffen.

ZWEITER AKT

BAMBERG. EIN SAAL
Bischof, Adelheid spielen Schach.
Liebetraut mit einer Zither.
Frauen, Hofleute um ihn herum am Kamin

LIEBETRAUT (spielt und singt):
Mit Pfeilen und Bogen
Kupido geflogen,
Die Fackel in Brand,
Wollt mutilich kriegen
Und männlich siegen
Mit stürmender Hand.
Auf! Auf!
An! An!
Die Waffen erklirrten,
Die Flügelein schwirrten,
Die Augen entbrannt.

Da fand er die Busen
Ach leider so bloß,
Sie nahmen so willig
Ihn all auf den Schoß.
Er schüttet die Pfeile
Zum Fenster hinein,
Sie herzten und drückten
Und wiegten ihn ein.
Hei ei o! Popeio!

ADELHEID: Ihr seid nicht bei Eurem Spiele. Schach dem König!
BISCHOF: Es ist noch Auskunft.
ADELHEID: Lange werdet Ihr's nicht mehr treiben. Schach dem König!

LIEBETRAUT: Dies Spiel spielt ich nicht, wenn ich ein großer Herr wär, und verböt's am Hofe und im ganzen Land.
ADELHEID: Es ist wahr, dies Spiel ist ein Probierstein des Gehirns.
LIEBETRAUT: Nicht darum! Ich wollte lieber das Geheul der Totenglocke und ominöser Vögel, lieber das Gebell des knurrischen Hofhunds Gewissen, lieber wollt ich sie durch den tiefsten Schlaf hören, als von Laufern, Springern und andern Bestien das ewige: Schach dem König!
BISCHOF: Wem wird auch das einfallen!
LIEBETRAUT: Einem zum Exempel, der schwach wäre und ein stark Gewissen hätte, wie denn das meistenteils beisammen ist. Sie nennen's ein königlich Spiel und sagen, es sei für einen König erfunden worden, der den Erfinder mit einem Meer von Überfluß belohnt habe. Wenn das wahr ist, so ist mir's, als wenn ich ihn sähe. Er war minorenn an Verstand oder an Jahren, unter der Vormundschaft seiner Mutter oder seiner Frau, hatte Milchhaare im Bart und Flachshaare um die Schläfe, er war so gefällig wie ein Weidenschößling und spielte gern Dame und mit den Damen, nicht aus Leidenschaft, behüte Gott! nur zum Zeitvertreib. Sein Hofmeister, zu tätig, um ein Gelehrter, zu unlenksam, ein Weltmann zu sein, erfand das Spiel in usum Delphini, das so homogen mit Seiner Majestät war – und so ferner.
ADELHEID: Schach dem König, und nun ist's aus! Ihr solltet die Lücken unsrer Geschichtsbücher ausfüllen, Liebetraut.

Sie stehen auf

LIEBETRAUT: Die Lücken unsrer Geschlechtsregister, das wäre profitabler. Seitdem die Verdienste unserer Vorfahren mit ihren Porträts zu einerlei Gebrauch dienen, die leeren Seiten nämlich unsrer Zimmer und unsres Charakters zu tapezieren; da wäre was zu verdienen.
BISCHOF: Er will nicht kommen, sagtet Ihr!
ADELHEID: Ich bitt Euch, schlagt's Euch aus dem Sinn.
BISCHOF: Was das sein mag?
LIEBETRAUT: Was? Die Ursachen lassen sich herunterbeten wie ein Rosenkranz. Er ist in eine Art von Zerknirschung gefallen, von der ich ihn leicht kurieren wollt.
BISCHOF: Tut das, reitet zu ihm.
LIEBETRAUT: Meinen Auftrag!
BISCHOF: Er soll unumschränkt sein. Spare nichts, wenn du ihn zurückbringst.
LIEBETRAUT: Darf ich Euch auch hineinmischen, gnädige Frau?
ADELHEID: Mit Bescheidenheit.
LIEBETRAUT: Das ist eine weitläufige Kommission.
ADELHEID: Kennt Ihr mich so wenig, oder seid Ihr so jung, um nicht zu wissen, in welchem Ton Ihr mit Weislingen von mir zu reden habt?

LIEBETRAUT: Im Ton einer Wachtelpfeife, denk ich.
ADELHEID: Ihr werdet nie gescheit werden!
LIEBETRAUT: Wird man das, gnädige Frau?
BISCHOF: Geht, geht. Nehmt das beste Pferd aus meinem Stall, wählt Euch Knechte, und schafft mir ihn her!
LIEBETRAUT: Wenn ich ihn nicht herbanne, so sagt, ein altes Weib, das Warzen und Sommerflecken vertreibt, verstehe mehr von der Sympathie als ich.
BISCHOF: Was wird das helfen! Der Berlichingen hat ihn ganz eingenommen. Wenn er herkommt, wird er wieder fort wollen.
LIEBETRAUT: Wollen, das ist keine Frage, aber ob er kann. Der Händedruck eines Fürsten, und das Lächeln einer schönen Frau! Da reißt sich kein Weisling los. Ich eile und empfehle mich zu Gnaden.
BISCHOF: Reist wohl.
ADELHEID: Adieu. *(Er geht)*
BISCHOF: Wenn er einmal hier ist, verlaß ich mich auf Euch.
ADELHEID: Wollt Ihr mich zur Leimstange brauchen.
BISCHOF: Nicht doch.
ADELHEID: Zum Lockvogel denn.
BISCHOF: Nein, den spielt Liebetraut. Ich bitt Euch, versagt mir nicht, was mir sonst niemand gewähren kann.
ADELHEID: Wollen sehn.

JAXTHAUSEN
Hanns von Selbitz. Götz

SELBITZ: Jedermann wird Euch loben, daß Ihr denen von Nürnberg Fehd angekündigt habt.
GÖTZ: Es hätte mir das Herz abgefressen, wenn ich's ihnen hätte lang schuldig bleiben sollen. Es ist am Tag, sie haben den Bambergern meinen Buben verraten. Sie sollen an mich denken!
SELBITZ: Sie haben einen alten Groll gegen Euch.
GÖTZ: Und ich wider sie; mir ist gar recht, daß sie angefangen haben.
SELBITZ: Die Reichsstädte und Pfaffen halten doch von jeher zusammen.
GÖTZ: Sie haben's Ursach.
SELBITZ: Wir wollen ihnen die Hölle heiß machen.
GÖTZ: Ich zählte auf Euch. Wollte Gott, der Burgemeister von Nürnberg, mit der güldenen Kett um den Hals, käm uns in Wurf, er sollt sich mit all seinem Witz verwundern.
SELBITZ: Ich höre, Weislingen ist wieder auf Eurer Seite. Tritt er zu uns?
GÖTZ: Noch nicht; es hat seine Ursachen, warum er uns noch nicht öffentlich Vorschub tun darf; doch ist's eine Weile genug, daß er nicht wider uns ist. Der Pfaff ist ohne ihn, was das Meßgewand ohne den Pfaffen.
SELBITZ: Wann ziehen wir aus?
GÖTZ: Morgen oder übermorgen. Es kommen nun bald

Kaufleute von Bamberg und Nürnberg aus der Frankfurter Messe. Wir werden einen guten Fang tun.
SELBITZ: Will's Gott. (Ab)

BAMBERG. ZIMMER DER ADELHEID
Adelheid. Kammerfräulein

ADELHEID: Er ist da! sagst du. Ich glaub es kaum.
FRÄULEIN: Wenn ich ihn nicht selbst gesehn hätte, würd ich sagen: ich zweifle.
ADELHEID: Den Liebetraut mag der Bischof in Gold einfassen, er hat ein Meisterstück gemacht.
FRÄULEIN: Ich sah ihn, wie er zum Schloß hereinreiten wollte, er saß auf einem Schimmel. Das Pferd scheute, wie's an die Brücke kam, und wollte nicht von der Stelle. Das Volk war aus allen Straßen gelaufen ihn zu sehn. Sie freuten sich über des Pferdes Unart. Von allen Seiten ward er gegrüßt, und er dankte allen. Mit einer angenehmen Gleichgültigkeit saß er droben, und mit Schmeicheln und Drohen bracht er es endlich zum Tor herein, der Liebetraut mit, und wenig Knechte.
ADELHEID: Wie gefällt er dir?
FRÄULEIN: Wie mir nicht leicht ein Mann gefallen hat. Er glich dem Kaiser hier (deutet auf Maximilians Porträt), als wenn er sein Sohn wäre. Die Nase nur etwas kleiner, ebenso freundliche lichtbraune Augen, ebenso ein blondes schönes Haar, und gewachsen wie eine Puppe. Ein halb trauriger Zug auf seinem Gesicht – ich weiß nicht – gefiel mir so wohl!
ADELHEID: Ich bin neugierig, ihn zu sehen.
FRÄULEIN: Das wär ein Herr für Euch.
ADELHEID: Närrin!
FRÄULEIN: Kinder und Narren –

Liebetraut kommt

LIEBETRAUT: Nun, gnädige Frau, was verdien ich?
ADELHEID: Hörner von deinem Weibe. Denn nach dem zu rechnen, habt Ihr schon manches Nachbars ehrliches Hausweib aus ihrer Pflicht hinausgeschwatzt.
LIEBETRAUT: Nicht doch, gnädige Frau! Auf ihre Pflicht, wollt Ihr sagen; denn wenn's ja geschah, schwätzt ich sie auf ihres Mannes Bette.
ADELHEID: Wie habt Ihr's gemacht, ihn herzubringen?
LIEBETRAUT: Ihr wißt zu gut, wie man Schnepfen fängt; soll ich Euch meine Kunststückchen noch dazu lehren? – Erst tat ich, als wüßt ich nichts, verstünd nichts von seiner Aufführung, und setzt ihn dadurch in den Nachteil, die ganze Historie zu erzählen. Die sah ich nun gleich von einer ganz andern Seite an als er, konnte nicht finden – nicht einsehen – und so weiter. Dann redete ich von Bamberg allerlei durcheinander, Großes und Kleines, erweckte gewisse alte Erinnerungen, und wie ich seine Einbildungskraft beschäftigt hatte, knüpfte ich wirklich eine Menge Fädchen wieder an, die ich zerrissen fand. Er wußte nicht, wie ihm geschah, fühlte einen neuen Zug nach Bamberg, er wollte – ohne zu wollen. Wie er nun in sein Herz ging, und das zu entwickeln suchte, und viel zu sehr mit sich beschäftigt war, um auf sich achtzugeben, warf ich ihm ein Seil um den Hals, aus drei mächtigen Stricken, Weiber- und Fürstengunst und Schmeichelei gedreht, und so hab ich ihn hergeschleppt.
ADELHEID: Was sagtet Ihr von mir?
LIEBETRAUT: Die lautre Wahrheit. Ihr hättet wegen Eurer Güter Verdrießlichkeiten – hättet gehofft, da er beim Kaiser so viel gelte, werde er das leicht enden können.
ADELHEID: Wohl.
LIEBETRAUT: Der Bischof wird ihn Euch bringen.
ADELHEID: Ich erwarte Sie. (Liebetraut ab) Mit einem Herzen, wie ich selten Besuch erwarte.

IM SPESSART
Berlichingen. Selbitz. Georg als Reitersknecht

GÖTZ: Du hast ihn nicht angetroffen, Georg!
GEORG: Er war tags vorher mit Liebetraut nach Bamberg geritten, und zwei Knechte mit.
GÖTZ: Ich seh nicht ein, was das geben soll.
SELBITZ: Ich wohl. Eure Versöhnung war ein wenig zu schnell, als daß sie dauerhaft hätte sein sollen. Der Liebetraut ist ein pfiffiger Kerl; von dem hat er sich beschwatzen lassen.
GÖTZ: Glaubst du, daß er bundbrüchig werden wird?
SELBITZ: Der erste Schritt ist getan.
GÖTZ: Ich glaub's nicht. Wer weiß, wie nötig es war, an Hof zu gehen; man ist ihm noch schuldig; wir wollen das Beste hoffen.
SELBITZ: Wollte Gott, er verdient' es, und täte das Beste!
GÖTZ: Mir fällt eine List ein. Wir wollen Georgen des Bamberger Reiters erbeuteten Kittel anziehen, und ihm das Geleitzeichen geben; er mag nach Bamberg reiten und sehen, wie's steht.
GEORG: Da hab ich lang drauf gehofft.
GÖTZ: Es ist dein erster Ritt. Sie vorsichtig, Knabe! Mir wäre leid, wenn dir ein Unfall begegnen sollt.
GEORG: Laßt nur, mich irrt's nicht, wenn noch so viel um mich herumkrabbeln, mir ist's, als wenn's Ratten und Mäuse wären. (Ab)

BAMBERG
Bischof. Weislingen

BISCHOF: Du willst dich nicht länger halten lassen!
WEISLINGEN: Ihr werdet nicht verlangen, daß ich meinen Eid brechen soll.
BISCHOF: Ich hätte verlangen können, du solltest ihn nicht schwören. Was für ein Geist regierte dich? Konnt ich dich ohne das nicht befreien? Gelt ich so wenig am kaiserlichen Hofe?

WEISLINGEN: Es ist geschehen; verzeiht mir, wenn Ihr könnt.
BISCHOF: Ich begreif nicht, was nur im geringsten dich nötigte, den Schritt zu tun! Mir zu entsagen? Waren denn nicht hundert andere Bedingungen, loszukommen? Haben wir nicht seinen Buben? Hätt ich nicht Geld genug gegeben, und ihn wieder beruhigt? Unsere Anschläge auf ihn und seine Gesellen wären fortgegangen. – Ach ich denke nicht, daß ich mit seinem Freunde rede, der nun wider mich arbeitet, und die Minen leicht entkräften kann, die er selbst gegraben hat.
WEISLINGEN: Gnädiger Herr!
BISCHOF: Und doch – wenn ich wieder dein Angesicht sehe, deine Stimme höre. Es ist nicht möglich, nicht möglich.
WEISLINGEN: Lebt wohl, gnädiger Herr.
BISCHOF: Ich gebe dir meinen Segen. Sonst, wenn du gingst, sagt' ich: Auf Wiedersehn! Jetzt – Wollte Gott, wir sähen einander nie wieder!
WEISLINGEN: Es kann sich vieles ändern.
BISCHOF: Es hat sich leider nur schon zu viel geändert. Vielleicht seh ich dich noch einmal, als Feind vor meinen Mauern, die Felder verheeren, die ihren blühenden Zustand dir jetzo danken.
WEISLINGEN: Nein, gnädiger Herr.
BISCHOF: Du kannst nicht Nein sagen. Die weltlichen Stände, meine Nachbarn, haben alle einen Zahn auf mich. Solang ich dich hatte – Geht, Weislingen! Ich habe Euch nichts mehr zu sagen. Ihr habt vieles zunichte gemacht. Geht!
WEISLINGEN: Und ich weiß nicht, was ich sagen soll.

Bischof ab. Franz tritt auf.

FRANZ: Adelheid erwartet Euch. Sie ist nicht wohl. Und doch will sie Euch ohne Abschied nicht lassen.
WEISLINGEN: Komm.
FRANZ: Gehn wir denn gewiß?
WEISLINGEN: Noch diesen Abend.
FRANZ: Mir ist, als wenn ich aus der Welt sollte.
WEISLINGEN: Mir auch, und noch dazu, als wüßt ich nicht wohin.

ADELHEIDENS ZIMMER
Adelheid. Fräulein

FRÄULEIN: Ihr seht blaß, gnädige Frau.
ADELHEID: – Ich lieb ihn nicht und wollt doch, daß er bliebe. Siehst du, ich könnte mit ihm leben, ob ich ihn gleich nicht zum Manne haben möchte.
FRÄULEIN: Glaubt Ihr, er geht?
ADELHEID: Er ist zum Bischof, um Lebewohl zu sagen.
FRÄULEIN: Er hat darnach noch einen schweren Stand.
ADELHEID: Wie meinst du?
FRÄULEIN: Was fragt Ihr, gnädige Frau? Ihr habt sein Herz geangelt, und wenn er sich losreißen will, verblutet er.

Adelheid. Weislingen

WEISLINGEN: Ihr seid nicht wohl, gnädige Frau?
ADELHEID: Das kann Euch einerlei sein. Ihr verlaßt uns, verlaßt uns auf immer. Was fragt Ihr, ob wir leben oder sterben.
WEISLINGEN: Ihr verkennt mich.
ADELHEID: Ich nehme Euch, wie Ihr Euch gebt.
WEISLINGEN: Das Ansehn trügt.
ADELHEID: So seid Ihr ein Chamäleon?
WEISLINGEN: Wenn Ihr in mein Herz sehen könntet!
ADELHEID: Schöne Sachen würden mir vor die Augen kommen.
WEISLINGEN: Gewiß! Ihr würdet Euer Bild drin finden.
ADELHEID: In irgendeinem Winkel bei den Porträten ausgestorbener Familien. Ich bitt Euch, Weislingen, bedenkt, Ihr redet mit mir. Falsche Worte gelten zum höchsten, wenn sie Masken unserer Taten sind. Ein Vermummter, der kenntlich ist, spielt eine armselige Rolle. Ihr leugnet Eure Handlungen nicht und redet das Gegenteil; was soll man von Euch halten?
WEISLINGEN: Was Ihr wollt. Ich bin so geplagt mit dem, was ich bin, daß mir wenig bang ist, für was man mich nehmen mag.
ADELHEID: Ihr kommt, um Abschied zu nehmen.
WEISLINGEN: Erlaubt mir, Eure Hand zu küssen, und ich will sagen: lebt wohl. Ihr erinnert mich! Ich bedachte nicht – Ich bin beschwerlich, gnädige Frau.
ADELHEID: Ihr legt's falsch aus; ich wollte Euch fort helfen. Denn Ihr wollt fort.
WEISLINGEN: O sagt: ich muß. Zöge mich nicht die Ritterpflicht, der heilige Handschlag –
ADELHEID: Geht! Geht! Erzählt das Mädchen, die den Theuerdank lesen, und sich so einen Mann wünschen. Ritterpflicht! Kinderspiel!
WEISLINGEN: Ihr denkt nicht so.
ADELHEID: Bei meinem Eid, Ihr verstellt Euch. Was hat Ihr versprochen? Und wem? Einem Mann, der seine Pflicht gegen den Kaiser und das Reich verkennt, in eben dem Augenblick Pflicht zu leisten, da er durch Eure Gefangennehmung in die Strafe der Acht verfällt. Pflicht zu leisten! die nicht gültiger sein kann als ein ungerechter gezwungener Eid. Entbinden nicht unsre Gesetze von solchen Schwüren? Macht das Kindern weis, die den Rübezahl glauben. Es stecken andere Sachen dahinter. Ein Feind des Reichs zu werden, ein Feind der bürgerlichen Ruh und Glückseligkeit! Ein Feind des Kaisers! Geselle eines Räubers! du, Weislingen, mit deiner sanften Seele!
WEISLINGEN: Wenn Ihr ihn kenntet –
ADELHEID: Ich wollt ihm Gerechtigkeit widerfahren lassen. Er hat eine hohe unbändige Seele. Eben darum wehe dir, Weislingen! Geh und bilde dir ein, Geselle von ihm zu sein! Geh! und laß dich beherrschen. Du bist freundlich, gefällig –
WEISLINGEN: Er ist's auch.
ADELHEID: Aber du bist nachgebend und er nicht! Un-

versehens wird er dich wegreißen, du wirst ein Sklave eines Edelmanns werden, da du Herr von Fürsten sein könntest. – Doch es ist Unbarmherzigkeit, dir deinen zukünftigen Stand zu verleiden.
WEISLINGEN: Hättest du gefühlt, wie liebreich er mir begegnete.
ADELHEID: Liebreich! Das rechnest du ihm an? Es war seine Schuldigkeit; und was hättest du verloren, wenn er widerwärtig gewesen wäre? Mir hätte das willkommner sein sollen. Ein übermütiger Mensch wie der –
WEISLINGEN: Ihr redet von Eurem Feind.
ADELHEID: Ich redete für Eure Freihiet. – Und weiß überhaupt nicht, was ich für einen Anteil dran nehme. Lebt wohl.
WEISLINGEN: Erlaubt noch einen Augenblick.
Er nimmt ihre Hand und schweigt
ADELHEID: Habt Ihr mir noch etwas zu sagen?
WEISLINGEN: – – Ich muß fort.
ADELHEID: So geht.
WEISLINGEN: Gnädige Frau! – Ich kann nicht.
ADELHEID: Ihr müßt.
WEISLINGEN: Soll das Euer letzter Blick sein?
ADELHEID: Geht! Ich bin krank, sehr zur ungelegnen Zeit.
WEISLINGEN: Seht mich nicht so an.
ADELHEID: Willst du unser Feind sein, und wir sollen dir lächeln? Geh!
WEISLINGEN: Adelheid!
ADELHEID: Ich hasse Euch!
Franz kommt
FRANZ: Gnädiger Herr! Der Bischof läßt Euch rufen.
ADELHEID: Geht! Geht!
FRANZ: Er bittet Euch eilend zu kommen.
ADELHEID: Geht! Geht!
WEISLINGEN: Ich nehme nicht Abschied, ich sehe Euch wieder. (Ab)
ADELHEID: Mich wieder? Wir wollen dafür sein. Margarete, wenn er kommt, weis ihn ab. Ich bin krank, habe Kopfweh, ich schlafe. – Weis ihn ab. Wenn er noch zu gewinnen ist, so ist's auf diesem Weg. (Ab)

VORZIMMER
Weislingen. Franz

WEISLINGEN: Sie will mich nicht sehn?
FRANZ: Es wird Nacht, soll ich die Pferde satteln?
WEISLINGEN: Sie will mich nicht sehn!
FRANZ: Wann befehlen Ihro Gnaden die Pferde?
WEISLINGEN: Es ist zu spät! Wir bleiben hier.
FRANZ: Gott sei Dank! (Ab)
WEISLINGEN: Du bleibst! Sei auf deiner Hut, die Versuchung ist groß. Dein Pferd scheute, wie ich zum Schloßtor herein wollte, mein guter Geist stellte sich ihm entgegen, er kannte die Gefahren, die mein hier warteten. – Doch ist's nicht recht, die vielen Geschäfte, die ich dem Bischof unvollendet liegen ließ, nicht wenigstens so zu ordnen, daß ein Nachfolger da anfangen kann, wo ich's gelassen habe. Das kann ich doch alles tun, unbeschadet Berlichingens und unserer Verbindung. Denn halten sollen sie mich hier nicht. – Wäre doch besser gewesen, wenn ich nicht gekommen wäre. Aber ich will fort – morgen oder übermorgen. (Geht ab)

IM SPESSART
Götz. Selbitz. Georg

SELBITZ: Ihr seht, es ist gegangen, wie ich gesagt habe.
GÖTZ: Nein! Nein! Nein!
GEORG: Glaubt, ich berichte Euch mit der Wahrheit. Ich tat, wie Ihr befahlt, nahm den Kittel des Bambergischen und sein Zeichen, und damit ich doch mein Essen und Trinken verdiente, geleitete ich Reineckische Bauern hinauf nach Bamberg.
SELBITZ: In der Verkappung? Das hätte dir übel geraten können.
GEORG: So denk ich auch hintendrein. Ein Reitersmann, der das voraus denkt, wird keine weiten Sprünge machen. Ich kam nach Bamberg, und gleich im Wirtshaus hörte ich erzählen: Weislingen und der Bischof seien ausgesöhnt, und man redete viel von einer Heirat mit der Witwe des von Walldorf.
GÖTZ: Gespräche.
GEORG: Ich sah ihn, wie er sie zur Tafel führte. Sie ist schön, bei meinem Eid, sie ist schön. Wir bückten uns alle, sie dankte uns allen, er nickte mit dem Kopf, sah sehr vergnügt, sie gingen vorbei, und das Volk murmelte: ein schönes Paar!
GÖTZ: Das kann sein.
GEORG: Hört weiter. Da er des andern Tags in die Messe ging, paßt ich meine Zeit ab. Er war allein mit einem Knaben. Ich stand unten an der Treppe und sagte leise zu ihm: Ein paar Worte von Eurem Berlichingen. Er ward bestürzt; ich sahe das Geständnis seines Lasters in seinem Gesicht, er hatte kaum das Herz, mich anzusehen, mich, einen schlechten Reitersjungen.
SELBITZ: Das macht, sein Gewissen war schlechter als dein Stand.
GEORG: Du bist Bambergisch! sagt er. Ich bring einen Gruß vom Ritter Berlichingen! sagt ich, und soll fragen – Komm morgen früh, sagt er, an mein Zimmer, wir wollen weiter reden.
GÖTZ: Kamst du?
GEORG: Wohl kam ich, und mußt im Vorsaal stehn, lang, lang. Und die seidnen Buben beguckten mich von vorn nach hinten. Ich dachte, guckt ihr – Endlich führte man mich hinein, er schien böse, mir war's einerlei. Ich trat zu ihm und legte meine Kommission ab. Er tat feindlich böse, wie einer, der kein Herz hat und 's nit will merken lassen. Er verwunderte sich, daß Ihr ihn durch einen Reitersjungen zur Rede setzen ließt. Das verdroß mich. Ich sagte, es gäbe nur

zweierlei Leut, brave und Schurken, und ich diente Götzen von Berlichingen. Nun fing er an, schwatzte allerlei verkehrtes Zeug, das darauf hinausging: Ihr hättet ihn übereilt, er sei euch keine Pflicht schuldig, und wollte nichts mit Euch zu tun haben.

GÖTZ: Hast du das aus seinem Munde?

GEORG: Das und noch mehr. – Er drohte mir –

GEORG: Es ist genug! Der wäre nun auch verloren! Treu und Glaube, du hast mich wieder betrogen. Arme Marie! Wie werd ich dir's beibringen!

SELBITZ: Ich wollte lieber mein ander Bein dazu verlieren als so ein Hundsfott sein. (Ab)

BAMBERG
Adelheid. Weislingen

ADELHEID: Die Zeit fängt mir an unerträglich lang zu werden; reden mag ich nicht, und ich schäme mich, mit Euch zu spielen. Langeweile, du bist ärger als ein kaltes Fieber.

WEISLINGEN: Seid Ihr mich schon müde?

ADELHEID: Euch nicht sowohl als Euren Umgang. Ich wollte, Ihr wärt, wo Ihr hin wolltet, und wir hätten Euch nicht gehalten.

WEISLINGEN: Das ist Weibergunst! Erst brütet sie, mit Mutterwärme, unsere liebsten Hoffnungen an; dann, gleich einer unbeständigen Henne, verläßt sie das Nest, und übergibt ihre schon keimende Nachkommenschaft dem Tode und der Verwesung.

ADELHEID: Scheltet die Weiber! Der unbesonnene Spieler zerbeißt und zerstampft die Karten, die ihn unschuldigerweise verlieren machten. Aber laßt mich Euch was von Mannsleuten erzählen. Was seid denn ihr, um von Wankelmut zu sprechen? Ihr, die ihr selten seid, was ihr sein wollt, niemals was ihr sein solltet. Könige im Festtagsornat, vom Pöbel beneidet. Was gäb eine Schneidersfrau drum, ein Schnur Perlen um ihren Hals zu haben, von dem Saum Eures Kleids, den Eure Absätze verächtlich zurückstoßen!

WEISLINGEN: Ihr seid bitter.

ADELHEID: Es ist die Antistrophe von Eurem Gesang. Eh ich euch kannte, Weislingen, ging mir's wie der Schneidersfrau. Der Ruf, hundertzüngig, ohne Metapher gesprochen, hatte Euch so zahnarztmäßig herausgestrichen, daß ich mich überreden ließ zu wünschen: möchtest du doch diese Quintessenz des männlichen Geschlechts, den Phönix Weislingen zu Gesicht kriegen! Ich ward meines Wunsches gewährt.

WEISLINGEN: Und der Phönix präsentierte sich als ein ordinärer Haushahn.

ADELHEID: Nein, Weislingen, ich nahm Anteil an Euch.

WEISLINGEN: Es schien so –

ADELHEID: Und war. Denn wirklich, Ihr übertraft Euren Ruf. Die Menge schätzt nur den Widerschein des Verdienstes. Wie mir's denn nun geht, daß ich über die Leute nicht denken mag, denen ich wohl will; so lebten wir eine Zeitlang nebeneinander, es fehlte mir was, und ich wußte nicht, was ich an Euch vermißte. Endlich gingen mir die Augen auf. Ich sah statt des aktiven Mannes, der die Geschäfte eines Fürstentums belebte, der sich und seinen Ruhm dabei nicht vergaß, der auf hundert großen Unternehmungen, wie auf übereinandergewälzten Bergen, zu den Wolken hinauf gestiegen war; den sah ich auf einmal, jammernd wie einen kranken Poeten, melancholisch wie ein gesundes Mädchen, und müßiger als einen alten Junggesellen. Anfangs schrieb ich's Eurem Unfall zu, der Euch noch neu auf dem Herzen lag, und entschuldigte Euch, so gut ich konnte. Jetzt, da es von Tag zu Tag schlimmer mit Euch zu werden scheint, müßt Ihr mir verzeihen, wenn ich Euch meine Gunst entreiße. Ihr besitzt sie ohne Recht, ich schenkte sie einem andern auf Lebenslang, der sie Euch nicht übertragen konnte.

WEISLINGEN: So laßt mich los.

ADELHEID: Nicht, bis alle Hoffnung verloren ist. Die Einsamkeit ist in diesen Umständen gefährlich. – Armer Mensch! Ihr seid so mißmutig, wie einer, dem sein erstes Mädchen untreu wird, und eben darum geb ich Euch nicht auf. Gebt mir die Hand, verzeiht mir, was ich aus Liebe gesagt habe.

WEISLINGEN: Könntest du mich lieben, könntest du meiner heißen Leidenschaft einen Tropfen Linderung gewähren! Adelheid! Deine Vorwürfe sind höchst ungerecht. Könntest du den hundertsten Teil ahnen von dem, was die Zeit her in mir arbeitet, du würdest mich nicht mit Gefälligkeit, Gleichgültigkeit und Verachtung so unbarmherzig hin und her zerrissen haben. – Du lächelst! – Nach dem übereilten Schritt wieder mit mir selbst einig zu werden, kostet mehr als einen Tag. Wider den Menschen zu arbeiten, dessen Andenken so lebhaft neu in Liebe bei mir ist.

ADELHEID: Wunderlicher Mann, der du den lieben kannst, den du beneidest! Das ist, als wenn ich meinem Feinde Proviant zuführte.

WEISLINGEN: Ich fühl's wohl, es gilt hier kein Säumen. Er ist berichtet, daß ich wieder Weislingen bin, und er wird sich seines Vorteils über uns ersehen. Auch, Adelheid, sind wir nicht so träg, als du meinst. Unsere Reiter sind verstärkt und wachsam, unsere Unterhandlungen gehen fort, und der Reichstag zu Augsburg soll hoffentlich unsere Projekte zur Reife bringen.

ADELHEID: Ihr geht hin?

WEISLINGEN: Wenn ich eine Hoffnung mitnehmen könnte! (Er küßt ihre Hand)

ADELHEID: O ihr Ungläubigen! Immer Zeichen und Wunder! Geh, Weislingen, und vollende das Werk. Der Vorteil des Bischofs, der deinige, der meinige, sie sind so verwebt, daß, wäre es auch nur der Politik wegen –

WEISLINGEN: Du kannst scherzen.

ADELHEID: Ich scherze nicht. Meine Güter hat der

stolze Herzog inne, die deinigen wird Götz nicht lange ungeneckt lassen; und wenn wir nicht zusammenhalten wie unsere Feinde, und den Kaiser auf unsere Seite lenken, sind wir verloren.

WEISLINGEN: Mir ist's nicht bange. Der größte Teil der Fürsten ist unserer Gesinnung. Der Kaiser verlangt Hilfe gegen die Türken, und dafür ist's billig, daß er uns wieder beisteht. Welche Wollust wird mir's sein, deine Güter von übermütigen Feinden zu befreien, die unruhigen Köpfe in Schwaben aufs Kissen zu bringen, die Ruhe des Bistums, unser aller herzustellen. Und dann –?

ADELHEID: Ein Tag bring den andern, und beim Schicksal steht das Zukünftige.

WEISLINGEN: Aber wir müssen wollen.

ADELHEID: Wir wollen ja.

WEISLINGEN: Gewiß?

ADELHEID: Nun ja. Geht nur.

WEISLINGEN: Zauberin!

HERBERGE
Bauernhochzeit. Musik und Tanz draußen.
Der Brautvater, Götz, Selbitz am Tische. Bräutigam tritt zu ihnen

GÖTZ: Das Gescheiteste war, daß ihr euren Zwist so glücklich und fröhlich durch eine Heirat endigt.

BRAUTVATER: Besser als ich mir's hätte träumen lassen. In Ruh und Fried mit meinem Nachbar, und eine Tochter wohl versorgt dazu!

BRÄUTIGAM: Und ich im Besitz des strittigen Stücks, und drüber den hübschen Backfisch im ganzen Dorf. Wollte Gott, Ihr hättet Euch eher drein geben.

SELBITZ: Wie lange habt ihr prozessiert?

BRAUTVATER: An die acht Jahre. Ich wollte lieber noch einmal so lang das Frieren haben, als von vorn anfangen. Das ist ein Gezerre, ihr glaubt's nicht, bis man den Perrucken ein Urteil vom Herzen reißt; und was hat man darnach. Der Teufel hol den Assessor Sapupi! 's ein verfluchter schwarzer Italiener.

BRÄUTIGAM: Ja, das ist ein toller Kerl. Zweimal war ich dort.

BRAUTVATER: Und ich dreimal. Und seht, ihr Herrn: kriegen wir ein Urteil endlich, wo ich so viel recht hab als er, und er so viel als ich, und wir eben stunden wie die Maulaffen, bis mir unser Herrgott eingab, ihm meine Tochter zu geben und das Zeug dazu.

GÖTZ (trinkt): Gut Vernehmen künftig.

BRAUTVATER: Geb's Gott! Geh's aber wie's will, prozessieren tu ich mein Tag nit mehr. Was das ein Geldspiel kost! Jeden Reverenz, den Euch ein Prokurator macht, müßt Ihr bezahlen.

SELBITZ: Sind ja jährlich kaiserliche Visitationen da.

BRAUTVATER: Hab nichts davon gespürt. Ist mir mancher schöne Taler nebenausgangen. Das unerhörte Blechen!

GÖTZ: Was meint Ihr?

BRAUTVATER: Ach, da macht alles hohle Pfötchen. Der Assessor allein, Gott verzeih's ihm, hat mir achtzehn Goldgülden abgenommen.

BRÄUTIGAM: Wer?

BRAUTVATER: Wer anders als der Sapupi!

GÖTZ: Das ist schändlich.

BRAUTVATER: Wohl, ich mußt ihm zwanzig erlegen. Und da ich sie ihm hingezahlt hatte, in seinem Gartenhaus, das prächtig ist, im großen Saal, wollt mir vor Wehmut fast das Herz brechen. Denn seht, eines Haus und Hof steht gut, aber wo soll bar Geld herkommen? Ich stund da, Gott weiß wie mir's war. Ich hatte keinen roten Heller Reisegeld im Sack. Endlich nahm ich mir's Herz und stellt's ihm vor. Nun er sah, daß mir's Wasser an die Seele ging, da warf er mir zwei davon zurück, und schickt' mich fort.

BRÄUTIGAM: Es ist nicht möglich! Der Sapupi!

BRAUTVATER: Wie stellst du dich! Freilich! Kein andrer!

BRÄUTIGAM: Den soll der Teufel holen, er hat mir auch funfzehn Goldgülden abgenommen.

BRAUTVATER: Verflucht!

SELBITZ: Götz! Wir sind Räuber!

BRAUTVATER: Drum fiel das Urteil so scheel aus. Du Hund!

GÖTZ: Das müßt ihr nicht ungerügt lassen.

BRAUTVATER: Was sollen wir tun?

GÖTZ: Macht euch auf nach Speier, es ist eben Visitationszeit, zeigt's an, sie müssen's untersuchen und euch zu dem eurigen helfen.

BRÄUTIGAM: Denkt Ihr, wir treiben's durch?

GÖTZ: Wenn ich ihm über die Ohren dürft, wollt ich's euch versprechen.

SELBITZ: Die Summe ist wohl einen Versuch wert.

GÖTZ: Bin ich wohl eher um des vierten Teils willen ausgeritten.

BRAUTVATER: Wie meinst du?

BRÄUTIGAM: Wir willen, geh's wie's geh.
Georg kommt

GEORG: Die Nürnberger sind in Anzug.

GÖTZ: Wo?

GEORG: Wenn wir ganz sachte reiten, packen wir sie zwischen Beerheim und Mühlbach im Wald.

SELBITZ: Trefflich!

GÖTZ: Kommt, Kinder. Gott grüß euch! Helf uns allen zum unsrigen!

BAUER: Großen Dank! Ihr wollt nicht zum Nacht-Jims bleiben?

GÖTZ: Können nicht. Adies.

Dritter Akt

AUGSBURG. EIN GARTEN
Zwei Nürnberger Kaufleute

ERSTER KAUFMANN: Hier wollen wir stehn, denn da muß der Kaiser vorbei. Er kommt eben den langen Gang herauf.
ZWEITER KAUFMANN: Wer ist bei ihm?
ERSTER KAUFMANN: Adelbert von Weislingen.
ZWEITER KAUFMANN: Bambergs Freund! das ist gut.
ERSTER KAUFMANN: Wir wollen einen Fußfall tun, und ich will reden.
ZWEITER KAUFMANN: Wohl, da kommen sie.
Kaiser. Weislingen
ERSTER KAUFMANN: Er sieht verdrießlich aus.
KAISER: Ich bin unmutig, Weislingen, und wenn ich auf mein vergangenes Leben zurücksehe, möcht ich verzagt werden; so viel halbe, so viel verunglückte Unternehmungen! und das alles, weil kein Fürst im Reich so klein ist, dem nicht mehr an seinen Grillen gelegen wäre als an meinen Gedanken.
Die Kaufleute werfen sich ihm zu Füßen
KAUFMANN: Allerdurchlauchtigster! Großmächtigster!
KAISER: Wer seid ihr? Was gibt's?
KAUFMANN: Arme Kaufleute von Nürnberg, Eurer Majestät Knechte, und flehen um Hilfe. Götz von Berlichingen und Hanns von Selbitz haben unser dreißig, die von der Frankfurter Messe kamen, im Bambergischen Geleite niedergeworfen und beraubt; wir bitten Eure Kaiserliche Majestät um Hilfe, um Beistand, sonst sind wir alle verdorbene Leute, genötigt, unser Brot zu betteln!
KAISER: Heiliger Gott! Heiliger Gott! Was ist das? Der eine hat nur eine Hand, der andere nur ein Bein; wenn sie erst zwei Hände hätten, und zwei Beine, was wolltet ihr dann tun?
KAUFMANN: Wir bitten Eure Majestät untertänigst, auf unsere bedrängten Umstände ein mitleidiges Auge zu werfen.
KAISER: Wie geht's zu! Wenn ein Kaufmann einen Pfeffersack verliert, soll man das ganze Reich aufmahnen; und wenn Händel vorhanden sind, daran Kaiserlicher Majestät und dem Reich viel gelegen ist, daß es Königreich, Fürstentum, Herzogtum und anders betrifft, so kann euch kein Mensch zusammenbringen.
WEISLINGEN: Ihr kommt zur ungelegnen Zeit. Geht und verweilt einige Tage hier.
KAUFLEUTE: Wir empfehlen uns zu Gnaden. (Ab)
KAISER: Wieder neue Händel. Sie wachsen nach wie die Köpfe der Hydra.
WEISLINGEN: Und sind nicht auszurotten als mit Feuer und Schwert, und einer mutigen Unternehmung.
KAISER: Glaubt Ihr?
WEISLINGEN: Ich halte nichts für tunlicher, wenn Eure Majestät und die Fürsten sich über andern unbedeutenden Zwist vereinigen könnten. Es ist mitnichten ganz Deutschland, das über Beunruhigung klagt. Franken und Schwaben allein glimmt noch von den Resten des innerlichen verderblichen Bürgerkriegs. Und auch da sind viele der Edlen und Freien, die sich nach Ruhe sehnen. Hätten wir einmal diesen Sickingen, Selbitz – Berlichingen auf die Seite geschafft, das übrige würde bald von sich selbst zerfallen. Denn sie sind's, deren Geist die aufrührerische Menge belebt.
KAISER: Ich möchte die Leute gern schonen, sie sind tapfer und edel. Wenn ich Krieg führte, müßten sie mit mir zu Felde.
WEISLINGEN: Es wäre zu wünschen, daß sie von jeher gelernt hätten, ihrer Pflicht zu gehorchen. Und dann wär es höchst gefährlich, ihre aufrührerischen Unternehmungen durch Ehrenstellen zu belohnen. Denn eben diese kaiserliche Mild und Gnade ist's, die sie bisher so ungeheuer mißbrauchten, und ihr Anhang, der sein Vertrauen und Hoffnung darauf setzt, wird nicht ehe zu bändigen sein, bis wir sie ganz vor den Augen der Welt zunichte gemacht, und ihnen alle Hoffnungen, jemals wieder emporzukommen, völlig abgeschnitten haben.
KAISER: Ihr ratet also zur Strenge?
WEISLINGEN: Ich sehe kein ander Mittel, den Schwindelgeist, der ganze Landschaften ergreift, zu bannen. Hören wir nicht schon hier und da die bittersten Klagen der Edlen, daß ihre Untertanen, ihre Leibeigenen sich gegen sie auflehnen und mit ihnen rechten, ihnen die hergebrachte Oberherrschaft zu schmälern drohen, so daß die gefährlichsten Folgen zu fürchten sind?
KAISER: Jetzt wär eine schöne Gelegenheit wider den Berlichingen und Selbitz; nur wollt ich nicht, daß ihnen was zuleid geschehe. Gefangen möcht ich sie haben, und dann müßten sie Urfehde schwören, auf ihren Schlössern ruhig zu bleiben, und nicht aus ihrem Bann zu gehen. Bei der nächsten Session will ich's vortragen.
WEISLINGEN: Ein freudiger beistimmender Zuruf wird Eurer Majestät das Ende der Rede ersparen. (Ab)

JAXTHAUSEN
Sickingen, Berlichingen

SICKINGEN: Ja, ich komme, Eure edle Schwester um ihr Herz und ihre Hand zu bitten.
GÖTZ: So wollt ich, Ihr wärt eher kommen. Ich muß Euch sagen: Weislingen hat während seiner Gefangenschaft ihre Liebe gewonnen, um sie angehalten, und ich sagt sie ihm zu. Ich hab ihn losgelassen, den Vogel, und er verachtet die gütige Hand, die ihm in der Not Futter reichte. Er schwirrt herum, weiß Gott auf welcher Hecke seine Nahrung zu suchen.
SICKINGEN: Ist das so?
GÖTZ: Wie ich sage.

SICKINGEN: Er hat ein doppeltes Band zerrissen. Wohl Euch, daß Ihr mit dem Verräter nicht näher verwandt worden.
GÖTZ: Sie sitzt, das arme Mädchen, verjammert und verbetet ihr Leben.
SICKINGEN: Wir wollen sie singen machen.
GÖTZ: Wie! Entschließt Ihr Euch, eine Verlaßne zu heiraten?
SICKINGEN: Es macht Euch beiden Ehre, von ihm betrogen worden zu sein. Soll darum das arme Mädchen in ein Kloster gehn, weil der erste Mann, den sie kannte, ein Nichtswürdiger war? Nein doch! ich bleibe darauf, sie soll Königin von meinen Schlössern werden.
GÖTZ: Ich sage Euch, sie war nicht gleichgültig gegen ihn.
SICKINGEN: Traust du mir nicht zu, daß ich den Schatten eines Elenden sollte verjagen können? Laß uns zu ihr. (Ab)

LAGER DER REICHSEXEKUTION
Hauptmann. Offiziere

HAUPTMANN: Wir müssen behutsam gehn und unsere Leute so viel möglich schonen. Auch ist unser gemessene Ordre, ihn in die Enge zu treiben und lebendig gefangen zu nehmen. Es wird schwer halten, denn wer mag sich an ihn machen?
ERSTER OFFIZIER: Freilich! Und er wird sich wehren wie ein wildes Schwein. Überhaupt hat er uns sein Leben lang nichts zuleid getan, und jeder wird's von sich schieben, Kaiser und Reich zu Gefallen Arm und Bein dran zu setzen.
ZWEITER OFFIZIER: Es wäre eine Schande, wenn wir ihn nicht kriegten. Wenn ich ihn nur einmal beim Lippen habe, er soll nicht loskommen.
ERSTER OFFIZIER: Faßt ihn nur nicht mit Zähnen, er möchte Euch die Kinnbacken ausziehen. Guter junger Herr, dergleichen Leut' packen sich nicht wie ein flüchtiger Dieb.
ZWEITER OFFIZIER: Wollen sehn.
HAUPTMANN: Unsern Brief muß er nun haben. Wir wollen nicht säumen, und einen Trupp ausschicken, der ihn beobachten soll.
ZWEITER OFFIZIER: Laßt mich ihn führen.
HAUPTMANN: Ihr seid der Gegend unkundig.
ZWEITER OFFIZIER: Ich hab einen Knecht, der hier geboren und erzogen ist.
HAUPTMANN: Ich bin's zufrieden. (Ab)

JAXTHAUSEN
Sickingen

SICKINGEN: Es geht alles nach Wunsch; sie war etwas bestürzt über meinen Antrag und sah mich vom Kopf bis auf die Füße an; ich wette, sie verglich mich mit ihrem Weißfisch. Gott sei Dank, daß ich mich stellen darf. Sie antwortete wenig und durcheinander; desto besser! Es mag eine Zeit kochen. Bei Mädchen, die durch Liebesunglück gebeizt sind, wird ein Heiratsvorschlag bald gar.

Götz kommt

SICKINGEN: Was bringt Ihr, Schwager?
GÖTZ: In die Acht erklärt.
SICKINGEN: Was?
GÖTZ: Da lest den erbaulichen Brief. Der Kaiser hat Exekution gegen mich verordnet, die mein Fleisch den Vögeln unter dem Himmel und den Tieren auf dem Felde zu fressen vorschneiden soll.
SICKINGEN: Erst sollen sie dran. Just zur gelegenen Zeit bin ich hier.
GÖTZ: Nein, Sickingen, Ihr sollt fort. Das hieße Eure großen Anschläge im Keim zertreten, wenn Ihr zu so ungelegener Zeit des Reichs Feind werden wolltet. Auch mir könnt Ihr weit mehr nutzen, wenn Ihr neutral zu sein scheint. Der Kaiser liebt Euch, und das Schlimmste, das mir begegnen kann, ist gefangen zu werden; dann braucht Euer Vorwort, und reißt mich aus einem Elend, in das unzeitige Hilfe uns beide stürzen könnte. Denn was wär's? Jetzo geht der Zug gegen mich; erfahren Sie, du bist bei mir, so schicken sie mehr, und wir sind um nichts gebessert. Der Kaiser sitzt an der Quelle, und ich wär schon jetzt unwiederbringlich verloren, wenn man Tapferkeit so geschwind einblasen könnte, als man einen Haufen zusammenblasen kann.
SICKINGEN: Doch kann ich heimlich ein zwanzig Reiter zu Euch stoßen lassen.
GÖTZ: Gut. Ich hab schon Georgen nach dem Selbitz geschickt, und meine Knechte in der Nachbarschaft herum. Lieber Schwager, wenn meine Leute beisammen sind, es wird ein Häufchen sein, dergleichen wenig Fürsten beisammen gesehen haben.
SICKINGEN: Ihr werdet gegen der Menge wenig sein.
GÖTZ:
Ein Wolf ist einer ganzen Herde Schafe zu viel.
SICKINGEN: Wenn sie aber einen guten Hirten haben?
GÖTZ: Sorg du. Es sind lauter Mietlinge. Und dann kann der beste Ritter nichts machen, wenn er nicht Herr von seinen Handlungen ist. So kamen sie mir auch einmal, wie ich dem Pfalzgrafen zugesagt hatte, gegen Conrad Schotten zu dienen; da legt er mir einen Zettel aus der Kanzlei vor, wie ich reiten und mich halten sollt; da warf ich den Räten das Papier wieder dar, und sagt: ich wüßt nicht darnach zu handeln, ich weiß nicht, wie mir begegnen mag, das steht nicht im Zettel, ich muß die Augen selbst auftun und sehn, was ich zu schaffen hab.
SICKINGEN: Glück zu, Bruder. Ich will gleich fort und dir schicken, was ich in der Eil zusammentreiben kann.
GÖTZ: Komm noch zu den Frauen, ich ließ sie beisammen. Ich wollte, daß du ihr Wort hättest, ehe du gingst. Dann schick mir die Reiter, und komm heimlich wieder, sie abzuholen, denn mein Schloß, fürcht ich, wird bald kein Aufenthalt für Weiber mehr sein.
SICKINGEN: Wollen das Beste hoffen. (Ab)

BAMBERG. ADELHEIDENS ZIMMER
Adelheid. Franz

ADELHEID: So sind die beiden Exekutionen schon aufgebrochen?
FRANZ: Ja, und mein Herr hat die Freude, gegen Eure Feinde zu ziehen. Ich wollte gleich mit, so fern ich zu Euch gehe. Auch will ich jetzt wieder fort, um bald mit fröhlicher Botschaft wiederzukehren. Mein Herr hat mir's erlaubt.
ADELHEID: Wie steht's mit ihm?
FRANZ: Er ist munter. Mir befahl er Eure Hand zu küssen.
ADELHEID: Da – deine Lippen sind warm.
FRANZ (vor sich, auf die Brust deutend): Hier ist's noch wärmer! (Laut) Gnädige Frau, Eure Diener sind die glücklichsten Menschen unter der Sonne.
ADELHEID: Wer führt gegen Berlichingen?
FRANZ: Der von Sirau. Lebt wohl, beste gnädige Frau! Ich will wieder fort. Vergeßt mich nicht.
ADELHEID: Du mußt was essen, trinken und rasten.
FRANZ: Wozu das? Ich hab Euch ja gesehen. Ich bin nicht müd noch hungrig.
ADELHEID: Ich kenne deine Treu.
FRANZ: Ach gnädige Frau!
ADELHEID: Du hältst's nicht aus, beruhige dich, und nimm was zu dir.
FRANZ: Eure Sorgfalt für einen armen Jungen! (Ab)
ADELHEID: Die Tränen stehn ihm in den Augen. Ich lieb ihn von Herzen. So wahr und warm hat noch niemand an mir gehangen. (Ab)

JAXTHAUSEN
Götz. Georg

GEORG: Er will selbst mit Euch sprechen. Ich kenn ihn nicht; es ist ein stattlicher Mann, mit schwarzen feurigen Augen.
GÖTZ: Bring ihn herein.

Lerse kommt

GÖTZ: Gott grüß Euch. Was bringt Ihr?
LERSE: Mich selbst, das ist nicht viel, doch alles, was es ist, biet ich Euch an.
GÖTZ: Ihr seid mir willkommen, doppelt willkommen, ein braver Mann, und zu dieser Zeit, da ich nicht hoffte neue Freunde zu gewinnen, eher den Verlust der alten stündlich fürchtete. Gebt mir Euren Namen.
LERSE: Franz Lerse.
GÖTZ: Ich danke Euch, Franz, daß Ihr mich mit einem braven Mann bekannt macht.
LERSE: Ich machte Euch schon einmal mit mir bekannt, aber damals danktet Ihr mir nicht dafür.
GÖTZ: Ich erinnere mich Eurer nicht.
LERSE: Es wäre mir leid. Wißt Ihr noch, wie Ihr um des Pfalzgrafen willen Conrad Schotten feind wart, und nach Haßfurt auf die Fastnacht reiten wolltet?
GÖTZ: Wohl weiß ich es.

LERSE: Wißt Ihr, wie Ihr unterwegs bei einem Dorf fünfundzwanzig Reitern entgegenkamt?
GÖTZ: Richtig. Ich hielt sie anfangs nur für zwölfe, und teilt meinen Haufen, waren unser sechzehn, und hielt am Dorf hinter der Scheuer, in willens, sie sollten bei mir vorbeiziehen. Dann wollt ich ihnen nachrucken, wie ich's mit dem andern Haufen abgered't hatte.
LERSE: Aber wir sahn Euch, und zogen auf eine Höhe am Dorf. Ihr zogt herbei und hieltet unten. Wie wir sahn, Ihr wolltet nicht heraufkommen, ritten wir herab.
GÖTZ: Da sah ich erst, daß ich mit der Hand in die Kohlen geschlagen hatte. Fünfundzwanzig gegen acht! Da galt's kein Feiern. Erhard Truchses durchstach mir einen Knecht, dafür rannt ich ihn vom Pferde. Hätten sie sich alle gehalten wie er und ein Knecht, es wäre mein und meines kleinen Häufchens übel gewahrt gewesen.
LERSE: Der Knecht, wovon Ihr sagtet –
GÖTZ: Es war der bravste, den ich gesehen habe. Er setzte mir heiß zu. Wenn ich dachte, ich hätt ihn von mir gebracht, wollte mit andern zu schaffen haben, war er wieder an mir und schlug feindlich zu. Er hieb mir auch durch den Panzerärmel hindurch, daß es ein wenig gefleischt hatte.
LERSE: Habt Ihr's ihm verziehen?
GÖTZ: Er gefiel mir mehr als zu wohl.
LERSE: Nun so hoff ich, daß Ihr mit mir zufrieden sein werdet, ich hab mein Probstück an Euch selbst abgelegt.
GÖTZ: Bist du's? O willkommen, willkommen. Kannst du sagen, Maximilian, du hast unter deinen Dienern einen so geworben!
LERSE: Mich wundert, daß Ihr nicht eh auf mich gefallen seid.
GÖTZ: Wie sollte mir einkommen, daß der mir seine Dienste anbieten würde, der auf das feindseligste mich zu überwältigen trachtete?
LERSE: Eben das, Herr! Von Jugend auf dien ich als Reitersknecht, und hab's mit machem Ritter aufgenommen. Da wir auf Euch stießen, freut es mich. Ich kannte Euren Namen, und da lernt ich Euch kennen. Ihr wißt, ich hielt nicht stand; Ihr saht, es war nicht Furcht, denn ich kam wieder. Kurz, ich lernt Euch kennen, und von Stund an beschloß ich, Euch zu dienen.
GÖTZ: Wie lange wollt Ihr bei mir aushalten?
LERSE: Auf ein Jahr. Ohne Entgelt.
GÖTZ: Nein, Ihr sollt gehalten werden wie ein anderer, und drüber wie der, der mir bei Remlin zu schaffen machte.

Georg kommt

GEORG: Hanns von Selbitz läßt Euch grüßen. Morgen ist er hier mit funfzig Mann.
GÖTZ: Wohl.
GEORG: Es zieht am Kocher ein Trupp Reichsvölker herunter, ohne Zweifel Euch zu beobachten.
GÖTZ: Wieviel?
GEORG: Ihrer funfzig.

GÖTZ: Nicht mehr! Komm, Lerse, wir wollen sie zusammenschmeißen, wenn Selbitz kommt, daß er schon ein Stück Arbeit getan findet.
LERSE: Das soll eine reichliche Vorlese werden.
GÖTZ: Zu Pferde! (Ab)

WALD AN EINEM MORAST
Zwei Reichsknechte begegnen einander

ERSTER KNECHT: Was machst du hier?
ZWEITER KNECHT: Ich hab Urlaub gebeten, meine Notdurft zu verrichten. Seit dem blinden Lärmen gestern abends ist mir's in die Gedärme geschlagen, daß ich alle Augenblicke vom Pferd muß.
ERSTER KNECHT: Hält der Trupp hier in der Nähe?
ZWEITER KNECHT: Wohl eine Stunde den Wald hinauf.
ERSTER KNECHT: Wie verlaufst du dich dann hierher?
ZWEITER KNECHT: Ich bitt dich, verrat mich nicht. Ich will aufs nächste Dorf, und sehn, ob ich nit mit warmen Überschlägen meinem Übel abhelfen kann. Wo kommst du her?
ERSTER KNECHT: Vom nächsten Dorf. Ich hab unserem Offizier Wein und Brot geholt.
ZWEITER KNECHT: So, er tut sich was zu guts vor unserm Angesicht, und wir sollen fasten! Schön Exempel!
ERSTER KNECHT: Komm mit zurück, Schurke.
ZWEITER KNECHT: Wär ich ein Narr? Es sind noch viele unterm Haufen, die gern fasteten, wenn sie so weit davon wären als ich.
ERSTER KNECHT: Hörst du! Pferde!
ZWEITER KNECHT: O weh!
ERSTER KNECHT: Ich klettere auf den Baum.
ZWEITER KNECHT: Ich steck mich ins Rohr.
Götz, Lerse, Georg, Knechte zu Pferde
GÖTZ: Hier am Teich weg und linker Hand in den Wald, so kommen wir ihnen in Rücken.
Sie ziehen vorbei
ERSTER KNECHT (steigt vom Baum): Da ist nicht gut sein. Michel! Er antwortet nicht? Michel, sie sind fort! (Er geht nach dem Sumpf) Michel! O weh, er ist versunken. Michel! Er hört mich nicht, er ist erstickt. Bist doch krepiert, du Memme. – Wir sind geschlagen. Feinde, überall Feinde.
Götz, Georg zu Pferde
GÖTZ: Halt Kerl, oder du bist des Todes!
KNECHT: Schont meines Lebens!
GÖTZ: Dein Schwert! Georg, führ ihn zu den anderen Gefangenen, die Lerse dort unten am Wald hat. Ich muß ihren flüchtigen Führer erreichen. (Ab)
KNECHT: Was ist aus unserm Ritter geworden, der uns führte?
GEORG: Unterst zuoberst stürzt ihn mein Herr vom Pferd, daß der Federbusch im Kot stak. Seine Reiter huben ihn aufs Pferd und fort, wie besessen. (Ab)

LAGER
Hauptmann. Erster Ritter

ERSTER RITTER: Sie fliehen von weitem dem Lager zu.
HAUPTMANN: Er wird ihnen an den Fersen sein. Laßt ein funfzig ausrücken bis an die Mühle; wenn er sich zu weit verliert, erwischt ihr ihn vielleicht. (Ritter ab)
Zweiter Ritter, geführt
HAUPTMANN: Wie geht's, junger Herr? Habt Ihr ein paar Zinken abgerennt?
RITTER: Daß dich die Pest! Das stärkste Geweih wäre gesplittert wie Glas. Du Teufel! Er rannt auf mich los, es war mir, als wenn der Donner in die Erd hineinschlüg.
HAUPTMANN: Dankt Gott, daß Ihr noch davongekommen seid.
RITTER: Es ist nichts zu danken, ein paar Rippen sind entzwei. Wo ist der Feldscher? (Ab)

JAXTHAUSEN
Götz. Selbitz

GÖTZ: Was sagst du zu der Achtserklärung, Selbitz?
SELBITZ: Es ist ein Streich von Weislingen.
GÖTZ: Meinst du!
SELBITZ: Ich meine nicht, ich weiß.
GÖTZ: Woher?
SELBITZ: Er war auf dem Reichstag, sag ich dir, er war um den Kaiser.
GÖTZ: Wohl, so machen wir ihm wieder einen Anschlag zunichte.
SELBITZ: Hoff's.
GÖTZ: Wir wollen fort! und soll die Hasenjagd angehn.

LAGER
Hauptmann. Ritter

HAUPTMANN: Dabei kommt nichts heraus, ihr Herrn. Er schlägt uns einen Haufen nach dem andern, und was nicht umkommt und gefangen wird, das lauft in Gottes Namen lieber nach der Türkei als ins Lager zurück. So werden wir alle Tag schwächer. Wir müssen einmal für allemal ihm zu Leib gehen, und das mit Ernst; ich will selbst dabei sein, und er soll sehn, mit wem er zu tun hat.
RITTER: Wir sind's all zufrieden; nur ist er der Landsart so kundig, weiß alle Gänge und Schliche im Gebirg, daß er so wenig zu fangen ist wie eine Maus auf dem Kornboden.
HAUPTMANN: Wollen ihn schon kriegen. Erst auf Jaxthausen zu. Mag er wollen oder nicht, er muß herbei, sein Schloß zu verteidigen.
RITTER: Soll unser ganzer Hauf marschieren?
HAUPTMANN: Freilich! Wißt Ihr, daß wir schon um hundert geschmolzen sind?
RITTER: Drum geschwind, eh der ganze Eisklumpen auftaut; es macht warm in der Nähe, und wir stehn da wie Butter an der Sonne. (Ab)

GEBIRG UND WALD
Götz. Selbitz. Trupp

GÖTZ: Sie kommen mit hellem Hauf. Es war hohe Zeit, daß Sickingens Reiter zu uns stießen.
SELBITZ: Wir wollen uns teilen. Ich will linker Hand um die Höhe ziehen.
GÖTZ: Gut. Und du, Franz, führe mir die funfzig rechts durch den Wald hinauf; sie kommen über die Heide, ich will gegen ihnen halten. Georg, du bleibst um mich. Und wenn ihr seht, daß sie mich angreifen, so fallt ungesäumt in die Seiten. Wir wollen sie patschen. Sie denken nicht, daß wir ihnen die Spitze bieten können. (Ab)

HEIDE, AUF DER EINEN SEITE EINE HÖHE, AUF DER ANDERN WALD
Hauptmann. Exekutionszug

HAUPTMANN: Er hält auf der Heide! Das ist impertinent. Er soll's büßen. Was! Den Strom nicht zu fürchten, der auf ihn losbraust?
RITTER: Ich wollt nicht, daß Ihr an der Spitze rittet; er hat das Ansehn, als ob er den ersten, der ihn anstoßen möchte, umgekehrt in die Erde pflanzen wollte. Reitet hinten drein.
HAUPTMANN: Nicht gern.
RITTER: Ich bitt Euch. Ihr seid noch der Knoten von diesem Bündel Haselruten; löst ihn auf, so knickt er sie Euch einzeln wie Riedgras.
HAUPTMANN: Trompeter blas! Und ihr blast ihn weg. (Ab)
Selbitz hinter der Höhe hervor im Galopp
SELBITZ: Mir nach! Sie sollen zu zu ihren Händen rufen: multipliziert euch. (Ab)
Lerse aus dem Wald
LERSE: Götzen zu Hilf! Er ist fast umringt. Braver Selbitz, du hast schon Luft gemacht. Wir wollen die Heide mit ihren Distelköpfen besäen. (Vorbei. Getümmel)

EINE HÖHE MIT EINEM WARTTURN
Selbitz, verwundet. Knechte

SELBITZ: Legt mich hierher und kehrt zu Götzen.
ERSTER KNECHT: Laßt uns bleiben, Herr, Ihr braucht unser.
SELBITZ: Steig einer auf die Warte, und seh, wie's geht.
ERSTER KNECHT: Wie will ich hinaufkommen?
ZWEITER KNECHT: Steig auf meine Schultern, da kannst du die Lücke reichen und dir bis zur Öffnung hinaufhelfen.
ERSTER KNECHT (steigt hinauf): Ach, Herr!
SELBITZ: Was siehest du?
ERSTER KNECHT: Eure Reiter fliehen. Der Höhe zu.
SELBITZ: Höllische Schurken! Ich wollt, sie stünden und ich hätt eine Kugel vorm Kopf. Reit einer hin, und fluch und wetter sie zurück. (Knecht ab) Siehest du Götzen?
KNECHT: Die drei schwarzen Federn seh ich mitten im Getümmel.
SELBITZ: Schwimm, braver Schwimmer. Ich liege hier!
KNECHT: Ein weißer Federbusch, wer ist das?
SELBITZ: Der Hauptmann.
KNECHT: Götz drängt sich an ihn. – Bau! Er stürzt.
SELBITZ: Der Hauptmann?
KNECHT: Ja, Herr.
SELBITZ: Wohl! Wohl!
KNECHT: Weh! Weh! Götzen seh ich nicht mehr.
SELBITZ: So stirb, Selbitz!
KNECHT: Ein fürchterlich Gedräng, wo er stund. Georgs blauer Busch verschwindet auch.
SELBITZ: Komm herunter. Siehst du Lersen nicht?
KNECHT: Nichts. Es geht alles drunter und drüber.
SELBITZ: Nichts mehr. Komm! Wie halten sich Sickingens Reiter?
KNECHT: Gut. – Da flieht einer nach dem Wald. Noch einer! Ein ganzer Trupp! Götz ist hin.
SELBITZ: Komm herab.
KNECHT: Ich kann nicht. – Wohl! Wohl! Ich sehe Götzen! Ich sehe Georgen!
SELBITZ: Zu Pferd?
KNECHT: Hoch zu Pferd! Sieg! Sieg! sie fliehen.
SELBITZ: Die Reichstruppen?
KNECHT: Die Fahne mitten drin, Götz hinter drein. Sie zerstreuen sich. Götz erreicht den Fähndrich. – Er hat die Fahn. – Er hält. Eine Hand voll Menschen um ihn herum. Mein Kamerad erreicht ihn. – Sie ziehn herauf.
Götz. Georg. Lerse. Ein Trupp
SELBITZ: Glück zu! Götz. Sieg! Sieg!
GÖTZ (steigt vom Pferde): Teuer! Teuer! Du bist verwundt, Selbitz?
SELBITZ: Du lebst und siegst! Ich habe wenig getan. Und meine Hunde von Reitern! Wie bist du davongekommen?
GÖTZ: Diesmal galt's! Und hier Georgen dank ich das Leben, und hier Lersen dank ich's. Ich warf den Hauptmann vom Gaul. Sie stachen mein Pferd nieder und drangen auf mich ein, Georg hieb sich zu mir und sprang ab, ich wie der Blitz auf seinen Gaul, wie der Donner saß er auch wieder. Wie kamst du zum Pferd?
GEORG: Einem, der nach Euch hieb, stieß ich meinen Dolch in die Gedärme, wie sich sein Harnisch in die Höhe zog. Er stürzt, und ich half Euch von einem Feind und mir zu einem Pferde.
GÖTZ: Nun staken wir, bis Franz sich zu uns hereinschlug, und da mähten wir von innen heraus.
LERSE: Die Hunde, die ich führte, sollten von außen hineinmähen, bis sich unsere Sensen begegnet hätten; aber sie flohen wie Reichsknechte.
GÖTZ: Es flohe Freund und Feind. Nur du kleiner Hauf hieltest mir den Rücken frei; ich hatte mit den Kerls vor mir genug zu tun. Der Fall ihres Hauptmanns half mir sie schütteln, und sie flohen. Ich habe ihre Fahne und wenig Gefangene.
SELBITZ: Der Hauptmann ist euch entwischt?

GÖTZ: Sie hatten ihn inzwischen gerettet. Kommt, Kinder, kommt! Selbitz – macht eine Bahre von Ästen; – du kannst nicht aufs Pferd. Kommt in mein Schloß. Sie sind zerstreut. Aber unser sind wenig, und ich weiß nicht, ob sie Truppen nachzuschicken haben. Ich will euch bewirten, meine Freunde. Ein Glas Wein schmeckt auf so einen Strauß.

LAGER
Hauptmann

HAUPTMANN: Ich möcht euch alle mit eigener Hand umbringen! Was, fortzulaufen! Er hatte keine Hand voll Leute mehr! Fortzulaufen, vor einem Mann! Es wird's niemand glauben, als wer über uns zu lachen Lust hat. – Reit herum, ihr, und ihr, und ihr. Wo ihr von unsern zerstreuten Knechten find't, bringt sie zurück oder stecht sie nieder. Wir müssen diese Scharten auswetzen, und wenn die Klingen drüber zugrunde gehen sollten.

JAXTHAUSEN
Götz. Lerse. Georg

GÖTZ: Wir dürfen keinen Augenblick säumen! Arme Jungen, ich darf euch keine Rast gönnen. Jagt geschwind herum und sucht noch Reiter aufzutreiben. Bestellt sie alle nach Weilern, da sind sie am sichersten. Wenn wir zögern, so ziehen sie mir vors Schloß. (Die zwei ab.) Ich muß einen auf Kundschaft ausjagen. Es fängt an heiß zu werden, und wenn es nur noch brave Kerls wären, aber so ist's die Menge. (Ab.)

Sickingen. Maria

MARIA: Ich bitt Euch, lieber Sickingen, geht nicht von meinem Bruder! Seine Reiter, Selbitzens, Eure, sind zerstreut; er ist allein, Selbitz ist verwundet auf sein Schloß gebracht, und ich fürchte alles.
SICKINGEN: Seid ruhig, ich gehe nicht weg.
Götz kommt.
GÖTZ: Kommt in die Kirch, der Pater wartet. Ihr sollt mir in einer Viertelstund ein Paar sein.
SICKINGEN: Laßt mich hier.
GÖTZ: In die Kirch sollt Ihr jetzt.
SICKINGEN: Gern – und darnach?
GÖTZ: Darnach sollt Ihr Eurer Wege gehn.
SICKINGEN: Götz!
GÖTZ: Wollt Ihr nicht in die Kirche?
SICKINGEN: Kommt, kommt.

LAGER
Hauptmann. Ritter

HAUPTMANN: Wieviel sind's in allem?
RITTER: Hundertundfünfzig.
HAUPTMANN: Von Vierhunderten! Das ist arg. Jetzt gleich auf und grad gegen Jaxthausen zu, eh er sich erholt und sich uns wieder in Weg stellt.

JAXTHAUSEN
Götz. Elisabeth. Maria. Sickingen

GÖTZ: Gott segne euch, geb euch glückliche Tage, und behalte die, die er euch abzieht, für eure Kinder.
ELISABETH: Und die laß er sein, wie Ihr seid: rechtschaffen! Und dann laßt sie werden, was sie wollen.
SICKINGEN: Ich dank Euch. Und dank Euch, Maria. Ich führte Euch an den Altar, und Ihr sollt mich zur Glückseligkeit führen.
MARIA: Wir wollen zusammen eine Pilgrimschaft nach diesem fremden gelobten Lande antreten.
GÖTZ: Glück auf die Reise!
MARIA: So ist's nicht gemeint, wir verlassen Euch nicht.
GÖTZ: Ihr sollt, Schwester.
MARIA: Du bist sehr unbarmherzig, Bruder.
GÖTZ: Und Ihr zärtlicher als vorsehend.

Georg kommt

GEORG (heimlich): Ich kann niemand auftreiben. Ein einziger war geneigt, darnach veränderte er sich und wollte nicht.
GÖTZ: Gut, Georg. Das Glück fängt an launisch mit mir zu werden. Ich ahnt es. Sickingen, ich bitt Euch, geht noch diesen Abend. Beredet Maria. Sie ist Eure Frau. Laßt sie's fühlen. Wenn Weiber quer in unsere Unternehmungen treten, ist unser Feind im freien Feld sicherer als sonst in der Burg.

Knecht kommt

KNECHT (leise): Herr, das Reichsfähnlein ist auf dem Marsch, grad hieher, sehr schnell.
GÖTZ: Ich hab sie mit Rutenstreichen geweckt. Wieviel sind ihrer?
KNECHT: Ungefähr zweihundert. Sie können nicht zwei Stunden mehr von hier sein.
GÖTZ: Noch überm Fluß?
KNECHT: Ja, Herr.
GÖTZ: Wenn ich nur funfzig Mann hätte, sie sollten mir nicht herüber. Hast du Lersen nicht gesehen?
KNECHT: Nein, Herr.
GÖTZ: Biet allen, sie sollen sich bereit halten. – Es muß geschieden sein, meine Lieben. Weine, meine gute Marie, es werden Augenblicke kommen, wo du dich freuen wirst. Es ist besser, du weinst an deinem Hochzeitstag, als daß übergroße Freude der Vorbote künftigen Elends wäre. Lebt wohl, Marie. Lebt wohl, Bruder.
MARIA: Ich kann nicht von Euch, Schwester. Lieber Bruder, laß uns. Achtest du meinen Mann so wenig, daß du in dieser Extremität seine Hilfe verschmähst?
GÖTZ: Ja, es ist weit mit mir gekommen. Vielleicht bin ich meinem Sturz nahe. Ihr beginnt heut zu leben, und Ihr sollt Euch von meinem Schicksal trennen. Ich hab Eure Pferde zu satteln befohlen. Ihr müßt gleich fort.
MARIA: Bruder! Bruder!
ELISABETH (zu Sickingen): Gebt ihm nach! Geht.
SICKINGEN: Liebe Marie, laßt uns gehen.

MARIA: Du auch? Mein Herz wird brechen.
GÖTZ: So bleib denn. In wenigen Stunden wird meine Burg umringt sein.
MARIA: Weh! Weh!
GÖTZ: Wir werden uns verteidigen, so gut wir können.
MARIA: Mutter Gottes, hab Erbarmen mit uns!
GÖTZ: Und am Ende werden wir sterben, oder uns ergeben. – Du wirst deinen edlen Mann mit mir in ein Schicksal geweint haben.
MARIA: Du marterst mich.
GÖTZ: Bleib! Bleib! Wir werden zusammen gefangen werden. Sickingen, du wirst mit mir in die Grube fallen! Ich hoffte, du solltest mir heraushelfen.
MARIA: Wir wollen fort. Schwester, Schwester!
GÖTZ: Bringt sie in Sicherheit, und dann erinnert Euch meiner.
SICKINGEN: Ich will ihr Bette nicht besteigen, bis ich Euch außer Gefahr weiß.
GÖTZ: Schwester – liebe Schwester! (Er küßt sie)
SICKINGEN: Fort, fort!
GÖTZ: Noch einen Augenblick. – Ich seh Euch wieder. Tröstet Euch. Wir sehn uns wieder.
Sickingen, Maria ab.
GÖTZ: Ich trieb sie, und da sie geht, möcht ich sie halten. Elisabeth, du bleibst bei mir!
ELISABETH: Bis in den Tod. (Ab)
GÖTZ: Wen Gott lieb hat, dem geb er so eine Frau!
Georg kommt
GEORG: Sie sind in der Nähe, ich habe sie vom Turn gesehen. Die Sonne ging auf und ich sah ihre Piken blinken. Wie ich sie sah, wollt mir's nicht bänger werden, als einer Katze vor einer Armee Mäuse. Zwar wir spielen die Ratten.
GÖTZ: Seht nach den Torriegeln. Verrammelt's inwenig mit Balken und Steinen. (Georg ab) Wir wollen ihre Geduld für'n Narren halten, und ihre Tapferkeit sollen sie mir an ihren eigenen Nägeln verkäuen. (Trompeter von außen) Aha! Ein rotröckiger Schurke, der uns die Frage vorlegen wird, ob wir Hundsfötter sein wollen. (Er geht ans Fenster) Was soll's? (Man hört in der Ferne reden.)
GÖTZ (in seinen Bart): Einen Strick um deinen Hals.
Trompeter redet fort
GÖTZ: Beleidiger der Majestät! – Die Aufforderung hat ein Pfaff gemacht.
Trompeter endet
GÖTZ (antwortet): Mich ergeben! Auf Gnad und Ungnad! Mit wem redet Ihr! Bin ich ein Räuber! Sag deinem Hauptmann: Vor Ihro Kaiserliche Majestät hab ich, wie immer, schuldigen Respekt. Er aber, sag's ihm, er kann mich – – –

Schmeißt das Fenster zu

BELAGERUNG. KÜCHE
Elisabeth. Götz zu ihr

GÖTZ: Du hast viel Arbeit, arme Frau.
ELISABETH: Ich wollt, ich hätte sie lang. Wir werden schwerlich aushalten können.
GÖTZ: Wir hatten nicht Zeit, uns zu versehen.
ELISABETH: Und die vielen Leute, die Ihr zeither gespeist habt. Mit dem Wein sind wir auch schon auf der Neige.
GÖTZ: Wenn wir nur auf einen gewissen Punkt halten, daß sie Kapitulation vorschlagen. Wir tun ihnen brav Abbruch. Sie schießen den ganzen Tag und verwunden unsere Mauern und knicken unsere Scheiben. Lerse ist ein braver Kerl; er schleicht mit seiner Büchse herum; wo sich einer zu nahe wagt, blaff! liegt er.
KNECHT: Kohlen, gnädige Frau.
GÖTZ: Was gibt's.
KNECHT: Die Kugeln sind alle, wir wollen neue gießen.
GÖTZ: Wie steht 's Pulver?
KNECHT: So ziemlich. Wir sparen unsere Schüsse wohl aus.

SAAL
Lerse mit einer Kugelform. Knecht mit Kohlen

LERSE: Stell sie daher, und seht, wo ihr im Hause Blei kriegt. Inzwischen will ich hier zugreifen. (Hebt ein Fenster aus und schlägt die Scheiben ein) Alle Vorteile gelten. – So geht's in der Welt, weiß kein Mensch, was aus den Dingen werden kann. Der Glaser, der die Scheiben faßte, dachte gewiß nicht, daß das Blei einem seiner Urenkel garstiges Kopfweh machen könnte! und da mich mein Vater zeugte, dachte er nicht, welcher Vogel unter dem Himmel, welcher Wurm auf der Erde mich fressen möchte.
Georg kommt mit einer Dachrinne
GEORG: Da hast du Blei. Wenn du nur mit der Hälfte triffst, so entgeht keiner, der Ihro Majestät ansagen kann: Herr, wir haben schlecht bestanden.
LERSE (haut davon): Ein brav Stück.
GEORG: Der Regen mag sich einen andern Weg suchen! ich bin nicht bang davor; ein braver Reiter und ein rechter Regen mangeln nie eines Pfads.
LERSE (er gießt): Halt den Löffel. (Er geht ans Fenster) Da zieht so ein Reichsknappe mit der Büchse herum; sie denken, wir haben uns verschossen. Er soll die Kugel versuchen, warm wie sie aus der Pfanne kommt. (Er lädt)
GEORG (lehnt den Löffel an): Laß mich sehn.
LERSE (schießt): Da liegt der Spatz.
GEORG: Der schoß vorhin nach mir (sie gießen), wie ich zum Dachfenster hinausstieg, und die Rinne holen wollte. Er traf eine Taube, die nicht weit von mir saß, sie stürzt in die Rinne; ich dankt ihm für den Braten und stieg mit der doppelten Beute wieder herein.
LERSE: Nun wollen wir wohl laden, und im ganzen Schloß herumgehen, unser Mittagessen zu verdienen.
Götz kommt
GÖTZ: Bleib, Lerse! Ich hab mit dir zu reden! Dich, Georg, will ich nicht von der Jagd abhalten. (Georg ab)
GÖTZ: Sie entbieten mir einen Vertrag.

LERSE: Ich will zu ihnen hinaus, und hören, was es soll.
GÖTZ: Es wird sein: ich soll mich auf Bedingungen in ritterlich Gefängnis stellen.
LERSE: Das ist nichts. Wie wär's, wenn sie uns freien Abzug eingestünden, da Ihr doch von Sickingen keinen Entsatz erwartet? Wir vergrüben Geld und Silber, wo sie's mit keiner Wünschelrute finden sollten, überließen ihnen das Schloß, und kämen mit Manier davon.
GÖTZ: Sie lassen uns nicht.
LERSE: Es kommt auf eine Prob an. Wir wollen um sicher Geleit rufen, und ich will hinaus. (Ab)

SAAL
Götz, Elisabeth, Georg, Knechte bei Tische

GÖTZ: So bringt uns die Gefahr zusammen. Laßt's euch schmecken, meine Freunde! Vergeßt das Trinken nicht. Die Flasche ist leer. Noch eine, liebe Frau. (Elisabeth zuckt die Achsel) Ist keine mehr da?
ELISABETH (leise): Noch eine; ich hab sie für dich beiseite gesetzt.
GÖTZ: Nicht doch, Liebe! Gib sie heraus. Sie brauchen Stärkung, nicht ich; es ist ja meine Sache.
ELISABETH: Holt sie draußen im Schrank!
GÖTZ: Es ist die letzte. Und mir ist's, als ob wir nicht zu sparen Ursach hätten. Ich bin lange nicht so vergnügt gewesen. (Er schenkt ein) Es lebe der Kaiser!
ALLE: Er lebe.
GÖTZ: Das soll unser vorletztes Wort sein, wenn wir sterben! Ich lieb ihn, denn wir haben einerlei Schicksal. Und ich bin noch glücklicher als er. Er muß den Reichsständen die Mäuse fangen, inzwischen die Ratten seine Besitztümer annagen. Ich weiß, er wünscht sich manchmal lieber tot, als länger die Seele eines so krüpplichen Körpers zu sein. (Er schenkt ein) Es geht just noch einmal herum. Und wenn unser Blut anfängt auf die Neige zu gehen, wie der Wein in dieser Flasche erst schwach, dann tropfenweise rinnt (tröpfelt das Letzte in sein Glas), was soll unser letztes Wort sein?
GEORG: Es lebe die Freiheit!
GÖTZ: Es lebe die Freiheit!
ALLE: Es lebe die Freiheit!
GÖTZ: Und wenn die uns überlebt, können wir ruhig sterben. Denn wir sehen im Geist unsere Enkel glücklich und die Kaiser unserer Enkel glücklich. Wenn die Diener der Fürsten dem Kaiser dienen, wie ich ihm dienen möchte –
GEORG: Da müßt's viel anders werden.
GÖTZ: So viel nicht, als es scheinen möchte. Hab ich nicht unter den Fürsten treffliche Menschen gekannt, und sollte das Geschlecht ausgestorben sein! Gute Menschen, die in sich und ihren Untertanen glücklich waren; die einen edlen freien Nachbar neben sich leiden konnten, und ihn weder fürchteten noch beneideten; denen das Herz aufging, wenn sie viel ihresgleichen bei sich zu Tisch sahen, und nicht erst die Ritter zu Hofschranzen umzuschaffen brauchten, um mit ihnen zu leben.

GEORG: Habt Ihr solche Herrn gekannt?
GÖTZ: Wohl. Ich erinnere mich zeitlebens, wie der Landgraf von Hanau eine Jagd gab, und die Fürsten und Herrn, die zugegen waren, unter freiem Himmel speisten, und das Landvolk all herbeilief, sie zu sehen. Das war keine Maskerade, die er sich selbst zu Ehren angestellt hatte. Aber die vollen runden Köpfe der Bursche und Mädel, die roten Backen alle, und die wohlhäbigen Männer und stattlichen Greise, und alles fröhliche Gesichter, und wie sie teilnahmen an der Herrlichkeit ihres Herrn, der auf Gottes Boden unter ihnen sich ergetzte!
GEORG: Das war ein Herr, vollkommen wie Ihr.
GÖTZ: Sollten wir nicht hoffen, daß mehr solcher Fürsten auf einmal herrschen können? daß Verehrung des Kaisers, Fried und Freundschaft der Nachbarn, und Lieb der Untertanen der kostbarste Familienschatz sein wird, der auf Enkel und Urenkel erbt? Jeder würde das Seinige erhalten und in sich selbst vermehren, statt daß sie jetzo nicht zuzunehmen glauben, wenn sie nicht andere verderben.
GEORG: Würden wir hernach auch reiten?
GÖTZ: Wollte Gott, es gäbe keine unruhige Köpfe in ganz Deutschland! wir würden noch immer zu tun genug finden. Wir wollten die Gebirge von Wölfen säubern, wollten unserm ruhig ackernden Nachbar einen Braten aus dem Wald holen, und dafür die Suppe mit ihm essen. Wär uns das nicht genug, wir wollten uns mit unsern Brüdern, wie Cherubim mit flammenden Schwertern, vor die Grenzen des Reichs gegen die Wölfe, die Türken, gegen die Füchse, die Franzosen, lagern, und zugleich unsers teuern Kaisers sehr ausgesetzte Länder und die Ruhe des Reichs beschützen. Das wäre ein Leben, Georg! wenn man seine Haut für die allgemeine Glückseligkeit dransetzte. (Georg springt auf) Wo willst du hin?
GEORG: Ach ich vergaß, daß wir eingesperrt sind – und der Kaiser hat uns eingesperrt – und unsere Haut davonzubringen, setzen wir unsere Haut daran?
GÖTZ: Sei gutes Muts.

Lerse kommt

LERSE: Freiheit! Freiheit! Das sind schlechte Menschen, unschlüssige, bedächtige Esel. Ihr sollt abziehen, mit Gewehr, Pferden und Rüstung. Proviant sollt Ihr dahinten lassen.
GÖTZ: Sie werden sich kein Zahnweh dran kauen.
LERSE (heimlich): Habt Ihr das Silber versteckt?
GÖTZ: Nein! Frau, geh mit Franzen, er hat dir was zu sagen.

SCHLOSSHOF
Georg im Stall, singt

Es fing ein Knab ein Vögelein,
H'm! H'm!
Da lacht er in den Käfig 'nein,
Hm! Hm!

So! So!
H'm! H'm!
Der freut sich traun so läppisch,
H'm! H'm!
Und griff hinein so täppisch,
Hm! Hm!
So! So!
H'm! H'm!
Da flog das Meislein auf ein Haus,
H'm! H'm!
Und lacht den dummen Buben aus,
Hm! Hm!
So! So!
H'm! H'm!

GÖTZ: Wie steht's?
GEORG (führt sein Pferd heraus): Sie sind gesattelt.
GÖTZ: Du bist fix.
GEORG: Wie der Vogel aus dem Käfig.
Alle die Belagerten
GÖTZ: Ihr habt eure Büchsen? Nicht doch! Geht hinauf und nehmt die besten aus dem Rüstschrank, es geht in einem hin. Wir wollen vorausreiten.
GEORG: Hm! Hm!
So! So!
H'm! H'm! (Ab)

SAAL
Zwei Knechte am Rüstschrank

ERSTER KNECHT: Ich nehm die.
ZWEITER KNECHT: Ich die. Da ist noch eine schönere.
ERSTER KNECHT: Nicht doch! Mach daß du fortkommst.
ZWEITER KNECHT: Horch!
ERSTER KNECHT (springt ans Fenster): Hilf, heiliger Gott! sie ermorden unsern Herrn. Er liegt vom Pferd! Georg stürzt!
ZWEITER KNECHT: Wo retten wir uns! An der Mauer den Nußbaum hinunter ins Feld. (Ab)
ERSTER KNECHT: Franz hält sich noch, ich will zu ihm. Wenn sie sterben, mag ich nicht leben. (Ab)

VIERTER AKT

WIRTSHAUS ZU HEILBRONN
Götz

GÖTZ: Ich komme mir vor wie der böse Geist, den der Kapuziner in einen Sack beschwur. Ich arbeite mich ab und fruchte mir nichts. Die Meineidigen!
Elisabeth kommt
GÖTZ: Was für Nachrichten, Elisabeth, von meinem lieben Getreuen?
ELISABETH: Nichts Gewisses. Einige sind erstochen, einige liegen im Turn. Es konnte oder wollte niemand mir sie näher bezeichnen.
GÖTZ: Ist das Belohnung der Treue? des kindlichen Gehorsams? – Auf daß dir's wohl gehe, und du lange lebest auf Erden!
ELISABETH: Lieber Mann, schilt unsern himmlischen Vater nicht. Sie haben ihren Lohn, er ward mit ihnen geboren, ein freies edles Herz. Laß sie gefangen sein, sie sind frei! Gib auf die deputierten Räte acht, die großen goldnen Ketten stehen ihnen zu Gesicht –
GÖTZ: Wie dem Schwein das Halsband. Ich möchte Georgen und Franzen geschlossen sehn!
ELISABETH: Es wäre ein Anblick, um Engel weinen zu machen.
GÖTZ: Ich wollt nicht weinen. Ich wollte die Zähne zusammenbeißen, und an meinem Grimm kauen. In Ketten meine Augäpfel! Ihr lieben Jungen, hättet ihr mich nicht geliebt! – Ich würde mich nicht satt an ihnen sehen können – Im Namen des Kaisers ihr Wort nicht zu halten!
ELISABETH: Entschlagt Euch dieser Gedanken. Bedenkt, daß Ihr vor den Räten erscheinen sollt. Ihr seid nicht gestellt, ihnen wohl zu begegnen, und ich fürchte alles.
GÖTZ: Was wollen sie mir anhaben?
ELISABETH: Der Gerichtsbote!
GÖTZ: Esel der Gerechtigkeit! Schleppt ihre Säcke zur Mühle, und ihren Kehrig aufs Feld. Was gibt's?
Gerichtsdiener kommt
GERICHTSDIENER: Die Herren Kommissarii sind auf dem Rathause versammelt, und schicken nach Euch.
GÖTZ: Ich komme.
GERICHTSDIENER: Ich werde Euch begleiten.
GÖTZ: Viel Ehre.
ELISABETH: Mäßigt Euch.
GÖTZ: Sei außer Sorgen. (Ab)

RATHAUS
Kaiserliche Räte. Hauptmann. Ratsherren von Heilbronn

RATSHERR: Wir haben auf Euren Befehl die stärksten und tapfersten Bürger versammelt; sie warten hier in der Nähe auf Euren Wink, um sich Berlichingens zu bemeistern.
ERSTER RAT: Wir werden Ihro Kaiserlichen Majestät Eure Bereitwilligkeit, Ihrem höchsten Befehl zu gehorchen, mit vielem Vergnügen zu rühmen wissen. – Es sind Handwerker?
RATSHERR: Schmiede, Weinschröter, Zimmerleute, Männer mit geübten Fäusten und hier wohl beschlagen (auf die Brust deutend).
RAT: Wohl.
Gerichtsdiener kommt
GERICHTSDIENER: Götz von Berlichingen wartet vor der Tür.
RAT: Laßt ihn herein.
Götz kommt
GÖTZ: Gott grüß euch, ihr Herren, was wollt ihr mit mir?
RAT: Zuerst daß ihr bedenkt: wo Ihr seid? und vor wem?
GÖTZ: Bei meinem Eid, ich verkenn euch nicht, meine Herrn.

RAT: Ihr tut Eure Schuldigkeit.
GÖTZ: Von ganzem Herzen.
RAT: Setzt Euch.
GÖTZ: Da unten hin? Ich kann stehn. Das Stühlchen riecht so nach armen Sündern, wie überhaupt die ganze Stube.
RAT: So steht!
GÖTZ: Zur Sache, wenn's gefällig ist.
RAT: Wir werden in der Ordnung verfahren.
GÖTZ: Bin's wohl zufrieden, wollt, es wär von jeher geschehen.
RAT: Ihr wißt, wie Ihr auf Gnad und Ungnad in unsere Hände kamt.
GÖTZ: Was gebt ihr mir, wenn ich's vergesse?
RAT: Wenn ich Euch Bescheidenheit geben könnte, würd ich Eure Sache gutmachen.
GÖTZ: Gutmachen! Wenn ihr das könntet! Dazu gehört freilich mehr als zum Verderben.
SCHREIBER: Soll ich das alles protokollieren?
RAT: Was zur Handlung gehört.
GÖTZ: Meintwegen dürft ihr's drucken lassen.
RAT: Ihr wart in der Gewalt des Kaisers, dessen väterliche Gnade an den Platz der majestätischen Gerechtigkeit trat, Euch anstatt eines Kerkers Heilbronn, eine seiner geliebten Städte, zum Aufenthalt anwies. Ihr versprecht mit einem Eid, Euch, wie es einem Ritter geziemt, zu stellen, und das weitere demütig zu erwarten.
GÖTZ: Wohl, und ich bin hier und warte.
RAT: Und wir sind hier, Euch Ihro Kaiserlichen Majestät Gnade und Huld zu verkündigen. Sie verzeiht Euch Eure Übertretung, spricht Euch von der Acht und aller wohlverdienten Strafe los, welches Ihr mit untertänigem Dank erkennen, und dagegen die Urfehde abschwören werdet, welche Euch hiermit vorgelesen werden soll.
GÖTZ: Ich bin Ihro Majestät treuer Knecht wie immer. Noch ein Wort, eh ihr weiter geht: Meine Leute, wo sind die? Was soll mit ihnen werden?
RAT: Das geht Euch nichts an.
GÖTZ: So wende der Kaiser sein Angesicht von euch, wenn ihr in Not steckt! Sie waren meine Gesellen, und sind's. Wo habt ihr sie hingebracht?
RAT: Wir sind Euch davon keine Rechnung schuldig.
GÖTZ: Ah! Ich dachte nicht, daß ihr nicht einmal zu dem verbunden seid, was ihr versprecht, geschweige –
RAT: Unsere Kommission ist, Euch die Urfehde vorzulegen. Unterwerft Euch dem Kaiser, und Ihr werdet einen Weg finden, um Eurer Gesellen Leben und Freiheit zu flehen.
GÖTZ: Euren Zettel.
RAT: Schreiber, leset!
SCHREIBER: Ich, Götz von Berlichingen, bekenne öffentlich durch diesen Brief: Daß, da ich mich neulich gegen Kaiser und Reich rebellischerweise aufgelehnt –
GÖTZ: Das ist nicht wahr. Ich bin kein Rebell, habe gegen Ihro Kaiserliche Majestät nichts verbrochen, und das Reich geht mich nichts an.

RAT: Mäßigt Euch und hört weiter.
GÖTZ: Ich will nichts weiter hören. Tret einer auf, und zeuge! Hab ich wider den Kaiser, wider das Haus Österreich nur einen Schritt getan? Hab ich nicht von jeher durch alle Handlungen gewiesen, daß ich besser als einer fühle, was Deutschland seinem Regenten schuldig ist? und besonders was die Kleinen, die Ritter und Freien, ihrem Kaiser schuldig sind? Ich müßte ein Schurke sein, wenn ich mich könnte bereden lassen, das zu unterschreiben.
RAT: Und doch haben wir bemessene Ordre, Euch in der Güte zu überreden, oder im Entstehungsfall Euch in den Turn zu werfen.
GÖTZ: In Turn! Mich!
RAT: Und daselbst könnt Ihr Euer Schicksal von der Gerechtigkeit erwarten, wenn Ihr es nicht aus den Händen der Gnade empfangen wollt.
GÖTZ: In Turn! Ihr mißbraucht die kaiserliche Gewalt! In Turn! Das ist sein Befehl nicht. Was! mir erst, die Verräter! eine Falle zu stellen, und ihren Eid, ihr ritterlich Wort zum Speck drin aufzuhängen! Mir dann ritterlich Gefängnis zusagen, und die Zusage wieder brechen.
RAT: Einem Räuber sind wir keine Treue schuldig.
GÖTZ: Trügst du nicht das Ebenbild des Kaisers, das ich in dem gesudeltsten Konterfei verehre, du solltest mir den Räuber fressen oder dran erwürgen! Ich bin in einer ehrlichen Fehd begriffen. Du könntest Gott danken und dich vor der Welt groß machen, wenn du in deinem Leben eine so edle Tat getan hättest, wie die ist, um welcher willen ich gefangen sitze.
RAT (winkt dem Ratsherrn, der zieht die Schelle).
GÖTZ: Nicht um des leidigen Gewinsts willen, um Land und Leute unbewehrten Kleinen wegzukapern, bin ich ausgezogen. Meinen Jungen zu befreien, und mich meiner Haut zu wehren! Seht ihr was Unrechts dran? Kaiser und Reich hätten unsere Not nicht in ihrem Kopfkissen gefühlt. Ich habe Gott sei Dank noch eine Hand, und habe wohlgetan, sie zu brauchen.

Bürger treten herein, Stangen in der Hand, Wehren an der Seite

GÖTZ: Was soll das?
RAT: Ihr wollt nicht hören. Fangt ihn!
GÖTZ: Ist das die Meinung? Wer kein ungrischer Ochs ist, komm mir nicht zu nah! Er soll von dieser meiner rechten eisernen Hand eine solche Ohrfeige kriegen, die ihm Kopfweh, Zahnweh und alles Weh der Erden aus dem Grund kurieren soll. (Sie machen sich an ihn, er schlägt einen zu Boden und reißt einem andern die Wehre von der Seite, sie weichen) Kommt! Kommt! Es wäre mir angenehm, den Tapfersten unter euch kennen zu lernen.
RAT: Gebt Euch.
GÖTZ: Mit dem Schwert in der Hand! Wißt ihr, daß es jetzt nur an mir läge, mich durch alle diese Hasenjäger durchzuschlagen und das weite Feld zu gewinnen? Aber ich will euch lehren, wie man Wort hält. Ver-

sprecht mir ritterlich Gefängnis, und ich gebe mein Schwert weg und bin wie vorher euer Gefangener.

RAT: Mit dem Schwert in der Hand wollt Ihr mit dem Kaiser rechten?

GÖTZ: Behüte Gott! Nur mit euch und eurer edlen Kompagnie. – Ihr könnt nach Hause gehn, gute Leute. Für die Versäumnis kriegt ihr nichts, und zu holen ist hier nichts als Beulen.

RAT: Greift ihn. Gibt euch eure Liebe zu unserm Kaiser nicht mehr Mut?

GÖTZ: Nicht mehr, als ihnen der Kaiser Pflaster gibt, die Wunden zu heilen, die sich ihr Mut holen könnte.

Gerichtsdiener kommt

GERICHTSDIENER: Eben ruft der Türmer: es zieht ein Trupp von mehr als zweihunderten nach der Stadt zu. Unversehens sind sie hinter der Weinhöhe hervorgedrungen und drohen unsern Mauern.

RATSHERR: Weh uns! was ist das?

Wache kommt

WACHE: Franz von Sickingen hält vor dem Schlag und läßt Euch sagen: er habe gehört, wie unwürdig man an seinem Schwager bundbrüchig geworden sei, wie die Herrn von Heilbronn allen Vorschub täten. Er verlange Rechenschaft, sonst wollen er binnen einer Stunde die Stadt an vier Ecken anzünden, und sie der Plünderung preisgeben.

GÖTZ: Braver Schwager!

RAT: Tretet ab, Götz! – Was ist zu tun?

RATSHERR: Habt Mitleiden mit uns und unserer Bürgerschaft! Sickingen ist unbändig in seinem Zorn, er ist Mann, es zu halten.

RAT: Sollen wir uns und dem Kaiser die Gerechtsame vergeben?

HAUPTMANN: Wenn wir nur Leute hätten, sie zu halten. So aber könnten wir umkommen, und die Sache wär nur desto schlimmer. Wir gewinnen im Nachgeben.

RATSHERR: Wir wollen Götzen ansprechen, für uns ein gut Wort einzulegen. Mir ist's, als wenn ich die Stadt schon in Flammen sähe.

RAT: Laßt Götzen herein.

GÖTZ: Was soll's?

RAT: Du würdest wohl tun, deinen Schwager von seinem rebellischen Vorhaben abzumahnen. Anstatt dich vom Verderben zu retten, stürzt er dich tiefer hinein, indem er sich zu deinem Falle gesellt.

GÖTZ (sieht Elisabeth an der Tür, heimlich zu ihr): Geh hin! Sag ihm! er soll unverzüglich hereinbrechen, soll hierher kommen, nur der Stadt kein Leid tun. Wenn sich die Schurken hier widersetzen, soll er Gewalt brauchen. Es liegt mir nichts dran, umzukommen, wenn sie nur alle mit erstochen werden.

EIN GROSSER SAAL AUF DEM RATHAUS
Sickingen. Götz.
Das ganze Rathaus ist mit Sickingens Reitern besetzt

GÖTZ: Das war Hilfe vom Himmel! Wie kommst du so erwünscht und unvermutet, Schwager?

SICKINGEN: Ohne Zauberei. Ich hatte zwei, drei Boten ausgeschickt zu hören, wie dir's ginge. Auf die Nachricht von ihrem Meineid macht ich mich auf den Weg. Nun haben wir sie.

GÖTZ: Ich verlange nichts als ritterliche Haft.

SICKINGEN: Du bist zu ehrlich. Dich nicht einmal des Vorteils zu bedienen, den der Rechtschaffene über den Meineidigen hat! Sie sitzen im Unrecht, wir wollen ihnen keine Kissen unterlegen. Sie haben die Befehle des Kaisers schändlich mißbraucht. Und wie ich Ihro Majestät kenne, darfst du sicher auf mehr dringen. Es ist zu wenig.

GÖTZ: Ich bin von jeher mit wenigem zufrieden gewesen.

SICKINGEN: Und bist von jeher zu kurz gekommen. – Meine Meinung ist: sie sollen deine Knechte aus dem Gefängnis und dich zusamt ihnen auf deinen Eid nach deiner Burg ziehen lassen. Du magst versprechen, nicht aus deiner Terminei zu gehen, und wirst immer besser sein als hier.

GÖTZ: Sie werden sagen: meine Güter seien dem Kaiser heimgefallen.

SICKINGEN: So sagen wir: du wolltest zur Miete drin wohnen, bis sie dir der Kaiser wieder zu Lehn gäbe. Laß sie sich wenden wie Aale in der Reuse, sie sollen uns nicht entschlüpfen. Sie werden von Kaiserlicher Majestät reden, von ihrem Auftrag. Das kann uns einerlei sein. Ich kenne den Kaiser auch und gelte was bei ihm. Er hat immer gewünscht, dich unter seinem Heer zu haben. Du wirst nicht lang auf deinem Schlosse sitzen, so wirst du aufgerufen werden.

GÖTZ: Wollte Gott bald, eh ich's Fechten verlerne.

SICKINGEN: Der Mut verlernt sich nicht, wie er sich nicht lernt. Sorge für nichts! Wenn deine Sachen in der Ordnung sind, geh ich nach Hof, denn meine Unternehmung fängt an, reif zu werden. Günstige Aspekten deuten mir; brich auf! Es ist mir nichts übrig, als die Gesinnung des Kaisers zu sondieren. Trier und Pfalz vermuten eher des Himmels Einfall, als daß ich ihnen übern Kopf kommen werde. Und ich will kommen wie ein Hagelwetter! Und wenn wir unser Schicksal machen können, so sollst du bald der Schwager eines Kurfürsten sein. Ich hoffte auf deine Faust bei dieser Unternehmung.

GÖTZ (besieht seine Hand): O! das bedeutet der Traum, den ich hatte, als ich tags darauf Marien an Weislingen versprach. Er sagte mir Treu zu, und hielt meine rechte Hand so fest, daß sie aus den Armschienen ging, wie abgebrochen. Ach! Ich bin in diesem Augenblick wehrloser, als ich war, da sie mir abgeschossen wurde. Weislingen! Weislingen!

SICKINGEN: Vergiß einen Verräter. Wir wollen seine Anschläge vernichten, sein Ansehn untergraben und Gewissen und Schande sollen ihn zu Tode fressen. Ich seh, ich seh im Geist meine Feinde, deine Feinde niedergestürzt. Götz, nur noch ein halb Jahr!

GÖTZ: Deine Seele fliegt hoch. Ich weiß nicht, seit einiger Zeit wollen sich in der meinigen keine fröhliche Aussichten eröffnen. – Ich war schon mehr im Unglück, schon einmal gefangen, und so wie mir's jetzt ist, war mir's niemals.

SICKINGEN: Glück macht Mut. Kommt zu den Perücken! Sie haben lang genug den Vortrag gehabt, laß uns einmal die Mühl übernehmen. (Ab)

ADELHEIDENS SCHLOSS
Adelheid. Weislingen

ADELHEID: Das ist verhaßt!

WEISLINGEN: Ich hab die Zähne zusammengebissen. Ein so schöner Anschlag, so glücklich vollführt, und am Ende ihn auf sein Schloß zu lassen! Der verdammte Sickingen!

ADELHEID: Sie hätten's nicht tun sollen.

WEISLINGEN: Sie saßen fest. Was konnten sie machen? Sickingen drohte mit Feuer und Schwert, der hochmütige jähzornige Mann! Ich haß ihn. Sein Ansehn nimmt zu wie ein Strom, der nur einmal ein paar Bäche gefressen hat, die übrigen folgen von selbst.

ADELHEID: Hatten sie keinen Kaiser?

WEISLINGEN: Liebe Frau! Er ist nur der Schatten davon, er wird alt und mißmutig. Wie er hörte, was geschehen war, und ich nebst den übrigen Regimentsräten eiferte, sagt er: Laßt ihnen Ruh! Ich kann dem alten Götz wohl das Plätzchen gönnen, und wenn er da still ist, was habt ihr über ihn zu klagen? Wir redeten vom Wohl des Staats. O! sagt er: hätt ich von jeher Räte gehabt, die meinen unruhigen Geist mehr auf das Glück einzelner Menschen gewiesen hätten!

ADELHEID: Er verliert den Geist eines Regenten.

WEISLINGEN: Wir zogen auf Sickingen los. – Er ist mein treuer Diener, sagt er; hat er's nicht auf meinem Befehl getan, so tat er doch besser meinen Willen als meine Bevollmächtigten, und ich kann's gutheißen, vor oder nach.

ADELHEID: Man möchte sich zerreißen.

WEISLINGEN: Ich habe deswegen noch nicht alle Hoffnung aufgegeben. Er ist auf sein ritterlich Wort auf sein Schloß gelassen, sich da still zu halten. Das ist ihm unmöglich; wir wollen bald eine Ursach wider ihn haben.

ADELHEID: Und desto eher, da wir hoffen können, der Kaiser werde bald aus der Welt gehn und Karl, sein trefflicher Nachfolger, majestätische Gesinnungen verspricht.

WEISLINGEN: Karl? Er ist noch weder gewählt noch gekrönt.

ADELHEID: Wer wünscht und hofft es nicht?

WEISLINGEN: Du hast einen großen Begriff von seinen Eigenschaften; fast sollte man denken, du sähst sie mit andern Augen.

ADELHEID: Du beleidigst mich, Weislingen. Kennst du mich für das?

WEISLINGEN: Ich sagte nichts, dich zu beleidigen. Aber schweigen kann ich nicht dazu. Karls ungewöhnliche Aufmerksamkeit für dich beunruhigt mich.

ADELHEID: Und mein Betragen?

WEISLINGEN: Du bist ein Weib. Ihr haßt keinen, der euch hofiert.

ADELHEID: Aber Ihr?

WEISLINGEN: Er frißt mir am Herzen, der fürchterliche Gedanke! Adelheid!

ADELHEID: Kann ich deine Torheit kurieren.

WEISLINGEN: Wenn du wolltest! Du könntest dich vom Hof entfernen.

ADELHEID: Sage Mittel und Art. Bist du nicht bei Hofe? Soll ich dich lassen und meine Freunde, um auf meinem Schloß mich mit den Uhus zu unterhalten? Nein, Weislingen, daraus wird nichts. Beruhige dich, du weißt, wie ich dich liebe.

WEISLINGEN: Der heilige Anker in diesem Sturm, solang der Strick nicht reißt. (Ab)

ADELHEID: Fängst du's so an! Das fehlte noch. Die Unternehmungen meines Busens sind zu groß, als daß du ihnen im Wege stehen solltest. Karl! Großer trefflicher Mann, und Kaiser dereinst! und sollte er der einzige sein unter den Männern, den der Besitz meiner Gunst nicht schmeichelte? Weislingen, denke nicht mich zu hindern, sonst mußt du in den Boden, mein Weg geht über hin.

Franz kommt mit einem Brief.

FRANZ: Hier, gnädige Frau.

ADELHEID: Gab dir Karl ihn selbst?

FRANZ: Ja.

ADELHEID: Was hast du? Du siehst so kummervoll.

FRANZ: Es ist Euer Wille, daß ich mich totschmachten soll; in den Jahren der Hoffnung macht Ihr mich verzweifeln.

ADELHEID: Er dauert mich – und wie wenig kostet's mich, ihn glücklich zu machen! Sei gutes Muts, Junge. Ich fühle deine Liebe und Treu, und werde nie unerkenntlich sein.

FRANZ *(beklemmt)*: Wenn Ihr das fähig wärt, ich müßte vergehn. Mein Gott, ich habe keinen Blutstropfen in mir, der nicht Euer wäre, keinen Sinn als Euch zu lieben und zu tun, was Euch gefällt!

ADELHEID: Lieber Junge.

FRANZ: Ihr schmeichelt mir. (In Tränen ausbrechend) Wenn diese Ergebenheit nichts mehr verdient als andere sich vorgezogen zu sehn, als Eure Gedanken alle nach dem Karl gerichtet zu sehn –

ADELHEID: Du weißt nicht, was du willst, noch weniger, was du redst.

FRANZ (vor Verdruß und Zorn mit dem Fluß stampfend): Ich will auch nicht mehr. Will nicht mehr den Unterhändler abgeben.

ADELHEID: Franz! Du vergißt dich.

FRANZ: Mich aufzuopfern! Meinen lieben Herrn!

ADELHEID: Geh mir aus dem Gesicht.

FRANZ: Gnädige Frau!

ADELHEID: Geh, entdecke deinem lieben Herrn mein Geheimnis. Ich war die Närrin, dich für was zu halten, das du nicht bist.

FRANZ: Liebe gnädige Frau, Ihr wißt, daß ich Euch liebe.
ADELHEID: Und du warst mein Freund, meinem Herzen so nahe. Geh, verrat mich!
FRANZ: Eher wollt ich mir das Herz aus dem Leibe reißen! Verzeiht mir, gnädige Frau. Mein Herz ist zu voll, meine Sinnen halten's nicht aus.
ADELHEID: Lieber armer Junge!
Sie faßt ihn bei den Händen, zieht ihn zu sich, und ihre Küsse begegnen einander; er fällt ihr weinend um den Hals
ADELHEID: Laß mich!
FRANZ (erstickend in Tränen an ihrem Hals): Gott! Gott!
ADELHEID: Laß mich, die Mauern sind Verräter. Laß mich. (Sie macht sich los) Wanke nicht von deiner Lieb und Treu, und der schönste Lohn soll dir werden. (Ab)
FRANZ: Der schönste Lohn! Nur bis dahin laß mich leben! Ich wollte meinen Vater ermorden, der mir diesen Platz streitig machte.

JAXTHAUSEN
Götz an einem Tisch. Elisabeth bei ihm mit der Arbeit; es steht ein Licht auf dem Tisch und Schreibzeug

GÖTZ: Der Müßiggang will mir gar nicht schmecken, und meine Beschränkung wird mir von Tag zu Tag enger; ich wollt, ich könnt schlafen, oder mir nur einbilden, die Ruhe sei was Angenehmes.
ELISABETH: So schreib doch deine Geschichte aus, die du angefangen hast. Gib deinen Freunden ein Zeugnis in die Hand, deine Feinde zu beschämen; erschaff einer edlen Nachkommenschaft die Freude, dich nicht zu verkennen.
GÖTZ: Ach! Schreiben ist geschäftiger Müßiggang, es kommt mir sauer an. Indem ich schreibe, was ich getan habe, ärger ich mich über den Verlust der Zeit, in der ich etwas tun könnte.
ELISABETH (nimmt die Schrift): Sei nicht wunderlich. Du bist eben an deiner ersten Gefangenschaft in Heilbronn.
GÖTZ: Das war mir von jeher ein falscher Ort.
ELISABETH (liest): „Da waren selbst einige von den Bündischen, die zu mir sagten: ich habe töricht getan, mich meinen ärgsten Feinden zu stellen, da ich doch vermuten konnte, sie würden nicht glimpflich mit mir umgehn; da antwortet ich:" Nun was antwortetest du? Schreibe weiter.
GÖTZ: Ich sagte: Setz ich so oft meine Haut an anderer Gut und Geld, sollt ich sie nicht an mein Wort setzen?
ELISABETH: Diesen Ruf hast du.
GÖTZ: Den sollen sie mir nicht nehmen! Sie haben mir alles genommen, Gut, Freiheit –
ELISABETH: Es fällt in die Zeiten, wie ich die von Miltenberg und Singlingen in der Wirtsstube fand, die mich nicht kannten. Da hatt ich eine Freude, als wenn ich einen Sohn geboren hätte. Sie rühmten dich untereinander, und sagten: Er ist das Muster eines Ritters, tapfer und edel in seiner Freiheit, und gelassen und treu im Unglück.
GÖTZ: Sie sollen mir einen stellen, dem ich mein Wort gebrochen! Und Gott weiß, daß ich mehr geschwitzt hab, meinem Nächsten zu dienen als mir, daß ich um den Namen eines tapfern und treuen Ritters gearbeitet habe, nicht um hohe Reichtümer und Rang zu gewinnen. Und Gott sei Dank, worum ich warb, ist mir worden.

Lerse. Georg mit Wildbret

GÖTZ: Glück zu, brave Jäger!
GEORG: Das sind wir aus braven Reitern geworden. Aus Stiefeln machen sich leicht Pantoffeln.
LERSE: Die Jagd ist doch immer was, und eine Art von Krieg.
GEORG: Wenn man nur hierzulande nicht immer mit Reichsknechten zu tun hätte. Wißt Ihr, gnädiger Herr, wie Ihr uns prophezeiet: wenn sich die Welt umkehrte, würden wir Jäger werden. Da sind wir's ohne das.
GÖTZ: Es kommt auf eins hinaus, wir sind aus unserm Kreise gerückt.
GEORG: Es sind bedenkliche Zeiten. Schon seit acht Tagen läßt sich ein fürchterlicher Komet sehen, und ganz Deutschland ist in Angst, es bedeute den Tod des Kaisers, der sehr krank ist.
GÖTZ: Sehr krank! Unsere Bahn geht zu Ende.
LERSE: Und hier in der Nähe gibt's noch schrecklichere Veränderungen. Die Bauern haben einen entsetzlichen Aufstand erregt.
GÖTZ: Wo?
LERSE: Im Herzen von Schwaben. Sie sengen, brennen und morden. Ich fürchte, sie verheeren das ganze Land.
GEORG: Einen fürchterlichen Krieg gibt's. Es sind schon an die hundert Ortschaften aufgestanden, und täglich mehr. Der Sturmwind neulich hat ganze Wälder ausgerissen, und kurz darauf hat man die Gegend, wo der Aufstand begonnen, zwei feurige Schwerter kreuzweis in der Luft gesehen.
GÖTZ: Da leiden von meinen guten Herrn und Freunden gewiß unschuldig mit!
GEORG: Schade, daß wir nicht reiten dürfen!

FÜNFTER AKT

BAUERNKRIEG
TUMULT IN EINEM DORF UND PLÜNDERUNG
Weiber und Alte mit Kindern und Gepäcke. Flucht

ALTER: Fort! fort! daß wir den Mordhunden entgehen.
WEIB: Heiliger Gott, wie blutrot der Himmel ist, die untergehende Sonne blutrot!
MUTTER: Das bedeutet Feuer.
WEIB: Mein Mann! Mein Mann!
ALTER: Fort! fort! in Wald! (Ziehen vorbei)

Link

LINK: Was sich widersetzt, niedergestochen! Das Dorf ist unser. Daß von Früchten nichts umkommt, nichts zurückbleibt. Plündert rein aus und schnell. Wir zünden gleich an.

Metzler vom Hügel herunter gelaufen

METZLER: Wir geht's Euch, Link?

LINK: Drunter und drüber, siehst du, du kommst zum Kehraus. Woher?

METZLER: Von Weinsberg. Da war ein Fest.

LINK: Wie?

METZLER: Dietrich von Weiler tanzte vor. Der Fratz! Wir waren mit hellem wütigem Hauf herum, und er oben aufm Kirchturm wollt gütlich mit uns handeln. Paff! Schoß ihn einer vorn Kopf. Wir hinauf wie Wetter, und zum Fenster herunter mit dem Kerl.

LINK: Ah!

METZLER (zu den Bauern): Ihr Hund, soll ich euch Bein machen! Wie sie haudern und trenteln, die Esel.

LINK: Brennt an! sie mögen drin braten! Fort! Fahrt zu, ihr Schlingel.

METZLER: Darnach führten wir heraus den Helfenstein, den Eltershofen, an die dreizehn von Adel, zusammen auf achtzig. Herausgeführt auf die Ebne gegen Heilbronn. Das war ein Jubilieren und ein Tumultuieren von den Unsrigen, wie die lange Reih arme reiche Sünder daherzog, einander anstarrten, und Erd und Himmel! Umringt waren sie, ehe sie sich's versahen, und alle mit Spießen niedergestochen.

LINK: Daß ich nicht dabei war!

METZLER: Hab mein Tag so kein Gaudium gehabt.

LINK: Fahrt zu! Heraus!

BAUER: Alles ist leer.

LINK: So brennt an allen Ecken.

METZLER: Wird ein hübsch Feuerchen geben. Siehst du, wie die Kerls übereinanderpurzelten und quiekten wie die Frösche! Es lief mir so warm übers Herz wie ein Glas Branntwein. Da war ein Rixinger, wenn der Kerl sonst auf die Jagd ritt, mit dem Federbusch und weiten Naslöchern, und uns vor sich hertrieb mit den Hunden und wie die Hunde. Ich hatt ihn die Zeit nicht gesehen, sein Fratzengesicht fiel mir recht auf. Hasch! den Spieß ihm zwischen die Rippen, da lag er, streckt alle vier über seine Gesellen. Wie die Hasen beim Treibjagen zuckten die Kerls übereinander.

LINK: Raucht schon brav.

METZLER: Dort hinten brennt's. Laß uns mit der Beute gelassen zu dem großen Haufen ziehen.

LINK: Wo hält er?

METZLER: Von Heilbronn hierher zu. Sie sind um einen Hauptmann verlegen, vor dem alles Volk Respekt hätt. Denn wir sind doch nur ihresgleichen, das fühlen sie und werden schwürig.

LINK: Wen meinen sie?

LINK: Max Stumpf oder Götz von Berlichingen.

LINK: Das wär gut, gäb auch der Sache einen Schein, wenn's der Götz tät; er hat immer für einen rechtschaffenen Ritter gegolten. Auf! Auf! wir ziehen nach Heilbronn zu! Ruft's herum.

METZLER: Das Feuer leucht uns noch eine gute Strecke. Hast du den großen Kometen gesehen?

LINK: Ja. Das ist ein grausam erschrecklich Zeichen! Wenn wir die Nacht durch ziehen, können wir ihn recht sehn. Er geht gegen eins auf.

METZLER: Und bleibt nur fünf Viertelstunden. Wie ein gebogener Arm mit einem Schwert sieht er aus, so blutgelbrot.

LINK: Hast du die drei Stern gesehen an des Schwerts Spitze und Seite?

METZLER: Und der breite wolkenfärbige Streif, mit tausend und tausend Striemen wie Spieß, und dazwischen wie kleine Schwerter.

LINK: Mir hat's gegraust. Wie das alles so bleichrot, und darunter viel feurige helle Flammen, und dazwischen die grausamen Gesichter mit rauchen Häuptern und Bärten!

METZLER: Hast du die auch gesehen? Und das zwitschert alles so durcheinander, als läg's in einem blutigen Meere, und arbeitet durcheinander, daß einem die Sinne vergehn!

LINK: Auf! Auf! (Ab)

FELD

Man sieht in der Ferne zwei Dörfer brennen und ein Kloster. Kohl. Wild. Max Stumpf. Haufen

MAX STUMPF: Ihr könnt nicht verlangen, daß ich euer Hauptmann sein soll. Für mich und euch wär's nichts nütze. Ich bin Pfalzgräfischer Diener; wie sollt ich gegen meinen Herrn führen? Ihr würdet immer wähnen, ich tät nicht von Herzen.

KOHL: Wußten wohl, du würdest Entschuldigung finden.

Götz, Lerse, Georg kommen

GÖTZ: Was wollt ihr mit mir?

KOHL: Ihr sollt unser Hauptmann sein.

GÖTZ: Soll ich mein ritterlich Wort dem Kaiser brechen, und aus meinem Bann gehen?

WILD: Das ist keine Entschuldigung.

GÖTZ: Und wenn ich ganz frei wäre und ihr wollt handeln wie bei Weinsberg an den Edlen und Herrn, und so forthausen, wie rings herum das Land brennet und blutet, und ich sollt euch behilflich sein zu eurem schändlichen rasenden Wesen – eher sollt ihr mich totschlagen wie einen wütigen Hund, als daß ich euer Haupt würde!

KOHL: Wäre das nicht geschehen, es geschähe vielleicht nimmermehr.

STUMPF: Das war eben das Unglück, daß sie keinen Führer hatten, den sie geehrt, und der ihrer Wut Einhalt tun können. Nimm die Hauptmannschaft an, ich bitte dich, Götz. Die Fürsten werden dir Dank wissen, ganz Deutschland. Es wird zum Besten und Frommen aller sein. Menschen und Länder werden geschont werden.

GÖTZ: Warum übernimmst du's nicht?

STUMPF: Ich hab mich von ihnen losgesagt.

KOHL: Wir haben nicht Sattelhenkens Zeit, und langer unnötiger Diskurse. Kurz und gut. Götz, sei unser

Hauptmann, oder sieh zu deinem Schloß und deiner Haut. Und hiermit zwei Stunden Bedenkzeit. Bewacht ihn.
GÖTZ: Was braucht's das! Ich bin so gut entschlossen – jetzt als darnach. Warum seid ihr ausgezogen? Eure Rechte und Freiheiten wieder zu erlangen? Was wütet ihr und verderbt das Land! Wollt ihr abstehen von allen Übeltaten, und handeln als wackre Leute, die wissen, was sie wollen, so will ich euch behilflich sein zu euren Forderungen, und auf acht Tag euer Hauptmann sein.
WILD: Was geschehen ist, ist in der ersten Hitz geschehen, und braucht's deiner nicht, uns künftig zu hindern.
KOHL: Auf ein viertel Jahr wenigstens mußt du uns zusagen.
STUMPF: Macht vier Wochen, damit könnt ihr beide zufrieden sein.
GÖTZ: Meinetwegen.
KOHL: Eure Hand!
GÖTZ: Und gelobt mir den Vertrag, den ihr mit mir gemacht, schriftlich an alle Haufen zu senden, ihm bei Strafe streng nachzukommen.
WILD: Nun ja! Soll geschehen.
GÖTZ: So verbind ich mich mit euch auf vier Wochen.
STUMPF: Glück zu! Was du tust, schont unsern gnädigen Herrn, den Pfalzgrafen.
KOHL (leise): Bewacht ihn. Daß niemand mit ihm rede außer Eurer Gegenwart.
GÖTZ: Lerse! Kehr zu meiner Frau. Steh ihr bei. Sie soll bald Nachricht von mir haben.
Götz, Stumpf, Georg, Lerse, einige Bauern ab Metzler, Link kommen
METZLER: Was hören wir von einem Vertrag? Was soll der Vertrag?
LINK: Es ist schändlich, so einen Vertrag einzugehen.
KOHL: Wir wissen so gut was wir wollen als ihr, und haben zu tun und zu lassen.
WILD: Das Rasen und Brennen und Morden mußte doch einmal aufhören heut oder morgen; so haben wir noch einen braven Hauptmann dazu gewonnen.
METZLER: Was aufhören! Du Verräter! Warum sind wir da? Uns an unsern Feinden zu rächen, uns emporzuhelfen! – Das hat euch ein Fürstenknecht geraten.
KOHL: Komm, Wild, er ist wie ein Vieh. (Ab)
METZLER: Geht nur! Wird euch kein Haufen zustehn. Die Schurken! Link, wir wollen die andern aufhetzen, Miltenberg dort drüben anzünden, und wenn's Händel setzt wegen des Vertrags, schlagen wir den Verträgern zusammen die Köpfe ab.
LINK: Wir haben doch den großen Haufen auf unsrer Seite.

BERG UND TAL. EINE MÜHLE IN DER TIEFE
Ein Trupp Reiter.
Weislingen kommt aus der Mühle mit Franzen und einem Boten
WEISLINGEN: Mein Pferd! – Ihr habt's den andern Herrn auch angesagt?
BOTE: Wenigstens sieben Fähnlein werden mit Euch eintreffen, im Wald hinter Miltenberg. Die Bauern ziehen unten herum. Überall sind Boten ausgeschickt, der ganze Bund wird in kurzem beisammen sein. Fehlen kann's nicht; man sagt, es sei Zwist unter ihnen.
WEISLINGEN: Desto besser! – Franz!
FRANZ: Gnädiger Herr.
WEISLINGEN: Richt es pünktlich aus. Ich bind es dir auf deine Seele. Gib ihr den Brief. Sie soll vom Hof auf mein Schloß! Sogleich! Du sollst sie abreisen sehn, und mir's dann melden.
FRANZ: Soll geschehen, wie Ihr befehlt.
WEISLINGEN: Sag ihr, sie soll wollen. (Zum Boten) Führt uns nun den nächsten und besten Weg.
BOTE: Wir müssen umziehen. Die Wasser sind von den entsetzlichen Regen alle ausgetreten.

JAXTHAUSEN
Elisabeth. Lerse

LERSE: Tröstet Euch, gnädige Frau!
ELISABETH: Ach Lerse, die Tränen stunden ihm in den Augen, wie er Abschied von mir nahm. Es ist grausam, grausam!
LERSE: Er wird zurückkehren.
ELISABETH: Es ist nicht das. Wenn er auszog, rühmlichen Sieg zu erwerben, da war mir's nicht weh ums Herz. Ich freute mich auf seine Rückkunft, vor der mir jetzt bang ist.
LERSE: Ein so edler Mann. –
ELISABETH: Nenn ihn nicht so, das macht neu Elend. Die Bösewichter! Sie drohen ihn zu ermorden und sein Schloß anzuzünden. – Wenn er wiederkommen wird – ich seh ihn finster, finster. Seine Feinde werden lügenhafte Klagartikel schmieden, und er wird nicht sagen können: Nein!
LERSE: Er wird und kann.
ELISABETH: Er hat seinen Bann gebrochen. Sag Nein!
LERSE: Nein! Er ward gezwungen; wo ist der Grund, ihn zu verdammen?
ELISABETH: Die Bosheit sucht keine Gründe, nur Ursachen. Er hat sich zu Rebellen, Missetätern, Mördern gesellt, ist an ihre Seite gezogen. Sage Nein!
LERSE: Laßt ab, Euch zu quälen und mich. Haben sie ihm nicht feierlich zugesagt, keine Tathandlung mehr zu unternehmen, wie die bei Weinsberg? Hört ich sie nicht selbst halbreuig sagen: wenn's nicht geschehen wär, geschäh's vielleicht nie? Müßten nicht Fürsten und Herrn ihm Dank wissen, wenn er freiwillig Führer eines unbändigen Volks geworden wäre, um ihrer Raserei Einhalt zu tun und so viel Menschen und Besitztümer zu schonen?
ELISABETH: Du bist ein liebevoller Advokat. – Wenn sie ihn gefangen nähmen, als Rebell behandelten, und sein graues Haupt – Lerse, ich möchte von Sinnen kommen.

LERSE: Sende ihrem Körper Schlaf, lieber Vater der Menschen, wenn du ihrer Seele keinen Trost geben willst!
ELISABETH: Georg hat versprochen, Nachricht zu bringen. Er wird auch nicht dürfen, wie er will. Sie sind ärger als gefangen. Ich weiß, man bewacht sie wie Feinde. Der gute Georg! Er wollte nicht von seinem Herrn weichen.
LERSE: Das Herz blutet mir, wie er mich von sich schickte. Wenn Ihr nicht meiner Hilfe bedürftet, alle Gefahren des schmählichen Tods sollten mich nicht von ihm getrennt haben.
ELISABETH: Ich weiß nicht, wo Sickingen ist. Wenn ich nur Marien einen Boten schicken könnte.
LERSE: Schreibt nur, ich will dafür sorgen. (Ab)

BEI EINEM DORF
Götz. Georg

GÖTZ: Geschwind zu Pferde, Georg! Ich sehe Miltenberg brennen. Halten sie so den Vertrag! Reit hin, sag ihnen die Meinung. Die Mordbrenner! Ich sage mich von ihnen los. Sie sollen einen Zigeuner zum Hauptmann machen, nicht mich. Geschwind Georg. (Georg ab) Wollt, ich wäre tausend Meilen davon, und läg im tiefsten Turn, der in der Türkei steht. Könnt ich mit Ehren von ihnen kommen! Ich fahr ihnen alle Tag durch den Sinn, sag ihnen die bittersten Wahrheiten, daß sie mein müde werden und mich erlassen sollen.
Ein Unbekannter
UNBEKANNTER: Gott grüß Euch, sehr edler Herr.
GÖTZ: Gott dank Euch. Was bringt Ihr? Euren Namen?
UNBEKANNTER: Der tut nichts zur Sache. Ich komme Euch zu sagen, daß Euer Kopf in Gefahr ist. Die Anführer sind müde, sich von Euch so harte Worte geben zu lassen, haben beschlossen, Euch aus dem Weg zu räumen. Mäßigt euch oder seht zu entwischen, und Gott geleit Euch. (Ab)
GÖTZ: Auf diese Art dein Leben zu lassen, Götz, und so zu enden! Es sei drum! So ist mein Tod der Welt das sicherste Zeichen, daß ich nichts Gemeines mit den Hunden gehabt habe.
Einige Bauern
ERSTER BAUER: Herr! Herr! Sie sind geschlagen, sie sind gefangen.
GÖTZ: Wer?
ZWEITER BAUER: Die Miltenberg verbrannt haben. Es zog sich ein Bündischer Trupp hinter dem Berg hervor, und überfiel sie auf einmal.
GÖTZ: Sie erwartet ihr Lohn. – O Georg! Georg! – Sie haben ihn mit den Bösewichtern gefangen. – Mein Georg! Mein Georg! –
Anführer kommen
LINK: Auf, Herr Hauptmann, auf! Es ist nicht Säumens Zeit. Der Feind ist in der Nähe und mächtig.
GÖTZ: Wer verbrannte Miltenberg?
METZLER: Wenn Ihr Umstände machen wollt, so wird man Euch weisen, wie man keine macht.

KOHL: Sorgt für unsere Haut und Eure. Auf! auf!
GÖTZ (zu Metzler): Drohst du mir? Du Nichtswürdiger! Glaubst du, daß du mir fürchterlicher bist, weil des Grafen von Helfenstein Blut an deinen Kleidern klebt?
METZLER: Berlichingen!
GÖTZ: Du darfst meinen Namen nennen, und meine Kinder werden sich dessen nicht schämen.
METZLER: Mit dir feigen Kerl! Fürstendiener.
GÖTZ (haut ihm über den Kopf, daß er stürzt. Die andern treten dazwischen).
KOHL: Ihr seid rasend. Der Feind bricht auf allen Seiten rein und ihr hadert!
LINK: Auf! Auf! (Tumult und Schlacht)
Weislingen. Reiter
WEISLINGEN: Nach! Nach! Sie fliehen. Laßt euch Regen und Nacht nicht abhalten. Götz ist unter ihnen, hör ich. Wendet Fleiß an, daß ihr ihn erwischt. Er ist schwer verwundet, sagen die Unsrigen. (Die Reiter ab) Und wenn ich dich habe! – Es ist noch Gnade, wenn wir heimlich im Gefängnis dein Todesurteil vollstrecken. – So verlischt er vor dem Andenken der Menschen, und du kannst freier atmen, törichtes Herz (Ab)

NACHT, IM WILDEN WALD. ZIGEUNERLAGER
Zigeunermutter am Feuer

MUTTER: Flick das Strohdach über der Grube, Tochter, gibt hint nacht noch Regen genug.
Knab kommt
KNAB: Ein Hamster, Mutter. Da! Zwei Feldmäus.
MUTTER: Will sie dir abziehen und braten, und sollst ein Kapp haben von den Fellchen. – Du blutst?
KNAB: Hamster hat mich bissen.
MUTTER: Hol mir dürr Holz, daß das Feuer loh brennt, wenn dein Vater kommt; wird naß sein durch und durch.
Andre Zigeunerin, ein Kind auf dem Rücken
ERSTE ZIGEUNERIN: Hast du brav geheischen?
ZWEITE ZIGEUNERIN: Wenig genug. Das Land ist voll Tumult herum, daß man seins Lebens nicht sicher ist. Brennen zwei Dörfer lichterloh.
ERSTE ZIGEUNERIN: Ist das dort drunten Brand, der Schein? Seh ihm schon lang zu. Man ist der Feuerzeichen am Himmel zeither so gewohnt worden.
Zigeunerhauptmann, drei Gesellen kommen
HAUPTMANN: Hört ihr den wilden Jäger?
ERSTER ZIGEUNER: Er zieht grad über uns hin.
HAUPTMANN: Wie die Hunde bellen! Wau! Wau!
ZWEITER ZIGEUNER: Die Peitschen knallen.
DRITTER ZIGEUNER: Die Jäger jauchzen holla ho!
MUTTER: Bringt ja des Teufels sein Gepäck.
HAUPTMANN: Haben im Trüben gefischt. Die Bauern rauben selbst, ist's uns wohl vergönnt.
ZWEITE ZIGEUNERIN: Was hast du, Wolf?
WOLF: Einen Hasen, da, und einen Hahn. Ein'n Bratspieß. Ein Bündel Leinwand. Drei Kochlöffel und ein'n Pferdzaum.

STICKS: Ein wullen Deck hab ich, ein Paar Stiefeln, und Zunder und Schwefel.
MUTTER: Ist alles pudelnaß, wollen's trocknen, gebt her. (Ab)
HAUPTMANN: Horch, ein Pferd! Geht! seht was ist!
Götz zu Pferd
GÖTZ: Gott sei Dank! dort seh ich Feuer, sind Zigeuner. Meine Wunden verbluten, die Feinde hinterher. Heiliger Gott, du endigst gräßlich mit mir!
HAUPTMANN: Ist's Friede, daß du kommst?
GÖTZ: Ich flehe Hilfe von Euch. Meine Wunden ermatten mich. Heft mir vom Pferd!
HAUPTMANN: Helf ihm! Ein edler Mann, an Gestalt und Wort.
WOLF (leise): Es ist Götz von Berlichingen.
HAUPTMANN: Seid willkommen! Alles ist Euer, was wir haben.
GÖTZ: Dank Euch.
HAUPTMANN: Kommt in mein Zelt.

HAUPTMANNS ZELT
Hauptmann. Götz
HAUPTMANN: Ruft der Mutter, sie soll Blutwurzel bringen und Pflaster.
GÖTZ (legt den Harnisch ab).
HAUPTMANN: Hier ist mein Feiertagswams.
GÖTZ: Gott lohn's.
Mutter verbind't ihn
HAUPTMANN: Ist mir herzlich lieb, Euch zu haben.
GÖTZ: Kennt Ihr mich?
HAUPTMANN: Wer sollte Euch nicht kennen! Götz, unser Leben und Blut lassen wir für Euch.
Schricks
SCHRICKS: Kommen durch den Wald Reiter. Sind Bündische.
HAUPTMANN: Eure Verfolger! Sie sollen nit bis zu Euch kommen! Auf, Schricks! Biete den andern! Wir kennen die Schliche besser als sie, wir schießen sie nieder, eh sie uns gewahr werden. (Ab)
GÖTZ (allein): O Kaiser! Kaiser! Räuber beschützen deine Kinder. (Man hört scharf schießen) Die wilden Kerls, starr und treu!
Zigeunerin
ZIGEUNERIN: Rettet Euch! Die Feinde überwältigen.
GÖTZ: Wo ist mein Pferd?
ZIGEUNERIN: Hierbei.
GÖTZ (gürtet sich, und sitzt auf ohne Harnisch): Zum letztenmal sollen sie meinen Arm fühlen. Ich bin so schwach noch nicht. (Ab)
ZIGEUNERIN: Er sprengt zu den Unsrigen. (Flucht)
WOLF: Fort, fort! Alles verloren. Unser Hauptmann erschossen. Götz gefangen. (Geheul der Weiber und Flucht)

ADELHEIDENS SCHLAFZIMMER
Adelheid mit einem Brief
ADELHEID: Er oder ich! Der Übermütige! Mir drohen! – Wir wollen dir zuvorkommen. Was schleicht durch den Saal? (Es klopft) Wer ist draußen?
Franz leise
FRANZ: Macht mir auf, gnädige Frau.
ADELHEID: Franz! Er verdient wohl, daß ich ihm aufmache. (Sie läßt ihn ein)
FRANZ (fällt ihr um den Hals): Liebe gnädige Frau.
ADELHEID: Unverschämter! Wenn dich jemand gehört hätte.
FRANZ: O es schläft alles, alles!
ADELHEID: Was willst du?
FRANZ: Mich läßt's nicht ruhen. Die Drohungen meines Herrn, Euer Schicksal, mein Herz.
ADELHEID: Er war sehr zornig, als du Abschied nahmst?
FRANZ: Als ich ihn nie gesehen. Auf ihre Güter soll sie, sagt er, sie soll wollen.
ADELHEID: Und wir folgen?
FRANZ: Ich weiß nichts, gnädige Frau.
ADELHEID: Betrogener törichter Junge, du siehst nicht, wo das hinaus will. Hier weiß er mich in Sicherheit. Denn lange steht's ihm schon nach meiner Freiheit. Er will mich auf seine Güter. Dort hat er Gewalt, mich zu behandeln, wie sein Haß ihm eingibt.
FRANZ: Er soll nicht!
ADELHEID: Wirst du ihn hindern?
FRANZ: Er soll nicht!
ADELHEID: Ich seh mein ganzes Elend voraus. Von seinem Schloß wird er mich mit Gewalt reißen, wird mich in ein Kloster sperren.
FRANZ: Hölle und Tod!
ADELHEID: Wirst du mich retten?
FRANZ: Eh alles! Alles!
ADELHEID (die weinend ihm umhalst): Franz, ach uns zu retten!
FRANZ: Er soll nieder, ich will ihm den Fuß auf den Nacken setzen.
ADELHEID: Keine Wut. Du sollst einen Brief an ihn haben, voll Demut, daß ich gehorche. Und dieses Fläschchen gieß ihm unter das Getränk.
FRANZ: Gebt! Ihr sollt frei sein!
ADELHEID: Frei! Wenn du nicht mehr zitternd auf deinen Zehen zu mir schleichen wirst – nicht mehr ich ängstlich zu dir sage: brich auf, Franz, der Morgen kommt.

HEILBRONN, VORM TURN
Elisabeth. Lerse
LERSE: Gott nehm das Elend von Euch, gnädige Frau. Marie ist hier.
ELISABETH: Gott sei Dank! Lerse, wir sind in entsetzliches Elend versunken. Da ist's nun, wie mir alles ahnete! Gefangen, als Meuter, Missetäter in den tiefsten Turn geworfen –
LERSE: Ich weiß alles.
ELISABETH: Nichts, nichts weißt du, der Jammer ist zu groß! Sein Alter, seine Wunden, ein schleichend Fie-

ber, und mehr als alles das, die Finsternis seiner Seele, daß es so mit ihm enden soll.

LERSE: Auch, und daß der Weislingen Kommissar ist.

ELISABETH: Weislingen?

LERSE: Man hat mit unerhörten Exekutionen verfahren. Metzler ist lebendig verbrannt, zu Hunderten gerädert, gespießt, geköpft, geviertelt. Das Land umher gleicht einer Metzge, wo Menschenfleisch wohlfeil ist.

ELISABETH: Weislingen Kommissar! O Gott! ein Strahl von Hoffnung. Marie soll mir zu ihm, er kann ihr nichts abschlagen. Er hatte immer ein weiches Herz, und wenn er sie sehen wird, die er so liebte, die so elend durch ihn ist – Wo ist sie?

LERSE: Noch im Wirtshaus.

ELISABETH: Führe mich zu ihr. Sie muß gleich fort. Ich fürchte alles.

WEISLINGENS SCHLOSS
Weislingen

WEISLINGEN: Ich bin so krank, so schwach. Alle meine Gebeine sind hohl. Ein elendes Fieber hat das Mark ausgefressen. Keine Ruh und Rast, weder Tag noch Nacht. Im halben Schlummer giftige Träume. Die vorige Nacht begegnete ich Götzen im Wald. Er zog sein Schwert und forderte mich heraus. Ich faßte nach meinem, die Hand versagte mir. Da stieß er's in die Scheide, sah mich verächtlich an und ging hinter mich. – Er ist gefangen und ich zittere vor ihm. Elender Mensch! Dein Wort hat ihn zum Tode verurteilt, und du bebst vor seiner Traumgestalt wie ein Missetäter! – Und soll er sterben? – Götz! Götz! – Wir Menschen führen uns nicht selbst; bösen Geistern ist Macht über uns gelassen, daß sie ihren höllischen Mutwillen an unserm Verderben üben. (Er setzt sich) – Matt! Matt! Wie sind meine Nägel so blau! – Ein kalter, kalter, verzehrender Schweiß lähmt mir jedes Glied. Es dreht mir alles vorm Gesicht. Könnt ich schlafen. Ach –

Maria tritt auf

WEISLINGEN: Jesus Marie! – Laß mir Ruh! Laß mir Ruh! – Die Gestalt fehlte noch! Sie stirbt, Marie stirbt, und zeigt sich mir an. – Verlaß mich, seliger Geist, ich bin elend genug.

MARIA: Weislingen, ich bin kein Geist. Ich bin Maria.

WEISLINGEN: Das ist ihre Stimme.

MARIA: Ich komme meines Bruders Leben von dir zu erflehen, er ist unschuldig, so strafbar er scheint.

WEISLINGEN: Still, Marie! Du Engel des Himmels bringst die Qualen der Hölle mit dir. Rede nicht fort.

MARIA: Und mein Bruder soll sterben? Weislingen, es ist entsetzlich, daß ich dir zu sagen brauche: er ist unschuldig: daß ich jammern muß, dich von dem abscheulichen Morde zurückzuhalten. Deine Seele ist bis in ihre innersten Tiefen von feindseligen Mächten besessen. Das ist Adelbert!

WEISLINGEN: Du siehst, der verzehrende Atem des Todes hat mich angehaucht, meine Kraft sinkt nach dem Grabe. Ich stürbe als ein Elender, und du kommst mich in Verzweiflung zu stürzen. Wenn ich reden könnte, dein höchster Haß würde in Mitleid und Jammer zerschmelzen. Oh! Marie! Marie!

MARIA: Weislingen, mein Bruder verkranket im Gefängnis. Seine schweren Wunden, sein Alter. Und wenn du fähig wärst, sein graues Haupt – Weislingen, wir würden verzweifeln.

WEISLINGEN: Genug. (Er zieht die Schelle)

Franz in äußerster Bewegung

FRANZ: Gnädiger Herr.

WEISLINGEN: Die Papiere dort, Franz!

FRANZ (bringt sie).

WEISLINGEN (reißt ein Paket auf und zeigt Marien ein Papier): Hier ist deines Bruders Todesurteil unterschrieben.

MARIA: Gott im Himmel!

WEISLINGEN: Und so zerreiß ich's! Er lebt. Aber kann ich wieder schaffen, was ich zerstört habe? Weine nicht so, Franz! Guter Junge, dir geht mein Elend tief zu Herzen.

FRANZ (wirft sich vor ihm nieder und faßt seine Knie).

MARIA (vor sich): Er ist sehr krank. Sein Anblick zerreißt mir das Herz. Wie liebt ich ihn! und nun ich ihm nahe, fühl ich wie lebhaft.

WEISLINGEN: Franz, steh auf und laß das Weinen! Ich kann wieder aufkommen. Hoffnung ist bei den Lebenden.

FRANZ: Ihr werdet nicht. Ihr müßt sterben.

WEISLINGEN: Ich muß?

FRANZ (außer sich): Gift! Gift! Von Eurem Weibe! – Ich! Ich! (Er rennt davon)

WEISLINGEN: Marie, geh ihm nach. Er verzweifelt. (Maria ab) Gift von meinem Weibe! Weh! Weh! Ich fühl's. Marter und Tod.

MARIA (inwendig): Hilfe! Hilfe!

WEISLINGEN (will aufstehn): Gott, vermag ich das nicht!

MARIA (kommt): Er ist hin. Zum Saalfenster hinaus stürzt er wütend in den Main hinunter.

WEISLINGEN: Ihm ist wohl. – Dein Bruder ist außer Gefahr. Die übrigen Kommissarien, Seckendorf besonders, sind seine Freunde. Ritterlich Gefängnis werden sie ihm auf sein Wort gleich gewähren. Leb wohl, Marie, und geh.

MARIA: Ich will bei dir bleiben, armer Verlaßner.

WEISLINGEN: Wohl verlassen und arm! Du bist ein furchtbarer Rächer, Gott! – Mein Weib –

MARIA: Entschlage dich dieser Gedanken. Kehre dein Herz zu dem Barmherzigen.

WEISLINGEN: Geh, liebe Seele, überlaß mich meinem Elend. – Entsetzlich! Auch deine Gegenwart, Marie, der letzte Trost, ist Qual.

MARIE (vor sich): Stärke mich, o Gott! Meine Seele erliegt mit der seinigen.

WEISLINGEN: Weh! Weh! Gift von meinem Weibe! – Mein Franz verführt durch die Abscheuliche. Wie sie

wartet, horcht auf den Boten, der ihr die Nachricht bringe: er ist tot. Und du, Marie! Marie, warum bist du gekommen, daß du jede schlafende Erinnerung meiner Sünden wecktest! Verlaß mich, daß ich sterbe.
MARIE: Laß mich bleiben. Du bist allein. Denk, ich sei deine Wärterin. Vergiß alles. Vergesse dir Gott so alles, wie ich dir alles vergesse.
WEISLINGEN: Du Seele voll Liebe, bete für mich, bete für mich! Mein Herz ist verschlossen.
MARIA: Er wird sich deiner erbarmen. – Du bist matt.
WEISLINGEN: Ich sterbe, sterbe und kann nicht ersterben. Und in dem fürchterlichen Streit des Lebens und Tods sind die Qualen der Hölle.
MARIA: Erbarmer, erbarme dich seiner! Nur einen Blick deiner Liebe an sein Herz, daß es sich zum Trost öffne und sein Geist Hoffnung, Lebenshoffnung in den Tod hinüberbringe!

IN EINEM FINSTERN ENGEN GEWÖLBE
Die Richter des heimlichen Gerichts. Alle vermummt

ÄLTESTER: Richter des heimlichen Gerichts, schwurt auf Strang und Schwert unsträflich zu sein, zu richten im Verborgenen, zu strafen im Verborgenen Gott gleich! Sind eure Herzen rein und eure Hände, hebt die Arme empor, ruft über die Missetäter: Wehe! Wehe!
ALLE: Wehe! Wehe!
ÄLTESTER: Rufer, beginne das Gericht!
RUFER: Ich Rufer rufe die Klage gegen den Missetäter. Des Herz rein ist, dessen Hände rein sind zu schwören auf Strang und Schwert, der klage bei Strang und Schwert! klage! klage!
KLÄGER (tritt vor): Mein Herz ist rein von Missetat, meine Hände von unschuldigem Blut. Verzeih mir Gott böse Gedanken und hemme den Weg zum Willen! Ich hebe meine Hand auf und klage! klage! klage!
ÄLTESTER: Wen klagst du an?
KLÄGER: Klage an auf Strang und Schwert Adelheiden von Weislingen. Sie hat Ehebruch sich schuldig gemacht, ihren Mann vergiftet durch ihren Knaben. Der Knab hat sich selbst gerichtet, der Mann ist tot.
ÄLTESTER: Schwörst du zu dem Gott der Wahrheit, daß du Wahrheit klagst?
KLÄGER: Ich schwöre.
ÄLTESTER: Würd es falsch befunden, beutst du deinen Hals der Strafe des Mords und des Ehebruchs?
KLÄGER: Ich biete.
ÄLTESTER: Eure Stimmen. (Sie reden heimlich zu ihm)
KLÄGER: Richter des heimlichen Gerichts, was ist euer Urteil über Adelheiden von Weislingen, bezichtigt des Ehebruchs und Mords.
ÄLTESTER: Sterben soll sie! Sterben des bittern doppelten Todes, mit Strang und Dolch büßen doppelt doppelte Missetat. Streckt eure Hände empor, und rufet Weh über sie! Weh! Weh! In die Hände des Rächers.
ALLE: Weh! Weh! Weh!
ÄLTESTER: Rächer! Rächer, tritt auf.
RÄCHER (tritt vor)
ÄLTESTER: Faß hier Strang und Schwert, sie zu tilgen von dem Angesicht des Himmels, binnen acht Tage Zeit. Wo du sie findest, nieder mit ihr in Staub! – Richter, die ihr richtet im Verborgenen und strafet im Verborgenen Gott gleich, bewahrt euer Herz vor Missetat und eure Hände vor unschuldigem Blut.

HOF EINER HERBERGE
Maria. Lerse

MARIA: Die Pferde haben gnug gerastet. Wir wollen fort, Lerse.
LERSE: Ruht doch bis an Morgen. Die Nacht ist gar zu unfreundlich.
MARIA: Lerse, ich habe keine Ruh, bis ich meinen Bruder gesehen habe. Laß uns fort. Das Wetter hellt sich aus, wir haben einen schönen Tag zu gewarten.
LERSE: Wie Ihr befehlt.

HEILBRONN, IM TURN
Götz. Elisabeth

ELISABETH: Ich bitte dich, lieber Mann, rede mit mir. Dein Stillschweigen ängstigt mich. Du verglühst in dir selbst. Komm, laß uns nach deinen Wunden sehen; sie bessern sich um vieles. In der mutlosen Finsternis erkenn ich dich nicht mehr.
GÖTZ: Suchtest du den Götz? Der ist lang hin. Sie haben mich nach und nach verstümmelt, meine Hand, meine Freiheit, Güter und guten Namen. Mein Kopf, was ist an dem? – Was hört Ihr von Georgen? Ist Lerse nach Georgen?
ELISABETH: Ja Lieber! Richtet Euch auf, es kann sich vieles wenden.
GÖTZ: Wen Gott niederschlägt, der richtet sich selbst nicht auf. Ich weiß am besten, was auf meinen Schultern liegt. Unglück bin ich gewohnt zu dulden. Und jetzt ist's nicht Weislingen allein, nicht die Bauern allein, nicht der Tod des Kaisers und meine Wunden. – Es ist alles zusammen. Meine Stunde ist kommen. Ich hoffte, sie sollte sein wie mein Leben. Sein Wille geschehe.
ELISABETH: Willst du nicht was essen?
GÖTZ: Nichts, meine Frau. Sieh, wie die Sonne draußen scheint.
ELISABETH: Ein schöner Frühlingstag.
GÖTZ: Meine Liebe, wenn du den Wächter bereden könntest, mich in sein klein Gärtchen zu lassen auf eine halbe Stunde, daß ich der lieben Sonne genösse, des heitern Himmels und der reinen Luft.
ELISABETH: Gleich! und er wird's wohl tun.

GÄRTCHEN AM TURN
Maria. Lerse

MARIA: Geh hinein und sieh, wie's steht.
Lerse ab. Elisabeth. Wächter

ELISABETH: Gott vergelt Euch die Lieb und Treu an meinem Herrn. (Wächter ab) Marie, was bringst du?
MARIA: Meines Bruders Sicherheit. Ach, aber mein Herz ist zerrissen. Weislingen ist tot, vergiftet von seinem Weibe. Mein Mann ist in Gefahr. Die Fürsten werden ihm zu mächtig, man sagt, er sei eingeschlossen und belagert.
ELISABETH: Glaubt dem Gerüchte nicht. Und laßt Götzen nichts merken.
MARIA: Wie steht's um ihn?
ELISABETH: Ich fürchtete, er würde deine Rückkunft nicht erleben. Die Hand des Herrn liegt schwer auf ihm. Und Georg ist tot.
MARIA: Georg! der goldne Junge!
ELISABETH: Als die Nichtswürdigen Miltenberg verbrannten, sandte ihn sein Herr, ihnen Einhalt zu tun. Da fiel ein Trupp Bündischer auf sie los. – Georg! Hätten sie sich alle gehalten wie er, sie hätten alle das gute Gewissen haben müssen. Viel wurden erstochen, und Georg mit: er starb einen Reitersstod.
MARIA: Weiß es Götz?
ELISABETH: Wir verbergen's vor ihm. Er fragt mich zehnmal des Tags, und schickt mich zehnmal des Tags zu forschen, was Georg macht. Ich fürchte, seinem Herzen diesen letzten Stoß zu geben.
MARIA: O Gott, was sind die Hoffnungen dieser Erden!

Götz. Lerse. Wächter

GÖTZ: Allmächtiger Gott! Wie wohl ist's einem unter deinem Himmel! Wie frei! – Die Bäume treiben Knospen und alle Welt hofft. Lebt wohl, meine Lieben, meine Wurzeln sind abgehauen, meine Kraft sinkt nach dem Grabe.
ELISABETH: Darf ich Lersen nach deinem Sohn ins Kloster schicken, daß du ihn noch einmal siehst und segnest?
GÖTZ: Laß ihn, er ist heiliger als ich, er braucht meinen Segen nicht. – An unserm Hochzeittag, Elisabeth, ahnte mir's nicht, daß ich so sterben würde. – Mein alter Vater segnete uns, und eine Nachkommenschaft von edlen tapfern Söhnen quoll aus seinem Gebet. – Du hast ihn nicht erhört, und ich bin der letzte. – Lerse, dein Angesicht freut mich in der Stunde des Tods mehr als im mutigsten Gefecht. Damals führte mein Geist den eurigen, jetzt hältst du mich aufrecht. Ach daß ich Georgen noch einmal sähe, mich an seinem Blick wärmte! – Ihr seht zur Erden und weint – Er ist tot – Georg ist tot. – Stirb, Götz – Du hast dich selbst überlebt, die Edlen überlebt. – Wie starb er? – Ach, fingen sie in unter den Mordbrennern, und er ist hingerichtet?
ELISABETH: Nein, er wurde bei Miltenberg erstochen. Er wehrte sich wie ein Löw um seine Freiheit.
GÖTZ: Gott sei Dank. Er war der beste Junge unter der Sonne und tapfer. – Löse meine Seele nun. – Arme Frau! Ich lasse dich in einer verderbten Welt. Lerse, verlaß sie nicht. – Schließt eure Herzen sorgfältiger als eure Tore. Es kommen die Zeiten des Betruges, es ist ihm Freiheit gegeben. Die Nichtswürdigen werden regieren mit List, und der Edle wird in ihre Netze fallen. Marie, gebe dir Gott deinen Mann wieder. Möge er nicht so tief fallen, als er hoch gestiegen ist! Selbitz starb, und der gute Kaiser, und mein Georg. – Gebt mir einen Trunk Wasser. – Himmlische Luft. – Freiheit! Freiheit! (Er stirbt)
ELISABETH: Nur droben, droben bei dir. Die Welt ist ein Gefängnis.
MARIA: Edler Mann! Edler Mann! Wehe dem Jahrhundert, das dich von sich stieß!
LERSE: Wehe der Nachkommenschaft, die dich verkennt!

CLAVIGO

Ein Trauerspiel

PERSONEN

Clavigo, Archivarius des Königs
Carlos, dessen Freund
Beaumarchais
Marie Beaumarchais
Sophie Guilbert, geborene Beaumarchais
Guilbert, ihr Mann
Buenco
Saint George

Der Schauplatz ist zu Madrid

Erster Akt

CLAVIGOS WOHNUNG
Clavigo. Carlos

CLAVIGO (vom Schreibtisch aufstehend): Das Blatt wird eine gute Wirkung tun, es muß alle Weiber bezaubern. Sag mir, Carlos, glaubst du nicht, daß meine Wochenschrift jetzt eine der ersten in Europa ist?

CARLOS: Wir Spanier wenigstens haben keinen neuern Autor, der so viel Stärke des Gedankens, so viel blühende Einbildungskraft mit einem so glänzenden und leichten Stil verbände.

CLAVIGO: Laß mich! Ich muß unter dem Volke noch der Schöpfer des guten Geschmacks werden. Die Menschen sind willig, allerlei Eindrücke anzunehmen; ich habe einen Ruhm, ein Zutrauen unter meinen Mitbürgern, und, unter uns gesagt, meine Kenntnisse breiten sich täglich aus; meine Empfindungen erweitern sich, und mein Stil bildet sich immer wahrer und stärker.

CARLOS: Gut, Clavigo! Doch wenn du mir's nicht übelnehmen willst, so gefiel mir damals deine Schrift weit besser, als du sie noch zu Mariens Füßen schriebst, als noch das liebliche, muntere Geschöpf auf dich Einfluß hatte. Ich weiß nicht, das Ganze hatte ein jugendlicheres, blühenderes Ansehn.

CLAVIGO: Es waren gute Zeiten, Carlos, die nun vorbei sind. Ich gestehe dir gern, ich schrieb damals mit offenerem Herzen, und wahr ist's, sie hatte viel Anteil an dem Beifall, den das Publikum mir gleich anfangs gewährte. Aber in der Länge, Carlos – man wird der Weiber gar bald satt; und warst du nicht der erste, meinem Entschluß Beifall zu geben, als ich mir vornahm, sie zu verlassen?

CARLOS: Du wärest versauert. Sie sind gar zu einförmig. Nur, dünkt mich, wär's wieder Zeit, daß du dich nach einem neuen Plan umsähest; es ist doch auch nichts, wenn man so ganz auf 'm Sand ist.

CLAVIGO: Mein Plan ist der Hof, und da gilt kein Feiern. Hab ich's für einen Fremden, der ohne Stand, ohne Namen, ohne Vermögen hierher kam, nicht weit genug gebracht? Hier an einem Hofe, unter dem Gedräng von Menschen, wo es so schwer fällt, sich bemerken zu machen! Mir ist's so wohl, wenn ich den Weg ansehe, den ich zurückgelegt habe. Geliebt von den ersten des Königreichs, geehrt durch meine Wissenschaften, meinen Rang! Archivarius des Königs! Carlos, das spornt mich alles; ich wäre nichts, wenn ich bliebe, was ich bin. Hinauf! Hinauf! Und da kostet's Mühe und List! Man braucht seinen ganzen Kopf, und die Weiber, die Weiber! Man vertändelt gar zuviel Zeit mit ihnen.

CARLOS: Narre, das ist deine Schuld. Ich kann nie ohne Weiber leben, und mich hindern sie an gar nichts. Auch sag ich ihnen nicht so viel schöne Sachen, röste mich nicht Monate lang an Sentiments und dergleichen; wie ich denn mit honetten Mädchen am ungernsten zu tun habe. Ausgered't hat man bald mit ihnen; hernach schleppt man sich eine Zeitlang herum, und kaum sind sie ein bißchen warm bei einem, hat sie der Teufel gleich mit Heiratsgedanken und Heiratsvorschlägen, die ich fürchte wie die Pest. Du bist nachdenkend, Clavigo!

CLAVIGO: Ich kann die Erinnerung nicht loswerden, daß ich Marien verlassen – hintergangen habe, nenn's, wie du willst.

CARLOS: Wunderlich! Mich dünkt doch, man lebt nur einmal in der Welt, hat nur einmal diese Kräfte, diese Aussichten, und wer sie nicht zum besten braucht, wer sie nicht so weit treibt als möglich, ist ein Tor. Und heiraten! Heiraten just zur Zeit, da das Leben erst recht in Schwung kommen soll! Sich häuslich niederlassen, sich einschränken, da man noch die Hälfte seiner Wanderung nicht zurückgelegt, die Hälfte seiner Eroberungen noch nicht gemacht hat! Daß du sie liebtest, das war natürlich; daß du ihr die Ehe versprachst, war eine Narrheit, und wenn du Wort gehalten hättest, wär's gar Raserei gewesen.

CLAVIGO: Sieh, ich begreife den Menschen nicht. Ich liebte sie wahrlich, sie zog mich an, sie hielt mich, und wie ich zu ihren Füßen saß, schwur ich ihr, schwur ich mir, daß es ewig so sein sollte, daß ich der Ihrige sein wollte, sobald ich ein Amt hätte, einen Stand – Und nun, Carlos!

CARLOS: Es wird noch Zeit genug sein, wenn du ein gemachter Mann bist, wenn du das erwünschte Ziel erreicht hast, daß du alsdann, um all dein Glück zu krönen und zu befestigen, dich mit einem angesehenen und reichen Hause durch eine kluge Heirat zu verbinden suchst.

CLAVIGO: Sie ist verschwunden! Glatt aus meinem Herzen verschwunden! Und wenn mir ihr Unglück nicht manchmal durch den Kopf führe – Daß man so veränderlich ist!

CARLOS: Wenn man beständig wäre, wollt ich mich verwundern. Sieh doch, verändert sich nicht alles in der Welt? Warum sollten unser Leidenschaften bleiben? Sei du ruhig! Sie ist nicht das erste verlassene Mädchen und nicht das erste, das sich getröstet hat. Wenn ich dir raten soll, da ist die junge Witwe gegenüber. –

CLAVIGO: Du weißt, ich halte nicht viel auf solche Vorschläge. Ein Roman, der nicht ganz von selbst kommt, ist nicht imstande, mich einzunehmen.

CARLOS: Über die delikaten Leute!

CLAVIGO: Laß das gut sein, und vergiß nicht, daß unser Hauptwerk gegenwärtig sein muß, uns dem neuen Minister notwendig zu machen. Daß Whal das Gouvernement von Indien niederlegt, ist immer beschwerlich für uns. Zwar ist mir's weiter nicht bange; sein Einfluß bleibt – Grimaldi und er sind Freunde, und wir können schwatzen und uns bücken –

CARLOS: Und denken und tun, was wir wollen.

CLAVIGO: Das ist die Hauptsache in der Welt. (Er schellt dem Bedienten) Tragt das Blatt in die Druckerei!

CARLOS: Sieht man Euch den Abend?

CLAVIGO: Nicht wohl. Nachfragen könnt Ihr ja.

CARLOS: Ich möchte heut abend gar zu gern was unternehmen, das mir das Herz erfreute; ich muß diesen ganzen Nachmittag wieder schreiben. Das endigt nicht.

CLAVIGO: Laßt es gut sein! Wenn wir nicht für so viele Leute arbeiteten, wären wir so viel Leuten nicht über den Kopf gewachsen. (Ab)

GUILBERTS WOHNUNG
Sophie Guilbert. Marie von Beaumarchais. Don Buenco

BUENCO: Sie haben eine üble Nacht gehabt?

SOPHIE: Ich sagt's ihr gestern abend. Sie war so ausgelassen lustig und hat geschwatzt bis elfe; da war sie erhitzt, konnte nicht schlafen, und nun hat sie wieder keinen Atem und weint den ganzen Morgen.

MARIE: Daß unser Bruder nicht kommt! Es sind zwei Tage über die Zeit.

SOPHIE: Nur Geduld! Er bleibt nicht aus.

MARIE (aufstehend): Wie begierig bin ich, diesen Bruder zu sehen, meinen Richter und meinen Retter! Ich erinnere mich seiner kaum.

SOPHIE: O ja, ich kann mir ihn noch wohl vorstellen; er war ein feuriger, offener, braver Knabe von dreizehn Jahren, als uns unser Vater hieherschickte.

MARIE: Eine edle, große Seele. Sie haben den Brief gelesen, den er schrieb, als er mein Unglück erfuhr. Jeder Buchstabe davon steht in meinem Herzen. „Wenn du schuldig bist", schreibt er, „so erwarte keine Vergebung! Über Dein Elend soll noch die Verachtung eines Bruders auf Dir schwer werden und der Fluch eines Vaters. Bist du unschuldig, oh, dann alle Rache, alle, alle glühende Rache auf den Verräter!" – Ich zittere! Er wird kommen. Ich zittere, nicht für mich, ich stehe vor Gott in meiner Unschuld. – Ihr müßt, meine Freunde – Ich weiß nicht, was ich will! O Clavigo!

SOPHIE: Du hörst nicht! Du wirst dich umbringen.

MARIE: Ich will stille sein; ja, ich will nicht weinen. Mich dünkt auch, ich hätte keine Tränen mehr. Und warum Tränen? Es ist mir nur leid, daß ich euch das Leben sauer mache. Denn im Grunde, worüber beklag ich mich? Ich habe viel Freude gehabt, solang unser alter Freund noch lebte. Clavigos Liebe hat mir viel Freude gemacht, vielleicht mehr als ihm die meinige. Und nun – was ist's nun weiter? Was ist an mir gelegen, an einem Mädchen gelegen, ob ihm das Herz bricht, ob es sich verzehrt und sein armes junges Leben ausquält?

BUENCO: Um Gottes willen, Mademoiselle!

MARIE: Ob's ihm wohl einerlei ist – daß er mich nicht mehr liebt? Ach, warum bin ich nicht mehr liebenswürdig? – Aber bedauern, bedauern sollt' er mich! Daß die Arme, der er sich so notwendig gemacht hatte, nun ohne ihn ihr Leben hinschleichen, hinjammern soll! – Bedauern! Ich mag nicht von dem Menschen bedauert sein.

SOPHIE: Wenn ich dich ihn könnte verachten lehren, den Nichtswürdigen, den Hassenswürdigen!

MARIE: Nein, Schwester, ein Nichtswürdiger ist er nicht; und muß ich denn den verachten, den ich hasse? – Hassen! Ja, manchmal kann ich ihn hassen, manchmal, wenn der spanische Geist über mich kommt. Neulich, o neulich, als wir ihm begegneten, sein Anblick wirkte volle, warme Liebe auf mich; und wie ich wieder nach Hause kam und mir sein Betragen auffiel und der ruhige, kalte Blick, den er über mich herwarf an der Seite der glänzenden Donna; da ward ich Spanierin in meinem Herzen und griff nach meinem Dolch und nahm Gift zu mir und verkleidete mich. Ihr erstaunt, Buenco? Alles in Gedanken, versteht sich.

SOPHIE: Närrisches Mädchen!

MARIE: Meine Einbildungskraft führte mich ihm nach, ich sah ihn, wie er zu den Füßen seiner neuen Geliebten all die Freundlichkeit, all die Demut verschwendete, mit der er mich vergiftet hat, ich zielte nach dem Herzen des Verräters. Ach, Buenco! Auf einmal war das gutherzige französische Mädchen wieder da, das keine Liebestränke kennt und keine Dolche zur Rache. Wir sind übel dran; Vaudevilles, unsere Liebhaber zu unterhalten, Fächer, sie zu strafen, und wenn sie untreu sind? – Sag, Schwester; wie machen sie's in Frankreich, wenn die Liebhaber untreu sind?

SOPHIE: Man verwünscht sie.
MARIE: Und?
SOPHIE: Und läßt sie laufen.
MARIE: Laufen! Nun, und warum soll ich Clavigo nicht laufen lassen? Wenn das in Frankreich Mode ist, warum soll's nicht in Spanien sein? Warum soll eine Französin in Spanien nicht Französin sein? Wir wollen ihn laufen lassen und uns einen andern nehmen; mich dünkt, sie machen's bei uns auch so.
BUENCO: Er hat eine feierliche Zusage gebrochen und keinen leichtsinnigen Roman, kein gesellschaftliches Attachement. Mademoiselle, Sie sind bis ins innerste Herz beleidigt, gekränkt. Oh, nie ist mein Stand, daß ich ein unbedeutender ruhiger Bürger von Madrid bin, nie so beschwerlich, nie so ängstlich gewesen als jetzt, da ich mich so schwach, so unvermögend fühle, Ihnen gegen den falschen Höfling Gerechtigkeit zu schaffen!
MARIA: Wie er noch Clavigo war, noch nicht Archivarius des Königs, wie er der Fremdling, der Ankömmling, der Neueingeführte in unserm Hause war, wie liebenswürdig war er, wie gut! Wie schien all sein Ehrgeiz, all sein Aufstreben ein Kind seiner Liebe zu sein! Für mich rang er nach Namen, Stand, Gütern: er hat's, und ich! –

Guilbert kommt

GUILBERT (heimlich zu seiner Frau): Der Bruder kommt.
MARIE: Der Bruder! – (Sie zittert, man führt sie in einen Sessel) Wo? Wo? Bringt mir ihn! Bringt mich hin!

Beaumarchais kommt

BEAUMARCHAIS: Meine Schwester! (Von der ältesten weg nach der jüngsten zustürzend) Meine Schwester! Meine Freunde! O meine Schwester!
MARIE: Bist du da? Gott sei Dank, du bist da!
BEAUMARCHAIS: Laß mich zu mir selbst kommen!
MARIE: Mein Herz, mein armes Herz!
SOPHIE: Beruhigt euch! Lieber Bruder, ich hoffte, dich gelassener zu sehen.
BEAUMARCHAIS: Gelassener! Seid ihr denn gelassen? Seh ich nicht an der zerstörten Gestalt dieser Lieben, an deinen verweinten Augen, deiner Blässe des Kummers, an dem toten Stillschweigen eurer Freunde, daß ihr so elend seid, wie ich mir euch den ganzen, langen Weg vorgestellt habe? Und elender – denn ich seh euch, ich hab euch in meinen Armen, die Gegenwart verdoppelt meine Gefühle. O meine Schwester!
SOPHIE: Und unser Vater?
BEAUMARCHAIS: Er segnet euch und mich, wenn ich euch rette.
BUENCO: Mein Herr, erlauben Sie einem Unbekannten, der den edeln, braven Mann in Ihnen beim ersten Anblick erkennt, seinen innigsten Anteil an Tag zu legen, den er bei dieser ganzen Sache empfindet. Mein Herr! Sie machen diese ungeheure Reise, Ihre Schwester zu retten, zu rächen. Willkommen! Sei'n Sie willkommen wie ein Engel, ob Sie uns alle gleich beschämen!
BEAUMARCHAIS: Ich hoffte, mein Herr, in Spanien solche Herzen zu finden, wie das Ihre ist; das hat mich angespornt, den Schritt zu tun. Nirgend, nirgend in der Welt mangelt es an teilnehmenden, beistimmenden Seelen, wenn nur einer auftritt, dessen Umstände ihm völlige Freiheit lassen, all seiner Entschlossenheit zu folgen. Und, o meine Freunde, ich habe das hoffnungsvolle Gefühl: überall gibt's treffliche Menschen unter den Mächtigen und Großen, und das Ohr der Majestät ist selten taub; nur ist unsere Stimme meist zu schwach, bis dahinauf zu reichen.
SOPHIE: Kommt, Schwester! Kommt! Legt Euch einen Augenblick nieder! Sie ist ganz außer sich. (Sie führen sie weg)
MARIE: Mein Bruder!
BEAUMARCHAIS: Will's Gott, du bist unschuldig, und dann alle, alle Rache über den Verräter! (Marie, Sophie ab) Mein Bruder! Meine Freunde! Ich seh's an euern Blicken, daß ihr's seid. Laßt mich zu mir kommen! Und dann! Eine reine, unparteiische Erzählung der ganzen Geschichte, die soll meine Handlungen bestimmen. Das Gefühl einer guten Sache soll meinen Entschluß befestigen; und glaubt mir, wenn wir recht haben, werden wir Gerechtigkeit finden.

Zweiter Akt

Das Haus des Clavigo

CLAVIGO: Wer die Franzosen sein mögen, die sich bei mir haben melden lassen? – Franzosen! Sonst war mir diese Nation willkommen! – Und warum nicht jetzt? Es ist wunderbar; ein Mensch, der sich über so vieles hinaussetzt, wird noch an einer Ecke mit Zwirnsfäden angebunden. – Weg! – Und wär ich Marien mehr schuldig als mir selbst? Und ist's eine Pflicht, mich unglücklich zu machen, weil mich ein Mädchen liebt?

Ein Bedienter

BEDIENTER: Die Fremden, mein Herr!
CLAVIGO: Führe sie herein! Du sagtest doch ihrem Bedienten, daß ich sie zum Frühstück erwarte?
BEDIENTER: Wie Sie befahlen.
CLAVIGO: Ich bin gleich wieder hier. (Ab)

Beaumarchais. Saint George.
Der Bediente setzt ihnen Stühle und geht

BEAUMARCHAIS: Es ist mir so leicht, so wohl, mein Freund, daß ich endlich hier bin, daß ich ihn habe; er soll mir nicht entwischen! Sei'n Sie ruhig! Wenigstens zeigen Sie ihm die gelassenste Außenseite! Meine

Schwester! Meine Schwester! Wer glaubte, daß du so unschuldig als unglücklich bist? Es soll an den Tag kommen, du sollst auf das grimmigste gerächt werden. Und du, guter Gott, erhalte mir die Ruhe der Seele, die du mir in diesem Augenblicke gewährtest, daß ich mit aller Mäßigung in dem entsetzlichen Schmerz und so klug handle als möglich!

SAINT GEORGE: Ja, diese Klugheit, alles, mein Freund, was Sie jemals von Überlegung bewiesen haben, nehm ich in Anspruch. Sagen Sie mir's zu, mein Bester, noch einmal, daß Sie bedenken, wo Sie sind – in einem fremden Königreiche, wo alle Ihre Beschützer, wo all Ihr Geld nicht imstande ist, Sie gegen die geheimen Maschinen nichtswürdiger Feinde zu sichern.

BEAUMARCHAIS: Sei'n Sie ruhig! Spielen Sie Ihre Rolle gut! Er soll nicht wissen, mit welchem von uns beiden er's zu tun hat. Ich will ihn martern. Oh, ich bin guten Humors genug, um den Kerl an einem langsamen Feuer zu braten.

Clavigo kommt wieder

CLAVIGO: Meine Herren, es ist mir eine Freude, Männer von einer Nation bei mir zu sehen, die ich immer geschätzt habe.

BEAUMARCHAIS: Mein Herr, ich wünsche, daß auch wir der Ehre würdig sein mögen, die Sie unsern Landsleuten anzutun belieben.

SAINT GEORGE: Das Vergnügen, Sie kennenzulernen, hat bei uns die Bedenklichkeit überwunden, daß wir beschwerlich sein könnten.

CLAVIGO: Personen, die der erste Anblick empfiehlt, sollten die Bescheidenheit nicht so weit treiben.

BEAUMARCHAIS: Freilich kann Ihnen nicht fremd sein, von Unbekannten besucht zu werden, da Sie durch die Vortrefflichkeit Ihrer Schriften sich ebensosehr in auswärtigen Reichen bekannt gemacht haben, als die ansehnlichen Ämter, die Ihro Majestät Ihnen anvertrauen, Sie in Ihrem Vaterlande distinguieren.

CLAVIGO: Der König hat viel Gnade für meine geringen Dienste und das Publikum viel Nachsicht für die unbedeutenden Versuche meiner Feder. Ich wünschte, daß ich einigermaßen etwas zu der Verbesserung des Geschmacks in meinem Lande, zur Ausbreitung der Wissenschaft beitragen könnte; denn sie sind's allein, die uns mit anderen Nationen verbinden, sie sind's, die aus den entferntesten Geistern Freunde machen und die angenehmste Vereinigung unter denen selbst erhalten, die leider durch Staatsverhältnisse öfters getrennt werden.

BEAUMARCHAIS: Es ist entzückend, einen Mann so reden zu hören, der gleichen Einfluß auf den Staat und auf die Wissenschaft hat. Auch muß ich gestehen, Sie haben mir das Wort aus dem Munde genommen und mich gerades Wegs auf das Anliegen gebracht, um dessen willen Sie mich hier sehen. Eine Gesellschaft gelehrter, würdiger Männer hat mir den Antrag gegeben, an jedem Orte, wo ich durchreiste und Gelegenheit fände, einen Briefwechsel zwischen ihnen und den besten Köpfen des Königreichs zu stiften. Wie nun kein Spanier besser schreibt als der Verfasser der Blätter, die unter dem Namen „Der Denker" so bekannt sind, ein Mann, mit dem ich die Ehre habe zu reden –

Clavigo macht eine verbindliche Beugung

BEAUMARCHAIS: Und der eine besondere Zierde der Gelehrten ist, indem er gewußt hat, mit seinen Talenten einen solchen Grad von Weltklugheit zu verbinden; dem es nicht fehlen kann, die glänzenden Stufen zu besteigen, deren ihn sein Charakter und seine Kenntnisse würdig machen – ich glaube, meinen Freunden keinen angenehmern Dienst leisten zu können, als wenn ich sie mit einem solchen Manne verbinde.

CLAVIGO: Kein Vorschlag in der Welt konnte mir erwünschter sein, meine Herren; ich sehe dadurch die angenehmsten Hoffnungen erfüllt, mit denen sich mein Herz oft ohne Aussicht einer glücklichen Gewährung beschäftigte. Nicht, daß ich glaubte, durch meinen Briefwechsel den Wünschen Ihrer gelehrten Freunde genugtun zu können; so weit geht meine Eitelkeit nicht. Aber da ich das Glück habe, daß die besten Köpfe in Spanien mit mir zusammenhängen, da mir nichts unbekannt bleiben mag, was in unserm weiten Reiche von einzelnen, oft verborgenen Männern für die Wissenschaften, für die Künste getan wird: so sah ich mich bisher als einen Kolporteur an, der das geringe Verdienst hat, die Erfindungen anderer gemeinnützig zu machen; nun aber werd ich durch Ihre Dazwischenkunft zum Handelsmann, der das Glück hat, durch Umsetzung der einheimischen Produkte den Ruhm seines Vaterlandes auszubreiten und darüber es noch mit fremden Schätzen zu bereichern. Und so erlauben Sie, mein Herr, daß ich einen Mann, der mit solcher Freimütigkeit eine so angenehme Botschaft bringt, nicht wie einen Fremden behandle; erlauben Sie, daß ich frage, was für ein Geschäft, was für ein Anliegen Sie diesen weiten Weg geführt hat. Nicht als wollt ich durch diese Indiskretion eine eitle Neugierde befriedigen; nein, glauben Sie vielmehr, daß es in der reinsten Absicht geschieht, alle Kräfte, allen Einfluß, den ich etwa haben mag, für Sie zu verwenden; denn ich sage Ihnen zum voraus, Sie sind an einen Ort gekommen, wo sich einem Fremden zur Ausführung seiner Geschäfte, besonders bei Hofe, unzählige Schwierigkeiten entgegensetzen.

BEAUMARCHAIS: Ich nehme ein so gefälliges Anerbieten mit allem Dank an. Ich habe keine Geheimnisse für Sie, mein Herr, und dieser Freund wird bei meiner Erzählung nicht zuviel sein; er ist sattsam von dem unterrichtet, was ich Ihnen zu sagen habe.

Clavigo betrachtet Saint George mit Aufmerksamkeit

BEAUMARCHAIS: Ein französischer Kaufmann, der bei einer starken Anzahl von Kindern wenig Vermögen besaß, hatte viel Korrespondenten in Spanien. Einer der reichsten kam vor fünfzehn Jahren nach Paris und tat ihm den Vorschlag: „Gebt mir zwei von Euern Töchtern, ich nehme sie mit nach Madrid und versorge sie. Ich bin ledig, bejahrt, ohne Verwandte; sie werden das Glück meiner alten Tage machen, und nach meinem Tode hinterlaß ich ihnen eine der ansehnlichsten Handlungen in Spanien." Man vertraute ihm die älteste und eine der jüngern Schwestern. Der Vater übernahm, das Haus mit allen französischen Waren zu versehen, die man verlangen würde, und so hatte alles ein gutes Ansehn, bis der Korrespondent mit Tode abging, ohne die Französinnen im geringsten zu bedenken, die sich denn in dem beschwerlichen Falle sahen, allein einer neuen Handlung vorzustehen. Die Älteste hatte unterdessen geheiratet, und ungeachtet des geringen Zustandes ihrer Glücksgüter erhielten sie sich durch gute Aufführung und durch die Annehmlichkeit ihres Geistes eine Menge Freunde, die sich wechselweise beeiferten, ihren Credit und ihre Geschäfte zu erweitern.

Clavigo wird immer aufmerksamer

BEAUMARCHAIS: Ungefähr um eben die Zeit hatte sich ein junger Mensch, von den Kanarischen Inseln bürtig, in dem Hause vorstellen lassen.

Clavigo verliert die Munterkeit aus seinem Gesicht, und sein Ernst geht nach und nach in eine Verlegenheit über, die immer sichtbarer wird

BEAUMARCHAIS: Ungeachtet seines geringen Standes und Vermögens nimmt man ihn gefällig auf. Die Frauenzimmer, die eine große Begierde zur französischen Sprache an ihm bemerkten, erleichtern ihm alle Mittel, sich in weniger Zeit große Kenntnisse zu erwerben. Voll von Begierde, sich einen Namen zu machen, fällt er auf den Gedanken, der Stadt Madrid das seiner Nation noch unbekannte Vergnügen einer Wochenschrift im Geschmack des englischen „Zuschauers" zu geben. Seine Freundinnen lassen es nicht ermangeln, ihm auf alle Art beizustehen; man zweifelt nicht, daß ein solches Unternehmen großen Beifall finden würde; genug, ermuntert durch die Hoffnung, nun bald ein Mensch von einiger Bedeutung werden zu können, wagt er es, der Jüngsten einen Heiratsvorschlag zu tun. Man gibt ihm Hoffnung. „Sucht Euer Glück zu machen", sagt die Älteste, „und wenn Euch ein Amt die Gunst des Hofes oder irgend sonst ein Mittel ein Recht wird gegeben haben, an meine Schwester zu denken, wenn sie Euch dann anderen Freiern vorzieht, kann ich Euch meine Einwilligung nicht versagen."

Clavigo bewegt sich in höchster Verwirrung auf seinem Sessel

BEAUMARCHAIS: Die Jüngste schlägt verschiedene ansehnliche Partien aus; ihre Neigung gegen den Menschen nimmt zu und hilft ihr die Sorge einer ungewissen Erwartung tragen; sie interessiert sich für sein Glück wie für ihr eigenes und ermuntert ihn, das erste Blatt seiner Wochenschrift zu geben, das unter einem vielversprechenden Titel erscheint.

Clavigo ist in der entsetzlichsten Verlegenheit

BEAUMARCHAIS (ganz kalt): Das Werk macht ein erstaunendes Glück; der König selbst, durch diese liebenswürdige Produktion ergötzt, gab dem Autor öffentliche Zeichen seiner Gnade. Man versprach ihm das erste ansehnliche Amt, das sich auftun würde. Von dem Augenblick an entfernt er alle Nebenbuhler von seiner Geliebten, indem er ganz öffentlich sich um sie bemühte. Die Heirat verzog sich nur in Erwartung der zugesagten Versorgung. – Endlich nach sechs Jahren Harrens, ununterbrochener Freundschaft, Beistands und Liebe von Seiten des Mädchens, nach sechs Jahren Ergebenheit, Dankbarkeit, Bemühungen, heiliger Versicherungen von Seiten des Mannes erscheint das Amt – und er verschwindet.

Clavigo entfährt ein tiefer Seufzer, den er zu verbergen sucht, und er ist ganz außer sich

BEAUMARCHAIS: Die Sache hatte zu großes Aufsehen gemacht, als daß man die Entwicklung sollte gleichgültig angesehen haben. Ein Haus für zwei Familien war gemietet. Die ganze Stadt sprach davon. Alle Freunde waren aufs höchste aufgebracht und suchten Rache. Man wendete sich an mächtige Gönner; allein der Nichtswürdige, der nun schon in den Kabalen des Hofs initiiert war, weiß alle Bemühungen fruchtlos zu machen und geht in seiner Insolenz so weit, daß er es wagt, den Unglücklichen zu drohen, wagt, denen Freunden, die sich zu ihm begeben, ins Gesicht zu sagen, die Französinnen sollen sich in acht nehmen; er biete sie auf, ihm zu schaden, und wenn sie sich unterständen, etwas gegen ihn zu unternehmen, so wär's ihm ein Leichtes, sie in einem fremden Lande zu verderben, wo sie ohne Schutz und Hilfe seien. Das arme Mädchen fiel auf diese Nachricht in Konvulsionen, die ihr den Tod drohten. In der Tiefe ihres Jammers schreibt die Älteste nach Frankreich die offenbare Beschimpfung, die ihnen angetan worden. Die Nachricht bewegt ihren Bruder aufs schrecklichste; er verlangt seinen Abschied, um ihn zu einer verwirrten Sache selbst Rat und Hilfe zu schaffen, er ist im Fluge von Paris zu Madrid, und der Bruder – bin ich! der alles verlassen hat, Vaterland, Pflichten, Familie, Stand, Vergnügen, um in Spanien eine unschuldige, unglückliche Schwester zu rächen. Ich komme, bewaffnet mit der besten Sache und aller Entschlossenheit, einen Verräter zu entlarven, mit blutigen Zügen seine Seele auf sein Gesicht zu zeichnen, und der Verräter – bist du!

CLAVIGO: Hören Sie mich, mein Herr – Ich bin – Ich habe – Ich zweifle nicht –

BEAUMARCHAIS: Unterbrechen Sie mich nicht! Sie haben mir nichts zu sagen und viel von mir zu hören. Nun, um einen Anfang zu machen, sei'n Sie so gütig, vor diesem Herrn, der expreß mit mir aus Frankreich gekommen ist, zu erklären, ob meine Schwester durch irgendeine Treulosigkeit, Leichtsinn, Schwachheit, Unart oder sonst einen Fehler diese öffentliche Beschimpfung um Sie verdient habe.

CLAVIGO: Nein, mein Herr. Ihre Schwester, Donna Maria, ist ein Frauenzimmer voll Geist, Liebenswürdigkeit und Tugend.

BEAUMARCHAIS: Hat sie Ihnen jemals seit Ihrem Umgange eine Gelegenheit gegeben, sich über sie zu beklagen oder sie geringer zu achten?

CLAVIGO: Nie! Niemals!

BEAUMARCHAIS (aufstehend): Und warum, Ungeheuer, hattest du die Grausamkeit, das Mädchen zu Tode zu quälen? Nur weil dich ihr Herz zehn anderen vorzog, die alle rechtschaffener und reicher waren als du?

CLAVIGO: Oh, mein Herr! Wenn Sie wüßten, wie ich verhetzt worden bin, wie ich durch mancherlei Ratgeber und Umstände –

BEAUMARCHAIS: Genug! (Zu Saint George) Sie haben die Rechtfertigung meiner Schwester gehört; gehn Sie und breiten Sie es aus! Was ich dem Herrn weiter zu sagen habe, braucht keine Zeugen.

Clavigo steht auf. Saint George geht

BEAUMARCHAIS: Bleiben Sie! Bleiben Sie! (Beide setzen sich wieder) Da wir nun so weit sind, will ich Ihnen einen Vorschlag tun, den Sie hoffentlich billigen werden. Es ist Ihre Konvenienz und meine, daß Sie Marien nicht heiraten, und Sie fühlen wohl, daß ich nicht gekommen bin, den Komödienbruder zu machen, der den Roman entwickeln und seiner Schwester einen Mann schaffen will. Sie haben ein ehrliches Mädchen mit kaltem Blute beschimpft, weil Sie glaubten, in einem fremden Lande sei sie ohne Beistand und Rächer. So handelt ein Niederträchtiger, ein Nichtswürdiger. Und also zuvörderst erklären Sie eigenhändig, freiwillig, bei offenen Türen, in Gegenwart Ihrer Bedienten, daß Sie ein abscheulicher Mensch sind, der meine Schwester betrogen, verraten, ohne die mindeste Ursache erniedrigt hat; und mit dieser Erklärung geh ich nach Aranjuez, wo sich unser Gesandter aufhält; ich zeige sie, ich lasse sie drucken, und übermorgen ist der Hof und die Stadt davon überschwemmt. Ich habe mächtige Freunde hier, Zeit und Geld, und das alles wend ich an, um sie auf alle Weise aufs grausamste zu verfolgen, bis der Zorn meiner Schwester sich legt, befriedigt ist und sie mir selbst Einhalt tut.

CLAVIGO: Ich tue diese Erklärung nicht.

BEAUMARCHAIS: Das glaub ich; denn vielleicht tät ich sie an Ihrer Stelle ebensowenig. Aber hier ist das andere: Schreiben Sie nicht, so bleib ich von diesem Augenblick bei Ihnen, ich verlasse nicht, ich folge Ihnen überall, bis Sie, einer solchen Gesellschaft überdrüssig, hinter Buenretiro meiner los zu werden gesucht haben. Bin ich glücklicher als Sie – ohne den Gesandten zu sehn, ohne mit einem Menschen hier gesprochen zu haben, faß ich meine sterbende Schwester in meine Arme, hebe sie in den Wagen und kehre mit ihr nach Frankreich zurück. Begünstigt Sie das Schicksal, so hab ich das Meine getan, und so lachen Sie denn auf unsere Kosten. Unterdessen das Frühstück!

Beaumarchais zieht die Schelle. Ein Bedienter bringt die Schokolade. Beaumarchais nimmt seine Tasse und geht in der anstoßenden Galerie spazieren, die Gemälde betrachtend

CLAVIGO: Luft! Luft! – Das hat dich überrascht, angepackt wie einen Knaben. – Wo bist du, Clavigo? – Wie willst du das enden? – Wie kannst du das enden? – Ein schrecklicher Zustand, in den dich deine Torheit, deine Verräterei gestürzt hat! (Er greift nach dem Degen auf dem Tische) Ha! Kurz und gut! – (Läßt ihn liegen) – Und da wäre kein Weg, kein Mittel als Tod – oder Mord, abscheulicher Mord? – Das unglückliche Mädchen ihres letzten Trostes, ihres einzigen Beistandes zu berauben, ihres Bruders! – Des edeln, braven Menschen Blut zu sehn! Und so den doppelten, unerträglichen Fluch einer vernichteten Familie auf dich zu laden! – Oh, das war die Aussicht nicht, als das liebenswürdige Geschöpf dich die ersten Stunden ihrer Bekanntschaft mit so viel Reizen anzog! Und da du sie verließest, sahst du nicht die gräßlichen Folgen deiner Schandtat? – Welche Seligkeit wartete dein in ihren Armen, in der Freundschaft solch eines Bruders! – Marie! Marie! Oh, daß du vergeben könntest! Daß ich zu deinen Füßen das alles abweinen dürfte! – Und warum nicht? – Mein Herz geht mir über, meine Seele geht mir auf in Hoffnung. – Mein Herr!

BEAUMARCHAIS: Was beschließen Sie?

CLAVIGO: Hören Sie mich! Mein Betragen gegen Ihre Schwester ist nicht zu entschuldigen. Die Eitelkeit hat mich verführt. Ich fürchtete, all meine Pläne, all meine Aussichten auf ein ruhmvolles Leben durch diese Heirat zugrunde zu richten. Hätte ich wissen können, daß sie so einen Bruder habe, sie würde in meinen Augen keine unbedeutende Fremde gewesen sein; ich würde die ansehnlichsten Vorteile von dieser Verbindung gehofft haben. Sie erfüllen mich, mein Herr, mit der größten Hochachtung für Sie; und indem Sie mir auf diese Weise mein Unrecht lebhaft empfinden machen, flößen Sie mir eine Begierde ein, eine Kraft, alles wieder gut zu machen. Ich werfe mich zu Ihren Füßen. Helfen Sie! Helfen Sie, wenn's möglich ist, meine Schuld austilgen und das Unglück endigen! Geben Sie mir Ihre Schwester wieder, mein Herr, geben Sie mich ihr! Wie glücklich wär ich, von Ihrer Hand eine Gattin und die Vergebung aller meiner Fehler zu erhalten.

BEAUMARCHAIS: Es ist zu spät! Meine Schwester liebt Sie nicht mehr, und ich verabscheue Sie. Schreiben Sie die verlangte Erklärung, das ist alles, was ich von Ihnen fordere, und überlassen Sie mir die Sorgfalt einer ausgesuchten Rache.

CLAVIGO: Ihre Hartnäckigkeit ist weder gerecht noch klug. Ich gebe Ihnen zu, daß es hier nicht auf mich ankommt, ob ich eine so sehr verschlimmerte Sache wieder gut machen will. – Ob ich sie gut machen kann, das hängt von dem Herzen ihrer vortrefflichen Schwester ab, ob sie einen Elenden wieder ansehen mag, der nicht verdient, das Tageslicht zu sehen. Allein Ihre Pflicht ist's, mein Herr, das zu prüfen und danach sich zu betrachten, wenn Ihr Schritt nicht einer jugendlichen, unbesonnenen Hitze ähnlich sehen soll. Wenn Donna Maria unbeweglich ist – oh, ich kenne das Herz! Oh, ihre Güte, ihre himmlische Seele schwebt mir ganz lebhaft vor! – Wenn sie unerbittlich ist, dann ist es Zeit, mein Herr.

BEAUMARCHAIS: Ich bestehe auf der Erklärung.

CLAVIGO (nach dem Tisch zu gehend): Und wenn ich nach dem Degen greife?

BEAUMARCHAIS (gehend): Gut, mein Herr! Schön, mein Herr!

CLAVIGO (ihn zurückhaltend): Noch ein Wort! Sie haben die gute Sache; lassen Sie mich die Klugheit für Sie haben! Bedenken Sie, was Sie tun! Auf beide Fälle sind wir alle unwiederbringlich verloren. Müßt ich nicht vor Schmerz, vor Beängstigung untergehn, wenn Ihr Blut meinen Degen färben sollte, wenn ich Marien noch über all ihr Unglück auch ihren Bruder raubte? Und dann – der Mörder des Clavigo würde die Pyrenäen nicht zurückmessen.

BEAUMARCHAIS: Die Erklärung, mein Herr, die Erklärung!

CLAVIGO: So sei's denn! Ich will alles tun, um Sie von der aufrichtigen Gesinnung zu überzeugen, die mir Ihre Gegenwart einflößt. Ich will die Erklärung schreiben, ich will sie schreiben aus Ihrem Munde. Nur versprechen Sie mir, nicht eher Gebrauch davon zu machen, bis ich im Stande gewesen bin, Donna Maria von meinem geänderten, reuevollen Herzen zu überzeugen, bis ich mit Ihrer Ältesten ein Wort gesprochen, bis diese ihr gütiges Vorwort bei meiner Geliebten eingelegt hat. So lange, mein Herr!

BEAUMARCHAIS: Ich gehe nach Aranjuez.

CLAVIGO: Gut denn! Bis Sie wiederkommen, so lange bleibt die Erklärung in Ihrem Portefeuille; hab ich meine Vergebung nicht, so lassen Sie Ihrer Rache vollen Lauf. Dieser Vorschlag ist gerecht, anständig, klug, und wenn Sie so nicht wollen, so sei's denn unter uns beiden um Leben und Tod gespielt. Und der das Opfer seiner Übereilung wird, sind immer Sie und Ihre arme Schwester.

BEAUMARCHAIS: Es steht Ihnen an, die zu bedauern, die Sie unglücklich gemacht haben.

CLAVIGO (sich setzend): Sind Sie das zufrieden?

BEAUMARCHAIS: Gut denn, ich gebe nach. Aber keinen Augenblick länger. Ich komme von Aranjuez, ich frage, ich höre: Und hat man Ihnen nicht vergeben, wie ich denn hoffe, wie ich's wünsche – gleich auf und mit dem Zettel in die Druckerei!

CLAVIGO (nimmt Papier): Wie verlangen Sie's?

BEAUMARCHAIS: Mein Herr! In Gegenwart Ihrer Bedienten.

CLAVIGO: Wozu das?

BEAUMARCHAIS: Befehlen Sie nur, daß sie in der anstoßenden Galerie gegenwärtig sind. Man soll nicht sagen, daß ich Sie gezwungen habe.

CLAVIGO: Welche Bedenklichkeiten!

BEAUMARCHAIS: Ich bin in Spanien und habe mit Ihnen zu tun.

CLAVIGO: Nun denn! (Er klingelt. Ein Bedienter) Ruft meine Leute zusammen, und begebt euch auf die Galerie herbei!

Der Bediente geht, die übrigen kommen und besetzen die Galerie

CLAVIGO: Sie überlassen mir, die Erklärung zu schreiben.

BEAUMARCHAIS: Nein, mein Herr! Schreiben Sie, ich bitte, schreiben Sie, wie ich's Ihnen sage!

Clavigo schreibt

BEAUMARCHAIS: Ich Unterzeichneter, Josef Clavigo, Archivarius des Königs –

CLAVIGO: Des Königs.

BEAUMARCHAIS: Bekenne, daß, nachdem ich in dem Hause der Madame Guilbert freundschaftlich aufgenommen worden –

CLAVIGO: Worden.

BEAUMARCHAIS: Ich Mademoiselle von Beaumarchais, ihre Schwester, durch hundertfältig wiederholte Heiratsversprechungen betrogen habe. – Haben Sie's?

CLAVIGO: Mein Herr!

BEAUMARCHAIS: Haben Sie ein ander Wort dafür?

CLAVIGO: Ich dächte –

BEAUMARCHAIS: Betrogen habe. Was Sie getan haben, können Sie ja noch eher schreiben. – Ich habe sie verlassen, ohne daß irgendein Fehler oder Schwachheit von ihrer Seite einen Vorwand oder Entschuldigung dieses Meineids veranlasset hätte.

CLAVIGO: Nun!

BEAUMARCHAIS: Im Gegenteil ist die Aufführung des Frauenzimmers immer rein, untadelig und aller Ehrfurcht würdig gewesen.

CLAVIGO: Würdig gewesen.

BEAUMARCHAIS: Ich bekenne, daß ich durch mein Betragen, den Leichtsinn meiner Reden, durch die Auslegung, der sie unterworfen waren, öffentlich dieses tugendhafte Frauenzimmer erniedrigt habe, weswegen ich sie um Vergeben bitte, ob ich mich gleich nicht wert achte, sie zu erhalten.

Clavigo hält inne

BEAUMARCHAIS: Schreiben Sie! Schreiben Sie! – Welches Zeugnis ich mit freiem Willen und ungezwungen von mir gegeben habe mit dem besonderen Versprechen, daß, wenn diese Satisfaktion der Beleidigten nicht hinreichend sein sollte, ich bereit bin, sie auf alle andere erforderliche Weise zu geben. Madrid.

CLAVIGO (steht auf, winkt den Bedienten, sich wegzubegeben, und reicht ihm das Papier): Ich habe mit einem beleidigten, aber mit einem edeln Menschen zu tun. Sie halten Ihr Wort und schieben Ihre Rache auf. In dieser einzigen Rücksicht, in dieser Hoffnung hab ich das schimpfliche Papier von mir gestellt, wozu mich sonst nichts gebracht hätte. Aber ehe ich es wage, vor Donna Maria zu treten, hab ich beschlossen, jemandem den Auftrag zu geben, mir bei ihr das Wort zu reden, für mich zu sprechen – und der Mann sind Sie.

BEAUMARCHAIS: Bilden Sie sich das nicht ein!

CLAVIGO: Wenigstens sagen Sie ihr die bittere, herzliche Reue, die Sie an mir gesehen haben. Das ist alles,

warum ich Sie bitte, schlagen Sie mir's nicht ab! Ich müßte einen anderen, weniger kräftigen Vorsprecher wählen, und Sie sind ihr ja eine treue Erzählung schuldig. Erzählen Sie ihr, wie Sie mich gefunden haben!
BEAUMARCHAIS: Gut, das kann ich, das will ich. Und so adieu!
CLAVIGO: Leben Sie wohl!
*Er will seine Hand nehmen,
Beaumarchais hält sie zurück*
CLAVIGO (allein): So unerwartet aus einem Zustand in den andern! Man taumelt, man träumt! – Diese Erklärung, ich hätte sie nicht geben sollen. – Es kam so schnell, so unerwartet als ein Donnerwetter.
Carlos kommt
CARLOS: Was hast du für Besuch gehabt? Das ganze Haus ist in Bewegung; was gibt's?
CLAVIGO: Mariens Bruder.
CARLOS: Ich vermutet's. Der Hund von einem alten Bedienten, der sonst bei Guilberts war, und der mir nun trätscht, weiß es schon seit gestern, daß man ihn erwartet habe, und trifft mich erst diesen Augenblick. Er war da?
CLAVIGO: Ein vortrefflicher Junge.
CARLOS: Den wollen wir bald los sein. Ich habe den Weg über schon gesponnen. – Was hat's denn gegeben? Eine Ausforderung? Eine Ehrenerklärung? War er fein hitzig, der Bursch?
CLAVIGO: Er verlangte eine Erklärung, daß seine Schwester mir keine Gelegenheit zur Veränderung gegeben.
CARLOS: Und du hast sie ausgestellt?
CLAVIGO: Ich hielt es fürs Beste.
CARLOS: Gut, sehr gut! Ist sonst nichts vorgefallen?
CLAVIGO: Er drang auf einen Zweikampf oder die Erklärung.
CARLOS: Das letzte war das Gescheiteste. Wer wird sein Leben gegen einen so romantischen Fratzen wagen! Und forderte er das Papier ungestüm?
CLAVIGO: Er diktierte mir's, und ich mußte die Bedienten in die Galerie rufen.
CARLOS: Ich versteh! Ah, nun hab ich dich, Herrchen! Das bricht ihm den Hals. Heiß mich einen Schreiber, wenn ich den Buben nicht in zwei Tagen im Gefängnis habe und mit dem nächsten Transport nach Indien.
CLAVIGO: Nein, Carlos. Die Sache steht anders, als du denkst.
CARLOS: Wie?
CLAVIGO: Ich hoffe, durch seine Vermittlung, durch mein eifriges Bestreben, Verzeihung von der Unglücklichen zu erhalten.
CARLOS: Clavigo!
CLAVIGO: Ich hoffe, all das Vergangene zu tilgen, das Zerrüttete wiederherzustellen und so in meinen Augen und in den Augen der Welt wieder zum ehrlichen Mann zu werden.
CARLOS: Zum Teufel, bist du kindisch geworden? Man spürt dir doch immer an, daß du ein Gelehrter bist. – Dich so betören zu lassen! Siehst du nicht, daß das ein einfältig angelegter Plan ist, um dich ins Garn zu sprengen?
CLAVIGO: Nein, Carlos, er will die Heirat nicht; sie sind dagegen, sie will nichts von mir hören.
CARLOS: Das ist die rechte Höhe. Nein, guter Freund, nimm mir's nicht übel, ich hab wohl in Komödien gesehen, daß man einen Landjunker so geprellt hat.
CLAVIGO: Du beleidigst mich. Ich bitte, spare deinen Humor auf meine Hochzeit. Ich bin entschlossen, Marien zu heiraten, freiwillig, aus innerm Trieb. Meine ganze Hoffnung, meine ganze Glückseligkeit ruht auf dem Gedanken, ihre Vergebung zu erhalten. Und dann fahr hin, Stolz! An der Brust dieser Lieben liegt noch der Himmel wie vormals; aller Ruhm, den ich erwerbe, alle Größe, zu der ich mich erhebe, wird mich mit doppeltem Gefühl ausfüllen; denn das Mädchen teilt's mit mir, die mich zum doppelten Menschen macht. Leb wohl! Ich muß hin! Ich muß die Guilbert wenigstens sprechen.
CARLOS: Warte nur bis nach Tisch!
CLAVIGO: Keinen Augenblick. (Ab)
CARLOS (ihm nachsehend und eine Weile schweigend): Da macht wieder jemand einmal einen dummen Streich. (Ab)

DRITTER AKT

GUILBERTS WOHNUNG
Sophie Guilbert. Marie Beaumarchais

MARIE: Du hast ihn gesehen? Mir zittern alle Glieder! Du hast ihn gesehen? Ich war nah an einer Ohnmacht, als ich hörte, er käme, und du hast ihn gesehen? Nein, ich kann, ich werde, nein, ich kann ihn nie wieder sehen.
SOPHIE: Ich war außer mir, als er hereintrat; denn ach, liebt ich ihn nicht wie du mit der vollsten, reinsten, schwesterlichen Liebe? Hat mich nicht seine Entfernung gekränkt, gemartert? – Und nun, den Rückkehrenden, den Reuigen zu meinen Füßen! – Schwester, es ist so was Bezauberndes in seinem Anblick, in dem Ton seiner Stimme. Er –
MARIE: Nimmer, nimmermehr!
SOPHIE: Er ist noch der Alte, noch eben das gute, sanfte, fühlbare Herz, noch eben die Heftigkeit der Leidenschaft. Es ist noch eben die Begier, geliebt zu werden, und das ängstliche, marternde Gefühl, wenn ihm Neigung versagt wird. Alles! Alles! Und von dir spricht er, Marie, in jenen glücklichen Tagen der feurigsten Leidenschaft; es ist, als wenn dein guter Geist diesen Zwischenraum von Untreu und Entfernung selbst veranlaßt habe, um das Einförmige, Schleppende einer langen Bekanntschaft zu unterbrechen und dem Gefühle eine neue Lebhaftigkeit zu geben.
MARIE: Du red'st ihm das Wort?
SOPHIE: Nein, Schwester; auch versprach ich's ihm nicht. Nur, meine Beste, seh ich die Sachen, wie sie sind. Du

und der Bruder, ihr seht sie in einem allzu romantischen Lichte. Du hast das mit gar manchem guten Kinde gemein, daß dein Liebhaber treulos ward und dich verließ; und daß er wiederkommt, reuig seinen Fehler verbessern, alle alte Hoffnungen erneuern will – das ist ein Glück, das eine andere nicht leicht von sich stoßen würde.

MARIE: Mein Herz würde reißen!

SOPHIE: Ich glaube dir. Der erste Augenblick muß auf dich eine empfindliche Wirkung machen – und dann, meine Beste, ich bitte dich, halt diese Bangigkeit, diese Verlegenheit, die dir alle Sinne zu übermeistern scheint, nicht für eine Wirkung des Hasses, für keinen Widerwillen! Dein Herz spricht mehr für ihn, als du es glaubst, und eben darum traust du dich nicht, ihn wiederzusehen, weil du seine Rückkehr so sehnlich wünschest.

MARIE: Sei barmherzig!

SOPHIE: Du sollst glücklich werden. Fühlt ich, daß du ihn verachtest, daß er dir gleichgültig wäre, so wollt ich kein Wort weiter reden, so sollt er mein Angesicht nicht mehr sehen. Doch so, meine Liebe – du wirst mir danken, daß ich dir geholfen habe, diese ängstliche Unbestimmtheit zu überwinden, die ein Zeichen der innigsten Liebe ist.

Die vorigen. Guilbert. Buenco

SOPHIE: Kommen Sie, Buenco! Guilbert, kommen Sie! Helft mir, dieser Kleinen Mut einsprechen, Entschlossenheit, jetzt, da es gilt!

BUENCO: Ich wollte, daß ich sagen dürfte: Nehmt ihn nicht wieder an!

SOPHIE: Buenco!

BUENCO: Mein Herz wirft sich mir im Leib herum bei dem Gedanken, er soll diesen Engel noch besitzen, den er so schändlich beleidigt, den er an das Grab geschleppt hat. Und besitzen? – Warum? Wodurch macht er das alles wieder gut, was er verbrochen hat? – Daß er wiederkehrt, daß ihm auf einmal beliebt wiederzukehren und zu sagen: „Jetzt mag ich sie, jetzt will ich sie." Just als wäre diese treffliche Seele eine verdächtige Ware, die man am Ende dem Käufer doch noch nachwirft, wenn er euch schon durch die niedrigsten Gebote und jüdisches Ab- und Zulaufen bis aufs Mark gequält hat. Nein, meine Stimme kriegt er nicht, und wenn Mariens Herz selbst für ihn spräche. – Wiederzukommen, und warum denn jetzt? – jetzt? – Mußt er warten, bis ein tapferer Bruder käme, dessen Rache er fürchten muß, um wie ein Schulknabe zu kommen und Abbitte zu tun? – Ha, er ist so feig, als er nichtswürdig ist!

GUILBERT: Ihr redet wie ein Spanier, und als wenn Ihr die Spanier nicht kenntet. Wir schweben diesen Augenblick in einer größern Gefahr, als ihr alle nicht seht.

MARIE: Bester Guilbert!

GUILBERT: Ich ehre die unternehmende Seele unsers Bruders, ich habe im stillen seinem Heldengange zugesehen und wünsche, daß alles gut ausschlagen möge, wünsche, daß Marie sich entschließen könnte, Clavigo ihre Hand zu geben, denn – (lächelnd) ihr Herz hat er doch. –

MARIE: Ihr seid grausam.

SOPHIE: Hör ihn, ich bitte dich, hör ihn!

GUILBERT: Dein Bruder hat ihm eine Erklärung abgedrungen, die dich vor den Augen aller Welt rechtfertigen soll, und die wird uns verderben.

BUENCO: Wie?

MARIE: O Gott!

GUILBERT: Er stellte sie aus in der Hoffnung, dich zu bewegen. Bewegt er dich nicht, so muß er alles anwenden, um das Papier zu vernichten; er kann's, er wird's. Dein Bruder will es gleich nach seiner Rückkehr von Aranjuez drucken und ausstreuen. Ich fürchte, wenn du beharrest, er wird nicht zurückkehren.

SOPHIE: Lieber Guilbert!

MARIE: Ich vergehe!

GUILBERT: Clavigo kann das Papier nicht auskommen lassen. Verwirfst du seinen Antrag, und er ist ein Mann von Ehre, so geht er deinem Bruder entgegen, und einer von beiden bleibt; und dein Bruder sterbe oder siege, er ist verloren. Ein Fremder in Spanien! Mörder dieses geliebten Höflings! – Schwester, es ganz gut, daß man auch edel denkt und fühlt; nur, sich und die Seinigen zugrunde zu richten.

MARIE: Rate mir, Sophie, hilf mir!

GUILBERT: Und, Buenco, widerlegen Sie mich!

BUENCO: Er wagt's nicht, er fürchtet für sein Leben; sonst hätt er gar nicht geschrieben, sonst böt er Marien seine Hand nicht an.

GUILBERT: Desto schlimmer; so findet er hundert, die ihm ihren Arm leihen, hundert, die unserm Bruder tückisch auf dem Wege das Leben rauben. Ha! Buenco, bist du so jung? Ein Hofmann sollte keine Meuchelmörder im Sold haben?

BUENCO: Der König ist groß und gut.

GUILBERT: Auf denn! Durch all die Mauern, die ihn umschließen, die Wachen, das Zeremoniell und all das, womit die Hofschranzen ihn von seinem Volke geschieden haben, dringen Sie durch, und retten Sie uns! – Wer kommt?

Clavigo kommt

CLAVIGO: Ich muß! Ich muß!

Marie tut einen Schrei und fällt Sophien in die Arme

SOPHIE: Grausamer! In welchen Zustand versetzen Sie uns!

Guilbert und Buenco treten zu ihr

CLAVIGO: Ja, sie ist's! Sie ist's! Und ich bin Clavigo. – Hören Sie mich, Beste, wenn Sie mich nicht ansehen wollen! Zu der Zeit, da mich Guilbert mit Freundlichkeit in sein Haus aufnahm, da ich ein armer, unbedeutender Junge war, da ich in meinem Herzen eine unüberwindliche Leidenschaft für Sie fühlte, war's da Verdienst an mir? Oder war's nicht vielmehr innere Übereinstimmung der Charaktere, geheime Zuneigung des Herzens, daß auch sie für mich nicht unempfindlich blieben, daß ich nach einer Zeit mir schmeicheln konnte, dies Herz ganz zu besitzen? Und nun – bin ich nicht ebenderselbe? Sind Sie nicht ebendieselbe? Warum wollt ich nicht hoffen dürfen? Warum nicht bitten? Wollten Sie einen Freund, einen Geliebten, den Sie nach einer gefährlichen, unglücklichen Seereise lange für verloren geachtet, nicht wieder an Ihren Busen nehmen, wenn er unvermutet wiederkäme und sein gerettetes Leben zu Ihren Füßen legte? Und habe ich weniger auf einem stürmischen Meere diese Zeit geschwebt? Sind unsere Leidenschaften, mit denen wir in ewigem Streit leben, nicht schrecklicher, unbezwinglicher als jene Wellen, die den Unglücklichen fern von seinem Vaterlande verschlagen? Marie! Marie! Wie können Sie mich hassen, da ich nie aufgehört habe, Sie zu lieben? Mitten in allem Taumel, durch all den verführerischen Gesang der Eitelkeit und des Stolzes hab ich mich immer jener seligen, unbefangenen Tage erinnert, die ich in glücklicher Einschränkung zu Ihren Füßen zubrachte, da wir eine Reihe von blühenden Aussichten vor uns liegen sahen. – Und nun, warum wollten Sie nicht mit mir alles erfüllen, was wir hofften? Wollen Sie das Glück des Lebens nun nicht ausgenießen, weil ein düsterer Zwischenraum sich unsern Hoffnungen eingeschoben hatte? Nein, meine Liebe, glauben Sie, die besten Freuden der Welt sind nicht ganz rein; die höchste Wonne wird auch durch unsere Leidenschaft, durch das Schicksal unterbrochen. Wollen wir uns beklagen, daß es uns gegangen ist wie allen andern, und wollen wir uns strafbar machen, indem wir diese Gelegenheit von uns stoßen, das Vergangene herzustellen, eine zerrüttete Familie wiederaufzurichten, die heldenmütige Tat eines edeln Bruders zu belohnen und unser eigen Glück auf ewig zu befestigen? – Meine Freunde, um die ich's nicht verdient habe, meine Freunde, die es sein müssen, weil sie Freunde der Tugend sind, zu der ich rückkehre, verbinden sie ihr Flehen mit dem meinigen! Marie! (Er wirft sich nieder) Marie! Kennst du meine Stimme nicht mehr? Vernimmst du nicht mehr den Ton meines Herzens? Marie! Marie!

MARIE: O Clavigo!

CLAVIGO (springt auf und faßt ihre Hand mit entzückten Küssen): Sie vergibt mir! Sie liebt mich! (Er umarmt den Guilbert, den Buenco) Sie liebt mich noch! O Marie, mein Herz sagte mir's! Ich hätte mich zu deinen Füßen werfen, stumm meinen Schmerz, meine Reue ausweinen wollen, du hättest mich ohne Wort verstanden, wie ich ohne Worte meine Vergebung erhalte. Nein, diese innige Verwandtschaft unserer Seelen ist nicht aufgehoben; nein, sie vernehmen einander noch wie ehemals, wo kein Laut, kein Wink nötig war, um die innersten Bewegungen sich mitzuteilen. Marie! – Marie! – Marie! –

Beaumarchais tritt auf

BEAUMARCHAIS: Ha!

CLAVIGO (ihm entgegenfliegend): Mein Bruder!

BEAUMARCHAIS: Du vergibst ihm?

MARIE: Laßt, laßt mich! Meine Sinne vergehn.

Man führt sie weg

BEAUMARCHAIS: Sie hat ihm vergeben?

BUENCO: Es sieht so aus.

BEAUMARCHAIS: Du verdienst dein Glück nicht.

CLAVIGO: Glaube, daß ich's fühle!

SOPHIE (kommt zurück): Sie vergibt ihm. Ein Strom von Tränen brach aus ihren Augen. Er soll sich entfernen, rief sie schluchzend, daß ich mich erhole! Ich vergeb ihm. – Ach, Schwester, rief sie und fiel mir um den Hals, woher weiß er, daß ich ihn so liebe?

CLAVIGO (ihr die Hand küssend): Ich bin der glücklichste Mensch unter der Sonne. Mein Bruder!

BEAUMARCHAIS (umarmt ihn): Von Herzen denn! Ob ich Euch schon sagen muß, noch kann ich Euer Freund nicht sein, noch kann ich Euch nicht lieben. Und somit seid Ihr der Unsrige, und vergessen sei alles! Das Papier, das Ihr mir gabt, hier ist's.

Er nimmt's aus der Brieftasche, zerreißt es und gibt's ihm hin

CLAVIGO: Ich bin der Eurige, ewig der Eurige.

SOPHIE: Ich bitte, entfernt Euch, daß sie Eure Stimme nicht hört, daß sie sich beruhigt!

CLAVIGO (sie rings umarmend): Lebt wohl! Lebt wohl! – Tausend Küsse dem Engel! (Ab)

BEAUMARCHAIS: Es mag denn gut sein, ob ich gleich wünschte, es wäre anders. (Lächelnd) Es ist doch ein gutherziges Geschöpf, so ein Mädchen. – Und, meine Freunde, auch muß ich's sagen, es war ganz der Gedanke, der Wunsch unsers Gesandten, daß ihm Marie vergeben, und daß eine glückliche Heirat diese verdrießliche Geschichte endigen möge.

GUILBERT: Mir ist auch wieder ganz wohl.

BUENCO: Er ist euer Schwager, und so adieu! Ihr seht mich in euerm Hause nicht wieder.

BEAUMARCHAIS: Mein Herr!

GUILBERT: Buenco!

BUENCO: Ich haß ihn nun einmal bis ans jüngste Gericht. Und gebt acht, mit was für einem Menschen ihr zu tun habt! (Ab)

GUILBERT: Er ist ein melancholischer Unglücksvogel. Und mit der Zeit läßt er sich doch wieder bereden, wenn er sieht, es geht alles gut.

BEAUMARCHAIS: Doch war's übereilt, daß ich ihm das Papier zurückgab.

GUILBERT: Laßt! Laßt! Keine Grillen! (Ab)

VIERTER AKT

CLAVIGOS WOHNUNG
Carlos allein

CARLOS: Es ist löblich, daß man dem Menschen, der durch Verschwendung oder andere Torheiten zeigt, daß sein Verstand sich verschoben hat, von Amts wegen Vormünder setzt. Tut das die Obrigkeit, wie sollten wir's nicht an einem Freunde tun? Clavigo, du bist in übeln Umständen! Noch hoff ich! Und wenn du nur noch halbwegs lenksam bist wie sonst, so ist's eben noch Zeit, dich vor einer Torheit zu bewahren, die bei deinem lebhaften, empfindlichen Charakter das Elend deines Lebens machen und dich vor der Zeit ins Grab bringen muß. Er kommt.

Clavigo nachdenkend

CLAVIGO: Guten Tag, Carlos!

CARLOS: Ein schwermütiges, gepreßtes „Guten Tag"! Kommst du in dem Humor von deiner Braut?

CLAVIGO: Es ist ein Engel! Es sind vortreffliche Menschen!

CARLOS: Ihr werdet doch mit der Hochzeit nicht so sehr eilen, daß man sich noch ein Kleid dazu kann sticken lassen?

CLAVIGO: Scherz oder Ernst, bei unserer Hochzeit werden keine gestickten Kleider paradieren.

CARLOS: Ich glaub's wohl.

CLAVIGO: Das Vergnügen an uns selbst, die freundschaftliche Harmonie sollen der Prunk dieser Feierlichkeit sein.

CARLOS: Ihr werdet eine stille, kleine Hochzeit machen?

CLAVIGO: Wie Menschen, die fühlen, daß ihr Glück ganz in ihnen selbst beruht.

CARLOS: In den Umständen ist es recht gut.

CLAVIGO: Umständen? Was meinst du mit den Umständen?

CARLOS: Wie die Sache nun steht und liegt und sich verhält.

CLAVIGO: Höre, Carlos, ich kann den Ton des Rückhaltes an Freunden nicht ausstehen. Ich weiß, du bist nicht für diese Heirat; demungeachtet, wenn du etwas dagegen zu sagen hast, sagen willst, so sag's geradezu! Wie steht denn die Sache? Wie verhält sie sich?

CARLOS: Es kommen einem im Leben mehr unerwartete, wunderbare Dinge vor, und es wäre schlimm, wenn alles im Gleise ginge. Man hätte nichts, sich zu verwundern, nichts, die Köpfe zusammenzustoßen, nichts, in Gesellschaft zu verschneiden.

CLAVIGO: Aufsehen wird's machen.

CARLOS: Des Clavigo Hochzeit! Das versteht sich. Wie manches Mädchen in Madrid harrt auf dich, hofft auf dich, und wenn du ihnen nun diesen Streich spielst?

CLAVIGO: Das ist nun nicht anders.

CARLOS: Sonderbar ist's. Ich habe wenige Männer gekannt, die so großen und allgemeinen Eindruck auf die Weiber machten als du. Unter allen Ständen gibt's gute Kinder, die sich mit Planen und Aussichten beschäftigen, dich habhaft zu werden. Die eine bringt ihre Schönheit in Anschlag, die ihren Reichtum, ihren Stand, ihren Witz, ihre Verwandte. Was macht man mir nicht um deinetwillen für Komplimente! Denn wahrlich, weder meine Stumpfnase noch mein Krauskopf noch meine bekannte Verachtung der Weiber kann mir so was zuziehen.

CLAVIGO: Du spottest.

CARLOS: Wenn ich nicht schon Vorschläge, Anträge in Händen gehabt hätte, geschrieben von eignen, zärtlichen, kritzlichen Pfötchen, so unorthographisch, als ein originaler Liebesbrief eines Mädchens nur sein kann. Wie manche hübsche Duenna ist mir bei der Gelegenheit unter die Finger gekommen.

CLAVIGO: Und du sagtest mir von allem dem nichts?

CARLOS: Weil ich dich mit leeren Grillen nicht beschäftigen wollte und niemals raten konnte, daß du mit einer einzigen Ernst gemacht hättest. O Clavigo, ich habe dein Schicksal im Herzen getragen wie mein eignes! Ich habe keinen Freund als dich; die Menschen sind mir alle unerträglich, und du fängst auch an, mir unerträglich zu werden.

CLAVIGO: Ich bitte dich, sei ruhig!

CARLOS: Brenn einem das Haus ab, daran er zehn Jahre gebauet hat, und schick ihm einen Beichtvater, der ihm die christliche Geduld empfiehlt! – Man soll sich für niemand interessieren als für sich selbst; die Menschen sind nicht wert – –

CLAVIGO: Kommen deine feindseligen Grillen wieder?

CARLOS: Wenn ich aufs neue ganz drein versinke, wer ist schuld daran als du? Ich sagte zu mir: Was soll ihm jetzt vorteilhafteste Heirat, ihm, der es für einen gewöhnlichen Menschen weit genug gebracht hätte? Aber mit seinem Geist, mit seinen Gaben ist es unverantwortlich – ist es unmöglich, daß er bleibt, was er ist. – Ich machte meine Projekte. Es gibt so wenig Menschen, die so unternehmend und biegsam, so geistvoll und fleißig zugleich sind. Er ist in allen Fächern gerecht; als Archivarius kann er sich schnell die wichtigsten Kenntnisse erwerben; er wird sich notwendig machen, und laßt eine Veränderung vorgehn, so ist der Minister.

CLAVIGO: Ich gestehe dir, das waren oft auch meine Träume.

CARLOS: Träume! So gewiß ich den Turm erreiche und erklettere, wenn ich darauf losgehe mit dem festen Vorsatze, nicht abzulassen, bis ich ihn erstiegen habe, so gewiß hättest du auch alle Schwierigkeiten überwunden. Und hernach wär mir für das übrige nicht bang gewesen. Du hast kein Vermögen von Hause, desto besser; das hätte dich auf die Erwerbung eifriger, auf die Erhaltung aufmerksamer gemacht. Wenn ich denn mit allem dem fertig war, dann sah ich mich erst nach einer Partie für dich um. Ich sah manch stolzes Haus, das die Augen über deine Abkunft zugeblinkt hätte, manches der reichsten, das dir gern den Aufwand deines Standes verschafft haben würde, nur um an der Herrlichkeit des zweiten Königs teilnehmen zu dürfen – und nun –

CLAVIGO: Du bist ungerecht, du setzest meinen gegenwärtigen Zustand zu tief herab. Und glaubst du denn, daß ich mich nicht weiter treiben, nicht auch noch mächtigere Schritte tun kann?

CARLOS: Lieber Freund, brich du einer Pflanze das Herz aus, sie mag hernach treiben und treiben, unzählige Nebenschößlinge; es gibt vielleicht einen starken

Busch, aber der stolze, königliche Wuchs des ersten Schusses ist dahin. Und denke nur nicht, daß man diese Heirat bei Hofe gleichgültig ansehen wird! Hast du vergessen, was für Männer dir den Umgang, die Verbindung mit Marien mißrieten? Hast du vergessen, wer dir den klugen Gedanken eingab, sie zu verlassen? Soll ich dir sie an den Fingern herzählen?

CLAVIGO: Der Gedanke hat mich auch schon gepeinigt, daß so wenige diesen Schritt billigen werden.

CARLOS: Keiner! Und deine hohen Freunde sollten nicht aufgebracht sein, daß du, ohne sie zu fragen, ohne ihren Rat dich so geradezu hingegeben hast, wie ein unbesonnener Knabe auf dem Markte sein Geld gegen wurmstichige Nüsse wegwirft?

CLAVIGO: Das ist unartig, Carlos, und übertrieben.

CARLOS: Nicht um einen Zug. Denn daß einer aus Leidenschaft einen seltsamen Streich macht, das laß ich gelten. Ein Kammermädchen zu heiraten, weil sie schön ist wie ein Engel – gut, der Mensch wird getadelt, und doch beneiden ihn die Leute.

CLAVIGO: Die Leute, immer die Leute!

CARLOS: Du weißt, ich frage nicht ängstlich nach andrer Beifall; doch das ist ewig wahr: wer nichts für andre tut, tut nichts für sich; und wenn die Menschen dich nicht bewundern oder beneiden, bist du auch nicht glücklich.

CLAVIGO: Die Welt urteilet nach dem Scheine. Oh, wer Mariens Herz besitzt, ist zu beneiden!

CARLOS: Was die Sache ist, scheint sie auch. Aber freilich dacht ich, daß das verborgene Qualitäten sein müssen, die dein Glück beneidenswert machen; denn was man so mit seinen Augen sieht, mit seinem Menschenverstande begreifen kann –

CLAVIGO: Du willst mich zugrunde richten.

CARLOS: Wie ist das zugegangen? wird man in der Stadt fragen. Wie ist das zugegangen? fragt man bei Hofe. Um Gottes willen, wie ist das zugegangen? Sie ist arm, ohne Stand; hätte Clavigo nicht einmal ein Abenteuer mit ihr gehabt, man wüßte gar nicht, daß sie in der Welt ist. Sie soll artig sein, angenehm, witzig! – Wer wird darum eine Frau nehmen? Das vergeht so in den ersten Zeiten des Ehestands. Ach! sagt einer, sie soll schön sein, reizend, ausnehmend schön. – Da ist's zu begreifen, sagt ein anderer –

CLAVIGO (wird verwirrt, ihm entfährt ein tiefer Seufzer): Ach!

CARLOS: Schön? Oh! sagt die eine, es geht an! Ich hab sie in sechs Jahren nicht gesehen. Da kann sich schon so was verändern, sagt eine andere. Man muß doch achtgeben, er wird sie bald produzieren, sagt die dritte. Man fragt, man guckt, man geht zu Gefallen, man wartet, man ist ungeduldig, erinnert sich immer des stolzen Clavigo, der sich nie öffentlich sehen ließ, ohne eine stattliche, herrliche, hochäugige Spanierin im Triumphe aufzuführen, deren blühende Wangen, heiße Augen die Welt ringsumher zu fragen schienen: „Bin ich nicht meines Begleiters wert?" und die in ihrem Übermut den seidnen Schleppprock so weit hinaus im Winde segeln ließ als möglich, um ihre Erscheinung ansehnlicher und würdiger zu machen. – Und nun erscheint der Herr – und allen Leuten versagt das Wort im Munde – kommt angezogen mit seiner trippelnden, kleinen, hohläugigen Französin, der die Auszehrung aus allen Gliedern spricht, wenn sie gleich ihre Totenfarbe mit Weiß und Rot überpinselt hat. O Bruder, ich werde rasend, ich laufe davon, wenn mich nun die Leute zu packen kriegen und fragen und quästionieren und nicht begreifen können –

CLAVIGO (ihn bei der Hand fassend): Mein Freund, mein Bruder, ich bin in einer schrecklichen Lage. Ich sage dir, ich gestehe dir, ich erschrak, als ich Marien wiedersah! Wie entstellt sie ist, – wie bleich, abgezehrt! Oh, das ist meine Schuld, meiner Verräterei!

CARLOS: Possen! Grillen! Sie hatte die Schwindsucht, da dein Roman noch sehr im Gange war. Ich sagte dir's tausendmal, und – Aber ihr Liebhaber habt keine Augen, keine Nasen. Clavigo, es ist schändlich! So alles, alles zu vergessen, eine kranke Frau, die dir die Pest unter deine Nachkommenschaft bringen wird, daß alle deine Kinder und Enkel so in gewissen Jahren höflich ausgehen wie Bettlerslämpchen. – Ein Mann, der Stammvater einer Familie sein könnte, die vielleicht künftig – Ich werde noch närrisch, der Kopf vergeht mir!

CLAVIGO: Carlos, was soll ich dir sagen? Als ich sie wiedersah, im ersten Taumel flog ihr mein Herz entgegen – und ach! – da der vorüber war – Mitleiden – innige, tiefe Erbarmung flößte sie mir ein, aber Liebe – sieh, es war, als wenn mir in der warmen Fülle der Freuden die kalte Hand des Todes übern Nacken führe. Ich strebte, munter zu sein, wieder vor denen Menschen, die mich umgaben, den Glücklichen zu spielen: es war alles vorbei, alles so steif, so ängstlich. Wären sie weniger außer sich gewesen, sie müßten's gemerkt haben.

CARLOS: Hölle! Tod und Teufel! Und du willst sie heiraten? –

Clavigo steht ganz in sich selbst versunken, ohne zu antworten

CARLOS: Du bist hin, verloren auf ewig! Leb wohl, Bruder und laß mich alles vergessen, laß mich mein einsames Leben noch so ausknirschen über das Schicksal deiner Verblendung! Ha, das alles! Sich in den Augen der Welt verächtlich zu machen und nicht einmal dadurch eine Leidenschaft, eine Begierde befriedigen! Dir mutwillig eine Krankheit zuziehen, die, indem sie deine innern Kräfte untergräbt, dich zugleich dem Anblick der Menschen abscheulich macht!

CLAVIGO: Carlos! Carlos!

CARLOS: Wärst du nie gestiegen, um nie zu fallen! Mit welchen Augen werden sie das ansehen! Da ist der Bruder, werden sie sagen; das muß ein braver Kerl sein, der hat ihn ins Bockshorn gejagt; er hat sich nicht getraut, ihm die Spitze zu bieten. Ha, werden unsere schwadronierenden Hofjunker sagen, man sieht immer, daß er kein Kavalier ist. Pah, ruft einer und rückt den Hut in die Augen, der Franzos hätte mir kommen sollen! und patscht sich auf den Bauch, ein Kerl, der vielleicht nicht wert wäre, dein Reitknecht zu sein.

CLAVIGO (fällt in dem Ausbruch der heftigsten Beängstigung mit einem Strom von Tränen dem Carlos um den Hals): Rette mich! Freund! Mein Bester, rette mich! Rette mich von dem gedoppelten Meineid, von der unübersehlichen Schande, von mir selbst – ich vergehe!

CARLOS: Armer! Elender! Ich hoffte, diese jugendlichen Rasereien, diese stürmenden Tränen, diese versinkende Wehmut sollte vorüber sein, ich hoffte, dich als Mann nicht mehr erschüttert, nicht mehr in dem beklemmenden Jammer zu sehen, den du ehemals so oft in meinen Busen ausgeweint hast. Ermanne dich, Clavigo, ermanne dich!

CLAVIGO: Laß mich weinen! (Er wirft sich in einen Sessel)

CARLOS: Weh dir, daß du eine Bahn betreten hast, die du nicht endigen wirst! Mit deinem Herzen, deinen Gesinnungen, die einen ruhigen Bürger glücklich machen würden, mußtest du den unseligen Hang nach Größe verbinden! Und was ist Größe, Clavigo? Sich in Rang und Ansehn über andre zu erheben? Glaub es nicht! Wenn dein Herz nicht größer ist als andrer Herzen, wenn du nicht imstande bist, dich gelassen über Verhältnisse hinauszusetzen, die einen gemeinen Menschen ängstigen würden, so bist du mit all deinen Bändern und Sternen, bist mit der Krone selbst nur ein gemeiner Mensch. Fasse dich! Beruhige dich!

Clavigo richtet sich auf, sieht Carlos an und reicht ihm die Hand, die Carlos mit Heftigkeit anfaßt

CARLOS: Auf, auf, mein Freund, und entschließe dich! Sieh, ich will alles beiseite setzen, ich will sagen: Hier liegen zwei Vorschläge auf gleichen Schalen. Entweder du heiratest Marien und findest dein Glück in einem stillen, bürgerlichen Leben, in den ruhigen, häuslichen Freuden; oder du führest auf der ehrenvollen Bahn deinen Lauf weiter nach dem nahen Ziele. – Ich will alles beiseite setzen und will sagen, die Zunge steht inne; es kommt auf deinen Entschluß an, welche von beiden Schalen den Ausschlag haben soll. Gut! Aber entschließe dich! – Es ist nichts erbärmlicher in der Welt als ein unentschlossener Mensch, der zwischen zweien Empfindungen schwebt, gern beide vereinigen möchte und nicht begreift, daß nichts sie vereinigen kann als eben der Zweifel, die Unruhe, die ihn vereinigen. Auf, und gib Marien deine Hand, handle als ein ehrlicher Kerl, der das Glück seines Lebens seinen Worten aufopfert, der es für seine Pflicht achtet, was er verdorben hat, wieder gutzumachen, der auch den Kreis seiner Leidenschaften und Wirksamkeit nie weiter ausgebreitet hat, als daß er imstande ist, alles wieder gutzumachen, was er verdorben hat; und so genieße das Glück einer ruhigen Beschränkung, den Beifall eines bedächtigen Gewissens und alle Seligkeit, die denen Menschen gewährt ist, die imstande sind, sich ihr eigen Glück zu schaffen und Freunde den Ihrigen! – Entschließe dich, so will ich sagen, du bist ein ganzer Kerl –

CLAVIGO: Einen Funken, Carlos, deiner Stärke, deines Muts!

CARLOS: Er schläft in dir, und ich will blasen, bis er in Flammen schlägt. Sieh auf der anderen Seite das Glück und die Größe, die dich erwarten! Ich will dir die Aussichten nicht mit dichterischen, bunten Farben vormalen; stelle sie dir selbst in der Lebhaftigkeit dar, wie sie in voller Klarheit vor deiner Seele standen, ehe der französische Strudelkopf dir die Sinne verwirrte. Aber auch da, Clavigo, sei ein ganzer Kerl, und mache deinen Weg stracks, ohne rechts und links zu sehen! Möge deine Seele sich erweitern und die Gewißheit des großen Gefühls über dich kommen, daß außerordentliche Menschen eben auch darin außerordentliche Menschen sind, weil ihre Pflichten von den Pflichten des gemeinen Menschen abgehen; daß der, dessen Werk es ist, ein großes Ganze zu übersehen, zu regieren, zu erhalten, sich keinen Vorwurf zu machen braucht, geringe Verhältnisse vernachlässigt, Kleinigkeiten dem Wohl des Ganzen aufgeopfert zu haben. Tut das der Schöpfer in seiner Natur, der König in seinem Staate, warum sollten wir's nicht tun, um ihnen ähnlich zu werden?

CLAVIGO: Carlos, ich bin ein kleiner Mensch.

CARLOS: Wir sind nicht klein, wenn Umstände uns zu schaffen machen, nur wenn sie uns überwältigen. Noch einen Atemzug, und du bist wieder bei dir selber. Wirf die Reste einer erbärmlichen Leidenschaft von dir, die dich in jetzigen Tagen ebensowenig kleiden als das graue Jäckchen und die bescheidene Miene, mit denen du nach Madrid kamst. Was das arme Mädchen für dich getan hat, hast du ihr lange gelohnt; und daß du ihr die erste freundliche Aufnahme schuldig bist – Oh, eine andere hätte um das Vergnügen deines Umganges ebensoviel und mehr getan, ohne solche Prätensionen zu machen – und wird dir einfallen, deinem Schulmeister die Hälfte deines Vermögens zu geben, weil er dich vor dreißig Jahren das A-B-C gelehrt hat? Nun, Clavigo?

CLAVIGO: Das ist all gut; im ganzen magst du recht haben, es mag so sein; nur, wie helfen wir uns aus der Verwirrung, in der wir stecken? Da gib Rat, da schaff Hilfe, und dann rede!

CARLOS: Gut! Du willst also?

CLAVIGO: Mach mich können, so will ich. Ich habe kein Nachdenken; hab's für mich!

CARLOS: Also denn! Zuerst gehst du, den Herrn an einen dritten Ort zu bescheiden, und alsdann forderst du mit der Klinge die Erklärung zurück, die du gezwungen und unbesonnen ausgestellt hast.

CLAVIGO: Ich habe sie schon, er zerriß und gab mir sie.

CARLOS: Trefflich! Trefflich! Schon den Schritt getan – und du hast mich so lange reden lassen? – Also kürzer! Du schreibst ihm ganz gelassen, du fändest nicht für gut, seine Schwester zu heiraten; die Ursache könnte er erfahren, wenn er sich heute Nacht, von einem Freunde begleitet und mit beliebigen Waffen versehen,

da oder dort einfinden wolle. Und somit signiert. – Komm, Clavigo, schreib das! Ich bin dein Sekundant und – es müßte mit dem Teufel zugehen –
Clavigo geht nach dem Tische
CARLOS: Höre! Ein Wort! Wenn ich's so recht bedenke, ist das ein einfältiger Vorschlag. Wer sind wir, um uns gegen einen aufgebrachten Abenteurer zu wagen? Und die Aufführung des Menschen, sein Stand verdient nicht, daß wir ihn für unsersgleichen achten. Also hör mich! Wenn ich ihn nun peinlich anklage, daß er heimlich nach Madrid gekommen, sich bei dir unter einem falschen Namen mit einem Helfershelfer anmelden lassen, dich erst mit freundlichen Worten vertraulich gemacht, dann dich unvermutet überfallen, eine Erklärung dir abgenötigt und sie auszustreuen weggegangen ist – Das bricht ihm den Hals, er soll erfahren, was das heißt, einen Spanier mitten in der bürgerlichen Ruhe zu befehden.
CLAVIGO: Du hast recht.
CARLOS: Wenn wir nun aber unterdessen, bis der Prozeß eingeleitet ist, bis dahin uns der Herr noch allerlei Streiche machen könnte, das Gewisse spielten und ihn kurz und gut beim Kopfe nähmen?
CLAVIGO: Ich verstehe und kenne dich, daß du Mann bist, es auszuführen.
CARLOS: Nun auch! Wenn ich, der ich schon fünfundzwanzig Jahre mitlaufe und dabei war, da den ersten unter den Menschen die Angsttropfen auf dem Gesichte standen, wenn ich so ein Possenspiel nicht entwickeln wollte! Und somit lässest du mir freie Hand! Du brauchst nichts zu tun, nichts zu schreiben. Wer den Bruder einstecken läßt, gibt pantomimisch zu verstehen, daß er die Schwester nicht mag.
CLAVIGO: Nein, Carlos! Es gehe, wie es wolle, das kann, das werd ich nicht leiden. Beaumarchais ist ein würdiger Mensch, und er soll in keinem schimpflichen Gefängnisse verschmachten um seiner gerechten Sache willen. Einen anderen Vorschlag, Carlos, einen anderen!
CARLOS: Pah! Pah! Kindereien! Wir wollen ihn nicht fressen, er soll wohl aufgehoben und versorgt werden, und lang kann's auch nicht währen. Denn siehe, wenn er spürt, daß es Ernst ist, kriecht sein theatralischer Eifer gewiß zum Kreuz, er kehrt bedutzt nach Frankreich zurück und dankt auf das höflichste, wenn man ja seiner Schwester ein jährliches Gehalt aussetzen will, warum's ihm vielleicht einzig und allein zu tun war.
CLAVIGO: So sei's denn! Nur verfahret gut mit ihm!
CARLOS: Sei unbesorgt! – Noch eine Vorsicht! Man kann nicht wissen, wie's verschwätzt wird, wie er Wind kriegt, und er überläuft dich, und alles geht zugrunde. Drum begib dich aus deinem Hause, daß auch kein Bedienter weiß, wohin! Laß nur das Nötigste zusammenpacken! Ich schicke dir einen Burschen, der dir's forttragen und dich hinbringen soll, wo dich die heilige Hermandad selbst nicht findet. Ich hab so ein paar Mauslöcher immer offen. Adieu!

CLAVIGO: Leb wohl!
CARLOS: Frisch! Frisch! Wenn's vorbei ist, Bruder, wollen wir uns laben. (Ab)

GUILBERTS WOHNUNG
Sophie Guilbert. Marie Beaumarchais mit Arbeit

MARIE: So ungestüm ist Buenco fort?
SOPHIE: Das war natürlich. Er liebt dich, und wie konnte er den Anblick des Menschen ertragen, den er doppelt hassen muß?
MARIE: Er ist der beste, tugendhafteste Bürger, den ich je gekannt habe. (Ihr die Arbeit zeigend) Mich dünkt, ich mach es so? Ich ziehe das hier ein, und das Ende steck ich hinauf. Es wird gut stehn.
SOPHIE: Recht gut. Und ich will Paille-Band zu dem Häubchen nehmen; es kleid't mich keins besser. Du lächelst?
MARIE: Ich lache über mich selbst. Wir Mädchen sind doch eine wunderliche Nation: kaum heben wir den Kopf nur ein wenig wieder, so ist gleich Putz und Band, was uns beschäftigt.
SOPHIE: Das kannst du dir nicht nachsagen; seit dem Augenblick, da Clavigo dich verließ, war nichts imstande, dir eine Freude zu machen.
Marie fährt zusammen und sieht nach der Türe
SOPHIE: Was hast du?
MARIE (beklemmt): Ich glaubte, es käme jemand! Mein armes Herz! Oh, es wird mich noch umbringen. Fühl, wie es schlägt von dem leeren Schrecken!
SOPHIE: Sei ruhig! Du siehst blaß; ich bitte dich, meine Liebe.
MARIE (auf die Brust deutend): Es drückt mich hier so. – Es sticht mich so. – Es wird mich umbringen.
SOPHIE: Schone dich.
MARIE: Ich bin ein närrisches, unglückliches Mädchen. Schmerz und Freude haben mit all ihrer Gewalt mein armes Leben untergraben. Ich sage dir, es ist nur halbe Freude, daß ich ihn wieder habe. Ich werde das Glück wenig genießen, das mich in seinen Armen erwartet; vielleicht gar nicht.
SOPHIE: Schwester, meine liebe Einzige! Du nagst mit solchen Grillen an dir selbst.
MARIE: Warum soll ich mich betrügen?
SOPHIE: Du bist jung und glücklich und kannst alles hoffen.
MARIE: Hoffnung! Oh, der süße, einzige Balsam des Lebens bezaubert oft meine Seele. Mutige jugendliche Träume schweben vor mir und begleiten die geliebte Gestalt des Unvergleichlichen, der nun wieder der Meine wird. O Sophie, wie reizend ist er! Seit ich ihn nicht sah, hat er – ich weiß nicht, wie ich's ausdrücken soll – es haben sich alle großen Eigenschaften, die ehemals in seiner Bescheidenheit verborgen lagen, entwickelt. Er ist ein Mann worden und muß mit diesem reinen Gefühle seiner selbst, mit dem er auftritt, das so ganz ohne Stolz, ohne Eitelkeit ist, er muß alle

Herzen wegreißen. – Und er soll der Meinige werden? – Nein, Schwester, ich war seiner nicht wert – und jetzt bin ich's viel weniger.

SOPHIE: Nimm ihn nur, und sei glücklich! – Ich höre deinen Bruder!

Beaumarchais kommt

BEAUMARCHAIS: Wo ist Guilbert?

SOPHIE: Er ist schon eine Weile weg; lang kann er nicht mehr ausbleiben.

MARIE: Was hast du, Bruder? – (Aufspringend und ihm um den Hals fallend) Lieber Bruder, was hast du?

BEAUMARCHAIS: Nichts! Laß mich, meine Marie!

MARIE: Wenn ich deine Marie bin, so sag mir, was du auf dem Herzen hast!

SOPHIE: Laß ihn! Die Männer machen oft Gesichter, ohne just was auf dem Herzen zu haben.

MARIE: Nein, nein! Ich sehe dein Angesicht nur wenige Zeit; aber schon drückt es mir alle deine Empfindungen aus, ich lese jedes Gefühl dieser unverstellten, unverdorbenen Seele auf deiner Stirne. Du hast etwas, das dich stutzig macht. Rede, was ist's?

BEAUMARCHAIS: Es ist nichts, meine Lieben. Ich hoffe, im Grunde ist's nichts. Clavigo –

MARIE: Wie?

BEAUMARCHAIS: Ich war bei Clavigo. Es ist nicht zu Hause.

SOPHIE: Und das verwirrt dich?

BEAUMARCHAIS: Sein Pförtner sagt, er sei verreist, er wisse nicht, wohin; es wisse niemand, wie lange. Wenn er sich verleugnen ließe! Wenn er wirklich verreist wäre! Wozu das? Warum das?

MARIE: Wir wollen's abwarten.

BEAUMARCHAIS: Deine Zunge lügt. Ha, die Blässe deiner Wangen, das Zittern deiner Glieder, alles spricht und zeugt, daß du das nicht abwarten kannst. Liebe Schwester! (Er faßt sie in seine Arme) An diesem klopfenden, ängstlich bebenden Herzen schwör ich dir. Höre mich, Gott, der du gerecht bist! Höret mich, alle seine Heiligen! Du sollst gerächet werden, wenn er – die Sinne vergehen mir über dem Gedanken – wenn er rückfiele, wenn er doppelten, gräßlichen Meineids sich schuldig machte, unsers Elends spottete. – Nein, es ist, es ist nicht möglich, nicht möglich. – Du sollst gerächet werden.

SOPHIE: Alles zu früh, zu voreilig. Schone ihrer, ich bitte dich, mein Bruder!

Marie setzt sich

SOPHIE: Was hast du? Du wirst ohnmächtig.

MARIE: Nein, nein. Du bist gleich so besorgt.

SOPHIE (reicht ihr Wasser): Nimm das Glas!

MARIE: Laß doch! Wozu soll's? – Nun, meinetwegen, gib her!

BEAUMARCHAIS: Wo ist Guilbert? Wo ist Buenco? Schicke nach ihnen, ich bitte dich! (Sophie ab) Wie ist dir, Marie?

MARIE: Gut, ganz gut! Denkst du denn, Bruder –?

BEAUMARCHAIS: Was, meine Liebe?

MARIE: Ach!

BEAUMARCHAIS: Der Atem wird dir schwer?

MARIE: Das unbändige Schlagen meines Herzens versetzt mir die Luft.

BEAUMARCHAIS: Habt ihr denn kein Mittel? Brauchst du nichts Niederschlagendes?

MARIE: Ich weiß ein Mittel, und darum bitt ich Gott schon lange.

BEAUMARCHAIS: Du sollst's haben, und ich hoffe, von meiner Hand.

MARIE: Schon gut.

Sophie kommt

SOPHIE: Soeben gibt ein Courier diesen Brief ab; er kommt von Aranjuez.

BEAUMARCHAIS: Das ist das Siegel und die Hand unsers Gesandten.

SOPHIE: Ich hieß ihn absteigen und einige Erfrischungen zu sich nehmen; er wollte nicht, weil er noch mehr Depeschen habe.

MARIE: Willst du doch, Liebe, das Mädchen nach dem Arzte schicken?

SOPHIE: Fehlt dir was? Heiliger Gott, was fehlt dir?

MARIE: Du wirst mich ängstigen, daß ich zuletzt kaum traue, ein Glas Wasser zu begehren – Sophie! – Bruder! – Was enthält der Brief? Sieh, wie er zittert, wie ihn aller Mut verläßt!

SOPHIE: Bruder, mein Bruder!

Beaumarchais wirft sich sprachlos in einen Sessel und läßt den Brief fallen

SOPHIE: Mein Bruder!

Sie hebt den Brief auf und liest

MARIE: Laßt mich ihn sehen! Ich muß – (Sie will aufstehn) Weh! Ich fühl's. Es ist das letzte. Schwester, aus Barmherzigkeit den letzten, schnellen Todesstoß! Er verrät uns! –

BEAUMARCHAIS (aufspringend): Er verrät uns! (An die Stirn schlagend und auf die Brust) Hier! Hier! Es ist alles so dumpf, so tot vor meiner Seele, als hätt ein Donnerschlag meine Sinne gelähmt. Marie! Marie! Du bist verraten! – Und ich stehe hier! Wohin? – Was? – Ich sehe nichts, nichts! Keinen Weg, keine Rettung! (Er wirft sich in den Sessel)

Guilbert kommt

SOPHIE: Guilbert! Rat! Hilfe! Wir sind verloren!

GUILBERT: Weib!

MARIE: Lies! Lies! Der Gesandte meldet unserm Bruder, Clavigo habe ihn peinlich angeklagt, als sei er unter einem falschen Namen in sein Haus geschlichen, habe ihm im Bette die Pistole vorgehalten, habe ihn gezwungen, eine schimpfliche Erklärung zu unterschreiben; und wenn er sich nicht schnell aus dem Königreiche entfernt, so schleppen sie ihn ins Gefängnis, daraus ihn zu befreien der Gesandte vielleicht selbst nicht imstande ist.

BEAUMARCHAIS (aufspringend): Ja, sie sollen's! Sie sollen's, sollen mich ins Gefängnis schleppen! Aber von seinem Leichname weg, von der Stätte weg, wo ich mich in seinem Blute werde geletzt haben. – Ach, der grimmige, entsetzliche Durst nach seinem Blute füllt mich ganz. Dank sei dir, Gott im Himmel, daß du dem Menschen mitten im glühenden, unerträglichen Leiden ein Labsal sendest, eine Erquickung! Wie ich die dürstende Rache in meinem Busen fühle! Wie aus der Vernichtung meiner selbst, aus der stumpfen Unentschlossenheit mich das herrliche Gefühl, die Begier nach seinem Blute herausreißt, mich über mich selbst reißt! Rache! Wie mir's wohl ist! Wie alles an mir nach ihm hinstrebt, ihn zu fassen, ihn zu vernichten!

SOPHIE: Du bist fürchterlich, Bruder.

BEAUMARCHAIS: Desto besser. – Ach, keinen Degen, kein Gewehr! Mit diesen Händen will ich ihn erwürgen, daß mein die Wonne sei, ganz mein eigen das Gefühl: ich hab ihn vernichtet!

MARIE: Mein Herz! Mein Herz!

BEAUMARCHAIS: Ich habe dich nicht retten können, so sollst du gerächet werden. Ich schnaube nach seiner Spur, meine Zähne gelüstet's nach seinem Fleisch, meinen Gaumen nach seinem Blute. Bin ich ein rasendes Tier geworden? Mir glüht in jeder Ader, mir zuckt in jeder Nerve die Begier nach ihm, nach ihm! – Ich würde den ewig hassen, der mir ihn jetzt mit Gift vergäbe, der mir ihn meuchelmörderisch aus dem Weg räumte. O hilf mir, Guilbert, ihn aufzusuchen! Wo ist Buenco? Helft mir ihn finden!

GUILBERT: Rette dich! Rette dich! Du bist außer dir.

MARIE: Fliehe, mein Bruder!

SOPHIE: Führ ihn weg! Er bringt seine Schwester um.

Buenco kommt

BUENCO: Auf, Herr! Fort! Ich sah's voraus. Ich gab auf alles acht. Und nun! Man stellt Euch nach, Ihr seid verloren, wenn Ihr nicht im Augenblick die Stadt verlasset.

BEAUMARCHAIS: Nimmermehr! Wo ist Clavigo?

BUENCO: Ich weiß nicht.

BEAUMARCHAIS: Du weißt's. Ich bitte dich fußfällig, sag mir's!

SOPHIE: Um Gottes willen, Buenco!

MARIE: Ach! Luft! Luft! (Sie fällt zurück) Clavigo! –

BUENCO: Hilfe, sie stirbt!

SOPHIE: Verlaß uns nicht, Gott im Himmel! – Fort, mein Bruder, fort!

BEAUMARCHAIS (fällt vor Marie nieder, die ungeachtet aller Hilfe nicht wieder zu sich selbst kommt): Dich verlassen! Dich verlassen!

SOPHIE: So bleib, und verdirb uns alle, wie du Marien getötet hast! Du bist hin, o meine Schwester, durch die Unbesonnenheit deines Bruders.

BEAUMARCHAIS: Halt, Schwester!

SOPHIE (spottend): Retter! – Rächer! – Hilf dir selber!

BEAUMARCHAIS: Verdien ich das?

SOPHIE: Gib mir sie wieder! Und dann geh in Kerker, geh aufs Martergerüst, geh, vergieße dein Blut, und gib mir sie wieder!

BEAUMARCHAIS: Sophie!

SOPHIE: Ha! Und ist sie hin, ist sie tot – so erhalte dich uns! (Ihm um den Hals fallend) Mein Bruder, erhalte dich uns, unserm Vater! Eile, eile! Das war ihr Schicksal! Sie hat's geendet. Und ein Gott ist im Himmel, dem laß die Rache!

BUENCO: Fort, fort! Kommen Sie mit mir, ich verberge Sie, bis wir Mittel finden, Sie aus dem Königreiche zu schaffen.

BEAUMARCHAIS (fällt auf Marien und küßt sie): Schwester!

Sie reißen ihn los, er faßt Sophien, sie macht sich los, man bringt Marien weg und Buenco mit Beaumarchais ab Guilbert. Ein Arzt

SOPHIE (aus dem Zimmer zurückkommend, darein man Marien gebracht hat): Zu spät! Sie ist hin! Sie ist tot!

GUILBERT: Kommen Sie, mein Herr! Sehen Sie selbst! Es ist nicht möglich! (Ab)

FÜNFTER AKT

STRASSE VOR DEM HAUSE GUILBERTS
Nacht.
Das Haus ist offen. Vor der Türe stehen drei in schwarze Mäntel gehüllte Männer mit Fackeln. Clavigo, in einen Mantel gewickelt, den Degen unterm Arm, kommt.
Ein Bedienter geht voraus mit einer Fackel

CLAVIGO: Ich sagte dir's, du solltest diese Straße meiden.

BEDIENTER: Wir hätten einen gar großen Umweg nehmen müssen, und Sie eilen so. Es ist nicht weit von hier, wo Don Carlos sich aufhält.

CLAVIGO: Fackeln dort?

BEDIENTER: Eine Leiche. Kommen Sie, mein Herr!

CLAVIGO: Mariens Wohnung! Eine Leiche! Mir fährt ein Todesschauer durch alle Glieder. Geh, frag, wen sie begraben!

BEDIENTER (geht zu den Männern): Wen begrabt ihr?

DIE MÄNNER: Marien von Beaumarchais.

Clavigo setzt sich auf einen Stein und verhüllt sich

BEDIENTER (kommt zurück): Sie begraben Marien von Beaumarchais.

CLAVIGO (aufspringend): Mußtest du's wiederholen, Verräter? Das Donnerwort wiederholen, das mir alles Mark aus meinen Gebeinen schlägt?

BEDIENTER: Stille, mein Herr, kommen Sie! Bedenken Sie die Gefahr, in der Sie schweben!

CLAVIGO: Geh in die Hölle! Ich bleibe!

BEDIENTER: O Carlos! Oh, daß ich dich fände, Carlos! Er ist außer sich! (Ab)

Clavigo. In der Ferne die Leichenmänner

CLAVIGO: Tot! Marie tot! Die Fackeln dort, ihre traurigen Begleiter! – Es ist ein Zauberspiel, ein Nachtgesicht, das mich erschreckt, das mir einen Spiegel vorhält, darin ich das Ende meiner Verrätereien ahnungsweise erkennen soll. – Noch ist es Zeit! Noch! – Ich bebe, mein Herz zerfleischt in Schauer! Nein! Nein! Du sollst nicht sterben. Ich komme! Ich komme! – Verschwindet, Geister der Nacht, die ihr euch mit ängstlichen Schrecknissen mir in den Weg stellt – (Er geht auf sie los) Verschwindet! – Sie stehen! Ha, sie sehen sich nach mir um! Weh! Weh mir! Es sind Menschen wie ich. – Es ist wahr – Wahr? – Kannst du's fassen? – sie ist tot – Es ergreift mich mit allem Schauer der Nacht das Gefühl: Sie ist tot! Da liegt sie, die Blume, zu deinen Füßen – und du – Erbarm dich meiner, Gott im Himmel, ich habe sie nicht getötet! – Verbergt euch, Sterne, schaut nicht hernieder, ihr, die ihr so oft den Missetäter saht in dem Gefühl des innigsten Glücks diese Schwelle verlassen, durch eben diese Straße mit Saitenspiel und Gesang in goldnen Phantasien hinschweben und sein am heimlichen Gegitter lauschendes Mädchen mit wonnevollen Erwartungen entzünden! – Und du füllst nun das Haus mit Wehklagen und Jammer und diesen Schauplatz deines Glückes mit Grabgesang! – Marie! Marie! Nimm mich mit dir! Nimm mich mit dir! (Eine traurige Musik tönt einige Laute von innen) Sie beginnen den Weg zum Grabe! – Haltet! Haltet! Schließt den Sarg nicht! Laßt mich sie noch einmal sehen! (Er geht aufs Haus los) Ha, wem wag ich's, unters Gesicht zu treten, wem in seinen entsetzlichen Schmerzen zu begegnen? – Ihren Freunden? Ihrem Bruder, dem wütender Jammer den Busen füllt? (Die Musik geht wieder an) Sie ruft mir, sie ruft mir! Ich komme! – Welche Angst umgibt mich! Welches Beben hält mich zurück!

Die Musik fängt zum dritten Male an und fährt fort. Die Fackeln bewegen sich vor der Türe, es treten noch drei andere zu ihnen, die sich in Ordnung reihen, um den Leichenzug einzufassen, der aus dem Hause kommt. Sechs tragen die Bahre, darauf der bedeckte Sarg steht
Guilbert. Buenco in tiefer Trauer

CLAVIGO (hervortretend): Haltet!
GUILBERT: Welche Stimme!
CLAVIGO: Haltet! (Die Träger stehen)
BUENCO: Wer untersteht sich, den ehrwürdigen Zug zu stören?
CLAVIGO: Setzt nieder!
GUILBERT: Ha!
BUENCO: Elender! Ist deiner Schandtaten kein Ende? Ist dein Opfer im Sarge nicht sicher vor dir?
CLAVIGO: Laßt! Macht mich nicht rasend! Die Unglücklichen sind gefährlich! Ich muß sie sehen!
Er wirft das Tuch ab und den Deckel. Marie liegt weiß gekleidet und mit gefalteten Händen im Sarge. Clavigo tritt zurück und verbirgt sein Gesicht
BUENCO: Willst du sie erwecken, um sie wieder zu töten?
CLAVIGO: Armer Spötter! – Marie!
Er fällt vor dem Sarge nieder
Beaumarchais kommt
BEAUMARCHAIS: Buenco hat mich verlassen. Sie ist nicht tot, sagen sie. Ich muß sehen, trotz dem Teufel! Ich muß sie sehen. Fackeln, Leiche!

Er rennt auf sie los, erblickt den Sarg und fällt sprachlos drüber hin;
man hebt ihn auf, er ist wie ohnmächtig. Guilbert hält ihn
CLAVIGO (der an der andern Seite des Sargs aufsteht): Marie! Marie!
BEAUMARCHAIS (auffahrend): Das ist seine Stimme! Wer ruft Marie? Wie mit dem Klange der Stimme sich eine glühende Wut in meine Adern goß!
CLAVIGO: Ich bin's.
Beaumarchais wild hinsehend und nach dem Degen greifend. Guilbert hält ihn
CLAVIGO: Ich fürchte deine glühenden Augen nicht, nicht die Spitze deines Degens! Sieh hieher, dieses geschlossene Auge, diese gefalteten Hände!
BEAUMARCHAIS: Zeigst du mir das?
Er reißt sich los, dringt auf Clavigo ein, der zieht, sie fechten; Beaumarchais stößt ihm den Degen in die Brust
CLAVIGO (sinkend): Ich danke dir, Bruder! Du vermählst uns.
Er sinkt auf den Sarg
BEAUMARCHAIS (ihn wegreißend): Weg von dieser Heiligen, Verdammter!
CLAVIGO: Weh! (Die Träger halten ihn)
BEAUMARCHAIS: Blut! Blick auf, Marie, blick auf deinen Brautschmuck, und dann schließ deine Augen auf ewig! Sieh, wie ich deine Ruhestätte geweiht habe mit dem Blute deines Mörders! Schön! Herrlich!
Sophie kommt
SOPHIE: Bruder! Gott, was gibt's?
BEAUMARCHAIS: Tritt näher, Liebe, und schau! Ich hoffte, ihr Brautbette mit Rosen zu bestreuen; sieh die Rosen, mit denen sie sich ziere auf ihrem Wege zum Himmel!
SOPHIE: Wir sind verloren!
CLAVIGO: Rette dich, Unbesonnener! Rette dich, ehe der Tag anbricht! Gott der dich zum Rächer sandte, geleite dich! – Sophie – vergib mir! – Bruder – Freunde, vergebt mir!
BEAUMARCHAIS: Wie sein fließendes Blut all die glühende Rache meines Herzens auslöscht! Wie mit seinem wegfliehenden Leben meine Wut verschwindet! (Auf ihn losgehend) Stirb, ich vergebe dir!
CLAVIGO: Deine Hand! Und deine, Sophie! Und Eure!
Buenco zaudert
SOPHIE: Gib sie ihm, Buenco!
CLAVIGO: Ich danke dir! Du bist die Alte. Ich danke euch! Und wenn du noch hier diese Stätte umschwebst, Geist meiner Geliebten, schau herab, sieh diese himmlische Güte, sprich deinen Segen dazu, und vergib mir auch! – Ich komme, ich komme! – Rette dich, mein Bruder! sagt mir, vergab sie mir? Wie starb sie?
SOPHIE: Ihr letztes Wort war dein unglücklicher Name. Sie schied weg ohne Abschied von uns.
CLAVIGO: Ich will ihr nach und ihr den eurigen bringen.
Carlos. Ein Bedienter
CARLOS: Clavigo! Mörder!
CLAVIGO: Höre mich, Carlos! Du siehst hier die Opfer deiner Klugheit – Und nun, um des Blutes willen, in

dem mein Leben unaufhaltsam dahinfließt, rette meinen Bruder –
CARLOS: Mein Freund! Ihr steht da? Lauft nach Wundärzten!

Bedienter ab

CLAVIGO: Es ist vergebens. Rette, rette den unglücklichen Bruder! – Deine Hand darauf! Sie haben mir vergeben, und so vergeb ich dir. Du begleitest ihn bis an die Grenze, und – ah!
CARLOS (mit dem Fuße stampfend): Clavigo! Clavigo!
CLAVIGO (sich dem Sarge nähernd, auf den sie ihn niederlassen): Marie! Deine Hand!

Er entfaltet ihre Hände und faßt die rechte

SOPHIE (zu Beaumarchais): Fort, Unglücklicher! Fort!
CLAVIGO: Ich hab ihre Hand! Ihr kalte Totenhand! Du bist die Meinige – Und noch diesen Bräutigamskuß! Ah!
SOPHIE: Er stirbt. Rette dich, Bruder!

Beaumarchais fällt Sophien um den Hals.
Sophie umarmt ihn, indem sie zugleich eine Bewegung macht, ihn zu entfernen

EGMONT

Ein Trauerspiel

PERSONEN

Margarete von Parma, Tochter Karls des Fünften, Regentin der Niederlande
Graf Egmont, Prinz von Gaure
Wilhelm von Oranien
Herzog von Alba
Ferdinand, sein natürlicher Sohn
Machiavell, im Dienste der Regentin
Richard, Egmonts Geheimschreiber
Gomez ⎫
Silva ⎭ unter Alba dienend
Klärchen, Egmonts Geliebte
Ihre Mutter
Brackenburg, ein Bürgerssohn
Seifensieder ⎫
Zimmermann ⎬ Bürger von Brüssel
Jetter, Schneider ⎪
Soest, Krämer ⎭
Buyck, Soldat unter Egmont
Ruysum, Invalide und taub
Vansen, ein Schreiber
Volk, Gefolge, Wachen usw.
Der Schauplatz ist in Brüssel

Erster Aufzug

ARMBRUSTSCHIESSEN
Soldaten und Bürger mit Armbrüsten.
Jetter, Bürger von Brüssel, Schneider, tritt vor und spannt die Armbrust.
Soest, Bürger von Brüssel, Krämer

SOEST: Nun schießt nur hin, daß es alle wird! Ihr nehmt mir's doch nicht! Drei Ringe schwarz, die habt Ihr Eure Tage nicht geschossen. Und so wär ich für dieses Jahr Meister.
JETTER: Meister und König dazu. Wer mißgönnt's Euch? Ihr sollt dafür auch die Zeche doppelt bezahlen; Ihr sollt Eure Geschicklichkeit bezahlen, wie's recht ist.
Buyck, Holländer, Soldat unter Egmont
BUYCK: Jetter, den Schuß handl ich Euch ab, teile den Gewinst, traktiere die Herrn: ich bin so schon lange hier und für viele Höflichkeit Schuldner. Fehl ich, so ist's, als wenn Ihr geschossen hättet.
SOEST: Ich sollte drein reden, denn eigentlich verlier ich dabei. Doch, Buyck, nur immerhin.
BUYCK (schießt): Nun, Pritschmeister, Reverenz! – Eins! Zwei! Drei! Vier!
SOEST: Vier Ringe? Es sei!
ALLE: Vivat, Herr König, hoch! und abermals hoch!
BUYCK: Danke, ihr Herren. Wäre Meister zu viel! Danke für die Ehre.
JETTER: Die habt Ihr Euch selbst zu danken.

Ruysum, Friesländer, Invalide und taub

RUYSUM: Daß ich euch sage!
SOEST: Wie ist's, Alter?
RUYSUM: Daß ich euch sage! – Er schießt wie sein Herr, er schießt wie Egmont.
BUYCK: Gegen ihn bin ich nur ein armer Schlucker. Mit der Büchse trifft er erst, wie keiner in der Welt. Nicht etwa, wenn er Glück oder gute Laune hat, nein! wie er anlegt, immer rein schwarz geschossen. Gelernt habe ich von ihm. Das wäre auch ein Kerl, der bei ihm diente und nichts von ihm lernte. – Nicht zu vergessen, meine Herren! Ein König nährt seine Leute; und so, auf des Königs Rechnung, Wein her!
JETTER: Es ist unter uns ausgemacht, daß jeder –
BUYCK: Ich bin fremd und König und achte eure Gesetze und Herkommen nicht.
JETTER: Du bist ja ärger als der Spanier; der hat sie uns doch bisher lassen müssen.
RUYSUM: Was?
SOEST (laut): Er will uns gastieren, er will nicht haben, daß wir zusammenlegen und der König nur das Doppelte zahlt.
RUYSUM: Laßt ihn! doch ohne Präjudiz! Das ist auch seines Herren Art, splendid zu sein, und es laufen zu lassen, wo es gedeiht. (Sie bringen Wein)
ALLE: Ihro Majestät Wohl! Hoch!
JETTER (zu Buyck): Versteht sich Eure Majestät.
BUYCK: Danke von Herzen, wenn's doch so sein soll.
SOEST: Wohl! Denn unsrer spanischen Majestät Gesundheit trinkt nicht leicht ein Niederländer von Herzen.
RUYSUM: Wer?
SOEST (laut): Philipps des Zweiten, Königs in Spanien.

RUYSUM: Unser allergnädigster König und Herr! Gott geb ihm langes Leben.

SOEST: Hattet Ihr seinen Herrn Vater, Karl den Fünften, nicht lieber?

RUYSUM: Gott tröst ihn! Das war ein Herr! Er hatte die Hand über dem ganzen Erdboden und war euch alles in allem, und wenn er euch begegnete, so grüßt' er euch wie ein Nachbar den andern; und wenn ihr verschrokken wart, wußt er mit so guter Manier – Ja, versteht mich – Er ging aus, ritt aus, wie's ihm einkam, gar mit wenig Leuten. Haben wir doch alle geweint, wie er seinem Sohne das Regiment hier abtrat – sagt ich, versteht mich – der ist schon anders, der ist majestätischer.

JETTER: Er ließ sich nicht sehen, da er hier war, als im Prunk und königlichen Staate. Er spricht wenig, sagen die Leute.

SOEST: Es ist kein Herr für uns Niederländer. Unsre Fürsten müssen froh und frei sein wie wir, leben und leben lassen. Wir wollen nicht verachtet noch gedruckt sein, so gutherzige Narren wir auch sind.

JETTER: Der König, denk ich, wäre wohl ein gnädger Herr, wenn er nur bessere Ratgeber hätte.

SOEST: Nein, nein! Er hat kein Gemüt gegen uns Niederländer, sein Herz ist dem Volke nicht geneigt, er liebt uns nicht; wie können wir ihn wieder lieben? Warum ist alle Welt dem Grafen Egmont so hold? Warum trügen wir ihn alle auf den Händen? Weil man ihm ansieht, daß er uns wohl will; weil ihm die Fröhlichkeit, das freie Leben, die gute Meinung aus den Augen sieht; weil er nichts besitzt, das er dem Dürftigen nicht mitteilte, auch dem, der's nicht bedarf. Laßt den Grafen Egmont leben! Buyck, an Euch ist's, die erste Gesundheit zu bringen! Bringt Eures Herrn Gesundheit aus.

BUYCK: Von ganzer Seele denn: Graf Egmont hoch!

RUYSUM: Überwinder bei St. Quintin!

BUYCK: Dem Helden von Gravelingen!

ALLE: Hoch!

RUYSUM: St. Quintin war meine letzte Schlacht. Ich konnte kaum mehr fort, kaum die schwere Büchse mehr schleppen. Hab ich doch den Franzosen noch eins auf den Pelz gebrennt, und da kriegt ich zum Abschied noch einen Streifschuß ans rechte Bein.

BUYCK: Gravelingen! Freunde! Da ging's frisch! Den Sieg haben wir allein. Brannten und sengten die welschen Hunde nicht durch ganz Flandern? Aber ich mein, wir trafen sie! Ihre alten handfesten Kerle hielten lange wider, und wir drängten und schossen und hieben, daß sie die Mäuler verzerrten und ihre Linien zuckten. Da ward Egmont das Pferd unter dem Leibe niedergeschossen, und wir stritten lange hinüber herüber, Mann für Mann, Pferd gegen Pferd, Haufe mit Haufe, auf dem breiten flachen Sand an der See hin. Auf einmal kam's, wie vom Himmel herunter, von der Mündung des Flusses, bav! bau! immer mit Kanonen in die Franzosen drein. Es waren Engländer, die unter dem Admiral Malin von ungefähr von Dünkirchen her vorbeifuhren. Zwar viel halfen sie uns nicht; sie konnten nur mit den kleinsten Schiffen herbei, und das nicht nah genug; schossen auch wohl unter uns – Es tat doch gut! Es brach die Welschen und hob unsern Mut. Da ging's rick! rack! herüber hinüber! Alles tot geschlagen, alles ins Wasser gesprengt. Und die Kerle ersoffen, wie sie das Wasser schmeckten; und was wir Holländer waren, grad hinten drein. Uns, die wir beidlebig sind, ward erst wohl im Wasser, wie den Fröschen; und immer die Feinde im Fluß zusammengehauen, weggeschossen wie die Enten. Was nun noch durchbrach, schlugen euch auf der Flucht die Bauerweiber mit Hacken und Mistgabeln tot. Mußte doch die welsche Majestät gleich das Pfötchen reichen und Friede machen. Und den Frieden seid ihr uns schuldig, dem großen Egmont schuldig!

ALLE: Hoch! dem großen Egmont hoch! und abermal hoch! und abermal hoch!

JETTER: Hätte man uns den statt der Margrete von Parma zum Regenten gesetzt!

SOEST: Nicht so! Wahr bleibt wahr! Ich lasse mir Margareten nicht schelten. Nun ist's an mir. Es lebe unsre gnädige Frau!

ALLE: Sie lebe!

SOEST: Wahrlich, treffliche Weiber sind in dem Hause. Die Regentin lebe!

JETTER: Klug ist sie, und mäßig in allem, was sie tut; hielte sie's nur nicht so steif und fest mit den Pfaffen. Sie ist doch auch mit schuld, daß wir die vierzehn neuen Bischofsmützen im Land haben. Wozu die nur sollen? Nicht wahr, daß man Fremde in die guten Stellen einschieben kann, wo sonst Äbte aus den Kapiteln gewählt wurden? Und wir sollen glauben, es sei um der Religion willen. Ja es hat sich. An drei Bischöfen hatten wir genug; da ging's ehrlich und ordentlich zu. Nun muß doch auch jeder tun, als ob er nötig wäre; und da setzt's allen Augenblick Verdruß und Händel. Und je mehr ihr das Ding rüttelt und schüttelt, desto trüber wird's. (Sie trinken)

SOEST: Das war nun des Königs Wille; sie kann nichts davon noch dazu tun.

JETTER: Da sollen wir nun die neuen Psalmen nicht singen. Sie sind wahrlich gar schön in Reimen gesetzt und haben recht erbauliche Weisen. Die sollen wir nicht singen; aber Schelmenlieder, so viel wir wollen. Und warum? Es seien Ketzereien drin, sagen sie, und Sachen, Gott weiß. Ich hab ihrer doch auch gesungen; es ist jetzt was Neues, ich hab nichts drin gesehen.

BUYCK: Ich wollte sie fragen! In unsrer Provinz singen wir, was wir wollen. Das macht, daß Graf Egmont unser Statthalter ist, der fragt nach so etwas nicht. – In Gent, Ypern, durch ganz Flandern singt sie, wer Belieben hat. (Laut) Es ist ja wohl nichts unschuldiger als ein geistlich Lied? Nicht wahr, Vater?

RUYSUM: Ei wohl! Es ist ja ein Gottesdienst, eine Erbauung.

JETTER: Sie sagen aber, es sei nicht auf die rechte Art, nicht auf ihre Art; und gefährlich ist's doch immer, da läßt man's lieber sein. Die Inquisitionsdiener schleichen herum und passen auf; mancher ehrliche Mann ist schon unglücklich geworden. Der Gewissenszwang fehlte noch! Da ich nicht tun darf, was ich möchte, können sie mich doch denken und singen lassen, was ich will.

SOEST: Die Inquisition kommt nicht auf. Wir sind nicht gemacht, wie die Spanier, unser Gewissen tyrannisieren zu lassen. Und der Adel muß auch beizeiten suchen, ihr die Flügel zu beschneiden.

JETTER: Es ist sehr fatal. Wenn's den lieben Leuten einfällt, in mein Haus zu stürmen, und ich sitze an meiner Arbeit, und summe just einen französischen Psalmen und denke nichts dabei, weder Gutes noch Böses; ich summe ihn aber, weil er mir in der Kehle ist: gleich bin ich ein Ketzer und werde eingesteckt. Oder ich gehe über Land und bleibe bei einem Haufen Volks stehen, das einem neuen Prediger zuhört, einem von denen, die aus Deutschland gekommen sind; auf der Stelle heiß ich ein Rebell und komme in Gefahr, meinen Kopf zu verlieren. Habt ihr je einen predigen hören?

SOEST: Wackre Leute. Neulich hört ich einen auf dem Felde vor tausend und tausend Menschen sprechen. Das war ein ander Geköch, als wenn unsre auf der Kanzel herumtrommeln und die Leute mit lateinischen Brocken erwürgen. Der sprach von der Leber weg; sagte, wie sie uns bisher hätten bei der Nase herumgeführt, uns in der Dummheit erhalten, und wie wir mehr Erleuchtung haben könnten. – Und das bewies er euch alles aus der Bibel.

JETTER: Da mag doch auch was dran sein. Ich sagt's immer selbst und grübelte so über die Sache nach. Mir ist's lang im Kopf herumgegangen.

BUYCK: Es läuft ihnen auch alles Volk nach.

SOEST: Das glaub ich, wo man was Gutes hören kann und was Neues.

JETTER: Und was ist's denn nun? Man kann ja einen jeden predigen lassen nach seiner Weise.

BUYCK: Frisch, ihr Herrn! Über dem Kannegießern vergeßt ihr den Wein und Oranien.

JETTER: Den nicht zu vergessen. Das ist ein rechter Wall: wenn man nur an ihn denkt, meint man gleich, man könnte sich hinter ihn verstecken, und der Teufel brächte einen nicht hervor. Hoch! Wilhelm von Oranien, hoch!

ALLE: Hoch! hoch!

SOEST: Nun, Alter, bring' auch deine Gesundheit.

RUYSUM: Alte Soldaten! Alle Soldaten! Es lebe der Krieg!

BUYCK: Bravo, Alter! Alle Soldaten! Es lebe der Krieg!

JETTER: Krieg! Krieg! Wißt ihr auch, was ihr ruft? Daß es euch leicht vom Munde geht, ist wohl natürlich; wie lumpig aber unser einem dabei zumute ist, kann ich nicht sagen. Das ganze Jahr das Getrommel zu hören; und nichts zu hören, als wie da ein Haufen gezogen kommt und dort ein andrer, wie sie über einen Hügel kamen und bei einer Mühle hielten, wieviel da geblieben sind, wieviel dort, und wie sie sich drängen, und einer gewinnt, der andre verliert, ohne daß man sein Tage begreift, wer was gewinnt oder verliert. Wie eine Stadt eingenommen wird, die Bürger ermordet werden, und wie es den armen Weibern, den unschuldigen Kindern ergeht. Das ist eine Not und Angst, man denkt jeden Augenblick: „Da kommen sie! Es geht uns auch so."

SOEST: Drum muß auch ein Bürger immer in Waffen geübt sein.

JETTER: Ja es übt sich, wer Frau und Kinder hat. Und doch hör ich noch lieber von Soldaten, als ich sie sehe.

BUYCK: Das sollt ich übelnehmen.

JETTER: Auf Euch ist's nicht gesagt, Landsmann. Wie wir die spanischen Besatzungen los waren, holten wir wieder Atem.

SOEST: Gelt! die lagen dir am schwersten auf?

JETTER: Vexier Er sich.

SOEST: Die hatten scharfe Einquartierung bei dir.

JETTER: Halt dein Maul!

SOEST: Sie hatten ihn vertrieben aus der Küche, dem Keller, der Stube – dem Bette. (Sie lachen)

JETTER: Du bist ein Tropf.

BUYCK: Friede, Ihr Herrn! Muß der Soldat Friede rufen! – Nun da ihr von uns nichts hören wollt, nun bringt auch eure Gesundheit aus, eine bürgerliche Gesundheit.

JETTER: Dazu sind wir bereit! Sicherheit und Ruhe!

SOEST: Ordnung und Freiheit!

BUYCK: Brav! das sind auch wir zufrieden.

Sie stoßen an und wiederholen fröhlich die Worte, doch so, daß jeder ein anderes ausruft und es eine Art Kanon wird. Der Alte horcht und fällt endlich auch mit ein

ALLE: Sicherheit und Ruhe! Ordnung und Freiheit!

PALAST DER REGENTIN

Margarete von Parma in Jagdkleidern. Hofleute. Pagen. Bediente

REGENTIN: Ihr stellt das Jagen ab, ich werde heut nicht reiten. Sagt Machiavellen, er soll zu mir kommen.

Alle gehn ab

Der Gedanke an diese schrecklichen Begebenheiten läßt mir keine Ruhe! Nichts kann mich ergetzen, nichts mich zerstreuen; immer sind diese Bilder, diese Sorgen vor mir. Nun wird der König sagen, dies seien die Folgen meiner Güte, meiner Nachsicht; und doch sagt mir mein Gewissen jeden Augenblick, das Rätlichste, das Beste getan zu haben. Sollte ich früher mit dem Sturme des Grimms diese Flammen anfachen und umhertreiben? Ich hoffte sie zu umstellen, sie in sich selbst zu verschütten. Ja, was ich mir selbst sage, was ich wohl weiß, entschuldigt mich vor mir selbst; aber wie wird es mein Bruder aufnehmen? Denn, ist es zu leugnen, der Übermut der fremden Lehrer hat sich täglich erhöht; sie haben unser Heiligtum gelästert, die stumpfen

Sinne des Pöbels zerrüttet und den Schwindelgeist unter sie gebannt. Unreine Geister haben sich unter die Aufrührer gemischt, und schreckliche Taten sind geschehen, die zu denken schauderhaft ist, und die ich nun einzeln nach Hofe zu berichten habe; schnell und einzeln, damit mir der allgemeine Ruf nicht zuvorkomme, damit der König nicht denke, man wolle noch mehr verheimlichen. Ich sehe kein Mittel, weder strenges noch gelindes, dem Übel zu steuern. O was sind wir Großen auf der Woge der Menschheit? Wir glauben sie zu beherrschen, und sie treibt uns auf und nieder, hin und her.

Machiavell tritt auf

REGENTIN: Sind die Briefe an den König aufgesetzt?

MACHIAVELL: In einer Stunde werdet Ihr sie unterschreiben können.

REGENTIN: Habt Ihr den Bericht ausführlich genug gemacht?

MACHIAVELL: Ausführlich und umständlich, wie es der König liebt. Ich erzähle, wie zuerst um St. Omer die bilderstürmerische Wut sich zeigt. Wie eine rasende Menge, mit Stäben, Beilen, Hämmern, Leitern, Stricken versehen, von wenig Bewaffneten begleitet, erst Kapellen, Kirchen und Klöster anfallen, die Andächtigen verjagen, die verschloßnen Pforten aufbrechen, alles umkehren, die Altäre niederreißen, die Statuen der Heiligen zerschlagen, alle Gemälde verderben, alles, was sie nur Geweihtes, Geheiligtes antreffen, zerschmettern, zerreißen, zertreten. Wie sich der Haufe unterwegs vermehrt, die Einwohner von Ypern ihnen die Tore öffnen. Wie sie den Dom mit unglaublicher Schnelle verwüsten, die Bibliothek des Bischofs verbrennen. Wie eine große Menge Volkes, von gleichem Unsinn ergriffen, sich über Menin, Comines, Verwich, Lille verbreitet, nirgends Widerstand findet, und sie fast durch ganz Flandern in einem Augenblicke die ungeheure Verschwörung sich erklärt und ausgeführt ist.

REGENTIN: Ach, wie ergreift mich aufs neue der Schmerz bei deiner Wiederholung! Und die Furcht gesellt sich dazu, das Übel werde nur größer und größer werden. Sagt mir Eure Gedanken, Machiavell!

MACHIAVELL: Verzeihen Eure Hoheit, meine Gedanken sehen Grillen so ähnlich; und wenn Ihr auch immer mit meinen Diensten zufrieden wart, habt Ihr doch selten meinem Rate folgen mögen. Ihr sagtet oft im Scherze: „Du siehst zu weit, Machiavell! Du solltest Geschichtschreiber sein: wer handelt, muß fürs Nächste sorgen." Und doch, habe ich diese Geschichte nicht voraus erzählt? Hab ich nicht alles voraus gesehen?

REGENTIN: Ich sehe auch viel voraus, ohne es ändern zu können.

MACHIAVELL: Ein Wort für tausend: Ihr unterdrückt die neue Lehre nicht. Laßt sie gelten, sondert sie von den Rechtgläubigen, gebt ihnen Kirchen, faßt sie in die bürgerliche Ordnung, schränkt sie ein; und so habt Ihr die Aufrührer auf einmal zur Ruhe gebracht. Jede andern Mittel sind vergeblich, und Ihr verheert das Land.

REGENTIN: Hast du vergessen, mit welchem Abscheu mein Bruder selbst die Frage verwarf, ob man die neue Lehre dulden könne? Weißt du nicht, wie er mir in jedem Briefe die Erhaltung des wahren Glaubens aufs eifrigste empfiehlt? daß er Ruhe und Einigkeit auf Kosten der Religion nicht hergestellt wissen will? Hält er nicht selbst in den Provinzen Spione, die wir nicht kennen, um zu erfahren, wer sich zu der neuen Meinung hinüberneigt? Hat er nicht zu unsrer Verwunderung uns diesen und jenen genannt, der sich in unsrer Nähe heimlich der Ketzerei schuldig machte? Befiehlt er nicht Strenge und Schärfe? Und ich soll gelind sein? Ich soll Vorschläge tun, daß er nachsehe, daß er dulde? Würde ich nicht alles Vertrauen, allen Glauben bei ihm verlieren?

MACHIAVELL: Ich weiß wohl; der König befiehlt, er läßt Euch seine Absichten wissen. Ihr sollt Ruhe und Friede wiederherstellen durch ein Mittel, das die Gemüter noch mehr erbittert, das den Krieg unvermeidlich an allen Enden anblasen wird. Bedenkt, was Ihr tut. Die größten Kaufleute sind angesteckt, der Adel, das Volk, die Soldaten. Was hilft es auf seinen Gedanken beharren, wenn sich um uns alles ändert? Möchte doch ein guter Geist Philippen eingeben, daß es einem Könige anständiger ist, Bürger zweierlei Glaubens zu regieren, als sie durcheinander aufzureiben.

REGENTIN: Solch ein Wort nie wieder. Ich weiß wohl, daß Politik selten Treu und Glauben halten kann, daß sie Offenheit, Gutherzigkeit, Nachgiebigkeit aus unsern Herzen ausschließt; in weltlichen Geschäften ist das leider nur zu wahr. Sollen wir aber auch mit Gott spielen, wie untereinander? Sollen wir gleichgültig gegen unsre bewährte Lehre sein, für die so viele ihr Leben aufgeopfert haben? Die sollten wir hingeben an die hergelaufnen, ungewissen, sich selbst widersprechenden Neuerungen?

MACHIAVELL: Denkt nur deswegen nicht übler von mir.

REGENTIN: Ich kenne dich und deine Treue und weiß, daß einer ein ehrlicher und verständiger Mann sein kann, wenn er gleich den nächsten besten Weg zum Heile seiner Seele verfehlt hat. Es sind noch andre, Machiavell, Männer, die ich schätzen und tadeln muß.

MACHIAVELL: Wen bezeichnet Ihr mir?

REGENTIN: Ich kann es gestehn, daß mir Egmont heute einen recht innerlichen, tiefen Verdruß erregte.

MACHIAVELL: Durch welches Betragen?

REGENTIN: Durch sein gewöhnliches, durch Gleichgültigkeit und Leichtsinn. Ich erhielt die schreckliche Botschaft, eben als ich, von vielen und ihm begleitet, aus der Kirche ging. Ich hielt meinen Schmerz nicht an, ich beklagte mich laut und rief, indem ich mich zu ihm wendete: „Seht, was in Eurer Provinz entsteht! Das duldet Ihr, Graf, von dem der König sich alles versprach?"

MACHIAVELL: Und was antwortete er?

REGENTIN: Als wenn es nichts, als wenn es eine Nebensache wäre, versetzte er: Wären nur erst die Niederländer über ihre Verfassung beruhigt! Das übrige würde sich leicht geben.

MACHIAVELL: Vielleicht hat er wahrer als klug und fromm gesprochen. Wie soll Zutrauen entstehen und bleiben, wenn der Niederländer sieht, daß es mehr um seine Besitztümer als um sein Wohl, um seiner Seelen Heil zu tun ist? Haben die neuen Bischöfe mehr Seelen gerettet als fette Pfründen geschmaust, und sind es nicht meist Fremde? Noch werden alle Statthalterschaften mit Niederländern besetzt; lassen sich es die Spanier nicht zu deutlich merken, daß sie die größte und unwiderstehlichste Begierde nach diesen Stellen empfinden? Will ein Volk nicht lieber nach seiner Art von den Seinigen regiert werden als von Fremden, die erst im Lande sich wieder Besitztümer auf Unkosten aller zu erwerben suchen, die einen fremden Maßstab mitbringen und unfreundlich und ohne Teilnehmung herrschen?

REGENTIN: Du stellst dich auf die Seite der Gegner.

MACHIAVELL: Mit dem Herzen gewiß nicht; und wollte, ich könnte mit dem Verstande ganz auf der unsrigen sein.

REGENTIN: Wenn du so willst, so tät es not, ich träte ihnen meine Regentschaft ab; denn Egmont und Oranien machten sich große Hoffnung, diesen Platz einzunehmen. Damals waren sie gegen mich verbunden, sind Freunde, unzertrennliche Freunde geworden.

MACHIAVELL: Ein gefährliches Paar!

REGENTIN: Soll ich aufrichtig reden – ich fürchte Oranien, und ich fürchte für Egmont. Oranien sinnt nichts Gutes, seine Gedanken reichen in die Ferne, er ist heimlich, scheint alles anzunehmen, widerspricht nie, und in tiefster Ehrfurcht, mit größter Vorsicht tut er, was ihm beliebt.

MACHIAVELL: Recht im Gegenteil geht Egmont einen freien Schritt, als wenn die Welt sein gehörte.

REGENTIN: Er trägt das Haupt so hoch, als wenn die Hand der Majestät nicht über ihm schwebte.

MACHIAVELL: Die Augen des Volks sind alle nach ihm gerichtet, und die Herzen hängen an ihm.

REGENTIN: Nie hat er einen Schein vermieden; als wenn niemand Rechenschaft von ihm zu fordern hätte. Noch trägt er den Namen Egmont. „Graf Egmont" freut sich ihn sich nennen zu hören; als wollte er nicht vergessen, daß seine Vorfahren Besitzer von Geldern waren. Warum nennt er sich nicht Prinz von Gaure, wie es ihm zukommt? Warum tut er das? Will er erloschne Rechte wieder geltend machen?

MACHIAVELL: Ich halte ihn für einen treuen Diener des Königs.

REGENTIN: Wenn er wollte, wie verdient könnte er sich um die Regierung machen; anstatt daß er uns schon, ohne sich zu nutzen, unsäglichen Verdruß gemacht hat. Seine Gesellschaften, Gastmahle und Gelage haben den Adel mehr verbunden und verknüpft als die gefährlichsten heimlichen Zusammenkünfte. Mit seinen Gesundheiten haben die Gäste einen dauernden Rausch, einen nie sich verziehenden Schwindel geschöpft. Wie oft setzt er durch seine Scherzreden die Gemüter des Volks in Bewegung, und wie stutzte der Pöbel über die neuen Livreen, über die törichten Abzeichen der Bedienten!

MACHIAVELL: Ich bin überzeugt, es war ohne Absicht.

REGENTIN: Schlimm genug. Wie ich sage: er schadet uns, und nutzt sich nicht. Er nimmt das Ernstliche scherzhaft; und wir, um nicht müßig und nachlässig zu scheinen, müssen das Scherzhafte ernstlich nehmen. So hetzt eins das andre; und was man abzuwenden sucht, das macht sich erst recht. Er ist gefährlicher als ein entschiednes Haupt einer Verschwörung; und ich müßte mich sehr irren, wenn man ihm bei Hofe nicht alles gedenkt. Ich kann nicht leugnen, es vergeht wenig Zeit, daß er mich nicht empfindlich, sehr empfindlich macht.

MACHIAVELL: Er scheint mir in allem nach seinem Gewissen zu handeln.

REGENTIN: Sein Gewissen hat einen gefälligen Spiegel. Sein Betragen ist oft beleidigend. Er sieht oft aus, als wenn er in der völligen Überzeugung lebe, er sei Herr und wolle es uns nur aus Gefälligkeit nicht fühlen lassen, wolle uns so grade nicht zum Lande hinausjagen; es werde sich schon geben.

MACHIAVELL: Ich bitte Euch, legt seine Offenheit, sein glücklich Blut, das alles Wichtige leicht behandelt, nicht zu gefährlich aus. Ihr schadet nur ihm und Euch.

REGENTIN: Ich lege nichts aus, ich spreche nur von den unvermeidlichen Folgen, und ich kenn ihn. Sein niederländischer Adel und sein golden Vließ vor der Brust stärken sein Vertraun, seine Kühnheit. Beides kann ihn vor einem schnellen, willkürlichen Unmut des Königs schützen. Untersuch es genau, an dem ganzen Unglükke, das Flandern trifft, ist er doch nur allein schuld. Er hat zuerst den fremden Lehrern nachgesehn, hat's so genau nicht genommen und vielleicht sich heimlich gefreut, daß wir etwas zu schaffen hatten. Laß mich nur! Was ich auf dem Herzen habe, soll bei dieser Gelegenheit davon. Und ich will die Pfeile nicht umsonst verschießen; ich weiß, wo er empfindlich ist. Er ist auch empfindlich.

MACHIAVELL: Habt Ihr den Rat zusammenberufen lassen? Kommt Oranien auch?

REGENTIN: Ich habe nach Antwerpen um ihn geschickt. Ich will ihnen die Last der Verantwortung nahe genug zuwälzen; sie sollen sich mit dem Übel ernstlich entgegensetzen oder sich auch als Rebellen erklären. Eile, daß die Briefe fertig werden, und bringe mir sie zur Unterschrift. Dann sende schnell den bewährten Vaska nach Madrid; er ist unermüdet und treu; daß mein Bruder zuerst durch ihn die Nachricht erfahre, daß der Ruf ihn nicht übereile. Ich will ihn selbst noch sprechen, eh er abgeht.

MACHIAVELL: Eure Befehle sollen schnell und genau befolgt werden.

BÜRGERHAUS
Klärchen. Klärchens Mutter. Brackenburg

KLÄRCHEN: Wollt Ihr mir nicht das Garn halten, Brackenburg?

BRACKENBURG: Ich bitt Euch, verschont mich, Klärchen.

KLÄRCHEN: Was habt Ihr wieder? Warum versagt Ihr mir diesen kleinen Liebesdienst?

BRACKENBURG: Ihr bannt mich mit dem Zwirn so fest vor Euch hin, ich kann Euern Augen nicht ausweichen.

KLÄRCHEN: Grillen! kommt und haltet!

MUTTER (im Sessel strickend): Singt doch eins! Brackenburg sekundiert so hübsch. Sonst wart ihr lustig, und ich hatte immer was zu lachen.

BRACKENBURG: Sonst.

KLÄRCHEN: Wir wollen singen.

BRACKENBURG: Was Ihr wollt.

KLÄRCHEN: Nur hübsch munter und frisch weg! Es ist ein Soldatenliedchen, mein Leibstück.

Sie wickelt Garn und singt mit Brackenburg

> Die Trommel gerühret!
> Das Pfeifchen gespielt!
> Mein Liebster gewaffnet
> Dem Haufen befiehlt,
> Die Lanze hoch führet,
> Die Leute regieret.
>
> Wie klopft mir das Herze!
> Wie wallt mir das Blut!
> O hätt ich ein Wämslein
> Und Hosen und Hut!
> Ich folgt ihm zum Tor 'naus
> Mit mutigem Schritt,
> Ging durch die Provinzen,
> Ging überall mit.
> Die Feinde schon weichen,
> Wir schießen hinterdrein!
> Welch Glück sondergleichen,
> Ein Mannsbild zu sein!

Brackenburg hat unter dem Singen Klärchen oft angesehn; zuletzt bleibt ihm die Stimme stocken, die Tränen kommen ihm in die Augen, er läßt den Strang fallen und geht ans Fenster. Klärchen singt das Lied allein aus, die Mutter winkt ihr halb unwillig, sie steht auf, geht einige Schritte nach ihm hin, kehrt bald unschlüssig wieder um und setzt sich

MUTTER: Was gibt's auf der Gasse, Brackenburg? Ich höre marschieren.

BRACKENBURG: Es ist die Leibwache der Regentin.

KLÄRCHEN: Um diese Stunde? was soll das bedeuten? (Sie steht auf und geht an das Fenster zu Brackenburg) Das ist nicht die tägliche Wache, das sind weit mehr! Fast alle ihre Haufen. O Brackenburg, geht! hört einmal, was es gibt! Es muß etwas Besonderes sein. Geht, guter Brackenburg, tut mir den Gefallen.

BRACKENBURG: Ich gehe! Ich bin gleich wieder da!

Er reicht ihr abgehend die Hand, sie gibt ihm die ihrige

MUTTER: Du schickst ihn schon wieder weg!

KLÄRCHEN: Ich bin neugierig. Und auch verdenkt mir's nicht. Seine Gegenwart tut mir weh. Ich weiß immer nicht, wie ich mich gegen ihn betragen soll. Ich habe unrecht gegen ihn, und mich nagt's am Herzen, daß er es so lebendig fühlt. – Kann ich's doch nicht ändern!

MUTTER: Es ist ein so treuer Bursche.

KLÄRCHEN: Ich kann's auch nicht lassen, ich muß ihm freundlich begegnen. Meine Hand drückt sich oft unversehens zu, wenn die seine mich so leise, so liebevoll anfaßt. Ich mache mir Vorwürfe, daß ich ihn betrüge, daß ich in seinem Herzen eine vergebliche Hoffnung nähre. Ich bin übel dran. Weiß Gott, ich betrüg ihn nicht. Ich will nicht, daß er hoffen soll, und ich kann ihn doch nicht verzweifeln lassen.

MUTTER: Das ist nicht gut.

KLÄRCHEN: Ich hatte ihn gern und will ihm auch noch wohl in der Seele. Ich hätte ihn heiraten können und glaube, ich war nie in ihn verliebt.

MUTTER: Glücklich wärst du immer mit ihm gewesen.

KLÄRCHEN: Wäre versorgt und hätte ein ruhiges Leben.

MUTTER: Und das ist alles durch deine Schuld verscherzt.

KLÄRCHEN: Ich bin in einer wunderlichen Lage. Wenn ich so nachdenke, wie es gegangen ist, weiß ich's wohl und weiß es nicht. Und dann darf ich Egmonten nur wieder ansehn, wird mir alles sehr begreiflich, wäre mir weit mehr begreiflich. Ach, was ist's ein Mann! Alle Provinzen beten ihn an, und ich in seinem Arm sollte nicht das glücklichste Geschöpf von der Welt sein?

MUTTER: Wie wird's in der Zukunft werden?

KLÄRCHEN: Ach, ich frage nur, ob er mich liebt; und ob er mich liebt, ist das eine Frage?

MUTTER: Man hat nichts als Herzensangst mit seinen Kindern. Wie das ausgehen wird? Immer Sorge und Kummer! Es geht nicht gut aus! Du hast dich unglücklich gemacht! mich unglücklich gemacht!

KLÄRCHEN (gelassen): Ihr ließet es doch im Anfange.

MUTTER: Leider war ich zu gut, bin immer zu gut.

KLÄRCHEN: Wenn Egmont vorbeiritt und ich ans Fenster lief, schaltet Ihr mich da? Tratet Ihr nicht selbst ans Fenster? Wenn er heraufsah, lächelte, nickte, mich grüßte, war es Euch zuwider? Fandet Ihr Euch nicht selbst in Eurer Tochter geehrt?

MUTTER: Mache mir noch Vorwürfe.

KLÄRCHEN (gerührt): Wenn er nun öfter die Straße kam und wir wohl fühlten, daß er um meinetwillen den Weg machte, bemerktet Ihr's nicht selbst mit heimlicher Freude? Rieft Ihr mich ab, wenn ich hinter den Scheiben stand und ihn erwartete?

MUTTER: Dachte ich, daß es so weit kommen sollte?

KLÄRCHEN (mit stockender Stimme und zurückgehaltenen Tränen): Und wie er uns abends, in den Mantel eingehüllt, bei der Lampe überraschte – wer war geschäftig, ihn zu empfangen, da ich auf meinem Stuhl wie angekettet und staunend sitzen blieb?

MUTTER: Und konnte ich fürchten, daß diese unglück-

liche Liebe das kluge Klärchen so bald hinreißen würde? Ich muß es nun tragen, daß meine Tochter –
KLÄRCHEN (mit ausbrechenden Tränen): Mutter! Ihr wollt's nun! Ihr habt Eure Freude, mich zu ängstigen.
MUTTER (weinend): Weine noch gar! mache mich noch elender durch deine Betrübnis! Ist mir's nicht Kummer genug, daß meine einzige Tochter ein verworfenes Geschöpf ist?
KLÄRCHEN (aufstehend und kalt): Verworfen! Egmonts Geliebte verworfen? – Welche Fürstin neidete nicht das arme Klärchen um den Platz an seinem Herzen! O Mutter – meine Mutter, so redet Ihr sonst nicht. Liebe Mutter, seid gut! – Das Volk, was das denkt, die Nachbarinnen, was die murmeln – Diese Stube, dieses kleine Haus ist ein Himmel, seit Egmonts Liebe drin wohnt.
MUTTER: Man muß ihm hold sein! das ist wahr. Er ist immer so freundlich, frei und offen.
KLÄRCHEN: Es ist keine falsche Ader an ihm. Seht, Mutter, und er ist doch der große Egmont. Und wenn er zu mir kommt, wie er so lieb ist, so gut! wie er mir seinen Stand, seine Tapferkeit gern verbärge! wie er um mich besorgt ist! so nur Mensch, nur Freund, nur Liebster.
MUTTER: Kommt er wohl heute?
KLÄRCHEN: Habt Ihr mich nicht oft ans Fenster gehen sehn? Habt Ihr nicht bemerkt, wie ich horche, wenn's an der Türe rauscht? – Ob ich schon weiß, daß er vor Nacht nicht kommt, vermut ich ihn doch jeden Augenblick, von morgens an, wenn ich aufstehe. Wär ich nur ein Bub und könnte immer mit ihm gehen, zu Hofe und überallhin. Könnt ihm die Fahne nachtragen in der Schlacht!
MUTTER: Du warst immer so ein Springinsfeld; als ein kleines Kind schon, bald toll, bald nachdenklich. Ziehst du dich nicht ein wenig besser an?
KLÄRCHEN: Vielleicht, Mutter! Wenn ich Langeweile habe. – Gestern, denkt, gingen von seinen Leuten vorbei und sangen Lobliedchen auf ihn. Wenigstens war sein Name in den Liedern, das übrige konnt ich nicht verstehn. Das Herz schlug mir bis an den Hals. – Ich hätte sie gern zurückgerufen, wenn ich mich nicht geschämt hätte.
MUTTER: Nimm dich in acht! Dein heftiges Wesen verdirbt noch alles; du verrätst dich offenbar vor den Leuten. Wie neulich bei dem Vetter, wie du den Holzschnitt und die Beschreibung fandst und mit einem Schrei riefst: Graf Egmont! – Ich ward feuerrot.
KLÄRCHEN: Hätt ich nicht schreien sollen? Es war die Schlacht bei Gravelingen, und ich finde oben im Bilde den Buchstaben C. und suche unten in der Beschreibung C. Steht da: „Graf Egmont, dem das Pferd unter dem Leibe totgeschossen wird." Mich überlief's – und hernach mußt ich lachen über den holzgeschnitzten Egmont, der so groß war als der Turm von Gravelingen gleich dabei und die englischen Schiffe an der Seite. – Wenn ich mich manchmal erinnere, wie ich mir sonst eine Schlacht vorgestellt, und was ich mir als Mädchen für ein Bild vom Grafen Egmont machte, wenn sie von ihm erzählten, und von allen Grafen und Fürsten – und wie mir's jetzt ist!

Brackenburg kommt

KLÄRCHEN: Wie steht's?
BRACKENBURG: Man weiß nichts Gewisses. In Flandern soll neuerdings ein Tumult entstanden sein; die Regentin soll besorgen, er möchte sich hierher verbreiten. Das Schloß ist stark besetzt, die Bürger sind zahlreich an den Toren, das Volk summt in den Gassen. – Ich will nur schnell zu meinem alten Vater. (Als wollt er gehen)
KLÄRCHEN: Sieht man Euch morgen? Ich will mich ein wenig anziehen. Der Vetter kommt, und ich sehe gar zu liederlich aus. Helft mir einen Augenblick, Mutter. – Nehmt das Buch mit, Brackenburg, und bringt mir wieder so eine Historie.
MUTTER: Lebt wohl.
BRACKENBURG (seine Hand reichend): Eure Hand!
KLÄRCHEN (ihre Hand versagend): Wenn Ihr wiederkommt.

Mutter und Tochter ab

BRACKENBURG (allein): Ich hatte mir vorgenommen, grade wieder fortzugehn, und da sie es dafür aufnimmt und mich gehen läßt, möcht ich rasend werden. – Unglücklicher! und dich rührt deines Vaterlandes Geschick nicht? der wachsende Tumult nicht? – und gleich ist dir Landsmann oder Spanier, und wer regiert und wer recht hat? – War ich doch ein anderer Junge als Schulknabe! – Wenn da ein Exerzitium aufgegeben war: „Brutus' Rede für die Freiheit, zur Übung der Redekunst" – da war doch immer Fritz der erste, und der Rektor sagte: Wenn's nur ordentlicher wäre, nicht alles so übereinander gestolpert. – Damals kocht' es und trieb. – Jetzt schlepp ich mich an den Augen des Mädchens so hin. Kann ich sie doch nicht lassen! Kann sie mich doch nicht lieben! – Ach – Nein – Sie – Sie kann mich doch nicht ganz verworfen haben – – Nicht ganz – und halb und nichts! – Ich duld es nicht länger! – – Sollte es wahr sein, was mir ein Freund neulich ins Ohr sagte? daß sie nachts einen Mann heimlich zu sich einläßt, da sie mich, züchtig, immer vor Abend aus dem Hause treibt. Nein, es ist nicht wahr, es ist eine Lüge, eine schändliche verleumderische Lüge! Klärchen ist so unschuldig, als ich unglücklich bin. – Sie hat mich verworfen, hat mich von ihrem Herzen gestoßen – – Und ich soll so fortleben? Ich duld, ich duld es nicht! – Schon wird mein Vaterland von innerm Zwiste heftiger bewegt, und ich sterbe unter dem Getümmel nur ab! Ich duld es nicht! – Wenn die Trompete klingt, ein Schuß fällt, mir fährt's durch Mark und Bein! Ach, es reizt mich nicht, es fordert mich nicht, auch mit einzugreifen, mit zu retten, zu wagen. – Elender, schimpflicher Zustand. Es ist besser, ich end es auf einmal. Neulich stürzt ich mich ins Wasser, ich sank – aber die geängstigte Natur war stärker; ich fühlte, daß ich schwimmen konnte, und rettete mich wider Willen. – – Könnt ich der Zeiten vergessen, da sie mich liebte, mich zu lieben schien! – Warum hat mir's Mark und Bein durchdrungen, das

Glück? Warum haben mir diese Hoffnungen allen Genuß des Lebens aufgezehrt, indem sie mir ein Paradies von weitem zeigten? – Und jener erste Kuß! Jener einzige! – Hier, (die Hand auf den Tisch legend) hier waren wir allein – sie war immer gut und freundlich gegen mich gewesen – da schien sie sich zu erweichen – sie sah mich an – alle Sinne gingen mir um, und ich fühlte ihre Lippen auf den meinigen. – Und – und nun – Stirb, Armer! Was zauderst du? (Er zieht ein Fläschchen aus der Tasche) Ich will dich nicht umsonst aus meines Bruder Doktors Kästchen gestohlen haben, heilsames Gift! Du sollst mir dieses Bangen, diese Schwindel, diese Todesschweiße auf einmal verschlingen und lösen.

ZWEITER AUFZUG

PLATZ IN BRÜSSEL
Jetter und ein Zimmermann treten zusammen

ZIMMERMANN: Sagt ich's nicht voraus! Noch vor acht Tagen auf der Zunft sagt ich, es würde schwere Händel geben.
JETTER: Ist's denn wahr, daß sie die Kirchen in Flandern geplündert haben?
ZIMMERMANN: Ganz und gar zugrunde gerichtet haben sie Kirchen und Kapellen. Nichts als die vier nackten Wände haben sie stehen lassen. Lauter Lumpengesindel! Und das macht unsre gute Sache schlimm. Wir hätten eher, in der Ordnung und standhaft, unsre Gerechtsame der Regentin vortragen und drauf halten sollen. Reden wir jetzt, versammeln wir uns jetzt, so heißt es, wir gesellen uns zu den Aufwieglern.
JETTER: Ja, so zuerst denkt jeder: was sollst du mit deiner Nase voran? hängt doch der Hals gar nah damit zusammen.
ZIMMERMANN: Mir ist's bange, wenn's einmal unter dem Pack zu lärmen anfängt, unter dem Volk, das nichts zu verlieren hat; die brauchen das zum Vorwande, worauf wir uns auch berufen müssen, und bringen das Land in Unglück.

Soest tritt dazu

SOEST: Guten Tag, ihr Herrn! Was gibt's Neues? Ist's wahr, daß die Bilderstürmer gerade hierher ihren Lauf nehmen?
ZIMMERMANN: Hier sollen sie nichts anrühren.
SOEST: Es trat ein Soldat bei mir ein, Tobak zu kaufen; den fragt ich aus. Die Regentin, eine so wackre kluge Frau sie bleibt, diesmal ist sie auseinander, sie ist außer Fassung. Es muß sehr arg sein, daß sie sich so gradezu hinter ihre Wache versteckt. Die Burg ist scharf besetzt. Man meint sogar, sie wolle aus der Stadt flüchten.
ZIMMERMANN: Hinaus soll sie nicht! Ihre Gegenwart beschützt uns, und wir wollen ihr mehr Sicherheit verschaffen als ihre Stutzbärte. Und wenn sie uns unsre Rechte und Freiheiten aufrechterhält, so wollen wir sie auf den Händen tragen.

Seifensieder tritt hinzu

SEIFENSIEDER: Garstige Händel! Üble Händel! Es wird unruhig und geht schief aus! – Hütet euch, daß ihr stille bleibt, daß man euch nicht auch für Aufwiegler hält.
SOEST: Da kommen die sieben Weisen aus Griechenland.
SEIFENSIEDER: Ich weiß, da sind viele, die es heimlich mit den Calvinisten halten, die auf die Bischöfe lästern, die den König nicht scheuen. Aber ein treuer Untertan, ein aufrichtiger Katholike –

Es gesellt sich nach und nach allerlei Volk zu ihnen und horcht.
Vansen tritt dazu

VANSEN: Gott grüß euch, Herren! Was Neues?
ZIMMERMANN: Gebt euch mit dem nicht ab, das ist ein schlechter Kerl.
JETTER: Ist er nicht Schreiber beim Doktor Wiets?
ZIMMERMANN: Er hat schon viele Herrn gehabt. Erst war er Schreiber, und wie ihn ein Patron nach dem andern fortjagte, Schelmstreich halber, pfuscht er jetzt Notaren und Advokaten ins Handwerk und ist ein Branntweinzapf.

Es kommt mehr Volks zusammen und steht truppweise

VANSEN: Ihr seid auch versammelt, steckt die Köpfe zusammen. Es ist immer redenswert.
SOEST: Ich denk auch.
VANSEN: Wenn jetzt einer oder der andre Herz hätte, und einer oder der andre den Kopf dazu, wir könnten die spanischen Ketten auf einmal sprengen.
SOEST: Herre! So müßt Ihr nicht reden! Wir haben dem König geschworen.
VANSEN: Und der König uns. Merkt das.
JETTER: Das läßt sich hören! Sagt Eure Meinung.
EINIGE ANDRE: Horch, der versteht's! Der hat Pfiffe.
VANSEN: Ich hatte einen alten Patron, der besaß Pergamente und Briefe von uralten Stiftungen, Kontrakten und Gerechtigkeiten; er hielt auf die rarsten Bücher. In einem stund unsre ganze Verfassung: wie uns Niederländer zuerst einzelne Fürsten regierten, alles nach hergebrachten Rechten, Privilegien und Gewohnheiten; wie unsre Vorfahren alle Ehrfurcht für ihren Fürsten gehabt, wenn er sie regiert, wie er sollte; und wie sie sich gleich vorsahen, wenn er über die Schnur hauen wollte. Die Staaten waren gleich hinterdrein: denn jede Provinz, so klein sie war, hatte ihre Staaten, ihre Landstände.
ZIMMERMANN: Haltet Euer Maul! das weiß man lang! Ein jeder rechtschaffner Bürger ist, soviel er braucht, von der Verfassung unterrichtet.
JETTER: Laßt ihn reden; man erfährt immer etwas mehr.
SOEST: Er hat ganz recht.
MEHRERE: Erzählt! erzählt! So was hört man nicht alle Tage.

VANSEN: So seid ihr Bürgersleute! Ihr lebt nur so in den Tag hin; und wie ihr euer Gewerb von euren Eltern überkommen habt, so laßt ihr auch das Regiment über euch schalten und walten, wie es kann und mag. Ihr fragt nicht nach dem Herkommen, nach der Historie, nach dem Recht eines Regenten; und über das Versäumnis haben euch die Spanier das Netz über die Ohren gezogen.

SOEST: Wer denkt dadran? wenn einer nur das tägliche Brot hat.

JETTER: Verflucht! Warum tritt auch keiner in Zeiten auf und sagt einem so etwas?

VANSEN: Ich sag es euch jetzt. Der König in Spanien, der die Provinzen durch gut Glück zusammen besitzt, darf doch nicht drin schalten und walten, anders als die kleinen Fürsten, die sie ehmals einzeln besaßen. Begreift ihr das?

JETTER: Erklärt's uns!

VANSEN: Es ist so klar als die Sonne. Müßt ihr nicht nach euern Landrechten gerichtet werden? Woher käme das?

EIN BÜRGER: Wahrlich!

VANSEN: Hat der Brüsseler nicht ein ander Recht als der Antwerper? der Antwerper als der Genter? Woher käme denn das?

ANDRER BÜRGER: Bei Gott!

VANSEN: Aber, wenn ihr's so fort laufen laßt, wird man's euch halb anders weisen. Pfui! Was Karl der Kühne, Friedrich der Krieger, Karl der Fünfte nicht konnten, das tut nun Philipp durch ein Weib.

SOEST: Ja, ja! Die alten Fürsten haben's auch schon probiert.

VANSEN: Freilich! – Unsre Vorfahren paßten auf: wie sie einem Herrn gram wurden, fingen sie ihm etwa seinen Sohn und Erben weg, hielten ihn bei sich und gaben ihn nur auf die besten Bedingungen heraus. Unsre Väter waren Leute! Die wußten, was ihnen nutz war! Die wußten etwas zu fassen und festzusetzen! Rechte Männer! Dafür sind aber auch unsre Privilegien so deutlich, unsre Freiheiten so versichert.

SEIFENSIEDER: Was sprecht Ihr von Freiheiten?

DAS VOLK: Von unsern Freiheiten, von unsern Privilegien! Erzählt noch was von unsern Privilegien.

VANSEN: Wir Brabanter besonders, obgleich alle Provinzen ihre Vorteile haben, wir sind am herrlichsten versehen. Ich habe alles gelesen.

SOEST: Sagt an.

JETTER: Laßt hören.

EIN BÜRGER: Ich bitt Euch.

VANSEN: Erstlich steht geschrieben: Der Herzog von Brabant soll uns ein guter und getreuer Herr sein.

SOEST: Gut? Steht das so?

JETTER: Getreu? Ist das wahr?

VANSEN: Wie ich euch sage. Er ist uns verpflichtet, wie wir ihm. Zweitens: Er soll keine Macht oder eignen Willen an uns beweisen, merken lassen oder gedenken zu gestatten, auf keinerlei Weise.

JETTER: Schön! Schön! nicht beweisen.

SOEST: Nicht merken lassen.

EIN ANDRER: Und nicht gedenken zu gestatten! Das ist der Hauptpunkt. Niemand gestatten, auf keinerlei Weise.

VANSEN: Mit ausdrücklichen Worten.

JETTER: Schafft uns das Buch.

EIN BÜRGER: Ja, wir müssen's haben.

ANDRE: Das Buch! das Buch!

EIN ANDRER: Wir wollen zu der Regentin gehen mit dem Buche.

EIN ANDRER: Ihr sollt das Wort führen, Herr Doktor.

SEIFENSIEDER: O die Tropfen!

ANDRE: Noch etwas aus dem Buche!

SEIFENSIEDER: Ich schlage ihm die Zähne in den Hals, wenn er noch ein Wort sagt.

DAS VOLK: Wir wollen sehen, wer ihm etwas tut. Sagt uns was von den Privilegien! Haben wir noch mehr Privilegien?

VANSEN: Mancherlei, und sehr gute, sehr heilsame. Da steht auch: Der Landsherr soll den geistlichen Stand nicht verbessern oder mehren ohne Verwilligung des Adels und der Stände! Merkt das! Auch den Staat des Landes nicht verändern.

SOEST: Ist das so?

VANSEN: Ich will's euch geschrieben zeigen von zwei-, dreihundert Jahren her.

BÜRGER: Und wir leiden die neuen Bischöfe? Der Adel muß uns schützen, wir fangen Händel an!

ANDRE: Und wir lassen uns von der Inquisition ins Bockshorn jagen?

VANSEN: Das ist eure Schuld.

DAS VOLK: Wir haben noch Egmont! noch Oranien! Die sorgen für unser Bestes.

VANSEN: Eure Brüder in Flandern haben das gute Werk angefangen.

SEIFENSIEDER: Du Hund! (Er schlägt ihn)

ANDRE (widersetzen sich und rufen): Bist du auch ein Spanier?

EIN ANDRER: Was? den Ehrenmann?

EIN ANDRER: Den Gelahrten?

Sie fallen den Seifensieder an

ZIMMERMANN: Ums Himmels willen, ruht! (Andre mischen sich in den Streit) Bürger, was soll das?

Buben pfeifen, werfen mit Steinen, hetzen Hunde an, Bürger stehn und gaffen, Volk läuft zu, andre gehn gelassen auf und ab, andre treiben allerlei Schabernack und Schalkspossen, schreien und jubilieren

Freiheit und Privilegien! Privilegien und Freiheit!

Egmont tritt auf, mit Begleitung

EGMONT: Ruhig! Ruhig, Leute! Was gibt's? Ruhe! Bringt sie auseinander.

ZIMMERMANN: Gnädiger Herr, Ihr kommt wie ein Engel des Himmels. Stille! Seht ihr nichts? Graf Egmont! Dem Grafen Egmont Reverenz!

EGMONT: Auch hier? Was fangt ihr an? Bürger gegen Bürger! Hält sogar die Nähte unsrer königlichen Re-

gentin diesen Unsinn nicht zurück? Geht auseinander, geht an euer Gewerbe. Es ist ein übel Anzeichen, wenn ihr an Werkeltagen feiert. Was war's?
Der Tumult stillt sich nach und nach, und alle stehn um ihn herum
ZIMMERMANN: Sie schlagen sich um ihre Privilegien.
EGMONT: Die sie noch mutwillig zertrümmern werden. – Und wer seid Ihr? Ihr scheint mir rechtliche Leute.
ZIMMERMANN: Das ist unser Bestreben.
EGMONT: Eures Zeichens?
ZIMMERMANN: Zimmermann und Zunftmeister.
EGMONT: Und Ihr?
SOEST: Krämer.
EGMONT: Ihr?
JETTER: Schneider.
EGMONT: Ich erinnre mich, Ihr habt mit an den Livreen für meine Leute gearbeitet. Euer Name ist Jetter.
JETTER: Gnade, daß Ihr Euch dessen erinnert.
EGMONT: Ich vergesse niemanden leicht, den ich einmal gesehen und gesprochen habe. – Was euch ist, Ruhe zu erhalten, Leute, das tut; ihr seid übel genug angeschrieben. Reizt den König nicht mehr, er hat zuletzt doch die Gewalt in Händen. Ein ordentlicher Bürger, der sich ehrlich und fleißig nährt, hat überall so viel Freiheit, als er braucht.
ZIMMERMANN: Ach wohl! das ist eben unsre Not! Die Tagdiebe, die Söffer, die Faulenzer, mit Euer Gnaden Verlaub, die stänkern aus Langerweile und scharren aus Hunger nach Privilegien und lügen den Neugierigen und Leichtgläubigen was vor, und um eine Kanne Bier bezahlt zu kriegen, fangen sie Händel an, die viel tausend Menschen unglücklich machen. Das ist ihnen eben recht. Wir halten unsre Häuser und Kasten zu gut verwahrt, da möchten sie gern uns mit Feuerbränden davontreiben.
EGMONT: Allen Beistand sollt ihr finden, es sind Maßregeln genommen, dem Übel kräftig zu begegnen. Steht fest gegen die fremde Lehre und glaubt nicht, durch Aufruhr befestige man Privilegien. Bleibt zu Hause; leidet nicht, daß sie sich auf den Straßen rotten. Vernünftige Leute können viel tun.
Indessen hat sich der größte Haufe verlaufen
ZIMMERMANN: Danken Euer Exzellenz, danken für die gute Meinung! Alles, was an uns liegt. (Egmont ab) Ein gnädiger Herr! der echte Niederländer! Gar so nichts Spanisches.
JETTER: Hätten wir ihn zum Regenten, man folgt' ihm gerne.
SOEST: Das läßt der König wohl sein. Den Platz besetzt er immer mit den Seinigen.
JETTER: Hast du das Kleid gesehen? Das war nach der neuesten Art, nach spanischem Schnitt.
ZIMMERMANN: Ein schöner Herr!
JETTER: Sein Hals wär ein rechtes Treffen für einen Scharfrichter.
SOEST: Bist du toll? was kommt dir ein?
JETTER: Dumm genug, daß einem so etwas einfällt. – Es ist mir nun so. Wenn ich einen schönen langen Hals sehe, muß ich gleich wider Willen denken: der ist gut köpfen. – Die verfluchten Exekutionen! man kriegt sie nicht aus dem Sinne. Wenn die Burschen schwimmen, und ich seh einen nackten Buckel, gleich fallen sie mir zu Dutzenden ein, die ich habe mit Ruten streichen sehn. Begegnet mir ein rechter Wanst, mein ich, den säh ich schon am Pfahl braten. Des Nachts im Traume zwickt mich's an allen Gliedern; man wird eben keine Stunde froh. Jede Lustbarkeit, jeden Spaß hab ich bald vergessen; die fürchterlichsten Gestalten sind mir wie vor die Stirne gebrannt.

EGMONTS WOHNUNG
Sekretär an einem Tische mit Papieren; er steht unruhig auf

SEKRETÄR: Er kommt immer nicht, und ich warte schon zwei Stunden, die Feder in der Hand, die Papiere vor mir. Und eben heute möcht ich gern so zeitig fort. Es brennt mir unter den Sohlen! Ich kann vor Ungeduld kaum bleiben. „Sei auf die Stunde da", befahl er mir noch, eh er wegging? nun kommt er nicht. Es ist so viel zu tun, ich werde vor Mitternacht nicht fertig. Freilich sieht er einem auch einmal durch die Finger. Doch hielt' ich's besser, wenn er strenger wäre und ließ' einen auch wieder zur bestimmten Zeit. Man könnte sich einrichten. Von der Regentin ist er nun schon zwei Stunden weg; wer weiß, wen er unterwegs angefaßt hat.
Egmont tritt auf
EGMONT: Wie sieht's aus?
SEKRETÄR: Ich bin bereit, und drei Boten warten.
EGMONT: Ich bin dir wohl zu lang geblieben; du machst ein verdrießlich Gesicht.
SEKRETÄR: Eurem Befehl zu gehorchen, wart ich schon lange. Und hier sind die Papiere!
EGMONT: Donna Elvira wird böse auf mich werden, wenn sie hört, daß ich dich abgehalten habe.
SEKRETÄR: Ihr scherzt!
EGMONT: Nein, nein! Schäme dich nicht. Du zeigst einen guten Geschmack. Sie ist hübsch, und es ist mir ganz recht, daß du auf dem Schlosse eine Freundin hast. Was sagen die Briefe?
SEKRETÄR Mancherlei, und wenig Erfreuliches.
EGMONT: Da ist gut, daß wir die Freude zu Hause haben und sie nicht von auswärts zu erwarten brauchen. Ist viel gekommen?
SEKRETÄR: Genug, und drei Boten warten.
EGMONT: Sag an, das Nötigste.
SEKRETÄR: Es ist alles nötig.
EGMONT: Eins nach dem andern, nur geschwind!
SEKRETÄR: Hauptmann Breda schickt die Relation, was weiter in Gent und der umliegenden Gegend vorgefallen. Der Tumult hat sich meist gelegt. –
EGMONT: Er schreibt wohl noch von einzelnen Ungezogenheiten und Tollkühnheiten?
SEKRETÄR: Ja! Es kommt noch manches vor.
EGMONT: Verschone mich damit.

SEKRETÄR: Noch sechse sind eingezogen worden, die bei Verwich das Marienbild umgerissen haben. Er fragt an, ob er sie soll auch wie die andern hängen lassen.

EGMONT: Ich bin des Hängens müde. Man soll sie durchpeitschen, und sie mögen gehn.

SEKRETÄR: Es sind zwei Weiber dabei; soll er die auch durchpeitschen?

EGMONT: Die mag er verwarnen und laufen lassen.

SEKRETÄR: Brink von Bredas Kompanie will heiraten. Der Hauptmann hofft, Ihr werdet's ihm abschlagen. Es sind so viele Weiber bei dem Haufen, schreibt er, daß, wenn wir ausziehen, es keinem Soldatenmarsch, sondern einem Zigeunergeschleppe ähnlich sehn wird.

EGMONT: Dem mag's noch hingehn! Es ist ein schöner junger Kerl; er bat mich noch gar dringend, eh ich wegging. Aber nun soll's keinem mehr gestattet sein. So leid mir's tut, den armen Teufeln, die ohnedies geplagt genug sind, ihren besten Spaß zu versagen.

SEKRETÄR: Zwei von Euren Leuten, Seter und Hart, haben einem Mädel, einer Wirtstochter, übel mitgespielt. Sie kriegten sie allein, und die Dirne konnte sich ihrer nicht erwehren.

EGMONT: Wenn es ein ehrlich Mädchen ist, und sie haben Gewalt gebraucht, so soll er sie drei Tage hintereinander mit Ruten streichen lassen, und wenn sie etwas besitzen, soll er so viel davon einziehn, daß dem Mädchen eine Ausstattung gereicht werden kann.

SEKRETÄR: Einer von den fremden Lehrern ist heimlich durch Comines gegangen und entdeckt worden. Er schwört, er sei im Begriff, nach Frankreich zu gehen. Nach dem Befehl soll er enthauptet werden.

EGMONT: Sie sollen ihn in der Stille an die Grenze bringen und ihn versichern, daß er das zweitemal nicht so wegkommt.

SEKRETÄR: Ein Brief von Eurem Einnehmer. Er schreibt: es komme wenig Geld ein, er könne auf die Woche die verlangte Summe schwerlich schicken, der Tumult habe in alles die größte Konfusion gebracht.

EGMONT: Das Geld muß herbei, er mag sehen, wie er es zusammenbringt.

SEKRETÄR: Er sagt, er werde sein möglichstes tun und wolle endlich den Raymond, der Euch so lange schuldig ist, verklagen und in Verhaft nehmen lassen.

EGMONT: Der hat ja versprochen, zu bezahlen.

SEKRETÄR: Das letztemal setzte er sich selbst vierzehn Tage.

EGMONT: So gebe man ihm noch vierzehn Tage; und dann mag er gegen ihn verfahren.

SEKRETÄR: Ihr tut wohl: es ist nicht Unvermögen, es ist böser Wille. Er macht gewiß Ernst, wenn er sieht, Ihr spaßt nicht. – Ferner sagt der Einnehmer, er wolle den alten Soldaten, den Witwen und einigen andern, denen Ihr Gnadengehalt gebt, die Gebühr einen halben Monat zurückhalten; man könne indessen Rat schaffen; sie möchten sich einrichten.

EGMONT: Was ist da einzurichten? Die Leute brauchen das Geld nötiger als ich. Das soll er bleiben lassen.

SEKRETÄR: Woher befehlt Ihr denn, daß er das Geld nehmen soll?

EGMONT: Darauf mag er denken; es ist ihm im vorigen Briefe schon gesagt.

SEKRETÄR: Deswegen tut er die Vorschläge.

EGMONT: Die taugen nicht. Er soll auf was anders sinnen. Er soll Vorschläge tun, die annehmlich sind, und vor allem soll er das Geld schaffen.

SEKRETÄR: Ich habe den Brief des Grafen Oliva wieder hierher gelegt. Verzeiht, daß ich Euch daran erinnere. Der alte Herr verdient vor allen andern eine ausführliche Antwort. Ihr wolltet ihm selbst schreiben. Gewiß, er liebt Euch wie ein Vater.

EGMONT: Ich komme nicht dazu. Und unter viel Verhaßtem ist mir das Schreiben das Verhaßteste. Du machst meine Hand ja so gut nach, schreib in meinem Namen. Ich erwarte Oranien. Ich komme nicht dazu; und wünschte selbst, daß ihm auf seine Bedenklichkeiten was recht Beruhigendes geschrieben würde.

SEKRETÄR: Sagt mir nur ungefähr Eure Meinung; ich will die Antwort schon aufsetzen und sie Euch vorlegen. Geschrieben soll sie werden, daß sie vor Gericht für Eure Hand gelten kann.

EGMONT: Gib mir den Brief! (Nachdem er hineingesehen) Guter ehrlicher Alter! Warst du in deiner Jugend auch wohl so bedächtig? Erstiegst du nie einen Wall? Bliebst du in der Schlacht, wo es die Klugheit anriet, hinten? – Der treue, sorgliche! Er will mein Leben und mein Glück und fühlt nicht, daß der schon tot ist, der um seiner Sicherheit willen lebt. – Schreib ihm: er möge unbesorgt sein; ich handle, wie ich soll, ich werde schon mich wahren; sein Ansehn bei Hofe soll er zu meinen Gunsten brauchen und meines vollkommnen Danks gewiß sein.

SEKRETÄR: Nichts weiter? O er erwartet mehr!

EGMONT: Was soll ich mehr sagen? Willst du mehr Worte machen, so steht's bei dir. Es dreht sich immer um den einen Punkt: ich soll leben, wie ich nicht leben mag. Daß ich fröhlich bin, die Sachen leicht nehme, rasch lebe, das ist mein Glück, und ich vertausch es nicht gegen die Sicherheit eines Totengewölbes. Ich habe nun zu der spanischen Lebensart nicht einen Blutstropfen in meinen Adern, nicht Lust, meine Schritte nach der neuen bedächtigen Hofkadenz zu mustern. Leb ich nur, um aufs Leben zu denken? Soll ich den gegenwärtigen Augenblick nicht genießen, damit ich des folgenden gewiß sei? und diesen wieder mit Sorgen und Grillen verzehren?

SEKRETÄR: Ich bitt Euch Herr; seid nicht so harsch und rauh gegen den guten Mann. Ihr seid ja sonst gegen alle freundlich. Sagt mir ein gefällig Wort, das den edlen Freund beruhige. Seht, wie sorgfältig er ist, wie leis er Euch berührt.

EGMONT: Und doch berührt er immer diese Saite. Er weiß von alters her, wie verhaßt mir diese Ermahnungen sind, sie machen nur irre, sie helfen nichts. Und wenn ich ein Nachtwandler wäre und auf dem gefährlichen

Gipfel eines Hauses spazierte, ist es freundschaftlich, mich beim Namen zu rufen und mich zu warnen, zu wecken und zu töten? Laßt jeden seines Pfades gehn, er mag sich wahren.

SEKRETÄR: Es ziemt Euch, nicht zu sorgen, aber wer Euch kennt und liebt –

EGMONT (in den Brief sehend): Da bringt er wieder die alten Märchen auf, was wir an einem Abend in leichtem Übermut der Geselligkeit und des Weins getrieben und gesprochen, und was man draus für Folgen und Beweise durchs ganze Königreich gezogen und geschleppt. – Nun gut, wir haben Schellenkappen, Narrenkutten auf unsrer Diener Ärmel sticken lassen und habe diese tolle Zierde nachher in einen Bündel Pfeile verwandelt; ein noch gefährlicher Symbol für alle, die deuten wollen, wo nichts zu deuten ist. Wir haben die und jene Torheit in einem lustigen Augenblick empfangen und geboren; sind schuld, daß eine ganze edle Schar mit Bettelsäcken und mit einem selbstgewählten Unnamen dem Könige seine Pflicht mit spottender Demut ins Gedächtnis riefen; sind schuld – was ist's nun weiter? Ist ein Fastnachtsspiel gleich Hochverrat? Sind uns die kurzen bunten Lumpen zu mißgönnen, die ein jugendlicher Mut, eine angefrischte Phantasie um unsers Lebens arme Blöße hängen mag? Wenn ihr das Leben gar zu ernsthaft nehmt, was ist denn dran? Wenn uns der Morgen nicht zu neuen Freuden weckt, am Abend uns keine Lust zu hoffen übrigbleibt, ist's wohl des An- und Ausziehens wert? Scheint mir die Sonne heut, um das zu überlegen, was gestern war, und um zu raten, zu verbinden, was nicht zu erraten, nicht zu verbinden ist, das Schicksal eines kommenden Tags? Schenke mir diese Betrachtungen, wir wollen sie Schülern und Höflingen überlassen: die mögen sinnen und aussinnen, wandeln und schleichen, gelangen, wohin sie können, erschleichen, was sie können. Kannst du von allem diesem etwas brauchen, daß deine Epistel kein Buch wird, so ist mir's recht. Dem guten Alten scheint alles viel zu wichtig. So drückt ein Freund, der lang unsre Hand gehalten, sie stärker noch einmal, wenn er sie lassen will.

SEKRETÄR: Verzeiht mir, es wird dem Fußgänger schwindlig, der einen Mann in rasselnder Eile daherfahren sieht!

EGMONT: Kind! Kind! nicht weiter! Wie von unsichtbaren Geistern gepeitscht, gehen die Sonnenpferde der Zeit mit unsers Schicksals leichtem Wagen durch; und uns bleibt nichts, als mutig gefaßt die Zügel festzuhalten und bald rechts bald links, vom Steine hier, vom Sturze da, die Räder wegzulenken. Wohin es geht, wer weiß es? Erinnert er sich doch kaum, woher er kam.

SEKRETÄR: Herr! Herr!

EGMONT: Ich stehe hoch und kann und muß noch höher steigen, ich fühle mir Hoffnung, Mut und Kraft. Noch hab ich meines Wachstums Gipfel nicht erreicht, und steh ich droben einst, so will ich fest, nicht ängstlich stehen. Soll ich fallen, so mag ein Donnerschlag, ein Sturmwind, ja ein selbst verfehlter Schritt mich abwärts in die Tiefe stürzen – da lieg ich mit viel Tausenden. Ich habe nie verschmäht, mit meinen guten Kriegsgesellen um kleinen Gewinst das blutge Los zu werfen; und sollt ich knickern, wenn's um den ganzen freien Wert des Lebens geht?

SEKRETÄR: O Herr! Ihr wißt nicht, was für Worte Ihr sprecht! Gott erhalt Euch!

EGMONT: Nimm deine Papiere zusammen. Oranien kommt. Fertige aus, was am nötigsten ist, daß die Boten fortkommen, eh die Tore geschlossen werden. Das andre hat Zeit. Den Brief an den Grafen laß bis morgen. Versäume nicht, Elviren zu besuchen, und grüße sie von mir. – Horche, wie sich die Regentin befindet; sie soll nicht wohl sein, ob sie's gleich verbirgt. (Sekretär ab)

Oranien kommt

EGMONT: Willkommen, Oranien. Ihr scheint mir nicht ganz frei.

ORANIEN: Was sagt ihr zu unsrer Unterhaltung mit der Regentin?

EGMONT: Ich fand in ihrer Art, uns aufzunehmen, nichts Außerordentliches. Ich hab sie schon mehr so gesehen. Sie schien mir nicht ganz wohl.

ORANIEN: Merktet Ihr nicht, daß sie zurückhaltender war? Erst wollte sie unser Betragen bei dem neuen Aufruhr des Pöbels gelassen billigen, nachher merkte sie an, was sich doch auch für ein falsches Licht darauf werfen lasse, wich dann mit dem Gespräche zu ihrem alten gewöhnlichen Diskurs: daß man ihre liebevolle gute Art, ihre Freundschaft zu uns Niederländern nie genug erkannt, zu leicht behandelt habe, daß nichts einen erwünschten Ausgang nehmen wolle, daß sie am Ende wohl müde werden, der König sich zu andern Maßregeln entschließen müsse. Habt Ihr das gehört?

EGMONT: Nicht alles, ich dachte unterdessen an was anders. Sie ist ein Weib, guter Oranien, und die möchten immer gern, daß sich alles unter ihr sanftes Joch gelassen schmiegte, daß jeder Herkules die Löwenhaut ablegte und ihren Kunkelhof vermehrte; daß, weil sie friedlich gesinnt, die Gärung, die ein Volk ergreift, der Sturm, den mächtige Nebenbuhler gegeneinander erregen, sich durch ein freundlich Wort beilegen ließe und die widrigsten Elemente sich zu ihren Füßen in sanfter Eintracht vereinigten. Das ist ihr Fall, und da sie es dahin nicht bringen kann, so hat sie keinen Weg, als launisch zu werden, sich über Undankbarkeit, Unweisheit zu beklagen, mit schrecklichen Aussichten in die Zukunft zu drohen, und zu drohen – daß sie fortgehen will.

ORANIEN: Glaubt Ihr dasmal nicht, daß sie ihre Drohung erfüllen wird?

EGMONT: Nimmermehr! Wie oft habe ich sie schon reisefertig gesehen! Wo will sie denn hin? Hier Statthalterin, Königin; glaubst du, daß sie es unterhalten wird, am Hofe ihres Bruders unbedeutende Tage abzuhaspeln, oder nach Italien zu gehn und sich in alten Familienverhältnissen herumzuschleppen?

ORANIEN: Man hält sie dieser Entschließung nicht fähig, weil ihr sie habt zaudern, weil ihr sie habt zurücktreten sehn; dennoch liegt's wohl in ihr: neue Umstände treiben sie zu dem lang verzögerten Entschluß. Wenn sie ginge? und der König schickte einen andern?

EGMONT: Nun der würde kommen und würde eben auch zu tun finden. Mit großen Planen, Projekten und Gedanken würde er kommen, wie er alles zurechtrücken, unterwerfen und zusammenhalten wolle, und würde heut mit dieser Kleinigkeit, morgen mit einer andern zu tun haben, übermorgen jenes Hindernis finden, einen Monat mit Entwürfen, einen andern mit Verdruß über fehlgeschlagne Unternehmungen, ein halb Jahr in Sorgen über eine einzige Provinz zubringen. Auch ihm wird die Zeit vergehn, der Kopf schwindeln und die Dinge wie zuvor ihren Gang halten, daß er, statt weite Meere nach einer vorgezognen Linie zu durchsegeln, Gott danken mag, wenn er sein Schiff in diesem Sturme vom Felsen hält.

ORANIEN: Wenn man nun aber dem König zu einem Versuch riete?

EGMONT: Der wäre?

ORANIEN: Zu sehen, was der Rumpf ohne Haupt anfinge.

EGMONT: Wie?

ORANIEN: Egmont, ich trage viele Jahre her alle unsre Verhältnisse am Herzen, ich stehe immer wie über einem Schachspiele und halte keinen Zug des Gegners für unbedeutend; und wie müßige Menschen mit der größten Sorgfalt sich um die Geheimnisse der Natur bekümmern, so halt ich es für Pflicht, für Beruf eines Fürsten, die Gesinnungen, die Ratschläge aller Parteien zu kennen. Ich habe Ursache, einen Ausbruch zu befürchten. Der König hat lang nach gewissen Grundsätzen gehandelt, er sieht, daß er damit nicht auskommt; was ist wahrscheinlicher, als daß er es auf einem andern Wege versucht?

EGMONT: Ich glaub's nicht. Wenn man alt wird und hat so viel versucht, und es will in der Welt nie zur Ordnung kommen, muß man es endlich wohl genug haben.

ORANIEN: Eins hat er noch nicht versucht.

EGMONT: Nun?

ORANIEN: Das Volk zu schonen und die Fürsten zu verderben.

EGMONT: Wie viele haben das schon lang gefürchtet. Es ist keine Sorge.

ORANIEN: Sonst war's Sorge, nach und nach ist mir's Vermutung, zuletzt Gewißheit geworden.

EGMONT: Und hat der König treure Diener als uns?

ORANIEN: Wir dienen ihm auf unsre Art, und untereinander können wir gestehen, daß wir des Königs Rechte und die unsrigen wohl abzuwägen wissen.

EGMONT: Wer tut's nicht? Wir sind ihm untertan und gewärtig in dem, was ihm zukommt.

ORANIEN: Wenn er sich nun aber mehr zuschriebe und Treulosigkeit nennte, was wir heißen: auf unsre Rechte halten?

EGMONT: Wir werden uns verteidigen können. Er rufe die Ritter des Vließes zusammen, wir wollen uns richten lassen.

ORANIEN: Und was wäre ein Urteil vor der Untersuchung, eine Strafe vor dem Urteil?

EGMONT: Eine Ungerechtigkeit, der sich Philipp nie schuldig machen wird, und eine Torheit, die ich ihm und seinen Räten nicht zutraue.

ORANIEN: Und wenn sie nun ungerecht und törig wären?

EGMONT: Nein, Oranien, es ist nicht möglich. Wer sollte wagen, Hand an uns zu legen? – Uns gefangenzunehmen, wär ein verloren und fruchtloses Unternehmen. Nein, sie wagen nicht, das Panier der Tyrannei so hoch aufzustecken. Der Windhauch, der diese Nachricht übers Land brächte, würde ein ungeheures Feuer zusammentreiben. Und wohinaus wollten sie? Richten und verdammen kann nicht der König allein; und wollten sie meuchelmörderisch an unser Leben? – Sie können nicht wollen. Ein schrecklicher Bund würde in einem Augenblick das Volk vereinigen. Haß und ewige Trennung vom spanischen Namen würde sich gewaltsam erklären.

ORANIEN: Die Flamme wütete dann über unserm Grabe, und das Blut unsrer Feinde flösse zum leeren Sühnopfer. Laß uns denken, Egmont.

EGMONT: Wie sollten sie aber?

ORANIEN: Alba ist unterwegs.

EGMONT: Ich glaub's nicht.

ORANIEN: Ich weiß es.

EGMONT: Die Regentin wollte nichts wissen.

ORANIEN: Um desto mehr bin ich überzeugt. Die Regentin wird ihm Platz machen. Seinen Mordsinn kenn ich, und ein Heer bringt er mit.

EGMONT: Aufs neue die Provinzen zu belästigen? Das Volk wird höchst schwierig werden.

ORANIEN: Man wird sich der Häupter versichern.

EGMONT: Nein! Nein!

ORANIEN: Laß uns gehen. Jeder in seine Provinz. Dort wollen wir uns verstärken; mit offner Gewalt fängt er nicht an.

EGMONT: Müssen wir ihn nicht begrüßen, wenn er kommt?

ORANIEN: Wir zögern.

EGMONT: Und wenn er uns im Namen des Königs bei seiner Ankunft fordert?

ORANIEN: Suchen wir Ausflüchte.

EGMONT: Und wenn er dringt?

ORANIEN: Entschuldigen wir uns.

EGMONT: Und wenn er drauf besteht?

ORANIEN: Kommen wir um so weniger.

EGMONT: Und der Krieg ist erklärt und wir sind die Rebellen. Oranien, laß dich nicht durch Klugheit verführen; ich weiß, daß Furcht dich nicht weichen macht. Bedenke den Schritt.

ORANIEN: Ich hab ihn bedacht.

EGMONT: Bedenke, wenn du dich irrst, woran du schuld bist: an dem verderblichsten Kriege, der je ein Land verwüstet hat. Dein Weigern ist das Signal, das die Provinzen mit einem Male zu den Waffen ruft, das jede Grausamkeit rechtfertigt, wozu Spanien von jeher nur gern den Vorwand gehascht hat. Was wir lange mühselig gestillt haben, wirst du mit einem Winke zur schrecklichsten Verwirrung aufhetzen. Denk an die Städte, die Edlen, das Volk, an die Handlung, den Feldbau, die Gewerbe! und denke die Verwüstung, den Mord! – Ruhig sieht der Soldat wohl im Felde seinen Kameraden neben sich hinfallen. – Aber den Fluß herunter werden dir die Leichen der Bürger, der Kinder, der Jungfrauen entgegenschwimmen, daß du mit Entsetzen dastehst und nicht mehr weißt, wessen Sache du verteidigst, da die zugrunde gehen, für deren Freiheit du die Waffen ergriffst. Und wie wird dir's sein, wenn du dir still sagen mußt: für meine Sicherheit ergriff ich sie.

ORANIEN: Wir sind nicht einzelne Menschen, Egmont. Ziemt es sich, uns für Tausende hinzugeben, so ziemt es sich auch, uns für Tausende zu schonen.

EGMONT: Wer sich schont, muß sich selbst verdächtig werden.

ORANIEN: Wer sich kennt, kann sicher vor- und rückwärts gehn.

EGMONT: Das Übel, das du fürchtest, wird gewiß durch deine Tat.

ORANIEN: Es ist klug und kühn, dem unvermeidlichen Übel entgegenzugehn.

EGMONT: Bei so großer Gefahr kommt die leichteste Hoffnung in Anschlag.

ORANIEN: Wir haben nicht für den leisesten Fußtritt Platz mehr, der Abgrund liegt hart vor uns.

EGMONT: Ist des Königs Gunst ein so schmaler Grund?

ORANIEN: So schmal nicht, aber schlüpfrig.

EGMONT: Bei Gott, man tut ihm unrecht. Ich mag nicht leiden, daß man ungleich von ihm denkt! Er ist Karls Sohn und keiner Niedrigkeit fähig.

ORANIEN: Die Könige tun nichts Niedriges.

EGMONT: Man sollte ihn kennen lernen.

ORANIEN: Ebendiese Kenntnis rät uns, eine gefährliche Probe nicht abzuwarten.

EGMONT: Keine Probe ist gefährlich, zu der man Mut hat.

ORANIEN: Du wirst aufgebracht, Egmont.

EGMONT: Ich muß mit meinen Augen sehen.

ORANIEN: O sähst du diesmal nur mit meinen! Freund, weil du sie offen hast, glaubst du, du siehst. Ich gehe! Warte zu Albas Ankunft ab, und Gott sei bei dir. Vielleicht rettet dich mein Weigern. Vielleicht daß der Drache nichts zu fangen glaubt, wenn er uns nicht beide auf einmal verschlingt. Vielleicht zögert er, um seinen Anschlag sicherer auszuführen, und vielleicht bis dahin siehst du die Sache in ihrer wahren Gestalt. Aber dann schnell! schnell! Rette! rette dich! – Leb wohl! – Laß deiner Aufmerksamkeit nichts entgehen: wieviel Mannschaft er mitbringt, wie er die Stadt besetzt, was für Macht die Regentin behält, wie deine Freunde gefaßt sind. Gib mir Nachricht. – – – Egmont! –

EGMONT: Was willst du?

ORANIEN (ihn bei der Hand fassend): Laß dich überreden! Geh mit!

EGMONT: Wie? Tränen, Oranien?

ORANIEN: Einen Verlornen zu beweinen, ist auch männlich.

EGMONT: Du wähnst mich verloren?

ORANIEN: Du bist's. Bedenke! Dir bleibt nur eine kurze Frist. Leb wohl. (Ab)

EGMONT (allein): Daß andrer Menschen Gedanken solchen Einfluß auf uns haben! Mir wäre es nie eingekommen, und dieser Mann trägt seine Sorglosigkeit in mich herüber. – Weg! das ist ein fremder Tropfen in meinem Blute. Gute Natur, wirf ihn wieder heraus! Und von meiner Stirne die sinnenden Runzeln wegzubaden, gibt es ja wohl noch ein freundlich Mittel.

DRITTER AUFZUG

PALAST DER REGENTIN
Margarete von Parma

REGENTIN: Ich hätt mir's vermuten sollen. Ha! Wenn man in Mühe und Arbeit vor sich hinlebt, denkt man immer, man tue das Möglichste; und der von weiten zusieht und befiehlt, glaubt, er verlange nur das Mögliche. – O die Könige! – Ich hätte nicht geglaubt, daß es mich so verdrießen könnte. Es ist so schön, zu herrschen! – Und abzudanken? – Ich weiß nicht, wie mein Vater es konnte; aber ich will es auch.

Machiavell erscheint im Grunde

Tretet näher, Machiavell. Ich denke hier über den Brief meines Bruders.

MACHIAVELL: Ich darf wissen, was er enthält?

REGENTIN: So viel zärtliche Aufmerksamkeit für mich, als Sorgfalt für seine Staaten. Er rühmt die Standhaftigkeit, den Fleiß und die Treue, womit ich bisher für die Rechte seiner Majestät in diesen Landen gewacht habe. Er bedauert mich, daß mir das unbändige Volk so viel zu schaffen mache. Er ist von der Tiefe meiner Einsichten so vollkommen überzeugt, mit der Klugheit meines Betragens so außerordentlich zufrieden, daß ich fast sagen muß: der Brief ist für einen König zu schön geschrieben, für einen Bruder gewiß.

MACHIAVELL: Es ist nicht das erstemal, daß er Euch seine gerechte Zufriedenheit zeigt.

REGENTIN: Aber das erstemal, daß es rednerische Figur ist.

MACHIAVELL: Ich versteh Euch nicht.

REGENTIN: Ihr werdet. – Denn er meint, nach diesem Eingange: ohne Mannschaft, ohne eine kleine Armee werde ich immer hier eine üble Figur spielen; wir hätten, sagt er, unrecht getan, auf die Klagen der Einwohner unsre Soldaten aus den Provinzen zu ziehen; eine Besatzung, meint er, die dem Bürger auf dem Nacken lastet, verbiete ihm durch ihre Schwere, große Sprünge zu machen.

MACHIAVELL: Es würde die Gemüter äußerst aufbringen.

REGENTIN: Der König meint aber, hörst du. – Er meint, daß ein tüchtiger General, so einer, der gar keine Räson annimmt, gar bald mit Volk und Adel, Bürgern und Bauern fertig werden könne – und schickt deswegen mit einem starken Heere – den Herzog von Alba.

MACHIAVELL: Alba?

REGENTIN: Du wunderst dich?

MACHIAVELL: Ihr sagt: er schickt. Er fragt wohl, ob er schicken soll?

REGENTIN: Der König fragt nicht. Er schickt.

MACHIAVELL: So werdet Ihr einen erfahrnen Krieger in Euren Diensten haben.

REGENTIN: In meinen Diensten? Rede grad heraus, Machiavell?

MACHIAVELL: Ich möcht Euch nicht vorgreifen.

REGENTIN: Und ich möchte mich verstellen. Es ist mir empfindlich, sehr empfindlich. Ich wollte lieber, mein Bruder sagte, wie er's denkt, als daß er förmliche Episteln unterschreibt, die ein Staatssekretär aufsetzt.

MACHIAVELL: Sollte man nicht einsehen? –

REGENTIN: Und ich kenne sie inwendig und auswendig. Sie möchten's gern gesäubert und gekehrt haben, und weil sie selbst nicht zugreifen, so findet ein jeder Vertrauen, der mit dem Besen in der Hand kommt. O mir ist's, als wenn ich den König und sein Konseil auf dieser Tapete gewirkt sähe.

MACHIAVELL: So lebhaft?

REGENTIN: Es fehlt kein Zug. Es sind gute Menschen drunter. Der ehrliche Rodrich, der so erfahren und mäßig ist, nicht zu hoch will und doch nichts fallen läßt, der grade Alonzo, der fleißige Freneda, der feste Las Vargas und noch einige, die mitgehen, wenn die gute Partei mächtig wird. Da sitzt aber der hohläugige Toledaner mit der ehrnen Stirne und dem tiefen Feuerblick, murmelt zwischen den Zähnen von Weibergüte, unzeitigem Nachgeben, und daß Frauen wohl von zugerittenen Pferden sich tragen lassen, selbst aber schlechte Stallmeister sind, und solche Späße, die ich ehmals von den politischen Herrn habe mit durchhören müssen.

MACHIAVELL: Ihr habt zu dem Gemälde einen guten Farbentopf gewählt.

REGENTIN: Gesteht nur, Machiavell: in meiner ganzen Schattierung, aus der ich allenfalls malen könnte, ist kein Ton so gelbbraun-gallenschwarz wie Albas Gesichtsfarbe, und als die Farbe, aus der er malt. Jeder ist bei ihm gleich ein Gotteslästerer, ein Majestätenschänder, denn aus diesem Kapitel kann man sie alle sogleich rädern, pfählen, vierteilen und verbrennen. – Das Gute, was ich hier getan habe, sieht gewiß in der Ferne wie nichts aus, eben weil's gut ist. – Da hängt er sich an jeden Mutwillen, der vorbei ist, erinnert jede Unruhe, die gestillt ist, und es wird dem Könige vor den Augen so voll Meuterei, Aufruhr und Tollkühnheit, daß er sich vorstellt, sie fräßen sich hier einander auf, wenn eine flüchtig vorübergehende Ungezogenheit eines rohen Volks bei uns lange vergessen ist. Da faßt er einen recht herzlichen Haß auf die armen Leute, sie kommen ihm abscheulich, ja wie Tiere und Ungeheuer vor, er sieht sich nach Feuer und Schwert um, und wähnt, so bändige man Menschen.

MACHIAVELL: Ihr scheint mir zu heftig, Ihr nehmt die Sache zu hoch. Bleibt Ihr nicht Regentin?

MACHIAVELL: Das kenn ich. Er wird eine Instruktion bringen. – Ich bin in Staatsgeschäften alt genug geworden, um zu wissen, wie man einen verdrängt, ohne ihm seine Bestallung zu nehmen. – Erst wird er eine Instruktion bringen, die wird unbestimmt und schief sein, er wird um sich greifen, denn er hat die Gewalt, und wenn ich mich beklage, wird er eine geheime Instruktion vorschützen; wenn ich sie sehen will, wird er mich herumziehen; wenn ich drauf bestehe, wird er mir ein Papier zeigen, das ganz was anders enthält, und wenn ich mich da nicht beruhige, gar nicht mehr tun, als wenn ich redete. – Indes wird er, was ich fürchte, getan und, was ich wünsche, weit abwärts gelenkt haben.

MACHIAVELL: Ihr wollt, ich könnt Euch widersprechen.

REGENTIN: Was ich mit unsäglicher Geduld beruhigte, wird er durch Härte und Grausamkeiten wieder aufhetzen; ich werde vor meinen Augen mein Werk verloren sehn und überdies noch seine Schuld zu tragen haben.

MACHIAVELL: Erwarten's Eure Hoheit.

REGENTIN: So viel Gewalt hab ich über mich, um stille zu sein. Laß ihn kommen; ich werde ihm mit der besten Art Platz machen, eh er mich verdrängt.

MACHIAVELL: So rasch diesen wichtigen Schritt?

REGENTIN: Schwerer, als du denkst. Wer zu herrschen gewohnt ist, wer's hergebracht hat, daß jeden Tag das Schicksal von Tausenden in seiner Hand liegt, steigt vom Throne wie ins Grab. Aber besser so, als einem Gespenste gleich unter den Lebenden bleiben und mit hohlem Ansehn einen Platz behaupten wollen, den ihm ein andrer abgeerbt hat und nun besitzt und genießet.

KLÄRCHENS WOHNUNG

Klärchen. Mutter

MUTTER: So eine Liebe wie Brackenburgs hab ich nie gesehen; ich glaubte, sie sei nur in Heldengeschichten.

KLÄRCHEN (geht in der Stube auf und ab, ein Lied zwischen den Lippen summend):
  Glücklich allein
  Ist die Seele, die liebt.

MUTTER: Er vermutet deinen Umgang mit Egmont, und ich glaube, wenn du ihm ein wenig freundlich tätest, wenn du wolltest, er heiratete dich noch.

KLÄRCHEN (singt):

Freudvoll
Und leidvoll,
Gedankenvoll sein,
Hangen
Und bangen
In schwebender Pein,
Himmelhoch jauchzend,
Zum Tode betrübt –
Glücklich allein
Ist die Seele, die liebt.

MUTTER: Laß das Heiopopeio.

KLÄRCHEN: Scheltet mir's nicht, es ist ein kräftig Lied; hab ich doch schon manchmal ein großes Kind damit schlafen gewiegt.

MUTTER: Du hast doch nichts im Kopfe als deine Liebe. Vergäßest du nur nicht alles über das Eine. Den Brakkenburg solltest du in Ehren halten, sag ich dir! Er kann dich noch einmal glücklich machen.

KLÄRCHEN: Er?

MUTTER: O ja! es kommt eine Zeit! – Ihr Kinder seht nichts voraus und überhorcht unsre Erfahrungen. Die Jugend und die schöne Liebe, alles hat sein Ende, und es kommt eine Zeit, wo man Gott dankt, wenn man irgendwo unterkriechen kann.

KLÄRCHEN (schaudert, schweigt und fährt auf): Mutter, laßt die Zeit kommen wie den Tod. Dran vorzudenken ist schreckhaft! – Und wenn er kommt! Wenn wir müssen – dann – wollen wir uns gebärden, wie wir können! – Egmont, ich dich entbehren! – (In Tränen) Nein, es ist nicht möglich, nicht möglich.

Egmont, in einem Reitermantel, den Hut ins Gesicht gedrückt

EGMONT: Klärchen!

KLÄRCHEN (tut einen Schrei, fährt zurück): Egmont! (Sie eilt auf ihn zu) Egmont! (Sie umarmt ihn und ruht an ihm) O du Guter, Lieber, Süßer! Kommst du? Bist du da?

EGMONT: Guten Abend, Mutter!

MUTTER: Gott grüß euch, edler Herr! Meine Kleine ist fast vergangen, daß Ihr so lang ausbleibt, sie hat wieder den ganzen Tag von Euch geredet und gesungen.

EGMONT: Ihr gebt mir doch ein Nachtessen?

MUTTER: Zu viel Gnade. Wenn wir nur etwas hätten.

KLÄRCHEN: Freilich! Seid nur ruhig, Mutter, ich habe schon alles darauf eingerichtet, ich habe etwas zubereitet. Verratet mich nicht, Mutter.

MUTTER: Schmal genug.

KLÄRCHEN: Wartet nur! Und dann denk ich: wenn er bei mir ist, hab ich gar keinen Hunger, da sollte er auch keinen großen Appetit haben, wenn ich bei ihm bin.

EGMONT: Meinst du?

KLÄRCHEN (stampft mit dem Fuße und kehrt sich unwillig um).

EGMONT: Wie ist dir?

KLÄRCHEN: Wie seid Ihr heute so kalt! Ihr habt mir noch keinen Kuß angeboten. Warum habt Ihr die Arme in den Mantel gewickelt wie ein Wochenkind. Ziehmt keinem Soldaten noch Liebhaber, die Arme eingewikkelt zu haben.

EGMONT: Zuzeiten, Liebchen, zuzeiten. Wenn der Soldat auf der Lauer steht und dem Feinde etwas ablisten möchte, da nimmt er sich zusammen, faßt sich selbst in seine Arme und kaut seinen Anschlag reif. Und ein Liebhaber –

MUTTER: Wollt Ihr Euch nicht setzen? Es Euch nicht bequem machen? Ich muß in die Küche. Klärchen denkt an nichts, wenn Ihr da seid. Ihr müßt vorlieb nehmen.

EGMONT: Euer guter Wille ist die beste Würze. (Mutter ab)

KLÄRCHEN: Und was wäre denn meine Liebe!

EGMONT: So viel du willst.

KLÄRCHEN: Vergleicht sie, wenn Ihr das Herz habt.

EGMONT: Zuvörderst also.

Er wirft den Mantel ab und steht in einem prächtigen Kleide da

KLÄRCHEN: O je!

EGMONT: Nun hab ich die Arme frei. (Er herzt sie)

KLÄRCHEN: Laßt! Ihr verderbt Euch. (Sie tritt zurück) Wie prächtig! da darf ich Euch nicht anrühren.

EGMONT: Bist du zufrieden? Ich versprach dir, einmal spanisch zu kommen.

KLÄRCHEN: Ich bat Euch zeither nicht mehr drum; ich dachte, Ihr wolltet nicht. – Ach und das goldne Vließ!

EGMONT: Da siehst du's nun.

KLÄRCHEN: Das hat dir der Kaiser umgehängt?

EGMONT: Ja, Kind! Und Kette und Zeichen geben dem, der sie trägt, die edelsten Freiheiten. Ich erkenne auf Erden keinen Richter über meine Handlungen als den Großmeister des Ordens mit dem versammelten Kapitel der Ritter.

KLÄRCHEN: O du dürftest die ganze Welt über dich richten lassen. – Der Sammet ist gar zu herrlich, und die Passementarbeit! und das Gestickte! – Man weiß nicht, wo man anfangen soll.

EGMONT: Sieh dich nur satt.

KLÄRCHEN: Und das goldene Vließ! Ihr erzähltet mir die Geschichte und sagtet, es sei ein Zeichen alles Großen und Kostbaren, was man mit Müh und Fleiß verdient und erwirbt. Es ist sehr kostbar – Ich kann's deiner Liebe vergleichen – ich trage sie ebenso im Herzen – und hernach –

EGMONT: Was willst du sagen?

KLÄRCHEN: Hernach vergleicht sich's auch wieder nicht.

EGMONT: Wieso?

KLÄRCHEN: Ich habe sie nicht mit Müh und Fleiß erworben. Nicht verdient.

EGMONT: In der Liebe ist es anders. Du verdienst sie, weil du dich nicht darum bewirbst – und die Leute erhalten sie auch meist allein, die nicht darnach jagen.

KLÄRCHEN: Hast du das von dir abgenommen? Hast du diese stolze Anmerkung über dich selbst gemacht? du, den alles Volk liebt.

EGMONT: Hätt ich nur etwas für sie getan, könnt ich etwas für sie tun! Es ist ihr guter Wille, mich zu lieben.

KLÄRCHEN: Du warst gewiß heute bei der Regentin.
EGMONT: Ich war bei ihr.
KLÄRCHEN: Bist du gut mit ihr?
EGMONT: Es sieht einmal so aus. Wir sind einander freundlich und dienstlich.
KLÄRCHEN: Und im Herzen?
EGMONT: Will ich ihr wohl. Jedes hat seine eignen Absichten. Das tut nichts zur Sache. Sie ist eine treffliche Frau, kennt ihre Leute, und sähe tief genug, wenn sie auch nicht argwöhnisch wäre. Ich mache ihr viel zu schaffen, weil sie hinter meinem Betragen immer Geheimnisse sucht, und ich keine habe.
KLÄRCHEN: So gar keine?
EGMONT: Eh nun! einen kleinen Hinterhalt. Jeder Wein setzt Weinstein in den Fässern an mit der Zeit. Oranien ist doch noch eine bessere Unterhaltung für sie und eine immer neue Aufgabe. Er hat sich in den Kredit gesetzt, daß er immer etwas Geheimes vorhabe, und nun sieht sie immer nach seiner Stirne, was er wohl denken, auf seine Schritte, wohin er sie wohl richten möchte.
KLÄRCHEN: Verstellt sie sich?
EGMONT: Regentin, und du fragst?
KLÄRCHEN: Verzeiht, ich wollte fragen: ist sie falsch?
EGMONT: Nicht mehr und nicht weniger als jeder, der seine Absichten erreichen will.
KLÄRCHEN: Ich könnte mich in die Welt nicht finden. Sie hat aber auch einen männlichen Geist, sie ist ein ander Weib als wir Nähterinnen und Köchinnen. Sie ist groß, herzhaft, entschlossen.
EGMONT: Ja, wenn's nicht gar zu bunt geht. Diesmal ist sie doch ein wenig auseinander.
KLÄRCHEN: Wieso?
EGMONT: Sie hat auch ein Bärtchen auf der Oberlippe und manchmal einen Anfall von Podagra. Eine rechte Amazone.
KLÄRCHEN: Eine majestätische Frau! Ich scheute mich, vor sie zu treten.
EGMONT: Du bist doch sonst nicht zaghaft – Es wäre auch nicht Furcht, nur jungfräuliche Scham.
KLÄRCHEN (schlägt die Augen nieder, nimmt seine Hand und lehnt sich an ihn).
EGMONT: Ich verstehe dich! liebes Mädchen! du darfst die Augen aufschlagen. (Er küßt ihre Augen)
KLÄRCHEN: Laß mich schweigen! Laß mich dich halten. Laß mich dir in die Augen sehn. Alles drin finden, Trost und Hoffnung und Freude und Kummer. (Sie umarmt ihn und sieht ihn an) Sag mir! Sage! ich begreife nicht! Bist du Egmont? Der Graf Egmont? der große Egmont, der so viel Aufsehn macht, von dem in den Zeitungen steht, an dem die Provinzen hängen?
EGMONT: Nein, Klärchen, das bin ich nicht.
KLÄRCHEN: Wie?
EGMONT: Siehst du, Klärchen! – Laß mich sitzen! – (Er setzt sich, sie kniet sich vor ihn auf einen Schemel, legt ihre Arme auf seinen Schoß und sieht ihn an) Jener Egmont ist ein verdrießlicher, steifer, kalter Egmont. Der an sich halten, bald dieses, bald jenes Gesicht machen muß, geplagt, verkannt, verwickelt ist, wenn ihn die Leute für froh und fröhlich halten. Geliebt von einem Volke, das nicht weiß, was er will, geehrt und in die Höhe getragen von einer Menge, mit der nichts anzufangen ist, umgeben von Freunden, denen er sich nicht überlassen darf, beobachtet von Menschen, die ihm auf alle Weise beikommen möchten, arbeitend und sich bemühend, oft ohne Zweck, meist ohne Lohn – o laß mich schweigen, wie es dem ergeht, wie es dem zumute ist. Aber dieser, Klärchen, der ist ruhig, offen, glücklich, geliebt und gekannt, von dem besten Herzen, das auch er ganz kennt und mit voller Liebe und Zutrauen an das seine drückt. (Er umarmt sie) Das ist dein Egmont!
KLÄRCHEN: So laß mich sterben! Die Welt hat keine Freuden auf diese!

VIERTER AUFZUG

STRASSE
Jetter. Zimmermann

JETTER: He! pst! he, Nachbar, ein Wort!
ZIMMERMANN: Geh deines Pfads und sei ruhig.
JETTER: Nur ein Wort! Nichts Neues?
ZIMMERMANN: Nichts, als daß uns vom Neuen zu reden verboten ist.
JETTER: Wie?
ZIMMERMANN: Tretet hier ans Haus an. Hütet Euch! der Herzog von Alba hat gleich bei seiner Ankunft einen Befehl ausgehen lassen, dadurch zwei oder drei, die auf der Straße zusammen sprechen, des Hochverrats ohne Untersuchung schuldig erklärt sind.
JETTER: O weh!
ZIMMERMANN: Bei ewiger Gefangenschaft ist verboten, von Staatssachen zu reden.
JETTER: O unsre Freiheit!
ZIMMERMANN: Und bei Todesstrafe soll niemand die Handlungen der Regierung mißbilligen.
JETTER: O unsre Köpfe!
ZIMMERMANN: Und mit großem Versprechen werden Väter, Mütter, Kinder, Verwandte, Freunde, Dienstboten eingeladen, was in dem Innersten des Hauses vorgeht, bei dem besonders niedergesetzten Gerichte zu offenbaren.
JETTER: Gehn wir nach Hause.
ZIMMERMANN: Und den Folgsamen ist versprochen, daß sie weder an Leibe, noch Ehre, noch Vermögen einige Kränkung erdulden sollen.
JETTER: Wie gnädig! War mir's doch gleich weh, wie der Herzog in die Stadt kam. Seit der Zeit ist mir's, als wäre der Himmel mit einem schwarzen Flor überzogen und hing so tief herunter, daß man sich bücken müsse, um nicht dran zu stoßen.
ZIMMERMANN: Und wie haben dir seine Soldaten gefal-

len? Gelt, das ist eine andre Art von Krebsen, als wir sie sonst gewohnt waren.
JETTER: Pfui! Es schnürt einem das Herz ein, wenn man so einen Haufen die Gassen hinab marschieren sieht. Kerzengrad, mit unverwandtem Blick, ein Tritt, so viel ihrer sind. Und wenn sie auf der Schildwache stehn und du gehst an einem vorbei, ist's, als wenn er dich durch und durch sehen wollte, und sieht so steif und mürrisch aus, daß du auf allen Ecken einen Zuchtmeister zu sehen glaubst. Sie tun mir gar nicht wohl. Unsre Miliz war doch noch ein lustig Volk, sie nahmen sich was heraus, stunden mit ausgegrätschten Beinen da, hatten den Hut überm Ohr, lebten und ließen leben; diese Kerle aber sind wie Maschinen, in denen ein Teufel sitzt.
ZIMMERMANN: Wenn so einer ruft „Halt!" und anschlägt, meinst du, man hielte?
JETTER: Ich wäre gleich des Todes.
ZIMMERMANN: Gehn wir nach Hause.
JETTER: Es wird nicht gut. Adieu.
Soest tritt dazu
SOEST: Freunde! Genossen!
ZIMMERMANN: Still! Laßt uns gehen.
SOEST: Wißt ihr?
JETTER: Nur zu viel!
SOEST: Die Regentin ist weg.
JETTER: Nun gnad uns Gott!
ZIMMERMANN: Die hielt uns noch.
SOEST: Auf einmal und in der Stille. Sie konnte sich mit dem Herzog nicht vertragen, sie ließ dem Adel melden, sie komme wieder. Niemand glaubt's.
ZIMMERMANN: Gott verzeih's dem Adel, daß er uns diese neue Geißel über den Hals gelassen hat. Sie hätten es abwenden können. Unsre Privilegien sind hin.
JETTER: Um Gottes willen nichts von Privilegien. Ich wittre den Geruch von einem Exekutionsmorgen: die Sonne will nicht hervor, die Nebel stinken.
SOEST: Oranien ist auch weg.
ZIMMERMANN: So sind wir denn ganz verlassen!
SOEST: Graf Egmont ist noch da.
JETTER: Gott sei Dank! Stärken ihn alle Heiligen, daß er sein Bestes tut; der ist allein was vermögend.
Vansen tritt auf
VANSEN: Find ich endlich ein paar, die noch nicht untergekrochen sind!
JETTER: Tut uns den Gefallen und geht fürbaß.
VANSEN: Ihr seid nicht höflich.
ZIMMERMANN: Es ist gar keine Zeit zu Komplimenten. Juckt Euch der Buckel wieder? Seid Ihr schon durchgeheilt?
VANSEN: Fragt einen Soldaten nach seinen Wunden! Wenn ich auf Schläge was gegeben hätte, wäre sein Tage nichts aus mir geworden.
JETTER: Es kann ernstlicher werden.
VANSEN: Ihr spürt von dem Gewitter, das aufsteigt, eine erbärmliche Mattigkeit in den Gliedern, scheint's.
ZIMMERMANN: Deine Glieder werden sich bald wo anders eine Motion machen, wenn du nicht ruhst.

VANSEN: Armselige Mäuse, die gleich verzweifeln, wenn der Hausherr eine neue Katze anschafft! Nur ein bißchen anders, aber wir treiben unser Wesen vor wie nach, seid nur ruhig.
ZIMMERMANN: Du bist ein verwegner Taugenichts.
VANSEN: Gevatter Tropf! Laß du den Herzog nur gewähren. Der alte Kater sieht aus, als wenn er Teufel statt Mäusen gefressen hätte und könnte sie nun nicht verdauen. Laßt ihn nur erst; er muß auch essen, trinken, schlafen wie andre Menschen. Es ist mir nicht bange, wenn wir unsre Zeit recht nehmen. Im Anfang geht's rasch, nachher wird er auch finden, daß es in der Speisekammer, unter den Speckseiten besser leben ist und des Nachts zu ruhen, als auf dem Fruchtboden einzelne Mäuschen zu erlisten. Geht nur, ich kenne die Statthalter.
ZIMMERMANN: Was so einem Menschen alles durchgeht! Wenn ich in meinem Leben so etwas gesagt hätte, hielt ich mich keine Minute für sicher.
VANSEN: Seid nur ruhig. Gott im Himmel erfährt nichts von euch Würmern, geschweige der Regent.
JETTER: Lästermaul.
VANSEN: Ich weiß andre, denen es besser wäre, sie hätten statt ihres Heldenmuts eine Schneiderader im Leibe.
ZIMMERMANN: Was wollt Ihr damit sagen?
VANSEN: Hm! den Grafen mein ich.
JETTER: Egmonten. Was soll der fürchten?
VANSEN: Ich bin ein armer Teufel und konnte ein ganzes Jahr leben von dem, was er in einem Abende verliert. Und doch könnt er mir sein Einkommen eines ganzen Jahres geben, wenn er meinen Kopf nur eine Viertelstunde hätte.
JETTER: Du denkst dich was Rechts. Egmonts Haare sind gescheiter als dein Hirn.
VANSEN: Red't ihr! Aber nicht feiner. Die Herren betrügen am ersten. Er sollte nicht trauen.
JETTER: Was er schwätzt! So ein Herr!
VANSEN: Eben weil er kein Schneider ist.
JETTER: Ungewaschen Maul!
VANSEN: Dem wollt ich eure Courage nur eine Stunde in die Glieder wünschen, daß sie ihm da Unruh machte und ihn solang neckte und jückte, bis er aus der Stadt müßte.
JETTER: Ihr redet recht unverständig, er ist so sicher wie der Stern im Himmel.
VANSEN: Hast du nie einen sich schneuzen gesehn? Weg war er!
ZIMMERMANN: Wer will ihm denn was tun?
VANSEN: Wer will? Willst du's etwa hindern? Willst du einen Aufruhr erregen, wenn sie ihn gefangen nehmen?
JETTER: Ah!
VANSEN: Wollt ihr eure Rippen für ihn wagen?
SOEST: Eh!
VANSEN (sie nachäffend): Ih! Oh! Uh! Verwundert euch durchs ganze Alphabet. So ist's und bleibt's! Gott bewahre ihn!

JETTER: Ich erschrecke über Eure Unverschämtheit. So ein edler, rechtschaffener Mann sollte was zu befürchten haben?

VANSEN: Der Schelm sitzt überall im Vorteil. Auf dem Armensünderstühlchen hat er den Richter für'n Narren, auf dem Richterstuhl macht er den Inquisiten mit Lust zum Verbrecher. Ich habe so ein Protokoll abzuschreiben gehabt, wo der Kommissarius schwer Lob und Geld vom Hofe erhielt, weil er einen ehrlichen Teufel, an den man wollte, zum Schelmen verhört hatte.

ZIMMERMANN: Das ist wieder frisch gelogen. Was wollen sie denn heraus verhören, wenn einer unschuldig ist?

VANSEN: O Spatzenkopf! Wo nichts heraus zu verhören ist, da verhört man hinein. Ehrlichkeit macht unbesonnen, auch wohl trotzig. Da fragt man erst sachte weg, und der Gefangene ist stolz auf seine Unschuld, wie sie's heißen, und sagt alles grad zu, was ein Verständiger verbärge. Dann macht der Inquisitor aus den Antworten wieder Fragen und paßt ja auf, wo irgendein Widersprüchelchen erscheinen will; da knüpft er seinen Strick an, und läßt sich der dumme Teufel betreten, daß er hier etwas zu viel, dort etwas zu wenig gesagt, oder wohl aus Gott weiß was für einer Grille einen Umstand verschwiegen hat, auch wohl irgend an einem Ende sich hat schrecken lassen – dann sind wir auf dem rechten Weg! Und ich versichre euch, mit mehr Sorgfalt suchen die Bettelweiber nicht die Lumpen aus dem Kehricht, als so ein Schelmenfabrikant aus kleinen, schiefen, verschobnen, verrückten, verdrückten, geschloßnen, bekannten, geleugneten Anzeichen und Umständen sich endlich einen strohlumpenen Vogelscheu zusammengekünstelt, um wenigstens seinen Inquisiten in effigie hängen zu können. Und Gott mag der arme Teufel danken, wenn er sich noch kann hängen sehn.

JETTER: Der hat eine geläufige Zunge.

ZIMMERMANN: Mit Fliegen mag das angehen. Die Wespen lachen Eures Gespinstes.

VANSEN: Nachdem die Spinnen sind. Seht, der lange Herzog hat euch so ein rein Ansehn von einer Kreuzspinne; nicht einer dickbäuchigen, die sind weniger schlimm, aber so einer langfüßigen, schmalleibigen, die vom Fraß nicht feist wird und recht dünne Fäden zieht, aber desto zäherer.

JETTER: Egmont ist Ritter des goldnen Vließes; wer darf Hand an ihn legen? Nur von seinesgleichen kann er gerichtet werden, nur vom gesamten Orden. Dein loses Maul, dein böses Gewissen verführen dich zu solchem Geschwätze.

VANSEN: Will ich ihm darum übel? Mir kann's recht sein. Es ist ein trefflicher Herr! Ein paar meiner guten Freunde, die anderwärts schon wären gehangen worden, hat er mit einem Buckel voll Schläge verabschiedet. Nun geht! Geht! Ich rat es euch selbst. Dort seh ich wieder eine Runde antreten: die sehen nicht aus, als wenn sie so bald Brüderschaft mit uns trinken würden. Wir wollen's abwarten und nur sachte zusehen. Ich hab ein paar Nichten und einen Gevatter Schenkwirt; wenn sie von denen gekostet haben und werden dann nicht zahm, so sind sie ausgepichte Wölfe.

DER CULENBURGISCHE PALAST

Wohnung des Herzogs von Alba.
Silva und Gomez begegnen einander

SILVA: Hast du die Befehle des Herzogs ausgerichtet?

GOMEZ: Pünktlich. Alle täglichen Runden sind beordert, zur bestimmten Zeit an verschiednen Plätzen einzutreffen, die ich ihnen bezeichnet habe; sie gehen indes, wie gewöhnlich, durch die Stadt, um Ordnung zu halten. Keiner weiß von dem andern; jeder glaubt, der Befehl gehe ihn allein an, und in einem Augenblick kann alsdann der Kordon gezogen, und alle Zugänge zum Palast können besetzt sein. Weißt du die Ursache dieses Befehls?

SILVA: Ich bin gewohnt, blindlings zu gehorchen. Und wem gehorcht sich's leichter als dem Herzoge, da bald der Ausgang beweist, daß er recht befohlen hat?

GOMEZ: Gut! Gut! Auch scheint es mir kein Wunder, daß du so verschlossen und einsilbig wirst wie er, da du immer um ihn sein mußt. Mir kommt es fremd vor, da ich den leichteren italienischen Dienst gewohnt bin. An Treue und Gehorsam bin ich der alte, aber ich habe mir das Schwätzen und Räsonieren angewöhnt; ihr schweigt alle und laßt es euch nie wohl sein. Der Herzog gleicht mir einem ehrnen Turm ohne Pforte, wozu die Besatzung Flügel hätte. Neulich hört ich ihn bei Tafel von einem hohen freundlichen Menschen sagen: er sei wie eine schlechte Schenke mit einem ausgesteckten Branntweinzeichen, um Müßiggänger, Bettler und Diebe hereinzulocken.

SILVA: Und hat er uns nicht schweigend hierher geführt?

GOMEZ: Dagegen ist nichts zu sagen. Gewiß! Wer Zeuge seiner Klugheit war, wie er die Armee aus Italien hierher brachte, der hat etwas gesehen. Wie er sich durch Freund und Feind, durch die Franzosen, Königlichen und Ketzer, durch die Schweizer und Verbundnen gleichsam durchschmiegte, die strengste Mannszucht hielt und einen Zug, den man so gefährlich achtete, leicht und ohne Anstoß zu leiten wußte! – Wir haben was gesehen, was lernen können.

SILVA: Auch hier! Ist nicht alles still und ruhig, als wenn kein Aufstand gewesen wäre?

GOMEZ: Nun, es war auch schon meist still, als wir herkamen.

SILVA: In den Provinzen ist es viel ruhiger geworden, und wenn sich noch einer bewegt, so ist es, zu entfliehen; aber auch diesen wird er die Wege bald versperren, denk ich.

GOMEZ: Nun wird er erst die Gunst des Königs gewinnen.

SILVA: Und uns bleibt nichts angelegner, als uns die seinige zu erhalten. Wenn der König hierher kommt, bleibt gewiß der Herzog und jeder, den er empfiehlt, nicht unbelohnt.

GOMEZ: Glaubst du, daß der König kommt?

SILVA: Es werden so viele Anstalten gemacht, daß es höchst wahrscheinlich ist.

GOMEZ: Mich überreden sie nicht.

SILVA: So rede wenigstens nicht davon. Denn wenn des Königs Absicht ja nicht sein sollte, zu kommen, so ist sie's doch wenigstens gewiß, daß man es glauben soll.

Ferdinand, Albas natürlicher Sohn

FERDINAND: Ist mein Vater noch nicht heraus?

SILVA: Wir warten auf ihn.

FERDINAND: Die Fürsten werden bald hier sein.

GOMEZ: Kommen sie heute?

FERDINAND: Oranien und Egmont.

GOMEZ (leise zu Silva): Ich begreife etwas.

SILVA: So behalt es für dich.

Herzog von Alba.
Wie er herein und hervor tritt, treten die andern zurück

ALBA: Gomez.

GOMEZ (tritt vor): Herr!

ALBA: Du hast die Wachen verteilt und beordert?

GOMEZ: Aufs genaueste. Die täglichen Runden –

ALBA: Genug. Du wartest in der Galerie. Silva wird dir den Augenblick sagen, wenn du sie zusammenziehen, die Zugänge nach dem Palaste besetzen sollst. Das übrige weißt du.

GOMEZ: Ja, Herr! (Ab)

ALBA: Silva!

SILVA: Hier bin ich.

ALBA: Alles, was ich von jeher an dir geschätzt habe, Mut, Entschlossenheit, unaufhaltsames Ausführen, das zeige heut.

SILVA: Ich danke Euch, daß Ihr mir Gelegenheit gebt, zu zeigen, daß ich der alte bin.

ALBA: Sobald die Fürsten bei mir eingetreten sind, dann eile gleich, Egmonts Geheimschreiber gefangen zu nehmen. Du hast alle Anstalten gemacht, die übrigen, welche bezeichnet sind, zu fahen?

SILVA: Vertrau auf uns. Ihr Schicksal wird sie, wie eine wohlberechnete Sonnenfinsternis, pünktlich und schrecklich treffen.

ALBA: Hast du sie genau beobachten lassen?

SILVA: Alle. Egmonten vor andern. Er ist der einzige, der, seit du hier bist, sein Betragen nicht geändert hat. Den ganzen Tag von einem Pferd aufs andre, lädt Gäste, ist immer lustig und unterhaltend bei Tafel, würfelt, schießt, und schleicht nachts zum Liebchen. Die andern haben dagegen eine merkliche Pause in ihrer Lebensart gemacht, sie bleiben bei sich, vor ihrer Türe sieht's aus, als wenn ein Kranker im Hause wäre.

ALBA: Drum rasch, eh sie uns wider Willen genesen.

SILVA: Ich stelle sie. Auf deinen Befehl überhäufen wir sie mit dienstfertigen Ehren. Ihnen graut's: politisch geben sie uns einen ängstlichen Dank, fühlen, das Rätlichste sei, zu entfliehen; keiner wagt einen Schritt, sie zaudern, können sich nicht vereinigen; und einzeln etwas Kühnes zu tun, hält sie der Gemeingeist ab. Sie möchten gern sich jedem Verdacht entziehen und machen sich immer verdächtiger. Schon seh ich mit Freuden deinen ganzen Anschlag ausgeführt.

ALBA: Ich freue mich nur über das Geschehne, und über das nicht leicht, denn es bleibt stets noch übrig, was uns zu denken und zu sorgen gibt. Das Glück ist eigensinnig, oft das Gemeine, das Nichtswürdige zu adeln und wohlüberlegte Taten mit einem gemeinen Ausgang zu entehren. Verweile, bis die Fürsten kommen, dann gib Gomez die Ordre, die Straßen zu besetzen, und eile selbst, Egmonts Schreiber und die übrigen gefangen zu nehmen, die dir bezeichnet sind. Ist es getan, so komm hierher und meld es meinem Sohne, daß er mir in den Rat die Nachricht bringe.

SILVA: Ich hoffe diesen Abend vor dir stehn zu dürfen.

ALBA (geht nach seinem Sohne, der bisher in der Galerie gestanden)

SILVA: Ich traue mir es nicht zu sagen, aber meine Hoffnung schwankt, ich fürchte, es wird nicht werden, wie er denkt. Ich sehe Geister vor mir, die still und sinnend auf schwarzen Schalen das Geschick der Fürsten und vieler Tausende wägen. Langsam wankt das Züuglein auf und ab, tief scheinen die Richter zu sinnen, zuletzt sinkt diese Schale, steigt jene, angehaucht vom Eigensinn des Schicksals, und entschieden ist's. (Ab)

ALBA (mit Ferdinand hervortretend): Wie fandst du die Stadt?

FERDINAND: Es hat sich alles gegeben. Ich ritt, als wie zum Zeitvertreib, Straß auf Straß ab. Eure wohlverteilten Wachen halten die Furcht so angespannt, daß sie sich nicht zu lispeln untersteht. Die Stadt sieht einem Felde ähnlich, wenn das Gewitter von weiten leuchtet: man erblickt keinen Vogel, kein Tier, als das eilend nach einem Schutzorte schlüpft.

ALBA: Ist dir nichts weiter begegnet?

FERDINAND: Egmont kam mit einigen auf den Markt geritten, wir grüßten uns, er hatte ein rohes Pferd, das ich ihm loben mußte. „Laßt uns eilen, Pferde zuzureiten, wir werden sie bald brauchen!" rief er mir entgegen. Er werde mich noch heute wiedersehn, sagte er, und komme auf Euer Verlangen, mit Euch zu ratschlagen.

ALBA: Er wird dich wiedersehn.

FERDINAND: Unter allen Rittern, die ich hier kenne, gefällt er mir am besten. Es scheint, wir werden Freunde sein.

ALBA: Du bist noch immer zu schnell und wenig behutsam, immer erkenn ich in dir den Leichtsinn deiner Mutter, der mir sie unbedingt in die Arme lieferte. Zu mancher gefährlichen Verbindung lud dich der Anschein voreilig ein.

FERDINAND: Euer Wille findet mich bildsam.

ALBA: Ich vergebe deinem jungen Blute dies leichtsinnige Wohlwollen, diese unachtsame Fröhlichkeit. Nur vergiß nicht, zu welchem Werke ich gesandt bin und welchen Teil ich dir daran geben möchte.

FERDINAND: Erinnert mich, und schont mich nicht, wo Ihr es nötig haltet.
ALBA (nach einer Pause): Mein Sohn!
FERDINAND: Mein Vater!
ALBA: Die Fürsten kommen bald, Oranien und Egmont kommen. Es ist nicht Mißtrauen, daß ich dir erst jetzt entdecke, was geschehen soll. Sie werden nicht wieder von hinnen gehn.
FERDINAND: Was sinnst du?
ALBA: Es ist beschlossen, sie festzuhalten. Du erstaunst. Was du zu tun hast, höre; die Ursachen sollst du wissen, wenn es geschehn ist – jetzt bleibt keine Zeit, sie auszulegen. Mit dir allein wünsch ich das Größte, das Geheimste zu besprechen: ein starkes Band hält uns zusammengefesselt, du bist mir wert und lieb, auf dich möcht ich alles häufen. Nicht die Gewohnheit zu gehorchen allein möcht ich dir einprägen, auch den Sinn auszudenken, zu befehlen, auszuführen wünsch ich in dir fortzupflanzen, dir ein großes Erbteil, dem Könige den brauchbarsten Diener zu hinterlassen, dich mit dem Besten, was ich habe, auszustatten, daß du dich nicht schämen dürfest, unter deine Brüder zu treten.
FERDINAND: Was werd ich nicht dir für diese Liebe schuldig, die du mir allein zuwendest, indem ein ganzes Reich vor dir zittert.
ALBA: Nun höre, was zu tun ist. Sobald die Fürsten eingetreten sind, wird jeder Zugang zum Palaste besetzt. Dazu hat Gomez die Ordre. Silva wird eilen, Egmonts Schreiber mit den Verdächtigsten gefangen zu nehmen. Du hältst die Wache am Tore und in den Höfen in Ordnung. Vor allen Dingen besetze diese Zimmer hier neben mit den sichersten Leuten, dann warte auf der Galerie, bis Silva wiederkommt, und bringe mir irgendein unbedeutend Blatt herein, zum Zeichen, daß sein Auftrag ausgerichtet ist. Dann bleib im Vorsaale, bis Oranien weggeht, folg ihm; ich halte Egmont hier, als ob ich ihm noch was zu sagen hätte. Am Ende der Galerie fordre Oraniens Degen, rufe die Wache an, verwahre schnell den gefährlichsten Mann, und ich faß Egmont hier.
FERDINAND: Ich gehorche, mein Vater – zum erstenmal mit schwerem Herzen und mit Sorge.
ALBA: Ich verzeihe dir's: es ist der erste große Tag, den du erlebst.

Silva tritt herein

SILVA: Ein Bote von Antwerpen. Hier ist Oraniens Brief! Er kommt nicht.
ALBA: Sagt es der Bote?
SILVA: Nein, mir sagt's das Herz.
ALBA: Aus dir spricht mein böser Genius. (Nachdem er den Brief gelesen, winkt er beiden, und sie ziehen sich in die Galerie zurück; er bleibt allein auf dem Vorderteile) Er kommt nicht! Bis auf den letzten Augenblick verschiebt er, sich zu erklären. Er wagt es, nicht zu kommen. So war denn diesmal wider Vermuten der Kluge klug genug, nicht klug zu sein. – Es rückt die Uhr! Noch einen kleinen Weg des Zeigers, und ein großes Werk ist getan oder versäumt, unwiederbringlich versäumt, denn es ist weder nachzuholen noch zu verheimlichen. Längst hatt ich alles reiflich abgewogen und mir auch diesen Fall gedacht, mir festgesetzt, was auch in diesem Falle zu tun sei; und jetzt, da es zu tun ist, wehr ich mir kaum, daß nicht das Für und Wider mir aufs neue durch die Seele schwankt. – Ist's rätlich, die andern zu fangen, wenn er mir entgeht? – Schieb ich es auf und laß Egmont mit den Seinen, mit so vielen entschlüpfen, die nun, vielleicht nur heute noch, in meinen Händen sind? – So zwingt dich das Geschick denn auch, du Unbezwinglicher! Wie lang gedacht! Wie wohl vorbereitet! Wie groß, wie schön der Plan! Wie nah die Hoffnung ihrem Ziele! Und nun im Augenblicke des Entscheidens bist du zwischen zwei Übel gestellt; wie in einen Lostopf greifst du in die dunkle Zukunft: was du fassest, ist noch zugerollt, dir unbewußt, sei's Treffer oder Fehler! (Er wird aufmerksam, wie einer, der etwas hört, und tritt ans Fenster) Er ist es! Egmont. – Trug dich dein Pferd so leicht herein, und scheute vor dem Blutgeruche nicht, und vor dem Geiste mit dem blanken Schwerte, der an der Pforte dich empfängt? – Steig ab! – So bist du mit dem einen Fuß im Grab! und so mit beiden! – Ja, streichl es nur und klopfe für seinen mutgen Dienst zum letztenmal den Nacken ihm – Und mir bleibt keine Wahl: in der Verblendung, wie hier Egmont naht, kann er dir nicht zum zweitenmal sich liefern! – Hört!

FERDINAND UND SILVA (treten eilig herbei).

ALBA: Ihr tut, was ich befahl, ich ändre meinen Willen nicht. Ich halte, wie es gehn will, Egmont auf, bis du mir von Silva die Nachricht gebracht hast. Dann bleib in der Nähe. Auch dir raubt das Geschick das große Verdienst, des Königs größten Feind mit eigner Hand gefangen zu haben. (Zu Silva) Eile! (Zu Ferdinand) Geh ihm entgegen.

Alba bleibt einige Augenblicke allein und geht schweigend auf und ab.
Egmont tritt auf

EGMONT: Ich komme, die Befehle des Königs zu vernehmen, zu hören, welchen Dienst er von unsrer Treue verlangt, die ihm ewig ergeben bleibt.
ALBA: Er wünscht vor allen Dingen Euren Rat zu hören.
EGMONT: Über welchen Gegenstand? Kommt Oranien auch? Ich vermutete ihn hier.
ALBA: Mir tut es leid, daß er uns eben in dieser wichtigen Stunde fehlt. Euren Rat, Eure Meinung wünscht der König, wie diese Staaten wieder zu befriedigen. Ja, er hofft, Ihr werdet kräftig mitwirken, diese Unruhen zu stillen und die Ordnung der Provinzen völlig und dauerhaft zu gründen.
EGMONT: Ihr könnt besser wissen als ich, daß schon alles genug beruhigt ist, ja noch mehr beruhigt war, eh die Erscheinung der neuen Soldaten wieder mit Furcht und Sorge die Gemüter bewegte.
ALBA: Ihr scheinet andeuten zu wollen, das Rätlichste sei

gewesen, wenn der König mich gar nicht in den Fall gesetzt hätte, Euch zu fragen.

EGMONT: Verzeiht! Ob der König das Heer hätte schikken sollen, ob nicht vielmehr die Macht seiner majestätischen Gegenwart allein stärker gewirkt hätte, ist meine Sache nicht zu beurteilen. Das Heer ist da, er nicht. Wir aber müßten sehr undankbar, sehr vergessen sein, wenn wir uns nicht erinnerten, was wir der Regentin schuldig sind. Bekennen wir! sie brachte durch ihr so kluges als tapfres Betragen die Aufrührer mit Gewalt und Ansehn, mit Überredung und List zur Ruhe und führte zum Erstaunen der Welt ein rebellisches Volk in wenigen Monaten zu seiner Pflicht zurück.

ALBA: Ich leugne es nicht. Der Tumult ist gestillt, und jeder scheint in die Grenzen des Gehorsams zurückgebannt. Aber hängt es nicht von eines jeden Willkür ab, sie zu verlassen? Wer will das Volk hindern, loszubrechen? Wo ist die Macht, sie abzuhalten? Wer bürgt uns, daß sie sich ferner treu und untertänig zeigen werden? Ihr guter Wille ist alles Pfand, das wir haben.

EGMONT: Und ist der gute Wille eines Volkes nicht das sicherste, das edelste Pfand? Bei Gott! Wann darf sich ein König sicherer halten, als wenn sie alle für einen, einer für alle stehn? Sichrer gegen innre und äußere Feinde?

ALBA: Wir werden uns doch nicht überreden sollen, daß es jetzt hier so steht.

EGMONT: Der König schreibe einen Generalpardon aus, er beruhige die Gemüter, und bald wird man sehen, wie Treue und Liebe mit dem Zutrauen wieder zurückkehrt.

ALBA: Und jeder, der die Majestät des Königs, der das Heiligtum der Religion geschändet, ginge frei und lebendig hin und wider! Lebte, den andern zum bereiten Beispiel, daß ungeheure Verbrechen straflos sind.

EGMONT: Und ist ein Verbrechen des Unsinns, der Trunkenheit nicht eher zu entschuldigen als grausam zu bestrafen? Besonders wo sichre Hoffnung, wo Gewißheit ist, daß die Übel nicht wiederkehren werden? Waren Könige darum nicht sichrer, werden sie nicht von Welt und Nachwelt gepriesen, die eine Beleidigung ihrer Würde vergeben, bedauern, verachten konnten? Werden sie nicht eben deswegen Gott gleich gehalten, der viel zu groß ist, als daß an ihn jede Lästrung reichen sollte?

ALBA: Und eben darum soll der König für die Würde Gottes und der Religion, wir sollen für das Ansehn des Königs streiten. Was der Obere abzulehnen verschmäht, ist unsre Pflicht zu rächen. Ungestraft soll, wenn ich rate, kein Schuldiger sich freuen.

EGMONT: Glaubst du, daß du sie alle erreichen wirst? Hört man nicht täglich, daß die Furcht sie hie und da hin, sie aus dem Lande treibt? Die Reichsten werden ihre Güter, sich, ihre Kinder und Freunde flüchten, der Arme wird seine nützlichen Hände dem Nachbar zubringen.

ALBA: Sie werden, wenn man sie nicht verhindern kann. Darum verlangt der König Rat und Tat von jedem Fürsten, Ernst von jedem Statthalter; nicht nur Erzählung, wie es ist, was werden könnte, wenn man alles gehen ließe, wie's geht. Einem großen Übel zusehen, sich mit Hoffnung schmeicheln, der Zeit vertrauen, etwa einmal dreinschlagen, wie im Faßnachtsspiel, daß es klatscht und man doch etwas zu tun scheint, wenn man nichts tun möchte – heißt das nicht, sich verdächtig machen, als sehe man dem Aufruhr mit Vergnügen zu, den man nicht erregen, wohl aber hegen möchte?

EGMONT (im Begriff aufzufahren, nimmt sich zusammen und spricht, nach einer kleinen Pause, gesetzt): Nicht jede Absicht ist offenbar, und manches Mannes Absicht ist zu mißdeuten. Muß man doch auch von allen Seiten hören: es sei des Königs Absicht weniger, die Provinzen nach einförmigen und klaren Gesetzen zu regieren, die Majestät der Religion zu sichern und einen allgemeinen Frieden seinem Volke zu geben, als vielmehr sie unbedingt zu unterjochen, sie ihrer alten Rechte zu berauben, sich Meister von ihren Besitztümern zu machen, die schönen Rechte des Adels einzuschränken, um derentwillen der Edle allein ihm dienen, ihm Leib und Leben widmen mag. Die Religion, sagt man, sei nur ein prächtiger Teppich, hinter dem man jeden gefährlichen Anschlag nur desto leichter ausdenkt. Das Volk liegt auf den Knien, betet die heiligen gewirkten Zeichen an, und hinten lauscht der Vogelsteller, der sie berücken will.

ALBA: Das muß ich von dir hören.

EGMONT: Nicht meine Gesinnungen! Nur was bald hier bald da, von Großen und von Kleinen, Klugen und Toren gesprochen, laut verbreitet wird. Die Niederländer fürchten ein doppeltes Joch, und wer bürgt ihnen ihre Freiheit?

ALBA: Freiheit! Ein schönes Wort, wer's recht verstünde. Was wollen sie für Freiheit? Was ist des Freisten Freiheit? – Recht zu tun! – und daran wird sie der König nicht hindern. Nein! nein! sie glauben sich nicht frei, wenn sie sich nicht selbst und andern schaden können. Wäre es nicht besser, abzudanken, als ein solches Volk zu regieren? Wenn auswärtige Feinde drängen, an die kein Bürger denkt, der mit dem Nächsten nur beschäftigt ist, und der König verlangt Beistand, dann werden sie uneins unter sich und verschwören sich gleichsam mit ihren Feinden. Weit besser ist's, sie einzuengen, daß man sie wie Kinder halten, wie Kinder zu ihrem Besten leiten kann. Glaube nur, ein Volk wird nicht alt, nicht klug, ein Volk bleibt immer kindisch.

EGMONT: Wie selten kommt ein König zu Verstand. Und sollen sich viele nicht lieber vielen vertrauen als einem, und nicht einmal dem einen, sondern den wenigen des einen, dem Volke, das an den Blicken seines Herrn altert. Das hat wohl allein das Recht, klug zu werden.

ALBA: Vielleicht eben darum, weil es sich nicht selbst überlassen ist.

EGMONT: Und darum niemand gern sich selbst überlassen

möchte. Man tue, was man will – ich habe auf deine Frage geantwortet und wiederhole: Es geht nicht! Es kann nicht gehn! Ich kenne meine Landsleute. Es sind Männer, wert, Gottes Boden zu betreten, ein jeder rund für sich ein kleiner König, fest, ruhig, fähig, treu, an alten Sitten hangend. Schwer ist's ihr Zutraun zu verdienen, leicht zu erhalten. Starr und und fest! Zu drücken sind sie, nicht zu unterdrücken.

ALBA (der sich indes einige Male umgesehen hat): Solltest du das alles in des Königs Gegenwart wiederholen?

EGMONT: Desto schlimmer, wenn mich seine Gegenwart abschreckte! Desto besser für ihn, für sein Volk, wenn er mir Mut machte, wenn er mir Zutraun einflößte, noch weit mehr zu sagen.

ALBA: Was nützlich ist, kann ich hören wie er.

EGMONT: Ich würde ihm sagen: Leicht kann der Hirt eine ganze Herde Schafe vor sich hintreiben, der Stier zieht seinen Pflug ohne Widerstand; aber dem edlen Pferde, das du reiten willst, mußt du seine Gedanken ablernen, du mußt nichts Unkluges, nichts unklug von ihm verlangen. Darum wünscht der Bürger seine alte Verfassung zu behalten, von seinen Landsleuten regiert zu sein, weil er weiß, wie er geführt wird, weil er von ihnen Uneigennütz, Teilnehmung an seinem Schicksal hoffen kann.

ALBA: Und sollte der Regent nicht Macht haben, dieses alte Herkommen zu verändern, und sollte nicht ebendies sein schönstes Vorrecht sein? Was ist bleibend auf dieser Welt? Und sollte eine Staatseinrichtung bleiben können? Muß nicht in einer Zeitfolge sich jedes Verhältnis verändern und eben darum eine alte Verfassung die Ursache von tausend Übeln werden, weil sie den gegenwärtigen Zustand des Volkes nicht umfaßt? Ich fürchte, diese alten Rechte sind darum so angenehm, weil sie Schlupfwinkel bilden, in welchen der Kluge, der Mächtige, zum Schaden des Volks, zum Schaden des Ganzen, sich verbergen oder durchschleichen kann.

EGMONT: Und diese willkürlichen Veränderungen, diese unbeschränkten Eingriffe der höchsten Gewalt, sind sie nicht Vorboten, daß einer tun will, was Tausende nicht tun sollen? Er will sich allein frei machen, jeden seiner Wünsche befriedigen, jeden seiner Gedanken ausführen zu können. Und wenn wir uns ihm, einem guten weisen König, ganz vertrauten, sagt er uns für seine Nachkommen gut, daß keiner ohne Rücksicht, ohne Schonung regieren werde? Wer rettet uns alsdann von völliger Willkür, wenn er uns seine Diener, seine Nächsten sendet, die ohne Kenntnis des Landes und seiner Bedürfnisse nach Belieben schalten und walten, keinen Widerstand finden und sich von jeder Verantwortung frei wissen?

ALBA (der sich indes wieder umgesehen hat): Es ist nichts natürlicher, als daß ein König durch sich zu herrschen gedenkt und denen seine Befehle am liebsten aufträgt, die ihn am besten verstehen, verstehen wollen, die seinen Willen unbedingt ausrichten.

EGMONT: Und ebenso natürlich ist's, daß der Bürger von dem regiert sein will, der mit ihm geboren und erzogen ist, der gleichen Begriff mit ihm von Recht und Unrecht gefaßt hat, den er als seinen Bruder ansehn kann.

ALBA: Und doch hat der Adel mit diesen seinen Brüdern sehr ungleich geteilt.

EGMONT: Das ist vor Jahrhunderten geschehen und wird jetzt ohne Neid geduldet. Würden aber neue Menschen ohne Not gesendet, die sich zum zweiten Male auf Unkosten der Nation bereichern wollten, sähe man sich einer strengen, kühnen, unbedingten Habsucht ausgesetzt; das würde eine Gärung machen, die nicht leicht in sich selbst auflöste.

ALBA: Du sagst mir, was ich nicht hören sollte. Auch ich bin fremd.

EGMONT: Daß ich dir's sage, zeigt dir, daß ich dich nicht meine.

ALBA: Und auch so wünsche ich es nicht von dir zu hören. Der König sandte mich mit Hoffnung, daß ich hier den Beistand des Adels finden würde. Der König will seinen Willen. Der König hat nach tiefer Überlegung gesehn, was dem Volke frommt; es kann nicht bleiben und gehen wie bisher. Des Königs Absicht ist: sie selbst zu ihrem eignen Besten einzuschränken, ihr eigen Heil, wenn's sein muß, ihnen aufzudringen, die schädlichen Bürger aufzuopfern, damit die übrigen Ruhe finden, des Glücks einer weisen Regierung genießen können. Dies ist sein Entschluß, diesen dem Adel kund zu machen, habe ich Befehl, und Rat verlang ich in seinem Namen, wie es zu tun sei, nicht was, denn das hat er beschlossen.

EGMONT: Leider rechtfertigen deine Worte die Furcht des Volks, die allgemeine Furcht! So hat er denn beschlossen, was kein Fürst beschließen sollte. Die Kraft seines Volks, ihr Gemüt, den Begriff, den sie von sich selbst haben, will er schwächen, niederdrücken, zerstören, um sie bequem regieren zu können. Er will den innern Kern ihrer Eigenheit verderben, gewiß in der Absicht, sie glücklicher zu machen. Er will sie vernichten, damit sie etwas werden, ein ander Etwas. O wenn seine Absicht gut ist, so wird sie mißgeleitet! Nicht dem König widersetzt man sich, man stellt sich nur dem Könige entgegen, der einen falschen Weg zu wandeln die ersten unglücklichen Schritte macht.

ALBA: Wie du gesinnt bist, scheint es ein vergebner Versuch, uns vereinigen zu wollen. Du denkst gering vom König, verächtlich von seinen Räten, wenn du zweifelst, das alles sei nicht schon gedacht, geprüft, gewogen worden. Ich habe keinen Auftrag, jedes Für und Wider noch einmal durchzugehn. Gehorsam fordr' ich von dem Volke – und von euch, ihr Ersten, Edelsten, Rat und Tat, als Bürgen dieser unbedingten Pflicht.

EGMONT: Fordr' unsre Häupter, so ist es auf einmal getan. Ob sich der Nacken diesem Joche biegen, ob er sich vor dem Beile ducken soll, kann einer edlen Seele gleich sein. Umsonst hab ich so viel gesprochen, die Luft hab ich erschüttert, weiter nichts gewonnen.

Ferdinand kommt
FERDINAND: Verzeiht, daß ich euer Gespräch unterbreche. Hier ist ein Brief, dessen Überbringer die Antwort dringend macht.
ALBA: Erlaubt mir, daß ich sehe, was er enthält.
Tritt an die Seite
FERDINAND (zu Egmont): Es ist ein schönes Pferd, das Eure Leute gebracht haben, Euch abzuholen.
EGMONT: Es ist nicht das schlimmste. Ich hab es schon eine Weile, ich denk es wegzugeben. Wenn es Euch gefällt, so werden wir vielleicht des Handels einig.
FERDINAND: Gut, wir wollen sehn.
ALBA (winkt seinem Sohne, der sich in den Grund zurückzieht).
EGMONT: Lebt wohl! entlaßt mich, denn ich wüßte bei Gott nicht mehr zu sagen.
ALBA: Glücklich hat dich der Zufall verhindert, deinen Sinn noch weiter zu verraten. Unvorsichtig entwickelst du die Falten deines Herzens und klagst dich selbst weit strenger an, als ein Widersacher gehässig tun könnte.
EGMONT: Dieser Vorwurf rührt mich nicht, ich kenne mich selbst genug und weiß, wie ich dem König angehöre: weit mehr als viele, die in seinem Dienst sich selber dienen. Ungern scheid ich aus diesem Streite, ohne ihn beigelegt zu sehen, und wünsche nur, daß uns der Dienst des Herren, das Wohl des Landes bald vereinigen möge. Es wirkt vielleicht ein wiederholtes Gespräch, die Gegenwart der übrigen Fürsten, die heute fehlen, in einem glücklichern Augenblick, was heut unmöglich scheint. Mit dieser Hoffnung entfern ich mich.
ALBA (der zugleich dem Sohne ein Zeichen gibt): Halt, Egmont! – Deinen Degen!
Die Mitteltüre öffnet sich, man sieht die Galerie mit Wache besetzt, die unbeweglich bleibt
EGMONT (der staunend eine Weile geschwiegen): Dies war die Absicht? Dazu hast du mich berufen? (Nach dem Degen greifend, als wenn er sich verteidigen wollte) Bin ich denn wehrlos?
ALBA: Der König befiehlt's, du bist mein Gefangner.
Zugleich treten von beiden Seiten Gewaffnete herein
EGMONT (nach einer Stille): Der König? – – Oranien! Oranien! (Nach einer Pause seinen Degen hingebend) So nimm ihn. Er hat weit öfter des Königs Sache verteidigt, als diese Brust beschützt.
Er geht durch die Mitteltüre ab, die Gewaffneten, die im Zimmer sind, folgen ihm, ingleichen Albas Sohn. Alba bleibt stehen, der Vorhang fällt.

FÜNFTER AUFZUG

STRASSE DÄMMRUNG
Klärchen. Brackenburg. Bürger

BRACKENBURG: Liebchen, um Gottes willen! was nimmst du vor?

KLÄRCHEN: Komm mit, Brackenburg! Du mußt die Menschen nicht kennen, wir befreien ihn gewiß. Denn was gleicht ihrer Liebe zu ihm? Jeder fühlt, ich schwöre es, in sich die brennende Begier, ihn zu retten, die Gefahr von einem kostbaren Leben abzuwenden und dem Freisten die Freiheit wiederzugeben. Komm! Es fehlt nur an der Stimme, die sie zusammenruft. In ihrer Seele lebt noch ganz frisch, was sie ihm schuldig sind! Und daß sein mächtiger Arm allein von ihnen das Verderben abhält, wissen sie. Um seinet- und ihrentwillen müssen sie alles wagen. Und was wagen wir? Zum höchsten unser Leben, das zu erhalten nicht der Mühe wert ist, wenn er umkommt.
BRACKENBURG: Unglückliche! Du siehst nicht die Gewalt, die uns mit ehrnen Banden gefesselt hat.
KLÄRCHEN: Sie scheint mir nicht unüberwindlich. Laß uns nicht lang vergebliche Worte wechseln. Hier kommen von den alten, redlichen, wackern Männern! Hört, Freunde! Nachbarn, hört! – Sagt, wie ist es mit Egmont?
ZIMMERMANN: Was will das Kind? Laß sie schweigen!
KLÄRCHEN: Tretet näher, daß wir sachte reden, bis wir einig sind und stärker. Wir dürfen nicht einen Augenblick versäumen! Die freche Tyrannei, die es wagt, ihn zu fesseln, zuckt schon den Dolch, ihn zu ermorden. O Freunde! mit jedem Schritt der Dämmrung werd ich ängstlicher. Ich fürchte diese Nacht. Kommt! Wir wollen uns teilen. Mit schnellem Lauf von Quartier zu Quartier rufen wir die Bürger heraus. Ein jeder greife zu seinen alten Waffen. Auf dem Markte treffen wir uns wieder, und unser Strom reißt einen jeden mit sich fort. Die Feinde sehen sich umringt und überschwemmt, und sind erdrückt. Was kann uns eine Handvoll Knechte widerstehn? Und er in unsrer Mitte kehrt zurück, sieht sich befreit und kann uns einmal danken, uns, die wir ihm so tief verschuldet worden. Er sieht vielleicht – gewiß er sieht das Morgenrot am freien Himmel wieder.
ZIMMERMANN: Wie ist dir, Mädchen?
KLÄRCHEN: Könnt ihr mich mißverstehn? Vom Grafen sprech ich! Ich spreche von Egmont.
JETTER: Nennt den Namen nicht! Er ist tödlich.
KLÄRCHEN: Den Namen nicht! Wie! Nicht diesen Namen? Wer nennt ihn nicht bei jeder Gelegenheit? Wo steht er nicht geschrieben? In diesen Sternen hab ich oft mit allen seinen Lettern ihn gelesen. Nicht nennen? Was soll das? Freunde! Gute, teure Nachbarn, ihr träumt, besinnt euch! Seht mich nicht so starr und ängstlich an! Blickt nicht schüchtern hie und da beiseite. Ich ruf euch ja nur zu, was jeder wünscht. Ist meine Stimme nicht eures Herzens eigne Stimme? Wer würfe sich in dieser bangen Nacht, eh er sein unruhvolles Bette besteigt, nicht auf die Knie, ihn mit ernstlichem Gebet vom Himmel zu erringen. Fragt euch einander! frage jeder sich selbst! und wer spricht mir nicht nach: Egmonts Freiheit oder den Tod!
JETTER: Gott bewahr uns, da gibt's ein Unglück.

KLÄRCHEN: Bleibt! Bleibt und drückt euch nicht vor seinem Namen weg, dem ihr euch sonst so froh entgegendrängtet! – Wenn der Ruf ihn ankündigte, wenn es hieß: Egmont kommt! Er kommt von Gent! da hielten die Bewohner der Straßen sich glücklich, durch die er reiten mußte. Und wenn ihr seine Pferde schallen hörtet, warf jeder seine Arbeit hin, und über die bekümmerten Gesichter, die ihr durchs Fenster stecktet, fuhr wie ein Sonnenstrahl von seinem Angesichte ein Blick der Freude und Hoffnung. Da hobt ihr eure Kinder auf der Türschwelle in die Höhe und deutetet ihnen: Sieh, das ist Egmont, der Größte da! Er ist's! Er ist's, von dem ihr beßre Zeiten, als eure armen Väter lebten, einst zu erwarten habt. Laßt eure Kinder nicht dereinst euch fragen: Wo ist er hin? Wo sind die Zeiten hin, die ihr verspracht? – Und so wechseln wir Worte! sind müßig, verraten ihn.

SOEST: Schämt Euch, Brackenburg! Laßt sie nicht gewähren! Steuert dem Unheil!

BRACKENBURG: Lieb Klärchen! wir wollen gehen! Was wird die Mutter sagen? Vielleicht –

KLÄRCHEN: Meinst du, ich sei ein Kind oder wahnsinnig! Was kann vielleicht? – Von dieser schrecklichen Gewißheit bringst du mich mit keiner Hoffnung weg. – Ihr sollt mich hören, und ihr werdet, denn ich seh's, ihr seid bestürzt und könnt euch selbst in eurem Busen nicht wiederfinden. Laßt durch die gegenwärtige Gefahr nur einen Blick in das Vergangne dringen, das kurz Vergangne. Wendet eure Gedanken nach der Zukunft. Könnt ihr denn leben? Werdet ihr, wenn er zugrunde geht? Mit seinem Atem flieht der letzte Hauch der Freiheit. Was war er euch? Für wen übergab er sich der dringendsten Gefahr? Seine Wunden flossen und heilten nur für euch. Die große Seele, die euch alle trug, beschränkt ein Kerker, und Schauer tückischen Mordes schweben um sie her. Er denkt vielleicht an euch, er hofft auf euch, er, der nur zu geben, nur zu erfüllen gewohnt war.

ZIMMERMANN: Gevatter, kommt.

KLÄRCHEN: Und ich habe nicht Arme, nicht Mark wie ihr; doch hab ich, was euch allen eben fehlt, Mut und Verachtung der Gefahr. Könnt euch mein Atem doch entzünden, könnt ich an meinen Busen drückend euch erwärmen und beleben! Kommt! In eurer Mitte will ich gehen! – Wie eine Fahne wehrlos ein edles Heer von Kriegern wehend anführt, so soll mein Geist um eure Häupter flammen und Liebe und Mut das schwankende zerstreute Volk zu einem fürchterlichen Heer vereinigen.

JETTER: Schaff sie beiseite, sie dauert mich. (Bürger ab)

BRACKENBURG: Klärchen! Siehst du nicht, wo wir sind?

KLÄRCHEN: Wo? Unter dem Himmel, der so oft sich herrlicher zu wölben schien, wenn der Edle unter ihm herging. Aus diesen Fenstern haben sie herausgesehn, vier, fünf Köpfe übereinander, an diesen Türen haben sie gescharrt und genickt, wenn er auf die Memmen herabsah. O ich hatte sie so lieb, wie sie ihn ehrten. Wäre er Tyrann gewesen, möchten sie vor seinem Falle seitwärts gehn. Aber sie liebten ihn! – O ihr Hände, ihr an die Mützen grifft, zum Schwert könnt ihr nicht greifen – Brackenburg, und wir? – Schelten wir sie? – Diese Arme, die ihn so oft festhielten, was tun sie für ihn? – List hat in der Welt so viel erreicht – du kennst Wege und Stege, kennst das alte Schloß. Es ist nichts unmöglich, gib mir einen Anschlag.

BRACKENBURG: Wenn wir nach Hause gingen!

KLÄRCHEN: Gut!

BRACKENBURG: Dort an der Ecke seh ich Albas Wache, laß doch die Stimme der Vernunft dir zu Herzen dringen. Hältst du mich für feig? Glaubst du nicht, daß ich um deinetwillen sterben könnte? Hier sind wir beide toll, ich so gut wie du. Siehst du nicht das Unmögliche? Wenn du dich faßtest! Du bist außer dir.

KLÄRCHEN: Außer mir! Abscheulich, Brackenburg, Ihr seid außer Euch. Da ihr laut den Held verehrtet, ihn Freund und Schutz und Hoffnung nanntet, ihm Vivat rieft, wenn er kam, da stand ich in meinem Winkel, schob das Fenster halb auf, verbarg mich lauschend, und das Herz schlug mir höher als euch allen. Jetzt schlägt mir's wieder höher als euch allen! Ihr verbergt euch, da es Not ist, verleugnet ihn und fühlt nicht, daß ihr untergeht, wenn er verdirbt.

BRACKENBURG: Komm nach Hause.

KLÄRCHEN: Nach Hause?

BRACKENBURG: Besinne dich nur! Sieh dich um! Dies sind die Straßen, die du nur sonntäglich betratst, durch die du sittsam nach der Kirche gingst; wo du übertrieben ehrbar zürntest, wenn ich mit einem freundlichen grüßenden Wort mich zu dir gesellte. Du stehst und redest, handelst vor den Augen der offnen Welt. Besinne dich, Liebe! Wozu hilft es uns?

KLÄRCHEN: Nach Hause! Ja, ich besinne mich. Komm, Brackenburg, nach Hause! Weißt du, wo meine Heimat ist? (Ab)

GEFÄNGNIS, DURCH EINE LAMPE ERHELLT, EIN RUHEBETT IM GRUNDE
Egmont allein

EGMONT: Alter Freund! immer getreuer Schlaf, fliehst du mir auch wie die übrigen Freunde? Wie willig senktest du dich auf mein freies Haupt herunter und kühltest, wie ein schöner Myrtenkranz der Liebe, meine Schläfe. Mitten unter Waffen, auf der Woge des Lebens ruht ich leicht atmend, wie ein aufquellender Knabe in deinen Armen. Wenn Stürme durch Zweige und Blätter sausten, sich Ast und Wipfel knirrend bewegten, blieb innerst doch der Kern des Herzens ungeregt. Was schüttelt dich nun? Was erschüttert den festen, treuen Sinn? Ich fühl's, es ist der Klang der Mordaxt, die an meiner Wurzel nascht. Noch steh ich aufrecht, und ein innrer Schauer durchfährt mich. Ja, sie überwindet, die verräterische Gewalt, sie untergräbt den festen hohen Stamm, und eh die Rinde dorrt, stürzt krachend und zerschmetternd deine Krone.

Warum denn jetzt, der du so oft gewaltge Sorgen gleich Seifenblasen dir vom Haupte weggewiesen, warum vermagst du nicht die Ahnung zu verscheuchen, die tausendfach in dir sich auf und nieder treibt? Seit wann begegnet der Tod dir fürchterlich, mit dessen wechselnden Bildern wie mit den übrigen Gestalten der gewohnten Erde du gelassen lebtest? – Auch ist er's nicht, der rasche Feind, dem die gesunde Brust wetteifernd sich entgegensehnt, der Kerker ist's, des Grabes Vorbild, dem Helden wie dem Feigen widerlich. Unleidlich ward mir's schon auf meinem gepolsterten Stuhle, wenn in stattlicher Versammlung die Fürsten, was leicht zu entscheiden war, mit wiederkehrenden Gesprächen überlegten, und zwischen düstern Wänden eines Saals die Balken der Decke mich erdrückten. Da eilt ich fort, sobald es möglich war, und rasch aufs Pferd mit tiefem Atemzug. Und frisch hinaus, da wo wir hingehören, ins Feld, wo aus der Erde dampfend jede nächste Wohltat der Natur und durch die Himmel wehend alle Segen der Gestirne einhüllend uns umwittern; wo wir, dem erdgebornen Riesen gleich, von der Berührung unsrer Mutter kräftiger uns in die Höhe reißen; wo wir die Menschheit ganz und menschliche Begier in allen Adern fühlen; wo das Verlangen, vorzudringen, zu besiegen, zu erhaschen, seine Faust zu brauchen, zu besitzen, zu erobern, durch die Seele des jungen Jägers glüht; wo der Soldat sein angeboren Recht auf alle Welt mit raschem Schritt sich anmaßt und in fürchterlicher Freiheit wie ein Hagelwetter durch Wiese, Feld und Wald verderbend streicht und keine Grenzen kennt, die Menschenhand gezogen.

Du bist nur Bild, Erinnrungstraum des Glücks, das ich so lang besessen – wo hat dich das Geschick verrätrisch hingeführt? Versagt es dir den nie gescheuten Tod vorm Angesicht der Sonne rasch zu gönnen, um dir des Grabes Vorgeschmack im eklen Moder zu bereiten? Wie haucht er mich aus diesen Steinen widrig an! Schon starrt das Leben, und vorm Ruhebette wie vor dem Grabe scheut der Fuß. –

O Sorge! Sorge! die du vor der Zeit den Mord beginnst, laß ab! – Seit wann ist Egmont denn allein, so ganz allein in dieser Welt? Dich macht der Zweifel hilflos, nicht das Glück. Ist die Gerechtigkeit des Königs, der du lebenslang vertraut, ist der Regentin Freundschaft, die fast (du darfst es dir gestehn), fast Liebe war, sind sie auf einmal wie ein glänzend Feuerbild der Nacht verschwunden, und lassen dich allein auf dunklem Pfad zurück? Wird an der Spitze deiner Freunde Oranien nicht wagend sinnen? Wird nicht ein Volk sich sammeln und mit anschwellender Gewalt den alten Freund rächend erretten?

O haltet, Mauern, die ihr mich einschließt, so vieler Geister wohlgemeintes Drängen nicht von mir ab, und welcher Mut aus meinen Augen sonst sich über sie belebend ergoß, der kehre nun aus ihren Herzen in meines wieder. O ja, sie rühren sich zu Tausenden, sie kommen, stehen mir zur Seite! Ihr frommer Wunsch eilt dringend zu dem Himmel, er bittet um ein Wunder. Und steigt zu meiner Rettung nicht ein Engel nieder, so seh ich sie nach Lanz und Schwertern greifen. Die Tore spalten sich, die Gitter springen, die Mauer stürzt vor ihren Händen ein, und der Freiheit des einbrechenden Tages steigt Egmont fröhlich entgegen. Wie manch bekannt Gesicht empfängt mich jauchzend! Ach Klärchen, wärst du Mann, so säh ich dich gewiß auch hier zuerst und dankte dir, was einem Könige zu danken hart ist, Freiheit.

KLÄRCHENS HAUS
Klärchen kommt mit einer Lampe und einem Glas Wasser aus der Kammer, sie setzt das Glas auf den Tisch und tritt ans Fenster
KLÄRCHEN: Brackenburg? Seid Ihr's? Was hört ich denn? noch niemand? Es war niemand! Ich will die Lampe ins Fenster setzen, daß er sieht, ich wache noch, ich warte noch auf ihn. Er hat mir Nachricht versprochen, Nachricht! Entsetzliche Gewißheit! – Egmont verurteilt! – Welch Gericht darf ihn fordern? Und sie verdammen ihn! Der König verdammt ihn? oder der Herzog? Und die Regentin entzieht sich! Oranien zaudert und alle seine Freunde! – Ist dies die Welt, von deren Wankelmut, Unzuverlässigkeit ich viel gehört und nichts empfunden? Ist dies die Welt? – Wer wäre bös genug, den Teuren anzufeinden? Wäre Bosheit mächtig genug, den allgemein Erkannten schnell zu stürzen? Doch ist es so – es ist! – O Egmont, sicher hielt ich dich vor Gott und Menschen, wie in meinen Armen! Was war ich dir? Du hast mich dein genannt, mein ganzes Leben widmet ich deinem Leben. Was bin ich nun? Vergebens streck ich nach der Schlinge, die dich faßt, die Hand aus. Du hilflos, und ich frei! – Hier ist der Schlüssel zu meiner Tür. An meiner Willkür hängt mein Gehen und mein Kommen, und dir bin ich zu nichts! – – O bindet mich, damit ich nicht verzweifle, und werft mich in den tiefsten Kerker, daß ich das Haupt an feuchte Mauern schlage, nach Freiheit winsle, träume, wie ich ihm helfen wollte, wenn Fesseln mich nicht lähmten, wie ich ihm helfen würde. – Nun bin ich frei! Und in der Freiheit liegt die Angst der Ohnmacht. – Mir selbst bewußt, nicht fähig, ein Glied nach seiner Hilfe zu rühren. Ach leider, auch der kleine Teil von deinem Wesen, dein Klärchen, ist wie du gefangen und regt getrennt in Todeskampfe nur die letzten Kräfte. – Ich höre schleichen, husten – Brackenburg – er ist's! – Elender guter Mann, dein Schicksal bleibt sich immer gleich: dein Liebchen öffnet dir die nächtliche Türe, und ach! zu welch unseliger Zusammenkunft.

Brackenburg tritt auf
KLÄRCHEN: Du kommst so bleich und schüchtern, Brakkenburg, was ist's?
BRACKENBURG: Durch Umwege und Gefahren such ich dich auf. Die großen Straßen sind besetzt, durch Gäßchen und durch Winkel hab ich mich zu dir gestohlen.
KLÄRCHEN: Erzähl, wie ist's?

BRACKENBURG (indem er sich setzt): Ach Kläre, laß mich weinen. Ich liebt ihn nicht. Er war der reiche Mann und lockte des Armen einziges Schaf zur bessern Weide herüber. Ich hab ihn nie verflucht, Gott hat mich treu geschaffen und weich. In Schmerzen floß mein Leben von mir nieder, und zu verschmachten hofft ich jeden Tag.
KLÄRCHEN: Vergiß das, Brackenburg! Vergiß dich selbst. Sprich mir von ihm! Ist's wahr! Ist er verurteilt?
BRACKENBURG: Er ist's, ich weiß es ganz genau.
KLÄRCHEN: Und lebt noch?
BRACKENBURG: Ja, er lebt noch.
KLÄRCHEN: Wie willst du das versichern? – Die Tyrannei ermordet in der Nacht den Herrlichen! Vor allen Augen verborgen fließt sein Blut. Ängstlich im Schlafe liegt das betäubte Volk und träumt von Rettung, träumt ihres ohnmächtigen Wunsches Erfüllung – indes, unwillig über uns, sein Geist die Welt verläßt. Er ist dahin! – Täusche mich nicht! dich nicht.
BRACKENBURG: Nein gewiß, er lebt! – Und leider es bereitet der Spanier dem Volke, das zertreten will, ein fürchterliches Schauspiel, gewaltsam jedes Herz, das nach der Freiheit sich regt, auf ewig zu zerknirschen.
KLÄRCHEN: Fahr fort und sprich gelassen auch mein Todesurteil aus! Ich wandle den seligen Gefilden schon näher und näher, mir weht der Trost aus jenen Gegenden des Friedens schon herüber. Sag an.
BRACKENBURG: Ich konnt es an den Wachen merken, aus Reden, die bald da bald dort fielen, daß auf dem Markte geheimnisvoll ein Schrecknis zubereitet werde. Ich schlich durch Seitenwege, durch bekannte Gänge nach meines Vettern Haus und sah aus einem Hinterfenster nach dem Markte. – Es wehten Fackeln in einem weiten Kreise spanischer Soldaten hin und wider. Ich schärfte mein ungewohntes Auge, und aus der Nacht stieg mir ein schwarzes Gerüst entgegen, geräumig, hoch – mir grauste vor dem Anblick. Geschäftig waren viele rings umher bemüht, was noch Holzwerk weiß und sichtbar war, mit schwarzem Tuch einhüllend zu verkleiden. Die Treppen deckten sie zuletzt auch schwarz, ich sah es wohl. Sie schienen die Weihe eines gräßlichen Opfers vorbereitend zu begehn. Ein weißes Kruzifix, das durch die Nacht wie Silber blinkte, ward an der einen Seite hoch aufgesteckt. Ich sah, und sah die schreckliche Gewißheit immer gewisser. Noch wankten Fackeln hie und da herum, allmählich wichen sie und loschen. Auf einmal war die scheußliche Geburt der Nacht in ihrer Mutter Schoß zurückgekehrt.
KLÄRCHEN: Still, Brackenburg! Nun still! Laß diese Hülle auf meiner Seele ruhn. Verschwunden sind die Gespenster, und du, holde Nacht, leih deinen Mantel der Erde, die in sich gärt; sie trägt nicht länger die abscheuliche Last, reist ihre tiefen Spalten grausend auf und knirscht das Mordgerüst hinunter. Und irgendeinen Engel sendet der Gott, den sie zum Zeugen ihrer Wut geschändet: vor des Boten heiliger Berührung lösen sich Riegel und Bande, und er umgießt den Freund mit mildem Schimmer, er führt ihn durch die Nacht zur Freiheit sanft und still. Und auch mein Weg geht heimlich in dieser Dunkelheit, ihm zu begegnen.
BRACKENBURG (sie aufhaltend): Mein Kind, wohin? Was wagst du?
KLÄRCHEN: Leise, Lieber, daß niemand erwache! Daß wir uns selbst nicht wecken! Kennst du dies Fläschchen, Brackenburg? ich nahm dir's scherzend, als du mit übereiltem Tod oft ungeduldig drohtest – – und nun, mein Freund –
BRACKENBURG: In aller Heiligen Namen!
KLÄRCHEN: Du hinderst nichts. Tod ist mein Teil! Und gönne mir den sanften schnellen Tod, den du dir selbst bereitetest. Gib mir deine Hand! – Im Augenblick, da ich die dunkle Pforte eröffne, aus der kein Rückweg ist, könnt ich mit diesem Händedruck dir sagen: wie sehr ich dich geliebt, wie sehr ich dich bejammert. Mein Bruder starb mir jung, dich wählt ich, seine Stelle zu ersetzen; es widersprach dein Herz und quälte sich und mich, verlangtest heiß und immer heißer, was dir nicht beschieden war. Vergib mir und leb wohl. Laß mich dich Bruder nennen! Es ist ein Name, der viel Namen in sich faßt. Nimm die letzte schöne Blume der Scheidenden mit treuem Herzen ab – nimm diesen Kuß – der Tod vereinigt alles, Brackenburg, uns denn auch.
BRACKENBURG: So laß mich mit dir sterben! Teile! Teile! Es ist genug, zwei Leben auszulöschen.
KLÄRCHEN: Bleib! Du sollst leben, du kannst leben. – Steh meiner Mutter bei, die ohne dich in Armut sich verzehren würde. Sei ihr, was ich ihr nicht mehr sein kann, lebt zusammen, und beweint mich. Beweint das Vaterland und den, der es allein erhalten konnte. Das heutige Geschlecht wird diesen Jammer nicht los, die Wut der Rache selbst vermag ihn nicht zu tilgen. Lebt, ihr Armen, die Zeit noch hin, die keine Zeit mehr ist. Heut steht die Welt auf einmal still; es stockt ihr Kreislauf, und mein Puls schlägt kaum noch wenige Minuten! Leb wohl!
BRACKENBURG: O lebe du mit uns, wie wir für dich allein! Du tötetst uns in dir, o leb und leide. Wir wollen unzertrennlich dir zu beiden Seiten stehn, und immer achtsam soll die Liebe den schönsten Trost in ihren lebendigen Armen dir bereiten. Sei unser! Unser! Ich darf nicht sagen mein.
KLÄRCHEN: Leise, Brackenburg, du fühlst nicht, was du rührst. Wo Hoffnung dir erscheint, ist mir Verzweiflung.
BRACKENBURG: Teile mit den Lebendigen die Hoffnung! Verweile am Rande des Abgrunds, schau hinab und sieh auf uns zurück.
KLÄRCHEN: Ich hab überwunden, ruf mich nicht wieder zum Streit.
BRACKENBURG: Du bist betäubt, gehüllt in Nacht suchst du die Tiefe. Noch ist nicht jedes Licht verloschen, noch mancher Tag –!
KLÄRCHEN: Weh! über dich Weh! Weh! grausam zerreißest du den Vorhang vor meinem Auge. Ja, er wird

grauen, der Tag! vergebens alle Nebel um sich ziehn und wider Willen grauen! Furchtsam schaut der Bürger aus seinem Fenster, die Nacht läßt einen schwarzen Flecken zurück, er schaut, und fürchterlich wächst im Lichte das Mordgerüst – Neu leidend wendet das entweihte Gottesbild sein flehend Aug zum Vater auf. Die Sonne wagt sich nicht hervor, sie will die Stunde nicht bezeichnen, in der er sterben soll. Träg gehn die Zeiger ihren Weg, und eine Stunde schlägt der andern schlägt. Halt! Halt! nun ist es Zeit! mich scheucht des Morgens Ahnung in das Grab.
Sie tritt ans Fenster, als sähe sie sich um, und trinkt heimlich
BRACKENBURG: Kläre! Kläre!
KLÄRCHEN (Sie geht nach dem Tische und trinkt das Wasser): Hier ist der Rest! Ich locke dich nicht nach. Tu was du darfst, leb wohl! Lösche diese Lampe still und ohne Zaudern, ich geh zur Ruhe. Schleiche dich sachte weg, ziehe die Türe nach dir zu. Still! Wecke meine Mutter nicht! Geh, rette dich! Rette dich! Wenn du nicht mein Mörder scheinen willst. (Ab)
BRACKENBURG: Sie läßt mich zum letzten Male wie immer. O könnte eine Menschenseele fühlen, wie sie ein liebend Herz zerreißen kann. Sie läßt mich stehn, mich selber überlassen; und Tod und Leben ist mir gleich verhaßt. – Allein zu sterben! – Weint, ihr Liebenden! Kein härter Schicksal ist als meins! Sie teilt mit mir den Todestropfen und schickt mich weg! von ihrer Seite weg. Sie zieht mich nach und stößt ins Leben mich zurück. O Egmont, welch preiswürdig Los fällt dir! Sie geht voran, den Kranz des Siegs aus ihrer Hand ist dein, sie bringt den ganzen Himmel dir entgegen! Und soll ich folgen? wieder seitwärts stehn? den unauslöschlichen Neid in jene Wohnungen hinübertragen? – Auf Erden ist kein Bleiben mehr für mich, und Höll und Himmel bieten gleiche Qual. Wie wäre der Vernichtung Schreckenshand dem Unglückseligen willkommen!
Brackenburg geht ab, das Theater bleibt einige Zeit unverändert. Eine Musik, Klärchens Tod bezeichnend, beginnt; die Lampe, welche Brackenburg auszulöschen vergessen, flammt noch einige Male auf, dann verlischt sie. Bald verwandelt sich der Schauplatz in das

GEFÄNGNIS

Egmont liegt schlafend auf dem Ruhebette. Es entsteht ein Gerassel von Schlüsseln, und die Türe tut sich auf, Diener mit Fackeln treten herein; ihnen folgt Ferdinand, Albas Sohn, und Silva, beleitet von Gewaffneten. Egmont fährt aus dem Schlafe auf

EGMONT: Wer seid ihr, die ihr mir unfreundlich den Schlaf von den Augen schüttelt? Was künden eure trotzigen, unsichern Blicke mir an? Warum diesen fürchterlichen Aufzug? Welchen Schreckenstraum kommt ihr der halberwachten Seele vorzulügen?
SILVA: Uns schickt der Herzog, dir dein Urteil anzukündigen.
EGMONT: Bringst du den Henker auch mit, es zu vollziehn?
SILVA: Vernimm es; so wirst du wissen, was deiner wartet.
EGMONT: So ziemt es euch und euerm schändlichen Beginnen! In Nacht gebrütet und in Nacht vollführt. So mag diese freche Tat der Ungerechtigkeit sich verbergen! – Tritt kühn hervor, der du das Schwert verhüllt unter dem Mantel trägst – hier ist mein Haupt, das freiste, das je die Tyrannei vom Rumpf gerissen.
SILVA: Du irrst! Was gerechte Richter beschließen, werden sie vorm Angesicht des Tages nicht verbergen.
EGMONT: So übersteigt die Frechheit jeden Begriff und Gedanken.
SILVA (nimmt einem Dabeistehenden das Urteil ab, entfaltet's und liest): „Im Namen des Königs, und kraft besonderer von Seiner Majestät uns übertragnen Gewalt, alle seine Untertanen, wes Standes sie seien, zugleich die Ritter des goldnen Vließes zu richten, erkennen wir –"
EGMONT: Kann die der König übertragen?
SILVA: „Erkennen wir, nach vorgängiger genauer, gesetzlicher Untersuchung, dich Heinrichen Grafen Egmont, Prinzen von Gaure, des Hochverrates schuldig, und sprechen das Urteil: daß du mit der Frühe des einbrechenden Morgens aus dem Kerker auf den Markt geführt und dort, vorm Angesicht des Volks, zur Warnung aller Verräter mit dem Schwerte vom Leben zum Tode gebracht werden solltest. Gegeben Brüssel am ...
Datum und Jahreszahl werden undeutlich gelesen, so daß sie der Zuhörer nicht versteht
Ferdinand, Herzog von Alba,
Vorsitzer des Gerichts der Zwölfe."
Du weißt nun dein Schicksal; es bleibt dir wenige Zeit, dich drein zu ergeben, dein Haus zu bestellen und von den Deinigen Abschied zu nehmen.
Silva mit dem Gefolge geht ab.
Es bleibt Ferdinand und zwei Fackeln; das Theater ist mäßig erleuchtet
EGMONT (hat eine Weile, in sich versenkt, stille gestanden und Silva, ohne sich umzusehn, abgehen lassen. Er glaubt sich allein, und da er die Augen aufhebt, erblickt er Albas Sohn): Du stehst und bleibst? Willst du mein Erstaunen, mein Entsetzen noch durch deine Gegenwart vermehren? Willst du noch etwa die willkomme Botschaft deinem Vater bringen, daß ich unmännlich verzweifle! Geh! Sag ihm! sag ihm, daß er weder mich noch die Welt belügt. Ihm, dem Ruhmsüchtigen, wird man es erst hinter den Schultern leise lispeln, dann laut und lauter sagen, und wenn er einst von diesem Gipfel herabsteigt, werden tausend Stimmen es ihm entgegenrufen: Nicht das Wohl des Staats, nicht die Würde des Königs, nicht die Ruhe der Provinzen haben ihn hierher gebracht. Um sein selbst willen hat er Krieg geraten, daß der Krieger im Kriege gelte; er hat diese ungeheure Verwirrung erregt, damit man seiner bedürfe. Und ich falle, ein Opfer seines niedrigen Hasses, seines

kleinlichen Neides. Ja, ich weiß es, und ich darf es sagen, der Sterbende, der tödlich Verwundete kann es sagen: mich hat der Eingebildete beneidet, mich wegzutilgen hat er lang gesonnen und gedacht.

Schon damals, als wir noch jünger mit Würfeln spielten, die Haufen Goldes, einer nach dem andern, von seiner Seite zu mir herübereilten, da stand er grimmig, log Gelassenheit, und innerlich verzehrt' ihn die Ärgernis, mehr über mein Glück als über seinen Verlust. Noch erinnre ich mich des funkelnden Blickes, der verräterischen Blässe, als wir an einem öffentlichen Feste vor vielen tausend Menschen um die Wette schossen. Er forderte mich auf, und beide Nationen standen, die Spanier, die Niederländer, wetteten und wünschten. Ich überwand ihn, seine Kugel irrte, die meine traf, ein lauter Freudenschrei der Meinigen durchbrach die Luft. Nun trifft mich sein Geschoß. Sag ihm, daß ich's weiß, daß ich ihn kenne, daß die Welt jede Siegeszeichen verachtet, die ein kleiner Geist erschleichend sich aufrichtet. Und du, wenn einem Sohne möglich ist, von der Sitte des Vaters zu weichen, übe beizeiten die Scham, indem du dich für den schämst, den du gerne von ganzem Herzen verehren möchtest.

FERDINAND: Ich höre dich, ohne dich zu unterbrechen! Deine Vorwürfe lasten wie Keulenschläge auf einen Helm, ich fühle die Erschütterung, aber ich bin bewaffnet. Du triffst mich, du verwundest mich nicht: fühlbar ist mir allein der Schmerz, der mir den Busen zerreißt. Wehe mir! Wehe! Zu einem solchen Anblick bin ich aufgewachsen, zu einem solchen Schauspiele bin ich gesendet!

EGMONT: Du brichst in Klagen aus? Was rührt, was bekümmert dich? Ist es eine späte Reue, daß du der schändlichen Verschwörung deinen Dienst geliehen? Du bist so jung und hast ein glückliches Ansehen. Du warst so zutraulich, so freundlich gegen mich, solang ich dich sah, war ich mit deinem Vater versöhnt. Und ebenso verstellt, verstellter als er, lockst du mich in das Netz. Du bist der Abscheuliche! Wer ihm traut, mag er es auf seine Gefahr tun; wer fürchtete Gefahr, dir zu vertrauen? Geh! Geh! Raube mir nicht die wenigen Augenblicke! Geh, daß ich mich sammle, die Welt und dich zuerst vergesse!

FERDINAND: Was soll ich dir sagen? Ich stehe und sehe dich an, und sehe dich nicht und fühle mich nicht. Soll ich mich entschuldigen? Soll ich dich versichern, daß ich erst spät, erst ganz zuletzt des Vaters Absichten erfuhr, daß ich als ein gezwungenes, lebloses Werkzeug seines Willens handelte. Was fruchtet's, welche Meinung du von mir haben magst? Du bist verloren, und ich Unglücklicher stehe nur da, um dich's zu versichern, dich zu bejammern.

EGMONT: Welche sonderbare Stimme, welch ein unerwarteter Trost begegnet mir auf dem Weg zum Grabe! Du, Sohn meines ersten, meines fast einzigen Feindes, du bedauerst mich, du bist nicht unter meinen Mördern? Sag, rede! Für wen soll ich dich halten?

FERDINAND: Grausamer Vater! Ja ich erkenne dich in diesem Befehle! Du kanntest mein Herz, meine Gesinnung, die du so oft als Erbteil einer zärtlichen Mutter schaltest. Mich dir gleich zu bilden, sandtest du mich hierher. Diesen Mann am Rande des gähnenden Grabes, in der Gewalt eines willkürlichen Todes zu sehen, zwingst du mich, daß ich den tiefsten Schmerz empfinde, daß ich taub gegen alles Schicksal, daß ich unempfindlich werde, es geschehe mir, was wolle.

EGMONT: Ich erstaune! Fasse dich! Stehe, rede wie ein Mann!

FERDINAND: O daß ich ein Weib wäre! Daß man mir sagen könnte: was rührt dich? was ficht dich an? Sage mir ein größeres, ein ungeheureres Übel, mache mich zum Zeugen einer schrecklicheren Tat – ich will dir danken, ich will sagen: es war nichts.

EGMONT: Du verlierst dich. Wo bist du?

FERDINAND: Laß diese Leidenschaft rasen, laß mich losgebunden klagen! Ich will nicht standhaft scheinen, wenn alles in mir zusammenbricht. Dich soll ich hier sehn? – Dich – es ist entsetzlich! du verstehst mich nicht! Und sollst du mich verstehn? Egmont! Egmont! (Ihm um den Hals fallend)

EGMONT: Löse mir das Geheimnis.

FERDINAND: Kein Geheimnis.

EGMONT: Wie bewegt dich so tief das Schicksal eines fremden Mannes?

FERDINAND: Nicht fremd! Du bist mir nicht fremd. Dein Name war's, der mir in meiner ersten Jugend gleich einem Stern des Himmels entgegenleuchtete. Wie oft hab ich nach dir gehorcht, gefragt! Des Kindes Hoffnung ist der Jüngling, des Jünglings der Mann. So bist du vor mir her geschritten, immer vor, und ohne Neid sah ich dich vor, und schritt dir nach, und fort und fort. Nun hofft ich endlich dich zu sehen, und sah dich, und mein Herz flog dir entgegen. Dich hatt ich mir bestimmt und wählte dich aufs neue, da ich dich sah. Nun hofft ich erst, mit dir zu sein, mit dir zu leben, dich zu fassen, dich – Das ist nun alles weggeschnitten, und ich sehe dich hier!

EGMONT: Mein Freund, wenn es dir wohltun kann, so nimm die Versicherung, daß im ersten Augenblick mein Gemüt dir entgegenkam. Und höre mich, laß uns ein ruhiges Wort untereinander wechseln. Sage mir: ist es der strenge, ernste Wille deines Vaters, mich zu töten?

FERDINAND: Er ist's.

EGMONT: Dieses Urteil wäre nicht ein leeres Schreckbild, mich zu ängstigen, durch Furcht und Drohung zu strafen, mich zu erniedrigen und dann mit königlicher Gnade mich wieder aufzuheben?

FERDINAND: Nein, ach leider nein! Anfangs schmeichelte ich mir mit dieser ausweichenden Hoffnung, und schon da empfand ich Angst und Schmerz, dich in diesem Zustande zu sehen. Nun ist es wirklich, ist gewiß. Nein, ich regiere mich nicht. Wer gibt mir eine Hilfe, wer einen Rat, dem Unvermeidlichen zu entgehen?

EGMONT: So höre mich! Wenn deine Seele so gewaltsam

dringt, mich zu retten, wenn du die Übermacht verabscheust, die mich gefesselt hält, so rette mich! Die Augenblicke sind kostbar. Du bist des Allgewaltigen Sohn, und selbst gewaltig – Laß uns entfliehen! Ich kenne die Wege, die Mittel können dir nicht unbekannt sein. Nur diese Mauern, nur wenige Meilen entfernen mich von meinen Freunden. Löse diese Bande, bringe mich zu ihnen und sei unser. Gewiß, der König dankt dir dereinst meine Rettung. Jetzt ist er überrascht, und vielleicht ist ihm alles unbekannt. Dein Vater wagt, und die Majestät muß das Geschehne billigen, wenn sie sich auch davor entsetzt. Du denkst? O denke mir den Weg der Freiheit aus! Sprich, und nähre die Hoffnung der lebendigen Seele.

FERDINAND: Schweig! o schweige! Du vermehrst mit jedem Worte meine Verzweiflung. Hier ist kein Ausweg, kein Rat, keine Flucht. – Das quält mich, das greift und faßt mir wie mit Klauen die Brust. Ich habe selbst das Netz zusammengezogen, ich kenne die strengen festen Knoten, ich weiß, wie jeder Kühnheit, jeder List die Wege verrennt sind, ich fühle mich mit dir und mit den andern gefesselt. Würde ich klagen, hätte ich nicht alles versucht? Zu seinen Füßen habe ich gelegen, geredet und gebeten. Er schickte mich hierher, um alles, was von Lebenslust und Freude mit mir lebt, in diesem Augenblicke zu zerstören.

EGMONT: Und keine Rettung?

FERDINAND: Keine!

EGMONT (mit dem Fuße stampfend): Keine Rettung! – – Süßes Leben! schöne, freundliche Gewohnheit des Daseins und Wirkens, von dir soll ich scheiden? So gelassen scheiden! Nicht im Tumulte der Schlacht, unter dem Geräusch der Waffen, in der Zerstreuung des Getümmels gibst du mir ein flüchtiges Lebewohl, nimmst keinen eiligen Abschied, verkürzest nicht den Augenblick der Trennung. Ich soll deine Hand fassen, dir noch einmal in die Augen sehn, deine Schöne, deinen Wert recht lebhaft fühlen und dann mich entschlossen losreißen und sagen: Fahre hin.

FERDINAND: Und ich soll daneben stehn, zusehn, dich nicht halten, nicht hindern können! O welche Stimme reichte zur Klage! Welches Herz flösse nicht aus seinen Banden vor diesem Jammer!

EGMONT: Fasse dich!

FERDINAND: Du kannst dich fassen, du kannst entsagen, den schweren Schritt an der Hand der Notwendigkeit heldenmäßig gehn. Was kann ich? Was soll ich? Du überwindest dich selbst und uns, du überstehst, ich überlebe dich und mich selbst. Bei der Freude des Mahls hab ich mein Licht, im Getümmel der Schlacht meine Fahne verloren. Schal, verworren, trüb scheint mir die Zukunft.

EGMONT: Junger Freund, den ich durch ein sonderbares Schicksal zugleich gewinne und verliere, der für mich die Todesschmerzen empfindet, für mich leidet – sieh mich in diesen Augenblicken an, du verlierst mich nicht. War dir mein Leben ein Spiegel, in welchem du dich gerne betrachtest, so sei es auch mein Tod. Die Menschen sind nicht nur zusammen, wenn sie beisammen sind; auch der Entfernte, der Abgeschiedne lebt uns. Ich lebe dir, und habe mir genug gelebt. Eines jeden Tages hab ich mich gefreut, an jedem Tage mit rascher Wirkung meine Pflicht getan, wie mein Gewissen mir sie zeigte. Nun endigt sich das Leben, wie es sich früher, früher, schon auf dem Sande von Gravelingen hätte endigen können. Ich höre auf zu leben, aber ich habe gelebt; so leb auch du, mein Freund, gern und mit Lust, und scheue den Tod nicht.

FERDINAND: Du hättest dich für uns erhalten können. Du hast dich selber getötet. Oft hört ich, wenn kluge Männer über dich sprachen, feindselige, wohlwollende, sie stritten lang über deinen Wert; doch endlich vereinigten sie sich, keiner wagt' es zu leugnen, jeder gestand: ja, er wandelt einen gefährlichen Weg. Wie oft wünscht ich, dich warnen zu können! Hattest du denn keine Freunde`

EGMONT: Ich war gewarnt.

FERDINAND: Und wie ich punktweis alle diese Beschuldigungen wieder in der Anklage fand und deine Antworten! Gut genug, dich zu entschuldigen, nicht triftig genug, dich von der Schuld zu befreien –

EGMONT: Dies sei beiseitegelegt. Es glaubt der Mensch sein Leben zu leiten, sich selbst zu führen, und sein Innerstes wird unwiderstehlich nach seinem Schicksale gezogen. Laß uns darüber nicht sinnen, dieser Gedanken entschlag ich mich leicht. Schwerer der Sorge für dieses Land, doch auch dafür wird gesorgt sein. Kann mein Blut für viele fließen, meinem Volke Frieden bringen, so fließt es willig. Leider wird's nicht so werden. Doch es ziemt dem Menschen nicht mehr zu grübeln, wo er nicht mehr wirken soll. Kannst du die verderbende Gewalt deines Vaters aufhalten, lenken, so tu's. Wer wird das können? – Leb wohl.

FERDINAND: Ich kann nicht gehn.

EGMONT: Laß meine Leut dir aufs beste empfohlen sein. Ich habe gute Menschen zu Dienern: daß sie nicht zerstreut, nicht unglücklich werden. Wie steht es um Richard, meinen Schreiber?

FERDINAND: Er ist dir vorangegangen. Sie haben ihn als Mitschuldigen des Hochverrats enthauptet.

EGMONT: Arme Seele. -- Noch eins, und dann leb wohl, ich kann nicht mehr. Was auch den Geist gewaltsam beschäftigt, fordert die Natur zuletzt unwiderstehlich ihre Rechte, und wie ein Kind, umwunden von der Schlange, des erquickenden Schlafs genießt, so legt der Müde sich noch einmal vor der Pforte des Todes nieder und ruht tief aus, als ob er einen weiten Weg zu wandern hätte. – Noch eins – Ich kenne ein Mädchen: du wirst sie nicht verachten, weil sie mein war. Nun ich sie dir empfehle, sterb ich ruhig. Du bist ein edler Mann; ein Weib, das den findet, ist geborgen. Lebt mein alter Adolf? ist er frei?

FERDINAND: Der muntre Greis, der Euch zu Pferde immer begleitete?

EGMONT: Derselbe.
FERDINAND: Er lebt, er ist frei.
EGMONT: Er weiß ihre Wohnung, laß dich von ihm führen und lohn ihm bis an sein Ende, daß er dir den Weg zu diesem Kleinod zeigt. – Leb wohl!
FERDINAND: Ich gehe nicht.
EGMONT (ihn nach der Tür drängend): Leb wohl!
FERDINAND: O laß mich noch!
EGMONT: Freund, keinen Abschied.
Er begleitet Ferdinanden bis an die Türe und reißt sich dort von ihm los
Ferdinand, betäubt, entfernt sich eilend
EGMONT (allein): Feindseliger Mann! Du glaubtest mir diese Wohltat nicht durch deinen Sohn zu erzeigen. Durch ihn bin ich der Sorgen los und der Schmerzen, der Furcht und jedes ängstlichen Gefühls. Sanft und dringend fordert die Natur ihren letzten Zoll. Es ist vorbei, es ist beschlossen, und was die letzte Nacht mich ungewiß auf meinem Lager wachend hielt, das schläfert nun mit unbezwinglicher Gewißheit meine Sinnen ein.
Er setzt sich aufs Ruhebett. Musik
Süßer Schlaf! Du kommst wie ein reines Glück ungebeten, unerfleht am willigsten. Du lösest die Knoten der strengen Gedanken, vermischest alle Bilder der Freude und des Schmerzes, ungehindert fließt der Kreis innerer Harmonien, und eingehüllt in gefälligen Wahnsinn, versinken wir und hören auf zu sein.
Er entschläft, die Musik begleitet seinen Schlummer. Hinter seinem Lager scheint sich die Mauer zu eröffnen, eine glänzende Erscheinung zeigt sich. Die Freiheit in himmlischem Gewand, von einer Klarheit umflossen, ruht auf einer Wolke. Sie hat die Züge von Klärchen und neigt sich gegen den schlafenden Helden. Sie drückt eine bedauernde Empfindung aus, sie scheint ihn zu beklagen. Bald faßt sie sich, und mit aufmunternder Gebärde zeigt sie ihm das Bündel Pfeile, dann den Stab mit dem Hute. Sie heißt ihn froh sein, und indem sie ihm bedeutet, daß sein Tod den Provinzen die Freiheit verschaffen werde, erkennt sie ihn als Sieger und reicht ihm einen Lorbeerkranz. Wie sie sich mit dem Kranze dem Haupte nahet, macht Egmont eine Bewegung wie einer, der sich im Schlafe rührt, dergestalt, daß er mit dem Gesicht aufwärts gegen sie zu liegen kommt. Sie hält den Kranz über seinem Haupte schwebend; man hört ganz von weitem eine kriegerische Musik von Trommeln und Pfeifen; bei dem leisesten Laut derselben verschwindet die Erscheinung. Der Schall wird stärker. Egmont erwacht. Das Gefängnis wird vom Morgen mäßig erhellt. Seine erste Bewegung ist, nach dem Haupte zu greifen, er steht auf und sieht sich um, indem er die Hand auf dem Haupte behält
Verschwunden ist der Kranz! Du schönes Bild, das Licht des Tages hat dich verscheucht! Ja sie waren's, sie waren vereint, die beiden süßten Freuden meines Herzens. Die göttliche Freiheit, von meiner Geliebten borgte sie die Gestalt, das reizende Mädchen kleidet sich in der Freundin himmlisches Gewand. In einem ernsten Augenblick erscheinen sie vereinigt, ernster als lieblich. Mit blutbefleckten Sohlen trat sie vor mir auf, die wehenden Falten des Saumes mit Blut befleckt. Es war mein Blut und vieler Edlen Blut. Nein, es ward nicht umsonst vergossen. Schreitet durch! Braves Volk! Die Siegesgöttin führt dich an! Und wie das Meer durch eure Dämme bricht, so brecht, so reißt den Wall der Tyrannei zusammen und schwemmt ersäufend sie von ihrem Grunde, den sie sich anmaßt, hinweg!
Trommeln näher
Horch! Horch! Wie oft rief mich dieser Schall zum freien Schritt nach dem Felde des Streits und des Siegs! Wie munter traten die Gefährten auf der gefährlichen rühmlichen Bahn! Auch ich schreite einem ehrenvollen Tode aus diesem Kerker entgegen, ich sterbe für die Freiheit, für die ich lebte und focht, und der ich mich jetzt leidend opfre.
Der Hintergrund wird mit einer Reihe spanischer Soldaten besetzt, welche Hellebarden tragen
Ja, führt sie nur zusammen! Schließt eure Reihen, ihr schreckt mich nicht. Ich bin gewohnt, vor Speeren gegen Speere zu stehen und, rings umgeben von dem drohenden Tod, das mutige Leben nur doppelt rasch zu fühlen.
Trommeln
Dich schließt der Feind von allen Seiten ein! Es blinken Schwerter – Freunde, höhern Mut! Im Rücken habt ihr Eltern, Weiber, Kinder!
Auf die Wache zeigend
Und diese treibt ein hohles Wort des Herrschers, nicht ihr Gemüt! Schützt eure Güter! Und euer Liebstes zu erretten, fallt freudig, wie ich euch ein Beispiel gebe.
Trommeln. Wie er auf die Wache los- und auf die Hintertüre zugeht, fällt der Vorhang, die Musik fällt ein und schließt mit einer Siegessymphonie das Stück

IPHIGENIE AUF TAURIS

EIN SCHAUSPIEL

PERSONEN

Iphigenie
Thoas, König der Taurier
Orest
Pylades
Arkas

Schauplatz: Hain vor Dianens Tempel

ERSTER AUFZUG

ERSTER AUFTRITT

IPHIGENIE: Heraus in eure Schatten, rege Wipfel
  Des alten, heilgen, dichtbelaubten Haines,
  Wie in der Göttin stilles Heiligtum,
  Tret ich noch jetzt mit schauderndem Gefühl,
  Als wenn ich sie zum erstenmal beträte,
  Und es gewöhnt sich nicht mein Geist hierher.
  So manches Jahr bewahrt mich hier verborgen
  Ein hoher Wille, dem ich mich ergebe;
  Doch immer bin ich, wie im ersten, fremd.
  Denn ach! mich trennt das Meer von den Geliebten,
  Und an dem Ufer steh ich lange Tage,
  Das Land der Griechen mit der Seele suchend;
  Und gegen meine Seufzer bringt die Welle
  Nur dumpfe Töne brausend mir herüber.
  Weh dem, der fern von Eltern und Geschwistern
  Ein einsam Leben führt! Ihm zehrt der Gram
  Das nächste Glück vor seinen Lippen weg.
  Ihm schwärmen abwärts immer die Gedanken
  Nach seines Vaters Hallen, wo die Sonne
  Zuerst den Himmel vor ihm aufschloß, wo
  Sich Mitgeborne spielend fest und fester
  Mit sanften Banden aneinander knüpften.
  Ich rechte mit den Göttern nicht; allein
  Der Frauen Zustand ist beklagenswert.
  Zu Haus und in dem Kriege herrscht der Mann,
  Und in der Fremde weiß er sich zu helfen.
  Ihn freuet der Besitz; ihn krönt der Sieg!
  Ein ehrenvoller Tod ist ihm bereitet.
  Wie eng-gebunden ist des Weibes Glück!
  Schon einem rauhen Gatten zu gehorchen,
  Ist Pflicht und Trost; wie elend, wenn sie gar
  Ein feindlich Schicksal in die Ferne treibt!
  So hält mich Thoas hier, ein edler Mann,
  In ernsten, heilgen Sklavenbanden fest.
  O wie beschämt gesteh ich, daß ich dir
  Mit stillem Widerwillen diene, Göttin,
  Dir, meiner Retterin! Mein Leben sollte
  Zu freiem Dienste dir gewidmet sein.
  Auch hab ich stets auf dich gehofft und hoffe
  Noch jetzt auf dich, Diana, die du mich,
  Des größten Königes verstoßne Tochter,
  In deinen heilgen, sanften Arm genommen.
  Ja, Tochter Zeus', wenn du den hohen Mann,
  Den du, die Tochter fordernd, ängstigtest,
  Wenn du den göttergleichen Agamemnon,
  Der dir sein Liebstes zum Altare brachte,
  Von Trojas umgewandten Mauern rühmlich
  Nach seinem Vaterland zurückbegleitet,
  Die Gattin ihm, Elektren und den Sohn,
  Die schönen Schätze, wohl erhalten hast:
  So gib auch mich den Meinen endlich wieder
  Und rette mich, die du vom Tod errettet,
  Auch von dem Leben hier, dem zweiten Tode!

ZWEITER AUFTRITT
Iphigenie. Arkas

ARKAS: Der König sendet mich hierher und beut
  Der Priesterin Dianens Gruß und Heil.
  Dies ist der Tag, da Tauris seiner Göttin
  Für wunderbare neue Siege dankt.
  Ich eile vor dem König und dem Heer,
  Zu melden, daß er kommt und daß es naht.
IPHIGENIE: Wir sind bereit, sie würdig zu empfangen,
  Und unsre Göttin sieht willkommnes Opfer
  Von Thoas' Hand mit Gnadenblick entgegen.
ARKAS: O fänd ich auch den Blick der Priesterin,
  Der werten, vielverehrten, deinen Blick,
  O heilge Jungfrau, heller, leuchtender,
  Uns allen gutes Zeichen! Noch bedeckt

Der Gram geheimnisvoll dein Innerstes;
Vergebens harren wir schon Jahre lang
Auf ein vertraulich Wort aus deiner Brust.
Solang ich dich an deiner Stätte kenne,
Ist dies der Blick, vor dem ich immer schaudre;
Und wie mit Eisenbanden bleibt die Seele
Ins Innerste des Busens dir geschmiedet.
IPHIGENIE: Wie's der Vertriebnen, der Verwaisten ziemt.
ARKAS: Scheinst du hier vertrieben und verwaist?
IPHIGENIE: Kann uns zum Vaterland die Fremde werden?
ARKAS: Und dir ist fremd das Vaterland geworden.
IPHIGENIE: Das ist's, warum mein blutend Herz nicht heilt.
In erster Jugend, da sich kaum die Seele
An Vater, Mutter und Geschwister band,
Die neuen Schößlinge, gesellt und lieblich,
Vom Fuß der alten Stämme himmelwärts
Zu dringen strebten, leider faßte da
Ein fremder Fluch mich an und trennte mich
Von den Geliebten, riß das schöne Band
Mit ehrner Faust entzwei. Sie war dahin,
Der Jugend beste Freude, das Gedeihn
Der ersten Jahre. Selbst gerettet, war
Ich nur ein Schatten mir, und frische Luft
Des Lebens blüht in mir nicht wieder auf.
ARKAS: Wenn du dich so unglücklich nennen willst,
So darf ich dich auch wohl undankbar nennen.
IPHIGENIE: Dank habt ihr stets.
ARKAS: Doch nicht den reinen Dank,
Um dessentwillen man die Wohltat tut;
Den frohen Blick, der ein zufriednes Leben
Und ein geneigtes Herz dem Wirte zeigt.
Als dich ein tief geheimnisvolles Schicksal
Vor so viel Jahren diesem Tempel brachte,
Kam Thoas, dir als einer Gottgegebnen
Mit Ehrfurcht und mit Neigung zu begegnen,
Und dieses Ufer ward dir hold und freundlich,
Das jedem Fremden sonst voll Grausens war,
Weil niemand unser Reich vor dir betrat,
Der an Dianens heilgen Stufen nicht
Nach altem Brauch, ein blutig Opfer, fiel.
IPHIGENIE: Frei atmen macht das Leben nicht allein.
Welch Leben ist's, das an der heilgen Stätte,
Gleich einem Schatten um sein eigen Grab,
Ich nur vertrauern muß? Und nenn ich das
Ein fröhlich selbstbewußtes Leben, wenn
Uns jeder Tag, vergebens hingeträumt,
Zu jenen grauen Tagen vorbereitet,
Die an dem Ufer Lethes, selbstvergessend,
Die Trauerschar der Abgeschiednen feiert?
Ein unnütz Leben ist ein früher Tod:
Dies Frauenschicksal ist vor allen meins.
ARKAS: Den edlen Stolz, daß du dir selbst nicht gnügest,
Verzeih ich dir, so sehr ich dich bedaure:
Er raubet den Genuß des Lebens dir.
Du hast hier nichts getan seit deiner Ankunft?
Wer hat des Königs trüben Sinn erheitert?
Wer hat den alten grausamen Gebrauch,
Daß am Altar Dianens jeder Fremde
Sein Leben blutend läßt, von Jahr zu Jahr
Mit sanfter Überredung aufgehalten
Und die Gefangnen vom gewissen Tod
Ins Vaterland so oft zurückgeschickt?
Hat nicht Diane, statt erzürnt zu sein,
Daß sie der blutgen alten Opfer mangelt,
Dein sanft Gebet in reichem Maß erhört?
Umschwebt mit frohem Fluge nicht der Sieg
Das Heer? und eilt er nicht sogar voraus?
Und fühlt nicht jeglicher ein besser Los,
Seitdem der König, der uns weis und tapfer
So lang geführt, nun sich auch der Milde
In deiner Gegenwart erfreut und uns
Des schweigenden Gehorsams Pflicht erleichtert?
Das nennst du unnütz, wenn von deinem Wesen
Auf Tausende herab ein Balsam träufelt?
Wenn du dem Volke, dem ein Gott dich brachte,
Des neuen Glückes ewge Quelle wirst
Und an dem unwirtbaren Todesufer
Dem Fremden Heil und Rückkehr zubereitest?
IPHIGENIE:
Das Wenige verschwindet leicht dem Blick,
Der vorwärts sieht, wieviel noch übrig bleibt.
ARKAS: Doch lobst du den, der, was er tut, nicht schätzt?
IPHIGENIE: Man tadelt den, der seine Taten wägt.
ARKAS: Auch den, der wahren Wert zu stolz nicht achtet,
Wie den, der falschen Wert zu eitel hebt.
Glaub mir und hör auf eines Mannes Wort,
Der treu und redlich dir ergeben ist:
Wenn heut der König mit dir redet, so
Erleichtr' ihm, was er dir zu sagen denkt.
IPHIGENIE: Du ängstest mich mit jedem guten Worte:
Oft wich ich seinem Antrag mühsam aus.
ARKAS: Bedenke, was du tust und was dir nützt.
Seitdem der König seinen Sohn verloren,
Vertraut er wenigen der Seinen mehr,
Und diesen wenigen nicht mehr wie sonst.
Mißgünstig sieht er jedes Edlen Sohn
Als seines Reiches Folger an, er fürchtet
Ein einsam hilflos Alter, ja vielleicht
Verwegnen Aufstand und frühzeitgen Tod.
Der Skythe setzt ins Reden keinen Vorzug,
Am wenigsten der König. Er, der nur
Gewohnt ist, zu befehlen und zu tun,
Kennt nicht die Kunst, von weitem ein Gespräch
Nach seiner Absicht langsam fein zu lenken.
Erschwer' ihm nicht durch ein rückhaltend Weigern,
Durch ein vorsätzlich Mißverstehen. Geh
Gefällig ihm den halben Weg entgegen.

IPHIGENIE: Soll ich beschleunigen, was mich bedroht?
ARKAS: Willst du sein Werben eine Drohung nennen?
IPHIGENIE: Es ist die schrecklichste von allen mir.
ARKAS: Gib ihm für seine Neigung nur Vertraun.
IPHIGENIE: Wenn er von Furcht erst meine Seele löst.
ARKAS: Warum verschweigst du deine Herkunft ihm?
IPHIGENIE: Weil einer Priesterin Geheimnis ziemt.
ARKAS: Dem König sollte nichts Geheimnis sein;
Und ob er's gleich nicht fordert, fühlt er's doch
Und fühlt es tief in seiner großen Seele,
Daß du sorgfältig dich vor ihm verwahrst.
IPHIGENIE: Nährt er Verdruß und Unmut gegen mich?
ARKAS: So scheint es fast. Zwar schweigt er auch von dir;
Doch haben hingeworfne Worte mich
Belehrt, daß seine Seele fest den Wunsch
Ergriffen hat, dich zu besitzen. Laß,
O überlaß ihn nicht sich selbst! damit
In seinem Busen nicht der Unmut reife
Und dir Entsetzen bringe, du zu spät
An meinen treuen Rat mit Reue denkest.
IPHIGENIE: Wie? Sinnt der König, was kein edler Mann,
Der seinen Namen liebt, und dem Verehrung
Der Himmlischen den Busen bändiget,
Je denken sollte? Sinnt er, vom Altar
Mich in sein Bette mit Gewalt zu ziehn?
So ruf ich alle Götter und vor allen
Dianen, die entschloßne Göttin, an,
Die ihren Schutz der Priesterin gewiß
Und Jungfrau einer Jungfrau gern gewährt.
ARKAS: Sei ruhig! Ein gewaltsam neues Blut
Treibt nicht den König, solche Jünglingstat
Verwegen auszuüben. Wie er sinnt,
Befürcht ich andern, harten Schluß von ihm,
Den unaufhaltbar er vollenden wird:
Denn seine Seel ist fest und unbeweglich.
Drum bitt ich dich, vertrau ihm, sei ihm dankbar,
Wenn du ihm weiter nichts gewähren kannst.
IPHIGENIE: O sage, was dir weiter noch bekannt ist.
ARKAS: Erfahr's von ihm. Ich seh den König kommen.
Du ehrst ihn, und dich heißt dein eigen Herz,
Ihm freundlich und vertraulich zu begegnen.
Ein edler Mann wird durch ein gutes Wort
Der Frauen weit geführt.
IPHIGENIE (allein): Zwar seh ich nicht,
Wie ich dem Rat des Treuen folgen soll;
Doch folg ich gern der Pflicht, dem Könige
Für seine Wohltat gutes Wort zu geben,
Und wünsche mir, daß ich dem Mächtigen,
Was ihm gefällt, mit Wahrheit sagen möge.

DRITTER AUFTRITT

Iphigenie. Thoas

IPHIGENIE: Mit königlichen Gütern segne dich
Die Göttin! Sie gewähre Sieg und Ruhm
Und Reichtum und das Wohl der Deinigen
Und jedes frommen Wunsches Fülle dir!
Daß, der du über viele sorgend herrschest,
Du auch vor vielen seltnes Glück genießest.
THOAS: Zufrieden wär ich, wenn mein Volk mich rühmte:
Was ich erwarb, genießen andre mehr
Als ich. Der ist am glücklichsten, er sei
Ein König oder ein Geringer, dem
In seinem Hause Wohl bereitet ist.
Du nahmest teil an meinen tiefen Schmerzen,
Als mir das Schwert der Feinde meinen Sohn,
Den letzten, besten, von der Seite riß.
Solang die Rache meinen Geist besaß,
Empfand ich nicht die Öde meiner Wohnung;
Doch jetzt, da ich befriedigt wiederkehre,
Ihr Reich zerstört, mein Sohn gerochen ist,
Bleibt mir zu Hause nichts, das mich ergötze.
Der fröhliche Gehorsam, den ich sonst
Aus einem jeden Auge blicken sah,
Ist nun von Sorg und Unmut still gedämpft.
Ein jeder sinnt, was künftig werden wird,
Und folgt dem Kinderlosen, weil er muß.
Nun komm ich heut in diesen Tempel, den
Ich oft betrat, um Sieg zu bitten und
Für Sieg zu danken. Einen alten Wunsch
Trag ich im Busen, der auch dir nicht fremd
Noch unerwartet ist: ich hoffe, dich,
Zum Segen meines Volks und mir zum Segen,
Als Braut in meine Wohnung einzuführen.
IPHIGENIE: Der Unbekannten bietest du zu viel,
O König, an. Es steht die Flüchtige
Beschämt vor dir, die nichts an diesem Ufer
Als Schutz und Ruhe sucht, die du ihr gabst.
THOAS: Daß du in das Geheimnis deiner Ankunft
Vor mir wie vor dem Letzten stets dich hüllest,
Wär unter keinem Volke recht und gut.
Dies Ufer schreckt die Fremden: das Gesetz
Gebietet's und die Not. Allein von dir,
Die jedes frommen Rechts genießt, ein wohl
Von uns empfangner Gast, nach eignem Sinn
Und Willen ihres Tages sich erfreut,
Von dir hofft ich Vertrauen, das der Wirt
Für seine Treue wohl erwarten darf.
IPHIGENIE: Verbarg ich meiner Eltern Namen und
Mein Haus, o König, war's Verlegenheit,
Nicht Mißtraun. Denn vielleicht, ach! wüßtest du,
Wer vor dir steht, und welch verwünschtes Haupt
Du nährst und schützest: ein Entsetzen faßte
Dein großes Herz mit seltnem Schauer an,
Und statt die Seite deines Thrones mir
Zu bieten, triebest du mich vor der Zeit
Aus deinem Reiche; stießest mich vielleicht,
Eh zu den Meinen frohe Rückkehr mir
Und meiner Wandrung Ende zugedacht ist,
Dem Elend zu, das jeden Schweifenden,
Von seinem Haus Vertriebnen überall
Mit kalter, fremder Schreckenshand erwartet.

THOAS: Was auch der Rat der Götter mit dir sei,
Und was sie deinem Haus und dir gedenken,
So fehlt es doch, seitdem du bei uns wohnst
Und eines frommen Gastes Recht genießest,
An Segen nicht, der mir von oben kommt.
Ich möchte schwer zu überreden sein,
Daß ich an dir ein schuldvoll Haupt beschütze.
IPHIGENIE: Dir bringt die Wohltat Segen, nicht der Gast.
THOAS: Was man Verruchten tut, wird nicht gesegnet.
Drum endige dein Schweigen und dein Weigern!
Es fordert dies kein ungerechter Mann.
Die Göttin übergab dich meinen Händen;
Wie du ihr heilig warst, so warst du's mir.
Auch sei ihr Wink noch künftig mein Gesetz:
Wenn du nach Hause Rückkehr hoffen kannst,
So sprech ich dich von aller Fordrung los.
Doch ist der Weg auf ewig dir versperrt,
Und ist dein Stamm vertrieben oder durch
Ein ungeheures Unheil ausgelöscht,
So bist du mein durch mehr als ein Gesetz.
Sprich offen! und du weißt, ich halte Wort.
IPHIGENIE: Vom alten Bande löset ungern sich
Die Zunge los, ein langverschwiegenes
Geheimnis endlich zu entdecken. Denn,
Einmal vertraut, verläßt es ohne Rückkehr
Des tiefen Herzens sichre Wohnung, schadet,
Wie es die Götter wollen, oder nützt.
Vernimm! Ich bin aus Tantalus' Geschlecht.
THOAS:
Du sprichst ein großes Wort gelassen aus.
Nennst du den deinen Ahnherrn, den die Welt
Als einen ehmals Hochbegnadigten
Der Götter kennt? Ist's jener Tantalus,
Den Jupiter zu Rat und Tafel zog,
An dessen alterfahrnen, vielen Sinn
Verknüpfenden Gesprächen Götter selbst,
Wie an Orakelsprüchen, sich ergötzten?
IPHIGENIE: Er ist es; aber Götter sollten nicht
Mit Menschen wie mit ihresgleichen wandeln:
Das sterbliche Geschlecht ist viel zu schwach,
In ungewohnter Höhe nicht zu schwindeln.
Unedel war er nicht und kein Verräter,
Allein als Knecht zu groß, und zum Gesellen
Des großen Donnrers nur ein Mensch. So war
Auch sein Vergehen menschlich; ihr Gericht
War streng, und Dichter singen: Übermut
Und Untreu stürzten ihn von Jovis Tisch
Zur Schmach des alten Tartarus hinab.
Ach, und sein ganz Geschlecht trug ihren Haß!
THOAS: Trug es die Schuld des Ahnherrn oder eigne?
IPHIGENIE: Zwar die gewaltge Brust und der Titanen
Kraftvolles Mark war seiner Söhn und Enkel
Gewisses Erbteil; doch es schmiedete
Der Gott um ihre Stirn ein ehern Band.
Rat, Mäßigung und Weisheit und Geduld
Verbarg er ihrem scheuen, düstern Blick:

Zur Wut ward ihnen jegliche Begier,
Und grenzenlos drang ihre Wut umher.
Schon Pelops, der Gewaltig-wollende,
Des Tantalus geliebter Sohn, erwarb
Sich durch Verrat und Mord das schönste Weib,
Önomaus' Erzeugte, Hippodamien.
Sie bringt den Wünschen des Gemahls zwei Söhne,
Thyest und Atreus. Neidisch sehen sie
Des Vaters Liebe zu dem ersten Sohn,
Aus einem andern Bette wachsend, an.
Der Haß verbindet sie, und heimlich wagt
Das Paar im Brudermord die erste Tat.
Der Vater wähnet Hippodamien
Die Mörderin, und grimmig fordert er
Von ihr den Sohn zurück, und sie entleibt
Sich selbst –
THOAS: Du schweigest? Fahre fort, zu reden!
Laß dein Vertraun dich nicht gereuen! Sprich!
IPHIGENIE:
Wohl dem, der seiner Väter gern gedenkt,
Der froh von ihren Taten, ihrer Größe
Den Hörer unterhält und, still sich freuend,
Ans Ende dieser schönen Reihe sich
Geschlossen sieht! Denn es erzeugt nicht gleich
Ein Haus den Halbgott, noch das Ungeheuer;
Erst eine Reihe Böser oder Guter
Bringt endlich das Entsetzen, bringt die Freude
Der Welt hervor. – Nach ihres Vaters Tode
Gebieten Atreus und Thyest der Stadt,
Gemeinsam herrschend. Lange konnte nicht
Die Eintracht dauern. Bald entehrt Thyest
Des Bruders Bette. Rächend treibet Atreus
Ihn aus dem Reiche. Tückisch hatte schon
Thyest, auf schwere Taten sinnend, lange
Dem Bruder einen Sohn entwandt und heimlich
Ihn als den seinen schmeichelnd auferzogen.
Dem füllet er die Brust mit Wut und Rache
Und sendet ihn zur Königsstadt, daß er
Im Oheim seinen eignen Vater morde.
Des Jünglings Vorsatz wird entdeckt: der König
Straft grausam den gesandten Mörder, wähnend,
Er töte seines Bruders Sohn. Zu spät
Erfährt er, wer vor seinen trunknen Augen
Gemartert stirbt; und die Begier der Rache
Aus seiner Brust zu tilgen, sinnt er still
Auf unerhörte Tat. Er scheint gelassen,
Gleichgültig und versöhnt und lockt den Bruder
Mit seinen beiden Söhnen in das Reich
Zurück, ergreift die Knaben, schlachtet sie
Und setzt die ekle, schaudervolle Speise
Dem Vater bei dem ersten Mahle vor.
Und da Thyest an seinem Fleische sich
Gesättigt, eine Wehmut ihn ergreift,
Er nach den Kindern fragt, den Tritt, die Stimme
Der Knaben an des Saales Türe schon
Zu hören glaubt, wirft Atreus grinsend
Ihm Haupt und Füße der Erschlagnen hin. –

Du wendest schaudernd dein Gesicht, o König:
So wendete die Sonn ihr Antlitz weg
Und ihren Wagen aus dem ewgen Gleise.
Dies sind die Ahnherrn deiner Priesterin;
Und viel unseliges Geschick der Männer,
Viel Taten des verworrnen Sinnes deckt
Die Macht mit schweren Fittichen und läßt
Uns nur in grauenvolle Dämmrung sehn.
THOAS: Verbirg sie schweigend auch. Es sei genug
Der Greuel! Sage nun, durch welch ein Wunder
Von diesem wilden Stamme du entsprangst.
IPHIGENIE: Des Atreus ältster Sohn war Agamemnon:
Er ist mein Vater. Doch, ich darf es sagen,
In ihm hab ich seit meiner ersten Zeit
Ein Muster des vollkommnen Manns gesehn.
Ihm brachte Klytämnestra mich, den Erstling
Der Liebe, dann Elektren. Ruhig herrschte
Der König, und es war dem Hause Tantals
Die lang entbehrte Rast gewährt. Allein
Es mangelte dem Glück der Eltern noch
Ein Sohn, und kaum war dieser Wunsch erfüllt,
Daß zwischen beiden Schwestern nun Orest,
Der Liebling, wuchs, als neues Übel schon
Dem sichern Hause zubereitet war.
Der Ruf des Krieges ist zu euch gekommen,
Der, um den Raub der schönsten Frau zu rächen,
Die ganze Macht der Fürsten Griechenlands
Um Trojens Mauern lagerte. Ob sie
Die Stadt gewonnen, ihrer Rache Ziel
Erreicht, vernahm ich nicht. Mein Vater führte
Der Griechen Heer. In Aulis harrten sie
Auf günstgen Wind vergebens: denn Diane,
Erzürnt auf ihren großen Führer, hielt
Die Eilenden zurück und forderte
Durch Kalchas' Mund des Königs ältste Tochter.
Sie lockten mit der Mutter mich ins Lager;
Sie rissen mich vor den Altar und weihten
Der Göttin dieses Haupt. – Sie war versöhnt:
Sie wollte nicht mein Blut und hüllte rettend
In eine Wolke mich; in diesem Tempel
Erkannt ich mich zuerst vom Tode wieder.
Ich bin es selbst, bin Iphigenie,
Des Atreus Enkel, Agamemnons Tochter,
Der Göttin Eigentum, die mit dir spricht.
THOAS: Mehr Vorzug und Vertraun geb ich nicht
Der Königstochter als der Unbekannten.
Ich wiederhole meinen ersten Antrag:
Komm, folge mir und teile, was ich habe.
IPHIGENIE: Wie darf ich solchen Schritt, o König, wagen?
Hat nicht die Göttin, die mich rettete,
Allein das Recht auf mein geweihtes Leben?
Sie hat für mich den Schutzort ausgesucht,
Und sie bewahrt mich einem Vater, den
Sie durch den Schein genug gestraft, vielleicht
Zur schönsten Freude seines Alters hier.
Vielleicht ist mir die frohe Rückkehr nah;

Und ich, auf ihren Weg nicht achtend, hätte
Mich wider ihren Willen hier gefesselt?
Ein Zeichen bat ich, wenn ich bleiben sollte.
THOAS: Das Zeichen ist, daß du noch hier verweilst.
Such Ausflucht solcher Art nicht ängstlich auf.
Man spricht vergebens viel, um zu versagen;
Der andre hört von allem nur das Nein.
IPHIGENIE: Nicht Worte sind es, die nur blenden sollen:
Ich habe dir mein tiefstes Herz entdeckt.
Und sagst du dir nicht selbst, wie ich dem Vater,
Der Mutter, den Geschwistern mich entgegen
Mit ängstlichen Gefühlen sehnen muß?
Daß in den alten Hallen, wo die Trauer
Noch manchmal stille meinen Namen lispelt,
Die Freude, wie um eine Neugeborne,
Den schönsten Kranz von Säul an Säulen schlinge.
O sendetest du mich auf Schiffen hin!
Du gäbest mir und allen neues Leben.
THOAS: So kehr zurück! Tu, was dein Herz dich heißt,
Und höre nicht die Stimme guten Rats
Und der Vernunft. Sei ganz ein Weib und gib
Dich hin dem Triebe, der dich zügellos
Ergreift und dahin oder dorthin reißt.
Wenn ihnen eine Lust im Busen brennt,
Hält vom Verräter sie kein heilig Band,
Der sie dem Vater oder dem Gemahl
Aus langbewährten, treuen Armen lockt;
Und schweigt in ihrer Brust die rasche Glut,
So dringt auf sie vergebens treu und mächtig
Der Überredung goldne Zunge los.
IPHIGENIE: Gedenk, o König, deines edlen Wortes!
Willst du mein Zutraun so erwidern? Du
Schienst vorbereitet, alles zu vernehmen.
THOAS: Aufs Ungehoffte war ich nicht bereitet;
Doch sollt ich's auch erwarten: wußt ich nicht,
Daß ich mit einem Weibe handeln ging?
IPHIGENIE: Schilt nicht, o König, unser arm Geschlecht.
Nicht herrlich wie die euern, aber nicht
Unedel sind die Waffen eines Weibes.
Glaub es, darin bin ich dir vorzuziehn,
Daß ich dein Glück mehr als du selber kenne.
Du wähnest, unbekannt mit dir und mir,
Ein näher Band werd uns zum Glück vereinen.
Voll guten Mutes, wie voll guten Willens,
Dringst du in mich, daß ich mich fügen soll;
Und hier dank ich den Göttern, daß sie mir
Die Festigkeit gegeben, dieses Bündnis
Nicht einzugehen, das sie nicht gebilligt.
THOAS: Es spricht kein Gott; es spricht dein eignes Herz.
IPHIGENIE: Sie reden nur durch unser Herz zu uns.
THOAS: Und hab ich, sie zu hören, nicht das Recht?
IPHIGENIE: Es überbraust der Sturm die zarte Stimme.
THOAS: Die Priesterin vernimmt sie wohl allein?
IPHIGENIE: Vor allen andern merke sie der Fürst.

THOAS: Dein heilig Amt und dein geerbtes Recht
An Jovis Tisch bringt dich den Göttern näher
Als einen erdgebornen Wilden.
IPHIGENIE: So
Büß ich nun das Vertraun, das du erzwangst.
THOAS: Ich bin ein Mensch; und besser ist's, wir enden.
So bleibe denn mein Wort: Sei Priesterin
Der Göttin, wie sie dich erkoren hat;
Doch mir verzeih Diane, daß ich ihr
Bisher, mit Unrecht und mit innerm Vorwurf,
Die alten Opfer vorenthalten habe.
Kein Fremder nahet glücklich unserm Ufer:
Von altersher ist ihm der Tod gewiß.
Nur du hast mich mit einer Freundlichkeit,
In der ich bald der zarten Tochter Liebe,
Bald stille Neigung einer Braut zu sehn
Mich tief erfreute, wie mit Zauberbanden
Gefesselt, daß ich meiner Pflicht vergaß.
Du hattest mir die Sinnen eingewiegt,
Das Murren meines Volks vernahm ich nicht;
Nun rufen sie die Schuld von meines Sohnes
Frühzeitgem Tode lauter über mich.
Um deinetwillen halt ich länger nicht
Die Menge, die das Opfer dringend fordert.
IPHIGENIE: Um meinetwillen hab ich's nie begehrt.
Der mißversteht die Himmlischen, der sie
Blutgierig wähnt: er dichtet ihnen nur
Die eignen grausamen Begierden an.
Entzog die Göttin mich nicht selbst dem Priester?
Ihr war mein Dienst willkommner als mein Tod.
THOAS:
Es ziemt sich nicht für uns, den heiligen
Gebrauch mit leicht beweglicher Vernunft
Nach unserm Sinn zu deuten und zu lenken.
Tu deine Pflicht, ich werde meine tun.
Zwei Fremde, die wir in des Ufers Höhlen
Versteckt gefunden, und die meinem Lande
Nichts Gutes bringen, sind in meiner Hand.
Mit diesen nehme deine Göttin wieder
Ihr erstes, rechtes, lang entbehrtes Opfer!
Ich sende sie hierher; du weißt den Dienst.

VIERTER AUFTRITT

IPHIGENIE (allein): Du hast Wolken, gnädige Retterin,
Einzuhüllen unschuldig Verfolgte,
Und auf Winden dem ehrnen Geschick sie
Aus den Armen, über das Meer,
Über der Erde weiteste Strecken,
Und wohin es dir gut dünkt, zu tragen.
Weise bist du und siehest das Künftige;
Nicht vorüber ist dir das Vergangne,
Und dein Blick ruht über den Deinen,
Wie dein Licht, das Leben der Mächte,
Über der Erde ruhet und waltet.
Oh, enthalte vom Blut meine Hände!
Nimmer bringt es Segen und Ruhe;
Und die Gestalt des zufällig Ermordeten
Wird auf des traurig-unwilligen Mörders
Böse Stunden lauern und schrecken.
Denn die Unsterblichen lieben der Menschen
Weit verbreitete gute Geschlechter,
Und sie fristen das flüchtige Leben
Gerne dem Sterblichen, wollen ihm gerne
Ihres eigenen, ewigen Himmels
Mitgenießendes fröhliches Anschaun
Eine Weile gönnen und lassen.

ZWEITER AUFZUG

ERSTER AUFTRITT

Orest. Pylades

OREST: Es ist der Weg des Todes, den wir treten:
Mit jedem Schritt wird meine Seele stiller.
Als ich Apollen bat, das gräßliche
Geleit der Rachegeister von der Seite
Mir abzunehmen, schien er Hilf und Rettung
Im Tempel seiner vielgeliebten Schwester,
Die über Tauris herrscht, mit hoffnungsreichen,
Gewissen Götterworten zu versprechen;
Und nun erfüllet sich's, daß alle Not
Mit meinem Leben völlig enden soll.
Wie leicht wird's mir, dem eine Götterhand
Das Herz zusammendrückt, den Sinn betäubt,
Dem schönen Licht der Sonne zu entsagen.
Und sollen Atreus' Enkel in der Schlacht
Ein siegbekröntes Ende nicht gewinnen,
Soll ich wie meine Ahnen, wie mein Vater
Als Opfertier im Jammertode bluten:
So sei es! Besser hier vor dem Altar,
Als im verworfnen Winkel, wo die Netze
Der nahverwandte Meuchelmörder stellt.
Laßt mir so lange Ruh, ihr Unterird'schen,
Die nach dem Blut ihr, das von meinen Tritten
Herniederträufelnd meinen Pfad bezeichnet,
Wie losgelaßne Hunde spürend hetzt!
Laßt mich, ich komme bald zu euch hinab:
Das Licht des Tags soll euch nicht sehn, noch mich.
Der Erde schöner grüner Teppich soll
Kein Tummelplatz für Larven sein. Dort unten
Such ich euch auf: dort bindet alle dann
Ein gleich Geschick in ewge matte Nacht.
Nur dich, mein Pylades, dich, meiner Schuld
Und meines Banns unschuldigen Genossen,
Wie ungern nehm ich dich in jenes Trauerland
Frühzeitig mit! Dein Leben oder Tod
Gibt mir allein noch Hoffnung oder Furcht.
PYLADES: Ich bin noch nicht, Orest, wie du bereit,
In jenes Schattenreich hinabzugehn.
Ich sinne noch, durch die verworrnen Pfade,
Die nach der schwarzen Nacht zu führen scheinen,

Uns zu dem Leben wieder aufzuwinden.
Ich denke nicht den Tod; ich sinn und horche,
Ob nicht zu irgendeiner frohen Flucht
Die Götter Rat und Wege zubereiten.
Der Tod, gefürchtet oder ungefürchtet,
Kommt unaufhaltsam. Wenn die Priesterin
Schon, unsre Locken weihend abzuschneiden,
Die Hand erhebt, soll dein und meine Rettung
Mein einziger Gedanke sein. Erhebe
Von diesem Unmut deine Seele; zweifelnd
Beschleunigest du die Gefahr. Apoll
Gab uns das Wort: im Heiligtum der Schwester
Sei Trost und Hilf und Rückkehr dir bereitet.
Der Götter Worte sind nicht doppelsinnig,
Wie der Gedrückte sie im Unmut wähnt.
OREST: Des Lebens dunkle Decke breitete
Die Mutter schon mir um das zarte Haupt,
Und so wuchs ich herauf, ein Ebenbild
Des Vaters, und es war mein stummer Blick
Ein bittrer Vorwurf ihr und ihrem Buhlen.
Wie oft, wenn still Elektra, meine Schwester,
Am Feuer in der tiefen Halle saß,
Drängt ich beklommen mich an ihren Schoß
Und starrte, wie sie bitter weinte, sie
Mit großen Augen an. Dann sagte sie
Von unserm hohen Vater viel: wie sehr
Verlangt ich, ihn zu sehen, bei ihm zu sein!
Mich wünscht ich bald nach Troja, ihn bald her.
Es kam der Tag —
PYLADES: O laß von jener Stunde
Sich Höllengeister nächtlich unterhalten!
Uns gebe die Erinnrung schöner Zeit
Zu frischem Heldenlaufe neue Kraft.
Die Götter brauchen manchen guten Mann
Zu ihrem Dienst auf dieser weiten Erde.
Sie haben noch auf dich gezählt; sie gaben
Dich nicht dem Vater zum Geleite mit,
Da er unwillig nach dem Orkus ging.
OREST: O wär ich, seinen Saum ergreifend, ihm
Gefolgt!
PYLADES: So haben die, die dich erhielten,
Für mich gesorgt: denn was ich worden wäre,
Wenn du nicht lebtest, kann ich mir nicht denken,
Da ich mit dir und deinetwillen nur
Seit meiner Kindheit leb und leben mag.
OREST: Erinnre mich nicht jener schönen Tage,
Da mir dein Haus die freie Stätte gab,
Dein edler Knabe klug und liebevoll
Die halberstarrte junge Blüte pflegte;
Da du, ein immer munterer Geselle,
Gleich einem leichten, bunten Schmetterling
Um eine dunkle Blume, jeden Tag
Um mich mit neuem Leben gaukeltest,
Mir deine Lust in meine Seele spieltest,
Daß ich, vergessend meiner Not, mit dir
In rascher Jugend hingerissen schwärmte.
PYLADES: Da fing mein Leben an, als ich dich liebte.
OREST: Sag: meine Not begann, und du sprichst wahr.
Das ist das Ängstliche von meinem Schicksal,
Daß ich, wie ein verpesteter Vertriebner,
Geheimen Schmerz und Tod im Busen trage;
Daß, wo ich den gesundsten Ort betrete,
Gar bald um mich die blühenden Gesichter
Den Schmerzenszug langsamen Tods verraten.
PYLADES: Der Nächste wär ich, diesen Tod zu sterben,
Wenn je dein Hauch, Orest, vergiftete.
Bin ich nicht immer noch voll Mut und Lust?
Und Lust und Liebe sind die Fittiche
Zu großen Taten.
OREST: Große Taten? Ja,
Ich weiß die Zeit, da wir sie vor uns sahn!
Wenn wir zusammen oft dem Wilde nach
Durch Berg und Täler rannten und dereinst,
An Brust und Faust dem hohen Ahnherrn gleich,
Mit Keul und Schwert dem Ungeheuer so,
Dem Räuber auf der Spur zu jagen hofften;
Und dann wir abends auf der weiten See
Uns aneinanderlehnend ruhig saßen,
Die Wellen bis zu unsern Füßen spielten,
Die Welt so weit, so offen vor uns lag:
Da fuhr wohl einer manchmal nach dem Schwert,
Und künftge Taten drangen wie die Sterne
Rings um uns her unzählig aus der Nacht.
PYLADES:
Unendlich ist das Werk, das zu vollführen
Die Seele dringt. Wir möchten jede Tat
So groß gleich tun, als wie sie wächst und wird,
Wenn jahrelang durch Länder und Geschlechter
Der Mund der Dichter sie vermehrend wälzt.
Es klingt so schön, was unsere Väter taten,
Wenn es, in stillen Abendschatten ruhend,
Der Jüngling mit dem Ton der Harfe schlürft;
Und was wir tun, ist, wie es ihnen war,
Voll Müh und eitel Stückwerk!
So laufen wir nach dem, was vor uns flieht,
Und achten nicht des Weges, den wir treten,
Und sehen neben uns der Ahnherrn Tritte
Und ihres Erdelebens Spuren kaum.
Wir eilen immer ihrem Schatten nach,
Der göttergleich in einer weiten Ferne
Der Berge Haupt auf goldnen Wolken krönt.
Ich halte nichts von dem, der von sich denkt,
Wie ihn das Volk vielleicht erheben möchte;
Allein, o Jüngling, danke du den Göttern,
Daß sie so früh durch dich so viel getan.
OREST: Wenn sie dem Menschen frohe Tat bescheren,
Daß er ein Unheil von den Seinen wendet,
Daß er sein Reich vermehrt, die Grenzen sichert,
Und alte Feinde fallen oder fliehn:
Dann mag er danken! denn ihm hat ein Gott
Des Lebens erste, letzte Lust gegönnt.
Mich haben sie zum Schlächter auserkoren,
Zum Mörder meiner doch verehrten Mutter,
Und, eine Schandtat schändlich rächend, mich

Durch ihren Wink zugrund gerichtet. Glaube,
Sie haben es auf Tantals Haus gerichtet,
Und ich, der letzte, soll nicht schuldlos, soll
Nicht ehrenvoll vergehn.
PYLADES: Die Götter rächen
Der Väter Missetat nicht an dem Sohn;
Ein jeglicher, gut oder böse, nimmt
Sich seinen Lohn mit seiner Tat hinweg.
Es erbt der Eltern Segen, nicht ihr Fluch.
OREST: Uns führt ihr Segen, dünkt mich, nicht hierher.
PYLADES: Doch wenigstens der hohen Götter Wille.
OREST: So ist's ihr Wille denn, der uns verderbt.
PYLADES: Tu, was sie dir gebieten, und erwarte.
Bringst du die Schwester zu Apollen hin,
Und wohnen beide dann vereint zu Delphi,
Verehrt von einem Volk, das edel denkt,
So wird für diese Tat das hohe Paar
Dir gnädig sein, sie werden aus der Hand
Der Unterirdschen dich erretten. Schon
In diesen heilgen Hain wagt keine sich.
OREST: So hab ich wenigstens geruhgen Tod.
PYLADES: Ganz anders denk ich, und nicht ungeschickt
Hab ich das schon Geschehne mit dem Künftgen
Verbunden und im stillen ausgelegt.
Vielleicht reift in der Götter Rat schon lange
Das große Werk. Diana sehnet sich
Von diesem rauhen Ufer der Barbaren
Und ihren blutgen Menschenopfern weg.
Wir waren zu der schönen Tat bestimmt,
Uns wird sie auferlegt, und seltsam sind
Wir an der Pforte schon gezwungen hier.
OREST: Mit seltner Kunst flichst du der Götter Rat
Und deine Wünsche klug in eins zusammen.
PYLADES:
Was ist des Menschen Klugheit, wenn sie nicht
auf jener Willen droben achtend lauscht?
Zu einer schweren Tat beruft ein Gott
Den edlen Mann, der viel verbrach, und legt
Ihm auf, was uns unmöglich scheint, zu enden.
Es siegt der Held, und büßend dienet er
Den Göttern und der Welt, die ihn verehrt.
OREST: Bin ich bestimmt, zu leben und zu handeln,
So nehm ein Gott von meiner schweren Stirn
Den Schwindel weg, der auf dem schlüpfrigen,
Mit Mutterblut besprengten Pfade fort
Mich zu den Toten reißt. Er trockne gnädig
Die Quelle, die, mir aus der Mutter Wunden
Entgegensprudelnd, ewig mich befleckt.
PYLADES: Erwart es ruhiger! Du mehrst das Übel
Und nimmst das Amt der Furien auf dich.
Laß mich nur sinnen, bleibe still! Zuletzt,
Bedarf's zur Tat vereinter Kräfte, dann
Ruf ich dich auf, und beide schreiten wir
Mit überlegter Kühnheit zur Vollendung.
OREST: Ich hör Ulyssen reden.
PYLADES: Spotte nicht.
Ein jeglicher muß seinen Helden wählen,
Dem er die Wege zum Olymp hinauf
Sich nacharbeitet. Laß es mich gestehn:
Mir scheinet List und Klugheit nicht den Mann
Zu schänden, der sich kühnen Taten weiht.
OREST: Ich schätze den, der tapfer ist und grad.
PYLADES: Drum hab ich keinen Rat von dir verlangt.
Schon ist ein Schritt getan. Von unsern Wächtern
Hab ich bisher gar vieles ausgelockt.
Ich weiß, ein fremdes, göttergleiches Weib
Hält jenes blutige Gesetz gefesselt:
Ein reines Herz und Weihrauch und Gebet
Bringt sie den Göttern dar. Man rühmet hoch
Die Gütige; man glaubet, sie entspringe
Vom Stamm der Amazonen, sei geflohn,
Um einem großen Unheil zu entgehen.
OREST: Es scheint, ihr lichtes Reich verlor die Kraft
Durch des Verbrechers Nähe, den der Fluch
Wie eine breite Nacht verfolgt und deckt.
Die fromme Blutgier löst den alten Brauch
Von seinen Fesseln los, uns zu verderben.
Der wilde Sinn des Königs tötet uns:
Ein Weib wird uns nicht retten, wenn er zürnt.
PYLADES:
Wohl uns, daß es ein Weib ist, denn ein Mann,
Der beste selbst, gewöhnet seinen Geist
An Grausamkeit und macht sich auch zuletzt
Aus dem, was er verabscheut, ein Gesetz,
Wird aus Gewohnheit hart und fast unkenntlich.
Allein ein Weib bleibt stets auf einem Sinn,
Den sie gefaßt. Du rechnest sicherer
Auf sie im Guten wie im Bösen. – Still!
Sie kommt; laß uns allein. Ich darf nicht gleich
Ihr unsre Namen nennen, unser Schicksal
Nicht ohne Rückhalt ihr vertraun. Du gehst,
Und eh sie mit dir spricht, treff ich dich noch.

ZWEITER AUFTRITT

Iphigenie. Pylades

IPHIGENIE: Woher du seist und kommst, o Fremdling, sprich!
Mir scheint es, daß ich eher einem Griechen
Als einem Skythen dich vergleichen soll.
Sie nimmt ihm die Ketten ab
Gefährlich ist die Freiheit, die ich gebe:
Die Götter wenden ab, was euch bedroht!
PYLADES: O süße Stimme! Vielwillkommner Ton
Der Muttersprach in einem fremden Lande!
Des väterlichen Hafens blaue Berge
Seh ich Gefangner neu willkommen wieder
Vor meinen Augen. Laß dir diese Freude
Versichern, daß auch ich ein Grieche bin!
Vergessen hab ich einen Augenblick,
Wie sehr ich dein bedarf, und meinen Geist
Der herrlichen Erscheinung zugewendet.

O sage, wenn dir ein Verhängnis nicht
Die Lippe schließt, aus welchem unsrer Stämme
Du deine göttergleiche Herkunft zählst.
IPHIGENIE: Die Priesterin, von ihrer Göttin selbst
Gewählet und geheiligt, spricht mit dir.
Das laß dir gnügen; sage, wer du seist,
Und welch unselig-waltendes Geschick
Mit dem Gefährten dich hierher gebracht.
PYLADES: Leicht kann ich dir erzählen, welch ein Übel
Mit lastender Gesellschaft uns verfolgt.
O könntest du der Hoffnung frohen Blick
Uns auch so leicht, du Göttliche, gewähren!
Aus Kreta sind wir, Söhne des Adrasts:
Ich bin der jüngste, Cephalus genannt,
Und er Laodamas, der älteste
Des Hauses. Zwischen uns stand rauh und wild
Ein mittlerer und trennte schon im Spiel
Der ersten Jugend Einigkeit und Lust.
Gelassen folgten wir der Mutter Worten,
Solang des Vaters Kraft vor Troja stritt;
Doch als er beutereich zurückekam
Und kurz darauf verschied, da trennte bald
Der Streit um Reich und Erbe die Geschwister.
Ich neigte mich zum ältesten. Er erschlug
Den Bruder. Um der Blutschuld willen treibt
Die Furie gewaltig ihn umher.
Doch diesem wilden Ufer sendet uns
Apoll, der Delphische, mit Hoffnung zu.
Im Tempel seiner Schwester hieß er uns
Der Hilfe segensvolle Hand erwarten.
Gefangen sind wir und hierher gebracht
Und dir als Opfer dargestellt. Du weißt's.
IPHIGENIE: Fiel Troja? Teurer Mann, versichr' es mir.
PYLADES: Es liegt. O sichre du uns Rettung zu!
Beschleunige die Hilfe, die ein Gott
Versprach. Erbarme meines Bruders dich.
O sag ihm bald ein gutes holdes Wort!
Doch schone seiner, wenn du mit ihm sprichst,
Das bitt ich eifrig: denn es wird gar leicht
Durch Freud und Schmerz und durch Erinnerung
Sein Innerstes ergriffen und zerrüttet.
Ein fieberhafter Wahnsinn fällt ihn an,
Und seine schöne freie Seele wird
Den Furien zum Raube hingegeben.
IPHIGENIE: So groß dein Unglück ist, beschwör ich dich:
Vergiß es, bis du mir genug getan.
PYLADES: Die hohe Stadt, die zehen lange Jahre
Dem ganzen Heer der Griechen widerstand,
Liegt nun im Schutte, steigt nicht wieder auf.
Doch manche Gräber unsrer Besten heißen
Uns an das Ufer der Barbaren denken.
Achill liegt dort mit seinem schönen Freunde.
IPHIGENIE: So seid ihr Götterbilder auch zu Staub!
PYLADES: Auch Palamedes, Ajax, Telamons,
Sie sahn des Vaterlandes Tag nicht wieder.
IPHIGENIE: Er schweigt von meinem Vater, nennt ihn
nicht
Mit den Erschlagnen. Ja! er lebt mir noch!
Ich werd ihn sehn. O hoffe, liebes Herz!
PYLADES: Doch selig sind die Tausende, die starben
Den bittersüßen Tod von Feindes Hand!
Denn wüste Schrecken und ein traurig Ende
Hat den Rückkehrenden statt des Triumphs
Ein feindlich aufgebrachter Gott bereitet.
Kommt denn der Menschen Stimme nicht zu euch?
So weit sie reicht, trägt sie den Ruf umher
Von unerhörten Taten, die geschahn.
So ist der Jammer, der Mycenens Hallen
Mit immer wiederholten Seufzern füllt,
Dir ein Geheimnis? – Klytämnestra hat
Mit Hilf Ägisthens den Gemahl berückt,
Am Tage seiner Rückkehr ihn ermordet! –
Ja du verehrest dieses Königs Haus!
Ich seh es, deine Brust bekämpft vergebens
Das unerwartet ungeheure Wort.
Bist du die Tochter eines Freundes? bist
Du nachbarlich in dieser Stadt geboren?
Verbirg es nicht und rechne mir's nicht zu,
Daß ich der erste diese Greuel melde.
IPHIGENIE: Sag an, wie ward die schwere Tat vollbracht?
PYLADES: Am Tage seiner Ankunft, da der König,
Vom Bad erquickt und ruhig, sein Gewand
Aus der Gemahlin Hand verlangend, stieg,
Warf die Verderbliche ein faltenreich
Und künstlich sich verwirrendes Gewebe
Ihm auf die Schultern, um das edle Haupt;
Und da er wie von einem Netze sich
Vergebens zu entwickeln strebte, schlug
Ägisth ihn, der Verräter, und verhüllt
Ging zu den Toten dieser große Fürst.
IPHIGENIE: Und welchen Lohn erhielt der Mitverschworne?
PYLADES: Ein Reich und Bette, das er schon
besaß.
IPHIGENIE: So trieb zur Schandtat eine böse Lust?
PYLADES: Und einer alten Rache tief Gefühl.
IPHIGENIE: Und wie beleidigte der König sie?
PYLADES: Mit schwerer Tat, die, wenn Entschuldigung
Des Mordes wäre, sie entschuldigte.
Nach Aulis lockt' er sie und brachte dort,
Als eine Gottheit sich der Griechen Fahrt
Mit ungestümen Winden widersetzte,
Die älteste Tochter, Iphigenien,
Vor den Altar Dianens, und sie fiel,
Ein blutig Opfer, für der Griechen Heil.
Dies, sagt man, hat ihr einen Widerwillen
So tief ins Herz geprägt, daß sie dem Werben
Ägisthens sich ergab und den Gemahl
Mit Netzen des Verderbens selbst umschlang.
IPHIGENIE (sich verhüllend):
Es ist genug. Du wirst mich wiedersehn.
PYLADES (allein): Von dem Geschick des Königshauses
scheint

Sie tief gerührt. Wer sie auch immer sei,
So hat sie selbst den König wohl gekannt
Und ist, zu unserm Glück, aus hohem Hause
Hierher verkauft. Nur stille, liebes Herz,
Und laß dem Stern der Hoffnung, der uns blinkt,
Mit frohem Mut uns klug entgegensteuern.

DRITTER AUFZUG

ERSTER AUFTRITT

Iphigenie. Orest

IPHIGENIE: Unglücklicher, ich löse deine Bande
Zum Zeichen eines schmerzlichern Geschicks.
Die Freiheit, die das Heiligtum gewährt,
Ist, wie der letzte lichte Lebensblick
Des schwer Erkrankten, Todesbote. Noch
Kann ich es mir und darf es mir nicht sagen,
Daß ihr verloren seid! Wie könnt ich euch
Mit mörderischer Hand dem Tode weihen?
Und niemand, wer es sei, darf euer Haupt,
Solang ich Priesterin Dianens bin,
Berühren. Doch verweig'r ich jene Pflicht,
Wie sie der aufgebrachte König fordert,
So wählt er eine meiner Jungfraun mir
Zur Folgerin, und ich vermag alsdann
Mit heißem Wunsch allein euch beizustehn.
O werter Landsmann! Selbst der letzte Knecht,
Der an den Herd der Vatergötter streifte,
Ist uns in fremdem Lande hoch willkommen:
Wie soll ich euch genug mit Freud und Segen
Empfangen, die ihr mir das Bild der Helden,
Die ich von Eltern her verehren lernte,
Entgegenbringet und das innre Herz
Mit neuer, schönster Hoffnung schmeichelnd labt!
OREST: Verbirgst du deinen Namen, deine
  Herkunft
Mit klugem Vorsatz? oder darf ich wissen,
Wer mir, gleich einer Himmlischen, begegnet?
IPHIGENIE: Du sollst mich kennen. Jetzo sag mir an,
Was ich nur halb von deinem Bruder hörte,
Das Ende derer, die, von Troja kehrend,
Ein hartes unerwartetes Geschick
Auf ihrer Wohnung Schwelle stumm empfing.
Zwar ward ich jung an diesen Strand geführt;
Doch wohl erinn'r ich mich des scheuen Blicks,
Den ich mit Staunen und mit Bangigkeit
Auf jene Helden warf. Sie zogen aus,
Als hätte der Olymp sich aufgetan
Und die Gestalten der erlauchten Vorwelt
Zum Schrecken Ilions herabgesendet,
Und Agamemnon war vor allen herrlich!
O sage mir! er fiel, sein Haus betretend,
Durch seiner Frauen und Ägisthens Tücke?
OREST: Du sagst's!

IPHIGENIE: Weh dir, unseliges Mycen!
So haben Tantals Enkel Fluch auf Fluch
Mit vollen wilden Händen ausgesät!
Und, gleich dem Unkraut, wüste Häupter schüttelnd
Und tausendfältgen Samen um sich streuend,
Den Kindeskindern nahverwandte Mörder
Zur ewgen Wechselwut erzeugt! Enthülle,
Was von der Rede deines Bruders schnell
Die Finsternis des Schreckens mir verdeckte.
Wie ist des großen Stammes letzter Sohn,
Das holde Kind, bestimmt, des Vaters Rächer
Dereinst zu sein, wie ist Orest dem Tage
Des Bluts entgangen? Hat ein gleich Geschick
Mit des Avernus Netzen ihn umschlungen?
Ist er gerettet? Lebt er? Lebt Elektra?
OREST: Sie leben.
IPHIGENIE: Goldne Sonne, leihe mir
Die schönsten Strahlen, lege sie zum Dank
Vor Jovis Thron! denn ich bin arm und stumm.
OREST: Bist du gastfreundlich diesem Königshause,
Bist du mit nähern Banden ihm verbunden,
Wie deine schöne Freude mir verrät,
So bändige dein Herz und halt es fest!
Denn unerträglich muß dem Fröhlichen
Ein jäher Rückfall in die Schmerzen sein.
Du weißt nur, merk ich, Agamemnons Tod.
IPHIGENIE: Hab ich an dieser Nachricht nicht genug?
OREST: Du hast des Greuels Hälfte nur erfahren.
IPHIGENIE: Was fürcht ich noch? Orest, Elektra leben.
OREST: Und fürchtest du für Klytämnestren nichts?
IPHIGENIE: Sie rettet weder Hoffnung, weder Furcht.
OREST: Auch sie schied aus dem Land der Hoffnung
  ab.
IPHIGENIE: Vergoß sie reuig wütend selbst ihr Blut?
OREST: Nein, doch ihr eigen Blut gab ihr den Tod.
IPHIGENIE: Sprich deutlicher, daß ich nicht länger sinne.
Die Ungewißheit schlägt mir tausendfältig
Die dunklen Schwingen um das bange Haupt.
OREST: So haben mich die Götter ausersehn
Zum Boten einer Tat, die ich so gern
Ins klanglos-dumpfe Höhlenreich der Nacht
Verbergen möchte? Wider meinen Willen
Zwingt mich dein holder Mund; allein er darf
Auch etwas Schmerzlichs fordern und erhält's.
Am Tage, da der Vater fiel, verbarg
Elektra rettend ihren Bruder: Strophius,
Des Vaters Schwäher, nahm ihn willig auf,
Erzog ihn neben seinem eignen Sohne,
Der, Pylades genannt, die schönsten Bande
Der Freundschaft um den Angekommnen knüpfte.
Und wie sie wuchsen, wuchs in ihrer Seele
Die brennende Begier, des Königs Tod
Zu rächen. Unversehen, fremd gekleidet,
Erreichen sie Mycen, als brächten sie
Die Trauernachricht von Orestens Tode,
Mit seiner Asche. Wohl empfänget sie
Die Königin; sie treten in das Haus.

Elektren gibt Orest sich zu erkennen;
Sie bläst der Rache Feuer in ihm auf,
Das vor der Mutter heilger Gegenwart
In sich zurückgebrannt war. Stille führt
Sie ihn zum Orte, wo sein Vater fiel,
Wo eine alte Spur des frech
Vergoßnen Blutes oft gewaschnen Boden
Mit blassen ahnungsvollen Streifen färbte.
Mit ihrer Feuerzunge schilderte
Sie jeden Umstand der verruchten Tat,
Ihr knechtisch elend durchgebrachtes Leben,
Den Übermut der glücklichen Verräter
Und die Gefahren, die nun der Geschwister
Von einer stiefgewordnen Mutter warteten. –
Hier drang sie jenen alten Dolch ihm auf,
Der schon in Tantals Hause grimmig wütete,
Und Klytämnestra fiel durch Sohnes Hand.
IPHIGENIE: Unsterbliche, die ihr den reinen
   Tag
Auf immer neuen Wolken selig lebet,
Habt ihr nur darum mich so manches Jahr
Von Menschen abgesondert, mich so nah
Bei euch gehalten, mir die kindliche
Beschäftigung, des heilgen Feuers Glut
Zu nähren aufgetragen, meine Seele
Der Flamme gleich in ewiger frommer Klarheit
Zu euern Wohnungen hinaufgezogen,
Daß ich nur meines Hauses Greuel später
Und tiefer fühlen sollte? – Sage mir
Vom Unglückselgen! Sprich mir von Orest! –
OREST: O könnte man von seinem Tode
   sprechen!
Wie gärend stieg aus der Erschlagnen Blut
Der Mutter Geist
Und ruft der Nacht uralten Töchtern zu:
„Laßt nicht den Muttermörder entfliehn!
Verfolgt den Verbrecher! Euch ist er geweiht!"
Sie horchen auf, es schaut ihr hohler Blick
Mit der Begier des Adlers um sich her.
Sie rühren sich in ihren schwarzen Höhlen,
Und aus den Winkeln schleichen ihre Gefährten,
Der Zweifel und die Reue, leis herbei.
Vor ihnen steigt ein Dampf vom Acheron;
In seinen Wolkenkreisen wälzet sich
Die ewige Betrachtung des Geschehnen
Verwirrend um des Schuldgen Haupt umher.
Und sie, berechtigt zum Verderben, treten
Der gottbesäten Erde schönen Boden,
Von dem ein alter Fluch sie längst verbannte.
Den Flüchtigen verfolgt ihr schneller Fuß:
Sie geben nur, um neu zu schrecken, Rast.
IPHIGENIE: Unseliger, du bist in gleichem Fall
Und fühlst, was er, der arme Flüchtling, leidet!
OREST: Was sagst du mir? Was wähnst du gleichen
   Fall?
IPHIGENIE: Dich drückt ein Brudermord wie jenen; mir
Vertraute dies dein jüngster Bruder schon.

OREST: Ich kann nicht leiden, daß du große Seele
Mit einem falschen Wort betrogen werdest.
Ein lügenhaft Gewebe knüpft ein Fremder
Dem Fremden, sinnreich und der List gewohnt,
Zur Falle vor die Füße; zwischen uns
Sei Wahrheit!
Ich bin Orest! und dieses schuldge Haupt
Senkt nach der Grube sich und sucht den Tod:
In jeglicher Gestalt sei er willkommen!
Wer du auch seist, so wünsch ich Rettung dir
Und meinem Freunde; mir wünsch ich sie nicht.
Du scheinst hier wider Willen zu verweilen:
Erfindet Rat zur Flucht und laßt mich hier.
Es stürze mein entseelter Leib vom Fels,
Es rauche bis zum Meer hinab mein Blut
Und bringe Fluch dem Ufer der Barbaren!
Geht ihr, daheim im schönen Griechenland
Ein neues Leben freundlich anzufangen.
   Er entfernt sich
IPHIGENIE:
So steigst du denn, Erfüllung, schönste Tochter
Des größten Vaters, endlich zu mir nieder!
Wie ungeheuer steht dein Bild vor mir!
Kaum reicht mein Blick dir an die Hände, die
Mit Frucht und Segenskränzen angefüllt,
Die Schätze des Olympus niederbringen.
Wie man den König an dem Übermaß
Der Gaben kennt – denn ihm muß wenig scheinen,
Was Tausenden schon Reichtum ist – so kennt
Man euch, ihr Götter, an gesparten, lang
Und weise zubereiteten Geschenken.
Denn ihr allein wißt, was uns frommen kann,
Und schaut der Zukunft ausgedehntes Reich,
Wenn jedes Abends Stern- und Nebelhülle
Die Aussicht uns verdeckt. Gelassen hört
Ihr unser Flehn, das um Beschleunigung
Euch kindisch bittet; aber eure Hand
Bricht unreif nie die goldnen Himmelsfrüchte,
Und wehe dem, der, ungeduldig sie
Ertrotzend, saure Speise sich zum Tod
Genießt. O laßt das lang erwartete,
Noch kaum gedachte Glück nicht, wie den Schatten
Des abgeschiednen Freundes, eitel mir
Und dreifach schmerzlicher vorübergehn!
OREST (tritt wieder zu ihr):
Rufst du die Götter an für dich und Pylades,
So nenne meinen Namen nicht mit eurem.
Du rettest den Verbrecher nicht, zu dem
Du dich gesellst, und teilest Fluch und Not.
IPHIGENIE: Mein Schicksal ist an deines fest gebunden.
OREST: Mitnichten! Laß allein und unbegleitet
Mich zu den Toten gehn. Verhülltest du
In deinen Schleier selbst den Schuldigen:
Du birgst ihn nicht vorm Blick der immer Wachen,
Und deine Gegenwart, du Himmlische,
Drängt sie nur seitwärts und verscheucht sie nicht.
Sie dürfen mit den ehrnen frechen Füßen

Des heilgen Waldes Boden nicht betreten;
Doch hör ich aus der Ferne hier und da
Ihr gräßliches Gelächter. Wölfe harren
So um den Baum, auf den ein Reisender
Sich rettete. Da draußen ruhen sie
Gelagert; und verlaß ich diesen Hain,
Dann steigen sie, die Schlangenhäupter schüttelnd,
Von allen Seiten Staub erregend auf
Und treiben ihre Beute vor sich her.
IPHIGENIE: Kannst du, Orest, ein freundlich Wort vernehmen?
OREST: Spar es für einen Freund der Götter auf.
IPHIGENIE: Sie geben dir zu neuer Hoffnung Licht.
OREST: Durch Rauch und Qualm seh ich den matten Schein
Des Totenflusses mir zur Hölle leuchten.
IPHIGENIE: Hast du Elektren, eine Schwester nur?
OREST: Die eine kannt ich; doch die älteste nahm
Ihr gut Geschick, das uns so schrecklich schien,
Beizeiten aus dem Elend unsers Hauses.
O laß dein Fragen und geselle dich
Nicht auch zu den Erinnyen; sie blasen
Mir schadenfroh die Asche von der Seele
Und leiden nicht, daß sich die letzten Kohlen
Von unsers Hauses Schreckensbrande still
In mir verglimmen. Soll die Glut denn ewig,
Vorsätzlich angefacht, mit Höllenschwefel
Genährt, mir auf der Seele marternd brennen?
IPHIGENIE: Ich bringe süßes Rauchwerk in die Flamme.
O laß den reinen Hauch der Liebe dir
Die Glut des Busens leise wehend kühlen.
Orest, mein Teurer, kannst du nicht vernehmen?
Hat das Geleit der Schreckensgötter so
Das Blut in deinen Adern aufgetrocknet?
Schleicht, wie vom Haupt der gräßlichen Gorgone,
Versteinernd dir ein Zauber durch die Glieder?
O wenn vergoßnen Mutterblutes Stimme
Zur Höll hinab mit dumpfen Tönen ruft,
Soll nicht der reinen Schwester Segenswort
Hilfreiche Götter vom Olympus rufen?
OREST: Es ruft! es ruft! So willst du mein Verderben!
Verbirgt in dir sich eine Rachegöttin?
Wer bist du, deren Stimme mir entsetzlich
Das Innerste in seinen Tiefen wendet?
IPHIGENIE: Es zeigt sich dir im tiefsten Herzen an:
Orest, ich bin's! Sieh Iphigenien!
Ich lebe!
OREST: Du!
IPHIGENIE: Mein Bruder!
OREST: Laß! Hinweg!
Ich rate dir, berühre nicht die Locken!
Wie von Kreusas Brautkleid zündet sich
Ein unauslöschlich Feuer von mir fort.
Laß mich! Wie Herkules will ich Unwürdiger
Den Tod voll Schmach, in mich verschlossen,
sterben.
IPHIGENIE: Du wirst nicht untergehn! O daß ich nur
Ein ruhig Wort von dir vernehmen könnte!
O löse meine Zweifel, laß des Glückes,
Des lang erflehten, mich auch sicher werden.
Es wälzte sich ein Rad von Freud und Schmerz
Durch meine Seele. Von dem fremden Manne
Entfernet mich ein Schauer; doch es reißt
Mein Innerstes gewaltig mich zum Bruder.
OREST: Ist hier Lyäens Tempel? und ergreift
Unbändig-heilge Wut die Priesterin?
IPHIGENIE: O höre mich! O sieh mich an, wie mir
Nach einer langen Zeit das Herz sich öffnet
Der Seligkeit, dem Liebsten, was die Welt
Noch für mich tragen kann, das Haupt zu küssen,
Mit meinen Armen, die den leeren Winden
Nur ausgebreitet waren, dich zu fassen!
O laß mich! Laß mich! Denn es quillet heller
Nicht vom Parnaß die ewge Quelle sprudelnd
Von Fels zu Fels ins goldne Tal hinab,
Wie Freude mir vom Herzen wallend fließt
Und wie ein selig Meer mich rings umfängt.
Orest! Orest! Mein Bruder!
OREST: Schöne Nymphe,
Ich traue dir und deinem Schmeicheln nicht.
Diana fordert strenge Dienerinnen
Und rächet das entweihte Heiligtum.
Entferne deinen Arm von meiner Brust!
Und wenn du einen Jüngling rettend lieben,
Das schöne Glück ihm zärtlich bieten willst,
So wende meinem Freunde dein Gemüt,
Dem würdgern Manne, zu. Er irrt umher
Auf jenem Felsenpfade: such ihn auf,
Weis ihn zurecht und schone meiner.
IPHIGENIE: Fasse,
Dich, Bruder, und erkenne die Gefundne!
Schilt einer Schwester reine Himmelsfreude
Nicht unbesonnene, strafbare Lust.
O nehmt den Wahn ihm von dem starren Auge,
Daß uns der Augenblick der höchsten Freude
Nicht dreifach elend mache! Sie ist hier,
Die längst verlorne Schwester. Vom Altar
Riß mich die Göttin weg und rettete
Hierher mich in ihr eigen Heiligtum.
Gefangen bist du, dargestellt zum Opfer,
Und findest in der Priesterin die Schwester.
OREST: Unselige! So mag die Sonne denn
Die letzten Greuel unsres Hauses sehn!
Ist nicht Elektra hier, damit auch sie
Mit uns zugrunde gehe, nicht ihr Leben
Zu schwererem Geschick und Leiden friste?
Gut, Priesterin! ich folge zum Altar:
Der Brudermord ist hergebrachte Sitte
Des alten Stammes; und ich danke, Götter,
Daß ihr mich ohne Kinder auszurotten
Beschlossen habt. Und laß dir raten, habe
Die Sonne nicht zu lieb und nicht die Sterne:
Komm, folge mir ins dunkle Reich hinab!

Wie sich vom Schwefelpfuhl erzeugte Drachen,
Bekämpfend die verwandte Brut, verschlingen,
Zerstört sich selbst das wütende Geschlecht:
Komm kinderlos und schuldlos mit hinab!
Du siehst mich mit Erbarmen an? Laß ab!
Mit solchen Blicken suchte Klytämnestra
Sich einen Weg nach ihres Sohnes Herzen;
Doch sein geschwungner Arm traf ihre Brust.
Die Mutter fiel! – Tritt auf, unwillger Geist!
Im Kreis geschlossen tretet an, ihr Furien,
Und wohnet dem willkommnen Schauspiel bei,
Dem letzten, gräßlichsten, das ihr bereitet!
Nicht Haß und Rache schärfen ihren Dolch;
Die liebevolle Schwester wird zur Tat
Gezwungen. Weine nicht! Du hast nicht Schuld.
Seit meinen ersten Jahren hab ich nichts
Geliebt, wie ich Dich lieben könnte, Schwester.
Ja, schwinge deinen Stahl, verschone nicht,
Zerreiße diesen Busen und eröffne
Den Strömen, die hier sieden, einen Weg!

Er sinkt in Ermattung

IPHIGENIE: Allein zu tragen dieses Glück und Elend
Vermag ich nicht. – Wo bist du, Pylades?
Wo find ich deine Hilfe, teurer Mann?

Sie entfernt sich suchend

ZWEITER AUFTRITT

OREST (aus seiner Betäubung erwachend und sich aufrichtend):
Noch einen! reiche mir aus Lethes Fluten
Den letzten kühlen Becher der Erquickung!
Bald ist der Krampf des Lebens aus dem Busen
Hinweggespült; bald fließet still mein Geist,
Der Quelle des Vergessens hingegeben,
Zu euch, ihr Schatten, in die ewgen Nebel.
Gefällig laßt in eurer Ruhe sich
Den umgetriebnen Sohn der Erde laben! –
Welch ein Gelispel hör ich in den Zweigen,
Welch ein Geräusch aus jener Dämmrung säuseln? –
Sie kommen schon, den neuen Gast zu sehn!
Wer ist die Schar, die herrlich miteinander
Wie ein versammelt Fürstenhaus sich freut?
Sie gehen friedlich, Alt' und Junge, Männer
Mit Weibern; göttergleich und ähnlich scheinen
Die wandelnden Gestalten. Ja, sie sind's,
Die Ahnherrn meines Hauses! – Mit Thyesten
Geht Atreus in vertraulichen Gesprächen,
Die Knaben schlüpfen scherzend um sie her.
Ist keine Feindschaft hier mehr unter euch?
Verlosch die Rache wie das Licht der Sonne?
So bin auch ich willkommen, und ich darf
In euren feierlichen Zug mich mischen.
Willkommen, Väter! euch grüßt Orest,
Von eurem Stamme der letzte Mann;
Was ihr gesät, hat er geerntet:
Mit Fluch beladen, stieg er herab.
Doch leichter trägt sich hier jede Bürde:
Nehmt ihn, o nehmt ihn in euren Kreis! –
Dich, Atreus, ehr ich, auch dich, Thyesten:
Wir sind hier alle der Feindschaft los. –
Zeigt mir den Vater, den ich nur einmal
Im Leben sah! – Bist du's, mein Vater?
Und führst die Mutter vertraut mit dir?
Darf Klytämnestra die Hand dir reichen,
So darf Orest auch zu ihr treten
Und darf ihr sagen: Sieh deinen Sohn! –
Seht euren Sohn! Heißt ihn willkommen.
Auf Erden war in unserm Hause
Der Gruß des Mordes gewisse Losung,
Und das Geschlecht des alten Tantalus
Hat seine Freuden jenseits der Nacht.
Ihr ruft: Willkommen! und nehmt mich auf.
O führt zum Alten, zum Ahnherrn mich!
Wo ist der Alte? Daß ich ihn sehe,
Das teure Haupt, das vielverehrte,
Das mit den Göttern zu Rate saß.
Ihr scheint zu zaudern, euch wegzuwenden?
Was ist es? Leidet der Göttergleiche?
Weh mir! es haben die Übermächtgen
Der Heldenbrust grausame Qualen
Mit ehrnen Ketten fest aufgeschmiedet.

DRITTER AUFTRITT

Orest. Iphigenie. Pylades

OREST: Seid ihr auch schon herabgekommen?
Wohl, Schwester, dir! Noch fehlt Elektra:
Ein gütger Gott send uns die eine
Mit sanften Pfeilen auch schnell herab.
Dich, armer Freund, muß ich bedauern!
Komm mit! komm mit! zu Plutos Thron,
Als neue Gäste den Wirt zu grüßen.
IPHIGENIE: Geschwister, die ihr an dem weiten Himmel
Das schöne Licht bei Tag und Nacht herauf
Den Menschen bringet, und den Abgeschiednen
Nicht leuchten dürfet, rettet uns Geschwister!
Du liebst, Diane, deinen holden Bruder
Vor allem, was dir Erd und Himmel bietet,
Und wendest dein jungfräulich Angesicht
Nach seinem ewgen Lichte sehnend still.
O laß den einzgen, spätgefundnen mir
Nicht in der Finsternis des Wahnsinns rasen!
Und ist dein Wille, da du hier mich bargst,
Nunmehr vollendet, willst du mir durch ihn
Und ihm durch mich die selge Hilfe geben,
So lös ihn von den Banden jenes Fluchs,
Daß nicht die teure Zeit der Rettung schwinde.
PYLADES: Erkennst du uns und diesen heilgen Hain
Und dieses Licht, das nicht den Toten leuchtet?
Fühlst du den Arm des Freundes und der Schwester,
Die dich noch fest, noch lebend halten? Faß
Uns kräftig an: wir sind nicht leere Schatten.
Merk auf mein Wort! Vernimm es! Raffe dich

Zusammen! Jeder Augenblick ist teuer,
Und unsre Rückkehr hängt an zarten Fäden,
Die, scheint es, eine günstge Parze spinnt.
OREST (zu Iphigenien):
Laß mich zum erstenmal mit freiem Herzen
In deinen Armen reine Freude haben!
Ihr Götter, die mit flammender Gewalt
Ihr schwere Wolken aufzuzehren wandelt
Und gnädig-ernst den lang erflehten Regen
Mit Donnerstimmen und mit Windesbrausen
In wilden Strömen auf die Erde schüttet,
Doch bald der Menschen grausendes Erwarten
In Segen auflöst und das bange Staunen
In Freudeblick und lauten Dank verwandelt,
Wenn in den Tropfen frisch erquickter Blätter
Die neue Sonne tausendfach sich spiegelt
Und Iris freundlich bunt mit leichter Hand
Den grauen Flor der letzten Wolken trennt:
O laßt mich auch in meiner Schwester Armen,
In meines Freundes Brust, was ihr mir gönnt,
Mit vollem Dank genießen und behalten!
Es löset sich der Fluch, mir sagt's das Herz.
Die Eumeniden ziehn, ich höre sie,
Zum Tartarus und schlagen hinter sich
Die ehrnen Tore fernabdonnernd zu.
Die Erde dampft erquickenden Geruch
Und ladet mich auf ihren Flächen ein,
Nach Lebensfreud und großer Tat zu jagen.
PYLADES: Versäumt die Zeit nicht, die gemessen ist!
Der Wind, der unsre Segel schwellt, er bringe
Erst unsre volle Freude zum Olymp.
Kommt! Es bedarf hier schnellen Rats und Schluß.

VIERTER AUFZUG

ERSTER AUFTRITT

IPHIGENIE: Denken die Himmlischen
Einem der Erdgebornen
Viele Verwirrungen zu,
Und bereiten sie ihm
Von der Freude zu Schmerzen
Und von Schmerzen zur Freude
Tief erschütternden Übergang:
Dann erziehen sie ihm
In der Nähe der Stadt
Oder am fernen Gestade,
Daß in Stunden der Not
Auch die Hilfe bereit sei,
Einen ruhigen Freund.
O segnet, Götter, unsern Pylades
Und was er immer unternehmen mag!
Er ist der Arm des Jünglings in der Schlacht,
Des Greises leuchtend Aug in der Versammlung:
Denn seine Seel ist stille; sie bewahrt
Der Ruhe heilges unerschöpftes Gut,
Und den Umhergetriebnen reichet er
Aus ihren Tiefen Rat und Hilfe. Mich
Riß er vom Bruder los; den staunt ich an
Und immer wieder an, und konnte mir
Das Glück nicht eigen machen, ließ ihn nicht
Aus meinen Armen los, und fühlte nicht
Die Nähe der Gefahr, die uns umgibt.
Jetzt gehn sie, ihren Anschlag auszuführen,
Der See zu, wo das Schiff mit den Gefährten,
In einer Bucht versteckt, aufs Zeichen lauert,
Und haben kluges Wort mir in den Mund
Gegeben, mich gelehrt, was ich dem König
Antworte, wenn er sendet und das Opfer
Mir dringender gebietet. Ach! ich sehe wohl,
Ich muß mich leiten lassen wie ein Kind.
Ich habe nicht gelernt, zu hinterhalten,
Noch jemand etwas abzulisten. Weh!
O weh der Lüge! Sie befreiet nicht,
Wie jedes andre, wahrgesprochne Wort,
Die Brust; sie macht uns nicht getrost, sie ängstet
Den, der sie heimlich schmiedet, und sie kehrt,
Ein losgedrückter Pfeil, von einem Gotte
Gewendet und versagend, sich zurück
Und trifft den Schützen. Sorg auf Sorge schwankt
Mir durch die Brust. Es greift die Furie
Vielleicht den Bruder auf dem Boden wieder
Des ungeweihten Ufers grimmig an.
Entdeckt man sie vielleicht? Mich dünkt, ich höre
Gewaffnete sich nahen! – Hier! – Der Bote
Kommt von dem Könige mit schnellem Schritt.
Es schlägt mein Herz, es trübt sich meine Seele,
Da ich des Mannes Angesicht erblicke,
Dem ich mit falschem Wort begegnen soll.

ZWEITER AUFTRITT

Igphigenie. Arkas

ARKAS: Beschleunige das Opfer, Priesterin!
Der König wartet, und es harrt das Volk.
IPHIGENIE: Ich folgte meiner Pflicht und deinem Wink,
Wenn unvermutet nicht ein Hindernis
Sich zwischen mich und die Erfüllung stellte.
ARKAS: Was ist's, das den Befehl des Königs hindert?
IPHIGENIE: Der Zufall, dessen wir nicht Meister sind.
ARKAS: So sage mir's, daß ich's ihm schnell vermelde:
Denn er beschloß bei sich der beiden Tod.
IPHIGENIE: Die Götter haben ihn noch nicht beschlossen.
Der älteste dieser Männer trägt die Schuld
Des nahverwandten Bluts, das er vergoß.
Die Furien verfolgen seinen Pfad,
Ja, in dem innern Tempel faßte selbst
Das Übel ihn, und seine Gegenwart
Entheilgte die reine Stätte. Nun
Eil ich mit meinen Jungfraun, an dem Meere

Der Göttin Bild mit frischer Welle netzend,
Geheimnisvolle Weihe zu begehn.
Es störe niemand unsern stillen Zug!
ARKAS: Ich melde dieses neue Hindernis
Dem Könige geschwind; beginne du
Das heilge Werk nicht eh', bis er's erlaubt.
IPHIGENIE: Dies ist allein der Priestrin überlassen.
ARKAS: Solch seltnen Fall soll auch der König wissen.
IPHIGENIE: Sein Rat wie sein Befehl verändert nichts.
ARKAS: Oft wird der Mächtige zum Schein gefragt.
IPHIGENIE: Erdringe nicht, was ich versagen sollte.
ARKAS: Versage nicht, was gut und nützlich ist.
IPHIGENIE: Ich gebe nach, wenn du nicht säumen willst.
ARKAS: Schnell bin ich mit der Nachricht in dem Lager,
Und schnell mit seinen Worten hier zurück.
O könnt ich ihm noch eine Botschaft bringen,
Die alles löste, was uns jetzt verwirrt:
Denn du hast nicht des Treuen Rat geachtet.
IPHIGENIE: Was ich vermochte, hab ich gern getan.
ARKAS: Noch änderst du den Sinn zur rechten Zeit.
IPHIGENIE: Das steht nun einmal nicht in unsrer Macht.
ARKAS: Du hältst unmöglich, was dir Mühe kostet.
IPHIGENIE: Dir scheint es möglich, weil der Wunsch dich trügt.
ARKAS: Willst du denn alles so gelassen wagen?
IPHIGENIE: Ich hab es in der Götter Hand gelegt.
ARKAS: Sie pflegen Menschen menschlich zu erretten.
IPHIGENIE: Auf ihren Fingerzeig kommt alles an.
ARKAS: Ich sage dir, es liegt in deiner Hand.
Des Königs aufgebrachter Sinn allein
Bereitet diesen Fremden bittern Tod.
Das Heer entwöhnte längst vom harten Opfer
Und von dem blutgen Dienste sein Gemüt.
Ja, mancher, den ein widriges Geschick
An fremdes Ufer trug, empfand es selbst,
Wie göttergleich dem armen Irrenden,
Umhergetrieben an der fremden Grenze
Ein freundlich Menschenangesicht begegnet.
O wende nicht von uns, was du vermagst!
Du endest leicht, was du begonnen hast:
Denn nirgends baut die Milde, die herab
In menschlicher Gestalt vom Himmel kommt,
Ein Reich sich schneller, als wo trüb und wild
Ein neues Volk, voll Leben, Mut und Kraft,
Sich selbst und banger Ahnung überlassen,
Des Menschenlebens schwere Bürden trägt.
IPHIGENIE: Erschüttre meine Seele nicht, die du
Nach deinem Willen nicht bewegen kannst.
ARKAS: Solang es Zeit ist, schont man weder Mühe
Noch eines guten Wortes Wiederholung.
IPHIGENIE: Du machst dir Müh, und mir erregst du Schmerzen;
Vergebens beides: darum laß mich nun.
ARKAS: Die Schmerzen sind's, die ich zu Hilfe rufe:
Denn es sind Freunde, Gutes raten sie.
IPHIGENIE: Sie fassen meine Seele mit Gewalt,
Doch tilgen sie den Widerwillen nicht.
ARKAS: Fühlt eine schöne Seele Widerwillen
Für eine Wohltat, die der Edle reicht?
IPHIGENIE: Ja, wenn der Edle, was sich nicht geziemt,
Statt meines Dankes mich erwerben will.
ARKAS: Wer keine Neigung fühlt, dem mangelt es
An einem Worte der Entschuldigung nie.
Dem Fürsten sag ich an, was hier geschehn.
O wiederholtest du in deiner Seele,
Wie edel er sich gegen dich betrug
Von deiner Ankunft an bis diesen Tag!

DRITTER AUFTRITT

IPHIGENIE (allein): Von dieses Mannes Rede fühl ich mir
Zur ungelegnen Zeit das Herz im Busen
Auf einmal umgewendet. Ich erschrecke! –
Denn wie die Flut mit schnellen Strömen wachsend
Die Felsen überspült, die in dem Sand
Am Ufer liegen: so bedeckte ganz
Ein Freudenstrom mein Innerstes. Ich hielt
In meinen Armen das Unmögliche.
Es schien sich eine Wolke wieder sanft
Um mich zu legen, von der Erde mich
Emporzuheben und in jenen Schlummer
Mich einzuwiegen, den die gute Göttin
Um meine Schläfe legte, da ihr Arm
Mich rettend faßte. – Meinen Bruder
Ergriff das Herz mit einziger Gewalt:
Ich horchte nur auf seines Freundes Rat;
Nur sie zu retten, drang die Seele vorwärts.
Und wie den Klippen einer wüsten Insel
Der Schiffer gern den Rücken wendet: so
Lag Tauris hinter mir. Nun hat die Stimme
Des treuen Manns mich wieder aufgeweckt,
Daß ich auch Menschen hier verlasse, mich
Erinnert. Doppelt wird mir der Betrug
Verhaßt. O bleibe ruhig, meine Seele!
Beginnst du nun zu schwanken und zu zweifeln?
Den festen Boden deiner Einsamkeit
Mußt du verlassen! Wieder eingeschifft,
Ergreifen dich die Wellen schaukelnd, trüb
Und bang verkennest du die Welt und dich.

VIERTER AUFTRITT

Iphigenie. Pylades

PYLADES: Wo ist sie? daß ich ihr mit schnellen Worten
Die frohe Botschaft unsrer Rettung bringe!
IPHIGENIE: Du siehst mich hier voll Sorgen und Erwartung
Des sichern Trostes, den du mir versprichst.
PYLADES: Dein Bruder ist geheilt! Den Felsenboden
Des ungeweihten Ufers und den Sand
Betraten wir mit fröhlichen Gesprächen;
Der Hain blieb hinter uns, wir merkten's nicht.
Und herrlicher und immer herrlicher

Umloderte der Jugend schöne Flamme
Sein lockig Haupt; sein volles Auge glühte
Von Mut und Hoffnung, und sein freies Herz
Ergab sich ganz der Freude, ganz der Lust,
Dich, seine Retterin, und mich zu retten.
IPHIGENIE: Gesegnet seist du, und es möge nie
Von deiner Lippe, die so Gutes sprach,
Der Ton des Leidens und der Klage tönen!
PYLADES: Ich bringe mehr als das; denn schön begleitet,
Gleich einem Fürsten, pflegt das Glück zu nahn.
Auch die Gefährten haben wir gefunden.
In einer Felsenbucht verbargen sie
Das Schiff und saßen traurig und erwartend.
Sie sahen deinen Bruder, und es regten
Sich alle jauchzend, und sie baten dringend,
Der Abfahrt Stunde zu beschleunigen.
Es sehnet jede Faust sich nach dem Ruder,
Und selbst ein Wind erhob vom Lande lispelnd,
Von allen gleich bemerkt, die holden Schwingen.
Drum laß uns eilen, führe mich zum Tempel,
Laß mich das Heiligtum betreten, laß
Mich unsrer Wünsche Ziel verehrend fassen!
Ich bin allein genug, der Göttin Bild
Auf wohlgeübten Schultern wegzutragen:
Wie sehn ich mich nach der erwünschten Last!

*Er geht gegen den Tempel unter den letzten Worten,
ohne zu bemerken, daß Iphigenie nicht folgt; endlich
kehrt er sich um*

Du stehst und zauderst – sage mir – du schweigst!
Du scheinst verworren! Widersetzet sich
Ein neues Unheil unserm Glück? Sag an!
Hast du dem König das kluge Wort
Vermelden lassen, das wir abgeredet?
IPHIGENIE: Ich habe, teurer Mann; doch wirst du schelten.
Ein schweigender Verweis war mir dein Anblick.
Des Königs Bote kam, und wie du es
Mir in den Mund gelegt, so sagt ich's ihm.
Er schien zu staunen, und verlangte dringend,
Die seltne Feier erst dem Könige
Zu melden, seinen Willen zu vernehmen:
Und nun erwart ich seine Wiederkehr.
PYLADES: Weh uns! Erneuert schwebt nun die Gefahr
Um unsre Schläfe! Warum hast du nicht
Ins Priesterrecht dich weislich eingehüllt?
IPHIGENIE: Als eine Hülle hab ich's nie gebraucht.
PYLADES: So wirst du, reine Seele, dich und uns
Zugrunde richten. Warum dacht ich nicht
Auf diesen Fall voraus, und lehrte dich
Auch dieser Fordrung auszuweichen!
IPHIGENIE: Schilt
Nur mich, die Schuld ist mein, ich fühl es wohl;
Doch konnt ich anders nicht dem Mann begegnen,
Der Vernunft und Ernst von mir verlangte,
Was ihm mein Herz als Recht gestehen mußte.
PYLADES: Gefährlicher zieht sich's zusammen;
   doch auch so

Laßt uns nicht zagen oder unbesonnen
Und übereilt uns selbst verraten. Ruhig
Erwarte du die Wiederkunft des Boten,
Und dann steh fest, er bringe, was er will:
Denn solcher Weihung Feier anzuordnen,
Gehört der Priesterin und nicht dem König.
Und fordert er, den fremden Mann zu sehn,
Der von dem Wahnsinn schwer belastet ist,
So lehn es ab, als hieltest du uns beide
Im Tempel wohl verwahrt. So schaff uns Luft,
Daß wir aufs eiligste, den heilgen Schatz
Dem rauh unwürdgen Volk entwendend, fliehn.
Die besten Zeichen sendet uns Apoll,
Und eh wir die Bedingung fromm erfüllen,
Erfüllt er göttlich sein Versprechen schon.
Orest ist frei, geheilt! – Mit dem Befreiten
O führet uns hinüber, günstge Winde,
Zur Felseninsel, die der Gott bewohnt;
Dann nach Mycen, daß es lebendig werde,
Daß von der Asche des verloschnen Herdes
Die Vatergötter fröhlich sich erheben,
Und schönes Feuer ihre Wohnungen
Umleuchte! Deine Hand soll ihnen Weihrauch
Zuerst aus goldnen Strahlen streuen. Du
Bringst über jene Schwelle Heil und Leben wieder,
Entsühnst den Fluch und schmückest neu die Deinen
Mit frischen Lebensblüten herrlich aus.
IPHIGENIE: Vernehm ich dich, so wendet sich, o Teurer,
Wie sich die Blume nach der Sonne wendet,
Die Seele, von dem Strahle deiner Worte
Getroffen, sich dem süßen Troste nach.
Wie köstlich ist des gegenwärtgen Freundes
Gewisse Rede, deren Himmelskraft
Ein Einsamer entbehrt und still versinkt.
Denn langsam reift, verschollen in dem Busen,
Gedank ihm und Entschluß; die Gegenwart
Des Liebenden entwickelte sie leicht.
PYLADES: Leb wohl! Die Freunde will ich nun geschwind
Beruhigen, die sehnlich wartend harren.
Dann komm ich schnell zurück und lausche hier
Im Felsenbusch versteckt auf deinen Wink –
Was sinnest du? Auf einmal überschwebt
Ein stiller Trauerzug die freie Stirne.
IPHIGENIE: Verzeih! Wie leichte Wolken vor der Sonne,
So zieht mir vor der Seele leichte Sorge
Und Bangigkeit vorüber.
PYLADES: Fürchte nicht!
Betrüglich schloß die Furcht mit der Gefahr
Ein enges Bündnis: beide sind Gesellen.
IPHIGENIE: Die Sorge nenn ich edel, die mich warnt,
Den König, der mein zweiter Vater ward,
Nicht tückisch zu betrügen, zu berauben.
PYLADES: Der deinen Bruder schlachtet, dem entfliehst du.
IPHIGENIE: Es ist derselbe, der mir Gutes tat.
PYLADES: Das ist nicht Undank, was die Not gebeut.

IPHIGENIE: Es bleibt wohl Undank; nur die Not entschuldigt.
PYLADES: Vor Göttern und vor Menschen dich gewiß.
IPHIGENIE: Allein mein eigen Herz ist nicht befriedigt.
PYLADES: Zu strenge Fordrung ist verborgner Stolz.
IPHIGENIE: Ich untersuche nicht, ich fühle nur.
PYLADES: Fühlst du dich recht, so mußt du dich verehren.
IPHIGENIE: Ganz unbefleckt genießt sich nur das Herz.
PYLADES: So hast du dich im Tempel wohl bewahrt;
Das Leben lehrt uns, weniger mit uns
Und andern strenge sein: du lernst es auch.
So wunderbar ist dies Geschlecht gebildet,
So vielfach ist's verschlungen und verknüpft,
Daß keiner in sich selbst, noch mit den andern
Sich rein und unverworren halten kann.
Auch sind wir nicht bestellt, uns selbst zu richten:
Zu wandeln und auf seinen Weg zu sehen,
Ist eines Menschen erste, nächste Pflicht:
Denn selten schätzt er recht, was er getan,
Und was er tut, weiß er fast nie zu schätzen.
IPHIGENIE: Fast überredst du mich zu deiner Meinung.
PYLADES: Braucht's Überredung, wo die Wahl versagt ist?
Den Bruder, dich und einen Freund zu retten,
Ist nur ein Weg; fragt sich's, ob wir ihn gehn?
IPHIGENIE: O laß mich zaudern! denn du tätest selbst
Ein solches Unrecht keinem Mann gelassen,
Dem du für Wohltat dich verpflichtet hieltest.
PYLADES: Wenn wir zugrunde gehen, wartet dein
Ein härtrer Vorwurf, der Verzweiflung trägt.
Man sieht, du bist nicht an Verlust gewohnt,
Da du, dem großen Übel zu entgehn,
Ein falsches Wort nicht einmal opfern willst.
IPHIGENIE: O trüg ich doch ein männlich Herz in mir,
Das, wenn es einen kühnen Vorsatz hegt,
Vor jeder andern Stimme sich verschließt!
PYLADES: Du weigerst dich umsonst; die ehrne Hand
Der Not gebietet, und ihr ernster Wink
Ist oberstes Gesetz, dem Götter selbst
Sich unterwerfen müssen. Schweigend herrscht
Des ewgen Schicksals unberatne Schwester.
Was sie dir auferlegt, das trage: tu,
Was sie gebeut. Das andre weißt du. Bald
Komm ich zurück, aus deiner heilgen Hand
Der Rettung schönes Siegel zu empfangen.

FÜNFTER AUFTRITT

IPHIGENIE (allein): Ich muß ihm folgen: denn die Meinigen
Seh ich in dringender Gefahr. Doch ach!
Mein eigen Schicksal macht mir bang und bänger.
O soll ich nicht die stille Hoffnung retten,
Die in der Einsamkeit ich schön genährt?
Soll dieser Fluch denn ewig walten? Soll
Nie dies Geschlecht mit einem neuen Segen
Sich wieder heben? – Nimmt doch alles ab!
Das beste Glück, des Lebens schönste Kraft
Ermattet endlich: warum nicht der Fluch?
So hofft ich denn vergebens, hier verwahrt,
Von meines Hauses Schicksal abgeschieden,
Dereinst mit reiner Hand und reinem Herzen
Die schwerbefleckte Wohnung zu entsühnen.
Kaum wird in meinen Armen mir ein Bruder
Vom grimmgen Übel wundervoll und schnell
Geheilt, kaum naht ein lang erflehtes Schiff,
Mich in den Port der Vaterwelt zu leiten,
So legt die taube Not ein doppelt Laster
Mit ehrner Hand mir auf: das heilige,
Mir anvertraute, viel verehrte Bild
Zu rauben und den Mann zu hintergehn,
Dem ich mein Leben und mein Schicksal danke.
O daß in meinem Busen nicht zuletzt
Ein Widerwillen keime! der Titanen,
Der alten Götter tiefer Haß auf euch,
Olympier, nicht auch die zarte Brust
Mit Geierklauen fasse! Rettet mich
Und rettet euer Bild in meiner Seele!
Vor meinen Ohren tönt das alte Lied –
Vergessen hatt ich's und vergaß es gern –
Das Lied der Parzen, das sie grausend sangen,
Als Tantalus vom goldnen Stuhle fiel:
Sie litten mit dem edlen Freunde; grimmig
War ihre Brust, und furchtbar ihr Gesang.
In unsrer Jugend sang's die Amme mir
Und den Geschwistern vor, ich merkt es wohl.

    Es fürchte die Götter
    Das Menschengeschlecht!
    Sie halten die Herrschaft
    In ewigen Händen,
    Und können sie brauchen,
    Wie's ihnen gefällt.

    Der fürchte sie doppelt,
    Den je sie erheben!
    Auf Klippen und Wolken
    Sind Stühle bereitet
    Um goldene Tische.

    Erhebet ein Zwist sich,
    So stürzen die Gäste,
    Geschmäht und geschändet
    In nächtliche Tiefen
    Und harren vergebens,
    Im Finstern gebunden,
    Gerechten Gerichtes.

    Sie aber, sie bleiben
    In ewigen Festen
    An goldenen Tischen.
    Sie schreiten vom Berge
    Zu Bergen hinüber:
    Aus Schlünden der Tiefe
    Dampft ihnen der Atem

Erstickter Titanen
Gleich Opfergerüchen,
Ein leichtes Gewölke.

Es wenden die Herrscher
Ihr segnendes Auge
Von ganzen Geschlechtern
Und meiden, im Enkel
Die ehmals geliebten,
Still redenden Züge
Des Ahnherrn zu sehn.

So sangen die Parzen;
Es horcht der Verbannte
In nächtlichen Höhlen,
Der Alte, die Lieder,
Denkt Enkel und Kinder
Und schüttelt das Haupt.

FÜNFTER AUFZUG

ERSTER AUFTRITT
Thoas. Arkas

ARKAS: Verwirrt muß ich gestehn, daß ich nicht weiß,
Wohin ich meinen Argwohn richten soll.
Sind's die Gefangnen, die auf ihre Flucht
Verstohlen sinnen? Ist's die Priesterin,
Die ihnen hilft? Es mehrt sich das Gerücht:
Das Schiff, das diese beiden hergebracht,
Sei irgend noch in einer Bucht versteckt.
Und jenes Mannes Wahnsinn, diese Weihe,
Der heilge Vorwand dieser Zögrung, rufen
Den Argwohn lauter und die Vorsicht auf.
THOAS: Es komme schnell die Priesterin herbei!
Dann geht, durchsucht das Ufer scharf und schnell
Vom Vorgebirge bis zum Hain der Göttin.
Verschonet seine heilgen Tiefen, legt
Bedächtgen Hinterhalt und greift sie an;
Wo ihr sie findet, faßt sie, wie ihr pflegt.

ZWEITER AUFTRITT

THOAS (allein): Entsetzlich wechselt mir der Grimm im Busen:
Erst gegen sie, die ich so heilig hielt,
Dann gegen mich, der ich sie zum Verrat
Durch Nachsicht und durch Güte bildete.
Zur Sklaverei gewöhnt der Mensch sich gut
Und lernet leicht gehorchen, wenn man ihn
Der Freiheit ganz beraubt. Ja, wäre sie
In meiner Ahnherrn rohe Hand gefallen,
Und hätte sie der heilge Grimm verschont:
Sie wäre froh gewesen, sich allein
Zu retten, hätte dankbar ihr Geschick
Erkannt und fremdes Blut vor dem Altar
Vergossen, hätte Pflicht genannt,
Was Not war. Nun lockt meine Güte
In ihrer Brust verwegnen Wunsch herauf.
Vergebens hofft ich, sie mir zu verbinden:
Sie sinnt sich nun ein eigen Schicksal aus.
Durch Schmeichelei gewann sie mir das Herz:
Nun widersteh ich der: so sucht sie sich
Den Weg durch List und Trug, und meine Güte
Scheint ihr ein alt verjährtes Eigentum.

DRITTER AUFTRITT
Iphigenie. Thoas

IPHIGENIE: Du forderst mich! Was bringt dich zu uns her?
THOAS: Du schiebst das Opfer auf; sag an, warum?
IPHIGENIE: Ich hab an Arkas alles klar erzählt.
THOAS: Von dir möcht ich es weiter noch vernehmen.
IPHIGENIE: Die Göttin gibt dir Frist zur Überlegung.
THOAS: Sie scheint dir selbst gelegen, diese Frist.
IPHIGENIE: Wenn dir das Herz zum grausamen Entschluß
Verhärtet ist, so solltest du nicht kommen!
Ein König, der Unmenschliches verlangt,
Findt Diener gnug, die gegen Gnad und Lohn
Den halben Fluch der Tat begierig fassen;
Doch seine Gegenwart bleibt unbefleckt.
Er sinnt den Tod in einer schweren Wolke,
Und seine Boten bringen flammendes
Verderben auf des Armen Haupt hinab;
Er aber schwebt durch seine Höhen ruhig,
Ein unerreichter Gott, im Sturme fort.
THOAS: Die heilge Lippe tönt ein wildes Lied.
IPHIGENIE: Nicht Priesterin! nur Agamemnons Tochter.
Der Unbekannten Wort verehrtest du,
Der Fürstin willst du rasch gebieten? Nein!
Von Jugend auf hab ich gelernt gehorchen,
Erst meinen Eltern und dann einer Gottheit,
Und folgsam fühlt ich immer meine Seele
Am schönsten frei; allein dem harten Worte,
Dem rauhen Ausspruch eines Mannes mich
Zu fügen, lernt ich weder dort noch hier.
THOAS: Ein alt Gesetz, nicht ich, gebietet dir.
IPHIGENIE: Wir fassen ein Gesetz begierig an,
Das unsrer Leidenschaft zur Waffe dient.
Ein andres spricht zu mir: ein älteres,
Mich dir zu widersetzen, das Gebot,
Dem jeder Fremde heilig ist.
THOAS: Es scheinen die Gefangnen dir sehr nah
Am Herzen: denn vor Anteil und Bewegung
Vergissest du der Klugheit erstes Wort,
Daß man den Mächtigen nicht reizen soll.
IPHIGENIE: Red oder schweig ich, immer kannst du wissen,
Was mir im Herzen ist und immer bleibt.
Löst die Erinnerung des gleichen Schicksals
Nicht ein verschloßnes Herz zum Mitleid auf?
Wie mehr denn meins! In ihnen seh ich mich.
Ich habe vorm Altare selbst gezittert,

Und feierlich umgab der frühe Tod
Die Knieende: das Messer zuckte schon,
Den lebenvollen Busen zu durchbohren;
Mein Innerstes entsetzte wirbelnd sich,
Mein Auge brach, und – ich fand mich gerettet.
Sind wir, was Götter gnädig uns gewährt,
Unglücklichen nicht zu erstatten schuldig?
Du weißt es, kennst mich, und du willst mich zwingen!
THOAS: Gehorche deinem Dienste, nicht dem Herrn.
IPHIGENIE: Laß ab! Beschönige nicht die Gewalt,
Die sich der Schwachheit eines Weibes freut.
Ich bin so frei geboren als ein Mann.
Stünd Agamemnons Sohn dir gegenüber,
Und du verlangtest, was sich nicht gebührt,
So hat auch er ein Schwert und einen Arm,
Die Rechte seines Busens zu verteidgen.
Ich habe nichts als Worte, und es ziemt
Dem edlen Mann, der Frauen Wort zu achten.
THOAS: Ich acht es mehr als eines Bruders Schwert.
IPHIGENIE: Das Los der Waffen wechselt hin und her:
Kein kluger Streiter hält den Feind gering.
Auch ohne Hilfe gegen Trutz und Härte
Hat die Natur den Schwachen nicht gelassen.
Sie gab zur List ihm Freude, lehrt' ihn Künste:
Bald weicht er aus, verspätet und umgeht.
Ja, der Gewaltige verdient, daß man sie übt.
THOAS: Die Vorsicht stellt der List sich klug entgegen.
IPHIGENIE: Und eine reine Seele braucht sie nicht.
THOAS: Sprich unbehutsam nicht dein eigen Urteil.
IPHIGENIE: O sähest du, wie meine Seele kämpft,
Ein bös Geschick, das sie ergreifen will,
Im ersten Anfall mutig abzutreiben!
So steh ich denn hier wehrlos gegen dich?
Die schöne Bitte, den anmutgen Zweig,
In einer Frauen Hand gewaltiger
Als Schwert und Waffe, stößest du zurück:
Was bleibt mir nun, mein Innres zu verteidgen?
Ruf ich die Göttin um ein Wunder an?
Ist keine Kraft in meiner Seele Tiefen?
THOAS: Es scheint, der beiden Fremden Schicksal macht
Unmäßig dich besorgt. Wer sind sie, sprich,
Für die dein Geist gewaltig sich erhebt?
IPHIGENIE: Sie sind – sie scheinen – für Griechen halt ich sie.
THOAS: Landsleute sind es? und sie haben wohl
Der Rückkehr schönes Bild in dir erneut?
IPHIGENIE (nach einigem Stillschweigen):
Hat denn zur unerhörten Tat der Mann
Allein das Recht? Drückt denn Unmögliches
Nur er an die gewaltge Heldenbrust?
Was nennt man groß? Was hebt die Seele schaudernd
Dem immer wiederholenden Erzähler,
Als was mit unwahrscheinlichem Erfolg
Der Mutigste begann? Der in der Nacht
Allein das Heer des Feindes überschleicht,
Wie unversehn eine Flamme wütend
Die Schlafenden, Erwachenden ergreift,
Zuletzt, gedrängt von den Ermunterten,
Auf Feindes Pferden, doch mit Beute kehrt,
Wird er allein gepriesen? der allein,
Der, einen sichern Weg verachtend, kühn
Gebirg und Wälder durchzustreifen geht,
Daß er von Räubern eine Gegend säubre?
Ist uns nichts übrig? Muß ein zartes Weib
Sich ihres angebornen Rechts entäußern,
Wild gegen Wilde sein, wie Amazonen
Das Recht des Schwerts euch rauben und mit Blute
Die Unterdrückung rächen? Auf und ab
Steigt in der Brust ein kühnes Unternehmen:
Ich werde großem Vorwurf nicht entgehn,
Noch schwerem Übel, wenn es mir mißlingt;
Allein euch leg ich's auf die Knie! Wenn
Ihr wahrhaft seid, wie ihr gepriesen werdet,
So zeigt's durch euren Beistand und verherrlicht
Durch mich die Wahrheit! – Ja, vernimm, o König,
Es wird ein heimlicher Betrug geschmiedet:
Vergebens fragst du den Gefangnen nach;
Sie sind hinweg und suchen ihre Freunde,
Die mit dem Schiff am Ufer warten, auf.
Der älteste, den das Übel hier ergriffen
Und nun verlassen hat – es ist Orest,
Mein Bruder, und der andre sein Vertrauter,
Sein Jugendfreund, mit Namen Pylades.
Apoll schickt sie von Delphi diesem Ufer
Mit göttlichen Befehlen zu, das Bild
Dianens wegzurauben und zu ihm
Die Schwester hinzubringen, und dafür
Verspricht er dem von Furien Verfolgten,
Des Mutterblutes Schuldigen, Befreiung.
Uns beide hab ich nun, die Überbliebnen
Von Tantals Haus, in deine Hand gelegt:
Verdirb uns – wenn du darfst.
THOAS: Du glaubst, es höre
Der rohe Skythe, der Barbar, die Stimme
Der Wahrheit und der Menschlichkeit, die Atreus,
Der Grieche nicht vernahm?
IPHIGENIE: Es hört sie jeder,
Geboren unter jedem Himmel, dem
Des Lebens Quelle durch den Busen rein
Und ungehindert fließt. – Was sinnst du mir,
O König, schweigend in der tiefen Seele?
Ist es Verderben? so töte mich zuerst!
Denn nun empfind ich, da uns keine Rettung
Mehr übrig bleibt, die gräßliche Gefahr,
Worein ich die Geliebten übereilt
Vorsätzlich stürzte. Weh! Ich werde sie
Gebunden vor mir sehn! Mit welchen Blicken
Kann ich von meinem Bruder Abschied nehmen,
Den ich ermorde? Nimmer kann ich ihm
Mehr in die vielgeliebten Augen schaun!

THOAS: So haben die Betrüger, künstlich dichtend,
   Der lang Verschloßnen, ihre Wünsche leicht
   Und willig Glaubenden ein solch Gespinst
   Ums Haupt geworfen!
IPHIGENIE: Nein! o König, nein!
   Ich könnte hintergangen werden; diese
   Sind treu und wahr. Wirst du sie anders finden,
   So laß sie fallen und verstoße mich,
   Verbanne mich zur Strafe meiner Torheit
   An einer Klippeninsel traurig Ufer.
   Ist aber dieser Mann der lang erflehte,
   Geliebte Bruder, so entlaß uns, sei
   Auch den Geschwistern wie der Schwester
   freundlich.
   Mein Vater fiel durch seiner Frauen Schuld,
   Und sie durch ihren Sohn. Die letzte Hoffnung
   Von Atreus' Stamme ruht auf ihm allein.
   Laßt mich mit reinem Herzen, reiner Hand
   Hinübergehn und unser Haus entsühnen.
   Du hältst mir Wort! – Wenn zu den Meinen je
   Mir Rückkehr zubereitet wäre, schwurst
   Du, mich zu lassen; und sie ist es nun.
   Ein König sagt nicht, wie gemeine Menschen,
   Verlegen zu, daß er den Bittenden
   Auf Augenblick entferne, noch
   Verspricht er auf den Fall, den er nicht hofft:
   Dann fühlt er erst die Höhe seiner Würde,
   Wenn er den Harrenden beglücken kann.
THOAS: Unwillig, wie sich Feuer gegen Wasser
   Im Kampfe wehrt und gischend seinen Feind
   Zu tilgen sucht, so wehret sich der Zorn
   In meinem Busen gegen deine Worte.
IPHIGENIE: O laß die Gnade, wie das heilge Licht
   Der stillen Opferflamme, mir, umkränzt
   Von Lobgesang und Dank und Freude, lodern.
THOAS: Wie oft besänftigte mich diese Stimme!
IPHIGENIE: O reiche mir die Hand zum
   Friedenszeichen.
THOAS: Du forderst viel in einer kurzen Zeit.
IPHIGENIE:
   Um Guts zu tun, braucht's keiner Überlegung.
THOAS: Sehr viel! denn auch dem Guten folgt das Übel.
IPHIGENIE: Der Zweifel ist's, der Gutes böse macht.
   Bedenke nicht; gewähre, wie du's fühlst.

VIERTER AUFTRITT

Orest gewaffnet. Die Vorigen

OREST (nach der Szene gekehrt): Verdoppelt eure
   Kräfte! Haltet sie
   Zurück! Nur wenig Augenblicke! Weicht
   Der Menge nicht, und deckt den Weg zum Schiffe
   Mir und der Schwester!
   Zu Iphigenien, ohne den König zu sehen
         Komm, wir sind verraten.
   Geringer Raum bleibt uns zur Flucht. Geschwind!
   Er erblickt den König

THOAS (nach dem Schwerte greifend):
   In meiner Gegenwart führt ungestraft
   Kein Mann das nackte Schwert.
IPHIGENIE: Entheiliget
   Der Göttin Wohnung nicht durch Wut und Mord.
   Gebietet eurem Volke Stillstand, höret
   Die Priesterin, die Schwester!
OREST: Sage mir!
   Wer ist es, der uns droht?
IPHIGENIE: Verehr in ihm
   Den König, der mein zweiter Vater ward!
   Verzeih mir, Bruder! doch mein kindlich Herz
   Hat unser ganz Geschick in seine Hand
   Gelegt. Gestanden hab ich euren Anschlag
   Und meine Seele vom Verrat gerettet.
OREST: Will er die Rückkehr friedlich uns gewähren?
IPHIGENIE: Dein blinkend Schwert verbietet mir die
   Antwort.
THOAS (der das Schwert einsteckt):
   So sprich! Du siehst, ich horche deinen Worten.

FÜNFTER AUFTRITT

Die Vorigen. Pylades. Bald nach ihm Arkas. Beide mit
bloßen Schwertern

PYLADES: Verweilet nicht! Die letzten Kräfte raffen
   Die Unsrigen zusammen; weichend werden
   Sie nach der See langsam zurückgedrängt.
   Welch ein Gespräch der Fürsten find ich hier!
   Dies ist des Königes verehrtes Haupt!
ARKAS: Gelassen, wie es dir, o König, ziemt,
   Stehst du den Feinden gegenüber. Gleich
   Ist die Verwegenheit bestraft: es weicht
   Und fällt ihr Anhang, und ihr Schiff ist unser.
   Ein Wort von dir, so steht's in Flammen.
THOAS: Geh!
   Gebiete Stillstand meinem Volke! Keiner
   Beschädige den Feind, solang wir reden.
   Arkas ab
OREST: Ich nehm es an. Geh, sammle, treuer Freund,
   Den Rest des Volkes; harret still, welch Ende
   Die Götter unsern Taten zubereiten.
   Pylades ab

SECHSTER AUFTRITT

Iphigenie. Thoas. Orest

IPHIGENIE: Befreit von Sorge mich, eh ihr zu sprechen
   Beginnet. Ich befürchte bösen Zwist,
   Wenn du, o König, nicht der Billigkeit
   Gelinde Stimme hörest, du, mein Bruder,
   Der raschen Jugend nicht gebieten willst.
THOAS: Ich halte meinen Zorn, wie es dem Ältern
   Geziemt, zurück. Antworte mir! Womit
   Bezeugst du, daß du Agamemnons Sohn
   Und Dieser Bruder bist?

OREST: Hier ist das Schwert,
Mit dem er Trojas tapfre Männer schlug.
Dies nahm ich seinem Mörder ab und bat
Die Himmlischen, den Mut und Arm, das Glück
Des großen Königs mir zu verleihn
Und einen schönern Tod mir zu gewähren.
Wähl einen aus den Edlen deines Heeres
Und stelle mir den Besten gegenüber.
So weit die Erde Heldensöhne nährt,
Ist keinem Fremdling dies Gesuch verweigert.
THOAS: Dies Vorrecht hat die alte Sitte nie
Dem Fremden hier gestattet.
OREST: So beginne
Die neue Sitte denn von dir und mir!
Nachahmend heiligt ein ganzes Volk
Die edle Tat der Herrscher zum Gesetz.
Und laß mich nicht allein für unsre Freiheit,
Laß mich, den Fremden, für die Fremden kämpfen!
Fall ich, so ist ihr Urteil mit dem meinen
Gesprochen; aber gönnet mir das Glück,
Zu überwinden, so betrete nie
Ein Mann dies Ufer, dem der schnelle Blick
Hilfreicher Liebe nicht begegnet, und
Getröstet scheide jeglicher hinweg!
THOAS: Nicht unwert scheinest du, o Jüngling, mir
Der Ahnherrn, deren du dich rühmst, zu sein.
Groß ist die Zahl der edlen, tapfern Männer,
Die mich begleiten, doch ich stehe selbst
In meinen Jahren noch dem Feinde, bin
Bereit, mit dir der Waffen Los zu wagen.
IPHIGENIE: Mitnichten! Dieses blutigen Beweises
Bedarf es nicht, o König! Laßt die Hand
Vom Schwerte! Denkt an mich und mein Geschick.
Der rasche Kampf verewigt einen Mann:
Er falle gleich, so preiset ihn das Lied.
Allein die Tränen, die unendlichen,
Der Überbliebnen, der verlaßnen Frau
Zählt keine Nachwelt, und der Dichter schweigt
Von tausend durchgeweinten Tag' und Nächten
Wo eine stille Seele den verlornen,
Rasch abgeschiednen Freund vergebens sich
Zurückzurufen bangt und sich verzehrt.
Mich selbst hat eine Sorge gleich gewarnt,
Daß der Betrug nicht eines Räubers mich
Vom sichern Schutzort reiße, mich der Knechtschaft
Verrate. Fleißig hab ich sie befragt,
Nach jedem Umstand mich erkundigt, Zeichen
Gefordert, und gewiß ist nun mein Herz.
Sieh hier an seiner rechten Hand das Mal
Wie von drei Sternen, das am Tage schon,
Da er geboren ward, sich zeigte, das
Auf schwere Tat, mit dieser Faust zu üben,
Der Priester deutete. Dann überzeugt
Mich doppelt diese Schramme, die ihm hier
Die Augenbraue spaltet. Als ein Kind
Ließ ihn Elektra, rasch und unvorsichtig
Nach ihrer Art, aus ihren Armen stürzen.
Er schlug auf einen Dreifuß auf – Er ist's –
Soll ich dir noch die Ähnlichkeit des Vaters,
Soll ich das innre Jauchzen meines Herzens
Dir auch als Zeugen der Versicherung nennen?
THOAS: Und hübe deine Rede jeden Zweifel,
Und bändigt ich den Zorn in meiner Brust,
So würden doch die Waffen zwischen uns
Entscheiden müssen; Frieden seh ich nicht.
Sie sind gekommen, du bekennest selbst,
Das heilge Bild der Göttin mir zu rauben.
Glaubt ihr, ich sehe dies gelassen an?
Der Grieche wendet oft sein lüstern Auge
Den fernen Schätzen der Barbaren zu,
Dem goldnen Felle, Pferden, schönen Töchtern;
Doch führte sie Gewalt und List nicht immer
Mit den erlangten Gütern glücklich heim.
OREST: Das Bild, o König, soll uns nicht entzweien!
Jetzt kennen wir den Irrtum, den ein Gott
Wie einen Schleier um das Haupt uns legte,
Da er den Weg hierher uns wandern hieß.
Um Rat und um Befreiung bat ich ihn
Von dem Geleit der Furien; er sprach:
„Bringst du die Schwester, die an Tauris' Ufer
Im Heiligtume wider Willen bleibt,
Nach Griechenland, so löset sich der Fluch."
Wir legten's von Apollens Schwester aus,
Und er gedachte dich! Die strengen Bande
Sind nun gelöst: du bist den Deinen wieder,
Du Heilige, geschenkt. Von dir berührt,
War ich geheilt; in deinen Armen faßte
Das Übel mich mit allen seinen Klauen
Zum letzten Mal und schüttelte das Mark
Entsetzlich mir zusammen; dann entfloh's
Wie eine Schlange zu der Höhle. Neu
Genieß ich nun durch dich das weite Licht
Des Tages. Schön und herrlich zeigt sich mir
Der Göttin Rat. Gleich einem heilgen Bilde,
Daran der Stadt unwandelbar Geschick
Durch ein geheimes Götterwort gebannt ist,
Nahm sie dich weg, dich Schützerin des Hauses;
Verwahrte dich in einer heilgen Stille
Zum Segen deines Bruders und der Deinen.
Da alle Rettung auf der weiten Erde
Verloren schien, gibst du uns alles wieder.
Laß deine Seele dich zum Frieden wenden,
O König! Hindre nicht, daß sie die Weihe
Des väterlichen Hauses nun vollbringe,
Mich der entsühnten Halle wiedergebe,
Mir auf das Haupt die alte Krone drücke!
Vergilt den Segen, den sie dir gebracht,
Und laß des nähern Rechtes mich genießen!
Gewalt und List, der Männer höchster Ruhm,
Wird durch die Wahrheit dieser hohen Seele
Beschämt, und reines kindliches Vertrauen
Zu einem edlen Manne wird belohnt.
IPHIGENIE: Denk an dein Wort und laß durch diese Rede
Aus einem graden treuen Munde dich

Bewegen! Sieh uns an! Du hast nicht oft
Zu solcher edlen Tat Gelegenheit.
Versagen kannst du's nicht; gewähr es bald.
THOAS: So geht!
IPHIGENIE: Nicht so, mein König! Ohne Segen,
In Widerwillen, scheid ich nicht von dir.
Verbann uns nicht! Ein freundlich Gastrecht walte
Von dir zu uns: so sind wir nicht auf ewig
Getrennt und abgeschieden. Wert und teuer,
Wie mir mein Vater war, so bist du's mir,
Und dieser Eindruck bleibt in meiner Seele.
Bringt der Geringste deines Volkes je
Den Ton der Stimme mir ins Ohr zurück,
Den ich an euch gewohnt zu hören bin,

Und seh ich an dem Ärmsten eure Tracht:
Empfangen will ich ihn wie einen Gott,
Ich will ihm selbst ein Lager zubereiten,
Auf einen Stuhl ihn an das Feuer laden
Und nur nach dir und deinem Schicksal fragen.
O geben dir die Götter deiner Taten
Und deiner Milde wohlverdienten Lohn!
Leb wohl! O wende dich zu uns und gib
Ein holdes Wort des Abschieds mir zurück!
Dann schwellt der Wind die Segel sanfter an,
Und Tränen fließen lindernder vom Auge
Des Scheidenden. Leb wohl! und reiche mir
Zum Pfand der alten Freundschaft deine Rechte.
THOAS: Lebt wohl!

TORQUATO TASSO

EIN SCHAUSPIEL

PERSONEN

Alfons der Zweite, Herzog von Ferrara
Leonore von Este, Schwester des Herzogs
Leonore Sanvitale, Gräfin von Scandiano
Torquato Tasso
Antonio Montecatino, Staatssekretär

Der Schauplatz ist auf Belriguardo, einem Lustschlosse

ERSTER AUFZUG

GARTENPLATZ

mit Hermen der epischen Dichter geziert.
Vorn an der Szene zur Rechten Virgil, zur Linken Ariost

ERSTER AUFTRITT

Prinzessin. Leonore

PRINZESSIN: Du siehst mich lächelnd an, Eleonore,
  Und siehst dich selber an und lächelst wieder.
  Was hast du? Laß es eine Freundin wissen!
  Du scheinst bedenklich, doch du scheinst vergnügt.
LEONORE: Ja, meine Fürstin, mit Vergnügen seh ich
  Uns beide hier so ländlich ausgeschmückt.
  Wir scheinen recht beglückte Schäferinnen,
  Und sind auch wie die Glücklichen beschäftigt.
  Wir winden Kränze. Dieser, bunt von Blumen,
  Schwillt immer mehr und mehr in meiner Hand;
  Du hast mit höherm Sinn und größerm Herzen
  Den zarten schlanken Lorbeer dir gewählt.
PRINZESSIN: Die Zweige, die ich in Gedanken flocht,
  Sie haben gleich ein würdig Haupt gefunden:
  Ich setze sie Virgilen dankbar auf.
    Sie kränzt die Herme Virgils
LEONORE: So drück ich meinen vollen frohen Kranz
  Dem Meister Ludwig auf die hohe Stirne –
    Sie kränzt Ariostens Herme
  Er, dessen Scherze nie verblühen, habe
  Gleich von dem neuen Frühling seinen Teil.

PRINZESSIN: Mein Bruder ist gefällig, daß er uns
  In diesen Tagen schon aufs Land gebracht:
  Wir können unser sein und stundenlang
  Uns in die goldne Zeit der Dichter träumen.
  Ich liebe Belriguardo, denn ich habe
  Hier manchen Tag der Jugend froh durchlebt,
  Und dieses neue Grün und diese Sonne
  Bringt das Gefühl mir jener Zeit zurück.
LEONORE: Ja, es umgibt uns eine neue Welt!
  Der Schatten dieser immer grünen Bäume
  Wird schon erfreulich. Schon erquickt uns wieder
  Das Rauschen dieser Brunnen. Schwankend wiegen
  Im Morgenwinde sich die jungen Zweige.
  Die Blumen von den Beeten schauen uns
  Mit ihren Kinderaugen freundlich an.
  Der Gärtner deckt getrost das Winterhaus
  Schon der Zitronen und Orangen ab.
  Der blaue Himmel ruhet über uns,
  Und an dem Horizonte löst der Schnee
  Der fernen Berge sich in leisen Duft.
PRINZESSIN: Es wäre mir der Frühling sehr willkommen,
  Wenn er nicht meine Freundin mir entführte.
LEONORE: Erinnre mich in diesen holden Stunden,
  O Fürstin, nicht, wie bald ich scheiden soll.
PRINZESSIN: Was du verlassen magst, das findest du
  In jener großen Stadt gedoppelt wieder.
LEONORE: Es ruft die Pflicht, es ruft die Liebe mich
  Zu dem Gemahl, der mich so lang entbehrt.
  Ich bring ihm seinen Sohn, der dieses Jahr
  So schnell gewachsen, schnell sich ausgebildet,
  Und teile seine väterliche Freude.
  Groß ist Florenz und herrlich, doch der Wert
  Von allen seinen aufgehäuften Schätzen
  Reicht an Ferraras Edelsteine nicht.
  Das Volk hat jene Stadt zur Stadt gemacht,
  Ferrara ward durch seine Fürsten groß.
PRINZESSIN: Mehr durch die guten Menschen, die sich hier
  Durch Zufall trafen und zum Glück verbanden.
LEONORE: Sehr leicht zerstreut der Zufall, was er
  sammelt.
  Ein edler Mensch zieht edle Menschen an
  Und weiß sie festzuhalten, wie ihr tut.
  Um deinen Bruder und um dich verbinden

Gemüter sich, die euer würdig sind,
Und ihr seid eurer großen Väter wert.
Hier zündete sich froh das schöne Licht
Der Wissenschaft, des freien Denkens an,
Als noch die Barbarei mit schwerer Dämmrung
Die Welt umher verbarg. Mir klang als Kind
Der Name Herkules von Este schon,
Schon Hippolyt von Este voll ins Ohr.
Ferrara ward mit Rom und mit Florenz
Von meinem Vater viel gepriesen! Oft
Hab ich mich hingesehnt; nun bin ich da.
Hier ward Petrarch bewirtet, hier gepflegt,
Und Ariost fand seine Muster hier.
Italien nennt keinen großen Namen,
Den dieses Haus nicht seinen Gast genannt.
Und es ist vorteilhaft, den Genius
Bewirten: gibst du ihm ein Gastgeschenk,
So läßt er dir ein schöneres zurück.
Die Stätte, die ein guter Mensch betrat,
Ist eingeweiht; nach hundert Jahren klingt
Sein Wort und seine Tat dem Enkel wieder.
PRINZESSIN: Dem Enkel, wenn er lebhaft fühlt wie du.
Gar oft beneid ich dich um dieses Glück.
LEONORE: Das du, wie wenig andre, still und rein
Genießest. Drängt mich doch das volle Herz,
Sogleich zu sagen, was ich lebhaft fühle;
Du fühlst es besser, fühlst es tief und – schweigst.
Dich blendet nicht der Schein des Augenblicks,
Der Witz besticht dich nicht, die Schmeichelei
Schmiegt sich vergebens künstlich an dein Ohr:
Fest bleibt dein Sinn und richtig dein Geschmack,
Dein Urteil grad, stets ist dein Anteil groß
Am Großen, das du wie dich selbst erkennst.
PRINZESSIN: Du solltest dieser höchsten Schmeichelei
Nicht das Gewand vertrauter Freundschaft leihen.
LEONORE: Die Freundschaft ist gerecht, sie kann allein
Den ganzen Umfang deines Werts erkennen.
Und laß mich der Gelegenheit, dem Glück
Auch ihren Teil an deiner Bildung geben;
Du hast sie doch, und bist's am Ende doch,
Und dich mit deiner Schwester ehrt die Welt
Vor allen großen Frauen eurer Zeit.
PRINZESSIN: Mich kann das, Leonore, wenig rühren,
Wenn ich bedenke, wie man wenig ist,
Und was man ist, das blieb man andern schuldig.
Die Kenntnis alter Sprachen und des Besten,
Was uns die Vorwelt ließ, dank ich der Mutter;
Doch war an Wissenschaft, an rechtem Sinn
Ihr keine beider Töchter jemals gleich,
Und soll ich eine ja mit ihr vergleichen,
So hat Lucretia gewiß das Recht.
Auch, kann ich dir versichern, hab ich nie
Als Rang und als Besitz betrachtet, was
Mir die Natur, was mir das Glück verlieh.
Ich freue mich, wenn kluge Männer sprechen,
Daß ich verstehen kann, wie sie es meinen.
Es sei ein Urteil über einen Mann
Der alten Zeit und seiner Taten wert;
Es sei von einer Wissenschaft die Rede,
Die, durch Erfahrung weiter ausgebreitet,
Dem Menschen nutzt, indem sie ihn erhebt:
Wohin sich das Gespräch der Edlen lenkt,
Ich folge gern, denn mir wird leicht zu folgen.
Ich höre gern dem Streit der Klugen zu,
Wenn um die Kräfte, die des Menschen Brust
So freundlich und so fürchterlich bewegen,
Mit Grazie die Rednerlippe spielt;
Gern, wenn die fürstliche Begier des Ruhms,
Des ausgebreiteten Besitzes, Stoff
Dem Denker wird, und wenn die feine Klugheit,
Von einem klugen Manne zart entwickelt,
Statt uns zu hintergehen, uns belehrt.
LEONORE: Und dann, nach dieser ernsten Unterhaltung,
Ruht unser Ohr und unser innrer Sinn
Gar freundlich auf des Dichters Reimen aus,
Der uns die letzten lieblichsten Gefühle
Mit holden Tönen in die Seele flößt.
Dein hoher Geist umfaßt ein weites Reich,
Ich halte mich am liebsten auf der Insel
Der Poesie in Lorbeerhainen auf.
PRINZESSIN: In diesem schönen Lande, hat man mir
Versichern wollen, wächst vor andern Bäumen
Die Myrte gern. Und wenn der Musen gleich
Gar viele sind, so sucht man unter ihnen
Sich seltner eine Freundin und Gespielin,
Als man dem Dichter gern begegnen mag,
Der uns zu meiden, ja zu fliehen scheint,
Etwas zu suchen scheint, das wir nicht kennen
Und er vielleicht am Ende selbst nicht kennt.
Da wär es denn ganz artig, wenn er uns
Zur guten Stunde träfe, schnell entzückt
Uns für den Schatz erkennte, den er lang
Vergebens in der weiten Welt gesucht.
LEONORE: Ich muß mir meinen Scherz gefallen lassen,
Er trifft mich zwar, doch trifft er mich nicht tief.
Ich ehre jeden Mann und sein Verdienst,
Und ich bin gegen Tasso nur gerecht.
Sein Auge weilt auf dieser Erde kaum;
Sein Ohr vernimmt den Einklang der Natur;
Was die Geschichte reicht, das Leben gibt,
Sein Busen nimmt es gleich und willig auf:
Das weit Zerstreute sammelt sein Gemüt,
Und sein Gefühl belebt das Unbelebte.
Oft adelt er, was uns gemein erschien,
Und das Geschätzte wird vor ihm zu nichts.
In diesem eignen Zauberkreise wandelt
Der wunderbare Mann und zieht uns an,
Mit ihm zu wandeln, teil an ihm zu nehmen:
Er scheint sich uns zu nahn, und bleibt uns fern;
Er scheint uns anzusehn, und Geister mögen
An unsrer Stelle seltsam ihm erscheinen.
PRINZESSIN: Du hast den Dichter fein und zart geschildert,
Der in den Reichen süßer Träume schwebt.
Allein mir scheint auch ihn das Wirkliche

Gewaltsam anzuziehn und festzuhalten.
Die schönen Lieder, die an unsern Bäumen
Wir hin und wieder angeheftet finden,
Die, goldnen Äpfeln gleich, ein neu Hesperien
Uns duftend bilden, erkennst du sie nicht alle
Für holde Früchte einer wahren Liebe?
LEONORE: Ich freue mich der schönen Blätter auch.
Mit mannigfaltgem Geist verherrlicht er
Ein einzig Bild in allen seinen Reimen.
Bald hebt er es in lichter Glorie
Zum Sternenhimmel auf, beugt sich verehrend
Wie Engel über Wolken vor dem Bilde;
Dann schleicht er ihm durch stille Fluren nach,
Und jede Blume windet er zum Kranz.
Entfernt sich die Verehrte, heiligt er
Den Pfad, den leis ihr schöner Fuß betrat.
Versteckt im Busche, gleich der Nachtigall,
Füllt er aus einem liebekranken Busen
Mit seiner Klagen Wohllaut Hain und Luft:
Sein reizend Leid, die selge Schwermut lockt
Ein jedes Ohr, und jedes Herz muß nach –
PRINZESSIN: Und wenn er seinen Gegenstand benennt,
So gibt er ihm den Namen Leonore.
LEONORE: Es ist dein Name, wie es meiner ist.
Ich nähm es übel, wenn's ein andrer wäre.
Mich freut es, daß er sein Gefühl für dich
In diesem Doppelsinn verbergen kann.
Ich bin zufrieden, daß er meiner auch
Bei dieses Namens holdem Klang gedenkt.
Hier ist die Frage nicht von einer Liebe,
Die sich des Gegenstands bemeistern will,
Ausschließend ihn besitzen, eifersüchtig
Den Anblick jedem andern wehren möchte.
Wenn er in seliger Betrachtung sich
Mit deinem Wert beschäftigt, mag er auch
An meinem leichtern Wesen sich erfreun.
Uns liebt er nicht, – verzeih, daß ich es sage! –
Aus allen Sphären trägt er, was er liebt,
Auf einen Namen nieder, den wir führen,
Und sein Gefühl teilt er uns mit; wir scheinen
Den Mann zu lieben, und wir lieben nur
Mit ihm das Höchste, was wir lieben können.
PRINZESSIN: Du hast dich sehr in diese Wissenschaft
Vertieft, Eleonore, sagst mir Dinge,
Die mir beinahe nur das Ohr berühren
Und in die Seele kaum noch übergehn.
LEONORE: Du, Schülerin des Plato! nicht begreifen,
Was dir ein Neuling vorzuschwatzen wagt?
Es müßte sein, daß ich zu sehr mich irrte;
Doch irr ich auch nicht ganz, ich weiß es wohl.
Die Liebe zeigt in dieser holden Schule
Sich nicht, wie sonst, als ein verwöhntes Kind:
Es ist der Jüngling, der mit Psychen sich
Vermählte, der im Rat der Götter Sitz
Und Stimme hat. Er tobt nicht frevelhaft
Von einer Brust zur andern hin und her;
Er heftet sich an Schönheit und Gestalt

Nicht gleich mit süßem Irrtum fest, und büßet
Nicht schnellen Rausch mit Ekel und Verdruß.
PRINZESSIN: Da kommt mein Bruder! Laßt uns nicht verraten,
Wohin sich wieder das Gespräch gelenkt:
Wir würden seinen Scherz zu tragen haben,
Wie unsre Kleidung seinen Spott erfuhr.

ZWEITER AUFTRITT
Die Vorigen. Alfons

ALFONS: Ich suche Tasso, den ich nirgends finde,
Und treff ihn – hier sogar bei euch nicht an.
Könnt ihr von ihm mir keine Nachricht geben?
PRINZESSIN: Ich sah ihn gestern wenig, heute nicht.
ALFONS: Es ist ein alter Fehler, daß er mehr
Die Einsamkeit als die Gesellschaft sucht.
Verzeih ich ihm, wenn er den bunten Schwarm
Der Menschen flieht und lieber frei im stillen
Mit seinem Geist sich unterhalten mag,
So kann ich doch nicht loben, daß er selbst
Den Kreis vermeidet, den die Freunde schließen.
LEONORE: Irr ich mich nicht, so wirst du bald, o Fürst,
Den Tadel in ein frohes Lob verwandeln.
Ich sah ihn heut von fern: er hielt ein Buch
Und eine Tafel, schrieb und ging und schrieb.
Ein flüchtig Wort, das er mir gestern sagte,
Schien mir sein Werk vollendet anzukünden.
Er sorgt nur, kleine Züge zu verbessern,
Um deiner Huld, die ihm so viel gewährt,
Ein würdig Opfer endlich darzubringen.
ALFONS: Er soll willkommen sein, wenn er es bringt,
Und losgesprochen sein auf lange Zeit.
So sehr ich teil an seiner Arbeit nehme,
So sehr in manchem Sinn das große Werk
Mich freut und freuen muß, so sehr vermehrt
Sich auch zuletzt die Ungeduld in mir.
Er kann nicht enden, kann nicht fertig werden,
Er ändert stets, ruckt langsam weiter vor,
Steht wieder still, er hintergeht die Hoffnung:
Unwillig sieht man den Genuß entfernt
In späte Zeit, den man so nah geglaubt.
PRINZESSIN: Ich lobe die Bescheidenheit, die Sorge,
Womit er Schritt vor Schritt zum Ziele geht.
Nur durch die Gunst der Musen schließen sich
So viele Reime fest in eins zusammen;
Und seine Seele hegt nur diesen Trieb,
Es soll sich sein Gedicht zum Ganzen ründen.
Er will nicht Märchen über Märchen häufen,
Die reizend unterhalten und zuletzt
Wie lose Worte nur verklingend täuschen.
Laß ihn, mein Bruder! denn es ist die Zeit
Von einem guten Werke nicht das Maß;
Und wenn die Nachwelt mitgenießen soll,
So muß des Künstlers Mitwelt sich vergessen.
ALFONS: Laß uns zusammen, liebe Schwester, wirken,
Wie wir zu beider Vorteil oft getan!

Wenn ich zu eifrig bin, so lindre du:
　　Und bist du zu gelind, so will ich treiben.
　　Wir sehen dann auf einmal ihn vielleicht
　　Am Ziel, wo wir ihn lang gewünscht zu sehn.
　　Dann soll das Vaterland, es soll die Welt
　　Erstaunen, welch ein Werk vollendet worden.
　　Ich nehme meinen Teil des Ruhms davon,
　　Und er wird in das Leben eingeführt.
　　Ein edler Mensch kann einem engen Kreise
　　Nicht seine Bildung danken. Vaterland
　　Und Welt muß auf ihn wirken. Ruhm und Tadel
　　Muß er ertragen lernen. Sich und andre
　　Wird er gezwungen recht zu kennen. Ihn
　　Wiegt nicht die Einsamkeit mehr schmeichelnd ein.
　　Es will der Feind – es darf der Freund nicht schonen;
　　Dann übt der Jüngling streitend seine Kräfte,
　　Fühlt, was er ist, und fühlt sich bald ein Mann.
LEONORE: So wirst du, Herr, für ihn noch alles tun,
　　Wie du bisher für ihn schon viel getan.
　　Es bildet ein Talent sich in der Stille,
　　Sich ein Charakter in dem Strom der Welt.
　　O daß er sein Gemüt wie seine Kunst
　　An deinen Lehren bilde! daß er nicht
　　Die Menschen länger meide, daß sein Argwohn
　　Sich nicht zuletzt in Furcht und Haß verwandle!
ALFONS:
　　Die Menschen fürchtet nur, wer sie nicht kennt,
　　Und wer sie meidet, wird sie bald verkennen.
　　Das ist sein Fall, und so wird nach und nach
　　Ein frei Gemüt verworren und gefesselt.
　　So ist er oft um meine Gunst besorgt,
　　Weit mehr, als es ihm ziemte; gegen viele
　　Hegt er ein Mißtraun, die, ich weiß es sicher,
　　Nicht seine Feinde sind. Begegnet ja,
　　Daß sich ein Brief verirrt, daß ein Bedienter
　　Aus seinem Dienst in einen andern geht,
　　Daß ein Papier aus seinen Händen kommt,
　　Gleich sieht er Absicht, sieht Verräterei
　　Und Tücke, die sein Schicksal untergräbt.
PRINZESSIN:
　　Laß uns, geliebter Bruder, nicht vergessen,
　　Daß von sich selbst der Mensch nicht scheiden kann.
　　Und wenn ein Freund, der mit uns wandeln sollte,
　　Sich einen Fuß beschädigte, wir würden
　　Doch lieber langsam gehn und unsre Hand
　　Ihm gern und willig leihen.
ALFONS: 　　　　　　　Besser wär's,
　　Wenn wir ihn heilen könnten, lieber gleich
　　Auf treuen Rat des Arztes eine Kur
　　Versuchten, dann mit dem Geheilten froh
　　Den neuen Weg des frischen Lebens gingen.
　　Doch hoff ich, meine Lieben, daß ich nie
　　Die Schuld des rauhen Arztes auf mich lade.
　　Ich tue, was ich kann, um Sicherheit
　　Und Zutraun seinem Busen einzuprägen.
　　Ich geb ihm oft in Gegenwart von vielen
　　Entschiedne Zeichen meiner Gunst. Beklagt
　　Er sich bei mir, so laß ich's untersuchen,
　　Wie ich es tat, als er sein Zimmer neulich
　　Erbrochen glaubte. Läßt sich nichts entdecken,
　　So zeig ich ihm gelassen, wie ich's sehe;
　　Und da man alles üben muß, so üb ich,
　　Weil er's verdient, an Tasso die Geduld:
　　Und ihr, ich weiß es, steht mir willig bei.
　　Ich hab euch nun aufs Land gebracht und gehe
　　Heut abend nach der Stadt zurück. Ihr werdet
　　Auf einen Augenblick Antonio sehen;
　　Er kommt von Rom und holt mich ab. Wir haben
　　Viel auszureden, abzutun. Entschlüsse
　　Sind nun zu fassen, Briefe viel zu schreiben:
　　Das alles nötigt mich zur Stadt zurück.
PRINZESSIN: Erlaubst du uns, daß wir dich hinbegleiten?
ALFONS: Bleibt nur in Belriguardo, geht zusammen
　　Hinüber nach Consandoli! Genießt
　　Der schönen Tage ganz nach freier Lust.
PRINZESSIN: Du kannst nicht bei uns bleiben? die Geschäfte
　　Nicht hier so gut als in der Stadt verrichten?
LEONORE: Du führst uns gleich Antonio hinweg,
　　Der uns von Rom so viel erzählen sollte?
ALFONS: Es geht nicht an, ihr Kinder; doch ich komme
　　Mit ihm, so bald als möglich ist, zurück:
　　Dann soll er euch erzählen, und ihr sollt
　　Mir ihn belohnen helfen, der so viel
　　In meinem Dienst aufs neue sich bemüht.
　　Und haben wir uns wieder ausgesprochen,
　　So mag der Schwarm dann kommen, daß es lustig
　　In unsern Gärten werde, daß auch mir,
　　Wie billig, eine Schönheit in den Kühlen,
　　Wenn ich sie suche, gern begegnen mag.
LEONORE: Wir wollen freundlich durch die Finger sehen.
ALFONS: Dagegen wißt ihr, daß ich schonen kann.
PRINZESSIN (nach der Szene gekehrt):
　　Schon lange seh ich Tasso kommen. Langsam
　　Bewegt er seine Schritte, steht bisweilen
　　Auf einmal still, wie unentschlossen, geht
　　Dann wieder schneller auf uns los, und weilt
　　Schon wieder.
ALFONS: 　　　　Stört ihn, wenn er denkt und dichtet,
　　In seinen Träumen nicht und laßt ihn wandeln.
LEONORE: Nein, er hat uns gesehn, er kommt hierher.

DRITTER AUFTRITT

Die Vorigen. Tasso

TASSO (mit einem Buche, in Pergament geheftet):
　　Ich komme langsam, dir ein Werk zu bringen,
　　Und zaudre noch, es dir zu überreichen.
　　Ich weiß zu wohl, noch bleibt es unvollendet,
　　Wenn es auch gleich geendigt scheinen möchte.
　　Allein, war ich besorgt, es unvollkommen
　　Dir hinzugeben, so bezwingt mich nun
　　Die neue Sorge: Möcht ich doch nicht gern
　　Zu ängstlich, möcht ich nicht undankbar scheinen.

Und wie der Mensch nur sagen kann: Hie bin ich!
Daß Freunde seiner schonend sich erfreuen,
So kann ich auch nur sagen: Nimm es hin!
　　　Er übergibt den Band
ALFONS: Du überraschest mich mit deiner Gabe
Und machst mir diesen schönen Tag zum Fest,
So halt ich's endlich denn in meinen Händen,
Und nenn es in gewissem Sinne mein!
Lang wünscht ich schon, du möchtest dich entschließen
Und endlich sagen: Hier! Es ist genug.
TASSO: Wenn ihr zufrieden seid, so ist's vollkommen;
Denn euch gehört es zu in jedem Sinn.
Betrachtet' ich den Fleiß, den ich verwendet,
Sah ich die Züge meiner Feder an,
So konnt ich sagen: dieses Werk ist mein.
Doch seh ich näher an, was dieser Dichtung
Den innren Wert und ihre Würde gibt,
Erkenn ich wohl, ich hab es nur von euch.
Wenn die Natur der Dichtung holde Gabe
Aus reicher Willkür freundlich mir geschenkt,
So hatte mich das eigensinnge Glück
Mit grimmiger Gewalt von sich gestoßen;
Und zog die schöne Welt den Blick des Knaben
Mit ihrer ganzen Fülle herrlich an,
So trübte bald den jugendlichen Sinn
Der teuren Eltern unverdiente Not.
Eröffnete die Lippe sich, zu singen,
So floß ein traurig Lied von ihr herab,
Und ich begleitete mit leisen Tönen
Des Vaters Schmerzen und der Mutter Qual.
Du warst allein, der aus dem engen Leben
Zu einer schönen Freiheit mich erhob;
Der jede Sorge mir vom Haupte nahm,
Mir Freiheit gab, daß meine Seele sich
Zu mutigem Gesang entfalten konnte;
Und welchen Preis nun auch mein Werk erhält,
Euch dank ich ihn, denn euch gehört es zu.
ALFONS: Zum zweitenmal verdienst du jedes Lob,
Und ehrst bescheiden dich und uns zugleich.
TASSO: O könnt ich sagen, wie ich lebhaft fühle,
Daß ich von euch nur habe, was ich bringe!
Die Dichtung aus sich selbst? Die kluge Leitung
Des raschen Krieges – hat er die ersonnen?
Die Kunst der Waffen, die ein jeder Held
Aus dem beschiednen Tage kräftig zeigt,
Des Feldherrn Klugheit und der Ritter Mut,
Und wie sich List und Wachsamkeit bekämpft,
Hast du mir nicht, o kluger, tapfrer Fürst,
Das alles eingeflößt, als wärest du
Mein Genius, der eine Freude fände,
Sein hohes, unerreichbar hohes Wesen
Durch einen Sterblichen zu offenbaren?
PRINZESSIN: Genieße nun des Werks, das uns erfreut!
ALFONS: Erfreue dich des Beifalls jedes Guten!
LEONORE: Des allgemeinen Ruhms erfreue dich!
TASSO: Mir ist an diesem Augenblick genug.
An euch nur dacht ich, wenn ich sann und schrieb:

Euch zu gefallen war mein höchster Wunsch,
Euch zu ergötzen war mein letzter Zweck.
Wer nicht die Welt in seinen Freunden sieht,
Verdient nicht, daß die Welt von ihm erfahre.
Hier ist mein Vaterland, hier ist der Kreis,
In dem sich meine Seele gern verweilt.
Hier horch ich auf, hier acht ich jeden Wink,
Hier spricht Erfahrung, Wissenschaft, Geschmack;
Ja, Welt und Nachwelt seh ich vor mir stehn.
Die Menge macht den Künstler irr und scheu:
Nur wer euch ähnlich ist, versteht und fühlt,
Nur der allein soll richten und belohnen!
ALFONS: Und stellen wir denn Welt und Nachwelt vor,
So ziemt es nicht, nur müßig zu empfangen.
Das schöne Zeichen, das den Dichter ehrt,
Das selbst der Held, der seiner stets bedarf,
Ihm ohne Neid ums Haupt gewunden sieht,
Erblick ich hier auf deines Ahnherrn Stirne.
　　　Auf die Herme Virgils deutend
Hat es der Zufall, hat's ein Genius
Geflochten und gebracht? Es zeigt sich hier
Uns nicht umsonst. Virgilen hör ich sagen:
Was ehret ihr die Toten? Hatten die
Doch ihren Lohn und Freude, da sie lebten;
Und wenn ihr uns bewundert und verehrt,
So gebt auch den Lebendigen ihr Teil.
Mein Marmorbild ist schon bekränzt genug –
Der grüne Zweig gehört dem Leben an.
　　　Alfons winkt seiner Schwester; sie nimmt den Kranz
　　　von der Büste Virgils und nähert sich Tasso. Er tritt
　　　　　　　　　　zurück
LEONORE: Du weigerst dich? Sieh, welche Hand den Kranz,
Den schönen, unverwelklichen, dir bietet!
TASSO: O laßt mich zögern! Seh ich doch nicht ein,
Wie ich nach dieser Stunde leben soll.
ALFONS: In dem Genuß des herrlichen Besitzes,
Der dich im ersten Augenblick erschreckt.
PRINZESSIN (indem sie den Kranz in die Höhe hält):
Du gönnest mir die seltne Freude, Tasso,
Dir ohne Wort zu sagen, wie ich denke.
TASSO: Die schöne Last aus deinen teuren Händen
Empfang ich knieend auf mein schwaches Haupt.
　　　Er kniet nieder, die Prinzessin setzt ihm den Kranz auf
LEONORE (applaudierend): Es lebe der zum erstenmal
Bekränzte!
Wie zieret den bescheidnen Mann der Kranz!
　　　Tasso steht auf
ALFONS: Es ist ein Vorbild nur von jener Krone,
Die auf dem Kapitol dich zieren soll.
PRINZESSIN: Dort werden lautre Stimmen dich begrüßen;
Mit leiser Lippe lohnt die Freundschaft hier.
TASSO: O nehmt ihn weg von meinem Haupte wieder,
Nehmt ihn hinweg! Er sengt mir meine Locken!
Und wie ein Strahl der Sonne, der zu heiß
Das Haupt mir träfe, brennt er mir die Kraft
Des Denkens aus der Stirne. Fieberhitze

Bewegt mein Blut. Verzeiht! Es ist zu viel!
LEONORE: Es schützet dieser Zweig vielmehr das Haupt
  Des Manns, der in den heißen Regionen
  Des Ruhms zu wandeln hat, und kühlt die Stirne.
TASSO: Ich bin nicht wert, die Kühlung zu empfinden,
  Die nur um Heldenstirnen wehen soll.
  O hebt ihn auf, ihr Götter, und verklärt
  Ihn zwischen Wolken, daß er hoch und höher
  Und unerreichbar schwebe! daß mein Leben
  Nach diesem Ziel ein ewig Wandeln sei!
ALFONS:
  Wer früh erwirbt, lernt früh den hohen Wert
  Der holden Güter dieses Lebens schätzen;
  Wer früh genießt, entbehrt in seinem Leben
  Mit Willen nicht, was er einmal besaß;
  Und wer besitzt, der muß gerüstet sein.
TASSO: Und wer sich rüsten will, muß eine Kraft
  Im Busen fühlen, die ihm nie versagt.
  Ach! sie versagt mir eben jetzt! Im Glück
  Verläßt sie mich, die angeborne Kraft,
  Die standhaft mich dem Unglück, stolz dem Unrecht
  Begegnen lehrte. Hat die Freude mir,
  Hat das Entzücken dieses Augenblicks
  Das Mark in meinen Gliedern aufgelöst?
  Es sinken meine Kniee! Noch einmal
  Siehst du, o Fürstin, mich gebeugt vor dir!
  Erhöre meine Bitte: nimm ihn weg!
  Daß, wie aus einem schönen Traum erwacht,
  Ich ein erquicktes neues Leben fühle.
PRINZESSIN: Wenn du bescheiden ruhig das Talent,
  Das dir die Götter gaben, tragen kannst,
  So lern auch diese Zweige tragen, die
  Das Schönste sind, was wir dir geben können.
  Wem einmal würdig sie das Haupt berührt,
  Dem schweben sie auf ewig um die Stirne.
TASSO: So laßt mich denn beschämt von hinnen gehn!
  Laßt mich mein Glück im tiefen Hain verbergen,
  Wie ich sonst meine Schmerzen dort verbarg.
  Dort will ich einsam wandeln, dort erinnert
  Kein Auge mich ans unverdiente Glück.
  Und zeigt mir ungefähr ein klarer Brunnen
  In seinem reinen Spiegel einen Mann,
  Der, wunderbar bekränzt, im Widerschein
  Des Himmels zwischen Bäumen, zwischen Felsen
  Nachdenkend ruht, so scheint es mir, ich sehe
  Elysium auf dieser Zauberfläche
  Gebildet. Still bedenk ich mich und frage:
  Wer mag der Abgeschiedne sein? der Jüngling
  Aus der vergangnen Zeit? so schön bekränzt?
  Wer sagt mir seinen Namen? sein Verdienst?
  Ich warte lang und denke: Käme doch
  Ein andrer und noch einer, sich zu ihm
  In freundlichem Gespräche zu gesellen!
  O säh ich die Heroen, die Poeten
  Der alten Zeit um diesen Quell versammelt!
  O säh ich hier sie immer unzertrennlich,
  Wie sie im Leben fest verbunden waren!

So bindet der Magnet durch seine Kraft
  Das Eisen mit dem Eisen fest zusammen,
  Wie gleiches Streben Held und Dichter bindet.
  Homer vergaß sich selbst, sein ganzes Leben
  War der Betrachtung zweier Männer heilig,
  Und Alexander in Elysium
  Eilt, den Achill und den Homer zu suchen.
  O daß ich gegenwärtig wäre, sie,
  Die größten Seelen, nun vereint zu sehen!
LEONORE: Erwach! Erwache! Laß uns nicht empfinden,
  Daß du das Gegenwärtge ganz verkennst.
TASSO: Es ist die Gegenwart, die mich erhöht,
  Abwesend schein ich nur: ich bin entzückt.
PRINZESSIN: Ich freue mich, wenn du mit Geistern redest,
  Daß du so menschlich sprichst, und hör es gern.
Ein Page tritt zu dem Fürsten und richtet leise etwas aus
ALFONS: Er ist gekommen! recht zur guten Stunde.
  Antonio! – Bring ihn her – Da kommt er schon!

VIERTER AUFTRITT

Die Vorigen. Antonio

ALFONS: Willkommen! der du uns zugleich dich selbst
  Und gute Botschaft bringst.
PRINZESSIN: Sei uns gegrüßt!
ANTONIO: Kaum wag ich es zu sagen, welch Vergnügen
  In eurer Gegenwart mich neu belebt.
  Vor euren Augen find ich alles wieder,
  Was ich so lang entbehrt. Ihr scheint zufrieden
  Mit dem, was ich getan, was ich vollbracht;
  Und so bin ich belohnt für jede Sorge,
  Für manchen bald mit Ungeduld durchharrten,
  Bald absichtsvoll verlornen Tag. Wir haben
  Nun, was wir wünschen, und kein Streit ist mehr.
LEONORE: Auch ich begrüße dich, wenn ich schon zürne.
  Du kommst nur eben, da ich reisen muß.
ANTONIO: Damit mein Glück nicht ganz vollkommen werde,
  Nimmst du mir gleich den schönsten Teil hinweg.
TASSO: Auch meinen Gruß! Ich hoffe, mich der Nähe
  Des vielerfahrnen Mannes auch zu freun.
ANTONIO: Du wirst mich wahrhaft finden, wenn du je
  Aus deiner Welt in meine schauen magst.
ALFONS: Wenn du mir gleich in Briefen schon gemeldet,
  Was du getan und wie es dir ergangen,
  So hab ich doch noch manches auszufragen,
  Durch welche Mittel das Geschäft gelang.
  Auf jenem wunderbaren Boden will der Schritt
  Wohl abgemessen sein, wenn er zuletzt
  An deinen eignen Zweck dich führen soll.
  Wer seines Herren Vorteil rein bedenkt,
  Der hat in Rom gar einen schweren Stand:
  Denn Rom will alles nehmen, geben nichts;
  Und kommt man hin, um etwas zu erhalten,
  Erhält man nichts, man bringe denn was hin,
  Und glücklich, wenn man da noch was erhält.

ANTONIO: Es ist nicht mein Betragen, meine Kunst,
  Durch die ich deinen Willen, Herr, vollbracht.
  Denn welcher Kluge fänd im Vatikan
  Nicht seinen Meister? Vieles traf zusammen,
  Das ich zu unserm Vorteil nutzen konnte.
  Dich ehrt Gregor und grüßt und segnet dich.
  Der Greis, der würdigste, dem eine Krone
  Das Haupt belastet, denkt der Zeit mit Freuden,
  Da er in seinen Arm dich schloß. Der Mann,
  Der Männer unterscheidet, kennt und rühmt
  Dich hoch! Um deinetwillen tat er viel.
ALFONS: Ich freue seiner guten Meinung mich,
  Sofern sie redlich ist. Doch weißt du wohl,
  Vom Vatikan herab sieht man die Reiche
  Schon klein genug zu seinen Füßen liegen,
  Geschweige denn die Fürsten und die Menschen.
  Gestehe nur, was dir am meisten half!
ANTONIO: Gut, wenn du willst: der hohe Sinn des Papsts.
  Er sieht das Kleine klein, das Große groß.
  Damit er einer Welt gebiete, gibt
  Er seinen Nachbarn gern und freundlich nach.
  Das Streifchen Land, das er dir überläßt,
  Weiß er, wie deine Freundschaft, wohl zu schätzen.
  Italien soll ruhig sein, er will
  In seiner Nähe Freunde sehen, Friede
  Bei seinen Grenzen halten, daß die Macht
  Der Christenheit, die er gewaltig lenkt,
  Die Türken da, die Ketzer dort vertilge.
PRINZESSIN: Weiß man die Männer, die er mehr als andre
  Begünstigt, die sich ihm vertraulich nahn?
ANTONIO: Nur der erfahrne Mann besitzt sein Ohr,
  Der tätige sein Zutraun, seine Gunst.
  Er, der von Jugend auf dem Staat gedient,
  Beherrscht ihn jetzt, und wirkt auf seine Höfe,
  Die er vor Jahren als Gesandter schon
  Gesehen und gekannt und oft gelenkt.
  Es liegt die Welt so klar vor seinem Blick
  Als wie der Vorteil seines eignen Staats.
  Wenn man ihn handeln sieht, so lobt man ihn
  Und freut sich, wenn die Zeit entdeckt, was er
  Im stillen lang bereitet und vollbracht.
  Es ist kein schönrer Anblick in der Welt,
  Als einen Fürsten sehn, der klug regiert,
  Das Reich zu sehn, wo jeder stolz gehorcht,
  Wo jeder sich nur selbst zu dienen glaubt,
  Weil ihm das Rechte nur befohlen wird.
LEONORE: Wie sehnlich wünsch ich, jene Welt einmal
  Recht nah zu sehn!
ANTONIO: Doch wohl, um mitzuwirken?
  Denn bloß beschaun wird Leonore nie.
  Es wäre doch recht artig, meine Freundin,
  Wenn in das große Spiel wir auch zuweilen
  Die zarten Hände mischen könnten – Nicht?
LEONORE (zu Alfons): Du willst mich reizen, es gelingt dir nicht.
ALFONS: Ich bin dir viel von andern Tagen schuldig.

LEONORE: Nun gut, so bleib ich heut in deiner Schuld!
  Verzeih und störe meine Fragen nicht.
  (Zu Antonio): Hat er für die Nepoten viel getan?
ANTONIO: Nicht weniger noch mehr, als billig ist.
  Ein Mächtiger, der für die Seinen nicht
  Zu sorgen weiß, wird von dem Volke selbst
  Getadelt. Still und mäßig weiß Gregor
  Den Seinigen zu nutzen, die dem Staat
  Als wackre Männer dienen, und erfüllt
  Mit einer Sorge zwei verwandte Pflichten.
TASSO: Erfreut die Wissenschaft, erfreut die Kunst
  Sich seines Schutzes auch? und eifert er
  Den großen Fürsten alter Zeiten nach?
ANTONIO: Er ehrt die Wissenschaft, sofern sie nutzt,
  Den Staat regieren, Völker kennen lehrt;
  Er schätzt die Kunst, sofern sie ziert, sein Rom
  Verherrlicht, und Palast und Tempel
  Zu Wunderwerken dieser Erde macht.
  In seiner Nähe darf nichts müßig sein!
  Was gelten soll, muß wirken und muß dienen.
ALFONS: Und glaubst du, daß wir das Geschäfte bald
  Vollenden können? daß sie nicht zuletzt
  Noch hie und da uns Hindernisse streuen?
ANTONIO: Ich müßte sehr mich irren, wenn nicht gleich
  Durch deinen Namenszug, durch wenig Briefe
  Auf immer dieser Zwist gehoben wäre.
ALFONS: So lob ich diese Tage meines Lebens
  Als eine Zeit des Glückes und Gewinns.
  Erweitert seh ich meine Grenze, weiß
  Sie für die Zukunft sicher. Ohne Schwertschlag
  Hast du's geleistet, eine Bürgerkrone
  Dir wohl verdient. So sollen unsre Frauen
  Vom ersten Eichenlaub am schönsten Morgen
  Geflochten dir sie um die Stirne legen.
  Indessen hat mich Tasso auch bereichert:
  Er hat Jerusalem für uns erobert
  Und so die neue Christenheit beschämt,
  Ein weit entferntes, hochgestecktes Ziel
  Mit frohem Mut und strengem Fleiß erreicht.
  Für seine Mühe siehst du ihn gekrönt.
ANTONIO: Du lösest mir ein Rätsel. Zwei Bekränzte
  Erblickt ich mit Verwunderung, da ich kam.
TASSO: Wenn du mein Glück vor deinen Augen siehst,
  So wünscht ich, daß du mein beschämt Gemüt
  Mit ebendiesem Blicke schauen könntest.
ANTONIO: Mir war es lang bekannt, daß im Belohnen
  Alfons unmäßig ist, und du erfährst,
  Was jeder von den Seinen schon erfuhr.
PRINZESSIN: Wenn du erst siehst, was er geleistet hat,
  So wirst du uns gerecht und mäßig finden.
  Wir sind nur hier die ersten stillen Zeugen
  Des Beifalls, den die Welt ihm nicht versagt,
  Und den ihm zehnfach künftge Jahre gönnen.
ANTONIO: Er ist durch euch schon seines Ruhms gewiß.
  Wer dürfte zweifeln, wo ihr preisen könnt?
  Doch sage mir, wer drückte diesen Kranz
  Auf Ariostens Stirne?

LEONORE: Diese Hand.
ANTONIO: Und sie hat wohlgetan! Er ziert ihn schön,
　Als ihn der Lorbeer selbst nicht zieren würde.
　Wie die Natur die innig reiche Brust
　Mit einem grünen bunten Kleide deckt,
　So hüllt er alles, was den Menschen nur
　Ehrwürdig, liebenswürdig machen kann,
　Ins blühende Gewand der Fabel ein.
　Zufriedenheit, Erfahrung und Verstand
　Und Geisteskraft, Geschmack und reiner Sinn
　Fürs wahre Gute, geistig scheinen sie
　In seinen Liedern und persönlich doch
　Wie unter Blütenbäumen auszuruhn,
　Bedeckt vom Schnee der leicht getragnen Blüten,
　Umkränzt von Rosen, wunderlich umgaukelt
　Vom losen Zauberspiel der Amoretten.
　Der Quell des Überflusses rauscht daneben
　Und läßt uns bunte Wunderfische sehn.
　Von seltenem Geflügel ist die Luft,
　Von fremden Herden Wies und Busch erfüllt;
　Die Schalkheit lauscht im Grünen halb versteckt,
　Die Weisheit läßt von einer goldnen Wolke
　Von Zeit zu Zeit erhabne Sprüche tönen,
　Indes auf wohlgestimmter Laute wild
　Der Wahnsinn hin und her zu wühlen scheint
　Und doch im schönsten Takt sich mäßig hält.
　Wer neben diesen Mann sich wagen darf,
　Verdient für seine Kühnheit schon den Kranz.
　Vergebt, wenn ich mich selbst begeistert fühle,
　Wie ein Verzückter weder Zeit noch Ort,
　Noch, was ich sage, wohl bedenken kann;
　Denn alle diese Dichter, diese Kränze,
　Das seltne festliche Gewand der Schönen
　Versetzt mich aus mir selbst in fremdes Land.
PRINZESSIN: Wer ein Verdienst so wohl zu schätzen weiß,
　Der wird das andere nicht verkennen. Du
　Sollst uns dereinst in Tassos Liedern zeigen,
　Was wir gefühlt und was nur du erkennst.
ALFONS: Komm mit, Antonio! Manches hab ich noch,
　Worauf ich sehr begierig bin, zu fragen.
　Dann sollst du bis zum Untergang der Sonne
　Den Frauen angehören. Komm! Lebt wohl.
　Dem Fürsten folgt Antonio, den Damen Tasso

ZWEITER AUFZUG

SAAL

ERSTER AUFTRITT

Prinzessin. Tasso

TASSO: Unsicher folgen meine Schritte dir,
　O Fürstin, und Gedanken ohne Maß
　Und Ordnung regen sich in meiner Seele.
　Mir scheint die Einsamkeit zu winken, mich
　Gefällig anzulispeln: komm, ich löse
　Die neu erregten Zweifel deiner Brust.
　Doch werf ich einen Blick auf dich, vernimmt
　Mein horchend Ohr ein Wort von deiner Lippe,
　So wird ein neuer Tag um mich herum,
　Und alle Bande fallen von mir los.
　Ich will dir gern gestehn, es hat der Mann,
　Der unerwartet zu uns trat, nicht sanft
　Aus einem schönen Traum mich aufgeweckt;
　Sein Wesen, seine Worte haben mich
　So wunderbar getroffen, daß ich mehr
　Als je ich doppelt fühle, wie mir selbst
　Aufs neu in streitender Verwirrung bin.
PRINZESSIN: Es ist unmöglich, daß ein alter Freund,
　Der, lang entfernt, ein fremdes Leben führte,
　Im Augenblick, da er uns wiedersieht,
　Sich wieder gleich wie ehmals finden soll.
　Er ist in seinem Innern nicht verändert;
　Laß uns mit ihm nur wenig Tage leben,
　So stimmen sich die Saiten hin und wieder,
　Bis glücklich eine schöne Harmonie
　Aufs neue sie verbindet. Wird er dann
　Auch näher kennen, was du diese Zeit
　Geleistet hast, so stellt er dich gewiß
　Dem Dichter an die Seite, den er jetzt
　Als einen Riesen dir entgegenstellt.
TASSO: Ach, meine Fürstin, Ariostens Lob
　Aus seinem Munde hat mich mehr ergötzt,
　Als daß es mich beleidigt hätte. Tröstlich
　Ist es für uns, den Mann gerühmt zu wissen,
　Der als ein großes Muster vor uns steht.
　Wir können uns im stillen Herzen sagen:
　Erreichst du einen Teil von seinem Wert,
　Bleibt dir ein Teil auch seines Ruhms gewiß.
　Nein, was das Herz im Tiefsten mir bewegte,
　Was mir noch jetzt die ganze Seele füllt,
　Es waren die Gestalten jener Welt,
　Die sich lebendig, rastlos, ungeheuer
　Um einen großen, einzig klugen Mann
　Gemessen dreht und ihren Lauf vollendet,
　Den ihr der Halbgott vorzuschreiben wagt.
　Begierig horcht ich auf, vernahm mit Lust
　Die sichern Worte des erfahrnen Mannes;
　Doch ach! je mehr ich horchte, mehr und mehr
　Versank ich vor mir selbst, ich fürchte
　Wie Echo an den Felsen zu verschwinden,
　Ein Widerhall, ein Nichts, mich zu verlieren.
PRINZESSIN: Und schienst noch kurz vorher so rein zu fühlen,
　Wie Held und Dichter füreinander leben,
　Wie Held und Dichter sich einander suchen
　Und keiner je den andern neiden soll?
　Zwar herrlich ist die liedeswerte Tat,
　Doch schön ist's auch, der Taten stärkste Fülle
　Durch würdge Lieder auf die Nachwelt bringen.
　Begnüge dich, aus einem kleinen Staate,

Der dich beschützt, dem wilden Lauf der Welt,
Wie von dem Ufer, ruhig zuzusehn.
TASSO: Und sah ich hier mit Staunen nicht zuerst,
Wie herrlich man den tapfern Mann belohnt?
Als unerfahrner Knabe kam ich her,
In einem Augenblick, da Fest auf Fest
Ferrara zu dem Mittelpunkt der Ehre
Zu machen schien. Oh, welcher Anblick war's!
Den weiten Platz, auf dem in ihrem Glanze
Gewandte Tapferkeit sich zeigen sollte,
Umschloß ein Kreis, wie ihn die Sonne nicht
So bald zum zweitenmal bescheinen wird.
So saßen hier gedrängt die schönsten Frauen,
Gedrängt die ersten Männer unsrer Zeit.
Erstaunt durchlief der Blick die edle Menge;
Man rief: Sie alle hat das Vaterland,
Das eine, schmale, meerumgebne Land,
Hierher geschickt. Zusammen bilden sie
Das herrlichste Gericht, das über Ehre,
Verdienst und Tugend je entschieden hat.
Gehst du sie einzeln durch, du findest keinen,
Der seines Nachbarn sich zu schämen brauche! —
Und dann eröffneten die Schranken sich.
Da stampften Pferde, glänzten Helm und Schilde,
Da drängten sich die Knappen, da erklang
Trompetenschall, und Lanzen krachten splitternd,
Getroffen tönten Helm und Schilde, Staub
Auf einen Augenblick umhüllte wirbelnd
Des Siegers Ehre, des Besiegten Schmach.
O laß mich einen Vorhang vor das ganze,
Mir allzu helle Schauspiel ziehen, daß
In diesem schönen Augenblicke mir
Mein Unwert nicht zu heftig fühlbar werde.
PRINZESSIN: Wenn jener edle Kreis, wenn jene Taten
Zu Müh und Streben damals dich entflammten,
So konnt ich, junger Freund, zu gleicher Zeit
Der Duldung stille Lehre dir bewähren.
Die Feste, die du rühmst, die hundert Zungen
Mir damals priesen und mir manches Jahr
Nachher gepriesen haben, sah ich nicht.
Am stillen Ort, wohin kaum unterbrochen
Der letzte Widerhall der Freude sich
Verlieren konnte, mußt ich manche Schmerzen
Und manchen traurigen Gedanken leiden.
Mit breiten Flügeln schwebte mir das Bild
Des Todes vor den Augen, deckte mir
Die Aussicht in die immer neue Welt.
Nur nach und nach entfernt' es sich und ließ
Mich, wie durch einen Flor, die bunten Farben
Des Lebens, blaß doch angenehm, erblicken.
Ich sah lebendge Formen wieder sanft sich regen.
Zum erstenmal trat ich, noch unterstützt
Von meinen Frauen, aus dem Krankenzimmer,
Da kam Lucretia voll frohen Lebens
Herbei und führte dich an ihrer Hand.
Du warst der erste, der im neuen Leben
Mir neu und unbekannt entgegentrat.

Da hofft ich viel für dich und mich; auch hat
Uns bis hierher die Hoffnung nicht betrogen.
TASSO: Und ich, der ich, betäubt von dem
   Gewimmel
Des drängenden Gewühls, von so viel Glanz
Geblendet, und von mancher Leidenschaft
Bewegt, durch stille Gänge des Palasts
An deiner Schwester Seite schweigend ging,
Dann in das Zimmer trat, wo du uns bald,
Auf deine Fraun gelehnt, erschienest – mir
Welch ein Moment war dieser! Oh, vergib!
Wie den Bezauberten von Rausch und Wahn
Der Gottheit Nähe leicht und willig heilt,
So war auch ich von aller Phantasie,
Von jeder Sucht, von jedem falschen Triebe
Mit einem Blick in deinen Blick geheilt.
Wenn unerfahren die Begierde sich
Nach tausend Gegenständen sonst verlor,
Trat ich beschämt zuerst in mich zurück
Und lernte nun das Wünschenswerte kennen.
So sucht man in dem weiten Sand des Meers
Vergebens eine Perle, die verborgen
In stillen Schalen eingeschlossen ruht.
PRINZESSIN: Es fingen schöne Zeiten damals an,
Und hätt uns nicht der Herzog von Urbino
Die Schwester weggeführt, uns wären Jahre
Im schönen, ungetrübten Glück verschwunden.
Doch leider jetzt vermissen wir zu sehr
Den frohen Geist, die Brust voll Mut und Leben,
Den reichen Witz der liebenswürdgen Frau.
TASSO: Ich weiß es nur zu wohl, seit jenem Tage,
Da sie von hinnen schied, vermochte dir
Die reine Freude niemand zu ersetzen.
Wie oft zerriß es meine Brust! Wie oft
Klagt ich dem stillen Hain mein Leid um dich!
Ach! rief ich aus, hat denn die Schwester nur
Das Glück, das Recht, der Teuren viel zu sein?
Ist denn kein Herz mehr wert, daß sie sich ihm
Vertrauen dürfte, kein Gemüt dem ihren
Mehr gleich gestimmt? Ist Geist und Witz erloschen?
Und war die eine Frau, so trefflich sie
Auch war, denn alles? Fürstin! o verzeih!
Da dacht ich manchmal an mich selbst und wünschte,
Dir etwas sein zu können. Wenig nur,
Doch etwas, nicht mit Worten, mit der Tat
Wünscht ich's zu sein, im Leben dir zu zeigen,
Wie sich mein Herz im stillen dir geweiht.
Doch es gelang mir nicht, und nur zu oft
Tat ich im Irrtum, was dich schmerzen mußte,
Beleidigte den Mann, den du beschütztest,
Verwirrte unklug, was du lösen wolltest,
Und fühlte so mich stets im Augenblick,
Wenn ich mich nahen wollte, fern und ferner.
PRINZESSIN: Ich habe, Tasso, deinen Willen nie
Verkannt, und weiß, wie du dir selbst zu schaden
Geschäftig bist. Anstatt daß meine Schwester
Mit jedem, wie er sei, zu leben weiß,

So kannst du selbst nach vielen Jahren kaum
In einen Freund dich finden.
TASSO: Tadle mich!
Doch sage mir hernach: wo ist der Mann,
Die Frau, mit der ich wie mit dir
Aus freiem Busen wagen darf zu reden?
PRINZESSIN: Du solltest meinem Bruder dich vertraun.
TASSO: Er ist mein Fürst! – Doch glaube nicht, daß mir
Der Freiheit wilder Trieb den Busen blähe.
Der Mensch ist nicht geboren frei zu sein,
Und für den Edlen ist kein schöner Glück,
Als einem Fürsten, den er ehrt, zu dienen.
Und so ist er mein Herr, und ich empfinde
Den ganzen Umfang dieses großen Worts.
Nun muß ich schweigen lernen, wenn er spricht,
Und tun, wenn er gebietet, mögen auch
Verstand und Herz ihm lebhaft widersprechen.
PRINZESSIN: Das ist der Fall bei meinem Bruder nie.
Und nun, da wir Antonio wieder haben,
Ist dir ein neuer kluger Freund gewiß.
TASSO: Ich hofft es ehmals, jetzt verzweifl ich fast.
Wie lehrreich wäre mir sein Umgang, nützlich
Sein Rat in tausend Fällen! Er besitzt,
Ich mag wohl sagen, alles, was mir fehlt.
Doch, haben alle Götter sich versammelt,
Geschenke seiner Wiege darzubringen –
Die Grazien sind leider ausgeblieben,
Und wem die Gaben dieser Holden fehlen,
Der kann zwar viel besitzen, vieles geben,
Doch läßt sich nie an seinem Busen ruhn.
PRINZESSIN: Doch läßt sich ihm vertraun, und das ist viel.
Du mußt von einem Mann nicht alles fordern,
Und dieser leistet, was er dir verspricht.
Hat er sich erst für deinen Freund erklärt,
So sorgt er selbst für dich, wo du dir fehlst.
Ihr müßt verbunden sein! Ich schmeichle mir,
Dies schöne Werk in kurzem zu vollbringen.
Nur widerstehe nicht, wie du es pflegst!
So haben wir Lenoren lang besessen,
Die fein und zierlich ist, mit der es leicht
Sich leben läßt; auch dieser hast du nie,
Wie sie es wünschte, nähertreten wollen.
TASSO: Ich habe dir gehorcht, sonst hätt ich mich
Von ihr entfernt, anstatt mich ihr zu nahen.
So liebenswürdig sie erscheinen kann,
Ich weiß nicht, wie es ist, konnt ich nur selten
Mit ihr ganz offen sein, und wenn sie auch
Die Absicht hat, den Freunden wohlzutun,
So fühlt man Absicht, und man ist verstimmt.
PRINZESSIN: Auf diesem Wege werden wir wohl nie
Gesellschaft finden, Tasso! Dieser Pfad
Verleitet uns, durch einsames Gebüsch,
Durch stille Täler fortzuwandern; mehr
Und mehr verwöhnt sich das Gemüt und strebt,
Die goldne Zeit, die ihm von außen mangelt,
In seinem Innern wieder herzustellen,
So wenig der Versuch gelingen will.

TASSO: O welches Wort spricht meine Fürstin aus!
Die goldne Zeit, wohin ist sie geflohn,
Nach der sich jedes Herz vergebens sehnt?
Da auf der freien Erde Menschen sich
Wie frohe Herden im Genuß verbreiteten;
Da ein uralter Baum auf bunter Wiese
Dem Hirten und der Hirtin Schatten gab,
Ein jüngeres Gebüsch die zarten Zweige
Um sehnsuchtsvolle Liebe traulich schlang;
Wo klar und still auf immer reinem Sande
Der weiche Fluß die Nymphe sanft umfing;
Wo in dem Grase die gescheuchte Schlange
Unschädlich sich verlor, der kühne Faun,
Vom tapfern Jüngling bald bestraft, entfloh;
Wo jeder Vogel in der freien Luft
Und jedes Tier, durch Berg und Täler schweifend,
Zum Menschen sprach: Erlaubt ist, was gefällt.
PRINZESSIN: Mein Freund, die goldne Zeit ist wohl vorbei;
Allein die Guten bringen sie zurück.
Und soll ich dir gestehen, wie ich denke:
Die goldne Zeit, womit der Dichter uns
Zu schmeicheln pflegt, die schöne Zeit, sie war,
So scheint es mir, so wenig, als sie ist;
Und war sie je, so war sie nur gewiß,
Wie sie uns immer wieder werden kann.
Noch treffen sich verwandte Herzen an
Und teilen den Genuß der schönen Welt;
Nur in dem Wahlspruch ändert sich, mein Freund,
Ein einzig Wort: Erlaubt ist, was sich ziemt.
TASSO: O wenn aus guten, edlen Menschen nur
Ein allgemein Gericht bestellt entschiede,
Was sich denn ziemt, anstatt daß jeder glaubt,
Es sei auch schicklich, was ihm nützlich ist.
Wir sehn ja, dem Gewaltigen, dem Klugen
Steht alles wohl, und er erlaubt sich alles.
PRINZESSIN:
Willst du genau erfahren, was sich ziemt,
So frage nur bei edlen Frauen an.
Denn ihnen ist am meisten dran gelegen,
Daß alles wohl sich zieme, was geschieht.
Die Schicklichkeit umgibt mit einer Mauer
Das zarte, leicht verletzliche Geschlecht.
Wo Sittlichkeit regiert, regieren sie,
Und wo die Freiheit herrscht, da sind sie nichts.
Und wirst du die Geschlechter beide fragen:
Nach Freiheit strebt der Mann, das Weib nach Sitte.
TASSO: Du nennest uns unbändig, roh, gefühllos?
PRINZESSIN: Nicht das! Allein ihr strebt nach fernen
  Gütern,
Und euer Streben muß gewaltsam sein.
Ihr wagt es, für die Ewigkeit zu handeln,
Wenn wir ein einzig nah beschränktes Gut
Auf dieser Erde nur besitzen möchten
Und wünschen, daß es uns beständig bliebe.
Wir sind von keinem Männerherzen sicher,
Das noch so warm sich einmal uns ergab.
Die Schönheit ist vergänglich, die ihr doch

Allein zu ehren scheint. Was übrigbleibt,
Das reizt nicht mehr, und was nicht reizt, ist tot.
Wenn's Männer gäbe, die ein weiblich Herz
Zu schätzen wüßten, die erkennen möchten,
Welch einen holden Schatz von Treu und Liebe
Der Busen einer Frau bewahren kann;
Wenn das Gedächtnis einzig schöner Stunden
In eurer Seele lebhaft bleiben wollte;
Wenn euer Blick, der sonst durchdringend ist,
Auch durch den Schleier dringen könnte, den
Uns Alter oder Krankheit überwirft;
Wenn der Besitz, der ruhig machen soll,
Nach fremden Gütern euch nicht lüstern machte:
Dann wär uns wohl ein schöner Tag erschienen,
Wir feierten dann unsre goldne Zeit.
TASSO: Du sagst mir Worte, die in meiner Brust
Halb schon entschlafne Sorgen mächtig regen.
PRINZESSIN: Was meinst du, Tasso? Rede frei mit mir.
TASSO: Oft hört ich schon, und diese Tage wieder
Hab ich's gehört, ja hätt ich's nicht vernommen,
So müßt ich's denken: edle Fürsten streben
Nach deiner Hand! Was wir erwarten müssen,
Das fürchten wir und möchten schier verzweifeln.
Verlassen wirst du uns, es ist natürlich;
Doch wie wir's tragen wollen, weiß ich nicht.
PRINZESSIN: Für diesen Augenblick seid unbesorgt!
Fast möcht ich sagen: unbesorgt für immer.
Hier bin ich gern, und gerne mag ich bleiben.
Noch weiß ich kein Verhältnis, das mich lockte;
Und wenn ihr mich denn ja behalten wollt,
So laßt es mir durch Eintracht sehn und schafft
Euch selbst ein glücklich Leben, mir durch euch.
TASSO: O lehre mich, das Mögliche zu tun!
Gewidmet sind dir alle meine Tage.
Wenn, dir zu preisen, dir zu danken, sich
Mein Herz entfaltet, dann empfind ich erst
Das reinste Glück, das Menschen fühlen können;
Das Göttlichste erfuhr ich nur in dir.
So unterscheiden sich die Erdengötter
Vor andern Menschen, wie das hohe Schicksal
Vom Rat und Willen selbst der klügsten Männer
Sich unterscheidet. Vieles lassen sie,
Wenn wir gewaltsam Wog auf Woge sehn,
Wie leichte Wellen unbemerkt vorüber
Vor ihren Füßen rauschen, hören nicht
Den Sturm, der uns umsaust und niederwirft,
Vernehmen unser Flehen kaum und lassen,
Wie wir beschränkten, armen Kindern tun,
Mit Seufzern und Geschrei die Luft uns füllen.
Du hast mich oft, o Göttliche, geduldet,
Und wie die Sonne, trocknete dein Blick
Den Tau von meinen Augenlidern ab.
PRINZESSIN: Es ist sehr billig, daß die Frauen dir
Aufs freundlichste begegnen: es verherrlicht
Dein Lied auf manche Weise das Geschlecht.
Zart oder tapfer, hast du stets gewußt,
Sie liebenswert und edel vorzustellen;

Und wenn Armide hassenswert erscheint,
Versöhnt ihr Reiz und ihre Liebe bald.
TASSO: Was auch in meinem Liede widerklingt,
Ich bin nur einer, einer alles schuldig!
Es schwebt kein geistig unbestimmtes Bild
Vor meiner Stirne, das der Seele bald
Sich überglänzend nahte, bald entzöge.
Mit meinen Augen hab ich es gesehn,
Das Urbild jeder Tugend, jeder Schöne;
Was ich nach ihm gebildet, das wird bleiben:
Tancredens Heldenliebe zu Chlorinden,
Erminiens stille, nicht bemerkte Treue,
Sophroniens Großheit und Olindens Not,
Es sind nicht Schatten, die der Wahn erzeugte,
Ich weiß es, sie sind ewig, denn sie sind.
Und was hat mehr das Recht, Jahrhunderte
Zu bleiben und im stillen fortzuwirken,
Als das Geheimnis einer edlen Liebe,
Dem holden Lied bescheiden anvertraut?
PRINZESSIN: Und soll ich dir noch einen Vorzug sagen,
Den unvermerkt sich dieses Lied erschleicht?
Es lockt uns nach und nach, wir hören zu,
Wir hören, und wir glauben zu verstehn,
Was wir verstehn, das können wir nicht tadeln,
Und so gewinnt uns dieses Lied zuletzt.
TASSO: Welch einen Himmel öffnest du vor mir,
O Fürstin! Macht mich dieser Glanz nicht blind,
So seh ich unverhofft ein ewig Glück
Auf goldnen Strahlen herrlich niedersteigen.
PRINZESSIN: Nicht weiter, Tasso! Viele Dinge sind's,
Die wir mit Heftigkeit ergreifen sollen:
Doch andre können nur durch Mäßigung
Und durch Entbehren unser eigen werden.
So, sagt man, sei die Tugend, sei die Liebe,
Die ihr verwandt ist. Das bedenke wohl!

ZWEITER AUFTRITT

TASSO (allein): Ist dir's erlaubt, die Augen aufzuschlagen?
Wagst du's, umherzusehn? Du bist allein!
Vernahmen diese Säulen, was sie sprach?
Und hast du Zeugen, diese stummen Zeugen
Des höchsten Glücks zu fürchten? Es erhebt
Die Sonne sich des neuen Lebenstages,
Der mit den vorigen sich nicht vergleicht.
Herniedersteigend hebt die Göttin schnell
Den Sterblichen hinauf. Welch neuer Kreis
Entdeckt sich meinem Auge, welches Reich!
Wie köstlich wird der heiße Wunsch belohnt!
Ich träumte mich dem höchsten Glücke nah,
Und dieses Glück ist über alle Träume.
Der Blindgeborne denke sich das Licht,
Die Farben, wie er will; erscheinet ihm
Der neue Tag, ist's ihm ein neuer Sinn.
Voll Mut und Ahnung, freudetrunken schwankend
Betret ich diese Bahn. Du gibst mir viel,
Du gibst, wie Erd und Himmel uns Geschenke

Mit vollen Händen übermäßig reichen,
Und forderst wieder, was von mir zu fordern
Nur eine solche Gabe dich berechtigt.
Ich soll entbehren, soll mich mäßig zeigen
Und so verdienen, daß du mir vertraust.
Was tat ich je, daß sie mich wählen konnte?
Was soll ich tun, um ihrer wert zu sein?
Sie konnte dir vertraun, und dadurch bist du's.
Ja, Fürstin, deinen Worten, deinen Blicken
Sei ewig meine Seele ganz geweiht!
Ja, fordre, was du willst, denn ich bin dein!
Sie sende mich, Müh und Gefahr und Ruhm
In fernen Landen aufzusuchen, reiche
Im stillen Hain die goldne Leier mir,
Sie weihe mich der Ruh und ihrem Preis:
Ihr bin ich, bildend soll sie mich besitzen,
Mein Herz bewahrte jeden Schatz für sie.
Oh, hätt ein tausendfaches Werkzeug mir
Ein Gott gegönnt, kaum drückt ich dann genug
Die unaussprechliche Verehrung aus.
Des Malers Pinsel und des Dichters Lippe,
Die süßeste, die je von frühem Honig
Genährt war, wünscht ich mir. Nein, künftig soll
Nicht Tasso zwischen Bäumen, zwischen Menschen
Sich einsam, schwach und trübgesinnt verlieren!
Er ist nicht mehr allein, er ist mit dir.
Oh, daß die edelste der Taten sich
Hier sichtbar vor mich stellte, rings umgeben
Von gräßlicher Gefahr! Ich dränge zu
Und wagte gern das Leben, das ich nun
Von ihren Händen habe – forderte
Die besten Menschen mir zu Freunden auf,
Unmögliches mit einer edlen Schar
Nach ihrem Wink und Willen zu vollbringen.
Voreiliger, warum verbarg dein Mund
Nicht das, was du empfandst, bis du dich wert
Und werter ihr zu Füßen legen konntest?
Das war dein Vorsatz, war dein kluger Wunsch,
Doch sei es auch! Viel schöner ist es, rein
Und unverdient ein solch Geschenk empfangen,
Als halb und halb zu wähnen, daß man wohl
Es habe fordern dürfen. Blicke freudig!
Es ist so groß, so weit, was vor dir liegt;
Und hoffnungsvolle Jugend lockt dich wieder
In unbekannte, lichte Zukunft hin.
– Schwelle, Brust! – O Witterung des Glücks,
Begünstge diese Pflanze doch einmal!
Sie strebt gen Himmel, tausend Zweige dringen
Aus ihr hervor, entfalten sich zu Blüten.
Oh, daß sie Frucht, o daß sie Freuden bringe!
Daß eine liebe Hand den goldnen Schmuck
Aus ihren frischen, reichen Ästen breche!

DRITTER AUFTRITT
Tasso. Antonio

TASSO: Sei mir willkommen, den ich gleichsam jetzt
  Zum erstenmal erblicke! Schöner ward
Kein Mann mir angekündigt. Sei willkommen!
Dich kenn ich nun und deinen ganzen Wert,
Dir biet ich ohne Zögern Herz und Hand
Und hoffe, daß auch du mich nicht verschmähst.
ANTONIO: Freigebig bietest du mir schöne Gaben,
  Und ihren Wert erkenn ich, wie ich soll:
  Drum laß mich zögern, eh ich sie ergreife.
  Weiß ich doch nicht, ob ich dir auch dagegen
  Ein Gleiches geben kann. Ich möchte gern
  Nicht übereilt und nicht undankbar scheinen:
  Laß mich für beide klug und sorgsam sein.
TASSO: Wer wird die Klugheit tadeln? Jeder Schritt
  Des Lebens zeigt, wie sehr sie nötig sei;
  Doch schöner ist's, wenn uns die Seele sagt,
  Wo wir der feinen Vorsicht nicht bedürfen.
ANTONIO: Darüber frage jeder sein Gemüt,
  Weil er den Fehler selbst zu büßen hat.
TASSO: So sei's! Ich habe meine Pflicht getan:
  Der Fürstin Wort, die uns zu Freunden wünscht,
  Hab ich verehrt und mich dir vorgestellt.
  Rückhalten durft ich nicht, Antonio; doch gewiß,
  Zudringen will ich nicht. Es mag denn sein.
  Zeit und Bekanntschaft heißen dich vielleicht
  Die Gabe wärmer fordern, die du jetzt
  So kalt beiseite lehnst und fast verschmähst.
ANTONIO: Der Mäßige wird öfters kalt genannt
  Von Menschen, die sich warm vor andern glauben,
  Weil sie die Hitze fliegend überfällt.
TASSO: Du tadelst, was ich tadle, was ich meide.
  Auch ich verstehe wohl, so jung ich bin,
  Der Heftigkeit die Dauer vorzuziehn.
ANTONIO: Sehr weislich! Bleibe stets auf diesem Sinne.
TASSO: Du bist berechtigt, Freund, mir zu raten, mich
  Zu warnen, denn es steht Erfahrung dir
  Als lang erprobte Freundin an der Seite.
  Doch glaube nur, es horcht ein stilles Herz
  Auf jedes Tages, jeder Stunde Warnung
  Und übt sich insgeheim an jedem Guten,
  Das deine Strenge neu zu lehren glaubt.
ANTONIO: Es ist wohl angenehm, sich mit sich selbst
  Beschäftgen, wenn es nur so nützlich wäre.
  Inwendig lernt kein Mensch sein Innerstes
  Erkennen; denn er mißt nach eignem Maß
  Sich bald zu klein und leider oft zu groß.
  Der Mensch erkennt sich nur im Menschen, nur
  Das Leben lehret jedem, was er sei.
TASSO: Mit Beifall und Verehrung hör ich dich.
ANTONIO: Und dennoch denkst du wohl bei diesen
    Worten
  Ganz etwas andres, als ich sagen will.
TASSO: Auf diese Weise rücken wir nicht näher.
  Es ist nicht klug, es ist nicht wohlgetan,
  Vorsätzlich einen Menschen zu verkennen,
  Er sei auch, wer er sei. Der Fürstin Wort
  Bedurft es kaum, leicht hab ich dich erkannt:
  Ich weiß, daß du das Gute willst und schaffst.
  Dein eigen Schicksal läßt dich unbesorgt,

An andre denkst du, andern stehst du bei,
Und auf des Lebens leicht bewegter Woge
Bleibt dir ein stetes Herz. So seh ich dich.
Und was wär ich, ging ich dir nicht entgegen?
Sucht ich begierig nicht auch einen Teil
An dem verschloßnen Schatz, den du bewahrst?
Ich weiß, es reut dich nicht, wenn du dich öffnest,
Ich weiß, du bist mein Freund, wenn du mich kennst:
Und eines solchen Freunds bedurft ich lange.
Ich schäme mich der Unerfahrenheit
Und meiner Jugend nicht. Still ruhet noch
Der Zukunft goldne Wolke mir ums Haupt.
Oh, nimm mich, edler Mann, an deine Brust
Und weihe mich, den Raschen, Unerfahrnen,
Zum mäßigen Gebrauch des Lebens ein.
ANTONIO: In einem Augenblicke forderst du,
Was wohlbedächtig nur die Zeit gewährt.
TASSO: In einem Augenblick gewährt die Liebe,
Was Mühe kaum in langer Zeit erreicht.
Ich bitt es nicht von dir, ich darf es fordern.
Dich ruf ich in der Tugend Namen auf,
Die gute Menschen zu verbinden eifert.
Und soll ich dir noch einen Namen nennen?
Die Fürstin hofft's, sie will's – Eleonore,
Sie will mich zu dir führen, dich zu mir.
Oh, laß uns ihrem Wunsch entgegengehn!
Laß uns verbunden vor die Göttin treten,
Ihr unsern Dienst, die ganze Seele bieten,
Vereint für sie das Würdigste zu tun.
Noch einmal! – Hier ist meine Hand! Schlag ein!
Tritt nicht zurück und weigre dich nicht länger,
O edler Mann, und gönne mir die Wollust,
Die schönste guter Menschen, sich dem Bessern
Vertrauend ohne Rückhalt hinzugeben!
ANTONIO: Du gehst mit vollen Segeln! Scheint es doch,
Du bist gewohnt, zu siegen, überall
Die Wege breit, die Pforten weit zu finden.
Ich gönne jeden Wert und jedes Glück
Dir gern; allein ich sehe nur zu sehr,
Wir stehn zu weit noch voneinander ab.
TASSO: Es sei an Jahren, an geprüftem Wert;
An frohem Mut und Willen weich ich keinem.
ANTONIO: Der Wille lockt die Taten nicht herbei;
Der Mut stellt sich die Wege kürzer vor.
Wer angelangt am Ziel ist, wird gekrönt,
Und oft entbehrt ein Würdger eine Krone.
Doch gibt es leichte Kränze, Kränze gibt es
Von sehr verschiedner Art: sie lassen sich
Oft im Spazierengehn bequem erreichen.
TASSO: Was eine Gottheit diesem frei gewährt
Und jenem streng versagt, ein solches Gut
Erreicht nicht jeder, wie er will und mag.
ANTONIO: Schreib es dem Glück vor andern Göttern zu,
So hör ich's gern, denn seine Wahl ist blind.
TASSO: Auch die Gerechtigkeit trägt eine Binde
Und schließt die Augen jedem Blendwerk zu.

ANTONIO: Das Glück erhebe billig der Beglückte!
Er dicht ihm hundert Augen fürs Verdienst
Und kluge Wahl und strenge Sorgfalt an,
Nenn es Minerva, nenn es, wie er will,
Er halte gnädiges Geschenk für Lohn,
Zufällgen Putz für wohlverdienten Schmuck.
TASSO: Du brauchst nicht deutlicher zu sein. Es ist genug!
Ich blicke tief dir in das Herz und kenne
Fürs ganze Leben dich. Oh, kennte so
Dich meine Fürstin auch! Verschwende nicht
Die Pfeile deiner Augen, deiner Zunge!
Du richtest sie vergebens nach dem Kranze,
Dem unverwelklichen, auf meinem Haupt.
Sei erst so groß, mir ihn nicht zu beneiden!
Dann darfst du mir vielleicht ihn streitig machen.
Ich acht ihn heilig und das höchste Gut.
Doch zeige mir den Mann, der das erreicht,
Wonach ich strebe, zeige mir den Helden,
Von dem mir die Geschichten nur erzählten;
Den Dichter stell mir vor, der sich Homeren,
Virgilen sich vergleichen darf, ja, was
Noch mehr gesagt ist, zeige mir den Mann,
Der dreifach diesen Lohn verdiente, den
Die schöne Krone dreifach mehr als mich
Beschämte; dann sollst du mich kniend sehn
Vor jener Gottheit, die mich so begabte;
Nicht eher stünd ich auf, bis sie die Zierde
Von meinem Haupt auf seins hinüber drückte.
ANTONIO: Bis dahin bleibst du freilich ihrer wert.
TASSO: Man wäge mich, das will ich nicht vermeiden;
Allein Verachtung hab ich nicht verdient.
Die Krone, der mein Fürst mich würdig achtete,
Die meiner Fürstin Hand für mich gewunden,
Soll keiner mir bezweifeln noch begrinsen!
ANTONIO: Es ziemt der hohe Ton, die rasche Glut
Nicht dir zu mir, noch dir an diesem Orte.
TASSO: Was du dir hier erlaubst, das ziemt auch mir.
Und ist die Wahrheit wohl von hier verbannt?
Ist im Palast der freie Geist gekerkert?
Hat hier ein edler Mensch nur Druck zu dulden?
Mich dünkt, hier ist die Hoheit erst an ihrem Platz,
Der Seele Hoheit! Darf sie sich der Nähe
Der Großen dieser Erde nicht erfreun?
Sie darf's und soll's. Wir nahen uns dem Fürsten
Durch Adel nur, der uns von Vätern kam;
Warum nicht durchs Gemüt, das die Natur
Nicht jedem groß verlieh, wie sie nicht jedem
Die Reihe großer Ahnherrn geben konnte.
Nur Kleinheit sollte hier sich ängstlich fühlen,
Der Neid, der sich zu seiner Schande zeigt:
Wie keiner Spinne schmutziges Gewebe
An diesen Marmorwänden haften soll.
ANTONIO: Du zeigst mir selbst mein Recht, dich zu verschmähn!
Der übereilte Knabe will des Manns
Vertraun und Freundschaft mit Gewalt ertrotzen?
Unsittlich, wie du bist, hältst du dich gut?

TASSO: Viel lieber was ihr euch unsittlich nennt,
Als was ich mir unedel nennen müßte.
ANTONIO: Du bist noch jung genug, daß gute Zucht
Dich eines bessern Wegs belehren kann.
TASSO: Nicht jung genug, vor Götzen mich zu neigen,
Und, Trotz mit Trotz zu bändgen, alt genug.
ANTONIO: Wo Lippenspiel und Saitenspiel entscheiden,
Ziehst du als Held und Sieger wohl davon.
TASSO: Verwegen wär es, meine Faust zu rühmen,
Denn sie hat nichts getan; doch ich vertrau ihr.
ANTONIO: Du traust auf Schonung, die dich nur zu sehr
Im frechen Laufe deines Glücks verzog.
TASSO: Daß ich erwachsen bin, das fühl ich nun.
Mit dir am wenigsten hätt ich gewünscht
Das Wagespiel der Waffen zu versuchen:
Allein du schürest Glut auf Glut, es kocht
Das innre Mark, die schmerzliche Begier
Der Rache siedet schäumend in der Brust.
Bist du der Mann, der du dich rühmst, so steh mir!
ANTONIO: Du weißt so wenig wer, als wo du bist.
TASSO: Kein Heiligtum heißt uns den Schimpf ertragen.
Du lästerst, du entweihest diesen Ort,
Nicht ich, der ich Vertraun, Verehrung, Liebe,
Das schönste Opfer, dir entgegentrug.
Dein Geist verunreint dieses Paradies,
Und deine Worte diesen reinen Saal,
Nicht meines Herzens schwellendes Gefühl,
Das braust, den kleinsten Flecken nicht zu leiden.
ANTONIO: Welch hoher Geist in deiner engen Brust!
TASSO: Hier ist noch Raum, dem Busen Luft zu machen.
ANTONIO: Es macht das Volk sich auch mit Worten Luft.
TASSO: Bist du ein Edelmann wie ich, so zeig es.
ANTONIO: Ich bin es wohl, doch weiß ich, wo ich bin.
TASSO: Komm mit herab, wo unsre Waffen gelten.
ANTONIO: Wie du nicht fordern solltest, folg ich nicht.
TASSO: Der Feigheit ist solch Hindernis willkommen.
ANTONIO: Der Feige droht nur, wo er sicher ist.
TASSO: Mit Freuden kann ich diesem Schutz entsagen.
ANTONIO: Vergib dir nur, dem Ort vergibst du nichts.
TASSO: Verzeihe mir der Ort, daß ich es litt.
Er zieht den Degen
Zieh oder folge, wenn ich nicht auf ewig,
Wie ich dich hasse, dich verachten soll!

VIERTER AUFTRITT

Alfons. Die Vorigen

ALFONS: In welchem Streit treff ich euch unerwartet?
ANTONIO: Du findest mich, o Fürst, gelassen stehn
Vor einem, den die Wut ergriffen hat.
TASSO: Ich bete dich als eine Gottheit an,
Daß du mit einem Blick mich warnend bändigst.
ALFONS: Erzähl, Antonio, Tasso, sag mir an,
Wie hat der Zwist sich in mein Haus gedrungen?
Wie hat er euch ergriffen, von der Bahn
Der Sitten, der Gesetze kluger Männer
Im Taumel weggerissen? Ich erstaune.
TASSO: Du kennst uns beide nicht, ich glaub es wohl.
Hier dieser Mann, berühmt als klug und sittlich,
Hat roh und hämisch, wie ein unerzogner,
Unedler Mensch, sich gegen mich betragen.
Zutraulich naht ich ihm, er stieß mich weg;
Beharrlich liebend drang ich mich zu ihm,
Und bitter, immer bittrer, ruht er nicht,
Bis er den reinsten Tropfen Bluts in mir
Zu Galle wandelte. Verzeih! Du hast mich hier
Als einen Wütenden getroffen. Dieser
Hat alle Schuld, wenn ich mich schuldig machte.
Er hat die Glut gewaltsam angefacht,
Die mich ergriff und mich und ihn verletzte.
ANTONIO: Ihn riß der hohe Dichterschwung hinweg!
Du hast, o Fürst, zuerst mich angeredet,
Hast mich gefragt: es sei mir nun erlaubt,
Nach diesem raschen Redner auch zu sprechen.
TASSO: O ja, erzähl, erzähl von Wort zu Wort!
Und kannst du jede Silbe, jede Miene
Vor diesen Richter stellen, wag es nur!
Beleidige dich selbst zum zweiten Male
Und zeuge wider dich! Dagegen will
Ich keinen Hauch und keinen Pulsschlag leugnen.
ANTONIO: Wenn du noch mehr zu reden hast, so sprich;
Wo nicht, so schweig und unterbrich mich nicht.
Ob ich, mein Fürst, ob dieser heiße Kopf
Den Streit zuerst begonnen? wer es sei,
Der Unrecht hat? ist eine weite Frage,
Die wohl zuvörderst noch auf sich beruht.
TASSO: Wie das? Mich dünkt, das ist die erste Frage:
Wer von uns beiden recht und unrecht hat.
ANTONIO: Nicht ganz, wie sich's der unbegrenzte Sinn
Gedenken mag.
ALFONS: Antonio!
ANTONIO: Gnädigster,
Ich ehre deinen Wink, doch laß ihn schweigen!
Hab ich gesprochen, mag er weiter reden;
Du wirst entscheiden. Also sag ich nur:
Ich kann mit ihm nicht rechten, kann ihn weder
Verklagen, noch mich selbst verteidigen, noch
Ihm jetzt genugzutun mich anerbieten.
Denn, wie er steht, ist er kein freier Mann.
Es waltet über ihm ein schwer Gesetz,
Das deine Gnade höchstens lindern wird.
Er hat mir hier gedroht, hat mich gefordert;
Vor dir verbarg er kaum das nackte Schwert.
Und tratst du, Herr, nicht zwischen uns herein,
So stünde jetzt auch ich als pflichtvergessen,
Mitschuldig und beschämt vor deinem Blick.
ALFONS (zu Tasso): Du hast nicht wohlgetan.
TASSO: Mich spricht, o Herr,
Mein eigen Herz, gewiß auch deines frei.
Ja, es ist wahr, ich drohte, forderte,
Ich zog. Allein, wie tückisch seine Zunge
Mit wohlgewählten Worten mich verletzt,
Wie scharf und schnell sein Zahn das feine Gift
Mir in das Blut geflößt, wie er das Fieber

Nur mehr und mehr erhitzt – du denkst es nicht!
Gelassen, kalt, hat er mich ausgehalten,
Aufs höchste mich getrieben. Oh! du kennst,
Du kennst ihn nicht und wirst ihn niemals kennen!
Ich trug ihm warm die schönste Freundschaft an –
Er warf mir meine Gaben vor die Füße;
Und hätte meine Seele nicht geglüht,
So war sie deiner Gnade, deines Dienstes
Auf ewig unwert. Hab ich des Gesetzes
Und dieses Orts vergessen, so verzeih.
Auf keinem Boden darf ich niedrig sein,
Erniedrigung auf keinem Boden dulden,
Wenn dieses Herz, es sei auch, wo es will,
Dir fehlt und sich, dann strafe, dann verstoße,
Und laß mich nie dein Auge wiedersehn.
ANTONIO: Wie leicht der Jüngling schwere Lasten trägt
Und Fehler wie den Staub vom Kleide schüttelt!
Es wäre zu verwundern, wenn die Zauberkraft
Der Dichtung nicht bekannter wäre, die
Mit dem Unmöglichen so gern ihr Spiel
Zu treiben liebt. Ob du auch so, mein Fürst,
Ob alle deine Diener diese Tat
So unbedeutend halten, zweifl ich fast.
Die Majestät verbreitet ihren Schutz
Auf jeden, der sich ihr wie einer Gottheit
Und ihrer unverletzten Wohnung naht.
Wie an dem Fuße des Altars, bezähmt
Sich auf der Schwelle jede Leidenschaft.
Da blinkt kein Schwert, da fällt kein drohend Wort,
Da fordert selbst Beleidigung keine Rache.
Es bleibt das weite Feld ein offner Raum
Für Grimm und Unversöhnlichkeit genug:
Dort wird kein Feiger drohn, kein Mann wird fliehn.
Hier diese Mauern haben deine Väter
Auf Sicherheit gegründet, ihrer Würde
Ein Heiligtum befestigt, diese Ruhe
Mit schweren Strafen ernst und klug erhalten;
Verbannung, Kerker, Tod ergriff den Schuldigen.
Da war kein Ansehn der Person, und nicht
Die Milde nicht den Arm des Rechts zurück,
Und selbst der Frevler fühlte sich geschreckt.
Nun sehen wir nach langem, schönem Frieden
In das Gebiet der Sitten rohe Wut
Im Taumel wiederkehren. Herr, entscheide,
Bestrafe! denn wer kann in seiner Pflicht
Beschränkten Grenzen wandeln, schützet ihn
Nicht das Gesetz und seines Fürsten Kraft?
ALFONS: Mehr, als ihr beide sagt und sagen könnt,
Läßt unparteiisch das Gemüt mich hören.
Ihr hättet schöner eure Pflicht getan,
Wenn ich dies Urteil nicht zu sprechen hätte.
Denn hier sind Recht und Unrecht nah verwandt.
Wenn dich Antonio beleidigt hat,
So hat er dir auf irgend eine Weise
Genugzutun, wie du es fordern wirst.
Mir wär es lieb, ihr wähltet mich zum Austrag.
Indessen, dein Vergehen macht, o Tasso,
Dich zum Gefangnen. Wie ich dir vergebe,
So lindr ich das Gesetz um deinetwillen.
Verlaß uns, Tasso! bleib auf deinem Zimmer,
Von dir und mit dir selbst allein bewacht.
TASSO: Ist dies, o Fürst, dein richterlicher Spruch?
ANTONIO: Erkennest du des Vaters Milde nicht?
TASSO (zu Antonio):
Mit dir hab ich vorerst nichts mehr zu reden.
(Zu Alfons:) O Fürst, es übergibt dein ernstes Wort
Mich Freien der Gefangenschaft. Es sei!
Du hältst es recht. Dein heilig Wort verehrend,
Heiß ich mein innres Herz im tiefsten schweigen.
Es ist mir neu, so neu, daß ich fast dich
Und mich und diesen schönen Ort nicht kenne.
Doch diesen kenn ich wohl – Gehorchen will ich,
Ob ich gleich hier noch manches sagen könnte,
Und sagen sollte. Mir verstummt die Lippe.
War's ein Verbrechen? Wenigstens es scheint,
Ich bin als ein Verbrecher angesehn.
Und, was mein Herz auch sagt, ich bin gefangen.
ALFONS: Du nimmst es höher, Tasso, als ich selbst.
TASSO: Mir bleibt es unbegreiflich, wie es ist;
Zwar unbegreiflich nicht, ich bin kein Kind;
Ich meine fast, ich müßt es denken können.
Auf einmal winkt mich eine Klarheit an,
Doch augenblicklich schließt sich's wieder zu.
Ich höre nur mein Urteil, beuge mich.
Das sind zu viel vergebne Worte schon.
Gewöhne dich von nun an, zu gehorchen,
Ohnmächtiger! du vergaßest, wo du standst:
Der Götter Saal schien dir auf gleicher Erde,
Nun überwältigt dich der jähe Fall.
Gehorche gern, denn es geziemt dem Manne,
Auch willig das Beschwerliche zu tun.
Hier nimm den Degen erst, den du mir gabst,
Als ich dem Kardinal nach Frankreich folgte;
Ich führt ihn nicht mit Ruhm, doch nicht mit Schande,
Auch heute nicht. Der hoffnungsvollen Gabe
Entäußr ich mich mit tiefgerührtem Herzen.
ALFONS: Wie ich zu dir gesinnt bin, fühlst du nicht.
TASSO: Gehorchen ist mein Los, und nicht, zu denken!
Und leider eines herrlichen Geschenks
Verleugnung fordert das Geschick von mir.
Die Krone kleidet den Gefangnen nicht:
Ich nehme selbst von meinem Haupt die Zierde,
Die für die Ewigkeit gegönnt mir schien,
Zu früh war mir das schönste Glück verliehen
Und wird, als hätt ich sein mich überhoben,
Mir nur zu bald geraubt.
Du nimmst mir selbst, was keiner nehmen konnte,
Und was kein Gott zum zweiten Male gibt.
Wir Menschen werden wunderbar geprüft;
Wir könnten's nicht ertragen, hätt uns nicht
Den holden Leichtsinn die Natur verliehn.
Mit unschätzbaren Gütern lehret uns
Verschwenderisch die Not gelassen spielen:
Wir öffnen willig unsre Hände, daß

Unwiederbringlich uns ein Gut entschlüpfe.
Mit diesem Kuß vereint sich eine Träne
Und weiht dich der Vergänglichkeit! Es ist
Erlaubt, das holde Zeichen unsrer Schwäche.
Wer weinte nicht, wenn das Unsterbliche
Vor der Zerstörung selbst nicht sicher ist?
Geselle dich zu diesem Degen, der
Dich leider nicht erwarb; um ihn geschlungen,
Ruhe, wie auf dem Sarg der Tapfern, auf
Dem Grabe meines Glücks und meiner Hoffnung!
Hier leg ich beide willig dir zu Füßen:
Denn wer ist wohl gewaffnet, wenn du zürnst?
Und wer geschmückt, o Herr, den du verkennst?
Gefangen geh ich, warte des Gerichts.

Auf des Fürsten Wink hebt ein Page den Degen mit dem Kranze auf und trägt ihn weg

FÜNFTER AUFTRITT

Alfons. Antonio

ANTONIO: Wo schwärmt der Knabe hin? Mit welchen Farben
Malt er sich seinen Wert und sein Geschick?
Beschränkt und unerfahren, hält die Jugend
Sich für ein einzig auserwähltes Wesen
Und alles über sich erlaubt.
Er fühle sich gestraft, und strafen heißt
Dem Jüngling wohltun, daß der Mann uns danke.
ALFONS: Er ist gestraft, ich fürchte: nur zu viel.
ANTONIO: Wenn du gelind mit ihm verfahren magst,
So gib, o Fürst, ihm seine Freiheit wieder,
Und unsern Zwist entscheide dann das Schwert.
ALFONS: Wenn es die Meinung fordert, mag es sein.
Doch sprich, wie hast du seinen Zorn gereizt?
ANTONIO: Ich wüßte kaum zu sagen, wie's geschah.
Als Menschen hab ich ihn vielleicht gekränkt,
Als Edelmann hab ich ihn nicht beleidigt.
Und seinen Lippen ist im größten Zorne
Kein sittenloses Wort entflohn.
ALFONS: So schien
Mir euer Streit, und was ich gleich gedacht,
Bekräftigt deine Rede mir noch mehr.
Wenn Männer sich entzweien, hält man billig
Den Klügsten für den Schuldigen. Du solltest
Mit ihm nicht zürnen; ihn zu leiten, stünde
Dir besser an. Noch immer ist es Zeit:
Hier ist kein Fall, der euch zu streiten zwänge.
Solang mir Friede bleibt, so lang wünsch ich
In meinem Haus ihn zu genießen. Stelle
Die Ruhe wieder her – du kannst es leicht.
Lenore Sanvitale mag ihn erst
Mit zarter Lippe zu besänftgen suchen;
Dann tritt zu ihm, gib ihm in meinem Namen
Die volle Freiheit wieder, und gewinne
Mit edlen, wahren Worten sein Vertraun.
Verrichte das, sobald du immer kannst:
Du wirst als Freund und Vater mit ihm sprechen.
Noch eh wir scheiden, will ich Friede wissen,
Und dir ist nichts unmöglich, wenn du willst.
Wir bleiben lieber eine Stunde länger
Und lassen dann die Frauen sanft vollenden,
Was du begannst; und kehren wir zurück,
So haben sie von diesem raschen Eindruck
Die letzte Spur vertilgt. Es scheint, Antonio,
Du willst nicht aus der Übung kommen! Du
Hast ein Geschäft kaum erst vollendet, nun
Kehrst du zurück und schaffst dir gleich ein neues.
Ich hoffe, daß auch dieses dir gelingt.
ANTONIO: Ich bin beschämt und seh in deinen Worten,
Wie in dem klarsten Spiegel, meine Schuld!
Gar leicht gehorcht man einem edlen Herrn,
Der überzeugt, indem er uns gebietet.

DRITTER AUFZUG

ERSTER AUFTRITT

PRINZESSIN (allein): Wo bleibt Eleonore? Schmerzlicher
Bewegt mich jeden Augenblick die Sorge
Das tiefste Herz. Kaum weiß ich, was geschah,
Kaum weiß ich, wer von beiden schuldig ist.
O daß sie käme! Möcht ich doch nicht gern
Den Bruder nicht, Antonio nicht sprechen,
Eh ich gefaßter bin, eh ich vernommen,
Wie alles steht und was es werden kann.

ZWEITER AUFTRITT

Prinzessin. Leonore

PRINZESSIN: Was bringst du, Leonore? Sag mir an,
Wie steht's um unsre Freunde? Was geschah?
LEONORE: Mehr, als wir wissen, hab ich nicht erfahren.
Sie trafen hart zusammen, Tasso zog,
Dein Bruder trennte sie. Allein es scheint,
Als habe Tasso diesen Streit begonnen:
Antonio geht frei umher und spricht
Mit seinem Fürsten; Tasso bleibt dagegen
Verbannt in seinem Zimmer und allein.
PRINZESSIN: Gewiß hat ihn Antonio gereizt,
Den Hochgestimmten kalt und fremd beleidigt.
LEONORE: Ich glaub es selbst. Denn eine Wolke stand,
Schon als er zu ihm trat, um seine Stirn.
PRINZESSIN: Ach, daß wir doch, dem reinen stillen Wink
Des Herzens nachzugehn, so sehr verlernen!
Ganz leise spricht ein Gott in unsrer Brust,
Ganz leise, ganz vernehmlich zeigt uns an,
Was zu ergreifen ist und was zu fliehn.
Antonio erschien mir heute früh
Viel schroffer noch als je, in sich gezogner.
Es warnte mich mein Geist, als neben ihn

Sich Tasso stellte. Sieh das Äußre nur
von beiden an, das Angesicht, den Ton,
Den Blick, den Tritt! es widerstrebt sich alles,
Sie können ewig keine Liebe wechseln.
Doch überredete die Hoffnung mich,
Die Gleisnerin: sie sind vernünftig beide,
Sind edel, unterrichtet, deine Freunde;
Und welch ein Band ist sichrer als der Guten?
Ich trieb den Jüngling an; er gab sich ganz;
Wie schön, wie warm ergab er ganz sich mir!
O hätt ich gleich Antonio gesprochen!
Ich zauderte; es war nur kurze Zeit;
Ich scheute mich, gleich mit den ersten Worten
Und dringend ihm den Jüngling zu empfehlen;
Verließ auf Sitte mich und Höflichkeit,
Auf den Gebrauch der Welt, der sich so glatt
Selbst zwischen Feinde legt; befürchtete
Von dem geprüften Manne diese Jähe
Der raschen Jugend nicht. Es ist geschehn.
Das Übel stand mir fern, nun ist es da.
O gib mir einen Rat! Was ist zu tun?
LEONORE: Wie schwer zu raten sei, das fühlst du selbst
Nach dem, was du gesagt. Es ist nicht hier
Ein Mißverständnis zwischen Gleichgestimmten;
Das stellen Worte, ja im Notfall stellen
Es Waffen leicht und glücklich wieder her.
Zwei Männer sind's, ich habe es lang gefühlt,
Die darum Feinde sind, weil die Natur
Nicht einen Mann aus ihnen beiden formte.
Und wären sie zu ihrem Vorteil klug,
So würden sie als Freunde sich verbinden:
Dann stünden sie für einen Mann und gingen
Mit Macht und Glück und Lust durchs Leben hin.
So hofft ich selbst; nun seh ich wohl: umsonst.
Der Zwist von heute, sei er, wie er sei,
Ist beizulegen; doch das sichert uns
Nicht für die Zukunft, für den Morgen nicht.
Es wär am besten, dächt ich, Tasso reiste
Auf eine Zeit von hier: er könnte ja
Nach Rom, auch nach Florenz sich wenden; dort
Träf ich in wenig Wochen ihn und könnte
Auf sein Gemüt als eine Freundin wirken.
Du würdest hier indessen den Antonio,
Der uns so fremd geworden, dir aufs neue
Und deinen Freunden näherbringen: so
Gewährte das, was jetzt unmöglich scheint,
Die gute Zeit vielleicht, die vieles gibt.
PRINZESSIN: Du willst dich in Genuß, o Freundin, setzen,
Ich soll entbehren; heißt das billig sein?
LEONORE: Entbehren wirst du nichts, als was du doch
In diesem Falle nicht genießen könntest.
PRINZESSIN: So ruhig soll ich einen Freund verbannen?
LEONORE: Erhalten, den du nur zum Schein verbannst.
PRINZESSIN: Mein Bruder wird ihn nicht mit Willen lassen.
LEONORE: Wenn er es sieht wie wir, so gibt er nach.
PRINZESSIN:
Es ist so schwer, im Freunde sich verdammen.

LEONORE: Und dennoch rettest du den Freund in dir.
PRINZESSIN: Ich gebe nicht mein Ja, daß es geschehe.
LEONORE: So warte noch ein größres Übel ab.
PRINZESSIN: Du peinigst mich und weißt nicht, ob du nützest.
LEONORE: Wir werden bald entdecken, wer sich irrt.
PRINZESSIN: Und soll es sein, so frage mich nicht länger.
LEONORE: Wer sich entschließen kann, besiegt den Schmerz.
PRINZESSIN: Entschlossen bin ich nicht, allein es sei,
Wenn er sich nicht auf lange Zeit entfernt –
Und laß uns für ihn sorgen, Leonore,
Daß er nicht Mangel etwa künftig leide,
Daß ihm der Herzog seinen Unterhalt
Auch in der Ferne willig reichen lasse.
Sprich mit Antonio, denn er vermag
Bei meinem Bruder viel, und wird den Streit
Nicht unserm Freund und uns gedenken wollen.
LEONORE: Ein Wort von dir, Prinzessin, gälte mehr.
PRINZESSIN: Ich kann, du weißt es, meine Freundin, nicht,
Wie's meine Schwester von Urbino kann,
Für mich und für die Meinen was erbitten.
Ich lebe gern so stille vor mich hin
Und nehme von dem Bruder dankbar an,
Was er mir immer geben kann und will.
Ich habe sonst darüber manchen Vorwurf
Mir selbst gemacht; nun hab ich überwunden.
Es schalt mich eine Freundin oft darum:
Du bist uneigennützig, sagte sie,
Das ist recht schön; allein so sehr bist du's,
Daß du auch das Bedürfnis deiner Freunde
Nicht recht empfinden kannst. Ich laß es gehn
Und muß denn eben diesen Vorwurf tragen.
Um desto mehr erfreut es mich, daß ich
Nun in der Tat dem Freunde nützen kann;
Es fällt mir meiner Mutter Erbschaft zu,
Und gerne will ich für ihn sorgen helfen.
LEONORE: Und ich, o Fürstin, finde mich im Falle,
Daß ich als Freundin auch mich zeigen kann.
Er ist kein guter Wirt; wo es ihm fehlt,
Werd ich ihm schon geschickt zu helfen wissen.
PRINZESSIN: So nimm ihn weg, und, soll ich ihn entbehren,
Vor allen andern sei er dir gegönnt!
Ich seh es wohl, so wird es besser sein.
Muß ich denn wieder diesen Schmerz als gut
Und heilsam preisen? Das war mein Geschick
Von Jugend auf; ich bin nun dran gewöhnt.
Nur halb ist der Verlust des schönsten Glücks,
Wenn wir auf den Besitz nicht sicher zählten.
LEONORE: Ich hoffe dich, so schön du es verdienst,
Glücklich zu sehn.
PRINZESSIN: Eleonore! Glücklich?
Wer ist denn glücklich? – Meinen Bruder zwar
Möcht ich so nennen, denn sein großes Herz
Trägt sein Geschick mit immer gleichem Mut;
Allein, was er verdient, das ward ihm nie.
Ist meine Schwester von Urbino glücklich?

Das schöne Weib, das edle große Herz!
Sie bringt dem jüngern Manne keine Kinder;
Er achtet sie, und läßt sie's nicht entgelten,
Doch keine Freude wohnt in ihrem Haus.
Was half denn unsrer Mutter ihre Klugheit?
Die Kenntnis jeder Art, ihr großer Sinn?
Konnt er sie vor dem fremden Irrtum schützen?
Man nahm uns von ihr weg: nun ist sie tot,
Sie ließ uns Kindern nicht den Trost, daß sie
Mit ihrem Gott versöhnt gestorben sei.
LEONORE:
Oh, blicke nicht nach dem, was jedem fehlt;
Betrachte, was noch einem jeden bleibt!
Was bleibt nicht dir, Prinzessin?
PRINZESSIN: Was mir bleibt?
Geduld, Eleonore! üben konnt ich die
Von Jugend auf. Wenn Freunde, wenn Geschwister
Bei Fest und Spiel gesellig sich erfreuten,
Hielt Krankheit mich auf meinem Zimmer fest,
Und in Gesellschaft mancher Leiden mußt
Ich früh entbehren lernen. Eines war,
Was in der Einsamkeit mich schön ergötzte,
Die Freude des Gesangs; ich unterhielt
Mich mit mir selbst, ich wiegte Schmerz und Sehnsucht
Und jeden Wunsch mit leisen Tönen ein.
Da wurden Leiden oft Genuß, und selbst
Das traurige Gefühl zur Harmonie.
Nicht lang war mir das Glück gegönnt, auch dieses
Nahm mir der Arzt hinweg: sein streng Gebot
Hieß mich verstummen; leben sollt ich, leiden,
Den einzgen kleinen Trost sollt ich entbehren.
LEONORE: So viele Freunde fanden sich zu dir,
Und nun bist du gesund, bist lebensfroh.
PRINZESSIN: Ich bin gesund, das heißt, ich bin nicht krank;
Und manche Freunde hab ich, deren Treue
Mich glücklich macht. Auch hatt ich einen Freund –
LEONORE: Du hast ihn noch.
PRINZESSIN: Und werd ihn bald verlieren.
Der Augenblick, da ich zuerst ihn sah,
War vielbedeutend. Kaum erholt ich mich
Von manchen Leiden; Schmerz und Krankheit waren
Kaum erst gewichen; still bescheiden blickt ich
Ins Leben wieder, freute mich des Tags
Und der Geschwister wieder, sog beherzt
Der süßen Hoffnung reinsten Balsam ein.
Ich wagt es, vorwärts in das Leben weiter
Hineinzusehn, und freundliche Gestalten
Begegneten mir aus der Ferne. Da,
Eleonore, stellte mir den Jüngling
Die Schwester vor; er kam an ihrer Hand,
Und, daß ich dir's gestehe, da ergriff
Ihn mein Gemüt und wird ihn ewig halten.
LEONORE: O meine Fürstin, laß dich's nicht gereuen!
Das Edle zu erkennen, ist Gewinst,
Der nimmer uns entrissen werden kann.
PRINZESSIN: Zu fürchten ist das Schöne, das Fürtreffliche,
Wie eine Flamme, die so herrlich nützt,
Solange sie auf deinem Herde brennt,
Solang sie dir von einer Fackel leuchtet,
Wie hold! wer mag, wer kann sie da entbehren?
Und frißt sie ungehütet um sich her,
Wie elend kann sie machen! Laß mich nun.
Ich bin geschwätzig, und verbärge besser
Auch selbst vor dir, wie schwach ich bin und krank.
LEONORE: Die Krankheit des Gemütes löset sich
In Klagen und Vertraun am leichtsten auf.
PRINZESSIN: Wenn das Vertrauen heilt, so heil ich bald;
Ich hab es rein und hab es ganz zu dir.
Ach meine Freundin! Zwar bin ich entschlossen:
Er scheide nur! allein ich fühle schon
Den langen ausgedehnten Schmerz der Tage, wenn
Ich nun entbehren soll, was mich erfreute.
Die Sonne hebt von meinen Augenlidern
Nicht mehr sein schön verklärtes Traumbild auf;
Die Hoffnung, ihn zu sehen, füllt nicht mehr
Den kaum erwachten Geist mit froher Sehnsucht;
Mein erster Blick hinab in unsre Gärten
Sucht ihn vergebens in dem Tau der Schatten.
Wie schön befriedigt fühlte sich der Wunsch,
Mit ihm zu sein an jedem heitren Abend!
Wie mehrte sich im Umgang das Verlangen,
Sich mehr zu kennen, immer mehr sich zu verstehn!
Und täglich stimmte das Gemüt sich schöner
Zu immer reinern Harmonien auf.
Welch eine Dämmrung fällt nun vor mir ein!
Der Sonne Pracht, das fröhliche Gefühl
Des hohen Tags, der tausendfachen Welt
Glanzreiche Gegenwart ist öd und tief
Im Nebel eingehüllt, der mich umgibt.
Sonst war mir jeder Tag ein ganzes Leben;
Die Sorge schwieg, die Ahnung selbst verstummte,
Und glücklich eingeschifft, trug uns der Strom
Auf leichten Wellen ohne Ruder hin:
Nun überfällt in trüber Gegenwart
Der Zukunft Schrecken heimlich meine Brust.
LEONORE: Die Zukunft gibt dir deine Freunde
wieder
Und bringt dir neue Freunde, neues Glück.
PRINZESSIN:
Was ich besitze, mag ich gern bewahren:
Der Wechsel unterhält, doch nutzt er kaum.
Mit jugendlicher Sehnsucht griff ich nie
Begierig in den Lostopf fremder Welt,
Für mein bedürfend unerfahren Herz
Zufällig einen Gegenstand zu haschen.
Ihn mußt ich ehren, darum liebt ich ihn;
Ich mußt ihn lieben, weil mit ihm mein Leben
Zum Leben ward, wie ich es nie gekannt.
Erst sagt ich mir: entferne dich von ihm!
Ich wich und wich, und kam nur immer näher,
So lieblich angelockt, so hart bestraft!
Ein reines wahres Gut verschwindet mir,
Und meiner Sehnsucht schiebt ein böser Geist
Statt Freud und Glück verwandte Schmerzen unter.

LEONORE: Wenn einer Freundin Wort nicht trösten kann,
So wird die stille Kraft der schönen Welt,
Der guten Zeit dich unvermerkt erquicken.
PRINZESSIN: Wohl ist sie schön die Welt! In ihrer Weite
Bewegt sich so viel Gutes hin und her.
Ach, daß es immer nur um einen Schritt
Von uns sich zu entfernen scheint
Und unsre bange Sehnsucht durch das Leben
Auch Schritt vor Schritt bis nach dem Grabe lockt!
So selten ist es, daß die Menschen finden,
Was ihnen doch bestimmt gewesen schien,
So selten, daß sie das erhalten, was
Auch einmal die beglückte Hand ergriff!
Es reißt sich los, was erst sich uns ergab,
Wir lassen los, was wir begierig faßten.
Es gibt ein Glück, allein wir kennen's nicht:
Wir kennen's wohl, und wissen's nicht zu schätzen.

Dritter Auftritt

LEONORE (allein): Wie jammert mich das edle schöne Herz!
Welch traurig Los, das ihrer Hoheit fällt!
Ach sie verliert – und denkst du, zu gewinnen?
Ist's denn so nötig, daß er sich entfernt?
Machst du es nötig, um allein für dich
Das Herz und die Talente zu besitzen,
Die du bisher mit einer andern teilst,
Und ungleich teilst? Ist's redlich, so zu handeln?
Bist du nicht reich genug? Was fehlt dir noch?
Gemahl und Sohn und Güter, Rang und Schönheit,
Das hast du alles, und du willst noch ihn
Zu diesem allen haben? Liebst du ihn?
Was ist es sonst, warum du ihn nicht mehr
Entbehren magst? Du darfst es dir gestehn. –
Wie reizend ist's, in seinem schönen Geiste
Sich selber zu bespiegeln! Wird ein Glück
Nicht doppelt groß und herrlich, wenn sein Lied
Uns wie auf Himmelswolken trägt und hebt?
Dann bist du erst beneidenswert! Du bist,
Du hast das nicht allein, was viele wünschen;
Es weiß, es kennt auch jeder, was du hast!
Dich nennt dein Vaterland und sieht auf dich,
Das ist der höchste Gipfel jedes Glücks.
Ist Laura denn allein der Name, der
Von allen zarten Lippen klingen soll?
Und hatte nur Petrarch allein das Recht,
Die unbekannte Schöne zu vergöttern?
Wo ist ein Mann, der meinem Freunde sich
Vergleichen darf? Wie ihn die Welt verehrt,
So wird die Nachwelt ihn verehrend nennen.
Wie herrlich ist's, im Glanze dieses Lebens
Ihn an der Seite haben! so mit ihm
Der Zukunft sich mit leichtem Schritte nahn!
Alsdann vermag die Zeit, das Alter nichts
Auf dich, und nichts der freche Ruf,
Der hin und her des Beifalls Woge treibt:
Das, was vergänglich ist, bewahrt sein Lied.
Du bist noch schön, noch glücklich, wenn schon lange
Der Kreis der Dinge dich mit fortgerissen.
Du mußt ihn haben, und ihr nimmst du nichts:
Denn ihre Neigung zu dem werten Manne
Ist ihren andern Leidenschaften gleich.
Sie leuchten, wie der stille Schein des Monds
Dem Wandrer spärlich auf dem Pfad zu Nacht:
Sie wärmen nicht, und gießen keine Lust
Noch Lebensfreud umher. Sie wird sich freuen,
Wenn sie ihn fern, wenn sie ihn glücklich weiß,
Wie sie genoß, wenn sie ihn täglich sah.
Und dann, ich will mit meinem Freunde nicht
Von ihr und diesem Hofe mich verbannen:
Ich komme wieder, und ich bring ihn wieder.
So soll es sein! – Hier kommt der rauhe Freund:
Wir wollen sehn, ob wir ihn zähmen können.

Vierter Auftritt

Leonore. Antonio

LEONORE: Du bringst uns Krieg statt Frieden: scheint es doch,
Du kommst aus einem Lager, einer Schlacht,
Wo die Gewalt regiert, die Faust entscheidet,
Und nicht von Rom, wo feierliche Klugheit
Die Hände segnend hebt und eine Welt
Zu ihren Füßen sieht, die gern gehorcht.
ANTONIO: Ich muß den Tadel, schöne Freundin, dulden,
Doch die Entschuldgung liegt nicht weit davon.
Es ist gefährlich, wenn man allzu lang
Sich klug und mäßig zeigen muß. Es lauert
Der böse Genius dir an der Seite
Und will gewaltsam auch von Zeit zu Zeit
Ein Opfer haben. Leider hab ich's diesmal
Auf meiner Freunde Kosten ihm gebracht.
LEONORE: Du hast um fremde Menschen dich so lang
Bemüht und nach ihrem Sinn gerichtet:
Nun, da du deine Freunde wiedersiehst,
Verkennst du sie, und rechtest wie mit Fremden.
ANTONIO: Da liegt, geliebte Freundin, die Gefahr!
Mit fremden Menschen nimmt man sich zusammen,
Da merkt man auf, da sucht man seinen Zweck
In ihrer Gunst, damit sie nutzen sollen;
Allein bei Freunden läßt man frei sich gehn,
Man ruht in ihrer Liebe, man erlaubt
Sich eine Laune, ungezähmter wirkt
Die Leidenschaft, und so verletzen wir
Am ersten die, die wir am zärtsten lieben.
LEONORE: In dieser ruhigen Betrachtung find ich dich
Schon ganz, mein teurer Freund, mit Freuden wieder.
ANTONIO: Ja, mich verdrießt – und ich bekenn es gern –
Daß ich mich heut so ohne Maß verlor.
Allein gestehe, wenn ein wackrer Mann
Mit heißer Stirn von saurer Arbeit kommt
Und spät am Abend in ersehntem Schatten
Zu neuer Mühe auszuruhen denkt,

Und findet dann von einem Müßiggänger
Den Schatten breit besessen, soll er nicht
Auch etwas Menschlichs in dem Busen fühlen?
LEONORE: Wenn er recht menschlich ist, so wird er auch
Den Schatten gern mit einem Manne teilen,
Der ihm die Ruhe süß, die Arbeit leicht
Durch ein Gespräch, durch holde Töne macht.
Der Baum ist breit, mein Freund, der Schatten gibt,
Und keiner braucht den andern zu verdrängen.
ANTONIO: Wir wollen uns, Eleonore, nicht
Mit einem Gleichnis hin und wider spielen.
Gar viele Dinge sind in dieser Welt,
Die man dem andern gönnt und gerne teilt;
Jedoch es ist ein Schatz, den man allein
Dem Hochverdienten gerne gönnen mag,
Ein andrer, den man mit dem Höchstverdienten
Mit gutem Willen niemals teilen wird –
Und fragst du mich nach diesen beiden Schätzen:
Der Lorbeer ist es und die Gunst der Frauen.
LEONORE: Hat jener Kranz um unsers Jünglings Haupt
Den ernsten Mann beleidigt? Hättest du
Für seine Mühe, seine schöne Dichtung
Bescheidnern Lohn doch selbst nicht finden können.
Denn ein Verdienst, das außerirdisch ist,
Das in den Lüften schwebt, in Tönen nur,
In leichten Bildern unsern Geist umgaukelt,
Es wird denn auch mit einem schönen Bilde,
Mit einem holden Zeichen nur belohnt;
Und wenn er selbst die Erde kaum berührt,
Berührt der höchste Lohn ihm kaum das Haupt.
Ein unfruchtbarer Zweig ist das Geschenk,
Das der Verehrer unfruchtbare Neigung
Ihm gerne bringt, damit sie einer Schuld
Aufs leicht'ste sich entlade. Du mißgönnst
Dem Bild des Märtyrers den goldnen Schein
Ums kahle Haupt wohl schwerlich; und gewiß,
Der Lorbeerkranz ist, wo er dir erscheint,
Ein Zeichen mehr des Leidens als des Glücks.
ANTONIO: Will etwa mich dein liebenswürdger Mund
Die Eitelkeit der Welt verachten lehren?
LEONORE: Ein jedes Gut nach seinem Wert zu schätzen,
Brauch ich dich nicht zu lehren. Aber doch,
Es scheint, von Zeit zu Zeit bedarf der Weise,
So sehr wie andre, daß man ihm die Güter,
Die er besitzt, im rechten Lichte zeige.
Du, edler Mann, du wirst an ein Phantom
Von Gunst und Ehre keinen Anspruch machen.
Der Dienst, mit dem du deinen Fürsten dich,
Mit dem du deine Freunde dir verbindest,
Ist wirkend, ist lebendig, und so muß
Der Lohn auch wirklich und lebendig sein.
Dein Lorbeer ist das fürstliche Vertraun,
Das auf den Schultern dir, als liebe Last,
Gehäuft und leicht getragen ruht; es ist
Dein Ruhm das allgemeine Zutraun.
ANTONIO: Und von der Gunst der Frauen sagst du nichts:
Die willst du mir doch nicht entbehrlich schildern?

LEONORE: Wie man es nimmt. Denn du entbehrst sie
    nicht,
Und leichter wäre sie dir zu entbehren,
Als sie es jenem guten Mann nicht ist.
Denn sag: geläng es einer Frau, wenn sie
Nach ihrer Art für dich zu sorgen dächte,
Mit dir sich zu beschäftgen unternähme?
Bei dir ist alles Ordnung, Sicherheit:
Du sorgst für dich, wie du für andre sorgst,
Du hast, was man dir geben möchte. Jener
Beschäftigt uns in unserm eignen Fache:
Ihm fehlt's an tausend Kleinigkeiten, die
Zu schaffen eine Frau sich gern bemüht.
Das schönste Leinenzeug, ein seiden Kleid
Mit etwas Stickerei, das trägt er gern.
Er sieht sich gern geputzt, vielmehr, er kann
Unedlen Stoff, der nur den Knecht bezeichnet,
An seinem Leib nicht dulden, alles soll
Ihm fein und gut und schön und edel stehn.
Und dennoch hat er kein Geschick, das alles
Sich anzuschaffen, wenn er es besitzt,
Sich zu erhalten: immer fehlt es ihm
An Geld, an Sorgsamkeit. Bald läßt er da
Ein Stück, bald eines dort. Er kehret nie
Von einer Reise wieder, daß ihm nicht
Ein Drittel seiner Sachen fehle. Bald
Bestiehlt ihn der Bediente. So, Antonio,
Hat man für ihn das ganze Jahr zu sorgen.
ANTONIO: Und diese Sorge macht ihn lieb und lieber.
Glückselger Jüngling, dem man seine Mängel
Zur Tugend rechnet, dem so schön vergönnt ist,
Den Knaben noch als Mann zu spielen, der
Sich seiner holden Schwäche rühmen darf!
Du müßtest mir verzeihen, schöne Freundin,
Wenn ich auch hier ein wenig bitter würde.
Du sagst nicht alles, sagst nicht, was er wagt,
Und daß er klüger ist, als wie man denkt.
Er rühmt sich zweier Flammen! knüpft und löst
Die Knoten hin und wider und gewinnt
Mit solchen Künsten solche Herzen! Ist's
Zu glauben?
LEONORE: Gut! Selbst das beweist ja schon,
Daß es nur Freundschaft ist, was uns belebt.
Und wenn wir denn auch Lieb um Liebe tauschten,
Belohnten wir das schöne Herz nicht billig,
Das ganz sich selbst vergißt und hingegeben
Im holden Traum für seine Freunde lebt?
ANTONIO: Verwöhnt ihn nur und immer mehr und mehr,
Laßt seine Selbstigkeit für Liebe gelten,
Beleidigt alle Freunde, die sich euch
Mit treuer Seele widmen, gebt dem Stolzen
Freiwilligen Tribut, zerstöret ganz
Den schönen Kreis geselligen Vertrauens!
LEONORE: Wir sind nicht so parteiisch, wie du glaubst,
Ermahnen unsern Freund in manchen Fällen;
Wir wünschen ihn zu bilden, daß er mehr
Sich selbst genieße, mehr sich zu genießen

Den andern geben könnte. Was an ihm
Zu tadeln ist, das bleibt uns nicht verborgen.
ANTONIO: Doch lobt ihr vieles, was zu tadeln wäre.
Ich kenn ihn lang, er ist so leicht zu kennen
Und ist zu stolz, sich zu verbergen. Bald
Versinkt er in sich selbst, als wäre ganz
Die Welt in seinem Busen, er sich ganz
In seiner Welt genug, und alles rings
Umher verschwindet ihm. Er läßt es gehn,
Läßt's fallen, stößt's hinweg und ruht in sich –
Auf einmal wie ein unbemerkter Funke
Die Mine zündet, sei es Freude, Leid,
Zorn oder Grille, heftig bricht er aus:
Dann will er alles fassen, alles halten,
Dann soll geschehn, was er sich denken mag;
In einem Augenblicke soll entstehn,
Was jahrelang bereitet werden sollte,
In einem Augenblick gehoben sein,
Was Mühe kaum in Jahren lösen könnte.
Er fordert das Unmögliche von sich,
Damit er es von andern fordern dürfe.
Die letzten Enden aller Dinge will
Sein Geist zusammenfassen; das gelingt
Kaum einem unter Millionen Menschen,
Und er ist nicht der Mann: er fällt zuletzt,
Um nichts gebessert, in sich selbst zurück.
LEONORE: Er schadet andern nicht, er schadet sich.
ANTONIO: Und doch verletzt er andre nur zu sehr.
Kannst du es leugnen, daß im Augenblick
Der Leidenschaft, die ihn behend ergreift,
Er auf den Fürsten, auf die Fürstin selbst,
Auf wen es sei, zu schmähn, zu lästern wagt?
Zwar augenblicklich nur; allein genug,
Der Augenblick kommt wieder: er beherrscht
So wenig seinen Mund als seine Brust.
LEONORE: Ich sollte denken, wenn er sich von hier
Auf eine kurze Zeit entfernte, sollt
Es wohl für ihn und andre nützlich sein.
ANTONIO: Vielleicht, vielleicht auch nicht. Doch eben jetzt
Ist nicht daran zu denken. Denn ich will
Den Fehler nicht auf meine Schultern laden;
Es könnte scheinen, daß ich ihn vertreibe,
Und ich vertreib ihn nicht. Um meinetwillen
Kann er an unserm Hofe ruhig bleiben;
Und wenn er sich mit mir versöhnen will,
Und wenn er meinen Rat befolgen kann,
So werden wir ganz leidlich leben können.
LEONORE: Nun hoffst du selbst, auf ein Gemüt zu wirken,
Das dir vor kurzem noch verloren schien.
ANTONIO:
Wir hoffen immer, und in allen Dingen
Ist besser hoffen als verzweifeln. Denn
Wer kann das Mögliche berechnen? Er
Ist unserm Fürsten wert. Er muß uns bleiben.
Und bilden wir dann auch umsonst an ihm,
So ist er nicht der einzge, den wir dulden.
LEONORE: So ohne Leidenschaft, so unparteiisch
Glaub ich dich nicht. Du hast dich schnell bekehrt.
ANTONIO:
Das Alter muß doch einen Vorzug haben,
Daß, wenn es auch dem Irrtum nicht entgeht,
Es doch sich auf der Stelle fassen kann.
Du warst, mich deinem Freunde zu versöhnen,
Zuerst bemüht. Nun bitt ich es von dir.
Tu, was du kannst, daß dieser Mann sich finde,
Und alles wieder bald im Gleichen sei.
Ich gehe selbst zu ihm, sobald ich nur
Von dir erfahre, daß er ruhig ist,
Sobald du glaubst, daß meine Gegenwart
Das Übel nicht vermehrt. Doch, was du tust,
Das tu in dieser Stunde; denn es geht
Alfons heut abend noch zurück, und ich
Werd ihn begleiten. Leb indessen wohl.

FÜNFTER AUFTRITT

LEONORE (allein):
Für diesmal, lieber Freund, sind wir nicht eins:
Mein Vorteil und der deine gehen heut
Nicht Hand in Hand. Ich nütze diese Zeit
Und suche Tasso zu gewinnen. Schnell!

VIERTER AUFZUG

ZIMMER

ERSTER AUFTRITT

TASSO (allein): Bist du aus einem Traum erwacht, und hat
Der schöne Trug auf einmal dich verlassen?
Hat dich an einem Tag der höchsten Lust
Ein Schlaf gebändigt, hält und ängstet nun
Mit schweren Fesseln deine Seele? Ja,
Du wachst und träumst. Wo sind die Stunden hin,
Die um dein Haupt mit Blumenkränzen spielten?
Die Tage, wo dein Geist mit freier Sehnsucht
Des Himmels ausgespanntes Blau durchdrang?
Und dennoch lebst du noch und fühlst dich an,
Du fühlst dich an und weißt nicht, ob du lebst.
Ist's meine Schuld, ist's eines andern Schuld,
Daß ich mich nun als schuldig hier befinde?
Hab ich verbrochen, daß ich leiden soll?
Ist nicht mein ganzer Fehler ein Verdienst?
Ich sah ihn an, und ward vom guten Willen,
Vom Hoffnungswahn des Herzens übereilt:
Der sei ein Mensch, der menschlich Ansehn trägt.
Ich ging mit offnen Armen auf ihn los
Und fühlte Schloß und Riegel, keine Brust.
Oh, hatt ich doch so klug mir ausgedacht,
Wie ich den Mann empfangen wollte, der
Von alten Zeiten mir verdächtig war!
Allein was immer dir begegnet sei,

So halte dich an der Gewißheit fest:
Ich habe sie gesehn! Sie stand vor mir!
Sie sprach zu mir, ich habe sie vernommen!
Der Blick, der Ton, der Worte holder Sinn,
Sie sind auf ewig mein, es raubt sie nicht
Die Zeit, das Schicksal, noch das wilde Glück!
Und hob mein Geist sich da zu schnell empor
Und ließ ich allzu rasch in meinem Busen
Der Flamme Luft, die mich nun selbst verzehrt,
So kann mich's nicht gereun, und wäre selbst
Auf ewig das Geschick des Lebens hin.
Ich widmete mich ihr, und folgte froh
Dem Winke, der mich ins Verderben rief.
Es sei! So hab ich mich doch wert gezeigt
Des köstlichen Vertrauns, das mich erquickt,
In dieser Stunde selbst erquickt, die mir
Die schwarze Pforte langer Trauerzeit
Gewaltsam öffnet. – Ja, nun ist's getan!
Es geht die Sonne mir der schönsten Gunst
Auf einmal unter; seinen holden Blick
Entziehet mir der Fürst und läßt mich hier
Auf düstrem, schmalem Pfad verloren stehn.
Das häßliche zweideutige Geflügel,
Das leidige Gefolg der alten Nacht,
Es schwärmt hervor und schwirrt mir um das Haupt.
Wohin, wohin beweg ich meinen Schritt,
Dem Ekel zu entfliehn, der mich umsaust,
Dem Abgrund zu entgehn, der vor mir liegt?

ZWEITER AUFTRITT
Leonore. Tasso

LEONORE: Was ist begegnet? Lieber Tasso, hat
Dein Eifer dich, dein Argwohn so getrieben?
Wie ist's geschehn? Wir alle stehn bestürzt.
Und deine Sanftmut, dein gefällig Wesen,
Dein schneller Blick, dein richtiger Verstand,
Mit dem du jedem gibst, was ihm gehört,
Dein Gleichmut, der erträgt, was zu ertragen
Der Edle bald, der Eitle selten lernt,
Die kluge Herrschaft über Zung und Lippe –
Mein teurer Freund, fast ganz verkenn ich dich.
TASSO: Und wenn das alles nun verloren wäre?
Wenn einen Freund, den du einst reich geglaubt,
Auf einmal du als einen Bettler fändest?
Wohl hast du recht, ich bin nicht mehr ich selbst,
Und bin's doch, noch so gut, als wie ich's war.
Es scheint ein Rätsel, und doch ist es keins.
Der stille Mond, der dich bei Nacht erfreut,
Dein Auge, dein Gemüt mit seinem Schein
Unwiderstehlich lockt, er schwebt am Tage
Ein unbedeutend blasses Wölkchen hin.
Ich bin vom Glanz des Tages überschienen,
Ihr kennet mich, ich kenne mich nicht mehr.
LEONORE: Was du mir sagst, mein Freund, versteh ich
nicht,

Wie du es sagst. Erkläre dich mit mir.
Hat die Beleidigung des schroffen Manns
Dich so gekränkt, daß du dich selbst und uns
So ganz verkennen magst? Vertraue mir.
TASSO: Ich bin nicht der Beleidigte, du siehst
Mich ja bestraft, weil ich beleidigt habe.
Die Knoten vieler Worte löst das Schwert
Gar leicht und schnell, allein ich bin gefangen.
Du weißt wohl kaum – erschrick nicht, zarte Freundin –
Du triffst den Freund in einem Kerker an.
Mich züchtiget der Fürst wie einen Schüler.
Ich will mit ihm nicht rechten, kann es nicht.
LEONORE: Du scheinest, mehr als billig ist, bewegt.
TASSO: Hältst du mich für so schwach, für so ein Kind,
Daß solch ein Fall mich gleich zerrütten könne?
Das, was geschehn ist, kränkt mich nicht so tief,
Allein das kränkt mich, was es mir bedeutet.
Laß meine Neider, meine Feinde nur
Gewähren! Frei und offen ist das Feld.
LEONORE: Du hast gar manchen fälschlich in Verdacht,
Ich habe selbst mich überzeugen können.
Und auch Antonio feindet dich nicht an,
Wie du es wähnst. Der heutige Verdruß –
TASSO: Den laß ich ganz beiseite, nehme nur
Antonio, wie er war und wie er bleibt.
Verdrießlich fiel mir stets die steife Klugheit,
Und daß er immer nur den Meister spielt.
Anstatt zu forschen, ob des Hörers Geist
Nicht schon für sich auf guten Spuren wandle,
Belehrt er dich von manchem, das du besser
Und tiefer fühltest, und vernimmt kein Wort,
Das du ihm sagst, und wird dich stets verkennen.
Verkannt zu sein, verkannt von einem Stolzen,
Der lächelnd dich zu übersehen glaubt!
Ich bin so alt noch nicht und nicht so klug,
Daß ich nur duldend gegenlächeln sollte.
Früh oder spät, es konnte sich nicht halten,
Wir mußten brechen; später wär es nur
Um desto schlimmer worden. Einen Herrn
Erkenn ich nur, den Herrn, der mich ernährt,
Dem folg ich gern, sonst will ich keinen Meister.
Frei will ich sein im Denken und im Dichten;
Im Handeln schränkt die Welt genug uns ein.
LEONORE: Er spricht mit Achtung oft genug von dir.
TASSO: Mit Schonung, willst du sagen, fein und klug.
Und das verdrießt mich eben; denn er weiß
So glatt und so bedingt zu sprechen, daß
Sein Lob erst recht zum Tadel wird, und daß
Nichts mehr, nichts tiefer dich verletzt, als Lob
Aus seinem Munde.
LEONORE: Möchtest du, mein Freund,
Vernommen haben, wie er sonst von dir
Und dem Talente sprach, das dir vor vielen
Die gütige Natur verlieh. Er fühlt gewiß
Das, was du bist und hast, und schätzt es auch.
TASSO: Oh, glaube mir, ein selbstisches Gemüt
Kann nicht der Qual des engen Neids entfliehen.

Ein solcher Mann verzeiht dem andern wohl
Vermögen, Stand und Ehre; denn er denkt:
Das hast du selbst, das hast du, wenn du willst,
Wenn du beharrst, wenn dich das Glück begünstigt.
Doch das, was die Natur allein verleiht
Was jeglicher Bemühung, jedem Streben
Stets unerreichbar bleibt, was weder Gold,
Noch Schwert, noch Klugheit, noch Beharrlichkeit
Erzwingen kann, das wird er nie verzeihn.
Er gönnt es mir? Er, der mit steifem Sinn
Die Gunst der Musen zu ertrotzen glaubt?
Der, wenn er die Gedanken mancher Dichter
Zusammenreiht, sich selbst ein Dichter scheint?
Weit eher gönnt er mir des Fürsten Gunst,
Die er doch gern auf sich beschränken möchte,
Als das Talent, das jene Himmlischen
Dem armen, dem verwaisten Jüngling gaben.
LEONORE: O, sähest du so klar, wie ich es sehe!
Du irrst dich über ihn: so ist er nicht.
TASSO: Und irr ich mich an ihm, so irr ich gern!
Und denk ihn mir als meinen ärgsten Feind,
Und wär untröstlich, wenn ich mir ihn nun
Gelinder denken müßte. Töricht ist's,
In allen Stücken billig sein; es heißt
Sein eigen Selbst zerstören. Sind die Menschen
Denn gegen uns so billig? Nein, o nein!
Der Mensch bedarf in seinem engen Wesen
Der doppelten Empfindung, Lieb und Haß.
Bedarf er nicht der Nacht als wie des Tags?
Des Schlafens wie des Wachens? Nein, ich muß
Von nun an diesen Mann als Gegenstand
Von meinem tiefsten Haß behalten; nichts
Kann mir die Lust entreißen, schlimm und schlimmer
Von ihm zu denken.
LEONORE: Willst du, teurer Freund,
Von deinem Sinn nicht lassen, seh ich kaum,
Wie du am Hofe länger bleiben willst.
Du weißt, wieviel er gilt und gelten muß.
TASSO: Wie sehr ich längst, o schöne Freundin, hier
Schon überflüssig bin, das weiß ich wohl.
LEONORE: Das bist du nicht, das kannst du nimmer werden!
Du weißt vielmehr, wie gern der Fürst mit dir,
Wie gern die Fürstin mit dir lebt; und kommt
Die Schwester von Urbino, kommt sie fast
So sehr um deint- als der Geschwister willen.
Sie denken alle gut und gleich von dir,
Und jegliches vertraut dir unbedingt.
TASSO: O Leonore, welch Vertraun ist das?
Hat er von seinem Staate je ein Wort,
Ein ernstes Wort mit mir gesprochen? Kam
Ein eigner Fall, worüber er sogar
In meiner Gegenwart mit seiner Schwester,
Mit andern sich beriet, mich fragt er nie.
Da hieß es immer nur: Antonio kommt!
Man muß Antonio schreiben! Fragt Antonio!

LEONORE: Du klagst, anstatt zu danken. Wenn er dich
In unbedingter Freiheit lassen mag,
So ehrt er dich, wie er dich ehren kann.
TASSO: Er läßt mich ruhn, weil er mich unnütz glaubt.
LEONORE: Du bist nicht unnütz, eben weil du ruhst.
So lange hegst du schon Verdruß und Sorge,
Wie ein geliebtes Kind, an deiner Brust.
Ich hab es oft bedacht, und mag's bedenken,
Wie ich es will: auf diesem schönen Boden,
Wohin das Glück dich zu verpflanzen schien,
Gedeihst du nicht. O Tasso! – rat ich dir's?
Sprech ich es aus? – Du solltest dich entfernen!
TASSO: Verschone nicht den Kranken, lieber Arzt!
Reich ihm das Mittel, denke nicht daran,
Ob's bitter sei. – Ob er genesen könne,
Das überlege wohl, o kluge, gute Freundin!
Ich seh es alles selbst, es ist vorbei!
Ich kann ihm wohl verzeihen, er könnt es mir;
Und sein bedarf man, leider meiner nicht.
Und er ist klug, und leider bin ich's nicht.
Er wirkt zu meinem Schaden, und ich kann,
Ich mag nicht gegenwirken. Meine Freunde,
Sie lassen's gehn, sie sehen's anders an.
Sie widerstreben kaum, und sollten kämpfen.
Du glaubst, ich soll hinweg; ich glaub es selbst –
So lebt denn wohl! Ich werd auch das ertragen.
Ihr seid von mir geschieden – werd auch mir,
Von euch zu scheiden, Kraft und Mut verliehn!
LEONORE:
Ach, in der Ferne zeigt sich alles reiner,
Was in der Gegenwart uns nur verwirrt.
Vielleicht wirst du erkennen, welche Liebe
Dich überall umgab, und welchen Wert
Die Treue wahrer Freunde hat, und wie
Die weite Welt die Nächsten nicht ersetzt.
TASSO: Das werden wir erfahren! Kenn ich doch
Die Welt von Jugend auf, wie sie so leicht
Uns hilflos, einsam läßt, und ihren Weg
Wie Sonn und Mond und andre Götter geht.
LEONORE: Vernimmst du mich, mein Freund, so sollst du nie
Die traurige Erfahrung wiederholen.
Soll ich dir raten, so begibst du dich
Erst nach Florenz, und eine Freundin wird
Gar freundlich für dich sorgen. Sei getrost,
Ich bin es selbst. Ich reise, den Gemahl
Die nächsten Tage dort zu finden, kann
Nichts freudiger für ihn und mich bereiten,
Als wenn ich dich in unsre Mitte bringe.
Ich sage dir kein Wort, du weißt es selbst,
Welch einem Fürsten du dich nahen wirst,
Und welche Männer diese schöne Stadt
In ihrem Busen hegt, und welche Frauen. –
Du schweigst? Bedenk es wohl! Entschließe dich!
TASSO: Gar reizend ist, was du mir sagst, so ganz
Dem Wunsch gemäß, den ich im stillen nähre;

Allein es ist zu neu: ich bitte dich,
Laß mich bedenken! Ich beschließe bald.
LEONORE: Ich gehe mit der schönsten Hoffnung weg
Für dich und uns und auch für dieses Haus.
Bedenke nur, und wenn du recht bedenkst,
So wirst du schwerlich etwas Bessers denken.
TASSO: Noch eins, geliebte Freundin! sage mir,
Wie ist die Fürstin gegen mich gesinnt?
War sie erzürnt auf mich? Was sagte sie? –
Sie hat mich sehr getadelt? Rede frei!
LEONORE: Da sie dich kennt, hat sie dich leicht entschuldigt.
TASSO: Hab ich bei ihr verloren? Schmeichle nicht!
LEONORE: Der Frauen Gunst wird nicht so leicht verscherzt.
TASSO: Wird sie mich gern entlassen, wenn ich gehe?
LEONORE: Wenn es zu deinem Wohl gereicht, gewiß.
TASSO: Werd ich des Fürsten Gnade nicht verlieren?
LEONORE: In seiner Großmut kannst du sicher ruhn.
TASSO: Und lassen wir die Fürstin ganz allein?
Du gehst hinweg; und wenn ich wenig bin,
So weiß ich doch, daß ich ihr etwas war.
LEONORE:
Gar freundliche Gesellschaft leistet uns
Ein ferner Freund, wenn wir ihn glücklich wissen.
Und es gelingt: ich sehe dich beglückt,
Du wirst von hier nicht unzufrieden gehn.
Der Fürst befahl's: Antonio sucht dich auf.
Er tadelt selbst an sich die Bitterkeit,
Womit er dich verletzt. Ich bitte dich,
Nimm ihn gelassen auf, sowie er kommt.
TASSO: Ich darf in jedem Sinne vor ihm stehn.
LEONORE: Und schenke mir der Himmel, lieber Freund,
Noch eh du scheidest, dir das Aug zu öffnen:
Daß niemand dich im ganzen Vaterlande
Verfolgt und haßt und heimlich drückt und neckt!
Du irrst gewiß, und wie du sonst zur Freude
Von andern dichtest, leider dichtest du
In diesem Fall ein seltenes Gewebe,
Dich selbst zu kränken. Alles will ich tun,
Um es entzweizureißen, daß du frei
Den schönen Weg des Lebens wandeln mögest.
Leb wohl! Ich hoffe bald ein glücklich Wort.

DRITTER AUFTRITT

TASSO (allein): Ich soll erkennen, daß mich niemand haßt,
Daß niemand mich verfolgt, daß alle List
Und alles heimliche Gewebe sich
Allein in meinem Kopfe spinnt und webt!
Bekennen soll ich, daß ich unrecht habe
Und manchem unrecht tue, der es nicht
Um mich verdient! Und das in einer Stunde,
Da vor dem Angesicht der Sonne klar
Mein volles Recht, wie ihre Tücke, liegt!
Ich soll es tief empfinden, wie der Fürst
Mit offner Brust mir seine Gunst gewährt,
Mit reichem Maß die Gaben mir erteilt,
Im Augenblick, da er, schwach genug,
Von meinen Feinden sich das Auge trüben
Und seine Hand gewiß auch fesseln läßt!
Daß er betrogen ist, kann er nicht sehen,
Daß sie Betrüger sind, kann ich nicht zeigen;
Und nur damit er ruhig sich betrüge,
Daß sie gemächlich ihn betrügen können,
Soll ich mich stille halten, weichen gar!
Und wer gibt mir den Rat? Wer dringt so klug
Mit treuer, lieber Meinung auf mich ein?
Lenore selbst, Lenore Sanvitale,
Die zarte Freundin! Ha, dich kenn ich nun!
Oh, warum traut ich ihrer Lippe je!
Sie war nicht redlich, wenn sie noch so sehr
Mir ihre Gunst, mir ihre Zärtlichkeit
Mit süßen Worten zeigte! Nein, sie war
Und bleibt ein listig Herz, sie wendet sich
Mit leisen klugen Tritten nach der Gunst.
Wie oft hab ich mich willig selbst betrogen,
Auch über sie! Und doch im Grunde hat
Mich nur – die Eitelkeit betrogen. Wohl!
Ich kannte sie, und schmeichelte mir selbst.
So ist sie gegen andre, sagt ich mir,
Doch gegen dich ist's offne treue Meinung.
Nun seh ich's wohl, und seh es nur zu spät:
Ich war begünstigt, und sie schmiegte sich
So zart – an den Beglückten. Nun ich falle,
Sie wendet mir den Rücken wie das Glück.
Nun kommt sie als ein Werkzeug meines Feindes,
Sie schleicht heran und zischt mit glatter Zunge,
Die kleine Schlange, zauberische Töne.
Wie lieblich schien sie! lieblicher als je!
Wie wohl tat von der Lippe jedes Wort!
Doch konnte mir die Schmeichelei nicht lang
Den falschen Sinn verbergen: an der Stirne
Schien ihr das Gegenteil zu klar geschrieben
Von allem, was sie sprach. Ich fühl es leicht,
Wenn man den Weg zu meinem Herzen sucht
Und es nicht herzlich meint. Ich soll hinweg?
Soll nach Florenz, sobald ich immer kann?
Und warum nach Florenz? Ich seh es wohl.
Dort herrscht der Mediceer neues Haus,
Zwar nicht in offner Feindschaft mit Ferrara,
Doch hält der stille Neid mit kalter Hand
Die edelsten Gemüter auseinander.
Empfang ich dort von jenen edlen Fürsten
Erhabne Zeichen ihrer Gunst, wie ich
Gewiß erwarten dürfte, würde bald
Der Höfling meine Treu und Dankbarkeit
Verdächtig machen. Leicht geläng es ihm.
Ja, ich will weg, allein nicht, wie ihr wollt;
Ich will hinweg, und weiter, als ihr denkt.
Was soll ich hier? Wer hält mich hier zurück?
Oh, ich verstand ein jedes Wort zu gut,
Das ich Lenoren von den Lippen lockte!
Von Silb zu Silbe nur erhascht ich's kaum

Und weiß nun ganz, wie die Prinzessin denkt –
Ja, ja, auch das ist wahr, verzweifle nicht!
„Sie wird mich gern entlassen, wenn ich gehe,
Da es zu meinem Wohl gereicht." O fühlte
Sie eine Leidenschaft im Herzen, die mein Wohl
Und mich zugrunde richtete! Willkommner
Ergriffe mich der Tod, als diese Hand,
Die kalt und starr mich von sich läßt. – Ich gehe! –
Nun hüte dich, und laß dich keinen Schein
Von Freundschaft oder Güte täuschen! Niemand
Betrügt dich nun, wenn du dich nicht betrügst.

VIERTER AUFTRITT

Antonio. Tasso

ANTONIO: Hier bin ich, Tasso, dir ein Wort zu sagen,
Wenn du mich ruhig hören magst und kannst.
TASSO: Das Handeln, weißt du, bleibt mir untersagt;
Es ziemt mir wohl, zu warten und zu hören.
ANTONIO: Ich treffe dich gelassen, wie ich wünschte,
Und spreche gern zu dir aus freier Brust.
Zuvörderst lös ich in des Fürsten Namen
Das schwache Band, das dich zu fesseln schien.
TASSO: Die Willkür macht mich frei, wie sie mich band;
Ich nehm es an und fordre kein Gericht.
ANTONIO: Dann sag ich dir von mir: Ich habe dich
Mit Worten, scheint es, tief und mehr gekränkt,
Als ich, von mancher Leidenschaft bewegt,
Es selbst empfand. Allein kein schimpflich Wort
Ist meinen Lippen unbedacht entflohen:
Zu rächen hast du nichts als Edelmann,
Und wirst als Mensch Vergebung nicht versagen.
TASSO: Was härter treffe, Kränkung oder Schimpf,
Will ich nicht untersuchen; jene dringt
Ins tiefe Mark, und dieser ritzt die Haut.
Der Pfeil des Schimpfs kehrt auf den Mann zurück,
Der zu verwunden glaubt; die Meinung andrer
Befriedigt leicht das wohlgeführte Schwert –
Doch ein gekränktes Herz erholt sich schwer.
ANTONIO: Jetzt ist's an mir, daß ich dir dringend sage:
Tritt nicht zurück, erfülle meinen Wunsch,
Den Wunsch des Fürsten, der mich zu dir sendet.
TASSO: Ich kenne meine Pflicht und gebe nach.
Es sei verziehn, sofern es möglich ist!
Die Dichter sagen uns von einem Speer,
Der eine Wunde, die er selbst geschlagen,
Durch freundliche Berührung heilen konnte.
Es hat des Menschen Zunge diese Kraft;
Ich will ihr nicht gehässig widerstehn.
ANTONIO: Ich danke dir und wünsche, daß du mich
Und meinen Willen, dir zu dienen, gleich
Vertraulich prüfen mögest. Sage mir,
Kann ich dir nützlich sein? Ich zeig es gern.
TASSO: Du bietest an, was ich nur wünschen konnte.
Du brachtest mir die Freiheit wieder; nun
Verschaffe mir, ich bitte, den Gebrauch.
ANTONIO: Was kannst du meinen? Sag es deutlich an.

TASSO: Du weißt, geendet hab ich mein Gedicht;
Es fehlt noch viel, daß es vollendet wäre.
Heut überreicht ich es dem Fürsten, hoffte
Zugleich ihm eine Bitte vorzutragen.
Gar viele meiner Freunde find ich jetzt
In Rom versammelt; einzeln haben sie
Mir über manche Stellen ihre Meinung
In Briefen schon eröffnet; vieles hab ich
Benutzen können, manches scheint mir noch
Zu überlegen; und verschiedne Stellen
Möcht ich nicht gern verändern, wenn man mich
Nicht mehr, als es geschehn ist, überzeugt.
Das alles wird durch Briefe nicht getan:
Die Gegenwart löst diese Knoten bald.
So dacht ich heut den Fürsten selbst zu bitten:
Ich fand nicht Raum; nun darf ich es nicht wagen,
Und hoffe diesen Urlaub nun durch dich.
ANTONIO: Mir scheint nicht rätlich, daß du dich entfernst
In dem Moment, da dein vollendet Werk
Dem Fürsten und der Fürstin dich empfiehlt.
Ein Tag der Gunst ist wie ein Tag der Ernte:
Man muß geschäftig sein, sobald sie reift.
Entfernst du dich, so wirst du nichts gewinnen,
Vielleicht verlieren, was du schon gewannst.
Die Gegenwart ist eine mächtge Göttin:
Lern ihren Einfluß kennen, bleibe hier!
TASSO: Zu fürchten hab ich nichts: Alfons ist edel,
Stets hat er gegen mich sich groß gezeigt;
Und was ich hoffe, will ich seinem Herzen
Allein verdanken, keine Gnade mir
Erschleichen; nichts will ich von ihm empfangen,
Was ihn gereuen könnte, daß er's gab.
ANTONIO: So fordre nicht von ihm, daß er dich jetzt
Entlassen soll; er wird es ungern tun,
Und ich befürchte fast: er tut es nicht.
TASSO: Er wird es gern, wenn recht gebeten wird,
Und du vermagst es wohl, sobald du willst.
ANTONIO: Doch welche Gründe, sag mir, leg ich vor?
TASSO: Laß mein Gedicht aus jeder Stanze sprechen!
Was ich gewollt, ist löblich, wenn das Ziel
Auch meinen Kräften unerreichbar blieb.
An Fleiß und Mühe hat es nicht gefehlt.
Der heitre Wandel mancher schönen Tage,
Der stille Raum so mancher dieser Nächte
War einzig diesem frommen Lied geweiht.
Bescheiden hofft ich, jenen großen Meistern
Der Vorwelt mich zu nahen, kühn gesinnt,
Zu edlen Taten unsern Zeitgenossen
Aus einem langen Schlaf zu rufen, dann
Vielleicht mit einem edlen Christenheere
Gefahr und Ruhm des heilgen Kriegs zu teilen.
Und soll mein Lied die besten Männer wecken,
So muß es auch der besten würdig sein.
Alfonsen bin ich schuldig, was ich tat;
Nun möcht ich ihm auch die Vollendung danken.
ANTONIO: Und ebendieser Fürst ist hier, mit andern,
Die dich so gut als Römer leiten können.

Vollende hier dein Werk, hier ist der Platz,
Und um zu wirken, eile dann nach Rom.
TASSO: Alfons hat mich zuerst begeistert, wird
Gewiß der letzte sein, der mich belehrt.
Und deinen Rat, den Rat der klugen Männer,
Die unser Hof versammelt, schätz ich hoch.
Ihr sollt entscheiden, wenn mich ja zu Rom
Die Freunde nicht vollkommen überzeugen.
Doch diese muß ich sehn. Gonzaga hat
Mir ein Gericht versammelt, dem ich erst
Mich stellen muß. Ich kann es kaum erwarten.
Flaminio de' Nobili, Angelio
Da Barga, Antoniano und Speron Speroni!
Du wirst sie kennen. – Welche Namen sind's!
Vertraun und Sorge flößen sie zugleich
In meinen Geist, der gern sich unterwirft.
ANTONIO: Du denkst nur dich, und denkst den Fürsten nicht.
Ich sage dir, er wird dich nicht entlassen;
Und wenn er's tut, entläßt er dich nicht gern.
Du willst ja nicht verlangen, was er dir
Nicht gern gewähren mag. Und soll ich hier
Vermitteln, was ich selbst nicht loben kann?
TASSO: Versagst du mir den ersten Dienst, wenn ich
Die angebotne Freundschaft prüfen will?
ANTONIO: Die wahre Freundschaft zeigt sich im Versagen
Zur rechten Zeit, und es gewährt die Liebe
Gar oft ein schädlich Gut, wenn sie den Willen
Des Fordernden mehr als sein Glück bedenkt.
Du scheinest mir in diesem Augenblick
Für gut zu halten, was du eifrig wünschest,
Und willst im Augenblick, was du begehrst.
Durch Heftigkeit ersetzt der Irrende,
Was ihm an Wahrheit und an Kräften fehlt.
Es fordert meine Pflicht, soviel ich kann,
Die Hast zu mäßgen, die dich übel treibt.
TASSO: Schon lange kenn ich diese Tyrannei
Der Freundschaft, die von allen Tyranneien
Die unerträglichste mir scheint. Du denkst
Nur anders, und du glaubst deswegen
Schon recht zu denken. Gern erkenn ich an:
Du willst mein Wohl; allein verlange nicht,
Daß ich auf deinem Weg es finden soll.
ANTONIO: Und soll ich dir sogleich mit kaltem Blut,
Mit voller, klarer Überzeugung schaden?
TASSO: Von dieser Sorge will ich dich befrein!
Du hältst mich nicht mit diesen Worten ab.
Du hast mich frei erklärt, und diese Türe
Steht mir nun offen, die zum Fürsten führt.
Ich lasse dir die Wahl. Du oder ich!
Der Fürst geht fort. Hier ist kein Augenblick
Zu harren. Wähle schnell! Wenn du nicht gehst,
So geh ich selbst, und werd es, wie es will.
ANTONIO: Laß mich nur wenig Zeit von dir erlangen
Und warte nur des Fürsten Rückkehr ab!
Nur heute nicht!

TASSO: Nein, diese Stunde noch,
Wenn's möglich ist! Es brennen mir die Sohlen
Auf diesem Marmorboden; eher kann
Mein Geist nicht Ruhe finden, bis der Staub
Des freien Wegs mich Eilenden umgibt.
Ich bitte dich! Du siehst, wie ungeschickt
In diesem Augenblick ich sei, mit meinem Herrn
Zu reden; siehst – wie kann ich das verbergen –
Daß ich mir selbst in diesem Augenblick,
Mir keine Macht der Welt gebieten kann.
Nur Fesseln sind es, die mich halten können!
Alfons ist kein Tyrann, er sprach mich frei.
Wie gern gehorcht ich seinen Worten sonst!
Heut kann ich nicht gehorchen. Heute nur
Laßt mich in Freiheit, daß mein Geist sich finde!
Ich kehre bald zu meiner Pflicht zurück.
ANTONIO: Du machst mich zweifelhaft. Was soll ich tun?
Ich merke wohl: es steckt der Irrtum an.
TASSO: Soll ich dir glauben, denkst du gut für mich,
So wirke, was ich wünsche, was du kannst.
Der Fürst entläßt mich dann, und ich verliere
Nicht seine Gnade, seine Hilfe nicht.
Das dank ich dir, und will dir's gern verdanken.
Doch hegst du einen alten Groll im Busen,
Willst du von diesem Hofe mich verbannen,
Willst du auf ewig mein Geschick verkehren,
Mich hilflos in die weite Welt vertreiben,
So bleib auf deinem Sinn und widersteh!
ANTONIO: Weil ich dir doch, o Tasso, schaden soll,
So wähl ich denn den Weg, den du erwählst.
Der Ausgang mag entscheiden, wer sich irrt!
Du willst hinweg! Ich sag es dir zuvor:
Du wendest diesem Hause kaum den Rücken,
So wird dein Herz zurückverlangen, wird
Dein Eigensinn dich vorwärts treiben; Schmerz,
Verwirrung, Trübsinn harrt in Rom auf dich,
Und du verfehltest hier und dort den Zweck.
Doch sag ich dies nicht mehr, um dir zu raten;
Ich sage nur voraus, was bald geschieht,
Und lade dich auch schon im voraus ein,
Mir in dem schlimmsten Falle zu vertraun.
Ich spreche nun den Fürsten, wie du's forderst.

FÜNFTER AUFTRITT

TASSO (allein): Ja, gehe nur, und gehe sicher weg,
Daß du mich überredest, was du willst.
Ich lerne mich verstellen, denn du bist
Ein großer Meister, und ich fasse leicht.
So zwingt das Leben uns, zu scheinen, ja
Zu sein wie jene, die wir kühn und stolz
Verachten konnten. Deutlich seh ich nun
Die ganze Kunst des höfischen Gewebes!
Mich will Antonio von hinnen treiben
Und will nicht scheinen, daß er mich vertreibt.
Er spielt den Schonenden, den Klugen, daß
Man nur recht krank und ungeschickt mich finde,

Bestellet sich zum Vormund, daß er mich
Zum Kind erniedrige, den er zum Knecht
Nicht zwingen konnte. So umnebelt er
Die Stirn des Fürsten und der Fürstin Blick.

Man soll mich halten, meint er: habe doch
Ein schön Verdienst mir die Natur geschenkt;
Doch leider habe sie mit manchen Schwächen
Die hohe Gabe wieder schlimm begleitet,
Mit ungebundnem Stolz, mit übertriebner
Empfindlichkeit und eignem düstern Sinn.
Es sei nicht anders, einmal habe nun
Den einen Mann das Schicksal so gebildet;
Nun müsse man ihn nehmen, wie er sei,
Ihn dulden, tragen und vielleicht an ihm,
Was Freude bringen kann, am guten Tage
Als unerwarteten Gewinst genießen,
Im übrigen, wie er geboren sei,
So müsse man ihn leben, sterben lassen.

Erkenn ich noch Alfonsens festen Sinn,
Der Feinden trotzt und Freunde treulich schützt?
Erkenn ich ihn, wie er nun mir begegnet?
Ja, wohl erkenn ich ganz mein Unglück nun!
Das ist mein Schicksal, daß nur gegen mich
Sich jeglicher verändert, der für andre fest
Und treu und sicher bleibt, sich leicht verändert
Durch einen Hauch, in einem Augenblick.

Hat nicht die Ankunft dieses Manns allein
Mein ganz Geschick zerstört, in einer Stunde?
Nicht dieser das Gebäude meines Glücks
Von seinem tiefsten Grund aus umgestürzt?
Oh, muß ich das erfahren, muß ich's heut!
Ja, wie sich alles zu mir drängte, läßt
Mich alles nun; wie jeder mich an sich
Zu reißen strebte, jeder mich zu fassen,
So stößt mich alles weg und meidet mich.
Und das warum? Und wiegt denn er allein
Die Schale meines Werts und aller Liebe,
Die ich so reichlich sonst besessen, auf?

Ja, alles flieht mich nun. Auch du! Auch du!
Geliebte Fürstin, du entziehst dich mir!
In diesen trüben Stunden hat sie mir
Kein einzig Zeichen ihrer Gunst gesandt.
Hab ich's um sie verdient? — Du armes Herz,
Dem so natürlich war, sie zu verehren! —
Vernahm ich ihre Stimme, wie durchdrang
Ein unaussprechliches Gefühl die Brust!
Erblickt ich sie, da ward das helle Licht
Des Tags mir trüb; unwiderstehlich zog
Ihr Auge mich, ihr Mund mich an, mein Knie
Erhielt sich kaum, und aller Kraft
Des Geist's bedurft ich, aufrecht mich zu halten,
Vor ihre Füße nicht zu fallen; kaum
Vermocht ich diesen Taumel zu zerstreun.
Hier halte fest, mein Herz! du klarer Sinn,
Laß hier dich nicht umnebeln! Ja, auch sie!

Darf ich es sagen! Und ich glaub es kaum;
Ich glaub es wohl, und möcht es mir verschweigen.
Auch sie! auch sie! Entschuldige sie ganz,
Allein verbirg dir's nicht: auch sie! auch sie!

Oh, dieses Wort, an dem ich zweifeln sollte,
Solang ein Hauch von Glauben in mir lebt,
Ja, dieses Wort, es gräbt sich wie ein Schluß
Des Schicksals noch zuletzt am ehrnen Rande
Der vollgeschriebnen Qualentafel ein.
Nun sind erst meine Feinde stark, nun bin ich
Auf ewig einer jeden Kraft beraubt.
Wie soll ich streiten, wenn sie gegenüber
Im Heere steht? Wie soll ich duldend harren,
Wenn sie die Hand mir nicht von ferne reicht?
Wenn nicht ihr Blick dem Flehenden begegnet?
Du hast's gewagt zu denken, hast's gesprochen,
Und es ist wahr, eh du es fürchten konntest!
Und ehe nun Verzweiflung deine Sinnen
Mit ehrnen Klauen auseinanderreißt,
Ja, klage nur das bittre Schicksal an
Und wiederhole nur: auch sie! auch sie!

FÜNFTER AUFZUG

GARTEN

ERSTER AUFTRITT

Alfons. Antonio

ANTONIO: Auf deinen Wink ging ich das zweitemal
  Zu Tasso hin, ich komme von ihm her.
  Ich hab ihm zugeredet, ja gedrungen;
  Allein er geht von seinem Sinn nicht ab
  Und bittet sehnlich, daß du ihn nach Rom
  Auf eine kurze Zeit entlassen mögest.
ALFONS: Ich bin verdrießlich, daß ich dir's gestehe,
  Und lieber sag ich dir, daß ich es bin,
  Als daß ich den Verdruß verberg und mehre.
  Er will verreisen; gut, ich halt ihn nicht.
  Er will hinweg, er will nach Rom; es sei!
  Nur daß mir Scipio Gonzaga nicht,
  Der kluge Medicis, ihn nicht entwende!
  Das hat Italien so groß gemacht,
  Daß jeder Nachbar mit dem andern streitet,
  Die Bessern zu besitzen, zu benutzen.
  Ein Feldherr ohne Heer scheint mir ein Fürst,
  Der die Talente nicht um sich versammelt:
  Und wer der Dichtkunst Stimme nicht vernimmt,
  Ist ein Barbar, er sei auch, wer er sei.
  Gefunden hab ich diesen und gewählt,
  Ich bin auf ihn als meinen Diener stolz,
  Und da ich schon für ihn so viel getan,
  So möcht ich ihn nicht ohne Not verlieren.
ANTONIO: Ich bin verlegen, denn ich trage doch
  Vor dir die Schuld von dem, was heut geschah;

Auch will ich meinen Fehler gern gestehn,
Er bleibet deiner Gnade zu verzeihn;
Doch wenn du glauben könntest, daß ich nicht
Das Mögliche getan, ihn zu versöhnen,
So würd ich ganz untröstlich sein. Oh! sprich
Mit holdem Blick mich an, damit ich wieder
Mich fassen kann, mir selbst vertrauen mag.
ALFONS: Antonio, nein, da sei nur immer ruhig,
Ich schreib es dir auf keine Weise zu;
Ich kenne nur zu gut den Sinn des Mannes
Und weiß nur allzuwohl, was ich getan,
Wie sehr ich ihn geschont, wie sehr ich ganz
Vergessen, daß ich eigentlich an ihn
Zu fordern hätte. Über vieles kann
Der Mensch zum Herrn sich machen, seinen Sinn
Bezwinget kaum die Not und lange Zeit.
ANTONIO: Wenn andre vieles um den einen tun,
So ist's auch billig, daß der eine wieder
Sich fleißig frage, was den andern nützt.
Wer seinen Geist so viel gebildet hat,
Wer jede Wissenschaft zusammengeizt
Und jede Kenntnis, die uns zu ergreifen
Erlaubt ist, sollte der, sich zu beherrschen,
Nicht doppelt schuldig sein? Und denkt er dran?
ALFONS: Wir sollen eben nicht in Ruhe bleiben!
Gleich wird uns, wenn wir zu genießen denken,
Zur Übung unsrer Tapferkeit ein Feind,
Zur Übung der Geduld ein Freund gegeben.
ANTONIO: Die erste Pflicht des Menschen, Speis und Trank
Zu wählen, da ihn die Natur so eng
Nicht wie das Tier beschränkt, erfüllt er die?
Und läßt er nicht vielmehr sich wie ein Kind
Von allem reizen, was dem Gaumen schmeichelt?
Wann mischt er Wasser unter seinen Wein?
Gewürze, süße Sachen, stark Getränke,
Eins um das andre schlingt er hastig ein,
Und dann beklagt er seinen trüben Sinn,
Sein feurig Blut, sein allzu heftig Wesen,
Und schilt auf die Natur und das Geschick.
Wie bitter und wie töricht hab ich ihn
Nicht oft mit seinem Arzte rechten sehn;
Zum Lachen fast, wär irgend lächerlich,
Was einen Menschen quält und andre plagt.
„Ich fühle dieses Übel", sagt er bänglich
Und voll Verdruß: „Was rühmt Ihr Eure Kunst?
Schafft mir Genesung!" – Gut! versetzt der Arzt,
So meidet nur das und das. – „Das kann ich nicht." –
So nehmet diesen Trank. – „O nein! der schmeckt
Abscheulich, er empört mir die Natur." –
So trinkt denn Wasser. – „Wasser? nimmermehr!
Ich bin so wasserscheu als ein Gebißner." –
So ist Euch nicht zu helfen. – „Und warum?" –
Das Übel wird sich stets mit Übeln häufen
Und, wenn es Euch nicht töten kann, nur mehr
Und mehr mit jedem Tag Euch quälen. – „Schön!
Wofür seid Ihr ein Arzt? Ihr kennt mein Übel,

Ihr solltet auch die Mittel kennen, sie
Auch schmackhaft machen, daß ich nicht noch erst,
Das Leiden los zu sein, recht leiden müsse."
Du lächelst selbst, und doch ist es gewiß.
Du hast es wohl aus seinem Mund gehört?
ALFONS: Ich hab es oft gehört und oft entschuldigt.
ANTONIO: Es ist gewiß, ein ungemäßigt Leben,
Wie es uns schwere wilde Träume gibt,
Macht uns zuletzt am hellen Tage träumen.
Was ist sein Argwohn anders als ein Traum?
Wohin er will, glaubt er von Feinden sich
Umgeben. Sein Talent kann niemand sehn,
Der ihn nicht neidet, niemand ihn beneiden,
Der ihn nicht haßt und bitter ihn verfolgt.
So hat er oft mit Klagen dich belästigt:
Erbrochne Schlösser, aufgefangne Briefe,
Und Gift und Dolch! Was alles vor mir schwebt!
Du hast es untersuchen lassen, untersucht,
Und hast du was gefunden? Kaum den Schein.
Der Schutz von keinem Fürsten macht ihn sicher,
Der Busen keines Freundes kann ihn laben.
Und willst du einem solchen Ruh und Glück,
Willst du von ihm wohl Freude dir versprechen?
ALFONS: Du hättest recht, Antonio, wenn in ihm
Ich meinen nächsten Vorteil suchen wollte!
Zwar ist es schon mein Vorteil, daß ich nicht
Den Nutzen grad und unbedingt erwarte.
Nicht alles dienet uns auf gleiche Weise;
Wer vieles brauchen will, gebrauche jedes
In seiner Art, so ist er wohl bedient.
Das haben uns die Medicis gelehrt,
Das haben uns die Päpste selbst gewiesen.
Mit welcher Nachsicht, welcher fürstlichen
Geduld und Langmut trugen diese Männer
Manch groß Talent, das ihrer reichen Gnade
Nicht zu bedürfen schien und doch bedurfte!
ANTONIO:
Wer weiß es nicht, mein Fürst? Des Lebens Mühe
Lehrt uns allein des Lebens Güter schätzen.
So jung hat er zu vieles schon erreicht,
Als daß genügsam er genießen könnte.
O sollt er erst erwerben, was ihm nun
Mit offnen Händen angeboten wird:
Er strengte seine Kräfte männlich an
Und fühlte sich von Schritt zu Schritt begnügt.
Ein armer Edelmann hat schon das Ziel
Von seinem besten Wunsch erreicht, wenn ihn
Ein edler Fürst zu seinem Hofgenossen
Erwählen will, und ihn der Dürftigkeit
Mit milder Hand entzieht. Schenkt er ihm noch
Vertraun und Gunst, und will an seine Seite
Vor andern ihn erheben, sei's im Krieg,
Sei's in Geschäften oder im Gespräch,
So, dächt ich, könnte der bescheidne Mann
Sein Glück mit stiller Dankbarkeit verehren.
Und Tasso hat zu allem diesen noch
Das schönste Glück des Jünglings: daß ihn schon

Sein Vaterland erkennt und auf ihn hofft.
Oh, glaube mir, sein launisch Mißbehagen
Ruht auf dem breiten Polster seines Glücks.
Er kommt, entlaß ihn gnädig, gib ihm Zeit,
In Rom und in Neapel, wo er will,
Das aufzusuchen, was er hier vermißt,
Und was er hier nur wiederfinden kann.
ALFONS: Will er zurück erst nach Ferrara gehn?
ANTONIO: Er wünscht in Belriguardo zu verweilen.
Das Nötigste, was er zur Reise braucht,
Will er durch einen Freund sich senden lassen.
ALFONS: Ich bin's zufrieden. Meine Schwester geht
Mit ihrer Freundin gleich zurück, und reitend
Werd ich vor ihnen noch zu Hause sein.
Du folgst uns bald, wenn du für ihn gesorgt.
Dem Kastellan befiehl das Nötige,
Daß er hier auf dem Schlosse bleiben kann,
Solang er will, solang, bis seine Freunde
Ihm das Gepäck gesendet, bis wir ihm
Die Briefe schicken, die ich ihm nach Rom
Zu geben willens bin. Er kommt! Leb wohl!

ZWEITER AUFTRITT

Alfons. Tasso

TASSO (mit Zurückhaltung):
Die Gnade, die du mir so oft bewiesen,
Erscheinet heute mir in vollem Licht.
Du hast verziehen, was in deiner Nähe
Ich unbedacht und frevelhaft beging,
Du hast den Widersacher mir versöhnt,
Du willst erlauben, daß ich eine Zeit
Von deiner Seite mich entferne, willst
Mir deine Gunst großmütig vorbehalten.
Ich scheide nun mit völligem Vertraun
Und hoffe still, mich soll die kleine Frist
Von allem heilen, was mich jetzt beklemmt.
Es soll mein Geist aufs neue sich erheben
Und auf dem Wege, den ich froh und kühn,
Durch deinen Blick ermuntert, erst betrat,
Sich deiner Gunst aufs neue würdig machen.
ALFONS: Ich wünsche dir zu deiner Reise Glück
Und hoffe, daß du froh und ganz geheilt
Uns wiederkommen wirst. Du bringst uns dann
Den doppelten Gewinst für jede Stunde,
Die du uns nun entziehst, vergnügt zurück.
Ich gebe Briefe dir an meine Leute,
An Freunde dir nach Rom, und wünsche sehr,
Daß du dich zu den Meinen überall
Zutraulich halten mögest, wie auch dich
Als mein, obgleich entfernt, gewiß betrachte.
TASSO: Du überhäufst, o Fürst, mit Gnaden den,
Der sich unwürdig fühlt, und selbst zu danken
In diesem Augenblicke nicht vermag.
Anstatt des Danks eröffn ich eine Bitte!
Am meisten liegt mir mein Gedicht am Herzen.
Ich habe viel getan und keine Mühe
Und keinen Fleiß gespart; allein es bleibt
Zu viel mir noch zurück. Ich möchte dort,
Wo noch der Geist der großen Männer schwebt,
Und wirksam schwebt, dort möcht ich in die Schule
Aufs neue mich begeben: würdiger
Erfreute deines Beifalls sich mein Lied.
Oh, gib die Blätter mir zurück, die ich
Jetzt nur beschämt in deinen Händen weiß!
ALFONS: Du wirst mir nicht an diesem Tage nehmen,
Was du mir kaum an diesem Tag gebracht.
Laß zwischen dich und zwischen dein Gedicht
Mich als Vermittler treten! Hüte dich,
Durch strengen Fleiß die liebliche Natur
Zu kränken, die in deinen Reimen lebt,
Und höre nicht auf Rat von allen Seiten!
Die tausendfältigen Gedanken vieler
Verschiedner Menschen, die im Leben sich
Und in der Meinung widersprechen, faßt
Der Dichter klug in eins und scheut sich nicht,
Gar manchem zu mißfallen, daß er manchem
Um desto mehr gefallen möge. Doch
Ich sage nicht, daß du nicht hie und da
Bescheiden deine Feile brauchen solltest;
Verspreche dir zugleich: in kurzer Zeit
Erhältst du abgeschrieben dein Gedicht.
Es bleibt von deiner Hand in meinen Händen,
Damit ich seiner erst mit meinen Schwestern
Mich recht erfreuen möge. Bringst du es
Vollkommner dann zurück: wir werden uns
Des höheren Genusses freun, und dich
Bei mancher Stelle nur als Freunde warnen.
TASSO: Ich wiederhole nur beschämt die Bitte:
Laß mich die Abschrift eilig haben; ganz
Ruht mein Gemüt auf diesem Werke nun.
Nun muß es werden, was es werden kann.
ANTONIO: Ich billige den Trieb, der dich beseelt!
Doch, guter Tasso, wenn es möglich wäre,
So solltest du erst eine kurze Zeit
Der freien Welt genießen, dich zerstreuen,
Dein Blut durch eine Kur verbessern. Dir
Gewährte dann die schöne Harmonie
Der hochgestellten Sinne, was du nun
Im trüben Eifer nur vergebens suchst.
TASSO: Mein Fürst, so scheint es; doch ich bin gesund,
Wenn ich mich meinem Fleiß ergeben kann,
Und so macht wieder mich der Fleiß gesund.
Du hast mich lang gesehn: mir ist nicht wohl
In freier Üppigkeit. Mir läßt die Ruh
Am mindsten Ruhe. Dies Gemüt ist nicht
Von der Natur bestimmt, ich fühl es leider,
Auf weichem Element der Tage froh
Ins weite Meer der Zeiten hinzuschwimmen.
ALFONS: Dich führet alles, was du sinnst und treibst,
Tief in dich selbst. Es liegt um uns herum
Gar mancher Abgrund, den das Schicksal grub;
Doch hier in unserm Herzen ist der tiefste,
Und reizend ist es, sich hinabzustürzen.

Ich bitte dich, entreiße dich dir selbst!
Der Mensch gewinnt, was der Poet verliert.
TASSO: Ich halte diesen Drang vergebens auf,
Der Tag und Nacht in meinem Busen wechselt.
Wenn ich nicht sinnen oder dichten soll,
So ist das Leben mir kein Leben mehr.
Verbiete du dem Seidenwurm, zu spinnen,
Wenn er sich schon dem Tode näher spinnt:
Das köstliche Geweb entwickelt er
Aus seinem Innersten und läßt nicht ab,
Bis er in seinen Sarg sich eingeschlossen.
O geb uns auch dereinst ein guter Gott
Das Schicksal des beneidenswerten Wurms,
Im neuen Sonnental die Flügel rasch
Und freudig zu entfalten!
ALFONS: Höre mich!
Du gibst so vielen doppelten Genuß
Des Lebens; lern, ich bitte dich,
Den Wert des Lebens kennen, das du noch
Und zehnfach reich besitzest. Lebe wohl!
Je eher du zu uns zurückkehrst,
Je schöner wirst du uns willkommen sein.

DRITTER AUFTRITT

TASSO (allein): So halte fest, mein Herz, so war es recht!
Es wird dir schwer, es ist das erstemal,
Daß du dich so verstellen magst und kannst.
Du hörtest wohl: das war nicht sein Gemüt,
Das waren seine Worte nicht; mir schien,
Als klänge nur Antonios Stimme wieder.
O gib nur acht! Du wirst sie nun so fort
Von allen Seiten hören. Fest, nur fest!
Um einen Augenblick ist's noch zu tun.
Wer spät im Leben sich verstellen lernt,
Der hat den Schein der Ehrlichkeit voraus.
Es wird schon gehn, nur übe dich mit ihnen.
Nach einer Pause
Du triumphierst zu früh, dort kommt sie her!
Die holde Fürstin kommt! O welch Gefühl!
Sie tritt herein; es löst in meinem Busen
Verdruß und Argwohn sich in Schmerzen auf.

VIERTER AUFTRITT

Prinzessin. Tasso. Gegen das Ende des Auftritts die übrigen

PRINZESSIN: Du denkst uns zu verlassen, oder bleibst
Vielmehr in Belriguardo noch zurück
Und willst dich dann von uns entfernen, Tasso?
Ich hoffe, nur auf eine kurze Zeit.
Du gehst nach Rom?
TASSO: Ich richte meinen Weg
Zuerst dahin, und nehmen meine Freunde
Mich gütig auf, wie ich es hoffen darf,
So leg ich da mit Sorgfalt und Geduld
Vielleicht die letzte Hand an mein Gedicht.
Ich finde viele Männer dort versammelt,
Die Meister aller Art sich nennen dürfen.
Und spricht in jener ersten Stadt der Welt
Nicht jeder Platz, nicht jeder Stein zu uns?
Wie viele tausend stumme Lehrer winken
In ernster Majestät uns freundlich an!
Vollend ich da nicht mein Gedicht, so kann
Ich's nie vollenden. Leider, ach, schon fühl ich,
Mir wird zu keinem Unternehmen Glück!
Verändern werd ich es, vollenden nie.
Ich fühl, ich fühl es wohl, die große Kunst,
Die jeden nährt, die den gesunden Geist
Stärkt und erquickt, wird mich zugrunde richten,
Vertreiben wird sie mich. Ich eile fort!
Nach Napel will ich bald!
PRINZESSIN: Darfst du es wagen?
Noch ist der strenge Bann nicht aufgehoben,
Der dich zugleich mit deinem Vater traf.
TASSO: Du warnest recht, ich hab es schon bedacht.
Verkleidet geh ich hin, den armen Rock
Des Pilgers oder Schäfers zieh ich an.
Ich schleiche durch die Stadt, wo die Bewegung
Der Tausende den einen leicht verbirgt.
Ich eile nach dem Ufer, finde dort
Gleich einen Kahn mit willig guten Leuten,
Mit Bauern, die zum Markte kamen, nun
Nach Hause kehren, Leute von Sorrent;
Denn ich muß nach Sorrent hinübereilen.
Dort wohnet meine Schwester, die mit mir
Die Schmerzensfreude meiner Eltern war.
Im Schiffe bin ich still, und trete dann
Auch schweigend an das Land, ich gehe sacht
Den Pfad hinauf, und an dem Tore frag ich:
Wo wohnt Cornelia? Zeigt mir es an!
Cornelia Sersale? Freundlich deutet
Mir eine Spinnerin die Straße, sie
Bezeichnet mir das Haus. So steig ich weiter.
Die Kinder laufen nebenher und schauen
Das wilde Haar, den düstern Fremdling an.
So komm ich an die Schwelle. Offen steht
Die Türe schon, so tret ich in das Haus –
PRINZESSIN: Blick auf, o Tasso, wenn es möglich ist,
Erkenne die Gefahr, in der du schwebst!
Ich schone dich, denn sonst würd ich dir sagen:
Ist's edel, so zu reden, wie du sprichst?
Ist's edel, nur allein an sich zu denken,
Als kränktest du der Freunde Herzen nicht?
Ist's dir verborgen, wie mein Bruder denkt?
Wie beide Schwestern dich zu schätzen wissen?
Hast du es nicht empfunden und erkannt?
Ist alles denn in wenig Augenblicken
Verändert? Tasso! Wenn du scheiden willst,
So laß uns Schmerz und Sorge nicht zurück.
TASSO (wendet sich weg).
PRINZESSIN: Wie tröstlich ist es, einem Freunde, der
Auf eine kurze Zeit verreisen will,
Ein klein Geschenk zu geben, sei es nur

Ein neuer Mantel oder eine Waffe!
Dir kann man nichts mehr geben, denn du wirfst
Unwillig alles weg, was du besitzest.
Die Pilgermuschel und den schwarzen Kittel,
Den langen Stab erwählst du dir, und gehst
Freiwillig arm dahin, und nimmst uns weg,
Was du mit uns allein genießen konntest.
TASSO: So willst du mich nicht ganz und gar verstoßen?
O süßes Wort, o schöner, teurer Trost!
Vertritt mich! Nimm in deinen Schutz mich auf! –
Laß mich in Belriguardo hier, versetze
Mich nach Consandoli, wohin du willst!
Es hat der Fürst so manches schöne Schloß,
So manchen Garten, der das ganze Jahr
Gewartet wird, und ihr betretet kaum
Ihn einen Tag, vielleicht nur eine Stunde.
Ja, wählet den entferntesten aus, den ihr
In ganzen Jahren nicht besuchen geht,
Und der vielleicht jetzt ohne Sorge liegt:
Dort schickt mich hin! Dort laßt mich euer sein!
Wie will ich deine Bäume pflegen! die Zitronen
Im Herbst mit Brettern und mit Ziegeln decken
Und mit verbundnem Rohre wohlverwahren!
Es sollen schöne Blumen in den Beeten
Die breiten Wurzeln schlagen; rein und zierlich
Soll jeder Gang und jedes Fleckchen sein.
Und laß mir auch die Sorge des Palastes!
Ich will zur rechten Zeit die Fenster öffnen,
Daß Feuchtigkeit nicht den Gemälden schade;
Die schön mit Stukkatur verzierten Wände
Will ich mit einem leichten Wedel säubern,
Es soll das Estrich blank und reinlich glänzen,
Es soll kein Stein, kein Ziegel sich verrücken,
Es soll kein Gras aus einer Ritze keimen!
PRINZESSIN: Ich finde keinen Rat in meinem Busen
Und finde keinen Trost für dich und – uns.
Mein Auge blickt umher, ob nicht ein Gott
Uns Hilfe reichen möchte, möchte mir
Ein heilsam Kraut entdecken, einen Trank,
Der deinem Sinne Frieden brächte. Frieden uns.
Das treuste Wort, das von der Lippe fließt,
Das schönste Heilungsmittel wirkt nicht mehr.
Ich muß dich lassen, und verlassen kann
Mein Herz dich nicht.
TASSO: Ihr Götter, ist sie's doch,
Die mit dir spricht und deiner sich erbarmt!
Und konntest du des edle Herz verkennen?
War's möglich, daß in ihrer Gegenwart
Der Kleinmut dich ergriff und dich bezwang?
Nein, nein, du bist's! und nun, ich bin es auch.
O fahre fort, und laß mich jeden Trost
Aus deinem Munde hören! Deinen Rat
Entzieh mir nicht! O sprich: was soll ich tun,
Damit dein Bruder mir vergeben könne,
Damit du selbst mir gern vergeben mögest,
Damit ihr wieder zu den Euren mich
Mit Freuden zählen möget? Sag mir an.
PRINZESSIN: Gar wenig ist's, was wir von dir verlangen;
Und dennoch scheint es allzuviel zu sein.
Du sollst dich selbst uns freundlich überlassen.
Wir wollen nichts von dir, was du nicht bist,
Wenn du nur erst dir mit dir selbst gefällst.
Du machst uns Freude, wenn du Freude hast,
Und du betrübst uns nur, wenn du sie fliehst;
Und wenn du uns auch ungeduldig machst,
So ist es nur, daß wir dir helfen möchten
Und, leider! sehn, daß nicht zu helfen ist,
Wenn du nicht selbst des Freundes Hand ergreifst,
Die, sehnlich ausgereckt, dich nicht erreicht.
TASSO: Du bist es selbst, wie du zum erstenmal,
Ein heilger Engel, mir entgegenkamst!
Verzeih dem trüben Blick des Sterblichen,
Wenn er auf Augenblicke dich verkannt.
Er kennt dich wieder! Ganz eröffnet sich
Die Seele, nur dich ewig zu verehren.
Es füllt sich ganz das Herz von Zärtlichkeit –
Sie ist's, sie steht vor mir. Welch ein Gefühl!
Ist es Verwirrung, was mich nach dir zieht?
Ist's Raserei? Ist's ein erhöhter Sinn,
Der erst die höchste, reinste Wahrheit faßt?
Ja, es ist das Gefühl, das mich allein
Auf dieser Erde glücklich machen kann,
Das mich allein so elend werden ließ,
Wenn ich ihm widerstand und aus dem Herzen
Es bannen wollte. Diese Leidenschaft
Gedacht ich zu bekämpfen, stritt und stritt
Mit meinem tiefsten Sein, zerstörte frech
Mein eignes Selbst, dem du so ganz gehörst –
PRINZESSIN: Wenn ich dich, Tasso, länger hören
   soll,
So mäßige die Glut, die mich erschreckt.
TASSO: Beschränkt der Rand des Bechers einen Wein,
Der schäumend wallt und brausend überschwillt?
Mit jedem Wort erhöhest du mein Glück,
Mit jedem Worte glänzt dein Auge heller.
Ich fühle mich im Innersten verändert,
Ich fühle mich von aller Not entladen,
Frei wie ein Gott, und alles dank ich dir!
Unsägliche Gewalt, die mich beherrscht,
Entfließet deinen Lippen; ja, du machst
Mich ganz dir eigen. Nichts gehöret mehr
Von meinem ganzen Ich mir künftig an.
Es trübt mein Auge sich in Glück und Licht,
Es schwankt mein Sinn. Mich hält der Fuß nicht mehr.
Unwiderstehlich ziehst du mich zu dir,
Und unaufhaltsam dringt mein Herz dir zu.
Du hast mich ganz auf ewig dir gewonnen,
So nimm denn auch mein ganzes Wesen hin!
Er fällt ihr in die Arme und drückt sie fest an sich
PRINZESSIN (ihn von sich stoßend und hinwegeilend):
Hinweg!
LEONORE (die sich schon eine Weile im Grunde sehen lassen, herbeieilend): Was ist geschehen? Tasso! Tasso!
Sie geht der Prinzessin nach

TASSO (im Begriff, ihnen zu folgen): O Gott!
ALFONS (der sich schon eine Zeitlang mit Antonio genähert): Er kommt von Sinnen, halt ihn fest! (Ab)

FÜNFTER AUFTRITT

Tasso. Antonio

ANTONIO: O stünde jetzt, so wie du immer glaubst,
Daß du von Feinden rings umgeben bist,
Ein Feind bei dir, wie würd er triumphieren!
Unglücklicher, noch kaum erhol ich mich!
Wenn ganz was Unerwartetes begegnet,
Wenn unser Blick was Ungeheures sieht,
Steht unser Geist auf eine Weile still:
Wir haben nichts, womit wir das vergleichen.
TASSO (nach einer langen Pause):
Vollende nur dein Amt – ich seh, du bist's!
Ja, du verdienst das fürstliche Vertraun;
Vollende nur dein Amt, und martre mich,
Da mir der Stab gebrochen ist, noch langsam
Zu Tode! Ziehe! Zieh am Pfeile nur,
Daß ich den Widerhaken grimmig fühle,
Der mich zerfleischt!
Du bist ein teures Werkzeug des Tyrannen;
Sei Kerkermeister, sei der Marterknecht!
Wie wohl, wie eigen steht dir beides an!
Gegen die Szene
Ja, gehe nur, Tyrann! Du konntest dich
Nicht bis zuletzt verstellen, triumphiere!
Du hast den Sklaven wohlgekettet, hast
Ihn wohlgespart zu ausgedachten Qualen:
Geh nur, ich hasse dich, ich fühle ganz
Den Abscheu, den die Übermacht erregt,
Die frevelhaft und ungerecht ergreift.
Nach einer Pause
So seh ich ihn am Ende denn verbannt,
Verstoßen und verbannt als Bettler hier!
So hat man mich bekränzt, um mich geschmückt
Als Opfertier vor den Altar zu führen!
So lockte man mir noch am letzten Tage
Mein einzig Eigentum, mir mein Gedicht
Mit glatten Worten ab, und hielt es fest!
Mein einzig Gut ist nun in euren Händen,
Das mich an jedem Ort empfohlen hätte,
Das mir noch blieb, vom Hunger mich zu retten!
Jetzt seh ich wohl, warum ich feiern soll.
Es ist Verschwörung, und du bist das Haupt.
Damit mein Lied nur nicht vollkommner werde,
Daß nur mein Name sich nicht mehr verbreite,
Daß meine Neider tausend Schwächen finden,
Daß man am Ende meiner gar vergesse,
Drum soll ich mich zum Müßiggang gewöhnen,
Drum soll ich mich und meine Sinne schonen.
O werte Freundschaft, teure Sorglichkeit!
Abscheulich dacht ich die Verschwörung mir,
Die unsichtbar und rastlos mich umspann,
Allein abscheulicher ist es geworden.

Und du, Sirene! die du mich so zart,
So himmlisch angelockt, ich sehe nun
Dich auf einmal! O Gott, warum so spät!
Allein wir selbst betrügen uns so gern
Und ehren die Verworfnen, die uns ehren.
Die Menschen kennen sich einander nicht;
Nur die Galeerensklaven kennen sich,
Die eng an eine Bank geschmiedet keuchen;
Wo keiner was zu fordern hat und keiner
Was zu verlieren hat, die kennen sich;
Wo jeder sich für einen Schelmen gibt
Und seinesgleichen auch für Schelmen nimmt.
Doch wir verkennen nur die andern höflich,
Damit sie wieder uns verkennen sollen.
Wie lang verdeckte mir dein heilig Bild
Die Buhlerin, die kleine Künste treibt.
Die Maske fällt: Armiden seh ich nun
Entblößt von allen Reizen – ja, du bist's!
Von dir hat ahnungsvoll mein Lied gesungen!
Und die verschmitzte kleine Mittlerin!
Wie tief erniedrigt seh ich sie vor mir!
Ich höre nun die leisen Tritte rauschen,
Ich kenne nun den Kreis, um den sie schlich.
Euch alle kenn ich! Sei mir das genug!
Und wenn das Elend alles mir geraubt,
So preis ich's doch: die Wahrheit lehrt es mich.
ANTONIO: Ich höre, Tasso, dich mit Staunen an,
So sehr ich weiß, wie leicht dein rascher Geist
Von einer Grenze zu der andern schwankt.
Besinne dich! Gebiete dieser Wut!
Du lästerst, du erlaubst dir Wort auf Wort,
Das deinen Schmerzen zu verzeihen ist,
Doch das du selbst dir nie verzeihen kannst.
TASSO: O sprich mir nicht mit sanfter Lippe zu,
Laß mich kein kluges Wort von dir vernehmen!
Laß mir das dumpfe Glück, damit ich nicht
Mich erst besinne, dann von Sinnen komme.
Ich fühle mir das innerste Gebein
Zerschmettert, und ich leb, um es zu fühlen.
Verzweiflung faßt mit aller Wut mich an,
Und in der Höllenqual, die mich vernichtet,
Wird Lästrung nur ein leiser Schmerzenslaut.
Ich will hinweg! Und wenn du redlich bist,
So zeig es mir, und laß mich gleich von hinnen!
ANTONIO: Ich werde dich in dieser Not nicht lassen;
Und wenn es dir an Fassung ganz gebricht,
So soll mir's an Geduld gewiß nicht fehlen.
TASSO: So muß ich mich dir denn gefangengeben?
Ich gebe mich, und so ist es getan;
Ich widerstehe nicht, so ist mir wohl –
Und laß es dann mich schmerzlich wiederholen,
Wie schön es war, was ich mir selbst verscherzte.
Sie gehn hinweg – O Gott! dort seh ich schon
Den Staub, der von den Wagen sich erhebt –

Die Reiter sind voraus – Dort fahren sie,
Dort gehn sie hin! Kam ich nicht auch daher?
Sie sind hinweg, sie sind erzürnt auf mich.
O küßt ich nur noch einmal seine Hand!
O daß ich nur noch Abschied nehmen könnte!
Nur einmal noch zu sagen: O verzeiht!
Nur noch zu hören: Geh, dir ist verziehn!
Allein ich hör es nicht, ich hör es nie –
Ich will ja gehn! Laßt mich nur Abschied nehmen,
Nur Abschied nehmen! Gebt, o gebt mir nur
Auf einen Augenblick die Gegenwart
Zurück! Vielleicht genes ich wieder. Nein,
Ich bin verstoßen, bin verbannt, ich habe
Mich selbst verbannt, ich werde diese Stimme
Nicht mehr vernehmen, diesem Blicke nicht,
Nicht mehr begegnen –
ANTONIO: Laß eines Mannes Stimme dich erinnern,
Der neben dir nicht ohne Rührung steht!
Du bist so elend nicht, als wie du glaubst.
Ermanne dich! Du gibst zu viel dir nach.
TASSO: Und bin ich denn so elend, wie ich scheine?
Bin ich so schwach, wie ich vor dir mich zeige?
Ist alles denn verloren? Hat der Schmerz,
Als schütterte der Boden, das Gebäude
In einen grausen Haufen Schutt verwandelt?
Ist kein Talent mehr übrig, tausendfältig
Mich zu zerstreun, zu unterstützen?
Ist alle Kraft erloschen, die sich sonst
In meinem Busen regte? Bin ich nichts,
Ganz nichts geworden?
Nein, es ist alles da, und ich bin nichts;
Ich bin mir selbst entwandt, sie ist es mir!
ANTONIO:
Und wenn du ganz dich zu verlieren scheinst,
Vergleiche dich! Erkenne, was du bist!

TASSO: Ja, du erinnerst mich zur rechten Zeit! –
Hilft denn kein Beispiel der Geschichte mehr?
Stellt sich kein edler Mann mir vor die Augen,
Der mehr gelitten, als ich jemals litt,
Damit ich mich mit ihm vergleichend fasse?
Nein, alles ist dahin! – Nur eines bleibt:
Die Träne hat uns die Natur verliehen,
Den Schrei des Schmerzens, wenn der Mann zuletzt
Es nicht mehr trägt – Und mir noch über alles –
Sie ließ im Schmerz mir Melodie und Rede,
Die tiefste Fülle meiner Not zu klagen:
Und wenn der Mensch in seiner Qual verstummt,
Gab mir ein Gott, zu sagen, wie ich leide.
ANTONIO (tritt zu ihm und nimmt ihn bei der Hand).
TASSO: O edler Mann! Du stehest fest und still,
Ich scheine nur die sturmbewegte Welle.
Allein bedenk und überhebe nicht
Dich deiner Kraft! Die mächtige Natur,
Die diesen Felsen gründete, hat auch
Der Welle die Beweglichkeit gegeben.
Sie sendet ihren Sturm, die Welle flieht
Und schwankt und schwillt und beugt sich schäumend
 über.
In dieser Woge spiegelte so schön
Die Sonne sich, es ruhten die Gestirne
An dieser Brust, die zärtlich sich bewegte.
Verschwunden ist der Glanz, entflohn die Ruhe.
Ich kenne mich in der Gefahr nicht mehr,
Und schäme mich nicht mehr, es zu bekennen.
Zerbrochen ist das Steuer, und es kracht
Das Schiff an allen Seiten. Berstend reißt
Der Boden unter meinen Füßen auf!
Ich fasse dich mit beiden Armen an!
So klammert sich der Schiffer endlich noch
Am Felsen fest, an dem er scheitern sollte.

FAUST

EINE TRAGÖDIE

PROLOG IM HIMMEL

Der Herr, die Himmlischen Heerscharen.
Nachher Mephistopheles,
Die drei Erzengel treten vor

RAPHAEL: Die Sonne tönt nach alter Weise
In Brudersphären Wettgesang,
Und ihre vorgeschriebne Reise
Vollendet sie mit Donnergang.
Ihr Anblick gibt den Engeln Stärke,
Wenn keiner sie ergründen mag;
Die unbegreiflich hohen Werke
Sind herrlich wie am ersten Tag.
GABRIEL: Und schnell und unbegreiflich schnelle
Dreht sich umher der Erde Pracht;
Es wechselt Paradieseshelle
Mit tiefer, schauervoller Nacht;
Es schäumt das Meer in breiten Flüssen
Am tiefen Grund der Felsen auf,
Und Fels und Meer wird fortgerissen
In ewig-schnellem Sphärenlauf.
MICHAEL: Und Stürme brausen um die Wette
Vom Meer aufs Land, vom Land aufs Meer,
Und bilden wütend eine Kette
Der tiefsten Wirkung ringsumher.
Da flammt ein blitzendes Verheeren
Dem Pfade vor des Donnerschlags;
Doch deine Boten, Herr, verehren
Das sanfte Wandeln deines Tags.
ZU DREI: Der Anblick gibt den Engeln Stärke,
Da keiner dich ergründen mag,
Und alle deine hohen Werke
Sind herrlich wie am ersten Tag.
MEPHISTOPHELES: Da du, o Herr, dich wieder einmal nahst
Und fragst, wie alles sich bei uns befinde,
Und du mich sonst gewöhnlich gerne sahst,
So siehst du mich auch unter dem Gesinde.
Verzeih, ich kann nicht hohe Worte machen,
Und wenn mich auch der ganze Kreis verhöhnt;
Mein Pathos brächte dich gewiß zum Lachen,
Hättst du dir nicht das Lachen abgewöhnt.
Von Sonn und Welten weiß ich nichts zu sagen;
Ich sehe nur, wie sich die Menschen plagen.
Der kleine Gott der Welt bleibt stets von gleichem Schlag
Und ist so wunderlich als wie am ersten Tag.
Ein wenig besser würd er leben,
Hättst du ihm nicht den Schein des Himmelslichts gegeben;
Er nennt's Vernunft und braucht's allein,
Nur tierischer als jedes Tier zu sein.
Er scheint mir, mit Verlaub von Euer Gnaden,
Wie eine der langbeinigen Zikaden,
Die immer fliegt und fliegend springt
Und gleich im Gras ihr altes Liedchen singt.
Und läg er nur noch immer in dem Grase!
In jeden Quark begräbt er seine Nase.
DER HERR: Hast du mir weiter nichts zu sagen?
Kommst du nur immer anzuklagen?
Ist auf der Erde ewig dir nichts recht?
MEPHISTOPHELES:
Nein, Herr! ich find es dort, wie immer, herzlich schlecht.
Die Menschen dauern mich in ihren Jammertagen;
Ich mag sogar die Armen selbst nicht plagen.
DER HERR: Kennst du den Faust?
MEPHISTOPHELES: Den Doktor?
DER HERR: Meinen Knecht!
MEPHISTOPHELES: Fürwahr! er dient Euch auf besondre Weise.
Nicht irdisch ist des Toren Trank noch Speise!
Ihn treibt die Gärung in die Ferne;
Er ist sich seiner Tollheit halb bewußt:
Vom Himmel fordert er die schönsten Sterne
Und von der Erde jede höchste Lust,
Und alle Näh und alle Ferne
Befriedigt nicht die tiefbewegte Brust.
DER HERR: Wenn er mir jetzt auch nur verworren dient,
So werd ich ihn bald in die Klarheit führen.
Weiß doch der Gärtner, wenn das Bäumchen grünt,
Daß Blüt und Frucht die künftgen Jahre zieren.
MEPHISTOPHELES:
Was wettet Ihr? den sollt Ihr noch verlieren,
Wenn Ihr mir die Erlaubnis gebt,
Ihn meine Straße sacht zu führen!

DER HERR: Solang er auf der Erde lebt,
  Solange sei dir's nicht verboten:
  Es irrt der Mensch, solang er strebt.
MEPHISTOPHELES: Da dank ich Euch; denn mit den Toten
  Hab ich mich niemals gern befangen.
  Am meisten lieb ich mir die vollen, frischen Wangen.
  Für einen Leichnam bin ich nicht zu Haus:
  Mir geht es wie der Katze mit der Maus.
DER HERR: Nun gut, es sei dir überlassen!
  Zieh diesen Geist von seinem Urquell ab
  Und führ ihn, kannst du ihn erfassen,
  Auf deinem Wege mit herab –
  Und steh beschämt, wenn du bekennen mußt:
  Ein guter Mensch, in seinem dunklen Drange,
  Ist sich des rechten Weges wohl bewußt.
MEPHISTOPHELES: Schon gut! nur dauert es nicht lange.
  Mir ist für meine Wette gar nicht bange.
  Wenn ich zu meinem Zweck gelange,
  Erlaubt Ihr mir Triumph aus voller Brust.
  Staub soll er fressen, und mit Lust,
  Wie meine Muhme, die berühmte Schlange!
DER HERR: Du darfst auch da nur frei erscheinen;
  Ich habe deinesgleichen nie gehaßt:
  Von allen Geistern, die verneinen,
  Ist mir der Schalk am wenigsten zur Last.
  Des Menschen Tätigkeit kann allzu leicht erschlaffen,
  Er liebt sich bald die unbedingte Ruh;
  Drum geb ich gern ihm den Gesellen zu,
  Der reizt und wirkt und muß als Teufel schaffen. –
  Doch ihr, die echten Göttersöhne,
  Erfreut euch der lebendig-reichen Schöne!
  Das Werdende, das ewig wirkt und lebt,
  Umfass' euch mit der Liebe holden Schranken,
  Und was in schwankender Erscheinung schwebt,
  Befestiget mit dauernden Gedanken!
  Der Himmel schließt, die Erzengel verteilen sich
MEPHISTOPHELES (allein):
  Von Zeit zu Zeit seh ich den Alten gern,
  Und hüte mich, mit ihm zu brechen.
  Es ist gar hübsch von einem großen Herrn,
  So menschlich mit dem Teufel selbst zu sprechen.

DER TRAGÖDIE ERSTER TEIL

NACHT

*In einem hochgewölbten, engen gotischen Zimmer.
Faust unruhig auf seinem Sessel am Pulte*

FAUST: Habe nun, ach! Philosophie,
  Juristerei und Medizin
  Und leider auch Theologie
  Durchaus studiert, mit heißem Bemühn.
  Da steh ich nun, ich armer Tor,
  Und bin so klug als wie zuvor!
  Heiße Magister, heiße Doktor gar,
  Und ziehe schon an die zehen Jahr
  Herauf, herab und quer und krumm
  Meine Schüler an der Nase herum –
  Und sehe, daß wir nichts wissen können!
  Das will mir schier das Herz verbrennen.
  Zwar bin ich gescheiter als alle die Laffen,
  Doktoren, Magister, Schreiber und Pfaffen;
  Mich plagen keine Skrupel noch Zweifel,
  Fürchte mich weder vor Hölle noch Teufel –
  Dafür ist mir auch alle Freud entrissen,
  Bilde mir nicht ein, was Rechts zu wissen,
  Bilde mir nicht ein, ich könnte was lehren,
  Die Menschen zu bessern und zu bekehren.
  Auch habe ich weder Gut noch Geld,
  Noch Ehr und Herrlichkeit der Welt:
  Es möchte kein Hund so länger leben!
  Drum hab ich mich der Magie ergeben,
  Ob mir durch Geistes Kraft und Mund
  Nicht manch Geheimnis würde kund,
  Daß ich nicht mehr mit sauerm Schweiß
  Zu sagen brauche, was ich nicht weiß,
  Daß ich erkenne, was die Welt
  Im Innersten zusammenhält,
  Schau alle Wirkenskraft und Samen
  Und tu nicht mehr in Worten kramen.
  O sähst du, voller Mondenschein,
  Zum letztenmal auf meine Pein,
  Den ich so manche Mitternacht
  An diesem Pult herangewacht:
  Dann über Büchern und Papier,
  Trübselger Freund, erschienst du mir!
  Ach! könnt ich doch auf Bergeshöhn
  In deinem lieben Lichte gehn,
  Um Bergeshöhle mit Geistern schweben,
  Auf Wiesen in deinem Dämmer weben,
  Von allem Wissensqualm entladen,
  In deinem Tau gesund mich baden!
  Weh! steck ich in dem Kerker noch?
  Verfluchtes dumpfes Mauerloch,
  Wo selbst das liebe Himmelslicht
  Trüb durch gemalte Scheiben bricht!
  Beschränkt von diesem Bücherhauf,
  Den Würme nagen, Staub bedeckt,
  Den bis ans hohe Gewölb hinauf
  Ein angeraucht Papier umsteckt;
  Mit Gläsern, Büchsen rings umstellt,
  Mit Instrumenten vollgepfropft,
  Urväterhausrat drein gestopft –
  Das ist deine Welt! das heißt eine Welt!
  Und fragst du noch, warum dein Herz
  Sich bang in deinem Busen klemmt?
  Warum ein unerklärter Schmerz
  Dir alle Lebensregung hemmt?
  Statt der lebendigen Natur,
  Da Gott die Menschen schuf hinein,
  Umgibt in Rauch und Moder nur

Dich Tiergeripp und Totenbein!
Flieh! auf! hinaus ins weite Land!
Und dies geheimnisvolle Buch,
Von Nostradamus' eigner Hand,
Ist dir es nicht Geleit genug?
Erkennest dann der Sterne Lauf,
Und wenn Natur dich unterweist,
Dann geht die Seelenkraft dir auf,
Wie spricht ein Geist zum andern Geist.
Umsonst, daß trocknes Sinnen hier
Die heilgen Zeichen dir erklärt!
Ihr schwebt, ihr Geister, neben mir:
Antwortet mir, wenn ihr mich hört!

Er schlägt das Buch auf und erblickt das Zeichen des Makrokosmos

Ha! welche Wonne fließt in diesem Blick
Auf einmal mir durch alle meine Sinnen!
Ich fühle junges, heilges Lebensglück
Neuglühend mir durch Nerv und Adern rinnen.
War es ein Gott, der diese Zeichen schrieb,
Die mir das innre Toben stillen,
Das arme Herz mit Freude füllen
Und mit geheimnisvollem Trieb
Die Kräfte der Natur rings um mich her enthüllen?
Bin ich ein Gott? mir wird so licht!
Ich schau in diesen reinen Zügen
Die wirkende Natur vor meiner Seele liegen.
Jetzt erst erkenn ich, was der Weise spricht:
„Die Geisterwelt ist nicht verschlossen;
Dein Sinn ist zu, dein Herz ist tot!
Auf! bade, Schüler, unverdrossen
Die irdsche Brust im Morgenrot!"

Er beschaut das Zeichen

Wie alles sich zum Ganzen webt,
Eins in dem andern wirkt und lebt!
Wie Himmelskräfte auf- und niedersteigen
Und sich die goldnen Eimer reichen!
Mit segenduftenden Schwingen
Vom Himmel durch die Erde dringen,
Harmonisch all das All durchklingen!

Welch Schauspiel! Aber ach! ein Schauspiel nur!
Wo faß ich dich, unendliche Natur?
Euch Brüste, wo? ihr Quellen alles Lebens,
An denen Himmel und Erde hängt,
Dahin die welke Brust sich drängt —
Ihr quellt, ihr tränkt, und schmacht ich so vergebens?

Er schläg unwillig das Buch um und erblickt das Zeichen des Erdgeistes

Wie anders wirkt dies Zeichen auf mich ein!
Du, Geist der Erde, bist mir näher;
Schon fühl ich meine Kräfte höher,
Schon glüh ich wie von neuem Wein.
Ich fühle Mut, mich in die Welt zu wagen,
Der Erde Weh, der Erde Glück zu tragen,
Mit Stürmen mich herumzuschlagen
Und in des Schiffbruchs Knirschen nicht zu zagen!
Es wölkt sich über mir —
Der Mond verbirgt sein Licht —
Die Lampe schwindet —
Es dampft — Es zucken rote Strahlen
Mir um das Haupt — Es weht
Ein Schauer vom Gewölb herab
Und faßt mich an!
Ich fühl's, du schwebst um mich, erflehter Geist:
Enthülle dich!
Ha! wie's in meinem Herzen reißt!
Zu neuen Gefühlen
All meine Sinnen sich erwühlen!
Ich fühle ganz mein Herz dir hingegeben!
Du mußt, du mußt! und kostet' es mein Leben!

Er faßt das Buch und spricht das Zeichen des Geistes geheimnisvoll aus.
Es zuckt eine rötliche Flamme, der Geist erscheint in der Flamme

GEIST: Wer ruft mir?
FAUST (abgewendet): Schreckliches Gesicht!
GEIST: Du hast mich mächtig angezogen,
   An meiner Sphäre lang gesogen,
   Und nun —
FAUST: Weh! ich ertrag dich nicht!
GEIST: Du flehst eratmend, mich zu schauen,
   Meine Stimme zu hören, mein Antlitz zu sehn;
   Mich neigt dein mächtig Seelenflehn:
   Da bin ich! — Welch erbärmlich Grauen
   Faßt Übermenschen dich! Wo ist der Seele Ruf?
   Wo ist die Brust, die eine Welt in sich erschuf
   Und trug und hegte? die mit Freudebeben
   Erschwoll, sich uns, den Geistern, gleichzuheben?
   Wo bist du, Faust, des Stimme mir erklang,
   Der sich an mich mit allen Kräften drang?
   Bist du es, der, von meinem Hauch umwittert,
   In allen Lebenstiefen zittert,
   Ein furchtsam weggekrümmter Wurm?
FAUST: Soll ich dir, Flammenbildung, weichen?
   Ich bin's, bin Faust, bin deinesgleichen!
GEIST: In Lebensfluten, im Tatensturm
   Wall ich auf und ab,
   Webe hin und her!
   Geburt und Grab,
   Ein ewiges Meer,
   Ein wechselnd Weben,
   Ein glühend Leben:
   So schaff ich am sausenden Webstuhl der Zeit
   Und wirke der Gottheit lebendiges Kleid.
FAUST: Der du die weite Welt umschweifst,
   Geschäfter Geist, wie nah fühl ich mich dir!
GEIST: Du gleichst dem Geist, den du begreifst,
   Nicht mir!

Verschwindet

FAUST (zusammenstürzend): Nicht dir?
Wem denn?
Ich Ebenbild der Gottheit!
Und nicht einmal dir!
Es klopft
O Tod! ich kenn's – das ist mein Famulus!
Es wird mein schönstes Glück zunichte!
Daß diese Fülle der Gesichte
Der trockne Schleicher stören muß!
Wagner im Schlafrocke und der Nachtmütze, eine Lampe in der Hand.
Faust wendet sich unwillig
WAGNER: Verzeiht! ich hör Euch deklamieren;
Ihr last gewiß ein griechisch Trauerspiel?
In dieser Kunst möcht ich was profitieren;
Denn heutzutage wirkt das viel.
Ich hab es öfters rühmen hören,
Ein Komödiant könnt einen Pfarrer lehren.
FAUST: Ja, wenn der Pfarrer ein Komödiant ist;
Wie das denn wohl zuzeiten kommen mag.
WAGNER: Ach! wenn man so in sein Museum gebannt ist
Und sieht die Welt kaum einen Feiertag,
Kaum durch ein Fernglas, nur von weiten,
Wie soll man sie durch Überredung leiten?
FAUST:
Wenn ihr's nicht fühlt, ihr werdet's nicht erjagen,
Wenn es nicht aus der Seele dringt
Und mit urkräftigem Behagen
Die Herzen aller Hörer zwingt.
Sitzt ihr nur immer! leimt zusammen,
Braut ein Ragout von andrer Schmaus
Und blast die kümmerlichen Flammen
Aus eurem Aschenhäufchen raus!
Bewundrung von Kindern und Affen,
Wenn euch darnach der Gaumen steht –
Doch werdet ihr nie Herz zu Herzen schaffen,
Wenn es euch nicht von Herzen geht.
WAGNER: Allein der Vortrag macht des Redners Glück;
Ich fühl es wohl, noch bin ich weit zurück.
FAUST: Such Er den redlichen Gewinn!
Sei Er kein schellenlauter Tor!
Es trägt Verstand und rechter Sinn
Mit wenig Kunst sich selber vor.
Und wenn's euch Ernst ist, was zu sagen,
Ist's nötig, Worten nachzujagen?
Ja, eure Reden, die so blinkend sind,
In denen ihr der Menschheit Schnitzel kräuselt,
Sind unerquicklich wie der Nebelwind,
Der herbstlich durch die dürren Blätter säuselt!
WAGNER: Ach Gott! Die Kunst ist lang,
Und kurz ist unser Leben.
Mir wird, bei meinem kritischen Bestreben,
Doch oft um Kopf und Busen bang.
Wie schwer sind nicht die Mittel zu erwerben,
Durch die man zu den Quellen steigt!
Und eh man nur den halben Weg erreicht,
Muß wohl ein armer Teufel sterben.

FAUST: Das Pergament, ist das der heilge Bronnen,
Woraus ein Trunk den Durst auf ewig stillt?
Erquickung hast du nicht gewonnen,
Wenn sie dir nicht aus eigner Seele quillt.
WAGNER: Verzeiht! es ist ein groß Ergetzen,
Sich in den Geist der Zeiten zu versetzen,
Zu schauen, wie vor uns ein weiser Mann gedacht
Und wie wir's dann zuletzt so herrlich weit gebracht.
FAUST: O ja, bis an die Sterne weit!
Mein Freund, die Zeiten der Vergangenheit
Sind uns ein Buch mit sieben Siegeln.
Was ihr den Geist der Zeiten heißt,
Das ist im Grund der Herren eigner Geist,
In dem die Zeiten sich bespiegeln.
Da ist's denn wahrlich oft ein Jammer!
Man läuft euch bei dem ersten Blick davon.
Ein Kehrichtfaß und eine Rumpelkammer,
Und höchstens eine Haupt- und Staatsaktion
Mit trefflichen pragmatischen Maximen,
Wie sie den Puppen wohl im Munde ziemen!
WAGNER: Allein die Welt! des Menschen Herz und Geist!
Möcht jeglicher doch was davon erkennen.
FAUST: Ja, was man so erkennen heißt!
Wer darf das Kind beim rechten Namen nennen?
Die wenigen, die was davon erkannt,
Die töricht gnug ihr volles Herz nicht wahrten,
Dem Pöbel ihr Gefühl, ihr Schauen offenbarten,
Hat man von je gekreuzigt und verbrannt.
Ich bitt Euch, Freund, es ist tief in der Nacht,
Wir müssen's diesmal unterbrechen.
WAGNER: Ich hätte gern nur immer fortgewacht,
Um so gelehrt mit Euch mich zu besprechen.
Doch morgen, als am ersten Ostertage,
Erlaubt mir ein- und andre Frage!
Mit Eifer hab ich mich der Studien beflissen;
Zwar weiß ich viel, doch möcht ich alles wissen. (Ab)
FAUST (allein):
Wie nur dem Kopf nicht alle Hoffnung schwindet,
Der immerfort an schalem Zeuge klebt,
Mit gieriger Hand nach Schätzen gräbt
Und froh ist, wenn er Regenwürmer findet!

Darf eine solche Menschenstimme hier,
Wo Geisterfülle mich umgab, ertönen?
Doch ach! für diesmal dank ich dir,
Dem ärmlichsten von allen Erdensöhnen.
Du rissest mich von der Verzweiflung los,
Die mir die Sinne schon zerstören wollte.
Ach! die Erscheinung war so riesengroß,
Daß ich mich recht als Zwerg empfinden sollte.

Ich, Ebenbild der Gottheit, das sich schon
Ganz nah gedünkt dem Spiegel ewger Wahrheit,
Sein selbst genoß in Himmelsglanz und Klarheit
Und abgestreift den Erdensohn,
Ich, mehr als Cherub, dessen freie Kraft
Schon durch die Adern der Natur zu fließen
Und, schaffend, Götterleben zu genießen

Sich ahnungsvoll vermaß, wie muß ich's büßen!
Ein Donnerwort hat mich hinweggerafft.

Nicht darf ich dir zu gleichen mich vermessen!
Hab ich die Kraft, dich anzuziehn, besessen,
So hatt ich dich zu halten keine Kraft.
In jenem selgen Augenblicke
Ich fühlte mich so klein, so groß;
Du stießest grausam mich zurücke
Ins ungewisse Menschenlos.
Wer lehret mich? Was soll ich meiden?
Soll ich gehorchen jenem Drang?
Ach! unsre Taten selbst, so gut als unsre Leiden,
Sie hemmen unsres Lebens Gang.

Dem Herrlichsten, was auch der Geist empfangen,
Drängt immer fremd und fremder Stoff sich an;
Wenn wir zum Guten dieser Welt gelangen,
Dann heißt das Bess're Trug und Wahn.
Die uns das Leben gaben, herrliche Gefühle
Erstarren in dem irdischen Gewühle.
Wenn Phantasie sich sonst mit kühnem Flug
Und hoffnungsvoll zum Ewigen erweitert,
So ist ein kleiner Raum ihr nun genug,
Wenn Glück auf Glück im Zeitenstrudel scheitert.
Die Sorge nistet gleich im tiefen Herzen,
Dort wirket sie geheime Schmerzen,
Unruhig wiegt sie sich und störet Lust und Ruh;
Sie deckt sich stets mit neuen Masken zu,
Sie mag als Haus und Hof, als Weib und Kind erscheinen,
Als Feuer, Wasser, Dolch und Gift:
Du bebst vor allem, was nicht trifft,
Und was du nie verlierst, das mußt du stets beweinen.

Den Göttern gleich ich nicht! zu tief ist es gefühlt!
Dem Wurme gleich ich, der den Staub durchwühlt,
Den, wie er sich im Staube nährend lebt,
Des Wandrers Tritt vernichtet und begräbt!

Ist es nicht Staub, was diese hohe Wand
Aus hundert Fächern mir verenget?
Der Trödel, der mit tausendfachem Tand
In dieser Mottenwelt mich dränget?
Hier soll ich finden, was mir fehlt?
Soll ich vielleicht in tausend Büchern lesen,
Daß überall die Menschen sich gequält,
Daß hie und da ein Glücklicher gewesen? –
Was grinsest du mir, hohler Schädel, her?
Als daß dein Hirn, wie meines, einst verwirrt
Den lichten Tag gesucht und in der Dämmrung schwer,
Mit Lust nach Wahrheit, jämmerlich geirret!
Ihr Instrumente freilich spottet mein
Mit Rad und Kämmen, Walz und Bügel:
Ich stand am Tor, ihr solltet Schlüssel sein;
Zwar euer Bart ist kraus, doch hebt ihr nicht die Riegel.
Geheimnisvoll am lichten Tag,
Läßt sich Natur des Schleiers nicht berauben,
Und was sie deinem Geist nicht offenbaren mag,
Das zwingst du ihr nicht ab mit Hebeln und mit Schrauben.
Du alt Geräte, das ich nicht gebraucht,
Du stehst nur hier, weil dich mein Vater brauchte;
Du alte Rolle, du wirst angeraucht,
Solang an diesem Pult die trübe Lampe schmauchte.
Weit besser hätt ich doch mein Weniges verpraßt,
Als mit dem Wenigen belastet hier zu schwitzen!
Was du ererbt von deinen Vätern hast,
Erwirb es, um es zu besitzen!
Was man nicht nützt, ist eine schwere Last;
Nur was der Augenblick erschafft, das kann er nützen.
Doch warum heftet sich mein Blick auf jene Stelle?
Ist jenes Fläschchen dort den Augen ein Magnet?
Warum wird mir auf einmal lieblich helle,
Als wenn im nächtgen Wald uns Mondenglanz umweht?

Ich grüße dich, du einzige Phiole,
Die ich mit Andacht nun herunterhole!
In dir verehr ich Menschenwitz und Kunst.
Du Inbegriff der holden Schlummersäfte,
Du Auszug aller tödlich-feinen Kräfte,
Erweise deinem Meister deine Gunst!
Ich sehe dich: es wird der Schmerz gelindert,
Ich fasse dich: das Streben wird gemindert,
Des Geistes Flutstrom ebbet nach und nach.
Ins hohe Meer werd ich hinausgewiesen,
Die Spiegelflut erglänzt zu meinen Füßen,
Zu neuen Ufern lockt ein neuer Tag.

Ein Feuerwagen schwebt auf leichten Schwingen
An mich heran! Ich fühle mich bereit,
Auf neuer Bahn den Äther zu durchdringen
Zu neuen Sphären reiner Tätigkeit.
Dies hohe Leben, diese Götterwonne!
Du, erst noch Wurm, und die verdienest du?
Ja, kehre nur der holden Erdensonne
Entschlossen deinen Rücken zu!
Vermesse dich, die Pforten aufzureißen,
Vor denen jeder gern vorüberschleicht!
Hier ist es Zeit, durch Taten zu beweisen,
Daß Manneswürde nicht der Götterhöhe weicht:
Vor jener dunklen Höhle nicht zu beben,
In der sich Phantasie zu eigner Qual verdammt,
Nach jenem Durchgang hinzustreben,
Um dessen engen Mund die ganze Hölle flammt,
Zu diesem Schritt sich heiter zu entschließen,
Und wär es mit Gefahr, ins Nichts dahinzufließen!

Nun komm herab, kristallne, reine Schale!
Hervor aus deinem alten Futterale,
An die ich viele Jahre nicht gedacht!
Du glänztest bei der Väter Freudenfeste,
Erheitertest die ernsten Gäste,
Wenn einer dich dem andern zugebracht.
Der vielen Bilder künstlich-reiche Pracht,
Des Trinkers Pflicht, sie reimweis zu erklären,

Auf Einen Zug die Höhlung auszuleeren,
Erinnert mich an manche Jugendnacht.
Ich werde jetzt dich keinem Nachbar reichen,
Ich werde meinen Witz an deiner Kunst nicht zeigen:
Hier ist ein Saft, der eilig trunken macht;
Mit brauner Flut erfüllt er deine Höhle.
Den ich bereitet, den ich wähle,
Der letzte Trunk sei nun mit ganzer Seele
Als festlich-hoher Gruß dem Morgen zugebracht!
Er setzt die Schale an den Mund. Glockenklang und Chorgesang

CHOR DER ENGEL:
    Christ ist erstanden!
    Freude dem Sterblichen,
    Den die verderblichen,
    Schleichenden, erblichen
    Mängel umwanden!
FAUST: Welch tiefes Summen, welch ein heller Ton
Zieht mit Gewalt das Glas von meinem Munde?
Verkündiget ihr dumpfen Glocken schon
Des Osterfestes erste Feierstunde?
Ihr Chöre, singt ihr schon den tröstlichen Gesang,
Der einst um Grabesnacht von Engelslippen klang,
Gewißheit einem neuen Bunde?
CHOR DER ENGEL:
    Mit Spezereien
    Hatten wir ihn gepflegt,
    Wir, seine Treuen,
    Hatten ihn hingelegt;
    Tücher und Binden
    Reinlich umwanden wir –
    Ach, und wir finden
    Christ nicht mehr hier!
CHOR DER WEIBER:
    Christ ist erstanden!
    Selig der Liebende,
    Der die betrübende,
    Heilsam und übende
    Prüfung bestanden!
FAUST: Was sucht ihr, mächtig und gelind,
Ihr Himmelstöne, mich am Staube?
Klingt dort umher, wo weiche Menschen sind!
Die Botschaft hör ich wohl, allein mir fehlt der Glaube;
Das Wunder ist des Glaubens liebstes Kind.
Zu jenen Sphären wag ich nicht zu streben,
Woher die holde Nachricht tönt;
Und doch, an diesen Klang von Jugend auf gewöhnt,
Ruft er auch jetzt zurück mich in das Leben.
Sonst stürzte sich der Himmelsliebe Kuß
Auf mich herab in ernster Sabbatstille;
Da klang so ahnungsvoll des Glockentones Fülle,
Und ein Gebet war brünstiger Genuß;
Ein unbegreiflich holdes Sehnen
Trieb mich, durch Wald und Wiesen hinzugehn,
Und unter tausend heißen Tränen
Fühlt ich mir eine Welt entstehn.
Dies Lied verkündete der Jugend muntre Spiele,
Der Frühlingsfeier freies Glück;
Erinnrung hält mich nun mit kindlichem Gefühle
Vom letzten, ernsten Schritt zurück.
O tönet fort, ihr süßen Himmelslieder!
Die Träne quillt, die Erde hat mich wieder!
CHOR DER JÜNGER:
    Hat der Begrabene
    Schon sich nach oben,
    Lebend-Erhabene,
    Herrlich erhoben,
    Ist er in Werdelust
    Schaffender Freude nah:
    Ach, an der Erde Brust
    Sind wir zum Leide da!
    Ließ er die Seinen
    Schmachtend uns hier zurück,
    Ach, wir beweinen,
    Meister, dein Glück!
CHOR DER ENGEL:
    Christ ist erstanden
    Aus der Verwesung Schoß!
    Reißet von Banden
    Freudig euch los!
    Tätig ihn Preisenden,
    Liebe Beweisenden,
    Brüderlich Speisenden,
    Predigend Reisenden,
    Wonne Verheißenden,
    Euch ist der Meister nah,
    Euch ist er da!

VOR DEM TOR

Spaziergänger aller Art ziehen hinaus

EINIGE HANDWERKSBURSCHE: Warum denn dort hinaus?
ANDRE: Wir gehn hinaus aufs Jägerhaus.
DIE ERSTEN: Wir aber wollen nach der Mühle wandern.
EIN HANDWERKSBURSCH:
    Ich rat euch, nach dem Wasserhof zu gehn.
ZWEITER: Der Weg dahin ist gar nicht schön.
DIE ZWEITEN: Was tust denn du?
EIN DRITTER: Ich gehe mit den andern.
VIERTER: Nach Burgdorf kommt herauf: gewiß, dort findet ihr
    Die schönsten Mädchen und das beste Bier
    Und Händel von der ersten Sorte!
FÜNFTER: Du überlustiger Gesell,
    Juckt dich zum drittenmal das Fell?
    Ich mag nicht hin, mir graut es vor dem Orte.
DIENSTMÄDCHEN: Nein, nein! ich gehe nach der Stadt zurück.
ANDRE: Wir finden ihn gewiß bei jenen Pappeln stehen.
ERSTE: Das ist für mich kein großes Glück:
    Er wird an deiner Seite gehen,

Mit dir nur tanzt er auf dem Plan!
Was gehn mich deine Freuden an!
ANDRE: Heut ist er sicher nicht allein:
Der Krauskopf, sagt er, würde bei ihm sein.
SCHÜLER: Blitz, wie die wackern Dirnen schreiten!
Herr Bruder, komm! wir müssen sie begleiten.
Ein starkes Bier, ein beizender Tobak,
Und eine Magd im Putz, das ist nun mein Geschmack.
BÜRGERMÄDCHEN: Da sieh mir nur die schönen Knaben!
Es ist wahrhaftig eine Schmach:
Gesellschaft könnten sie die allerbeste haben –
Und laufen diesen Mägden nach!
ZWEITER SCHÜLER (zum ersten):
Nicht so geschwind! dort hinten kommen zwei:
Sie sind gar niedlich angezogen.
's ist meine Nachbarin dabei;
Ich bin dem Mädchen sehr gewogen.
Sie gehen ihren stillen Schritt
Und nehmen uns doch auch am Ende mit.
ERSTER: Herr Bruder, nein! ich bin nicht gern geniert.
Geschwind, daß wir das Wildbret nicht verlieren!
Die Hand, die Samstags ihren Besen führt,
Wird Sonntags dich am besten karessieren.
BÜRGER: Nein, er gefällt mir nicht, der neue Burgemeister!
Nun, da er's ist, wird er nur täglich dreister,
Und für die Stadt was tut denn er?
Wird es nicht alle Tage schlimmer?
Gehorchen soll man mehr als immer
Und zahlen mehr als je vorher.
BETTLER (singt):
Ihr guten Herrn, ihr schönen Frauen,
So wohlgeputzt und backenrot,
Belieb es euch, mich anzuschauen,
Und seht und mildert meine Not!
Laßt hier mich nicht vergebens leiern!
Nur der ist froh, der geben mag.
Ein Tag, den alle Menschen feiern,
Er sei für mich ein Erntetag!
ANDRER BÜRGER:
Nichts Bessers weiß ich mir an Sonn- und Feiertagen
Als ein Gespräch von Krieg und Kriegsgeschrei,
Wenn hinten, weit, in der Türkei,
Die Völker aufeinanderschlagen.
Man steht am Fenster, trinkt sein Gläschen aus
Und sieht den Fluß hinab die bunten Schiffe gleiten;
Dann kehrt man abends froh nach Haus
Und segnet Fried und Friedenszeiten.
DRITTER BÜRGER: Herr Nachbar, ja! so laß ich's auch geschehn:
Sie mögen sich die Köpfe spalten,
Mag alles durcheinandergehn;
Doch nur zu Hause bleib's beim alten!
ALTE (zu den Bürgermädchen):
Ei! wie geputzt! das schöne junge Blut!
Wer soll sich nicht in euch vergaffen? –
Nur nicht so stolz! es ist schon gut!
Und was ihr wünscht, das wüßt ich wohl zu schaffen.
BÜRGERMÄDCHEN: Agathe, fort! ich nehme mich in acht,
Mit solchen Hexen öffentlich zu gehen;
Sie ließ mich zwar in Sankt-Andreas-Nacht
Den künftigen Liebsten leiblich sehen.
DIE ANDRE: Mir zeigte sie ihn im Kristall,
Soldatenhaft, mit mehreren Verwegnen:
Ich seh mich um, ich such ihn überall,
Allein mir will er nicht begegnen.
SOLDATEN: Burgen mit hohen
Mauern und Zinnen,
Mädchen mit stolzen,
Höhnenden Sinnen
Möcht ich gewinnen!
Kühn ist das Mühen!
Herrlich der Lohn!

Und die Trompete
Lassen wir werben,
Wie zu der Freude
So zum Verderben.
Das ist ein Stürmen!
Das ist ein Leben!

Mädchen und Burgen
Müssen sich geben.
Kühn ist das Mühen,
Herrlich der Lohn!
Und die Soldaten
Ziehen davon.
Faust und Wagner
FAUST: Vom Eise befreit sind Strom und Bäche
Durch des Frühlings holden, belebenden Blick,
Im Tale grünet Hoffnungsglück;
Der alte Winter, in seiner Schwäche,
Zog sich in rauhe Berge zurück.
Von dorther sendet er, fliehend, nur
Ohnmächtige Schauer körnigen Eises
In Streifen über die grünende Flur;
Aber die Sonne duldet kein Weißes:
Überall regt sich Bildung und Streben,
Alles will sie mit Farben beleben;
Doch an Blumen fehlt's im Revier:
Sie nimmt geputzte Menschen dafür.
Kehre dich um, von diesen Höhen
Nach der Stadt zurückzusehen!
Aus dem hohlen, finstern Tor
Dringt ein buntes Gewimmel hervor.
Jeder sonnt sich heute so gern.
Sie feiern die Auferstehung des Herrn;
Denn sie sind selber auferstanden:
Aus niedriger Häuser dumpfen Gemächern,
Aus Handwerks- und Gewerbesbanden,
Aus dem Druck von Giebeln und Dächern,
Aus der Straßen quetschender Enge,
Aus der Kirchen ehrwürdiger Nacht
Sind sie alle ans Licht gebracht.

Sieh nur, sieh! wie behend sich die Menge
Durch die Gärten und Felder zerschlägt,
Wie der Fluß in Breit und Länge
So manchen lustigen Nachen bewegt,
Und, bis zum Sinken überladen,
Entfernt sich dieser letzte Kahn.
Selbst von des Berges fernen Pfaden
Blinken uns farbige Kleider an.
Ich höre schon des Dorfes Getümmel,
Hier ist des Volkes wahrer Himmel,
Zufrieden jauchzet groß und klein:
„Hier bin ich Mensch, hier darf ich's sein!"
WAGNER: Mit Euch, Herr Doktor, zu spazieren
Ist ehrenvoll und ist Gewinn;
Doch würd ich nicht allein mich herverlieren,
Weil ich ein Feind von allem Rohen bin.
Das Fiedeln, Schreien, Kegelschieben
Ist mir ein gar verhaßter Klang;
Sie toben, wie vom Bösen Geist getrieben,
Und nennen's Freude, nennen's Gesang.
BAUERN (unter der Linde. Tanz und Gesang):
    Der Schäfer putzte sich zum Tanz
    Mit bunter Jacke, Band und Kranz,
    Schmuck war er angezogen.
    Schon um die Linde war es voll,
    Und alles tanzte schon wie toll.
    Juchhe! Juchhe!
    Juchheisa! Heisa! He!
    So ging der Fiedelbogen.

    Er drückte hastig sich heran,
    Da stieß er an ein Mädchen an
    Mit seinem Ellenbogen;
    Die frische Dirne kehrt' sich um
    Und sagte: „Nun, das find ich dumm!"
    Juchhe! Juchhe!
    Juchheisa! Heisa! He!
    „Seid nicht so ungezogen!"

    Doch hurtig in dem Kreise ging's,
    Sie tanzten rechts, sie tanzten links,
    Und alle Röcke flogen.
    Sie wurden rot, sie wurden warm
    Und ruhten atmend Arm in Arm –
    Juchhe! Juchhe!
    Juchheisa! Heisa! He!
    Und Hüft an Ellenbogen.

    „Und tu mir doch nicht so vertraut!
    Wie mancher hat nicht seine Braut
    Belogen und betrogen!"
    Er schmeichelte sie doch beiseit,
    Und von der Linde scholl es weit:
    Juchhe! Juchhe!
    Juchheisa! Heisa! He!
    Geschrei und Fiedelbogen.
ALTER BAUER: Herr Doktor, das ist schön von Euch,
Daß Ihr uns heute nicht verschmäht
Und unter dieses Volksgedräng,
Als ein so Hochgelahrter, geht.
So nehmet auch den schönsten Krug,
Den wir mit frischem Trunk gefüllt!
Ich bring ihn zu und wünsche laut,
Daß er nicht nur den Durst Euch stillt:
Die Zahl der Tropfen, die er hegt,
Sei Euren Tagen zugelegt.
FAUST: Ich nehme den Erquickungstrank,
Erwidr euch allen Heil und Dank.
    Das Volk sammelt sich im Kreis umher
ALTER BAUER: Fürwahr, es ist sehr wohlgetan,
Daß Ihr am frohen Tag erscheint;
Habt Ihr es vormals doch mit uns
An bösen Tagen gut gemeint!
Gar mancher steht lebendig hier,
Den Euer Vater noch zuletzt
Der heißen Fieberwut entriß,
Als er der Seuche Ziel gesetzt.
Auch damals Ihr, ein junger Mann,
Ihr gingt in jedes Krankenhaus;
Gar manche Leiche trug man fort,
Ihr aber kamt gesund heraus,
Bestandet manche harte Proben:
Dem Helfer half der Helfer droben.
ALLE: Gesundheit dem bewährten Mann,
Daß er noch lange helfen kann!
FAUST: Vor jenem droben steht gebückt,
Der helfen lehrt und Hilfe schickt!
    Er geht mit Wagnern weiter
WAGNER: Welch ein Gefühl mußt du, o großer Mann,
Bei der Verehrung dieser Menge haben!
O glücklich, wer von seinen Gaben
Solch einen Vorteil ziehen kann!
Der Vater zeigt dich seinem Knaben,
Ein jeder fragt und drängt und eilt,
Die Fiedel stockt, der Tänzer weilt.
Du gehst, in Reihen stehen sie,
Die Mützen fliegen in die Höh,
Und wenig fehlt, so beugten sich die Knie,
Als käm das Venerabile.
FAUST: Nur wenig Schritte noch hinauf zu jenem Stein:
Hier wollen wir von unsrer Wandrung rasten.
Hier saß ich oft gedankenvoll allein
Und quälte mich mit Beten und mit Fasten.
An Hoffnung reich, im Glauben fest,
Mit Tränen, Seufzen, Händeringen
Dacht ich das Ende jener Pest
Vom Herrn des Himmels zu erzwingen.
Der Menge Beifall tönt mir nun wie Hohn.
O könntest du in meinem Innern lesen,
Wie wenig Vater und Sohn
Solch eines Ruhmes wert gewesen!
Mein Vater war ein dunkler Ehrenmann,
Der über die Natur und ihre heiligen Kreise,
In Redlichkeit, jedoch auf seine Weise,
Mit grillenhafter Mühe sann,

Der in Gesellschaft von Adepten
Sich in die Schwarze Küche schloß
Und nach unendlichen Rezepten
Das Widrige zusammengoß.
Da ward ein Roter Leu, ein kühner Freier,
Im lauen Bad der Lilie vermählt
Und beide dann mit offnem Flammenfeuer
Aus einem Brautgemach ins andere gequält.
Erschien darauf mit bunten Farben
Die Junge Königin im Glas,
Hier war die Arzenei, die Patienten starben,
Und niemand fragte, wer genas!
So haben wir mit höllischen Latwergen
In diesen Tälern, diesen Bergen
Weit schlimmer als die Pest getobt.
Ich habe selbst den Gift an Tausende gegeben:
Sie welkten hin, ich muß erleben,
Daß man die frechen Mörder lobt!
WAGNER: Wie könnt Ihr Euch darum betrüben!
Tut nicht ein braver Mann genug,
Die Kunst, die man ihm übertrug,
Gewissenhaft und pünktlich auszuüben?
Wenn du als Jüngling deinen Vater ehrst,
So wirst du gern von ihm empfangen;
Wenn du als Mann die Wissenschaft vermehrst,
So kann dein Sohn zu höhrem Ziel gelangen.
FAUST: O glücklich, wer noch hoffen kann,
Aus diesem Meer des Irrtums aufzutauchen!
Was man nicht weiß, das eben brauchte man,
Und was man weiß, kann man nicht brauchen. –
Doch laß uns dieser Stunde schönes Gut
Durch solchen Trübsinn nicht verkümmern!
Betrachte, wie in Abendsonneglut
Die grünumgebnen Hütten schimmern!
Sie rückt und weicht, der Tag ist überlebt,
Dort eilt sie hin und fördert neues Leben.
O daß kein Flügel mich vom Boden hebt,
Ihr nach und immer nach zu streben!
Ich säh im ewigen Abendstrahl
Die stille Welt zu meinen Füßen,
Entzündet alle Höhen, beruhigt jedes Tal,
Den Silberbach in goldne Ströme fließen.
Nicht hemmte dann den göttergleichen Lauf
Der wilde Berg mit allen seinen Schluchten;
Schon tut das Meer sich mit erwärmten Buchten
Vor den erstaunten Augen auf.
Doch scheint die Göttin endlich wegzusinken;
Allein der neue Trieb erwacht:
Ich eile fort, ihr ewges Licht zu trinken,
Vor mir den Tag und hinter mir die Nacht,
Den Himmel über mir und unter mir die Wellen.
Ein schöner Traum, indessen sie entweicht.
Ach, zu des Geistes Flügeln wird so leicht
Kein körperlicher Flügel sich gesellen!
Doch ist es jedem eingeboren,
Daß sein Gefühl hinauf- und vorwärtsdringt,
Wenn über uns, im blauen Raum verloren,

Ihr schmetternd Lied die Lerche singt,
Wenn über schroffen Fichtenhöhen
Der Adler ausgebreitet schwebt,
Und über Flächen, über Seen
Der Kranich nach der Heimat strebt.
WAGNER: Ich hatte selbst oft grillenhafte Stunden,
Doch solchen Trieb hab ich noch nie empfunden.
Man sieht sich leicht an Wald und Feldern satt;
Des Vogels Fittich werd ich nie beneiden.
Wie anders tragen uns die Geistesfreuden
Von Buch zu Buch, von Blatt zu Blatt!
Da werden Winternächte hold und schön,
Ein selig Leben wärmet alle Glieder,
Und ach, entrollst du gar ein würdig Pergamen,
So steigt der ganze Himmel zu dir nieder!
FAUST: Du bist dir nur des einen Triebs bewußt;
O lerne nie den anderen kennen!
Zwei Seelen wohnen, ach, in meiner Brust,
Die eine will sich von der andern trennen:
Die eine hält in derber Liebeslust
Sich an die Welt mit klammernden Organen;
Die andre hebt gewaltsam sich vom Dust
Zu den Gefilden hoher Ahnen.
O, gibt es Geister in der Luft,
Die zwischen Erd und Himmel herrschend weben,
So steiget nieder aus dem goldnen Duft
Und führt mich weg zu neuem, buntem Leben!
Ja, wäre nur ein Zaubermantel mein!
Und trüg er mich in fremde Länder,
Mir sollt er um die köstlichsten Gewänder,
Nicht feil um einen Königsmantel sein!
WAGNER: Berufe nicht die wohlbekannte Schar,
Die strömend sich im Dunstkreis überbreitet,
Dem Menschen tausendfältige Gefahr
Von allen Enden her bereitet!
Von Norden dringt der scharfe Geisterzahn
Auf dich herbei mit pfeilgespitzten Zungen;
Von Morgen ziehn vertrocknend sie heran
Und nähren sich von deinen Lungen.
Wenn sie der Mittag aus der Wüste schickt,
Die Glut auf Glut um deinen Scheitel häufen,
So bringt der West den Schwarm, der erst erquickt,
Um dich und Feld und Aue zu ersäufen.
Sie hören gern, zum Schaden froh gewandt,
Gehorchen gern, weil sie uns gern betrügen;
Sie stellen wie vom Himmel sich gesandt
Und lispeln englisch, wenn sie lügen. –
Doch gehen wir! Ergraut ist schon die Welt,
Die Luft gekühlt, der Nebel fällt!
Am Abend schätzt man erst das Haus. –
Was stehst du so und blickst erstaunt hinaus?
Was kann dich in der Dämmrung so ergreifen?
FAUST: Siehst du den schwarzen Hund durch Saat und Stoppel streifen?
WAGNER: Ich sah ihn lange schon, nicht wichtig schien er mir.

FAUST: Betracht ihn recht! für was hältst du das Tier?
FAUST: Für einen Pudel, der auf seine Weise
Sich auf der Spur des Herren plagt.
FAUST: Bemerkst du, wie in weitem Schneckenkreise
Er um uns her und immer näher jagt?
Und irr ich nicht, so zieht ein Feuerstrudel
Auf seinen Pfaden hinterdrein.
WAGNER: Ich sehe nichts als einen schwarzen Pudel;
Es mag bei Euch wohl Augentäuschung sein.
FAUST: Mir scheint es, daß er magisch-leise Schlingen
Zu künftgem Band um unsre Füße zieht.
WAGNER: Ich seh ihn ungewiß und furchtsam uns umspringen,
Weil er statt seines Herrn zwei Unbekannte sieht.
FAUST: Der Kreis wird eng! schon ist er nah!
WAGNER: Du siehst, ein Hund, und kein Gespenst ist da!
Er knurrt und zweifelt, legt sich auf den Bauch,
Er wedelt: alles Hundebrauch.
FAUST: Geselle dich zu uns! komm hier!
WAGNER: Es ist ein pudelnärrisch Tier.
Du stehest still, er wartet auf;
Du sprichst ihn an, er strebt an dir hinauf:
Verliere was, er wird es bringen,
Nach deinem Stock ins Wasser springen.
FAUST: Du hast wohl recht: ich finde nicht die Spur
Von einem Geist, und alles ist Dressur.
WAGNER: Dem Hunde, wenn er gut gezogen,
Wird selbst ein weiser Mann gewogen.
Ja, deine Gunst verdient er ganz und gar,
Er, der Studenten trefflicher Skolar.
Sie gehen in das Stadttor

STUDIERZIMMER

FAUST (mit dem Pudel hereintretend):
Verlassen hab ich Feld und Auen,
Die eine tiefe Nacht bedeckt,
Mit ahnungsvollem, heilgem Grauen
In uns die bess're Seele weckt.
Entschlafen sind nun wilde Triebe
Mit jedem ungestümen Tun;
Es reget sich die Menschenliebe,
Die Liebe Gottes regt sich nun. –
Sei ruhig, Pudel! renne nicht hin und wider!
An der Schwelle was schnoperst du hier?
Lege dich hinter den Ofen nieder:
Mein bestes Kissen geb ich dir.
Wie du draußen auf dem bergigen Wege
Durch Rennen und Springen ergetzt uns hast,
So nimm nun auch von mir die Pflege
Als ein willkommner, stiller Gast.
Ach! wenn in unsrer engen Zelle
Die Lampe freundlich wieder brennt,
Dann wird's in unserm Busen helle,
Im Herzen, das sich selber kennt.

Vernunft fängt wieder an zu sprechen,
Und Hoffnung wieder an zu blühn;
Man sehnt sich nach des Lebens Bächen,
Ach! nach des Lebens Quelle hin. –
Knurre nicht, Pudel! Zu den heiligen Tönen,
Die jetzt meine ganze Seel umfassen,
Will der tierische Laut nicht passen.
Wir sind gewohnt, daß die Menschen verhöhnen,
Was sie nicht verstehn,
Daß sie vor dem Guten und Schönen,
Das ihnen oft beschwerlich ist, murren:
Will es der Hund wie sie beknurren?
Aber ach! schon fühl ich, bei dem besten Willen,
Befriedigung nicht mehr aus dem Busen quillen.
Aber warum muß der Strom so bald versiegen
Und wir wieder im Durste liegen?
Davon hab ich so viel Erfahrung.
Doch dieser Mangel läßt sich ersetzen:
Wir lernen das Überirdische schätzen,
Wir sehnen uns nach Offenbarung,
Die nirgends würdger und schöner brennt
Als in dem Neuen Testament.
Mich drängt's, den Grundtext aufzuschlagen,
Mit redlichem Gefühl einmal
Das heilige Original
In mein geliebtes Deutsch zu übertragen.

Er schlägt ein Volum auf und schickt sich an

Geschrieben steht: „Im Anfang war das Wort!"
Hier stock ich schon! Wer hilft mir weiter fort?
Ich kann das Wort so hoch unmöglich schätzen,
Ich muß es anders übersetzen,
Wenn ich vom Geiste recht erleuchtet bin.
Geschrieben steht: Im Anfang war der Sinn.
Bedenke wohl die erste Zeile,
Daß deine Feder sich nicht übereile!
Ist es der Sinn, der alles wirkt und schafft?
Es sollte stehn: Im Anfang war die Kraft!
Doch auch indem ich dieses niederschreibe,
Schon warnt mich was, daß ich dabei nicht bleibe.
Mir hilft der Geist! auf einmal seh ich Rat
Und schreibe getrost: Im Anfang war die Tat! –

Soll ich mit dir das Zimmer teilen,
Pudel, so laß das Heulen,
So laß das Bellen!
Solch einen störenden Gesellen
Mag ich nicht in der Nähe leiden.
Einer von uns beiden
Muß die Zelle meiden.
Ungern heb ich das Gastrecht auf,
Die Tür ist offen, hast freien Lauf. –
Aber was muß ich sehen!
Kann das natürlich geschehen?
Ist es Schatten? ist's Wirklichkeit?
Wie wird mein Pudel lang und breit!
Er erhebt sich mit Gewalt:

Das ist nicht eines Hundes Gestalt!
Welch ein Gespenst bracht ich ins Haus!
Schon sieht er wie ein Nilpferd aus,
Mit feurigen Augen, schrecklichem Gebiß.
Oh, du bist mir gewiß!
Für solche halbe Höllenbrut
Ist Salomonis Schlüssel gut.
GEISTER (auf dem Gange):
    Drinnen gefangen ist einer!
    Bleibet haußen! folg ihm keiner!
    Wie im Eisen der Fuchs
    Zagt ein alter Höllenluchs.
    Aber gebt acht!
    Schwebet hin, schwebet wider,
    Auf und nieder,
    Und er hat sich losgemacht.
    Könnt ihr ihm nützen,
    Laßt ihn nicht sitzen!
    Denn er tat uns allen
    Schon viel zu Gefallen.
FAUST: Erst, zu begegnen dem Tiere,
  Brauch ich den Spruch der Viere:
    Salamander soll glühen,
    Undene sich winden,
    Sylphe verschwinden,
    Kobold sich mühen.
Wer sie nicht kennte,
Die Elemente,
Ihre Kraft
Und Eigenschaft,
Wäre kein Meister
Über die Geister.
    Verschwind in Flammen,
    Salamander!
    Rauschend fließe zusammen,
    Undene!
    Leucht in Meteorenschöne,
    Sylphe!
    Bring häusliche Hilfe,
    Incubus! incubus!
    Tritt hervor und mache den Schluß!
Keines der Viere
Steckt in dem Tiere.
Es liegt ganz ruhig und grinst mich an;
Ich hab ihm noch nicht weh getan.
Du sollst mich hören
Stärker beschwören.
    Bist du, Geselle,
    Ein Flüchtling der Hölle?
    So sieh dies Zeichen,
    Dem sie sich beugen,
    Die schwarzen Scharen!
Schon schwillt es auf mit borstigen Haaren.
    Verworfnes Wesen!
    Kannst du ihn lesen?
    Den nie Entsproßnen,
    Unausgesprochnen,
    Durch alle Himmel Gegoßnen,
    Freventlich Duchstochnen?
Hinter den Ofen gebannt,
Schwillt es wie ein Elefant,
Den ganzen Raum füllt es an,
Es will zum Nebel zerfließen.
Steige nicht zur Decke hinan!
Lege dich zu des Meisters Füßen!
Du siehst, daß ich nicht vergebens drohe:
Ich versenge dich mit heiliger Lohe!
Erwarte nicht
Das dreimal glühende Licht!
Erwarte nicht
Die stärkste von meinen Künsten!
MEPHISTOPHELES (tritt, indem der Nebel fällt, gekleidet wie ein fahrender Scholastikus, hinter dem Ofen hervor):
  Wozu der Lärm? was steht dem Herrn zu Diensten?
FAUST: Das also war des Pudels Kern!
  Ein fahrender Skolast? Der Kasus macht mich lachen.
MEPHISTOPHELES: Ich salutiere den gelehrten Herrn!
  Ihr habt mich weidlich schwitzen machen.
FAUST: Wie nennst du dich?
MEPHISTOPHELES: Die Frage scheint mir klein
  Für einen, der das Wort so sehr verachtet,
  Der, weit entfernt von allem Schein,
  Nur in der Wesen Tiefe trachtet.
FAUST: Bei euch, ihr Herrn, kann man das Wesen
  Gewöhnlich aus dem Namen lesen,
  Wo es sich allzu deutlich weist,
  Wenn man euch Fliegengott, Verderber, Lügner heißt.
  Nun gut, wer bist du denn?
MEPHISTOPHELES: Ein Teil von jener Kraft,
  Die stets das Böse will, und stets das Gute schafft.
FAUST: Was ist mit diesem Rätselwort gemeint?
MEPHISTOPHELES:
  Ich bin der Geist, der stets verneint!
  Und das mit Recht: denn alles, was entsteht,
  Ist wert, daß es zugrunde geht;
  Drum besser wär's, daß nichts entstünde.
  So ist denn alles, was ihr Sünde,
  Zerstörung, kurz das Böse nennt,
  Mein eigentliches Element.
FAUST: Du nennst dich einen Teil und stehst doch ganz
  vor mir?
MEPHISTOPHELES: Bescheidne Wahrheit sprech
  ich dir.
  Wenn sich der Mensch, die kleine Narrenwelt,
  Gewöhnlich für ein Ganzes hält:
  Ich bin ein Teil des Teils, der anfangs alles war,
  Ein Teil der Finsternis, die sich das Licht gebar,
  Das stolze Licht, das nun der Mutter Nacht
  Den alten Rang, den Raum ihr streitig macht.
  Und doch gelingt's ihm nicht, da es, soviel es strebt,
  Verhaftet an den Körpern klebt:
  Von Körpern strömt's, die Körper macht es schön,
  Ein Körper hemmt's auf seinem Gange;

So, hoff ich, dauert es nicht lange,
Und mit den Körpern wird's zugrunde gehn.
FAUST: Nun kenn ich deine würdgen Pflichten!
Du kannst im Großen nichts vernichten
Und fängst es nun im Kleinen an.
MEPHISTOPHELES: Und freilich ist nicht viel damit getan.
Was sich dem Nichts entgegenstellt,
Das Etwas, diese plumpe Welt,
Soviel als ich schon unternommen,
Ich wußte nicht ihr beizukommen,
Mit Wellen, Stürmen, Schütteln, Brand –
Geruhig bleibt am Ende Meer und Land!
Und dem verdammten Zeug, der Tier- und Menschenbrut,
Dem ist nun gar nichts anzuhaben:
Wie viele hab ich schon begraben,
Und immer zirkuliert ein neues, frisches Blut!
So geht es fort, man möchte rasend werden!
Der Luft, dem Wasser wie der Erden
Entwinden tausend Keime sich,
Im Trocknen, Feuchten, Warmen, Kalten!
Hätt ich mir nicht die Flamme vorbehalten,
Ich hätte nichts Aparts für mich.
FAUST: So setzest du der ewig-regen,
Der heilsam-schaffenden Gewalt
Die kalte Teufelsfaust entgegen,
Die sich vergebens tückisch ballt!
Was anders suche zu beginnen
Des Chaos wunderlicher Sohn!
MEPHISTOPHELES: Wir wollen wirklich uns besinnen,
Die nächsten Male mehr davon!
Dürft ich wohl diesmal mich entfernen?
FAUST: Ich sehe nicht, warum du fragst.
Ich habe jetzt dich kennenlernen,
Besuche nun mich, wie du magst.
Hier ist das Fenster, hier die Türe,
Ein Rauchfang ist dir auch gewiß.
MEPHISTOPHELES: Gesteh ich's nur! Daß ich hinausspaziere,
Verbietet mir ein kleines Hindernis:
Der Drudenfuß auf Eurer Schwelle –
FAUST: Das Pentagramma macht dir Pein?
Ei, sage mir, du Sohn der Hölle:
Wenn das dich bannt, wie kamst du denn herein?
Wie ward ein solcher Geist betrogen?
MEPHISTOPHELES: Beschaut es recht! es ist nicht gut gezogen:
Der eine Winkel, der nach außen zu,
Ist, wie du siehst, ein wenig offen.
FAUST: Das hat der Zufall gut getroffen!
Und mein Gefangner wärst denn du?
Das ist von ungefähr gelungen!
MEPHISTOPHELES:
Der Pudel merkte nichts, als er hereingesprungen!
Die Sache sieht jetzt anders aus:
Der Teufel kann nicht aus dem Haus.
FAUST: Doch warum gehst du nicht durchs Fenster?
MEPHISTOPHELES: 's ist ein Gesetz der Teufel und Gespenster:
Wo sie hereingeschlüpft, da müssen sie hinaus.
Das erste steht uns frei, beim zweiten sind wir Knechte.
FAUST: Die Hölle selbst hat ihre Rechte:
Das find ich gut, da ließe sich ein Pakt,
Und sicher wohl, mit euch, ihr Herren, schließen?
MEPHISTOPHELES:
Was man verspricht, das sollst du rein genießen,
Dir wird davon nichts abgezwackt.
Doch das ist nicht so kurz zu fassen,
Und wir besprechen das zunächst;
Doch jetzo bitt ich hoch und höchst,
Für dieses Mal mich zu entlassen.
FAUST: So bleibe doch noch einen Augenblick,
Um mir erst gute Mär zu sagen!
MEPHISTOPHELES: Jetzt laß mich los! ich komme bald zurück:
Dann magst du nach Belieben fragen.
FAUST: Ich habe dir nicht nachgestellt,
Bist du doch selbst ins Garn gegangen.
Den Teufel halte, wer ihn hält!
Er wird ihn nicht so bald zum zweiten Male fangen.
MEPHISTOPHELES: Wenn dir's beliebt, so bin ich auch bereit,
Dir zur Gesellschaft hierzubleiben;
Doch mit Bedingnis, dir die Zeit
Durch meine Künste würdig zu vertreiben.
FAUST: Ich seh es gern, das steht dir frei;
Nur daß die Kunst gefällig sei!
MEPHISTOPHELES: Du wirst, mein Freund, für deine Sinnen
In dieser Stunde mehr gewinnen
Als in des Jahres Einerlei.
Was dir die zarten Geister singen,
Die schönen Bilder, die sie bringen,
Sind nicht ein leeres Zauberspiel.
Auch dein Geruch wird sich ergetzen,
Dann wirst du deinen Gaumen letzen,
Und dann entzückt sich dein Gefühl.
Bereitung braucht es nicht voran:
Beisammen sind wir, fanget an!
GEISTER: Schwindet, ihr dunkeln
Wölbungen droben!
Reizender schaue
Freundlich der blaue
Äther herein!
Wären die dunkeln
Wolken zerronnen!
Sternelein funkeln,
Mildere Sonnen
Scheinen darein.
Himmlischer Söhne
Geistige Schöne,
Schwankende Beugung
Schwebet vorüber;
Sehnende Neigung

Folget hinüber.
Und der Gewänder
Flatternde Bänder
Decken die Länder,
Decken die Laube,
Wo sich für's Leben,
Tief in Gedanken,
Liebende geben.
Laube bei Laube!
Sprossende Ranken!
Lastende Traube
Stürzt ins Behälter
Drängender Kelter;
Stürzen in Bächen
Schäumende Weine,
Rieseln durch reine,
Edle Gesteine,
Lassen die Höhen
Hinter sich liegen,
Breiten zu Seen
Sich ums Genügen
Grünender Hügel.
Und das Geflügel
Schlürfet sich Wonne,
Flieget der Sonne,
Flieget den hellen
Inseln entgegen,
Die sich auf Wellen
Gaukelnd bewegen,
Wo wir in Chören
Jauchzende hören,
Über den Auen
Tanzende schauen,
Die sich im Freien
Alle zerstreuen.
Einige klimmen
Über die Höhen,
Andere schwimmen
Über die Seen,
Andere schweben:
Alle zum Leben,
Alle zur Ferne
Liebender Sterne,
Seliger Huld.

MEPHISTOPHELES:
Er schläft! So recht, ihr luftgen, zarten Jungen,
Ihr habt ihn treulich eingesungen!
Für dies Konzert bin ich in eurer Schuld.
Du bist noch nicht der Mann, den Teufel festzuhalten!
Umgaukelt ihn mit süßen Traumgestalten,
Versenkt ihn in ein Meer des Wahns!
Doch dieser Schwelle Zauber zu zerspalten,
Bedarf ich eines Rattenzahns.
Nicht lange brauch ich zu beschwören:
Schon raschelt eine hier und wird sogleich mich hören.
Der Herr der Ratten und der Mäuse,
Der Fliegen, Frösche, Wanzen, Läuse
Befiehlt dir, dich hervorzuwagen
Und diese Schwelle zu benagen,
So wie er sie mit Öl betupft –
Da kommst du schon hervorgehupft!
Nur frisch ans Werk! Die Spitze, die mich bannte,
Sie sitzt ganz vornen an der Kante.
Noch einen Biß, so ist's geschehn! –
Nun, Fauste, träume fort, bis wir uns wiedersehn!
FAUST (erwachend): Bin ich denn abermals betrogen?
Verschwindet so der geisterreiche Drang,
Daß mir ein Traum den Teufel vorgelogen
Und daß ein Pudel mir entsprang?

STUDIERZIMMER

Faust. Mephistopheles

FAUST: Es klopft? Herein! Wer will mich wieder plagen?
MEPHISTOPHELES: Ich bin's.
FAUST: Herein!
MEPHISTOPHELES: Du mußt es dreimal
  sagen.
FAUST: Herein denn!
MEPHISTOPHELES: So gefällst du mir!
Wir werden, hoff ich, uns vertragen;
Denn dir die Grillen zu verjagen,
Bin ich als edler Junker hier:
In rotem, goldverbrämtem Kleide,
Das Mäntelchen von starrer Seide,
Die Hahnenfeder auf dem Hut,
Mit einem langen, spitzen Degen –
Und rate nun dir kurz und gut,
Dergleichen gleichfalls anzulegen,
Damit du, losgebunden, frei,
Erfahrest, was das Leben sei.
FAUST: In jedem Kleide werd ich wohl die Pein
Des engen Erdelebens fühlen.
Ich bin zu alt, um nur zu spielen,
Zu jung, um ohne Wunsch zu sein.
Was kann die Welt mir wohl gewähren!
Entbehren sollst du! sollst entbehren!
Das ist der ewige Gesang,
Der jedem an die Ohren klingt,
Den, unser ganzes Leben lang,
Uns heiser jede Stunde singt.
Nur mit Entsetzen wach ich morgens auf,
Ich möchte bittre Tränen weinen,
Den Tag zu sehn, der mir in seinem Lauf
Nicht Einen Wunsch erfüllen wird, nicht Einen,
Der selbst die Ahnung jeder Lust
Mit eigensinnigem Krittel mindert,
Die Schöpfung meiner regen Brust
Mit tausend Lebensfratzen hindert.
Auch muß ich, wenn die Nacht sich niedersenkt,
Mich ängstlich auf das Lager strecken:
Auch da wird keine Rast geschenkt,

Mich werden wilde Träume schrecken.
Der Gott, der mir im Busen wohnt,
Kann tief mein Innerstes erregen;
Der über allen Kräften thront,
Er kann nach außen nichts bewegen:
Und so ist mir das Dasein eine Last,
Der Tod erwünscht, das Leben mir verhaßt.

MEPHISTOPHELES:
Und doch ist nie der Tod ein ganz willkommner Gast.

FAUST: O selig der, dem er im Siegesglanze
Die blutigen Lorbeern um die Schläfe windet,
Den er, nach rasch durchrastem Tanze,
In eines Mädchens Armen findet!
O wär ich vor des hohen Geistes Kraft
Entzückt, entseelt dahingesunken!

MEPHISTOPHELES: Und doch hat jemand einen braunen Saft,
In jener Nacht, nicht ausgetrunken!

FAUST: Das Spionieren, scheint's, ist deine Lust.

MEPHISTOPHELES:
Allwissend bin ich nicht; doch viel ist mir bewußt.

FAUST: Wenn aus dem schrecklichen Gewühle
Ein süß-bekannter Ton mich zog,
Den Rest von kindlichem Gefühle
Mit Anklang froher Zeit betrog,
So fluch ich allem, was die Seele
Mit Lock und Gaukelwerk umspannt
Und sie in diese Trauerhöhle
Mit Blend- und Schmeichelkräften bannt!
Verflucht voraus die hohe Meinung,
Womit der Geist sich selbst umfängt,
Verflucht das Blenden der Erscheinung,
Die sich an unsre Sinne drängt!
Verflucht, was uns in Träumen heuchelt,
Des Ruhms, der Namensdauer Trug!
Verflucht, was als Besitz uns schmeichelt,
Als Weib und Kind, als Knecht und Pflug!
Verflucht sei Mammon, wenn mit Schätzen
Er uns zu kühnen Taten regt,
Wenn er zu müßigem Ergetzen
Die Polster uns zurechtelegt!
Fluch sei dem Balsamsaft der Trauben!
Fluch jener höchsten Liebeshuld!
Fluch sei der Hoffnung! Fluch dem Glauben,
Und Fluch vor allen der Geduld!

GEISTERCHOR (unsichtbar):
Weh! weh!
Du hast sie zerstört,
Die schöne Welt,
Mit mächtiger Faust;
Sie stürzt, sie zerfällt!
Ein Halbgott hat sie zerschlagen!
Wir tragen
Die Trümmer ins Nichts hinüber
Und klagen
Über die verlorne Schöne.
Mächtiger
Der Erdensöhne,
Prächtiger
Baue sie wieder,
In deinem Busen baue sie auf!
Neuen Lebenslauf
Beginne
Mit hellem Sinne,
Und neue Lieder
Tönen darauf!

MEPHISTOPHELES:
Dies sind die Kleinen
Von den Meinen.
Höre, wie zu Lust und Taten
Altklug sie raten!
In die Welt weit,
Aus der Einsamkeit,
Wo Sinnen und Säfte stocken,
Wollen sie dich locken.
Hör auf, mit deinem Gram zu spielen,
Der wie ein Geier dir am Leben frißt!
Die schlechteste Gesellschaft läßt dich fühlen,
Daß du ein Mensch mit Menschen bist.
Doch so ist's nicht gemeint,
Dich unter das Pack zu stoßen.
Ich bin keiner von den Großen;
Doch willst du mit mir vereint
Deine Schritte durchs Leben nehmen,
So will ich mich gern bequemen,
Dein zu sein, auf der Stelle.
Ich bin dein Geselle,
Und mach ich dir's recht,
Bin ich dein Diener, bin dein Knecht!

FAUST: Und was soll ich dagegen dir erfüllen?

MEPHISTOPHELES: Dazu hast du noch eine lange Frist.

FAUST: Nein, nein! der Teufel ist ein Egoist
Und tut nicht leicht um Gottes willen,
Was einem andern nützlich ist.
Sprich die Bedingung deutlich aus!
Ein solcher Diener bringt Gefahr ins Haus.

MEPHISTOPHELES:
Ich will mich hier zu deinem Dienst verbinden,
Auf deinen Wink nicht rasten und nicht ruhn;
Wenn wir uns drüben wiederfinden,
So sollst du mir das Gleiche tun.

FAUST: Das Drüben kann mich wenig kümmern;
Schlägst du erst diese Welt zu Trümmern,
Die andre mag darnach entstehn.
Aus dieser Erde quillen meine Freuden,
Und diese Sonne scheinet meinen Leiden:
Kann ich mich erst von ihnen scheiden,
Dann mag, was will und kann, geschehn.
Davon will ich nichts weiter hören,
Ob man auch künftig haßt und liebt
Und ob es auch in jenen Sphären
Ein Oben oder Unten gibt.

MEPHISTOPHELES: In diesem Sinne kannst du's wagen.
Verbinde dich! du sollst in diesen Tagen
Mit Freuden meine Künste sehn:
Ich gebe dir, was noch kein Mensch gesehn!
FAUST: Was willst du, armer Teufel, geben?
Ward eines Menschen Geist in seinem hohen Streben
Von deinesgleichen je gefaßt?
Doch hast du Speise, die nicht sättigt? hast
Du rotes Gold, das ohne Rast,
Quecksilber gleich, dir in der Hand zerrinnt?
Ein Spiel, bei dem man nie gewinnt?
Ein Mädchen, das an meiner Brust
Mit Äugeln schon dem Nachbar sich verbindet?
Der Ehre schöne Götterlust,
Die wie ein Meteor verschwindet?
Zeig mir die Frucht, die fault, eh man sie bricht,
Und Bäume, die sich täglich neu begrünen!
MEPHISTOPHELES: Ein solcher Auftrag schreckt mich nicht,
Mit solchen Schätzen kann ich dienen.
Doch, guter Freund, die Zeit kommt auch heran,
Wo wir was Guts in Ruhe schmausen mögen.
FAUST:
Werd ich beruhigt je mich auf ein Faulbett legen,
So sei es gleich um mich getan!
Kannst du mich schmeichelnd je belügen,
Daß ich mir selbst gefallen mag,
Kannst du mich mit Genuß betrügen:
Das sei für mich der letzte Tag!
Die Wette biet ich!
MEPHISTOPHELES: Topp!
FAUST: Und Schlag auf Schlag!
Werd ich zum Augenblicke sagen:
Verweile doch! du bist so schön!
Dann magst du mich in Fesseln schlagen,
Dann will ich gern zugrunde gehn!
Dann mag die Totenglocke schallen,
Dann bist du deines Dienstes frei,
Die Uhr mag stehn, der Zeiger fallen,
Es sei die Zeit für mich vorbei!
MEPHISTOPHELES: Bedenk es wohl! wir werden's nicht vergessen.
FAUST: Dazu hast du ein volles Recht!
Ich habe mich nicht freventlich vermessen:
Wie ich beharre, bin ich Knecht,
Ob dein, was frag ich, oder wessen!
MEPHISTOPHELES: Ich werde heute gleich, beim Doktorschmaus,
Als Diener meine Pflicht erfüllen.
Nur eins! – Um Lebens oder Sterbens willen
Bitt ich mir ein paar Zeilen aus.
FAUST: Auch was Geschriebnes forderst du Pedant?
Hast du noch keinen Mann, nicht Manneswort gekannt?
Ist's nicht genug, daß mein gesprochnes Wort
Auf ewig soll mit meinen Tagen schalten?
Rast nicht die Welt in allen Strömen fort,
Und mich soll ein Versprechen halten?
Doch dieser Wahn ist uns ins Herz gelegt:
Wer mag sich gern davon befreien?
Beglückt, wer Treue rein im Busen trägt,
Kein Opfer wird ihn je gereuen!
Allein ein Pergament, beschrieben und beprägt,
Ist ein Gespenst, vor dem sich alle scheuen.
Das Wort erstirbt schon in der Feder,
Die Herrschaft führen Wachs und Leder. –
Was willst du böser Geist von mir?
Erz? Marmor? Pergament? Papier?
Soll ich mit Griffel, Meißel, Feder schreiben?
Ich gebe jede Wahl dir frei.
MEPHISTOPHELES: Wie magst du deine Rednerei
Nur gleich so hitzig übertreiben?
Ist doch ein jedes Blättchen gut.
Du unterzeichnest dich mit einem Tröpfchen Blut.
FAUST: Wenn dies dir völlig Genüge tut,
So mag es bei der Fratze bleiben.
MEPHISTOPHELES: Blut ist ein ganz besondrer Saft.
FAUST: Nur keine Furcht, daß ich dies Bündnis breche!
Das Streben meiner ganzen Kraft
Ist grade das, was ich verspreche.
Ich habe mich zu hoch gebläht,
In deinen Rang gehör ich nur.
Der große Geist hat mich verschmäht,
Vor mir verschließt sich die Natur.
Des Denkens Faden ist zerrissen,
Mir ekelt lange vor allem Wissen.
Laß in den Tiefen der Sinnlichkeit
Uns glühende Leidenschaften stillen!
In undurchdrungnen Zauberhüllen
Sei jedes Wunder gleich bereit!
Stürzen wir uns in das Rauschen der Zeit,
Ins Rollen der Begebenheit!
Da mag denn Schmerz und Genuß,
Gelingen und Verdruß
Miteinander wechseln, wie es kann:
Nur rastlos betätigt sich der Mann.
MEPHISTOPHELES: Euch ist kein Maß und Ziel gesetzt.
Beliebt's Euch, überall zu naschen,
Im Fliehen etwas zu erhaschen,
Bekomm Euch wohl, was Euch ergetzt!
Nun greift nur zu und seid nicht blöde!
FAUST: Du hörest ja: von Freud ist nicht die Rede!
Dem Taumel weih ich mich, dem schmerzlichen Genuß,
Verliebtem Haß, erquickendem Verdruß.
Mein Busen, der vom Wissensdrang geheilt ist,
Soll keinen Schmerzen künftig sich verschließen,
Und was der ganzen Menschheit zugeteilt ist,
Will ich in meinem innern Selbst genießen,
Mit meinem Geist das Höchst und Tiefste greifen,
Ihr Wohl und Weh auf meinen Busen häufen
Und so mein eigen Selbst zu ihrem Selbst erweitern
Und, wie sie selbst, am End auch ich zerscheitern!

MEPHISTOPHELES: O glaube mir, der manche tausend Jahre
An dieser harten Speise kaut,
Daß von der Wiege bis zur Bahre
Kein Mensch den alten Sauerteig verdaut!
Glaub unsereinem: dieses Ganze
Ist nur für einen Gott gemacht!
Er findet sich in einem ewgen Glanze,
Uns hat er in die Finsternis gebracht,
Und euch taugt einzig Tag und Nacht.
FAUST: Allein ich will!
MEPHISTOPHELES: Das läßt sich hören!
Doch nur vor einem ist mir bang:
Die Zeit ist kurz, die Kunst ist lang.
Ich dächt, Ihr ließet Euch belehren.
Assoziiert Euch mit einem Poeten,
Laßt den Herrn in Gedanken schweifen
Und alle edlen Qualitäten
Auf Euren Ehrenscheitel häufen:
Des Löwen Mut,
Des Hirsches Schnelligkeit,
Des Italieners feurig Blut,
Des Nordens Dau'rbarkeit.
Laßt ihn Euch des Geheimnis finden,
Großmut und Arglist zu verbinden
Und Euch mit warmen Jugendtrieben
Nach einem Plane zu verlieben!
Möchte selbst solch einen Herren kennen:
Würd ihn Herrn Mikrokosmus nennen.
FAUST: Was bin ich denn, wenn es nicht möglich ist,
Der Menschheit Krone zu erringen,
Nach der sich alle Sinne dringen?
MEPHISTOPHELES: Du bist am Ende – was du bist.
Setz dir Perücken auf von Millionen Locken,
Setz deinen Fuß auf ellenhohe Socken,
Du bleibst doch immer, was du bist.
FAUST: Ich fühl's, vergebens hab ich alle Schätze
Des Menschengeists auf mich herbeigerafft,
Und wenn ich mich am Ende niedersetze,
Quillt innerlich doch keine neue Kraft;
Ich bin nicht um ein Haarbreit höher,
Bin dem Unendlichen nicht näher.
MEPHISTOPHELES: Mein guter Herr, Ihr seht die Sachen,
Wie man die Sachen eben sieht;
Wir müssen das gescheiter machen,
Eh uns des Lebens Freude flieht.
Was Henker! freilich Händ und Füße
Und Kopf und Hintern, die sind dein;
Doch alles, was ich frisch genieße,
Ist das drum weniger mein?
Wenn ich sechs Hengste zahlen kann,
Sind ihre Kräfte nicht die meine?
Ich renne zu und bin ein rechter Mann,
Als hätt ich vierundzwanzig Beine.
Drum frisch! laß alles Sinnen sein,
Und grad mit in die Welt hinein!
Ich sag es dir: ein Kerl, der spekuliert,
Ist wie ein Tier, auf dürrer Heide
Von einem bösen Geist im Kreis herumgeführt,
Und ringsumher liegt schöne grüne Weide.
FAUST: Wie fangen wir das an?
MEPHISTOPHELES: Wir gehen eben fort.
Was ist das für ein Marterort!
Was heißt das für ein Leben führen,
Sich und die Jungens ennuyieren!
Laß du das dem Herrn Nachbar Wanst!
Was willst du dich das Stroh zu dreschen plagen?
Das Beste, was du wissen kannst,
Darfst du den Buben doch nicht sagen.
Gleich hör ich einen auf dem Gange!
FAUST: Mir ist's nicht möglich, ihn zu sehn.
MEPHISTOPHELES: Der arme Knabe wartet lange,
Der darf nicht ungetröstet gehn.
Komm, gib mir deinen Rock und Mütze!
Die Maske muß mir köstlich stehn.
Er kleidet sich um
Nun überlaß es meinem Witze!
Ich brauche nur ein Viertelstündchen Zeit;
Indessen mache dich zur schönen Fahrt bereit!
Faust ab
MEPHISTOPHELES (in Fausts langem Kleide):
Verachte nur Vernunft und Wissenschaft,
Des Menschen allerhöchste Kraft,
Laß nur in Blend- und Zauberwerken
Dich von dem Lügengeist bestärken,
So hab ich dich schon unbedingt! –
Ihm hat das Schicksal einen Geist gegeben,
Der ungebändigt immer vorwärtsdringt
Und dessen übereiltes Streben
Der Erde Freuden überspringt.
Den schlepp ich durch das wilde Leben,
Durch flache Unbedeutenheit,
Er soll mir zappeln, starren, kleben,
Und seiner Unersättlichkeit
Soll Speis' und Trank vor giergen Lippen schweben:
Er wird Erquickung sich umsonst erflehn,
Und hätt er sich auch nicht dem Teufel übergeben,
Er müßte doch zugrunde gehn!
Ein Schüler tritt auf
SCHÜLER: Ich bin allhier erst kurze Zeit
Und komme voll Ergebenheit,
Einen Mann zu sprechen und zu kennen,
Den alle mir mit Ehrfurcht nennen.
MEPHISTOPHELES: Eure Höflichkeit erfreut mich sehr!
Ihr seht einen Mann wie andre mehr. –
Habt Ihr Euch sonst schon umgetan?
SCHÜLER: Ich bitt Euch, nehmt Euch meiner an!
Ich komme mit allem guten Mut,
Leidlichem Geld und frischem Blut;
Meine Mutter wollte mich kaum entfernen;
Möchte gern was Rechts hieraußen lernen.
MEPHISTOPHELES: Da seid Ihr eben recht am Ort.
SCHÜLER: Aufrichtig: möchte schon wieder fort!
In diesen Mauern, diesen Hallen

Will es mir keineswegs gefallen.
Es ist ein gar beschränkter Raum,
Man sieht nichts Grünes, keinen Baum,
Und in den Sälen, auf den Bänken
Vergeht mir Hören, Sehn und Denken.
MEPHISTOPHELES: Das kommt nur auf Gewohnheit an.
So nimmt ein Kind der Mutter Brust
Nicht gleich im Anfang willig an;
Doch bald ernährt es sich mit Lust.
So wird's Euch an der Weisheit Brüsten
Mit jedem Tage mehr gelüsten.
SCHÜLER: An ihrem Hals will ich mit Freuden hangen;
Doch sagt mir nur: wie kann ich hingelangen?
MEPHISTOPHELES: Erklärt Euch, eh Ihr weitergeht:
Was wählt Ihr für eine Fakultät?
SCHÜLER: Ich wünschte, recht gelehrt zu werden,
Und möchte gern, was auf der Erden
Und in dem Himmel ist, erfassen,
Die Wissenschaft und die Natur.
MEPHISTOPHELES: Da seid Ihr auf der rechten Spur;
Doch müßt Ihr Euch nicht zerstreuen lassen.
SCHÜLER: Ich bin dabei mit Seel und Leib;
Doch freilich würde mir behagen
Ein wenig Freiheit und Zeitvertreib
An schönen Sommerfeiertagen.
MEPHISTOPHELES:
Gebraucht der Zeit, sie geht so schnell von hinnen!
Doch Ordnung lehrt Euch Zeit gewinnen.
Mein teurer Freund, ich rat Euch drum
Zuerst Collegium Logicum.
Da wird der Geist Euch wohl dressiert,
In Spanische Stiefeln eingeschnürt,
Daß er bedächtiger so fortan
Hinschleiche die Gedankenbahn
Und nicht etwa, die Kreuz und Quer,
Irrlichteliere hin und her.
Dann lehret man Euch manchen Tag,
Daß, was Ihr sonst auf einen Schlag
Getrieben, wie Essen und Trinken frei,
Ein! Zwei! Drei! dazu nötig sei.
Zwar ist's mit der Gedankenfabrik
Wie mit einem Webermeisterstück,
Wo Ein Tritt tausend Fäden regt,
Die Schifflein herüber-hinüberschießen,
Die Fäden ungesehen fließen,
Ein Schlag tausend Verbindungen schlägt.
Der Philosoph, der tritt herein
Und beweist Euch, es müßt so sein:
Das Erst wär so, das Zweite so
Und drum das Dritt und Vierte so
Und wenn das Erst und Zweit nicht wär,
Das Dritt und Viert wär nimmermehr.
Das preisen die Schüler allerorten,
Sind aber keine Weber geworden.
Wer will was Lebendigs erkennen und beschreiben,
Sucht erst den Geist herauszutreiben,
Dann hat er die Teile in seiner Hand,
Fehlt, leider! nur das geistige Band.
Encheiresin naturae nennt's die Chemie,
Spottet ihrer selbst und weiß nicht wie.
SCHÜLER: Kann Euch nicht eben ganz verstehen.
MEPHISTOPHELES: Das wird nächstens schon besser gehen,
Wenn Ihr lernt alles reduzieren
Und gehörig klassifizieren.
SCHÜLER: Mir wird von alledem so dumm,
Als ging mir ein Mühlrad im Kopf herum.
MEPHISTOPHELES: Nachher, vor allen andern Sachen,
Müßt Ihr Euch an die Metaphysik machen!
Da seht, daß Ihr tiefsinnig faßt,
Was in des Menschen Hirn nicht paßt!
Für was drein geht und nicht drein geht,
Ein prächtig Wort zu Diensten steht.
Doch vorerst dieses halbe Jahr
Nehmt ja der besten Ordnung wahr!
Fünf Stunden habt Ihr jeden Tag;
Seid drinnen mit dem Glockenschlag!
Habt Euch vorher wohl präpariert,
Paragraphos wohl einstudiert,
Damit Ihr nachher besser seht,
Daß er nichts sagt, als was im Buche steht!
Doch Euch des Schreibens ja befleißt,
Als diktiert Euch der Heilig Geist!
SCHÜLER: Das sollt ihr mir nicht zweimal sagen!
Ich denke mir, wie viel es nützt:
Denn was man schwarz auf weiß besitzt,
Kann man getrost nach Hause tragen.
MEPHISTOPHELES: Doch wählt mir eine Fakultät!
SCHÜLER: Zur Rechtsgelehrsamkeit kann ich mich nicht bequemen.
MEPHISTOPHELES: Ich kann es Euch so sehr nicht übel nehmen,
Ich weiß, wie es um diese Lehre steht.
Es erben sich Gesetz und Rechte
Wie eine ewge Krankheit fort;
Sie schleppen von Geschlecht sich zum Geschlechte
Und rücken sacht von Ort zu Ort.
Vernunft wird Unsinn, Wohltat Plage:
Weh dir, daß du ein Enkel bist!
Vom Rechte, das mit uns geboren ist,
Von dem ist, leider! nie die Frage.
SCHÜLER: Mein Abscheu wird durch Euch vermehrt.
O glücklich der, den Ihr belehrt!
Fast möcht ich nun Theologie studieren.
MEPHISTOPHELES: Ich wünschte nicht, Euch irrezuführen.
Was diese Wissenschaft betrifft,
Es ist so schwer, den falschen Weg zu meiden;
Es liegt in ihr so viel verborgnes Gift,
Und von der Arzenei ist's kaum zu unterscheiden.
Am besten ist's auch hier, wenn Ihr nur Einen hört
Und auf des Meisters Worte schwört.
Im ganzen: haltet Euch an Worte!
Dann geht Ihr durch die sichre Pforte
Zum Tempel der Gewißheit ein.

SCHÜLER: Doch ein Begriff muß bei dem Worte sein.
MEPHISTOPHELES:
   Schon gut! Nur muß man sich nicht allzu ängstlich quälen;
   Denn eben, wo Begriffe fehlen,
   Da stellt ein Wort zur rechten Zeit sich ein.
   Mit Worten läßt sich trefflich streiten,
   Mit Worten ein System bereiten,
   An Worte läßt sich trefflich glauben,
   Von einem Wort läßt sich kein Jota rauben.
SCHÜLER: Verzeiht, ich halt Euch auf mit vielen Fragen,
   Allein ich muß Euch noch bemühn.
   Wollt Ihr mir von der Medizin
   Nicht auch ein kräftig Wörtchen sagen?
   Drei Jahr ist eine kurze Zeit,
   Und, Gott, das Feld ist gar zu weit.
   Wenn man einen Fingerzeig nur hat,
   Läßt sich's schon eher weiterfühlen.
MEPHISTOPHELES (für sich):
   Ich bin des trocknen Tons nun satt,
   Muß wieder recht den Teufel spielen.
   Laut
   Der Geist der Medizin ist leicht zu fassen!
   Ihr durchstudiert die groß und kleine Welt,
   Um es am Ende gehn zu lassen,
   Wie's Gott gefällt.
   Vergebens, daß Ihr ringsum wissenschaftlich schweift,
   Ein jeder lernt nur, was er lernen kann;
   Doch der den Augenblick ergreift,
   Das ist der rechte Mann.
   Ihr seid noch ziemlich wohlgebaut,
   An Kühnheit wird's Euch auch nicht fehlen,
   Und wenn Ihr Euch nur selbst vertraut,
   Vertrauen Euch die andern Seelen.
   Besonders lernt die Weiber führen!
   Es ist ihr ewig Weh und Ach,
   So tausendfach,
   Aus Einem Punkte zu kurieren,
   Und wenn Ihr halbweg ehrbar tut,
   Dann habt Ihr sie all unterm Hut.
   Ein Titel muß sie erst vertraulich machen,
   Daß Eure Kunst viel Künste übersteigt;
   Zum Willkomm tappt Ihr dann nach allen Siebensachen,
   Um die ein andrer viele Jahre streicht,
   Versteht das Pülslein wohl zu drücken
   Und fasset sie, mit feurig-schlauen Blicken,
   Wohl um die schlanke Hüfte frei,
   Zu sehn, wie fest geschnürt sie sei.
SCHÜLER: Das sieht schon besser aus! Man sieht doch wo und wie.
MEPHISTOPHELES:
   Grau, teurer Freund, ist alle Theorie,
   Und grün des Lebens goldner Baum.
SCHÜLER: Ich schwör Euch zu: mir ist's als wie ein Traum!
   Dürft ich Euch wohl ein andermal beschweren,
   Von Eurer Weisheit auf den Grund zu hören?

MEPHISTOPHELES: Was ich vermag, soll gern geschehn.
SCHÜLER: Ich kann unmöglich wieder gehn,
   Ich muß Euch noch mein Stammbuch überreichen:
   Gönn Eure Gunst mir dieses Zeichen!
MEPHISTOPHELES: Sehr wohl.
   Er schreibt und gibt's
SCHÜLER (liest): Eritis sicut Deus, scientes bonum et malum.
   Macht's ehrerbietig zu und empfiehlt sich
MEPHISTOPHELES:
   Folg nur dem alten Spruch und meiner Muhme, der Schlange,
   Dir wird gewiß einmal bei deiner Gottähnlichkeit bange!
   Faust tritt auf
FAUST: Wohin soll es nun gehn?
MEPHISTOPHELES: Wohin es dir gefällt!
   Wir sehn die kleine, dann die große Welt.
   Mit welcher Freude, welchem Nutzen,
   Wirst du den Cursum durchschmarutzen!
FAUST: Allein bei meinem langen Bart
   Fehlt mir die leichte Lebensart.
   Es wird mir der Versuch nicht glücken;
   Ich wußte nie mich in die Welt zu schicken,
   Vor andern fühl ich mich so klein;
   Ich werde stets verlegen sein.
MEPHISTOPHELES:
   Mein guter Freund, das wird sich alles geben:
   Sobald du dir vertraust, sobald weißt du zu leben.
FAUST: Wie kommen wir denn aus dem Haus?
   Wo hast du Pferde, Knecht und Wagen?
MEPHISTOPHELES: Wir breiten nur den Mantel aus,
   Der soll uns durch die Lüfte tragen.
   Du nimmst bei diesem kühnen Schritt
   Nur keinen großen Bündel mit.
   Ein bißchen Feuerluft, die ich bereiten werde,
   hebt uns behend von dieser Erde,
   Und sind wir leicht, so geht es schnell hinauf –
   Ich gratuliere dir zum neuen Lebenslauf!

AUERBACHS KELLER IN LEIPZIG

Zeche lustiger Gesellen

FROSCH: Will keiner trinken? keiner lachen?
   Ich will euch lehren Gesichter machen!
   Ihr seid ja heut wie nasses Stroh
   Und brennt sonst immer lichterloh.
BRANDER: Das liegt an dir: du bringst ja nichts herbei,
   Nicht eine Dummheit, keine Sauerei.
FROSCH (gießt ihm ein Glas Wein über den Kopf):
   Da hast du beides!
BRANDER: Doppelt Schwein!
FROSCH: Ihr wollt es ja, man soll es sein!

SIEBEL: Zur Tür hinaus, wer sich entzweit!
  Mit offner Brust singt Runda, sauft und schreit!
  Auf! holla! ho!
ALTMAYER: Weh mir, ich bin verloren!
  Baumwolle her! der Kerl sprengt mir die Ohren.
SIEBEL: Wenn das Gewölbe widerschallt,
  Fühlt man erst recht des Basses Grundgewalt.
FROSCH: So recht! hinaus mit dem, der etwas übelnimmt!
  A! tara lara da!
ALTMAYER: A! tara lara da!
FROSCH: Die Kehlen sind gestimmt.
        Singt
        Das liebe Heilge Röm'sche Reich,
        Wie hält's nur noch zusammen?
BRANDER:
  Ein garstig Lied! Pfui! ein politisch Lied
  Ein leidig Lied! Dankt Gott mit jedem Morgen,
  Daß ihr nicht braucht fürs Röm'sche Reich zu sorgen!
  Ich halt es wenigstens für reichlichen Gewinn,
  Daß ich nicht Kaiser oder Kanzler bin.
  Doch muß auch uns ein Oberhaupt nicht fehlen:
  Wir wollen einen Papst erwählen!
  Ihr wißt, welch eine Qualität
  Den Ausschlag gibt, den Mann erhöht.
FROSCH (singt):
        Schwing dich auf, Frau Nachtigall,
        Grüß mir mein Liebchen zehntausendmal!
SIEBEL: Dem Liebchen keinen Gruß! ich will davon nichts
  hören!
FROSCH:
  Dem Liebchen Gruß und Kuß! du wirst mir's nicht
  verwehren!
        Singt
        Riegel auf! in stiller Nacht.
        Riegel auf! der Liebste wacht.
        Riegel zu! des Morgens früh.
SIEBEL: Ja, singe, singe nur und lob und rühme sie!
  Ich will zu meiner Zeit schon lachen.
  Sie hat mich angeführt, dir wird sie's auch so machen.
  Zum Liebsten sei ein Kobold ihr beschert:
  Der mag mit ihr auf einem Kreuzweg schäkern!
  Ein alter Bock, wenn er vom Bocksberg kehrt,
  Mag im Galopp noch gute Nacht ihr meckern!
  Ein braver Kerl von echtem Fleisch und Blut
  Ist für die Dirne viel zu gut.
  Ich will von keinem Gruße wissen,
  Als ihr die Fenster eingeschmissen!
BRANDER (auf den Tisch schlagend):
  Paßt auf! paßt auf! gehorchet mir!
  Ihr Herrn, gesteht, ich weiß zu leben!
  Verliebte Leute sitzen hier,
  Und diesen muß nach Standsgebühr
  Zur guten Nacht ich was zum besten geben.
  Gebt acht! ein Lied von neustem Schnitt!
  Und singt den Rundreim kräftig mit!
        Er singt

        Es war eine Ratt im Kellernest,
        Lebte nur von Fett und Butter,
        Hatte sich ein Ränzlein angemäst't
        Als wie der Doktor Luther.
        Die Köchin hatt ihr Gift gestellt:
        Da ward's so eng ihr in der Welt,
        Als hätte sie Lieb im Leibe.
CHORUS (jauchzend): Als hätte sie Lieb im Leibe!
BRANDER: Sie fuhr herum, sie fuhr heraus
        Und soff aus allen Pfützen,
        Zernagt, zerkratzt das ganze Haus:
        Wollte nichts ihr Wüten nützen!
        Sie tät gar manchen Ängstesprung,
        Bald hatte das arme Tier genung,
        Als hätte es Lieb im Leibe.
CHORUS: Als hätte es Lieb im Leibe!
BRANDER: Sie kam für Angst am hellen Tag
        Der Küche zugelaufen,
        Fiel an den Herd und zuckt und lag
        Und tat erbärmlich schnaufen.
        Da lachte die Vergifterin noch:
        „Ha! sie pfeift auf dem letzten Loch,
        Als hätte sie Lieb im Leibe."
CHORUS: Als hätte sie Lieb im Leibe!
SIEBEL: Wie sich die platten Bursche freuen!
  Es ist mir eine rechte Kunst,
  Den armen Ratten Gift zu streuen!
BRANDER: Sie stehn wohl sehr in deiner Gunst?
ALTMAYER: Der Schmerbauch mit der kahlen Platte!
  Das Unglück macht ihn zahm und mild;
  Er sieht in der geschwollnen Ratte
  Sein ganz natürlich Ebenbild.
        Faust und Mephistopheles
MEPHISTOPHELES: Ich muß dich nun vor allen Dingen
  In lustige Gesellschaft bringen,
  Damit du siehst, wie leicht sich's leben läßt.
  Dem Volke hier wird jeder Tag ein Fest.
  Mit wenig Witz und viel Behagen
  Dreht jeder sich im engen Zirkeltanz,
  Wie junge Katzen mit dem Schwanz.
  Wenn sie nicht über Kopfweh klagen,
  Solang der Wirt nur weiterborgt,
  Sind sie vergnügt und unbesorgt.
BRANDER: Die kommen eben von der Reise:
  Man sieht's an ihrer wunderlichen Weise;
  Sie sind keine Stunde hier.
FROSCH: Wahrhaftig, du hast recht! Mein Leipzig lob ich
  mir!
  Es ist ein klein Paris und bildet seine Leute.
SIEBEL: Für was siehst du die Fremden an?
FROSCH: Laßt mich nur gehn! Bei einem vollen Glase
  Zieh ich, wie einen Kinderzahn,
  Den Burschen leicht die Würmer aus der Nase.
  Sie scheinen mir aus einem edlen Haus:
  Sie sehen stolz und unzufrieden aus.
BRANDER: Marktschreier sind's gewiß, ich wette!
ALTMAYER: Vielleicht!

FROSCH: Gib acht, ich schraube sie!
MEPHISTOPHELES (zu Faust):
Den Teufel spürt das Völkchen nie,
Und wenn er sie beim Kragen hätte.
FAUST: Seid uns gegrüßt, ihr Herrn!
SIEBEL: Viel Dank zum Gegengruß!
Leise, Mephistopheles von der Seite ansehend
Was hinkt der Kerl auf einem Fuß?
MEPHISTOPHELES: Ist es erlaubt, uns auch zu euch zu setzen?
Statt eines guten Trunks, den man nicht haben kann,
Soll die Gesellschaft uns ergetzen.
ALTMAYER: Ihr scheint ein sehr verwöhnter Mann.
FROSCH: Ihr seid wohl spät von Rippach aufgebrochen?
Habt ihr mit Herren Hans noch erst zu Nacht gespeist?
MEPHISTOPHELES: Heute sind wir ihn vorbeigereist;
Wir haben ihn das letztemal gesprochen.
Von seinen Vettern wußt er viel zu sagen,
Viel Grüße hat er uns an jeden aufgetragen.
Er neigt sich gegen Frosch
ALTMAYER (leise): Da hast du's! der versteht's!
SIEBEL: Ein pfiffiger Patron!
FROSCH: Nun, warte nur, ich krieg ihn schon!
MEPHISTOPHELES: Wenn ich nicht irrte, hörten wir
Geübte Stimmen Chorus singen?
Gewiß, Gesang muß trefflich hier
Von dieser Wölbung widerklingen!
FROSCH: Seid Ihr wohl gar ein Virtuos?
MEPHISTOPHELES:
O nein! die Kraft ist schwach, allein die Lust ist groß.
ALTMAYER: Gebt uns ein Lied!
MEPHISTOPHELES: Wenn ihr begehrt, die Menge!
SIEBEL: Nur auch ein nagelneues Stück!
MEPHISTOPHELES: Wir kommen erst aus Spanien zurück,
Dem schönen Land des Weins und der Gesänge.
Singt
Es war einmal ein König,
Der hatt einen großen Floh –
FROSCH: Horcht! Einen Floh! Habt ihr das wohl gefaßt?
Ein Floh ist mir ein saubrer Gast.
MEPHISTOPHELES (singt):
Es war einmal ein König,
Der hatt einen großen Floh,
Den liebt er gar nicht wenig,
Als wie seinen eignen Sohn.
Da rief er seinen Schneider,
Der Schneider kam heran:
„Da, miß dem Junker Kleider
Und miß ihm Hosen an!"
BRANDER: Vergeßt nur nicht, dem Schneider einzuschärfen,
Daß er mir aufs genauste mißt
Und daß, so lieb sein Kopf ihm ist,
Die Hosen keine Falten werfen!
MEPHISTOPHELES:
In Sammet und in Seide
War er nun angetan,
Hatte Bänder auf dem Kleide,
Hatt auch ein Kreuz daran,
Und war sogleich Minister
Und hatt einen großen Stern.
Da wurden seine Geschwister
Bei Hof auch große Herrn.

Und Herrn und Fraun am Hofe,
Die waren sehr geplagt,
Die Königin und die Zofe
Gestochen und genagt,
Und durften sie nicht knicken
Und weg sie jucken nicht. –
Wir knicken und ersticken
Doch gleich, wenn einer sticht!
CHORUS (jauchzend):
Wir knicken und ersticken
Doch gleich, wenn einer sticht!
FROSCH: Bravo! bravo! das war schön!
SIEBEL: So soll es jedem Floh ergehn!
BRANDER: Spitzt die Finger und packt sie fein!
ALTMAYER: Es lebe die Freiheit! es lebe der Wein!
MEPHISTOPHELES:
Ich tränke gern ein Glas, die Freiheit hoch zu ehren,
Wenn eure Weine nur ein bißchen besser wären.
SIEBEL: Wir mögen das nicht wieder hören!
MEPHISTOPHELES: Ich fürchte nur, der Wirt beschweret sich;
Sonst gäb ich diesen werten Gästen
Aus unserm Keller was zum besten.
SIEBEL: Nur immer her! ich nehm's auf mich.
FROSCH: Schafft Ihr ein gutes Glas, so wollen wir Euch loben,
Nur gebt nicht gar zu kleine Proben!
Denn wenn ich judizieren soll,
Verlang ich auch das Maul recht voll.
ALTMAYER (leise): Sie sind vom Rheine, wie ich spüre.
MEPHISTOPHELES: Schafft einen Bohrer an!
BRANDER: Was soll mit dem geschehn?
Ihr habt doch nicht die Fässer vor der Türe?
ALTMAYER: Dahinten hat der Wirt ein Körbchen Werkzeug stehn.
MEPHISTOPHELES (nimmt den Bohrer. Zu Frosch):
Nun sagt: was wünschet Ihr zu schmecken?
FROSCH: Wie meint Ihr das? Habt Ihr so mancherlei?
MEPHISTOPHELES: Ich stell es einem jeden frei.
ALTMAYER (zu Frosch):
Aha! du fängst schon an, die Lippen abzulecken.
FROSCH: Gut! wenn ich wählen soll, so will ich Rheinwein haben:
Das Vaterland verleiht die allerbesten Gaben.
MEPHISTOPHELES (indem er an dem Platz, wo Frosch sitzt, ein Loch in den Tischrand bohrt):
Verschafft ein wenig Wachs, die Pfropfen gleich zu machen!
ALTMAYER: Ach, das sind Taschenspielersachen!
MEPHISTOPHELES (zu Brander): Und Ihr?

BRANDER: Ich will Champagner Wein,
Und recht moussierend soll er sein!
MEPHISTOPHELES (bohrt, einer hat indessen die Wachspfropfen gemacht und verstopft).
BRANDER:
Man kann nicht stets das Fremde meiden,
Das Gute liegt uns oft so fern.
Ein echter deutscher Mann mag keinen Franzen leiden;
Doch ihre Weine trinkt er gern.
SIEBEL (indem sich Mephisto seinem Platz nähert):
Ich muß gestehn: den Sauern mag ich nicht!
Gebt mir ein Glas vom echten Süßen!
MEPHISTOPHELES (bohrt): Euch soll sogleich Tokayer fließen.
ALTMAYER: Nein, Herren, seht mir ins Gesicht!
Ich seh es ein, ihr habt uns nur zum besten.
MEPHISTOPHELES: Ei! ei! Mit solchen edlen Gästen
Wär es ein bißchen viel gewagt.
Geschwind! nur grad heraus gesagt!
Mit welchem Weine kann ich dienen?
ALTMAYER: Mit jedem! nur nicht lang gefragt!
Nachdem die Löcher alle gebohrt und verstopft sind
MEPHISTOPHELES (mit seltsamen Gebärden):
Trauben trägt der Weinstock,
Hörner der Ziegenbock!
Der Wein ist saftig, Holz die Reben;
Der hölzerne Tisch kann Wein auch geben.
Ein tiefer Blick in die Natur!
Hier ist ein Wunder: glaubet nur!
Nun zieht die Pfropfen und genießt!
ALLE (indem sie die Pfropfen ziehen und jedem der verlangte Wein ins Glas läuft):
O schöner Brunnen, der uns fließt!
MEPHISTOPHELES: Nur hütet euch, daß ihr mir nichts vergießt!
Sie trinken wiederholt
ALLE (singen): Uns ist ganz kannibalisch wohl,
Als wie fünfhundert Säuen!
MEPHISTOPHELES:
Das Volk ist frei: seht an, wie wohl's ihm geht!
FAUST: Ich hätte Lust, nun abzufahren.
MEPHISTOPHELES: Gib nur erst acht, die Bestialität
Wird sich gar herrlich offenbaren.
SIEBEL (trinkt unvorsichtig, der Wein fließt auf die Erde und wird zur Flamme): Helft! Feuer! helft! Die Hölle brennt!
MEPHISTOPHELES (die Flamme besprechend):
Sei ruhig, freundlich Element!
Zu den Gesellen
Für diesmal war es nur ein Tropfen Fegefeuer.
SIEBEL: Was soll das sein? Wart! Ihr bezahlt es teuer!
Es scheinet, daß Ihr uns nicht kennt.
FROSCH: Laß Er uns das zum zweiten Male bleiben!
ALTMAYER:
Ich dächt, wir hießen ihn ganz sachte seitwärts gehn.

SIEBEL: Was, Herr? Er will sich unterstehn
Und hier sein Hokuspokus treiben?
MEPHISTOPHELES: Still, altes Weinfaß!
SIEBEL: Besenstiel!
Du willst uns gar noch grob begegnen?
BRANDER: Wart nur! es sollen Schläge regnen!
ALTMAYER (zieht einen Pfropfen aus dem Tisch, es springt ihm Feuer entgegen):
Ich brenne! ich brenne!
SIEBEL: Zauberei!
Stoßt zu! der Kerl ist vogelfrei!
Sie ziehen die Messer und gehn auf Mephistopheles los
MEPHISTOPHELES (mit ernsthafter Gebärde):
Falsch Gebild und Wort
Verändern Sinn und Ort!
Seid hier und dort!
Sie stehn erstaunt und sehn einander an
ALTMAYER: Wo bin ich? Welches schöne Land!
FROSCH: Weinberge! Seh ich recht?
SIEBEL: Und Trauben gleich zur Hand!
BRANDER: Hier unter diesem grünen Laube,
Seht, welch ein Stock! seht, welche Traube!
Er faßt Siebeln bei der Nase. Die andern tun es wechselseitig und heben die Messer
MEPHISTOPHELES (wie oben):
Irrtum, laß los der Augen Band!
Und merkt euch, wie der Teufel spaße!
Er verschwindet mit Faust, die Gesellen fahren auseinander
SIEBEL: Was gibt's?
ALTMAYER: Wie?
FROSCH: War das deine Nase?
BRANDER (zu Siebel): Und deine hab ich in der Hand!
ALTMAYER: Es war ein Schlag, der ging durch alle Glieder!
Schafft einen Stuhl, ich sinke nieder!
FROSCH: Nein, sagt mir nur: was ist geschehn?
SIEBEL: Wo ist der Kerl? Wenn ich ihn spüre,
Er soll mir nicht lebendig gehn!
ALTMAYER: Ich hab ihn selbst hinaus zur Kellertüre –
Auf einem Fasse reiten sehn –
Es liegt mir bleischwer in den Füßen.
Sich nach dem Tische wendend
Mein! Sollte wohl der Wein noch fließen?
SIEBEL: Betrug war alles, Lug und Schein!
FROSCH: Mir deuchte doch, als tränk ich Wein.
BRANDER: Aber wie war es mit den Trauben?
ALTMAYER: Nun sag mir eins, man soll kein Wunder glauben!

HEXENKÜCHE

Auf einem niedrigen Herde steht ein großer Kessel über dem Feuer. In dem Dampfe, der davon in die Höhe steigt, zeigen sich verschiedene Gestalten. Eine Meerkatze sitzt bei dem Kessel und schäumt ihn und sorgt, daß er nicht überläuft. Der Meerkater mit den Jungen sitzt darneben und wärmt sich. Wände und Decke sind mit dem seltsamsten Hexenhausrat ausgeschmückt

Faust. Mephistopheles

FAUST: Mir widersteht das tolle Zauberwesen!
Versprichst du mir, ich soll genesen
In diesem Wust von Raserei?
Verlang ich Rat von einem alten Weibe?
Und schafft die Sudelköcherei
Wohl dreißig Jahre mir vom Leibe?
Weh mir, wenn du nichts Bessers weißt!
Schon ist die Hoffnung mir verschwunden.
Hat die Natur und hat ein edler Geist
Nicht irgendeinen Balsam ausgefunden?
MEPHISTOPHELES: Mein Freund, nun sprichst du wieder klug!
Dich zu verjüngen, gibt's auch ein natürlich Mittel;
Allein es steht in einem andern Buch
Und ist ein wunderlich Kapitel.
FAUST: Ich will es wissen!
MEPHISTOPHELES: Gut! Ein Mittel, ohne Geld
Und Arzt und Zauberei zu haben:
Begib dich gleich hinaus aufs Feld,
Fang an zu hacken und zu graben,
Erhalte dich und deinen Sinn
In einem ganz beschränkten Kreise,
Ernähre dich mit ungemischter Speise,
Leb mit dem Vieh als Vieh und acht es nicht für Raub,
Den Acker, den du erntest, selbst zu düngen!
Das ist das beste Mittel, glaub,
Auf achtzig Jahr dich zu verjüngen!
FAUST: Das bin ich nicht gewöhnt, ich kann mich nicht bequemen,
Den Spaten in die Hand zu nehmen;
Das enge Leben steht mir gar nicht an.
MEPHISTOPHELES: So muß denn doch die Hexe dran!
FAUST: Warum denn just das alte Weib?
Kannst du den Trank nicht selber brauen?
MEPHISTOPHELES: Das wär ein schöner Zeitvertreib!
Ich wollt indes wohl tausend Brücken bauen.
Nicht Kunst und Wissenschaft allein,
Geduld will bei dem Werke sein.
Ein stiller Geist ist jahrelang geschäftig,
Die Zeit nur macht die feine Gärung kräftig.
Und alles, was dazu gehört,
Es sind gar wunderbare Sachen!
Der Teufel hat sie's zwar gelehrt;
Allein der Teufel kann's nicht machen.

Die Tiere erblickend

Sieh, welch ein zierliches Geschlecht!
Das ist die Magd! das ist der Knecht!
Zu den Tieren
Es scheint, die Frau ist nicht zu Hause.
DIE TIERE: Beim Schmause!
Aus dem Haus
Zum Schornstein hinaus!
MEPHISTOPHELES: Wie lange pflegt sie wohl zu schwärmen?
DIE TIERE: Solange wir uns die Pfoten wärmen.
MEPHISTOPHELES (zu Faust): Wie findest du die zarten Tiere?
FAUST: So abgeschmackt, als ich nur jemand sah!
MEPHISTOPHELES: Nein, ein Diskurs wie dieser da
Ist grade der, den ich am liebsten führe!
Zu den Tieren
So sagt mir doch, verfluchte Puppen:
Was quirlt ihr in dem Brei herum?
DIE TIERE: Wir kochen breite Bettelsuppen.
MEPHISTOPHELES: Da habt ihr ein groß Publikum.
DER KATER (macht sich herbei und schmeichelt dem Mephistopheles):
O würfle nur gleich
Und mache mich reich
Und laß mich gewinnen!
Gar schlecht ist's bestellt,
Und wär ich bei Geld,
So wär ich bei Sinnen.
MEPHISTOPHELES: Wie glücklich würde sich der Affe schätzen,
Könnt er nur auch ins Lotto setzen!
Indessen haben die jungen Meerkätzchen mit einer großen Kugel gespielt und rollen sie hervor
DER KATER: Das ist die Welt:
Sie steigt und fällt
Und rollt beständig;
Sie klingt wie Glas –
Wie bald bricht das! –
Ist hohl inwendig.
Hier glänzt sie sehr
Und hier noch mehr:
„Ich bin lebendig!" –
Mein lieber Sohn,
Halt dich davon!
Du mußt sterben:
Sie ist von Ton,
Es gibt Scherben!
MEPHISTOPHELES: Was soll das Sieb?
DER KATER (holt es herunter):
Wärst du ein Dieb,
Wollt ich dich gleich erkennen.
Er läuft zur Kätzin und läßt sie durchsehen
Sieh durch das Sieb!
Erkennst du den Dieb
Und darfst ihn nicht nennen?
MEPHISTOPHELES (sich dem Feuer nähernd):
Und dieser Topf?

KATER UND KÄTZIN:
    Der alberne Tropf!
    Er kennt nicht den Topf,
    Er kennt nicht den Kessel!
MEPHISTOPHELES: Unhöfliches Tier!
DER KATER: Den Wedel nimm hier
    Und setz dich in Sessel!
Er nötigt den Mephistopheles zu sitzen
FAUST (*welcher diese Zeit über vor einem Spiegel gestanden, sich ihm bald genähert, bald sich von ihm entfernt hat*):
    Was seh ich? Welch ein himmlisch Bild
    Zeigt sich in diesem Zauberspiegel!
    O Liebe, leihe mir den schnellsten deiner Flügel
    Und führe mich in ihr Gefild!
    Ach, wenn ich nicht auf dieser Stelle bleibe,
    Wenn ich es wage, nah zu gehn,
    Kann ich sie nur als wie im Nebel sehn! –
    Das schönste Bild von einem Weibe!
    Ist's möglich, ist das Weib so schön?
    Muß ich an diesem hingestreckten Leibe
    Den Inbegriff von allen Himmeln sehn?
    So etwas findet sich auf Erden?
MEPHISTOPHELES:
    Natürlich, wenn ein Gott sich erst sechs Tage plagt
    Und selbst am Ende Bravo sagt,
    Da muß es was Gescheites werden!
    Für diesmal sieh dich immer satt!
    Ich weiß dir so ein Schätzchen auszuspüren,
    Und selig, wer das gute Schicksal hat,
    Als Bräutigam sie heimzuführen!
Faust sieht immerfort in den Spiegel.
Mephistopheles, sich in dem Sessel dehnend und mit dem Wedel spielend, fährt fort zu sprechen
    Hier sitz ich wie der König auf dem Throne:
    Den Zepter halt ich hier, es fehlt nur noch die Krone.
DIE TIERE (*welche bisher allerlei wunderliche Bewegungen durcheinander gemacht haben, bringen dem Mephistopheles eine Krone mit großem Geschrei*):
    O sei doch so gut,
    Mit Schweiß und mit Blut
    Die Krone zu leimen!
Sie gehn ungeschickt mit der Krone um und zerbrechen sie in zwei Stücke, mit welchen sie herumspringen
    Nun ist es geschehn!
    Wir reden und sehn,
    Wir hören und reimen –
FAUST (*gegen den Spiegel*): Weh mir! ich werde schier verrückt.
MEPHISTOPHELES (*auf die Tiere deutend*):
    Nun fängt mir an fast selbst der Kopf zu schwanken.
DIE TIERE: Und wenn es uns glückt,
    Und wenn es sich schickt,
    So sind es Gedanken!
FAUST (*wie oben*): Mein Busen fängt mir an zu brennen!
    Entfernen wir uns nur geschwind!

MEPHISTOPHELES (*in obiger Stellung*):
    Nun, wenigstens muß man bekennen,
    Daß es aufrichtige Poeten sind.
Der Kessel, welchen die Kätzin bisher außer acht gelassen, fängt an überzulaufen; es entsteht eine große Flamme, welche zum Schornstein hinausschlägt. Die Hexe kommt durch die Flamme mit entsetzlichem Geschrei heruntergefahren
DIE HEXE: Au! Au! Au! Au!
    Verdammtes Tier! verfluchte Sau!
    Versäumst den Kessel, versengst die Frau!
    Verfluchtes Tier!
Faust und Mephistopheles erblickend
    Was ist das hier?
    Wer seid ihr hier?
    Was wollt ihr da?
    Wer schlich sich ein?
    Die Feuerpein
    Euch ins Gebein!
Sie fährt mit dem Schaumlöffel in den Kessel und spritzt Flammen nach Faust, Mephistopheles und den Tieren. Die Tiere winseln
MEPHISTOPHELES (*welcher den Wedel, den er in der Hand hält, umkehrt und unter die Gläser und Töpfe schlägt*):
    Entzwei! entzwei!
    Da liegt der Brei!
    Da liegt das Glas!
    Es ist nur Spaß:
    Der Takt, du Aas,
    Zu deiner Melodei!
Indem die Hexe voll Grimm und Entsetzen zurücktritt
    Erkennst du mich? Gerippe! Scheusal du!
    Erkennst du deinen Herrn und Meister?
    Was hält mich ab, so schlag ich zu,
    Zerschmettre dich und deine Katzengeister!
    Hast du vorm roten Wams nicht mehr Respekt?
    Kannst du die Hahnenfeder nicht erkennen?
    Hab ich dies Angesicht versteckt?
    Soll ich mich etwa selber nennen?
DIE HEXE: O Herr, verzeiht den rohen Gruß!
    Seh ich doch keinen Pferdefuß!
    Wo sind denn Eure beiden Raben?
MEPHISTOPHELES: Für diesmal kommst du so davon;
    Denn freilich ist es eine Weile schon,
    Daß wir uns nicht gesehen haben.
    Auch die Kultur, die alle Welt beleckt,
    Hat auf den Teufel sich erstreckt:
    Das nordische Phantom ist nun nicht mehr zu schauen;
    Wo siehst du Hörner, Schweif und Klauen?
    Und was den Fuß betrifft, den ich nicht missen kann,
    Der würde mir bei Leuten schaden;
    Darum bedien ich mich wie mancher junge Mann
    Seit vielen Jahren falscher Waden.
DIE HEXE (*tanzend*): Sinn und Verstand verlier ich schier,
    Seh ich den Junker Satan wieder hier!

Faust I, Hexenküche — Johann Wolfgang Goethe

MEPHISTOPHELES: Den Namen, Weib, verbitt ich mir!
DIE HEXE: Warum? was hat er Euch getan?
MEPHISTOPHELES: Er ist schon lang ins Fabelbuch geschrieben;
Allein die Menschen sind nichts besser dran:
Den Bösen sind sie los, die Bösen sind geblieben.
Du nennst mich Herr Baron, so ist die Sache gut;
Ich bin ein Kavalier wie andre Kavaliere.
Du zweifelst nicht an meinem edlen Blut;
Sieh her: das ist das Wappen, das ich führe!
Er macht eine unanständige Gebärde
DIE HEXE (lacht unmäßig): Ha! Ha! Das ist in Eurer Art!
Ihr seid ein Schelm, wie Ihr nur immer wart!
MEPHISTOPHELES (zu Faust):
Mein Freund, das lerne wohl verstehn:
Dies ist die Art, mit Hexen umzugehn!
DIE HEXE: Nun sagt, ihr Herren, was ihr schafft.
MEPHISTOPHELES: Ein gutes Glas von dem bekannten Saft!
Doch muß ich Euch ums älteste bitten:
Die Jahre doppeln seine Kraft.
DIE HEXE: Gar gern! Hier hab ich eine Flasche,
Aus der ich selbst zuweilen nasche,
Die auch nicht mehr im mindsten stinkt;
Ich will euch gern ein Gläschen geben. (Leise)
Doch wenn es dieser Mann unvorbereitet trinkt,
So kann er, wißt Ihr wohl, nicht eine Stunde leben.
MEPHISTOPHELES:
Es ist ein guter Freund, dem es gedeihen soll:
Ich gönn ihm gern das Beste deiner Küche.
Zieh deinen Kreis, sprich deine Sprüche,
Und gib ihm eine Tasse voll!
DIE HEXE (mit seltsamen Gebärden, zieht einen Kreis und stellt wunderbare Sachen hinein; indessen fangen die Gläser an zu klingen, der Kessel zu tönen, und machen Musik. Zuletzt bringt sie ein großes Buch, stellt die Meerkatzen in den Kreis, die ihr zum Pult dienen und die Fackel halten müssen. Sie winkt Fausten, zu ihr zu treten).
FAUST (zu Mephistopheles):
Nein, sage mir: was soll das werden?
Das tolle Zeug, die rasenden Gebärden,
Der abgeschmackteste Betrug,
Sind mir bekannt, verhaßt genug.
MEPHISTOPHELES: Ei, Possen! Das ist nur zum Lachen;
Sei nur nicht ein so strenger Mann!
Sie muß als Arzt ein Hokuspokus machen,
Damit der Saft dir wohl gedeihen kann.
Er nötigt Fausten, in den Kreis zu treten
DIE HEXE (mit großer Emphase, fängt an, aus dem Buche zu deklamieren):
Du mußt verstehn!
Aus Eins mach Zehn,
Und Zwei laß gehn,
Und Drei mach gleich,
So bist du reich.
Verlier
Die Vier!
Aus Fünf und Sechs —
So sagt die Hex —
Mach Sieben und Acht,
So ist's vollbracht:
Und Neun ist eins,
Und Zehn ist keins.
Das ist das Hexen-Einmaleins!
FAUST: Mich dünkt, die Alte spricht im Fieber.
MEPHISTOPHELES: Das ist noch lange nicht vorüber,
Ich kenn es wohl, so klingt das ganze Buch!
Ich habe manche Zeit damit verloren;
Denn ein vollkommner Widerspruch
Bleibt gleich geheimnisvoll für Kluge wie für Toren.
Mein Freund, die Kunst ist alt und neu.
Es war die Art zu allen Zeiten,
Durch Drei und Eins und Eins und Drei
Irrtum statt Wahrheit zu verbreiten.
So schwätzt und lehrt man ungestört;
Wer will sich mit den Narrn befassen?
Gewöhnlich glaubt der Mensch, wenn er nur Worte hört,
Es müsse sich dabei doch auch was denken lassen.
DIE HEXE (fährt fort):
Die hohe Kraft
Der Wissenschaft,
Der ganzen Welt verborgen!
Und wer nicht denkt,
Dem wird sie geschenkt:
Er hat sie ohne Sorgen.
FAUST: Was sagt sie uns für Unsinn vor?
Es wird mir gleich der Kopf zerbrechen.
Mich dünkt, ich hör ein ganzes Chor
Von hunderttausend Narren sprechen.
MEPHISTOPHELES: Genug, genug, o treffliche Sibylle!
Gib deinen Trank herbei und fülle
Die Schale rasch bis an den Rand hinan!
Denn meinem Freund wird dieser Trank nicht schaden:
Er ist ein Mann von vielen Graden,
Der manchen guten Schluck getan.
DIE HEXE (mit vielen Zeremonien, schenkt den Trank in eine Schale; wie sie Faust an den Mund bringt, entsteht eine leichte Flamme).
MEPHISTOPHELES: Nur frisch hinunter! immer zu!
Es wird dir gleich das Herz erfreuen.
Bist mit dem Teufel du und du
Und willst dich vor der Flamme scheuen?
Die Hexe löst den Kreis. Faust tritt heraus
MEPHISTOPHELES: Nun frisch hinaus! Du darfst nicht ruhn.
DIE HEXE: Mög Euch das Schlückchen wohl behagen!
MEPHISTOPHELES (zur Hexe):
Und kann ich dir was zu Gefallen tun,
So darfst du mir's nur auf Walpurgis sagen.
DIE HEXE: Hier ist ein Lied! Wenn Ihr's zuweilen singt,
So werdet Ihr besondre Wirkung spüren.

MEPHISTOPHELES (zu Faust):
  Komm nur geschwind und laß dich führen:
  Du mußt notwendig transpirieren,
  Damit die Kraft durch Inn- und Äußres dringt.
  Den edlen Müßiggang lehr ich hernach dich schätzen,
  Und bald empfindest du mit innigem Ergetzen,
  Wie sich Cupido regt und hin- und widerspringt.
FAUST: Laß mich nur schnell noch in den Spiegel schauen!
  Das Frauenbild war gar zu schön!
MEPHISTOPHELES:
  Nein! nein! Du sollst das Muster aller Frauen
  Nun bald leibhaftig vor dir sehn. (Leise)
  Du siehst mit diesem Trank im Leibe
  Bald Helenen in jedem Weibe.

STRASSE

Faust. Margarete vorübergehend

FAUST: Mein schönes Fräulein, darf ich wagen,
  Meinen Arm und Geleit Ihr anzutragen?
MARGARETE: Bin weder Fräulein weder schön,
  Kann ungeleitet nach Hause gehn.

Sie macht sich los und ab

FAUST: Beim Himmel, dieses Kind ist schön!
  So etwas hab ich nie gesehn.
  Sie ist so sitt- und tugendreich
  Und etwas schnippisch doch zugleich.
  Der Lippe Rot, der Wange Licht,
  Die Tage der Welt vergeß ich's nicht!
  Wie sie die Augen niederschlägt,
  Hat tief sich in mein Herz geprägt;
  Wie sie kurz angebunden war,
  Das ist nun zum Entzücken gar!

Mephistopheles tritt auf

FAUST: Hör, du mußt mir die Dirne schaffen!
MEPHISTOPHELES: Nun, welche?
FAUST: Sie ging just vorbei.
MEPHISTOPHELES: Da die? Sie kam von ihrem Pfaffen,
  Der sprach sie aller Sünden frei;
  Ich schlich mich hart am Stuhl vorbei:
  Es ist ein gar unschuldig Ding,
  Das eben für nichts zur Beichte ging;
  Über die hab ich keine Gewalt!
FAUST: Ist über vierzehn Jahre doch alt.
MEPHISTOPHELES: Du sprichst ja wie Hans Liederlich:
  Der begehrt jede liebe Blum für sich,
  Und dünkelt ihm, es wär kein Ehr
  Und Gunst, die nicht zu pflücken wär!
  Geht aber doch nicht immer an.
FAUST: Mein Herr Magister Lobesan,
  Laß Er mich mit dem Gesetz in Frieden!
  Und das sag ich Ihm kurz und gut:
  Wenn nicht das süße junge Blut
  Heut nacht in meinen Armen ruht,
  So sind wir um Mitternacht geschieden.
MEPHISTOPHELES: Bedenk, was gehn und stehen mag!
  Ich brauche wenigstens vierzehn Tag,
  Nur die Gelegenheit auszuspüren.
FAUST: Hätt ich nur sieben Stunden Ruh,
  Brauchte den Teufel nicht dazu,
  So ein Geschöpfchen zu verführen.
MEPHISTOPHELES: Ihr sprecht schon fast wie ein Franzos!
  Doch bitt ich, laßt's Euch nicht verdrießen:
  Was hilft's, nur grade zu genießen?
  Die Freud ist lange nicht so groß,
  Als wenn Ihr erst herauf, herum,
  Durch allerlei Brimborium,
  Das Püppchen geknetet und zugericht't,
  Wie's lehret manche welsche Geschicht.
FAUST: Hab Appetit auch ohne das.
MEPHISTOPHELES: Jetzt ohne Schimpf und ohne Spaß!
  Ich sag Euch: mit dem schönen Kind
  Geht's ein für allemal nicht geschwind.
  Mit Sturm ist da nichts einzunehmen;
  Wir müssen uns zur List bequemen.
FAUST: Schaff mir etwas vom Engelsschatz!
  Führ mich an ihren Ruheplatz!
  Schaff mir ein Halstuch von ihrer Brust,
  Ein Strumpfband meiner Liebeslust!
MEPHISTOPHELES: Damit Ihr seht, daß ich Eurer Pein
  Will förderlich und dienstlich sein,
  Wollen wir keinen Augenblick verlieren,
  Will Euch noch heut in ihr Zimmer führen.
FAUST: Und soll sie sehn? sie haben?
MEPHISTOPHELES: Nein!
  Sie wird bei einer Nachbarin sein.
  Indessen könnt Ihr ganz allein
  An aller Hoffnung künftger Freuden
  In ihrem Dunstkreis satt Euch weiden.
FAUST: Können wir hin?
MEPHISTOPHELES: Es ist noch zu früh.
FAUST: Sorg du mir für ein Geschenk für sie! (Ab)
MEPHISTOPHELES:
  Gleich schenken? Das ist brav! Da wird er reüssieren!
  Ich kenne manchen schönen Platz
  Und manchen alt-vergrabnen Schatz;
  Ich muß ein bißchen revidieren. (Ab)

ABEND

Ein kleines, reinliches Zimmer

MARGARETE (ihre Zöpfe flechtend und aufbindend):
  Ich gäb was drum, wenn ich nur wüßt,
  Wer heut der Herr gewesen ist!
  Er sah gewiß recht wacker aus
  Und ist aus einem edlen Haus;

Das konnt ich ihm an der Stirne lesen –
Er wär auch sonst nicht so keck gewesen. (Ab)
Mephistopheles. Faust
MEPHISTOPHELES: Herein, ganz leise, nur herein!
FAUST (nach einigem Stillschweigen):
Ich bitte dich, laß mich allein!
MEPHISTOPHELES (herumspürend):
Nicht jedes Mädchen hält so rein. (Ab)
FAUST (rings aufschauend):
Willkommen, süßer Dämmerschein,
Der du dies Heiligtum durchwebst!
Ergreif mein Herz, du süße Liebespein,
Die du vom Tau der Hoffnung schmachtend lebst!
Wie atmet rings Gefühl der Stille,
Der Ordnung, der Zufriedenheit!
In dieser Armut welche Fülle!
In diesem Kerker welche Seligkeit!
Er wirft sich auf den ledernen Sessel am Bette
O nimm mich auf, der du die Vorwelt schon
Bei Freud und Schmerz im offnen Arm empfangen!
Wie oft, ach! hat an diesem Väterthron
Schon eine Schar von Kindern rings gehangen!
Vielleicht hat, dankbar für den heilgen Christ,
Mein Liebchen hier, mit vollen Kinderwangen,
Dem Ahnherrn fromm die welke Hand geküßt.
Ich fühl, o Mädchen, deinen Geist
Der Füll und Ordnung um mich säuseln,
Der mütterlich dich täglich unterweist,
Den Teppich auf den Tisch dich reinlich breiten heißt,
Sogar den Sand zu deinen Füßen kräuseln.
O liebe Hand! so göttergleich!
Die Hütte wird durch dich ein Himmelreich.
Und hier!
Er hebt einen Bettvorhang auf
Was faßt mich für ein Wonnegraus!
Hier möcht ich volle Stunden säumen.
Natur, hier bildetest in leichten Träumen
Den eingebornen Engel aus!
Hier lag das Kind, mit warmem Leben
Den zarten Busen angefüllt,
Und hier mit heilig-reinem Weben
Entwirkte sich das Götterbild!

Und du? Was hat dich hergeführt?
Wie innig fühl ich mich gerührt!
Was willst du hier? Was wird das Herz dir schwer?
Armseliger Faust, ich kenne dich nicht mehr!

Umgibt mich hier ein Zauberduft?
Mich drang's, so grade zu genießen,
Und fühle mich in Liebestraum zerfließen!
Sind wir ein Spiel von jedem Druck der Luft?

Und träte sie den Augenblick herein,
Wie würdest du für deinen Frevel büßen!
Der große Hans, ach, wie so klein!
Läg, hingeschmolzen, ihr zu Füßen. –
MEPHISTOPHELES: Geschwind! ich seh sie unten kommen.

FAUST: Fort! fort! Ich kehre nimmermehr!
MEPHISTOPHELES: Hier ist ein Kästchen, leidlich schwer;
Ich hab's woanders hergenommen.
Stellt's hier nur immer in den Schrein!
Ich schwör Euch, ihr vergehn die Sinnen:
Ich tat Euch Sächelchen hinein,
Um eine andre zu gewinnen!
Zwar Kind ist Kind, und Spiel ist Spiel.
FAUST: Ich weiß nicht: soll ich?
MEPHISTOPHELES: Fragt Ihr viel?
Meint Ihr vielleicht den Schatz zu wahren?
Dann rat ich Eurer Lüsternheit,
Die liebe, schöne Tageszeit
Und mir die weitre Müh zu sparen.
Ich hoff nicht, daß Ihr geizig seid!
Ich kratz den Kopf, reib an den Händen,
Er stellt das Kästchen in den Schrein und drückt das Schloß wieder zu
– Nur fort! geschwind! –
Um Euch das süße, junge Kind
Nach Herzens Wunsch und Will zu wenden,
Und Ihr seht drein,
Als solltet Ihr in den Hörsaal hinein,
Als stünden grau-leibhaftig vor Euch da
Physik und Metaphysika!
Nur fort! (Ab)
MARGARETE (mit einer Lampe):
Es ist so schwül, so dumpfig hie,
Sie macht das Fenster auf
Und ist doch eben so warm nicht drauß.
Es wird mir so, ich weiß nicht wie –
Ich wollt, die Mutter käm nach Haus!
Mir läuft ein Schauer übern ganzen Leib –
Bin doch ein töricht-furchtsam Weib!
Sie fängt an zu singen, indem sie sich auszieht
    Es war ein König in Thule,
    Gar treu bis an das Grab,
    Dem sterbend seine Buhle
    Einen goldnen Becher gab.

    Es ging ihm nichts darüber,
    Er leert ihn jeden Schmaus;
    Die Augen gingen ihm über,
    So oft er trank daraus.

    Und als er kam zu sterben,
    Zählt er seine Städt im Reich,
    Gönnt alles seinem Erben,
    Den Becher nicht zugleich.

    Er saß beim Königsmahle,
    Die Ritter um ihn her,
    Auf hohem Vätersaale,
    Dort auf dem Schloß am Meer.

    Dort stand der alte Zecher,
    Trank letzte Lebensglut,
    Und warf den heiligen Becher
    Hinunter in die Flut.

Er sah ihn stürzen, trinken,
Und sinken tief ins Meer,
Die Augen täten ihm sinken,
Trank nie einen Tropfen mehr.

Sie eröffnet den Schrein, ihre Kleider einzuräumen, und erblickt das Schmuckkästchen

Wie kommt das schöne Kästchen hier herein?
Ich schloß doch ganz gewiß den Schrein.
Es ist doch wunderbar! Was mag wohl drinne sein?
Vielleicht bracht's jemand als ein Pfand,
Und meine Mutter lieh darauf.
Da hängt ein Schlüsselchen am Band:
Ich denke wohl, ich mach es auf!
Was ist das? Gott im Himmel! Schau,
So was hab ich mein Tage nicht gesehn!
Ein Schmuck! Mit dem könnt eine Edelfrau
Am höchsten Feiertage gehn.
Wie sollte mir die Kette stehn?
Wem mag die Herrlichkeit gehören?

Sie putzt sich damit auf und tritt vor den Spiegel

Wenn nur die Ohrring meine wären!
Man sieht doch gleich ganz anders drein.
Was hilft Euch Schönheit, junges Blut?
Das ist wohl alles schön und gut,
Allein man läßt's auch alles sein;
Man lobt Euch halb mit Erbarmen.
Nach Golde drängt,
Am Golde hängt
Doch alles! Ach, wir Armen!

SPAZIERGANG

*Faust in Gedanken auf und ab gehend.
Zu ihm Mephistopheles*

MEPHISTOPHELES:
 Bei aller verschmähten Liebe! Beim höllischen Elemente!
 Ich wollt, ich wüßte was Ärgers, daß ich's fluchen könnte!
FAUST: Was hast? was kneipt dich denn so sehr?
 So kein Gesicht sah ich in meinem Leben!
MEPHISTOPHELES: Ich möcht mich gleich dem Teufel übergeben,
 Wenn ich nur selbst kein Teufel wär!
FAUST: Hat sich dir was im Kopf verschoben?
 Dich kleidet's, wie ein Rasender zu toben!
MEPHISTOPHELES:
 Denkt nur: den Schmuck, für Gretchen angeschafft,
 Den hat ein Pfaff hinweggerafft! –
 Die Mutter kriegt das Ding zu schauen,
 Gleich fängt's ihr heimlich an zu grauen:
 Die Frau hat gar einen feinen Geruch,
 Schnuffelt immer im Gebetbuch
 Und riecht's einem jeden Möbel an,
 Ob das Ding heilig ist oder profan.
 Und an dem Schmuck da spürt sie's klar,
 Daß dabei nicht viel Segen war.
 „Mein Kind", rief sie, „ungerechtes Gut
 Befängt die Seele, zehrt auf das Blut.
 Wollen's der Mutter Gottes weihen,
 Wird uns mit Himmelsmanna erfreuen!"
 Margretlein zog ein schiefes Maul;
 Ist halt, dacht sie, ein geschenkter Gaul,
 Und wahrlich! gottlos ist nicht der,
 Der ihn so fein gebracht hierher.
 Die Mutter ließ einen Pfaffen kommen;
 Der hatte kaum den Spaß vernommen,
 Ließ sich den Anblick wohl behagen.
 Er sprach: „So ist man recht gesinnt!
 Wer überwindet, der gewinnt.
 Die Kirche hat einen guten Magen,
 Hat ganze Länder aufgefressen
 Und doch noch nie sich übergessen;
 Die Kirch allein, meine lieben Frauen,
 Kann ungerechtes Gut verdauen."
FAUST: Das ist ein allgemeiner Brauch;
 Ein Jud und König kann es auch.
MEPHISTOPHELES: Strich drauf ein Spange, Kett und Ring,
 Als wären's eben Pfifferling,
 Dankt nicht weniger und nicht mehr,
 Als ob's ein Korb voll Nüsse wär,
 Versprach ihnen allen himmlischen Lohn –
 Und sie waren sehr erbaut davon.
FAUST: Und Gretchen?
MEPHISTOPHELES: Sitzt nun unruhvoll,
 Weiß weder, was sie will noch soll,
 Denkt ans Geschmeide Tag und Nacht,
 Noch mehr an den, der's ihr gebracht.
FAUST: Des Liebchens Kummer tut mir leid.
 Schaff du ihr gleich ein neu Geschmeid!
 Am ersten war ja so nicht viel.
MEPHISTOPHELES: O ja, dem Herrn ist alles Kinderspiel!
FAUST: Und mach und richt's nach meinem Sinn!
 Häng dich an ihre Nachbarin!
 Sei, Teufel, doch nur nicht wie Brei
 Und schaff einen neuen Schmuck herbei!
MEPHISTOPHELES: Ja, gnädger Herr, von Herzen gerne!

Faust ab

MEPHISTOPHELES:
 So ein verliebter Tor verpufft
 Euch Sonn, Mond und alle Sterne
 Zum Zeitvertreib dem Liebchen in die Luft.

Ab

DER NACHBARIN HAUS

MARTHE (allein): Gott verzeih's meinem lieben Mann,
　Er hat an mir nicht wohlgetan!
　Geht da stracks in die Welt hinein
　Und läßt mich auf dem Stroh allein.
　Tät ihn doch wahrlich nicht betrüben,
　Tät ihn, weiß Gott! recht herzlich lieben. (Sie weint)
　Vielleicht ist er gar tot! – O Pein! – –
　Hätt ich nur einen Totenschein!

Margarete kommt
MARGARETE: Frau Marthe!
MARTHE: 　　　　Gretelchen, was soll's?
MARGARETE: Fast sinken mir die Kniee nieder!
　Da find ich so ein Kästchen wieder
　In meinem Schrein, von Ebenholz,
　Und Sachen, herrlich ganz und gar,
　Weit reicher, als das erste war!
MARTHE: Das muß Sie nicht der Mutter sagen!
　Tät's wieder gleich zur Beichte tragen.
MARGARETE: Ach, seh Sie nur! ach, schau Sie nur!
MARTHE (putzt sie auf): O du glückselge Kreatur!
MARGARETE: Darf mich leider nicht auf der Gassen
　Noch in der Kirche mit sehen lassen.
MARTHE: Komm du nur oft zu mir herüber
　Und leg den Schmuck hier heimlich an!
　Spazier ein Stündchen lang dem Spiegelglas vorüber:
　Wir haben unsre Freude dran!
　Und dann gibt's einen Anlaß, gibt's ein Fest,
　Wo man's so nach und nach den Leuten sehen läßt:
　Ein Kettchen erst, die Perle dann ins Ohr –
　Die Mutter sieht's wohl nicht, man macht ihr auch was vor.
MARGARETE: Wer konnte nur die beiden Kästchen bringen?
　Es geht nicht zu mit rechten Dingen! (Es klopft)
MARGARETE: Ach Gott! mag das meine Mutter sein?
MARTHE (durchs Vorhängel guckend):
　Es ist ein fremder Herr! – Herein!

Mephistopheles tritt auf
MEPHISTOPHELES: Bin so frei, grad hereinzutreten,
　Muß bei den Frauen Verzeihn erbeten.
　Tritt ehrerbietig vor Margareten zurück
　Wollte nach Frau Marthe Schwerdtlein fragen!
MARTHE: Ich bin's! Was hat der Herr zu sagen?
MEPHISTOPHELES (leise zu ihr).
　Ich kenne Sie jetzt, mir ist das genug;
　Sie hat da gar vornehmen Besuch.
　Verzeiht die Freiheit, die ich genommen!
　Will Nachmittage wiederkommen.
MARTHE (laut): Denk, Kind, um alles in der Welt!
　Der Herr dich für ein Fräulein hält.
MARGARETE: Ich bin ein armes junges Blut;
　Ach Gott! der Herr ist gar zu gut:
　Schmuck und Geschmeide sind nicht mein.
MEPHISTOPHELES: Ach, es ist nicht der Schmuck allein!
　Sie hat ein Wesen, einen Blick so scharf! –
　Wie freut mich's, daß ich bleiben darf!
MARTHE: Was bringt Er denn? Verlange sehr –
MEPHISTOPHELES: Ich wollt, ich hätt ein frohere Mär!
　Ich hoffe, Sie läßt mich's drum nicht büßen:
　Ihr Mann ist tot und läßt Sie grüßen.
MARTHE: Ist tot? das treue Herz! O weh!
　Mein Mann ist tot! Ach, ich vergeh!
MARGARETE: Ach, liebe Frau, verzweifelt nicht!
MEPHISTOPHELES: So hört die traurige Geschicht!
MARGARETE: Ich möchte drum mein Tag nicht lieben;
　Würde mich Verlust zu Tode betrüben.
MEPHISTOPHELES: Freud muß Leid, Leid muß Freude haben.
MARTHE: Erzählt mir seines Lebens Schluß!
MEPHISTOPHELES: Er liegt in Padua begraben
　Beim heiligen Antonius,
　An einer wohlgeweihten Stätte
　Zum ewig-kühlen Ruhebette.
MARTHE: Habt Ihr sonst nichts an mich zu bringen?
MEPHISTOPHELES: Ja, eine Bitte, groß und schwer:
　Laß Sie doch ja für ihn dreihundert Messen singen!
　Im übrigen sind meine Taschen leer.
MARTHE: Was! Nicht ein Schaustück? kein Geschmeid?
　Was jeder Handwerksbursch im Grund des Säckels spart,
　Zum Angedenken aufbewahrt,
　Und lieber hungert, lieber bettelt!
MEPHISTOPHELES: Madam, es tut mir herzlich leid;
　Allein er hat sein Geld wahrhaftig nicht verzettelt.
　Auch er bereute seine Fehler sehr,
　Ja, und bejammerte sein Unglück noch viel mehr.
MARGARETE: Ach, daß die Menschen so unglücklich sind!
　Gewiß, ich will für ihn manch Requiem noch beten.
MEPHISTOPHELES: Ihr wäret wert, gleich in die Eh zu treten:
　Ihr seid ein liebenswürdig Kind.
MARGARETE: Ach nein, das geht jetzt noch nicht an.
MEPHISTOPHELES:
　Ist's nicht ein Mann, sei's derweil ein Galan!
　's ist eine der größten Himmelsgaben,
　So ein lieb Ding im Arm zu haben.
MARGARETE: Das ist des Landes nicht der Brauch.
MEPHISTOPHELES: Brauch oder nicht! Es gibt sich auch.
MARTHE: Erzählt mir doch!
MEPHISTOPHELES: 　Ich stand an seinem Sterbebette,
　Es war was besser als von Mist:
　Von halbgefaultem Stroh! allein er starb als Christ
　Und fand, daß er weit mehr noch auf der Zeche hätte.
　„Wie", rief er, „muß ich mich von Grund aus hassen:
　So mein Gewerb, mein Weib so zu verlassen!
　Ach, die Erinnrung tötet mich!
　Vergäb sie mir nur noch in diesem Leben –"
MARTHE (weinend):
　Der gute Mann! ich hab ihm längst vergeben.

MEPHISTOPHELES:
„Allein, weiß Gott! sie war mehr schuld als ich."
MARTHE: Das lügt er! Was! am Rand des Grabs zu lügen!
MEPHISTOPHELES: Er fabelte gewiß in letzten Zügen,
Wenn ich nur halb ein Kenner bin.
„Ich hatte", sprach er, „nicht zum Zeitvertreib zu gaffen,
Erst Kinder, und dann Brot für sie zu schaffen,
Und Brot im allerweitsten Sinn,
Und konnte nicht einmal mein Teil in Frieden essen."
MARTHE: Hat er so aller Treu, so aller Lieb vergessen,
Der Plackerei bei Tag und Nacht!
MEPHISTOPHELES:
Nicht doch! er hat Euch herzlich dran gedacht.
Er sprach: „Als ich nun weg von Malta ging,
Da betet ich für Frau und Kinder brünstig;
Uns war denn auch der Himmel günstig,
Daß unser Schiff ein türkisch Fahrzeug fing,
Das einen Schatz des großen Sultans führte.
Da ward der Tapferkeit ihr Lohn,
Und ich empfing denn auch, wie sich gebührte,
Mein wohlgemeßnes Teil davon."
MARTHE: Ei wie? ei wo? Hat er's vielleicht vergraben?
MEPHISTOPHELES:
Wer weiß, wo nun es die vier Winde haben!
Ein schönes Fräulein nahm sich seiner an,
Als er in Napel fremd umherspazierte;
Sie hat an ihm viel Lieb's und Treu's getan,
Daß er's bis an sein selig Ende spürte.
MARTHE: Der Schelm! der Dieb an seinen Kindern!
Auch alles Elend, alle Not
Konnt nicht sein schändlich Leben hindern!
MEPHISTOPHELES: Ja seht, dafür ist er nun tot!
Wär ich nun jetzt an eurem Platze,
Betraurt ich ihn ein züchtig Jahr,
Visierte dann unterweil nach einem neuen Schatze.
MARTHE: Ach Gott! wie doch mein erster war,
Find ich nicht leicht auf dieser Welt den andern!
Es konnte kaum ein herziger Närrchen sein.
Er liebte nur das allzuviele Wandern,
Und fremde Weiber, und fremden Wein,
Und das verfluchte Würfelspiel!
MEPHISTOPHELES: Nun, nun, so konnt es gehn und stehen,
Wenn er Euch ungefähr so viel
Von seiner Seite nachgesehen.
Ich schwör Euch zu: Mit dem Beding
Wechselt ich selbst mit Euch den Ring!
MARTHE: O es beliebt dem Herrn zu scherzen!
MEPHISTOPHELES (für sich): Nun mach ich mich beizeiten fort!
Die hielte wohl den Teufel selbst beim Wort.
Zu Gretchen
Wie steht es denn mit Ihrem Herzen?
MARGARETE: Was meint der Herr damit?
MEPHISTOPHELES (für sich): Du guts, unschuldigs Kind!
Laut
Lebt wohl, ihr Fraun!

MARGARETE: Lebt wohl!
MARTHE: O sagt mir doch geschwind –
Ich möchte gern ein Zeugnis haben,
Wo, wie und wann mein Schatz gestorben und begraben!
Ich bin von je der Ordnung Freund gewesen,
Möcht ihn auch tot im Wochenblättchen lesen.
MEPHISTOPHELES: Ja, gute Frau, durch zweier Zeugen Mund
Wird allerwegs die Wahrheit kund.
Habe noch gar einen feinen Gesellen,
Den will ich Euch vor den Richter stellen.
Ich bring ihn her.
MARTHE: O tut das ja!
MEPHISTOPHELES: Und hier die Jungfrau ist auch da? –
Ein braver Knab! ist viel gereist,
Fräuleins alle Höflichkeit erweist.
MARGARETE: Müßte vor dem Herrn schamrot werden.
MEPHISTOPHELES: Vor keinem Könige der Erden!
MARTHE: Da hinterm Haus in meinem Garten
Wollen wir der Herrn heut abend warten.

STRASSE

Faust. Mephistopheles

FAUST: Wie ist's? Will's fördern? Will's bald gehn?
MEPHISTOPHELES: Ah bravo! Find ich Euch in Feuer?
In kurzer Zeit ist Gretchen Euer!
Heut abend sollt Ihr sie bei Nachbar' Marthen sehn:
Das ist ein Weib wie auserlesen
Zum Kuppler- und Zigeunerwesen!
FAUST: So recht!
MEPHISTOPHELES: Doch wird auch was von uns begehrt.
FAUST: Ein Dienst ist wohl des andern wert.
MEPHISTOPHELES: Wir legen nur ein gültig Zeugnis nieder,
Daß ihres Ehherrn ausgereckte Glieder
In Padua an heilger Stätte ruhn.
FAUST: Sehr klug! Wir werden erst die Reise machen müssen!
MEPHISTOPHELES:
Sancta simplicitas! Darum ist's nicht zu tun;
Bezeugt nur, ohne viel zu wissen!
FAUST: Wenn Er nichts Bessers hat, so ist der Plan zerrissen.
MEPHISTOPHELES: O heilger Mann! da wärt Ihr's nun!
Ist es das erstemal in Eurem Leben,
Daß Ihr falsch Zeugnis abgelegt?
Habt Ihr von Gott, der Welt, und was sich drin bewegt,
Vom Menschen, was sich ihm in Kopf und Herzen regt,
Definitionen nicht mit großer Kraft gegeben,
Mit frecher Stirne, kühner Brust?
Und wollt Ihr recht ins Innre gehen,

Habt Ihr davon – Ihr müßt es grad gestehen! –
So viel als von Herrn Schwerdtleins Tod gewußt?
FAUST: Du bist und bleibst ein Lügner, ein Sophiste.
MEPHISTOPHELES:
Ja, wenn man's nicht ein bißchen tiefer wüßte!
Denn morgen wirst, in allen Ehren,
Das arme Gretchen nicht betören
Und alle Seelenlieb ihr schwören?
FAUST: Und zwar von Herzen!
MEPHISTOPHELES: Gut und schön!
Dann wird von ewiger Treu und Liebe,
Von einzig-überallmächtgem Triebe –
Wird das auch so von Herzen gehn?
FAUST: Laß das! Es wird! – Wenn ich empfinde,
Für das Gefühl, für das Gewühl
Nach Namen suche, keinen finde,
Dann durch die Welt mit allen Sinnen schweife,
Nach allen höchsten Worten greife
Und diese Glut, von der ich brenne,
Unendlich, ewig, ewig nenne,
Ist das ein teuflisch Lügenspiel?
MEPHISTOPHELES: Ich hab doch recht!
FAUST: Hör! merk dir dies
– Ich bitte dich – und schone meine Lunge:
Wer recht behalten will und hat nur eine Zunge,
Behält's gewiß.
Und komm, ich hab des Schwätzens Überdruß,
Denn du hast recht, vorzüglich weil ich muß!

GARTEN

*Margarete an Faustens Arm, Marthe mit Mephistopheles
auf und ab spazierend*

MARGARETE: Ich fühl es wohl, daß mich der Herr nur schont,
Herab sich läßt, mich zu beschämen.
Ein Reisender ist so gewohnt,
Aus Gütigkeit fürliebzunehmen;
Ich weiß zu gut, daß solch erfahrnen Mann
Mein arm Gespräch nicht unterhalten kann.
FAUST: Ein Blick von dir, Ein Wort mehr unterhält
Als alle Weisheit dieser Welt.
Er küßt ihre Hand
MARGARETE:
Inkommodiert Euch nicht! Wie könnt Ihr sie nur küssen?
Sie ist so garstig, ist so rauh!
Was hab ich nicht schon alles schaffen müssen!
Die Mutter ist gar zu genau.
Gehn vorüber
MARTHE: Und Ihr, mein Herr, Ihr reist so immer fort?
MEPHISTOPHELES:
Ach, daß Gewerb und Pflicht uns dazu treiben!
Mit wie viel Schmerz verläßt man manchen Ort
Und darf doch nun einmal nicht bleiben!

MARTHE: In raschen Jahren geht's wohl an,
So um und um frei durch die Welt zu streifen;
Doch kömmt die böse Zeit heran,
Und sich als Hagestolz allein zum Grab zu schleifen,
Das hat noch keinem wohlgetan.
MEPHISTOPHELES: Mit Grausen seh ich das von weiten.
MARTHE: Drum, werter Herr, beratet Euch in Zeiten!
Gehn vorüber
MARGARETE: Ja, aus den Augen, aus dem Sinn!
Die Höflichkeit ist Euch geläufig;
Allein Ihr habt der Freunde häufig,
Sie sind verständiger, als ich bin.
FAUST: O Beste! glaube, was man so verständig nennt,
Ist oft mehr Eitelkeit und Kurzsinn.
MARGARETE: Wie?
FAUST: Ach, daß die Einfalt, daß die Unschuld nie
Sich selbst und ihren heilgen Wert erkennt!
Daß Demut, Niedrigkeit, die höchsten Gaben
Der liebevoll austeilenden Natur –
MARGARETE: Denkt Ihr an mich ein Augenblickchen nur,
Ich werde Zeit genug an Euch zu denken haben.
FAUST: Ihr seid wohl viel allein?
MARTHE: Ja, unsre Wirtschaft ist nur klein,
Und doch will sie versehen sein.
Wir haben keine Magd; muß kochen, fegen, stricken
Und nähn und laufen früh und spat,
Und meine Mutter ist in allen Stücken
So akkurat!
Nicht, daß sie just so sehr sich einzuschränken hat;
Wir könnten uns weit ehr als andre regen:
Mein Vater hinterließ ein hübsch Vermögen,
Ein Häuschen und ein Gärtchen vor der Stadt.
Doch hab ich jetzt so ziemlich stille Tage:
Mein Bruder ist Soldat,
Mein Schwesterchen ist tot.
Ich hatte mit dem Kind wohl meine liebe Not;
Doch übernähm ich gern noch einmal alle Plage,
So lieb war mir das Kind.
FAUST: Ein Engel, wenn dir's glich!
MARGARETE: Ich zog es auf, und herzlich liebt es mich.
Es war nach meines Vaters Tod geboren.
Die Mutter gaben wir verloren,
So elend wie sie damals lag,
Und sie erholte sich sehr langsam, nach und nach.
Da konnte sie nun nicht dran denken,
Das arme Würmchen selbst zu tränken,
Und so erzog ich's ganz allein,
Mit Milch und Wasser: so ward's mein!
Auf meinem Arm, in meinem Schoß
War's freundlich, zappelte, ward groß.
FAUST: Du hast gewiß das reinste Glück empfunden.
MARGARETE: Doch auch gewiß gar manche schwere Stunden.
Des Kleinen Wiege stand zu Nacht
An meinem Bett: es durfte kaum sich regen,
War ich erwacht!
Bald mußt ich's tränken, bald es zu mir legen,

Bald, wenn's nicht schwieg, vom Bett aufstehn
Und tänzelnd in der Kammer auf und nieder gehn,
Und früh am Tage schon am Waschtrog stehn,
Dann auf dem Markt und an dem Herde sorgen,
Und immer fort wie heute so morgen.
Da geht's, mein Herr, nicht immer mutig zu;
Doch schmeckt dafür das Essen, schmeckt die Ruh.
Gehn vorüber
MARTHE: Die armen Weiber sind doch übel dran:
Ein Hagestolz ist schwerlich zu bekehren.
MEPHISTOPHELES: Es käm nur auf Euresgleichen an,
Mich eines Bessern zu belehren.
MARTHE: Sagt grad, mein Herr: habt Ihr noch nichts gefunden?
Hat sich das Herz nicht irgendwo gebunden?
MEPHISTOPHELES: Das Sprichwort sagt: Ein eigner Herd,
Ein braves Weib sind Gold und Perlen wert.
MARTHE: Ich meine, ob Ihr niemals Lust bekommen?
MEPHISTOPHELES:
Man hat mich überall recht höflich aufgenommen.
MARTHE: Ich wollte sagen: ward's nie Ernst in Eurem Herzen?
MEPHISTOPHELES:
Mit Frauen soll man sich nie unterstehn zu scherzen.
MARTHE: Ach, Ihr versteht mich nicht!
MEPHISTOPHELES: Das tut mir herzlich leid!
Doch ich versteh – daß Ihr sehr gütig seid.
Gehn vorüber
FAUST: Du kanntest mich, o kleiner Engel, wieder,
Gleich als ich in den Garten kam?
MARGARETE: Saht Ihr es nicht? ich schlug die Augen nieder.
FAUST: Und du verzeihst die Freiheit, die ich nahm?
Was sich die Frechheit unterfangen,
Als du jüngst aus dem Dom gegangen?
MARGARETE: Ich war bestürzt, mir war das nie geschehn;
Es konnte niemand von mir Übels sagen.
Ach, dacht ich, hat er in deinem Betragen
Was Freches, Unanständiges gesehn?
Es schien ihn gleich nur anzuwandeln,
Mit dieser Dirne gradehin zu handeln.
Gesteh ich's doch: ich wußte nicht, was sich
Zu Eurem Vorteil hier zu regen gleich begonnte;
Allein, gewiß, ich war recht bös auf mich,
Daß ich auf Euch nicht böser werden konnte.
FAUST: Süß Liebchen!
MARGARETE: Laßt einmal!
Sie pflückt eine Sternblume und zupft die Blätter ab, eins nach dem andern
FAUST: Was soll das? Einen Strauß?
MARGARETE: Nein, es soll nur ein Spiel.
FAUST: Wie?
MARGARETE: Geht! Ihr lacht mich aus.
Sie rupft und murmelt
FAUST: Was murmelst du?
MARGARETE (halblaut): Er liebt mich – liebt mich nicht –
FAUST: Du holdes Himmelsangesicht!

MARGARETE (fährt fort):
Liebt mich – nicht – liebt mich – nicht –
Das letzte Blatt ausrupfend, mit holder Freude
Er liebt mich!
FAUST: Ja, mein Kind! Laß dieses Blumenwort
Dir Götterausspruch sein! Er liebt dich!
Verstehst du, was das heißt? Er liebt dich!
Er faßt ihre beiden Hände
MARGARETE: Mich überläuft's!
FAUST: O schaudre nicht! Laß diesen Blick,
Laß diesen Händedruck dir sagen,
Was unaussprechlich ist:
Sich hinzugeben ganz und eine Wonne
Zu fühlen, die ewig sein muß!
Ewig! – Ihr Ende würde Verzweiflung sein.
Nein, kein Ende! kein Ende!
MARGARETE (drückt ihm die Hände, macht sich los und läuft weg. Er steht einen Augenblick in Gedanken, dann folgt er ihr).
MARTHE (kommend): Die Nacht bricht an.
MEPHISTOPHELES: Ja, und wir wollen fort.
MARTHE: Ich bät Euch, länger hierzubleiben;
Allein es ist ein gar zu böser Ort:
Es ist, als hätte niemand nichts zu treiben
Und nichts zu schaffen,
Als auf des Nachbarn Schritt und Tritt zu gaffen,
Und man kommt ins Gered, wie man sich immer stellt. –
Und unser Pärchen?
MEPHISTOPHELES: Ist den Gang dort aufgeflogen.
Mutwillge Sommervögel!
MARTHE: Er scheint ihr gewogen.
MEPHISTOPHELES:
Und sie ihm auch. Das ist der Lauf der Welt.

EIN GARTENHÄUSCHEN

Margarete springt herein, steckt sich hinter die Tür, hält die Fingerspitze an die Lippen und guckt durch die Ritze

MARGARETE: Er kommt!
FAUST (kommt): Ach Schelm, so neckst du mich!
Treff ich dich? (Er küßt sie.)
MARGARETE (ihn fassend und den Kuß zurückgebend):
Bester Mann! von Herzen lieb ich dich!
Mephistopheles klopft an
FAUST (stampfend): Wer da?
MEPHISTOPHELES: Gut Freund!
FAUST: Ein Tier!
MEPHISTOPHELES: Es ist wohl Zeit zu scheiden.
MARTHE (kommt): Ja, es ist spät, mein Herr.
FAUST: Darf ich Euch nicht geleiten?
MARGARETE: Die Mutter würde mich –! Lebt wohl!
FAUST: Muß ich denn gehn?
Lebt wohl!

MARTHE: Ade!
MARGARETE: Auf baldig Wiedersehn!
Faust und Mephistopheles ab
MARGARETE: Du lieber Gott! was so ein Mann
Nicht alles, alles kann!
Beschämt nur steh ich vor ihm da
Und sag zu allen Sachen Ja.
Bin doch ein arm, unwissend Kind,
Begreife nicht, was er an mir findt. (Ab)

WALD UND HÖHLE

FAUST (allein):
Erhabener Geist, du gabst mir, gabst mir alles,
Warum ich bat. Du hast mir nicht umsonst
Dein Angesicht im Feuer zugewendet.
Gabst mir die herrliche Natur zum Königreich,
Kraft, sie zu fühlen, zu genießen. Nicht
Kalt staunenden Besuch erlaubst du nur,
Vergönnest mir, in ihre tiefe Brust
Wie in den Busen eines Freunds zu schauen.
Du führst die Reihe der Lebendigen
Vor mir vorbei und lehrst mich meine Brüder
Im stillen Busch, in Luft und Wasser kennen.
Und wenn der Sturm im Walde braust und knarrt,
Die Riesenfichte, stürzend, Nachbaräste
Und Nachbarstämme quetschend niederstreift
Und ihrem Fall dumpf-hohl der Hügel donnert,
Dann führst du mich zur sichern Höhle, zeigst
Mich dann mir selbst, und meiner eignen Brust
Geheime, tiefe Wunder öffnen sich.
Und steigt vor meinem Blick der reine Mond
Besänftigend herüber, schweben mir
Von Felsenwänden, aus dem feuchten Busch
Der Vorwelt silberne Gestalten auf
Und lindern der Betrachtung strenge Lust.

O daß dem Menschen nichts Vollkommnes wird,
Empfind ich nun! Du gabst zu dieser Wonne,
Die mich den Göttern nah und näher bringt,
Mir den Gefährten, den ich schon nicht mehr
Entbehren kann, wenn er gleich, kalt und frech,
Mich vor mir selbst erniedrigt und zu nichts,
Mit einem Worthauch, deine Gaben wandelt.
Er facht in meiner Brust ein wildes Feuer
Nach jenem schönen Bild geschäftig an.
So tauml ich von Begierde zu Genuß,
Und im Genuß verschmacht ich nach Begierde.

Mephistopheles tritt auf

MEPHISTOPHELES:
Habt Ihr nun bald das Leben gnug geführt?
Wie kann's Euch in die Länge freuen?
Es ist wohl gut, daß man's einmal probiert;
Dann aber wieder zu was Neuen!

FAUST: Ich wollt, du hättest mehr zu tun,
Als mich am guten Tag zu plagen.
MEPHISTOPHELES: Nun, nun! ich laß dich gerne ruhn,
Du darfst mir's nicht im Ernste sagen.
An dir Gesellen, unhold, barsch und toll,
Ist wahrlich wenig zu verlieren.
Den ganzen Tag hat man die Hände voll!
Was ihm gefällt und was man lassen soll,
Kann man dem Herrn nie an der Nase spüren.
FAUST: Das ist so just der rechte Ton!
Er will noch Dank, daß er mich ennuyiert!
MEPHISTOPHELES: Wie hättst du, armer Erdensohn,
Dein Leben ohne mich geführt?
Vom Kribskrabs der Imagination
Hab ich dich doch auf Zeiten lang kuriert,
Und wär ich nicht, so wärst du schon
Von diesem Erdball abspaziert.
Was hast du da in Höhlen, Felsenritzen
Dich wie ein Schuhu zu versitzen?
Was schlurfst aus dumpfem Moos und triefendem Gestein
Wie eine Kröte Nahrung ein?
Ein schöner, süßer Zeitvertreib!
Dir steckt der Doktor noch im Leib!
FAUST: Verstehst du, was für neue Lebenskraft
Mir dieser Wandel in der Öde schafft?
Ja, würdest du es ahnen können,
Du wärest Teufel gnug, mein Glück mir nicht zu gönnen!
MEPHISTOPHELES: Ein überirdisches Vergnügen!
In Nacht und Tau auf den Gebirgen liegen
Und Erd und Himmel wonniglich umfassen,
Zu einer Gottheit sich aufschwellen lassen,
Der Erde Mark mit Ahnungsdrang durchwühlen,
Alle sechs Tagewerk im Busen fühlen,
In stolzer Kraft ich weiß nicht was genießen,
Bald liebewonniglich in alles überfließen,
Verschwunden ganz der Erdensohn,
Und dann die hohe Intuition
Mit einer Gebärde
– Ich darf nicht sagen, wie – zu schließen!
FAUST: Pfui über dich!
MEPHISTOPHELES: Das will Euch nicht behagen;
Ihr habt das Recht, gesittet Pfui zu sagen.
Man darf das nicht vor keuschen Ohren nennen,
Was keusche Herzen nicht entbehren können.
Und kurz und gut: Ich gönn Ihm das Vergnügen,
Gelegentlich sich etwas vorzulügen;
Doch lange hält Er das nicht aus.
Du bist schon wieder abgetrieben
Und, währt es länger, aufgerieben
In Tollheit oder Angst und Graus.
Genug damit! – Dein Liebchen sitzt dadrinne,
Und alles wird ihr eng und trüb.
Du kommst ihr gar nicht aus dem Sinne,
Sie hat dich übermächtig lieb.
Erst kam deine Liebeswut übergeflossen,

Wie vom geschmolznen Schnee ein Bächlein über-
steigt;
Du hast sie ihr ins Herz gegossen,
Nun ist dein Bächlein wieder seicht.
Mich dünkt: anstatt in Wäldern zu thronen,
Ließ es dem großen Herren gut,
Das arme, affenjunge Blut
Für seine Liebe zu belohnen!
Die Zeit wird ihr erbärmlich lang;
Sie steht am Fenster, sieht die Wolken ziehn
Über die alte Stadtmauer hin.
„Wenn ich ein Vöglein wär!" So geht ihr Gesang
Tage lang, halbe Nächte lang.
Einmal ist sie munter, meist betrübt,
Einmal recht ausgeweint,
Dann wieder ruhig, wie's scheint –
Und immer verliebt!
FAUST: Schlange! Schlange!
MEPHISTOPHELES (für sich): Gelt, daß ich dich fange!
FAUST: Verruchter! hebe dich von hinnen
Und nenne nicht das schönste Weib!
Bring die Begier zu ihrem süßen Leib
Nicht wieder vor die halb verrückten Sinnen!
MEPHISTOPHELES:
Was soll es denn? Sie meint, du seist entflohn,
Und halb und halb bist du es schon.
FAUST: Ich bin ihr nah, und wär ich noch so fern,
Ich kann sie nie vergessen, nie verlieren;
Ja, ich beneide schon den Leib des Herrn,
Wenn ihre Lippen ihn indes berühren!
MEPHISTOPHELES:
Gar wohl, mein Freund! Ich hab Euch oft beneidet
Ums Zwillingpaar, das unter Rosen weidet.
FAUST: Entfliehe, Kuppler!
MEPHISTOPHELES: Schön! Ihr schimpft, und ich muß
lachen.
Der Gott, der Bub und Mädchen schuf,
Erkannte gleich den edelsten Beruf,
Auch selbst Gelegenheit zu machen.
Nur fort, es ist ein großer Jammer!
Ihr sollt in Eures Liebchens Kammer,
Nicht etwa in den Tod!
FAUST: Was ist die Himmelsfreud in ihren Armen?
Laß mich an ihrer Brust erwarmen:
Fühl ich nicht immer ihre Not?
Bin ich der Flüchtling nicht? der Unbehauste?
Der Unmensch ohne Zweck und Ruh,
Der wie ein Wassersturz von Fels zu Felsen brauste,
Begierig wütend, nach dem Abgrund zu?
Und seitwärts sie, mit kindlich-dumpfen Sinnen,
Im Hüttchen auf dem kleinen Alpenfeld,
Und all ihr häusliches Beginnen
Umfangen in der kleinen Welt!
Und ich, der Gottverhaßte,
Hatte nicht genug,
Daß ich die Felsen faßte
Und sie zu Trümmern schlug:

Sie, ihren Frieden mußt ich untergraben!
Du, Hölle, mußtest dieses Opfer haben!
Hilf, Teufel, mir die Zeit der Angst verkürzen!
Was muß geschehn, mag's gleich geschehn!
Mag ihr Geschick auf mich zusammenstürzen
Und sie mit mir zugrunde gehn!
MEPHISTOPHELES: Wie's wieder siedet, wieder
glüht!
Geh ein und tröste sie, du Tor!
Wo so ein Köpfchen keinen Ausgang sieht,
Stellt er sich gleich das Ende vor.
Es lebe, wer sich tapfer hält!
Du bist doch sonst so ziemlich eingeteufelt.
Nichts Abgeschmackters find ich auf der Welt
Als einen Teufel, der verzweifelt.

GRETCHENS STUBE

GRETCHEN (am Spinnrade, allein):
Meine Ruh ist hin,
Mein Herz ist schwer;
Ich finde sie nimmer
Und nimmermehr.

Wo ich ihn nicht hab,
Ist mir das Grab,
Die ganze Welt,
Ist mir vergällt.

Mein armer Kopf
Ist mir verrückt,
Mein armer Sinn
Ist mir zerstückt.

Meine Ruh ist hin,
Mein Herz ist schwer;
Ich finde sie nimmer
Und nimmermehr.

Nach ihm nur schau ich
Zum Fenster hinaus,
Nach ihm nur geh ich
Aus dem Haus.

Sein hoher Gang,
Sein edle Gestalt,
Seines Mundes Lächeln,
Seiner Augen Gewalt,

Und seiner Rede
Zauberfluß,
Sein Händedruck,
Und ach, sein Kuß!

Meine Ruh ist hin,
Mein Herz ist schwer;
Ich finde sie nimmer
Und nimmermehr.

Mein Busen drängt
Sich nach ihm hin:
Ach, dürft ich fassen
Und halten ihn

Und küssen ihn,
So wie ich wollt,
An seinen Küssen
Vergehen sollt!

MARTHENS GARTEN

Margarete. Faust

MARGARETE: Versprich mir, Heinrich!
FAUST: Was ich kann!
MARGARETE: Nun sag: wie hast du's mit der Religion?
  Du bist ein herzlich guter Mann,
  Allein ich glaub, du hältst nicht viel davon.
FAUST: Laß das, mein Kind! Du fühlst, ich bin dir gut;
  Für meine Lieben ließ ich Leib und Blut,
  Will niemand sein Gefühl und seine Kirche rauben.
MARGARETE: Das ist nicht recht, man muß dran glauben!
FAUST: Muß man?
MARGARETE: Ach, wenn ich etwas auf dich könnte!
  Du ehrst auch nicht die heiligen Sakramente.
FAUST: Ich ehre sie.
MARGARETE: Doch ohne Verlangen!
  Zur Messe, zur Beichte bist du lange nicht gegangen.
  Glaubst du an Gott?
FAUST: Mein Liebchen, wer darf sagen:
  Ich glaub an Gott!
  Magst Priester oder Weise fragen,
  Und ihre Antwort scheint nur Spott
  Über den Frager zu sein.
MARGARETE: So glaubst du nicht?
FAUST: Mißhör mich nicht, du holdes Angesicht!
  Wer darf ihn nennen?
  Und wer bekennen:
  Ich glaub Ihn!
  Wer empfinden
  Und sich unterwinden
  Zu sagen: ich glaub Ihn nicht!
  Der Allumfasser,
  Der Allerhalter,
  Faßt und erhält Er nicht
  Dich, mich, sich selbst?
  Wölbt sich der Himmel nicht da droben?
  Liegt die Erde nicht hier unten fest?
  Und steigen freundlich blickend
  Ewige Sterne nicht herauf?
  Schau ich nicht Aug in Aug dir,
  Und drängt nicht alles
  Nach Haupt und Herzen dir
  Und webt in ewigem Geheimnis
  Unsichtbar-sichtbar neben dir?
  Erfüll davon dein Herz, so groß es ist,
  Und wenn du ganz in dem Gefühle selig bist,
  Nenn es dann, wie du willst:
  Nenn's Glück! Herz! Liebe! Gott!
  Ich habe keinen Namen
  Dafür! Gefühl ist alles;
  Name ist Schall und Rauch,
  Umnebelnd Himmelsglut.
MARGARETE: Das ist alles recht schön und gut;
  Ungefähr sagt das der Pfarrer auch,
  Nur mit ein bißchen andern Worten.
FAUST: Es sagen's allerorten
  Alle Herzen unter dem himmlischen Tage,
  Jedes in seiner Sprache:
  Warum nicht in der meinen?
MARGARETE: Wenn man's so hört, möcht's leidlich scheinen,
  Steht aber doch immer schief darum;
  Denn du hast kein Christentum.
FAUST: Liebs Kind!
MARGARETE: Es tut mir lang schon weh,
  Daß ich dich in der Gesellschaft seh.
FAUST: Wieso?
MARGARETE: Der Mensch, den du da bei dir hast,
  Ist mir in tiefer, innrer Seele verhaßt!
  Es hat mir in meinem Leben
  So nichts einen Stich ins Herz gegeben
  Als des Menschen widrig Gesicht.
FAUST: Liebe Puppe, fürcht ihn nicht!
MARGARETE: Seine Gegenwart bewegt mir das Blut.
  Ich bin sonst allen Menschen gut;
  Aber wie ich mich sehne, dich zu schauen,
  Hab ich vor dem Menschen ein heimlich Grauen,
  Und halt ihn für einen Schelm dazu!
  Gott verzeih mir's, wenn ich ihm unrecht tu!
FAUST: Es muß auch solche Käuze geben.
MARGARETE: Wollte nicht mit seinesgleichen leben!
  Kommt er einmal zur Tür herein,
  Sieht er immer so spöttisch drein
  Und halb ergrimmt;
  Man sieht, daß er an nichts keinen Anteil nimmt.
  Es steht ihm an der Stirn geschrieben,
  Daß er nicht mag eine Seele lieben.
  Mir wird's so wohl in deinem Arm,
  So frei, so hingegeben-warm,
  Und seine Gegenwart schnürt mir das Innre zu.
FAUST: Du ahnungsvoller Engel du!
MARGARETE: Das übermannt mich so sehr,
  Daß, wo er nur mag zu uns treten,
  Mein ich sogar, ich liebte dich nicht mehr!
  Auch, wenn er da ist, könnt ich nimmer beten,
  Und das frißt mir ins Herz hinein:
  Dir, Heinrich, muß es auch so sein.
FAUST: Du hast nun die Antipathie!
MARGARETE: Ich muß nun fort.
FAUST: Ach, kann ich nie

Ein Stündchen ruhig dir am Busen hängen
Und Brust an Brust und Seel in Seele drängen?
MARGARETE: Ach, wenn ich nur alleine schlief!
Ich ließ dir gern heut nacht den Riegel offen;
Doch meine Mutter schläft nicht tief,
Und würden wir von ihr betroffen,
Ich wär gleich auf der Stelle tot!
FAUST: Du Engel, das hat keine Not.
Hier ist ein Fläschchen! Drei Tropfen nur
In ihren Trank umhüllen
Mit tiefem Schlaf gefällig die Natur.
MARGARETE: Was tu ich nicht um deinetwillen?
Es wird ihr hoffentlich nicht schaden!
FAUST: Würd ich sonst, Liebchen, dir es raten?
MARGARETE: Seh ich dich, bester Mann, nur an,
Weiß nicht, was mich nach deinem Willen treibt;
Ich habe schon so viel für dich getan,
Daß mir zu tun fast nichts mehr übrigbleibt. (Ab)
Mephistopheles tritt auf
MEPHISTOPHELES: Der Grasaff! ist er weg?
FAUST: Hast wieder spioniert?
MEPHISTOPHELES: Ich hab's ausführlich wohl vernommen:
Herr Doktor wurden da katechisiert!
Hoff, es soll Ihnen wohl bekommen.
Die Mädels sind doch sehr interessiert,
Ob einer fromm und schlicht nach altem Brauch.
Sie denken: duckt er da, folgt er uns eben auch.
FAUST: Du Ungeheuer siehst nicht ein,
Wie diese treue, liebe Seele,
Von ihrem Glauben voll,
Der ganz allein
Ihr seligmachend ist, sich heilig quäle,
Daß sie den liebsten Mann verloren halten soll.
MEPHISTOPHELES: Du übersinnlicher, sinnlicher Freier,
Ein Mägdelein nasführet dich!
FAUST: Du Spottgeburt von Dreck und Feuer!
MEPHISTOPHELES: Und die Physiognomie versteht sie meisterlich:
In meiner Gegenwart wird's ihr, sie weiß nicht wie!
Mein Mäskchen da weissagt verborgnen Sinn;
Sie fühlt, daß ich ganz sicher ein Genie,
Vielleicht wohl gar der Teufel bin. –
Nun, heute nacht –?
FAUST: Was geht dich's an?
MEPHISTOPHELES: Hab ich doch meine Freude dran!

AM BRUNNEN

Gretchen und Lieschen mit Krügen

LIESCHEN: Hast nichts von Bärbelchen gehört?
GRETCHEN: Kein Wort! Ich komm gar wenig unter Leute.
LIESCHEN: Gewiß, Sybille sagt mir's heute:
Die hat sich endlich auch betört!
Das ist das Vornehmtun!
GRETCHEN: Wieso?
LIESCHEN: Es stinkt!
Sie füttert zwei, wenn sie nun ißt und trinkt.
GRETCHEN: Ach!
LIESCHEN: So ist's ihr endlich recht ergangen.
Wie lange hat sie an dem Kerl gehangen!
Das war ein Spazieren,
Auf Dorf und Tanzplatz Führen,
Mußt überall die Erste sein,
Kurtesiert ihr immer mit Pastetchen und Wein,
Bildt sich was auf ihre Schönheit ein;
War doch so ehrlos, sich nicht zu schämen,
Geschenke von ihm anzunehmen.
War ein Gekos und ein Geschleck:
Da ist denn auch das Blümchen weg!
GRETCHEN: Das arme Ding!
LIESCHEN: Bedauerst sie noch gar!
Wenn unsereins am Spinnen war,
Uns nachts die Mutter nicht hinunterließ,
Stand sie bei ihrem Buhlen süß;
Auf der Türbank und im dunkeln Gang
Ward ihnen keine Stunde zu lang.
Da mag sie denn sich ducken nun,
Im Sünderhemdchen Kirchbuß tun!
GRETCHEN: Er nimmt sie gewiß zu seiner Frau.
LIESCHEN: Er wär ein Narr! Ein flinker Jung
Hat anderwärts noch Luft genung.
Er ist auch fort.
GRETCHEN: Das ist nicht schön!
LIESCHEN: Kriegt sie ihn, solls ihr übel gehn:
Das Kränzel reißen die Buben ihr,
Und Häckerling streuen wir vor die Tür! (Ab)
GRETCHEN (nach Hause gehend):
Wie konnt ich sonst so tapfer schmälen,
Wenn tät ein armes Mägdlein fehlen!
Wie konnt ich über andrer Sünden
Nicht Worte gnug der Zunge finden!
Wie schien mir's schwarz, und schwärzt's noch gar
Mir's immer doch nicht schwarz gnug war,
Und segnet mich und tat so groß,
Und bin nun selbst der Sünde bloß!
Doch – alles, was dazu mich trieb,
Gott! war so gut! ach, war so lieb!

ZWINGER

In der Mauerhöhle ein Andachtsbild der Mater dolorosa, Blumenkrüge davor

GRETCHEN (steckt frische Blumen in die Krüge):
Ach, neige,
Du Schmerzensreiche,
Dein Antlitz gnädig meiner Not!
Das Schwert im Herzen,
Mit tausend Schmerzen

Blickst auf zu deines Sohnes Tod.
Zum Vater blickst du,
Und Seufzer schickst du
Hinauf um sein und deine Not.
Wer fühlet,
Wie wühlet
Der Schmerz mir im Gebein?
Was mein armes Herz hier banget,
Was es zittert, was verlanget,
Weißt nur du, nur du allein!
Wohin ich immer gehe,
Wie weh, wie weh, wie wehe
Wird mir im Busen hier!
Ich bin, ach! kaum alleine,
Ich wein, ich wein, ich weine,
Das Herz zerbricht in mir.
Die Scherben vor meinem Fenster
Betaut ich mit Tränen, ach!
Als ich am frühen Morgen
Dir diese Blumen brach.
Schien hell in meine Kammer
Die Sonne früh herauf,
Saß ich in allem Jammer
In meinem Bett schon auf.
Hilf! rette mich von Schmach und Tod!
Ach, neige,
Du Schmerzensreiche,
Dein Antlitz gnädig meiner Not!

NACHT

Straße vor Gretchens Haus

VALENTIN (Soldat, Gretchens Bruder):
  Wenn ich so saß bei einem Gelag,
  Wo mancher sich berühmen mag,
  Und die Gesellen mir den Flor
  Der Mägdlein laut gepriesen vor,
  Mit vollem Glas das Lob verschwemmt:
  Den Ellenbogen aufgestemmt,
  Saß ich in meiner sichern Ruh,
  Hört all dem Schwadronieren zu
  Und streiche lächelnd meinen Bart
  Und kriege das volle Glas zur Hand
  Und sage: Alles nach seiner Art!
  Aber ist Eine im ganzen Land,
  Die meiner trauten Gretel gleicht,
  Die meiner Schwester das Wasser reicht?
  Topp! Topp! Kling! Klang! das ging herum!
  Die einen schrieen: „Er hat recht,
  Sie ist die Zier vom ganzen Geschlecht!"
  Da saßen alle die Lober stumm.
  Und nun! — um 's Haar sich auszuraufen
  Und an den Wänden hinaufzulaufen!
  Mit Stichelreden, Naserümpfen

Soll jeder Schurke mich beschimpfen!
Soll wie ein böser Schuldner sitzen,
Bei jedem Zufallswörtchen schwitzen!
Und möcht ich sie zusammenschmeißen,
Könnt ich sie doch nicht Lügner heißen.
Was kommt heran? was schleicht herbei?
Irr ich nicht, es sind ihrer zwei.
Ist er's, gleich pack ich ihn beim Felle:
Soll nicht lebendig von der Stelle!

Faust. Mephistopheles

FAUST: Wie von dem Fenster dort der Sakristei
  Aufwärts der Schein des ewgen Lämpchens flämmert
  Und schwach und schwächer seitwärts dämmert,
  Und Finsternis drängt ringsum bei!
  So sieht's in meinem Busen nächtig.
MEPHISTOPHELES:
  Und mir ist's wie dem Kätzlein schmächtig,
  Das an den Feuerleitern schleicht,
  Sich leis dann um die Mauern streicht;
  Mir ist's ganz tugendlich dabei,
  Ein bißchen Diebsgelüst, ein bißchen Rammelei.
  So spukt mir schon durch alle Glieder
  Die herrliche Walpurgisnacht.
  Die kommt uns übermorgen wieder:
  Da weiß man doch, warum man wacht.
FAUST: Rückt wohl der Schatz indessen in die Höh,
  Den ich dorthinten flimmern seh?
MEPHISTOPHELES: Du kannst die Freude bald erleben,
  Das Kesselchen herauszuheben.
  Ich schielte neulich so hinein:
  Sind herrliche Löwentaler drein.
FAUST: Nicht ein Geschmeide, nicht ein Ring,
  Meine liebe Buhle damit zu zieren?
MEPHISTOPHELES: Ich sah dabei wohl so ein Ding
  Als wie eine Art von Perlenschnüren.
FAUST: So ist es recht! Mir tut es weh,
  Wenn ich ohne Geschenke zu ihr geh.
MEPHISTOPHELES: Es sollt Euch eben nicht verdrießen,
  Umsonst auch etwas zu genießen. —
  Jetzt, da der Himmel voller Sterne glüht,
  Sollt Ihr ein wahres Kunststück hören:
  Ich sing ihr ein moralisch Lied,
  Um sie gewisser zu betören.
    Singt zur Zither
  Was machst du mir
  Vor Liebchens Tür,
  Kathrinchen, hier
  Bei frühem Tagesblicke?
  Laß, laß es sein!
  Er läßt dich ein,
  Als Mädchen ein,
  Als Mädchen nicht zurücke.

  Nehmt euch in acht!
  Ist es vollbracht,
  Dann gute Nacht,
  Ihr armen, armen Dinger!

Habt ihr euch lieb,
Tut keinem Dieb
Nur nichts zulieb
Als mit dem Ring am Finger!
VALENTIN (tritt vor): Wen lockst du hier? beim Element!
Vermaledeiter Rattenfänger!
Zum Teufel erst das Instrument!
Zum Teufel hinterdrein den Sänger!
MEPHISTOPHELES:
Die Zither ist entzwei! an der ist nichts zu halten.
VALENTIN: Nun soll es an ein Schädelspalten!
MEPHISTOPHELES (zu Faust):
Herr Doktor! nicht gewichen! Frisch!
Hart an mich an, wie ich Euch führe!
Heraus mit Eurem Flederwisch!
Nur zugestoßen! ich pariere!
VALENTIN: Pariere den!
MEPHISTOPHELES: Warum denn nicht?
VALENTIN: Auch den!
MEPHISTOPHELES: Gewiß!
VALENTIN: Ich glaub, der Teufel ficht!
Was ist denn das? Schon wird die Hand mir lahm!
MEPHISTOPHELES (zu Faust): Stoß zu!
VALENTIN (fällt):   O weh!
MEPHISTOPHELES: Nun ist der Lümmel zahm!
Nun aber fort! wir müssen gleich verschwinden;
Denn schon entsteht ein mörderisch Geschrei!
Ich weiß mich trefflich mit der Polizei,
Doch mit dem Blutbann schlecht mich abzufinden.
MARTHE (am Fenster): Heraus! heraus!
GRETCHEN (am Fenster):   Herbei ein Licht!
MARTHE (wie oben): Man schilt und rauft, man schreit und ficht!
VOLK: Da liegt schon einer tot!
MARTHE (heraustretend): Die Mörder, sind sie denn entflohn?
GRETCHEN (heraustretend): Wer liegt hier?
VOLK: Deiner Mutter Sohn!
GRETCHEN: Allmächtiger! welche Not!
VALENTIN: Ich sterbe! Das ist bald gesagt
Und bälder noch getan.
Was steht ihr, Weiber, heult und klagt?
Kommt her und hört mich an!
Alle treten um ihn
Mein Gretchen, sieh! du bist noch jung,
Bist gar noch nicht gescheit genung,
Machst deine Sachen schlecht.
Ich sag dir's im Vertrauen nur:
Du bist doch nun einmal eine Hur;
So sei's auch eben recht!
GRETCHEN: Mein Bruder! Gott! Was soll mir das?
VALENTIN: Laß unsern Herrgott aus dem Spaß!
Geschehn ist leider nun geschehn,
Und wie es gehn kann, so wird's gehn.
Du fingst mit Einem heimlich an,
Bald kommen ihrer mehre dran,
Und wenn dich erst ein Dutzend hat,
So hat dich auch die ganze Stadt.

Wenn erst die Schande wird geboren,
Wird sie heimlich zur Welt gebracht,
Und man zieht den Schleier der Nacht
Ihr über Kopf und Ohren;
Ja, man möchte sie gern ermorden.
Wächst sie aber und macht sich groß,
Dann geht sie auch bei Tage bloß
Und ist doch nicht schöner geworden.
Je häßlicher wird ihr Gesicht,
Je mehr sucht sie des Tages Licht.

Ich seh wahrhaftig schon die Zeit,
Daß alle brave Bürgersleut
Wie von einer angesteckten Leichen,
Von dir, du Metze! seitab weichen.
Dir soll das Herz im Leib verzagen,
Wenn sie dir in die Augen sehn!
Sollt keine goldne Kette mehr tragen!
In der Kirche nicht mehr am Altar stehn!
In einem schönen Spitzenkragen
Dich nicht beim Tanze wohlbehagen!
In eine finstre Jammerecken
Unter Bettler und Krüppel dich verstecken,
Und wenn dir denn auch Gott verzeiht,
Auf Erden sei vermaledeit!
MARTHE: Befehlt Eure Seele Gott zu Gnaden!
Wollt Ihr noch Lästrung auf Euch laden?
VALENTIN: Könnt ich dir nur an den dürren Leib,
Du schändlich-kupplerisches Weib!
Da hofft ich aller meiner Sünden
Vergebung reiche Maß zu finden.
GRETCHEN: Mein Bruder! Welche Höllenpein!
VALENTIN: Ich sage, laß die Tränen sein!
Da du dich sprachst der Ehre los,
Gabst du mir den schwersten Herzensstoß.
Ich gehe durch den Todesschlaf
Zu Gott ein als Soldat und brav.
Stirbt

DOM

Amt, Orgel und Gesang.
Gretchen unter vielem Volke. Böser Geist hinter Gretchen

BÖSER GEIST: Wie anders, Gretchen, war dir's,
Als du noch voll Unschuld
Hier zum Altar tratst,
Aus dem vergriffnen Büchelchen
Gebete lalltest,
Halb Kinderspiele,
Halb Gott im Herzen!
Gretchen!
Wo steht dein Kopf?
In deinem Herzen

Welche Missetat?
Betst du für deiner Mutter Seele, die
Durch dich zur langen, langen Pein hinüberschlief?
Auf deiner Schwelle wessen Blut? –
Und unter deinem Herzen
Regt sich's nicht quillend schon
Und ängstet dich und sich
Mit ahnungsvoller Gegenwart?
GRETCHEN: Weh! Weh!
Wär ich der Gedanken los,
Die mir herüber- und hinübergehen
Wider mich!
CHOR: Dies irae, dies illa
Solvet saeclum in favilla. (Orgelton)
BÖSER GEIST: Grimm faßt dich!
Die Posaune tönt!
Die Gräber beben!
Und dein Herz,
Aus Aschenruh
Zu Flammenqualen
Wieder aufgeschaffen,
Bebt auf!
GRETCHEN: Wär ich hier weg!
Mir ist, als ob die Orgel mir
Den Atem versetzte,
Gesang mein Herz
In Tiefsten löste.
CHOR: Judex ergo cum sedebit.
Quidquid latet adparebit,
Nil inultum remanebit.
GRETCHEN: Mir wird so eng!
Die Mauernpfeiler
Befangen mich!
Das Gewölbe
Drängt mich! – Luft!
BÖSER GEIST: Verbirg dich! Sünd und Schande
Bleibt nicht verborgen.
Luft? Licht?
Weh dir!
CHOR: Quid sum niser tunc dicturus?
Quem patronum rogaturus,
Cum vix justus sit securus?
BÖSER GEIST: Ihr Antlitz wenden
Verklärte von dir ab.
Die Hände dir zu reichen,
Schauert's den Reinen.
Weh!
CHOR: Quid sum miser tunc dicturus?
GRETCHEN: Nachbarin! Euer Fläschchen! –
Sie fällt in Ohnmacht

WALPURGISNACHT

Harzgebirg. Gegend von Schierke und Elend.
Faust. Mephistopheles

MEPHISTOPHELES: Verlangst du nicht nach einem Besenstiele?
Ich wünschte mir den allerderbsten Bock.
Auf diesem Weg sind wir noch weit vom Ziele.
FAUST: Solang ich mich noch frisch auf meinen Beinen fühle,
Genügt mir dieser Knotenstock.
Was hilft's, daß man den Weg verkürzt!
Im Labyrinth der Täler hinzuschleichen,
Dann diesen Felsen zu ersteigen,
Von dem der Quell sich ewig sprudelnd stürzt,
Das ist die Lust, die solche Pfade würzt!
Der Frühling webt schon in den Birken,
Und selbst die Fichte fühlt ihn schon;
Sollt er nicht auch auf unsre Glieder wirken?
MEPHISTOPHELES: Fürwahr, ich spüre nichts davon!
Mir ist es winterlich im Leibe,
Ich wünschte Schnee und Frost auf meiner Bahn.
Wie traurig steigt die unvollkommne Scheibe
Des roten Monds mit später Glut heran
Und leuchtet schlecht, daß man bei jedem Schritte
Vor einen Baum, vor einen Felsen rennt!
Erlaub, daß ich ein Irrlicht bitte!
Dort seh ich eins, das eben lustig brennt.
Heda, mein Freund! darf ich dich zu uns fodern?
Was willst du so vergebens lodern?
Sei doch so gut und leucht uns da hinauf!
IRRLICHT: Aus Ehrfurcht, hoff ich, soll es mir gelingen,
Mein leichtes Naturell zu zwingen;
Nur zickzack geht gewöhnlich unser Lauf.
MEPHISTOPHELES:
Ei! ei! Er denkt's den Menschen nachzuahmen.
Geh Er nur grad, ins Teufels Namen!
Sonst blas ich Ihm Sein Flackerleben aus.
IRRLICHT: Ich merke wohl, Ihr seid der Herr vom Haus,
Und will mich gern nach Euch bequemen.
Allein bedenkt: der Berg ist heute zaubertoll,
Und wenn ein Irrlicht Euch die Wege weisen soll,
So müßt Ihr's so genau nicht nehmen.
FAUST, MEPHISTOPHELES, IRRLICHT (im Wechselgesang):
In die Traum- und Zaubersphäre
Sind wir, scheint es, eingegangen.
Führ uns gut und mach dir Ehre,
Daß wir vorwärts bald gelangen
In den weiten, öden Räumen!

Seh die Bäume hinter Bäumen,
Wie sie schnell vorüberrücken,
Und die Klippen, die sich bücken,
Und die langen Felsennasen,
Wie sie schnarchen, wie sie blasen!

Durch die Steine, durch den Rasen
Eilet Bach und Bächlein nieder.
Hör ich Rauschen? hör ich Lieder?
Hör ich holde Liebesklage,
Stimmen jener Himmelstage?
Was wir hoffen, was wir lieben!
Und das Echo, wie die Sage
Alter Zeiten, hallet wider.

„Uhu! Schuhu!" tönt es näher:
Kauz und Kiebitz und der Häher,
Sind sie alle wachgeblieben?
Sind das Molche durchs Gesträuche?
Lange Beine, dicke Bäuche!

Und die Wurzeln, wie die Schlangen,
Winden sich aus Fels und Sande,
Strecken wunderliche Bande,
Uns zu schrecken, uns zu fangen:
Aus belebten, derben Masern
Strecken sie Polypenfasern
Nach dem Wandrer. Und die Mäuse,
Tausendfärbig, scharenweise,
Durch das Moos und durch die Heide!
Und die Funkenwürmer fliegen
Mit gedrängten Schwärmezügen
Zum verwirrenden Geleite.

Aber sag mir, ob wir stehen
Oder ob wir weitergehen!
Alles, alles, scheint zu drehen:
Fels und Bäume, die Gesichter
Schneiden, und die irren Lichter,
Die sich mehren, die sich blähen.

MEPHISTOPHELES: Fasse wacker meinen Zipfel!
Hier ist so ein Mittelgipfel,
Wo man mit Erstaunen sieht,
Wie im Berg der Mammon glüht.
FAUST: Wie seltsam glimmert durch die Gründe
Ein morgenrötlich-trüber Schein!
Und selbst bis in die tiefen Schlünde
Des Abgrunds wittert er hinein.
Da steigt ein Dampf, dort ziehen Schwaden,
Hier leuchtet Glut aus Dunst und Flor;
Dann schleicht sie wie ein zarter Faden,
Dann bricht sie wie ein Quell hervor.
Hier schlingt sie eine ganze Strecke
Mit hundert Adern sich durchs Tal,
Und hier in der gedrängten Ecke
Vereinzelt sie sich auf einmal.
Da sprühen Funken in der Nähe
Wie ausgestreuter goldner Sand.
Doch schau: in ihrer ganzen Höhe
Entzündet sich die Felsenwand!
MEPHISTOPHELES: Erleuchtet nicht zu diesem Feste
Herr Mammon prächtig den Palast?
Ein Glück, daß du's gesehen hast:
Ich spüre schon die ungestümen Gäste.

FAUST: Wie rast die Windsbraut durch die Luft!
Mit welchen Schlägen trifft sie meinen Nacken!
MEPHISTOPHELES: Du mußt des Felsen alte Rippen packen,
Sonst stürzt sie dich hinab in dieser Schlünde Gruft.
Ein Nebel verdichtet die Nacht.
Höre, wie's durch die Wälder kracht!
Aufgescheucht fliegen die Eulen.
Hör, es splittern die Säulen
Ewig-grüner Paläste!
Girren und Brechen der Äste!
Der Stämme mächtiges Dröhnen!
Der Wurzeln Knarren und Gähnen!
Im fürchterlich-verworrenen Falle
Übereinander krachen sie alle,
Und durch die übertrümmerten Klüfte
Zischen und heulen die Lüfte.
Hörst du die Stimmen in der Höhe?
In der Ferne? in der Nähe?
Ja, den ganzen Berg entlang
Strömt ein wütender Zaubergesang!
HEXEN (im Chor):
  Die Hexen zu dem Brocken ziehn,
  Die Stoppel ist gelb, die Saat ist grün.
  Dort sammelt sich der große Hauf,
  Herr Urian sitzt obenauf.
  So geht es über Stein und Stock,
  Es – die Hexe, es stinkt der Bock.
STIMME: Die alte Baubo kommt allein;
  Sie reitet auf einem Mutterschwein.
CHOR: So Ehre denn, wem Ehre gebührt!
  Frau Baubo vor! und angeführt!
  Ein tüchtig Schwein und Mutter drauf,
  Da folgt der ganze Hexenhauf.
STIMME: Welchen Weg kommst du her?
STIMME: Übern Ilsenstein!
  Da guckt ich der Eule ins Nest hinein.
  Die macht ein Paar Augen!
STIMME: O fahre zur Hölle!
  Was reitst du so schnelle!
STIMME: Mich hat sie geschunden:
  Da sieh nur die Wunden!
HEXEN. CHOR:
  Der Weg ist breit, der Weg ist lang,
  Was ist das für ein toller Drang!
  Die Gabel sticht, der Besen kratzt,
  Das Kind erstickt, die Mutter platzt.
HEXENMEISTER. HALBES CHOR:
  Wir schleichen wie die Schneck im Haus
  Die Weiber alle sind voraus.
  Denn geht es zu des Bösen Haus,
  Das Weib hat tausend Schritt voraus.
ANDERE HÄLFTE:
  Wir nehmen das nicht so genau:
  Mit tausend Schritten macht's die Frau;
  Doch wie sie auch sich eilen kann,
  Mit Einem Sprunge macht's der Mann.

STIMME (oben): Kommt mit, kommt mit vom Felsensee!
STIMMEN (von unten): Wir möchten gerne mit in die Höh.
Wir waschen, und blank sind wir ganz und gar,
Aber auch ewig unfruchtbar.
BEIDE CHÖRE:
    Es schweigt der Wind, es flieht der Stern,
    Der trübe Mond verbirgt sich gern.
    Im Sausen sprüht das Zauberchor
    Viel tausend Feuerfunken hervor.
STIMME (von unten): Halte! halte!
STIMME (von oben): Wer ruft da aus der Felsenspalte?
STIMME (unten): Nehmt mich mit! nehmt mich mit!
Ich steige schon dreihundert Jahr
Und kann den Gipfel nicht erreichen.
Ich wäre gern bei meinesgleichen.
BEIDE CHÖRE:
    Es trägt der Besen, trägt der Stock,
    Die Gabel trägt, es trägt der Bock;
    Wer heute sich nicht heben kann,
    Ist ewig ein verlorner Mann!
HALBHEXE (unten): Ich tripple nach so lange Zeit;
Wie sind die andern schon so weit!
Ich hab zu Hause keine Ruh
Und komme hier doch nicht dazu.
CHOR DER HEXEN:
    Die Salbe gibt den Hexen Mut,
    Ein Lumpen ist zum Segel gut,
    Ein gutes Schiff ist jeder Trog;
    Der fliegt nie, der heut nicht flog!
BEIDE CHÖRE:
    Und wenn wir um den Gipfel ziehn,
    So streichet an dem Boden hin
    Und deckt die Heide weit und breit
    Mit euerm Schwarm der Hexenheit!

Sie lassen sich nieder

MEPHISTOPHELES:
Das drängt und stößt, das rutscht und klappert!
Das zischt und quirlt, das zieht und plappert!
Das leuchtet, sprüht und stinkt und brennt!
Ein wahres Hexenelement!
Nur fest an mir! sonst sind wir gleich getrennt.
Wo bist du?
FAUST (in der Ferne): Hier!
MEPHISTOPHELES: Was! dort schon hingerissen?
Da werd ich Hausrecht brauchen müssen.
Platz! Junker Voland kommt. Platz! süßer Pöbel, Platz!
Hier, Doktor, fasse mich! und nun in Einem Satz
Laß uns aus dem Gedräng entweichen:
Es ist zu toll, sogar für meinesgleichen!
Dortneben leuchtet was mit ganz besondrem Schein,
Es zieht mich was nach jenen Sträuchen:
Komm, komm! wir schlupfen da hinein.
FAUST: Du Geist des Widerspruchs! Nur zu! du magst mich führen.
Ich denke doch, das war recht klug gemacht:
Zum Brocken wandeln wir in der Walpurgisnacht,
Um uns beliebig nun hieselbst zu isolieren!

MEPHISTOPHELES: Da sieh nur: welche bunten Flammen!
Es ist ein muntrer Klub beisammen.
Im Kleinen ist man nicht allein.
FAUST: Doch droben möcht ich lieber sein!
Schon seh ich Glut und Wirbelrauch.
Dort strömt die Menge zu dem Bösen;
Da muß sich manches Rätsel lösen.
MEPHISTOPHELES: Doch manches Rätsel knüpft sich auch!
Laß du die große Welt nur sausen,
Wir wollen hier im Stillen hausen.
Es ist doch lange hergebracht,
Daß in der großen Welt man kleine Welten macht.
Da seh ich junge Hexchen, nackt und bloß,
Und alte, die sich klug verhüllen.
Seid freundlich, nur um meinetwillen!
Die Müh ist klein, der Spaß ist groß.
Ich höre was von Instrumenten tönen!
Verflucht Geschnarr! Man muß sich dran gewöhnen.
Komm mit! komm mit! Es kann nicht anders sein:
Ich tret heran und führe dich herein,
Und ich verbinde dich aufs neue. –
Was sagst du, Freund? das ist kein kleiner Raum:
Da sieh nur hin! du siehst das Ende kaum.
Ein Hundert Feuer brennen in der Reihe;
Man tanzt, man schwatzt, man kocht, man trinkt, man liebt –
Nun sage mir, wo es was Bessers gibt!
FAUST: Willst du dich nun, um uns hier einzuführen,
Als Zaubrer oder Teufel produzieren?
MEPHISTOPHELES:
Zwar bin ich sehr gewohnt, inkognito zu gehn;
Doch läßt am Galatag man seinen Orden sehn.
Ein Knieband zeichnet mich nicht aus,
Doch ist der Pferdefuß hier ehrenvoll zu Haus.
Siehst du die Schnecke da? sie kommt herangekrochen;
Mit ihrem tastenden Gesicht
Hat sie mir schon was abgebrochen:
Wenn ich auch will, verleugn ich hier mich nicht.
Komm nur! Von Feuer gehen wir zu Feuer;
Ich bin der Werber, und du bist der Freier.

Zu einigen, die um verglimmende Kohlen sitzen

Ihr alten Herrn, was macht ihr hier am Ende?
Ich lobt euch, wenn ich euch hübsch in der Mitte fände,
Von Saus umzirkt und Jugendbraus;
Genug allein ist jeder ja zu Haus.
GENERAL: Wer mag auf Nationen trauen,
Man habe noch so viel für sie getan!
Denn bei dem Volk wie bei den Frauen
Steht immerfort die Jugend obenan.
MINISTER: Jetzt ist man von dem Rechten allzu weit.
Ich lobe mir die guten Alten;
Denn freilich, da wir alles galten,
Da war die rechte goldne Zeit.

PARVENU: Wir waren wahrlich auch nicht dumm
Und taten oft, was wir nicht sollten;
Doch jetzo kehrt sich alles um und um,
Und eben da wir's fest erhalten wollten.
AUTOR: Wer mag wohl überhaupt jetzt eine Schrift
Von mäßig-klugem Inhalt lesen!
Und was das liebe junge Volk betrifft,
Das ist noch nie so naseweis gewesen.
MEPHISTOPHELES (der auf einmal sehr alt erscheint):
Zum Jüngsten Tag fühl ich das Volk gereift,
Da ich zum letztenmal den Hexenberg ersteige,
Und weil mein Fäßchen trübe läuft,
So ist die Welt auch auf der Neige.
TRÖDELHEXE: Ihr Herren, geht nicht so vorbei!
Laßt die Gelegenheit nicht fahren!
Aufmerksam blickt nach meinen Waren:
Es steht dahier gar mancherlei.
Und doch ist nichts in meinem Laden,
Dem keiner auf der Erde gleicht,
Das nicht einmal zum tüchtgen Schaden
Der Menschen und der Welt gereicht.
Kein Dolch ist hier, von dem nicht Blut geflossen,
Kein Kelch, aus dem sich nicht in ganz gesunden Leib
Verzehrend-heißes Gift ergossen,
Kein Schmuck, der nicht ein liebenswürdig Weib
Verführt, kein Schwert, das nicht den Bund gebrochen,
Nicht etwa hinterrücks den Gegenmann durchstochen.
MEPHISTOPHELES:
Frau Muhme, Sie versteht mir schlecht die Zeiten:
Getan, geschehn! Geschehn, getan!
Verleg Sie sich auf Neuigkeiten!
Nur Neuigkeiten ziehn uns an.
FAUST: Daß ich mich nur nicht selbst vergesse!
Heiß mir das doch eine Messe!
MEPHISTOPHELES: Der ganze Strudel strebt nach oben:
Du glaubst zu schieben, und du wirst geschoben.
FAUST: Was ist denn das?
MEPHISTOPHELES: Betrachte sie genau!
Lilith ist das.
FAUST: Wer?
MEPHISTOPHELES: Adams erste Frau.
Nimm dich in acht vor ihren schönen Haaren,
Vor diesem Schmuck, mit dem sie einzig prangt!
Wenn sie damit den jungen Mann erlangt,
So läßt sie ihn so bald nicht wieder fahren.
FAUST: Da sitzen zwei, die Alte mit der Jungen:
Die haben schon was Rechts gesprungen!
MEPHISTOPHELES: Das hat nun heute keine Ruh.
Es geht zum neuen Tanz: nun komm! wir greifen zu.
FAUST (mit der Jungen tanzend):
Einst hatt ich einen schönen Traum:
Da sah ich einen Apfelbaum,
Zwei schöne Äpfel glänzten dran;
Sie reizten mich, ich stieg hinan.
DIE SCHÖNE:
Der Äpfelchen begehrt ihr sehr,
Und schon vom Paradiese her.
Von Freuden fühl ich mich bewegt,
Daß auch mein Garten solche trägt.
MEPHISTOPHELES (mit der Alten):
Einst hatt ich einen wüsten Traum:
Da sah ich einen gespaltnen Baum,
Der hatt ein – – –;
So – es war, gefiel mir's doch.
DIE ALTE: Ich biete meinen besten Gruß
Dem Ritter mit dem Pferdefuß!
Halt Er einen – – bereit,
Wenn Er – – – nicht scheut.
PROKTOPHANTASMIST:
Verfluchtes Volk! was untersteht ihr euch?
Hat man euch lange nicht bewiesen:
Ein Geist steht nie auf ordentlichen Füßen?
Nun tanzt ihr gar, uns andern Menschen gleich!
DIE SCHÖNE (tanzend): Was will denn der auf unserm
Ball?
FAUST (tanzend): Ei! der ist eben überall.
Was andre tanzen, muß er schätzen.
Kann er nicht jeden Schritt beschwätzen,
So ist der Schritt so gut als nicht geschehn.
Am meisten ärgert ihn, sobald wir vorwärts gehn.
Wenn ihr euch so im Kreise drehen wolltet,
Wie er's in seiner alten Mühle tut,
Das hieß er allenfalls noch gut;
Besonders wenn ihr ihn darum begrüßen solltet.
PROKTOPHANTASMIST:
Ihr seid noch immer da! nein, das ist unerhört.
Verschwindet doch! Wir haben ja aufgeklärt! –
Das Teufelspack, es fragt nach keiner Regel.
Wir sind so klug, und dennoch spukts in Tegel.
Wie lange hab ich nicht am Wahn hinausgekehrt,
Und nie wird's rein! Das ist doch unerhört!
DIE SCHÖNE: So hört doch auf, uns hier zu ennuyieren!
PROKTOPHANTASMIST: Ich sag's euch Geistern ins Gesicht:
Den Geistesdespotismus leid ich nicht!
Mein Geist kann ihn nicht exerzieren.

Es wird fortgetanzt

Heut, seh ich, will mir nichts gelingen;
Doch eine Reise nehm ich immer mit
Und hoffe, noch vor meinem letzten Schritt
Die Teufel und die Dichter zu bezwingen.
MEPHISTOPHELES: Er wird sich gleich in eine Pfütze
setzen:
Das ist die Art, wie er sich soulagiert,
Und wenn Blutegel sich an seinem Steiß ergötzen,
Ist er von Geistern und von Geist kuriert.

Zu Faust, der aus dem Tanz getreten ist

Was lässest du das schöne Mädchen fahren?
Das dir zum Tanz so lieblich sang?
FAUST: Ach, mitten im Gesange sprang
Ein rotes Mäuschen ihr aus dem Munde!
MEPHISTOPHELES:
Das ist was Rechts! das nimmt man nicht genau;

Genug, die Maus war doch nicht grau!
Wer fragt darnach in einer Schäferstunde!
FAUST: Dann sah ich –
MEPHISTOPHELES: Was?
FAUST: Mephisto, siehst du dort
Ein blasses, schönes Kind allein und ferne stehen?
Sie schiebt sich langsam nur vom Ort,
Sie scheint mit geschloßnen Füßen zu gehen.
Ich muß bekennen, daß mir deucht,
Daß sie dem guten Gretchen gleicht.
MEPHISTOPHELES:
Laß das nur stehn! dabei wird's niemand wohl.
Es ist ein Zauberbild, ist leblos, ein Idol.
Ihm zu begegnen, ist nicht gut:
Vom starren Blick erstarrt des Menschen Blut,
Und er wird fast in Stein verkehrt;
Von der Meduse hast du ja gehört.
FAUST: Fürwahr, es sind die Augen eines Toten,
Die eine liebende Hand nicht schloß!
Das ist die Brust, die Gretchen mir geboten,
Das ist der süße Leib, den ich genoß!
MEPHISTOPHELES:
Das ist die Zauberei, du leicht verführter Tor!
Denn jedem kommt sie wie sein Liebchen vor.
FAUST: Welch eine Wonne! welch ein Leiden!
Ich kann von diesem Blick nicht scheiden.
Wie sonderbar muß diesen schönen Hals
Ein einzig-rotes Schnürchen schmücken,
Nicht breiter als ein Messerrücken!
MEPHISTOPHELES: Ganz recht! ich seh es ebenfalls.
Sie kann das Haupt auch unterm Arme tragen;
Denn Perseus hat's ihr abgeschlagen.
Nur immer diese Lust zum Wahn! –
Komm doch das Hügelchen heran:
Hier ist's so lustig wie im Prater;
Und hat man mir's nicht angetan,
So seh ich wahrlich ein Theater!
Was gibt's denn da?
SERVIBILIS: Gleich fängt man wieder an:
Ein neues Stück, das letzte Stück von sieben;
So viel zu geben, ist allhier der Brauch.
Ein Dilettant hat es geschrieben,
Und Dilettanten spielen's auch.
Verzeiht, ihr Herrn, wenn ich verschwinde:
Mich dilettiert's, den Vorhang aufzuziehn.
MEPHISTOPHELES: Wenn ich euch auf dem Blocksberg finde,
Das find ich gut; denn da gehört ihr hin!

WALPURGISNACHTSTRAUM

oder

OBERONS UND TITANIAS GOLDNE HOCHZEIT

Intermezzo

THEATERMEISTER: Heute ruhen wir einmal,
Miedings wackre Söhne:
Alter Berg und feuchtes Tal,
Das ist die ganze Szene!
HEROLD: Daß die Hochzeit golden sei,
Solln funfzig Jahr sein vorüber;
Aber ist der Streit vorbei,
Das Golden ist mir lieber.
OBERON: Seid ihr, Geister, wo ich bin,
So zeigt's in diesen Stunden!
König und die Königin,
Sie sind aufs neu verbunden.
PUCK: Kommt der Puck und dreht sich quer
Und schleift den Fuß in Reihen;
Hundert kommen hinterher,
Sich auch mit ihm zu freuen.
ARIEL: Ariel bewegt den Gang
In himmlisch-reinen Tönen;
Viele Fratzen lockt sein Klang,
Doch lockt er auch die Schönen.
OBERON: Gatten, die sich vertragen wollen,
Lernen's von uns beiden!
Wenn sich zweie lieben sollen,
Braucht man sie nur zu scheiden.
TITANIA: Schmollt der Mann und grillt die Frau,
So faßt sie nur behende,
Führt mir nach dem Mittag Sie,
Und Ihn an Nordens Ende!
ORCHESTER. TUTTI (Fortissimo):
Fliegenschnauz und Mückennas
Mit ihren Anverwandten,
Frosch im Laub und Grill im Gras,
Das sind die Musikanten!
SOLO: Seht, da kommt der Dudelsack!
Es ist die Seifenblase.
Hört den Schneckeschnickeschnack
Durch seine stumpfe Nase!
GEIST (der sich erst bildet): Spinnenfuß und Krötenbauch
Und Flügelchen dem Wichtchen!
Zwar ein Tierchen gibt es nicht;
Doch gibt es ein Gedichtchen.
EIN PÄRCHEN: Kleiner Schritt und hoher Sprung
Durch Honigtau und Düfte!
Zwar du trippelst mir genung;
Doch geht's nicht in die Lüfte.
NEUGIERIGER REISENDER:
Ist das nicht Maskeradenspott?
Soll ich den Augen trauen,
Oberon, den schönen Gott,
Auch heute hier zu schauen?

ORTHODOX: Keine Klauen, keinen Schwanz!
　　　Doch bleibt es außer Zweifel:
　　　So wie die Götter Griechenlands,
　　　So ist auch er ein Teufel.
NORDISCHER KÜNSTLER:
　　　Was ich ergreife, das ist heut
　　　Fürwahr nur skizzenweise;
　　　Doch ich bereite mich beizeit
　　　Zur italienschen Reise.
PURIST: Ach! mein Unglück führt mich her:
　　　Wie wird nicht hier geludert!
　　　Und von dem ganzen Hexenheer
　　　Sind zweie nur gepudert.
JUNGE HEXE: Der Puder ist so wie der Rock
　　　Für alt- und graue Weibchen;
　　　Drum sitz ich nackt auf meinem Bock
　　　Und zeig ein derbes Leibchen.
MATRONE: Wir haben zu viel Lebensart,
　　　Um hier mit euch zu maulen;
　　　Doch hoff ich, sollt ihr jung und zart,
　　　So wie ihr seid, verfaulen.
KAPELLMEISTER: Fliegenschnauz und Mückennas,
　　　Umschwärmt mir nicht die Nackte!
　　　Frosch im Laub und Grill im Gras,
　　　So bleibt doch auch im Takte!
WINDFAHNE (nach der einen Seite):
　　　Gesellschaft, wie man wünschen kann:
　　　Wahrhaftig lauter Bräute!
　　　Und Junggesellen, Mann für Mann
　　　Die hoffnungsvollsten Leute!
WINDFAHNE (nach der andern Seite):
　　　Und tut sich nicht der Boden auf,
　　　Sie alle zu verschlingen,
　　　So will ich mit behendem Lauf
　　　Gleich in die Hölle springen.
XENIEN: Als Insekten sind wir da
　　　Mit kleinen, scharfen Scheren,
　　　Satan, unsern Herrn Papa,
　　　Nach Würden zu verehren.
HENNINGS: Seht, wie sie in gedrängter Schar
　　　Naiv zusammen scherzen!
　　　Am Ende sagen sie noch gar,
　　　Sie hätten gute Herzen.
MUSAGET: Ich mag in diesem Hexenheer
　　　Mich gar zu gern verlieren;
　　　Denn freilich diese wüßt ich ehr
　　　Als Musen anzuführen.
CI-DEVANT. GENIUS DER ZEIT:
　　　Mit rechten Leuten wird man was.
　　　Komm, fasse meinen Zipfel!
　　　Der Blocksberg, wie der deutsche Parnaß,
　　　Hat gar einen breiten Gipfel.
NEUGIERIGER REISENDER:
　　　Sagt: wie heißt der steife Mann?
　　　Er geht mit stolzen Schritten;
　　　Er schnopert, was er schnopern kann. –
　　　„Er spürt nach Jesuiten."

KRANICH: In dem Klaren mag ich gern
　　　Und auch im Trüben fischen;
　　　Darum seht ihr den frommen Herrn
　　　Sich auch mit Teufeln mischen.
WELTKIND: Ja, für die Frommen, glaubet mir,
　　　Ist alles ein Vehikel;
　　　Sie bilden auf dem Blocksberg hier
　　　Gar manches Konventikel.
TÄNZER: Da kommt ja wohl ein neues Chor?
　　　Ich höre ferne Trommeln. –
　　　„Nur ungestört! es sind im Rohr
　　　Die unisonen Dommeln."
TANZMEISTER: Wie jeder doch die Beine lupft!
　　　Sich, wie er kann, herauszieht!
　　　Der Krumme springt, der Plumpe hupft,
　　　Und fragt nicht, wie es aussieht.
FIEDLER: Das haßt sich schwer, das Lumpenpack,
　　　Und gäb sich gern das Restchen;
　　　Es eint sich hier der Dudelsack,
　　　Wie Orpheus' Leier die Bestjen.
DOGMATIKER: Ich lasse mich nicht irreschrein,
　　　Nicht durch Kritik noch Zweifel.
　　　Der Teufel muß doch etwas sein;
　　　Wie gäb's denn sonst auch Teufel?
IDEALIST: Die Phantasie in meinem Sinn
　　　Ist diesmal gar zu herrisch.
　　　Fürwahr, wenn ich das alles bin,
　　　So bin ich heute närrisch!
REALIST: Das Wesen ist mir recht zur Qual
　　　Und muß mich baß verdrießen;
　　　Ich stehe hier zum erstenmal
　　　Nicht fest auf meinen Füßen.
SUPERNATURALIST: Mit viel Vergnügen bin ich da
　　　Und freue mich mit diesen;
　　　Denn von den Teufeln kann ich ja
　　　Auf gute Geister schließen.
SKEPTIKER: Sie gehn den Flämmchen auf der Spur
　　　Und glaubn sich nah dem Schatze.
　　　Auf Teufel reimt der Zweifel nur;
　　　Da bin ich recht am Platze.
KAPELLMEISTER: Frosch im Laub und Grill im Gras,
　　　Verfluchte Dilettanten!
　　　Fliegenschnauz und Mückennas,
　　　Ihr seid doch Musikanten!
DIE GEWANDTEN: Sanssouci, so heißt das Heer
　　　Von lustigen Geschöpfen;
　　　Auf den Füßen geht's nicht mehr,
　　　Drum gehn wir auf den Köpfen.
DIE UNBEHILFLICHEN:
　　　Sonst haben wir manchen Bissen erschranzt,
　　　Nun aber Gott befohlen!
　　　Unsere Schuhe sind durchgetanzt,
　　　Wir laufen auf nackten Sohlen.
IRRLICHTER: Von dem Sumpfe kommen wir,
　　　Woraus wir erst entstanden;
　　　Doch sind wir gleich im Reihen hier
　　　Die glänzenden Galanten.

STERNSCHNUPPE: Aus der Höhe schoß ich her
　　Im Stern- und Feuerscheine,
　　Liege nun im Grase quer:
　　Wer hilft mir auf die Beine?
DIE MASSIVEN: Platz und Platz! und ringsherum!
　　So gehn die Gräschen nieder;
　　Geister kommen, Geister auch,
　　Sie haben plumpe Glieder.
PUCK: 　Tretet nicht so mastig auf
　　Wie Elefantenkälber!
　　Und der Plumpst an diesem Tag
　　Sei Puck, der Derbe, selber!
ARIEL: 　Gab die liebende Natur,
　　Gab der Geist euch Flügel,
　　Folget meiner leichten Spur:
　　Auf zum Rosenhügel!
ORCHESTER (Pianissimo): Wolkenzug und Nebelflor
　　Erhellen sich von oben.
　　Luft im Laub und Wind im Rohr –
　　Und alles ist zerstoben.

TRÜBER TAG. FELD

Faust. Mephistopheles

FAUST: Im Elend! Verzweifelnd! Erbärmlich auf der Erde lange verirrt und nun gefangen! Als Missetäterin im Kerker zu entsetzlichen Qualen eingesperrt das holde, unselige Geschöpf! Bis dahin! dahin! – Verräterischer, nichtswürdiger Geist, und das hast du mir verheimlicht! Steh nur, steh! wälze die teuflischen Augen ingrimmend im Kopf herum! Steh und trutze mir durch deine unerträgliche Gegenwart! – Gefangen! Im unwiederbringlichen Elend! Bösen Geistern übergeben und der richtenden, gefühllosen Menschheit! – Und mich wiegst du indes in abgeschmackten Zerstreuungen, verbirgst mir ihren wachsenden Jammer und lässest sie hilflos verderben!

MEPHISTOPHELES: Sie ist die erste nicht!

FAUST: Hund! abscheuliches Untier! – Wandle ihn, du unendlicher Geist! wandle den Wurm wieder in seine Hundsgestalt, wie er sich oft nächtlicher Weile gefiel, vor mir herzutrotten, dem harmlosen Wandrer vor die Füße zu kollern und sich dem Niederstürzenden auf die Schultern zu hängen! Wandl ihn wieder in seine Lieblingsbildung, daß er vor mir im Sand auf dem Bauch krieche, ich ihn mit Füßen trete, den Verworfnen! – „Die erste nicht!" – Jammer! Jammer! von keiner Menschenseele zu fassen, daß mehr als Ein Geschöpf in die Tiefe dieses Elends versank, daß nicht das erste genugtat für die Schuld aller übrigen in seiner windenden Todesnot vor den Augen des ewig Verzeihenden! Mir wühlt es Mark und Leben durch, das Elend dieser Einzigen; du grinsest gelassen über das Schicksal von Tausenden hin!

MEPHISTOPHELES: Nun sind wir schon wieder an der Grenze unsres Witzes, da, wo euch Menschen der Sinn überschnappt. Warum machst du Gemeinschaft mit uns, wenn du sie nicht durchführen kannst? Willst fliegen und bist vorm Schwindel nicht sicher? Drangen wir uns dir auf, oder du dich uns?

FAUST: Fletsche deine gefräßigen Zähne mir nicht so entgegen! Mir ekelt's! – Großer, herrlicher Geist, der du mir zu erscheinen würdigtest, der du mein Herz kennest und meine Seele, warum an den Schandgesellen mich schmieden, der sich am Schaden weidet und am Verderben sich letzt?

MEPHISTOPHELES: Endigst du?

FAUST: Rette sie! oder weh dir! Den gräßlichsten Fluch über dich auf Jahrtausende!

MEPHISTOPHELES: Ich kann die Bande des Rächers nicht lösen, seine Riegel nicht öffnen. – Rette sie! – Wer war's, der sie ins Verderben stürzte? Ich oder du?

FAUST (blickt wild umher).

MEPHISTOPHELES: Greifst du nach dem Donner? Wohl, daß er euch elenden Sterblichen nicht gegeben ward! Den unschuldig Entgegnenden zu zerschmettern, das ist so Tyrannenart, sich in Verlegenheiten Luft zu machen.

FAUST: Bringe mich hin! Sie soll frei sein!

MEPHISTOPHELES: Und die Gefahr, der du dich aussetzest? Wisse: noch liegt auf der Stadt Blutschuld von deiner Hand! Über des Erschlagenen Stätte schweben rächende Geister und lauern auf den wiederkehrenden Mörder.

FAUST: Noch das von dir? Mord und Tod einer Welt über dich Ungeheuer! Führe mich hin, sag ich, und befrei sie!

MEPHISTOPHELES: Ich führe dich, und was ich tun kann, höre! Habe ich alle Macht im Himmel und auf Erden? Des Türners Sinne will ich umnebeln, bemächtige dich der Schlüssel und führe sie heraus mit Menschenhand! Ich wache! Die Zauberpferde sind bereit, ich entführe euch. Das vermag ich.

FAUST: Auf und davon!

NACHT. OFFEN FELD

Faust, Mephistopheles, auf schwarzen Pferden dahinbrausend

FAUST: Was weben die dort um den Rabenstein?
MEPHISTOPHELES: Weiß nicht, was sie kochen und schaffen.
FAUST: Schweben auf, schweben ab, neigen sich, beugen sich.
MEPHISTOPHELES: Eine Hexenzunft!
FAUST: Sie streuen und weihen.
MEPHISTOPHELES: Vorbei! vorbei!

KERKER

FAUST (mit einem Bund Schlüssel und einer Lampe, vor einem eisernen Türchen):
Mich faßt ein längst entwohnter Schauer,
Der Menschheit ganzer Jammer faßt mich an.
Hier wohnt sie, hinter dieser feuchten Mauer,
Und ihr Verbrechen war ein guter Wahn!
Du zauderst, zu ihr zu gehen?
Du fürchtest, sie wiederzusehen?
Fort! dein Zagen zögert den Tod heran.
Er ergreift das Schloß. Es singt inwendig
   Meine Mutter, die Hur,
   Die mich umgebracht hat!
   Mein Vater, der Schelm,
   Der mich gessen hat!
   Mein Schwesterlein klein
   Hub auf die Bein
   An einem kühlen Ort –
   Da ward ich ein schönes Waldvögelein,
   Fliege fort, fliege fort!
FAUST (aufschließend): Sie ahnet nicht, daß der Geliebte lauscht,
Die Ketten klirren hört, das Stroh, das rauscht.
Er tritt ein
MARGARETE (sich auf dem Lager verbergend):
Weh! weh! sie kommen. Bittrer Tod!
FAUST (leise): Still! still! ich komme, dich zu befreien.
MARGARETE (sich vor ihn hinwälzend):
Bist du ein Mensch, so fühle meine Not!
FAUST: Du wirst die Wächter aus dem Schlafe schreien!
Er faßt die Ketten, sie aufzuschließen
MARGARETE (auf den Knien): Wer hat dir, Henker, diese Macht
Über mich gegeben?
Du holst mich schon um Mitternacht!
Erbarme dich und laß mich leben!
Ist's morgen früh nicht zeitig genug?
Sie steht auf
Bin ich doch noch so jung, so jung!
Und soll schon sterben!
Schön war ich auch, und das war mein Verderben.
Nah war der Freund, nun ist er weit;
Zerrissen liegt der Kranz, die Blumen zerstreut.
Fasse mich nicht so gewaltsam an!
Schone mich! Was hab ich dir getan?
Laß mich nicht vergebens flehen.
Hab ich dich doch mein Tage nicht gesehen!
FAUST: Werd ich den Jammer überstehn?
MARGARETE: Ich bin nun ganz in deiner Macht.
Laß mich nur erst das Kind noch tränken!
Ich herzt es diese ganze Nacht;
Sie nahmen mir's, um mich zu kränken,
Und sagen nun, ich hätt es umgebracht,
Und niemals werd ich wieder froh.
Sie singen Lieder auf mich! Es ist bös von den Leuten!
Ein altes Märchen endigt so,
Wer heißt sie's deuten?
FAUST (wirft sich nieder): Ein Liebender liegt dir zu Füßen,
Die Jammerknechtschaft aufzuschließen.
MARGARETE (wirft sich zu ihm):
O laß uns knien, die Heilgen anzurufen!
Sieh: unter diesen Stufen,
Unter der Schwelle
Siedet die Hölle!
Der Böse,
Mit furchtbarem Grimme,
Macht ein Getöse!
FAUST (laut): Gretchen! Gretchen!
MARGARETE (aufmerksam): Das war des Freundes Stimme!
Sie springt auf. Die Ketten fallen ab
Wo ist er? Ich hab ihn rufen hören!
Ich bin frei! mir soll niemand wehren.
An seinen Hals will ich fliegen,
An seinem Busen liegen!
Er rief: Gretchen! Er stand auf der Schwelle!
Mitten durchs Heulen und Klappen der Hölle,
Durch den grimmigen, teuflischen Hohn
Erkannt ich den süßen, den liebenden Ton.
FAUST: Ich bin's!
MARGARETE: Du bist's! O sag es noch einmal!
Ihn fassend
Er ist's! er ist's! Wohin ist alle Qual?
Wohin die Angst des Kerkers? der Ketten?
Du bist's! kommst, mich zu retten!
Ich bin gerettet! –
Schon ist die Straße da,
Auf der ich dich zum ersten Male sah,
Und der heitere Garten,
Wo ich und Marthe deiner warten.
FAUST (fortstrebend): Komm mit! komm mit!
MARGARETE: O weile!
Weil ich doch so gern, wo du weilest. (Liebkosend.)
FAUST: Eile!
Wenn du nicht eilest,
Werden wir's teuer büßen müssen.
MARGARETE: Wie? du kannst nicht mehr küssen?
Mein Freund, so kurz von mir entfernt,
Und hasts Küssen verlernt?
Warum wird mir an deinem Halse so bang,
Wenn sonst von deinen Worten, deinen Blicken
Ein ganzer Himmel mich überdrang
Und du mich küßtest, als wolltest du mich ersticken?
Küsse mich!
Sonst küsse ich dich!
Sie umfaßt ihn
O weh, deine Lippen sind kalt,
Sind stumm!
Wo ist dein Lieben
Geblieben?
Wer brachte mich darum?
Sie wendet sich von ihm

FAUST: Komm! folge mir! Liebchen, fasse Mut!
   Ich herze dich mit tausendfacher Glut;
   Nur folge mir! Ich bitte dich nur dies!
MARGARETE (zu ihm gewendet):
   Und bist du's denn? und bist du's auch gewiß?
FAUST: Ich bin's! Komm mit!
MARGARETE: Du machst die Fesseln los,
   Nimmst wieder mich in deinen Schoß.
   Wie kommt es, daß du dich vor mir nicht scheust? –
   Und weißt du denn, mein Freund, wen du befreist?
FAUST: Komm! komm! Schon weicht die tiefe Nacht.
MARGARETE: Meine Mutter hab ich umgebracht,
   Mein Kind hab ich ertränkt!
   War es nicht dir und mir geschenkt?
   Dir auch! – Du bist's! ich glaub es kaum.
   Gib deine Hand! Es ist kein Traum!
   Deine liebe Hand! – Ach, aber sie ist feucht!
   Wische sie ab! Wie mich deucht,
   Ist Blut dran!
   Ach Gott! was hast du getan!
   Stecke den Degen ein!
   Ich bitte dich drum.
FAUST: Laß das Vergangne vergangen sein!
   Du bringst mich um.
MARGARETE: Nein, du mußt übrigbleiben!
   Ich will dir die Gräber beschreiben,
   Für die mußt du sorgen
   Gleich morgen:
   Der Mutter den besten Platz geben,
   Meinen Bruder sogleich darneben,
   Mich ein wenig beiseit,
   Nur nicht gar zu weit!
   Und das Kleine mir an die rechte Brust!
   Niemand wird sonst bei mir liegen! –
   Mich an deine Seite zu schmiegen,
   Das war ein süßes, ein holdes Glück!
   Aber es will mir nicht mehr gelingen;
   Mir ist's, als müßt ich mich zu dir zwingen,
   Als stießest du mich von dir zurück,
   Und doch bist du's und blickst so gut, so fromm.
FAUST: Fühlst du, daß ich es bin, so komm!
MARGARETE: Dahinaus?
FAUST: Ins Freie!
MARGARETE: Ist das Grab drauß,
   Lauert der Tod, so komm!
   Von hier ins ewige Ruhebett
   Und weiter keinen Schritt! –
   Du gehst nun fort? O Heinrich, könnt ich mit!
FAUST: Du kannst! so wolle nur! Die Tür steht offen.
MARGARETE: Ich darf nicht fort; für mich ist nichts zu hoffen.
   Was hilft es, fliehn? Sie lauern doch mir auf!
   Es ist so elend, betteln zu müssen,
   Und noch dazu mit bösem Gewissen!
   Es ist so elend, in der Fremde schweifen –
   Und sie werden mich doch ergreifen!
FAUST: Ich bleibe bei dir.

MARGARETE: Geschwind! geschwind!
   Rette dein armes Kind!
   Fort! immer den Weg
   Am Bach hinauf,
   Über den Steg,
   In den Wald hinein,
   Links, wo die Planke steht,
   Im Teich!
   Faß es nur gleich!
   Es will sich heben,
   Es zappelt noch!
   Rette! rette!
FAUST: Besinne dich doch!
   Nur Einen Schritt, so bist du frei!
MARGARETE: Wären wir nur den Berg vorbei!
   Da sitzt meine Mutter auf einem Stein,
   Es faßt mich kalt beim Schopfe!
   Da sitzt meine Mutter auf einem Stein
   Und wackelt mit dem Kopfe:
   Sie winkt nicht, sie nickt nicht, der Kopf ist ihr schwer,
   Sie schlief so lange, sie wacht nicht mehr –
   Sie schlief, damit wir uns freuten!
   Es waren glückliche Zeiten!
FAUST: Hilft hier kein Flehen, hilft kein Sagen,
   So wag ich's, dich hinwegzutragen.
MARGARETE: Laß mich! Nein, ich leide keine Gewalt!
   Fasse mich nicht so mörderisch an!
   Sonst hab ich dir ja alles zulieb getan.
FAUST: Der Tag graut! Liebchen! Liebchen!
MARGARETE:
   Tag! Ja, es wird Tag! der letzte Tag dringt herein!
   Mein Hochzeittag sollt es sein!
   Sag niemand, daß du schon bei Gretchen warst!
   Weh meinem Kranze!
   Es ist eben geschehn!
   Wir werden uns wiedersehn –
   Aber nicht beim Tanze.
   Die Menge drängt sich, man hört sie nicht;
   Der Platz, die Gassen
   Können sie nicht fassen.
   Die Glocke ruft, das Stäbchen bricht.
   Wie sie mich binden und packen!
   Zum Blutstuhl bin ich schon entrückt.
   Schon zuckt nach jedem Nacken
   Die Schärfe, die nach meinem zückt:
   Stumm liegt die Welt wie das Grab!
FAUST: O wär ich nie geboren!
MEPHISTOPHELES (erscheint draußen):
   Auf! oder ihr seid verloren.
   Unnützes Zagen! Zaudern und Plaudern!
   Meine Pferde schaudern,
   Der Morgen dämmert auf.
MARGARETE: Was steigt aus dem Boden herauf?
   Der! der! Schicke ihn fort!
   Was will der an dem heiligen Ort?
   Er will mich!
FAUST: Du sollst leben!

MARGARETE: Gericht Gottes! dir hab ich mich übergeben!
MEPHISTOPHELES (zu Faust):
Komm! komm! Ich lasse dich mit ihr im Stich.
MARGARETE: Dein bin ich, Vater! rette mich!
Ihr Engel, ihr heiligen Scharen,
Lagert euch umher, mich zu bewahren! –
Heinrich! mir graut's vor dir!
MEPHISTOPHELES: Sie ist gerichtet!
STIMME (von oben): Ist gerettet!
MEPHISTOPHELES (zu Faust): Her zu mir!
    Verschwindet mit Faust
STIMME (von innen, verhallend): Heinrich! Heinrich!

DER TRAGÖDIE ZWEITER TEIL
IN FÜNF AKTEN

ERSTER AKT
ANMUTIGE GEGEND

Faust, auf blumigen Rasen gebettet, ermüdet,
unruhig, schlafsuchend. Dämmerung.
Geisterkreis, schwebend bewegt,
anmutige kleine Gestalten

ARIEL (Gesang, von Äolsharfen begleitet):
Wenn der Blüten Frühlingsregen
Über alle schwebend sinkt,
Wenn der Felder grüner Segen
Allen Erdgebornen blinkt,
Kleiner Elfen Geistergröße
Eilet, wo sie helfen kann;
Ob er heilig, ob er böse,
Jammert sie der Unglücksmann.

Die ihr dies Haupt umschwebt im luftgen Kreise,
Erzeigt euch hier nach edler Elfen Weise:
Besänftiget des Herzens grimmen Strauß!
Entfernt des Vorwurfs glühend-bittre Pfeile,
Sein Inneres reinigt von erlebtem Graus!
Vier sind die Pausen nächtiger Weile;
Nun ohne Säumen füllt sie freundlich aus!
Erst senkt sein Haupt aufs kühle Polster nieder,
Dann badet ihn im Tau aus Lethes Flut!
Gelenk sind bald die krampferstarrten Glieder,
Wenn er gestärkt dem Tag entgegenruht.
Vollbringt der Elfen schönste Pflicht:
Gebt ihn zurück dem heiligen Licht!

CHOR (einzeln, zu zweien und vielen, abwechselnd und gesammelt):
Wenn sich lau die Lüfte füllen
Um den grünumschränkten Plan,
Süße Düfte, Nebelhüllen
Senkt die Dämmerung heran,
Lispelt leise süßen Frieden,
Wiegt das Herz in Kindesruh,
Und den Augen dieses Müden
Schließt des Tages Pforte zu.
Nacht ist schon hereingesunken,
Schließt sich heilig Stern an Stern,
Große Lichter, kleine Funken
Glitzern nah und glänzen fern,
Glitzern hier im See sich spiegelnd,
Glänzen droben klarer Nacht;
Tiefsten Ruhens Glück besiegelnd,
Herrscht des Mondes volle Pracht.

Schon verloschen sind die Stunden,
Hingeschwunden Schmerz und Glück;
Fühl es vor: du wirst gesunden!
Traue neuem Tagesblick!
Täler grünen, Hügel schwellen,
Buschen sich zu Schattenruh,
Und in schwanken Silberwellen
Wogt die Saat der Ernte zu.

Wunsch um Wünsche zu erlangen,
Schaue nach dem Glanze dort!
Leise bist du nur umfangen,
Schlaf ist Schale, wirf sie fort!
Säume nicht, dich zu erdreisten,
Wenn die Menge zaudernd schweift!
Alles kann der Edle leisten,
Der versteht und rasch ergreift.

Ungeheures Getöse verkündet das Herannahen der
Sonne

ARIEL: Horchet! horcht dem Sturm der Horen!
Tönend wird für Geistesohren
Schon der neue Tag geboren.
Felsentore knarren rasselnd,
Phöbus Räder rollen prasselnd,
Welch Getöse bringt das Licht!
Es trommetet, es posaunet,
Auge blinzt, und Ohr erstaunet,
Unerhörtes hört sich nicht.
Schlüpfet zu den Blumenkronen,
Tiefer tiefer, still zu wohnen,
In die Felsen, unters Laub!
Trifft es euch, so seid ihr taub.

FAUST: Des Lebens Pulse schlagen frisch-lebendig,
Ätherische Dämmerung milde zu begrüßen;
Du, Erde, warst auch diese Nacht beständig
Und atmest neu erquickt zu meinen Füßen,
Beginnest schon mit Lust mich zu umgeben,
Du regst und rührst ein kräftiges Beschließen,
Zum höchsten Dasein immer fortzustreben. –
In Dämmerschein liegt schon die Welt erschlossen,
Der Wald ertönt von tausendstimmigem Leben;
Talaus, talein ist Nebelstreif ergossen,
Doch senkt sich Himmelsklarheit in die Tiefen,
Und Zweig und Äste, frisch erquickt, entsprossen
Dem duftgen Abgrund, wo versenkt sie schliefen;
Auch Farb an Farbe klärt sich los vom Grunde,
Wo Blum und Blatt von Zitterperle triefen:

Ein Paradies wird um mich her die Runde.
Hinaufgeschaut! – Der Berge Gipfelriesen
Verkünden schon die feierlichste Stunde;
Sie dürfen früh des ewigen Lichts genießen,
Das später sich zu uns herniederwendet.
Jetzt zu der Alpe grüngesenkten Wiesen
Wird neuer Glanz und Deutlichkeit gespendet,
Und stufenweis herab ist es gelungen –
Sie tritt hervor! – und leider, schon geblendet,
Kehr ich mich weg, vom Augenschmerz durchdrungen.

So ist es also, wenn ein sehnend Hoffen
Dem höchsten Wunsch sich traulich zugerungen,
Erfüllungspforten findet flügeloffen;
Nun aber bricht aus jenen ewigen Gründen
Ein Flammenübermaß, wir stehn betroffen:
Des Lebens Fackel wollten wir entzünden,
Ein Feuermeer umschlingt uns, welch ein Feuer!
Ist's Lieb? ist's Haß? die glühend uns umwinden,
Mit Schmerz und Freuden wechselnd ungeheuer,
So daß wir wieder nach der Erde blicken,
Zu bergen uns in jugendlichstem Schleier.

So bleibe denn die Sonne mir im Rücken!
Der Wassersturz, das Felsenriff durchbrausend,
Ihn schau ich an mit wachsendem Entzücken.
Von Sturz zu Sturzen wälzt er jetzt in tausend,
Dann aber tausend Strömen sich ergießend,
Hoch in die Lüfte Schaum an Schäume sausend.
Allein wie herrlich, diesem Sturm erspießend,
Wölbt sich des bunten Bogens Wechseldauer,
Bald rein gezeichnet, bald in Luft zerfließend,
Umher verbreitend duftig-kühle Schauer!
Der spiegelt ab das menschliche Bestreben.
Ihm sinne nach, und du begreifst genauer:
Am farbigen Abglanz haben wir das Leben.

KAISERLICHE PFALZ

SAAL DES THRONES

Staatsrat in Erwartung des Kaisers.
Trompeten.
Hofgesinde aller Art, prächtig gekleidet, tritt vor.
Der Kaiser gelangt auf den Thron, zu seiner Rechten
der Astrolog

KAISER: Ich grüße die Getreuen, Lieben,
 Versammelt aus der Näh und Weite. –
 Den Weisen seh ich mir zur Seite,
 Allein wo ist der Narr geblieben?
JUNKER: Gleich hinter deiner Mantelschleppe
 Stürzt er zusammen auf der Treppe;
 Man trug hinweg das Fettgewicht:
 Tot oder trunken? weiß man nicht.

ZWEITER JUNKER: Sogleich mit wunderbarer Schnelle
 Drängt sich ein andrer an die Stelle.
 Gar köstlich ist er aufgeputzt,
 Doch fratzenhaft, daß jeder stutzt;
 Die Wache hält ihm an der Schwelle
 Kreuzweis die Hellebarden vor –
 Da ist er doch, der kühne Tor!
MEPHISTOPHELES (am Throne knieend):
 Was ist verwünscht und stets willkommen?
 Was ist ersehnt und stets verjagt?
 Was immerfort in Schutz genommen?
 Was hart gescholten und verklagt?
 Wen darfst du nicht herbeiberufen?
 Wen höret jeder gern genannt?
 Was naht sich deines Thrones Stufen?
 Was hat sich selbst hinweggebannt?
KAISER: Für diesmal spare deine Worte!
 Hier sind die Rätsel nicht am Orte,
 Das ist die Sache dieser Herrn. –
 Da löse du! das hört ich gern. –
 Mein alter Narr ging, fürcht ich, weit ins Weite;
 Nimm seinen Platz und komm an meine Seite!
Mephistopheles steigt hinauf und stellt sich zur Linken
GEMURMEL DER MENGE:
 Ein neuer Narr – Zu neuer Pein –
 Wo kommt er her? – Wie kam er ein? –
 Der alte fiel – Der hat vertan –
 Es war ein Faß – Nun ist's ein Span –
KAISER: Und also, ihr Getreuen, Lieben,
 Willkommen aus der Näh und Ferne!
 Ihr sammelt euch mit günstigem Sterne:
 Da droben ist uns Glück und Heil geschrieben.
 Doch sagt, warum in diesen Tagen,
 Wo wir der Sorgen uns entschlagen,
 Schönbärte mummenschänzlich tragen
 Und Heitres nur genießen wollten,
 Warum wir uns ratschlagend quälen sollten!
 Doch weil ihr meint, es ging nicht anders an,
 Geschehen ist's, so sei's getan.

KANZLER: Die höchste Tugend, wie ein Heiligenschein,
 Umgibt des Kaisers Haupt, nur er allein
 Vermag sie gültig auszuüben:
 Gerechtigkeit! Was alle Menschen lieben,
 Was alle fordern, wünschen, schwer entbehren,
 Es liegt an ihm, dem Volk es zu gewähren.
 Doch ach! was hilft dem Menschengeist Verstand,
 Dem Herzen Güte, Willigkeit der Hand,
 Wenn's fieberhaft durchaus im Staate wütet
 Und Übel sich in Übeln überbrütet?
 Wer schaut hinab von diesem hohen Raum
 Ins weite Reich, ihm scheint's ein schwerer Traum,
 Wo Mißgestalt in Mißgestalten schaltet,
 Das Ungesetz gesetzlich überwaltet
 Und eine Welt des Irrtums sich entfaltet.
 Der raubt sich Herden, der ein Weib,
 Kelch, Kreuz und Leuchter vom Altare,

Berühmt sich dessen manche Jahre
Mit heiler Haut, mit unverletztem Leib.
Jetzt drängen Kläger sich zur Halle,
Der Richter prunkt auf hohem Pfühl,
Indessen wogt in grimmigem Schwalle
Des Aufruhrs wachsendes Gewühl.
Der darf auf Schand und Frevel pochen,
Der auf Mitschuldigste sich stützt,
Und: Schuldig! hörst du ausgesprochen,
Wo Unschuld nur sich selber schützt.
So will sich alle Welt zerstückeln,
Vernichtigen, was sich gebührt;
Wie soll sich da der Sinn entwickeln,
Der einzig uns zum Rechten führt?
Zuletzt ein wohlgesinnter Mann
Neigt sich dem Schmeichler, dem Bestecher;
Ein Richter, der nicht strafen kann,
Gesellt sich endlich zum Verbrecher.
Ich malte schwarz; doch dichtern Flor
Zög ich dem Bilde lieber vor. (Pause)
Entschlüsse sind nicht zu vermeiden;
Wenn alle schädigen, alle leiden,
Geht selbst die Majestät zu Raub.
HEERMEISTER: Wie tobt's in diesen wilden Tagen!
Ein jeder schlägt und wird erschlagen,
Und für's Kommando bleibt man taub.
Der Bürger hinter seinen Mauern,
Der Ritter auf dem Felsennest
Verschwuren sich, uns auszudauern,
Und halten ihre Kräfte fest.
Der Mietsoldat wird ungeduldig,
Mit Ungestüm verlangt er seinen Lohn,
Und wären wir ihm nichts mehr schuldig,
Er liefe ganz und gar davon.
Verbiete wer, was alle wollten,
Der hat ins Wespennest gestört;
Das Reich, das sie beschützen sollten,
Es liegt geplündert und verheert.
Man läßt ihr Toben wütend hausen,
Schon ist die halbe Welt vertan;
Es sind noch Könige da draußen,
Doch keiner denkt, es ging ihn irgend an.
SCHATZMEISTER: Wer wird auf Bundesgenossen pochen!
Subsidien, die man uns versprochen,
Wie Röhrenwasser bleiben aus.
Auch, Herr, in deinen weiten Staaten
An wen ist der Besitz geraten?
Wohin man kommt, da hält ein Neuer haus,
Und unabhängig will er leben;
Zusehen muß man, wie er's treibt:
Wir haben so viel Rechte hingegeben,
Daß uns auf nichts ein Recht mehr übrigbleibt.
Auch auf Parteien, wie sie heißen,
Ist heutzutage kein Verlaß;
Sie mögen schelten oder preisen,
Gleichgültig wurden Lieb und Haß.
Die Ghibellinen wie die Guelfen
Verbergen sich, um auszuruhn;
Wer jetzt will seinem Nachbar helfen?
Ein jeder hat für sich zu tun.
Die Goldespforten sind verrammelt,
Ein jeder kratzt und scharrt und sammelt,
Und unsre Kassen bleiben leer.
MARSCHALK: Welch Unheil muß auch ich erfahren!
Wir wollen alle Tage sparen
Und brauchen alle Tage mehr,
Und täglich wächst mir neue Pein.
Den Köchen tut kein Mangel wehe:
Wildschweine, Hirsche, Hasen, Rehe,
Welschhühner, Hühner, Gäns und Enten,
Die Deputate, sichre Renten,
Sie gehen noch so ziemlich ein;
Jedoch am Ende fehlt's an Wein.
Wenn sonst im Keller Faß an Faß sich häufte
Der besten Berg und Jahresläufte,
So schlürft unendliches Gesäufte
Der edlen Herrn den letzten Tropfen aus.
Der Stadtrat muß sein Lager auch verzapfen,
Man greift zu Humpen, greift zu Napfen,
Und unterm Tische liegt der Schmaus.
Nun soll ich zahlen, alle lohnen;
Der Jude wird mich nicht verschonen:
Der schafft Antizipationen,
Die speisen Jahr um Jahr voraus.
Die Schweine kommen nicht zu Fette,
Verpfändet ist der Pfühl im Bette,
Und auf den Tisch kommt vorgegessen Brot.
KAISER (nach einigem Nachdenken zu Mephistopheles):
Sag, weißt du Narr nicht auch noch eine Not?
MEPHISTOPHELES:
Ich keineswegs! Den Glanz umher zu schauen,
Dich und die Deinen! – Mangelte Vertrauen,
Wo Majestät unweigerlich gebeut,
Bereite Macht Feindseliges zerstreut?
Wo guter Wille, kräftig durch Verstand,
Und Tätigkeit, vielfältige, zur Hand?
Was könnte da zum Unheil sich vereinen
Zur Finsternis, wo solche Sterne scheinen?
GEMURMEL:
Das ist ein Schalk – Der's wohl versteht –
Er lügt sich ein – Solang es geht –
Ich weiß schon – Was dahintersteckt –
Und was denn weiter? – Ein Projekt –
MEPHISTOPHELES: Wo fehlt's nicht irgendwo auf dieser Welt?
Dem dies, dem das, hier aber fehlt das Geld.
Vom Estrich zwar ist es nicht aufzuraffen;
Doch Weisheit weiß das Tiefste herzuschaffen.
In Bergesadern, Mauergründen
Ist Gold gemünzt und ungemünzt zu finden,
Und fragt ihr mich, wer es zutage schafft:
Begabten Manns Natur- und Geisteskraft!

KANZLER: Natur und Geist – so spricht man nicht zu
   Christen!
Deshalb verbrennt man Atheisten,
Weil solche Reden höchst gefährlich sind.
Natur ist Sünde, Geist ist Teufel,
Sie hegen zwischen sich den Zweifel,
Ihr mißgestaltet Zwitterkind.
Uns nicht so! – Kaisers alten Landen
Sind zwei Geschlechter nur entstanden,
Sie stützen würdig seinen Thron:
Die Heiligen sind es und die Ritter;
Sie stehen jedem Ungewitter
Und nehmen Kirch und Staat zum Lohn.
Dem Pöbelsinn verworrener Geister
Entwickelt sich ein Widerstand:
Die Ketzer sind's! die Hexenmeister!
Und sie verderben Stadt und Land.
Die willst du nun mit frechen Scherzen
In diese hohen Kreise schwärzen;
Ihr hegt euch an verderbtem Herzen:
Dem Narren sind sie nah verwandt.
MEPHISTOPHELES: Daran erkenn ich den gelehrten
   Herrn!
Was ihr nicht tastet, steht euch meilenfern,
Was ihr nicht faßt, das fehlt euch ganz und gar,
Was ihr nicht rechnet, glaubt ihr, sei nicht wahr,
Was ihr nicht wägt, hat für euch kein Gewicht,
Was ihr nicht münzt, das, meint ihr, gelte nicht!
KAISER: Dadurch sind unsre Mängel nicht erledigt;
Was willst du jetzt mit deiner Fastenpredigt?
Ich habe satt das ewige Wie und Wenn?
Es fehlt an Geld: nun gut, so schaff es denn!
MEPHISTOPHELES:
Ich schaffe, was ihr wollt, und schaffe mehr;
Zwar ist es leicht, doch ist das Leichte schwer.
Es liegt schon da, doch um es zu erlangen,
Das ist die Kunst! Wer weiß es anzufangen?
Bedenkt doch nur: in jenen Schreckensläuften,
Wo Menschenfluten Land und Volk ersäuften,
Wie der und der, so sehr es ihn erschreckte,
Sein Liebstes da- und dortwohin versteckte.
So war's von je in mächtiger Römer Zeit,
Und so fortan, bis gestern, ja bis heut.
Das alles liegt im Boden still begraben:
Der Boden ist des Kaisers, der soll's haben!
SCHATZMEISTER: Für einen Narren spricht er gar nicht
   schlecht;
Das ist fürwahr des alten Kaisers Recht.
KANZLER: Der Satan legt euch goldgewirkte Schlin-
   gen;
Es geht nicht zu mit frommen, rechten Dingen.
MARSCHALK: Schafft er uns nur zu Hof willkommne
   Gaben,
Ich wollte gern ein bißchen unrecht haben.
HEERMEISTER:
Der Narr ist klug, verspricht, was jedem frommt;
Fragt der Soldat doch nicht, woher es kommt!

MEPHISTOPHELES:
Und glaubt ihr euch vielleicht durch mich betrogen:
Hier steht ein Mann! da, fragt den Astrologen!
In Kreis um Kreise kennt er Stund und Haus.
So sage denn: wie sieht's am Himmel aus?
GEMURMEL:
Zwei Schelme sind's – Verstehn sich schon –
Narr und Phantast – So nah dem Thron –
Ein mattgesungen – Alt Gedicht –
Der Tor bläst ein – Der Weise spricht –
ASTROLOG (spricht, Mephistopheles bläst ein):
Die Sonne selbst, sie ist ein lautres Gold;
Merkur, der Bote, dient um Gunst und Sold;
Frau Venus hat's euch allen angetan,
So früh als spat blickt sie euch lieblich an;
Die keusche Luna launet grillenhaft;
Mars, trifft er nicht, so dräut euch seine Kraft,
Und Jupiter bleibt doch der schönste Schein;
Saturn ist groß, dem Auge fern und klein;
Ihn als Metall verehren wir nicht sehr:
An Wert gering, doch im Gewichte schwer.
Ja, wenn zu Sol sich Luna fein gesellt,
Zum Silber Gold, dann ist es heitre Welt!
Das übrige ist alles zu erlangen:
Paläste, Gärten, Brüstlein, rote Wangen,
Das alles schafft der hochgelahrte Mann,
Der das vermag, was unser keiner kann.
KAISER: Ich höre doppelt, was er spricht,
Und dennoch überzeugt's mich nicht.
GEMURMEL:
Was soll uns das? – Gedroschner Spaß –
Kalenderei – Chymisterei –
Das hört ich oft – Und falsch gehofft –
Und kommt er auch – So ist's ein Gauch –
MEPHISTOPHELES: Da stehen sie umher und staunen,
Vertrauen nicht dem hohen Fund;
Der eine faselt von Alraunen,
Der andre von dem schwarzen Hund.
Was soll es, daß der eine witzelt,
Ein andrer Zauberei verklagt,
Wenn ihm doch auch einmal die Sohle kitzelt,
Wenn ihm der sichre Schritt versagt!
Ihr alle fühlt geheimes Wirken
Der ewig-waltenden Natur,
Und aus den untersten Bezirken
Schmiegt sich herauf lebendge Spur.
Wenn es in allen Gliedern zwackt,
Wenn es unheimlich wird am Platz,
Nur gleich entschlossen grabt und hackt:
Da liegt der Spielmann, liegt der Schatz!
GEMURMEL:
Mir liegt's im Fuß wie Bleigewicht –
Mir krampft's im Arme – Das ist Gicht –
Mir krabbelt's an der großen Zeh –
Mir tut der ganze Rücken weh –
Nach solchen Zeichen wäre hier
Das allerreichste Schatzrevier.

KAISER: Nur eilig! du entschlüpfst nicht wieder,
Erprobe deine Lügenschäume
Und zeig uns gleich die edlen Räume!
Ich lege Schwert und Zepter nieder
Und will mit eignen hohen Händen,
Wenn du nicht lügst, das Werk vollenden,
Dich, wenn du lügst, zur Hölle senden!
MEPHISTOPHELES:
Den Weg dahin wüßt allenfalls zu finden! –
Doch kann ich nicht genug verkünden,
Was überall besitzlos harrend liegt.
Der Bauer, der die Furche pflügt,
Hebt einen Goldtopf mit der Scholle;
Salpeter hofft er von der Leimenwand
Und findet golden-goldne Rolle,
Erschreckt, erfreut, in kümmerlicher Hand.
Was für Gewölbe sind zu sprengen!
In welchen Klüften! welchen Gängen
Muß sich der Schatzbewußte drängen
Zur Nachbarschaft der Unterwelt!
In weiten, altverwahrten Kellern
Von goldnen Humpen, Schüsseln, Tellern
Sieht er sich Reihen aufgestellt;
Pokale stehen aus Rubinen,
Und will er deren sich bedienen,
Daneben liegt uraltes Naß.
Doch – werdet ihr dem Kundigen glauben?
Verfault ist längst das Holz der Dauben:
Der Weinstein schuf dem Wein ein Faß.
Essenzen solcher edlen Weine,
Gold und Juwelen nicht alleine,
Umhüllen sich mit Nacht und Graus.
Der Weise forscht hier unverdrossen;
Am Tag erkennen, das sind Possen,
Im Finstern sind Mysterien zu Haus.
KAISER: Die laß ich dir! Was will das Düstre frommen?
Hat etwas Wert, es muß zutage kommen.
Wer kennt den Schelm in tiefer Nacht genau?
Schwarz sind die Kühe, so die Katzen grau.
Die Töpfe drunten, voll von Goldgewicht,
Zieh deinen Pflug und ackre sie ans Licht!
MEPHISTOPHELES: Nimm Hack und Spaten, grabe selber!
Die Bauernarbeit macht dich groß,
Und eine Herde goldner Kälber,
Sie reißen sich vom Boden los.
Dann ohne Zaudern, mit Entzücken,
Kannst du dich selbst, wirst die Geliebte schmücken:
Ein leuchtend Farb- und Glanzgestein erhöht
Die Schönheit wie die Majestät.
KAISER: Nur gleich! nur gleich! Wie lange soll es währen!
ASTROLOG (wie oben):
Herr, mäßige solch dringendes Begehren!
Laßt erst vorbei das bunte Freudenspiel!
Zerstreutes Wesen führt uns nicht zum Ziel.
Erst müssen wir in Fassung uns versühnen,
Das Untre durch das Obere verdienen.
Wer Gutes will, der sei erst gut,
Wer Freude will, besänftige sein Blut,
Wer Wein verlangt, der keltre reife Trauben,
Wer Wunder hofft, der stärke seinen Glauben!
KAISER: So sei die Zeit in Fröhlichkeit vertan!
Und ganz erwünscht kommt Aschermittwoch an.
Indessen feiern wir, auf jeden Fall,
Nur lustiger das wilde Karneval.
Trompeten. Exeunt
MEPHISTOPHELES:
Wie sich Verdienst und Glück verketten,
Das fällt den Toren niemals ein;
Wenn sie den Stein der Weisen hätten,
Der Weise mangelte dem Stein.

WEITLÄUFIGER SAAL
mit Nebengemächern, verziert und aufgeputzt zur Mummenschanz

HEROLD: Denkt nicht, ihr seid in deutschen Grenzen
Von Teufels'-, Narren- und Totentänzen!
Ein heitres Fest erwartet euch.
Der Herr, auf seinen Römerzügen,
Hat, sich zu Nutz, euch zum Vergnügen,
Die hohen Alpen überstiegen,
Gewonnen sich ein heitres Reich.
Der Kaiser, er, an heiligen Sohlen
Erbat sich erst das Recht zur Macht,
Und als er ging, die Krone sich zu holen,
Hat er uns auch die Kappe mitgebracht.
Nun sind wir alle neugeboren;
Ein jeder weltgewandte Mann
Zieht sie behaglich über Kopf und Ohren:
Sie ähnelt ihn verrückten Toren,
Er ist darunter weise, wie er kann. –
Ich sehe schon, wie sie sich scharen,
Sich schwankend sondern, traulich paaren;
Zudringlich schließt sich Chor an Chor.
Herein, hinaus, nur unverdrossen!
Es bleibt doch endlich nach wie vor
Mit ihren hunderttausend Possen
Die Welt ein einzig-großer Tor.
GÄRTNERINNEN (Gesang, begleitet von Mandolinen):
Euren Beifall zu gewinnen,
Schmückten wir uns diese Nacht,
Junge Florentinerinnen,
Folgten deutschen Hofes Pracht;

Tragen wir in braunen Locken
Mancher heitern Blume Zier;
Seidenfäden, Seidenflocken
Spielen ihre Rolle hier.

Denn wir halten es verdienstlich,
Lobenswürdig ganz und gar:

Unsere Blumen, glänzend-künstlich,
Blühen fort das ganze Jahr.

Allerlei gefärbten Schnitzeln
Ward symmetrisch Recht getan;
Mögt ihr Stück für Stück bewitzeln,
Doch das Ganze zieht euch an.

Niedlich sind wir anzuschauen,
Gärtnerinnen und galant;
Denn das Naturell der Frauen
Ist so nah mit Kunst verwandt.

HEROLD: Laßt die reichen Körbe sehen,
Die ihr auf den Häuptern traget,
Die sich bunt am Arme blähen!
Jeder wähle, was behaget!
Eilig, daß in Laub und Gängen
Sich ein Garten offenbare!
Würdig sind, sie zu umdrängen,
Krämerinnen wie die Ware.

GÄRTNERINNEN: Feilschet nun am heitern Orte,
Doch kein Markten finde statt!
Und mit sinnig-kurzem Worte
Wisse jeder, was er hat.

OLIVENZWEIG MIT FRÜCHTEN:
Keinen Blumenflor beneid ich,
Allen Widerstreit vermeid ich;
Mir ist's gegen die Natur:
Bin ich doch das Mark der Lande
Und, zum sichern Unterpfande,
Friedenszeichen jeder Flur.
Heute, hoff ich, soll mir's glücken,
Würdig-schönes Haupt zu schmücken.

ÄHRENKRANZ (golden):
Ceres Gaben, euch zu putzen,
Werden hold und lieblich stehn:
Das Erwünschteste dem Nutzen
Sei als eure Zierde schön.

PHANTASIEKRANZ: Bunte Blumen, Malven ähnlich,
Aus dem Moos ein Wunderflor!
Der Natur ist's nicht gewöhnlich,
Doch die Mode bringt's hervor.

PHANTASIESTRAUSS: Meinen Namen euch zu sagen,
Würde Theophrast nicht wagen,
Und doch hoff ich, wo nicht allen,
Aber mancher zu gefallen,
Der ich mich wohl eignen möchte,
Wenn sie mich ins Haar verflöchte,
Wenn sie sich entschließen könnte,
Mir am Herzen Platz vergönnte.

ROSENKNOSPEN (Ausforderung):
Mögen bunte Phantasien
Für des Tages Mode blühen,
Wunderseltsam sein gestaltet,
Wie Natur sich nie entfaltet!
Grüne Stiele; goldne Glocken,
Blickt hervor aus reichen Locken! –

Doch wir halten uns versteckt;
Glücklich, wer uns frisch entdeckt!
Wenn der Sommer sich verkündet,
Rosenknospe sich entzündet,
Wer mag solches Glück entbehren?
Das Versprechen, das Gewähren,
Das beherrscht in Florens Reich
Blick und Sinn und Herz zugleich.

*Unter grünen Laubgängen putzen die Gärtnerinnen
zierlich ihren Kram auf*

GÄRTNER (Gesang, begleitet von Theorben):
Blumen sehet ruhig sprießen,
Reizend euer Haupt umzieren!
Früchte wollen nicht verführen,
Kostend mag man sie genießen.

Bieten bräunliche Gesichter
Kirschen, Pfirschen, Königspflaumen,
Kauft! denn gegen Zung und Gaumen
Hält sich Auge schlecht als Richter.

Kommt, von allerreifsten Früchten
Mit Geschmack und Lust zu speisen!
Über Rosen läßt sich dichten,
In die Äpfel muß man beißen.

Sei's erlaubt, uns anzupaaren
Eurem reichen Jugendflor,
Und wir putzen reifer Waren
Fülle nachbarlich empor.

Unter lustigen Gewinden,
In geschmückter Lauben Bucht,
Alles ist zugleich zu finden:
Knospe, Blätter, Blume, Frucht.

*Unter Wechselgesang, begleitet von Gitarren und Theorben, fahren beide Chöre fort, ihre Waren stufenweis
in die Höhe zu schmücken und auszubieten.
Mutter und Tochter*

MUTTER: Mädchen, als du kamst ans Licht,
Schmückt ich dich im Häubchen;
Warst so lieblich von Gesicht
Und so zart am Leibchen.
Dachte dich sogleich als Braut
Gleich dem Reichsten angetraut,
Dachte dich als Weibchen.

Ach, nun ist schon manches Jahr
Ungenützt verflogen,
Der Sponsierer bunte Schar
Schnell vorbeigezogen!
Tanztest mit dem einen flink,
Gabst dem andern feinen Wink
Mit dem Ellenbogen.

Welches Fest man auch ersann,
Ward umsonst begangen:

Pfänderspiel und Dritter Mann
Wollten nicht verfangen;
Heute sind die Narren los:
Liebchen, öffne deinen Schoß!
Bleibt wohl einer hangen.

Gespielinnen, jung und schön, gesellen sich hinzu, ein vertrauliches Geplauder wird laut. Fischer und Vogelsteller mit Netzen, Angeln und Leimruten, auch sonstigem Geräte, treten auf, mischen sich unter die schönen Kinder. Wechselseitige Versuche, zu gewinnen, zu fangen, zu entgehen und festzuhalten, geben zu den angenehmsten Dialogen Gelegenheit

HOLZHAUER (treten ein, ungestüm und ungeschlacht):
Nur Platz! nur Blöße!
Wir brauchen Räume:
Wir fällen Bäume,
Die krachen, schlagen,
Und wenn wir tragen,
Da gibt es Stöße.
Zu unserm Lobe
Bringt dies ins Reine;
Denn wirkten Grobe
Nicht auch im Lande,
Wie kämen Feine
Für sich zustande,
So sehr sie witzten?
Des seid belehret!
Denn ihr erfröret,
Wenn wir nicht schwitzten.

PULCINELLE (täppisch, fast läppisch):
Ihr seid die Toren,
Gebückt geboren.
Wir sind die Klugen,
Die nie was trugen;
Denn unsre Kappen,
Jacken und Lappen
Sind leicht zu tragen,
Und mit Behagen
Wir immer müßig,
Pantoffelfüßig
Durch Markt und Haufen
Einherzulaufen,
Gaffend zu stehen,
Uns anzukrähen,
Auf solche Klänge
Durch Drang und Menge
Aalgleich zu schlüpfen,
Gesamt zu hüpfen,
Vereint zu toben.
Ihr mögt uns loben,
Ihr mögt uns schelten,
Wir lassen's gelten.

PARASITEN (schmeichelnd-lüstern):
Ihr wackern Träger
Und eure Schwäger,
Die Kohlenbrenner,
Sind unsre Männer;
Denn alles Bücken,
Bejahndes Nicken,
Gewundne Phrasen,
Das Doppelblasen,
Das wärmt und kühlet,
Wie's einer fühlet,
Was könnt es frommen?
Es möchte Feuer
Selbst ungeheuer
Vom Himmel kommen,
Gäb es nicht Scheite
Und Kohlentrachten,
Die Herdesbreite
Zur Glut entfachten.
Da brät's und prudelt's,
Da kocht's und strudelt's!
Der wahre Schmecker,
Der Tellerlecker,
Er riecht den Braten,
Er ahnet Fische;
Das regt zu Taten
An Gönners Tische.

TRUNKNER (unbewußt):
Sei mir heute nicht zuwider!
Fühle mich so frank und frei;
Frische Luft und heitre Lieder,
Holt ich selbst sie doch herbei.
Und so trink ich! trinke! trinke!
Stoßet an, ihr! Tinke-tinke!
Du dorthinten, komm heran!
Stoßet an, so ist's getan.

Schrie mein Weibchen doch entrüstet,
Rümpfte diesem bunten Rock
Und, wie sehr ich mich gebrüstet,
Schalt mich einen Maskenstock.
Doch ich trinke! trinke! trinke!
Angeklungen! Tinke-tinke!
Maskenstöcke, stoßet an!
Wenn es klingt, so ist's getan.

Saget nicht, daß ich verirrt bin!
Bin ich doch, wo mir's behagt.
Borgt der Wirt nicht, borgt die Wirtin,
Und am Ende borgt die Magd.
Immer trink ich! trinke! trinke!
Auf, ihr andern! Tinke-tinke!
Jeder jedem, so fortan!
Dünkt mich's doch, es sei getan.

Wie und wo ich mich vergnüge,
Mag es immerhin geschehn:
Laßt mich liegen, wo ich liege!
Denn ich mag nicht länger stehn.

CHOR: Jeder Bruder trinke! trinke!
Toastet frisch ein Tinke-tinke!
Sitzet stets auf Bank und Span!
Unterm Tisch Dem ist's getan.

DER HEROLD
kündigt verschiedene Poeten an, Naturdichter, Hof- und Rittersänger, zärtliche sowie Enthusiasten. Im Gedräng von Mitwerbern aller Art läßt keiner den andern zum Vortrag kommen.
Einer schleicht mit wenigen Worten vorüber
SATIRIKER: Wißt ihr, was mich Poeten
    Erst recht erfreuen sollte?
    Dürft ich singen und reden,
    Was niemand hören wollte.

Die Nacht- und Grabdichter lassen sich entschuldigen, weil sie soeben im interessantesten Gespräch mit einem frisch erstandenen Vampiren begriffen seien, woraus eine neue Dichtart sich vielleicht entwickeln könnte; der Herold muß es gelten lassen und ruft indessen die griechische Mythologie hervor, die selbst in moderner Maske weder Charakter noch Gefälliges verliert.
Die Grazien
AGLAIA: Anmut bringen wir ins Leben;
    Leget Anmut in das Geben!
HEGEMONE: Leget Anmut ins Empfangen!
    Lieblich ist's, den Wunsch erlangen.
EUPHROSYNE: Und in stiller Tage Schranken
    Höchst anmutig sei das Danken!
Die Parzen
ATROPOS: Mich, die Älteste, zum Spinnen
    Hat man diesmal eingeladen;
    Viel zu denken, viel zu sinnen
    Gibt's beim zarten Lebensfaden.

    Daß er euch gelenk und weich sei,
    Wußt ich feinsten Flachs zu sichten;
    Daß er glatt und schlank und gleich sei,
    Wird der kluge Finger schlichten.

    Wolltet ihr bei Lust und Tänzen
    Allzu üppig euch erweisen,
    Denkt an dieses Fadens Grenzen!
    Hütet euch! er möchte reißen.
KLOTHO: Wißt, in diesen letzten Tagen
    Ward die Schere mir vertraut;
    Denn man war von dem Betragen
    Unsrer Alten nicht erbaut.

    Zerrt unnützeste Gespinste
    Lange sie an Licht und Luft,
    Hoffnung herrlichster Gewinste
    Schleppt sie schneidend zu der Gruft.

    Doch auch ich, im Jugendwalten,
    Irrte mich schon hundertmal;
    Heute mich im Zaum zu halten,
    Schere steckt im Futteral.

    Und so bin ich gern gebunden,
    Blicke freundlich diesem Ort:
    Ihr in diesen freien Stunden
    Schwärmt nur immer fort und fort!
LACHESIS: Mir, die ich allein verständig,
    Blieb das Ordnen zugeteilt;
    Meine Weise, stets lebendig,
    Hat noch nie sich übereilt.

    Fäden kommen, Fäden weisen,
    Jeden lenk ich in seine Bahn,
    Keinen laß ich überschweifen:
    Füg er sich im Kreis heran!

    Könnt ich einmal mich vergessen,
    Wär es um die Welt mir bang;
    Stunden zählen, Jahre messen,
    Und der Weber nimmt den Strang.
HEROLD: Die jetzo kommen, werdet ihr nicht kennen,
    Wärt ihr noch so gelehrt in alten Schriften;
    Sie anzusehn, die so viel Übel stiften,
    Ihr würdet sie willkommne Gäste nennen.

    Die Furien sind es! niemand wird uns glauben:
    Hübsch, wohlgestaltet, freundlich, jung von Jahren;
    Laßt euch mit ihnen ein: ihr sollt erfahren,
    Wie schlangenhaft verletzen solche Tauben.

    Zwar sind sie tückisch; doch am heutigen Tage,
    Wo jeder Narr sich rühmet seiner Mängel,
    Auch sie verlangen nicht den Ruhm als Engel,
    Bekennen sich als Stadt- und Landesplage.
Die Furien
ALEKTO: Was hilft es euch? ihr werdet uns vertrauen!
    Denn wir sind hübsch und jung und Schmeichelkätzchen;
    Hat einer unter euch ein Liebeschätzchen,
    Wir werden ihm so lang die Ohren krauen,

    Bis wir ihm sagen dürfen, Aug in Auge:
    Daß sie zugleich auch dem und jenem winke,
    Im Kopfe dumm, im Rücken krumm, und hinke
    Und, wenn sie seine Braut ist, gar nichts tauge.

    So wissen wir die Braut auch zu bedrängen:
    Es hat sogar der Freund vor wenig Wochen
    Verächtliches von ihr zu der gesprochen! –
    Versöhnt man sich, so bleibt doch etwas hängen.
MEGÄRA: Das ist nur Spaß! denn sind sie erst verbunden,
    Ich nehm es auf und weiß in allen Fällen
    Das schönste Glück durch Grille zu vergällen;
    Der Mensch ist ungleich, ungleich sind die Stunden,

    Und nicmand hat Erwünschtes fest in Armen,
    Der sich nicht nach Erwünschterem törig sehnte
    Vom höchsten Glück, woran er sich gewöhnte;
    Die Sonne flieht er, will den Frost erwarmen.

    Mit diesem allen weiß ich zu gebaren
    Und führe her Asmodi, den Getreuen,
    Zu rechter Zeit Unseliges auszustreuen,
    Verderbe so das Menschenvolk in Paaren.
TISIPHONE: Gift und Dolch statt böser Zungen
    Misch ich, schärf ich dem Verräter;

Liebst du andre: früher, später
Hat Verderben dich durchdrungen,

Muß der Augenblicke Süßtes
Sich zu Gischt und Galle wandeln!
Hier kein Markten, hier kein Handeln:
Wie er es beging, er büßt es.

Singe keiner vom Vergeben!
Felsen klag ich meine Sache,
Echo, horch! erwidert: Rache!
Und wer wechselt, soll nicht leben.

HEROLD: Belieb es euch, zur Seite wegzuweichen!
Denn was jetzt kommt, ist nicht von euresgleichen.
Ihr seht, wie sich ein Berg herangedrängt,
Mit bunten Teppichen die Weichen stolz behängt,
Ein Haupt mit langen Zähnen, Schlangenrüssel,
Geheimnisvoll, doch zeig ich euch den Schlüssel.
Im Nacken sitzt ihm zierlich-zarte Frau,
Mit feinem Stäbchen lenkt sie ihn genau;
Die andre, droben stehend herrlich-hehr,
Umgibt ein Glanz, der blendet mich zu sehr.
Zur Seite gehn gekettet edle Frauen,
Die eine bang, die andre froh zu schauen;
Die eine wünscht, die andre fühlt sich frei.
Verkünde jede, wer sie sei!

FURCHT: Dunstige Fackeln, Lampen, Lichter
Dämmern durchs verworrne Fest;
Zwischen diese Truggesichter
Bannt mich, ach! die Kette fest.

Fort, ihr lächerlichen Lacher!
Euer Grinsen gibt Verdacht;
Alle meine Widersacher
Drängen mich in dieser Nacht.

Hier: ein Freund ist Feind geworden,
Seine Maske kenn ich schon!
Jener wollte mich ermorden,
Nun, entdeckt, schleicht er davon.

Ach, wie gern in jeder Richtung
Flöh ich zu der Welt hinaus!
Doch von drüben droht Vernichtung,
Hält mich zwischen Dunst und Graus.

HOFFNUNG: Seid gegrüßt, ihr lieben Schwestern!
Habt ihr euch schon heut und gestern
In Vermummungen gefallen,
Weiß ich doch gewiß von allen:
Morgen wollt ihr euch enthüllen!
Und wenn wir bei Fackelscheine
Uns nicht sonderlich behagen,
Werden wir in heitern Tagen
Ganz nach unserm eignen Willen
Bald gesellig, bald alleine,
Frei durch schöne Fluren wandeln,
Nach Belieben ruhn und handeln
Und in sorgenfreiem Leben
Nie entbehren, stets erstreben.
Überall willkommne Gäste,
Treten wir getrost hinein:
Sicherlich, es muß das Beste
Irgendwo zu finden sein.

KLUGHEIT: Zwei der größten Menschenfeinde,
Furcht und Hoffnung, angekettet,
Halt ich ab von der Gemeinde –
Platz gemacht! – ihr seid gerettet.

Den lebendigen Kolossen
Führ ich, seht ihr, turmbeladen,
Und er wandelt unverdrossen
Schritt vor Schritt auf steilen Pfaden.

Droben aber auf der Zinne
Jene Göttin mit behenden,
Breiten Flügeln, zum Gewinne
Allerseits sich hinzuwenden:

Rings umgibt sie Glanz und Glorie,
Leuchtend fern nach allen Seiten,
Und sie nennet sich Viktorie,
Göttin aller Tätigkeiten.

ZOILO-THERSITES: Hu! hu! da komm ich eben recht!
Ich schelt euch allzusammen schlecht;
Doch was ich mir zum Ziel ersah,
Ist oben Frau Viktoria.
Mit ihrem weißen Flügelpaar
Sie dünkt sich wohl, sie sei ein Aar,
Und wo sie sich nur hingewandt,
Gehör ihr alles Volk und Land.
Doch wo was Rühmliches gelingt,
Es mich sogleich in Harnisch bringt.
Das Tiefe hoch, das Hohe tief,
Das Schiefe grad, das Grade schief,
Das ganz allein macht mich gesund;
So will ich's auf dem Erdenrund.

HEROLD: So treffe dich, du Lumpenhund,
Des frommen Stabes Meisterstreich!
Da krümm und winde dich sogleich! –
Wie sich die Doppelzwerggestalt
So schnell zum eklen Klumpen ballt! –
Doch Wunder! Klumpen wird zum Ei,
Das bläht sich auf und platzt entzwei.
Nun fällt ein Zwillingspaar heraus:
Die Otter und die Fledermaus:
Die eine fort im Staube kriecht,
Die andre schwarz zur Decke fliegt.
Sie eilen draußen zum Verein;
Da möcht ich nicht der Dritte sein.

GEMURMEL:
Frisch! dahinten tanzt man schon –
Nein! ich wollt, ich wär davon –
Fühlst du, wie uns das umflicht,
Das gespenstische Gezücht? –
Saust es mir doch übers Haar –
Ward ich's doch am Fuß gewahr –

Keiner ist von uns verletzt –
Alle doch in Furcht gesetzt –
Ganz verdorben ist der Spaß –
Und die Bestien wollten das –
HEROLD: Seit mir sind bei Maskeraden
Heroldspflichten aufgeladen,
Wach ich ernstlich an der Pforte,
Daß euch hier am lustigen Orte
Nichts Verderbliches erschleiche;
Weder wanke, weder weiche.
Doch ich fürchte, durch die Fenster
Ziehen lustige Gespenster,
Und von Spuk und Zaubereien
Wüßt ich euch nicht zu befreien.
Machte sich der Zwerg verdächtig,
Nun! dort hinten strömt es mächtig.
Die Bedeutung der Gestalten
Möcht ich amtsgemäß entfalten.
Aber was nicht zu begreifen,
Wüßt ich auch nicht zu erklären;
Helfet alle mich belehren! –
Seht ihr's durch die Menge schweifen?
Vierbespannt ein prächtiger Wagen
Wird durch alles durchgetragen;
Doch er teilet nicht die Menge,
Nirgend seh ich ein Gedränge.
Farbig glitzert's in der Ferne,
Irrend leuchten bunte Sterne
Wie von magischer Laterne,
Schnaubt heran mit Sturmgewalt.
Platz gemacht! Mich schaudert's!
KNABE WAGENLENKER: Halt!
Rosse, hemmet eure Flügel,
Fühlet den gewohnten Zügel,
Meistert euch, wie ich euch meistre!
Rauschet hin, wenn ich begeistre! –
Diese Räume laßt uns ehren!
Schaut umher wie sie sich mehren,
Die Bewundrer, Kreis um Kreise!
Herold, auf! nach deiner Weise,
Ehe wir von euch entfliehen,
Uns zu schildern, uns zu nennen!
Denn wir sind Allegorien,
Und so solltest du uns kennen.
HEROLD: Wüßte nicht, dich zu benennen;
Eher könnt ich dich beschreiben.
KNABE LENKER: So probier's!
HEROLD: Man muß gestehn:
Erstlich bist du jung und schön.
Halbwüchsiger Knabe bist du; doch die Frauen,
Sie möchten dich ganz ausgewachsen schauen.
Du scheinst mir ein künftiger Sponsierer,
Recht so von Haus aus ein Verführer.
KNABE LENKER: Das läßt sich hören! Fahre fort,
Erfinde dir des Rätsels heitres Wort!
HEROLD: Der Augen schwarzer Blitz, die Nacht der
Locken,
Erheitert von juwelnem Band!
Und welch ein zierliches Gewand
Fließt dir von Schultern zu den Socken
Mit Purpursaum und Glitzertand!
Man könnte dich ein Mädchen schelten;
Doch würdest du, zu Wohl und Weh,
Auch jetzo schon bei Mädchen gelten:
Sie lehrten dich das ABC.
KNABE LENKER: Und dieser, der als Prachtgebilde
Hier auf dem Wagenthrone prangt?
HEROLD: Er scheint ein König, reich und milde;
Wohl dem, der seine Gunst erlangt!
Er hat nichts weiter zu erstreben;
Wo's irgend fehlte, späht sein Blick,
Und seine reine Lust zu geben
Ist größer als Besitz und Glück.
KNABE LENKER: Hiebei darfst du nicht stehenbleiben,
Du mußt ihn recht genau beschreiben.
HEROLD: Das Würdige beschreibt sich nicht.
Doch das gesunde Mondgesicht,
Ein voller Mund, erblühte Wangen,
Die unterm Schmuck des Turbans prangen,
Im Faltenkleid ein reich Behagen!
Was soll ich von dem Anstand sagen?
Als Herrscher scheint er mir bekannt.
KNABE LENKER: Plutus, des Reichtums Gott, genannt!
Derselbe kommt in Prunk daher:
Der hohe Kaiser wünscht ihn sehr.
HEROLD: Sag von dir selber auch das Was und Wie!
KNABE LENKER: Bin die Verschwendung, bin die
Poesie,
Bin der Poet, der sich vollendet,
Wenn er sein eigenst Gut verschwendet.
Auch ich bin unermeßlich reich
Und schätze mich dem Plutus gleich,
Beleb und schmück ihm Tanz und Schmaus;
Das, was ihm fehlt, das teil ich aus.
HEROLD: Das Prahlen steht dir gar zu schön;
Doch laß uns deine Künste sehen!
KNABE LENKER: Hier seht mich nur ein Schnippchen
schlagen,
Schon glänzt's und glitzert's um den Wagen:
Da springt eine Perlenschnur hervor!
Immerfort herumschnippend
Nehmt goldne Spange für Hals und Ohr!
Auch Kamm und Krönchen ohne Fehl,
In Ringen köstlichstes Juwel;
Auch Flammchen spend ich dann und wann,
Erwartend, wo es zünden kann.
HEROLD: Wie greift und hascht die liebe Menge!
Fast kommt der Geber ins Gedränge.
Kleinode schnippt er wie im Traum,
Und alles hascht im weiten Raum.
Doch da erleb ich neue Pfiffe:
Was einer noch so emsig griffe,
Des hat er wirklich schlechten Lohn –
Die Gabe flattert ihm davon.

Es löst sich auf das Perlenband,
Ihm krabbeln Käfer in der Hand;
Er wirft sie weg, der arme Tropf,
Und sie umsummen ihm den Kopf.
Die andern statt solider Dinge
Erhaschen frevle Schmetterlinge.
Wie doch der Schelm so viel verheißt
Und nur verleiht, was golden gleißt!

KNABE LENKER:
Zwar Masken, merk ich, weißt du zu verkünden,
Allein der Schale Wesen zu ergründen,
Sind Herolds Hofgeschäfte nicht;
Das fordert schärferes Gesicht.
Doch hüt ich mich vor jeder Fehde;
An dich, Gebieter, wend ich Frag und Rede.
 Zu Plutus gewendet
Hast du mir nicht die Windesbraut
Des Viergespannes anvertraut?
Lenk ich nicht glücklich, wie du leitest?
Bin ich nicht da, wohin du deutest?
Und wußt ich nicht auf kühnen Schwingen
Für dich die Palme zu erringen?
Wie oft ich auch für dich gefochten,
Mir ist es jederzeit geglückt:
Wenn Lorbeer deine Stirne schmückt,
Hab ich ihn nicht mit Sinn und Hand geflochten?

PLUTUS: Wenn's nötig ist, daß ich dir Zeugnis leiste,
So sag ich gern: bist Geist von meinem Geiste.
Du handelst stets nach meinem Sinn,
Bist reicher, als ich selber bin.
Ich schätze, deinen Dienst zu lohnen,
Den grünen Zweig vor allen meinen Kronen.
Ein wahres Wort verkünd ich allen:
Mein lieber Sohn, an dir hab ich Gefallen!

KNABE LENKER (zur Menge):
Die größten Gaben meiner Hand,
Seht! hab ich rings umhergesandt:
Auf dem und jenem Kopfe glüht
Ein Flämmchen, das ich angesprüht.
Von einem zu dem andern hüpft's,
An diesem hält sich's, dem entschlüpft's,
Gar selten aber flammt's empor
und leuchtet rasch in kurzem Flor;
Doch vielen, eh man's noch erkannt,
Verlischt es, traurig ausgebrannt.

WEIBERGEKLATSCH:
Dadroben zusammen auf dem Viergespann
Das ist gewiß ein Scharlatan,
Gekauzt da hintendrauf, Hanswurst,
Doch abgezehrt von Hunger und Durst,
Wie man ihn niemals noch erblickt;
Er fühlt wohl nicht, wenn man ihn zwickt.

DER ABGEMAGERTE: Vom Leibe mir, ekles Weibsgeschlecht!
Ich weiß, dir komm ich niemals recht. —
Wie noch die Frau den Herd versah,
Da hieß ich Avaritia;
Da stand es gut um unser Haus:
Nur viel herein und nichts hinaus!
Ich eiferte für Kist und Schrein;
Das sollte wohl gar ein Laster sein!
Doch als in allerneusten Jahren
Das Weib nicht mehr gewohnt zu sparen
Und wie ein jeder böser Zahler
Weit mehr Begierden hat als Taler,
Da bleibt dem Manne viel zu dulden:
Wo er nur hinsieht, da sind Schulden.
Sie wendet's, kann sie was erspulen,
An ihren Leib, an ihren Buhlen;
Auch speist sie besser, trinkt noch mehr
Mit der Sponsierer leidigem Heer;
Das steigert mir des Goldes Reiz:
Bin männlichen Geschlechts, der Geiz!

HAUPTWEIB: Mit Drachen mag der Drache geizen;
Ist's doch am Ende Lug und Trug!
Er kommt, die Männer aufzureizen;
Sie sind schon unbequem genug.

WEIBER IN MASSE:
Der Strohmann! Reich ihm eine Schlappe!
Was will das Marterholz uns dräun?
Wir sollen seine Fratze scheun!
Die Drachen sind von Holz und Pappe:
Frisch an und dringt auf ihn hinein!

HEROLD: Bei meinem Stabe! Ruh gehalten! —
Doch braucht es meiner Hilfe kaum:
Seht, wie die grimmen Ungestalten,
Bewegt im rasch gewonnenen Raum,
Das Doppelflügelpaar entfalten!
Entrüstet schütteln sich der Drachen
Umschuppte, feuerspeiende Rachen;
Die Menge flieht, rein ist der Platz.
 Plutus steigt vom Wagen

HEROLD: Er tritt herab, wie königlich!
Er winkt, die Drachen rühren sich;
Die Kiste haben sie vom Wagen
Mit Gold und Geiz herangetragen,
Sie steht zu seinen Füßen da:
Ein Wunder ist es, wie's geschah.

PLUTUS (zum Lenker):
Nun bist du los der allzu lästigen Schwere,
Bist frei und frank: nun frisch zu deiner Sphäre!
Hier ist sie nicht! Verworren, scheckig, wild
Umdrängt uns hier ein fratzenhaft Gebild.
Nur wo du klar ins holde Klare schaust,
Dir angehörst und dir allein vertraust,
Dorthin, wo Schönes, Gutes nur gefällt,
Zur Einsamkeit! — Da schaffe deine Welt!

KNABE LENKER: So acht ich mich als werten Abgesandten,
So lieb ich dich als nächsten Anverwandten.
Wo du verweilst, ist Fülle; wo ich bin,
Fühlt jeder sich im herrlichsten Gewinn.
Auch schwankt er oft im widersinnigen Leben:

Soll er sich dir, soll er sich mir ergeben?
Die Deinen freilich können müßig ruhn;
Doch wer mir folgt, hat immer was zu tun.
Nicht insgeheim vollführ ich meine Taten:
Ich atme nur, und schon bin ich verraten.
So lebe wohl! du gönnst mir ja mein Glück;
Doch lisple leis, und gleich bin ich zurück.

Ab, wie er kam

PLUTUS: Nun ist es Zeit, die Schätze zu entfesseln!
Die Schlösser treff ich mit des Herolds Rute.
Es tut sich auf! schaut her: in ehrnen Kesseln
Entwickelt sich's und wallt von goldnem Blute,
Zunächst der Schmuck von Kronen, Ketten, Ringen;
Es schwillt und droht, ihn schmelzend zu verschlingen.

WECHSELGESCHREI DER MENGE:
Seht hier, o hin! wie's reichlich quillt,
Die Kiste bis zum Rande füllt! –
Gefäße, goldne, schmelzen sich,
Gemünzte Rollen wälzen sich. –
Dukaten hüpfen wie geprägt:
O wie mir das den Busen regt! –
Wie schau ich alle mein Begehr!
Da kollern sie am Boden her. –
Man bietet's euch, benutzt's nur gleich
Und bückt euch nur und werdet reich! –
Wir andern, rüstig wie der Blitz,
Wir nehmen den Koffer in Besitz. –

HEROLD: Was soll's, ihr Toren? soll mir das?
Es ist ja nur ein Maskenspaß.
Heut abend wird nicht mehr begehrt;
Glaubt ihr, man geb euch Gold und Wert?
Sind doch für euch in diesem Spiel
Selbst Rechenpfennige zu viel.
Ihr Täppischen! ein artiger Schein
Soll gleich die plumpe Wahrheit sein.
Was soll euch Wahrheit? Dumpfen Wahn
Packt ihr an allen Zipfeln an.
Vermummter Plutus, Maskenheld,
Schlag dieses Volk mir aus dem Feld!

PLUTUS: Dein Stab ist wohl dazu bereit,
Verleih ihn mir auf kurze Zeit! –
Ich tauch ihn rasch in Sud und Glut. –
Nun, Masken, seid auf eurer Hut!
Wie's blitzt und platzt, in Funken sprüht!
Der Stab, schon ist er angeglüht.
Wer sich zu nah herangedrängt,
Ist unbarmherzig gleich versengt. –
Jetzt fang ich meinen Umgang an.

GESCHREI UND GEDRÄNG:
O weh! es ist um uns getan! –
Entfliehe, wer entfliehen kann! –
Zurück, zurück, du Hintermann! –
Mir sprüht es heiß ins Angesicht –
Mich drückt des glühenden Stabs Gewicht –
Verloren sind wir all und all –
Zurück, zurück, du Maskenschwall!
Zurück, zurück, unsinniger Hauf! –
O hätt ich Flügel, flög ich auf –

PLUTUS: Schon ist der Kreis zurückgedrängt,
Und niemand, glaub ich, ist versengt.
Die Menge weicht,
Sie ist verscheucht. –
Doch solcher Ordnung Unterpfand
Zieh ich ein unsichtbares Band.

HEROLD: Du hast ein herrlich Werk vollbracht;
Wie dank ich deiner klugen Macht!

PLUTUS: Noch braucht es, edler Freund, Geduld:
Es droht noch mancherlei Tumult.

GEIZ: So kann man doch, wenn es beliebt,
Vergnüglich diesen Kreis beschauen;
Denn immerfort sind vornean die Frauen,
Wo's was zu gaffen, was zu naschen gibt.
Noch bin ich nicht so völlig eingerostet!
Ein schönes Weib ist immer schön,
Und heute, weil es mich nichts kostet,
So wollen wir getrost sponsieren gehn.
Doch weil am überfüllten Orte
Nicht jedem Ohr vernehmlich alle Worte,
Versuch ich klug und hoff, es soll mir glücken,
Mich pantomimisch deutlich auszudrücken.
Hand, Fuß, Gebärde reicht mir da nicht hin,
Da muß ich mich um einen Schwank bemühn:
Wie feuchten Ton will ich das Gold behandeln;
Denn dies Metall läßt sich in alles wandeln.

HEROLD: Was fängt der an, der magre Tor?
Hat so ein Hungermann Humor?
Er knetet alles Gold zu Teig,
Ihm wird es untern Händen weich;
Wie er es drückt und wie es ballt,
Bleibt's immer doch nur ungestalt.
Er wendet sich zu den Weibern dort:
Sie schreien alle, möchten fort,
Gebärden sich gar widerwärtig;
Der Schalk erweist sich übelfertig.
Ich fürchte, daß er sich ergetzt,
Wenn er die Sittlichkeit verletzt.
Dazu darf ich nicht schweigsam bleiben:
Gib meinen Stab, ihn zu vertreiben!

PLUTUS: Er ahnet nicht, was uns von außen droht! –
Laß ihn die Narrenteidung treiben!
Ihm wird kein Raum für seine Possen bleiben;
Gesetz ist mächtig, mächtiger ist die Not.

GETÜMMEL UND GESANG:
Das wilde Heer, es kommt zumal
Von Bergeshöh und Waldestal,
Unwiderstehlich schreitet's an:
Sie feiern ihren großen Pan.
Sie wissen doch, was keiner weiß,
Und drängen in den leeren Kreis.

PLUTUS: Ich kenn euch wohl und euren großen Plan!

Zusammen habt ihr kühnen Schritt getan.
Ich weiß recht gut, was nicht ein jeder weiß,
Und öffne schuldig diesen engen Kreis. –
Mag sie ein gut Geschick begleiten!
Das Wunderlichste kann geschehn;
Sie wissen nicht, wohin sie schreiten,
Sie haben sich nicht vorgesehn. –
WILDGESANG:
    Geputztes Volk, du Flitterschau!
    Sie kommen roh, sie kommen rauh,
    In hohem Sprung, in raschem Lauf,
    Sie treten derb und tüchtig auf.
FAUNEN: Die Faunenschar
    Im lustigen Tanz,
    Den Eichenkranz
    Im krausen Haar,
    Ein feines, zugespitztes Ohr
    Dringt an dem Lockenkopf hervor,
    Ein stumpfes Näschen, ein breit Gesicht,
    Das schadet alles bei Frauen nicht:
    Dem Faun, wenn er die Patsche reicht
    Versagt die Schönste den Tanz nicht leicht.
SATYR: Der Satyr hüpft nun hinterdrein
    Mit Ziegenfuß und dürrem Bein,
    Ihm sollen sie mager und sehnig sein,
    Und gemsenartig auf Bergeshöhn
    Belustigt er sich umherzugehn.
    In Freiheitsluft erquickt alsdann,
    Verhöhnt er Kind und Weib und Mann,
    Die tief in Tales Dampf und Rauch
    Behaglich meinen, sie lebten auch,
    Da ihm doch rein und ungestört
    Die Welt dort oben allein gehört.
GNOMEN: Da trippelt ein die kleine Schar,
    Sie hält nicht gern sich Paar an Paar;
    Im moosigen Kleid mit Lämplein hell
    Bewegt sich's durcheinander schnell,
    Wo jedes für sich selber schafft,
    Wie Leuchtameisen wimmelhaft,
    Und wuselt emsig hin und her,
    Beschäftigt in die Kreuz und Quer.
    Den frommen Gütchen nah verwandt,
    Als Felschirurgen wohlbekannt:
    Die hohen Berge schröpfen wir,
    Aus vollen Adern schöpfen wir;
    Metalle stürzen wir zuhauf
    Mit Gruß getrost: Glückauf! Glückauf!
    Das ist von Grund aus wohlgemeint:
    Wir sind der guten Menschen Freund.
    Doch bringen wir das Gold zutag,
    Damit man stehlen und kuppeln mag,
    Nicht Eisen fehle dem stolzen Mann,
    Der allgemeinen Mord ersann.
    Und wer die drei Gebot veracht't
    Sich auch nichts aus den andern macht.
    Das alles ist nicht unsre Schuld;
    Drum habt so fort, wie wir, Geduld!

RIESEN: Die wilden Männer sind s' genannt,
    Am Harzgebirge wohlbekannt;
    Natürlich-nackt in aller Kraft,
    Sie kommen sämtlich riesenhaft
    Den Fichtenstamm in rechter Hand
    Und um den Leib ein wulstig Band,
    Den derbsten Sturz von Zweig und Blatt:
    Leibwache, wie der Papst nicht hat.
NYMPHEN IM CHOR (sie umschließen den großen Pan):
    Auch kommt er an! –
    Das All der Welt
    Wird vorgestellt
    Im großen Pan.
    Ihr Heitersten, umgebet ihn,
    Im Gaukeltanz umschwebet ihn!
    Denn weil er ernst und gut dabei,
    So will er, daß man fröhlich sei.
    Auch unterm blauen Wölbedach
    Verhielt er sich beständig wach;
    Doch rieseln ihm die Bäche zu,
    Und Lüftlein wiegen ihn mild in Ruh.
    Und wenn er zu Mittage schläft,
    Sich nicht das Blatt am Zweige regt;
    Gesunder Pflanzen Balsamduft
    Erfüllt die schweigsam-stille Luft;
    Die Nymphe darf nicht munter sein,
    Und wo sie stand, da schläft sie ein.
    Wenn unerwartet mit Gewalt
    Dann aber seine Stimm erschallt
    Wie Blitzes Knattern, Meergebraus,
    Dann niemand weiß, wo ein noch aus,
    Zerstreut sich tapfres Heer im Feld,
    Und im Getümmel bebt der Held.
    So Ehre dem, dem Ehre gebührt!
    Und Heil ihm, der uns hergeführt!
DEPUTATION DER GNOMEN (an den großen Pan):
    Wenn das glänzend-reiche Gute
    Fadenweis durch Klüfte streicht,
    Nur der klugen Wünschelrute
    Seine Labyrinthe zeigt,
    Wölben wir in dunklen Grüften
    Troglodytisch unser Haus,
    Und an reinen Tageslüften
    Teilst du Schätze gnädig aus.
    Nun entdecken wir hieneben
    Eine Quelle wunderbar,
    Die bequem verspricht zu geben,
    Was kaum zu erreichen war.
    Die vermagst du zu vollenden;
    Nimm es, Herr, in deine Hut:
    Jeder Schatz in deinen Händen
    Kommt der ganzen Welt zugut!
PLUTUS (zum Herold):
    Wir müssen uns im hohen Sinne fassen
    Und, was geschieht, getrost geschehen lassen,
    Du bist ja sonst des stärksten Mutes voll.
    Nun wird sich gleich ein Greulichstes ereignen,

Hartnäckig wird es Welt und Nachwelt leugnen:
Du schreib es treulich in dein Protokoll!
HEROLD (den Stab anfassend, welchen Plutus in der Hand behält):
Die Zwerge führen den großen Pan
Zur Feuerquelle sacht heran;
Sie siedet auf vom tiefsten Schlund,
Dann sinkt sie wieder hinab zum Grund,
Und finster steht der offne Mund,
Wallt wieder auf in Glut und Sud.
Der große Pan steht wohlgemut,
Freut sich des wundersamen Dings,
Und Perlenschaum sprüht rechts und links.
Wie mag er solchem Wesen traun?
Er bückt sich, tief hineinzuschaun. —
Nun aber fällt sein Bart hinein! —
Wer mag das glatte Kinn wohl sein?
Die Hand verbirgt es unserm Blick. —
Nun folgt ein großes Ungeschick:
Der Bart entflammt und fliegt zurück,
Entzündet Kranz und Haupt und Brust,
Zu Leiden wandelt sich die Lust! —
Zu löschen läuft die Schar herbei;
Doch keiner bleibt von Flammen frei,
Und wie es patscht und wie es schlägt,
Wird neues Flammen aufgeregt;
Verflochten in das Element,
Ein ganzer Maskenklump verbrennt.
Was aber hör ich, wird uns kund
Von Ohr zu Ohr, von Mund zu Mund?
O ewig unglückselge Nacht,
Was hast du uns für Leid gebracht!
Verkünden wird der nächste Tag,
Was niemand willig hören mag;
Doch hör ich allerorten schrein:
„Der Kaiser leidet solche Pein!"
O wäre doch ein andres wahr!
Der Kaiser brennt und seine Schar!
Sie sei verflucht, die ihn verführt,
In harzig Reis sich eingeschnürt,
Zu toben her mit Brüllgesang
Zu allerseitigem Untergang!
O Jugend, Jugend, wirst du nie
Der Freude reines Maß bezirken?
O Hoheit, Hoheit, wirst du nie
Vernünftig wie allmächtig wirken?
Schon geht der Wald in Flammen auf,
Sie züngeln leckend spitz hinauf
Zum holzverschränkten Deckenband:
Uns droht ein allgemeiner Brand!
Des Jammers Maß ist übervoll,
Ich weiß nicht, wer uns retten soll.
Ein Aschenhaufen einer Nacht
Liegt morgen reiche Kaiserpracht!
PLUTUS: Schrecken ist genug verbreitet,
Hilfe sei nun eingeleitet! —
Schlage, heilgen Stabs Gewalt,
Daß der Boden bebt und schallt!
Du geräumig-weite Luft,
Fülle dich mit kühlem Duft!
Zieht heran, umherzuschweifen,
Nebeldünste, schwangre Streifen,
Deckt ein flammendes Gewühl!
Rieselt, säuselt, Wölkchen kräuselt,
Schlüpfet wallend, leise dämpfet,
Löschend überall bekämpfet:
Ihr, die Lindernden, die Feuchten,
Wandelt in ein Wetterleuchten
Solcher eitlen Flamme Spiel! —
Drohen Geister, uns zu schädigen,
Soll sich die Magie betätigen.

LUSTGARTEN
Morgensonne.
Der Kaiser, Hofleute.
Faust, Mephistopheles, anständig, nicht auffallend,
nach Sitte gekleidet: beide knien

FAUST: Verzeihst du, Herr das Flammengaukelspiel?
KAISER (zum Aufstehn winkend):
Ich wünsche mir dergleichen Scherze viel. —
Auf einmal sah ich mich in glühnder Sphäre:
Es schien mir fast, als ob ich Pluto wäre.
Aus Nacht und Kohlen lag ein Felsengrund,
Von Flämmchen glühend. Dem und jenem Schlund
Aufwirbelten viel tausend wilde Flammen
Und flackerten in ein Gewölb zusammen.
Zum höchsten Dome züngelt es empor,
Der immer ward und immer sich verlor.
Durch fernen Raum gewundner Feuersäulen
Sah ich bewegt der Völker lange Zeilen;
Sie drängten sich im weiten Kreis heran
Und huldigten, wie sie es stets getan.
Von meinem Hof erkannt ich ein und andern,
Ich schien ein Fürst von tausend Salamandern.
MEPHISTOPHELES: Das bist du, Herr! weil jedes Element
Die Majestät als unbedingt erkennt.
Gehorsam Feuer hast du nun erprobt:
Wirf dich ins Meer, wo es am wildsten tobt,
Und kaum betrittst du perlenreichen Grund,
So bildet wallend sich ein herrlich Rund,
Siehst auf und ab lichtgrüne, schwanke Wellen
Mit Purpursaum zur schönsten Wohnung schwellen
Um dich, den Mittelpunkt. Bei jedem Schritt,
Wohin du gehst, gehn die Paläste mit.
Die Wände selbst erfreuen sich des Lebens,
Pfeilschnellen Wimmelns, Hin- und Widerstrebens.
Meerwunder drängen sich zum neuen milden Schein,
Sie schießen an, und keines darf herein.
Da spielen farbig-goldbeschuppte Drachen,
Der Haifisch klafft: du lachst ihm in den Rachen.
Wie sich auch jetzt der Hof um dich entzückt,
Hast du doch nie ein solch Gedräng erblickt.

Doch bleibst du nicht vom Lieblichsten geschieden:
Es nahen sich neugierige Nereiden
Der prächtgen Wohnung in der ewgen Frische,
Die jüngsten scheu und lüstern wie die Fische,
Die spätern klug. Schon wird es Thetis kund:
Dem zweiten Peleus reicht sie Hand und Mund. –
Den Sitz alsdann auf des Olymps Revier – –
KAISER: Die luftgen Räume, die erlaß ich dir:
Noch früh genug besteigt man jenen Thron.
MEPHISTOPHELES: Und, höchster Herr! die Erde hast du schon.
KAISER: Welch gut Geschick hat dich hieher gebracht,
Unmittelbar aus Tausendeiner Nacht?
Gleichst du an Fruchtbarkeit Scheherazaden,
Versichr ich dich der höchsten aller Gnaden.
Sei stets bereit, wenn eure Tageswelt,
Wie's oft geschieht, mir widerlichst mißfällt!
MARSCHALK (tritt eilig auf):
Durchlauchtigster, ich dacht in meinem Leben
Vom schönsten Glück Verkündung nicht zu geben
Als diese, die mich hoch beglückt,
In deiner Gegenwart entzückt:
Rechnung für Rechnung ist berichtigt,
Die Wucherklauen sind beschwichtigt,
Los bin ich solcher Höllenpein;
Im Himmel kann's nicht heitrer sein.
HEERMEISTER (folgt eilig): Abschläglich ist der Sold entrichtet,
Das ganze Heer aufs neu verpflichtet,
Der Landsknecht fühlt sich frisches Blut,
Und Wirt und Dirnen haben's gut.
KAISER: Wie atmet eure Brust erweitert!
Das faltige Gesicht erheitert!
Wie eilig tretet ihr heran!
SCHATZMEISTER (der sich einfindet):
Befrage diese, die das Werk getan!
FAUST: Dem Kanzler ziemt's, die Sache vorzutragen.
KANZLER (der langsam herankommt):
Beglückt genug in meinen alten Tagen. –
So hört und schaut das schicksalschwere Blatt,
Das alles Weh in Wohl verwandelt hat! (Er liest.)
„Zu wissen sei es jedem, der's begehrt:
Der Zettel hier ist tausend Kronen wert.
Ihm liegt gesichert, als gewisses Pfand,
Unzahl vergrabnen Guts im Kaiserland.
Nun ist gesorgt, damit der reiche Schatz,
Sogleich gehoben, diene zum Ersatz."
KAISER: Ich ahne Frevel, ungeheuren Trug!
Wer fälschte hier des Kaisers Namenszug?
Ist solch Verbrechen ungestraft geblieben?
SCHATZMEISTER: Erinnre dich: hast selbst es unterschrieben!
Erst heute nacht! Du standst als großer Pan,
Der Kanzler sprach mit uns zu dir heran:
„Gewähre dir das hohe Festvergnügen,
Des Volkes Heil, mit wenig Federzügen!"
Du zogst sie rein, dann ward's in dieser Nacht
Durch Tausendkünstler schnell vertausendfacht.
Damit die Wohltat allen gleich gedeihe,
So stempelten wir gleich die ganze Reihe:
Zehn, Dreißig, Funfzig, Hundert sind parat.
Ihr denkt euch nicht, wie wohl's dem Volke tat.
Seht eure Stadt, sonst halb im Tod verschimmelt,
Wie alles lebt und lustgenießend wimmelt!
Obschon dein Name längst die Welt beglückt,
Man hat ihn nie so freundlich angeblickt.
Das Alphabet ist nun erst überzählig,
In diesem Zeichen wird nun jeder selig.
KAISER: Und meinen Leuten gilt's für gutes Gold?
Dem Heer, dem Hofe gnügt's zu vollem Sold?
So sehr mich's wundert, muß ich's gelten lassen.
MARSCHALK: Unmöglich wär's, die Flüchtigen einzufassen;
Mit Blitzeswink zerstreute sich's im Lauf.
Die Wechslerbänke stehen sperrig auf:
Man honoriert daselbst ein jedes Blatt
Durch Gold und Silber, freilich mit Rabatt.
Nun geht's von da zum Fleischer, Bäcker, Schenken:
Die halbe Welt scheint nur an Schmaus zu denken,
Wenn sich die andre neu in Kleidern bläht;
Der Krämer schneidet aus, der Schneider näht.
Bei: „Hoch dem Kaiser!" sprudelt's in den Kellern;
Dort kocht's und brät's und klappert mit den Tellern.
MEPHISTOPHELES: Wer die Terrassen einsam abspaziert,
Gewahrt die Schönste, herrlich aufgeziert,
Ein Aug verdeckt vom stolzen Pfauenwedel;
Sie schmunzelt uns und blickt nach solcher Schedel,
Und hurtger als durch Witz und Redekunst
Vermittelt sich das reichste Liebesgunst.
Man wird sich nicht mit Börs und Beutel plagen:
Ein Blättchen ist im Busen leicht zu tragen,
Mit Liebesbrieflein paart's bequem sich hier.
Der Priester trägt's andächtig im Brevier,
Und der Soldat, um rascher sich zu wenden,
Erleichtert schnell den Gürtel seiner Lenden.
Die Majestät verzeihe, wenn ins Kleine
Das hohe Werk ich zu erniedern scheine!
FAUST: Das Übermaß der Schätze, das, erstarrt,
In deinen Landen tief im Boden harrt,
Liegt ungenutzt. Der weiteste Gedanke
Ist solches Reichtums kümmerlichste Schranke;
Die Phantasie, in ihrem höchsten Flug,
Sie strengt sich an und tut sich nie genug.
Doch fassen Geister, würdig, tief zu schauen,
Zum Grenzenlosen grenzenlos Vertrauen.
MEPHISTOPHELES:
Ein solch Papier, an Gold und Perlen Statt,
Ist so bequem, man weiß doch, was man hat;
Man braucht nicht erst zu markten noch zu tauschen,

Kann sich nach Lust in Lieb und Wein berauschen.
Will man Metall: ein Wechsler ist bereit,
Und fehlt es da, so gräbt man eine Zeit.
Pokal und Kette wird verauktioniert,
Und das Papier, sogleich amortisiert,
Beschämt den Zweifler, der uns frech verhöhnt.
Man will nichts anders, ist daran gewöhnt.
So bleibt von nun an allen Kaiserlanden
An Kleinod, Gold, Papier genug vorhanden.
KAISER: Das hohe Wohl verdankt euch unser Reich;
Wo möglich sei der Lohn dem Dienste gleich.
Vertraut sei euch des Reiches innrer Boden,
Ihr seid der Schätze würdigste Kustoden.
Ihr kennt den weiten, wohlverwahrten Hort,
Und wenn man gräbt, so sei's auf euer Wort.
Vereint euch nun, ihr Meister unsres Schatzes,
Erfüllt mit Lust die Würden eures Platzes,
Wo mit der obern sich die Unterwelt,
In Einigkeit beglückt, zusammenstellt!
SCHATZMEISTER:
Soll zwischen uns kein fernster Zwist sich regen!
Ich liebe mir den Zaubrer zum Kollegen. (Ab mit Faust)
KAISER: Beschenk ich nun bei Hofe Mann für Mann,
Gesteh er mir, wozu er's brauchen kann.
PAGE (empfangend): Ich lebe lustig, heiter, guter Dinge.
EIN ANDERER (gleichfalls):
Ich schaffe gleich dem Liebchen Kett und Ringe.
KÄMMERER (annehmend):
Von nun an trink ich doppelt bess're Flasche.
EIN ANDERER (gleichfalls):
Die Würfel jucken mich schon in der Tasche.
BANNERHERR (mit Bedacht):
Mein Schloß und Feld, ich mach es schuldenfrei.
EIN ANDERER (gleichfalls):
Es ist ein Schatz, den leg ich Schätzen bei.
KAISER: Ich hoffte Lust und Mut zu neuen Taten;
Doch wer euch kennt, der wird euch leicht erraten.
Ich merk es wohl: bei aller Schätze Flor,
Wie ihr gewesen, bleibt ihr nach wie vor.
NARR: Ihr spendet Gnaden: gönnt auch mir davon!
KAISER: Und lebst du wieder, du vertrinkst sie schon.
NARR: Die Zauberblätter! Ich versteh's nicht recht.
KAISER: Das glaub ich wohl; denn du gebrauchst sie schlecht.
NARR: Da fallen andere; weiß nicht, was ich tu.
KAISER: Nimm sie nur hin! sie fielen dir ja zu. (Ab)
NARR: Fünftausend Kronen wären mir zuhanden!
MEPHISTOPHELES:
Zweibeiniger Schlauch, bist wieder auferstanden?
NARR: Geschieht mir oft, doch nicht so gut als jetzt.
MEPHISTOPHELES:
Du freust dich so, daß dich's in Schweiß versetzt.
NARR: Da seht nur her: ist das wohl Geldes wert?
MEPHISTOPHELES:
Du hast dafür, was Schlund und Bauch begehrt.
NARR: Und kaufen kann ich Acker, Haus und Vieh?
MEPHISTOPHELES: Versteht sich! biete nur: das fehlt dir nie.
NARR: Und Schloß mit Wald und Jagd und Fischbach?
MEPHISTOPHELES:
  Traun!
Ich möchte dich gestrengen Herrn wohl schaun!
NARR: Heut abend wieg ich mich im Grundbesitz!
(Ab)
MEPHISTOPHELES (solus):
Wer zweifelt noch an unsres Narren Witz!

FINSTERE GALERIE
Faust. Mephistopheles

MEPHISTOPHELES:
  Was ziehst du mich in diese düstern Gänge?
  Ist nicht da drinnen Lust genug?
  Im dichten, bunten Hofgedränge
  Gelegenheit zu Spaß und Trug?
FAUST: Sag mir das nicht! du hast's in alten Tagen
  Längst an den Sohlen abgetragen!
  Doch jetzt dein Hin- und Wiedergehn
  Ist nur, um mir nicht Wort zu stehn.
  Ich aber bin gequält zu tun,
  Der Marschalk und der Kämmrer treibt mich nun.
  Der Kaiser will, es muß sogleich geschehn,
  Will Helena und Paris vor sich sehn;
  Das Musterbild der Männer so der Frauen
  In deutlichen Gestalten will er schauen.
  Geschwind ans Werk! ich darf mein Wort nicht brechen.
MEPHISTOPHELES: Unsinnig war's, leichtsinnig zu versprechen.
FAUST: Du hast, Geselle, nicht bedacht,
  Wohin uns deine Künste führen:
  Erst haben wir ihn reich gemacht,
  Nun sollen wir ihn amüsieren.
MEPHISTOPHELES: Du wähnst, es füge sich sogleich;
  Hier stehen wir vor steilern Stufen,
  Greifst in ein fremdestes Bereich,
  Machst frevelhaft am Ende neue Schulden,
  Denkst Helenen so leicht hervorzurufen
  Wie das Papiergespenst der Gulden. –
  Mit Hexenfexen, mit Gespenstgespinsten,
  Kielkröpfigen Zwergen steh ich gleich zu Diensten;
  Doch Teufelsliebchen, wenn auch nicht zu schelten,
  Sie können nicht für Heroinen gelten.
FAUST: Da haben wir den alten Leierton!
  Bei dir gerät man stets ins Ungewisse.
  Der Vater bist du aller Hindernisse,
  Für jedes Mittel willst du neuen Lohn.
  Mit wenig Murmeln, weiß ich, ist's getan;
  Wie man sich umschaut, bringst du sie zur Stelle.
MEPHISTOPHELES: Das Heidenvolk geht mich nichts an:

Es haust in seiner eignen Hölle;
Doch gibt's ein Mittel.
FAUST: Sprich, und ohne Säumnis!
MEPHISTOPHELES: Ungern entdeck ich höheres Geheimnis. –
Göttinnen thronen hehr in Einsamkeit,
Um sie kein Ort, noch weniger eine Zeit;
Von ihnen sprechen ist Verlegenheit.
Die Mütter sind es!
FAUST (aufgeschreckt): Mütter!
MEPHISTOPHELES: Schaudert's dich?
FAUST: Die Mütter! Mütter! – 's klingt so wunderlich!
MEPHISTOPHELES: Das ist es auch. Göttinnen, ungekannt
Euch Sterblichen, von uns nicht gern genannt.
Nach ihrer Wohnung magst ins Tiefste schürfen;
Du selbst bist schuld, daß ihrer wir bedürfen.
FAUST: Wohin der Weg?
MEPHISTOPHELES: Kein Weg! Ins Unbetretene,
Nicht zu Betretende! Ein Weg ans Unerbetene,
Nicht zu Erbittende! Bist du bereit? –
Nicht Schlösser sind, nicht Riegel wegzuschieben,
Von Einsamkeiten wirst umhergetrieben.
Hast du Begriff von Öd und Einsamkeit?
FAUST: Du spartest, dächt ich, solche Sprüche!
Hier witterts nach der Hexenküche,
Nach einer längst vergangnen Zeit.
Mußt ich nicht mit der Welt verkehren?
Das Leere lernen, Leeres lehren?
Sprach ich vernünftig, wie ich's angeschaut,
Erklang der Widerspruch gedoppelt laut.
Mußt ich sogar vor widerwärtigen Streichen
Zur Einsamkeit, zur Wildernis entweichen
Und, um nicht ganz versäumt, allein zu leben,
Mich doch zuletzt dem Teufel übergeben!
MEPHISTOPHELES:
Und hättest du den Ozean durchschwommen,
Das Grenzenlose dort geschaut,
So sähst du dort doch Well auf Welle kommen,
Selbst wenn es dir vorm Untergange graut.
Du sähst doch etwas! sähst wohl in der Grüne
Gestillter Meere streichende Delphine,
Sähst Wolken ziehen, Sonne, Mond und Sterne –
Nichts wirst du sehn in ewig leerer Ferne,
Den Schritt nicht hören, den du tust,
Nichts Festes finden, wo du ruhst!
FAUST: Du sprichst als erster aller Mystagogen,
Die treue Neophyten je betrogen;
Nur umgekehrt. Du sendest mich ins Leere,
Damit ich dort so Kunst als Kraft vermehre,
Behandelst mich, daß ich, wie jene Katze,
Dir die Kastanien aus den Gluten kratze.
Nur immer zu! wir wollen es ergründen:
In deinem Nichts hoff ich das All zu finden.
MEPHISTOPHELES: Ich rühme dich, eh du dich von mir trennst,
Und sehe wohl, daß du den Teufel kennst.
Hier diesen Schlüssel nimm!
FAUST: Das kleine Ding!
MEPHISTOPHELES: Erst faß ihn an und schätz ihn nicht gering!
FAUST: Er wächst in meiner Hand! er leuchtet! blitzt!
MEPHISTOPHELES:
Merkst du nun bald, was man an ihm besitzt?
Der Schlüssel wird die rechte Stelle wittern;
Folg ihm hinab: er führt dich zu den Müttern!
FAUST (schaudernd):
Den Müttern! Trifft's mich immer wie ein Schlag!
Was ist das Wort, das ich nicht hören mag?
MEPHISTOPHELES:
Bist du beschränkt, daß neues Wort dich stört?
Willst du nur hören, was du schon gehört?
Dich störe nichts, wie es auch weiter klinge,
Schon längst gewohnt der wunderbarsten Dinge.
FAUST:
Doch im Erstarren such ich nicht mein Heil:
Das Schaudern ist der Menschheit bestes Teil;
Wie auch die Welt ihm das Gefühl verteure,
Ergriffen, fühlt er tief das Ungeheure.
MEPHISTOPHELES:
Versinke denn! Ich könnt auch sagen: steige!
's ist einerlei. Entfliehe dem Entstandnen
In der Gebilde losgebundne Reiche!
Ergötze dich am längst nicht mehr Vorhandnen!
Wie Wolkenzüge schlingt sich das Getreibe:
Den Schlüssel schwinge, halte sie vom Leibe!
FAUST (begeistert): Wohl! fest ihn fassend, fühl ich neue Stärke,
Die Brust erweitert, hin zum großen Werke.
MEPHISTOPHELES: Ein glühnder Dreifuß tut dir endlich kund,
Du seist im tiefsten, allertiefsten Grund.
Bei seinem Schein wirst du die Mütter sehn:
Die einen sitzen, andre stehn und gehn,
Wie's eben kommt. Gestaltung, Umgestaltung
Des ewigen Sinnes ewige Unterhaltung.
Umschwebt von Bildern aller Kreatur,
Sie sehn dich nicht, denn Schemen sehn sie nur.
Da faß ein Herz, denn die Gefahr ist groß,
Und gehe grad auf jenen Dreifuß los,
Berühr ihn mit dem Schlüssel!
Faust macht eine entschieden-gebietende Attitüde mit dem Schlüssel
MEPHISTOPHELES (ihn betrachtend): So ist's recht!
Er schließt sich an, er folgt als treuer Knecht;
Gelassen steigst du, dich erhebt das Glück,
Und eh sie's merken, bist mit ihm zurück.
Und hast du ihn einmal hierher gebracht,
So rufst du Held und Heldin aus der Nacht,
Der erste, der sich jener Tat erdreistet:
Sie ist getan, und du hast es geleistet.
Dann muß fortan nach magischem Behandeln
Der Weihrauchsnebel sich in Götter wandeln.

FAUST: Und nun was jetzt?
MEPHISTOPHELES: Dein Wesen strebe nieder!
Versinke stampfend, stampfend steigst du wieder.
Faust stampft und versinkt
MEPHISTOPHELES:
Wenn ihm der Schlüssel nur zum besten frommt!
Neugierig bin ich, ob er wiederkommt.

HELL ERLEUCHTETE SÄLE
Kaiser und Fürsten.
Hof in Bewegung

KÄMMERER (zu Mephistopheles):
Ihr seid uns noch die Geisterszene schuldig;
Macht euch daran! der Herr ist ungeduldig.
MARSCHALK: Soeben fragt der Gnädigste darnach;
Ihr, zaudert nicht der Majestät zur Schmach!
MEPHISTOPHELES:
Ist mein Kumpan doch deshalb weggegangen;
Er weiß schon, wie es anzufangen,
Und laboriert verschlossen-still,
Muß ganz besonders sich befleißen;
Denn wer den Schatz, das Schöne, heben will,
Bedarf der höchsten Kunst: Magie der Weisen.
MARSCHALK: Was ihr für Künste braucht, ist einerlei:
Der Kaiser will, daß alles fertig sei.
BLONDINE (zu Mephistopheles):
Ein Wort, mein Herr! Ihr seht ein klar Gesicht,
Jedoch so ist's im leidigen Sommer nicht!
Da sprossen hundert bräunlich-rote Flecken,
Die zum Verdruß die weiße Haut bedecken.
Ein Mittel!
MEPHISTOPHELES: Schade! so ein leuchtend Schätzchen
Im Mai getupft wie euere Pantherkätzchen!
Nehmt Froschlaich, Krötenzungen, kohobiert,
Im vollsten Mondlicht sorglich destilliert,
Und, wenn er abnimmt, reinlich aufgestrichen:
Der Frühling kommt, die Tupfen sind entwichen.
BRAUNE: Die Menge drängt heran, Euch zu umschranzen.
Ich bitt um Mittel! Ein erfrorner Fuß
Verhindert mich am Wandeln wie am Tanzen;
Selbst ungeschickt beweg ich mich zum Gruß.
MEPHISTOPHELES: Erlaubet einen Tritt von meinem Fuß!
BRAUNE: Nun, das geschieht wohl unter Liebesleuten.
MEPHISTOPHELES:
Mein Fußtritt, Kind! hat Größres zu bedeuten.
Zu Gleichem Gleiches, was auch einer litt!
Fuß heilet Fuß: so ist's mit allen Gliedern.
Heran! Gebt acht! Ihr sollt es nicht erwidern.
BRAUNE (schreiend):
Weh! weh! das brennt! das war ein harter Tritt,
Wie Pferdehuf!
MEPHISTOPHELES: Die Heilung nehmt Ihr mit.
Du kannst nunmehr den Tanz nach Lust verüben;
Bei Tafel schwelgend, füßle mit dem Lieben.

DAME (herandringend):
Laß mich hindurch! – Zu groß sind meine Schmerzen,
Sie wühlen siedend mir im tiefsten Herzen:
Bis gestern sucht Er Heil in meinen Blicken,
Er schwatzt mit Ihr und wendet mir den Rücken.
MEPHISTOPHELES: Bedenklich ist es, aber höre mich:
An ihn heran mußt du dich leise drücken;
Nimm diese Kohle, streich ihm einen Strich
Auf Ärmel, Mantel, Schulter, wie sich's macht:
Er fühlt im Herzen holden Reuestich.
Die Kohle doch mußt du sogleich verschlingen,
Nicht Wein, nicht Wasser an die Lippen bringen:
Er seufzt vor deiner Tür noch heute nacht.
DAME: Ist doch kein Gift?
MEPHISTOPHELES (entrüstet): Respekt, wo sich's gebührt!
Weit müßtet Ihr nach solcher Kohle laufen;
Sie kommt von einem Scheiterhaufen,
Den wir sonst emsiger angeschürt.
PAGE: Ich bin verliebt, man hält mich nicht für voll.
MEPHISTOPHELES (beiseite):
Ich weiß nicht mehr, wohin ich hören soll.
Zum Pagen
Müßt Euer Glück nicht auf die Jüngste setzen.
Die Angejahrten wissen Euch zu schätzen. –
Andere drängen sich herzu
Schon wieder Neue! welch ein harter Strauß!
Ich helfe mir zuletzt mit Wahrheit aus:
Der schlechteste Behelf! Die Not ist groß. –
O Mütter, Mütter! laßt nur Fausten los! (*Umherschauend*)
Die Lichter brennen trübe schon im Saal,
Der ganze Hof bewegt sich auf einmal.
Anständig seh ich sie in Folge ziehn
Durch lange Gänge, ferne Galerien.
Nun! sie versammeln sich im weiten Raum
Des alten Rittersaals, er faßt sie kaum.
Auf breite Wände Teppiche spendiert,
Mit Rüstung Eck und Nischen ausgezieret.
Hier braucht es, dächt ich, keine Zauberworte:
Die Geister finden sich von selbst zum Orte.

RITTERSAAL
Dämmernde Beleuchtung.
Kaiser und Hof sind eingezogen

HEROLD: Mein alt Geschäft, das Schauspiel anzukünden,
Verkümmert mir der Geister heimlich Walten;
Vergebens wagt man, aus verständigen Gründen
Sich zu erklären das verworrene Schalten.
Die Sessel sind, die Stühle schon zur Hand;
Den Kaiser setzt man grade vor die Wand;
Auf den Tapeten mag er da die Schlachten
Der großen Zeit bequemlichstens betrachten.
Hier sitzt nun alles, Herr und Hof im Runde,

Die Bänke drängen sich im Hintergrunde;
Auch Liebchen hat in düstern Geisterstunden
Zur Seite Liebchens lieblich Raum gefunden.
Und so, da alle schicklich Platz genommen
Sind wir bereit: die Geister mögen kommen! (Posaunen)
ASTROLOG: Beginne gleich das Drama seinen Lauf!
Der Herr befiehlt's: ihr Wände, tut euch auf!
Nichts hindert mehr, hier ist Magie zur Hand:
Die Tepp'che schwinden, wie gerollt vom Brand;
Die Mauer spaltet sich, sie kehrt sich um,
Ein tief Theater scheint sich aufzustellen,
Geheimnisvoll ein Schein uns zu erhellen,
Und ich besteige das Proszenium.
MEPHISTOPHELES (aus dem Souffleurloche auftauchend):
Von hier aus hoff ich allgemeine Gunst;
Einbläsereien sind des Teufels Redekunst.

Zum Astrologen

Du kennst den Takt, in dem die Sterne gehn,
Und wirst mein Flüstern meisterlich verstehn.
ASTROLOG: Durch Wunderkraft erscheint allhier zur Schau,
Massiv genug ein alter Tempelbau.
Dem Atlas gleich, der einst den Himmel trug,
Stehn reihenweis der Säulen hier genug;
Sie mögen wohl der Felsenlast genügen,
Da zweie schon ein groß Gebäude trügen.
ARCHITEKT: Das wär antik! ich wüßt es nicht zu preisen!
Es sollte plump und überlästig heißen.
Roh nennt man edel, unbehülflich groß.
Schmalpfeiler lieb ich, strebend, grenzenlos;
Spitzbögiger Zenit erhebt den Geist;
Solch ein Gebäu erbaut uns allermeist.
ASTROLOG: Empfangt mit Ehrfurcht sterngegönnte Stunden!
Durch magisch Wort sei die Vernunft gebunden;
Dagegen weitheran bewege frei
Sich herrliche, verwegne Phantasei!
Mit Augen schaut nur, was ihr kühn begehrt!
Unmöglich ist's, drum eben glaubenswert.

Faust steigt auf der andern Seite des Prosceniums herauf

ASTROLOG: Im Priesterkleid, bekränzt, ein Wundermann,
Der nun vollbringt, was er getrost begann!
Ein Dreifuß steigt mit ihm aus hohler Gruft,
Schon ahn ich aus der Schale Weihrauchduft.
Er rüstet sich, das hohe Werk zu segnen;
Es kann fortan nur Glückliches begegnen.
FAUST (großartig): In eurem Namen, Mütter, die ihr thront
Im Grenzenlosen, ewig einsam wohnt,
Und doch gesellig! Euer Haupt umschweben
Des Lebens Bilder, regsam, ohne Leben.
Was einmal war in allem Glanz und Schein,
Es regt sich dort; denn es will ewig sein.
Und ihr verteilt es, allgewaltige Mächte,
Zum Zelt des Tages, zum Gewölb der Nächte.
Die einen faßt des Lebens holder Lauf,
Die andern sucht der kühne Magier auf;
In reicher Spende läßt er voll Vertrauen,
Was jeder wünscht, das Wunderwürdige schauen.
ASTROLOG: Der glühnde Schlüssel rührt die Schale kaum,
Ein dunstiger Nebel deckt sogleich den Raum;
Er schleicht sich ein, er wogt nach Wolkenart,
Gedehnt, geballt, verschränkt, geteilt, gepaart.
Und nun erkennt ein Geister-Meisterstück:
So wie sie wandeln, machen sie Musik!
Aus luftgen Tönen quillt ein Weißnichtwie;
Indem sie ziehn, wird alles Melodie.
Der Säulenschaft, auch die Triglyphe klingt;
Ich glaube gar, der ganze Tempel singt!
Das Dunstige senkt sich; aus dem leichten Flor
Ein schöner Jüngling tritt im Takt hervor.
Hier schweigt mein Amt, ich brauch ihn nicht zu nennen:
Wer sollte nicht den holden Paris kennen!
DAME: Oh! welch ein Glanz aufblühender Jugendkraft!
ZWEITE: Wie eine Pfirsche frisch und voller Saft!
DRITTE: Die fein gezognen, süß geschwollnen Lippen!
VIERTE: Du möchtest wohl an solchem Becher nippen?
FÜNFTE: Er ist gar hübsch, wenn auch nicht eben fein.
SECHSTE: Ein bißchen könnt er doch gewandter sein.
RITTER: Den Schäferknecht glaub ich allhier zu spüren,
Vom Prinzen nichts und nichts von Hofmanieren.
ANDRER: Eh nun! halb nackt ist wohl der Junge schön;
Doch müßten wir ihn erst im Harnisch sehn!
DAME: Er setzt sich nieder, weichlich, angenehm.
RITTER: Auf seinem Schoße wär Euch wohl bequem?
ANDRE: Er lehnt den Arm so zierlich übers Haupt.
KÄMMERER: Die Flegelei! das find ich unerlaubt!
DAME: Ihr Herren wißt an allem was zu mäkeln.
DERSELBE: In Kaisers Gegenwart sich hinzuräkeln!
DAME: Er stellt's nur vor! er glaubt sich ganz allein.
DERSELBE: Das Schauspiel selbst, hier soll es höflich sein!
DAME: Sanft hat der Schlaf den Holden übernommen.
DERSELBE: Er schnarcht nun gleich! natürlich ist's, vollkommen!
JUNGE DAME (entzückt):
Zum Weihrauchsdampf was duftet so gemischt,
Das mir das Herz zum innigsten erfrischt?
ÄLTERE: Fürwahr! es dringt ein Hauch tief ins Gemüte:
Er kommt von ihm!

ÄLTESTE: Es ist des Wachstums Blüte,
Im Jüngling als Ambrosia bereitet
Und atmosphärisch ringsumher verbreitet.
Helena hervortretend
MEPHISTOPHELES:
Das wär sie denn! Vor dieser hätt ich Ruh:
Hübsch ist sie wohl, doch sagt sie mir nicht zu.
ASTROLOG: Für mich ist diesmal weiter nichts zu tun,
Als Ehrenmann gesteh, bekenn ich's nun.
Die Schöne kommt, und hätt ich Feuerzungen –
Von Schönheit ward von jeher viel gesungen;
Wem sie erscheint, wird aus sich selbst entrückt,
Wem sie gehörte, ward zu hoch beglückt.
FAUST: Hab ich noch Augen? Zeigt sich tief im Sinn
Der Schönheit Quelle reichlichstens ergossen?
Mein Schreckensgang bringt seligsten Gewinn.
Wie war die Welt mir nichtig, unerschlossen!
Was ist sie nun seit meiner Priesterschaft?
Erst wünschenswert, gegründet, dauerhaft!
Verschwinde mir des Lebens Atemkraft,
Wenn ich mich je von dir zurückgewöhne! –
Die Wohlgestalt, die mich voreinst entzückte,
In Zauberspiegelung beglückte,
War nur ein Schaumbild solcher Schöne! –
Du bist's, der ich die Regung aller Kraft,
Den Inbegriff der Leidenschaft,
Dir Neigung, Lieb, Anbetung, Wahnsinn zolle!
MEPHISTOPHELES (aus dem Kasten):
So faßt Euch doch und fallt nicht aus der Rolle!
ÄLTERE DAME: Groß, wohlgestaltet, nur der Kopf zu klein.
JÜNGERE: Seht nur den Fuß! Wie könnt er plumper sein!
DIPLOMAT: Fürstinnen hab ich dieser Art gesehn;
Mich deucht, sie ist vom Kopf zum Fuße schön.
HOFMANN: Sie nähert sich dem Schläfer listig-mild.
DAME: Wie häßlich neben jugendreinem Bild!
POET: Von ihrer Schönheit ist er angestrahlt.
DAME: Endymion und Luna! wie gemalt!
DERSELBE: Ganz recht! Die Göttin scheint herabzusinken,
Sie neigt sich über, seinen Hauch zu trinken:
Beneidenswert! – Ein Kuß! – Das Maß ist voll.
DUENNA: Vor allen Leuten! Das ist doch zu toll!
FAUST: Furchtbare Gunst dem Knaben! –
MEPHISTOPHELES: Ruhig! still!
Laß das Gespenst doch machen, was es will!
HOFMANN: Sie schleicht sich weg, leichtfüßig; er erwacht.
DAME: Sie sieht sich um! Das hab ich wohl gedacht.
HOFMANN: Er staunt! Ein Wunder ist's, was ihm geschieht.
DAME: Ihr ist kein Wunder, was sie vor sich sieht.
HOFMANN: Mit Anstand kehrt sie sich zu ihm herum.
DAME: Ich merke schon, sie nimmt ihn in die Lehre;
In solchem Fall sind alle Männer dumm:
Er glaubt wohl auch, daß er der Erste wäre.
RITTER: Laßt mir sie gelten! Majestätisch-fein!
DAME: Die Buhlerin! Das nenn ich doch gemein!
PAGE: Ich möchte wohl an seiner Stelle sein!
HOFMANN: Wer würde nicht in solchem Netz gefangen!
DAME: Das Kleinod ist durch manche Hand gegangen,
Auch die Verguldung ziemlich abgebraucht.
ANDRE: Vom zehnten Jahr an hat sie nichts getaugt.
RITTER: Gelegentlich nimmt jeder sich das Beste;
Ich hielte mich an jene schönen Reste.
GELAHRTER: Ich sehe sie deutlich, doch gesteh ich frei:
Zu zweifeln ist, ob sie die rechte sei.
Die Gegenwart verführt ins Übertriebne,
Ich halte mich vor allem ans Geschriebne.
Da les ich denn, sie habe wirklich allen
Graubärten Trojas sonderlich gefallen,
Und wie mich dünkt, vollkommen paßt das hier:
Ich bin nicht jung, und doch gefällt sie mir.
ASTROLOG: Nicht Knabe mehr! Ein kühner Heldenmann,
Umfaßt er sie, die kaum sich wehren kann.
Gestärkten Arms hebt er sie hoch empor –
Entführt er sie wohl gar?
FAUST: Verwegner Tor!
Du wagst! du hörst nicht! Halt! das ist zuviel!
MEPHISTOPHELES:
Machst du's doch selbst, das Fratzengeisterspiel!
ASTROLOG: Nur noch ein Wort! Nach allem, was geschah,
Nenn ich das Stück den Raub der Helena.
FAUST: Was Raub! Bin ich für nichts an dieser Stelle?
Ist dieser Schlüssel nicht in meiner Hand?
Er führte mich durch Graus und Wog und Welle
Der Einsamkeiten her zum festen Strand.
Hier faß ich Fuß! Hier sind es Wirklichkeiten,
Von hier aus darf der Geist mit Geistern streiten,
Das Doppelreich, das große, sich bereiten.
So fern sie war, wie kann sie näher sein!
Ich rette sie, und sie ist doppelt mein.
Gewagt! Ihr Mütter! Mütter! müßt's gewähren!
Wer sie erkannt, der darf sie nicht entbehren.
ASTROLOG: Was tust du, Fauste! Fauste – Mit Gewalt
Faßt er sie an, schon trübt sich die Gestalt.
Den Schlüssel kehrt er nach dem Jüngling zu,
Berührt ihn! – Weh uns, Wehe! Nu! im Nu!
Explosion, Faust liegt auf dem Boden.
Die Geister gehen in Dunst auf
MEPHISTOPHELES (der Fausten auf die Schulter nimmt):
Da habt ihr's nun! Mit Narren sich beladen,
Das kommt zuletzt dem Teufel selbst zu Schaden.
Finsternis, Tumult

ZWEITER AKT
HOCHGEWÖLBTES, ENGES GOTISCHES ZIMMER

ehemals Faustens, unverändert

Mephistopheles, hinter einem Vorhang hervortretend. Indem er ihn aufhebt und zurücksieht, erblickt man Fausten hingestreckt auf einem altväterischen Bette

MEPHISTOPHELES: Hier lieg, Unseliger! verführt
  Zu schwergelöstem Liebesbande!
  Wen Helena paralysiert,
  Der kommt so leicht nicht zu Verstande. (Sich umschauend)
  Blick ich hinauf, hierher, hinüber,
  Allunverändert ist es, unversehrt;
  Die bunten Scheiben sind, so dünkt mich, trüber,
  Die Spinneweben haben sich vermehrt,
  Die Tinte starrt, vergilbt ist das Papier,
  Doch alles ist am Platz geblieben;
  Sogar die Feder liegt noch hier,
  Mit welcher Faust dem Teufel sich verschrieben.
  Ja, tiefer in dem Rohre stockt
  Ein Tröpflein Blut, wie ich's ihm abgelockt!
  Zu einem solchen einzigen Stück
  Wünscht ich dem größten Sammler Glück.
  Auch hängt der alte Pelz am alten Haken,
  Erinnert mich an jene Schnaken,
  Wie ich den Knaben einst belehrt,
  Woran er noch vielleicht als Jüngling zehrt.
  Es kommt mir wahrlich das Gelüsten,
  Rauchwarme Hülle, dir vereint
  Mich als Dozent noch einmal zu erbrüsten,
  Wie man so völlig recht zu haben meint.
  Gelehrte wissen's zu erlangen,
  Dem Teufel ist es längst vergangen.
  Er schüttelt den herabgenommenen Pelz; Zikaden, Käfer und Farfarellen fahren heraus

CHOR DER INSEKTEN:
  Willkommen! willkommen,
  Du alter Patron!
  Wir schweben und summen
  Und kennen dich schon.
  Nur einzeln im stillen
  Du hast uns gepflanzt;
  Zu Tausenden kommen wir,
  Vater, getanzt.
  Der Schalk in dem Busen
  Verbirgt sich so sehr,
  Vom Pelze die Läuschen
  Enthüllen sich eh'r.

MEPHISTOPHELES:
  Wie überraschend mich die junge Schöpfung freut!
  Man säe nur, man erntet mit der Zeit.
  Ich schüttle noch einmal den alten Flaus:
  Noch eines flattert hier und dort hinaus. –
  Hinauf! umher! in hunderttausend Ecken
  Eilt euch, ihr Liebchen, zu verstecken,
  Dort, wo die alten Schachteln stehn,
  Hier im gebräunten Pergamen,
  In staubigen Scherben alter Töpfe,
  Dem Hohlaug jener Totenköpfe!
  In solchem Wust und Moderleben
  Muß es für ewig Grillen geben.
    Schlüpft in den Pelz
  Komm, decke mir die Schultern noch einmal!
  Heut bin ich wieder Prinzipal.
  Doch hilft es nichts, mich so zu nennen:
  Wo sind die Leute, die mich anerkennen?

Er zieht die Glocke, die einen gellenden, durchdringenden Ton erschallen läßt, wovon die Hallen erbeben und die Türen aufspringen

FAMULUS (den langen, finstern Gang herwankend):
  Welch ein Tönen! welch ein Schauer!
  Treppe schwankt, es bebt die Mauer;
  Durch der Fenster buntes Zittern
  Seh ich wetterleuchtend Wittern.
  Springt das Estrich, und von oben
  Rieselt Kalk und Schutt verschoben.
  Und die Türe, fest verriegelt,
  Ist durch Wunderkraft entsiegelt! –
  Dort! wie fürchterlich! Ein Riese
  Steht in Faustens altem Vliese!
  Seinen Blicken, seinem Winken
  Möcht ich in die Kniee sinken.
  Soll ich fliehen? soll ich stehn?
  Ach, wie wird es mir ergehn!
MEPHISTOPHELES (winkend):
  Heran, mein Freund! – Ihr heißet Nikodemus.
FAMULUS: Hochwürdiger Herr, so ist mein Nam.
    Oremus.
MEPHISTOPHELES: Das lassen wir!
FAMULUS: Wie froh, daß Ihr mich kennt!
MEPHISTOPHELES:
  Ich weiß es wohl: bejahrt und noch Student,
  Bemooster Herr! Auch ein gelehrter Mann
  Studiert so fort, weil er nicht anders kann.
  So baut man sich ein mäßig Kartenhaus,
  Der größte Geist baut's doch nicht völlig aus.
  Doch Euer Meister, das ist ein Beschlagner:
  Wer kennt ihn nicht, den edlen Doktor Wagner,
  Den Ersten jetzt in der gelehrten Welt!
  Er ist's allein, der sie zusammenhält,
  Der Weisheit täglicher Vermehrer.
  Allwißbegierige Horcher, Hörer
  Versammeln sich um ihn zuhauf.
  Er leuchtet einzig vom Katheder;
  Die Schlüssel übt er wie Sankt Peter,
  Das Untre wie das Obre schließt er auf.
  Wie er vor allen glüht und funkelt,
  Kein Ruf, kein Ruhm hält weiter stand:
  Selbst Faustus' Name wird verdunkelt;
  Er ist es, der allein erfand.

FAMULUS: Verzeiht, hochwürdiger Herr! wenn ich
  Euch sage,
Wenn ich zu widersprechen wage:
Von allem dem ist nicht die Frage;
Bescheidenheit ist sein beschieden Teil.
Ins unbegreifliche Verschwinden
Des hohen Manns weiß er sich nicht zu finden;
Von dessen Wiederkunft erfleht er Trost und Heil.
Das Zimmer, wie zu Doktor Faustus' Tagen,
Noch unberührt, seitdem er fern,
Erwartet seinen alten Herrn.
Kaum wag ich's, mich hereinzuwagen. –
Was muß die Sternenstunde sein?
Gemäuer scheint mir zu erbangen;
Türpfosten bebten, Riegel sprangen,
Sonst kamt Ihr selber nicht herein.
MEPHISTOPHELES: Wo hat der Mann sich
  hingetan?
Führt mich zu ihm! bringt ihn heran!
FAMULUS: Ach, sein Verbot ist gar zu scharf!
Ich weiß nicht, ob ich's wagen darf.
Monatelang, des großen Werkes willen,
Lebt er im allerstillsten Stillen.
Der zarteste gelehrter Männer,
Er sieht aus wie ein Kohlenbrenner,
Geschwärzt vom Ohre bis zur Nasen,
Die Augen rot vom Feuerblasen:
So lechzt er jedem Augenblick;
Geklirr der Zange gibt Musik.
MEPHISTOPHELES: Sollt er den Zutritt mir verneinen?
Ich bin der Mann, das Glück ihm zu beschleunen.
Der Famulus geht ab, Mephistopheles setzt sich gravitätisch nieder
Kaum hab ich Posto hier gefaßt,
Regt sich dort hinten, mir bekannt, ein Gast.
Doch diesmal ist er von den Neusten:
Er wird sich grenzenlos erdreusten.
BACCALAUREUS (den Gang herstürmend):
  Tor und Türe find ich offen!
  Nun, da läßt sich endlich hoffen,
  Daß nicht wie bisher im Moder
  Der Lebendige wie ein Toter
  Sich verkümmere, sich verderbe
  Und am Leben selber sterbe.

  Diese Mauern, diese Wände
  Neigen, senken sich zum Ende,
  Und wenn wir nicht bald entweichen,
  Wird uns Fall und Sturz erreichen.
  Bin verwegen wie nicht einer;
  Aber weiter bringt mich keiner.

  Doch was soll ich heut erfahren!
  War's nicht hier vor so viel Jahren,
  Wo ich, ängstlich und beklommen,
  War als guter Fuchs gekommen?
  Wo ich diesen Bärtigen traute?
  Mich an ihrem Schnack erbaute?

  Aus den alten Bücherkrusten
  Logen sie mir, was sie wußten,
  Was sie wußten, selbst nicht glaubten,
  Sich und mir das Leben raubten.

  Wie? Dort hinten in der Zelle
  Sitzt noch einer dunkel-helle!
  Nahend seh ich's mit Erstaunen:
  Sitzt er noch im Pelz, dem braunen,
  Wahrlich, wie ich ihn verließ,
  Noch gehüllt im rauhen Vlies!

  Damals schien er zwar gewandt,
  Als ich ihn noch nicht verstand;
  Heute wird es nicht verfangen!
  Frisch an ihn herangegangen!
Wenn, alter Herr! nicht Lethes trübe Fluten
Das schiefgesenkte, kahle Haupt durchschwommen,
Seht anerkennend hier den Schüler kommen,
Entwachsen akademischen Ruten!
Ich find Euch noch, wie ich Euch sah;
Ein anderer bin ich wieder da.
MEPHISTOPHELES: Mich freut, daß ich Euch hergeläutet.
Ich schätzt Euch damals nicht gering;
Die Raupe schon, die Chrysalide deutet
Den künftigen bunten Schmetterling.
Am Lockenkopf und Spitzenkragen
Empfandet Ihr ein kindliches Behagen, –
Ihr trugt wohl niemals einen Zopf? –
Heut schau ich Euch im Schwedenkopf!
Ganz resolut und wacker seht Ihr aus;
Kommt nur nicht absolut nach Haus!
BACCALAUREUS: Mein alter Herr! wir sind am alten
  Orte;
Bedenkt jedoch erneuter Zeiten Lauf
Und sparet doppelsinnige Worte!
Wir passen nun ganz anders auf.
Ihr hänseltet den guten, treuen Jungen:
Das ist Euch ohne Kunst gelungen,
Was heutzutage niemand wagt.
MEPHISTOPHELES:
Wenn man der Jugend reine Wahrheit sagt,
Die gelben Schnäbeln keineswegs behagt,
Sie aber hinterdrein nach Jahren
Da alles derb an eigner Haut erfahren
Dann dünkeln sie, es käm aus eignem Schopf;
Da heißt es denn: der Meister war ein Tropf.
BACCALAUREUS:
Ein Schelm vielleicht! Denn welcher Lehrer
  spricht
Die Wahrheit uns direkt ins Angesicht?
Ein jeder weiß zu mehren wie zu mindern,
Bald ernst, bald heiter-klug zu frommen Kindern.
MEPHISTOPHELES: Zum Lernen gibt es freilich eine
  Zeit;
Zum Lehren seid Ihr, merk ich, selbst bereit.

Seit manchen Monden, einigen Sonnen
Erfahrungsfülle habt Ihr wohl gewonnen.
BACCALAUREUS: Erfahrungswesen! Schaum und Dust!
Und mit dem Geist nicht ebenbürtig!
Gesteht: was man von je gewußt,
Es ist durchaus nicht wissenswürdig!
MEPHISTOPHELES (nach einer Pause):
Mich deucht es längst! Ich war ein Tor,
Nun komm ich mir recht schal und albern vor.
BACCALAUREUS:
Das freut mich sehr! da hör ich doch Verstand!
Der erste Greis, den ich vernünftig fand!
MEPHISTOPHELES: Ich suchte nach verborgen-goldnem Schatze,
Und schauerliche Kohlen trug ich fort.
BACCALAUREUS: Gesteht nur: Euer Schädel, Eure Glatze
Ist nicht mehr wert als jene hohlen dort?
MEPHISTOPHELES (gemütlich):
Du weißt wohl nicht, mein Freund! wie grob du bist?
BACCALAUREUS:
Im Deutschen lügt man, wenn man höflich ist.
MEPHISTOPHELES (der mit seinem Rollstuhle immer näher ins Proszenium rückt, zum Parterre):
Hier oben wird mir Licht und Luft benommen;
Ich finde wohl bei Euch ein Unterkommen?
BACCALAUREUS:
Anmaßlich find ich, daß zur schlechtsten Frist
Man etwas sein will, wo man nichts mehr ist.
Des Menschen Leben lebt im Blut, und wo
Bewegt das Blut sich wie im Jüngling so?
Das ist lebendig Blut in frischer Kraft,
Das neues Leben sich aus Leben schafft.
Da regt sich alles, da wird was getan,
Das Schwache fällt, das Tüchtige tritt heran.
Indessen wir die halbe Welt gewonnen,
Was habt ihr denn getan? Genickt, gesonnen,
Geträumt, erwogen, Plan und immer Plan!
Gewiß, das Alter ist ein kaltes Fieber
Im Frost von grillenhafter Not.
Hat einer dreißig Jahr vorüber,
So ist er schon so gut wie tot.
Am besten wär's, euch zeitig totzuschlagen.
MEPHISTOPHELES: Der Teufel hat hier weiter nichts zu sagen.
BACCALAUREUS: Wenn ich nicht will, so darf kein Teufel sein.
MEPHISTOPHELES (abseits):
Der Teufel stellt dir nächstens doch ein Bein.
BACCALAUREUS: Dies ist der Jugend edelster Beruf:
Die Welt, sie war nicht, eh ich sie erschuf!
Die Sonne führt ich aus dem Meer herauf;
Mit mir begann der Mond des Wechsels Lauf.
Da schmückte sich der Tag auf meinen Wegen,
Die Erde grünte, blühte mir entgegen.
Auf meinen Wink, in jener ersten Nacht,
Entfaltete sich aller Sterne Pracht.
Wer, außer mir, entband euch aller Schranken
Philisterhaft einklemmender Gedanken?
Ich aber, frei, wie mir's im Geiste spricht,
Verfolge froh mein innerliches Licht
Und wandle rasch, im eigensten Entzücken,
Das Helle vor mir, Finsternis im Rücken. (Ab)
MEPHISTOPHELES: Original, fahr hin in deiner Pracht! –
Wie würde dich die Einsicht kränken:
Wer kann was Dummes, wer was Kluges denken,
Das nicht die Vorwelt schon gedacht! –
Doch sind wir auch mit diesem nicht gefährdet,
In wenig Jahren wird es anders sein:
Wenn sich der Most auch ganz absurd gebärdet,
Es gibt zuletzt doch noch e' Wein.
Zu dem jüngern Parterre, das nicht applaudiert
Ihr bleibt bei meinem Worte kalt,
Euch guten Kindern laß ich's gehen;
Bedenkt: der Teufel, der ist alt;
So werdet alt, ihn zu verstehen!

LABORATORIUM

im Sinne des Mittelalters; weitläufige, unbehilfliche Apparate zu phantastischen Zwecken

WAGNER (am Herde): Die Glocke tönt, die fürchterliche,
Durchschauert die berußten Mauern.
Nicht länger kann das Ungewisse
Der ernstesten Erwartung dauern.
Schon hellen sich die Finsternisse;
Schon in der innersten Phiole
Erglüht es wie lebendige Kohle,
Ja, wie der herrlichste Karfunkel,
Verstrahlend Blitze durch das Dunkel:
Ein helles, weißes Licht erscheint!
O daß ich's diesmal nicht verliere! –
Ach Gott! was rasselt an der Türe?
MEPHISTOPHELES (eintretend):
Willkommen! es ist gut gemeint.
WAGNER (ängstlich): Willkommen zu dem Stern der Stunde!
(Leise.) Doch haltet Wort und Atem fest im Munde!
Ein herrlich Werk ist gleich zustand gebracht.
MEPHISTOPHELES (leiser): Was gibt es denn?
WAGNER (leiser): Es wird ein Mensch gemacht.
MEPHISTOPHELES: Ein Mensch? Und welch verliebtes Paar
Hab Ihr ins Rauchloch eingeschlossen?
WAGNER: Behüte Gott! wie sonst das Zeugen Mode war,
Erklären wir für eitel Possen.
Der zarte Punkt, aus dem das Leben sprang,
Die holde Kraft, die aus dem Innern drang

Und nahm und gab, bestimmt, sich selbst zu zeichnen,
Erst Nächstes, dann sich Fremdes anzueignen,
Die ist von ihrer Würde nun entsetzt;
Wenn sich das Tier noch weiter dran ergötzt,
So muß der Mensch mit seinen großen Gaben
Doch künftig höhern, höhern Ursprung haben.
Zum Herd gewendet
Es leuchtet! seht! – Nun läßt sich wirklich hoffen,
Daß, wenn wir aus viel hundert Stoffen
Durch Mischung – denn auf Mischung kommt
  es an –
Den Menschenstoff gemächlich komponieren,
In einen Kolben verlutieren
Und ihn gehörig kohobieren,
So ist das Werk im stillen abgetan.
Zum Herd gewendet
Es wird! die Masse regt sich klarer!
Die Überzeugung wahrer, wahrer:
Was man an der Natur Geheimnisvolles pries,
Das wagen wir verständig zu probieren,
Und was sie sonst organisieren ließ,
Das lassen wir kristallisieren.
MEPHISTOPHELES:
Wer lange lebt, hat viel erfahren,
Nichts Neues kann für ihn auf dieser Welt geschehn.
Ich habe schon in meinen Wanderjahren
Kristallisiertes Menschenvolk gesehn.
WAGNER (bisher immer aufmerksam auf die Phiole):
Es steigt, es blitzt, es häuft sich an,
Im Augenblick ist es getan.
Ein großer Vorsatz scheint im Anfang toll;
Doch wollen wir des Zufalls künftig lachen,
Und so ein Hirn, das trefflich denken soll,
Wird künftig auch ein Denker machen.
Entzückt die Phiole betrachtend
Das Glas erklingt von lieblicher Gewalt,
Es trübt, es klärt sich: also muß es werden!
Ich seh in zierlicher Gestalt
Ein artig Männlein sich gebärden.
Was wollen wir, was will die Welt nun mehr?
Denn das Geheimnis liegt am Tage:
Gebt diesem Laute nur Gehör,
Er wird zur Stimme, wird zur Sprache.
HOMUNKULUS (in der Phiole zu Wagner):
Nun, Väterchen! wie steht's? es war kein Scherz.
Komm, drücke mich recht zärtlich an dein Herz!
Doch nicht zu fest, damit das Glas nicht springe!
Das ist die Eigenschaft der Dinge:
Natürlichem genügt das Weltall kaum;
Was künstlich ist, verlangt geschloßnen Raum.
Zu Mephistopheles
Du aber, Schalk, Herr Vetter, bist du hier?
Im rechten Augenblick! ich danke dir.
Ein gut Geschick führt dich zu uns herein;
Dieweil ich bin, muß ich auch tätig sein.
Ich möchte mich sogleich zur Arbeit schürzen;
Du bist gewandt, die Wege mir zu kürzen.

WAGNER: Nur noch Ein Wort! Bisher mußt ich mich
  schämen;
Denn alt und jung bestürmt mich mit Problemen.
Zum Beispiel nur: noch niemand konnt es fassen,
Wie Seel und Leib so schön zusammenpassen,
So fest sich halten, als um nie zu scheiden,
Und doch den Tag sich immerfort verleiden.
Sodann –
MEPHISTOPHELES: Halt ein! ich wollte lieber fragen:
Warum sich Mann und Frau so schlecht vertragen?
Du kommst, mein Freund, hierüber nie ins reine.
Hier gibt's zu tun! das eben will der Kleine.
HOMUNKULUS: Was gibt's zu tun?
MEPHISTOPHELES (auf eine Seitentüre deutend):
Hier zeige deine Gabe!
WAGNER (immer in die Phiole schauend):
Fürwahr, du bist ein allerliebster Knabe!
*Die Seitentür öffnet sich, man sieht Faust auf dem Lager
hingestreckt*
HOMUNKULUS (erstaunt): Bedeutend! –
*Die Phiole entschlüpft aus Wagners Händen, schwebt über
Faust und beleuchtet ihn*
  Schön umgeben! Klar Gewässer
Im dichten Haine! Fraun, die sich entkleiden,
Die allerliebsten! Das wird immer besser.
Doch eine läßt sich glänzend unterscheiden:
Aus höchstem Helden-, wohl aus Götterstamme!
Sie setzt den Fuß in das durchsichtige Helle;
Des edlen Körpers holde Lebensflamme
Kühlt sich im schmiegsamen Kristall der Welle. –
Doch welch Getöse rasch bewegter Flügel?
Welch Sausen, Plätschern wühlt im glatten Spiegel?
Die Mädchen fliehn verschüchtert; doch allein
Die Königin, sie blickt gelassen drein
Und sieht mit stolzem, weiblichem Vergnügen
Der Schwäne Fürsten ihrem Knie sich schmiegen,
Zudringlich-zahm. Er scheint sich zu gewöhnen. –
Auf einmal aber steigt ein Dunst empor
Und deckt mit dichtgewebtem Flor
Die lieblichste von allen Szenen.
MEPHISTOPHELES: Was du nicht alles zu erzählen hast!
So klein du bist, so groß bist du Phantast.
Ich sehe nichts! –
HOMUNKULUS: Das glaub ich! Du aus Norden,
Im Nebelalter jung geworden,
Im Wust von Rittertum und Pfäfferei,
Wo wäre da dein Auge frei!
Im Düstern bist du nur zu Hause. (*Umherschauend*)
Verbräunt Gestein, bemodert, widrig,
Spitzbögig, schnörkelhaftest, niedrig! –
Erwacht uns dieser, gibt es neue Not:
Er bleibt gleich auf der Stelle tot.
Waldquellen, Schwäne, nackte Schönen,
Das war sein ahnungsvoller Traum;
Wie wollt er sich hierher gewöhnen!
Ich, der Bequemste, duld es kaum.
Nun fort mit ihm!

MEPHISTOPHELES: Der Ausweg soll mich freuen.
HOMUNKULUS: Befiehl den Krieger in die Schlacht,
Das Mädchen führe du zum Reihen,
So ist gleich alles abgemacht.
Jetzt eben, wie ich schnell bedacht,
Ist klassische Walpurgisnacht:
Das Beste, was begegnen könnte,
Bringt ihn zu seinem Elemente.
MEPHISTOPHELES: Dergleichen hab ich nie vernommen.
HOMUNKULUS: Wie wollt es auch zu euren Ohren kommen?
Romantische Gespenster kennt ihr nur allein;
Ein echt Gespenst, auch klassisch hat's zu sein.
MEPHISTOPHELES: Wohin denn aber soll die Fahrt sich regen?
Mich widern schon antikische Kollegen.
HOMUNKULUS: Nordwestlich, Satan, ist dein Lustrevier,
Südöstlich diesmal aber segeln wir:
An großer Fläche fließt Peneios frei,
Umbuscht, umbaumt, in still- und feuchten Buchten;
Die Ebne dehnt sich zu der Berge Schluchten,
Und oben liegt Pharsalus, alt und neu.
MEPHISTOPHELES: O weh! hinweg! und laßt mir jene Streite
Von Tyrannei und Sklaverei beiseite!
Mich langweilt's; denn kaum ist's abgetan,
So fangen sie von vorne wieder an,
Und keiner merkt: er ist doch nur geneckt
Vom Asmodeus, der dahintersteckt.
Sie streiten sich, so heißt's, um Freiheitsrechte:
Genau besehn, sind's Knechte gegen Knechte.
HOMUNKULUS:
Den Menschen laß ihr widerspenstig Wesen!
Ein jeder muß sich wehren, wie er kann,
Vom Knaben auf, so wird's zuletzt ein Mann.
Hier fragt sich's nur, wie dieser kann genesen.
Hast du ein Mittel, so erprob es hier;
Vermagst du's nicht, so überlaß es mir!
MEPHISTOPHELES:
Manch Brockenstückchen wäre durchzuproben;
Doch Heidenriegel find ich vorgeschoben.
Das Griechenvolk, es taugte nie recht viel!
Doch blendet's euch mit freiem Sinnenspiel,
Verlockt des Menschen Brust zu heitern Sünden;
Die unsern wird man immer düster finden.
Und nun was soll's?
HOMUNKULUS: Du bist ja sonst nicht blöde,
Und wenn ich von thessalischen Hexen rede,
So, denk ich, hab ich was gesagt.
MEPHISTOPHELES (lüstern):
Thessalische Hexen! Wohl! das sind Personen,
Nach denen hab ich lang gefragt.
Mit ihnen Nacht für Nacht zu wohnen,
Ich glaube nicht, daß es behagt;
Doch zum Besuch, Versuch –
HOMUNKULUS: Den Mantel her
Und um den Ritter umgeschlagen!

Der Lappen wird euch, wie bisher,
Den einen mit dem andern tragen;
Ich leuchte vor.
WAGNER (ängstlich): Und ich?
HOMUNKULUS: Eh nun,
Du bleibst zu Hause, Wichtigstes zu tun.
Entfalte du die alten Pergamente,
Nach Vorschrift sammle Lebenselemente
Und füge sie mit Vorsicht eins ans andre,
Das Was bedenke, mehr bedenke Wie!
Indessen ich ein Stückchen Welt durchwandre,
Entdeck ich wohl das Tüpfchen auf das i.
Dann ist der große Zweck erreicht;
Solch einen Lohn verdient ein solches Streben:
Gold, Ehre, Ruhm, gesundes, langes Leben,
Und Wissenschaft und Tugend – auch vielleicht.
Leb wohl!
WAGNER (betrübt): Leb wohl! Das drückt das Herz mir nieder.
Ich fürchte schon, ich seh dich niemals wieder.
MEPHISTOPHELES: Nun zum Peneios frisch hinab!
Herr Vetter ist nicht zu verachten.
Ad spectatores
Am Ende hängen wir doch ab
Von Kreaturen, die wir machten.

KLASSISCHE WALPURGISNACHT

PHARSALISCHE FELDER

Finsternis

ERICHTHO: Zum Schauderfeste dieser Nacht, wie öfter schon,
Tret ich einher, Erichtho, ich, die Düstere:
Nicht so abscheulich, wie die leidigen Dichter mich
Im Übermaß verlästern. – Endigen sie doch nie
In Lob und Tadel! – Überbleicht erscheint mir schon
Von grauer Zelten Woge weit das Tal dahin,
Als Nachgesicht der sorg- und grauenvollsten Nacht.
Wie oft schon wiederholt sich's! wird sich immerfort
Ins Ewige wiederholen! Keiner gönnt das Reich
Dem andern, dem gönnt's keiner, der's mit Kraft erwarb
Und kräftig herrscht. Denn jeder, der sein innres Selbst
Nicht zu regieren weiß, regierte gar zu gern
Des Nachbars Willen, eignem stolzen Sinn gemäß.
Hier aber ward ein großes Beispiel durchgekämpft:
Wie sich Gewalt Gewaltigerem entgegenstellt,
Der Freiheit holder, tausendblumiger Kranz zerreißt,
Der starre Lorbeer sich ums Haupt des Herrschers biegt.
Hier träumte Magnus früher Größe Blütentag,
Dem schwanken ZüngleiN lauschend, wachte Cäsar dort!

Das wird sich messen. Weiß die Welt doch, wem's gelang!
Wachfeuer glühen, rote Flammen spendende;
Der Boden haucht vergoßnen Blutes Widerschein,
Und angelockt von seltnem Wunderglanz der Nacht,
Versammelt sich hellenischer Sage Legion.
Um alle Feuer schwankt unsicher oder sitzt
Behaglich alter Tage fabelhaft Gebild. –
Der Mond, zwar unvollkommen, aber leuchtend-hell,
Erhebt sich, milden Glanz verbreitend überall;
Der Zelten Trug verschwindet, Feuer brennen blau.
Doch, über mir! welch unerwartet Meteor?
Es leuchtet und beleuchtet körperlichen Ball.
Ich wittre Leben. Da geziemen will mir's nicht,
Lebendigem zu nahen, dem ich schädlich bin:
Das bringt mir bösen Ruf und frommt mir nicht.
Schon sinkt es nieder. Weich ich aus mit Wohlbedacht!
Entfernt sich.
Die Luftfahrer oben
HOMUNKULUS: Schwebe noch einmal die Runde
Über Flamm- und Schaudergrauen;
Ist es doch in Tal und Grunde
Gar gespenstisch anzuschauen.
MEPHISTOPHELES: Seh ich, wie durchs alte Fenster
In des Nordens Wust und Graus,
Ganz abscheuliche Gespenster,
Bin ich hier wie dort zu Haus.
HOMUNKULUS: Sieh! da schreitet eine Lange
Weiten Schrittes vor uns hin.
MEPHISTOPHELES: Ist es doch, als wär ihr bange:
Sah uns durch die Lüfte ziehn.
HOMUNKULUS: Laß sie schreiten! – Setz ihn nieder,
Deinen Ritter, und sogleich
Kehret ihm das Leben wieder;
Denn er sucht's im Fabelreich.
FAUST (den Boden berührend): Wo ist sie?
HOMUNKULUS: Wüßten's nicht zu sagen,
Doch hier wahrscheinlich zu erfragen.
In Eile magst du, eh es tagt,
Von Flamm zu Flamme spürend gehen:
Wer zu den Müttern sich gewagt,
Hat weiter nichts zu überstehen.
MEPHISTOPHELES: Auch ich bin hier an meinem Teil;
Doch wüßt ich Besseres nicht zu unserm Heil
Als: jeder möge durch die Feuer
Versuchen sich sein eigen Abenteuer.
Dann, um uns wieder zu vereinen,
Laß deine Leuchte, Kleiner, tönend scheinen!
HOMUNKULUS: So soll es blitzen, soll es klingen!
Das Glas dröhnt und leuchtet gewaltig
Nun frisch zu neuen Wunderdingen!
FAUST (allein): Wo ist sie? – Frage jetzt nicht weiter nach!
Wär's nicht die Scholle, die sie trug,
Die Welle nicht, die ihr entgegenschlug,
So ist's die Luft, die ihre Sprache sprach.
Hier! durch ein Wunder, hier in Griechenland!
Ich fühlte gleich den Boden, wo ich stand.

Wie mich, den Schläfer, frisch ein Geist durchglühte,
So steh ich, ein Antäus an Gemüte,
Und find ich hier das Seltsamste beisammen,
Durchforsch ich ernst dies Labyrinth der Flammen.
Entfernt sich

AM OBERN PENEIOS

MEPHISTOPHELES (umherspürend):
Und wie ich diese Feuerchen durchschweife,
So find ich mich doch ganz und gar entfremdet:
Fast nackt, nur hie und da behemdet,
Die Sphinxe schamlos, unverschämt die Greife,
Und was nicht alles, lockig und beflügelt,
Von vorn und hinten sich im Auge spiegelt! –
Zwar sind auch wir von Herzen unanständig,
Doch das Antike find ich zu lebendig;
Das müßte man mit neuestem Sinn bemeistern
Und mannigfaltig modisch überkleistern.
Ein widrig Volk! Doch darf mich's nicht verdrießen,
Als neuer Gast anständig sie zu grüßen. –
Glückzu den schönen Fraun, den klugen Greisen!
GREIF (schnarrend):
Nicht Greisen! Greifen! – Niemand hört es gern,
Daß man ihn Greis nennt. Jedem Worte klingt
Der Ursprung nach, wo es sich her bedingt:
Grau, grämlich, griesgram, greulich, Gräber, grimmig,
Etymologisch gleicherweise stimmig,
Verstimmen uns.
MEPHISTOPHELES: Und doch, nicht abzuschweifen,
Gefällt das Grei im Ehrentitel Greifen.
GREIF (wie oben und immer so fort):
Natürlich! Die Verwandtschaft ist erprobt,
Zwar oft gescholten, mehr jedoch gelobt;
Man greife nun nach Mädchen, Kronen, Gold,
Dem Greifenden ist meist Fortuna hold.
AMEISEN (von der kolossalen Art):
Ihr sprecht von Gold: wir hatten viel gesammelt,
In Fels und Höhlen heimlich eingerammelt!
Das Arimaspenvolk hat's ausgespürt;
Sie lachen dort, wie weit sie's weggeführt.
GREIFE: Wir wollen sie schon zum Geständnis bringen.
ARIMASPEN: Nur nicht zur freien Jubelnacht!
Bis morgen ist's alles durchgebracht,
Es wird uns diesmal wohl gelingen.
MEPHISTOPHELES (hat sich zwischen die Sphinxe gesetzt):
Wie leicht und gern ich mich hierher gewöhne!
Denn ich verstehe Mann für Mann.
SPHINX: Wir hauchen unsre Geistertöne,
Und ihr verkörpert sie alsdann.
Jetzt nenne dich, bis wir dich weiter kennen!
MEPHISTOPHELES:
Mit vielen Namen glaubt man mich zu nennen! –
Sind Briten hier? Sie reisen sonst so viel,
Schlachtfeldern nachzuspüren, Wasserfällen,
Gestürzten Mauern, klassisch-dumpfen Stellen;

Das wäre hier für sie ein würdig Ziel.
Sie zeugten auch: im alten Bühnenspiel
Sah man mich dort als Old Iniquity.
SPHINX: Wie kam man drauf?
MEPHISTOPHELES: Ich weiß es selbst nicht, wie.
SPHINX: Mag sein! Hast du von Sternen einige Kunde?
Was sagst du zu der gegenwärtigen Stunde?
MEPHISTOPHELES (aufschauend):
Stern schießt nach Stern, beschnittner Mond scheint helle,
Und mir ist wohl an dieser trauten Stelle,
Ich wärme mich an deinem Löwenfelle.
Hinauf sich zu versteigen, wär zum Schaden;
Gib Rätsel auf, gib allenfalls Charaden!
SPHINX: Sprich nur dich selbst aus, wird schon Rätsel sein.
Versuch einmal, dich innigst aufzulösen:
„Dem frommen Manne nötig wie dem bösen,
Dem ein Plastron, asketisch zu rapieren,
Kumpan dem andern, Tolles zu vollführen,
Und beides nur, um Zeus zu amüsieren."
ERSTER GREIF (schnarrend): Den mag ich nicht!
ZWEITER GREIF (stärker schnarrend): Was will uns Der?
BEIDE: Der Garstige gehöret nicht hierher!
MEPHISTOPHELES (brutal):
Du glaubst vielleicht, des Gastes Nägel krauen
Nicht auch so gut wie deine scharfen Klauen?
Versuch's einmal!
SPHINX (milde): Du magst nur immer bleiben,
Wird dich's doch selbst aus unsrer Mitte treiben;
In deinem Lande tust dir was zugute,
Doch, irr ich nicht, hier ist dir schlecht zumute.
MEPHISTOPHELES: Du bist recht appetitlich oben anzuschauen;
Doch untenhin – die Bestie macht mir Grauen.
SPHINX: Du Falscher kommst zu deiner bittern Buße:
Denn unsre Tatzen sind gesund,
Dir mit verschrumpftem Pferdefuße
Behagt es nicht in unserem Bund.

Sirenen präludieren oben

MEPHISTOPHELES: Wer sind die Vögel, in den Ästen
Des Pappelstromes hingewiegt?
SPHINX: Gewahrt Euch nur! Die Allerbesten
Hat solch ein Singsang schon besiegt.
SIRENEN: Ach, was wollt ihr euch verwöhnen
In den Häßlich-Wunderbaren!
Horcht, wir kommen hier zu Scharen
Und in wohlgestimmten Tönen:
So geziemet es Sirenen!
SPHINXE (sie verspottend in derselben Melodie):
Nötigt sie herabzusteigen!
Sie verbergen in den Zweigen
Ihre garstigen Habichtskrallen,
Euch verderblich anzufallen,
Wenn ihr euer Ohr verleiht.
SIRENEN: Weg das Hassen, weg das Neiden!
Sammeln wir die klarsten Freuden,
Unterm Himmel ausgestreut!
Auf dem Wasser, auf der Erde
Sei's die heiterste Gebärde,
Die man dem Willkommnen beut.
MEPHISTOPHELES: Das sind die saubern Neuigkeiten,
Wo aus der Kehle, von den Saiten
Ein Ton sich um den andern flicht.
Das Trallern ist bei mir verloren:
Es krabbelt wohl mir um die Ohren,
Allein zum Herzen dringt es nicht.
SPHINXE: Sprich nicht vom Herzen! das ist eitel:
Ein lederner, verschrumpfter Beutel,
Das paßt dir eher zu Gesicht!
FAUST (herantretend):
Wie wunderbar! das Anschaun tut mir Gnüge:
Im Widerwärtigen große, tüchtige Züge.
Ich ahne schon ein günstiges Geschick;
Wohin versetzt mich dieser ernste Blick!
Auf Sphinxe bezüglich
Vor solchen hat einst Ödipus gestanden!
Auf Sirenen bezüglich
Vor solchen krümmte sich Ulyß in hänfnen Banden!
Auf Ameisen bezüglich
Von solchen ward der höchste Schatz gespart,
Auf Greife bezüglich
Von diesen treu und ohne Fehl bewahrt!
Vom frischen Geiste fühl ich mich durchdrungen:
Gestalten groß, groß die Erinnerungen.
MEPHISTOPHELES: Sonst hättest du dergleichen weggeflucht,
Doch jetzo scheint es dir zu frommen;
Denn wo man die Geliebte sucht,
Sind Ungeheuer selbst willkommen.
FAUST (zu den Sphinxen):
Ihr Frauenbilder müßt mir Rede stehn:
Hat eins der euren Helena gesehn?
SPHINXE: Wir reichen nicht hinauf zu ihren Tagen,
Die letztesten hat Herkules erschlagen.
Von Chiron könntest du's erfragen;
Der sprengt herum in dieser Geisternacht;
Wenn er dir steht, so hast du's weit gebracht.
SIRENEN: Sollte dir's doch auch nicht fehlen!
Wie Ulyß bei uns verweilte,
Schmähend nicht vorübereilte,
Wußt er vieles zu erzählen;
Würden alles dir vertrauen,
Wolltest du zu unsern Gauen
Dich ans grüne Meer verfügen.
SPHINX: Laß dich, Edler, nicht betrügen!
Statt daß Ulyß sich binden ließ,
Laß unsern guten Rat dich binden!
Kannst du den hohen Chiron finden,
Erfährst du, was ich dir verhieß.
Faust entfernt sich
MEPHISTOPHELES (verdrießlich):
Was krächzt vorbei mit Flügelschlag,
So schnell, daß man's nicht sehen mag,

Und immer eins dem andern nach?
Den Jäger würden sie ermüden.
SPHINX: Dem Sturm des Winterwinds vergleichbar,
Alcides' Pfeilen kaum erreichbar:
Es sind die raschen Stymphaliden,
Und wohlgemeint ihr Krächzegruß,
Mit Geierschnabel und Gänsefuß.
Sie möchten gern in unsern Kreisen
Als Stammverwandte sich erweisen.
MEPHISTOPHELES (wie verschüchtert):
Noch andres Zeug zischt zwischendrein.
SPHINX: Vor diesen sei Euch ja nicht bange!
Es sind die Köpfe der Lernäischen Schlange,
Vom Rumpf getrennt, und glauben was zu sein. –
Doch sagt: was soll nur aus Euch werden?
Was für unruhige Gebärden?
Wo wollt Ihr hin? – Begebt Euch fort:
Ich sehe, jener Chorus dort
Macht Euch zum Wendehals. Bezwingt Euch nicht,
Geht hin! begrüßt manch reizendes Gesicht!
Die Lamien sind's! lustfeine Dirnen,
Mit Lächelmund und frechen Stirnen,
Wie sie dem Satyrvolk behagen;
Ein Bocksfuß darf dort alles wagen.
MEPHISTOPHELES:
Ihr bleibt doch hier, daß ich euch wiederfinde?
SPHINX: Ja! Mische dich zum luftigen Gesinde!
Wir, von Ägypten her, sind längst gewohnt,
Daß unsereins in tausend Jahre thront.
Und respektiert nur unsre Lage,
So regeln wir die Mond- und Sonnentage.
Sitzen vor den Pyramiden
Zu der Völker Hochgericht,
Überschwemmung, Krieg und Frieden –
Und verziehen kein Gesicht.

AM UNTERN PENEIOS
Peneios, umgeben von Gewässern und Nymphen

PENEIOS: Rege dich, du Schilfgeflüster!
Hauche leise, Rohrgeschwister,
Säuselt, leichte Weidensträuche,
Lispelt, Pappelzitterzweige,
Unterbrochnen Träumen zu!
Weckt mich doch ein grauslich Wittern,
Heimlich-allbewegend Zittern
Aus dem Wallestrom und Ruh.
FAUST (an den Fluß tretend): Hör ich recht, so muß ich
    glauben:
Hinter den verschränkten Lauben
Dieser Zweige, dieser Stauden
Tönt ein menschenähnlich Lauten.
Scheint die Welle doch ein Schwätzen,
Lüftlein wie ein Scherzergötzen.
NYMPHEN (zu Faust): Am besten geschäh dir,
Du legtest dich nieder,
Erholtest im Kühlen
Ermüdete Glieder,
Genössest der immer
Dich meidenden Ruh;
Wir säuseln, wir rieseln,
Wir flüstern dir zu.
FAUST: Ich wache ja! O laßt sie walten,
Die unvergleichlichen Gestalten,
Wie sie dorthin mein Auge schickt!
So wunderbar bin ich durchdrungen!
Sind's Träume? sind's Erinnerungen?
Schon einmal warst du so beglückt.
Gewässer schleichen durch die Frische
Der dichten, sanft bewegten Büsche,
Nicht rauschen sie, sie rieseln kaum;
Von allen Seiten hundert Quellen
Vereinen sich im reinlich-hellen,
Zum Bade flach vertieften Raum.
Gesunde, junge Frauenglieder,
Vom feuchten Spiegel doppelt wieder
Ergötztem Auge zugebracht!
Gesellig dann und fröhlich badend,
Erdreistet schwimmend, furchtsam watend;
Geschrei zuletzt und Wasserschlacht.
Vergnügen sollt ich mich an diesen,
Mein Auge sollte hier genießen;
Doch immer weiter strebt mein Sinn.
Der Blick dringt scharf nach jener Hülle:
Das reiche Laub der grünen Fülle
Verbirgt die hohe Königin.
Wundersam! auch Schwäne kommen
Aus den Buchten hergeschwommen,
Majestätisch-rein bewegt,
Ruhig schwebend, zart gesellig,
Aber stolz und selbstgefällig:
Wie sich Haupt und Schnabel regt! –
Einer aber scheint vor allen
Brüstend kühn sich zu gefallen,
Segelnd rasch durch alle fort;
Sein Gefieder bläht sich schwellend,
Welle selbst, auf Wogen wellend,
Dringt er zu dem heiligen Ort. –
Die andern schwimmen hin und wieder
Mit ruhig glänzendem Gefieder,
Bald auch in regem prächtigen Streit
Die scheuen Mädchen abzulenken,
Daß sie an ihren Dienst nicht denken,
Nur an die eigne Sicherheit.
NYMPHEN: Leget, Schwestern, euer Ohr
An des Ufers grüne Stufe!
Hör ich recht, so kommt mir's vor
Als der Schall von Pferdes Hufe.
Wüßt ich nur, wer dieser Nacht
Schnelle Botschaft zugebracht!
FAUST: Ist mir doch, als dröhnt' die Erde,
Schallend unter eiligem Pferde!
Dorthin mein Blick!
Ein günstiges Geschick,

Soll es mich schon erreichen?
O Wunder ohnegleichen!
Ein Reiter kommt herangetrabt,
Er scheint von Geist und Mut begabt,
Von blendend weißem Pferd getragen –
Ich irre nicht, ich kenn ihn schon:
Der Philyra berühmter Sohn! –
Halt, Chiron! halt! Ich habe dir zu sagen –
CHIRON: Was gibt's? was ist's?
FAUST: Bezähme deinen Schritt!
CHIRON: Ich raste nicht!
FAUST: So, bitte, nimm mich mit!
CHIRON: Sitz auf! so kann ich nach Belieben fragen:
Wohin des Wegs? Du stehst am Ufer hier,
Ich bin bereit, dich durch den Fluß zu tragen.
FAUST (aufsitzend): Wohin du willst. Für ewig dank ich's
   dir! –
Der große Mann, der edle Pädagog,
Der, sich zum Ruhm, ein Heldenvolk erzog,
Den schönen Kreis der edlen Argonauten
Und alle, die des Dichters Welt erbauten –
CHIRON: Das lassen wir an seinem Ort!
Selbst Pallas kommt als Mentor nicht zu Ehren;
Am Ende treiben sie's nach ihrer Weise fort,
Als wenn sie nicht erzogen wären.
FAUST: Den Arzt, der jede Pflanze nennt,
Die Wurzeln bis ins Tiefste kennt,
Dem Kranken Heil, dem Wunden Lindrung schafft,
Umarm ich hier in Geist- und Körperkraft!
CHIRON: Ward neben mir ein Held verletzt,
Da wußt ich Hilf und Rat zu schaffen;
Doch ließ ich meine Kunst zuletzt
Den Wurzelweibern und den Pfaffen.
FAUST: Du bist der wahre große Mann,
Der Lobeswort nicht hören kann:
Er sucht bescheiden auszuweichen
Und tut, als gäb es seinesgleichen.
CHIRON: Du scheinest mir geschickt, zu heucheln,
Dem Fürsten wie dem Volk zu schmeicheln.
FAUST: So wirst du mir denn doch gestehn:
Du hast die Größten deiner Zeit gesehn,
Dem Edelsten in Taten nachgestrebt,
Halbgöttlich-ernst die Tage durchgelebt.
Doch unter den heroischen Gestalten
Wen hast du für den Tüchtigsten gehalten?
CHIRON: Im hehren Argonautenkreise
War jeder brav nach seiner eignen Weise,
Und nach der Kraft, die ihn beseelte,
Konnt er genügen, wo's den andern fehlte.
Die Dioskuren haben stets gesiegt,
Wo Jugendfüll und Schönheit überwiegt.
Entschluß und schnelle Tat zu andrer Heil,
Den Boreaden ward's zum schönen Teil.
Nachsinnend, kräftig, klug, im Rat bequem,
So herrschte Jason, Frauen angenehm.
Dann Orpheus: zart und immer still-bedächtig,
Schlug er die Leier, allen übermächtig.
Scharfsichtig Lynkeus, der bei Tag und Nacht
Das heilge Schiff durch Klipp und Strand gebracht.
Gesellig nur läßt sich Gefahr erproben:
Wenn einer wirkt, die andern alle loben.
FAUST: Von Herkules willst nichts erwähnen?
CHIRON: O weh! errege nicht mein Sehnen!
Ich hatte Phöbus nie gesehn,
Noch Ares, Hermes, wie sie heißen;
Da sah ich mir vor Augen stehn,
Was alle Menschen göttlich preisen.
So war er ein geborner König,
Als Jüngling herrlichst anzuschaun,
Dem älteren Bruder untertänig
Und auch den allerliebsten Fraun.
Den zweiten zeugt nicht Gäa wieder,
Nicht führt ihn Hebe himmelein;
Vergebens mühen sich die Lieder,
Vergebens quälen sie den Stein.
FAUST: So sehr auch Bildner auf ihn pochen,
So herrlich kam er nie zur Schau.
Vom schönsten Mann hast du gesprochen,
Nun sprich auch von der schönsten Frau!
CHIRON: Was! Frauenschönheit will nichts heißen,
Ist gar zu oft ein starres Bild;
Nur solch ein Wesen kann ich preisen,
Das froh und lebenslustig quillt.
Die Schöne bleibt sich selber selig;
Die Anmut macht unwiderstehlich,
Wie Helena, da ich sie trug.
FAUST: Du trugst sie?
CHIRON: Ja, auf diesem Rücken!
FAUST: Bin ich nicht schon verwirrt genug,
Und solch ein Sitz muß mich beglücken!
CHIRON: Sie faßte so mich in das Haar,
Wie du es tust.
FAUST: O ganz und gar
Verlier ich mich! Erzähle: wie?
Sie ist mein einziges Begehren!
Woher, wohin, ach! trugst du sie?
CHIRON: Die Frage läßt sich leicht gewähren.
Die Dioskuren hatten jener Zeit
Das Schwesterchen aus Räuberfaust befreit.
Doch diese, nicht gewohnt, besiegt zu sein,
Ermannten sich und stürmten hinterdrein.
Da hielten der Geschwister eiligen Lauf
Die Sümpfe bei Eleusis auf;
Die Brüder wateten, ich patschte, schwamm hinüber;
Da sprang sie ab und streichelte
Die feuchte Mähne, schmeichelte
Und dankte lieblich-klug und selbstbewußt.
Wie war sie reizend! jung! des Alten Lust!
FAUST: Erst zehen Jahr!
CHIRON: Ich seh, die Philologen,
Sie haben dich so wie sich selbst betrogen.
Ganz eigen ist's mit mythologischer Frau:
Der Dichter bringt sie, wie er's braucht, zur Schau;
Nie wird sie mündig, wird nicht alt,

Stets appetitlicher Gestalt,
Wird jung entführt, im Alter noch umfreit;
Gnug, den Poeten bindet keine Zeit.
FAUST: So sei auch sie durch keine Zeit gebunden!
Hat doch Achill auf Pherä sie gefunden,
Selbst außer aller Zeit! Welch seltnes Glück:
Errungene Liebe gegen das Geschick!
Und sollt ich nicht, sehnsüchtigster Gewalt,
Ins Leben ziehn die einzigste Gestalt?
Das ewige Wesen, Göttern ebenbürtig,
So groß als zart, so hehr als liebenswürdig?
Du sahst sie einst, heut hab ich sie gesehn,
So schön wie reizend, wie ersehnt so schön!
Nun ist mein Sinn, mein Wesen streng umfangen:
Ich lebe nicht, kann ich sie nicht erlangen!
CHIRON: Mein fremder Mann, als Mensch bist du entzückt;
Doch unter Geistern scheinst du wohl verrückt.
Nun trifft sich's hier zu deinem Glücke;
Denn alle Jahr, nur wenig Augenblicke,
Pfleg ich bei Manto vorzutreten,
Der Tochter Äskulaps; im stillen Beten
Flcht sie zum Vater, daß, zu seiner Ehre,
Er endlich doch der Ärzte Sinn verkläre
Und vom verwegnen Totschlag sie bekehre –
Die liebste mir aus der Sibyllengilde:
Nicht fratzenhaft bewegt, wohltätig-milde;
Ihr glückt es wohl, bei einigem Verweilen,
Mit Wurzelkräften dich von Grund zu heilen.
FAUST: Geheilt will ich nicht sein, mein Sinn ist mächtig;
Da wär ich ja wie andre niederträchtig.
CHIRON: Versäume nicht das Heil der edlen Quelle!
Geschwind herab! Wir sind zur Stelle.
FAUST: Sag an: wohin hast du in grauser Nacht
Durch Kiesgewässer mich ans Land gebracht?
CHIRON: Hier trotzten Rom und Griechenland im Streite,
Peneios rechts, links den Olymp zur Seite,
Das größte Reich, das sich im Sand verliert:
Der König flieht, der Bürger triumphiert.
Blick auf! hier steht, bedeutend-nah,
Im Mondenschein der ewige Tempel da.
MANTO (inwendig träumend): Von Pferdes Hufe
Erklingt die heilige Stufe,
Halbgötter treten heran.
CHIRON: Ganz recht! Nur die Augen aufgetan!
MANTO (erwachend): Willkommen! Ich seh, du bleibst nicht aus.
CHIRON: Steht dir doch auch dein Tempelhaus!
MANTO: Streifst du noch immer unermüdet?
CHIRON: Wohnst du noch immer still umfriedet,
Indes zu kreisen mich erfreut.
MANTO: Ich harre, mich umkreist die Zeit. –
Und dieser?
CHIRON: Die verrufene Nacht
Hat strudelnd ihn hierher gebracht.
Helenen, mit verrückten Sinnen,
Helenen will er sich gewinnen

Und weiß nicht, wie und wo beginnen:
Asklepischer Kur vor andern wert.
MANTO: Den lieb ich, der Unmögliches begehrt.
Chiron ist schon weit weg
MANTO: Tritt ein, Verwegner, sollst dich freuen!
Der dunkle Gang führt zu Persephoneien.
In des Olympus hohlem Fuß
Lauscht sie geheim-verbotnem Gruß.
Hier hab ich einst den Orpheus eingeschwärzt;
Benutz es besser! Frisch! beherzt! (Sie steigen hinab)

AM OBERN PENEIOS WIE ZUVOR

SIRENEN: Stürzt euch in Peneios Flut!
Plätschernd ziemt es da zu schwimmen,
Lied um Lieder anzustimmen,
Dem unseligen Volk zugut.
Ohne Wasser ist kein Heil!
Führen wir mit hellem Heere
Eilig zum Ägäischen Meere,
Würd uns jede Lust zuteil. (Erdbeben)
Schäumend kehrt die Welle wieder,
Fließt nicht mehr im Bett darnieder;
Grund erbebt, das Wasser staucht,
Kies und Ufer berstend raucht.
Flüchten wir! Kommt alle, kommt!
Niemand, dem das Wunder frommt!
Fort, ihr edlen, frohen Gäste,
Zu dem seelisch-heitern Feste,
Blinkend wo die Zitterwellen,
Ufernetzend, leise schwellen,
Da, wo Luna doppelt leuchtet,
Uns mit heilgem Tau befeuchtet!
Dort ein freibewegtes Leben,
Hier ein ängstlich Erdebeben!
Eile jeder Kluge fort!
Schauderhaft ist's um den Ort.
SEISMOS (in der Tiefe brummend und polternd):
Einmal noch mit Kraft geschoben,
Mit den Schultern brav gehoben!
So gelangen wir nach oben,
Wo uns alles weichen muß.
SPHINXE: Welch ein widerwärtig Zittern,
Häßlich-grausenhaftes Wittern!
Welch ein Schwanken, welches Beben,
Schaukelnd Hin- und Widerstreben!
Welch unleidlicher Verdruß!
Doch wir ändern nicht die Stelle
Bräche los die ganze Hölle.
Nun erhebt sich ein Gewölbe
Wundersam. Es ist derselbe,
Jener Alte, längst Ergraute,
Der die Insel Delos baute,
Einer Kreißenden zulieb
Aus der Wog empor sie trieb.
Er, mit Streben, Drängen, Drücken,

Arme straff, gekrümmt den Rücken,
Wie ein Atlas an Gebärde,
Hebt er Boden, Rasen, Erde,
Kies und Grieß und Sand und Letten,
Unsres Ufers stille Betten.
So zerreißt er eine Strecke
Quer des Tales ruhige Decke.
Angestrengtest, nimmer müde,
Kolossale Karyatide,
Trägt ein furchtbar Steingerüste,
Noch im Boden bis zur Büste;
Weiter aber soll's nicht kommen:
Sphinxe haben Platz genommen.

SEISMOS: Das hab ich ganz allein vermittelt,
Man wird mir's endlich zugestehn,
Und hätt ich nicht geschüttelt und gerüttelt,
Wie wäre diese Welt so schön!
Wie ständen eure Berge droben
In prächtig-reinem Ätherblau,
Hätt ich sie nicht hervorgeschoben
Zu malerisch-entzückter Schau!
Als, angesichts der höchsten Ahnen,
Der Nacht, des Chaos, ich mich stark betrug
Und in Gesellschaft von Titanen
Mit Pelion und Ossa als mit Ballen schlug:
Wir tollten fort in jugendlicher Hitze,
Bis, überdrüssig, noch zuletzt
Wir dem Parnaß als eine Doppelmütze
Die beiden Berge frevelnd aufgesetzt –
Apollen hält ein froh Verweilen
Dort nun mit seliger Musen Chor.
Selbst Jupitern und seinen Donnerkeilen
Hob ich den Sessel hoch empor.
Jetzt so, mit ungeheurem Streben,
Drang aus dem Abgrund ich herauf
Und fordere laut zu neuem Leben
Mir fröhliche Bewohner auf.

SPHINXE: Uralt, müßte man gestehen,
Sei das hier Emporgebürgte,
Hätten wir nicht selbst gesehen,
Wie sich's aus dem Boden würgte.
Bebuschter Wald verbreitet sich hinan,
Noch drängt sich Fels auf Fels bewegt heran;
Ein Sphinx wird sich daran nicht kehren:
Wir lassen uns im heiligen Sitz nicht stören.

GREIFE: Gold in Blättchen, Gold in Flittern
Durch die Ritzen seh ich zittern.
Laßt euch solchen Schatz nicht rauben!
Imsen, auf! es auszuklauben.

CHOR DER AMEISEN: Wie ihn die Riesigen
Emporgeschoben,
Ihr Zappelfüßigen,
Geschwind nach oben!
Behendest aus und ein!
In solchen Ritzen
Ist jedes Bröselein
Wert zu besitzen.
Das Allermindeste
Müßt ihr entdecken
Auf das geschwindeste
In allen Ecken!
Allemsig müßt ihr sein,
Ihr Wimmelscharen:
Nur mit dem Gold herein!
Den Berg laßt fahren!

GREIFE: Herein! herein! Nur Gold zuhauf!
Wir legen unsre Klauen drauf;
Sind Riegel von der besten Art:
Der größte Schatz ist wohl verwahrt.

PYGMÄEN: Haben wirklich Platz genommen,
Wissen nicht, wie es geschah.
Fraget nicht, woher wir kommen;
Denn wir sind nun einmal da!
Zu des Lebens lustigem Sitze
Eignet sich ein jedes Land;
Zeigt sich eine Felsenritze,
Ist auch schon der Zwerg zur Hand.
Zwerg und Zwergin, rasch zum Fleiße,
Musterhaft ein jedes Paar;
Weiß nicht, ob es gleicherweise
Schon im Paradiese war.
Doch wir finden's hier zum besten,
Segnen dankbar unsern Stern;
Denn im Osten wie im Westen
Zeugt die Mutter Erde gern.

DAKTYLE: Hat sie in Einer Nacht
Die Kleinen hervorgebracht,
Sie wird die Kleinsten erzeugen;
Finden auch ihresgleichen.

PYGMÄEN-ÄLTESTE: Eilet, bequemen
Sitz einzunehmen!
Eilig zum Werke!
Schnelle für Stärke!
Noch ist es Friede:
Baut euch die Schmiede,
Harnisch und Waffen
Dem Heer zu schaffen!
Ihr Imsen alle,
Rührig im Schwalle,
Schafft uns Metalle!
Und ihr Daktyle,
Kleinste, so viele,
Euch sei befohlen,
Hölzer zu holen!
Schichtet zusammen
Heimliche Flammen:
Schaffet uns Kohlen!

GENERALISSIMUS: Mit Pfeil und Bogen
Frisch ausgezogen!
An jenem Weiher
Schießt mir die Reiher,
Unzählig nistende,
Hochmütig brüstende,
Auf Einen Ruck

Alle wie Einen,
Daß wir erscheinen
Mit Helm und Schmuck!
IMSEN UND DAKTYLE: Wer wird uns retten!
Wir schaffen's Eisen,
Sie schmieden Ketten.
Uns loszureißen,
Ist noch nicht zeitig;
Drum seid geschmeidig!
DIE KRANICHE DES IBYKUS:
Mordgeschrei und Sterbeklagen!
Ängstlich Flügelflatterschlagen!
Welch ein Ächzen, welch Gestöhn
Dringt herauf zu unsern Höhn!
Alle sind sie schon ertötet,
See von ihrem Blut gerötet!
Mißgestaltete Begierde
Raubt des Reihers edle Zierde.
Weht sie doch schon auf dem Helme
Dieser Fettbauch-Krummbein-Schelme!
Ihr Genossen unsres Heeres,
Reihenwanderer des Meeres,
Euch berufen wir zur Rache
In so nahverwandter Sache.
Keiner spare Kraft und Blut:
Ewige Feindschaft dieser Brut!
Zerstreuen sich krächzend in den Lüften
MEPHISTOPHELES (in der Ebne):
Die nordischen Hexen wußt ich wohl zu meistern,
Mir wird's nicht just mit diesen fremden Geistern.
Der Blocksberg bleibt ein gar bequem Lokal:
Wo man auch sei, man findet sich zumal.
Frau Ilse wacht für uns auf ihrem Stein,
Auf seiner Höh wird Heinrich munter sein,
Die Schnarcher schnauzen zwar das Elend an,
Doch alles ist für tausend Jahr getan.
Wer weiß denn hier nur, wo er geht und steht,
Ob unter ihm sich nicht der Boden bläht?
Ich wandle lustig durch ein glattes Tal,
Und hinter mir erhebt sich auf einmal
Ein Berg, zwar kaum ein Berg zu nennen,
Von meinen Sphinxen mich jedoch zu trennen,
Schon hoch genug! – Hier zuckt noch manches Feuer
Das Tal hinab und flammt ums Abenteuer:
Noch tanzt und schwebt mir lockend, weichend vor,
Spitzbübisch gaukelnd, der galante Chor.
Nur sachte drauf! Allzu gewohnt ans Naschen,
Wo es auch sei, man sucht was zu erhaschen.
LAMIEN (Mephistopheles nach sich ziehend):
Geschwind! geschwinder!
Und immer weiter!
Dann wieder zaudernd,
Geschwätzig plaudernd!
Es ist so heiter,
Den alten Sünder
Uns nachzuziehen
Zu schwerer Buße!

Mit starrem Fuße
Kommt er geholpert,
Einhergestolpert;
Er schleppt das Bein,
Wie wir ihn fliehen,
Uns hinterdrein!
MEPHISTOPHELES (stillstehend):
Verflucht Geschick! Betrogne Mannsen!
Von Adam her verführte Hansen!
Alt wird man wohl, wer aber klug?
Warst du nicht schon vernarrt genug?
Man weiß: das Volk taugt aus dem Grunde nichts,
Geschnürten Leibs, geschminkten Angesichts.
Nichts haben sie Gesundes zu erwidern,
Wo man sie anfaßt, morsch in allen Gliedern.
Man weiß, man sieht's, man kann es greifen,
Und dennoch tanzt man, wenn die Luder pfeifen!
LAMIEN (innehaltend): Halt! er besinnt sich, zaudert,
  steht!
Entgegnet ihm, daß er euch nicht entgeht!
MEPHISTOPHELES (fortschreitend):
Nur zu! und laß dich ins Gewebe
Der Zweifelei nicht töricht ein;
Denn wenn es keine Hexen gäbe,
Wer Teufel möchte Teufel sein!
LAMIEN (anmutigst): Kreisen wir um diesen Helden!
Liebe wird in seinem Herzen
Sich gewiß für Eine melden.
MEPHISTOPHELES: Zwar mit ungewissem Schimmer
Scheint ihr hübsche Frauenzimmer,
Und so möcht ich euch nicht schelten.
EMPUSE (eindringend): Auch nicht mich! als eine solche
Laßt mich ein in eure Folge!
LAMIEN: Die ist in unserm Kreis zuviel,
Verdirbt doch immer unser Spiel.
EMPUSE (zu Mephistopheles):
Begrüßt von Mühmichen Empuse,
Der Trauten mit dem Eselsfuße!
Du hast nur einen Pferdefuß,
Und doch, Herr Vetter, schönsten Gruß!
MEPHISTOPHELES: Hier dacht ich lauter Unbekannte
Und finde leider Nahverwandte;
Es ist ein altes Buch zu blättern:
Vom Harz bis Hellas immer Vettern!
EMPUSE: Entschieden weiß ich gleich zu handeln,
In vieles könnt ich mich verwandeln;
Doch Euch zu Ehren hab ich jetzt
Das Eselsköpfchen aufgesetzt.
MEPHISTOPHELES: Ich merk, es hat bei diesen
    Leuten
Verwandtschaft Großes zu bedeuten;
Doch mag sich, was auch will, ereignen,
Den Eselskopf möcht ich verleugnen.
LAMIEN: Laß diese Garstige! sie verscheucht,
Was irgend schön und lieblich deucht;
Was irgend schön und lieblich wär,
Sie kommt heran: es ist nicht mehr!

MEPHISTOPHELES:
    Auch diese Mühmchen, zart und schmächtig,
    Sie sind mir allesamt verdächtig,
    Und hinter solcher Wänglein Rosen
    Fürcht ich doch auch Metamorphosen.
LAMIEN: Versuch es doch! sind unsrer viele.
    Greif zu! und hast du Glück im Spiele,
    Erhasche dir das beste Los!
    Was soll das lüsterne Geleier?
    Du bist ein miserabler Freier,
    Stolzierst einher und tust so groß! –
    Nun mischt er sich in unsre Scharen:
    Laßt nach und nach die Masken fahren
    Und gebt ihm euer Wesen bloß!
MEPHISTOPHELES: Die Schönste hab ich mir erlesen –
        Sie umfassend
    O weh mir! welch ein dürrer Besen!
        Eine andere ergreifend
    Und diese? – Schmähliches Gesicht!
LAMIEN: Verdienst du's besser? dünk es nicht!
MEPHISTOPHELES:
    Die Kleine möcht ich mir verpfänden –
    Lazerte schlüpft mir aus den Händen
    Und schlangenhaft der glatte Zopf!
    Dagegen faß ich mir die Lange –
    Da pack ich eine Thyrsusstange,
    Den Pinienapfel als den Kopf!
    Wo will's hinaus? – Noch eine Dicke,
    An der ich mich vielleicht erquicke!
    Zum letztenmal gewagt! Es sei!
    Recht quammig, quappig: das bezahlen
    Mit hohem Preis Orientalen –
    Doch ach! der Bovist platzt entzwei!
LAMIEN: Fahrt auseinander! schwankt und schwebet
    Blitzartig! schwarzen Flugs umgebet
    Den eingedrungenen Hexensohn!
    Unsichre, schauderhafte Kreise!
    Schweigsamen Fittichs, Fledermäuse!
    Zu wohlfeil kommt er doch davon.
MEPHISTOPHELES (sich schüttelnd):
    Viel klüger, scheint es, bin ich nicht geworden;
    Absurd ist's hier, absurd im Norden,
    Gespenster hier wie dort vertrackt,
    Volk und Poeten abgeschmackt.
    Ist eben hier eine Mummenschanz
    Wie überall ein Sinnentanz.
    Ich griff nach holden Maskenzügen
    Und faßte Wesen, daß mich's schauerte –
    Ich möchte gerne mich betrügen,
    Wenn es nur länger dauerte.
        Sich zwischen dem Gestein verirrend
    Wo bin ich denn? wo will's hinaus?
    Das war ein Pfad, nun ist's ein Graus.
    Ich kam daher auf glatten Wegen,
    Und jetzt steht mir Geröll entgegen.
    Vergebens klettr ich auf und nieder:
    Wo find ich meine Sphinxe wieder?

    So toll hätt ich mir's nicht gedacht:
    Ein solch Gebirg in Einer Nacht!
    Das heiß ich frischen Hexenritt:
    Die bringen ihren Blocksberg mit.
OREAS (vom Naturfels): Herauf hier! Mein Gebirg ist alt,
    Steht in ursprünglicher Gestalt.
    Verehre schroffe Felsensteige,
    Des Pindus letztgedehnte Zweige!
    Schon stand ich unerschüttert so,
    Als über mich Pompejus floh.
    Daneben das Gebild des Wahns
    Verschwindet schon beim Krähn des Hahns.
    Dergleichen Märchen seh ich oft entstehn
    Und plötzlich wieder untergehn.
MEPHISTOPHELES: Sei Ehre dir, ehrwürdiges Haupt,
    Von hoher Eichenkraft umlaubt!
    Der allerklarste Mondenschein
    Dringt nicht zur Finsternis herein. –
    Doch neben am Gebüsche zieht
    Ein Licht, das gar bescheiden glüht.
    Wie sich das alles fügen muß!
    Fürwahr, es ist Homunkulus!
    Woher des Wegs, du Kleingeselle!
HOMUNKULUS: Ich schwebe so von Stell zu Stelle
    Und möchte gern im besten Sinn entstehn,
    Voll Ungeduld, mein Glas entzweizuschlagen;
    Allein was ich bisher gesehn,
    Hinein da möcht ich mich nicht wagen.
    Nur, um dir's im Vertraun zu sagen:
    Zwei Philosophen bin ich auf der Spur;
    Ich horchte zu, es hieß: „Natur! Natur!"
    Von diesen will ich mich nicht trennen,
    Sie müssen doch das irdische Wesen kennen,
    Und ich erfahre wohl am Ende,
    Wohin ich mich am allerklügsten wende.
MEPHISTOPHELES: Das tu auf deine eigne Hand!
    Denn wo Gespenster Platz genommen,
    Ist auch der Philosoph willkommen.
    Damit man seiner Kunst und Gunst sich freue,
    Erschafft er gleich ein Dutzend neue.
    Wenn du nicht irrst, kommst du nicht zu Verstand!
    Willst du entstehn, entsteh auf eigne Hand!
HOMUNKULUS: Ein guter Rat ist auch nicht zu verschmähn.
MEPHISTOPHELES: So fahre hin! Wir wollen's weiter sehn.
        Trennen sich
ANAXAGORAS (zu Thales):
    Dein starrer Sinn will sich nicht beugen;
    Bedarf es weitres, dich zu überzeugen?
THALES: Die Welle beugt sich jedem Winde gern;
    Doch hält sie sich vom schroffen Felsen fern.
ANAXAGORAS: Durch Feuerdunst ist dieser Fels zu Handen.
THALES: Im Feuchten ist Lebendiges erstanden.
HOMUNKULUS (zwischen beiden):
    Laßt mich an eurer Seite gehn!
    Mir selbst gelüstet's zu entstehn.

ANAXAGORAS: Hast du, o Thales, je in Einer Nacht
Solch einen Berg aus Schlamm hervorgebracht?
THALES: Nie war Natur und ihr lebendiges Fließen
Auf Tag und Nacht und Stunden angewiesen.
Sie bildet regelnd jegliche Gestalt,
Und selbst im Großen ist es nicht Gewalt.
ANAXAGORAS: Hier aber war's! Plutonisch-grimmig Feuer,
Äolischer Dünste Knallkraft, ungeheuer,
Durchbrach des flachen Bodens alte Kruste,
Daß neu ein Berg sogleich entstehen mußte.
THALES: Was wird dadurch nun weiter fortgesetzt?
Er ist auch da, und das ist gut zuletzt.
Mit solchem Streit verliert man Zeit und Weile
Und führt doch nur geduldig Volk am Seile.
ANAXAGORAS: Schnell quillt der Berg von Myrmidonen,
Die Felsenspalten zu bewohnen:
Pygmäen, Imsen, Däumerlinge
Und andre tätig-kleine Dinge.
Zum Homunkulus
Nie hast du Großem nachgestrebt,
Einsiedlerisch beschränkt gelebt;
Kannst du zur Herrschaft dich gewöhnen,
So laß ich dich als König krönen.
HOMUNKULUS: Was sagt mein Thales?
THALES: Will's nicht raten!
Mit Kleinen tut man kleine Taten,
Mit Großen wird der Kleine groß.
Sieh hin! die schwarze Kranichwolke!
Sie droht dem aufgeregten Volke
Und würde so dem König drohn.
Mit scharfen Schnäbeln, krallen Beinen,
Sie stechen nieder auf die Kleinen;
Verhängnis wetterleuchtet schon.
Ein Frevel tötete die Reiher,
Umstellend ruhigen Friedensweiher.
Doch jener Mordgeschosse Regen
Schafft grausam-blutgen Rachesegen,
Erregt der Nahverwandten Wut
Nach der Pygmäen frevlem Blut.
Was nützt nun Schild und Helm und Speer?
Was hilft der Reiherstrahl den Zwergen?
Wie sich Daktyl und Imse bergen!
Schon wankt, es flieht, es stürzt das Heer.
ANAXAGORAS (nach einer Pause feierlich):
Konnt ich bisher die Unterirdischen loben,
So wend ich mich in diesem Fall nach oben. –
Du droben, ewig Unveraltete,
Dreinamig-Dreigestaltete,
Dich ruf ich an bei meines Volkes Weh,
Diane, Luna, Hekate!
Du Brusterweiternde, im Tiefsten Sinnige,
Du Ruhigscheinende, Gewaltsam-Innige,
Eröffne deiner Schatten grausen Schlund!
Die alte Macht sei ohne Zauber kund!
Pause

Bin ich zu schnell erhört?
Hat mein Flehn
Nach jenen Höhn
Die Ordnung der Natur gestört?
Und größer, immer größer nahet schon
Der Göttin rundumschriebner Thron,
Dem Auge furchtbar, ungeheuer!
Ins Düstre rötet sich sein Feuer. –
Nicht näher! drohend-mächtige Runde,
Du richtest uns und Land und Meer zugrunde!
So wär es wahr, daß dich thessalische Frauen
In frevlend-magischem Vertrauen
Von deinem Pfad herabgesungen?
Verderblichstes dir abgerungen? –
Das lichte Schild hat sich umdunkelt:
Auf einmal reißt's und blitzt und funkelt
Welch ein Geprassel! welch ein Zischen!
Ein Donnern, Windgetüm dazwischen! –
Demütig zu des Thrones Stufen! –
Verzeiht! ich hab es hergerufen!
Wirft sich aufs Angesicht
THALES: Was dieser Mann nicht alles hört' und sah!
Ich weiß nicht recht, wie uns geschah,
Auch hab ich's nicht mit ihm empfunden.
Gestehen wir: es sind verrückte Stunden,
Und Luna wiegt sich ganz bequem
An ihrem Platz so wie vordem.
HOMUNKULUS: Schaut hin nach der Pygmäen Sitz:
Der Berg war rund, jetzt ist er spitz!
Ich spürt ein ungeheures Prallen,
Der Fels war aus dem Mond gefallen;
Gleich hat er, ohne nachzufragen,
So Freund als Feind gequetscht, erschlagen.
Doch muß ich solche Künste loben,
Die schöpferisch, in Einer Nacht,
Zugleich von unten und von oben
Dies Berggebräu zustand gebracht.
THALES: Sei ruhig! Es war nur gedacht.
Sie fahre hin, die garstige Brut!
Daß du nicht König warst, ist gut.
Nun fort zum heitern Meeresfeste!
Dort hofft und ehrt man Wundergäste.
Entfernen sich
MEPHISTOPHELES (an der Gegenseite kletternd):
Da muß ich mich durch steile Felsentreppen,
Durch alter Eichen starre Wurzeln schleppen!
Auf meinem Harz der harzige Dunst
Hat was vom Pech, und das hat meine Gunst
Zunächst dem Schwefel. – Hier, bei diesen Griechen,
Ist von dergleichen kaum die Spur zu riechen;
Neugierig aber wär ich, nachzuspüren,
Womit sie Höllenqual und -flamme schüren.
DRYAS: In deinem Lande sei einheimisch klug,
Im fremden bist du nicht gewandt genug.
Du solltest nicht den Sinn zur Heimat kehren,
Der heiligen Eichen Würde hier verehren!

MEPHISTOPHELES:
  Man denkt an das, was man verließ;
  Was man gewohnt war, bleibt ein Paradies. –
  Doch sagt: was in der Höhle dort
  Bei schwachem Licht sich dreifach hingekauert?
DRYAS: Die Phorkyaden! Wage dich zum Ort
  Und sprich sie an, wenn dich nicht schauert!
MEPHISTOPHELES:
  Warum denn nicht! – Ich sehe was – und staune!
  So stolz bin ich, muß ich mir selbst gestehn:
  Dergleichen hab ich nie gesehn!
  Die sind ja schlimmer als Alraune!
  Wird man die urverworfnen Sünden
  Im mindesten noch häßlich finden,
  Wenn man dies Dreigetüm erblickt?
  Wir litten sie nicht auf den Schwellen
  Der grauenvollsten unsrer Höllen;
  Hier wurzelt's in der Schönheit Land,
  Das wird mit Ruhm antik genannt! –
  Sie regen sich, sie scheinen mich zu spüren,
  Sie zwitschern pfeifend, Fledermaus-Vampyren.
PHORKYADEN: Gebt mir das Auge, Schwestern, daß es frage,
  Wer sich so nah an unsre Tempel wage!
MEPHISTOPHELES: Verehrteste! erlaubt mir, euch zu nahen
  Und euren Segen dreifach zu empfahen!
  Ich trete vor, zwar noch als Unbekannter,
  Doch, irr ich nicht, weitläufiger Verwandter.
  Altwürdige Götter hab ich schon erblickt,
  Vor Ops und Rhea tiefstens mich gebückt;
  Die Parzen selbst, des Chaos, eure Schwestern,
  Ich sah sie gestern – oder ehegestern;
  Doch euresgleichen hab ich nie erblickt!
  Ich schweige nun und fühle mich entzückt.
PHORKYADEN: Er scheint Verstand zu haben, dieser Geist.
MEPHISTOPHELES:
  Nur wundert's mich, daß euch kein Dichter preist.
  Und sagt: wie kam's, wie konnte das geschehn:
  Im Bilde hab ich nie euch Würdigste gesehn!
  Versuch's der Meißel doch, euch zu erreichen,
  Nicht Juno, Pallas, Venus und dergleichen!
PHORKYADEN: Versenkt in Einsamkeit und stillste Nacht,
  Hat unser Drei noch nie daran gedacht!
MEPHISTOPHELES:
  Wie sollt es auch, da ihr, der Welt entrückt,
  Hier niemand seht und niemand euch erblickt!
  Da müßtet ihr an solchen Orten wohnen,
  Wo Pracht und Kunst auf gleichem Sitze thronen,
  Wo jeden Tag, behend, im Doppelschritt,
  Ein Marmorblock als Held ins Leben tritt,
  Wo –
PHORKYADEN: Schweige still und gib uns kein Gelüsten!
  Was hülf es uns, und wenn wir's besser wüßten?
  In Nacht geboren, Nächtlichem verwandt,
  Beinah uns selbst, ganz allen unbekannt.

MEPHISTOPHELES:
  In solchem Fall hat es nicht viel zu sagen,
  Man kann sich selbst auch andern übertragen.
  Euch dreien gnügt Ein Auge, gnügt Ein Zahn;
  Da ging es wohl auch mythologisch an,
  In zwei die Wesenheit der drei zu fassen,
  Der dritten Bildnis mir zu überlassen,
  Auf kurze Zeit.
EINE: Wie dünkt's euch, ging es an?
DIE ANDERN: Versuchen wir's. – Doch ohne Aug und Zahn.
MEPHISTOPHELES:
  Nun habt ihr grad das Beste weggenommen;
  Wie würde da das strengste Bild vollkommen!
EINE: Drück du ein Auge zu, 's ist leicht geschehn,
  Laß alsofort den einen Raffzahn sehn,
  Und im Profil wirst du sogleich erreichen,
  Geschwisterlich vollkommen uns zu gleichen.
MEPHISTOPHELES: Viel Ehr! Es sei!
PHORKYADEN: Es sei!
MEPHISTOPHELES (als Phorkyas im Profil):
  Da steh ich schon,
  Des Chaos vielgeliebter Sohn!
PHORKYADEN: Des Chaos Töchter sind wir unbestritten.
MEPHISTOPHELES:
  Man schilt mich nun, o Schmach! Hermaphroditen.
PHORKYADEN: Im neuen Drei der Schwestern welche Schöne!
  Wir haben zwei der Augen, zwei der Zähne!
MEPHISTOPHELES:
  Vor aller Augen muß ich mich verstecken,
  Im Höllenpfuhl die Teufel zu erschrecken. (Ab)

FELSBUCHTEN DES ÄGÄISCHEN MEERS
Mond, im Zenit verharrend

SIRENEN (auf den Klippen umhergelagert, flötend und singend):
  Haben sonst bei nächtigem Grauen
  Dich thessalische Zauberfrauen
  Frevelhaft herabgezogen,
  Blicke ruhig von dem Bogen
  Deiner Nacht auf Zitterwogen
  Mildeblitzend Glanzgewimmel
  Und erleuchte das Getümmel,
  Das sich aus den Wogen hebt!
  Dir zu jedem Dienst erbötig,
  Schöne Luna, sei uns gnädig!
NEREIDEN UND TRITONEN (als Meerwunder):
  Tönet laut in schärfern Tönen,
  Die das breite Meer durchdröhnen:
  Volk der Tiefe ruft fortan!
  Vor des Sturmes grausen Schlünden
  Wichen wir zu stillsten Gründen:
  Holder Sang zieht uns heran.

  Seht, wie wir im Hochentzücken
  Uns mit goldnen Ketten schmücken,

Auch zu Kron und Edelsteinen
Spang und Gürtelschmuck vereinen!
Alles das ist eure Frucht:
Schätze, scheiternd hier verschlungen,
Habt ihr uns herangesungen,
Ihr Dämonen unsrer Bucht.

SIRENEN: Wissen's wohl, in Meeresfrische
Glatt behagen sich die Fische,
Schwanken Lebens ohne Leid;
Doch, ihr festlich regen Scharen,
Heute möchten wir erfahren,
Daß ihr mehr als Fische seid.

NEREIDEN UND TRITONEN:
Ehe wir hieher gekommen,
Haben wir's zu Sinn genommen;
Schwestern, Brüder, jetzt geschwind!
Heut bedarf's der kleinsten Reise
Zum vollgültigsten Beweise,
Daß wir mehr als Fische sind.

Entfernen sich

SIRENEN: Fort sind sie im Nu!
Nach Samothrake grade zu,
Verschwunden mit günstigem Wind.
Was denken sie zu vollführen
Im Reiche der hohen Kabiren?
Sind Götter, wundersam eigen,
Die sich immerfort selbst erzeugen
Und niemals wissen, was sie sind!
Bleibe auf deinen Höhn,
Holde Luna, gnädig stehn,
Daß es nächtig verbleibe,
Uns der Tag nicht vertreibe!

THALES (am Ufer zu Homunkulus):
Ich führte dich zum alten Nereus gern;
Zwar sind wir nicht von seiner Höhle fern,
Doch hat er einen harten Kopf,
Der widerwärtige Sauertopf.
Das ganze menschliche Geschlecht
Macht's ihm, dem Griesgram, nimmer recht.
Doch ist die Zukunft ihm entdeckt,
Dafür hat jedermann Respekt
Und ehret ihn auf seinem Posten;
Auch er hat manchem wohlgetan.

HOMUNKULUS: Probieren wir's und klopfen an!
Nicht gleich wird's Glas und Flamme kosten!

NEREUS: Sind's Menschenstimmen, die mein Ohr vernimmt?
Wie es mir gleich im tiefsten Herzen grimmt!
Gebilde, strebsam, Götter zu erreichen,
Und doch verdammt, sich immer selbst zu gleichen!
Seit alten Jahren konnt ich göttlich ruhn,
Doch trieb mich's an, den Besten wohlzutun,
Und schaut ich dann zuletzt vollbrachte Taten,
So war es ganz, als hätt ich nicht geraten.

THALES: Und doch, o Greis des Meers, vertraut man dir;
Du bist der Weise, treib uns nicht von hier!
Schau diese Flamme: menschenähnlich zwar,
Sie deinem Rat ergibt sich ganz und gar!

NEREUS: Was Rat! Hat Rat bei Menschen je gegolten?
Ein kluges Wort erstarrt im harten Ohr.
Sooft auch Tat sich grimmig selbst gescholten,
Bleibt doch das Volk selbstwillig wie zuvor.
Wie hab ich Paris väterlich gewarnt,
Eh sein Gelüst ein fremdes Weib umgarnt!
Am griechischen Ufer stand er kühnlich da,
Ihm kündet ich, was ich im Geiste sah:
Die Lüfte qualmend, überströmend Rot,
Gebälke glühend, unten Mord und Tod,
Trojas Gerichtstag, rhythmisch festgebannt,
Jahrtausenden so schrecklich als gekannt.
Des Alten Wort, dem Frechen schien's ein Spiel,
Er folgte seiner Lust, und Ilios fiel –
Ein Riesenleichnam, starr nach langer Qual,
Des Pindus Adlern gar willkommnes Mahl!
Ulyssen auch! sagt ich ihm nicht voraus
Der Circe Listen, des Cyklopen Graus?
Das Zaudern sein, der Seinen leichten Sinn?
Und was nicht alles! Bracht ihm das Gewinn?
Bis vielgeschaukelt ihn, doch spät genug,
Der Woge Gunst an gastlich Ufer trug.

THALES: Dem weisen Mann gibt solch Betragen Qual;
Der gute doch versucht es noch einmal.
Ein Quentchen Danks wird, hoch ihn zu vergnügen,
Die Zentner Undanks völlig überwiegen.
Denn nichts Geringes haben wir zu flehn:
Der Knabe da wünscht weislich zu entstehn.

NEREUS: Verderbt mir nicht den seltensten Humor!
Ganz andres steht mir heute noch bevor:
Die Töchter hab ich alle herbeschieden,
Die Grazien des Meeres, die Doriden.
Nicht der Olymp, nicht euer Boden trägt
Ein schön Gebild, das sich so zierlich regt.
Sie werfen sich anmutigster Gebärde
Vom Wasserdrachen auf Neptunus Pferde,
Dem Element aufs zarteste vereint,
Daß selbst der Schaum sie noch zu heben scheint.
Im Farbenspiel von Venus' Muschelwagen
Kommt Galatee, die Schönste nun, getragen,
Die, seit sich Kypris von uns abgekehrt,
In Paphos wird als Göttin selbst verehrt.
Und so besitzt die Holde lange schon
Als Erbin Tempelstadt und Wagenthron.
Hinweg! Es ziemt in Vaterfreudenstunde
Nicht Haß dem Herzen, Scheltwort nicht dem Munde.
Hinweg zu Proteus! Fragt den Wundermann,
Wie man entstehn und sich verwandeln kann!

Entfernt sich gegen das Meer

THALES: Wir haben nichts durch diesen Schritt gewonnen:
Trifft man auch Proteus, gleich ist er zerronnen,
Und steht er euch, so sagt er nur zuletzt,
Was staunen macht und in Verwirrung setzt.

Du bist einmal bedürftig solchen Rats;
Versuchen wir's und wandlen unsres Pfads!

Entfernen sich

SIRENEN (oben auf den Felsen):
  Was sehen wir von weiten
  Das Wellental durchgleiten?
  Als wie nach Windes Regel
  Anzögen weiße Segel,
  So hell sind sie zu schauen,
  Verklärte Meeresfrauen!
  Laßt uns hinunterklimmen!
  Vernehmt ihr doch die Stimmen.

NEREIDEN UND TRITONEN:
  Was wir auf Händen tragen,
  Soll allen euch behagen.
  Chelonens Riesenschilde
  Entglänzt ein streng Gebilde:
  Sind Götter, die wir bringen!
  Müßt hohe Lieder singen.

SIRENEN:
  Klein von Gestalt,
  Groß von Gewalt,
  Der Scheiternden Retter,
  Uralt-verehrte Götter!

NEREIDEN UND TRITONEN:
  Wir bringen die Kabiren,
  Ein friedlich Fest zu führen;
  Denn wo sie heilig walten,
  Neptun wird freundlich schalten.

SIRENEN:
  Wir stehen euch nach:
  Wenn ein Schiff zerbrach,
  Unwiderstehbar an Kraft,
  Schützt ihr die Mannschaft.

NEREIDEN UND TRITONEN:
  Drei haben wir mitgenommen,
  Der vierte wollte nicht kommen;
  Er sagte, er sei der Rechte;
  Der für sie alle dächte.

SIRENEN:
  Ein Gott den andern Gott
  Macht wohl zu Spott.
  Ehrt ihr alle Gnaden!
  Fürchtet jeden Schaden!

NEREIDEN UND TRITONEN:
  Sind eigentlich ihrer sieben!

SIRENEN: Wo sind die drei geblieben?

NEREIDEN UND TRITONEN:
  Wir wüßten's nicht zu sagen,
  Sind im Olymp zu erfragen;
  Dort west auch wohl der achte,
  An den noch niemand dachte!
  In Gnaden uns gewärtig,
  Doch alle noch nicht fertig.
  Diese Unvergleichlichen
  Wollen immer weiter:
  Sehnsuchtsvolle Hungerleider
  Nach dem Unerreichlichen.

SIRENEN:
  Wir sind gewohnt,
  Wo es auch thront,
  In Sonn und Mond
  Hinzubeten: es lohnt!

NEREIDEN UND TRITONEN:
  Wie unser Ruhm zum höchsten prangt,
  Dieses Fest anzuführen!

SIRENEN:
  Die Helden des Altertums
  Ermangeln des Ruhms,
  Wo und wie er auch prangt,
  Wenn sie das Goldene Vlies erlangt,
  Ihr die Kabiren.

Wiederholt als Allgesang

  Wenn sie das Goldene Vlies erlangt,
  Ihr
    die Kabiren!
  Wir

Nereiden und Tritonen ziehen vorüber

HOMUNKULUS: Die Ungestalten seh ich an
  Als irden-schlechte Töpfe;
  Nun stoßen sich die Weisen dran
  Und brechen harte Köpfe.

THALES: Das ist es ja, was man begehrt:
  Der Rost macht erst die Münze wert.

PROTEUS (unbemerkt): So etwas freut mich alten Fabler!
  Je wunderlicher, desto respektabler.

THALES: Wo bist du, Proteus?

PROTEUS (bauchrednerisch, bald nah, bald fern):
  Hier! und hier!

THALES: Den alten Scherz verzeih ich dir;
  Doch einem Freund nicht eitle Worte!
  Ich weiß: du sprichst vom falschen Orte.

PROTEUS (als aus der Ferne): Leb wohl!

THALES (leise zu Homunkulus):
  Er ist ganz nah. Nun leuchte frisch!
  Er ist neugierig wie ein Fisch;
  Und wo er auch gestaltet stockt,
  Durch Flammen wird er hergelockt.

HOMUNKULUS: Ergieß ich gleich des Lichtes Menge,
  Bescheiden doch, daß ich das Glas nicht sprenge.

PROTEUS (in Gestalt einer Riesenschildkröte):
  Was leuchtet so anmutig-schön?

THALES (den Homunkulus verhüllend):
  Gut! Wenn du Lust hast, kannst du's näher sehn.
  Die kleine Mühe laß dich nicht verdrießen
  Und zeige dich auf menschlich beiden Füßen!
  Mit unsern Gunsten sei's, mit unserm Willen,
  Wer schauen will, was wir verhüllen.

PROTEUS (edel gestaltet):
  Weltweise Kniffe sind dir noch bewußt.

THALES: Gestalt zu wechseln bleibt noch deine Lust.

Hat den Homunkulus enthüllt

PROTEUS (erstaunt):
  Ein leuchtend Zwerglein! Niemals noch gesehn!

THALES: Es fragt um Rat und möchte gern entstehn.
  Er ist, wie ich von ihm vernommen,
  Gar wundersam nur halb zur Welt gekommen:
  Ihm fehlt es nicht an geistigen Eigenschaften,

Doch gar zu sehr am Greiflich-Tüchtighaften.
Bis jetzt gibt ihm das Glas allein Gewicht;
Doch wär er gern zunächst verkörperlicht.
PROTEUS: Du bist ein wahrer Jungfernsohn:
    Eh du sein solltest, bist du schon!
THALES (leise): Auch scheint es mir von andrer Seite kritisch:
    Er ist, mich dünkt, hermaphroditisch.
PROTEUS: Da muß es desto eher glücken;
    So wie er anlangt, wird sich's schicken.
    Doch gilt es hier nicht viel Besinnen:
    Im weiten Meere mußt du anbeginnen!
    Da fängt man erst im Kleinen an
    Und freut sich, Kleinste zu verschlingen,
    Man wächst so nach und nach heran
    Und bildet sich zu höherem Vollbringen.
HOMUNKULUS: Hier weht gar eine weiche Luft,
    Es grunelt so, und mir behagt der Duft!
PROTEUS: Das glaub ich, allerliebster Junge!
    Und weiterhin wird's viel behäglicher,
    Auf dieser schmalen Strandeszunge
    Der Dunstkreis noch unsäglicher.
    Da vorne sehen wir den Zug,
    Der eben herschwebt, nah genug.
    Kommt mit dahin!
THALES: Ich gehe mit.
HOMUNKULUS: Dreifach merkwürdiger Geisterschritt!
Telchinen von Rhodus auf Hippokampen und Meerdrachen, Neptunens Dreizack handhabend
CHOR: Wir haben den Dreizack Neptunen geschmiedet,
    Womit er die regesten Wellen begütet.
    Entfaltet der Donnrer die Wolken, die vollen,
    Entgegnet Neptunus dem greulichen Rollen,
    Und wie auch von oben es zackig erblitzt,
    Wird Woge nach Woge von unten gespritzt;
    Und was auch dazwischen in Ängsten gerungen,
    Wird, lange geschleudert, vom Tiefsten verschlungen;
    Weshalb er uns heute den Zepter gereicht:
    Nun schweben wir festlich, beruhigt und leicht.
SIRENEN: Euch, dem Helios Geweihten,
        Heiteren Tags Gebenedeiten,
        Gruß zur Stunde, die bewegt
        Lunas Hochverehrung regt!
TELCHINEN: Allieblichste Göttin am Bogen da droben,
    Du hörst mit Entzücken den Bruder beloben!
    Der seligen Rhodus verleihst du ein Ohr,
    Dort steigt ihm ein ewiger Päan hervor.
    Beginnt er den Tagslauf und ist es getan,
    Er blickt uns mit feurigem Strahlenblick an.
    Die Berge, die Städte, die Ufer, die Welle
    Gefallen dem Gotte, sind lieblich und helle.
    Kein Nebel umschwebt uns, und schleicht er sich ein,
    Ein Strahl und ein Lüftchen: die Insel ist rein!
    Da schaut sich der Hohe in hundert Gebilden,
    Als Jüngling, als Riesen, den Großen, den Milden.
    Wir ersten, wir waren's, die Göttergewalt
    Aufstellten in würdiger Menschengestalt.

PROTEUS: Laß du sie singen, laß sie prahlen!
    Der Sonne heiligen Lebestrahlen
    Sind tote Werke nur ein Spaß.
    Das bildet schmelzend, unverdrossen,
    Und haben sie's in Erz gegossen,
    Dann denken sie, es wäre was.
    Was ist's zuletzt mit diesen Stolzen?
    Die Götterbilder standen groß:
    Zerstörte sie ein Erdestoß –
    Längst sind sie wieder eingeschmolzen!
    Das Erdetreiben, wie's auch sei,
    Ist immer doch nur Plackerei;
    Dem Leben frommt die Welle besser;
    Dich trägt ins ewige Gewässer
    Proteus-Delphin.
    Er verwandelt sich
    Schon ist's getan!
    Da soll es dir zum schönsten glücken:
    Ich nehme dich auf meinen Rücken,
    Vermähle dich dem Ozean.
THALES: Gib nach dem löblichen Verlangen,
    Von vorn die Schöpfung anzufangen!
    Zu raschem Wirken sei bereit!
    Da regst du dich nach ewigen Normen
    Durch tausend, aber tausend Formen,
    Und bis zum Menschen hast du Zeit.
Homunkulus besteigt den Proteus-Delphin
PROTEUS: Komm geistig mit in feuchte Weite!
    Da lebst du gleich in Läng und Breite,
    Beliebig regest du dich hier;
    Nur strebe nicht nach höhern Orden:
    Denn bist du erst ein Mensch geworden,
    Dann ist es völlig aus mit dir.
THALES: Nachdem es kommt! 's ist auch wohl fein,
    Ein wackrer Mann zu seiner Zeit zu sein.
PROTEUS (zu Thales): So einer wohl von deinem Schlag!
    Das hält noch eine Weile nach;
    Denn unter bleichen Geisterscharen
    Seh ich dich schon seit vielen hundert Jahren.
SIRENEN (auf dem Felsen):
    Welch ein Ring von Wölkchen ründet
    Um den Mond so reichen Kreis?
    Tauben sind es, liebentzündet,
    Fittiche, wie Licht so weiß.
    Paphos hat sie hergesendet,
    Ihre brünstige Vogelschar;
    Unser Fest, es ist vollendet:
    Heitre Wonne voll und klar!
NEREUS (zu Thales tretend):
    Nennte wohl ein nächtiger Wanderer
    Diesen Mondhof Lufterscheinung;
    Doch wir Geister sind ganz anderer
    Und der einzig richtigen Meinung:
    Tauben sind es, die begleiten
    Meiner Tochter Muschelfahrt,
    Wunderflugs besondrer Art,
    Angelernt vor alten Zeiten.

THALES: Auch ich halte das fürs Beste,
 Was dem wackern Mann gefällt,
 Wenn im stillen, warmen Neste
 Sich ein Heiliges lebend hält.
PSYLLEN UND MARSEN
 (auf Meerstieren, Meerkälbern und -widdern):
 In Cyperns rauhen Höhlegrüften,
 Vom Meergott nicht verschüttet,
 Vom Seismos nicht zerrüttet,
 Umweht von ewigen Lüften,
 Und, wie in den ältesten Tagen,
 In still-bewußtem Behagen
 Bewahren wir Cypriens Wagen
 Und führen beim Säuseln der Nächte
 Durch liebliches Wellengeflechte,
 Unsichtbar dem neuen Geschlechte,
 Die lieblichste Tochter heran.
 Wir leise Geschäftigen scheuen
 Weder Adler noch geflügelten Leuen,
 Weder Kreuz noch Mond,
 Wie es oben wohnt und thront,
 Sich wechselnd wegt und regt,
 Sich vertreibt und totschlägt,
 Saaten und Städte niederlegt.
 Wir, so fortan,
 Bringen die lieblichste Herrin heran.
SIRENEN: Leichtbewegt, in mäßiger Eile,
 Um den Wagen, Kreis um Kreis,
 Bald verschlungen Zeil an Zeile,
 Schlangenartig reihenweis,
 Naht euch, rüstige Nereiden,
 Derbe Fraun, gefällig-wild,
 Bringet, zärtliche Doriden,
 Galateen, der Mutter Bild:
 Ernst, den Göttern gleich zu schauen,
 Würdiger Unsterblichkeit,
 Doch wie holde Menschenfrauen
 Lockender Anmutigkeit.
DORIDEN
 (im Chor am Nereus vorbeiziehend, sämtlich auf Delphinen):
 Leih uns, Luna, Licht und Schatten,
 Klarheit diesem Jugendflor!
 Denn wir zeigen liebe Gatten
 Unserm Vater bittend vor. (Zu Nereus)
 Knaben sind's, die wir gerettet
 Aus der Brandung grimmem Zahn,
 Sie, auf Schilf und Moos gebettet,
 Aufgewärmt zum Licht heran,
 Die es nun mit heißen Küssen
 Treulich uns verdanken müssen:
 Schau die Holden günstig an!
NEREUS: Hoch ist der Doppelgewinn zu schätzen:
 Barmherzig sein und sich zugleich ergötzen.
DORIDEN: Lobst du, Vater, unser Walten,
 Gönnst uns wohlerworbene Lust;
 Laß uns fest, unsterblich halten
 Sie an ewiger Jugendbrust!
NEREUS: Mögt euch des schönen Fanges freuen,
 Den Jüngling bildet euch als Mann!
 Allein ich könnte nicht verleihen,
 Was Zeus allein gewähren kann.
 Die Welle, die euch wogt und schaukelt,
 Läßt auch der Liebe nicht Bestand,
 Und hat die Neigung ausgegaukelt,
 So setzt gemächlich sie ans Land!
DORIDEN: Ihr, holde Knaben, seid uns wert,
 Doch müssen wir traurig scheiden:
 Wir haben ewige Treue begehrt,
 Die Götter wollen's nicht leiden.
DIE JÜNGLINGE: Wenn ihr uns nur so ferner labt,
 Uns wackre Schifferknaben!
 Wir haben's nie so gut gehabt
 Und wollen's nicht besser haben.

Galatee auf dem Muschelwagen nähert sich

NEREUS: Du bist es, mein Liebchen!
GALATEE: O Vater! das Glück!
 Delphine, verweilet! mich fesselt der Blick.
NEREUS: Vorüber schon, sie ziehen vorüber
 In kreisenden Schwunges Bewegung;
 Was kümmert sie die innre, herzliche Regung!
 Ach, nähmen sie mich mit hinüber!
 Doch ein einziger Blick ergötzt!
 Daß er das ganze Jahr ersetzt.
THALES: Heil! Heil aufs neue!
 Wie ich mich blühend freue,
 Vom Schönen, Wahren durchdrungen:
 Alles ist aus dem Wasser entsprungen!
 Alles wird durch das Wasser erhalten!
 Ozean, gönn uns dein ewiges Walten!
 Wenn du nicht Wolken sendetest,
 Nicht reiche Bäche spendetest,
 Hin und her nicht Flüsse wendetest,
 Die Ströme nicht vollendetest,
 Was wären Gebirge, was Ebnen und Welt!
 Du bist's, dem das frischeste Leben entquellt!
ECHO (Chorus der sämtlichen Kreise):
 Du bist's, der das frischeste Leben erhält!
NEREUS: Sie kehren schwankend fern zurück,
 Bringen nicht mehr Blick zu Blick;
 In gedehnten Kettenkreisen
 Sich festgemäß zu erweisen,
 Windet sich die unzählige Schar.
 Aber Galateas Muschelthron
 Seh ich schon und aber schon:
 Er glänzt wie ein Stern
 Durch die Menge!
 Geliebtes leuchtet durchs Gedränge:
 Auch noch so fern
 Schimmerts hell und klar,
 Immer nah und wahr.

HOMUNKULUS: In dieser holden Feuchte,
Was ich auch hier beleuchte,
Ist alles reizend schön.
PROTEUS: In dieser Lebensfeuchte
Erglänzt erst deine Leuchte
Mit herrlichem Getön.
NEREUS: Welch neues Geheimnis in Mitte der Scharen
Will unseren Augen sich offenbaren?
Was flammt um die Muschel, um Galatees Füße?
Bald lodert es mächtig, bald lieblich, bald süße,
Als wär es von Pulsen der Liebe gerührt.
THALES: Homunkulus ist es, von Proteus verführt!
Es sind die Symptome des herrischen Sehnens,
Mir ahnet das Ächzen beängsteten Dröhnens;
Er wird sich zerschellen am glänzenden Thron:
Jetzt flammt es, nun blitzt es, ergießet sich schon!
SIRENEN: Welch feuriges Wunder verklärt uns die Wellen,
Die gegeneinander sich funkelnd zerschellen?
So leuchtet's und schwanket und hellet hinan:
Die Körper, sie glühen auf nächtlicher Bahn,
Und ringsum ist alles vom Feuer umronnen.
So herrsche denn Eros, der alles begonnen!
Heil dem Meere! Heil den Wogen,
Von dem heiligen Feuer umzogen!
Heil dem Wasser! Heil dem Feuer!
Heil dem seltnen Abenteuer!
ALL-ALLE: Heil den mildgewogenen Lüften!
Heil geheimnisreichen Grüften!
Hochgefeiert seid allhier,
Element ihr alle vier!

DRITTER AKT

VOR DEM PALASTE DES MENELAS ZU SPARTA

*Helena tritt auf und Chor gefangener Trojanerinnen.
Panthalis, Chorführerin*

HELENA: Bewundert viel und viel gescholten, Helena,
Vom Strande komm ich, wo wir erst gelandet sind,
Noch immer trunken von des Gewoges regsamem
Geschaukel, das vom phrygischen Blachgefild uns her
Auf sträubig-hohem Rücken durch Poseidons Gunst
Und Euros' Kraft in vaterländische Buchten trug.
Dortunten freuet nun der König Menelas
Der Rückkehr samt den tapfersten seiner Krieger sich.
Du aber heiße mich willkommen, hohes Haus,
Das Tyndareos, mein Vater, nah dem Hange sich
Von Pallas' Hügel wiederkehrend aufgebaut
Und, als ich hier mit Klytämnestren schwesterlich,
Mit Castor auch und Pollux fröhlich spielend wuchs,
Vor allen Häusern Spartas herrlich ausgeschmückt.
Gegrüßet seid mir, der ehrnen Pforte Flügel ihr!
Durch euer gastlich ladendes Weit-Eröffnen einst

Geschah's, daß mir, erwählt aus vielen, Menelas
In Bräutigamsgestalt entgegenleuchtete.
Eröffnet mir sie wieder, daß ich ein Eilgebot
Des Königs treu erfülle, wie der Gattin ziemt!
Laßt mich hinein! und alles bleibe hinter mir,
Was mich umstürmte bis hieher, verhängnisvoll!
Denn seit ich diese Schwelle sorgenlos verließ,
Cytherens Tempel besuchend, heiliger Pflicht gemäß,
Mich aber dort ein Räuber griff, der phrygische,
Ist viel geschehen, was die Menschen weit und breit
So gern erzählen, aber der nicht gerne hört,
Von dem die Sage wachsend sich zum Märchen spann.
CHOR: Verschmähe nicht, o herrliche Frau,
Des höchsten Gutes Ehrenbesitz!
Denn das größte Glück ist dir einzig beschert:
Der Schönheit Ruhm, der vor allen sich hebt.
Dem Helden tönt sein Name voran,
Drum schreitet er stolz;
Doch beugt sogleich hartnäckigster Mann
Vor der allbezwingenden Schöne den Sinn.
HELENA: Genug! mit meinem Gatten bin ich hergeschifft
Und nun von ihm zu seiner Stadt vorausgesandt;
Doch welchen Sinn er hegen mag, errat ich nicht.
Komm ich als Gattin? komm ich eine Königin?
Komm ich ein Opfer für des Fürsten bittern Schmerz
Und für der Griechen langerduldetes Mißgeschick?
Erobert bin ich; ob gefangen, weiß ich nicht!
Denn Ruf und Schicksal bestimmten fürwahr die
    Unsterblichen
Zweideutig mir, der Schöngestalt bedenkliche
Begleiter, die an dieser Schwelle mir sogar
Mit düster drohender Gegenwart zur Seite stehn.
Denn schon im hohlen Schiffe blickte mich der Gemahl
Nur selten an, auch sprach er kein erquicklich Wort.
Als wenn er Unheil sänne, saß er gegen mir.
Nun aber, als, des Eurotas tiefem Buchtgestad
Hinangefahren, der vordern Schiffe Schnäbel kaum
Das Land begrüßten, sprach er, wie vom Gott bewegt:
„Hier steigen meine Krieger nach der Ordnung aus;
Ich mustre sie, am Strand des Meeres hingereiht.
Du aber ziehe weiter, ziehe des heiligen
Eurotas fruchtbegabtem Ufer immer auf,
Die Rosse lenkend auf der feuchten Wiese Schmuck,
Bis daß zur schönen Ebene du gelangen magst,
Wo Lakedämon, einst ein fruchtbar-weites Feld,
Von ernsten Bergen nah umgeben, angebaut.
Betrete dann das hochgetürmte Fürstenhaus
Und mustre mir die Mägde, die ich dort zurück
Gelassen, samt der klugen, alten Schaffnerin!
Die zeige dir der Schätze reiche Sammlung vor,
Wie sie dein Vater hinterließ und die ich selbst
In Krieg und Frieden, stets vermehrend, aufgehäuft.
Du findest alles nach der Ordnung stehen: denn
Das ist des Fürsten Vorrecht, daß er alles treu
In seinem Hause, wiederkehrend, finde, noch
An seinem Platze jedes, wie er's dort verließ;
Denn nichts zu ändern hat für sich der Knecht Gewalt."

CHOR: Erquicke nun am herrlichen Schatz,
Dem stets vermehrten, Augen und Brust!
Denn der Kette Zier, der Krone Geschmuck,
Da ruhn sie stolz, und sie bedünken sich was.
Doch tritt nur ein und fordre sie auf:
Sie rüsten sich schnell!
Mich freuet zu sehn Schönheit in dem Kampf
Gegen Gold und Perlen und Edelgestein.
HELENA: Sodann erfolgte des Herren ferneres Herrscherwort:
„Wenn du nun alles nach der Ordnung durchgesehn,
Dann nimm so manchen Dreifuß, als du nötig glaubst,
Und mancherlei Gefäße, die der Opfrer sich
Zur Hand verlangt, vollziehend heiligen Festgebrauch,
Die Kessel, auch die Schalen, wie das flache Rund!
Das reinste Wasser aus der heiligen Quelle sei
In hohen Krügen! ferner auch das trockne Holz,
Der Flammen schnell empfänglich, halte da bereit!
Ein wohlgeschliffnes Messer fehle nicht zuletzt;
Doch alles andre geb ich deiner Sorge hin."
So sprach er, mich zum Scheiden drängend; aber nichts
Lebendigen Atems zeichnet mir der Ordnende,
Das er, die Olympier zu verehren, schlachten will.
Bedenklich ist es; doch ich sorge weiter nicht,
Und alles bleibe hohen Göttern heimgestellt,
Die das vollenden, was in ihrem Sinn sie deucht,
Es möge gut von Menschen oder möge bös
Geachtet sein; die Sterblichen, wir, ertragen das.
Schon manchmal hob das schwere Beil der Opfernde
Zu des erdgebeugten Tieres Nacken weihend auf
Und konnt es nicht vollbringen; denn ihn hinderte
Des nahen Feindes oder Gottes Zwischenkunft.
CHOR: Was geschehen werde, sinnst du nicht aus!
Königin, schreite dahin
Guten Muts!
Gutes und Böses kommt
Unerwartet dem Menschen;
Auch verkündet, glauben wir's nicht.
Brannte doch Troja, sahen wir doch
Tod vor Augen, schmählichen Tod,
Und sind wir nicht hier
Dir gesellt, dienstbar-freudig,
Schauen des Himmels blendende Sonne
Und das Schönste der Erde,
Huldvoll, dich, uns Glücklichen?
HELENA: Sei's, wie es sei! Was auch bevorsteht, mir geziemt,
Hinaufzusteigen ungesäumt in das Königshaus,
Das, lang entbehrt und viel ersehnt und fast verscherzt,
Mir abermals vor Augen steht, ich weiß nicht wie.
Die Füße tragen mich so mutig nicht empor
Die hohen Stufen, die ich kindisch übersprang.
CHOR: Werfet, o Schwestern, ihr
Traurig gefangenen,
Alle Schmerzen ins Weite!
Teilet der Herrin Glück,
Teilet Helenens Glück,
Welche zu Vaterhauses Herd,
Zwar mit spät zurückkehrendem,
Aber mit desto festerem
Fuße freudig herannaht!
Preiset die heiligen,
Glücklich herstellenden
Und heimführenden Götter!
Schwebt der Entbundene
Doch wie auf Fittichen
Über das Rauhste, wenn umsonst
Der Gefangene sehnsuchtsvoll
Über die Zinne des Kerkers hin
Armausbreitend sich abhärmt.
Aber sie ergriff ein Gott,
Die Entfernte,
Und aus Ilios' Schutt
Trug er hierher sie zurück
In das alte, das neugeschmückte
Vaterhaus,
Nach unsäglichen
Freuden und Qualen
Früher Jugendzeit
Angefrischt zu gedenken.
PANTHALIS (als Chorführerin):
Verlasset nun des Gesanges freudumgebnen Pfad
Und wendet nach der Türe Flügeln euren Blick!
Was seh ich, Schwestern? Kehret nicht die Königin
Mit heftigen Schrittes Regung wieder zu uns her?
Was ist es, große Königin? was konnte dir
In deines Hauses Hallen, statt der Deinen Gruß,
Erschütterndes begegnen? Du verbirgst es nicht;
Denn Widerwillen seh ich an der Stirne dir,
Ein edles Zürnen, das mit Überraschung kämpft.
HELENA (welche die Türflügel offen gelassen hat, bewegt):
Der Tochter Zeus' geziemet nicht gemeine Furcht,
Und flüchtig-leise Schreckenshand berührt sie nicht;
Doch das Entsetzen, das, dem Schoß der alten Nacht
Vom Urbeginn entsteigend, vielgestaltet noch
Wie glühende Wolken aus des Berges Feuerschlund
Herauf sich wälzt, erschüttert auch des Helden Brust.
So haben heute grauenvoll die Stygischen
Ins Haus den Eintritt mir bezeichnet, daß ich gern
Von oftbetretner, langersehnter Schwelle mich,
Entlaßnem Gaste gleich, entfernend scheiden mag.
Doch nein! gewichen bin ich her ans Licht, und sollt
Ihr weiter nicht mich treiben, Mächte, wer ihr seid!
Auf Weihe will ich sinnen; dann gereinigt mag
Des Herdes Glut die Frau begrüßen wie den Herrn.
CHORFÜHRERIN: Entdecke deinen Dienerinnen, edle Frau,
Die dir verehrend beistehn, was begegnet ist!
HELENA: Was ich gesehen, sollt ihr selbst mit Augen sehn,
Wenn ihr Gebilde nicht die alte Nacht sogleich
Zurückgeschlungen in ihrer Tiefe Wunderschoß.
Doch daß ihr's wisset, sag ich's euch mit Worten an:
Als ich des Königshauses ernsten Binnenraum,

Der nächsten Pflicht gedenkend, feierlich betrat,
Erstaunt ich ob der öden Gänge Schweigsamkeit.
Nicht Schall der emsig Wandelnden begegnete
Dem Ohr, nicht rasch-geschäftiges Eiligtun dem Blick,
Und keine Magd erschien mir, keine Schaffnerin,
Die jeden Fremden freundlich sonst Begrüßenden.
Als aber ich dem Schoße des Herdes mich genaht,
Da sah ich, bei verglommner Asche lauem Rest,
Am Boden sitzen welch verhülltes großes Weib,
Der Schlafenden nicht vergleichbar, wohl der Sinnenden.
Mit Herrscherworten ruf ich sie zur Arbeit auf,
Die Schaffnerin mir vermutend, die indes vielleicht
Des Gatten Vorsicht hinterlassend angestellt;
Doch eingefaltet sitzt die Unbewegliche.
Nur endlich rührt sie auf mein Dräun den rechten Arm,
Als wiese sie von Herd und Halle mich hinweg.
Ich wende zürnend mich ab von ihr und eile gleich
Den Stufen zu, worauf empor der Thalamos
Geschmück sich hebt und nah daran das Schatzgemach;
Allein das Wunder reißt sich schnell vom Boden auf:
Gebietrisch mir den Weg vertretend, zeigt es sich
In hagrer Größe, hohlen, blutig-trüben Blicks,
Seltsamer Bildung, wie sie Aug und Geist verwirrt.
Doch red ich in die Lüfte; denn das Wort bemüht
Sich nur umsonst, Gestalten schöpferisch aufzubaun.
Da seht sie selbst! sie wagt sogar sich ans Licht hervor!
Hier sind wir Meister, bis der Herr und König kommt.
Die grausen Nachtgeburten drängt der Schönheitsfreund,
Phöbus, hinweg in Höhlen oder bändigt sie.

Phorkyas, auf der Schwelle zwischen den Türpfosten auftretend

CHOR: Vieles erlebt ich, obgleich die Locke
Jugendlich wallet mir um die Schläfe!
Schreckliches hab ich vieles gesehen:
Kriegerischen Jammer, Ilios' Nacht,
Als es fiel.

Durch das umwölkte, staubende Tosen
Drängender Krieger hört ich die Götter
Fürchterlich rufen, hört ich der Zwietracht
Eherne Stimme schallen durchs Feld,
Mauerwärts.

Ach, sie standen noch, Ilios'
Mauern; aber die Flammenglut
Zog vom Nachbar zum Nachbar schon,
Sich verbreitend von hier und dort
Mit des eignen Sturmes Wehn
Über die nächtliche Stadt hin.

Flüchtend sah ich durch Rauch und Glut
Und der züngelnden Flamme Loh'n
Gräßlich zürnender Götter Nahn,
Schreitend Wundergestalten,
Riesengroß, durch düsteren,
Feuerumleuchteten Qualm hin.

Sah ich's? oder bildete
Mir der angstumschlungene Geist
Solches Verworrene? Sagen kann
Nimmer ich's, doch daß ich dies
Gräßliche hier mit Augen schau,
Solches gewiß ja weiß ich;
Könnt es mit Händen fassen gar,
Hielte von dem Gefährlichen
Nicht zurücke die Furcht mich!

Welche von Phorkys'
Töchtern nur bist du?
Denn ich vergleiche dich
Diesem Geschlechte.
Bist du vielleicht der graugebornen,
Eines Auges und Eines Zahns
Wechselweis teilhaftigen
Graien eine gekommen?

Wagest du Scheusal,
Neben der Schönheit
Dich vor dem Kennerblick
Phöbus' zu zeigen?
Tritt du dennoch hervor nur immer!
Denn das Häßliche schaut Er nicht,
Wie sein heilig Auge noch
Nie erblickte den Schatten.

Doch uns Sterbliche nötigt, ach!
Leider trauriges Mißgeschick
Zu dem unsäglichen Augenschmerz,
Den das Verwerfliche, ewig-Unselige
Schönheitliebenden rege macht.

Ja, so höre denn, wenn du frech
Uns entgegnest, höre Fluch,
Hör jeglicher Schelte Drohn
Aus dem verwünschenden Munde der Glücklichen,
Die von Göttern gebildet sind!

PHORKYAS: Alt ist das Wort, doch bleibet hoch und wahr der Sinn:
Daß Scham und Schönheit nie zusammen, Hand in Hand,
Den Weg verfolgen über der Erde grünen Pfad.
Tief eingewurzelt wohnt in beiden alter Haß,
Daß, wo sie immer irgend auch des Weges sich
Begegnen, jede der Gegnerin den Rücken kehrt.
Dann eilet jede wieder heftiger, weiter fort,
Die Scham betrübt, die Schönheit aber frech gesinnt,
Bis sie zuletzt des Orkus hohle Nacht umfängt,
Wenn nicht das Alter sie vorher gebändigt hat. —
Euch find ich nun, ihr Frechen, aus der Fremde her
Mit Übermut ergossen, gleich der Kraniche
Laut-heiser klingendem Zug, der über unser Haupt
In langer Wolke krächzend sein Getön herab
Schickt, das den stillen Wandrer über sich hinauf
Zu blicken lockt; doch ziehn sie ihren Weg dahin,

Er geht den seinen: also wird's mit uns geschehn.
Wer seid denn ihr, daß ihr des Königs Hochpalast
Mänadisch wild, Betrunknen gleich, umtoben dürft?
Wer seid ihr denn, daß ihr des Hauses Schaffnerin
Entgegenheulet wie dem Mond der Hunde Schar?
Wähnt ihr, verborgen sei mir, welch Geschlecht ihr seid,
Du kriegerzeugte, schlachterzogne junge Brut?
Mannlustige du, so wie verführt, verführende,
Entnervend beide, Kriegers auch und Bürgers Kraft!
Zu Hauf euch sehend, scheint mir ein Zikadenschwarm
Herabzustürzen, deckend grüne Feldersaat.
Verzehrerinnen fremden Fleißes! naschende
Vernichterinnen aufgekeimten Wohlstands ihr!
Erobert-marktverkauft-vertauschte Ware du!

HELENA: Wer gegenwarts der Frau die Dienerinnen schilt,
Der Gebietrin Hausrecht tastet er vermessen an;
Denn ihr gebührt allein, das Lobenswürdige
Zu rühmen, wie zu strafen, was verwerflich ist.
Auch des Dienstes ich wohl zufrieden, den sie mir
Geleistet, als die hohe Kraft von Ilios
Umlagert stand und fiel und lag, nicht weniger,
Als wir der Irrfahrt kummervolle Wechselnot
Ertrugen, wo sonst jeder sich der Nächste bleibt.
Auch hier erwart ich gleiches von der muntern Schar;
Nicht, was der Knecht sei, fragt der Herr, nur, wie er dient.
Drum schweige du und grinse sie nicht länger an!
Hast du das Haus des Königs wohl verwahrt bisher
Anstatt der Hausfrau, solches dient zum Ruhme dir;
Doch jetzo kommt sie selber: tritt nun du zurück,
Damit nicht Strafe werde statt verdienten Lohns!

PHORKYAS: Den Hausgenossen drohen bleibt ein großes Recht,
Das gottbeglückten Herrschers hohe Gattin sich
Durch langer Jahre weise Leitung wohl verdient.
Da du, nun Anerkannte, neu den alten Platz
Der Königin und Hausfrau wiederum betrittst,
So fasse längst erschlaffte Zügel, herrsche nun,
Nimm in Besitz den Schatz und sämtlich uns dazu!
Vor allem aber schütze mich, die Ältere,
Vor dieser Schar, die neben deiner Schönheit Schwan
Nur schlechtbefitticht-schnatterhafte Gänse sind!

CHORFÜHRERIN: Wie häßlich neben Schönheit zeigt sich Häßlichkeit!

PHORKYAS: Wie unverständig neben Klugheit Unverstand!

Von hier an erwidern die Choretiden, einzeln aus dem Chor heraustretend

CHORETIDE 1:
Von Vater Erebus melde, melde von Mutter Nacht!

PHORKYAS: So sprich von Scylla, leiblich dir Geschwisterkind!

CHORETIDE 2:
An deinem Stammbaum steigt manch Ungeheur empor.

PHORKYAS: Zum Orkus hin! da suche deine Sippschaft auf!

CHORETIDE 3: Die dort wohnten, sind dir alle viel zu jung.

PHORKYAS: Tiresias, den Alten, gehe buhlend an!

CHORETIDE 4: Orions Amme war die Ururenkelin.

PHORKYAS: Harpyen, wähn ich, fütterten dich im Unflat auf.

CHORETIDE 5: Mit was ernährst du so gepflegte Magerkeit?

PHORKYAS: Mit Blute nicht, wonach du allzu lüstern bist!

CHORETIDE 6: Begierig du auf Leichen, ekle Leiche selbst!

PHORKYAS: Vampyrenzähne glänzen dir im frechen Maul.

CHORFÜHRERIN:
Das deine stopf ich, wenn ich sage, wer du seist.

PHORKYAS: So nenne dich zuerst! das Rätsel hebt sich auf.

HELENA: Nicht zürnend, aber trauernd schreit ich zwischen euch,
Verbietend solchen Wechselstreites Ungestüm.
Denn Schädlicheres begegnet nichts dem Herrscherherrn
Als treuer Diener heimlich-unterschworner Zwist.
Das Echo seiner Befehle kehrt alsdann nicht mehr
In schnell vollbrachter Tat wohlstimmig ihm zurück,
Nein, eigenwillig brausend tost es um ihn her,
Den selbst Verirrten, ins Vergebne Scheltenden.
Dies nicht allein! Ihr habt in sittelosem Zorn
Unselger Bilder Schreckgestalten hergebannt,
Die mich umdrängen, daß ich selbst zum Orkus mich
Gerissen fühle, vaterländischer Flur zum Trutz.
Ist's wohl Gedächtnis? war es Wahn, der mich ergreift?
War ich das alles? bin ich's? werd ich's künftig sein,
Das Traum- und Schreckbild jener Städteverwüstenden?
Die Mädchen schaudern; aber du, die Älteste,
Du stehst gelassen: rede mir verständig Wort!

PHORKYAS: Wer langer Jahre mannigfaltigen Glücks gedenkt,
Ihm scheint zuletzt die höchste Göttergunst ein Traum.
Du aber, hochbegünstigt, sonder Maß und Ziel,
In Lebensreihe sahst nur Liebesbrünstige,
Entzündet rasch zum kühnsten Wagstück jeder Art.
Schon Theseus haschte früh dich, gierig aufgeregt,
Wie Herakles stark, ein herrlich schön geformter Mann.

HELENA: Entführte mich, ein zehnjährig-schlankes Reh,
Und mich umschloß Aphidnus' Burg in Attika.

PHORKYAS: Durch Castor und durch Pollux aber bald befreit,
Umworben standst du ausgesuchter Heldenschar.

HELENA: Doch stille Gunst vor allen, wie ich gern gesteh,
Gewann Patroklus, er, des Peliden Ebenbild.

PHORKYAS: Doch Vaterwille traute dich an Menelas,
Den kühnen Seedurchstreicher, Hausbewahrer auch.

HELENA: Die Tochter gab er, gab des Reichs Bestellung ihm.
Aus ehlichem Beisein sproßte dann Hermione.
PHORKYAS: Doch als er fern sich Kretas Erbe kühn erstritt,
Dir Einsamen da erschien ein allzu schöner Gast.
HELENA: Warum gedenkst du jener halben Witwenschaft,
Und welch Verderben gräßlich mir daraus erwuchs!
PHORKYAS: Auch jene Fahrt, mir freigebornen Kreterin
Gefangenschaft erschuf sie, lange Sklaverei.
HELENA: Als Schaffnerin bestellt er dich sogleich hieher,
Vertrauend vieles, Burg und kühn erworbnen Schatz.
PHORKYAS: Die du verließest, Ilios' umtürmter Stadt
Und unerschöpften Liebesfreuden zugewandt!
HELENA: Gedenke nicht der Freuden! allzu herben Leids
Unendlich ergoß sich über Brust und Haupt.
PHORKYAS: Doch sagt man: du erschienst ein doppelhaft Gebild,
In Ilios gesehen und in Ägypten auch.
HELENA: Verwirre wüsten Sinnes Aberwitz nicht gar!
Selbst jetzo, welche denn ich sei, ich weiß es nicht.
PHORKYAS: Dann sagen sie: aus hohlem Schattenreich herauf
Gesellte sich inbrünstig noch Achill zu dir,
Dich früher liebend gegen allen Geschicks Beschluß!
HELENA: Ich als Idol ihm dem Idol verband ich mich.
Es war ein Traum, so sagen ja die Worte selbst.
Ich schwinde hin und werde selbst mir ein Idol.

Sinkt dem Halbchor in die Arme

CHOR: Schweige! schweige,
Mißblickende, Mißredende du!
Aus so gräßlichen, einzahnigen
Lippen, was enthaucht wohl
Solchem furchtbaren Greuelschlund!

Denn der Bösartige, wohltätig erscheinend,
Wolfesgrimm unter schafwolligem Vlies,
Mir ist er weit schrecklicher als des dreiköpfigen Hundes Rachen.
Ängstlich lauschend stehn wir da:
Wann, wie? wo nur bricht's hervor,
Solcher Tücke
Tiefauflauerndes Ungetüm?

Nun denn statt freundlich mit Trost reichbegabten,
Letheschenkenden, hold-mildesten Worts
Regest du auf aller Vergangenheit
Bösestes mehr denn Gutes
Und verdüsterst allzugleich
Mit dem Glanz der Gegenwart
Auch der Zukunft
Mild aufschimmerndes Hoffnungslicht.

Schweige! schweige!
Daß der Königin Seele,
Schon zu entfliehen bereit,
Sich noch halte, festhalte
Die Gestalt aller Gestalten,
Welche die Sonne jemals beschien.

Helena hat sich erholt und steht wieder in der Mitte

PHORKYAS:
Tritt hervor aus flüchtigen Wolken, hohe Sonne dieses Tags,
Die verschleiert schon entzückte, blendend nun im Glanze herrscht!
Wie die Welt sich dir entfaltet, schaust du selbst mit holdem Blick.
Schelten sie mich auch für häßlich, kenn ich doch das Schöne wohl.
HELENA: Tret ich schwankend aus der Öde, die im Schwindel mich umgab,
Pflegt ich gern der Ruhe wieder, denn so müd ist mein Gebein;
Doch es ziemet Königinnen, allen Menschen ziemet es wohl,
Sich zu fassen, zu ermannen, was auch drohend überrascht.
PHORKYAS: Stehst du nun in deiner Großheit, deiner Schöne vor uns da,
Sagt dein Blick, daß du befiehlest! Was befiehlst du? sprich es aus!
HELENA: Eures Haders frech Versäumnis auszugleichen, seid bereit!
Eilt, ein Opfer zu bestellen, wie der König mir gebot!
PHORKYAS:
Alles ist bereit im Hause: Schale, Dreifuß, scharfes Beil,
Zum Besprengen, zum Beräuchern! das zu Opfernde zeig an!
HELENA: Nicht bezeichnet' es der König.
PHORKYAS: Sprach's nicht aus? O Jammerwort!
HELENA: Welch ein Jammer überfällt dich?
PHORKYAS: Königin, du bist gemeint!
HELENA: Ich?
PHORKYAS: Und diese!
CHOR: Weh und Jammer!
PHORKYAS: Fallen wirst du durch das Beil!
HELENA: Gräßlich! doch geahnt! Ich Arme!
PHORKYAS: Unvermeidlich scheint es mir.
CHOR: Ach! und uns? was wird begegnen?
PHORKYAS: Sie stirbt einen edlen Tod;
Doch am hohen Balken drinnen, der des Daches Giebel trägt,
Wie im Vogelfang die Drosseln zappelt ihr der Reihe nach.

*Helena und Chor stehen erstaunt und erschreckt,
in bedeutender, wohlvorbereiteter Gruppe*

PHORKYAS: Gespenster! – Gleich erstarrten Bildern steht ihr da,
Geschreckt, vom Tag zu scheiden, der euch nicht gehört.
Die Menschen, die Gespenster sämtlich gleich wie ihr,
Entsagen auch nicht willig hehrem Sonnenschein;

Doch bittet oder rettet niemand sie vom Schluß:
Sie wissen's alle, wenigen doch gefällt es nur.
Genug, ihr seid verloren! Also frisch ans Werk!

Klatscht in die Hände; darauf erscheinen an der Pforte vermummte Zwerggestalten, welche die ausgesprochenen Befehle alsobald mit Behendigkeit ausführen

Herbei, du düstres, kugelrundes Ungetüm!
Wälzt euch hieher: zu schaden gibt es hier nach Lust!
Dem Tragaltar, dem goldgehörnten, gebet Platz!
Das Beil, es liege blinkend über dem Silberrand!
Die Wasserkrüge füllet, abzuwaschen gibt's
Des schwarzen Blutes greuelvolle Besudelung!
Den Teppich breitet köstlich hier am Staube hin,
Damit das Opfer niederkniee königlich
Und, eingewickelt, zwar getrennten Haupts, sogleich,
Anständig-würdig aber doch, bestattet sei!

CHORFÜHRERIN: Die Königin steht sinnend an der Seite hier,
Die Mädchen welken gleich gemähtem Wiesengras;
Mir aber deucht, der Ältesten, heiliger Pflicht gemäß,
Mit dir das Wort zu wechseln, Urururälteste.
Du bist erfahren, weise, scheinst uns gut gesinnt,
Obschon verkennend hirnlos diese Schar dich traf.
Drum sage, was du möglich noch von Rettung weißt!

PHORKYAS:
Ist leicht gesagt! Von der Königin hängt allein es ab,
Sich selbst zu erhalten, euch Zugaben auch mit ihr.
Entschlossenheit ist nötig und die behendeste.

CHOR: Ehrenwürdigste der Parzen, weiseste Sibylle du,
Halte gesperrt die goldne Schere, dann verkünd uns Tag und Heil!
Denn wir fühlen schon im Schweben, Schwanken, Bammeln unergetzlich
Unsere Gliederchen, die lieber erst im Tanze sich ergetzten,
Ruhten drauf an Liebchens Brust.

HELENA: Laß diese bangen! Schmerz empfind ich, keine Furcht;
Doch kennst du Rettung, dankbar sei sie anerkannt!
Dem Klugen, Weitumsichtigen zeigt fürwahr sich oft
Unmögliches noch als möglich. Sprich und sag es an!

CHOR:
Sprich und sage, sag uns eilig: wie entrinnen wir den grausen,
Garstigen Schlingen, die bedrohlich, als die schlechtesten Geschmeide,
Sich um unsre Hälse ziehen? Vorempfinden wir's, die Armen,
Zum Entatmen, zum Ersticken, wenn du, Rhea, aller Götter
Hohe Mutter, dich nicht erbarmst!

PHORKYAS: Habt ihr Geduld, des Vortrags langgedehnten Zug
Still anzuhören? Mancherlei Geschichten sind's.

CHOR: Geduld genug! Zuhörend leben wir indes.

PHORKYAS: Dem, der zu Hause verharrend edlen Schatz bewahrt
Und hoher Wohnung Mauern auszukitten weiß,
Wie auch das Dach zu sichern vor des Regens Drang,
Dem wird es wohlgehn lange Lebenstage durch;
Wer aber seiner Schwelle heilige Richte leicht
Mit flüchtigen Sohlen überschreitet freventlich,
Der findet wiederkehrend wohl den alten Platz,
Doch umgeändert alles, wo nicht gar zerstört.

HELENA: Wozu dergleichen wohlbekannte Sprüche hier?
Du willst erzählen: rege nicht an Verdrießliches!

PHORKYAS: Geschichtlich ist es, ist ein Vorwurf keineswegs.
Raubschiffend ruderte Menelas von Bucht zu Bucht;
Gestad und Inseln, alles streift er feindlich an,
Mit Beute wiederkehrend, wie sie drinnen starrt.
Vor Ilios verbracht er langer Jahre zehn;
Zur Heimfahrt aber weiß ich nicht, wie viel es war.
Allein wie steht es hier am Platz um Tyndareos'
Erhabnes Haus? wie stehet es mit dem Reich umher?

HELENA: Ist dir denn so das Schelten gänzlich einverleibt,
Daß ohne Tadeln du keine Lippe regen kannst?

PHORKYAS: So viele Jahre stand verlassen das Talgebirg,
Das hinter Sparta nordwärts in die Höhe steigt,
Taygetos im Rücken, wo als muntrer Bach
Herab Eurotas rollt und dann, durch unser Tal
An Rohren breit hinfließend, eure Schwäne nährt.
Dorthinten still im Gebirgstal hat ein kühn Geschlecht
Sich angesiedelt, dringend aus cimmerischer Nacht,
Und unersteiglich-feste Burg sich aufgetürmt,
Von da sie Land und Leute placken, wie's behagt.

HELENA: Das konnten sie vollführen? Ganz unmöglich scheint's.

PHORKYAS: Sie hatten Zeit: vielleicht an zwanzig Jahre sind's.

HELENA: Ist Einer Herr? sind's Räuber viel, verbündete?

PHORKYAS: Nicht Räuber sind es, Einer aber ist der Herr.
Ich schelt ihn nicht, und wenn er schon mich heimgesucht.
Wohl konnt er alles nehmen; doch begnügt er sich
Mit wenigen Freigeschenken, nannt er's nicht Tribut.

HELENA: Wie sieht er aus?

PHORKYAS: Nicht übel! mir gefällt er schon.
Es ist ein munterer, kecker, wohlgebildeter,
Wie unter Griechen wenig, ein verständger Mann.
Man schilt das Volk Barbaren; doch ich dächte nicht,
Daß grausam einer wäre, wie vor Ilios
Gar mancher Held sich menschenfresserisch erwies.
Ich acht auf seine Großheit, ihm vertrau ich mich.
Und seine Burg! die solltet ihr mit Augen sehn!
Das ist was anderes gegen plumpes Mauerwerk,
Das eure Väter, mir nichts dir nichts, aufgewälzt,
Cyklopisch wie Cyklopen, rohen Stein sogleich
Auf rohe Steine stürzend! Dort hingegen, dort
Ist alles senk- und waagerecht und regelhaft.
Von außen schaut sie: himmelan sie strebt empor,
So starr, so wohl in Fugen, spiegelglatt wie Stahl!

Zu klettern hier – ja selbst der Gedanke gleitet ab!
Und innen großer Höfe Raumgelasse, rings
Mit Baulichkeit umgeben aller Art und Zweck.
Da seht ihr Säulen, Säulchen, Bogen, Bögelchen,
Altane, Galerien, zu schauen aus und ein,
Und Wappen.

CHOR: Was sind Wappen?

PHORKYAS: Ajax führte ja
Geschlungne Schlang im Schilde, wie ihr selbst gesehn.
Die Sieben dort vor Theben trugen Bildnerein
Ein jeder auf seinem Schilde, reich-bedeutungsvoll.
Da sah man Mond und Stern am nächtigen Himmels-
    raum,
Auch Göttin, Held und Leiter, Schwerter, Fackeln
    auch,
Und was Bedrängliches guten Städten grimmig droht.
Ein solch Gebilde führt auch unsre Heldenschar
Von seinen Ururahnen her in Farbenglanz.
Da seht ihr Löwen, Adler, Klau und Schnabel auch,
Dann Büffelhörner, Flügel, Rosen, Pfauenschweif,
Auch Streifen, gold und schwarz und silbern, blau und
    rot.
Dergleichen hängt in Sälen Reih an Reihe fort,
In Salen, grenzenlosen, wie die Welt so weit:
Da könnt ihr tanzen!

CHOR: Sage: gibt's auch Tänzer da?

PHORKYAS: Die besten! Goldgelockte, frische
    Bubenschar!
Die duften Jugend! Paris duftete einzig so,
Als er der Königin zu nahe kam.

HELENA: Du fällst
Ganz aus der Rolle; sage mir das letzte Wort!

PHORKYAS: Du sprichst das letzte, sagst mit Ernst ver-
    nehmlich Ja!
Sogleich umgeb ich dich mit jener Burg!

CHOR: O sprich!
Das kurze Wort und rette dich und uns zugleich!

HELENA: Wie? sollt ich fürchten, daß der König Menelas
So grausam sich verginge, mich zu schädigen?

PHORKYAS: Hast du vergessen, wie er deinen Deiphobus,
Des totgekämpften Paris' Bruder, unerhört
Verstümmelte, der starrsinnig Witwe dich erstritt
Und glücklich kebste? Nas und Ohren schnitt er ab
Und stümmelte mehr so: Greuel war es anzuschaun.

HELENA: Das tat er jenem, meinetwegen tat er das.

PHORKYAS: Um jenes willen wird er dir das gleiche tun!
Unteilbar ist die Schönheit; der sie ganz besaß,
Zerstört sie lieber, fluchend jedem Teilbesitz.

Trompeten in der Ferne; der Chor fährt zusammen

Wie scharf der Trompete Schmettern Ohr und Einge-
    weid
Zerreißend anfaßt, also krallt sich Eifersucht
Im Busen fest des Mannes, der das nie vergißt,
Was einst er besaß und nun verlor, nicht mehr besitzt.

CHOR:
Hörst du nicht die Hörner schallen? siehst der Waffen
    Blitze nicht?

PHORKYAS: Sei willkommen, Herr und König! gerne geb
    ich Rechenschaft.

CHOR: Aber wir?

PHORKYAS: Ihr wißt es deutlich: seht vor Augen ihren Tod,
    Merkt den eurigen dadrinne! nein, zu helfen ist euch
    nicht.

Pause

HELENA: Ich sann mir aus das Nächste, was ich wagen
    darf.
Ein Widerdämon bist du, das empfind ich wohl,
Und fürchte, Gutes wendest du zum Bösen um.
Vor allem aber folgen will ich dir zur Burg;
Das andre weiß ich; was die Königin dabei
In tiefem Busen geheimnisvoll verbergen mag,
Sei jedem unzugänglich! – Alte, geh voran!

CHOR: O wie gern gehen wir hin,
Eilenden Fußes!
Hinter uns Tod,
Vor uns abermals
Ragender Feste
Unzugängliche Mauer!
Schütze sie eben so gut,
Eben wie Ilios' Burg,
Die doch endlich nur
Niederträchtiger List erlag!

Nebel verbreiten sich, umhüllen den Hintergrund, auch die Nähe, nach Belieben

Wie? aber wie?
Schwestern, schaut euch um!
War es nicht heiterer Tag?
Nebel schwanken streifig empor
Aus Eurotas heilger Flut:
Schon entschwand das liebliche,
Schilfumkränzte Gestade dem Blick!
Auch die frei, zierlich-stolz,
Sanft hingleitenden Schwäne
In geselliger Schwimmlust
Seh ich, ach, nicht mehr!

Doch, aber doch
Tönen hör ich sie,
Tönen fern heiseren Ton!
Tod verkündenden, sagen sie!
Ach, daß uns er nur nicht auch
Statt verheißner Rettung Heil
Untergang verkünde zuletzt,
Uns, den Schwangleichen, Lang-
Schön-Weißhalsigen, und ach!
Unsrer Schwanerzeugten!
Weh uns, weh, weh!

Alles deckte sich schon
Rings mit Nebel umher.
Sehen wir doch einander nicht!
Was geschieht? gehen wir?
Schweben wir nur
Trippelnden Schrittes am Boden hin?
Siehst du nichts? schwebt nicht etwa gar

Hermes voran? blinkt nicht der goldne Stab
Heischend, gebietend uns wieder zurück
Zu dem unerfreulichen, grautagenden,
Ungreifbarer Gebilde vollen,
Überfüllten, ewig leeren Hades?
Ja, auf einmal wird es düster, ohne Glanz entschwebt der Nebel,
Dunkelgräulich, mauerbräunlich. Mauern stellen sich dem Blicke,
Freiem Blicke, starr entgegen. Ist's ein Hof? ist's tiefe Grube?
Schauerlich in jedem Falle! Schwestern, ach! wir sind gefangen,
So gefangen wie nur je!

INNERER BURGHOF

umgeben von reichen, phantastischen Gebäuden des Mittelalters

CHORFÜHRERIN:
Vorschnell und töricht, echt-wahrhaftes Weibsgebild!
Vom Augenblick abhängig, Spiel der Witterung,
Des Glücks und Unglücks: keins von beiden wißt ihr je
Zu bestehn mit Gleichmut! Eine widerspricht ja stets
Der andern heftig, überquer die andern ihr;
In Freud und Schmerz nur heult und lacht ihr gleichen Tons.
Nun schweigt und wartet horchend, was die Herrscherin
Hochsinnig hier beschließen mag für sich und uns!
HELENA: Wo bist du, Pythonissa? heiße, wie du magst,
Aus diesen Gewölben tritt hervor der düstern Burg!
Gingst etwa du, dem wunderbaren Heldenherrn
Mich anzukündigen, Wohlempfang bereitend mir,
So habe Dank und führe schnell mich ein zu ihm!
Beschluß der Irrfahrt wünsch ich, Ruhe wünsch ich nur.
CHORFÜHRERIN:
Vergebens blickst du, Königin, allseits um dich her:
Verschwunden ist das leidige Bild, verblieb vielleicht
Im Nebel dort, aus dessen Busen wir hieher,
Ich weiß nicht wie, gekommen, schnell und sonder Schritt.
Vielleicht auch irrt sie zweifelhaft im Labyrinth
Der wundersam aus vielen eingewordnen Burg,
Den Herrn erfragend fürstlicher Hochbegrüßung halb.
Doch sieh: dort oben regt in Menge allbereits,
In Galerien, am Fenster, in Portalen rasch
Sich hin und herbewegend, viele Dienerschaft;
Vornehm-willkommnen Gastempfang verkündet es.
CHOR: Aufgeht mir das Herz! o seht nur dahin,
Wie so sittig herab mit verweilendem Tritt
Jungholdeste Schar anständig bewegt
Den geregelten Zug! Wie, auf wessen Befehl
Nur erscheinen, gereiht und gebildet so früh,
Von Jünglingsknaben das herrliche Volk?
Was bewundr ich zumeist? Ist es zierlicher Gang,
Etwa des Haupts Lockhaar um die blendende Stirn,
Etwa der Wänglein Paar, wie die Pfirsiche rot
Und eben auch so weichwollig beflaumt?
Gern biß ich hinein; doch ich schaudre davor:
Denn in ähnlichem Fall, da erfüllte der Mund
Sich, gräßlich zu sagen! mit Asche.
  Aber die Schönsten,
  Sie kommen daher:
  Was tragen sie nur?
  Stufen zum Thron,
  Teppich und Sitz,
  Umhang und zelt-
  artigen Schmuck!
  Überüberwallt er,
  Wolkenkränze bildend,
  Unsrer Königin Haupt;
  Denn schon bestieg sie,
  Eingeladen, herrlichen Pfühl.
  Tretet heran,
  Stufe für Stufe
  Reihet euch ernst!
  Würdig, o würdig, dreifach würdig
  Sei gesegnet ein solcher Empfang!

Alles vom Chor Ausgesprochene geschieht nach und nach

FAUST

Nachdem Knaben und Knappen in langem Zug herabgestiegen, erscheint er oben an der Treppe in ritterlicher Hofkleidung des Mittelalters und kommt langsam-würdig herunter

CHORFÜHRERIN (ihn aufmerksam beschauend):
Wenn diesem nicht die Götter, wie sie öfter tun,
Für wenige Zeit nur wunderswürdige Gestalt,
Erhabnen Anstand, liebenswerte Gegenwart
Vorübergänglich liehen, wird ihm jedesmal,
Was er beginnt, gelingen, sei's in Männerschlacht,
So auch im kleinen Kriege mit den schönsten Fraun.
Er ist fürwahr gar vielen andern vorzuziehn,
Die ich doch auch als hochgeschätzt mit Augen sah.
Mit langsam-ernstem, ehrfurchtsvoll gehaltnem Schritt
Seh ich den Fürsten: wende dich, o Königin!
FAUST (herantretend, einen Gefesselten zur Seite):
Statt feierlichsten Grußes, wie sich ziemte,
Statt ehrfurchtsvollem Willkomm bring ich dir
In Ketten hart geschlossen solchen Knecht,
Der, Pflicht verfehlend, mir die Pflicht entwand.
Hier kniee nieder, dieser höchsten Frau
Bekenntnis abzulegen deiner Schuld!
Dies ist, erhabne Herrscherin, der Mann,
Mit seltnem Augenblitz vom hohen Turm
Umherzuschaun bestellt, dort Himmelsraum
Und Erdenbreite scharf zu überspähn,
Was etwa da und dort sich melden mag,
Vom Hügelkreis ins Tal zur festen Burg
Sich regen mag, der Herden Woge sei's,

Ein Heereszug vielleicht: wir schützen jene,
Begegnen diesem. Heute: welch Versäumnis!
Du kommst heran, er meldet's nicht! verfehlt
Ist ehrenvoller, schuldigster Empfang
So hohen Gastes. Freventlich verwirkt
Das Leben hat er, läge schon im Blut
Verdienten Todes; doch nur du allein
Bestrafst, begnadigst, wie dir's wohlgefällt.

HELENA: So hohe Würde, wie du sie vergönnst,
Als Richterin, als Herrscherin, und wär's
Versuchend nur, wie ich vermuten darf –
So üb ich nun des Richters erste Pflicht:
Beschuldigte zu hören: Rede denn!

TURMWÄRTER LYNKEUS:
    Laß mich knieen, laß mich schauen,
    Laß mich sterben, laß mich leben,
    Denn schon bin ich hingegeben
    Dieser gottgegebnen Frauen!

    Harrend auf des Morgens Wonne,
    Östlich spähend ihren Lauf,
    Ging auf einmal mir die Sonne
    Wunderbar im Süden auf.

    Zog den Blick nach jener Seite,
    Statt der Schluchten, statt der Höhn,
    Statt der Erd- und Himmelsweite
    Sie, die Einzige, zu spähn.

    Augenstrahl ist mir verliehen
    Wie dem Luchs auf höchstem Baum;
    Doch nun mußt ich mich bemühen
    Wie aus tiefem, düsterm Traum.

    Wüßt ich irgend mich zu finden?
    Zinne? Turm? geschlossnes Tor?
    Nebel schwanken, Nebel schwinden,
    Solche Göttin tritt hervor!

    Aug und Brust ihr zugewendet,
    Sog ich an den milden Glanz;
    Diese Schönheit, wie sie blendet,
    Blendete mich Armen ganz.

    Ich vergaß des Wächters Pflichten,
    Völlig das beschworne Horn –
    Drohe nur, mich zu vernichten!
    Schönheit bändigt allen Zorn.

HELENA: Das Übel, das ich brachte, darf ich nicht
Bestrafen. Wehe mir! welch streng Geschick
Verfolgt mich, überall der Männer Busen
So zu betören, daß sie weder sich
Noch sonst ein Würdiges verschonten. Raubend jetzt,
Verführend, fechtend, hin und her entrückend,
Halbgötter, Helden, Götter, ja Dämonen,
Sie führten mich im Irren her und hin.
Einfach die Welt verwirrt ich, doppelt mehr;
Nun dreifach, vierfach bring ich Not auf Not. –
Entferne diesen Guten, laß ihn frei!
Den Gottbetörten treffe keine Schmach!

FAUST: Erstaunt, o Königin, seh ich zugleich
Die sicher Treffende, hier den Getroffnen:
Ich seh den Bogen, der den Pfeil entsandt,
Verwundet jenen. Pfeile folgen Pfeilen,
Mich treffend! Allwärts ahn ich überquer
Gefiedert schwirrend sie in Burg und Raum.
Was bin ich nun? Auf einmal machst du mir
Rebellisch die Getreusten, meine Mauern
Unsicher. Also fürcht ich schon: mein Heer
Gehorcht der siegend-unbesiegten Frau.
Was bleibt mir übrig, als mich selbst und alles
Im Wahn das Meine, dir anheimzugeben?
Zu deinen Füßen laß mich, frei und treu,
Dich Herrin anerkennen, die sogleich
Auftretend sich Besitz und Thron erwarb!

LYNKEUS (mit einer Kiste und Männer, die ihm andere nachtragen):
    Du siehst mich, Königin, zurück!
    Der Reiche bettelt einen Blick,
    Er sieht dich an und fühlt sogleich
    Sich bettelarm und fürstenreich.

    Was war ich erst? was bin ich nun?
    Was ist zu wollen? was zu tun?
    Was hilft der Augen schärfster Blitz!
    Er prallt zurück an deinem Sitz.

    Von Osten kamen wir heran,
    Und um den Westen war's getan;
    Ein lang und breites Volksgewicht:
    Der erste wußte vom letzten nicht.

    Der erste fiel, der zweite stand,
    Des dritten Lanze war zur Hand;
    Ein jeder hundertfach gestärkt,
    Erschlagne Tausend unbemerkt.

    Wir drängten fort, wir stürmten fort,
    wir waren Herrn von Ort zu Ort,
    Und wo ich herrisch heut befahl,
    Ein andrer morgen raubt und stahl.

    Wir schauten – eilig war die Schau:
    Der griff die allerschönste Frau,
    Der griff den Stier von festem Tritt,
    Die Pferde mußten alle mit.

    Ich aber liebte, zu erspähn
    Das Seltenste, was man gesehn,
    Und was ein andrer auch besaß,
    Das war für mich gedörrtes Gras.

    Den Schätzen war ich auf der Spur,
    Den scharfen Blicken folgt ich nur,
    In alle Taschen blickt ich ein,
    Durchsichtig war mir jeder Schrein.

    Und Haufen Goldes waren mein,
    Am herrlichsten der Edelstein:
    Nun der Smaragd allein verdient,
    Daß er an deinem Herzen grünt.

Nun schwanke zwischen Ohr und Mund
Das Tropfenei aus Meeresgrund!
Rubinen werden gar verscheucht:
Das Wangenrot sie niederbleicht.

Und so den allergrößten Schatz
Versetz ich hier auf deinen Platz;
Zu deinen Füßen sei gebracht
Die Ernte mancher blutgen Schlacht.

So viele Kisten schlepp ich her,
Der Eisenkisten hab ich mehr;
Erlaube mich auf deiner Bahn,
Und Schatzgewölbe füll ich an.

Denn du bestiegest kaum den Thron,
So neigen schon, so beugen schon
Verstand und Reichtum und Gewalt
Sich vor der einzigen Gestalt.

Das alles hielt ich fest und mein:
Nun aber, lose, wird es dein!
Ich glaubt es würdig, hoch und bar:
Nun seh ich, daß es nichtig war!

Verschwunden ist, was ich besaß,
Ein abgemähtes, welkes Gras.
O gib mit einem heitern Blick
Ihm seinen ganzen Wert zurück!

FAUST: Entferne schnell die kühn erworbne Last,
Zwar nicht getadelt, aber unbelohnt!
Schon ist Ihr alles eigen, was die Burg
Im Schoß verbirgt: Besondres Ihr zu bieten,
Ist unnütz. Geh und häufe Schatz auf Schatz
Geordnet an! Der ungesehnen Pracht
Erhabnes Bild stell auf! Laß die Gewölbe
Wie frische Himmel blinken! Paradiese
Von lebelosem Leben richte zu!
Voreilend ihren Tritten, laß beblümt
An Teppich Teppiche sich wälzen: ihrem Tritt
Begegne sanfter Boden, ihrem Blick,
Nur Göttliche nicht blendend, höchster Glanz!

LYNKEUS: Schwach ist, was der Herr befiehlt;
Tut's der Diener, es ist gespielt:
Herrscht doch über Gut und Blut
Dieser Schönheit Übermut.

Schon das ganze Heer ist zahm,
Alle Schwerter stumpf und lahm,
Vor der herrlichen Gestalt
Selbst die Sonne matt und kalt,
Vor dem Reichtum des Gesichts
Alles leer und alles nichts. (Ab)

HELENA (zu Faust): Ich wünsche dich zu sprechen, doch
herauf
An meine Seite komm! der leere Platz
Beruft den Herrn und sichert mir den meinen.

FAUST: Erst knieend laß die treue Widmung dir
Gefallen, hohe Frau! die Hand, die mich
An deine Seite hebt, laß mich sie küssen!
Bestärke mich als Mitregenten deines
Grenzunbewußten Reichs, gewinne dir
Verehrer, Diener, Wächter all in einem!

HELENA: Vielfache Wunder seh ich, hör ich an.
Erstaunen trifft mich, fragen möcht ich viel.
Doch wünscht ich Unterricht, warum die Rede
Des Manns mir seltsam klang, seltsam und freundlich:
Ein Ton scheint sich dem andern zu bequemen,
Und hat ein Wort zum Ohre sich gesellt,
Ein andres kommt, dem ersten liebzukosen.

FAUST: Gefällt dir schon die Sprechart unsrer Völker,
O so gewiß entzückt auch der Gesang,
Befriedigt Ohr und Sinn im tiefsten Grunde.
Doch ist am sichersten, wir üben's gleich:
Die Wechselrede lockt es, ruft's hervor.

HELENA: So sage denn: wie sprech ich auch so schön?

FAUST: Das ist gar leicht: es muß von Herzen gehn!
Und wenn die Brust von Sehnsucht überfließt,
Man sieht sich um und fragt –

HELENA: Wer mitgenießt.

FAUST: Nun schaut der Geist nicht vorwärts, nicht zurück;
Die Gegenwart allein –

HELENA: Ist unser Glück.

FAUST: Schatz ist sie, Hochgewinn, Besitz und Pfand;
Bestätigung, wer gibt sie?

HELENA: Meine Hand!

CHOR: Wer verdächt es unsrer Fürstin,
Gönnet sie dem Herrn der Burg
Freundliches Erzeigen?
Denn gesteht: sämtliche sind wir
Ja Gefangene, wie schon öfter
Seit dem schmählichen Untergang
Ilios' und der ängstlich-
labyrinthischen Kummerfahrt.

Fraun, gewöhnt an Männerliebe,
Wählerinnen sind sie nicht,
Aber Kennerinnen!
Und wie goldlockigen Hirten
Vielleicht schwarzborstigen Faunen,
Wie es bringt die Gelegenheit,
Über die schwellenden Glieder
Voll erteilen sie gleiches Recht.

Nah und näher sitzen sie schon,
Aneinander gelehnet,
Schulter an Schulter, Knie an Knie;
Hand in Hand wiegen sie sich
Über des Throns
Aufgepolsterter Herrlichkeit.
Nicht versagt sich die Majestät
Heimlicher Freuden
Vor den Augen des Volkes
Übermütiges Offenbarsein.

HELENA: Ich fühle mich so fern und doch so nah,
Und sage nur zu gern: da bin ich! da!

FAUST: Ich atme kaum, mir zittert, stockt das Wort;
Es ist ein Traum, verschwunden Tag und Ort.

HELENA: Ich scheine mir verlebt und doch so neu,
        In dich verwebt, dem Unbekannten treu.
FAUST: Durchgrüble nicht das einzigste Geschick!
       Dasein ist Pflicht, und wär's ein Augenblick.
PHORKYAS (heftig eintretend):
       Buchstabiert in Liebesfibeln,
       Tändelnd grübelt nur am Liebeln,
       Müßig liebelt fort im Grübeln!
       Doch dazu ist keine Zeit.
       Fühlt ihr nicht ein dumpfes Wettern?
       Hört nur die Trompete schmettern!
       Das Verderben ist nicht weit:
       Menelas mit Volkeswogen
       Kommt auf euch herangezogen –
       Rüstet euch zu herbem Streit!
       Von der Siegerschar umwimmelt,
       Wie Deiphobus verstümmelt,
       Büßest du das Fraungeleit.
       Bammelt erst die leichte Ware,
       Dieser gleich ist am Altare
       Neugeschliffnes Beil bereit.
FAUST: Verwegne Störung! widerwärtig dringt sie ein!
      Auch nicht in Gefahren mag ich sinnlos Ungestüm.
      Den schönsten Boten, Unglücksbotschaft häßlich ihn;
      Du Häßlichste gar, nur schlimme Botschaft bringst du gern.
      Doch diesmal soll dir's nicht geraten; leeren Hauchs
      Erschüttere du die Lüfte! Hier ist nicht Gefahr,
      Und selbst Gefahr erschiene nur als eitles Dräun.

Signale, Explosionen von den Türmen, Trompeten und Zinken, kriegerische Musik, Durchmarsch gewaltiger Heereskraft

FAUST: Nein, gleich sollst du versammelt schauen
      Der Helden ungetrennten Kreis:
      Nur der verdient die Gunst der Frauen,
      Der kräftigst sie zu schützen weiß.

Zu den Heerführern, die sich von den Kolonnen absondern und herantreten

      Mit angehaltnem stillen Wüten,
      Das euch gewiß den Sieg verschafft,
      Ihr, Nordens jugendliche Blüten,
      Ihr, Ostens blumenreiche Kraft –

      In Stahl gehüllt, vom Strahl umwittert,
      Die Schar, die Reich um Reich zerbrach,
      Sie treten auf, die Erde schüttert,
      Sie schreiten fort, es donnert nach.

      In Pylos traten wir zu Lande,
      Der alte Nestor ist nicht mehr,
      Und alle kleine Königsbande
      Zersprengt das ungebundne Heer.

      Drängt ungesäumt von diesen Mauern
      Jetzt Menelas dem Meer zurück!
      Dort irren mag er, rauben, lauern:
      Ihm war es Neigung und Geschick.

      Herzoge soll ich euch begrüßen,
      Gebietet Spartas Königin;
      Nun legt ihr Berg und Tal zu Füßen,
      Und euer sei des Reichs Gewinn!

      Germane du, Korinthus Buchten
      Verteidige mit Wall und Schutz!
      Achaja dann mit hundert Schluchten
      Empfehl ich, Gote, deinem Trutz.

      Nach Elis ziehn der Franken Heere,
      Messene sei der Sachsen Los!
      Normanne reinige die Meere
      Und Argolis erschaff er groß!

      Dann wird ein jeder häuslich wohnen,
      Nach außen richten Kraft und Blitz;
      Doch Sparta soll euch überthronen,
      Der Königin verjährter Sitz.

      All-Einzeln sieht sie euch genießen
      Des Landes, dem kein Wohl gebricht!
      Ihr sucht getrost zu ihren Füßen
      Bestätigung und Recht und Licht.

Faust steigt herab, die Fürsten schließen einen Kreis um ihn, Befehle und Anordnung näher zu vernehmen

CHOR: Wer die Schönste für sich begehrt,
      Tüchtig vor allen Dingen
      Seh er nach Waffen weise sich um!
      Schmeichelnd wohl gewann er sich,
      Was auf Erden das Höchste;
      Aber ruhig besitzt er's nicht:
      Schleicher listig entschmeicheln sie ihm,
      Räuber kühnlich entreißen sie ihm;
      Dieses zu hindern, sei er bedacht!

      Unsern Fürsten lob ich drum,
      Schätz ihn höher vor andern;
      Wie er so tapfer-klug sich verband,
      Daß die Starken gehorchend stehn,
      Jeden Winkes gewärtig.
      Seinen Befehl vollziehn sie treu,
      Jeder sich selbst zu eignem Nutz
      Wie dem Herrscher zu lohnendem Dank,
      Beiden zu höchlichem Ruhmesgewinn.

      Denn wer entreißet sie jetzt
      Dem gewaltgen Besitzer?
      Ihm gehört sie, ihm sei sie gegönnt,
      Doppelt von uns gegönnt, die er
      Samt ihr zugleich innen mit sicherster Mauer,
      Außen mit mächtigstem Heer umgab.

FAUST: Die Gaben, diesen hier verliehen –
      An jeglichen ein reiches Land! –
      Sind groß und herrlich: laß sie ziehen!
      Wir halten in der Mitte stand.

      Und sie beschützen um die Wette,
      Ringsum von Wellen angehüpft,
      Nichtinsel dich, mit leichter Hügelkette
      Europens letztem Bergast angeknüpft.

Das Land, vor aller Länder Sonnen,
Sei ewig jedem Stamm beglückt,
Nun meiner Königin gewonnen,
Das früh an ihr hinaufgeblickt,

Als mit Eurotas' Schilfgeflüster
Sie leuchtend aus der Schale brach,
Der hohen Mutter, dem Geschwister
Das Licht der Augen überstach.

Dies Land, allein zu dir gekehret,
Entbietet seinen höchsten Flor;
Dem Erdkreis, der dir angehöret,
Dein Vaterland, o zieh es vor!

Und duldet auch auf seiner Berge Rücken
Das Zackenhaupt der Sonne kalten Pfeil,
Läßt nun der Fels sich angegrünt erblicken,
Die Ziege nimmt genäschig kargen Teil.

Die Quelle springt, vereinigt stürzen Bäche,
Und schon sind Schluchten, Hänge, Matten grün.
Auf hundert Hügeln unterbrochner Fläche
Siehst Wollenherden ausgebreitet ziehn.

Verteilt, vorsichtig-abgemessen schreitet
Gehörntes Rind hinan zum jähen Rand;
Doch Obdach ist den sämtlichen bereitet:
Zu hundert Höhlen wölbt sich Felsenwand.

Pan schützt sie dort, und Lebensnymphen wohnen
In buschiger Klüfte feucht-erfrischtem Raum,
Und, sehnsuchtsvoll nach höhern Regionen,
Erhebt sich zweighaft Baum gedrängt an Baum.

Altwälder sind's! Die Eiche starret mächtig,
Und eigensinnig zackt sich Ast an Ast;
Der Ahorn, mild, von süßem Safte trächtig,
Steigt rein empor und spielt mit seiner Last.

Und mütterlich im stillen Schattenkreise
Quillt laue Milch bereit für Kind und Lamm;
Obst ist nicht weit, der Ebnen reife Speise,
Und Honig trieft vom ausgehöhlten Stamm.

Hier ist das Wohlbehagen erblich,
Die Wange heitert wie der Mund,
Ein jeder ist an seinem Platz unsterblich:
Sie sind zufrieden und gesund.

Und so entwickelt sich am reinen Tage
Zu Vaterkraft das holde Kind.
Wir staunen drob; noch immer bleibt die Frage:
Ob's Götter, ob es Menschen sind!

So war Apoll den Hirten zugestaltet,
Daß ihm der schönsten einer glich;
Denn wo Natur im reinen Kreise waltet,
Ergreifen alle Welten sich.
            Neben ihr sitzend
So ist es mir, so ist es dir gelungen;
Vergangenheit sei hinter uns getan!

O fühle dich vom höchsten Gott entsprungen!
Der ersten Welt gehörst du einzig an!

Nicht feste Burg soll dich umschreiben!
Noch zirkt in ewiger Jugendkraft,
Für uns zu wonnevollem Bleiben,
Arkadien in Spartas Nachbarschaft.

Gelockt, auf selgem Grund zu wohnen,
Du flüchtetest ins heitere Geschick!
Zur Laube wandeln sich die Thronen:
Arkadisch frei sei unser Glück!

DER SCHAUPLATZ VERWANDELT SICH DURCHAUS

*An eine Reihe von Felsenhöhlen lehnen sich
geschlossene Lauben.
Schattiger Hain bis an die rings umgebenden
Felsenteile hinan.
Faust und Helena werden nicht gesehen.
Der Chor liegt schlafend verteilt umher*

PHORKYAS: Wie lange Zeit die Mädchen schlafen, weiß ich nicht;
 Ob sie sich träumen ließen, was ich hell und klar
 Vor Augen sah, ist ebenfalls mir unbekannt.
 Drum weck ich sie. Erstaunen soll das junge Volk,
 Ihr Bärtigen auch, die ihr dadrunten sitzend harrt,
 Glaubhafter Wunder Lösung endlich anzuschaun.
 Hervor! hervor! und schüttelt eure Locken rasch!
 Schlaf aus den Augen! Blinzt nicht so und hört mich an!
CHOR: Rede nur, erzähl, erzähle, was sich Wunderliches begeben!
 Hören möchten wir am liebsten, was wir gar nicht glauben können;
 Denn wir haben lange Weile, diese Felsen anzusehn.
PHORKYAS:
 Kaum die Augen ausgerieben, Kinder, langeweilt ihr schon?
 So vernehmt: in diesen Höhlen, diesen Grotten, diesen Lauben
 Schutz und Schirmung war verliehen, wie idyllischem Liebespaare,
 Unserm Herrn und unsrer Frauen.
CHOR: Wie? dadrinnen?
PHORKYAS: Abgesondert
 Von der Welt, nur mich, die Eine, riefen sie zu stillem Dienste.
 Hochgeehrt stand ich zur Seite; doch wie es Vertrauten ziemet,
 Schaut ich um nach etwas andrem, wendete mich hier- und dorthin.
 Suchte Wurzeln, Moos und Rinden, kundig aller Wirksamkeiten:
 Und so blieben sie allein.

CHOR:
Tust du doch, als ob dadrinnen ganze Weltenräume wären,
Wald und Wiese, Bäche, Seen! welche Märchen spinnst du ab!
PHORKYAS:
Allerdings, ihr Unerfahrnen! das sind unerforschte Tiefen:
Saal an Sälen, Hof an Höfen; diese spür ich sinnend aus.
Doch auf einmal ein Gelächter echot in den Höhlenräumen;
Schau ich hin: da springt ein Knabe von der Frauen Schoß zum Manne,
Von dem Vater zu der Mutter! das Gekose, das Getändel,
Töriger Liebe Neckereien, Scherzgeschrei und Lustgejauchze
Wechselnd übertäuben mich.
Nackt, ein Genius ohne Flügel, faunenartig ohne Tierheit,
Springt er auf den festen Boden; doch der Boden, gegenwirkend,
Schnellt ihn zu der luftgen Höhe, und im zweiten, dritten Sprunge
Rührt er an das Hochgewölb.
Ängstlich ruft die Mutter: „Springe wiederholt und nach Belieben,
Aber hüte dich zu fliegen! freier Flug ist dir versagt."
Und so mahnt der treue Vater: „In der Erde liegt die Schnellkraft,
Die dich aufwärts treibt; berühre mit der Zehe nur den Boden,
Wie der Erdensohn Antäus bist du alsobald gestärkt."
Und so hüpft er auf die Masse dieses Felsens, von der Kante
Zu dem andern und umher so, wie ein Ball geschlagen springt.
Doch auf einmal in der Spalte rauher Schlucht ist er verschwunden,
Und nun scheint er uns verloren! Mutter jammert, Vater tröstet,
Achselzuckend steh ich ängstlich! Doch nun wieder welch Erscheinen!
Liegen Schätze dort verborgen? Blumenstreifige Gewande
Hat er würdig angetan.
Quasten schwanken von den Armen, Binden flattern um den Busen;
In der Hand die goldne Leier, völlig wie ein kleiner Phöbus,
Tritt er wohlgemut zur Kante, zu dem Überhang: wir staunen,
Und die Eltern vor Entzücken werfen wechselnd sich ans Herz.
Denn wie leuchtet's ihm zu Häupten? Was erglänzt, ist schwer zu sagen:
Ist es Goldschmuck? ist es Flamme übermächtiger Geisteskraft?
Und so regt er sich gebärdend, sich als Knabe schon verkündend
Künftigen Meister alles Schönen, dem die ewigen Melodieen
Durch die Glieder sich bewegen, und so werdet ihr ihn hören,
Und so werdet ihr ihn sehn zu einzigster Bewunderung.
CHOR:
Nennst du ein Wunder dies,
Kretas Erzeugte?
Dichtend belehrendem Wort
Hast du gelauscht wohl nimmer?
Niemals noch gehört Ioniens,
Nie vernommen auch Hellas'
Urväterlicher Sagen
Göttlich-heldenhaften Reichtum?

Alles, was je geschieht
Heutigen Tages,
Trauriger Nachklang ist's
Herrlicher Ahnherrntage!
Nicht vergleicht sich dein Erzählen
Dem, was liebliche Lüge,
Glaubhaftiger als Wahrheit,
Von dem Sohn sang der Maja.

Diesen zierlich und kräftig, doch
Kaum geborenen Säugling
Faltet in reinster Windeln Flaum,
Strenget in köstlicher Wickeln Schmuck
Klatschender Wärterinnen Schar,
Unvernünftigen Wähnens.
Kräftig und zierlich aber zieht
Schon der Schalk die geschmeidigen,
Doch elastischen Glieder
Listig heraus, die purpurne,
Ängstlich drückende Schale
Lassend ruhig an seiner Statt,
Gleich dem fertigen Schmetterling,
Der aus starrem Puppenzwang,
Flügel entfaltend, behendig schlüpft,
Sonnedurchstrahlten Äther kühn
Und mutwillig durchflatternd.

So auch er, der Behendeste,
Daß er Dieben und Schälken,
Vorteilsuchenden allen auch
Ewig günstiger Dämon sei!
Dies betätigt er alsobald
Durch gewandteste Künste:
Schnell des Meeres Beherrscher stiehlt
Er den Trident, ja dem Ares selbst
Schlau das Schwert aus der Scheide,
Bogen und Pfeil dem Phöbus auch,
Wie dem Hephästos die Zange;

Selber Zeus', des Vaters, Blitz
Nähm er, schreckt ihn das Feuer nicht;
Doch dem Eros siegt er ob
In beinstellendem Ringerspiel,
Raubt auch Cyprien, wie sie ihm kost,
Noch vom Busen den Gürtel.

Ein reizendes, rein-melodisches Saitenspiel erklingt aus der Höhle. Alle merken auf und scheinen bald innig gerührt. Von hier an bis zur bemerkten Pause durchaus mit vollstimmiger Musik

PHORKYAS: Höret allerliebste Klänge!
Macht euch schnell von Fabeln frei!
Eurer Götter alt Gemenge,
Laßt es hin! es ist vorbei.

Niemand will euch mehr verstehen,
Fordern wir doch höhern Zoll:
Denn es muß von Herzen gehen,
Was auf Herzen wirken soll.

Sie zieht sich nach den Felsen zurück

CHOR: Bist du, fürchterliches Wesen,
Diesem Schmeichelton geneigt,
Fühlen wir, als frisch genesen,
Uns zur Tränenlust erweicht.
Laß der Sonne Glanz verschwinden,
Wenn es in der Seele tagt:
Wir im eignen Herzen finden,
Was die ganze Welt versagt.

Helena, Faust, Euphorion in dem oben beschriebenen Kostüm

EUPHORION: Hört ihr Kindeslieder singen,
Gleich ist's euer eigner Scherz;
Seht ihr mich im Takte springen,
Hüpft euch elterlich das Herz.

HELENA: Liebe, menschlich zu beglücken,
Nähert sie ein edles Zwei;
Doch zu göttlichem Entzücken
Bildet sie ein köstlich Drei.

FAUST: Alles ist sodann gefunden:
Ich bin dein, und du bist mein,
Und so stehen wir verbunden;
Dürft es doch nicht anders sein!

CHOR: Wohlgefallen vieler Jahre
In des Knaben mildem Schein
Sammelt sich auf diesem Paare:
O wie rührt mich der Verein!

EUPHORION: Nun laßt mich hüpfen,
Nun laßt mich springen!
Zu allen Lüften
Hinaufzudringen,
Ist mir Begierde:
Sie faßt mich schon.

FAUST: Nur mäßig! mäßig
Nicht ins Verwegne,
Daß Sturz und Unfall
Dir nicht begegne,
Zugrunde uns richte

Der teure Sohn!

EUPHORION: Ich will nicht länger
Am Boden stocken:
Laßt meine Hände,
Laßt meine Locken,
Laßt meine Kleider!
Sie sind ja mein.

HELENA: O denk, o denke,
Wem du gehörest,
Wie es uns kränke,
Wie du zerstörest
Das schön errungene
Mein, Dein und Sein!

CHOR: Bald löst, ich fürchte,
Sich der Verein.

HELENA UND FAUST: Bändige, bändige,
Eltern zuliebe,
Überlebendige,
Heftige Triebe!
Ländlich im stillen
Ziere den Plan!

EUPHORION: Nur euch zu Willen
Halt ich mich an.

Durch den Chor sich schlingend und ihn zum Tanze fortziehend

Leichter umschweb ich hie
Muntres Geschlecht.
Ist nun die Melodie,
Ist die Bewegung recht?

HELENA: Ja, das ist wohlgetan!
Führe die Schönen an
Künstlichem Reihn!

FAUST: Wäre das doch vorbei!
Mich kann die Gaukelei
Gar nicht erfreun.

Euphorion und Chor, tanzend und singend, bewegen sich in verschlungenen Reihen

CHOR: Wenn du der Arme Paar
Lieblich bewegest,
Im Glanz dein lockig Haar
Schüttelnd erregest,
Wenn dir der Fuß so leicht
Über die Erde schleicht,
Dort und da wieder hin
Glieder um Glied sich ziehn,
Hast du dein Ziel erreicht,
Liebliches Kind!
All unsre Herzen sind
All dir geneigt.

Pause

EUPHORION: Ihr seid so viele
Leichtfüßige Rehe,
Zu neuem Spiele
Frisch aus der Nähe!
Ich bin der Jäger,
Ihr seid das Wild.

CHOR:	Willst du uns fangen,
	Sei nicht behende!
	Denn wir verlangen
	Doch nur am Ende,
	Dich zu umarmen,
	Du schönes Bild!
EUPHORION:	Nur durch die Haine!
	Zu Stock und Steine!
	Das leicht Errungene,
	Das widert mir,
	Nur das Erzwungene
	Ergötzt mich schier.
HELENA UND FAUST:	Welch ein Mutwill! welch ein
	Rasen!
	Keine Mäßigung ist zu hoffen!
	Klingt es doch wie Hörnerblasen
	Über Tal und Wälder dröhnend:
	Welch ein Unfug! welch Geschrei!
CHOR (einzeln schnell eintretend):	
	Uns ist er vorbeigelaufen!
	Mit Verachtung uns verhöhnend
	Schleppt er von dem ganzen Haufen
	Nun die Wildeste herbei.
EUPHORION (ein junges Mädchen hereintragend):	
	Schlepp ich her die derbe Kleine
	Zu erzwungenem Genusse!
	Mir zur Wonne, mir zur Lust
	Drück ich die widerspenstige Brust,
	Küß ich widerwärtigen Mund,
	Tue Kraft und Willen kund.
MÄDCHEN:	Laß mich los! In dieser Hülle
	Ist auch Geistes Mut und Kraft;
	Deinem gleich, ist unser Wille
	Nicht so leicht hinweggerafft.
	Glaubst du wohl mich im Gedränge?
	Deinem Arm vertraust du viel!
	Halte fest, und ich versenge
	Dich, den Toren, mir zum Spiel.
	Sie flammt auf und lodert in die Höhe
	Folge mir in leichte Lüfte,
	Folge mir in starre Grüfte,
	Hasche das verschwundne Ziel!
EUPHORION (die letzten Flammen abschüttelnd):	
	Felsengedränge hier
	Zwischen dem Waldgebüsch!
	Was soll die Enge mir?
	Bin ich doch jung und frisch!
	Winde, sie sausen ja,
	Wellen, sie brausen da,
	Hör ich doch beides fern:
	Nah wär ich gern!
	Er springt immer höher felsauf
HELENA, FAUST UND CHOR:	
	Wolltest du den Gemsen gleichen?
	Vor dem Falle muß uns graun.
EUPHORION:	Immer höher muß ich steigen,
	Immer weiter muß ich schaun!
	Weiß ich nun, wo ich bin:
	Mitten der Insel drin,
	Mitten in Pelops' Land,
	Erde- wie seeverwandt!
CHOR:	Magst nicht in Berg und Wald
	Friedlich verweilen,
	Suchen wir alsobald
	Reben in Zeilen,
	Reben am Hügelrand,
	Feigen und Apfelgold.
	Ach, in dem holden Land
	Bleibe du hold!
EUPHORION:	Träumt ihr den Friedenstag?
	Träume, wer träumen mag!
	Krieg ist das Losungswort!
	Sieg! und so klingt es fort.
CHOR:	Wer im Frieden
	Wünschet sich Krieg zurück,
	Der ist geschieden
	Vom Hoffnungsglück.
EUPHORION:	Welche dies Land gebar
	Aus Gefahr in Gefahr,
	Frei, unbegrenzten Muts,
	Verschwendrisch eignen Bluts,
	Den nicht zu Dämpfenden
	Heiligen Sinn,
	Alle den Kämpfenden
	Bring es Gewinn!
CHOR:	Seht hinauf wie hoch gestiegen!
	Und erscheint uns doch nicht klein:
	Wie im Harnisch, wie zum Siegen,
	Wie von Erz und Stahl der Schein!
EUPHORION:	Keine Wälle, keine Mauern,
	Jeder nur sich selbst bewußt!
	Feste Burg, um auszudauern,
	Ist des Mannes ehrne Brust.
	Wollt ihr unerobert wohnen,
	Leicht bewaffnet rasch ins Feld!
	Frauen werden Amazonen.
	Und ein jedes Kind ein Held.
CHOR:	Heilige Poesie,
	Himmelan steige sie!
	Glänze, der schönste Stern,
	Fern und so weiter fern!
	Und sie erreicht uns doch
	Immer, man hört sie noch,
	Vernimmt sie gern.
EUPHORION:	Nein, nicht ein Kind bin ich erschienen:
	In Waffen kommt der Jüngling an!
	Gesellt zu Starken, Freien, Kühnen,
	Hat er im Geiste schon getan.
	Nun fort!
	Nun dort
	Eröffnet sich zum Ruhm die Bahn.
HELENA UND FAUST:	Kaum ins Leben eingerufen,
	Heitrem Tag gegeben kaum,
	Sehnest du von Schwindelstufen

Dich zu schmerzenvollem Raum.
Sind denn wir
Gar nichts dir?
Ist der holde Bund ein Traum?
EUPHORION: Und hört ihr donnern auf dem Meere?
Dort widerdonnern Tal um Tal,
In Staub und Wellen Heer dem Heere
In Drang um Drang zu Schmerz und Qual!
Und der Tod
Ist Gebot:
Das versteht sich nun einmal.
HELENA, FAUST UND CHOR:
Welch Entsetzen! welches Grauen!
Ist der Tod denn dir Gebot?
EUPHORION: Sollte ich aus der Ferne schauen?
Nein, ich teile Sorg und Not!
DIE VORIGEN: Übermut und Gefahr!
Tödliches Los!
EUPHORION: Doch! — Und ein Flügelpaar
Faltet sich los!
Dorthin! Ich muß! ich muß!
Gönnt mir den Flug!
Er wirft sich in die Lüfte, die Gewande tragen ihn einen Augenblick, sein Haupt strahlt, ein Lichtschweif zieht nach
CHOR: Ikarus! Ikarus!
Jammer genug!
Ein schöner Jüngling stürzt zu der Eltern Füßen, man glaubt in dem Toten eine bekannte Gestalt zu erblicken; doch das Körperliche verschwindet sogleich, die Aureole steigt wie ein Komet zum Himmel auf, Kleid, Mantel und Lyra bleiben liegen
HELENA UND FAUST: Der Freude folgt sogleich
Grimmige Pein.
EUPHORIONS STIMME (aus der Tiefe):
Laß mich im düstern Reich,
Mutter, mich nicht allein!
Pause
CHOR (Trauergesang): Nicht allein! — wo du auch weilest!
Denn wir glauben dich zu kennen;
Ach, wenn du dem Tag enteilest,
Wird kein Herz von dir sich trennen.
Wüßten wir doch kaum zu klagen,
Neidend singen wir dein Los:
Dir in klar- und trüben Tagen
Lieb und Mut war schön und groß.

Ach, zum Erdenglück geboren,
Hoher Ahnen großer Kraft,
Leider früh dir selbst verloren,
Jugendblüte weggerafft!
Scharfer Blick, die Welt zu schauen,
Mitsinn jedem Herzensdrang,
Liebesglut der besten Frauen
Und ein eigenster Gesang.

Doch du ranntest unaufhaltsam
Frei ins willenlose Netz:
So entzweitest du gewaltsam
Dich mit Sitte, mit Gesetz;
Doch zuletzt das höchste Sinnen
Gab dem reinen Mut Gewicht,
Wolltest Herrliches gewinnen,
Aber es gelang dir nicht.

Wem gelingt es? — Trübe Frage,
Der das Schicksal sich vermummt,
Wenn am unglückseligsten Tage
Blutend alles Volk verstummt.
Doch erfrischet neue Lieder,
Steht nicht länger tief gebeugt:
Denn der Boden zeugt sie wieder,
Wie von je er sie gezeugt.

Völlige Pause. Die Musik hört auf
HELENA (zu Faust):
Ein altes Wort bewährt sich leider auch an mir:
Daß Glück und Schönheit dauerhaft sich nicht vereint.
Zerrissen ist des Lebens wie der Liebe Band;
Bejammernd beide, sag ich schmerzlich Lebewohl
Und werfe mich noch einmal in die Arme dir. —
Persephoneia, nimmt den Knaben auf und mich!

Sie umarmt Faust, das Körperliche verschwindet, Kleid und Schleier bleiben ihm in den Armen

PHORKYAS (zu Faust):
Halte fest, was dir von allem übrigblieb!
Das Kleid, laß es nicht los! Da zupfen schon
Dämonen an den Zipfeln, möchten gern
Zur Unterwelt es reißen. Halte fest!
Die Göttin ist's nicht mehr, die du verlorst,
Doch göttlich ist's! Bediene der hohen,
Unschätzbaren Gunst und hebe dich empor:
Es trägt dich über alles Gemeine rasch
Am Äther hin, solange du dauern kannst. —
Wir sehn uns wieder, weit, gar weit von hier.

Helenens Gewande lösen sich in Wolken auf, umgeben Faust, heben ihn in die Höhe und ziehen mit ihm vorüber

PHORKYAS (nimmt Euphorions Kleid, Mantel und Lyra von der Erde, tritt ins Proszenium, hebt die Exuvien in die Höhe und spricht):
Noch immer glücklich aufgefunden!
Die Flamme freilich ist verschwunden,
Doch ist mir um die Welt nicht leid.
Hier bleibt genug, Poeten einzuweihen,
Zu stiften Gild- und Handwerksneid,
Und kann ich die Talente nicht verleihen,
Verborg ich wenigstens das Kleid.

Sie setzt sich im Proszenium an einer Säule nieder
PANTHALIS:
Nun eilig, Mädchen! Sind wir doch den Zauber los,
Der altthessalischen Vettel wüsten Geisteszwang,
So des Geklimpers vielverworrner Töne Rausch,
Das Ohr verwirrend, schlimmer noch den innern Sinn.
Hinab zum Hades! Eilte doch die Königin

Mit ernstem Gang hinunter. Ihrer Sohle sei
Unmittelbar getreuer Mägde Schritt gefügt!
Wir finden sie am Throne der Unerforschlichen.

CHOR: Königinnen freilich, überall sind sie gern;
Auch im Hades stehen sie obenan,
Stolz zu ihresgleichen gesellt,
Mit Persephonen innigst vertraut;
Aber wir, im Hintergrunde
Tiefer Asphodeloswiesen,
Langgestreckten Pappeln,
Unfruchtbaren Weiden zugesellt,
Welchen Zeitvertreib haben wir?
Fledermausgleich zu piepsen,
Geflüster, unerfreulich, gespenstig.

PANTHALIS:
Wer keinen Namen sich erwarb noch Edles will,
Gehört den Elementen an: so fahret hin!
Mit meiner Königin zu sein, verlangt mich heiß;
Nicht nur Verdienst, auch Treue wahrt uns die Person.
(Ab)

ALLE: Zurückgegeben sind wir dem Tageslicht,
Zwar Personen nicht mehr,
Das fühlen, das wissen wir,
Aber zum Hades kehren wir nimmer!
Ewig lebendige Natur
Macht auf uns Geister,
Wir auf sie vollgültigen Anspruch.

EIN TEIL DES CHORS:
Wir in dieser tausend Äste Flüsterzittern, Säuselschweben,
Reizen tändelnd, locken leise wurzelauf des Lebens Quellen
Nach den Zweigen; bald mit Blättern, bald mit Blüten überschwenglich
Zieren wir die Flatterhaare frei zu luftigem Gedeihn.
Fällt die Frucht, sogleich versammeln lebenslustig Volk und Herden
Sich zum Greifen, sich zum Naschen, eilig kommend, emsig drängend,
Und wie vor den ersten Göttern bückt sich alles um uns her.

EIN ANDERER TEIL:
Wir, an dieser Felsenwände weithinleuchtend-glattem Spiegel
Schmiegen wir, in sanften Wellen uns bewegend, schmeichelnd an;
Horchen, lauschen jedem Laute, Vogelsängen, Röhrigflöten,
Sei es Pans furchtbarer Stimme: Antwort ist sogleich bereit.
Säuselt's, säuseln wir erwidernd, donnert's, rollen unsre Donner
In erschütterndem Verdoppeln dreifach, zehnfach hintennach.

EIN DRITTER TEIL:
Schwestern, wir, bewegtern Sinnes, eilen mit den Bächen weiter;

Denn es reizen jener Ferne reichgeschmückte Hügelzüge.
Immer abwärts, immer tiefer wässern wir, mäandrisch wallend,
Jetzt die Wiese, dann die Matten, gleich den Garten um das Haus.
Dort bezeichnen's der Zypressen schlanke Wipfel, über Landschaft,
Uferzug und Wellenspiegel nach dem Äther steigende.

EIN VIERTER TEIL:
Wallt ihr andern, wo's beliebet: wir umzingeln, wir umrauschen
Den durchaus bepflanzten Hügel, wo am Stab die Rebe grünt;
Dort zu aller Tage Stunden läßt die Leidenschaft des Winzers
Und des liebevollsten Fleißes zweifelhaft Gelingen sehn.
Bald mit Hacke, bald mit Spaten, bald mit Häufeln, Schneiden, Binden
Betet er zu allen Göttern, fördersamst zum Sonnengott.
Bacchus kümmert sich, der Weichling, wenig um den treuen Diener,
Ruht in Lauben, lehnt in Höhlen, faselnd mit dem jüngsten Faun.
Was zu seiner Träumereien halbem Rausch er je bedurfte,
Immer bleibt es ihm in Schläuchen, ihm in Krügen und Gefäßen,
Rechts und links der kühlen Grüfte, ewige Zeiten aufbewahrt.
Haben aber alle Götter, hat nun Helios vor allen,
Lüftend, feuchtend, wärmend, glutend, Beerenfüllhorn aufgehäuft,
Wo der stille Winzer wirkte, dort auf einmal wird's lebendig,
Und es rauscht in jedem Laube, raschelt um von Stock zu Stock.
Körbe knarren, Eimer klappern, Tragebutten ächzen hin.
Alles nach der großen Kufe zu der Keltrer kräftgem Tanz.
Und so wird die heilige Fülle reingeborner, saftiger Beeren
Frech zertreten: schäumend, sprühend, mischt sich's, widerlich zerquetscht.
Und nun gellt ins Ohr der Zimbeln mit der Becken Erzgetöne;
Denn es hat sich Dionysos aus Mysterien enthüllt,
Kommt hervor mit Ziegenfüßlern, schwenkend Ziegenfüßlerinnen,
Und dazwischen schreit unbändig grell Silenus' öhrig Tier.
Nichts geschont! Gespaltne Klauen treten alle Sitte nieder,

Alle Sinne wirbeln taumlig, gräßlich übertäubt das Ohr.
Nach der Schale tappen Trunkne, überfüllt sind Kopf und Wänste;
Sorglich ist noch ein- und andrer, doch vermehrt er die Tumulte:
Denn um neuen Most zu bergen, leert man rasch den alten Schlauch!
Der Vorhang fällt.
Phorkyas, im Proszenium, richtet sich riesenhaft auf, tritt aber von den Kothurnen herunter, lehnt Maske und Schleier zurück und zeigt sich als Mephistopheles, um, insofern es nötig wäre, im Epilog das Stück zu kommentieren

VIERTER AKT

HOCHGEBIRG

Starre, zackige Felsengipfel.
Eine Wolke zieht herbei, lehnt sich an, senkt sich auf eine vorstehende Platte herab.
Sie teilt sich

FAUST (tritt hervor):
Der Einsamkeiten tiefste schauend unter meinem Fuß,
Betret ich wohlbedächtig dieser Gipfel Saum,
Entlassend meiner Wolke Tragwerk, die mich sanft
An klaren Tagen über Land und Meer geführt.
Sie löst sich langsam, nicht zerstiebend, von mir ab.
Nach Osten strebt die Masse mit geballtem Zug;
Ihr strebt das Auge staunend in Bewundrung nach.
Sie teilt sich wandelnd, wogenhaft, veränderlich;
Doch will sich's modeln. — Ja, das Auge trügt mich nicht!
Auf sonnbeglänzten Pfühlen herrlich hingestreckt,
Zwar riesenhaft, ein göttergleiches Fraungebild,
Ich seh's! Junonen ähnlich, Ledan, Helenen,
Wie majestätisch-lieblich mir's im Auge schwankt!
Ach! Schon verrückt sich's! Formlos-breit und aufgetürmt
Ruht es im Osten, fernen Eisgebirgen gleich,
Und spiegelt blendend flüchtger Tage großen Sinn.

Doch mir umschwebt ein zarter, lichter Nebelstreif
Noch Brust und Stirn, erheiternd, kühl und schmeichelhaft.
Nun steigt es leicht und zaudernd hoch und höher auf,
Fügt sich zusammen. — Täuscht mich ein entzückend Bild
Als jugenderstes, längstentbehrtes höchstes Gut?
Des tiefsten Herzens früheste Schätze quellen auf:
Aurorens Liebe, leichten Schwungs bezeichnet's mir,
Den schnellempfundnen, ersten, kaum verstandnen Blick,
Der, festgehalten, überglänzte jeden Schatz.

Wie Seelenschönheit steigert sich die holde Form,
Löst sich nicht auf, erhebt sich in den Äther hin
Und zieht das Beste meines Innern mit sich fort.
Ein Siebenmeilenstiefel tappt auf. Ein anderer folgt alsbald.
Mephistopheles steigt ab. Die Stiefel schreiten eilig weiter

MEPHISTOPHELES: Das heiß ich endlich vorgeschritten!
Nun aber sag: was fällt dir ein?
Steigst ab in solcher Greuel Mitten,
Im gräßlich gähnenden Gestein?
Ich kenn es wohl, doch nicht an dieser Stelle;
Denn eigentlich war das der Grund der Hölle.
FAUST: Es fehlt dir nie an närrischen Legenden;
Fängst wieder an, dergleichen auszuspenden!
MEPHISTOPHELES (ernsthaft):
Als Gott der Herr — ich weiß auch wohl, warum —
Uns aus der Luft in tiefste Tiefen bannte,
Da, wo, zentralisch glühend, um und um,
Ein ewig Feuer flammend sich durchbrannte,
Wir fanden uns bei allzu großer Hellung
In sehr gedrängter, unbequemer Stellung.
Die Teufel fingen sämtlich an zu husten,
Von oben und von unten auszupusten;
Die Hölle schwoll von Schwefelstank und -säure:
Das gab ein Gas! das ging ins Ungeheure,
So daß gar bald der Länder flache Kruste,
So dick sie war, zerkrachend bersten mußte.
Nun haben wir's an einem andern Zipfel:
Was ehmals Grund war, ist nun Gipfel.
Sie gründen auch hierauf die rechten Lehren,
Das Unterste ins Oberste zu kehren.
Denn wir entrannen knechtisch-heißer Gruft
Ins Übermaß der Herrschaft freier Luft.
Ein offenbar Geheimnis, wohl verwahrt,
Und wird nur spät den Völkern offenbart.
(Ephes. 6,12.)
FAUST: Gebirgesmasse bleibt mir edel-stumm;
Ich frage nicht: woher? und nicht: warum?
Als die Natur sich in sich selbst gegründet,
Da hat sie rein den Erdball abgeründet,
Der Gipfel sich, der Schluchten sich erfreut
Und Fels an Fels und Berg an Berg gereiht,
Die Hügel dann bequem hinabgebildet,
Mit sanftem Zug sie in das Tal gemildet.
Da grünt's und wächst's, und um sich zu erfreuen,
Bedarf sie nicht der tollen Strudeleien.
MEPHISTOPHELES:
Das sprecht Ihr so! das scheint Euch sonnenklar;
Doch weiß es anders, der zugegen war.
Ich war dabei, als noch dadrunten siedend
Der Abgrund schwoll und strömend Flammen trug,
Als Molochs Hammer, Fels an Felsen schmiedend,
Gebirgestrümmer in die Ferne schlug.
Noch starrt das Land von fremden Zentnermassen:
Wer gibt Erklärung solcher Schleudermacht?
Der Philosoph, er weiß es nicht zu fassen:
Da liegt der Fels, man muß ihn liegen lassen,

Zuschanden haben wir uns schon gedacht.
Das treu-gemeine Volk allein begreift
Und läßt sich im Begriff nicht stören;
Ihm ist die Weisheit längst gereift:
Ein Wunder ist's, der Satan kommt zu Ehren.
Mein Wandrer hinkt an seiner Glaubenskrücke
Zum Teufelsstein, zur Teufelsbrücke.
FAUST: Es ist doch auch bemerkenswert zu achten,
Zu sehn, wie Teufel die Natur betrachten.
MEPHISTOPHELES:
Was geht mich's an! Natur sei, wie sie sei,
's ist Ehrenpunkt: der Teufel war dabei!
Wir sind die Leute, Großes zu erreichen!
Tumult, Gewalt und Unsinn! sieh das Zeichen! –
Doch daß ich endlich ganz verständlich spreche:
Gefiel dir nichts an unsrer Oberfläche?
Du übersahst in ungemessnen Weiten
Die Reiche der Welt und ihre Herrlichkeiten; (Matth. 4.)
Doch, ungenügsam, wie du bist,
Empfandest du wohl kein Gelüst?
FAUST: Und doch! Ein Großes zog mich an.
Errate!
MEPHISTOPHELES: Das ist bald getan.
Ich suchte mir so eine Hauptstadt aus,
Im Kerne Bürgernahrungsgraus,
Krumm-enge Gäßchen, spitze Giebeln,
Beschränkten Markt, Kohl, Rüben, Zwiebeln,
Fleischbänke, wo die Schmeißen hausen,
Die fetten Braten anzuschmausen:
Da findest du zu jeder Zeit
Gewiß Gestank und Tätigkeit.
Dann weite Plätze, breite Straßen,
Vornehmen Schein sich anzumaßen,
Und endlich, wo kein Tor beschränkt,
Vorstädte, grenzenlos verlängt.
Da freut ich mich an Rollekutschen,
Am lärmigen Hin- und Widerrutschen,
Am ewigen Hin- und Widerlaufen
Zerstreuter Ameiswimmelhaufen,
Und wenn ich führe, wenn ich ritte,
Erschien ich immer ihre Mitte,
Von Hunderttausenden verehrt.
FAUST: Das kann mich nicht zufrieden stellen!
Man freut sich, daß das Volk sich mehrt,
Nach seiner Art behäglich nährt,
Sogar sich bildet, sich belehrt,
Und man erzieht sich nur Rebellen.
MEPHISTOPHELES:
Dann baut ich, grandios, mir selbst bewußt
Am lustigen Ort ein Schloß zur Lust.
Wald, Hügel, Flächen, Wiesen, Feld
Zum Garten prächtig umbestellt:
Vor grünen Wänden Sammetmatten,
Schnurwege, kunstgerechte Schatten,
Kaskadensturz, durch Fels zu Fels gepaart,
Und Wasserstrahlen aller Art:
Ehrwürdig steigt es dort; doch an den Seiten,

Da zischt's und pißt's in tausend Kleinigkeiten.
Dann aber ließ ich allerschönsten Frauen
Vertraut-bequeme Häuslein bauen,
Verbrächte da grenzenlose Zeit
In allerliebst-geselliger Einsamkeit.
Ich sage: Fraun! denn ein für allemal
Denk ich die Schönen im Plural.
FAUST: Schlecht und modern! Sardanapal!
MEPHISTOPHELES: Errät man wohl, wornach du
    strebtest?
Es war gewiß erhaben-kühn!
Der du dem Mond um so viel näher schwebtest,
Dich zog wohl deine Sucht dahin?
FAUST: Mitnichten! Dieser Erdenkreis
Gewährt noch Raum zu großen Taten.
Erstaunenswürdiges soll geraten!
Ich fühle Kraft zu kühnem Fleiß.
MEPHISTOPHELES: Und also willst du Ruhm verdienen?
Man merkt's: du kommst von Heroinen!
FAUST: Herrschaft gewinne ich, Eigentum!
Die Tat ist alles, nichts der Ruhm.
MEPHISTOPHELES: Doch werden sich Poeten
    finden,
Der Nachwelt deinen Glanz zu künden,
Durch Torheit Torheit zu entzünden.
FAUST: Von allem ist dir nichts gewährt.
Was weißt du, was der Mensch begehrt!
Dein widrig Wesen, bitter, scharf,
Was weiß es, was der Mensch bedarf!
MEPHISTOPHELES: Geschehe denn nach deinem Willen!
Vertraue mir den Umfang deiner Grillen!
FAUST: Mein Auge war aufs hohe Meer gezogen:
Es schwoll empor, sich in sich selbst zu türmen,
Dann ließ es nach und schüttete die Wogen,
Des flachen Ufers Breite zu bestürmen.
Und das verdroß mich, wie der Übermut
Den freien Geist, der alle Rechte schätzt,
Durch leidenschaftlich aufgeregtes Blut
Ins Mißbehagen des Gefühls versetzt.
Ich hielt's für Zufall, schärfte meinen Blick:
Die Woge stand und rollte dann zurück,
Entfernte sich vom stolz erreichten Ziel;
Die Stunde kommt, sie wiederholt das Spiel.
MEPHISTOPHELES (ad spectatores):
Das ist für mich nichts Neues zu erfahren;
Das kenn ich schon seit hunderttausend Jahren.
FAUST (leidenschaftlich fortfahrend):
Sie schleicht heran, an abertausend Enden,
Unfruchtbar selbst, Unfruchtbarkeit zu spenden:
Nun schwillt's und wächst und rollt und überzieht
Der wüsten Strecke widerlich Gebiet.
Da herrschet Well auf Welle kraftbegeistet,
Zieht sich zurück, und es ist nichts geleistet!
Was zur Verzweiflung mich beängstigen könnte:
Zwecklose Kraft unbändiger Elemente!
Da wagt mein Geist, sich selbst zu überfliegen:
Hier möcht ich kämpfen, dies möcht ich besiegen!

Und es ist möglich! Flutend, wie sie sei,
An jedem Hügel schmiegt sie sich vorbei;
Sie mag sich noch so übermütig regen,
Geringe Höhe ragt ihr stolz entgegen,
Geringe Tiefe zieht sie mächtig an.
Da faßt sie schnell im Geiste Plan auf Plan:
Erlange dir das köstliche Genießen,
Das herrische Meer vom Ufer auszuschließen,
Der feuchten Breite Grenzen zu verengen
Und weit hinein sie in sich selbst zu drängen!
Schon Schritt für Schritt wußt ich mir's zu erörtern;
Das ist mein Wunsch: den wage zu befördern!
Trommeln und kriegerische Musik im Rücken der Zuschauer, aus der Ferne, von der rechten Seite her
MEPHISTOPHELES:
Wie leicht ist das! – Hörst du die Trommeln fern?
FAUST: Schon wieder Krieg! Der Kluge hört's nicht

MEPHISTOPHELES:
Krieg oder Frieden: klug ist das Bemühen,
Zu seinem Vorteil etwas auszuziehen.
Man paßt, man merkt auf jedes günstige Nu.
Gelegenheit ist da: nun, Fauste, greife zu!
FAUST: Mit solchem Rätselkram verschone mich!
Und kurz und gut: was soll's? Erkläre dich!
MEPHISTOPHELES:
Auf meinem Zuge blieb mir nicht verborgen:
Der gute Kaiser schwebt in großen Sorgen;
Du kennst ihn ja! Als wir ihn unterhielten,
Ihm falschen Reichtum in die Hände spielten,
Da war die ganze Welt ihm feil.
Denn jung ward ihm der Thron zuteil,
Und ihm beliebt es, falsch zu schließen:
Es könne wohl zusammengehn
Und sei recht wünschenswert und schön,
Regieren und zugleich genießen.
FAUST: Ein großer Irrrtum! Wer befehlen soll,
Muß im Befehlen Seligkeit empfinden;
Ihm ist die Brust von hohem Willen voll,
Doch was er will, es darf's kein Mensch ergründen.
Was er den Treusten in das Ohr geraunt,
Es ist getan, und alle Welt erstaunt.
So wird er stets der Allerhöchste sein,
Der Würdigste! – Genießen macht gemein.
MEPHISTOPHELES: So ist er nicht! Er selbst genoß, und wie!
Indes zerfiel das Reich in Anarchie,
Wo groß und klein sich kreuz und quer befehdeten
Und Brüder sich vertrieben, töteten,
Burg gegen Burg, Stadt gegen Stadt,
Zunft gegen Adel Fehde hatt,
Der Bischof mit Kapitel und Gemeinde:
Was sich nur ansah, waren Feinde.
In Kirchen Mord und Totschlag, vor den Toren
Ist jeder Kauf- und Wandersmann verloren.
Und allen wuchs die Kühnheit nicht gering;
Denn leben hieß: sich wehren! – Nun, das ging.

FAUST: Es ging – es hinkte, fiel, stand wieder auf!
Dann überschlug sich's, rollte plump zuhauf.
MEPHISTOPHELES:
Und solchen Zustand durfte niemand schelten:
Ein jeder konnte, jeder wollte gelten.
Der Kleinste selbst, er galt für voll.
Doch war's zuletzt den Besten allzu toll.
Die Tüchtigen, sie standen auf mit Kraft
Und sagten: „Herr ist, der uns Ruhe schafft.
Der Kaiser kann's nicht, will's nicht – laßt uns wählen,
Den neuen Kaiser neu das Reich beseelen,
Indem er jeden sicherstellt,
In einer frischgeschaffnen Welt
Fried und Gerechtigkeit vermählen!"
FAUST: Das klingt sehr pfäffisch.
MEPHISTOPHELES: Pfaffen waren's auch!
Sie sicherten den wohlgenährten Bauch;
Sie waren mehr als andere beteiligt.
Der Aufruhr schwoll, der Aufruhr ward geheiligt,
Und unser Kaiser, den wir froh gemacht,
Zieht sich hieher, vielleicht zur letzten Schlacht.
FAUST: Er jammert mich; er war so gut und offen.
MEPHISTOPHELES:
Komm, sehn wir zu! der Lebende soll hoffen.
Befrein wir ihn aus diesem engen Tale!
Einmal gerettet, ist's für tausend Male.
Wer weiß, wie noch die Würfel fallen!
Und hat er Glück, so hat er auch Vasallen.

Sie steigen über das Mittelgebirg herüber und beschauen die Anordnungen des Heeres im Tal.
Trommeln und Kriegsmusik schallt von unten auf

MEPHISTOPHELES:
Die Stellung, seh ich, gut ist sie genommen;
Wir treten zu, dann ist der Sieg vollkommen.
FAUST: Was kann da zu erwarten sein?
Trug! Zauberblendwerk! hohler Schein!
MEPHISTOPHELES: Kriegslist, um Schlachten zu gewinnen!
Befestige dich bei großen Sinnen,
Indem du deinen Zweck bedenkst!
Erhalten wir dem Kaiser Thron und Lande,
So kniest du nieder und empfängst
Die Lehn von grenzenlosem Strande.
FAUST: Schon manches hast du durchgemacht;
Nun, so gewinn auch eine Schlacht!
MEPHISTOPHELES: Nein, du gewinnst sie! Diesesmal
Bist du der Obergeneral.
FAUST: Das wäre mir die rechte Höhe,
Da zu befehlen, wo ich nichts verstehe!
MEPHISTOPHELES: Laß du den Generalstab sorgen,
Und der Feldmarschall ist geborgen.
Kriegsunrat hab ich längst verspürt,
Den Kriegsrat gleich voraus formiert
Aus Urgebirgs Urmenschenkraft;
Wohl dem, der sie zusammenrafft!
FAUST: Was seh ich dort, was Waffen trägt?
Hast du das Bergvolk aufgeregt?

MEPHISTOPHELES: Nein! aber gleich Herrn Peter Squenz
Vom ganzen Praß die Quintessenz.
Die drei Gewaltigen treten auf
(Sam. II, 23, 8)
MEPHISTOPHELES: Da kommen meine Bursche ja!
Du siehst: von sehr verschiedenen Jahren,
Verschiednem Kleid und Rüstung sind sie da;
Du wirst nicht schlecht mit ihnen fahren. (Ad spectatores.)
Es liebt sich jetzt ein jedes Kind
Den Harnisch und den Ritterkragen,
Und allegorisch, wie die Lumpe sind,
Sie werden nur um desto mehr behagen.
RAUFBOLD (jung, leicht bewaffnet, bunt gekleidet):
Wenn einer mir ins Auge sieht,
Werd ich ihm mit der Faust gleich in die Fresse fahren,
Und eine Memme, wenn sie flieht,
Faß ich bei ihren letzten Haaren.
HABEBALD (männlich, wohl bewaffnet, reich gekleidet):
So leere Händel, das sind Possen,
Damit verdirbt man seinen Tag;
Im Nehmen sei nur unverdrossen,
Nach allem andern frag hernach!
HALTEFEST (bejahrt, stark bewaffnet, ohne Gewand):
Damit ist auch nicht viel gewonnen!
Bald ist ein großes Gut zerronnen,
Es rauscht im Lebensstrom hinab.
Zwar Nehmen ist recht gut, doch besser ist's: Behalten!
Laß du den grauen Kerl nur walten,
Und niemand nimmt dir etwas ab!
Sie steigen alle zusammen tiefer

AUF DEM VORGEBIRG

Trommeln und kriegerische Musik von unten.
Des Kaisers Zelt wird aufgeschlagen.
Kaiser. Obergeneral. Trabanten

OBERGENERAL: Noch immer scheint der Vorsatz wohlerwogen,
Daß wir in dies gelegene Tal
Das ganze Heer gedrängt zurückgezogen;
Ich hoffe fest: uns glückt die Wahl.
KAISER: Wie es nun geht, es muß sich zeigen;
Doch mich verdrießt die halbe Flucht, das Weichen.
OBERGENERAL: Schau hier, mein Fürst, auf unsre rechte Flanke!
Solch ein Terrain wünscht sich der Kriegsgedanke:
Nicht steil die Hügel, doch nicht allzu gänglich,
Den Unsern vorteilhaft, dem Feind verfänglich,
Wir, halb versteckt, auf wellenförmigem Plan;
Die Reiterei, sie wagt sich nicht heran.
KAISER: Mir bleibt nichts übrig als zu loben;
Hier kann sich Arm und Brust erproben.
OBERGENERAL:
Hier, auf der Mittelwiese flachen Räumlichkeiten,
Siehst du den Phalanx, wohlgemut zu streiten.
Die Piken blinken flimmernd in der Luft,
Im Sonnenglanz, durch Morgennebelduft.
Wie dunkel wogt das mächtige Quadrat!
Zu Tausenden glüht's hier auf große Tat.
Du kannst daran der Masse Kraft erkennen;
Ich trau ihr zu, der Feinde Kraft zu trennen.
KAISER: Den schönen Blick hab ich zum erstenmal.
Ein solches Heer gilt für die Doppelzahl.
OBERGENERAL: Von unsrer Linken hab ich nichts zu melden.
Den starren Fels besetzen wackre Helden;
Das Steingeklipp, das jetzt von Waffen blitzt,
Den wichtigen Paß der engen Klause schützt.
Ich ahne schon: hier scheitern Feindeskräfte
Unvorgesehn im blutigen Geschäfte.
KAISER: Dort ziehn sie her, die falschen Anverwandten,
Wie sie mich Oheim, Vetter, Bruder nannten,
Sich immer mehr und wieder mehr erlaubten,
Dem Zepter Kraft, dem Thron Verehrung raubten,
Dann, unter sich entzweit, das Reich verheerten
Und nun, gesamt, sich gegen mich empörten!
Die Menge schwankt im ungewissen Geist;
Dann strömt sie nach, wohin der Strom sie reißt.
OBERGENERAL: Ein treuer Mann, auf Kundschaft ausgeschickt,
Kommt eilig felsenab; sei's ihm geglückt!
ERSTER KUNDSCHAFTER:
Glücklich ist sie uns gelungen,
Listig, mutig, unsre Kunst,
Daß wir hin- und hergedrungen;
Doch wir bringen wenig Gunst.
Viele schwören reine Huldigung
Dir, wie manche treue Schar;
Doch Untätigkeitsentschuldigung:
Innere Gärung, Volksgefahr.
KAISER:
Sich selbst erhalten bleibt der Selbstsucht Lehre,
Nicht Dankbarkeit und Neigung, Pflicht und Ehre.
Bedenkt ihr nicht, wenn eure Rechnung voll,
Daß Nachbars Hausbrand euch verzehren soll?
OBERGENERAL: Der zweite kommt, nur langsam steigt er nieder:
Dem müden Manne zittern alle Glieder.
ZWEITER KUNDSCHAFTER:
Erst gewahrten wir vergnüglich
Wilden Wesens irren Lauf;
Unerwartet, unverzüglich
Trat ein neuer Kaiser auf,
Und auf vorgeschriebenen Bahnen
Zieht die Menge durch die Flur;
Den entrollten Lügenfahnen
Folgen alle! – Schafsnatur!
KAISER: Ein Gegenkaiser kommt mir zum Gewinn:
Nun fühl ich erst, daß Ich der Kaiser bin!

Nur als Soldat legt ich den Harnisch an,
Zu höherem Zweck ist er nun umgetan.
Bei jedem Fest, wenn's noch so glänzend war,
Nichts ward vermißt: mir fehlte die Gefahr!
Wie ihr auch seid, zum Ringspiel rietet ihr,
Mir schlug das Herz, ich atmete Turnier,
Und hättet ihr mich nicht vom Kriegen abgeraten,
Jetzt glänzt ich schon in lichten Heldentaten.
Selbständig fühlt ich meine Brust besiegelt,
Als ich mich dort im Feuerreich bespiegelt:
Das Element drang gräßlich auf mich los;
Es war nur Schein, allein der Schein war groß.
Von Sieg und Ruhm hab ich verwirrt geträumt;
Ich bringe nach, was frevelhaft versäumt.

Die Herolde werden abgefertigt zur Herausforderung des Gegenkaisers.
Faust, geharnischt, mit halbgeschloßnem Helme.
Die Drei Gewaltigen, gerüstet und gekleidet wie oben

FAUST: Wir treten auf und hoffen: ungescholten;
Auch ohne Not hat Vorsicht wohl gegolten.
Du weißt: das Bergvolk denkt und simuliert,
Ist in Natur- und Felsenschrift studiert.
Die Geister, längst dem flachen Land entzogen,
Sind mehr als sonst dem Felsgebirg gewogen.
Sie wirken still durch labyrinthische Klüfte
Im edlen Gas metallisch-reicher Düfte;
In stetem Sondern, Prüfen und Verbinden
Ihr einziger Trieb ist, Neues zu erfinden.
Mit leisem Finger geistiger Gewalten
Erbauen sie durchsichtige Gestalten;
Dann im Kristall und seiner ewigen Schweignis
Erblicken sie der Oberwelt Ereignis.
KAISER: Vernommen hab ich's, und ich glaube dir;
Doch wackerer Mann, sag an: was soll das hier?
FAUST: Der Nekromant von Norcia, der Sabiner,
Ist dein getreuer, ehrenhafter Diener.
Welch greulich Schicksal droht ihm ungeheuer:
Das Reisig prasselte, schon züngelte das Feuer;
Die trocknen Scheite, ringsumher verschränkt,
Mit Pech und Schwefelruten untermengt;
Nicht Mensch noch Gott noch Teufel konnte retten –
Die Majestät zersprengte glühende Ketten!
Dort war's in Rom. Er bleibt dir hoch verpflichtet,
Auf deinen Gang in Sorge stets gerichtet.
Von jener Stund an ganz vergaß er sich,
Er fragt den Stern, die Tiefe nur für dich.
Er trug uns auf als eiligstes Geschäfte,
Bei dir zu stehn. Groß sind des Berges Kräfte;
Da wirkt Natur so übermächtig frei,
Der Pfaffen Stumpfsinn schilt es Zauberei.
KAISER: Am Freudentag, wenn wir die Gäste grüßen,
Die heiter kommen, heiter zu genießen,
Da freut uns jeder, wie er schiebt und drängt
Und, Mann für Mann, der Säle Raum verengt.
Doch höchst willkommen muß der Biedre sein,
Tritt er als Beistand kräftig zu uns ein
Zur Sorgenstunde, die bedenklich waltet,
Weil über ihr des Schicksals Waage schaltet,
Doch lenket hier, im hohen Augenblick,
Die starke Hand vom willigen Schwert zurück!
Ehrt den Moment, wo manche Tausend schreiten,
Für oder wider mich zu streiten!
Selbst ist der Mann! Wer Thron und Kron begehrt,
Persönlich sei er solcher Ehren wert!
Sei das Gespenst, das, gegen uns erstanden,
Sich Kaiser nennt und Herr von unsern Landen,
Des Heeres Herzog, Lehnsherr unsrer Großen,
Mit eigner Faust ins Totenreich gestoßen!
FAUST: Wie es auch sei, das Große zu vollenden,
Du tust nicht wohl, dein Haupt so zu verpfänden.
Ist nicht der Helm mit Kamm und Busch geschmückt?
Er schützt das Haupt, das unsern Mut entzückt.
Was, ohne Haupt, was förderten die Glieder?
Denn schläfert jenes, alle sinken nieder;
Wird es verletzt; gleich alle sind verwundet,
Erstehen frisch, wenn jenes rasch gesundet.
Schnell weiß der Arm sein starkes Recht zu nützen,
Er hebt den Schild, den Schädel zu beschützen;
Das Schwert gewahret seiner Pflicht sogleich,
Lenkt kräftig ab und wiederholt den Streich;
Der tüchtige Fuß nimmt teil an ihrem Glück,
Setzt dem Erschlagenen frisch sich ins Genick.
KAISER: Das ist mein Zorn, so möcht ich ihn behandeln,
Das stolze Haupt in Schemeltritt verwandeln!
HEROLDE (kommen zurück):
Wenig Ehre, wenig Geltung
Haben wir daselbst genossen;
Unsrer kräftig-edlen Meldung
Lachten sie als schaler Possen:
„Euer Kaiser ist verschollen,
Echo dort im engen Tal!
Wenn wir sein gedenken sollen,
Märchen sagt: Es war einmal."
FAUST: Dem Wunsch gemäß der Besten ist's geschehn,
Die, fest und treu, an deiner Seite stehn.
Dort naht der Feind, die Deinen harren brünstig:
Befiehl den Angriff! Der Moment ist günstig.
KAISER: Auf das Kommando leist ich hier Verzicht.
Zum Obergeneral
In deinen Händen, Fürst, sei deine Pflicht!
OBERGENERAL: So trete denn der rechte Flügel an!
Des Feindes Linke, eben jetzt im Steigen,
Soll, eh sie noch den letzten Schritt getan,
Der Jugendkraft geprüfter Treue weichen.
FAUST: Erlaube denn, daß dieser muntre Held
Sich ungesäumt in deine Reihen stellt,
Sich deinen Reihen innigst einverleibt
Und, so gesellt, sein kräftig Wesen treibt!
Er deutet zur Rechten
RAUFBOLD (tritt vor):
Wer das Gesicht mir zeigt, der kehrt's nicht ab
Als mit zerschlagnen Unter- und Oberbacken;

Wer mir den Rücken kehrt, gleich liegt ihm schlapp
Hals, Kopf und Schopf hinschlotternd graß im Nacken.
Und schlagen deine Männer dann
Mit Schwert und Kolben, wie ich wüte,
So stürzt der Feind, Mann über Mann,
Ersäuft im eigenen Geblüte. (Ab)
OBERGENERAL: Der Phalanx unsrer Mitte folge sacht,
Dem Feind begegn er, klug mit aller Macht,
Ein wenig rechts! dort hat bereits, erbittert,
Der Unseren Streitkraft ihren Plan erschüttert.
FAUST (auf den Mittelsten deutend):
So folge denn auch dieser deinem Wort!
Er ist behend, reißt alles mit sich fort.
HABEBALD (tritt hervor): Dem Heldenmut der Kaiserscharen
Soll sich der Durst nach Beute paaren,
Und allen sei das Ziel gestellt:
Des Gegenkaisers reiches Zelt!
Er prahlt nicht lang auf seinem Sitze;
Ich ordne mich dem Phalanx an die Spitze.
EILEBEUTE (Marketenderin, sich an ihn anschmiegend):
Bin ich auch ihm nicht angeweibt,
Er mir der liebste Buhle bleibt.
Für uns ist solch ein Herbst gereift!
Die Frau ist grimmig, wenn sie greift,
Ist ohne Schonung, wenn sie raubt;
Im Sieg voran! und alles ist erlaubt. (Beide ab)
OBERGENERAL: Auf unsre Linke wie vorauszusehn,
Stürzt ihre Rechte kräftig. Widerstehn
Wird Mann für Mann dem wütenden Beginnen,
Den engen Paß des Felswegs zu gewinnen.
FAUST (winkt nach der Linken):
So bitte, Herr, auch diesen zu bemerken:
Es schadet nichts, wenn Starke sich verstärken.
HALTEFEST (tritt vor): Dem linken Flügel keine Sorgen!
Da, wo ich bin, ist der Besitz geborgen;
In ihm bewähret sich der Alte:
Kein Strahlblitz spaltet, was ich halte. (Ab)
MEPHISTOPHELES (von oben herunterkommend):
Nun schauet, wie im Hintergrunde
Aus jedem zackigen Felsenschlunde
Bewaffnete hervor sich drängen,
Die schmalen Pfade zu verengen,
Mit Helm und Harnisch, Schwertern, Schilden
In unserm Rücken eine Mauer bilden,
Den Wink erwartend, zuzuschlagen!
Leise zu den Wissenden
Woher das kommt, müßt ihr nicht fragen!
Ich habe freilich nicht gesäumt,
Die Waffensäle ringsum ausgeräumt:
Da standen sie zu Fuß, zu Pferde,
Als wären sie noch Herrn der Erde;
Sonst waren's Ritter, König, Kaiser,
Jetzt sind es nichts als leere Schneckenhäuser;
Gar manch Gespenst hat sich darein geputzt,
Das Mittelalter lebhaft aufgestutzt.
Welch Teufelchen auch drinne steckt,

Für diesmal macht es doch Effekt. (Laut)
Hört, wie sie sich voraus erbosen,
Blechklappernd aneinander stoßen!
Auch flattern Fahnenfetzen bei Standarten,
Die frischer Lüftchen ungeduldig harrten.
Bedenkt: Hier ist ein altes Volk bereit
Und mischte gern sich auch zum neuen Streit.
*Furchtbarer Posaunenschall von oben, im feindlichen
Heere merkliche Schwankung*
FAUST: Der Horizont hat sich verdunkelt,
Nur hie und da bedeutend funkelt
Ein roter, ahnungsvoller Schein;
Schon blutig blinken die Gewehre,
Der Fels, der Wald, die Atmosphäre,
Der ganze Himmel mischt sich ein.
MEPHISTOPHELES: Die rechte Flanke hält sich kräftig;
Doch seh ich ragend unter diesen
Hans Raufbold, den behenden Riesen,
Auf seine Weise rasch-geschäftig.
KAISER: Erst sah ich Einen Arm erhoben,
Jetzt seh ich schon ein Dutzend toben;
Naturgemäß geschieht es nicht.
FAUST: Vernahmst du nichts von Nebelstreifen,
Die auf Siziliens Küsten schweifen?
Dort, schwankend-klar, im Tageslicht,
Erhoben zu den Mittellüften,
Gespiegelt in besonderen Düften,
Erscheint ein seltsames Gesicht:
Da schwanken die Städte hin und wider,
Da steigen Gärten auf und nieder,
Wie Bild um Bild den Äther bricht.
KAISER: Doch wie bedenklich! Alle Spitzen
Der hohen Speere seh ich blitzen,
Auf unsers Phalanx blanken Lanzen
Seh ich behende Flämmchen tanzen:
Das scheint mir gar zu geisterhaft.
FAUST: Verzeih, o Herr, das sind die Spuren
Verschollner geistiger Naturen,
Ein Widerschein der Dioskuren,
Bei denen alle Schiffer schwuren:
Sie sammeln hier die letzte Kraft.
KAISER: Doch sage: wem sind wir verpflichtet,
Daß die Natur, auf uns gerichtet,
Das Seltenste zusammenrafft?
MEPHISTOPHELES: Wem als dem Meister, jenem hohen,
Der dein Geschick im Busen trägt?
Durch deiner Feinde starkes Drohen
Ist er im Tiefsten aufgeregt.
Sein Dank will dich gerettet sehen,
Und soll er selbst daran vergehen.
KAISER: Sie jubelten, mich pomphaft
umzuführen;
Ich war nun was, das wollt ich auch probieren
Und fand's gelegen, ohne viel zu denken,
Dem weißen Barte kühle Luft zu schenken.
Dem Klerus hab ich eine Lust verdorben
Und ihre Gunst mir freilich nicht erworben.

Nun sollt ich seit so manchen Jahren
Die Wirkung frohen Tuns erfahren?
FAUST: Freiherzige Wohltat wuchert reich.
Laß deinen Blick sich aufwärts wenden!
Mich deucht, Er will ein Zeichen senden –
Gib acht: es deutet sich sogleich!
KAISER: Ein Adler schwebt im Himmelhohen,
Ein Greif ihm nach mit wildem Drohen.
FAUST: Gib acht: gar günstig scheint es mir!
Greif ist ein fabelhaftes Tier;
Wie kann er sich so weit vergessen,
Mit echtem Adler sich zu messen!
KAISER: Nunmehr, in weitgedehnten Kreisen,
Umziehn sie sich – in gleichem Nu
Sie fahren aufeinander zu,
Sich Brust und Hälse zu zerreißen.
FAUST: Nun merke, wie der leidige Greif,
Zerzerrt, zerzaust, nur Schaden findet
Und mit gesenktem Löwenschweif,
Zum Gipfelwald gestürzt, verschwindet.
KAISER: Sei's, wie gedeutet, so getan!
Ich nehm es mit Verwunderung an.
MEPHISTOPHELES (gegen die Rechte):
Dringend wiederholten Streichen
Müssen unsre Feinde weichen,
Und mit ungewissem Fechten
Drängen sie nach ihrer Rechten
Und verwirren so im Streite
Ihrer Hauptmacht linke Seite.
Unsers Phalanx feste Spitze
Zieht sich rechts und gleich dem Blitze
Fährt sie in die schwache Stelle. –
Nun, wie sturmerregte Welle
Sprühend, wüten gleiche Mächte
Wild in doppeltem Gefechte:
Herrlichers ist nichts ersonnen,
Uns ist diese Schlacht gewonnen!
KAISER (an der linken Seite zu Faust):
Schau! Mir scheint es dort bedenklich:
Unser Posten steht verfänglich.
Keine Steine seh ich fliegen,
Niedre Felsen sind erstiegen,
Obre stehen schon verlassen.
Jetzt! – Der Feind, zu ganzen Massen
Immer näher angedrungen,
Hat vielleicht den Paß errungen:
Schlußerfolg unheiligen Strebens!
Eure Künste sind vergebens! (Pause)
MEPHISTOPHELES: Da kommen meine beiden
  Raben:
Was mögen die für Botschaft haben?
Ich fürchte gar: es geht uns schlecht!
KAISER: Was sollen diese leidigen Vögel?
Sie richten ihre schwarzen Segel
Hierher vom heißen Felsgefecht.
MEPHISTOPHELES (zu den Raben):
Setzt euch ganz nah zu meinen Ohren!

Wen ihr beschützt, ist nicht verloren;
Denn euer Rat ist folgerecht.
FAUST (zum Kaiser): Von Tauben hast du ja vernommen,
Die aus den fernsten Landen kommen
Zu ihres Nestes Brut und Kost.
Hier ist's mit wichtigen Unterschieden:
Die Taubenpost bedient den Frieden,
Der Krieg befiehlt die Rabenpost.
MEPHISTOPHELES: Es meldet sich ein schwer Verhängnis:
Seht hin! gewahret die Bedrängnis
Um unsrer Helden Felsenrand!
Die nächsten Höhen sind erstiegen,
Und würden sie den Paß besiegen,
Wir hätten einen schweren Stand.
KAISER: So bin ich endlich doch betrogen!
Ihr habt mich in das Netz gezogen;
Mir graut, seitdem es mich umstrickt.
MEPHISTOPHELES: Nur Mut! Noch ist es nicht
  mißglückt.
Geduld und Pfiff zum letzten Knoten!
Gewöhnlich geht's am Ende scharf.
Ich habe meine sichern Boten;
Befehlt, daß ich befehlen darf!
OBERGENERAL (der indessen herangekommen):
Mit diesen hast du dich vereinigt,
Mich hat's die ganze Zeit gepeinigt;
Das Gaukeln schafft kein festes Glück.
Ich weiß nichts an der Schlacht zu wenden;
Begannen sie's, sie mögen's enden:
Ich gebe meinen Stab zurück.
KAISER: Behalt ihn bis zu bessern Stunden,
Die uns vielleicht das Glück verleiht!
Mir schaudert vor dem garstigen Kunden
Und seiner Rabentraulichkeit.
  Zu Mephistopheles
Den Stab kann ich dir nicht verleihen,
Du scheinst mir nicht der rechte Mann.
Befiehl und such uns zu befreien!
Geschehe, was geschehen kann!
  Ab ins Zelt mit dem Obergeneral
MEPHISTOPHELES: Mag ihn der stumpfe Stab beschützen!
Uns andern könnt er wenig nützen:
Es war so was vom Kreuz daran.
FAUST: Was ist zu tun?
MEPHISTOPHELES: Es ist getan! –
Nun, schwarze Vettern, rasch im Dienen,
Zum großen Bergsee! grüßt mir die Undinen
Und bittet sie um ihrer Fluten Schein!
Durch Weiberkünste, schwer zu kennen,
Verstehen sie, vom Sein den Schein zu trennen,
Und jeder schwört, das sei das Sein. (Pause)
FAUST: Den Wasserfräulein müssen unsre Raben
Recht aus dem Grund geschmeichelt haben:
Dort fängt es schon zu rieseln an.
An mancher trocknen, kahlen Felsenstelle
Entwickelt sich die volle, rasche Quelle:
Um jener Sieg ist es getan!

MEPHISTOPHELES: Das ist ein wunderbarer Gruß!
    Die kühnsten Kletterer sind konfus.
FAUST: Schon rauscht Ein Bach zu Bächen mächtig nieder,
    Aus Schluchten kehren sie gedoppelt wieder,
    Ein Strom nun wirft den Bogenstrahl;
    Auf einmal legt er sich in flache Felsenbreite
    Und rauscht und schäumt nach der und jener Seite,
    Und stufenweise wirft er sich ins Tal.
    Was hilft ein tapfres, heldenmäßiges Stemmen?
    Die mächtige Woge strömt, sie wegzuschwemmen.
    Mir schaudert selbst vor solchem wilden Schwall.
MEPHISTOPHELES: Ich sehe nichts von diesen Wasserlügen;
    Nur Menschenaugen lassen sich betrügen,
    Und mich ergötzt der wunderliche Fall.
    Sie stürzen fort zu ganzen hellen Haufen:
    Die Narren wähnen zu ersaufen,
    Indem sie frei auf festem Lande schnaufen
    Und lächerlich mit Schwimmgebärden laufen!
    Nun ist Verwirrung überall.
    Die Raben sind wiedergekommen
    Ich werd euch bei dem hohen Meister loben;
    Wollt ihr euch nun als Meister selbst erproben,
    So eilet zu der glühenden Schmiede,
    Wo das Gezwergvolk, nimmer müde,
    Metall und Stein zu Funken schlägt!
    Verlangt, weitläufig sie beschwatzend,
    Ein Feuer, leuchtend, blinkend, platzend,
    Wie man's im hohen Sinne hegt!
    Zwar Wetterleuchten in der weiten Ferne,
    Blickschnelles Fallen allerhöchster Sterne
    Mag jede Sommernacht geschehn;
    Doch Wetterleuchten in verworrnen Büschen
    Und Sterne, die am feuchten Boden zischen,
    Das hat man nicht so leicht gesehn.
    So müßt ihr, ohn euch viel zu quälen,
    Zuvörderst bitten, dann befehlen.
    Raben ab. Es geschieht wie vorgeschrieben
MEPHISTOPHELES: Den Feinden dichte Finsternisse!
    Und Tritt und Schritt ins Ungewisse!
    Irrfunkenblick an allen Enden,
    Ein Leuchten, plötzlich zu verblenden!
    Das alles wäre wunderschön;
    Nun aber braucht's noch Schreckgetön.
FAUST: Die hohlen Waffen aus der Säle Grüften
    Empfinden sich erstarkt in freien Lüften;
    Dadroben klappert's, rasselt's lange schon:
    Ein wunderbarer falscher Ton.
MEPHISTOPHELES: Ganz recht! Sie sind nicht mehr zu zügeln;
    Schon schallt's von ritterlichen Prügeln
    Wie in der holden alten Zeit!
    Armschienen wie der Beine Schienen,
    Als Guelfen und als Ghibellinen,
    Erneuen rasch den ewigen Streit.
    Fest, im ererbten Sinne wöhnlich,
    Erweisen sie sich unversöhnlich;
    Schon klingt das Tosen weit und breit.
    Zuletzt, bei allen Teufelsfesten,
    Wirkt der Parteihaß doch zum besten,
    Bis in den allerletzten Graus,
    Schallt wider-widerwärtig panisch,
    Mitunter grell und scharf satanisch,
    Erschreckend in das Tal hinaus.
    Kriegstumult im Orchester, zuletzt übergehend in militärisch-heitre Weisen

DES GEGENKAISERS ZELT

Thron, reiche Umgebung.
Habebald. Eilebeute

EILEBEUTE: So sind wir doch die ersten hier!
HABEBALD: Kein Rabe fliegt so schnell als wir.
EILEBEUTE: Oh! welch ein Schatz liegt hier zuhauf!
    Wo fang ich an? wo hör ich auf?
HABEBALD: Steht doch der ganze Raum so voll!
    Weiß nicht, wozu ich greifen soll.
EILEBEUTE: Der Teppich wär mir eben recht!
    Mein Lager ist oft gar zu schlecht!
HABEBALD: Hier hängt von Stahl ein Morgenstern!
    Dergleichen hätt ich lange gern.
EILEBEUTE: Den roten Mantel, goldgesäumt,
    So etwas hatt ich mir geträumt.
HABEBALD *(die Waffe nehmend)*:
    Damit ist es gar bald getan:
    Man schlägt ihn tot und geht voran. –
    Du hast so viel schon aufgepackt
    Und doch nichts Rechtes eingesackt.
    Den Plunder laß an seinem Ort:
    Nehm eines dieser Kistchen fort!
    Dies ist des Heers beschiedner Sold,
    In seinem Bauche lauter Gold.
EILEBEUTE: Das hat ein mörderisch Gewicht!
    Ich heb es nicht, ich trag es nicht.
HABEBALD: Geschwinde duck dich! mußt dich bücken!
    Ich hucke dir's auf den starken Rücken.
EILEBEUTE: O weh! O weh! nun ist's vorbei!
    Die Last bricht mir das Kreuz entzwei.
    Das Kistchen stürzt und springt auf
HABEBALD: Da liegt das rote Gold zuhauf:
    Geschwinde zu und raff es auf!
EILEBEUTE *(kauert nieder)*: Geschwinde nur zum Schoß hinein!
    Noch immer wird's zur Gnüge sein.
HABEBALD: Und so genug! und eile doch! *(Sie steht auf)*
    O weh, die Schürze hat ein Loch!
    Wohin du gehst und wo du stehst,
    Verschwenderisch die Schätze säst.
TRABANTEN unsres Kaisers:
    Was schafft ihr hier am heiligen Platz?
    Was kramt ihr in dem Kaiserschatz?

HABEBALD: Wir trugen unsre Glieder feil
         Und holen unser Beuteteil.
         In Feindeszelten ist's der Brauch,
         Und wir, Soldaten sind wir auch!
TRABANTEN: Das passet nicht in unsern Kreis:
         Zugleich Soldat und Diebsgeschmeiß!
         Und wer sich unserm Kaiser naht,
         Der sei ein redlicher Soldat!
HABEBALD: Die Redlichkeit, die kennt man schon,
         Sie heißet: Kontribution.
         Ihr alle seid auf gleichem Fuß:
         „Gib her!" das ist der Handwerksgruß.
         Zu Eilebeute
         Mach fort und schleppe, was du hast!
         Hier sind wir nicht willkommner Gast. (Ab)
ERSTER TRABANT: Sag, warum gabst du nicht sogleich
         Dem frechen Kerl einen Backenstreich?
ZWEITER: Ich weiß nicht, mir verging die Kraft:
         Sie waren so gespensterhaft.
DRITTER: Mir ward es vor den Augen schlecht:
         Da flimmert es, ich sah nicht recht.
VIERTER: Wie ich es nicht zu sagen weiß:
         Es war den ganzen Tag so heiß,
         So bänglich, so beklommen-schwül!
         Der eine stand, der andre fiel,
         Man tappte hin und schlug zugleich,
         Der Gegner fiel vor jedem Streich;
         Vor Augen schwebt es wie ein Flor,
         Dann summt's und saust's und zischt im Ohr.
         Das ging so fort, nun sind wir da
         Und wissen selbst nicht, wie's geschah.

Kaiser mit vier Fürsten treten auf.
Die Trabanten entfernen sich

KAISER:
Es sei nun, wie ihm sei! uns ist die Schlacht gewonnen,
Des Feinds zerstreute Flucht im flachen Feld zerronnen.
Hier steht der leere Thron; verräterischer Schatz,
Von Teppichen umhüllt, verengt umher den Platz.
Wir, ehrenvoll, geschützt von eigenen Trabanten,
Erwarten kaiserlich der Völker Abgesandten;
Von allen Seiten her kommt frohe Botschaft an:
Beruhigt sei das Reich, uns freudig zugetan.
Hat sich in unsern Kampf auch Gaukelei geflochten,
Am Ende haben wir uns nur allein gefochten.
Zufälle kommen ja den Streitenden zugut:
Vom Himmel fällt ein Stein, dem Feinde regnet's Blut,
Aus Felsenhöhlen tönt's von mächtigen Wunderklängen,
Die unsre Brust erhöhn, des Feindes Brust verengen.
Der Überwundne fiel, zu stets erneutem Spott;
Der Sieger, wie er prangt, preist den gewognen Gott.
Und alles stimmt mit ein – er braucht nicht zu befehlen –
„Herr Gott, dich loben wir!" aus Millionen Kehlen.
Jedoch zum höchsten Preis wend ich den frommen Blick,
Das selten sonst geschah, zur eignen Brust zurück.
Ein junger, muntrer Fürst mag seinen Tag vergeuden,
Die Jahre lehren ihn des Augenblicks Bedeuten.
Deshalb denn ungesäumt verbind ich mich sogleich
Mit euch vier Würdigen: für Haus und Hof und Reich.
    Zum ersten
Dein war, o Fürst! des Heers geordnet-kluge Schichtung,
Sodann im Hauptmoment heroisch-kühne Richtung:
Im Frieden wirke nun, wie es die Zeit begehrt!
Erzmarschall nenn ich dich, verleihe dir das Schwert.
ERZMARSCHALL:
Dein treues Heer, bis jetzt im Innern beschäftigt,
Wenn's an der Grenze dich und deinen Thron bekräftigt,
Dann sei es uns vergönnt, bei Festesdrang im Saal
Geräumiger Väterburg zu rüsten dir das Mahl!
Blank trag ich's dir dann vor, blank halt ich dir's zur Seite,
Der höchsten Majestät zu ewigem Geleite.
DER KAISER (zum zweiten):
Der sich, als tapfrer Mann, auch zartgefällig zeigt,
Du, sei Erzkämmerer! der Auftrag ist nicht leicht.
Du bist der Oberste von allem Hausgesinde,
Bei deren innerm Streit ich schlechte Diener finde;
Dein Beispiel sei fortan in Ehren aufgestellt,
Wie man dem Herrn, dem Hof und allen wohlgefällt!
ERZKÄMMERER:
Des Herren großen Sinn zu fördern bringt zu Gnaden:
Den Besten hülfreich sein, den Schlechten selbst nicht schaden,
Dann klar sein ohne List und ruhig ohne Trug!
Wenn du mich, Herr, durchschaust, geschieht mir schon genug.
Darf sich die Phantasie auf jenes Fest erstrecken?
Wenn du zur Tafel gehst, reich ich das goldne Becken,
Die Ringe halt ich dir, damit zur Wonnezeit
Sich deine Hand erfrischt, wie mich dein Blick erfreut.
KAISER: Zwar fühl ich mich zu ernst, auf Festlichkeit zu sinnen;
Doch sei's! Es fördert auch frohmütiges Beginnen.
    Zum dritten
Dich wähl ich zum Erztruchseß! Also sei fortan
Dir Jagd, Geflügelhof und Vorwerk untertan!
Der Lieblingsspeisen Wahl laß mir zu allen Zeiten,
Wie sie der Monat bringt, und sorgsam zubereiten!
ERZTRUCHSESS:
Streng Fasten sei für mich die angenehmste Pflicht,
Bis, vor dich hingestellt, dich freut ein Wohlgericht!
Der Küche Dienerschaft soll sich mit dir vereinigen,
Das Ferne beizuziehn, die Jahreszeit zu beschleunigen.
Dich reizt nicht Fern und Früh, womit die Tafel prangt:
Einfach und Kräftig ist's, wornach dein Sinn verlangt.
KAISER (zum vierten):
Weil unausweichlich hier sich's nur von Festen handelt,

So sei mir, junger Held, zum Schenken umgewandelt!
Erzschenke, sorge nun, daß unsre Kellerei
Aufs reichlichste versorgt mit gutem Weine sei!
Du selbst sei mäßig, laß nicht über Heiterkeiten
Durch der Gelegenheit Verlocken dich verleiten!
ERZSCHENK:
Mein Fürst, die Jugend selbst, wenn man ihr nur vertraut,
Steht, eh man sichs versieht, zu Männern auferbaut.
Auch ich versetze mich zu jenem großen Feste:
Ein kaiserlich Büfett schmück ich aufs allerbeste
Mit Prachtgefäßen, gülden, silbern allzumal;
Doch wähl ich dir voraus den lieblichsten Pokal:
Ein blank venedisch Glas, worin Behagen lauscht,
Des Weins Geschmack sich stärkt und nimmermehr berauschet.
Auf solchen Wunderschatz vertraut man oft zu sehr;
Doch deine Mäßigkeit, du Höchster, schützt noch mehr.
KAISER: Was ich euch zugedacht in dieser ernsten Stunde,
Vernahmt ihr mit Vertraun aus zuverlässigem Munde.
Des Kaisers Wort ist groß und sichert jede Gift;
Doch zur Bekräftigung bedarfs der edlen Schrift,
Bedarfs der Signatur. Die förmlich zu bereiten,
Seh ich den rechten Mann zu rechter Stunde schreiten.
  Der Erzbischof tritt auf
KAISER: Wenn ein Gewölbe sich dem Schlußstein anvertraut,
Dann ist's mit Sicherheit für ewige Zeit erbaut.
Du siehst vier Fürsten da! Wir haben erst erörtert,
Was den Bestand zunächst von Haus und Hof befördert.
Nun aber, was das Reich in seinem Ganzen hegt,
Sei mit Gewicht und Kraft der Fünfzahl auferlegt!
An Ländern sollen sie vor allen andern glänzen;
Deshalb erweitr ich gleich jetzt des Besitztums Grenzen
Vom Erbteil jener, die sich von uns abgewandt.
Euch Treuen sprech ich zu so manches schöne Land,
Zugleich das hohe Recht, euch nach Gelegenheiten
Durch Anfall, Kauf und Tausch ins Weitere zu verbreiten.
Dann sei bestimmt, vergönnt, zu üben ungestört,
Was von Gerechtsamen euch Landesherrn gehört:
Als Richter werdet ihr die Endurteile fällen,
Berufung gelte nicht von euern höchsten Stellen;
Dann Steuer, Zins und Beth, Lehn und Geleit und Zoll,
Berg-, Salz- und Münzregal euch angehören soll.
Denn meine Dankbarkeit vollgültig zu erproben,
Hab ich euch ganz zunächst der Majestät erhoben.
ERZBISCHOF: Im Namen aller sei dir tiefster Dank gebracht!
Du machst uns stark und fest und stärkest deine Macht.
KAISER: Euch fünfen will ich noch erhöhtere Würde geben.
Noch leb ich meinem Reich und habe Lust zu leben;

Doch hoher Ahnen Kette zieht bedächtigen Blick
Aus rascher Strebsamkeit ins Drohende zurück.
Auch werd ich seinerzeit mich von den Teuren trennen:
Dann sei es eure Pflicht, den Folger zu ernennen.
Gekrönt erhebt ihn hoch auf heiligem Altar,
Und friedlich ende dann, was jetzt so stürmisch war!
ERZBISCHOF: Mit Stolz in tiefster Brust, mit Demut an Gebärde,
Stehn Fürsten dir gebeugt, die ersten auf der Erde.
Solang das treue Blut die vollen Adern regt,
Sind wir der Körper, den dein Wille leicht bewegt.
KAISER: Und also sei zum Schluß, was wir bisher betätigt,
Für alle Folgezeit durch Schrift und Zug bestätigt!
Zwar habt ihr den Besitz als Herren völlig frei,
Mit dem Beding jedoch, daß er unteilbar sei,
Und wie ihr auch vermehrt, was ihr von uns empfangen,
Es solls der älteste Sohn in gleichem Maß erlangen.
ERZBISCHOF: Dem Pergament alsbald vertrau ich wohlgemut,
Zum Glück dem Reich und uns, das wichtigste Statut;
Reinschrift und Sieglung soll die Kanzlei beschäftigen,
Mit heiliger Signatur wirst du's, der Herr, bekräftigen.
KAISER: Und so entlaß ich euch, damit den großen Tag
Gesammelt jedermann sich überlegen mag.
  Die weltlichen Fürsten entfernen sich
DER GEISTLICHE (bleibt und spricht pathetisch):
Der Kanzler ging hinweg, der Bischof ist geblieben,
Vom ernsten Warnegeist zu deinem Ohr getrieben!
Sein väterliches Herz, von Sorge bangt's um dich.
KAISER: Was hast du Bängliches zur frohen Stunde? sprich!
ERZBISCHOF:
Mit welchem bittern Schmerz find ich in dieser Stunde
Dein hochgeheiligt Haupt mit Satanas im Bunde!
Zwar, wie es scheinen will, gesichert auf dem Thron,
Doch leider! Gott dem Herrn, dem Vater Papst zum Hohn.
Wenn dieser es erfährt, schnell wird er sträflich richten,
Mit heiligem Strahl dein Reich, das sündige, zu vernichten.
Denn noch vergaß er nicht, wie du, zur höchsten Zeit,
An deinem Krönungstag, den Zauberer befreit.
Von deinem Diadem, der Christenheit zum Schaden,
Traf das verfluchte Haupt der erste Strahl der Gnaden.
Doch schlag an deine Brust und gib vom frevlen Glück
Ein mäßig Scherflein gleich dem Heiligtum zurück:
Den breiten Hügelraum, da, wo dein Zelt gestanden,
Wo böse Geister sich zu deinem Schutz verbanden,
Dem Lügenfürsten du ein horchsam Ohr geliehn,
Den stifte, fromm belehrt, zu heiligem Bemühn,
Mit Berg und dichtem Wald, soweit sie sich erstrecken,
Mit Höhen, die sich grün zu fetter Weide decken,
Fischreichen, klaren Seen, dann Bächlein ohne Zahl,
Wie sie sich, eilig schlängelnd, stürzen ab zutal,

Das breite Tal dann selbst mit Wiesen, Gauen,
 Gründen!
Die Reue spricht sich aus und du wirst Gnade finden.
KAISER: Durch meinen schweren Fehl bin ich so tief
 erschreckt;
Die Grenze sei von dir nach eignem Maß gesteckt!
ERZBISCHOF:
Erst: der entweihte Raum, wo man sich so versündigt,
Sei alsobald zum Dienst des Höchsten angekündigt!
Behende steigt im Geist Gemäuer stark empor:
Der Morgensonne Blick erleuchtet schon das Chor,
Zum Kreuz erweitert sich das wachsende Gebäude,
Das Schiff erlängt, erhöht sich zu der Gläubigen
 Freude;
Die strömen brünstig schon durchs würdige Portal:
Der erste Glockenruf erschallt durch Berg und Tal!
Von hohen Türmen tönt's wie sie zum Himmel
 streben,
Der Büßer kommt heran zu neugeschaffnem Leben.
Dem hohen Weihetag – er trete bald herein! –
Wird deine Gegenwart die höchste Zierde sein.
KAISER: Mag ein so großes Werk den frommen Sinn ver-
 kündigen,
Zu preisen Gott den Herrn so wie mich zu entsündigen!
Genug! Ich fühle schon, wie sich mein Sinn erhöht.
ERZBISCHOF: Als Kanzler fördr ich nun Schluß und
 Formalität.
KAISER: Ein förmlich Dokument, der Kirche das zu
 eignen,
Du legst es vor, ich will's mit Freuden unterzeichnen.
ERZBISCHOF (hat sich beurlaubt, kehrt aber beim Aus-
 gang um):
Dann widmest du zugleich dem Werke, wie's entsteht,
Gesamte Landsgefälle: Zehnten, Zinsen, Beth,
Für ewig! Viel bedarf's zu würdiger Unterhaltung,
Und schwere Kosten macht die sorgliche Verwaltung.
Zum schnellen Aufbau selbst auf solchem wüsten Platz
Reichst du uns einiges Gold aus deinem Beuteschatz.
Daneben braucht man auch – ich kann es nicht ver-
 schweigen –
Entferntes Holz und Kalk und Schiefer und derglei-
 chen.
Die Fuhren tut das Volk, vom Predigtstuhl belehrt:
Die Kirche segnet den, der ihr zu Diensten fährt. (Ab)
KAISER: Die Sünd ist groß und schwer, womit ich mich
 beladen;
Das leidige Zaubervolk bringt mich in harten
 Schaden.
ERZBISCHOF (abermals zurückkehrend, mit tiefster Ver-
 beugung):
Verzeih, o Herr! Es ward dem sehr verrufnen Mann
Des Reiches Strand verliehn; doch diesen trifft der
 Bann,
Verleihst du reuig nicht der hohen Kirchenstelle
Auch dort den Zehnten, Zins und Gaben und Gefälle.
KAISER (verdrießlich):
Das Land ist noch nicht da: im Meere liegt es breit!

ERZBISCHOF: Wers Recht hat und Geduld, für den kommt
 auch die Zeit.
Für uns mög Euer Wort in seinen Kräften bleiben!
KAISER (allein):
So könnt ich wohl zunächst das ganze Reich
 verschreiben!

FÜNFTER AKT

OFFENE GEGEND

WANDERER: Ja! sie sind's, die dunklen Linden,
 Dort, in ihres Alters Kraft,
 Und ich soll sie wiederfinden
 Nach so langer Wanderschaft!
 Ist es doch die alte Stelle,
 Jene Hütte, die mich barg,
 Als die sturmerregte Welle
 Mich an jene Dünen warf!
 Meine Wirte möcht ich segnen,
 Hilfsbereit, ein wackres Paar,
 Das, um heut mir zu begegnen,
 Alt schon jener Tage war.
 Ach, das waren fromme Leute!
 Poch ich? ruf ich? – Seid gegrüßt,
 Wenn, gastfreundlich, auch noch heute
 Ihr des Wohltuns Glück genießt!
BAUCIS (Mütterchen, sehr alt): Lieber Kömmling, leise!
 leise!
 Ruhe! laß den Gatten ruhn!
 Langer Schlaf verleiht dem Greise
 Kurzen Wachens rasches Tun.
WANDERER: Sage, Mutter: bist du's eben,
 Meinen Dank noch zu empfahn,
 Was du für des Jünglings Leben
 Mit dem Gatten einst getan?
 Bist du Baucis, die geschäftig
 Halberstorbnen Mund erquickt?
  Der Gatte tritt auf
 Du Philemon, der so kräftig
 Meinen Schatz der Flut entrückt?
 Eure Flammen raschen Feuers,
 Eures Glöckchens Silberlaut:
 Jenes grausen Abenteuers
 Lösung war euch anvertraut.
 Und nun laßt hervor mich treten,
 Schaun das grenzenlose Meer!
 Laßt mich knien, laßt mich beten!
 Mich bedrängt die Brust so sehr.
  Er schreitet vorwärts auf der Düne
PHILEMON (zu Baucis): Eile nur, den Tisch zu decken,
 Wo's im Gärtchen munter blüht!
 Laß ihn rennen, ihn erschrecken!
 Denn er glaubt nicht, was er sieht.
  Neben dem Wandrer stehend

Das euch grimmig mißgehandelt,
Wog auf Woge, schäumend-wild,
Seht als Garten Ihr behandelt,
Seht ein paradiesisch Bild.
Älter, war ich nicht zuhanden,
Hilfreich nicht wie sonst bereit,
Und wie meine Kräfte schwanden,
War auch schon die Woge weit.
Kluger Herren kühne Knechte
Gruben Gräben, dämmten ein,
Schmälerten des Meeres Rechte,
Herrn an seiner Statt zu sein.
Schaue grünend Wies an Wiese,
Anger, Garten, Dorf und Wald! –
Komm nun aber und genieße;
Denn die Sonne scheidet bald! –
Dort im Fernsten ziehen Segel,
Suchen nächtlich sichern Port:
Kennen doch ihr Nest die Vögel;
Denn jetzt ist der Hafen dort.
So erblickst du in der Weite
Erst des Meeres blauen Saum,
Rechts und links, in aller Breite,
Dichtgedrängt bewohnten Raum.

Am Tische zu drei, im Gärtchen

BAUCIS: Bleibst du stumm? und keinen Bissen
Bringst du zum verlechzten Mund?
PHILEMON: Möcht er doch vom Wunder wissen!
Sprichst so gerne: tu's ihm kund!
BAUCIS: Wohl! ein Wunder ist's gewesen!
Läßt mich heute nicht in Ruh;
Denn es ging das ganze Wesen
Nicht mit rechten Dingen zu.
PHILEMON: Kann der Kaiser sich versündgen,
Der das Ufer ihm verliehn?
Tät's ein Herold nicht verkündgen
Schmetternd im Vorüberziehn?
Nicht entfernt von unsern Dünen
Ward der erste Fuß gefaßt:
Zelte, Hütten! – Doch im Grünen
Richtet bald sich ein Palast.
BAUCIS: Tags umsonst die Knechte lärmten,
Hack und Schaufel, Schlag um Schlag;
Wo die Flämmchen nächtig schwärmten,
Stand ein Damm den andern Tag!
Menschenopfer mußten bluten,
Nachts erscholl des Jammers Qual;
Meerab flossen Feuergluten:
Morgens war es ein Kanal!
Gottlos ist er, ihn gelüstet
Unsre Hütte, unser Hain!
Wie er sich als Nachbar brüstet,
Soll man untertänig sein.
PHILEMON: Hat er uns doch angeboten
Schönes Gut im neuen Land!
BAUCIS: Traue nicht dem Wasserboden!
Halt auf deiner Höhe stand!

PHILEMON: Laßt uns zur Kapelle treten,
Letzten Sonnenblick zu schaun!
Laßt uns läuten, knieen, beten
Und dem alten Gott vertraun!

PALAST

Weiter Ziergarten. Großer, gradgeführter Kanal.
Faust, im höchsten Alter wandelnd, nachdenkend

LYNKEUS DER TÜRMER (durchs Sprachrohr):
Die Sonne sinkt, die letzten Schiffe,
Sie ziehen munter hafenein.
Ein großer Kahn ist im Begriffe,
Auf dem Kanale hier zu sein.
Die bunten Wimpel wehen fröhlich,
Die starren Masten stehn bereit:
In dir preist sich der Bootsmann selig,
Dich grüßt das Glück zur höchsten Zeit.
Das Glöckchen läutet auf der Düne
FAUST (auffahrend): Verdammtes Läuten! allzu schändlich
Verwundet's, wie ein tückischer Schuß!
Vor Augen ist mein Reich unendlich,
Im Rücken neckt mich der Verdruß,
Erinnert mich durch neidische Laute:
Mein Hochbesitz, er ist nicht rein.
Der Lindenraum, die braune Baute,
Das morsche Kirchlein ist nicht mein.
Und wünscht ich, dort mich zu erholen,
Vor fremden Schatten schaudert mir,
Ist Dorn den Augen, Dorn den Sohlen –
O, wär ich weit hinweg von hier!
TÜRMER (wie oben): Wie segelt froh der bunte Kahn
Mit frischem Abendwind heran!
Wie türmt sich sein behender Lauf
In Kisten, Kasten, Säcken auf!
Prächtiger Kahn, reich und bunt beladen mit Erzeugnissen
fremder Weltgegenden.
Mephistopheles. Die drei gewaltigen Gesellen
CHORUS: Da landen wir,
Da sind wir schon!
Glückan dem Herren,
Dem Patron!
Die steigen aus, die Güter werden ans Land geschafft
MEPHISTOPHELES: So haben wir uns wohl erprobt,
Vergnügt, wenn der Patron es lobt.
Nur mit zwei Schiffen ging es fort,
Mit zwanzig sind wir nun im Port.
Was große Dinge wir getan,
Das sieht man unsrer Ladung an.
Das freie Meer befreit den Geist;
Wer weiß da, was Besinnen heißt!
Da fördert nur ein rascher Griff:
Man fängt den Fisch, man fängt ein Schiff,
Und ist man erst der Herr zu drei,

Dann hakelt man das vierte bei;
Da geht es denn dem fünften schlecht,
Man hat Gewalt, so hat man Recht.
Man fragt ums Was und nicht ums Wie!
Ich müßte keine Schiffahrt kennen:
Krieg, Handel und Piraterie,
Dreieinig sind sie, nicht zu trennen.
DIE DREI GEWALTIGEN GESELLEN:
    Nicht Dank und Gruß!
    Nicht Gruß und Dank!
    Als brächten wir
    Dem Herrn Gestank.
    Er macht ein
    Widerlich Gesicht:
    Das Königsgut
    Gefällt ihm nicht.
MEPHISTOPHELES: Erwartet weiter
    Keinen Lohn!
    Nahmt ihr doch
    Euren Teil davon.
DIE GESELLEN: Das ist nur für
    Die Langeweil;
    Wir alle fordern
    Gleichen Teil.
MEPHISTOPHELES: Erst ordnet oben,
    Saal an Saal,
    Die Kostbarkeiten
    Allzumal!
    Und tritt er zu
    Der reichen Schau,
    Berechnet er alles
    Mehr genau,
    Er sich gewiß
    Nicht lumpen läßt
    Und gibt der Flotte
    Fest nach Fest.
Die bunten Vögel kommen morgen,
Für die werd ich zum besten sorgen.
Die Ladung wird weggeschafft
MEPHISTOPHELES (zu Faust):
Mit ernster Stirn, mit düstrem Blick
Vernimmst du dein erhaben Glück.
Die hohe Weisheit wird gekrönt:
Das Ufer ist dem Meer versöhnt,
Vom Ufer nimmt zu rascher Bahn
Das Meer die Schiffe willig an.
So sprich, daß hier, hier vom Palast
Dein Arm die ganze Welt umfaßt!
Von dieser Stelle ging es aus:
Hier stand das erste Bretterhaus;
Ein Gräbchen ward hinabgeritzt,
Wo jetzt das Ruder emsig spritzt.
Dein hoher Sinn, der deinen Fleiß
Erwarb des Meers, der Erde Preis.
Von hieraus –
FAUST: Das verfluchte Hier!
Das eben, leidig lastet's mir.
Dir Vielgewandtem muß ich's sagen:
Mir gibt's im Herzen Stich um Stich,
Mir ist's unmöglich zu ertragen!
Und wie ich's sage, schäm ich mich:
Die Alten droben sollten weichen,
Die Linden wünscht ich mir zum Sitz;
Die wenig Bäume, nicht mein eigen,
Verderben mir den Weltbesitz.
Dort wollt ich, weit umherzuschauen,
Von Ast zu Ast Gerüste bauen,
Dem Blick eröffnen weite Bahn,
Zu sehn, was alles ich getan,
Zu überschaun mit einem Blick
Des Menschengeistes Meisterstück,
Betätigend mit klugem Sinn
Der Völker breiten Wohngewinn.
So sind am härtsten wir gequält:
Im Reichtum fühlend, was uns fehlt!
Des Glöckchens Klang, der Linden Duft
Umfängt mich wie in Kirch und Gruft.
Des allgewaltigen Willens Kür
Bricht sich an diesem Sande hier.
Wie schaff ich mir es vom Gemüte?
Das Glöckchen läutet, und ich wüte.
MEPHISTOPHELES: Natürlich, daß ein
    Hauptverdruß
Das Leben dir vergällen muß!
Wer leugnet's? Jedem edlen Ohr
Kommt das Geklingel widrig vor,
Und das verfluchte Bim-Baum-Bimmel,
Umnebelnd heitern Abendhimmel,
Mischt sich in jegliches Begebnis
Vom ersten Bad bis zum Begräbnis,
Als wäre zwischen Bim und Baum
Das Leben ein verschollner Traum.
FAUST: Das Widerstehn, der Eigensinn
Verkümmern herrlichsten Gewinn,
Daß man, zu tiefer, grimmiger Pein,
Ermüden muß, gerecht zu sein.
MEPHISTOPHELES: Was willst du dich denn hier genieren?
Muß du nicht längst kolonisieren?
FAUST: So geht und schafft sie mir zur Seite! –
Das schöne Gütchen kennst du ja,
Das ich den Alten ausersah.
MEPHISTOPHELES: Man trägt sie fort und setzt sie nieder,
Eh man sich umsieht, stehn sie wieder;
Nach überstandener Gewalt
Versöhnt ein schöner Aufenthalt.
Er pfeift gellend. Die Drei treten auf
MEPHISTOPHELES: Kommt, wie der Herr gebieten läßt!
Und morgen gibt's ein Flottenfest.
DIE DREI: Der alte Herr empfing uns schlecht,
Ein flottes Fest ist uns zu Recht.
MEPHISTOPHELES (ad spectatores):
Auch hier geschieht, was längst geschah;
Denn Naboths Weinberg war schon da. (Regum I, 21.)
Tiefe Nacht

LYNKEUS DER TÜRMER (auf der Schloßwarte singend):
>Zum Sehen geboren,
>Zum Schauen bestellt,
>Dem Turme geschworen,
>Gefällt mir die Welt.
>Ich blick in die Ferne,
>Ich seh in der Näh,
>Den Mond und die Sterne,
>Den Wald und das Reh.
>So seh ich in allen
>Die ewige Zier,
>Und wie mir's gefallen,
>Gefall ich auch mir.
>Ihr glücklichen Augen,
>Was je ihr gesehn,
>Es sei, wie es wolle,
>Es war doch so schön!
>
>>*Pause*
>
>Nicht allein mich zu ergötzen,
>Bin ich hier so hoch gestellt:
>Welch ein greuliches Entsetzen
>Droht mir aus der finstern Welt!
>Funkenblicke seh ich sprühen
>Durch der Linden Doppelnacht;
>Immer stärker wühlt ein Glühen,
>Von der Zugluft angefacht.
>Ach, die innre Hütte lodert,
>Die bemoost und feucht gestanden!
>Schnelle Hilfe wird gefodert,
>Keine Rettung ist vorhanden.
>Ach, die guten alten Leute,
>Sonst so sorglich um das Feuer,
>Werden sie dem Qualm zur Beute!
>Welch ein schrecklich Abenteuer!
>Flamme flammet, rot in Gluten
>Steht das schwarze Moosgestelle;
>Retteten sich nur die Guten
>Aus der wildentbrannten Hölle!
>Züngelnd lichte Blitze steigen
>Zwischen Blättern, zwischen Zweigen;
>Äste, dürr, die flackernd brennen,
>Glühen schnell und stürzen ein.
>Sollt ihr, Augen, dies erkennen!
>Muß ich so weitsichtig sein!
>Das Kapellchen bricht zusammen
>Von der Äste Sturz und Last.
>Schlängelnd sind mit spitzen Flammen
>Schon die Gipfel angefaßt.
>Bis zur Wurzel glühn die hohlen
>Stämme, purpurrot im Glühn. –
>
>>*Lange Pause, Gesang*
>
>Was sich sonst dem Blick empfohlen,
>Mit Jahrhunderten ist hin!

FAUST (auf dem Balkon, gegen die Dünen):
>Von oben welch ein singend Wimmern?
>Das Wort ist hier, der Ton zu spat.
>Mein Türmer jammert; mich im Innern
>Verdrießt die ungeduldge Tat.
>Doch sei der Lindenwuchs vernichtet
>Zu halbverkohlter Stämme Graun,
>Ein Luginsland ist bald errichtet
>Um ins Unendliche zu schaun.
>Da seh ich auch die neue Wohnung,
>Die jenes alte Paar umschließt,
>Das im Gefühl großmütiger Schonung
>Der späten Tage froh genießt.

MEPHISTOPHELES UND DIE DREI (unten):
>Da kommen wir mit vollem Trab;
>Verzeih: es ging nicht gütlich ab!
>Wir klopften an, wir pochten an,
>Und immer ward nicht aufgetan.
>Wir rüttelten, wir pochten fort:
>Da lag die morsche Türe dort.
>Wir riefen laut und drohten schwer;
>Allein wir fanden kein Gehör,
>Und wie's in solchem Fall geschieht:
>Sie hörten nicht, sie wollten nicht!
>Wir aber haben nicht gesäumt,
>Behende dir sie weggeräumt.
>Das Paar hat sich nicht viel gequält:
>Vor Schrecken fielen sie entseelt.
>Ein Fremder, der sich dort versteckt
>Und fechten wollte, ward gestreckt.
>In wilden Kampfes kurzer Zeit
>Von Kohlen, ringsumher gestreut,
>Entflammte Stroh: nun lodert's frei
>Als Scheiterhaufen dieser drei.

FAUST: Wart ihr für meine Worte taub?
>Tausch wollt ich, wollte keinen Raub!
>Dem unbesonnenen, wilden Streich,
>Ihm fluch ich: teilt es unter euch!

CHORUS: Das alte Wort, das Wort erschallt:
>Gehorche willig der Gewalt!
>Und bist du kühn und hältst du Stich,
>So wage Haus und Hof und – dich! (Ab)

FAUST (auf dem Balkon): Die Sterne bergen Blick und Schein,
>Das Feuer sinkt und lodert klein;
>Ein Schauerwindchen fächelt's an,
>Bringt Rauch und Dunst zu mir heran.
>Geboten schnell, zu schnell getan! –
>Was schwebet schattenhaft heran?

>*Mitternacht.*
>*Vier graue Weiber treten auf*

ERSTE: Ich heiße der Mangel.
ZWEITE: Ich heiße die Schuld.
DRITTE: Ich heiße die Sorge.
VIERTE: Ich heiße die Not.
ZU DREI: Die Tür ist verschlossen, wir können nicht ein;
>Drin wohnet ein Reicher, wir mögen nicht 'nein.
MANGEL: Da werd ich zum Schatten.
SCHULD: Da werd ich zunicht.
NOT: Man wendet von mir das verwöhnte Gesicht.

SORGE: Ihr, Schwestern, ihr könnt nicht und dürft nicht
  hinein.
Die Sorge, sie schleicht sich durchs Schlüsselloch ein.
  Sorge verschwindet
MANGEL: Ihr, graue Geschwister, entfernt euch von hier!
SCHULD: Ganz nah an der Seite verbind ich mich dir.
NOT: Ganz nah an der Ferse begleitet die Not.
ZU DREI: Es ziehen die Wolken, es schwinden die Sterne!
  Dahinten, dahinten! von ferne, von ferne,
  Da kommt er, der Bruder, da kommt er, der – – Tod.
FAUST (im Palast): Vier sah ich kommen, drei nur gehn;
  Den Sinn der Rede konnt ich nicht verstehn.
  Es klang so nach, als hieße es: Not,
  Ein düstres Reimwort folgte: Tod!
  Es tönte hohl, gespensterhaft gedämpft.
  Noch hab ich mich ins Freie nicht gekämpft.
  Könnt ich Magie von meinem Pfad entfernen,
  Die Zaubersprüche ganz und gar verlernen,
  Stünd ich, Natur, vor dir ein Mann allein,
  Da wär's der Mühe wert, ein Mensch zu sein!
  Das war ich sonst, eh ich's im Düstern suchte,
  Mit Frevelwort mich und die Welt verfluchte.
  Nun ist die Luft von solchem Spuk so voll,
  Daß niemand weiß, wie er ihn meiden soll.
  Wenn auch Ein Tag uns klar-vernünftig lacht,
  In Traumgespinst verwickelt uns die Nacht!
  Wir kehren froh von junger Flur zurück:
  Ein Vogel krächzt! Was krächzt er? Mißgeschick!
  Von Aberglauben früh und spat umgarnt:
  Es eignet sich, es zeigt sich an, es warnt!
  Und so verschüchtert, stehen wir allein. –
  Die Pforte knarrt, und niemand kommt herein.
    Erschüttert
  Ist jemand hier?
SORGE: Die Frage fordert Ja!
FAUST: Und du, wer bist denn du?
SORGE: Bin einmal da.
FAUST: Entferne dich!
SORGE: Ich bin am rechten Ort.
FAUST (erst ergrimmt, dann besänftigt, für sich):
  Nimm dich in acht und sprich kein Zauberwort!
SORGE: Würde mich kein Ohr vernehmen,
  Müßt es doch im Herzen dröhnen;
  In verwandelter Gestalt
  Üb ich grimmige Gewalt:
  Auf den Pfaden, auf der Welle,
  Ewig ängstlicher Geselle,
  Stets gefunden, nie gesucht,
  So geschmeichelt wie verflucht! –
  Hast du die Sorge nie gekannt?
FAUST: Ich bin nur durch die Welt gerannt!
  Ein jed Gelüst ergriff ich bei den Haaren,
  Was nicht genügte, ließ ich fahren,
  Was mir entwischte, ließ ich ziehn.
  Ich habe nur begehrt und nur vollbracht
  Und abermals gewünscht und so mit Macht
  Mein Leben durchgestürmt: erst groß und mächtig,
  Nun aber geht es weise, geht bedächtig.
  Der Erdenkreis ist mir genug bekannt.
  Nach drüben ist die Aussicht uns verrannt;
  Tor, wer dorthin die Augen blinzelnd richtet,
  Sich über Wolken seinesgleichen dichtet!
  Er stehe fest und sehe hier sich um:
  Dem Tüchtigen ist diese Welt nicht stumm!
  Was braucht er in die Ewigkeit zu schweifen?
  Was er erkennt, läßt sich ergreifen.
  Er wandle so den Erdentag entlang;
  Wenn Geister spuken, geh er seinen Gang,
  Im Weiterschreiten find er Qual und Glück,
  Er, unbefriedigt jeden Augenblick!
SORGE: Wen ich einmal mir besitze,
  Dem ist alle Welt nichts nütze:
  Ewiges Düstre steigt herunter,
  Sonne geht nicht auf noch unter,
  Bei vollkommnen äußern Sinnen
  Wohnen Finsternisse drinnen,
  Und er weiß von allen Schätzen
  Sich nicht in Besitz zu setzen.
  Glück und Unglück wird zur Grille,
  Er verhungert in der Fülle,
  Sei es Wonne, sei es Plage,
  Schiebt er's zu dem andern Tage,
  Ist der Zukunft nur gewärtig,
  Und so wird er niemals fertig.
FAUST: Hör auf! so kommst du mir nicht bei!
  Ich mag nicht solchen Unsinn hören.
  Fahr hin! Die schlechte Litanei,
  Sie könnte selbst den klügsten Mann betören.
SORGE: Soll er gehen? soll er kommen?
  Der Entschluß ist ihm genommen;
  Auf gebahnten Weges Mitte
  Wankt er tastend halbe Schritte.
  Er verliert sich immer tiefer,
  Siehet alle Dinge schiefer,
  Sich und andre lästig drückend,
  Atem holend und erstickend,
  Nicht erstickt und ohne Leben,
  Nicht verzweifelnd, nicht ergeben.
  So ein unaufhaltsam Rollen,
  Schmerzlich Lassen, widrig Sollen,
  Bald Befreien, bald Erdrücken,
  Halber Schlaf und schlecht Erquicken
  Heftet ihn an seine Stelle
  Und bereitet ihn zur Hölle.
FAUST: Unselige Gespenster! so behandelt ihr
  Das menschliche Geschlecht zu tausend Malen;
  Gleichgültige Tage selbst verwandelt ihr
  In garstigen Wirrwarr netzumstrickter Qualen.
  Dämonen, weiß ich, wird man schwerlich los,
  Das geistig-strenge Band ist nicht zu trennen;
  Doch deine Macht, o Sorge, schleichend-groß,
  Ich werde sie nicht anerkennen!
SORGE: Erfahre sie, wie ich geschwind
  Mich mit Verwünschung von dir wende!

Die Menschen sind im ganzen Leben blind:
Nun, Fauste, werde du's am Ende!
Sie haucht ihn an
FAUST (erblindet): Die Nacht scheint tiefer tief hereinzudringen,
Allein im Innern leuchtet helles Licht:
Was ich gedacht, ich eil es zu vollbringen;
Des Herren Wort, es gibt allein Gewicht.
Vom Lager auf, ihr Knechte! Mann für Mann!
Laßt glücklich schauen, was ich kühn ersann!
Ergreift das Werkzeug! Schaufel rührt und Spaten!
Das Abgesteckte muß sogleich geraten.
Auf strenges Ordnen, raschen Fleiß
Erfolgt der allerschönste Preis;
Daß sich das größte Werk vollende,
Genügt Ein Geist für tausend Hände.

GROSSER VORHOF DES PALASTS

Fackeln

MEPHISTOPHELES (als Aufseher voran):
Herbei! herbei! Herein, herein!
Ihr schlotternden Lemuren,
Aus Bändern, Sehnen und Gebein
Geflickte Halbnaturen!
LEMUREN (im Chor): Wir treten dir sogleich zur Hand,
Und wie wir halb vernommen,
Es gilt wohl gar ein weites Land,
Das sollen wir bekommen.
Gespitzte Pfähle, die sind da,
Die Kette lang fürs Messen;
Warum an uns der Ruf geschah,
Das haben wir vergessen.
MEPHISTOPHELES: Hier gilt kein künstlerisch Bemühn!
Verfahret nur nach eignen Maßen:
Der Längste lege längelang sich hin!
Ihr andern lüftet ringsumher den Rasen!
Wie man's für unsre Väter tat,
Vertieft ein längliches Quadrat!
Aus dem Palast ins enge Haus:
So dumm läuft es am Ende doch hinaus.
LEMUREN (mit neckischen Gebärden grabend):
Wie jung ich war und lebt und liebt,
Mich deucht, das war wohl süße!
Wo's fröhlich klang und lustig ging,
Da rührten sich meine Füße.
Nun hat das tückische Alter mich
Mit seiner Krücke getroffen;
Ich stolpert über Grabes Tür:
Warum stand sie just offen!
FAUST (aus dem Palaste tretend, tastet an den Türpfosten):
Wie das Geklirr der Spaten mich ergötzt!
Es ist die Menge, die mir frönet,

Die Erde mit sich selbst versöhnet,
Den Wellen ihre Grenze setzt,
Das Meer mit strengem Band umzieht.
MEPHISTOPHELES (beiseite): Du bist doch nur für uns bemüht
Mit deinen Dämmen, deinen Buhnen;
Denn du bereitest schon Neptunen,
Dem Wasserteufel, großen Schmaus.
In jeder Art seid ihr verloren:
Die Elemente sind mit uns verschworen,
Und auf Vernichtung läuft's hinaus.
FAUST: Aufseher!
MEPHISTOPHELES: Hier!
FAUST: Wie es auch möglich sei,
Arbeiter schaffe Meng auf Menge!
Ermuntere durch Genuß und Strenge!
Bezahle, locke, presse bei!
Mit jedem Tage will ich Nachricht haben,
Wie sich verlängt der unternommene Graben.
MEPHISTOPHELES (halblaut):
Man spricht, wie man mir Nachricht gab,
Von keinem Graben, doch vom Grab.
FAUST: Ein Sumpf zieht am Gebirge hin,
Verpestet alles schon Errungene;
Den faulen Pfuhl auch abzuziehn,
Das letzte wär das Höchsterrungene.
Eröffn ich Räume vielen Millionen,
Nicht sicher zwar, doch tätig-frei zu wohnen.
Grün das Gefilde, fruchtbar! Mensch und Herde
Sogleich behaglich auf der neusten Erde,
Gleich angesiedelt an des Hügels Kraft,
Den aufgewälzt kühn-emsige Völkerschaft!
Im Innern hier ein paradiesisch Land:
Da rase draußen Flut bis auf zum Rand!
Und wie sie nascht, gewaltsam einzuschießen,
Gemeindrang eilt, die Lücke zu verschließen.
Ja! diesem Sinne bin ich ganz ergeben,
Das ist der Weisheit letzter Schluß:
Nur der verdient sich Freiheit wie das Leben,
Der täglich sie erobern muß!
Und so verbringt, umrungen von Gefahr,
Hier Kindheit, Mann und Greis sein tüchtig Jahr.
Solch ein Gewimmel möcht ich sehn!
Auf freiem Grund mit freiem Volke stehn!
Zum Augenblicke dürft ich sagen:
„Verweile doch, du bist so schön!
Es kann die Spur von meinen Erdetagen
Nicht in Äonen untergehn." –
Im Vorgefühl von solchem hohen Glück
Genieß ich jetzt den höchsten Augenblick.
Faust sinkt zurück, die Lemuren fassen ihn auf und legen ihn auf den Boden
MEPHISTOPHELES:
Ihn sättigt keine Lust, ihm gnügt kein Glück,
So buhlt er fort nach wechselnden Gestalten;
Den letzten, schlechten, leeren Augenblick,
Der Arme wünscht ihn festzuhalten.

Der mir so kräftig widerstand,
Die Zeit wird Herr: der Greis hier liegt im Sand!
Die Uhr steht still, –
CHOR: Steht still! sie schweigt wie Mitternacht.
Der Zeiger fällt –
MEPHISTOPHELES: Er fällt! es ist vollbracht.
CHOR: Es ist vorbei!
MEPHISTOPHELES:
Vorbei! ein dummes Wort. Warum vorbei?
Vorbei und reines Nicht: vollkommnes Einerlei!
Was soll uns denn das ewge Schaffen?
Geschaffenes zu Nichts hinwegzuraffen?
„Da ist's vorbei!" Was ist daran zu lesen?
Es ist so gut, als wär es nicht gewesen,
Und treibt sich doch im Kreis, als wenn es wäre!
Ich liebte mir dafür das Ewigleere.
Grablegung
LEMUR (Solo): Wer hat das Haus so schlecht gebaut
    Mit Schaufeln und mit Spaten?
LEMUREN (Chor): Dir, dumpfer Gast im hänfnen
    Gewand,
    Ist's viel zu gut geraten.
LEMUR (Solo): Wer hat den Saal so schlecht versorgt?
    Wo blieben Tisch und Stühle?
LEMUREN (Chor): Es war auf kurze Zeit geborgt;
    Der Gläubiger sind so viele.
MEPHISTOPHELES:
Der Körper liegt, und will der Geist entfliehn,
Ich zeig ihm rasch den blutgeschriebnen Titel;
Doch leider hat man jetzt so viele Mittel,
Dem Teufel Seelen zu entziehn.
Auf altem Wege stößt man an,
Auf neuem sind wir nicht empfohlen;
Sonst hätt ich es allein getan,
Jetzt muß ich Helfershelfer holen.
Uns geht's in allen Dingen schlecht:
Herkömmliche Gewohnheit, altes Recht,
Man kann auf gar nichts mehr vertrauen!
Sonst mit dem letzten Atem fuhr sie aus,
Ich paßt ihr auf, und, wie die schnellste Maus,
Schnapps! hielt ich sie in festverschlossnen Klauen.
Nun zaudert sie und will den düstern Ort,
Des schlechten Leichnams ekles Haus nicht lassen;
Die Elemente, die sich hassen,
Die treiben sie am Ende schmählich fort.
Und wenn ich Tag und Stunden mich zerplage,
Wann? wie? und wo? das ist die leidige Frage;
Der alte Tod verlor die rasche Kraft:
Das Ob sogar ist lange zweifelhaft!
Oft sah ich lüstern auf die starren Glieder:
Es war nur Schein! das rührte, das regte sich wieder.
Phantastisch-flügelmännische Beschwörungsgebärden
Nur frisch heran! verdoppelt euren Schritt,
Ihr Herrn vom graden, Herrn vom krummen Horne!
Von altem Teufelsschrot und -korne,
Bringt ihr zugleich den Höllenrachen mit!
Zwar hat die Hölle Rachen viele! viele!

Nach Standsgebühr und Würden schlingt sie ein;
Doch wird man auch bei diesem letzten Spiele
Ins Künftige nicht so bedenklich sein.
Der greuliche Höllenrachen tut sich links auf
Eckzähne klaffen; dem Gewölb des Schlundes
Entquillt der Feuerstrom in Wut,
Und in dem Siedequalm des Hintergrundes
Seh ich die Flammenstadt in ewiger Glut.
Die rote Brandung schlägt hervor bis an die Zähne,
Verdammte, Rettung hoffend, schwimmen an;
Doch kolossal zerknirscht sie die Hyäne,
Und sie erneuen ängstlich heiße Bahn.
In Winkeln bleibt noch vieles zu entdecken:
So viel Erschrecklichstes im engsten Raum!
Ihr tut sehr wohl, die Sünder zu erschrecken;
Sie halten's doch für Lug und Trug und Traum.
Zu den Dickteufeln vom kurzen, graden Horne
Nun, wanstige Schuften mit den Feuerbacken,
Ihr glüht so recht vom Höllenschwefel feist!
Klotzartige, kurze, nie bewegte Nacken!
Hier unten lauert, ob's wie Phosphor gleißt!
Das ist das Seelchen, Psyche mit den Flügeln:
Die rupft ihr aus, so ist's ein garstiger Wurm!
Mit meinem Stempel will ich sie besiegeln,
Dann fort mit ihr im Feuerwirbelsturm!
Paßt auf die niedern Regionen,
Ihr Schläuche! das ist eure Pflicht.
Ob's ihr beliebte, da zu wohnen,
So akkurat weiß man das nicht.
Im Nabel ist sie gern zu Haus:
Nehmt es in acht, sie wischt euch dort heraus!
Zu den Dürrteufeln vom langen, krummen Horne
Ihr Firlefanze, flügelmännische Riesen,
Greift in die Luft! versucht euch ohne Rast!
Die Arme strack, die Klauen scharf gewiesen,
Daß ihr die Flatternde, die Flüchtige faßt!
Es ist ihr sicher schlecht im alten Haus,
Und das Genie, es will gleich obenaus.
Glorie von oben, rechts
HIMMLISCHE HEERSCHAREN: Folget, Gesandte,
    Himmelsverwandte,
    Gemächlichen Flugs:
    Sündern vergeben,
    Staub zu beleben!
    Allen Naturen
    Freundliche Spuren
    Wirket im Schweben
    Des weilenden Zugs!
MEPHISTOPHELES: Mißtöne hör ich! garstiges Geklimper,
    Von oben kommt's mit unwillkommnem Tag:
Es ist das bübisch-mädchenhafte Gestümper,
Wie frömmelnder Geschmack sich's lieben mag.
Ihr wißt, wie wir in tiefverruchten Stunden
Vernichtung sannen menschlichem Geschlecht:
Das Schändlichste, was wir erfunden,
Ist ihrer Andacht eben recht.
Sie kommen gleisnerisch, die Laffen!

So haben sie uns manchen weggeschnappt!
Bekriegen uns mit unsern eignen Waffen:
Es sind auch Teufel, doch verkappt.
Hier zu verlieren, wär euch ewge Schande;
Ans Grab heran und haltet fest am Rande!
CHOR DER ENGEL (Rosen streuend):
    Rosen, ihr blendenden,
    Balsam versendenden!
    Flatternde, schwebende,
    Heimlich belebende,
    Zweigleinbeflügelte,
    Knospenentsiegelte,
    Eilet zu blühn!
    Frühling entsprieße,
    Purpur und Grün!
    Tragt Paradiese
    Dem Ruhenden hin!

MEPHISTOPHELES (zu den Satanen):
Was duckt und zuckt ihr? ist das Höllenbrauch?
So haltet stand und laßt sie streuen!
An seinen Platz ein jeder Gauch!
Sie denken wohl, mit solchen Blümeleien
Die heißen Teufel einzuschneien;
Das schmilzt und schrumpft vor eurem Hauch.
Nun pustet, Püstriche! – Genug, genug!
Vor eurem Brodem bleicht der ganze Flug.
Nicht so gewaltsam! schließet Maul und Nasen!
Fürwahr, ihr habt zu stark geblasen.
Daß ihr doch nie die rechten Maße kennt!
Das schrumpft nicht nur: es bräunt sich, dorrt, es brennt!
Schon schwebt's heran mit giftig-klaren Flammen:
Stemmt euch dagegen, drängt euch fest zusammen! –
Die Kraft erlischt! dahin ist aller Mut!
Die Teufel wittern fremde Schmeichelglut.
CHOR DER ENGEL: Blüten, die seligen,
    Flammen, die fröhlichen,
    Liebe verbreiten sie,
    Wonne bereiten sie,
    Herz wie es mag.
    Worte, die wahren,
    Äther im klaren
    Ewigen Scharen
    Überall Tag!
MEPHISTOPHELES: O Fluch! o Schande solchen Tröpfen!
Satane stehen auf den Köpfen,
Die Plumpen schlagen Rad auf Rad
Und stürzen ärschlings in die Hölle.
Gesegn euch das verdiente heiße Bad!
Ich aber bleib an meiner Stelle. –
Sich mit den schwebenden Rosen herumschlagend
Irrlichter, fort! Du, leuchte noch so stark,
Du bleibst, gehascht, ein ekler Gallertquark.
Was flatterst du? Willst du dich packen! –
Es klemmt wie Pech und Schwefel mir im Nacken.

CHOR DER ENGEL: Was euch nicht angehört,
    Müsset ihr meiden!
    Was euch das Innre stört,
    Dürft ihr nicht leiden!
    Dringt es gewaltig ein,
    Müssen wir tüchtig sein.
    Liebe nur Liebende
    Führet herein!
MEPHISTOPHELES:
Mir brennt der Kopf, das Herz, die Leber brennt!
Ein überteuflisch Element!
Weit spitziger als Höllenfeuer! –
Drum jammert ihr so ungeheuer,
Unglückliche Verliebte! die, verschmäht,
Verdrehten Halses nach der Liebsten späht.
Auch mir! Was zieht den Kopf auf jene Seite?
Bin ich mit ihr doch in geschwornem Streite!
Der Anblick war mir sonst so feindlich scharf.
Hat mich ein Fremdes durch und durch gedrungen?
Ich mag sie gerne sehn, die allerliebsten Jungen;
Was hält mich ab, daß ich nicht fluchen darf? –
Und wenn ich mich betören lasse,
Wer heißt denn künftighin der Tor? –
Die Wetterbuben, die ich hasse,
Sie kommen mir doch gar zu lieblich vor! –
Ihr schönen Kinder, laßt mich wissen:
Seid ihr nicht auch von Luzifers Geschlecht?
Ihr seid so hübsch: fürwahr, ich möcht euch küssen!
Mir ist's, als kämt ihr eben recht.
Es ist mir so behaglich, so natürlich,
Als hätt ich euch schon tausendmal gesehn,
So heimlich-kätzchenhaft begierlich:
Mit jedem Blick aufs neue schöner schön!
O nähert euch, o gönnt mir Einen Blick!
CHOR DER ENGEL:
    Wir kommen schon, warum weichst du zurück?
    Wir nähern uns, und wenn du kannst, so bleib!

Die Engel nehmen, umherziehend, den ganzen Raum ein

MEPHISTOPHELES (der ins Proszenium gedrängt wird):
Ihr scheltet uns verdammte Geister
Und seid die wahren Hexenmeister;
Denn ihr verführt Mann und Weib. –
Welch ein verfluchtes Abenteuer!
Ist dies das Liebeselement?
Der ganze Körper steht in Feuer,
Ich fühle kaum, daß es im Nacken brennt. –
Ihr schwanket hin und her: so senkt euch nieder!
Ein bißchen weltlicher bewegt die holden Glieder!
Fürwahr, der Ernst steht euch recht schön;
Doch möcht ich euch nur einmal lächeln sehn!
Das wäre mir ein ewiges Entzücken!
Ich meine so: wie wenn Verliebte blicken!
Ein kleiner Zug am Mund, so ist's getan!
Dich, langer Bursche, dich mag ich am liebsten leiden,

Die Pfaffenmiene will dich gar nicht kleiden,
So sieh mich doch ein wenig lüstern an!
Auch könntet ihr anständig-nackter gehen:
Das lange Faltenhemd ist übersittlich!
Sie wenden sich – Von hinten anzusehen! –
Die Racker sind doch gar zu appetitlich!

CHOR DER ENGEL:
    Wendet zur Klarheit
    Euch, liebende Flammen!
    Die sich verdammen,
    Heile die Wahrheit,
    Daß sie vom Bösen
    Froh sich erlösen,
    Um in dem Allverein
    Selig zu sein!

MEPHISTOPHELES (sich fassend):
Wie wird mir! – Hiobsartig, Beul an Beule
Der ganze Kerl, dem's vor sich selber graut,
Und triumphiert zugleich, wenn er sich ganz durch-
  schaut,
Wenn er auf sich und seinen Stamm vertraut:
Gerettet sind die edlen Teufelsteile,
Der Liebespuk, er wirft sich auf die Haut!
Schon ausgebrannt sind die verruchten Flammen,
Und wie es sich gehört, fluch ich euch allzusammen!

CHOR DER ENGEL:
    Heilige Gluten,
    Wen sie umschweben,
    Fühlt sich im Leben
    Selig mit Guten.
    Alle vereinigt
    Hebt euch und preist!
    Luft ist gereinigt:
    Atme der Geist!

Sie erheben sich, Faustens Unsterbliches entführend

MEPHISTOPHELES (sich umsehend):
Doch wie? – Wo sind sie hingezogen?
Unmündiges Volk, du hast mich überrascht!
Sind mit der Beute himmelwärts entflogen;
Drum haben sie an dieser Gruft genascht!
Mir ist ein großer, einziger Schatz entwendet:
Die hohe Seele, die sich mir verpfändet,
Die haben sie mir pfiffig weggepascht.
Bei wem soll ich mich nun beklagen?
Wer schafft mir mein erworbenes Recht?
Du bist getäuscht in deinen alten Tagen,
Du hast's verdient, es geht dir grimmig schlecht!
Ich habe schimpflich mißgehandelt,
Ein großer Aufwand, schmählich! ist vertan;
Gemein Gelüste, absurde Liebschaft wandelt
Den ausgepichten Teufel an.
Und hat mit diesem kindisch-tollen Ding
Der Klugerfahrene sich beschäftigt,
So ist fürwahr die Torheit nicht gering,
Die seiner sich am Schluß bemächtigt.

BERGSCHLUCHTEN

Wald, Fels, Einöde.
Heilige Anachoreten gebirgauf verteilt, gelagert zwischen
Klüften

CHOR UND ECHO:
    Waldung, sie schwankt heran,
    Felsen, sie lasten dran,
    Wurzeln, sie klammern an,
    Stamm dicht am Stamm hinan.
    Woge nach Woge spritzt,
    Höhle, die tiefste, schützt.
    Löwen, sie schleichen stumm-
    freundlich um uns herum,
    Ehren geweihten Ort,
    Heiligen Liebeshort.

PATER ECSTATICUS (auf- und abschweifend):
    Ewiger Wonnebrand,
    Glühendes Liebeband,
    Siedender Schmerz der Brust,
    Schäumende Gotteslust!
    Pfeile, durchdringet mich,
    Lanzen, bezwinget mich,
    Keulen, zerschmettert mich,
    Blitze, durchwettert mich!
    Daß ja das Nichtige
    Alles verflüchtige,
    Glänze der Dauerstern,
    Ewiger Liebe Kern!

PATER PROFUNDUS (tiefe Region):
Wie Felsenabgrund mir zu Füßen
Auf tiefem Abgrund lastend ruht,
Wie tausend Bäche strahlend fließen
Zum grausen Sturz des Schaums der Flut,
Wie strack, mit eignem kräftigen Triebe,
Der Stamm sich in die Lüfte trägt:
So ist es die allmächtige Liebe,
Die alles bildet, alles hegt.
Ist um mich her ein wildes Brausen,
Als wogte Wald und Felsengrund,
Und doch stürzt, liebevoll im Sausen,
Die Wasserfülle sich zum Schlund,
Berufen, gleich das Tal zu wässern;
Der Blitz, der flammend niederschlug,
Die Atmosphäre zu verbessern,
Die Gift und Dunst im Busen trug:
Sind Liebesboten! sie verkünden,
Was ewig schaffend uns umwallt.
Mein Innres mög es auch entzünden,
Wo sich der Geist, verworren-kalt,
Verquält in stumpfer Sinne Schranken
Scharfangeschlossnem Kettenschmerz!
O Gott, beschwichtige die Gedanken,
Erleuchte mein bedürftig Herz!

PATER SERAPHICUS (Mittlere Region):
    Welch ein Morgenwölkchen schwebet

Durch der Tannen schwankend Haar?
Ahn ich, was im Innern lebet?
Es ist junge Geisterschar.

CHOR SELIGER KNABEN: Sag uns, Vater, wo wir wallen,
Sag uns, Guter, wer wir sind!
Glücklich sind wir: allen, allen
Ist das Dasein so gelind.

PATER SERAPHICUS: Knaben, Mitternachtsgeborne,
Halb erschlossen Geist und Sinn,
Für die Eltern gleich Verlorne,
Für die Engel zum Gewinn!
Daß ein Liebender zugegen,
Fühlt ihr wohl: so naht euch nur!
Doch von schroffen Erdewegen,
Glückliche! habt ihr keine Spur.
Steigt herab in meiner Augen
Welt- und erdgemäß Organ!
Könnt sie als die euern brauchen:
Schaut euch diese Gegend an!
Er nimmt sie in sich
Das sind Bäume, das sind Felsen,
Wasserstrom, der abgestürzt
Und mit ungeheuerm Wälzen
Sich den steilen Weg verkürzt.

SELIGE KNABEN (von innen):
Das ist mächtig anzuschauen;
Doch zu düster ist der Ort,
Schüttelt uns mit Schreck und Grauen:
Edler, Guter, laß uns fort!

PATER SERAPHICUS: Steigt hinan zu höhrem Kreise,
Wachset immer unvermerkt,
Wie nach ewig reiner Weise
Gottes Gegenwart verstärkt!
Denn das ist der Geister Nahrung,
Die im freisten Äther waltet:
Ewigen Liebens Offenbarung,
Die zur Seligkeit entfaltet.

CHOR SELIGER KNABEN (um die höchsten Gipfel kreisend):
Hände verschlinget
Freudig zum Ringverein!
Regt euch und singet
Heilge Gefühle drein!
Göttlich belehret,
Dürft ihr vertrauen;
Den ihr verehret,
Werdet ihr schauen.

ENGEL (schwebend in der höhern Atmosphäre, Faustens Unsterbliches tragend):
Gerettet ist das edle Glied
Der Geisterwelt vom Bösen:
Wer immer strebend sich bemüht,
Den können wir erlösen!
Und hat an ihm die Liebe gar
Von oben teilgenommen,
Begegnet ihm die selge Schar
Mit herzlichem Willkommen.

DIE JÜNGEREN ENGEL: Jene Rosen, aus den Händen
Liebend-heiliger Büßerinnen,
Halfen uns den Sieg gewinnen,
Uns das hohe Werk vollenden,
Diesen Seelenschatz erbeuten.
Böse wichen, als wir streuten,
Teufel flohen, als wir trafen.
Statt gewohnter Höllenstrafen
Fühlten Liebesqual die Geister;
Selbst der alte Satansmeister
War von spitzer Pein durchdrungen.
Jauchzet auf! es ist gelungen.

DIE VOLLENDETEREN ENGEL: Uns bleibt ein Erdenrest
Zu tragen peinlich,
Und wär er von Asbest,
Er ist nicht reinlich.
Wenn starke Geisteskraft
Die Elemente
An sich herangerafft,
Kein Engel trennte
Geeinte Zwienatur
Der innigen beiden:
Die ewige Liebe nur
Vermag's zu scheiden.

DIE JÜNGEREN ENGEL: Nebelnd um Felsenhöh
Spür ich soeben
Regend sich in der Näh
Ein Geisterleben.
Die Wölkchen werden klar:
Ich seh bewegte Schar
Seliger Knaben,
Los von der Erde Druck,
Im Kreis gesellt,
Die sich erlaben
Am neuen Lenz und Schmuck
Der obern Welt.
Sei er zum Anbeginn,
Steigendem Vollgewinn
Diesen gesellt.

DIE SELIGEN KNABEN: Freudig empfangen wir
Diesen im Puppenstand;
Also erlangen wir
Englisches Unterpfand.
Löset die Flocken los,
Die ihn umgeben!
Schon ist er schön und groß
Von heiligem Leben.

DOCTOR MARIANUS (in der höchsten, reinlichsten Zelle):
Hier ist die Aussicht frei,
Der Geist erhoben.
Dort ziehen Fraun vorbei,
Schwebend nach oben.
Die Herrliche, mitteninn,
Im Sternenkranze,
Die Himmelskönigin:
Ich seh's am Glanze.
Entzückt

Höchste Herrscherin der Welt,
Lasse mich im blauen,
Ausgespannten Himmelszelt
Dein Geheimnis schauen!
Billige, was des Mannes Brust
Ernst und zart beweget
Und mit heiliger Liebeslust
Die entgegenträget!
Unbezwinglich unser Mut,
Wenn du hehr gebietest;
Plötzlich mildert sich die Glut,
Wie du uns befriedest.
Jungfrau, rein im schönsten Sinn,
Mutter, Ehren würdig,
Uns erwählte Königin,
Göttern ebenbürtig.

    Um sie verschlingen
    Sich leichte Wölkchen:
    Sind Büßerinnen,
    Ein zartes Völkchen,
    Um ihre Kniee
    Den Äther schlürfend,
    Gnade bedürfend.

Dir, der Unberührbaren,
Ist es nicht benommen,
Daß die leicht Verführbaren
Traulich zu dir kommen.
In die Schwachheit hingerafft,
Sind sie schwer zu retten:
Wer zerreißt aus eigner Kraft
Der Gelüste Ketten?
Wie entgleitet schnell der Fuß
Schiefem, glattem Boden!
Wen betört nicht Blick und Gruß,
Schmeichelhafter Odem?

Mater gloriosa schwebt einher

CHOR DER BÜSSERINNEN: Du schwebst zu Höhen
    Der ewigen Reiche;
    Vernimm das Flehen,
    Du Ohnegleiche,
    Du Gnadenreiche!

MAGNA PECCATRIX (St. Lucae VII, 36):
    Bei der Liebe, die den Füßen
    Deines gottverklärten Sohnes
    Tränen ließ zum Balsam fließen
    Trotz des Pharisäerhohnes,
    Beim Gefäße, das so reichlich
    Tropfte Wohlgeruch hernieder,
    Bei den Locken, die so weichlich
    Trockneten die heilgen Glieder –

MULIER SAMARITANA (St. Joh. IV):
    Bei dem Bronn, zu dem schon weiland
    Abram ließ die Herde führen,
    Bei dem Eimer, der dem Heiland
    Kühl die Lippe durft berühren,
    Bei der reinen, reichen Quelle,
    Die nun dorther sich ergießet,
    Überflüssig, ewig helle
    Rings durch alle Welten fließet –

MARIA AEGYPTIACA (Acta Sanctorum):
    Bei dem hochgeweihten Orte,
    Wo den Herrn man niederließ,
    Bei dem Arm, der von der Pforte
    Warnend mich zurückestieß,
    Bei der vierzigjährigen Buße,
    Der ich treu in Wüsten blieb,
    Bei dem seligen Scheidegruße,
    Den im Sand ich niederschrieb –

ZU DREI: Die du großen Sünderinnen
    Deine Nähe nicht verweigerst
    Und ein büßendes Gewinnen
    In die Ewigkeiten steigerst,
    Gönn auch dieser guten Seele,
    Die sich einmal nur vergessen,
    Die nicht ahnte, daß sie fehle,
    Dein Verzeihen angemessen!

UNA POENITENTIUM (sich anschmiegend. Sonst Gretchen genannt):
    Neige, neige,
    Du Ohnegleiche,
    Du Strahlenreiche,
    Dein Antlitz gnädig meinem Glück!
    Der früh Geliebte,
    Nicht mehr Getrübte,
    Er kommt zurück.

SELIGE KNABEN (in Kreisbewegung sich nähernd):
    Er überwächst uns schon
    An mächtigen Gliedern,
    Wird treuer Pflege Lohn
    Reichlich erwidern.
    Wir wurden früh entfernt
    Von Lebechören;
    Doch dieser hat gelernt:
    Er wird uns lehren.

DIE EINE BÜSSERIN (sonst Gretchen genannt):
    Vom edlen Geisterchor umgeben,
    Wird sich der Neue kaum gewahr,
    Er ahnet kaum das frische Leben,
    So gleicht er schon der heiligen Schar.
    Sieh, wie er jedem Erdenbande,
    Der alten Hülle sich entrafft
    Und aus ätherischem Gewande
    Hervortritt erste Jugendkraft!
    Vergönne mir, ihn zu belehren:
    Noch blendet ihn der neue Tag!

MATER GLORIOSA: Komm, hebe dich zu höhern Sphären!
    Wenn er dich ahnet, folgt er nach.

DOCTOR MARIANUS (auf dem Angesicht anbetend):
    Blicket auf zum Retterblick,
    Alle reuig Zarten,
    Euch zu seligem Geschick
    Dankend umzuarten!
    Werde jeder bessre Sinn
    Dir zum Dienst erbötig!

                Jungfrau, Mutter, Königin,
                Göttin, bleibe gnädig!
CHORUS MYSTICUS: Alles Vergängliche
                Ist nur ein Gleichnis;
                Das Unzulängliche
                Hier wird's Ereignis;
                Das Unbeschreibliche,
                Hier ist es getan;
                Das Ewigweibliche
                Zieht uns hinan.

PROSA

WILHELM MEISTERS LEHRJAHRE

ERSTES BUCH

Das Schauspiel dauerte sehr lange. Die alte Barbara trat einigemal ans Fenster und horchte, ob die Kutschen nicht rasseln wollten. Sie erwartete Marianen, ihre schöne Gebieterin, die heute im Nachspiele, als junger Offizier gekleidet, das Publikum entzückte, mit größerer Ungeduld als sonst, wenn sie ihr nur ein mäßiges Abendessen vorzusetzen hatte; diesmal sollte sie mit einem Paket überrascht werden, das Norberg, ein junger reicher Kaufmann, mit der Post geschickt hatte, um zu zeigen, daß er auch in der Entfernung seiner Geliebten gedenke.

Barbara war als alte Dienerin, Vertraute, Ratgeberin, Unterhändlerin und Haushälterin im Besitz des Rechtes, die Siegel zu eröffnen, und auch diesen Abend konnte sie ihrer Neugierde um so weniger widerstehen, als ihr die Gunst des freigebigen Liebhabers mehr als selbst Marianen am Herzen lag. Zu ihrer größter Freude hatte sie in dem Pakete ein feines Stück Nesseltuch und die neuesten Bänder für Marianen, für sich aber ein Stück Kattun, Halstücher und ein Röllchen Geld gefunden. Mit welcher Neigung, welcher Dankbarkeit erinnerte sie sich des abwesenden Norbergs! wie lebhaft nahm sie sich vor, auch bei Marianen seiner im besten zu gedenken, sie zu erinnern, was sie ihm schuldig sei und was er von ihrer Treue hoffen und erwarten müsse.

Das Nesseltuch, durch die Farbe der halbaufgerollten Bänder belebt, lag wie ein Christgeschenk auf dem Tischchen; die Stellung der Lichter erhöhte den Glanz der Gabe, alles war in Ordnung, als die Alte den Tritt Marianens auf der Treppe vernahm und ihr entgegeneilte. Aber wie sehr verwundert trat sie zurück, als das weibliche Offizierchen, ohne auf die Liebkosungen zu achten, sich an ihr vorbeidrängte, mit ungewöhnlicher Hast und Bewegung in das Zimmer trat, Federhut und Degen auf den Tisch warf, unruhig auf und nieder ging und den feierlich angezündeten Lichtern keinen Blick gönnte.

„Was hast du, Liebchen?" rief die Alte verwundert aus. „Um's Himmels willen, Töchterchen, was gibt's? Sieh hier diese Geschenke! Von wem können sie sein, als von deinem zärtlichsten Freunde? Norberg schickt dir das Stück Musselin zum Nachtkleide, bald ist er selbst da; er scheint mir eifriger und freigebiger als jemals."

Die Alte kehrte sich um und wollte die Gaben, womit er auch s i e bedacht, vorweisen, als Mariane, sich von den Geschenken wegwendend, mit Leidenschaft ausrief:

„Fort! fort! heute will ich nichts von allem diesen hören; ich habe dir gehorcht, du hast es gewollt, es sei so! Wenn Norberg zurückkehrt, bin ich wieder sein, bin ich dein, mache mit mir, was du willst; aber bis dahin will ich mein sein, und hättest du tausend Zungen, du solltest mir meinen Vorsatz nicht ausreden. Dieses ganze Mein will ich dem geben, der mich liebt und den ich liebe. Keine Gesichter! Ich will mich dieser Leidenschaft überlassen, als wenn sie ewig dauern sollte."

Der Alten fehlte es nicht an Gegenvorstellungen und Gründen; doch da sie in fernerem Wortwechsel heftig und bitter ward, sprang Mariane auf sie los und faßte sie bei der Brust. Die Alte lachte überlaut. „Ich werde sorgen müssen", rief sie aus, „daß sie wieder bald in lange Kleider kommt, wenn ich meines Lebens sicher sein will. Fort, zieht Euch aus! Ich hoffe, das Mädchen wird mir abbitten, was mir der flüchtige Junker Leids zugefügt hat; herunter mit dem Rock und immer so fort alles herunter! es ist eine unbequeme Tracht und für Euch gefährlich, wie ich merke. Die Achselbänder begeistern Euch."

Die Alte hatte Hand an sie gelegt, Mariane riß sich los. „Nicht so geschwind!" rief sie aus, „ich habe noch heute Besuch zu erwarten."

„Das ist nicht gut", versetzte die Alte. „Doch nicht den jungen, zärtlichen, unbefiederten Kaufmannssohn?"

„Eben den", versetzte Mariane.

„Es scheint, als wenn die Großmut Eure herrschende Leidenschaft werden wollte", erwiderte die Alte spottend; „Ihr nehmt Euch der Unmündigen, der Unvermögenden mit großem Eifer an. Es muß reizend sein, als uneigennützige Geberin angebetet zu werden." –

„Spotte, wie du willst. Ich lieb ihn! ich lieb ihn! Mit welchem Entzücken sprech ich zum erstenmal diese Worte aus! Das ist diese Leidenschaft, die ich so oft vorgestellt habe, von der ich keinen Begriff hatte. Ja, ich will mich ihm um den Hals werfen! ich will ihn fassen, als wenn ich ihn ewig halten wollte! Ich will ihm meine ganze Liebe zeigen, seine Liebe in ihrem ganzen Umfang genießen."

„Mäßigt Euch", sagte die Alte gelassen, „mäßigt Euch! Ich muß Eure Freude durch ein Wort unterbrechen: Norberg kommt! in vierzehn Tagen kommt er! Hier ist sein Brief, der die Geschenke begleitet hat."

„Und wenn mir die Morgensonne meinen Freund rauben

sollte, will ich mir's verbergen. Vierzehn Tage! Welche Ewigkeit! In vierzehn Tagen, was kann da nicht vorfallen, was kann sich da nicht verändern!"
Wilhelm trat herein. Mit welcher Lebhaftigkeit flog sie ihm entgegen! mit welchem Entzücken umschlang er die rote Uniform, drückte er das weiße Atlaswestchen an seine Brust! Wer wagte hier zu beschreiben, wem geziemt es, die Seligkeit zweier Liebenden auszusprechen! Die Alte ging murrend beiseite, wir entfernen uns mit ihr und lassen die Glücklichen allein.
Als Wilhelm seine Mutter des andern Morgens begrüßte, eröffnete sie ihm, daß der Vater sehr verdrießlich sei und ihm den täglichen Besuch des Schauspiels nächstens untersagen werde. „Wenn ich gleich selbst", fuhr sie fort, „manchmal gern ins Theater gehe, so möchte ich es doch oft verwünschen, da meine häusliche Ruhe durch deine unmäßige Leidenschaft zu diesem Vergnügen gestört wird. Der Vater wiederholt immer, wozu es nur nütze sei? wie man seine Zeit nur so verderben könne?"
„Ich habe es auch schon von ihm hören müssen", versetzte Wilhelm, „und habe ihm vielleicht zu hastig geantwortet; aber um's Himmels willen Mutter! ist denn alles unnütz, was uns nicht unmittelbar Geld in den Beutel bringt, was uns nicht den allernächsten Besitz verschafft? Hatten wir in dem alten Hause nicht Raum genug? und war es nötig, ein neues zu bauen? Verwendet der Vater nicht jährlich einen ansehnlichen Teil seines Handelsgewinnes zur Verschönerung der Zimmer? Diese seidenen Tapeten, diese englischen Mobilien, sind sie nicht auch unnütz? Könnten wir uns nicht mit geringeren begnügen? Wenigstens bekenne ich, daß mir diese gestreiften Wände, diese hundertmal wiederholten Blumen, Schnörkel, Körbchen und Figuren einen durchaus unangenehmen Eindruck machen. Sie kommen mir höchstens vor wie unser Theatervorhang. Aber wie anders ist's, vor diesem zu sitzen! Wenn man noch so lange warten muß, so weiß man doch, er wird in die Höhe gehen, und wir werden die mannigfaltigsten Gegenstände sehen, die uns unterhalten, aufklären und erheben."
„Mach es nur mäßig", sagte die Mutter; „der Vater will auch abends unterhalten sein; und dann glaubt er, es zerstreue dich, und am Ende trag ich, wenn er verdrießlich wird, die Schuld. Wie oft mußte ich mir das verwünschte Puppenspiel vorwerfen lassen, das ich euch vor zwölf Jahren zum heiligen Christ gab und das euch zuerst Geschmack am Schauspiele beibrachte!"
„Schelten Sie das Puppenspiel nicht, lassen Sie sich Ihre Liebe und Vorsorge nicht gereuen. Es waren die ersten vergnügten Augenblicke, die ich in dem neuen leeren Hause genoß; ich sehe es diesen Augenblick noch vor mir."
Und mit diesem erbat er sich die Schlüssel, eilte, fand die Puppen und war einen Augenblick in jene Zeiten versetzt, wo sie ihm noch belebt schienen, wo er sie durch die Lebhaftigkeit seiner Stimme, durch die Bewegung seiner Hände zu beleben glaubte. Er nahm sie mit auf seine Stube und verwahrte sie sorgfältig.

Wenn die erste Liebe, wie ich allgemein behaupten höre, das Schönste ist, was ein Herz früher oder später empfinden kann, so müssen wir unsern Helden dreifach glücklich preisen, daß ihm gegönnt ward, die Wonne dieser einzigen Augenblicke in ihrem ganzen Umfange zu genießen. Nur wenig Menschen werden so vorzüglich begünstigt, indes die meisten von ihren frühern Empfindungen nur durch eine harte Schule geführt werden, in welcher sie, nach einem kümmerlichen Genuß, gezwungen sind, ihren besten Wünschen zu entsagen und das, was ihnen als höchste Glückseligkeit vorschwebte, für immer entbehren zu lernen.
Auf den Flügeln der Einbildungskraft hatte sich Wilhelms Begierde zu dem reizenden Mädchen erhoben; nach einem kurzen Umgange hatte er ihre Neigung gewonnen, er fand sich im Besitz einer Person, die er so sehr liebte, ja verehrte: denn sie war ihm zuerst in dem günstigen Lichte theatralischer Vorstellung erschienen, und seine Leidenschaft zur Bühne verband sich mit der ersten Liebe zu einem weiblichen Geschöpfe. Seine Jugend ließ ihn reiche Freuden genießen, die von einer lebhaften Dichtung erhöht und erhalten wurden. Auch der Zustand seiner Geliebten gab ihrem Betragen eine Stimmung, welche seinen Empfindungen sehr zu Hilfe kam; die Furcht, ihr Geliebter möchte ihre übrigen Verhältnisse vor der Zeit entdecken, verbreitete über sie einen liebenswürdigen Anschein von Sorge und Scham, ihre Leidenschaft für ihn war lebhaft, selbst ihre Unruhe schien ihre Zärtlichkeit zu vermehren; sie war das lieblichste Geschöpf in seinen Armen.
Als er aus dem ersten Taumel der Freude erwachte und auf sein Leben und seine Verhältnisse zurückblickte, erschien ihm alles neu, seine Pflichten heiliger, seine Liebhabereien lebhafter, seine Kenntnisse deutlicher, seine Talente kräftiger, seine Vorsätze entschiedener. Es war ihm daher leicht, eine Einrichtung zu treffen, um den Vorwürfen seines Vaters zu entgehen, seine Mutter zu beruhigen und Marianens Liebe ungestört zu genießen. Er verrichtete des Tags seine Geschäfte pünktlich, entsagte gewöhnlich dem Schauspiel, war abends bei Tische unterhaltend und schlich, wenn alles zu Bette war, in Mantel gehüllt, sachte zu dem Garten hinaus und eilte, alle Lindors und Leanders im Busen, unaufhaltsam zu seiner Geliebten.

„Was bringen Sie?" fragte Mariane, als er eines Abends ein Bündel hervorwies, das die Alte, in Hoffnung angenehmer Geschenke, sehr aufmerksam betrachtete. „Sie werden es nicht erraten", versetzte Wilhelm.
Wie verwunderte sich Mariane, wie entsetzte sich Barbara, als die aufgebundene Serviette einen verworrenen Haufen spannenlanger Puppen sehen ließ. Mariane lachte laut, als Wilhelm die verworrenen Drähte auseinanderzuwickeln und jede Figur einzeln vorzuzeigen bemüht war. Die Alte schlich verdrießlich beiseite.
Es bedarf nur einer Kleinigkeit, um zwei Liebende zu unterhalten, und so vergnügten sich unsre Freunde diesen

Abend aufs beste. Die kleine Truppe wurde gemustert, jede Figur genau betrachtet und belacht.

Aus der Süßigkeit ihrer zärtlichen Träume wurden sie durch einen Lärm geweckt, welcher auf der Straße entstand. Mariane rief der Alten, die, nach ihrer Gewohnheit noch fleißig, die veränderlichen Materialien der Theatergarderobe zum Gebrauch des nächsten Stückes anzupassen beschäftigt war. Sie gab die Auskunft, daß eben eine Gesellschaft lustiger Gesellen aus dem Italiener-Keller nebenan heraustaumelte, wo sie bei frischen Austern, die eben angekommen, des Champagners nicht geschont hätten.

„Schade", sagte Mariane, „daß es uns nicht früher eingefallen ist, wir hätten uns auch was zugute tun sollen."

„Es ist wohl noch Zeit", versetzte Wilhelm und reichte der Alten einen Louisdor hin; „verschafft Sie uns, was wir wünschen, so soll Sie's mit genießen."

Die Alte war behend, und in kurzer Zeit stand ein artig bestellter Tisch mit einer wohlgeordneten Kollation vor den Liebenden. Die Alte mußte sich dazusetzen; man aß, trank und ließ sich's wohl sein.

In solchen Fällen fehlt es nie an Unterhaltung. Die Alte wußte das Gespräch auf Wilhelms Lieblingsmaterie zu wenden. „Sie haben uns schon einmal", sagte sie, „von der ersten Aufführung eines Puppenspiels am Weihnachtsabend unterhalten, es war lustig zu hören. Sie wurden eben unterbrochen, als das Ballett angehen sollte. Nun kennen wir das herrliche Personal, das jene großen Wirkungen hervorbrachte."

„Ja", sagte Mariane, „erzähle uns weiter, wie war dir's zumute?"

„Es ist eine schöne Empfindung, liebe Mariane", versetzte Wilhelm, „wenn wir uns alter Zeiten und alter unschädlicher Irrtümer erinnern, besonders wenn es in einem Augenblick geschieht, da wir eine Höhe glücklich erreicht haben, von welcher wir uns umsehen und den zurückgelegten Weg überschauen können. Es ist so angenehm, selbstzufrieden sich mancher Hindernisse zu erinnern, die wir oft mit einem peinlichen Gefühle für unüberwindlich hielten, und dasjenige, was wir jetzt entwickelt s i n d , mit dem zu vergleichen, was wir damals unentwickelt w a r e n . Aber unaussprechlich glücklich fühl ich mich jetzt, da ich in diesem Augenblick mit dir von dem Vergangnen rede, weil ich zugleich vorwärts in das reizende Land schaue, das wir zusammen Hand in Hand durchwandern können."

„Wie war es mit dem Ballett?" fiel die Alte ihm ein. „Ich fürchte, es ist nicht alles abgelaufen, wie es sollte."

„O ja", versetzte Wilhelm, „sehr gut! Von jenen wunderlichen Sprüngen der Mohren und Mohrinnen, Schäfer und Schäferinnen, Zwerge und Zwerginnen ist mir eine dunkle Erinnerung auf mein ganzes Leben geblieben. Nun fiel der Vorhang, die Türe schloß sich, und die ganze kleine Gesellschaft eilte wie betrunken und taumelnd zu Bette; ich weiß aber wohl, daß ich nicht einschlafen konnte, daß ich noch etwas erzählt haben wollte, daß ich noch viele Fragen tat und daß ich nur ungern die Wärterin entließ, die uns zur Ruhe gebracht hatte.

Den andern Morgen war leider das magische Gerüste wieder verschwunden, der mystische Schleier weggehoben, man ging durch jene Türe wieder frei aus einer Stube in die andere, und soviel Abenteuer hatten keine Spur zurückgelassen. Meine Geschwister liefen mit ihren Spielsachen auf und ab, ich allein schlich hin und her, es schien mir unmöglich, daß da nur zwei Türpfosten sein sollten, wo gestern soviel Zauberei gewesen war. Ach, wer eine verlorne Liebe sucht, kann nicht unglücklicher sein, als ich mir damals schien!"

Ein freudetrunkner Blick, den er auf Marianen warf, überzeugte sie, daß er nicht fürchtete, jemals in diesen Fall kommen zu können.

„Meine Schwestern, indem sie ihre Puppen aus- und ankleideten, erregten in mir den Gedanken, meinen Helden auch nach und nach bewegliche Kleider zu verschaffen. Man trennte ihnen die Läppchen vom Leibe, setzte sie, so gut man konnte, zusammen, sparte sich etwas Geld, kaufte neues Band und Flitter, bettelte sich manches Stückchen Taft zusammen und schaffte nach und nach eine Theatergarderobe an, in welcher besonders die Reifröcke für die Damen nicht vergessen waren.

Die Truppe war nun wirklich mit Kleidern für das größte Stück versehen, und man hätte denken können, es würde nun erst recht eine Aufführung der andern folgen; aber es ging mir, wie es den Kindern öfter zu gehen pflegt: sie fassen weite Pläne, machen große Anstalten, auch wohl einige Versuche, und es bleibt alles zusammen liegen. Dieses Fehlers muß ich mich auch anklagen. Die größte Freude lag bei mir in der Erfindung und in der Beschäftigung der Einbildungskraft. Dies oder jenes Stück interessierte mich um irgendeiner Szene willen, und ich ließ gleich wieder neue Kleider dazu machen. Über solchen Anstalten waren die ursprünglichen Kleidungsstücke meiner Helden in Unordnung geraten und verschleppt worden, daß also nicht einmal das erste große Stück mehr aufgeführt werden konnte. Ich überließ mich meiner Phantasie, probierte und bereitete ewig, baute tausend Luftschlösser und spürte nicht, daß ich den Grund des kleinen Gebäudes zerstört hatte."

Während dieser Erzählung hatte Mariane alle ihre Freundlichkeit gegen Wilhelm aufgeboten, um ihre Schläfrigkeit zu verbergen. So scherzhaft die Begebenheit von einer Seite schien, so war sie ihr doch zu einfach, und die Betrachtungen dazu zu ernsthaft. Sie setzte zärtlich ihren Fuß auf den Fuß des Geliebten und gab ihm scheinbare Zeichen ihrer Aufmerksamkeit und ihres Beifalls. Sie trank aus seinem Glase, und Wilhelm war überzeugt, es sei kein Wort seiner Geschichte auf die Erde gefallen. Nach einer kleinen Pause rief er aus: „Es ist nun an dir, Mariane, mir auch deine ersten jugendlichen Freuden mitzuteilen. Noch waren wir immer zu sehr mit dem Gegenwärtigen beschäftigt, als daß wir uns wechselseitig um unsere vorige Lebensweise hätten bekümmern können. Sage mir: unter welchen Umständen bist du erzogen?

Welche sind die ersten lebhaften Eindrücke, deren du dich erinnerst?"

Diese Fragen würden Marianen in große Verlegenheit gesetzt haben, wenn ihr die Alte nicht sogleich zu Hilfe gekommen wäre. „Glauben Sie denn", sagte das kluge Weib, „daß wir auf das, was uns früh begegnet, so aufmerksam sind, daß wir so artige Begebenheiten zu erzählen haben, und wenn wir sie zu erzählen hätten, daß wir der Sache auch ein solches Geschick zu geben wüßten?"

„Als wenn es dessen bedürfte!" rief Wilhelm aus. „Ich liebe dieses zärtliche, gute, liebliche Geschöpf so sehr, daß mich jeder Augenblick meines Lebens verdrießt, den ich ohne sie zugebracht habe."

So brachte Wilhelm seine Nächte im Genusse vertraulicher Liebe, seine Tage in Erwartung neuer seliger Stunden zu. Schon zu jener Zeit, als ihn Verlangen und Hoffnung zu Marianen hinzog, fühlte er sich wie neu belebt, er fühlte, daß er ein anderer Mensch zu werden beginne; nun war er mit ihr vereinigt, die Befriedigung seiner Wünsche ward eine reizende Gewohnheit. Sein Herz strebte, den Gegenstand seiner Leidenschaft zu veredlen, sein Geist, das geliebte Mädchen mit sich emporzuheben. In der kleinsten Abwesenheit ergriff ihn ihr Andenken. War sie ihm sonst notwendig gewesen, so war sie ihm jetzt unentbehrlich, da er mit allen Banden der Menschheit an sie geknüpft war. Seine reine Seele fühlte, daß sie die Hälfte, mehr als die Hälfte seiner selbst sei. Er war dankbar und hingegeben ohne Grenzen.

Auch Mariane konnte sich eine Zeitlang täuschen, sie teilte die Empfindung seines lebhaften Glücks mit ihm. Ach! wenn nur nicht manchmal die kalte Hand des Vorwurfs ihr über das Herz gefahren wäre! Selbst an dem Busen Wilhelms war sie nicht sicher davor, selbst unter den Flügeln seiner Liebe. Und wenn sie nun gar wieder allein war und aus den Wolken, in denen seine Leidenschaft sie emportrug, in das Bewußtsein ihres Zustandes herabsank, dann war sie zu bedauern. Denn Leichtsinn kam ihr zu Hilfe, solange sie in niedriger Verworrenheit lebte, sich über ihre Verhältnisse betrog oder vielmehr sie nicht kannte; da erschienen ihr die Vorfälle, denen sie ausgesetzt war, nur einzeln: Vergnügen und Verdruß lösten sich ab, Demütigung wurde durch Eitelkeit, und Mangel oft durch augenblicklichen Überfluß vergütet; sie konnte Not und Gewohnheit sich als Gesetz und Rechtfertigung anführen, und so lange ließen sich alle unangenehmen Empfindungen von Stunde zu Stunde, von Tag zu Tage abschütteln. Nun aber hatte das arme Mädchen sich Augenblicke in eine bessere Welt hinübergerückt gefühlt, hatte, wie von oben herab, aus Licht und Freude ins Öde, Verworfene ihres Lebens heruntergesehen, hatte gefühlt, welche elende Kreatur ein Weib ist, das mit dem Verlangen nicht zugleich Liebe und Ehrfurcht einflößt, und fand sich äußerlich und innerlich um nichts gebessert. Sie hatte nichts, was sie aufrichten konnte. Wenn sie in sich blickte und suchte, war es in ihrem Geiste leer, und ihr Herz hatte keinen Widerhalt. Je trauriger dieser Zustand war, desto heftiger schloß sich ihre Neigung an den Geliebten fest; ja die Leidenschaft wuchs mit jedem Tage, wie die Gefahr, ihn zu verlieren, mit jedem Tag näher rückte.

Dagegen schwebte Wilhelm glücklich in höhern Regionen, ihm war auch eine neue Welt aufgegangen, aber reich an herrlichen Aussichten. Kaum ließ das Übermaß der ersten Freude nach, so stellte sich das hell vor seine Seele, was ihn bisher dunkel durchwühlt hatte. Sie ist dein! Sie hat sich dir hingegeben! Sie, das geliebte, gesuchte, angebetete Geschöpf, dir auf Treu und Glauben hingegeben; aber sie hat sich keinem Undankbaren überlassen. Wo er stand und ging, redete er mit sich selbst; sein Herz floß beständig über, und er sagte sich in einer Fülle von prächtigen Worten die erhabensten Gesinnungen vor. Er glaubte den hellen Wink des Schicksals zu verstehen, das ihm durch Marianen die Hand reichte, sich aus dem stockenden, schleppenden bürgerlichen Leben herauszureißen, aus dem er schon so lange sich zu retten gewünscht hatte. Seines Vaters Haus, die Seinigen zu verlassen, schien ihm etwas Leichtes. Er war jung und neu in der Welt, und sein Mut, in ihren Weiten nach Glück und Befriedigung zu rennen, durch die Liebe erhöht. Seine Bestimmung zum Theater war ihm nunmehr klar; das hohe Ziel, das er sich vorgesteckt sah, schien ihm näher, indem er an Marianens Hand hinstrebte, und in selbstgefälliger Bescheidenheit erblickte er in sich den trefflichen Schauspieler, den Schöpfer eines künftigen Nationaltheaters, nach dem er so vielfältig hatte seufzen hören. Alles, was in den innersten Winkeln seiner Seele bisher geschlummert hatte, wurde rege. Er bildete aus den vielerlei Ideen mit Farben der Liebe ein Gemälde auf Nebelgrund, dessen Gestalten freilich sehr ineinanderflossen; dafür aber auch das Ganze eine desto reizendere Wirkung tat.

Er saß nun zu Hause, kramte unter seinen Papieren und rüstete sich zur Abreise. Was nach seiner bisherigen Bestimmung schmeckte, ward beiseitegelegt: er wollte bei seiner Wanderung in die Welt auch von jeder unangenehmen Erinnerung frei sein. Nur Werke des Geschmacks, Dichter und Kritiker, wurden als bekannte Freunde unter die Erwählten gestellt; und da er bisher die Kunstrichter sehr wenig genutzt hatte, so erneuerte sich seine Begierde nach Belehrung, als er seine Bücher wieder durchsah und fand, daß die theoretischen Schriften noch meist unaufgeschnitten waren. Er hatte sich, in der völligen Überzeugung von der Notwendigkeit solcher Werke, viele davon angeschafft und mit dem besten Willen in keines auch nur bis in die Hälfte sich hineinlesen können.

Dagegen hatte er sich desto eifriger an Beispiele gehalten und in allen Arten, die ihm bekannt worden waren, selbst Versuche gemacht.

Werner trat herein, und als er seinen Freund mit den bekannten Heften beschäftigt sah, rief er aus: „Bist du schon wieder über diesen Papieren? Ich wette, du hast nicht die Absicht, eins oder das andere zu vollenden! Du siehst sie durch und wieder durch und beginnt allenfalls etwas Neues."

„Zu vollenden ist nicht die Sache des Schülers, es ist genug, wenn er sich übt."

„Aber doch fertig macht, so gut er kann."

„Und doch ließe sich wohl die Frage aufwerfen: ob man nicht eben gute Hoffnung von einem jungen Menschen fassen könne, der bald gewahr wird, wenn er etwas Ungeschicktes unternommen hat, in der Arbeit nicht fortfährt und an etwas, das niemals einen Wert haben kann, weder Mühe noch Zeit verschwenden mag."

„Ich weiß wohl, es war nie eine Sache, etwas zustande zu bringen, du warst immer müde, eh es zur Hälfte kam. Da du noch Direktor unseres Puppenspiels warst, wie oft wurden neue Kleider für die Zwerggesellschaft gemacht? neue Dekorationen ausgeschnitten? Bald sollte dieses, bald jenes Trauerspiel aufgeführt werden, und höchstens gabst du einmal den fünften Akt, wo alles recht bunt durcheinanderging und die Leute sich erstachen."

„Wenn du von jenen Zeiten sprechen willst, wer war denn schuld, daß wir die Kleider, die unsern Puppen angepaßt und auf den Leib festgenäht waren, heruntertrennen ließen und den Aufwand einer weitläufigen und unnützen Garderobe machten? Warst du's nicht, der immer um ein neues Stück Band zu verhandeln hatte, der meine Liebhaberei anzufeuern und zu nützen wußte?"

Werner lachte und rief aus: „Ich erinnere mich immer noch mit Freuden, daß ich von euren theatralischen Feldzügen Vorteil zog, wie Lieferanten im Kriege. Als ihr euch zur Befreiung Jerusalems rüstetet, machte ich auch einen schönen Profit wie ehemals die Venezianer im ähnlichen Falle. Ich finde nichts vernünftiger in der Welt, als von den Torheiten anderer Vorteil zu ziehen."

„Ich weiß nicht, ob es nicht ein edleres Vergnügen wäre, die Menschen von ihren Torheiten zu heilen."

„Wie ich sie kenne, möchte das wohl ein eitles Bestreben sein. *Es gehört schon etwas dazu, wenn ein einziger Mensch klug und reich werden soll, und meistens wird er es auf Unkosten der andern.*"

„Es fällt mir eben recht der ‚Jüngling am Scheidewege' in die Hände", versetzte Wilhelm, indem er ein Heft aus den übrigen Papieren herauszog: „das ist doch fertig geworden, es mag übrigens sein, wie es will."

„Leg es beiseite, wirf es ins Feuer!" versetzte Werner. „Die Erfindung ist nicht im geringsten lobenswürdig; schon vormals ärgerte mich diese Komposition genug und zog dir den Unwillen des Vaters zu. Es mögen ganz artige Verse sein; aber die Vorstellungsart ist grundfalsch. Ich erinnere mich noch deines personifizierten Gewerbes, deiner zusammengeschrumpften erbärmlichen Sibylle. Du magst das Bild in irgendeinem elenden Kramladen aufgeschnappt haben. Von der Handlung hattest du damals keinen Begriff; ich wüßte nicht, wessen Geist ausgebreiteter wäre, ausgebreiteter sein müßte als der Geist eines echten Handelsmannes. Welchen Überblick verschafft uns nicht die Ordnung, in der wir unsere Geschäfte führen! Sie läßt uns jederzeit das Ganze überschauen, ohne daß wir nötig hätten, uns durch das einzelne verwirren zu lassen. Welche Vorteile gewährt die doppelte Buchhaltung dem Kaufmanne! Es ist eine der schönsten Erfindungen des menschlichen Geistes, und ein jeder guter Haushalter sollte sie in seiner Wirtschaft einführen."

„Verzeih mir", sagte Wilhelm lächelnd, „du fängst von der Form an, als wenn das die Sache wäre; gewöhnlich vergeßt ihr aber auch über eurem Addieren und Bilanzieren das eigentliche Fazit des Lebens."

„Leider siehst du nicht, mein Freund, wie Form und Sache hier nur eins ist, eins ohne das andere nicht bestehen könnte. *Ordnung und Klarheit vermehrt die Lust, zu sparen und zu erwerben. Ein Mensch, der übel haushält, befindet sich in der Dunkelheit sehr wohl:* er mag die Posten nicht gerne zusammenrechnen, die er schuldig ist. Dagegen kann einem guten Wirte nichts angenehmer sein, als sich alle Tage die Summe seines wachsenden Glückes zu ziehen. Selbst ein Unfall, wenn er ihn verdrießlich überrascht, erschreckt ihn nicht; denn er weiß sogleich, was für erworbene Vorteile er auf die andere Waagschale zu legen hat. Ich bin überzeugt, mein lieber Freund, wenn du nur einmal einen rechten Geschmack an unsern Geschäften finden könntest, so würdest du dich überzeugen, daß manche Fähigkeiten des Geistes auch dabei ihr freies Spiel haben können."

„Es ist möglich, daß mich die Reise, die ich vorhabe, auf andere Gedanken bringt."

„Oh! Gewiß! Glaube mir, es fehlt dir nur der Anblick einer großen Tätigkeit, um dich auf immer zu dem Unsern zu machen; und wenn du zurückkommst, wirst du dich gern zu denen gesellen, die durch alle Arten von Spedition und Spekulation einen Teil des Geldes und Wohlbefindens, das in der Welt seinen notwendigen Kreislauf führt, an sich zu reißen wissen.

Es haben die Großen dieser Welt sich der Erde bemächtigt, sie leben in Herrlichkeit und Überfluß. Der kleinste Raum unsers Weltteils ist schon in Besitz genommen, jeder Besitz befestiget, Ämter und andere bürgerliche Geschäfte tragen wenig ein; wo gibt es nun noch einen rechtmäßigen Erwerb, eine billigere Eroberung als den Handel? Was ist reizender als der Anblick eines Schiffes, das von einer glücklichen Fahrt wieder anlangt, das von einem reichen Fange frühzeitig zurückkehrt! Nicht der Verwandte, der Bekannte, der Teilnehmer allein, ein jeder fremde Zuschauer wird hingerissen, wenn er die Freude sieht, mit welcher der eingesperrte Schiffer ans Land springt, noch ehe sein Fahrzeug es ganz berührt, sich wieder frei fühlt und nunmehr das, was er dem falschen Wasser entzogen, der getreuen Erde anvertrauen kann. Nicht in Zahlen allein, mein Freund, erscheint uns der Gewinn; das Glück ist die Göttin der lebendigen Menschen, und um ihre Gunst wahrhaft zu empfinden, muß man leben und Menschen sehen, die sich recht lebendig bemühen und recht sinnlich genießen."

Es ist nun Zeit, daß wir auch die Väter unsrer beiden Freunde näher kennenlernen: ein paar Männer von sehr verschiedener Denkungsart, deren Gesinnungen aber darin übereinkamen, daß sie den Handel für das edelste Geschäft hielten und beide höchst aufmerksam auf jeden Vorteil waren, den ihnen irgendeine Spekulation bringen konnte. Der alte Meister hatte gleich nach dem Tode seines Vaters eine kostbare Sammlung von Gemälden, Zeichnungen, Kupferstichen und Antiquitäten ins Geld gesetzt, sein Haus nach dem neuesten Geschmacke von Grund aus aufgebaut und möbliert und sein übriges Vermögen auf alle mögliche Weise gelten gemacht. Einen ansehnlichen Teil davon hatte er dem alten Werner in die Handlung gegeben, der als ein tätiger Handelsmann berühmt war und dessen Spekulationen gewöhnlich durch das Glück begünstigt wurden. Nichts wünschte aber der alte Meister so sehr, als seinem Sohne Eigenschaften zu geben, die ihm selbst fehlten, und seinen Kindern Güter zu hinterlassen, auf deren Besitz er den größten Wert legte. Zwar empfand er eine besondere Neigung zum Prächtigen, zu dem, was in die Augen fällt, das aber auch zugleich einen innern Wert und eine Dauer haben sollte. In seinem Hause mußte alles solid und massiv sein, der Vorrat reichlich, das Silbergeschirr schwer, das Tafelservice kostbar; dagegen waren die Gäste selten, denn eine jede Mahlzeit ward ein Fest, das sowohl wegen der Kosten als wegen der Unbequemlichkeit nicht oft wiederholt werden konnte. Sein Haushalt ging einen gelassenen und einförmigen Schritt, und alles, was sich darin bewegte und erneuerte, war gerade das, was niemandem einigen Genuß gab.

Ein ganz entgegengesetztes Leben führte der alte Werner in einem dunkeln und finstern Hause. Hatte er seine Geschäfte in der engen Schreibstube am uralten Pulte vollendet, so wollte er gut essen und womöglich noch besser trinken, auch konnte er das Gute nicht allein genießen: neben seiner Familie mußte er seine Freunde, alle Fremden, die nur mit seinem Hause in einiger Verbindung standen, immer bei Tische sehen; seine Stühle waren uralt, aber er lud täglich jemanden ein, darauf zu sitzen. Die guten Speisen zogen die Aufmerksamkeit der Gäste auf sich, und niemand bemerkte, daß sie in gemeinem Geschirr aufgetragen wurden. Sein Keller hielt nicht viel Wein, aber der ausgetrunkene ward gewöhnlich durch einen bessern ersetzt.

So lebten die beiden Väter, welche öfter zusammenkamen, sich wegen gemeinschaftlicher Geschäfte beratschlagten und eben heute die Versendung Wilhelms in Handelsangelegenheiten beschlossen.

„Er mag sich in der Welt umsehen", sagte der alte Meister, „und zugleich unsre Geschäfte an fremden Orten betreiben; man kann einem jungen Menschen keine größere Wohltat erweisen, als wenn man ihn zeitig in die Bestimmung seines Lebens einweiht. Ihr Sohn ist von seiner Expedition so glücklich zurückgekommen, hat seine Geschäfte so gut zu machen gewußt, daß ich recht neugierig bin, wie sich der meinige beträgt; ich fürchte, er wird mehr Lehrgeld geben als der Ihrige."

Der alte Meister, welcher von seinem Sohne und dessen Fähigkeiten einen großen Begriff hatte, sagte diese Worte in Hoffnung, daß sein Freund ihm widersprechen und die vortrefflichen Gaben des jungen Mannes heraus streichen sollte. Allein hierin betrog er sich; der alte Werner, der in praktischen Dingen niemand traute als dem, den er geprüft hatte, versetzte gelassen: „Man muß alles versuchen; wir können ihn ebendenselben Weg schicken, wir geben ihm eine Vorschrift, wonach er sich richtet; es sind verschiedene Schulden einzukassieren, alte Bekanntschaften zu erneuern, neue zu machen. Er kann auch die Spekulation, mit der ich Sie neulich unterhielt, befördern helfen; denn ohne genaue Nachrichten an Ort und Stelle zu sammeln, läßt sich dabei wenig tun."

„Er mag sich vorbereiten", versetzte der alte Meister, „und sobald als möglich aufbrechen. Wo nehmen wir ein Pferd für ihn her, das sich zu dieser Expedition schickt?"

„Wir werden nicht weit darnach suchen. Ein Krämer in H***, der uns noch einiges schuldig, aber sonst ein guter Mann ist, hat mir eins an Zahlungs Statt angeboten; mein Sohn kennt es, es soll ein recht brauchbares Tier sein."

„Er mag es selbst holen, mag mit dem Postwagen hinüberfahren, so ist er übermorgen beizeiten wieder da; man macht ihm indessen den Mantelsack und die Briefe zurecht, und so kann er zu Anfang der künftigen Woche aufbrechen."

Wilhelm wurde gerufen, und man machte ihm den Entschluß bekannt. Wer war froher als er, da er die Mittel zu seinem Vorhaben in seinen Händen sah, da ihm die Gelegenheit ohne sein Mitwirken zubereitet worden! So groß war seine Leidenschaft, so rein seine Überzeugung, er handle vollkommen recht, sich dem Drucke seines bisherigen Lebens zu entziehen und einer neuen edlern Bahn zu folgen, daß sein Gewissen sich nicht im mindesten regte, keine Sorge in ihm entstand, ja, daß er vielmehr diesen Betrug für heilig hielt. Er war gewiß, daß ihn Eltern und Verwandte in der Folge für diesen Schritt preisen und segnen sollten, er erkannte den Wink eines leitenden Schicksals in diesen zusammentreffenden Umständen.

Wie lang ward ihm die Zeit bis zur Nacht, bis zur Stunde, in der er seine Geliebte wiedersehen sollte! Er saß auf seinem Zimmer und überdachte seinen Reiseplan, wie ein künstlicher Dieb oder Zauberer in der Gefangenschaft manchmal die Füße aus den festgeschlossenen Ketten herauszieht, um die Überzeugung bei sich zu nähren, daß seine Rettung möglich, ja noch näher sei, als kurzsichtige Wächter glauben.

Endlich schlug die nächtliche Stunde; er entfernte sich aus seinem Hause, schüttelte allen Druck ab und wandelte durch die stillen Gassen. Auf dem großen Platze hub er seine Hände gen Himmel, fühlte alles hinter und unter sich; er hatte sich von allem losgemacht. Nun dachte er sich in den Armen seiner Geliebten, dann wieder mit ihr auf dem blendenden Theatergerüste, er schwebte in einer Fülle von Hoffnungen, und nur machmal erinnerte ihn der Ruf des Nachtwächters, daß er noch auf dieser Erde wandle.

Seine Geliebte kam ihm an der Treppe entgegen, und wie schön! wie lieblich! In dem neuen weißen Negligé empfing sie ihn; er glaubte sie noch nie so reizend gesehen zu haben. So weihte sie das Geschenk des abwesenden Liebhabers in den Armen des gegenwärtigen ein, und mit wahrer Leidenschaft verschwendete sie den ganzen Reichtum ihrer Liebkosungen, welche ihr die Natur eingab, welche die Kunst sie gelehrt hatte, an ihren Liebling, und man frage, ob er sich glücklich, ob er sich selig fühlte!

Er entdeckte ihr, was vorgegangen war, und ließ ihr im allgemeinen seinen Plan, seine Wünsche sehen. Er wolle unterzukommen suchen, sie alsdann abholen, er hoffe, sie werde ihm ihre Hand nicht versagen. Das arme Mädchen aber schwieg, verbarg ihre Tränen und drückte den Freund an ihre Brust, der, ob er gleich ihr Verstummen auf das günstigste auslegte, doch eine Antwort gewünscht hätte, besonders da er sie zuletzt auf das bescheidenste, auf das freundlichste fragte, ob er sich denn nicht Vater glauben dürfe. Aber auch darauf antwortete sie nur mit einem Seufzer, einem Kusse.

Den andern Morgen erwachte Mariane nur zu neuer Betrübnis; sie fand sich sehr allein, mochte den Tag nicht sehen, blieb im Bette und weinte. Die Alte setzte sich zu ihr, suchte ihr einzureden, sie zu trösten; aber es gelang ihr nicht, das verwundete Herz so schnell zu heilen. Nun war der Augenblick nahe, dem das arme Mädchen wie dem letzten ihres Lebens entgegengesehen hatte. Konnte man sich auch in einer ängstlichern Lage fühlen? Ihr Geliebter entfernte sich, ein unbequemer Liebhaber drohte zu kommen, und das größte Unheil stand bevor, wenn beide, wie es leicht möglich war, einmal zusammentreffen sollten.

„Beruhige dich, Liebchen", rief die Alte; „verweine mir deine schönen Augen nicht! Ist es denn ein so großes Unglück, zwei Liebhaber zu besitzen? Und wenn du auch deine Zärtlichkeit nur dem einen schenken kannst, so sei wenigstens dankbar gegen den andern, der, nach der Art, wie er für dich sorgt, gewiß dein Freund genannt zu werden verdient."

„Es ahnte meinem Geliebten", versetzte Mariane dagegen mit Tränen, „daß uns eine Trennung bevorstehe; ein Traum hat ihm entdeckt, was wir ihm so sorgfältig zu verbergen suchen. Er schlief so ruhig an meiner Seite. Auf einmal höre ich ihn ängstliche unvernehmliche Töne stammeln. Mir wird bange, und ich wecke ihn auf. Ach! mit welcher Liebe, mit welcher Zärtlichkeit, mit welchem Feuer umarmt' er mich! ,O Mariane!' rief er aus, ,welchem schrecklichen Zustande hast du mich entrissen! Wie soll ich dir danken, daß du mich aus dieser Hölle befreit hast? Mir träumte', fuhr er fort, ,ich befände mich, entfernt von dir, in einer unbekannten Gegend; aber dein Bild schwebte mir vor: ich sah dich auf einem schönen Hügel, die Sonne beschien den ganzen Platz: wie reizend kamst du mir vor! Aber es währte nicht lange, so sah ich dein Bild hinuntergleiten, immer hinuntergleiten; ich streckte meine Arme nach dir aus, sie reichten nicht durch die Ferne. Immer sank dein Bild und näherte sich einem großen See, der am Fuße des Hügels weit ausgebreitet lag, eher ein Sumpf als ein See. Auf einmal gab dir ein Mann die Hand; er schien dich hinaufführen zu wollen, aber leitete dich seitwärts und schien dich nach sich zu ziehen. Ich rief, da ich dich nicht erreichen konnte, ich hoffte dich zu warnen. Wollte ich gehen, so schien der Boden mich festzuhalten; konnt' ich gehen, so hinderte mich das Wasser, und sogar mein Schreien erstickte in der beklemmten Brust.' So erzählte der Arme, indem er sich von seinem Schrecken an meinem Busen erholte und sich glücklich pries, einen fürchterlichen Traum durch die seligste Wirklichkeit verdrängt zu sehen."

Die Alte suchte soviel wie möglich durch ihre Prose die Poesie ihrer Freundin ins Gebiet des gemeinen Lebens herunterzulocken, und bediente sich dabei der guten Art, welche Vogelsteller zu gelingen pflegt, indem sie durch ein Pfeifchen die Töne derjenigen nachzuahmen suchen, welche sie bald und häufig in ihrem Garne zu sehen wünschen. Sie lobte Wilhelmen, rühmte seine Gestalt, seine Augen, seine Liebe. Das arme Mädchen hörte ihr gerne zu, stand auf, ließ sich ankleiden und schien ruhiger.

„Mein Kind, mein Liebchen", fuhr die Alte schmeichelnd fort, „ich will dich nicht betrüben, nicht beleidigen, ich denke dir nicht dein Glück zu rauben. Darfst du meine Absicht verkennen, und hast du vergessen, daß ich jederzeit mehr für dich als für mich gesorgt habe? Sag mir nur, was du willst; wir wollen schon sehen, wie wir es ausführen."

„Was kann ich wollen?" versetzte Mariane; „ich bin elend, auf mein ganzes Leben elend: ich liebe ihn, der mich liebt, sehe, daß ich mich von ihm trennen muß, und weiß nicht, wie ich es überleben kann. Norberg kommt, dem wir unsere ganze Existenz schuldig sind, den wir nicht entbehren können. Wilhelm ist sehr eingeschränkt, er kann nichts für mich tun."

„Ja, er ist unglücklicherweise von jenen Liebhabern, die nichts als ihr Herz bringen, und ebendiese haben die meisten Prätensionen."

„Spotte nicht! der Unglückliche denkt sein Haus zu verlassen, auf das Theater zu gehen, mir seine Hand anzubieten."

„Leere Hände haben wir schon vier."

„Ich habe keine Wahl", fuhr Mariane fort, „entscheide du! Stoße mich da- oder dorthin, nur wisse noch eins: wahrscheinlich trag ich ein Pfand im Busen, das uns noch mehr aneinanderfesseln sollte. Das bedenke und entscheide: wen soll ich lassen? wem soll ich folgen?"

Nach einigem Stillschweigen rief die Alte: „Daß doch die Jugend immer zwischen den Extremen schwankt! Ich finde nichts natürlicher, als alles zu verbinden, was uns Vergnügen und Vorteil bringt. Liebst du den einen, so mag der andere bezahlen; es kommt nur darauf an, daß wir klug genug sind, sie beide auseinanderzuhalten."

„Mache, was du willst, ich kann nichts denken; aber folgen will ich."

„Wir haben den Vorteil, daß wir den Eigensinn des Direktors, der auf die Sitten seiner Truppe stolz ist, vorschützen können. Beide Liebhaber sind schon gewohnt, heimlich und vorsichtig zu Werke zu gehen. Für Stunde und Gelegenheit will ich sorgen; nur mußt du hernach die Rolle spielen, die ich dir vorschreibe. Wer weiß, welcher Umstand uns hilft. Käme Norberg nur jetzt, da Wilhelm entfernt ist! Wer wehrt dir, in den Armen des einen an den andern zu denken? Ich wünsche dir zu einem Sohne Glück; er soll einen reichen Vater haben."

Mariane war durch diese Vorstellungen nur für kurze Zeit gebessert. Sie konnte ihren Zustand nicht in Harmonie mit ihrer Empfindung, ihrer Überzeugung bringen; sie wünschte diese schmerzlichen Verhältnisse zu vergessen, und tausend kleine Umstände mußten sie jeden Augenblick daran erinnern.

Wilhelm hatte indessen die kleine Reise vollendet und überreichte, da er seinen Handelsfreund nicht zu Hause fand, das Empfehlungsschreiben der Gattin des Abwesenden. Aber auch diese gab ihm auf seine Fragen wenig Bescheid; sie war in einer heftigen Gemütsbewegung, und das ganze Haus in großer Verwirrung.

Es währte jedoch nicht lange, so vertraute sie ihm (und es war auch nicht zu verheimlichen), daß ihre Stieftochter mit einem Schauspieler davongegangen sei, mit einem Menschen, der sich von einer kleinen Gesellschaft vor kurzem losgemacht, sich in dem Orte aufgehalten und ihm französischen Unterricht gegeben habe. Der Vater, außer sich vor Schmerz und Verdruß, sei ins Amt gelaufen, um die Flüchtigen verfolgen zu lassen. Sie schalt ihre Tochter heftig, schmähte den Liebhaber, so daß an beiden nichts Lobenswertes übrigblieb, beklagte mit vielen Worten die Schande, die dadurch auf die Familie gekommen, und setzte Wilhelmen in nicht geringe Verlegenheit, der sich und sein heimliches Vorhaben durch diese Sibylle gleichsam mit prophetischem Geiste vorausgetadelt und gestraft fühlte. Noch stärkern und innigern Anteil mußte er aber an den Schmerzen des Vaters nehmen, der aus dem Amte zurückkam, mit stiller Trauer und halben Worten seine Expedition der Frau erzählte und, indem er nach eingesehenem Briefe das Pferd Wilhelmen vorführen ließ, seine Zerstreuung und Verwirrung nicht verbergen konnte.

Wilhelm gedachte sogleich das Pferd zu besteigen und sich aus einem Hause zu entfernen, in welchem ihm, unter den gegebenen Umständen, unmöglich wohl werden konnte; allein der gute Mann wollte den Sohn eines Hauses, dem er soviel schuldig war, nicht unbewirtet und ohne ihn eine Nacht unter seinem Dache behalten zu haben, entlassen.

Unser Freund hatte ein trauriges Abendessen eingenommen, eine unruhige Nacht ausgestanden und eilte frühmorgens, so bald als möglich sich von Leuten zu entfernen, die, ohne es zu wissen, ihn mit ihren Erzählungen und Äußerungen auf das empfindlichste gequält hatten.

Er ritt langsam und nachdenklich die Straße hin, als er auf einmal eine Anzahl bewaffneter Leute durchs Feld kommen sah, die er an ihren weiten und langen Röcken, großen Aufschlägen, unförmigen Hüten und plumpen Gewehren, an ihrem treuherzigen Gange und dem bequemen Tragen ihres Körpers sogleich für ein Kommando Landmiliz erkannte. Unter einer alten Eiche hielten sie stille, setzten ihre Flinten nieder und lagerten sich bequem auf dem Rasen, um eine Pfeife zu rauchen. Wilhelm verweilte bei ihnen und ließ sich mit einem jungen Menschen, der zu Pferde herbeikam, in ein Gespräch ein. Er mußte die Geschichte der beiden Entflohenen, die ihm nur zu sehr bekannt war, leider noch einmal, und zwar mit Bemerkungen, die weder dem jungen Paare noch den Eltern sonderlich günstig waren, vernehmen. Zugleich erfuhr er, daß man hierher gekommen sei, die jungen Leute wirklich in Empfang zu nehmen, die in dem benachbarten Städtchen eingeholt und angehalten worden waren. Nach einiger Zeit sah man von ferne einen Wagen herbeikommen, der von einer Bürgerwache mehr lächerlich als fürchterlich umgeben war. Ein unförmiger Stadtschreiber ritt voraus und komplimentierte mit dem gegenseitigen Aktuarius an der Grenze mit großer Gewissenhaftigkeit und wunderlichen Gebärden, wie es etwa Geist und Zauberer, der eine inner-, der andere außerhalb des Kreises, bei gefährlichen nächtlichen Operationen tun mögen.

Die Aufmerksamkeit der Zuschauer war indes auf den Bauerwagen gerichtet, und man betrachtete die armen Verirrten nicht ohne Mitleiden, die auf ein paar Bündeln Stroh beieinander saßen, sich zärtlich anblickten und die Umstehenden kaum zu bemerken schienen. Zufälligerweise hatte man sich genötigt gesehen, sie von dem letzten Dorfe auf eine so unschickliche Art fortzubringen, indem die alte Kutsche, in welcher man die Schöne transportierte, zerbrochen war. Sie erbat sich bei dieser Gelegenheit die Gesellschaft ihres Freundes, den man, in der Überzeugung, er sei auf einem kapitalen Verbrechen betroffen, bis dahin mit Ketten beschwert nebenhergehen lassen. Diese Ketten trugen dann freilich nicht wenig bei, den Anblick der zärtlichen Gruppe interessanter zu machen, besonders weil der junge Mann sie mit vielem Anstand bewegte, indem er wiederholt seiner Geliebten die Hände küßte.

„Wir sind sehr unglücklich!" rief sie den Umstehenden zu; „aber nicht so schuldig, wie wir scheinen. So belohnen grausame Menschen treue Liebe, und Eltern, die das Glück ihrer Kinder gänzlich vernachlässigen, reißen sie mit Ungestüm aus den Armen der Freude, die sich ihrer nach langen trüben Tagen bemächtigte!"

Indes die Umstehenden auf verschiedene Weise ihre Teilnahme zu erkennen gaben, hatten die Gerichte ihre Zeremonien absolviert; der Wagen ging weiter, und Wilhelm, der an dem Schicksal der Verliebten großen Teil nahm, eilte auf dem Fußpfade voraus, um mit dem Amtmanne, noch ehe der Zug ankäme, Bekanntschaft zu machen. Er erreichte aber kaum das Amthaus, wo alles in Bewegung und zum Empfang der Flüchtlinge bereit war, als ihn der Aktuarius einholte und durch eine umständliche Erzählung, wie alles gegangen, besonders aber durch ein weitläufiges Lob seines Pferdes, das er erst gestern vom Juden getauscht, jedes andere Gespräch verhinderte.

Schon hatte man das unglückliche Paar außen am Garten, der durch eine kleine Pforte mit dem Amthause zusammenhing, abgesetzt und sie in der Stille hineingeführt. Der Aktuarius nahm über diese schonende Behandlung von Wilhelmen ein aufrichtiges Lob an, ob er gleich eigentlich dadurch nur das vor dem Amthause versammelte Volk necken und ihm das angenehme Schauspiel einer gedemütigten Mitbürgerin entziehen wollte.

Der Amtmann, der von solchen außerordentlichen Fällen kein sonderlicher Liebhaber war, weil er meistenteils dabei einen und den andern Fehler machte und für den besten Willen gewöhnlich von fürstlicher Regierung mit einem derben Verweise belohnt wurde, ging mit schweren Schritten nach der Amtsstube, wohin ihm der Aktuarius, Wilhelm und einige angesehene Bürger folgten.

Zuerst ward die Schöne vorgeführt, die, ohne Frechheit, gelassen und mit Bewußtsein ihrer selbst hereintrat. Die Art, wie sie gekleidet war und sich überhaupt betrug, zeigte, daß sie ein Mädchen sei, die etwas auf sich halte. Sie fing auch, ohne gefragt zu werden, über ihren Zustand nicht unschicklich zu reden an.

Der Aktuarius gebot ihr zu schweigen und hielt seine Feder über dem gebrochenen Blatte. Der Amtmann setzte sich in Fassung, sah ihn an, räusperte sich und fragte das arme Kind, wie ihr Name heiße und wie alt sie sei.

„Ich bitte Sie, mein Herr", versetzte sie, „es muß mir gar wunderbar vorkommen, daß Sie mich um meinen Namen und mein Alter fragen, da Sie sehr gut wissen, wie ich heiße, und daß ich so alt wie Ihr ältester Sohn bin. Was Sie von mir wissen wollen und was Sie wissen müssen, will ich gern ohne Umschweife sagen.

Seit meines Vaters zweiter Heirat werde ich zu Hause nicht zum besten gehalten. Ich hätte einige hübsche Partien tun können, wenn nicht meine Stiefmutter aus Furcht vor der Ausstattung sie zu vereiteln gewußt hätte. Nun habe ich den jungen Melina kennen lernen, ich habe ihn lieben müssen, und da wir die Hindernisse voraussahen, die unserer Verbindung im Wege stunden, entschlossen wir uns, miteinander in der weiten Welt ein Glück zu suchen, das uns zu Hause nicht gewährt schien. Ich habe nichts mitgenommen, als was mein eigen war; wir sind nicht als Diebe und Räuber entflohen, und mein Geliebter verdient nicht, daß er mit Ketten und Banden belegt herumgeschleppt werde. Der Fürst ist gerecht, er wird diese Härte nicht billigen. Wenn wir strafbar sind, so sind wir es nicht auf diese Weise."

Der alte Amtmann kam hierüber doppelt und dreifach in Verlegenheit. Die gnädigsten Ausputzer summten ihm schon um den Kopf, und die geläufige Rede des Mädchens hatte ihm den Entwurf des Protokolls gänzlich zerrüttet. Das Übel wurde noch größer, als sie bei wiederholten ordentlichen Fragen sich nicht weiter einlassen wollte, sondern sich auf das, was sie eben gesagt, standhaft berief.

„Ich bin keine Verbrecherin", sagte sie. Man hat mich auf Strohbündeln zur Schande hierher geführt; es ist eine höhere Gerechtigkeit, die uns wieder zu Ehren bringen soll."

Der Alte nahm wieder Mut und fing nun an, nach den süßen Geheimnissen der Liebe mit dürren Worten und in hergebrachten trockenen Formeln sich zu erkundigen.

Wilhelmen stieg die Röte ins Gesicht, und die Wangen der artigen Verbrecherin belebten sich gleichfalls durch die reizende Farbe der Schamhaftigkeit. Sie schwieg und stockte, bis die Verlegenheit selbst zuletzt ihren Mut zu erhöhen schien.

„Sei'n Sie versichert", rief sie aus, „daß ich stark genug sein würde, die Wahrheit zu bekennen, wenn ich auch gegen mich selbst sprechen müßte; sollte ich nun zaudern und stocken, da sie mir Ehre macht? Ja, ich habe ihn von dem Augenblicke an, da ich seiner Neigung und seiner Treue gewiß war, als meinen Ehemann angesehen; ich habe ihm alles gerne gegönnt, was die Liebe fordert und was ein überzeugtes Herz nicht versagen kann. Machen Sie nun mit mir, was Sie wollen. Wenn ich einen Augenblick zu gestehen zauderte, so war die Furcht, daß mein Bekenntnis für meinen Geliebten schlimme Folgen haben könnte, allein daran Ursache."

Wilhelm faßte, als er ihr Geständnis hörte, einen hohen Begriff von den Gesinnungen des Mädchens, indes sie die Gerichtspersonen für eine freche Dirne erkannten und die gegenwärtigen Bürger Gott dankten, daß dergleichen Fälle in ihren Familien entweder nicht vorgekommen oder nicht bekannt geworden waren.

Wilhelm versetzte seine Mariane in diesem Augenblick vor den Richterstuhl, legte ihr noch schönere Worte in den Mund, ließ ihre Aufrichtigkeit noch herzlicher und ihr Bekenntnis noch edler werden. Die heftigste Leidenschaft, beiden Liebenden zu helfen, bemächtigte sich seiner. Er verbarg sie nicht und bat den zaudernden Amtmann heimlich, er möchte doch der Sache ein Ende machen; es sei ja alles so klar als möglich und bedürfe keiner weiteren Untersuchung.

Dieses half soviel, daß man das Mädchen abtreten, dafür aber den jungen Menschen, nachdem man ihm vor der Türe die Fesseln abgenommen hatte, hereinkommen ließ. Dieser schien über sein Schicksal sehr nachdenklich. Seine Antworten waren gesetzter, und wenn er von einer Seite weniger heroische Freimütigkeit zeigte, so empfahl er sich hingegen durch Bestimmtheit und Ordnung seiner Aussage.

Da auch dieses Verhör geendigt war, welches mit dem vorigen in allem übereinstimmte, nur daß er, um das Mädchen zu schonen, hartnäckig leugnete, was sie selbst schon bekannt hatte, ließ man auch sie endlich wieder vortreten, und es entstand zwischen beiden eine Szene, welche ihnen das Herz unsers Freundes gänzlich zu eigen machte.

Was nur in Romanen und Komödien vorzugehen pflegt, sah er hier in einer unangenehmen Gerichtsstube vor seinen Augen: den Streit wechselseitiger Großmut, die Stärke der Liebe im Unglück.

„Ist es denn also wahr", sagte er bei sich selbst, „daß die schüchterne Zärtlichkeit, die vor dem Auge der Sonne und der Menschen sich verbirgt und nur in abgesonderter Einsamkeit, in tiefem Geheimnisse zu genießen wagt, wenn sie durch einen feindseligen Zufall hervorgeschleppt wird, sich alsdann mutiger, stärker, tapferer zeigt als andere brausende und großtuende Leidenschaften?"

Zu seinem Troste schloß sich die ganze Handlung noch ziemlich bald. Sie wurden beide in leidliche Verwahrung genommen, und wenn es möglich gewesen wäre, so hätte er noch diesen Abend das Frauenzimmer zu ihren Eltern hinübergebracht. Denn er setzte sich fest vor, hier ein Mittelsmann zu werden und die glückliche und anständige Verbindung beider Liebenden zu befördern.

Er erbat sich von dem Amtmanne die Erlaubnis, mit Melina allein zu reden, welche ihm denn auch ohne Schwierigkeiten verstattet wurde.

Das Gespräch der beiden neuen Bekannten wurde gar bald vertraut und lebhaft. Denn als Wilhelm dem niedergeschlagenen Jüngling sein Verhältnis zu den Eltern des Frauenzimmers entdeckte, sich zum Mittler anbot und selbst die besten Hoffnungen zeigte, erheiterte sich das traurige und sorgenvolle Gemüt des Gefangenen, er fühlte sich schon wieder befreit, mit seinen Schwiegereltern versöhnt, und es war nun von künftigem Erwerb und Unterkommen die Rede.

„Darüber werden Sie doch nicht in Verlegenheit sein", versetzte Wilhelm; „denn Sie scheinen mir beiderseits von der Natur bestimmt, in dem Stande, den Sie gewählt haben, Ihr Glück zu machen. Eine angenehme Gestalt, eine wohlklingende Stimme, ein gefühlvolles Herz! Können Schauspieler besser ausgestattet sein? Kann ich Ihnen mit einigen Empfehlungen dienen, so wird es mir viel Freude machen."

„Ich danke Ihnen von Herzen, versetzte der andere; aber ich werde wohl schwerlich davon Gebrauch machen können, denn ich denke, womöglich, nicht auf das Theater zurückzukehren."

„Daran tun Sie sehr übel", sagte Wilhelm nach einer Pause, in welcher er sich von seinem Erstaunen erholt hatte; denn er dachte nicht anders, als daß der Schauspieler, sobald er mit seiner jungen Gattin befreit worden, das Theater aufsuchen werde. Es schien ihm ebenso natürlich und notwendig, als daß der Frosch das Wasser sucht. Nicht einen Augenblick hatte er daran gezweifelt und mußte nun zu seinem Erstaunen das Gegenteil erfahren.

„Ja", versetzte der andere, „ich habe mir vorgenommen, nicht wieder auf das Theater zurückzukehren, vielmehr eine bürgerliche Bedienung, sie sei auch, welche sie wolle, anzunehmen, wenn ich nur eine erhalten kann."

„Das ist ein sonderbarer Entschluß, den ich nicht billigen kann; denn ohne besondere Ursache ist es niemals ratsam, die Lebensart, die man ergriffen hat, zu verändern, und überdies wüßte ich keinen Stand, der soviel Annehmlichkeiten, soviel reizende Aussichten darböte, als den eines Schauspielers."

„Man sieht, daß Sie keiner gewesen sind", versetzte jener.

Darauf sagte Wilhelm: „Mein Herr, *wie selten ist der Mensch mit dem Zustande zufrieden, in dem er sich befindet! Er wünscht sich immer den seines Nächsten, aus welchem sich dieser gleichfalls heraussehnt."*

„Indes bleibt doch ein Unterschied", versetzte Melina, „zwischen dem Schlimmen und dem Schlimmern; Erfahrung, nicht Ungeduld, macht mich so handeln. Ist wohl irgendein Stückchen Brot kümmerlicher, unsicherer und mühseliger in der Welt? Beinahe wäre es ebensogut, vor den Türen zu betteln. Was hat man von dem Neide seiner Mitgenossen und der Parteilichkeit des Direktors, von der veränderlichen Laune des Publikums auszustehen! Wahrhaftig, man muß ein Fell haben wie ein Bär, der in Gesellschaft von Affen und Hunden an der Kette herumgeführt wird und geprügelt wird, um bei dem Tone eines Dudelsacks vor Kindern und Pöbel zu tanzen."

Wilhelm dachte allerlei bei sich selbst, was er jedoch dem guten Menschen nicht ins Gesicht sagen wollte. Er ging also nur von ferne mit dem Gespräch um ihn herum. Jener ließ sich desto aufrichtiger und weitläufiger heraus.

„Täte es nicht not", sagte er, „daß ein Direktor jedem Stadtrate zu Füßen fiele, um nur die Erlaubnis zu haben, vier Wochen zwischen der Messe ein paar Groschen mehr an einem Orte zirkulieren zu lassen. Ich habe den unsrigen, der soweit ein guter Mann war, oft bedauert, wenn er mir gleich zu anderer Zeit Ursache zu Mißvergnügen gab. Ein guter Akteur steigert ihn, die schlechten kann er nicht loswerden; und wenn er seine Einnahme einigermaßen der Ausgabe gleichsetzen will, so ist es dem Publikum glcich zu viel, das Haus steht leer, und man muß, um nur nicht gar zugrunde zu gehen, mit Schaden und Kummer spielen. Nein, mein Herr, da Sie sich unsrer, wie Sie sagen, annehmen mögen, so bitte ich Sie, sprechen Sie auf das ernstlichste mit den Eltern meiner Geliebten! Man versorge mich hier, man gebe mir einen kleinen Schreiber- oder Einnehmerdienst, und ich will mich glücklich schätzen."

Nachdem sie noch einige Worte gewechselt hatten, schied Wilhelm mit dem Versprechen, morgen ganz früh die Eltern anzugehen und zu sehen, was er ausrichten könne. Kaum war er allein, so mußte er sich in folgenden Ausrufungen Luft machen: „Unglücklicher Melina, nicht in deinem Stande, sondern in dir liegt das Armselige, über das du nicht Herr werden kannst! Welcher Mensch in der Welt, der ohne innern Beruf ein Handwerk, eine Kunst oder irgendeine Lebensart ergriffe, müßte nicht wie du seinen Zustand unerträglich finden? Wer m i t einem Talente z u einem Talente geboren ist, findet in demselben sein schönstes Dasein! *Nichts ist auf der Erde ohne Beschwerlichkeit! Nur der innere Trieb, die Lust, die Liebe helfen uns Hindernisse überwinden, Wege bahnen und uns aus dem engen Kreise, worin sich andere kümmerlich abängstigen, emporheben.* D i r sind die Bretter nichts als Bretter, und die Rollen, was einem Schulknaben scin Pensum ist. Die Zuschauer siehst du an, wie sie sich selbst an Werktagen vorkommen. Dir könnte es also freilich einerlei sein, hinter einem Pult über liniierten Büchern zu sitzen, Zinsen einzutragen und Reste herauszustochern. Du fühlst nicht das zusammenbrennende, zusammentreffende Ganze, das allein durch den Geist erfunden, begriffen und ausgeführt wird; du fühlst nicht, daß in den Menschen ein besserer Funke lebt, der, wenn er keine Nahrung erhält, wenn er nicht geregt wird, von der Asche täglicher Bedürfnisse und Gleichgültigkeit tiefer bedeckt und doch so spät und fast nie erstickt wird. Du fühlst in deiner Seele keine Kraft, ihn aufzublasen, in deinem eignen Herzen keinen Reichtum, um dem erweckten Nahrung zu geben. Der Hunger treibt dich, die Unbequemlichkeiten sind dir zuwider, und *es ist dir verborgen, daß in jedem Stande die Feinde lauern, die nur mit Freudigkeit und Gleichmut zu überwinden sind.* Du tust wohl, dich in jene Grenzen einer gemeinen Stelle zu sehnen; denn welche würdest du wohl ausfüllen, die Geist und Mut verlangt?"

Am frühen Morgen war er schon wieder erwacht und dachte seiner vorstehenden Unterhandlung nach. Er kehrte in das Haus der verlaßnen Eltern zurück, wo man ihn mit Verwunderung aufnahm. Es war also bald ausgemacht, daß der Herr Melina die Tochter heiraten sollte; dagegen sollte sie wegen ihrer Unart kein Heiratsgut mitnehmen und versprechen, das Vermächtnis einer Tante noch einige Jahre, gegen geringe Interessen, in des Vaters Händen zu lassen. Der zweite Punkt, wegen einer bürgerlichen Versorgung, fand schon größere Schwierigkeiten. Man wollte das ungeratene Kind nicht vor Augen sehen, man wollte die Verbindung eines hergelaufenen Menschen mit einer so angesehenen Familie, welche sogar mit einem Superintendenten verwandt war, sich durch die Gegenwart nicht beständig aufrücken lassen; man konnte ebensowenig hoffen, daß die fürstlichen Kollegien ihm eine Stelle anvertrauen würden. Beide Eltern waren gleich stark dagegen, und Wilhelm, der sehr eifrig dafür sprach, weil er dem Menschen, den er geringschätzte, die Rückkehr auf das Theater nicht gönnte und überzeugt war, daß er eines solchen Glückes nicht wert sei, konnte mit allen seinen Argumenten nichts ausrichten. Hätte er die geheimen Triebfedern gekannt, so würde er sich die Mühe gar nicht gegeben haben, die Eltern überreden zu wollen. Denn der Vater, der seine Tochter gerne bei sich behalten hätte, haßte den jungen Menschen, weil seine Frau selbst ein Auge auf ihn geworfen hatte, und sie konnte in ihrer Stieftochter eine glückliche Nebenbuhlerin nicht vor Augen leiden. Und so mußte Melina wider seinen Willen mit seiner jungen Braut, die schon größere Lust bezeigte, die Welt zu sehen und sich der Welt sehen zu lassen, nach einigen Tagen abreisen, um bei irgendeiner Gesellschaft ein Unterkommen zu finden.

Glückliche Jugend! glückliche Zeiten des ersten Liebesbedürfnisses! Der Mensch ist dann wie ein Kind, das sich am Echo stundenlang ergötzt, die Unkosten des Gespräches allein trägt und mit der Unterhaltung wohl zufrieden ist, wenn der unsichtbare Gegenpart auch nur die letzten Silben der ausgerufenen Worte wiederholt.

So war Wilhelm in den frühern, besonders aber in den spätern Zeiten seiner Leidenschaft für Marianen, als er den ganzen Reichtum seines Gefühls auf sie hinübertrug und sich dabei als einen Bettler ansah, der von ihren Almosen lebte. Und wie uns eine Gegend reizender, ja allein reizend vorkommt, wenn sie von der Sonne beschienen wird, so war auch alles in seinen Augen verschönert und verherrlicht, was sie umgab, was sie berührte.

Wie oft stand er auf dem Theater hinter den Wänden, wozu er sich das Privilegium von dem Direktor erbeten hatte! Dann war freilich die perspektivische Magie verschwunden, aber die viel mächtigere Zauberei der Liebe fing erst an zu wirken. Stundenlang konnte er am schmutzigen Lichtwagen stehen, den Qualm der Unschlittlampen einziehen, nach der Geliebten hinausblicken und, wenn sie wieder hereintrat und ihn freundlich ansah, sich in Wonne verloren dicht an dem Balken- und Lattengerippe in einen paradiesischen Zustand versetzt fühlen. Die ausgestopften Lämmchen, die Wasserfälle von Zindel, die pappenen Rosenstöcke und die einseitigen Strohhütten erregten in ihm liebliche dichterische Bilder uralter Schäferwelt. Sogar der Nähe häßlich erscheinenden Tänzerinnen waren ihm nicht immer zuwider, weil sie auf e i n e m Brette mit seiner Vielgeliebten standen. *Und so ist es gewiß, daß Liebe, welche Rosenlauben, Myrtenwäldchen und Mondschein erst beleben muß, auch sogar Hobelspänen und Papierschnitzeln einen Anschein belebter Naturen geben kann. Sie ist eine so starke Würze, daß selbst schale und ekle Brühen davon schmackhaft werden.*

Solch einer Würze bedurft es freilich, um jenen Zustand leidlich, ja in der Folge angenehm zu machen, in welchem er gewöhnlich ihre Stube, ja gelegentlich sie selbst antraf.

In einem feinen Bürgerhause erzogen, war Ordnung und Reinlichkeit das Element, worin er atmete, und indem er von seines Vaters Prunkliebe einen Teil geerbt hatte, wußte er in den Knabenjahren sein Zimmer, das er als sein kleines Reich ansah, stattlich auszustaffieren. Seine Bettvorhänge waren in große Falten aufgezogen und mit Quasten befestigt, wie man Thronen vorzustellen pflegt; er hatte sich einen Teppich in die Mitte des Zimmers und einen feinern auf den Tisch anzuschaffen gewußt; seine Bücher und Gerätschaften legte und stellte er fast mechanisch so, daß ein niederländischer Maler gute Gruppen zu seinen Stilleben hätte herausnehmen können. Eine weiße Mütze hatte er wie einen Turban zurechtgebunden und die Ärmel seines Schlafrocks nach orientalischem Kostüme kurz stutzen lassen. Doch gab er hiervon die Ursache an, daß die langen weiten Ärmel ihn im Schreiben hinderten. Wenn er abends ganz allein war und nicht mehr fürchten durfte, gestört zu werden, trug er gewöhnlich eine seidene Schärpe um den Leib, und er soll manchmal einen Dolch, den er sich aus einer alten Rüstkammer zugeeignet, in den Gürtel gesteckt und so die ihm zugeteilten tragischen Rollen memoriert und probiert, ja, in ebendem Sinne sein Gebet kniend auf dem Teppich verrichtet haben.

Wie glücklich pries er daher in früheren Zeiten den Schauspieler, den er im Besitz so mancher majestätischen Kleider, Rüstungen und Waffen und in steter Übung eines edlen Betragens sah, dessen Geist einen Spiegel des Herrlichsten und Prächtigsten, was die Welt an Verhältnissen, Gesinnungen und Leidenschaften hervorgebracht, darzustellen schien. Ebenso dachte sich Wilhelm auch das häusliche Leben eines Schauspielers als eine Reihe von würdigen Handlungen und Beschäftigungen, davon die Erscheinung auf dem Theater die äußerste Spitze sei, etwa wie ein Silber, das vom Läuterfeuer lange herumgetrieben worden, endlich farbig schön vor den Augen des Arbeiters erscheint und ihm zugleich andeutet, daß das Metall nunmehr von allen fremden Zusätzen gereinigt sei.

Wie sehr stutzte er daher anfangs, wenn er sich bei seiner Geliebten befand und durch den glücklichen Nebel, der ihn umgab, nebenaus auf Tische, Stühle und Boden sah. Die Trümmer eines augenblicklichen, leichten und falschen Putzes lagen, wie das glänzende Kleid eines abgeschuppten Fisches, zerstreut in wilder Unordnung durcheinander. Die Werkzeuge menschlicher Reinlichkeit, als Kämme, Seife, Tücher und Pomade, waren mit den Spuren ihrer Bestimmung gleichfalls nicht versteckt. Musik, Rollen und Schuhe, Wäsche und italienische Blumen, Etuis, Haarnadeln, Schminktöpfchen und Bänder, Bücher und Strohhüte, keines verschmähte die Nachbarschaft des andern, alle waren durch ein gemeinschaftliches Element, durch Puder und Staub, vereinigt. Jedoch da Wilhelm in ihrer Gegenwart wenig von allem andern bemerkte, ja vielmehr ihm alles, was ihr gehörte, sie berührt hatte, lieb werden mußte, so fand er zuletzt in dieser verworrenen Wirtschaft einen Reiz, den er in seiner stattlichen Prunkordnung niemals empfunden hatte. Es war ihm – wenn er hier ihre Schnürbrust wegnahm, um zum Klavier zu kommen, dort ihre Röcke aufs Bette legte, um sich setzen zu können, wenn sie selbst mit unbefangener Freimütigkeit manches Nützliche, das man sonst gegen einen andern aus Anstand zu verheimlichen pflegt, vor ihm nicht zu verbergen suchte – es war ihm, sag ich, als wenn er ihr mit jedem Augenblicke näher würde, als wenn eine Gemeinschaft zwischen ihnen durch unsichtbare Bande befestigt würde.

Werner, sein Freund und vermutlicher Schwager, wartete auf ihn, um ein ernsthaftes, bedeutendes und unerwartetes Gespräch mit ihm anzufangen.

Werner war einer von den geprüften, in ihrem Dasein bestimmten Leuten, die man gewöhnlich kalte Leute zu nennen pflegt, weil sie bei Anlässen weder schnell noch sichtlich auflodern; auch war sein Umgang mit Wilhelmen ein anhaltender Zwist, wodurch sich ihre Liebe aber nur desto fester knüpfte: denn ungeachtet ihrer verschiedenen Denkungsart fand jeder seine Rechnung bei dem andern. Werner tat sich darauf etwas zugute, daß er dem vortrefflichen, obgleich gelegentlich ausschweifenden Geist Wilhelms mitunter Zügel und Gebiß anzulegen schien, und Wilhelm fühlte oft einen herrlichen Triumph, wenn er seinen bedächtlichen Freund in warmer Aufwallung mit sich fortnahm. So übte sich einer an dem andern; sie wurden gewohnt, sich täglich zu sehen, und man hätte sagen sollen, das Verlangen, einander zu finden, sich miteinander zu besprechen, sei durch die Unmöglichkeit, einander verständlich zu werden, vermehrt worden. Im Grunde aber gingen sie doch, weil sie beide gute Menschen waren, nebeneinander, miteinander nach e i n e m Ziel und konnten niemals begreifen, warum denn keiner den andern auf seine Gesinnung reduzieren könne.

Werner bemerkte seit einiger Zeit, daß Wilhelms Besuche seltner wurden, daß er in Lieblingsmaterien kurz und zerstreut abbrach, daß er sich nicht mehr in lebhafte Ausbildung seltsamer Vorstellungen vertiefte, an welcher sich freilich ein freies, in der Gegenwart des Freundes Ruhe und Zufriedenheit findendes Gemüt am sichersten erkennen läßt. Der pünktliche und bedächtige Werner suchte anfangs den Fehler in seinem eignen Betragen, bis ihn einige Stadtgespräche auf die rechte Spur brachten und einige Unvorsichtigkeiten Wilhelms ihn der Gewißheit näher führten. Er ließ sich auf eine Untersuchung ein und entdeckte gar bald, daß Wilhelm vor einiger Zeit eine Schauspielerin öffentlich besucht, mit ihr auf dem Theater gesprochen und sie nach Hause gebracht habe; er wäre trostlos gewesen, wenn ihm auch die nächtlichen Zusammenkünfte bekanntgeworden wären; denn er hörte, daß Mariane ein verführerisches Mädchen sei, die seinen Freund wahrscheinlich ums Geld bringe und sich noch nebenher von dem unwürdigsten Liebhaber unterhalten lasse.

Sobald er seinen Verdacht soviel als möglich zur Gewißheit erhoben, beschloß er einen Angriff auf Wilhelmen und war mit allen Anstalten völlig in Bereitschaft, als dieser eben verdrießlich und verstimmt von seiner Reise zurückkam.

Werner trug ihm noch denselbigen Abend alles, was er wußte, erst gelassen, dann mit dem dringenden Ernste einer wohldenkenden Freundschaft vor, ließ keinen Zug unbestimmt und gab seinem Freunde alle die Bitterkeiten zu kosten, die ruhige Menschen an Liebende mit tugendhafter Schadenfreude so freigebig auszuspenden pflegen. Aber wie man sich denken kann, richtete er wenig aus. Wilhelm versetzte mit inniger Bewegung, doch mit großer Sicherheit: „Du kennst das Mädchen nicht! Der Schein ist vielleicht nicht zu ihrem Vorteil, aber ich bin ihrer Treue und Tugend so gewiß als meiner Liebe."

Werner beharrte auf seiner Anklage und erbot sich zu Beweisen und Zeugen. Wilhelm verwarf sie und entfernte sich von seinem Freunde verdrießlich und erschüttert, wie einer, dem ein ungeschickter Zahnarzt einen schadhaften festsitzenden Zahn gefaßt und vergebens daran gerückt hat.

Höchst unbehaglich fand sich Wilhelm, das schöne Bild Marianens erst durch die Grillen der Reise, dann durch

Werners Unfreundlichkeit in seiner Seele getrübt und beinahe entstellt zu sehen. Er griff zum sichersten Mittel, ihm die völlige Klarheit und Schönheit wieder herzustellen, indem er nachts auf den gewöhnlichen Wegen zu ihr hineilte. Sie empfing ihn mit lebhafter Freude; denn er war bei seiner Ankunft vorbeigeritten, sie hatte ihn diese Nacht erwartet, und es läßt sich denken, daß alle Zweifel bald aus seinem Herzen vertrieben wurden. Ja, ihre Zärtlichkeit schloß sein ganzes Vertrauen wieder auf, und er erzählte ihr, wie sehr sich das Publikum, wie sehr sich sein Freund an ihr versündiget.

Mancherlei lebhafte Gespräche führten sie auf die ersten Zeiten ihrer Bekanntschaft, deren Erinnerung eine der schönsten Unterhaltungen zweier Liebenden bleibt. Die ersten Schritte, die uns in den Irrgarten der Liebe bringen, sind so angenehm, die ersten Aussichten so reizend, daß man sie gar zu gern in sein Gedächtnis zurückruft. Jeder Teil sucht einen Vorzug vor dem andern zu behalten: er habe früher uneigennütziger geliebt; und jedes wünscht in diesem Wettstreite lieber überwunden zu werden als zu überwinden.

Wilhelm wiederholte Marianen, was sie schon so oft gehört hatte, daß sie bald seine Aufmerksamkeit von dem Schauspiel ab und auf sich allein gezogen habe, daß ihre Gestalt, ihr Spiel, ihre Stimme ihn gefesselt; wie er zuletzt nur die Stücke, in denen s i e gespielt, besucht habe, wie er endlich aufs Theater geschlichen sei, oft, ohne von ihr bemerkt zu werden, neben ihr gestanden habe; dann sprach er mit Entzücken von dem glücklichen Abende, an dem er eine Gelegenheit gefunden, ihr eine Gefälligkeit zu erzeigen und ein Gespräch einzuleiten.

Mariane dagegen wollte nicht Wort haben, daß sie ihn solange nicht bemerkt hätte; sie behauptete, ihn schon vor dem Spaziergange gesehen zu haben, und bezeichnete ihm zum Beweis das Kleid, das er an selbigem Tage angehabt; sie behauptete, daß er ihr damals vor allen andern gefallen und daß sie seine Bekanntschaft gewünscht habe.

Wie gern glaubte Wilhelm das alles! wie gern ließ er sich überreden, daß sie zu ihm, als er sich ihr genähert, durch einen unwiderstehlichen Zug hingeführt worden, daß sie absichtlich zwischen die Kulissen neben ihn getreten sei, um ihn näher zu sehen und Bekanntschaft mit ihm zu machen, und daß sie zuletzt, da seine Zurückhaltung und Blödigkeit nicht zu überwinden gewesen, ihm selbst Gelegenheit gegeben und ihn gleichsam genötigt habe, ein Glas Limonade herbeizuholen.

Unter diesem liebevollen Wettstreit, den sie durch alle kleinen Umstände ihres kurzen Romans verfolgten, vergingen ihnen die Stunden sehr schnell, und Wilhelm verließ beruhigt seine Geliebte, mit dem festen Vorsatz, sein Vorhaben unverzüglich ins Werk zu richten.

Was zu seiner Abreise nötig war, hatten Vater und Mutter besorgt; nur einige Kleinigkeiten, die an der Equipage fehlten, verzögerten seinen Aufbruch um einige Tage, Wilhelm benutzte diese Zeit, um an Marianen einen Brief zu schreiben, wodurch er die Angelegenheit endlich zur Sprache bringen wollte, über welche sie sich mit ihm zu unterhalten bisher immer vermieden hatte.

Der Tag wollte nicht endigen, als Wilhelm, seinen Brief schön gefaltet in der Tasche, sich zu Marianen hinsehnte; auch war es kaum düster geworden, als er sich wider seine Gewohnheit nach ihrer Wohnung hinschlich. Sein Plan war: sich auf die Nacht anzumelden, seine Geliebte auf kurze Zeit wieder zu verlassen, ihr, eh er weggigne, den Brief in die Hand zu drücken und bei seiner Rückkehr in tiefer Nacht ihre Antwort, ihre Einwilligung zu erhalten oder durch die Macht seiner Liebkosungen zu erzwingen. Er flog in ihre Arme und konnte sich an ihrem Busen kaum wieder fassen. Die Lebhaftigkeit seiner Empfindungen verbarg ihm anfangs, daß sie nicht wie sonst mit Herzlichkeit antwortete; doch konnte sie einen ängstlichen Zustand nicht lange verbergen, sie schützte eine Krankheit, eine Unpäßlichkeit vor, sie beklagte sich über Kopfweh, sie wollte sich auf den Vorschlag, daß er heute nacht wiederkommen würde, nicht einlassen. Er ahnete nichts Böses, drang nicht weiter in sie, fühlte aber, daß es nicht die Stunde sei, ihr seinen Brief zu übergeben. Er behielt ihn bei sich, und da verschiedene ihrer Bewegungen und Reden ihn auf eine höfliche Weise wegzugehen nötigten, ergriff er im Taumel seiner ungenügsamen Liebe eines ihrer Halstücher, steckte es in die Tasche und verließ wider Willen ihre Lippen und ihre Türe. Er schlich nach Hause, konnte aber auch da nicht lange bleiben, kleidete sich um und suchte wieder die freie Luft.

Als er einige Straßen auf und ab gegangen war, begegnete ihm ein Unbekannter, der nach einem gewissen Gasthofe fragte; Wilhelm erbot sich, ihm das Haus zu zeigen; der Fremde erkundigte sich nach dem Namen der Straße, nach den Besitzern verschiedener großer Gebäude, vor denen sie vorbeigingen, sodann nach einigen Polizeieinrichtungen der Stadt, und sie waren in einem ganz interessanten Gespräche begriffen, als sie am Tore des Wirtshauses ankamen. Der Fremde nötigte seinen Führer, hineinzutreten und ein Glas Punsch mit ihm zu trinken; zugleich gab er seinen Namen an und seinen Geburtsort, auch die Geschäfte, die ihn hierhergebracht hätten, und ersuchte Wilhelmen um ein gleiches Vertrauen. Dieser verschwig ebensowenig seinen Namen als seine Wohnung.

„Sind Sie nicht ein Enkel des alten Meisters, der die schöne Kunstsammlung besaß?" fragte der Fremde.

„Ja, ich bin's. Ich war zehn Jahre alt, als der Großvater starb, und es schmerzte mich lebhaft, diese schönen Sachen verkaufen zu sehen."

„Ihr Vater hat eine große Summe Geldes dafür erhalten."

„Sie wissen also davon?"

„O ja, ich habe diesen Schatz noch in Ihrem Hause gesehen. Ihr Großvater war nicht bloß ein Sammler, er verstand sich auf die Kunst, er war in einer frühern glücklichen Zeit in Italien gewesen und hatte Schätze von dort mit zurückgebracht, welche jetzt um keinen Preis mehr zu haben wären. Er besaß treffliche Gemälde von den besten Meistern."

„Gewiß tat mir der Verkauf des Kabinetts gleich sehr leid, und ich habe es auch in reifern Jahren öfters vermißt; wenn ich aber bedenke, daß es gleichsam so sein mußte, um eine Liebhaberei, um ein Talent in mir zu entwickeln, die weit mehr auf mein Leben wirken sollten, als jene leblosen Bilder je getan hätten, so bescheide ich mich dann gern und verehre das Schicksal, das mein Bestes und eines jeden Bestes einzuleiten weiß."

„Leider höre ich schon wieder das Wort Schicksal von einem jungen Manne aussprechen, der sich eben in einem Alter befindet, wo man gewöhnlich seinen lebhaften Neigungen den Willen höherer Wesen unterzuschieben pflegt."

„So glauben Sie kein Schicksal? Keine Macht, die über uns waltet und alles zu unserm Besten lenkt?"

„Es ist hier die Rede nicht von meinem Glauben, noch der Ort, auszulegen, wie ich mir Dinge, die uns allen unbegreiflich sind, einigermaßen denkbar zu machen suche; hier ist nur die Frage, welche Vorstellungsart zu unserm Besten gereicht. *Das Gewebe dieser Welt ist aus Notwendigkeit und Zufall gebildet, die Vernunft des Menschen stellt sich zwischen beide und weiß sie zu beherrschen; sie behandelt das Notwendige als den Grund ihres Daseins; das Zufällige weiß sie zu lenken, zu leiten und zu nutzen, und nur, indem sie fest und unerschütterlich steht, verdient der Mensch, ein Gott der Erde genannt zu werden. Wehe dem, der sich von Jugend auf gewöhnt, in dem Notwendigen etwas Willkürliches finden zu wollen, der dem Zufälligen eine Art von Vernunft zuschreiben möchte, welcher zu folgen sogar eine Religion sei. Heißt das etwas weiter, als seinem eigenen Verstande entsagen und seinen Neigungen unbedingten Raum geben? Wir bilden uns ein, fromm zu sein, indem wir ohne Überlegung hinschlendern, und durch angenehme Zufälle determinieren lassen und endlich dem Resultate eines solchen schwankenden Lebens den Namen einer göttlichen Führung geben.*"

„Waren Sie niemals in dem Falle, daß ein kleiner Umstand Sie veranlaßte einen gewissen Weg einzuschlagen, auf welchem bald eine gefällige Gelegenheit Ihnen entgegenkam und eine Reihe von unerwarteten Vorfällen Sie endlich ans Ziel brachte, das Sie selbst noch kaum ins Auge gefaßt hatten? Sollte das nicht Ergebenheit in das Schicksal, Zutrauen zu einer solchen Leitung einflößen?"

„Mit diesen Gesinnungen könnte kein Mädchen ihre Tugend, niemand sein Geld im Beutel behalten; denn es gibt Anlässe genug, beides loszuwerden. *Ich kann mich nur über d e n Menschen freuen, der weiß, was ihm und andern nütze ist, und seine Willkür zu beschränken arbeitet. Jeder hat sein eigen Glück unter den Händen, wie der Künstler eine rohe Materie, die er zu einer Gestalt umbilden will. Aber es ist mit dieser Kunst wie mit allen: nur die Fähigkeit dazu wird uns angeboren, sie will gelernt und sorgfältig ausgeübt sein.*"

Dieses und mehreres wurde noch unter ihnen abgehandelt; endlich trennten sie sich, ohne daß sie einander sonderlich überzeugt zu haben schienen, doch bestimmten sie auf den folgenden Tag einen Ort der Zusammenkunft.

Wilhelm ging noch einige Straßen auf und nieder; er hörte Klarinetten, Waldhörner und Fagotten, es schwoll sein Busen. Durchreisende Spielleute machten eine angenehme Nachtmusik. Seine Gedanken waren lieblich, wie die Geister der Dämmerung; Ruhe und Verlangen wechselten in ihm, die Liebe lief mit schaudernder Hand tausendfältig über alle Saiten seiner Seele; es war, als wenn der Gesang der Sphären über ihm stille stünde, um die leisen Melodien seines wiederkehrenden Herzens zu belauschen.

Hätte er den Hauptschlüssel bei sich gehabt, der ihm sonst Marianens Türe öffnete: er würde sich nicht gehalten haben, würde ins Heiligtum der Liebe eingedrungen sein. Doch er entfernte sich langsam, schwankte halb träumend unter den Bäumen hin, wollte nach Hause und ward immer wieder umgewendet; endlich, als er's über sich vermochte, ging und an der Ecke noch einmal zurücksah, kam es ihm vor, als wenn Marianens Türe sich weit öffnete und eine dunkle Gestalt sich herausbewegte. Er war zu weit, um deutlich zu sehen, und eh er sich faßte und recht aufsah, hatte sich die Erscheinung schon in der Nacht verloren, nur ganz weit glaubte er sie wieder an einem weißen Hause vorbeistreifen zu sehen. Er stund und blinzte, und ehe er sich ermannte und nacheilte, war das Phantom verschwunden. Wohin sollt er ihm folgen? Welche Straße hatte den Menschen aufgenommen, wenn es einer war?

Wie einer, dem der Blitz die Gegend in einem Winkel erhellte, gleich darauf mit geblendeten Augen die vorigen Gestalten, den Zusammenhang der Pfade in der Finsternis vergebens sucht, so war's vor seinen Augen, so war's in seinem Herzen. Und wie ein Gespenst der Mitternacht, das ungeheure Schrecken erzeugt, in folgenden Augenblicken der Fassung für ein Kind des Schreckens gehalten wird und die fürchterliche Erscheinung Zweifel ohne Ende in der Seele zurückläßt, so war auch Wilhelm in der größten Unruhe, als er, an einen Eckstein gelehnt, die Helle des Morgens und das Geschrei der Hähne nicht achtete, bis die frühen Gewerbe lebendig zu werden anfingen und ihn nach Hause trieben.

Er hatte, wie er zurückkam, das unerwartete Blendwerk mit den triftigsten Gründen beinahe aus der Seele vertrieben; doch die schöne Stimmung der Nacht, an die er jetzt auch nur wie an eine Erscheinung zurückdachte, war auch dahin. Sein Herz zu letzen, ein Siegel seinem wiederkehrenden Glauben aufzudrücken, nahm der das Halstuch aus der vorigen Tasche. Das Rauschen eines Zettels, der herausfiel, zog ihm das Tuch von den Lippen; er hob auf und las:

„So hab ich Dich lieb, kleiner Narre, was war Dir auch gestern? Heute nacht komm ich zu Dir. Ich glaube wohl, daß Dir's leid tut, von hier wegzugehen; aber habe Geduld, auf die Messe komm ich Dir nach. Höre, tu mir nicht wieder die schwarzgrüne Jacke an, Du siehst drin aus wie die Hexe von Endor. Hab ich Dir nicht das weiße Negligé darum geschickt, daß ich ein weißes Schäfchen in meinen

Armen haben will? Schick mir Deine Zettel immer durch die alte Sibylle; die hat der Teufel selbst zur Iris bestellt."

ZWEITES BUCH

Jeder, der mit lebhaften Kräften vor unsern Augen eine Absicht zu erreichen strebt, kann, wir mögen seinen Zweck loben oder tadeln, sich unsre Teilnahme versprechen; sobald aber die Sache entschieden ist, wenden wir unser Auge sogleich von ihm weg; alles, was geendigt, was abgetan daliegt, kann unsre Aufmerksamkeit keineswegs fesseln, besonders wenn wir schon frühe der Unternehmung einen üblen Ausgang prophezeit haben.

Deswegen sollen unsere Leser nicht umständlich mit dem Jammer und der Not unsers verunglückten Freundes, in die er geriet, als er seine Hoffnungen und Wünsche auf eine so unerwartete Weise zerstört sah, unterhalten werden. Wie überspringen vielmehr einige Jahre und suchen ihn erst da wieder auf, wo wir ihn in einer Art von Tätigkeit und Genuß zu finden hoffen.

In einem so neuen, ganzen, lieblichen Gemüte war viel zu zerreißen, zu zerstören, zu ertöten, und die schnellheilende Kraft der Jugend gab selbst der Gewalt des Schmerzes neue Nahrung und Heftigkeit. Der Streich hatte sein ganzes Dasein an der Wurzel getroffen. Werner, aus Not sein Vertrauter, griff voll Eifer zu Feuer und Schwert, um einer verhaßten Leidenschaft, dem Ungeheuer, ins innerste Leben zu dringen. Die Gelegenheit war so glücklich, das Zeugnis so bei der Hand, und wieviel Geschichten und Erzählungen wußt er nicht zu nutzen!

So hatte sich denn unser Freund völlig resigniert und sich zugleich mit großem Eifer den Handelsgeschäften gewidmet. Zum Erstaunen seines Freudes und zur größten Zufriedenheit seines Vaters war niemand auf dem Kontor und der Börse, im Laden und Gewölbe tätiger als er; Korrespondenz und Rechnungen, und was ihm aufgetragen wurde, besorgte und verrichtete er mit größtem Fleiß und Eifer. Freilich nicht mit dem heitern Fleiße, der zugleich dem Geschäftigen Belohnung ist, wenn wir dasjenige, wozu wir geboren sind, mit Ordnung und Folge verrichten, sondern mit dem stillen Fleiße der Pflicht, der den besten Vorsatz zum Grunde hat, der durch Überzeugung genährt und durch ein inneres Selbstgefühl belohnt wird; der aber doch oft, selbst dann, wenn ihm das schönste Bewußtsein die Krone reicht, einen vordringlichen Seufzer kaum zu ersticken vermag.

Auf diese Weise hatte Wilhelm eine Zeitlang sehr emsig fortgelebt und sich überzeugt, daß jene harte Prüfung vom Schicksale zu seinem Besten veranstaltet worden. Er war froh, auf dem Wege des Lebens sich beizeiten, obgleich unfreundlich genug, gewarnt zu sehen, anstatt daß andere später und schwerer die Mißgriffe büßen, wozu sie ein jugendlicher Dünkel verleitet hat. *Denn gewöhnlich wehrt sich der Mensch so lange, als er kann, den Toren, den er im Busen hegt, zu verabschieden, einen Hauptirrtum zu bekennen und eine Wahrheit einzugestehen, die ihn zur Verzweiflung bringt.*

So entschlossen er war, seinen liebsten Vorstellungen zu entsagen, so war doch einige Zeit nötig, um ihn von seinem Unglücke völlig zu überzeugen. Endlich aber hatte er jede Hoffnung der Liebe, des poetischen Hervorbringens und der persönlichen Darstellung mit triftigen Gründen so ganz in sich vernichtet, daß er Mut faßte, alle Spuren seiner Torheit, alles, was ihn irgend noch daran erinnern könnte, völlig auszulöschen. Er hatte daher an einem kühlen Abende ein Kaminfeuer angezündet und holte ein Reliquienkästchen hervor, in welchem sich hunderterlei Kleinigkeiten fanden, die er in bedeutenden Augenblicken von Marianen erhalten oder derselben geraubt hatte. Jede vertrocknete Blume erinnerte ihn an die Zeit, da sie noch frisch in ihren Haaren blühte, jedes Zettelchen an die glückliche Stunde, wozu sie ihn dadurch einlud, jede Schleife an den lieblichen Ruheplatz seines Hauptes, ihren schönen Busen. Mußte nicht auf diese Weise jede Empfindung, die er schon lange getötet glaubte, sich wieder zu bewegen anfangen? Mußte nicht die Leidenschaft, über die er, abgeschieden von seiner Geliebten, Herr geworden war, in der Gegenwart dieser Kleinigkeiten wieder mächtig werden? *Denn wir merken erst, wie traurig und unangenehm ein trüber Tag ist, wenn ein einziger, durchdringender Sonnenblick uns den aufmunternden Glanz einer heitern Stunde darstellt.*

Nicht ohne Bewegung sah er daher diese so lange bewahrten Heiligtümer nacheinander in Rauch und Flamme vor sich aufgehen. Einigemal hielt er zaudernd inne und hatte noch eine Perlenschnur und ein florenes Halstuch übrig, als er sich entschloß, mit den dichterischen Versuchen seiner Jugend das abnehmende Feuer wieder aufzufrischen.

Bis jetzt hatte er alles sorgfältig aufgehoben, was ihm, von der frühsten Entwicklung seines Geistes an, aus der Feder geflossen war. Noch lagen seine Schriften in Bündel gebunden auf dem Boden des Koffers, wohin er sie gepackt hatte, als er sie auf seiner Flucht mitzunehmen hoffte. Wie ganz anders eröffnete er sie jetzt, als er sie damals zusammenband!

Wenn wir einen Brief, den wir unter gewissen Umständen geschrieben und gesiegelt haben, der aber den Freund, an den er gerichtet war, nicht antrifft, sondern wieder zu uns zurückgebracht wird, nach einiger Zeit eröffnen, überfällt uns eine sonderbare Empfindung, indem wir unser eignes Siegel erbrechen und uns mit unserm veränderten Selbst wie mit einer dritten Person unterhalten. Ein ähnliches Gefühl ergriff mit Heftigkeit unsern Freund, als er das erste Paket eröffnete und die zerteilten Hefte ins Feuer warf, die eben gewaltsam auflöderten, als Werner hereintrat, sich über die lebhafte Flamme verwunderte und fragte, was hier vorgehe.

„Ich gebe einen Beweis", sagte Wilhelm, „daß es mir Ernst sei, ein Handwerk aufzugeben, wozu ich nicht geboren ward"; und mit diesen Worten warf er das zweite Paket in das Feuer. Werner wollte ihn abhalten, allein es war geschehen.

„Ich sehe nicht ein, wie du zu diesem Extrem kommst", sagte dieser. „Warum sollen denn nun diese Arbeiten, wenn sie nicht vortrefflich sind, gar vernichtet werden?"

„Weil ein Gedicht entweder vortrefflich sein oder gar nicht existieren soll. Weil jeder, der keine Anlage hat, das Beste zu leisten, sich der Kunst enthalten und sich vor jeder Verführung dazu ernstlich in acht nehmen sollte. Denn freilich regt sich in jedem Menschen ein gewisses unbestimmtes Verlangen, dasjenige, was er sieht, nachzuahmen; aber dieses Verlangen beweist gar nicht, daß auch die Kraft in uns wohne, mit dem, was wir unternehmen, zustande zu kommen. Sieh nur die Knaben an, wie sie jedesmal, sooft Seiltänzer in der Stadt gewesen, auf allen Planken und Balken hin und wider gehen und balancieren, bis ein anderer Reiz sie wieder zu einem ähnlichen Spiele hinzieht. Hast du es nicht in dem Zirkel unsrer Freunde bemerkt? Sooft sich ein Virtuose hören läßt, finden sich immer einige, die sogleich dasselbe Instrument zu lernen anfangen. Wie viele irren auf diesem Wege herum! Glücklich, wer den Fehlschluß von seinen Wünschen auf seine Kräfte bald gewahr wird!"

Werner widersprach; die Unterredung ward lebhaft, und Wilhelm konnte nicht ohne Bewegung die Argumente, mit denen er sich selbst so oft gequält hatte, gegen seinen Freund wiederholen. Werner behauptete, es sei nicht vernünftig, ein Talent, zu dem man nur einigermaßen Neigung und Geschick habe, deswegen, weil man es niemals in der größten Vollkommenheit ausüben werde, ganz aufzugeben. Es finde sich ja so manche leere Zeit, die man dadurch ausfüllen und nach und nach etwas hervorbringen könne, wodurch wir uns und andern ein Vergnügen bereiten.

Unser Freund, der hierin ganz anderer Meinung war, fiel ihm sogleich ein und sagte mit großer Lebhaftigkeit: „Wie sehr irrst du, lieber Freund, wenn du glaubst, daß ein Werk, dessen erste Vorstellung die ganze Seele füllen muß, in unterbrochenen zusammengegeizten Stunden könne hervorgebracht werden. Nein, der Dichter muß ganz s i c h, ganz in seinen geliebten Gegenständen leben. Er, der vom Himmel innerlich auf das köstlichste begabt ist, der einen sich immer selbst vermehrenden Schatz im Busen bewahrt, er muß auch von außen ungestört mit seinen Schätzen in der stillen Glückseligkeit leben, die ein Reicher vergebens mit aufgehäuften Gütern um sich hervorzubringen sucht. Sieh die Menschen an, wie sie nach Glück und Vergnügen rennen! Ihre Wünsche, ihre Mühe, ihr Geld jagen rastlos, und wonach? Nach dem, was der Dichter von der Natur erhalten, nach dem Genuß der Welt, nach dem Mitgefühl seiner selbst in andern, nach einem harmonischen Zusammensein mit vielen oft unvereinbaren Dingen.

Was beunruhigt die Menschen, als daß sie ihre Begriffe nicht mit den Sachen verbinden können, daß der Genuß sich ihnen unter den Händen wegstiehlt, daß das Gewünschte zu spät kommt und daß alles Erreichte und Erlangte auf ihr Herz nicht die Wirkung tut, welche die Begierde uns in der Ferne ahnen läßt. Gleichsam wie einen Gott hat das Schicksal den Dichter über dieses alles hinübergesetzt. Er sieht das Gewirre der Leidenschaften, Familien und Reiche sich zwecklos bewegen, er sieht die unauflöslichen Rätsel der Mißverständnisse, denen oft nur ein einsilbiges Wort zur Entwicklung fehlt, unsäglich verderbliche Verwirrungen verursachen. Er fühlt das Traurige und das Freudige jedes Menschenschicksals mit. Wenn der Weltmensch in einer abzehrenden Melancholie über großen Verlust seine Tage hinschleicht oder in ausgelassener Freude seinem Schicksale entgegengeht, so schreitet die empfängliche, leichtbewegliche Seele des Dichters, wie die wandelnde Sonne, von Nacht zu Tag fort, und mit leisen Übergängen stimmt seine Harfe zu Freude und Leid. Eingeboren auf dem Grund seines Herzens, wächst die schöne Blume der Weisheit hervor, und wenn die anderen wachend träumen und von ungeheuren Vorstellungen aus allen ihren Sinnen geängstigt werden, so lebt er den Traum des Lebens als ein Wachender, und das Seltenste, was geschieht, ist ihm zugleich Vergangenheit und Zukunft. Und so ist der Dichter zugleich Lehrer, Wahrsager, Freund der Götter und der Menschen. Wie! willst du, daß er zu einem kümmerlichen Gewerbe heruntersteige? Er, der wie ein Vogel gebaut ist, um die Welt zu überschweben, auf hohen Gipfeln zu nisten und seine Nahrung von Knospen und Früchten, einen Zweig mit dem andern leicht verwechselnd, zu nehmen, er sollte zugleich wie der Stier am Pfluge ziehen, wie der Hund sich auf eine Fährte gewöhnen, oder vielleicht gar, an die Kette geschlossen, einen Meierhof durch sein Bellen sichern?"

Werner hatte, wie man sich denken kann, mit Verwunderung zugehört. „Wenn nur auch die Menschen", fiel er ihm ein, „wie die Vögel gemacht wären und, ohne daß sie spinnen und weben, holdselige Tage in beständigem Genuß zubringen könnten! Wenn sie nur auch bei Ankunft des Winters sich so leicht in ferne Gegenden begäben, dem Mangel auszuweichen und sich vor dem Froste zu sichern!"

„So haben die Dichter in Zeiten gelebt, wo das Ehrwürdige mehr erkannt ward", rief Wilhelm aus, „und so sollten sie immer leben. Genugsam in ihrem Innersten ausgestattet, bedurften sie wenig von außen; die Gabe, schöne Empfindungen, herrliche Bilder den Menschen in süßen, sich an jeden Gegenstand anschmiegenden Worten und Melodien mitzuteilen, bezauberte von jeher die Welt und war für den Begabten ein reichliches Erbteil. An der Könige Höfen, an den Tischen der Reichen, vor den Türen der Verliebten horchte man auf sie, indem sich das Ohr und die Seele für alles andere verschloß; wie man sich selig preist und entzückt stillesteht, wenn aus den Gebüschen, durch die man wandelt, die Stimme der Nachtigall gewaltig rührend hervordringt! Sie fanden eine gastfreie Welt, und ihr niedrig scheinender Stand erhöhte sie nur desto mehr. Der Held lauschte ihren Gesängen, und der Überwinder der Welt huldigte einem Dichter, weil er fühlte, daß ohne diesen sein ungeheures Dasein nur wie ein Sturmwind vorüberfahren würde; der Liebende wünschte sein Verlangen und seinen Genuß so tausendfach und so harmonisch zu fühlen, als ihn die beseelte Lippe zu schildern verstand; und selbst der Reiche konnte seine Besitztümer, seine Abgötter, nicht mit eigenen Augen so kostbar sehen, als sie ihm vom Glanz des allen Wert fühlenden und erhöhenden Geistes beleuchtet erschienen. Ja, wer hat, wenn du willst, Götter gebildet, uns zu ihnen erhoben, sie zu uns herniedergebracht, als der Dichter?"

„Mein Freund", versetzte Werner nach einigem Nachdenken, „ich habe schon oft bedauert, daß du das, was du so lebhaft fühlst, mit Gewalt aus deiner Seele zu verbannen strebst. Ich müßte mich sehr irren, wenn du nicht besser tätest, dir selbst einigermaßen nachzugeben, als dich durch die Widersprüche eines so harten Entsagens aufzureiben und dir mit der einen unschuldigen Freude den Genuß aller übrigen zu entziehen."

„Darf ich dir's gestehen, mein Freund", versetzte der andre, „und wirst du mich nicht lächerlich finden, wenn ich dir bekenne, daß jene Bilder mich noch immer verfolgen, so sehr ich sie fliehe, und daß, wenn ich mein Herz untersuche, alle frühen Wünsche fest, ja noch fester als sonst darin haften? Doch was bleibt mir Unglücklichem gegenwärtig übrig? Ach, wer mir vorausgesagt hätte, daß die Arme meines Geistes so bald zerschmettert werden sollten, mit denen ich ins Unendliche griff und mit denen ich doch gewiß ein Großes zu umfassen hoffte, wer mir das vorausgesagt hätte, würde mich zur Verzweiflung gebracht haben. Und noch jetzt, da das Gericht über mich ergangen ist, jetzt, da ich d i e verloren habe, die anstatt einer Gottheit mich zu meinen Wünschen hinüberführen sollte, was bleibt mir übrig, als mich den bittersten Schmerzen zu überlassen? O mein Bruder", fuhr er fort, „ich leugne nicht, sie war mir bei meinen heimlichen Anschlägen der Kloben, an den eine Strickleiter befestigt ist; gefährlich hoffend schwebt der Abenteurer in der Luft, das Eisen bricht, und er liegt zerschmettert am Fuße seiner Wünsche. Es ist auch nun für mich kein Trost, keine Hoffnung mehr! Ich werde", rief er aus, indem er aufsprang, „von diesen unglückseligen Papieren keines übriglassen." Er faßte abermals ein paar Hefte an, riß sie auf und warf sie ins Feuer. Werner wollte ihn abhalten, aber vergebens. „Laß mich!" rief Wilhelm, „was sollen diese elenden Blätter? Für mich sind sie weder Stufe noch Aufmunterung mehr. Sollen sie übrigbleiben, um mich bis ans Ende meines Lebens zu peinigen? Sollen sie vielleicht einmal der Welt zum Gespötte dienen, anstatt Mitleiden und Schauer zu erregen?"

Nach solchen Rückfällen pflegte Wilhelm meist nur desto eifriger sich den Geschäften und der Tätigkeit zu widmen, und es war der beste Weg, dem Labyrinthe, das ihn wieder anzulocken suchte, zu entfliehen. Seine gute Art, sich gegen Fremde zu betragen, seine Leichtigkeit, fast in allen lebenden Sprachen Korrespondenz zu führen, gaben seinem Vater und dessen Handelsfreunde immer mehr Hoffnung und trösteten sie über die Krankheit, deren Ursache ihnen nicht bekannt geworden war, und über die Pause, die ihren Plan unterbrochen hatte. Man beschloß Wilhelms Abreise zum zweitenmal, und wir finden ihn auf seinem Pferde, den Mantelsack hinter sich, wo er einige Aufträge ausrichten sollte.

Er durchstrich langsam Täler und Berge mit der Empfindung des größten Vergnügens. Überhangende Felsen, rauschende Wasserbäche, bewachsene Wände, tiefe Gründe sah er hier zum erstenmal, und doch hatten seine frühesten Jugendträume schon in solchen Gegenden geschwebt. Er fühlte sich bei diesem Anblicke wieder verjüngt, alle erduldeten Schmerzen waren aus seiner Seele weggewaschen, und mit völliger Heiterkeit sagte er sich Stellen aus verschiedenen Gedichten, besonders aus dem Pastor fido, vor, die an diesen einsamen Plätzen scharenweis seinem Gedächtnisse zuflossen. Auch erinnerte er sich mancher Stellen aus seinen eigenen Liedern, die er mit einer besonderen Zufriedenheit rezitierte. Er belebte die Welt, die vor ihm lag, mit allen Gestalten der Vergangenheit, und jeder Schritt in die Zukunft war ihm voll Ahnung wichtiger Handlungen und merkwürdiger Begebenheiten.

Als er in einem Wirtshause auf dem Markt abtrat, ging es darin sehr lustig, wenigstens sehr lebhaft zu. Eine große Gesellschaft Seiltänzer, Springer und Gaukler, die einen starken Mann bei sich hatten, waren mit Weib und Kindern eingezogen und machten, indem sie sich auf eine öffentliche Erscheinung bereiteten, einen Unfug über den andern. Bald stritten sie mit dem Wirte, bald unter sich selbst, und wenn ihr Zank unleidlich war, so waren die Äußerungen ihres Vergnügens ganz und gar unerträglich. Unschlüssig, ob er gehen oder bleiben sollte, stand er unter dem Tore und sah den Arbeitern zu, die auf dem Platze ein Gerüst aufzuschlagen anfingen.

Ein Mädchen, das Rosen und andere Blumen herumtrug, bot ihm ihren Korb dar, und er kaufte sich einen schönen Strauß, den er mit Liebhaberei anders band und mit Zufriedenheit betrachtete, als das Fenster eines, an der Seite des Platzes stehenden, anderen Gasthauses sich auftat und ein wohlgebildetes Frauenzimmer sich an demselben zeigte. Er konnte ungeachtet der Entfernung bemerken, daß eine angenehme Heiterkeit ihr Gesicht belebte. Ihre blonden Haare fielen nachlässig aufgelöst um ihren Nakken; sie schien sich nach dem Fremden umzusehen. Einige Zeit darauf trat ein Knabe, der eine Frisierschürze umgürtet und ein weißes Jäckchen anhatte, aus der Türe jenes Hauses, ging auf Wilhelmen zu, begrüßte ihn und sagte: „Das Frauenzimmer am Fenster läßt Sie fragen, ob Sie ihr nicht einen Teil der schönen Blumen abtreten wollen?" – „Sie stehn ihr alle zu Diensten", versetzte Wilhelm, indem er dem leichten Boten das Bukett überreichte und zugleich der Schönen ein Kompliment machte, welches sie mit einem freundlichen Gegengruß erwiderte und sich vom Fenster zurückzog.

Nachdenkend über dieses artige Abenteuer, ging er nach seinem Zimmer die Treppe hinauf, als ein junges Geschöpf ihm entgegensprang, das seine Aufmerksamkeit auf sich zog. Ein kurzes seidnes Westchen mit geschlitzten spanischen Ärmeln, knappe, lange Beinkleider mit Puffen standen dem Kinde gar artig. Lange schwarze Haare waren in Locken und Zöpfen um den Kopf gekräuselt und gewunden. Er sah die Gestalt mit Verwunderung an und konnte nicht mit sich einig werden, ob er sie für einen Knaben oder für ein Mädchen erklären sollte. Doch entschied er sich bald für das letzte und hielt sie auf, da sie bei ihm vorbeikam, bot ihr einen guten Tag und fragte sie, wem sie angehöre, ob er schon leicht sehen konnte, daß sie ein Glied der springenden und tanzenden Gesellschaft sein müsse. Mit einem scharfen, schwarzen Seitenblick sah sie ihn an, indem sie sich von ihm losmachte und in die Küche lief, ohne zu antworten.

Als er die Treppe hinaufkam, fand er auf dem weiten Vorsaale zwei Mannspersonen, die sich im Fechten übten oder vielmehr ihre Geschicklichkeit aneinander zu versuchen schienen. Der eine war offenbar von der Gesellschaft, die sich im Hause befand, der andere hatte ein weniger wildes Ansehen. Wilhelm sah ihnen zu und hatte Ursache, sie beide zu bewundern; und als nicht lange darauf der schwarzbärtige nervige Streiter den Kampfplatz verließ, bot der andere, mit vieler Artigkeit, Wilhelmen das Rapier an.

„Wenn Sie einen Schüler", versetzte dieser, „in die Lehre nehmen wollen, so bin ich wohl zufrieden, mit Ihnen einige Gänge zu machen." Sie fochten zusammen, und obgleich der Fremde dem Ankömmling weit überlegen war, so war er doch höflich genug zu versichern, daß alles nur auf Übung ankomme; und wirklich hatte Wilhelm auch gezeigt, daß er früher von einem guten und gründlichen deutschen Fechtmeister unterrichtet worden war.

Ihre Unterhaltung ward durch das Getöse unterbrochen, mit welchem die bunte Gesellschaft aus dem Wirtshause auszog, um die Stadt von ihrem Schauspiel zu benachrichtigen und auf ihre Künste begierig zu machen. Einem Tambour folgte der Entrepreneur zu Pferde, hinter ihm eine Tänzerin auf einem ähnlichen Gerippe, die ein Kind vor sich hielt, das mit Bändern und Flintern wohl herausgeputzt war. Darauf kam die übrige Truppe zu Fuß, wovon einige auf ihren Schultern Kinder, in abenteuerlichen Stellungen, leicht und bequem daher trugen, unter denen die junge, schwarzköpfige, düstere Gestalt Wilhelms Aufmerksamkeit aufs neue erregte.

Pagliasso lief unter der andringenden Menge drollig hin und her und teilte mit sehr begreiflichen Späßen, indem er bald ein Mädchen küßte, bald einen Knaben pritschte, seine Zettel aus und erweckte unter dem Volke eine unüberwindliche Begierde, ihn näher kennenzulernen.

In den gedruckten Anzeigen waren die mannigfaltigen Künste der Gesellschaft, besonders eines Monsieur Narziß und der Demoiselle Landrinette herausgestrichen, welche beide, als Hauptpersonen, die Klugheit gehabt hatten, sich von dem Zuge zu enthalten, sich dadurch ein vornehmeres Ansehen zu geben und größte Neugier zu erwecken.

Während des Zuges hatte sich auch die schöne Nachbarin wieder am Fenster sehen lassen, und Wilhelm hatte nicht verfehlt, sich bei seinem Gesellschafter nach ihr zu erkundigen. Dieser, den wir einstweilen Laertes nennen wollen, erbot sich, Wilhelmen zu ihr hinüberzubegleiten. „Ich und das Frauenzimmer", sagte er lächelnd, „sind ein paar Trümmer einer Schauspielergesellschaft, die vor kurzem hier scheiterte. Die Anmut des Orts hat uns bewogen, einige Zeit hierzubleiben und unsre wenige gesammelte Barschaft in Ruhe zu verzehren, indes ein Freund ausgezogen ist, ein Unterkommen für sich und uns zu suchen."

Laertes begleitete sogleich seinen neuen Bekannten zu Philinens Türe, wo er ihn einen Augenblick stehen ließ, um in einem benachbarten Laden Zuckerwerk zu holen. „Sie werden mir es gewiß danken," sagte er, indem er zurückkam, „daß ich Ihnen diese artige Bekanntschaft verschaffe."

Das Frauenzimmer kam ihnen auf ein paar leichten Pantöffelchen mit hohen Absätzen aus der Stube entgegengetreten. Sie hatte eine schwarze Mantille über ein weißes Negligé geworfen, das, eben weil es nicht ganz reinlich war, ihr ein häusliches und bequemes Ansehen gab; ihr kurzes Röckchen ließ die niedlichsten Füße von der Welt sehen.

„Sei'n Sie mir willkommen!" rief sie Wilhelmen zu, „und nehmen Sie meinen Dank für die schönen Blumen." Sie führte ihn mit der einen Hand ins Zimmer, indem sie mit der andern den Strauß an die Brust drückte. Als sie sich niedergesetzt hatten und in gleichgültigen Gesprächen begriffen waren, denen sie eine reizende Wendung zu geben wußte, schüttete ihr Laertes gebrannte Mandeln in den Schoß, von denen sie sogleich zu naschen anfing. „Sehn Sie, welch ein Kind dieser junge Mensch ist!" rief sie aus; „er wird Sie überreden wollen, daß ich eine große Freundin von solchen Näschereien sei, und e r ist's, der nicht leben kann, ohne irgend etwas Leckeres zu genießen."

„Lassen Sie uns nur gestehn", versetzte Laertes, „daß wir hierin, wie in mehrerem, einander gern Gesellschaft leisten. „Zum Beispiel", sagte er, „es ist heute ein schöner Tag; ich dächte, wir führen spazieren und nähmen unser Mittagsmahl auf der Mühle." – „Recht gern", sagte Philine, „wir müssen unserm neuen Bekannten eine kleine Veränderung machen." Laertes sprang fort, denn er ging niemals, und Wilhelm wollte einen Augenblick nach Hause, um seine Haare, die von der Reise noch verworren aussahen, in Ordnung bringen zu lassen. „Das können Sie hier!" sagte sie, rief ihren kleinen Diener, nötigte Wilhelmen auf die artigste Weise, seinen Rock auszuziehen, ihren Pudermantel anzulegen und sich in ihrer Gegenwart frisieren zu lassen. *„Man muß ja keine Zeit versäumen",* sagte sie; *„man weiß nicht, wie lange man beisammen bleibt."*

Der Knabe, mehr trotzig und unwillig als ungeschickt, benahm sich nicht zum besten, raufte Wilhelmen und schien so bald nicht fertig werden zu wollen. Philine verwies ihm einigemal seine Unart, stieß ihn endlich ungeduldig hinweg und jagte ihn zur Türe hinaus. Nun übernahm sie selbst die Bemühung und kräuselte die Haare unsers Freundes mit großer Leichtigkeit und Zierlichkeit, ob sie gleich auch nicht zu eilen schien und bald dieses, bald jenes an ihrer Arbeit auszusetzen hatte, indem sie nicht vermeiden konnte, mit ihren Knien die seinigen zu berühren und Strauß und Busen so nahe an seine Lippen zu bringen, daß er mehr als einmal in Versuchung gesetzt ward, einen Kuß darauf zu drücken.

Als Wilhelm mit einem kleinen Pudermesser seine Stirne gereinigt hatte, sagte sie zu ihm: „Stecken Sie es ein und gedenken Sie meiner dabei." Es war ein artiges Messer; der Griff von eingelegtem Stahl zeigte die freundlichen Worte: „G e d e n k e m e i n." Wilhelm steckte es zu sich, dankte ihr und bat um die Erlaubnis, ihr ein kleines Gegengeschenk machen zu dürfen.

Nun war man fertig geworden. Laertes hatte die Kutsche gebracht, und nun begann eine sehr lustige Fahrt. Philine warf jedem Armen, der sie anbettelte, etwas zum Schlage hinaus, indem sie ihm zugleich ein muntres und freundliches Wort zurief.

Drollig bis zur Ausgelassenheit, setzte sie ihre Freigebigkeit gegen die Armen auf dem Heimwege fort, indem sie zuletzt, da ihr und ihren Reisegefährten das Geld ausging, einem Mädchen ihren Strohhut und einem alten Weibe ihr Halstuch zum Schlage hinauswarf.

Philine lud beide Begleiter zu sich in ihre Wohnung, weil man, wie sie sagte, aus ihren Fenstern das öffentliche Schauspiel besser als im andern Wirtshause sehen könne.

Als sie ankamen, fanden sie das Gerüst aufgeschlagen und den Hintergrund mit aufgehängten Teppichen geziert. Die Schwungbretter waren schon gelegt, das Schlappseil an die Pfosten befestigt, und das straffe Seil über die Böcke gezogen. Der Platz war ziemlich mit Volk gefüllt und die Fenster mit Zuschauern einiger Art besetzt.

Pagliasso bereitete erst die Versammlung mit einigen Albernheiten, worüber die Zuschauer immer zu lachen pflegen, zur Aufmerksamkeit und guten Laune vor. Einige Kinder, deren Körper die seltsamsten Verrenkungen darstellten, erregten bald Verwunderung, bald Grausen, und Wilhelm konnte sich des tiefen Mitleidens nicht enthalten, als er das Kind, an dem er beim ersten Anblicke teilgenommen, mit einiger Mühe die sonderbaren Stellungen hervorbringen sah. Doch bald erregten die lustigen Springer ein lebhaftes Vergnügen, wenn sie erst einzeln, dann hintereinander und zuletzt alle zusammen sich vorwärts und rückwärts in der Luft überschlugen. Ein lautes Händeklatschen und Jauchzen erscholl aus der ganzen Versammlung.

Nun aber ward die Aufmerksamkeit auf einen ganz andern Gegenstand gewendet. Die Kinder, eins nach dem andern, mußten das Seil betreten, und zwar die Lehrlinge zuerst, damit sie durch ihre Übungen das Schauspiel verlängerten und die Schwierigkeit der Kunst ins Licht setzten. Es zeigten sich auch einige Männer und erwachsene Frauenspersonen mit ziemlicher Geschicklichkeit; allein es war noch nicht Monsieur Narziß, noch nicht Demoiselle Landrinette.

Endlich traten auch diese aus einer Art von Zelt, hinter aufgespannten roten Vorhängen hervor und erfüllten durch ihre angenehme Gestalt und zierlichen Putz die bisher glücklich genährte Hoffnung der Zuschauer. E r ein munteres Bürschchen von mittlerer Größe, schwarzen Augen und einem schwarzen Haarzopf, s i e nicht minder wohl und kräftig gebildet; beide zeigten sich nacheinander auf dem Seile mit leichten Bewegungen, Sprüngen und seltsamen Positionen. Ihre Leichtigkeit, seine Verwegenheit, die Genauigkeit, womit beide ihre Kunststücke ausführten, erhöhten mit jedem Schritt und Sprung das allgemeine Vergnügen. Der Anstand, womit sie sich betrugen, die anscheinenden Bemühungen der andern um sie gaben ihnen das Ansehn, als wenn sie Herr und Meister der ganzen Truppe wären, und jedermann hielt sie des Ranges wert.

Die Begeisterung des Volks teilte sich den Zuschauern an den Fenstern mit, die Damen sahen unverwandt nach Narzissen, die Herren nach Landrinetten. Das Volk jauchzte, und das feinere Publikum enthielt sich nicht des Klatschens; kaum daß man noch über Pagliassen lachte. Wenige nur schlichen sich weg, als einige von der Truppe, um Geld zu sammeln, sich mit zinnernen Tellern durch die Menge drängten.

„Sie haben ihre Sache, dünkt mich, gut gemacht", sagte Wilhelm zu Philinen, die bei ihm am Fenster lag; „ich bewundere ihren Verstand, womit sie auch geringe Kunststückchen, nach und nach und zur rechten Zeit angebracht, gelten zu machen wußten, und wie sie aus der Ungeschicklichkeit ihrer Kinder und aus der Virtuosität ihrer Besten ein Ganzes zusammen arbeiteten, das erst unsre Aufmerksamkeit erregte und dann uns auf das angenehmste unterhielt."

Das Volk hatte sich nach und nach verlaufen, und der Platz war leer geworden, indes Philine und Laertes über die Gestalt und die Geschicklichkeit Narzissens und Landrinettens in Streit gerieten und sich wechselweise neckten. Wilhelm sah das wunderbare Kind auf der Straße bei andern spielenden Kindern stehen, machte Philinen darauf aufmerksam, die sogleich, nach ihrer lebhaften Art, dem Kinde rief und winkte und, da es nicht kommen wollte, singend die Treppe hinunterklapperte und es heraufführte.

„Hier ist das Rätsel", rief sie, als sie das Kind zur Türe hereinzog. Es blieb am Eingange stehen, eben als wenn es gleich wieder hinausschlüpfen wollte, legte die rechte Hand vor die Brust, die linke vor die Stirn und bückte sich tief. „Fürchte dich nicht, liebe Kleine", sagte Wilhelm, indem er auf sie losging. Sie sah ihn mit unsicherm Blick an und trat einige Schritte näher.

„Wie nennst du dich?" fragte er. – „Sie heißen mich Mignon." – „Wieviel Jahre hast du?" – „Es hat sie niemand gezählt." – „Wer war dein Vater?" „Der große Teufel ist tot."

„Nun, das ist wunderlich genug!" rief Philine aus. Man fragte sie noch einiges; sie brachte ihre Antworten in einem gebrochnen Deutsch und mit einer sonderbar feierlichen Art vor; dabei legte sie jedesmal die Hände an Brust und Haupt und neigte sich tief.

Wilhelm konnte sie nicht genug ansehen. Seine Augen und sein Herz wurden unwiderstehlich von dem geheimnisvollen Zustande dieses Wesens angezogen. Er schätzte sie zwölf bis dreizehn Jahre; ihr Körper war gut gebaut, nur daß ihre Glieder einen stärkern Wuchs versprachen oder einen zurückgehaltenen ankündigten. Ihre Bildung war nicht regelmäßig, aber auffallend; ihre Stirne geheimnisvoll, ihre Nase außerordentlich schön, und der Mund, ob er schon für ihr Alter zu geschlossen schien und sie manchmal mit den Lippen nach einer Seite zuckte, noch immer treuherzig und reizend genug. Ihre bräunliche Gesichtsfarbe konnte man durch die Schminke kaum erkennen. Diese Gestalt prägte sich Wilhelmen sehr tief ein; er sah sie noch immer an, schwieg und vergaß der Gegenwärtigen über seinen Betrachtungen. Philine weckte ihn aus seinem Halbtraume, indem sie dem Kinde etwas übriggebliebenes Zuckerwerk reichte und ihm ein Zeichen gab, sich zu entfernen. Es machte seinen Bückling, wie oben, und fuhr blitzschnell zur Türe hinaus.

Als die Zeit nunmehr herbeikam, daß unsre neuen Bekannten sich für diesen Abend trennen sollten, redeten sie vorher noch eine Spazierfahrt auf den morgenden Tag ab. Sie wollten abermals an einem andern Orte, an einem benachbarten Jägerhause, ihr Mittagsmahl einnehmen. Wilhelm sprach diesen Abend noch manches zu Philinens Lobe, worauf Laertes nur kurz und leichtsinnig antwortete.

Den andern Morgen, als sie sich abermals eine Stunde im Fechten geübt hatten, gingen sie nach Philinens Gasthofe, vor welchem sie die bestellte Kutsche schon hatten anfahren sehen. Aber wie verwundert war Wilhelm, als die Kutsche verschwunden, und wie noch mehr, als Philine nicht zu Hause anzutreffen war. Sie hatte sich, so erzählte man, mit ein paar Fremden, die diesen Morgen angekommen waren, in den Wagen gesetzt und war mit ihnen davongefahren. Unser Freund, der sich in ihrer Gesellschaft eine angenehme Unterhaltung versprochen hatte, konnte seinen Verdruß nicht verbergen. Dagegen lachte Laertes und rief: „So gefällt sie mir! Das sieht ihr ganz ähnlich! Lassen Sie uns nur gerade nach dem Jagdhause gehen; sie mag sein, wo sie will, wir wollen ihretwegen unsere Promenade nicht versäumen."

Als Wilhelm unterwegs diese Inkonsequenz des Betragens zu tadeln fortfuhr, sagte Laertes: „Ich kann nicht inkonsequent finden, wenn jemand seinem Charakter treu bleibt. Wenn sie sich etwas vornimmt oder jemandem etwas verspricht, so geschieht es nur unter der stillschweigenden Bedingung, daß es ihr auch bequem sein werde, den Vorsatz auszuführen oder ihr Versprechen zu halten. Sie verschenkt gern, aber man muß immer bereit sein, ihr das Geschenkte wiederzugeben."

„Dies ist ein seltsamer Charakter", versetzte Wilhelm.

„Nichts weniger als seltsam, nur daß sie keine Heuchlerin ist. Ich liebe sie deswegen, ja, ich bin ihr Freund, weil sie mir das Geschlecht so rein darstellt, das ich zu hassen soviel Ursache habe. Sie ist mir die wahre Eva, die Stammmutter des weiblichen Geschlechts; so sind alle, nur wollen sie es nicht Wort haben."

Unter mancherlei Gesprächen, in welchen Laertes seinen Haß gegen das weibliche Geschlecht sehr lebhaft ausdrückte, ohne jedoch die Ursache davon anzugeben, waren sie in den Wald gekommen, in welchen Wilhelm sehr verstimmt eintrat, weil die Äußerungen des Laertes ihm die Erinnerung an sein Verhältnis zu Marianen wieder lebendig gemacht hatten. Sie fanden nicht weit von einer beschatteten Quelle, unter herrlichen alten Bäumen, Philinen allein an einem steinernen Tische sitzen. Sie sang ihnen ein lustiges Liedchen entgegen, und als Laertes nach ihrer Gesellschaft fragte, rief sie aus: „Ich habe sie schön angeführt; ich habe sie zum besten gehabt, wie sie es verdienten. Schon unterwegs setzte ich ihre Freigebigkeit auf die Probe, und da ich bemerkte, daß sie von den kargen Näschern waren, nahm ich mir gleich vor, sie zu bestrafen. Nach unsrer Ankunft fragten sie den Kellner, was zu haben sei, der mit der gewöhnlichen Geläufigkeit seiner Zunge alles, was da war, und mehr als da war, herzerzählte. Ich sah ihre Verlegenheit, sie blickten einander an, stotterten und fragten nach dem Preise. ‚Was bedenken Sie sich lange', rief ich aus, ‚die Tafel ist das Geschäft eines Frauenzimmers, lassen Sie mich dafür sorgen!' Ich fing darauf an, ein unsinniges Mittagmahl zu bestellen, wozu noch manches durch Boten aus der Nachbarschaft geholt werden sollte. Der Kellner, den ich durch ein paar schiefe Mäuler zum Vertrauten gemacht hatte, half mir endlich, und so haben wir sie durch die Vorstellung eines herrlichen Gastmahls dergestalt geängstigt, daß sie sich kurz und gut zu einem Spaziergange in den Wald entschlossen, von dem sie wohl schwerlich zurückkommen werden. Ich habe eine Viertelstunde auf meine eigene Hand gelacht und werde lachen, so oft ich an die Gesichter denke." –

Bei Tische erinnerte sich Laertes ähnliche Fälle; sie kamen in den Gang, lustige Geschichten, Mißverständnisse und Prellereien zu erzählen.

Ein junger Mann von ihrer Bekanntschaft aus der Stadt kam mit einem Buche durch den Wald geschlichen, setzte sich zu ihnen und rühmte den schönen Platz. Er machte sie auf das Rieseln der Quelle, auf die Bewegung der Zweige, auf die einfallenden Lichter und auf den Gesang der Vögel aufmerksam. Philine sang ein Liedchen vom Kuckuck, welches dem Ankömmling nicht zu behagen schien; er empfahl sich bald.

„Wenn ich nur nichts mehr von Natur und Naturszenen hören sollte", rief Philine aus, als er weg war; „es ist nichts unerträglicher, als sich das Vergnügen vorrechnen zu lassen, das man genießt. Wenn schön Wetter ist, geht man spazieren, wie man tanzt, wenn aufgespielt wird. Wer mag aber nur einen Augenblick an die Musik, wer ans schöne Wetter denken? Der Tänzer interessiert uns, nicht die Violine, und in ein Paar schöne schwarze Augen zu sehen,

tut einem Paar blauen Augen gar zu wohl. Was sollen dagegen Quellen und Brunnen und alte morsche Linden!"
Sie sah, indem sie so sprach, Wilhelmen, der ihr gegenüber saß, mit einem Blick in die Augen, dem er nicht wehren konnte, wenigstens bis an die Türe seines Herzens vorzudringen.

„Sie haben recht", versetzte er mit einiger Verlegenheit, *„der Mensch ist dem Menschen das Interessanteste und sollte ihn vielleicht ganz allein interessieren. Alles andere, was uns umgibt, ist entweder nur Element, in dem wir leben, oder Werkzeug, dessen wir uns bedienen. Je mehr wir uns dabei aufhalten, je mehr wir darauf merken und teil daran nehmen, desto schwächer wird das Gefühl unsers eignen Wertes und das Gefühl der Gesellschaft. Die Menschen, die einen großen Wert auf Gärten, Gebäude, Kleider, Schmuck oder irgendein Besitztum legen, sind weniger gesellig und gefällig; sie verlieren die Menschen aus den Augen, welche zu erfreuen und zu versammeln, nur sehr wenigen glückt.* Sehn wir es nicht auch auf dem Theater? Ein guter Schauspieler macht uns bald eine elende, unschickliche Dekoration vergessen, dahingegen das schönste Theater den Mangel an guten Schauspielern erst recht fühlbar macht."

Nach Tische setzte Philine sich in das beschattete hohe Gras. Ihre beiden Freunde mußten ihr Blumen in Menge herbeischaffen. Sie wand sich einen vollen Kranz und setzte ihn auf; sie sah unglaublich reizend aus. Die Blumen reichten noch zu einem andern hin; auch den flocht sie, indem sich beide Männer neben sie setzten. Als er unter allerlei Scherz und Anspielungen fertig geworden war, drückte sie ihn Wilhelmen mit der größten Anmut aufs Haupt und rückte ihn mehr als einmal anders, bis er recht zu sitzen schien. „Und ich werde, wie es scheint, leer ausgehen", sagte Laertes.

„Mitnichten", versetzte Philine. „Ihr sollt Euch keineswegs beklagen." Sie nahm i h r e n Kranz vom Haupte, und setzte ihn Laertes auf.

„Wären wir Nebenbuhler", sagte dieser, „so würden wir sehr heftig streiten können, welchen von beiden du am meisten begünstigst."

„Da wärt ihr rechte Toren", versetzte sie, indem sie sich zu ihm hinüberbog und ihm den Mund zum Kuß reichte, sich aber sogleich umwendete, ihren Arm um Wilhelmen schlang und einen lebhaften Kuß auf seine Lippen drückte. „Welcher schmeckt am besten?" fragte sie neckisch.

„Wunderlich!" rief Laertes. „Es scheint, als wenn so etwas niemals ohne Wermut schmecken könne."

„So wenig", sagte Philine, „als irgendeine Gabe, die jemand ohne Neid und Eigensinn genießt. Nun hätte ich", rief sie aus, „noch Lust, eine Stunde zu tanzen, und dann müssen wir wohl wieder nach unsern Springern sehen."

Man ging nach dem Hause und fand Musik daselbst. Philine, die eine gute Tänzerin war, belebte ihre beiden Gesellschafter. Wilhelm war nicht ungeschickt, allein es fehlte ihm an einer künstlichen Übung. Seine beiden Freunde nahmen sich vor, ihn zu unterrichten.

Man verspätete sich. Die Seiltänzer hatten ihre Künste schon zu produzieren angefangen. Auf dem Platze hatten sich viele Zuschauer eingefunden, doch war unsern Freunden, als sie ausstiegen, ein Getümmel merkwürdig, das eine große Anzahl Menschen nach dem Tore des Gasthofes, in welchem Wilhelm eingekehrt war, hingezogen hatte. Wilhelm sprang hinüber, um zu sehen, was es sei, und mit Entsetzen erblickte er, als er sich durchs Volk drängte, den Herrn der Seiltänzergesellschaft, der das interessante Kind bei den Haaren aus dem Hause zu schleppen bemüht war und mit einem Peitschenstiel unbarmherzig auf den kleinen Körper losschlug.

Wilhelm fuhr wie ein Blitz auf den Mann zu und faßte ihn bei der Brust. „Laß das Kind los!" schrie er wie ein Rasender, „oder einer von uns bleibt hier auf der Stelle." Er faßte zugleich den Kerl mit einer Gewalt, die nur der Zorn geben kann, bei der Kehle, daß dieser zu ersticken glaubte, das Kind losließ und sich gegen den Angreifenden zu verteidigen suchte. Einige Leute, die mit dem Kinde Mitleiden fühlten, aber Streit anzufangen nicht gewagt hatten, fielen dem Seiltänzer sogleich in die Arme, entwaffneten ihn und drohten ihm mit vielen Schimpfreden. Dieser, der sich jetzt nur auf die Waffen seines Mundes reduziert sah, fing gräßlich zu drohen und zu fluchen an: die faule, unnütze Kreatur wolle ihre Schuldigkeit nicht tun; sie verweigere, den Eiertanz zu tanzen, den er dem Publiko versprochen habe; er wolle sie totschlagen, und es solle ihn niemand daran hindern. Er suchte sich loszumachen, um das Kind, das sich unter die Menge verkrochen hatte, aufzusuchen. Wilhelm hielt ihn zurück und rief: „Du sollst nicht eher dieses Geschöpf weder sehen noch berühren, bis du vor Gericht Rechenschaft gibst, wo du es gestohlen hast; ich werde dich aufs äußerste treiben; du sollst mir nicht entgehen." Diese Rede, welche Wilhelm in der Hitze, ohne Gedanken und Absicht, aus einem dunklen Gefühl oder, wenn man will, aus Inspiration ausgesprochen hatte, brachte den wütenden Menschen auf einmal zur Ruhe. Er rief: „Was hab ich mit der unnützen Kreatur zu schaffen! Zahlen Sie mir, was mich ihre Kleider kosten, und Sie mögen sie behalten; wir wollen diesen Abend noch einig werden." Er eilte darauf, die unterbrochene Vorstellung fortzusetzen und die Unruhe des Publikums durch einige bedeutende Kunststücke zu befriedigen.

Wilhelm suchte nunmehr, da es stille geworden war, nach dem Kinde, das sich aber nirgends fand. Einige wollten es auf dem Boden, andere auf den Dächern der benachbarten Häuser gesehen haben. Nachdem man es allerorten gesucht hatte, mußte man sich beruhigen und abwarten, ob es nicht von selbst wieder herbeikommen wolle.

Nun ging die Unterhandlung mit dem Entrepreneur wegen des Kindes an, das unserm Freunde für dreißig Taler überlassen wurde, gegen welche der schwarzbärtige heftige Italiener seine Ansprüche völlig abtrat; von der Herkunft des Kindes aber weiter nicht bekennen wollte, als daß er solches nach dem Tode seines Bruders, den man wegen seiner außerordentlichen Geschicklichkeit den großen Teufel genannt, zu sich genommen habe.

Der andere Morgen ging meist mit Aufsuchen des Kindes hin. Vergebens durchkroch man alle Winkel des Hauses und der Nachbarschaft; es war verschwunden, und man fürchtete, es möchte in ein Wasser gesprungen sein oder sich sonst ein Leids angetan haben.

Des andern Tages, als die Seiltänzer mit großem Geräusch abgezogen waren, fand sich Mignon sogleich wieder ein und trat hinzu, als Wilhelm und Laertes ihre Fechtübungen in dem Saale fortsetzten. „Wo hast du gesteckt?" fragte Wilhelm freundlich: „du hast uns viel Sorge gemacht." Das Kind antwortete nichts und sah ihn an. „Du bist nun unser", rief Laertes, „wir haben dich gekauft." – „Was hast du bezahlt?" fragte das Kind ganz trocken. – „Hundert Dukaten", versetzte Laertes; „wenn du sie wiedergibst, kannst du frei sein." – „Das ist wohl viel?" fragte das Kind – „O ja, du magst dich nur gut aufführen." – „Ich will dienen", versetzte sie.

Von dem Augenblicke an merkte sie genau, was der Kellner den beiden Freunden für Dienste zu leisten hatte, und litt schon des andern Tages nicht mehr, daß er ins Zimmer kam. Sie wollte alles selbst tun und machte auch ihre Geschäfte, zwar langsam und mitunter unbehilflich, doch genau und mit großer Sorgfalt.

Sie stellte sich oft an ein Gefäß mit Wasser und wusch ihr Gesicht mit so großer Emsigkeit und Heftigkeit, daß sie sich fast die Backen aufrieb, bis Laertes durch Fragen und Necken erfuhr, daß sie die Schminke von ihren Wangen auf alle Fälle loszuwerden suche und über dem Eifer, womit sie es tat, die Röte, die sie durchs Reiben hervorgebracht hatte, für die hartnäckigste Schminke halte. Man bedeutete sie, und sie ließ ab, und nachdem sie wieder zur Ruhe gekommen war, zeigte sich eine schöne braune, obgleich nur von wenigem Rot erhöhte Gesichtsfarbe.

Durch die frevelhaften Reize Philinens, durch die geheimnisvolle Gegenwart des Kindes mehr, als er sich selbst gestehen durfte, unterhalten, brachte Wilhelm verschiedene Tage in dieser sonderbaren Gesellschaft zu und rechtfertigte sich bei sich selbst durch eine fleißige Übung in der Fecht- und Tanzkunst, wozu er so leicht nicht wieder Gelegenheit zu finden glaubte.

Nicht weniger verwundert und gewissermaßen erfreut war er, als er eines Tages Herrn und Frau Melina ankommen sah, welche, gleich nach dem ersten frohen Gruße, sich nach der Direktrice und den übrigen Schauspielern erkundigten und mit großem Schrecken vernahmen, daß jene sich schon lange entfernt habe und diese bis auf wenige zerstreut seien.

Das junge Paar hatte sich nach ihrer Verbindung, zu der, wie wir wissen, Wilhelm behilflich gewesen, an einigen Orten nach Engagement umgesehen, keines gefunden und war endlich in dieses Städtchen gewiesen worden, wo einige Personen, die ihnen unterwegs begegneten, ein gutes Theater gesehen haben wollten.

Philinen wollte Madame Melina, und Herr Melina dem lebhaften Laertes, als sie Bekanntschaft machten, keineswegs gefallen. Sie wünschten die neuen Ankömmlinge gleich wieder los zu sein, und Wilhelm konnte ihnen keine günstigen Gesinnungen beibringen, ob er ihnen gleich wiederholt versicherte, daß es recht gute Leute seien. Eigentlich war auch das bisherige lustige Leben unsrer drei Abenteurer durch die Erweiterung der Gesellschaft auf mehr als eine Weise gestört; denn Melina fing im Wirtshause (er hatte in ebendemselben, in welchem Philine wohnte, Platz gefunden) gleich zu markten und zu quengeln an. Er wollte für weniges Geld besseres Quartier, reichlichere Mahlzeit und promptere Bedienung haben. In kurzer Zeit machten Wirt und Kellner verdrießliche Gesichter, und wenn die andern, um froh zu leben, sich alles gefallen ließen und nur geschwind bezahlten, um nicht länger an das zu denken, was schon verzehrt war, so mußte die Mahlzeit, die Melina regelmäßig sogleich berichtigte, jederzeit von vorn wieder durchgenommen werden, so daß Philine ihn ohne Umstände ein wiederkäuendes Tier nannte.

Noch verhaßter war Madame Melina dem lustigen Mädchen. Diese junge Frau war nicht ohne Bildung, doch fehlte es ihr gänzlich an Geist und Seele. Sie deklamierte nicht übel, und wollte immer deklamieren; allein man merkte bald, daß es nur eine Wortdeklamation war, die auf einzelnen Stellen lastete und die Empfindung des Ganzen nicht ausdrückte. Bei diesem allen war sie nicht leicht jemandem, besonders Männern, unangenehm. Vielmehr schrieben ihr diejenigen, die mit ihr umgingen, gewöhnlich einen schönen Verstand zu: denn sie war, was ich mit e i n e m Worte eine A n e m p f i n d e r i n nennen möchte; sie wußte einem Freunde, um dessen Achtung ihr zu tun war, mit einer besondern Aufmerksamkeit zu schmeicheln, in seine Ideen so lange als möglich einzugehen; sobald sie aber ganz über ihren Horizont waren, mit Ekstase eine solche neue Erscheinung aufzunehmen. Sie verstand zu sprechen und zu schweigen und, ob sie gleich kein tückisches Gemüt hatte, mit großer Vorsicht aufzupassen, wo des andern schwache Stelle sein möchte.

Melina hatte sich indessen nach den Trümmern der vorigen Direktion genau erkundigt. Sowohl Dekorationen als Garderobe waren an einige Handelsleute versetzt, und ein Notarius hatte den Auftrag von der Direktrice erhalten, unter gewissen Bedingungen, wenn sich Liebhaber fänden, in den Verkauf aus freier Hand zu willigen. Melina wollte die Sachen besehen und zog Wilhelmen mit sich. Er suchte Philinen und Laertes zu interessieren, und man tat Wilhelmen Vorschläge, Geld herzuschießen und Sicherheit dagegen anzunehmen. Diesem fiel aber erst bei dieser Gelegenheit recht auf, daß er so lange nicht hätte verweilen sollen; er entschuldigte sich und wollte Anstalten machen, seine Reise fortzusetzen.

Indessen war ihm Mignons Gestalt und Wesen immer reizender geworden. In all seinem Tun und Lassen hatte das Kind etwas Sonderbares. Es ging die Treppe weder auf noch ab, sondern sprang; es stieg auf den Geländern der Gänge weg, und eh man sich's versah, saß es oben auf dem

Schranke und blieb eine Weile ruhig. Auch hatte Wilhelm bemerkt, daß es für jeden eine besondere Art von Gruß hatte. Ihn grüßte sie, seit einiger Zeit, mit über die Brust geschlagenen Armen. Manche Tage war sie ganz stumm, zuzeiten antwortete sie mehr auf verschiedene Fragen, immer sonderbar, doch so, daß man nicht unterscheiden konnte, ob es Witz oder Unkenntnis der Sprache war, indem sie ein gebrochnes mit Französisch und Italienisch durchflochtenes Deutsch sprach. In seinem Dienste war das Kind unermüdet und früh mit der Sonne auf; es verlor sich dagegen abends zeitig, schlief in einer Kammer auf der nackten Erde und war durch nichts zu bewegen, ein Bette oder einen Strohsack anzunehmen. Er fand sie oft, daß sie sich wusch. Auch ihre Kleider waren reinlich, obgleich alles fast doppelt und dreifach an ihr geflickt war. Man sagte Wilhelmen auch, daß sie alle Morgen ganz früh in die Messe gehe, wohin er ihr einmal folgte und sie in der Ecke der Kirche mit dem Rosenkranze knien und andächtig beten sah. Sie bemerkte ihn nicht; er ging nach Hause, machte sich vielerlei Gedanken über diese Gestalt und konnte sich bei ihr nichts Bestimmtes denken.

Neues Andringen Melinas um eine Summe Geldes, zur Auslösung der mehrerwähnten Theatergerätschaften, bestimmte Wilhelmen noch mehr, an seine Abreise zu denken. Er wollte den Seinigen, die lange nichts von ihm gehört hatten, noch mit dem heutigen Posttage schreiben; er fing auch wirklich einen Brief an Wernern an und war mit Erzählung seiner Abenteuer, wobei er, ohne es selbst zu bedenken, sich mehrmal von der Wahrheit entfernt hatte, schon ziemlich weit gekommen, als er zu seinem Verdruß auf der hintern Seite des Briefblatts schon einige Verse geschrieben fand, die er für Madame Melina aus seiner Schreibtafel zu kopieren angefangen hatte. Unwillig zerriß er das Blatt und verschob die Wiederholung seines Bekenntnisses auf den nächsten Posttag.

Unsre Gesellschaft befand sich abermals beisammen, und Philine, die auf jedes Pferd, das vorbeikam, auf jeden Wagen, der anfuhr, äußerst aufmerksam war, rief mit großer Lebhaftigkeit: „Unser Pedant! Da kommt unser allerliebster Pedant! Wen mag er bei sich haben?" Sie rief und winkte zum Fenster hinaus, und der Wagen hielt stille.

Ein kümmerlich armer Teufel, den man an seinem verschabten, graulich-braunen Rocke und an seinen übelkonditionierten Unterkleidern für einen Magister, wie sie auf Akademien zu vermodern pflegen, hätte halten sollen, stieg aus dem Wagen und entblößte, indem er Philinen zu grüßen den Hut abtat, eine übelgepuderte, aber übrigens sehr steife Perücke, und Philine warf ihm hundert Kußhände zu.

Sowie sie ihre Glückseligkeit fand, einen Teil der Männer zu lieben und ihre Liebe zu genießen, so war das Vergnügen nicht viel geringer, das sie sich so oft als möglich gab, die übrigen, die sie eben in diesem Augenblicke nicht liebte, auf eine sehr leichtfertige Weise zum besten zu haben.

Über den Lärm, womit sie diesen alten Freund empfing, vergaß man, auf die übrigen zu achten, die ihm nachfolgten. Doch glaubte Wilhelm, die zwei Frauenzimmer und einen ältlichen Mann, der mit ihnen hereintrat, zu kennen. Auch entdeckte sich's bald, daß er sie alle drei vor einigen Jahren bei der Gesellschaft, die in seiner Vaterstadt spielte, mehrmals gesehen hatte.

Wilhelm geriet in große Bewegung, sobald er ihn erkannte, denn er erinnerte sich, wie oft er diesen Mann neben seiner geliebten Mariane auf dem Theater gesehen hatte; er hörte ihn noch schelten, er hörte ihre schmeichelnde Stimme, mit der sie seinem rauhen Wesen in manchen Rollen zu begegnen hatte.

Die erste lebhafte Frage an die neuen Ankömmlinge, ob ein Unterkommen auswärts zu finden und zu hoffen sei, ward leider mit Nein beantwortet, und man mußte vernehmen, daß die Gesellschaften, bei denen man sich erkundigt, besetzt und einige davon sogar in Sorgen seien, wegen des bevorstehenden Krieges auseinandergehen zu müssen. Der polternde Alte hatte mit seinen Töchtern aus Verdruß und Liebe zur Abwechslung ein vorteilhaftes Engagement aufgegeben, hatte mit dem Pedanten, den er unterwegs antraf, einen Wagen gemietet, um hierherzukommen, wo denn auch, wie sie fanden, guter Rat teuer war.

Die Zeit, in welcher sich die übrigen über ihre Angelegenheiten sehr lebhaft unterhielten, brachte Wilhelm nachdenklich zu. Er wünschte, den Alten allein zu sprechen, wünschte und fürchtete, von Marianen zu hören, und befand sich in der größten Unruhe.

Die Artigkeiten der neuangekommenen Frauenzimmer konnten ihn nicht aus seinem Traume reißen; aber ein Wortwechsel, der sich erhub, machte ihn aufmerksam. Es war Friedrich, der blonde Knabe, der Philinen aufzuwarten pflegte, sich aber diesmal lebhaft widersetzte, als er den Tisch decken und Essen herbeischaffen sollte. „Ich habe mich verpflichtet", rief er aus, „Ihnen zu dienen, aber nicht allen Menschen aufzuwarten." Sie gerieten darüber in einen heftigen Streit. Philine bestand darauf, er habe seine Schuldigkeit zu tun, und als er sich hartnäckig widersetzte, sagte sie ihm ohne Umstände, er könnte gehn, wohin er wolle.

„Glauben Sie etwa, daß ich mich nicht von Ihnen entfernen könne?" rief er aus, ging trotzig weg, machte seinen Bündel zusammen und eilte sogleich zum Hause hinaus. „Geh, Mignon", sagte Philine, „und schaff uns, was wir brauchen; sag es dem Kellner und hilf aufwarten!"

Mignon trat vor Wilhelm hin und fragte in ihrer lakonischen Art: „Soll ich?, darf ich?" Und Wilhelm versetzte: „Tu, mein Kind, was Mademoiselle dir sagt."

Das Kind besorgte alles und wartete den ganzen Abend mit großer Sorgfalt den Gästen auf. Nach Tische suchte Wilhelm mit dem Alten einen Spaziergang allein zu machen: es gelang ihm, und nach mancherlei Fragen, wie es ihm bisher gegangen, wendete sich das Gespräch auf die ehemalige Gesellschaft, und Wilhelm wagte zuletzt, nach Marianen zu fragen.

„Sagen Sie mir nichts von dem abscheulichen Geschöpf!"

rief der Alte; „ich habe verschworen, nicht mehr an sie zu denken." Wilhelm erschrak über diese Äußerung, war aber noch in größerer Verlegenheit, als der Alte fortfuhr, auf ihre Leichtigkeit und Liederlichkeit zu schmälen. Wie gern hätte unser Freund das Gespräch abgebrochen; allein er mußte nun einmal die polternden Ergießungen des wunderlichen Mannes aushalten.

„Ich schäme mich", fuhr dieser fort, „daß ich ihr so geneigt war. Doch hätten Sie das Mädchen näher gekannt, Sie würden mich gewiß entschuldigen. Sie war so artig, natürlich und gut, so gefällig und in jedem Sinne leidlich. Nie hätt ich mir vorgestellt, daß Frechheit und Undank die Hauptzüge ihres Charakters sein sollten.

Ich habe wenig zu sagen", versetzte der Alte, indem er wieder in seinen ernstlichen, verdrießlichen Ton überging; „ich werde es ihr nie vergeben, was ich um sie geduldet habe. Sie hatte", fuhr er fort, „immer ein gewisses Zutrauen zu mir; ich liebte sie wie meine Tochter und hatte, da meine Frau noch lebte, den Entschluß gefaßt, sie zu mir zu nehmen und sie aus den Händen der Alten zu retten, von deren Anleitung ich mir nicht viel Gutes versprach. Meine Frau starb, das Projekt zerschlug sich.

Gegen das Ende des Aufenthaltes in Ihrer Vaterstadt, es sind nicht gar drei Jahre, merkte ich ihr eine sichtbare Traurigkeit an; ich fragte sie; aber sie wich aus. Endlich machten wir uns auf die Reise. Sie fuhr mit mir in e i n e m Wagen, und ich bemerkte, was sie mir auch bald gestand, daß sie guter Hoffnung sei und in der größten Furcht schwebe, von unserm Direktor verstoßen zu werden. Auch dauerte es nur kurze Zeit, so machte er die Entdeckung, kündigte ihr den Kontrakt, der ohnedies nur auf sechs Wochen stand, sogleich auf, zahlte, was sie zu fordern hatte, und ließ sie, aller Vorstellungen ungeachtet, in einem kleinen Städtchen, in einem schlechten Wirtshause zurück.

Der Henker hole alle liederlichen Dirnen!" rief der Alte mit Verdruß, „und besonders diese, die mir so manche Stunde meines Lebens verdorben hat. Was soll ich lange erzählen, wie ich mich ihrer angenommen, was ich für sie getan, was ich an sie gehängt, wie ich auch in der Abwesenheit für sie gesorgt habe. Ich wollte lieber mein Geld in den Teich werfen und meine Zeit hinbringen, räudige Hunde zu erziehen, als nur jemals wieder auf so ein Geschöpf die mindeste Aufmerksamkeit wenden. Was war's? Im Anfang erhielt ich Danksagungsbriefe, Nachricht von einigen Orten ihres Aufenthalts, und zuletzt kein Wort mehr, nicht einmal Dank für das Geld, das ich ihr zu ihren Wochen geschickt hatte. Oh, die Verstellung und der Leichtsinn der Weiber ist so recht zusammengepaart, um ihnen ein bequemes Leben, und einem ehrlichen Kerl manche verdrießliche Stunde zu schaffen!"

Man denke sich Wilhelms Zustand, als er von dieser Unterredung nach Hause kam. Alle seine alten Wunden waren wieder aufgerissen, und das Gefühl, daß sie seiner Liebe nicht ganz unwürdig gewesen, wieder lebhaft geworden; denn in dem Interesse des Alten, in dem Lobe, das er ihr wider Willen geben mußte, war unserem Freunde ihre ganze Liebenswürdigkeit wieder erschienen; ja selbst die heftige Anklage des leidenschaftlichen Mannes enthielt nichts, was sie vor Wilhelms Augen herabsetzen hätte können. Denn dieser bekannte sich selbst als Mitschuldigen ihrer Vergehungen, und ihr Schweigen zuletzt schien ihm nicht tadelhaft; er machte sich vielmehr nur traurige Gedanken darüber, sah sie als Wöchnerin, als Mutter in der Welt ohne Hilfe herumirren, wahrscheinlich mit seinem eigenen Kinde herumirren; Vorstellungen, welche das schmerzlichste Gefühl in ihm erregten.

Nach einer unruhigen Nacht, die unser Freund teils wachend, teils von schweren Träumen geängstigt zubrachte, in denen er Marianen bald in aller Schönheit, bald in kümmerlicher Gestalt, jetzt mit einem Kinde auf dem Arm, bald desselben beraubt sah, war der Morgen kaum angebrochen, als Mignon schon mit einem Schneider hereintrat. Sie brachte graues Tuch und blauen Taffet und erklärte nach ihrer Art, daß sie ein neues Westchen und Schifferhosen, wie sie solche an den Knaben in der Stadt gesehen, mit blauen Aufschlägen und Bändern haben wolle.

Wilhelm hatte seit dem Verlust Marianens alle muntern Farben abgelegt. Er hatte sich an das Grau, an die Kleidung der Schatten, gewöhnt, und nur etwa ein himmelblaues Futter oder ein kleiner Kragen von dieser Farbe belebte einigermaßen jene stille Kleidung. Mignon, begierig, seine Farbe zu tragen, trieb den Schneider, der in kurzem die Arbeit zu liefern versprach.

Die Tanz- und Fechtstunden, die unser Freund heute mit Laertes nahm, wollten nicht zum besten glücken. Auch wurden sie bald durch Melinas Ankunft unterbrochen, der umständlich zeigte, wie jetzt eine kleine Gesellschaft beisammen sei, mit welcher man schon Stücke genug aufführen könne. Er erneuerte seinen Antrag, daß Wilhelm einiges Geld zum Etablissement vorstrecken solle, wobei dieser abermals seine Unentschlossenheit zeigte.

Philine und die Mädchen kamen bald hierauf mit Lachen und Lärmen herein. Sie hatten sich abermals eine Spazierfahrt ausgedacht: denn Veränderung des Orts und der Gegenstände war eine Lust, nach der sie sich immer sehnten. Täglich an einem andern Orte zu essen, war ihr höchster Wunsch. Diesmal sollte es eine Wasserfahrt werden.

Das Schiff, womit sie die Krümmungen des angenehmen Flusses hinunterfahren wollten, war schon durch den Pedanten bestellt. Philine trieb, die Gesellschaft zauderte nicht und war bald eingeschifft.

„Was fangen wir nun an?" sagte Philine, indem sich alle auf die Bänke niedergelassen hatten.

„Das kürzeste wäre", versetzte Laertes, „wir extemporierten ein Stück. Nehme jeder eine Rolle, die seinem Charakter am angenehmsten ist, und wir wollen sehen, wie es uns gelingt."

„Fürtrefflich!" sagte Wilhelm, „denn *in einer Gesellschaft, in der man sich nicht verstellt, in welcher jedes nur seinem Sinne folgt, kann Anmut und Zufriedenheit nicht lange* wohnen, und wo man sich immer verstellt, dahin kommen sie gar nicht. Es ist also nicht übel getan, wir geben uns die Verstellung gleich von Anfang zu und sind nachher unter der Maske so aufrichtig, als wir wollen."

„Ja", sagte Laertes, „deswegen geht sich's so angenehm mit Weibern um, die sich niemals in ihrer natürlichen Gestalt sehen lassen."

„Das macht", versetzte Madame Melina, „daß sie nicht so eitel sind wie die Männer, welche sich einbilden, sie seien schon immer liebenswürdig genug, wie sie die Natur hervorgebracht hat."

Man war nicht lange gefahren, als der Schiffer stille hielt, um mit Erlaubnis der Gesellschaft noch jemand einzunehmen, der am Ufer stand und gewinkt hatte.

„Das ist eben noch, was wir brauchen", rief Philine: „ein blinder Passagier fehlte noch der Reisegesellschaft."

Ein wohlgebildeter Mann stieg in das Schiff, den man an seiner Kleidung und seiner ehrwürdigen Miene wohl für einen Geistlichen hätte nehmen können. Er begrüßte die Gesellschaft, die ihm nach ihrer Weise dankte und ihn bald mit ihrem Scherz bekannt machte. Er nahm darauf die Rolle eines Landgeistlichen an, die er zur Verwunderung aller auf das artigste durchsetzte, indem er bald ermahnte, bald Histörchen erzählte, einige schwache Seiten blicken ließ und sich doch im Respekt zu erhalten wußte.

Die Zeit war auf das angenehmste vergangen, jedes hatte seine Einbildungskraft und seinen Witz aufs möglichste angestrengt, und jedes seine Rolle mit angenehmen und unterhaltenden Scherzen ausstaffiert. So kam man an dem Orte an, wo man sich den Tag über aufhalten wollte, und Wilhelm geriet mit dem Geistlichen, wie wir ihn, seinem Aussehn und seiner Rolle nach, nennen wollen, auf dem Spaziergange bald in ein interessantes Gespräch.

„Ich finde diese Übung", sagte der Unbekannte, „unter Schauspielern, ja in Gesellschaft von Freunden und Bekannten, sehr nützlich. Es ist die beste Art, die Menschen aus sich heraus und durch einen Umweg wieder in sich hineinzuführen. Es sollte bei jeder Truppe eingeführt sein, daß sie sich manchmal auf diese Weise üben müßte, und das Publikum würde gewiß dabei gewinnen, wenn alle Monate ein nicht geschriebenes Stück aufgeführt würde, worauf sich freilich die Schauspieler in mehreren Proben müßten vorbereitet haben."

„Man dürfte sich", versetzte Wilhelm, „ein extemporiertes Stück nicht als solches denken, das aus dem Stegreife sogleich komponiert würde, sondern als ein solches, wovon zwar Plan, Handlung und Szeneneinteilung gegeben wären, dessen Ausführung aber dem Schauspieler überlassen bliebe."

„Ganz richtig", sagte der Unbekannte, „und eben was diese Ausführung betrifft, würde ein solches Stück, sobald die Schauspieler nur einmal im Gang wären, außerordentlich gewinnen. Nicht die Ausführung durch Worte, denn durch diese muß freilich der überlegene Schriftsteller seine Arbeit zieren, sondern die Ausführung durch Gebärden und Mienen, Ausrufungen und was dazu gehört, kurz, das stumme, halblaute Spiel, welches nach und nach bei uns ganz verloren zu gehen scheint. Es sind wohl Schauspieler in Deutschland, deren Körper das zeigt, was sie denken und fühlen, die durch Schweigen, Zaudern, durch Winke, durch zarte anmutige Bewegungen des Körpers eine Rede vorzubereiten und die Pausen des Gesprächs durch eine gefällige Pantomime mit dem Ganzen zu verbinden wissen; aber eine Übung, die einem glücklichen Naturell zu Hilfe käme und es lehrte, mit dem Schriftsteller zu wetteifern, ist nicht so im Gange, als es zum Troste derer, die das Theater besuchen, wohl zu wünschen wäre."

„Sollte aber nicht", versetzte Wilhelm, „ein glückliches Naturell, als das Erste und Letzte, einen Schauspieler, wie jeden andern Künstler, ja vielleicht wie jeden Menschen, allein zu einem so hochaufgesteckten Ziele bringen?"

„Das Erste und Letzte, Anfang und Ende möchte es wohl sein und bleiben: aber in der Mitte dürfte dem Künstler manches fehlen, wenn nicht Bildung das erst aus ihm macht, was er sein soll, und zwar frühe Bildung: denn vielleicht ist derjenige, dem man Genie zuschreibt, übler dran als der, der nur gewöhnliche Fähigkeiten besitzt; denn jener kann leichter verbildet und viel heftiger auf falsche Wege gestoßen werden als dieser."

„Aber", versetzte Wilhelm, „wird das Genie sich nicht selbst retten, die Wunden, die es sich geschlagen, selbst heilen?"

„Mitnichten", versetzte der andere, „oder wenigstens nur notdürftig: denn niemand glaube die ersten Eindrücke der Jugend überwinden zu können. Ist er in einer löblichen Freiheit, umgeben von schönen und edlen Gegenständen, in dem Umgange mit guten Menschen aufgewachsen, haben ihn seine Meister das gelehrt, was er zuerst wissen mußte, um das übrige leichter zu begreifen, hat er gelernt, was er nie zu verlernen braucht, wurden seine ersten Handlungen so geleitet, daß er das Gute künftig leichter und bequemer vollbringen kann, ohne sich irgend etwas abgewöhnen zu müssen – so wird dieser Mensch ein reineres, vollkommneres und glücklicheres Leben führen als ein anderer, der seine ersten Jugendkräfte im Widerstand und im Irrtum zugesetzt hat. Es wird soviel von Erziehung gesprochen und geschrieben, und ich sehe nur wenig Menschen, die den einfachen, aber großen Begriff, der alles andere in sich schließt, fassen und in die Ausführung übertragen können."

„Das mag wohl wahr sein", sagte Wilhelm, „denn *jeder Mensch ist beschränkt genug, den andern zu seinem Ebenbild erziehen zu wollen.* Glücklich sind diejenigen daher, deren sich das Schicksal annimmt, das jeden nach seiner Weise erzieht!"

„Das Schicksal", versetzte lächelnd der andere, „ist ein vornehmer, aber teurer Hofmeister. Ich würde mich immer lieber an die Vernunft eines menschlichen Meisters halten. Das Schicksal, für dessen Weisheit ich alle Ehrfurcht trage, mag an dem Zufall, durch den es wirkt, ein sehr ungelenkes Organ haben. Denn selten scheint dieser genau und rein auszuführen, was jenes beschlossen hatte."

„Sie scheinen einen sehr sonderbaren Gedanken auszusprechen", versetzte Wilhelm.

„Mitnichten! Das meiste, was in der Welt begegnet, rechtfertigt meine Meinung. Zeigen viele Begebenheiten im Anfange nicht einen großen Sinn, und gehen die meisten nicht auf etwas Albernes hinaus?"

„Sie wollen scherzen."

„Und ist es nicht", fuhr der andere fort, „mit dem, was einzelnen Menschen begegnet, ebenso? Gesetzt, das Schicksal hätte einen zu einem guten Schauspieler bestimmt (und warum sollt es uns nicht auch mit guten Schauspielern versorgen?), unglücklicherweise führte der Zufall aber den jungen Mann in ein Puppenspiel, wo er sich früh nicht enthalten könnte, an etwas Abgeschmacktem teilzunehmen, etwas Albernes leidlich, wohl gar interessant zu finden und so die jugendlichen Eindrücke, welche nie verlöschen, denen wir eine gewisse Anhänglichkeit nie entziehen können, von einer falschen Seite zu empfangen."

„Wie kommen Sie aufs Puppenspiel?" fiel ihm Wilhelm mit einiger Bestürzung ein.

„Es war nur ein willkürliches Beispiel; wenn es Ihnen nicht gefällt, so nehmen wir ein andres. Gesetzt, das Schicksal hätte einen zu einem großen Maler bestimmt, und dem Zufall beliebte es, seine Jugend in schmutzige Hütten, Ställe und Scheunen zu verstoßen – glauben Sie, daß ein solcher Mann sich jemals zur Reinlichkeit, zum Adel, zur Freiheit der Seele erheben werde? Mit je lebhafterm Sinn er das Unreine in seiner Jugend angefaßt und nach seiner Art veredelt hat, desto gewaltsamer wird es sich in der Folge seines Lebens an ihm rächen, indem es sich, inzwischen daß er es zu überwinden suchte, mit ihm aufs innigste verbunden hat. *Wer früh in schlechter, unbedeutender Gesellschaft gelebt hat, wird sich, wenn er auch später eine bessere haben kann, immer nach jener zurücksehnen, deren Eindruck ihm, zugleich mit der Erinnerung jugendlicher, nur selten zu wiederholender Freuden geblieben ist.*"

Man kann denken, daß unter diesem Gespräch sich nach und nach die übrige Gesellschaft entfernt hatte. Besonders war Philine gleich vom Anfang auf die Seite getreten. Man kam durch einen Seitenweg zu ihnen zurück. Philine brachte die Pfänder hervor, welche auf allerlei Weise gelöst werden mußten, wobei der Fremde sich durch die artigsten Erfindungen und durch eine ungezwungene Teilnahme der ganzen Gesellschaft und besonders den Frauenzimmern sehr empfahl; und so flossen die Stunden des Tages unter Scherzen, Singen, Küssen und allerlei Neckereien auf das angenehmste vorbei.

Zu Hause fanden sie auf Wilhelms Zimmer schon alles zum Empfange bereit, die Stühle zu einer Vorlesung zurechtgestellt und den Tisch in die Mitte gesetzt, auf welchem der Punschnapf seinen Platz nehmen sollte.

Die deutschen Ritterstücke waren damals eben neu und hatten die Aufmerksamkeit und Neigung des Publikums an sich gezogen. Der alte Polterer hatte eines dieser Art mitgebracht, und die Vorlesung war beschlossen worden. Man setzte sich nieder. Wilhelm bemächtigte sich des Exemplars und fing zu lesen an.

Die geharnischten Ritter, die alten Burgen, die Treuherzigkeit, Rechtlichkeit und Redlichkeit, besonders aber die Unabhängigkeit der handelnden Personen wurden mit großem Beifall aufgenommen. Der Vorleser tat sein möglichstes, und die Gesellschaft kam außer sich. Zwischen dem zweiten und dritten Akt kam der Punsch in einem großen Napfe; und da in dem Stücke selbst sehr viel getrunken und angestoßen wurde, so war nichts natürlicher, als daß die Gesellschaft, bei jedem solchen Falle, sich lebhaft an den Platz der Helden versetzte, gleichfalls anklingte und die Günstlinge unter den handelnden Personen hoch leben ließ.

Jedermann war von dem Feuer des edelsten Nationalgeistes entzündet. Wie sehr gefiel es dieser deutschen Gesellschaft, sich, ihrem Charakter gemäß, auf eignem Grund und Boden poetisch zu ergötzen! Besonders taten die Gewölbe und Keller, die verfallenen Schlösser, das Moos und die hohlen Bäume, über alles aber die nächtlichen Zigeunerszenen und das Heimliche Gericht eine ganz unglaubliche Wirkung. Jeder Schauspieler sah nun, wie er bald in Helm und Harnisch, jede Schauspielerin, wie sie mit einem großen stehenden Kragen ihre Deutschheit vor dem Publiko produzieren werde. Jeder wollte sich sogleich einen Namen aus dem Stücke oder aus der deutschen Geschichte zueignen, und Madame Melina beteuerte, Sohn oder Tochter, wozu sie Hoffnung hatte, nicht anders als Adelbert oder Mechthilde taufen zu lassen.

Gegen den fünften Akt ward der Beifall lärmender und lauter, ja zuletzt, als der Held wirklich seinem Unterdrücker entging und der Tyrann gestraft wurde, war das Entzücken so groß, daß man schwur, man habe nie so glückliche Stunden gehabt. Melina, den der Trank begeistert hatte, war der lauteste, und da der zweite Punschnapf geleert war und Mitternacht herannahte, schwur Laertes hoch und teuer, es sei kein Mensch würdig, an diese Gläser jemals wieder eine Lippe zu setzen, und warf mit dieser Beteuerung sein Glas hinter sich und durch die Scheiben auf die Gasse hinaus. Die übrigen folgten seinem Beispiele, und ungeachtet der Protestationen des herbeieilenden Wirtes wurde der Punschnapf selbst, der nach einem solchen Feste durch unheiliges Getränk nicht wieder entweiht werden sollte, in tausend Stücke geschlagen. Philine, der man ihren Rausch am wenigsten ansah, indes die beiden Mädchen nicht in den anständigsten Stellungen auf dem Kanapee lagen, reizte die andern mit Schadenfreude zum Lärm. Madame Meline rezitierte einige erhabene Gedichte, und ihr Mann, der im Rausche nicht sehr liebenswürdig war, fing an, auf die schlechte Bereitung des Punsches zu schelten, versicherte, daß e r ein Fest ganz anders einzurichten verstehe, und ward zuletzt, als Laertes Stillschweigen gebot, immer gröber und lauter, so daß dieser, ohne sich lange zu bedenken, ihm die Scherben des Napfes an den Kopf warf und dadurch den Lärm nicht wenig vermehrte.

Indessen war die Scharwache herbeigekommen und verlangte, ins Haus eingelassen zu werden. Wilhelm, vom Lesen sehr erhitzt, ob er gleich nur wenig getrunken, hatte genug zu tun, um mit Beihilfe des Wirts die Leute durch Geld und gute Worte zu befriedigen und die Glieder der Gesellschaft in ihren mißlichen Umständen nach Hause zu schaffen. Er warf sich, als er zurückkam, vom Schlafe überwältigt, voller Unmut, unausgekleidet aufs Bette, und nichts glich der unangenehmen Empfindung, als er des andern Morgens die Augen aufschlug und mit düsterm Blick auf die Verwüstungen des vergangenen Tages, den Unrat und die bösen Wirkungen hinsah, die ein geistreiches, lebhaftes und wohlgemeintes Dichterwerk hervorgebracht hatte.

Nach einem kurzen Bedenken rief er sogleich den Wirt herbei und ließ sowohl den Schaden als die Zeche auf seine Rechnung schreiben. Zugleich vernahm er nicht ohne Verdruß, daß sein Pferd von Laertes gestern bei dem Hereinreiten dergestalt angegriffen worden, daß es wahrscheinlich, wie man zu sagen pflegt, verschlagen habe und daß der Schmied wenig Hoffnung zu seinem Aufkommen gebe.

Ein Gruß von Philinen, den sie ihm aus ihrem Fenster zuwinkte, versetzte ihn dagegen wieder in einen heitern Zustand, und er ging sogleich in den nächsten Laden, um ihr ein kleines Geschenk, das er ihr gegen das Pudermesser noch schuldig war, zu kaufen, und wir müssen bekennen, er hielt sich nicht in den Grenzen eines proportionierten Gegengeschenks. Er kaufte ihr nicht allein ein Paar sehr niedliche Ohrringe, sondern nahm dazu noch einen Hut und Halstuch und einige andere Kleinigkeiten, die er sie den ersten Tag hatte verschwenderisch wegwerfen sehen. Madame Melina, die ihn eben, als er seine Gaben überreichte, zu beobachten kam, suchte noch vor Tische eine Gelegenheit, ihn sehr ernstlich über die Empfindung für dieses Mädchen zur Rede zu setzen, und er war um so mehr erstaunter, als er nichts weniger als diese Vorwürfe zu verdienen glaubte. Er schwur hoch und teuer, daß es ihm keinesfalls eingefallen sei, sich an diese Person, deren ganzen Wandel er wohl kenne, zu wenden; er entschuldigte sich, so gut er konnte, über sein freundliches und artiges Betragen gegen sie, befriedigte aber Madame Melina auf keine Weise; vielmehr ward diese immer verdrießlicher, da sie bemerken mußte, daß die Schmeichelei, wodurch sie sich eine Art von Neigung unsers Freundes erworben hatte, nicht hinreiche, diesen Besitz gegen die Angriffe einer lebhaften, jüngeren und von der Natur glücklicher begabten Person zu verteidigen.

Ihren Mann fanden sie gleichfalls, da sie zu Tische kamen, bei sehr üblem Humor, und er fing schon an, ihn über Kleinigkeiten auszulassen, als der Wirt hereintrat und einen Harfenspieler anmeldete. „Sie werden", sagte er, „gewiß Vergnügen an der Musik und an den Gesängen dieses Mannes finden; es kann sich niemand, der ihn hört, enthalten, ihn zu bewundern und ihm etwas weniges mitzuteilen."

„Lassen Sie ihn weg", versetzte Melina, „ich bin nichts weniger als gestimmt, einen Leiermann zu hören, und wir haben allenfalls Sänger unter uns, die gern etwas verdienten." Er begleitete diese Worte mit einem tückischen Seitenblicke, den er auf Philinen warf. Sie verstand ihn und war gleich bereit, zu seinem Verdruß den angemeldeten Sänger zu beschützen. Sie wendete sich zu Wilhelmen und sagte: „Sollen wir den Mann nicht hören, sollen wir nichts tun, um uns aus der erbärmlichen Langeweile zu retten?"

Melina wollte ihr antworten, und der Streit wäre lebhafter geworden, wenn nicht Wilhelm den im Augenblick hereintretenden Mann begrüßt und ihn herbeigewinkt hätte. Die Gestalt dieses seltsamen Gastes setzte die ganze Gesellschaft in Erstaunen, und hatte schon von einem Stuhle Besitz genommen, ehe jemand ihn zu fragen oder sonst etwas vorzubringen das Herz hatte. Sein kahler Scheitel war von wenig grauen Haaren umkränzt, große blaue Augen blickten sanft unter langen weißen Augenbrauen hervor. An eine wohlgebildete Nase schloß sich ein langer weißer Bart an, ohne die gefällige Lippe zu bedecken, und ein langes dunkelbraunes Gewand umhüllte den schlanken Körper vom Halse bis zu den Füßen: und so fing er auf der Harfe, die er vor sich genommen hatte, zu präludieren an.

Die angenehmen Töne, die er aus dem Instrumente hervorlockte, erheiterten gar bald die Gesellschaft.
„Ihr pflegt auch zu singen, guter Alter", sagte Philine.
„Gebt uns etwas, das Herz und Geist zugleich mit den Sinnen ergötze", sagte Wilhelm. „Das Instrument sollte nur die Stimme begleiten; denn Melodien, Gänge und Läufe ohne Worte und Sinn scheinen mir Schmetterlingen oder schönen bunten Vögeln ähnlich zu sein, die in der Luft vor unsern Augen herumschweben, die wir allenfalls haschen und uns zueignen möchten; da sich der Gesang dagegen wie ein Genius gen Himmel hebt und das bessere Ich in uns ihn zu begleiten anreizt."
Der Alte sah Wilhelmen an, alsdann in die Höhe, tat einige Griffe auf der Harfe und begann sein Lied.

„‚Was hör ich draußen vor dem Tor,
Was auf der Brücke schallen?
Laßt den Gesang zu unserm Ohr
Im Saale widerhallen!'
Der König sprach's, der Page lief;
Der Knabe kam, der König rief:
Bring ihn herein, den Alten.

‚Gegrüßet seid, ihr hohen Herrn,
Gegrüßt ihr, schöne Damen!
Welch reicher Himmel! Stern bei Stern!
Wer kennet ihre Namen?
Im Saal voll Pracht und Herrlichkeit
Schließt, Augen, euch: hier ist nicht Zeit,
Sich staunend zu ergötzen.'

Der Sänger drückt' die Augen ein
Und schlug die vollen Töne;

Der Ritter schaute mutig drein,
Und in den Schoß die Schöne.
Der König, dem das Lied gefiel,
Ließ ihm, zum Lohne für sein Spiel,
Eine goldne Kette holen.

,Die goldne Kette gib mir nicht,
Die Kette gib den Rittern,
Vor deren kühnem Angesicht
Der Feinde Lanzen splittern.
Gib sie dem Kanzler, den du hast,
Und laß ihn noch die goldne Last
Zu andern Lasten tragen.

Ich singe, wie der Vogel singt,
Der in den Zweigen wohnet.
Das Lied, das aus der Kehle dringt,
Ist Lohn, der reichlich lohnet;
Doch darf ich bitten, bitt ich eins:
Laß einen Trunk des besten Weins
In reinem Glase bringen.'

Er setzt' es an, er trank es aus:
,O Trank der süßen Labe!
O dreimal hochbeglücktes Haus,
Wo das ist kleine Gabe!
Ergeht's euch wohl, so denkt an mich,
Und danket Gott so warm, als ich
Für diesen Trunk euch danke.'"

Da der Sänger nach geendigtem Liede ein Glas Wein, das für ihn eingeschenkt dastand, ergriff und es mit freundlicher Miene, sich gegen seine Wohltäter wendend, austrank, entstand eine allgemeine Freude in der Versammlung. Man klatschte und rief ihm zu, es möge dieses Glas zu seiner Gesundheit, zur Stärkung seiner alten Glieder gereichen. Er sang noch einige Romanzen und erregte immer mehr Munterkeit in der Gesellschaft.

„Kannst du die Melodie, Alter", rief Philine: „Der Schäfer putzte sich zum Tanz?"
„O ja", versetzte er; „wenn Sie das Lied singen und aufführen wollen, an mir soll es nicht fehlen."
Philine stand auf und hielt sich fertig. Der Alte begann die Melodie, und sie sang ein Lied, das wir unsern Lesern nicht mitteilen können, weil sie es vielleicht abgeschmackt oder wohl gar unanständig finden könnten.

Inzwischen hatte die Gesellschaft, die immer heiterer geworden war, noch manche Flasche Wein ausgetrunken und fing an, sehr laut zu werden. Da aber unserm Freunde die bösen Folgen ihrer Lust noch in frischem Andenken schwebten, suchte er abzureden, steckte dem Alten für seine Bemühung eine reichliche Belohnung in die Hand, die andern taten auch etwas, man ließ ihn abtreten und ruhen und versprach sich auf den Abend eine wiederholte Freude von seiner Geschicklichkeit.

„Soviel weiß ich", sagte Melina, „daß uns dieser Mann in e i n e m Punkte gewiß beschämt, und zwar in einem Hauptpunkte. Die Stärke seiner Talente zeigt sich in dem Nutzen, den er davon zieht. Uns, die wir vielleicht bald in Verlegenheit sein werden, wo wir eine Mahlzeit hernehmen, bewegt er, unsre Mahlzeit mit ihm zu teilen. Er weiß uns das Geld, das wir anwenden könnten, um uns in einige Verfassung zu setzen, durch ein Liedchen aus der Tasche zu locken. Es scheint so angenehm zu sein, das Geld zu verschleudern, womit man sich und andern eine Existenz verschaffen könnte".

Das Gespräch bekam durch diese Bemerkung nicht die angenehmste Wendung. Wilhelm, auf den der Vorwurf eigentlich gerichtet war, antwortete mit einiger Leidenschaft, und Melina, der sich eben nicht der größten Feinheit befliß, brachte zuletzt seine Beschwerden mit ziemlich trocknen Worten vor. „Es sind nun schon vierzehn Tage", sagte er, „daß wir das hier verpfändete Theater und die Garderobe besehen haben, und beides konnten wir für eine sehr leidliche Summe haben. Sie machten mir damals Hoffnung, daß Sie mir soviel kreditieren würden, und bis jetzt habe ich noch nicht gesehen, daß Sie die Sache weiter bedacht oder sich einem Entschluß genähert hätten. Griffen Sie damals zu, so wären wir jetzt im Gange. Ihre Absicht zu verreisen, haben Sie auch noch nicht ausgeführt, und Geld scheinen Sie mir diese Zeit über auch nicht gespart zu haben; wenigstens gibt es Personen, die immer Gelegenheit zu verschaffen wissen, daß es geschwinder weggehe."

Dieser nicht ganz ungerechte Vorwurf traf unsern Freund. Er versetzte einiges darauf mit Lebhaftigkeit, ja mit Heftigkeit, und ergriff, da die Gesellschaft aufstand und sich zerstreute, die Türe, indem er nicht undeutlich zu erkennen gab, daß er sich nicht lange mehr bei so unfreundlichen und undankbaren Menschen aufhalten wolle. Er eilte verdrießlich hinunter, sich auf eine steinerne Bank zu setzen, die vor dem Tore seines Gasthofs stand, und bemerkte nicht, daß er halb aus Lust, halb aus Verdruß mehr als gewöhnlich getrunken hatte.

Nach einer kurzen Zeit, die er, beunruhigt von mancherlei Gedanken, sitzend und vor sich hinsehend zugebracht hatte, schlenderte Philine singend zur Haustüre heraus, setzte sich zu ihm, ja man dürfte beinahe sagen: auf ihn, so nahe rückte sie an ihn heran, lehnte sich auf seine Schultern, spielte mit seinen Locken, streichelte ihn und gab ihm die besten Worte von der Welt. Sie bat ihn, er möchte ja bleiben und sie nicht in der Gesellschaft allein lassen, in der sie vor Langerweile sterben müßte; sie könne nicht mehr mit Melina unter e i n e m Dache ausdauern und habe sich deswegen herüberquartiert.

Vergebens suchte er sie abzuweisen, ihr begreiflich zu machen, daß er länger weder bleiben könne noch dürfe. Sie ließ mit Bitten nicht ab, ja unvermutet schlang sie ihren Arm um seinen Hals und küßte ihn mit dem lebhaftesten Ausdrucke des Verlangens.

„Sind sie toll, Philine?" rief Wilhelm aus, indem er sich loszumachen suchte. „Die öffentliche Straße zum Zeugen solcher Liebkosungen zu machen, die ich auf keine Weise verdiene! Lassen Sie mich los, ich kann nicht und ich werde nicht bleiben."

„Und ich werde dich festhalten", sagte sie, „und ich werde dich hier auf öffentlicher Gasse so lange küssen, bis du mir versprichst, was ich wünsche. Ich lache mich zu Tode", fuhr sie fort; „nach dieser Vertraulichkeit halten mich die Leute gewiß für deine Frau von vier Wochen, und die Ehemänner, die eine so anmutige Szene sehen, werden mich ihren Weibern als ein Muster einer kindlich unbefangenen Zärtlichkeit anpreisen."

Eben gingen einige Leute vorbei, und sie liebkoste ihn auf das anmutigste, und er, um kein Skandal zu geben, war gezwungen, die Rolle des geduldigen Ehemannes zu spielen. Dann schnitt sie den Leuten Gesichter im Rücken und trieb voll Übermut allerhand Ungezogenheiten, bis er zuletzt versprechen mußte, noch heute und morgen und übermorgen zu bleiben.

„Sie sind ein rechter Stock!" sagte sie darauf, indem sie von ihm abließ, „und ich eine Törin, daß ich soviel Freundlichkeit an Sie verschwende." Sie stand verdrießlich auf und ging einige Schritte; dann kehrte sie lachend zurück und rief: „Ich glaube eben, daß ich darum in dich vernarrt bin; ich will nur gehen und meinen Strickstrumpf holen, daß ich etwas zu tun habe. Bleibe ja, damit ich den steinernen Mann auf der steinernen Bank wiederfinde."

Diesmal tat sie ihm unrecht: denn so sehr er sich von ihr zu enthalten strebte, so würde er doch in diesem Augenblicke, hätte er sich mit ihr in einer einsamen Laube befunden, ihre Liebkosungen wahrscheinlich nicht unerwidert gelassen haben.

Sie ging, nachdem sie ihm einen leichtfertigen Blick zugeworfen, in das Haus. Er hatte keinen Beruf, ihr zu folgen, vielmehr hatte ihr Betragen einen neuen Widerwillen in ihm erregt; doch hob er sich, ohne selbst recht zu wissen, von der Bank, um ihr nachzugehen.

Er war eben im Begriff, in die Türe zu treten, als Melina herbeikam, ihn bescheiden anredete und ihn wegen einiger im Wortwechsel zu hart ausgesprochenen Ausdrücke um Verzeihung bat. „Sie nehmen mir nicht übel", fuhr er fort, „wenn ich in dem Zustande, in dem ich mich befinde, mich vielleicht zu ängstlich bezeige; aber die Sorge für eine Frau, vielleicht bald für ein Kind, verhindert mich von einem Tag zum andern, ruhig zu leben und meine Zeit mit dem Genuß angenehmer Empfindungen hinzubringen, wie Ihnen noch erlaubt ist. Überdenken Sie, und wenn es Ihnen möglich ist, so setzen Sie mich in den Besitz der theatralischen Gerätschaften, die sich hier vorfinden. Ich werde nicht lange Ihr Schuldner und Ihnen dafür ewig dankbar bleiben."

Wilhelm, der sich ungern auf der Schwelle aufgehalten sah, in der ihn eine unwiderstehliche Neigung in diesem Augenblicke zu Philinen hinüberzog, sagte mit einer überraschten Zerstreuung und eilfertigen Gutmütigkeit: „Wenn ich Sie dadurch glücklich und zufrieden machen kann, so will ich mich nicht länger bedenken. Gehn Sie hin, machen Sie alles richtig. Ich bin bereit, noch diesen Abend oder morgen früh das Geld zu zahlen." Er gab hierauf Melinan die Hand zur Bestätigung seines Versprechens und war sehr zufrieden, als er ihn eilig über die Straße weggehen sah: leider aber wurde er von seinem Eindringen ins Haus zum zweitenmal und auf eine unangenehmere Weise zurückgehalten.

Ein junger Mensch mit einem Bündel auf dem Rücken kam eilig die Straße her und trat zu Wilhelmen, der ihn gleich für Friedrichen erkannte.

„Da bin ich wieder!" rief er aus, indem er seine großen blauen Augen freudig umher und hinauf an alle Fenster gehen ließ: „Wo ist Mamsell? Der Henker mag es länger in der Welt aushalten, ohne sie zu sehn!"

Der Wirt, der eben dazugetreten war, versetzte: „Sie ist oben", und mit wenigen Sprüngen war er die Treppe hinauf, und Wilhelm blieb auf der Schwelle wie eingewurzelt stehen. Er hätte in den ersten Augenblicken den Jungen bei den Haaren rückwärts die Treppe herunterreißen mögen; dann hemmte der heftige Krampf einer gewaltsamen Eifersucht auf einmal den Lauf seiner Lebensgeister und seiner Ideen, und da er sich nach und nach von seiner Erstarrung erholte, überfiel ihn eine Unruhe, ein Unbehagen, dergleichen er in seinem Leben noch nicht empfunden hatte.

Er ging auf seine Stube und fand Mignon mit Schreiben beschäftigt. Das Kind hatte sich eine Zeit her mit großem Fleiße bemüht, alles, was es auswendig wußte, zu schreiben, und hatte seinem Herrn und Freund das Geschriebene zu korrigieren gegeben. Sie war unermüdet und faßte gut; aber die Buchstaben blieben ungleich, und die Linien krumm. Auch hier schien ihr Körper dem Geiste zu widersprechen. Wilhelm, dem die Aufmerksamkeit des Kindes, wenn er ruhigen Sinnes war, große Freude machte, achtete diesmal wenig auf das, was sie ihm zeigte; sie fühlte es und betrübte sich darüber nur desto mehr, als sie glaubte, diesmal ihre Sache recht gut gemacht zu haben.

Wilhelms Unruhe trieb ihn auf den Gängen des Hauses auf und ab und bald wieder an die Haustüre. Ein Reiter sprengte vor, der ein gutes Ansehn hatte, und der bei gesetzten Jahren noch viel Munterkeit verriet. Der Wirt eilte ihm entgegen, reichte ihm als einem bekannten Freunde die Hand und rief: „Ei, Herr Stallmeister, sieht man Sie auch einmal wieder?"

„Ich will nur hier füttern", versetzte der Fremde, „ich muß gleich hinüber auf das Gut, um in der Geschwindigkeit allerlei einrichten zu lassen. Der Graf kömmt morgen mit seiner Gemahlin, sie werden sich eine Zeitlang drüben aufhalten, um den Prinzen von *** auf das beste zu bewirten, der in dieser Gegend wahrscheinlich sein Hauptquartier aufschlägt."

„Es ist schade, daß Sie nicht bei uns bleiben können", versetzte der Wirt: „wir haben gute Gesellschaft." Der Reitknecht, der nachsprengte, nahm dem Stallmeister das Pferd ab, der sich unter der Türe mit dem Wirt unterhielt und Wilhelmen von der Seite ansah.

Dieser, da er merkte, daß von ihm die Rede sei, begab sich weg und ging einige Straßen auf und ab.

In der verdrießlichen Unruhe, in der er sich befand, fiel ihm ein, den Alten aufzusuchen, durch dessen Harfe er die bösen Geister zu verscheuchen hoffte. Man wies ihn, als er nach dem Manne fragte, an ein schlechtes Wirtshaus in einem entfernten Winkel des Städtchens, und in demselben die Treppe hinauf bis auf den Boden, wo ihm der süße Harfenklang aus einer Kammer entgegenschallte. Es waren herzrührende, klagende Töne, von einem traurigen, ängstlichen Gesange begleitet. Wilhelm schlich an die Türe, und da der gute Alte eine Art von Phantasie vortrug und wenige Strophen teils singend, teils rezitierend immer wiederholte, konnte der Horcher, nach einer kurzen Aufmerksamkeit, ungefähr folgendes verstehen:

„Wer nie sein Brot mit Tränen aß,
Wer nie die kummervollen Nächte
Auf seinem Bette weinend saß,
Der kennt euch nicht, ihr himmlischen Mächte.

Ihr führt ins Leben uns hinein,
Ihr laßt den Armen schuldig werden,
Dann überlaßt ihr ihn der Pein;
Denn alle Schuld rächt sich auf Erden."

Die wehmütige, herzliche Klage drang tief in die Seele des Hörers.
Der Alte blickte auf seine Saiten, und nachdem er sanft präludiert hatte, stimmte er an und sang:

„Wer sich der Einsamkeit ergibt,
Ach, der ist bald allein;
Ein jeder lebt, ein jeder liebt
Und läßt ihn seiner Pein.
Ja, laßt mich meiner Qual!
Und kann ich nur einmal
Recht einsam sein,
Dann bin ich nicht allein.

Es schleicht ein Liebender lauschend sacht,
Ob seine Freundin allein?
So überschleicht bei Tag und Nacht
Mich Einsamen die Pein,
Mich Einsamen die Qual.
Ach, werd ich erst einmal
Einsam im Grabe sein,
Da läßt sie mich allein!"

Wir würden zu weitläufig werden und doch die Anmut der seltsamen Unterredung nicht ausdrücken können, die unser Freund mit dem abenteuerlichen Fremden hielt. Auf alles, was der Jüngling zu ihm sagte, antwortete der Alte mit der reinsten Übereinstimmung durch Anklänge, die alle verwandten Empfindungen rege machten und der Einbildungskraft ein weites Feld eröffneten.
Wer einer Versammlung frommer Menschen, die sich, abgesondert von der Kirche, reiner, herzlicher und geistreicher zu erbauen glauben, beigewohnt hat, wird sich auch einen Begriff von der gegenwärtigen Szene machen können; er wird sich erinnern, wie der Liturg seinen Worten den Vers eines Gesanges anzupassen weiß, der die Seele dahin erhebt, wohin der Redner wünscht, daß sie ihren Flug nehmen möge, wie bald darauf ein anderer aus der Gemeinde, in einer andern Melodie, den Vers eines andern Liedes hinzufügt und an diesen wieder ein dritter einen dritten anknüpft, wodurch die verwandten Ideen der Lieder, aus denen sie entlehnt sind, zwar erregt werden, jede Stelle aber durch die neue Verbindung neu und individuell wird, als wenn sie in dem Augenblick erfunden worden wäre; wodurch denn aus einem bekannten Kreise von Ideen, aus bekannten Liedern und Sprüchen für diese besondere Gesellschaft, für diesen Augenblick ein eigenes Ganzes entsteht, durch dessen Genuß sie belebt, gestärkt und erquickt wird. So erbaute der Alte seinen Gast, indem er durch bekannte und unbekannte Lieder und Stellen nahe und ferne Gefühle, wachende und schlummernde, angenehme und schmerzliche Empfindungen in eine Zirkulation brachte, von der in dem gegenwärtigen Zustande unsers Freundes das Beste zu hoffen war.

Denn wirklich fing er auf dem Rückwege über seine Lage lebhafter, als bisher geschehen, zu denken an und war mit dem Vorsatze, sich aus derselben herauszureißen, nach Hause gelangt, als ihm der Wirt sogleich im Vertrauen eröffnete, daß Mademoiselle Philine an dem Stallmeister des Grafen eine Eroberung gemacht habe, der, nachdem er seinen Auftrag auf dem Gute ausgerichtet, in höchster Eile zurückgekommen sei und ein gutes Abendessen oben auf ihrem Zimmer mit ihr verzehre.
In ebendiesem Augenblicke trat Melina mit dem Notarius herein; sie gingen zusammen auf Wilhelms Zimmer, wo dieser, wiewohl mit einigem Zaudern, seinem Versprechen Genüge leistete, dreihundert Taler auf Wechsel an Melina auszahlte, welche dieser sogleich dem Notarius übergab und dagegen das Dokument über den geschlossenen Kauf der ganzen theatralischen Gerätschaft erhielt, welche ihm morgen früh übergeben werden sollte.
Kaum waren sie auseinandergegangen, als Wilhelm ein entsetzliches Geschrei in dem Hause vernahm. Er hörte eine jugendliche Stimme, die, zornig und drohend, ein unmäßiges Weinen und Heulen durchbrach. Er hörte diese Wehklage von oben herunter, an seiner Stube vorbei, nach dem Hausplatze eilen.
Als die Neugierde unsern Freund herunterlockte, fand er Friedrichen in einer Art von Raserei. Der Knabe weinte, knirschte, stampfte, drohte mit geballten Fäusten und stellte sich ganz ungebärdig vor Zorn und Verdruß, Mignon stand gegenüber und sah mit Verwunderung zu, und der Wirt erklärte einigermaßen diese Erscheinung.
Der Knabe sei nach seiner Rückkunft, da ihn Philine gut aufgenommen, zufrieden, lustig und munter gewesen, habe gesungen und gesprungen bis zur Zeit, da der Stallmeister mit Philinen Bekanntschaft gemacht. Nun habe das Mittelding zwischen Kind und Jüngling angefangen, seinen Verdruß zu zeigen, die Türen zuzuschlagen und auf und nieder zu rennen. Philine habe ihm befohlen, heute abend bei Tische aufzuwarten, worüber er nur noch mürrischer und trotziger geworden; endlich habe er eine Schüssel mit Ragout, anstatt sie auf den Tisch zu setzen, zwischen Mademoiselle und den Gast, die ziemlich nahe

zusammengesessen, hineingeworfen, worauf ihm der Stallmeister ein paar tüchtige Ohrfeigen gegeben und ihn zur Türe hinausgeschmissen. Er, der Wirt, habe darauf die beiden Personen säubern helfen, deren Kleider sehr übel zugerichtet gewesen.

Als der Knabe die gute Wirkung seiner Rache vernahm, fing er laut zu lachen an, indem ihm noch immer die Tränen an den Backen herunterliefen. Er freute sich einige Zeit herzlich, bis ihm der Schimpf, den ihm der Stärkere angetan, wieder einfiel, da er denn von neuem zu heulen und zu drohen anfing.

Wilhelm stand nachdenklich und beschämt vor dieser Szene. Er sah sein eignes Innerstes, mit starken und übertriebenen Zügen dargestellt: auch er war von einer unüberwindlichen Eifersucht entzündet; auch er, wenn ihn der Wohlstand nicht zurückgehalten hätte, würde gern seine wilde Laune befriedigt, gern mit tückischer Schadenfreude den geliebten Gegenstand verletzt und seinen Nebenbuhler ausgefordert haben; er hätte die Menschen, die nur zu seinem Verdrusse dazusein schienen, vertilgen mögen.

Laertes, der auch herbeigekommen war und die Geschichte vernommen hatte, bestärkte schelmisch den aufgebrachten Knaben, daß dieser beteuerte und schwur: der Stallmeister müsse ihm Satisfaktion geben, er habe noch keine Beleidigung auf sich sitzen lassen; weigere sich der Stallmeister, so werde er sich zu rächen wissen.

Laertes war hier gerade in seinem Fache. Er ging ernsthaft hinauf, den Stallmeister im Namen des Knaben herauszufordern.

„Das ist lustig", sagte dieser; „einen solchen Spaß hätte ich mir heut abend kaum vorgestellt." Sie gingen hinunter, und Philine folgte ihnen. „Mein Sohn", sagte der Stallmeister zu Friedrichen, „du bist ein braver Junge, und ich weigere mich nicht, mit dir zu fechten; nur da die Ungleichheit unsrer Jahre und Kräfte die Sache ohnehin etwas abenteuerlich macht, so schlag ich statt anderer Waffen ein Paar Rapiere vor; wir wollen die Knöpfe mit Kreide bestreichen, und wer dem andern den ersten oder die meisten Stöße auf den Rock zeichnet, soll für den Überwinder gehalten und von dem andern mit dem besten Weine, der in der Stadt zu haben ist, traktiert werden".

Laertes entschied, daß dieser Vorschlag angenommen werden könnte; Friedrich gehorchte ihm als seinem Lehrmeister. Die Rapiere kamen herbei, Philine setzte sich hin, strickte und sah beiden Kämpfern mit großer Gemütsruhe zu.

Der Stallmeister, der sehr gut focht, war gefällig genug, seinen Gegner zu schonen und sich einige Kreidenflecke auf den Rock bringen zu lassen, worauf sie sich umarmten und Wein herbeigeschafft wurde. Der Stallmeister wollte Friedrichs Herkunft und seine Geschichte wissen, der denn ein Märchen erzählte, das er schon oft wiederholt hatte und mit dem wir ein andermal unsre Leser bekanntzumachen gedenken.

In Wilhelms Seele vollendete indessen dieser Zweikampf die Darstellung seiner eigenen Gefühle: denn er konnte sich nicht leugnen, daß das Rapier, ja lieber noch einen Degen selbst gegen den Stallmeister zu führen wünschte, wenn er schon einsah, daß ihm dieser in der Fechtkunst weit überlegen sei. Doch würdigte er Philinen nicht eines Blicks, hütete sich vor jeder Äußerung, die seine Empfindung hätte verraten können, und eilte, nachdem er einigemal auf die Gesundheit der Kämpfer Bescheid getan, auf sein Zimmer, wo sich tausend unangenehme Gedanken auf ihn zudrängten.

Er erinnerte sich der Zeit, in der sein Geist durch ein unbedingtes hoffnungsreiches Streben emporgehoben wurde, wo er in dem lebhaftesten Genusse aller Art wie in einem Elemente schwamm. Es ward ihm deutlich, wie er jetzt in ein unbestimmtes Schlendern geraten war, in welchem er nur noch schlürfend kostete, was er sonst mit vollen Zügen eingesogen hatte; aber deutlich konnte er nicht sehen, welches unüberwindliche Bedürfnis ihm die Natur zum Gesetz gemacht hatte, und wie sehr dieses Bedürfnis durch Umstände nur gereizt, halb befriedigt und irregeführt worden war.

Es darf also niemand wundern, wenn er die Betrachtung seines Zustandes, und indem er sich aus demselben herauszudenken arbeitete, in die größte Verwirrung geriet. Es war nicht genug, daß er durch seine Freundschaft zu Laertes, durch seine Neigung zu Philinen, durch seinen Anteil an Mignon länger als billig an einem Orte und in einer Gesellschaft festgehalten wurde, in welcher er seine Lieblingsneigung hegen, gleichsam verstohlen seine Wünsche befriedigen und, ohne sich einen Zweck vorzusetzen, seinen alten Träumen nachschleichen konnte. Aus diesen Verhältnissen sich loszureißen und gleich zu scheiden, glaubte er Kraft genug zu besitzen. Nun hatte er aber vor wenigen Augenblicken sich mit Melina in ein Geldgeschäft eingelassen, er hatte den rätselhaften Alten kennen lernen, welchen zu entziffern er eine unbeschreibliche Begierde fühlte. Allein auch dadurch sich nicht zurückhalten zu lassen, war er nach lang hin und her geworfenen Gedanken entschlossen, oder glaubte wenigstens entschlossen zu sein. „Ich muß fort", rief er aus, „ich will fort!" Er warf sich in einen Sessel und war sehr bewegt. Mignon trat herein und fragte, ob sie ihn aufwickeln dürfe. Sie kam still; es schmerzte sie tief, daß er sie heute so kurz abgefertigt hatte.

Nichts ist rührender, als wenn eine Liebe, die sich im stillen genährt, eine Treue, die sich im verborgenen befestigt hat, endlich dem, der ihrer bisher nicht wert gewesen, zur rechten Stunde nahekommt und ihm offenbar wird. Die lange und streng verschlossene Knospe war reif, und Wilhelms Herz konnte nicht empfänglicher sein.

Sie stand vor ihm und sah seine Unruhe. „Herr!" rief sie aus, „wenn du unglücklich bist, was soll aus Mignon werden?" – „Liebes Geschöpf", sagte er, indem er ihre Hände nahm, „du bist auch mit unter meinen Schmerzen. – Ich muß fort". – Sie sah ihm in die Augen, die von verhaltenen Tränen blinkten und kniete mit Heftigkeit vor ihm nieder. Er behielt ihre Hände, sie legte ihr Haupt auf seine Knie und war ganz still. Er spielte mit ihren Haaren und war freundlich. Sie blieb lange ruhig. Endlich fühlte er an ihr eine Art Zucken, das ganz sachte anfing und sich durch alle Glieder wachsend verbreitete. – „Was ist dir, Mignon?" rief er aus, „was ist dir?" Sie richtete ihr Köpfchen auf und sah ihn an, fuhr auf einmal nach dem Herzen, wie mit einer Gebärde, welche Schmerzen verbeißt. Er hob sie auf, und sie fiel auf seinen Schoß; er drückte sie an sich und küßte sie. Sie antwortete durch keinen Händedruck, durch keine Bewegung. Sie hielt ihr Herz fest, und auf einmal tat sie einen Schrei, der mit krampfigen Bewegungen des Körpers begleitet war. Sie fuhr auf und fiel auch sogleich wie an allen Gelenken gebrochen vor ihm nieder. Es war ein gräßlicher Anblick! „Mein Kind!" rief er aus, indem er sie aufhob und fest umarmte, „mein Kind, was ist dir?" Die Zuckung dauerte fort, die vom Herzen sich den schlotternden Gliedern mitteilte; sie hing nur in seinen Armen. Auf einmal schien sie wieder angespannt wie eins, das den höchsten körperlichen Schmerz erträgt; und bald mit einer neuen Heftigkeit wurden alle ihre Glieder wieder lebendig, und sie warf sich ihm wie ein Ressort, das zuschlägt, um den Hals, indem in ihrem Innersten wie ein gewaltiger Riß geschah, und in dem Augenblicke floß ein Strom von Tränen aus ihren geschlossenen Augen in seinen Busen. Er hielt sie fest. Sie weinte, und keine Zunge spricht die Gewalt dieser Tränen aus. Ihre langen Haare waren aufgegangen und hingen von der Weinenden nieder, und ihr ganzes Wesen schien in einen Bach von Tränen unaufhaltsam dahinzuschmelzen. Ihre starren Glieder wurden gelinde, es ergoß sich ihr Innerstes, und in der Verirrung des Augenblickes fürchtete Wilhelm, sie werde in seinen Armen zerschmelzen und er nichts von ihr übrig behalten. Er hielt sie nur fester und fester. „Mein Kind!" rief er aus, „mein Kind! Du bist ja mein! wenn dich das Wort trösten kann. Du bist mein! Ich werde dich behalten, dich nicht verlassen!" Ihre Tränen flossen noch immer. Endlich richtete sie sich auf. Eine weiche Heiterkeit glänzte von ihrem Gesichte. „Mein Vater!" rief sie, „du willst mich nicht verlassen! willst mein Vater sein! Ich bin dein Kind!"

Sanft fing vor der Türe die Harfe an zu klingen; der Alte brachte seine herzlichsten Lieder dem Freunde zum Abendopfer, der, sein Kind immer fester in Armen haltend, des reinsten unbeschreiblichsten Glückes genoß.

DRITTES BUCH

Kennst du das Land, wo die Zitronen blühn,
Im dunkeln Laub die Gold-Orangen glühn,
Ein sanfter Wind vom blauen Himmel weht,
Die Myrte still und hoch der Lorbeer steht –
Kennst du es wohl?
              Dahin! dahin
Möcht ich mit dir, o mein Geliebter, ziehn!

Kennst du das Haus? auf Säulen ruht sein Dach,
Es glänzt der Saal, es schimmert das Gemach,
Und Marmorbilder stehn und sehn mich an:
Was hat man dir, du armes Kind, getan? –
Kennst du es wohl?
              Dahin! dahin
Möcht ich mit dir, o mein Beschützer, ziehn!

Kennst du den Berg und seinen Wolkensteg?
Das Maultier sucht im Nebel seinen Weg,
In Höhlen wohnt der Drachen alte Brut,
Es stürzt der Fels und über ihn die Flut –
Kennst du ihn wohl?
              Dahin! dahin
Geht unser Weg; o Vater, laß uns ziehn!

Als Wilhelm des Morgens sich nach Mignon im Hause umsah, fand er sie nicht, hörte aber, daß sie früh mit Melina ausgegangen sei, welcher sich, um die Garderobe und die übrigen Theatergerätschaften zu übernehmen, beizeiten aufgemacht hatte.

Nach Verlauf einiger Stunden hörte Wilhelm Musik vor seiner Türe. Er glaubte anfänglich, der Harfenspieler sei schon wieder zugegen; allein er unterschied bald die Töne einer Zither, und die Stimme, welche zu singen anfing, war Mignons Stimme. Wilhelm öffnete die Türe, das Kind trat herein und sang das Lied, das wir soeben aufgezeichnet haben.

Melodie und Ausdruck gefielen unserm Freunde besonders, ob er gleich die Worte nicht alle verstehen konnte. Er ließ sich die Strophen wiederholen und erklären, schrieb sie auf und übersetzte sie ins Deutsche. Aber die Originalität der Wendungen konnte er nur von ferne nachahmen. Die kindliche Unschuld des Ausdrucks verschwand, indem die gebrochene Sprache übereinstimmend und das Unzusammenhängende verbunden ward. Auch konnte der Reiz der Melodie mit nichts verglichen werden.

Sie fing jeden Vers feierlich und prächtig an, als ob sie auf etwas Sonderbares aufmerksam machen, als ob sie etwas Wichtiges vortragen wollte. Bei der dritten Zeile ward der Gesang dumpfer und düsterer; das K e n n s t d u e s w o h l ? drückte sie geheimnisvoll und bedächtig aus; in dem D a h i n ! D a h i n ! lag eine unwiderstehliche Sehnsucht, und ihr L a ß u n s z i e h n ! wußte sie bei jeder Wiederholung dergestalt zu modifizieren, daß es bald bittend und dringend, bald treibend und vielversprechend war.

Nachdem sie das Lied zum zweitenmal geendigt hatte, hielt sie einen Augenblick inne, sah Wilhelmen scharf an und fragte: „Kennst du das Land?" – „Es muß wohl Italien gemeint sein", versetzte Wilhelm; „woher hast du das Liedchen?" – „Italien!" sagte Mignon bedeutend, „gehst du nach Italien, so nimm mich mit, es friert mich hier." – „Bist du schon dort gewesen, liebe Kleine?" fragte Wilhelm. – Das Kind war still und nichts weiter aus ihm zu bringen.

Melina dachte schon an die Stücke, mit denen er zuerst das Publikum anlocken wollte, als ein Kurier dem Stallmeister die Ankunft der Herrschaft verkündigte und dieser die untergelegten Pferde vorzuführen befahl.

Bald darauf fuhr der hochbepackte Wagen, von dessen Bocke zwei Bediente heruntersprangen, vor dem Gasthause vor, und Philine war nach ihrer Art am ersten bei der Hand und stellte sich unter die Türe.

„Wer ist Sie?" fragte die Gräfin im Hereintreten.

„Eine Schauspielerin, Ihro Exzellenz zu dienen", war die Antwort, indem der Schalk mit einem gar frommen Gesichte und demütigen Gebärden sich neigte und der Dame den Rock küßte.

Der Graf, der noch einige Personen umherstehen sah, die sich gleichfalls für Schauspieler ausgaben, erkundigte sich nach der Stärke der Gesellschaft, nach dem letzten Orte ihres Aufenthaltes und ihrem Direktor. „Wenn es Franzosen wären", sagte er zu seiner Gemahlin, „könnten wir dem Prinzen eine unerwartete Freude machen und ihm bei uns seine Lieblingsunterhaltung verschaffen."

„Es käme darauf an", versetzte die Gräfin, „ob wir nicht diese Leute, wenn sie schon unglücklicherweise nur Deutsche sind, auf dem Schloß, solange der Fürst bei uns bleibt, spielen ließen. Sie haben doch wohl einige Geschicklichkeit. Eine große Sozietät läßt sich am besten durch ein Theater unterhalten, und der Baron würde sie schon zustutzen."

Unter diesen Worten gingen sie die Treppe hinauf, und Melina präsentierte sich oben als Direktor. „Ruf Er seine Leute zusammen", sagte der Graf, „und stell Er sie mir vor, damit ich sehe, was an ihnen ist. Ich will auch zugleich die Liste von den Stücken sehen, die sie allenfalls aufführen könnten."

Melina eilte mit einem tiefen Bücklinge aus dem Zimmer und kam bald mit den Schauspielern zurück. Sie drückten sich vor- und hintereinander; die einen präsentierten sich schlecht aus großer Begierde, zu gefallen, und die andern nicht besser, weil sie sich leichtsinnig darstellten. Philine bezeigte der Gräfin, die außerordentlich gnädig und freundlich war, alle Ehrfurcht; der Graf musterte indes die übrigen. Er fragte einen jeden nach seinem Fache und äußerte gegen Melina, daß man streng auf Fächer halten müsse, welchen Ausspruch dieser in der größten Devotion aufnahm.

Der Graf bemerkte sodann einem jeden, worauf er besonders zu studieren, was er an seiner Figur und Stellung zu ändern habe, zeigte ihnen einleuchtend, woran es den Deutschen immer fehle, und ließ so außerordentliche Kenntnisse sehen, daß alle in der größten Demut vor so einem erleuchteten Kenner und erlauchten Beschützer standen und kaum Atem zu holen sich getrauten.

„Wer ist der Mensch dort in der Ecke?" fragte der Graf, indem er nach einem Subjekte sah, das ihm noch nicht vorgestellt worden war, und eine hagre Figur nahte sich in einem abgetragenen, auf dem Ellbogen mit Fleckchen besetzten Rocke; eine kümmerliche Perücke bedeckte das Haupt des demütigen Klienten.

Dieser Mensch, den wir schon aus dem vorigen Buche als Philinens Liebling kennen, pflegte gewöhnlich Pedanten, Magister und Poeten zu spielen und meistens die Rolle zu übernehmen, wenn jemand Schläge kriegen oder begossen werden sollte. Er hatte sich gewisse kriechende, lächerliche, furchtsame Bücklinge angewöhnt, und seine stockende Sprache, die zu seinen Rollen paßte, machte die Zuschauer lachen, so daß er immer noch als ein brauchbares Glied der Gesellschaft angesehen wurde, besonders da er übrigens sehr dienstfertig und gefällig war. Er nahte sich auf seine Weise dem Grafen, neigte sich vor demselben und beantwortete jede Frage auf die Art, wie er sich in seinen Rollen auf dem Theater zu gebärden pflegte. Der Graf sah ihn mit gefälliger Aufmerksamkeit und mit Überlegung eine Zeitlang an, alsdann rief er, indem er sich zu der Gräfin wendete: „Mein Kind, betrachte mir diesen Mann genau; ich hafte dafür, das ist ein großer Schauspieler oder kann es werden." Der Mensch machte von ganzem Herzen einen albernen Bückling, so daß der Graf laut über ihn lachen mußte und ausrief: „Er macht seine Sachen exzellent! Ich wette, dieser Mensch kann spielen, was er will, und es ist schade, daß man ihn bisher zu nichts Besserm gebraucht hat."

Ein so außerordentlicher Vorzug war für die übrigen sehr kränkend; nur Melina empfand nichts davon, er gab vielmehr dem Grafen vollkommen recht und versetzte mit ehrfurchtsvoller Miene: „Ach ja, es hat wohl ihm und mehreren von uns nur ein solcher Kenner und eine solche Aufmunterung gefehlt, wie wir sie gegenwärtig an Eurer Exzellenz gefunden haben."

„Ist das die sämtliche Gesellschaft?" sagte der Graf.

„Es sind einige Glieder abwesend", versetzte der kluge Melina, „und überhaupt könnten wir, wenn wir nur Unterstützung fänden, sehr bald aus der Nachbarschaft vollzählig sein."

Indessen sagte Philine zur Gräfin: „Es ist noch ein recht hübscher junger Mann oben, der sich gewiß bald zum ersten Liebhaber qualifizieren würde."

„Warum läßt er sich nicht sehen?" versetzte die Gräfin.

„Ich will ihn holen", rief Philine und eilte zur Türe hinaus. Sie fand Wilhelmen mit Mignon beschäftigt und beredete ihn, mit herunterzugehen. Er folgte ihr mit einigem Unwillen, doch trieb ihn die Neugier: denn da er von vornehmen Personen hörte, war er voll Verlangen, sie näher kennenzulernen. Er trat ins Zimmer, und seine Augen begegneten sogleich den Augen der Gräfin, die auf ihn gerichtet waren. Philine zog ihn zu der Dame, indes der Graf sich mit den übrigen beschäftigte. Wilhelm neigte sich und gab auf verschiedene Fragen, welche die reizende Dame an ihn tat, nicht ohne Verwirrung Antwort. Ihre Schönheit, Jugend, Anmut, Zierlichkeit und feines Betragen machten den angenehmsten Eindruck auf ihn, um so mehr, da ihre Reden und Gebärden mit einer gewissen Schamhaftigkeit, ja man dürfte sagen: Verlegenheit, begleitet waren. Auch dem Grafen ward er vorgestellt, der aber wenig acht auf ihn hatte, sondern zu seiner Gemahlin ans Fenster trat und sie um etwas zu fragen schien. Man

konnte bemerken, daß ihre Meinung auf das lebhafteste mit der seinigen übereinstimmte, ja, daß sie ihn eifrig zu bitten und ihn in seiner Gesinnung zu bestärken schien.
Er kehrte sich darauf bald zu der Gesellschaft und sagte: „Ich kann mich gegenwärtig nicht aufhalten, aber ich will einen Freund zu euch schicken, und wenn ihr billige Bedingungen macht und euch recht viel Mühe geben wollt, so bin ich nicht abgeneigt, euch auf dem Schlosse spielen zu lassen."
Alle bezeigten ihre große Freude darüber, und besonders küßte Philine mit der größten Lebhaftigkeit der Gräfin die Hände.
„Sieht Sie, Kleine", sagte die Dame, indem sie dem leichtfertigen Mädchen die Backen klopfte; „sieht Sie, mein Kind, da kommt Sie wieder zu mir; ich will schon mein Versprechen halten, Sie muß sich nur besser anziehen."
Philine entschuldigte sich, daß sie wenig auf ihre Garderobe zu verwenden habe, und sogleich befahl die Gräfin ihren Kammerfrauen, einen englischen Hut und ein seidnes Halstuch, die leicht auszupacken waren, heraufzugeben. Nun putzte die Gräfin selbst Philinen an, die fortfuhr, sich mit einer scheinheiligen unschuldigen Miene gar artig zu gebärden und zu betragen.
Der Graf bot seiner Gemahlin die Hand und führte sie hinunter. Sie grüßte die ganze Gesellschaft im Vorbeigehen freundlich und kehrte sich nochmals gegen Wilhelmen um, indem sie mit der huldreichsten Miene zu ihm sagte: „Wir sehen uns bald wieder."
So glückliche Aussichten belebten die ganze Gesellschaft; jeder ließ nunmehr seinen Hoffnungen, Wünschen und Einbildungen freien Lauf, sprach von den Rollen, die er spielen, von dem Beifall, den er erhalten wollte. Melina überlegte, wie er noch geschwind, durch einige Vorstellungen, den Einwohnern des Städtchens etwas Geld abnehmen und zugleich die Gesellschaft in Atem setzen könne, indes andre in die Küche gingen, um ein besseres Mittagessen zu bestellen, als man sonst einzunehmen gewohnt war.
Nach einigen Tagen kam der Baron.
Über Wilhelmen sprach Melina den Baron im Vorbeigehen und versicherte, daß er sich sehr gut zum Theaterdichter qualifiziere und zum Schauspieler selbst keine üblen Anlagen habe. Der Baron machte sogleich mit ihm als einem Kollegen Bekanntschaft, und Wilhelm produzierte einige kleine Stücke, die nebst wenigen Reliquien an jenem Tage, als er den größten Teil seiner Arbeiten in Feuer aufgehen ließ, durch einen Zufall gerettet wurden. Der Baron lobte sowohl die Stücke als den Vortrag, nahm als bekannt an, daß er mit hinüber auf das Schloß kommen würde, versprach bei seinem Abschiede allen die beste Aufnahme, bequeme Wohnung, gutes Essen, Beifall und Geschenke, und Melina setzte noch die Versicherung eines bestimmten Taschengeldes hinzu.

Endlich kam die Zeit herbei, da man sich zur Überfahrt schicken, die Kutschen und Wagen erwarten sollte, die unsere ganze Truppe nach dem Schlosse des Grafen hinüberzuführen bestellt waren. Schon zum voraus fielen große Streitigkeiten vor, wer mit dem andern fahren, wie man sitzen sollte. Die Ordnung und Einteilung ward endlich nur mit Mühe ausgemacht und festgesetzt, doch leider ohne Wirkung. Zur bestimmten Stunde kamen weniger Wagen, als man erwartet hatte, und man mußte sich einrichten. Der Baron, der zu Pferde nicht lange hinterdrein folgte, gab zur Ursache an, daß im Schlosse alles in großer Bewegung sei, weil nicht allein der Fürst einige Tage früher eintreffen werde, als man geglaubt, sondern weil auch unerwarteter Besuch schon gegenwärtig angelangt sei; der Platz gehe sehr zusammen, sie würden auch deswegen nicht so gut logieren, als man es ihnen vorher bestimmt habe, welches ihm außerordentlich leid tue.

Man teilte sich in die Wagen, so gut es gehen wollte, und da leidlich Wetter und das Schloß nur einige Stunden entfernt war, machten sich die Lustigsten lieber zu Fuße auf den Weg, als daß sie die Rückkehr der Kutschen hätten abwarten sollen. Die Karawane zog mit Freudengeschrei aus, zum erstenmal ohne Sorgen, wie der Wirt zu bezahlen sei. Das Schloß des Grafen stand ihnen wie ein Feengebäude vor der Seele, sie waren die glücklichsten und fröhlichsten Menschen von der Welt, und jeder knüpfte unterwegs an diesen Tag, nach seiner Art zu denken, eine Reihe von Glück, Ehre und Wohlstand.

Ein starker Regen, der unerwartet einfiel, konnte sie nicht aus diesen angenehmen Empfindungen reißen; da er aber immer anhaltender und stärker wurde, spürten viele von ihnen eine ziemliche Unbequemlichkeit. Die Nacht kam herbei, und erwünschter konnte ihnen nichts erscheinen als der durch alle Stockwerke erleuchtete Palast des Grafen, der ihnen von einem Hügel entgegenglänzte.

Als sie näher kamen, fanden sie auch alle Fenster der Seitengebäude erhellet. Ein jeder dachte bei sich, welches wohl sein Zimmer werden möchte, und die meisten begnügten sich bescheiden mit einer Stube in der Mansarde oder den Flügeln.

Nun fuhren sie durch das Dorf und am Wirtshause vorbei. Wilhelm ließ halten, um dort abzusteigen; allein der Wirt versicherte, daß er ihm nicht den geringsten Raum anweisen könne. Der Herr Graf habe, weil unvermutete Gäste angekommen, sogleich das ganze Wirtshaus besprochen, an allen Zimmern stehe schon seit gestern mit Kreide deutlich angeschrieben, wer darin wohnen solle. Wider seinen Willen mußte also unser Freund mit der übrigen Gesellschaft zum Schloßhofe hineinfahren.

Um die Küchenfeuer in einem Seitengebäude sahen sie geschäftige Köche sich hin und her bewegen und waren durch diesen Anblick schon erquickt; eilig kamen Bediente mit Lichtern auf die Treppe des Hauptgebäudes gesprungen, und das Herz der guten Wanderer quoll über diesen Aussichten auf. Wie sehr verwunderten sie sich dagegen, als sich dieser Empfang in ein entsetzliches Fluchen auflöste. Die Bedienten schimpften auf die Fuhrleute, daß sie hier hereingefahren seien; sie sollten umwenden, rief man, und wieder hinaus nach dem alten Schlosse zu, hier sei kein Raum für diese Gäste! Einem so unfreundlichen und unerwarteten Bescheide fügten sie noch allerlei Spöttereien hinzu und lachten sich untereinander aus, daß sie durch diesen Irrtum in den Regen gesprengt worden. Es goß noch immer, keine Sterne standen am Himmel, und nun wurde die Gesellschaft durch einen holprichten Weg zwischen zwei Mauern in das alte hintere Schloß gezogen, welches unbewohnt dastand, seit der Vater des Grafen das vordere gebaut hatte. Teils im Hofe, teils unter einem langen gewölbten Torwege hielten sie die Wagen still, und die Fuhrleute, Anspanner aus dem Dorfe, spannten aus und ritten ihrer Wege.

Da niemand zum Empfange der Gesellschaft sich zeigte, stiegen sie aus, riefen, suchten – vergebens! Alles blieb finster und stille. Der Wind blies durch das hohe Tor, und grauerlich waren die alten Türme und Höfe, wovon sie kaum die Gestalten in der Finsternis unterschieden. Sie froren und schauerten, die Frauen fürchteten sich, die Kinder fingen an zu weinen; ihre Ungeduld vermehrte sich mit jedem Augenblicke, und ein so schneller Glückswechsel, auf den niemand vorbereitet war, brachte sie alle ganz und gar aus der Fassung.

Da sie jeden Augenblick erwarteten, daß jemand kommen und ihnen aufschließen werde, da bald Regen, bald Sturm sie täuschte und sie mehr als einmal den Tritt des erwünschten Schloßvogts zu hören glaubten, blieben sie eine lange Zeit unmutig und untätig; es fiel keinem ein, in das neue Schloß zu gehen und dort mitleidige Seelen um Hilfe anzurufen. Sie konnten nicht begreifen, wo ihr Freund, der Baron, geblieben sei, und waren in einer höchst beschwerlichen Lage.

Endlich kamen wirklich Menschen an, und man erkannte an ihren Stimmen einige Fußgänger, die auf dem Wege hinter den Fahrenden zurückgeblieben waren. Sie erzählten, daß der Baron mit dem Pferde gestürzt sei, sich am Fuße stark beschädigt habe und daß man auch sie, da sie im Schlosse nachgefragt, mit Ungestüm hieher gewiesen habe.

Die ganze Gesellschaft war in der größten Verlegenheit; man ratschlagte, was man tun sollte, und konnte keinen Entschluß fassen. Endlich sah man von weitem eine Laterne kommen und holte frischen Atem; allein die Hoffnung einer baldigen Erlösung verschwand auch wieder, indem die Erscheinung näher kam und deutlich ward. Ein Reitknecht leuchtete dem bekannten Stallmeister des Grafen vor, und dieser erkundigte sich, als er näher kam, sehr eifrig nach Mademoiselle Philinen. Sie war kaum aus dem übrigen Haufen hervorgetreten, als er ihr sehr dringend anbot, sie in das neue Schloß zu führen, wo ein Plätzchen für sie bei den Kammerjungfern der Gräfin bereitet sei. Sie besann sich nicht lange, das Anerbieten dankbar zu ergreifen, faßte ihn bei dem Arme und wollte, da sie den andern ihren Koffer empfohlen, mit ihm forteilen; allein man trat ihnen in den Weg, fragte, bat, beschwor den Stallmeister, daß er endlich, um nur mit seiner Schönen loszukommen, alles versprach und versicherte: in kurzem solle das Schloß eröffnet und sie auf das beste einquartiert werden. Bald darauf sahen sie den Schein seiner Laterne verschwinden und hofften lange vergebens auf das neue Licht, das ihnen endlich nach vielem Warten, Schelten und Schmähen erschien und sie mit einigem Troste und Hoffnung belebte.

Ein alter Hausknecht eröffnete die Türe des alten Gebäudes, in das sie mit Gewalt eindrangen. Ein jeder sorgte nun für seine Sachen, sie abzupacken, sie hereinzuschaffen. Das meiste war, wie die Personen selbst, tüchtig durchweicht. Bei dem einen Lichte ging alles sehr langsam. Im Gebäude stieß man sich, stolperte, fiel. Man bat um mehr Lichter, man bat um Feuerung. Der einsilbige Hausknecht ließ mit genauer Not seine Laterne da, ging und kam nicht wieder.

Nun fing man an, das Haus zu durchsuchen; die Türen aller Zimmer waren offen; große Öfen, gewirkte Tapeten, eingelegte Fußböden waren von seiner vorigen Pracht noch übrig, von anderm Hausgeräte aber nichts zu finden, kein Tisch, kein Stuhl, kein Spiegel, kaum einige ungeheure leere Bettstellen, alles Schmuckes und alles Notwendigen beraubt. Die nassen Koffer und Mantelsäcke wurden zu Sitzen gewählt, ein Teil der müden Wanderer bequemte sich auf dem Fußboden, Wilhelm hatte sich auf einige Stufen gesetzt, Mignon lag auf seinen Knien; das Kind war unruhig, und auf seine Frage, was ihm fehle, antwortete es: Mich hungert! Er fand nichts bei sich, um das Verlangen des Kindes zu stillen, die übrige Gesellschaft hatte jeden Vorrat auch aufgezehrt, und er mußte die arme Kreatur ohne Erquickung lassen. Er blieb bei dem ganzen Vorfalle untätig, still in sich gekehrt: denn er war sehr verdrießlich und grimmig, daß er nicht auf seinem Sinne bestanden und bei dem Wirtshause abgestiegen sei, wenn er auch auf dem obersten Boden hätte sein Lager nehmen sollen.

Die übrigen gebärdeten sich jeder nach seiner Art. Einige hatten einen Haufen altes Gehölz in einen ungeheuren Kamin des Saals geschafft und zündeten mit großem Jauchzen den Scheiterhaufen an. Unglücklicherweise ward auch diese Hoffnung, sich zu trocknen und zu wärmen, auf das schrecklichste getäuscht, denn dieser Kamin stand nur zur Zierde da und war von oben herein vermauert; der Dampf trat schnell zurück und erfüllte auf einmal die Zimmer; das dürre Holz schlug prasselnd in Flammen auf, und auch die Flamme ward herausgetrieben; der Zug, der durch die zerbrochenen Fensterscheiben drang, gab ihr eine unstete Richtung, man fürchtete das Schloß anzuzünden, mußte das Feuer auseinanderziehen, austreten, dämpfen, der Rauch vermehrte sich, der Zustand wurde unerträglich, man kam der Verzweiflung nahe.

Wilhelm war vor dem Rauch in ein entferntes Zimmer gewichen, wohin ihm bald Mignon folgte und einen wohlgekleideten Bedienten, der eine hohe, hellbrennende, doppelt erleuchtete Laterne trug, hereinführt; dieser wendete sich an Wilhelmen, und indem er ihm auf einem schönen porzellanenen Teller Konfekt und Früchte überreichte, sagte er: „Dies schickt Ihnen das junge Frauenzimmer von drüben, mit der Bitte, zur Gesellschaft zu kommen; sie läßt sagen", setzte der Bediente mit einer leichtfertigen Miene hinzu, „es gehe ihr sehr wohl und sie wünsche, ihre Zufriedenheit mit ihren Freunden zu teilen."

Wilhelm erwartete nichts weniger als diesen Antrag, denn er hatte Philinen seit dem Abenteuer der steinernen Bank mit entschiedener Verachtung begegnet und war so fest entschlossen, keine Gemeinschaft mehr mit ihr zu machen, daß er im Begriffe stand, die süße Gabe wieder zurückzuschicken, als ein bittender Blick Mignons ihn vermochte, sie anzunehmen und im Namen des Kindes dafür zu danken; die Einladung schlug er ganz aus. Er bat den Bedienten, einige Sorge für die angekommene Gesellschaft zu haben, und erkundigte sich nach dem Baron. Dieser lag zu Bette, hatte aber schon, soviel der Bediente zu sagen wußte, einem andern Auftrag gegeben, für die elend Beherbergten zu sorgen.

Der Bediente ging und hinterließ Wilhelmen eins von seinen Lichtern, das dieser in Ermanglung eines Leuchters auf das Fenstersims kleben mußte und nun wenigstens bei seinen Betrachtungen die vier Wände des Zimmers erhellt sah. Denn es währte noch zu lange, ehe die Anstalten rege wurden, die unsere Gäste zur Ruhe bringen sollten. Nach und nach kamen Lichter, jedoch ohne Lichtputzen, dann einige Stühle, eine Stunde darauf Deckbetten, dann Kissen, alles wohl durchnäßt, und es war schon weit über Mitternacht, als endlich Strohsäck und Matratzen herbeigeschafft wurden, die, wenn man sie zuerst gehabt hätte, höchst willkommen gewesen wären.

In der Zwischenzeit war auch etwas von Essen und Trinken angelangt, das ohne viel Kritik genossen wurde, ob es gleich einem sehr unordentlichen Abhub ähnlich sah und von der Achtung, die man für die Gäste hatte, kein sonderliches Zeugnis ablegte.

Durch die Unart und den Übermut einiger leichtfertiger Gesellen vermehrte sich die Unruhe und das Übel der Nacht, indem sie sich einander neckten, aufweckten und sich wechselweise allerlei Streiche spielten. Der andere Morgen brach an unter lauten Klagen über ihren Freund, den Baron, daß er sie so getäuscht und ihnen ein ganz anderes Bild von der Ordnung und Bequemlichkeit, in die sie kommen würden, gemacht habe. Doch zur Verwunderung und Trost erschien in aller Frühe der Graf selbst mit einigen Bedienten und erkundigte sich nach ihren Umständen. Er war sehr entrüstet, als er hörte, wie übel es ihnen ergangen, und der Baron, der geführt herbeihinkte, verklagte den Haushofmeister, wie befehlswidrig er sich bei dieser Gelegenheit gezeigt, und glaubte, ihm ein rechtes Bad angerichtet zu haben.

Der Graf befahl sogleich, daß alles in seiner Gegenwart zur möglichsten Bequemlichkeit der Gäste geordnet werden solle. Darauf kamen einige Offiziere, die von den Aktricen sogleich Kundschaft nahmen, und der Graf ließ sich die ganze Gesellschaft vorstellen, redete einen jeden bei seinem Namen an und mischte einige Scherze in die Unterredung, daß alle über einen so gnädigen Herrn ganz entzückt waren. Endlich mußte Wilhelm auch an die Reihe, an den sich Mignon anhing. Wilhelm entschuldigte sich, so gut er konnte, über seine Freiheit; der Graf hingegen schien seine Gegenwart als bekannt anzunehmen.

Ein Herr, der neben dem Grafen stand, den man für einen Offizier hielt, ob er gleich keine Uniform anhatte, sprach besonders mit unserm Freunde und zeichnete sich vor allen andern aus. Große hellblaue Augen leuchteten unter einer hohen Stirne hervor, nachlässig waren seine blonden Haare aufgeschlagen und seine mittlere Statur zeigte ein sehr wackres, festes und bestimmtes Wesen. Seine Fragen waren lebhaft, und er schien sich auf alles zu verstehen, wonach er fragte.

Wilhelm erkundigte sich nach diesem Manne bei dem Baron, der aber nicht viel Gutes von ihm zu sagen wußte. Er habe den Charakter als Major, sei eigentlich der Günstling des Prinzen, verstehe dessen geheimste Geschäfte und werde für dessen rechten Arm gehalten, ja man habe Ursache zu glauben, er sei sein natürlicher Sohn. In Frankreich, England, Italien sei er mit Gesandtschaften gewesen, er werde überall sehr distinguiert, und das mache ihn einbildisch; er wähne, die deutsche Literatur aus dem Grunde zu kennen, und erlaube sich allerlei schale Spöttereien gegen dieselbe. Er, der Baron, vermeide alle Unterredung mit ihm, und Wilhelm werde wohl tun, sich auch von ihm entferntzuhalten, denn am Ende gebe er jedermann etwas ab. Man nenne ihn Jarno, wisse aber nicht recht, was man aus dem Namen machen solle.

Wilhelm hatte darauf nichts zu sagen, denn er empfand gegen den Fremden, ob er gleich etwas Kaltes und Abstoßendes hatte, eine gewisse Neigung.

Die Gesellschaft wurde in dem Schlosse eingeteilt, und Melina befahl sehr strenge, sie sollten sich nunmehr ordentlich halten, die Frauen sollten besonders wohnen, und jeder nur auf seine Rollen, auf die Kunst sein Augenmerk und seine Neigung richten. Er schlug Vorschriften und Gesetze, die aus vielen Punkten bestanden, an alle Türen. Die Summe der Strafgelder war bestimmt, die ein jeder Übertreter in eine gemeine Büchse entrichten sollte.

Diese Verordnungen wurden wenig geachtet. Junge Offiziere gingen aus und ein, spaßten nicht eben auf das feinste mit den Aktricen, hatten die Akteure zum besten und vernichteten die ganze kleine Polizeiordnung, noch ehe sie Wurzel fassen konnte. Man jagte sich durch die Zimmer, verkleidete sich, versteckte sich. Melina, der anfangs einigen Ernst zeigen wollte, ward mit allerlei Mutwillen auf das Äußerste gebracht, und als ihn bald darauf der Graf holen ließ, um den Platz zu sehen, wo das Theater aufgerichtet werden sollte, ward das Übel nur immer ärger. Die jungen Herren ersannen sich allerlei platte Späße, durch Hilfe einiger Akteure wurden sie noch plumper, und es schien, als wenn das ganze alte Schloß vom wütenden Heere besessen sei; auch endigte der Unfug nicht eher, als bis man zur Tafel ging.

Der Graf hatte Melinan in einen großen Saal geführt, der noch zum alten Schlosse gehörte, durch eine Galerie mit dem neuen verbunden war und worin ein kleines Theater sehr wohl aufgestellt werden konnte. Daselbst zeigte der einsichtsvolle Hausherr, wie er alles wolle eingerichtet haben.

Nun ward die Arbeit in großer Eile vorgenommen, das Theatergerüst aufgeschlagen und ausgeziert; was man von Dekorationen in dem Gepäcke hatte und brauchen konnte, angewendet und das übrige mit Hilfe einiger geschickter Leute des Grafen verfertigt. Wilhelm griff selbst mit an, half die Perspektive bestimmen, die Umrisse abschnüren und war höchst beschäftigt, daß es nicht unschicklich werden sollte. Der Graf, der öfters dazukam, war sehr zufrieden damit, zeigte, wie sie das, was sie wirklich taten, eigentlich machen sollten, und ließ dabei ungemeine Kenntnisse jeder Kunst sehen.

Nun fing das Probieren recht ernstlich an, wozu sie auch Raum und Muße genug gehabt hätten, wenn sie nicht von den vielen anwesenden Fremden immer gestört worden wären. Denn es kamen täglich neue Gäste an, und ein jeder wollte die Gesellschaft in Augenschein nehmen.

Endlich war der Prinz gekommen; die Generalität, die Stabsoffiziere und das übrige Gefolge, das zu gleicher Zeit eintraf, die vielen Menschen, die teils zum Besuche, teils Geschäfts wegen einsprachen, machten das Schloß einem Bienenstocke ähnlich, der eben schwärmen will. Jedermann drängte sich herbei, den vortrefflichen Fürsten zu sehen, und jedermann bewunderte seine Leutseligkeit und Herablassung, jedermann erstaunte, in dem Helden und Heerführer zugleich den gefälligsten Hofmann zu erblicken.

Alle Hausgenossen mußten nach Ordre des Grafen bei der Ankunft des Fürsten auf ihrem Posten sein; kein Schauspieler durfte sich blicken lassen, weil der Prinz mit den vorbereiteten Feierlichkeiten überrascht werden sollte. Und so schien er auch des Abends, als man ihn in den großen wohlerleuchteten und mit gewirkten Tapeten des vorigen Jahrhunderts ausgezierten Saal führte, ganz und gar nicht auf sein Schauspiel, viel weniger auf ein Vorspiel zu seinem Lobe vorbereitet zu sein. Alles lief auf das beste ab, und die Truppe mußte nach vollendeter Vorstellung herbei und sich dem Prinzen zeigen, der jeden auf die freundlichste Weise etwas zu fragen, jedem auf die gefälligste Art etwas zu sagen wußte. Wilhelm als Autor mußte besonders vortreten, und ihm ward gleichfalls sein Teil Beifall zugespendet.

Nach dem Vorspiele fragte niemand sonderlich, in einigen Tagen war es, als wenn nichts dergleichen wäre aufgeführt worden, außer daß Jarno mit Wilhelmen gelegentlich davon sprach und es sehr verständig lobte; nur setzte er hinzu: „Es ist schade, daß Sie mit hohlen Nüssen um hohle Nüsse spielen." – Mehrere Tage lag Wilhelmen dieser Ausdruck im Sinne; er wußte nicht, wie er ihn auslegen, noch was er daraus nehmen sollte.

War nun auf diese Weise die Kunst unsrer Schauspieler nicht auf das beste bemerkt und bewundert, so waren dagegen ihre Personen den Zuschauern und Zuschauerinnen nicht völlig gleichgültig. Wir haben schon oben angezeigt, daß die Schauspielerinnen gleich von Anfang die Aufmerksamkeit junger Offiziere erregten; allein sie waren in der Folge glücklicher und machten wichtigere Eroberungen. Doch wir schweigen davon und merken nur, daß Wilhelm der Gräfin von Tag zu Tag interessanter vorkam, sowie auch in ihm eine stille Neigung gegen sie aufzukeimen anfing. Sie konnte, wenn er auf dem Theater war, die Augen nicht von ihm abwenden, und er schien bald nur allein gegen sie gerichtet zu spielen und zu rezitieren. Sich wechselseitig anzusehen, war ihnen ein unaussprechliches Vergnügen, dem sich ihre harmlosen Seelen ganz überließen, ohne lebhaftere Wünsche zu nähren oder für irgendeine Folge besorgt zu sein.

Wie über einen Fluß hinüber, der sie scheidet, zwei feindliche Vorposten sich ruhig und lustig zusammen besprechen, ohne an den Krieg zu denken, in welchem ihre beiderseitigen Parteien begriffen sind, so wechselte die Gräfin mit Wilhelm bedeutende Blicke über die ungeheure Kluft der Geburt und des Standes hinüber, und jedes glaubte an seiner Seite, sicher seinen Empfindungen nachhängen zu dürfen.

Die Baronesse hatte sich indessen den Laertes ausgesucht, der ihr als ein wackerer, munterer Jüngling besonders wohl gefiel und der, so sehr Weiberfeind er war, doch ein vorbeigehendes Abenteuer nicht verschmähte und wirklich diesmal wider Willen durch die Leutseligkeit und das einnehmende Wesen der Baronesse gefesselt worden wäre, hätte ihm der Baron zufällig nicht einen guten oder, wenn man will, einen schlimmen Dienst erzeigt, indem er ihn mit den Gesinnungen dieser Dame näher bekanntmachte.

Denn als Laertes sie einst laut rühmte und sie allen andern ihres Geschlechts vorzug, versetzte der Baron scherzend: „Ich merke schon, wie die Sachen stehen; unsre liebe Freundin hat wieder einen für ihre Ställe gewonnen." – Dieses unglückliche Gleichnis, das nur zu klar auf die gefährlichen Liebkosungen einer Circe deutete, verdroß Laertes über die Maßen, und er konnte dem Baron nicht ohne Ärgernis zuhören, der ohne Barmherzigkeit fortfuhr:

„Jeder Fremder glaubt, daß er der erste sei, dem so angenehmes Betragen gelte; aber er irrt gewaltig, denn wir alle sind einmal auf diesem Wege herumgeführt worden; Mann, Jüngling oder Knabe, er sei, wer er sei, muß sich eine Zeitlang ihr ergeben, ihr anhängen und sich mit Sehnsucht um sie bemühen."

Den Glücklichen, der eben, in die Gärten einer Zauberin hineintretend, von allen Seligkeiten eines künstlichen Frühlings empfangen wird, kann nichts unangenehmer überraschen, als wenn ihm, dessen Ohr ganz auf den Gesang der Nachtigall lauscht, irgendein verwandelter Vorfahr unvermutet entgegengrunzt.

Laertes schämte sich nach dieser Entdeckung recht von Herzen, daß ihn seine Eitelkeit nochmals verleitet habe, von irgend einer Frau auch nur im mindesten gut zu denken. Er vernachlässigte sie nunmehr völlig, hielt sich zu dem Stallmeister, mit dem er fleißig focht und auf die Jagd ging, bei Proben und Vorstellungen aber sich betrug, als wenn dies bloß eine Nebensache wäre.

Der Graf und die Gräfin ließen manchmal morgens einige von der Gesellschaft rufen, da jeder denn immer Philinens unverdientes Glück zu beneiden Ursache fand. Der Graf hatte seinen Liebling, den Pedanten, oft stundenlang bei seiner Toilette. Dieser Mensch ward nach und nach bekleidet und bis auf Uhr und Dose equipiert und ausgestattet.

Auch wurde die Gesellschaft manchmal samt und sonders nach Tafel vor die hohen Herrschaften gefordert. Sie schätzten sich es zur größten Ehre und bemerkten nicht, daß man zu ebenderselben Zeit durch Jäger und Bediente eine Anzahl Hunde hereinbringen und Pferde im Schloßhofe vorführen ließ.

Man hatte Wilhelmen gesagt, daß er ja gelegentlich des Prinzen Liebling, Racine, loben und dadurch auch von sich eine gute Meinung erwecken solle. Er fand dazu an einem solchen Nachmittage Gelegenheit, da er auch mit vorgefordert worden war und der Prinz ihn fragte, ob er auch fleißig die großen französischen Theaterschriftsteller lese; darauf ihm denn Wilhelm mit einem sehr lebhaften Ja antwortete. Er bemerkte nicht, daß der Fürst, ohne seine Antwort abzuwarten, schon im Begriff war, sich weg und zu jemand anders zu wenden, er faßte ihn vielmehr sogleich und trat ihm beinah in den Weg, indem er fortfuhr: er schätze das französische Theater sehr hoch und lese die Werke der großen Meister mit Entzücken; besonders habe er zu wahrer Freude gehört, daß der Fürst den großen Talenten eines Racine völlige Gerechtigkeit widerfahren lasse. „Ich kann es mir vorstellen", fuhr er fort, „wie vornehme und erhabene Personen einen Dichter schätzen müssen, der die Zustände ihrer höheren Verhältnisse so vortrefflich und richtig schildert. Corneille hat, wenn ich so sagen darf, große Menschen dargestellt, und Racine vornehme Personen. Ich kann mir, wenn ich seine Stücke lese, immer den Dichter denken, der an einem glänzenden Hofe lebt, einen großen König vor Augen hat, mit den Besten umgeht und in die Geheimnisse der Menschheit dringt, wie sie sich hinter kostbar gewirkten Tapeten verbergen. Wenn ich seinen ‚Britannicus', seine ‚Bérénice' studiere, so kommt es mir wirklich vor, ich sei am Hofe, sei in das Große und Kleine dieser Wohnungen der irdischen Götter eingeweiht, ich sehe durch die Augen eines feinfühlenden Franzosen Könige, die eine ganze Nation anbetet, Hofleute, die von viel Tausenden beneidet werden, in ihrer natürlichen Gestalt mit ihren Fehlern und Schmerzen. Die Anekdote, daß Racine sich zu Tode gegrämt habe, weil Ludwig der Vierzehnte ihn nicht mehr angesehen, ihn seine Unzufriedenheit fühlen lassen, ist mir ein Schlüssel zu allen seinen Werken, und es ist unmöglich, daß ein Dichter von so großen Talenten, dessen Leben und Tod an den Augen eines Königes hängt, nicht auch Stücke schreiben solle, die des Beifalls eines Königes und eines Fürsten wert seien."

Jarno war herbeigetreten und hörte unserem Freunde mit Verwunderung zu; der Fürst, der nicht geantwortet und nur mit einem gefälligen Blicke seinen Beifall gezeigt hatte, wandte sich seitwärts, obgleich Wilhelm, dem es noch unbekannt war, daß es nicht anständig sei, unter solchen Umständen einen Diskurs fortzusetzen und eine Materie erschöpfen zu wollen, noch gerne mehr gesprochen und dem Fürsten gezeigt hätte, daß er nicht ohne Nutzen und Gefühl seinen Lieblingsdichter gelesen.

„Haben Sie denn niemals", sagte Jarno, indem er ihn beiseite nahm, „ein Stück von Shakespearen gelesen?"

„Nein", versetzte Wilhelm; „denn seit der Zeit, daß sie in Deutschland bekannter geworden sind, bin ich mit dem Theater unbekannt worden, und ich weiß nicht, ob ich mich freuen soll, daß sich zufällig eine alte jugendliche Liebhaberei und Beschäftigung gegenwärtig wieder erneuerte. Indessen hat mich alles, was ich von jenen Stükken gehört, nicht neugierig gemacht, solche seltsame Ungeheuer näher kennenzulernen, die über alle Wahrscheinlichkeit, allen Wohlstand hinauszuschreiten scheinen."

„Ich will Ihnen denn doch raten", versetzte jener, „einen Versuch zu machen; es kann nichts schaden, wenn man auch das Seltsame mit eigenen Augen sieht. Ich will Ihnen ein paar Teile borgen, und Sie können Ihre Zeit nicht besser anwenden, als wenn Sie sich gleich von allem losmachen und in der Einsamkeit Ihrer alten Wohnung in die Zauberlaterne dieser unbekannten Welt sehen. Es ist sündlich, daß Sie Ihre Stunden verderben, diese Affen menschlicher auszuputzen und diese Hunde tanzen zu lehren. Nur e i n s bedinge ich mir aus, daß Sie sich an die Form nicht stoßen; das übrige kann ich Ihrem richtigen Gefühle überlassen."

Die Pferde standen vor der Tür, und Jarno setzte sich mit einigen Kavalieren auf, um sich mit der Jagd zu erlustigen. Wilhelm sah ihm traurig nach. Er hätte gerne mit diesem Manne noch vieles gesprochen, der ihn, wiewohl auf eine unfreundliche Art, neue Ideen gab, Ideen, deren er bedurfte.

Der Mensch kommt manchmal, indem er sich einer Entwicklung seiner Kräfte, Fähigkeiten und Begriffe nähert, in eine Verlegenheit, aus der ihm ein guter Freund leicht helfen könnte. Er gleicht einem Wanderer, der nicht weit von der Herberge ins Wasser fällt; griffe jemand sogleich zu, risse ihn ans Land, so wäre es um einmal naß werden getan, anstatt daß er sich auch wohl selbst, aber am jenseitigen Ufer, heraushilft und einen beschwerlichen weiten Umweg nach seinem bestimmten Ziele zu machen hat.

Wilhelm fing an zu wittern, daß es in der Welt anders zugehe, als er es sich gedacht. Er sah das wichtige und bedeutungsvolle Leben der Vornehmen und Großen in der Nähe und verwunderte sich, wie sie einen leichten Anstand sich ihm zu geben wußten. Ein Heer auf dem Marsche, ein fürstlicher Held an seiner Spitze, so viele mitwirkende Krieger, so viele zudringende Verehrer erhöhten seine Einbildungskraft. In dieser Stimmung erhielt er die versprochenen Bücher, und in kurzem, wie man es vermuten kann, ergriff ihn der Strom jenes großen Genius und führte ihn einem unübersehlichen Meere zu, worin er sich gar bald völlig vergaß und verlor.

Man erzählt von Zauberern, die durch magische Formeln eine ungeheure Menge allerlei geistiger Gestalten in ihre Stube herbeiziehen. Die Beschwörungen sind so kräftig, daß sich bald der Raum des Zimmers ausfüllt und die Geister, bis an den kleinen gezogenen Kreis hinangedrängt, um denselben und über dem Haupte des Meisters in ewig drehender Verwandlung sich bewegend vermehren. Jeder Winkel ist vollgepfropft und jedes Gesims besetzt. Eier dehnen sich aus, und Riesengestalten ziehen sich in Pilze zusammen. Unglücklicherweise hat der Schwarzkünstler das Wort vergessen, womit er diese Geisterflut wieder zur Ebbe bringen könnte. – So saß Wilhelm, und mit unbekannter Bewegung wurden tausend Empfindungen und Fähigkeiten in ihm rege, von denen er keinen Begriff und keine Ahnung gehabt hatte. Nichts konnte ihn aus diesem Zustande reißen, und er war sehr unzufrieden, wenn irgend jemand zu kommen Gelegenheit nahm, um ihn von dem, was auswärts vorging, zu unterhalten.

So merkte er kaum auf, als man ihm die Nachricht brachte, es sollte in dem Schloßhof eine Exekution vorgehen und ein Knabe gestäupt werden, der sich eines nächtlichen Einbruchs verdächtig gemacht habe. Der Knabe leugne zwar auf das hartnäckigste, und man könne ihn deswegen nicht förmlich bestrafen, wolle ihm aber als einem Vagabunden einen Denkzettel geben und ihn weiterschicken, weil er einige Tage in der Gegend herumgeschwärmt sei, sich des Nachts in den Mühlen aufgehalten, endlich eine Leiter an einer Gartenmauer angelehnt habe und herübergestiegen sei.

Wilhelm fand an dem ganzen Handel nichts sonderlich merkwürdig, als Mignon hastig hereinkam und ihm versicherte, der Gefangene sei Friedrich, der sich seit den Händeln mit dem Stallmeister von der Gesellschaft und aus unsern Augen verloren hatte.

Wilhelm, den der Knabe interessierte, machte sich eilends auf und fand im Schloßhofe schon Zurüstungen. Denn der Graf liebte die Feierlichkeit auch in dergleichen Fällen. Der Knabe wurde herbeigebracht: Wilhelm trat dazwischen und bat, daß man innehalten möchte, indem er den Knaben kenne und vorher erst verschiedenes seinetwegen anzubringen habe. Er hatte Mühe, mit seinen Vorstellungen durchzudringen, und erhielt endlich die Erlaubnis, mit dem Delinquenten allein zu sprechen. Dieser versicherte, er sei nur um das Schloß herumgestreift und des Nachts hereingeschlichen, um Philinen aufzusuchen, deren Schlafzimmer er ausgekundschaftet gehabt und es auch gewiß würde getroffen haben, wenn er nicht unterwegs aufgefangen worden wäre.

Wilhlem, der zur Ehre der Gesellschaft das Verhältnis nicht gerne entdecken wollte, eilte zu dem Stallmeister und bat ihn, nach seiner Kenntnis der Personen und des Hauses, diese Angelegenheit zu vermitteln und den Knaben zu befreien.

Dieser launige Mann erdachte, unter Wilhelms Beistand, eine kleine Geschichte, daß der Knabe zur Truppe gehört habe, von ihr entlaufen sei, doch wieder gewünscht, sich bei ihr einzufinden und aufgenommen zu werden. Er habe deswegen die Absicht gehabt, bei Nachtzeit einige seiner Gönner aufzusuchen und sich ihnen zu empfehlen. Man bezeugte übrigens, daß er sich sonst gut aufgeführt; die Damen mischten sich darein, und er ward entlassen.

Wilhelm nahm ihn auf, und er war nunmehr die dritte Person der wunderbaren Familie, die Wilhelm seit einiger Zeit als seine eigene ansah. Der Alte und Mignon nahmen den Wiederkehrenden freundlich auf, und alle drei verbanden sich nunmehr, ihrem Freunde und Beschützer aufmerksam zu dienen und ihm etwas Angenehmes zu erzeigen.

Philine wußte sich nun täglich besser bei den Damen einzuschmeicheln. Wenn sie zusammen allein waren, leitete sie meistenteils das Gespräch auf die Männer, welche kamen und gingen, und Wilhelm war nicht der letzte, mit dem man sich beschäftigte. Dem klugen Mädchen blieb es nicht verborgen, daß er einen tiefen Eindruck auf das Herz der Gräfin gemacht habe; sie erzählte daher von ihm, was sie wußte und nicht wußte; hütete sich aber, irgend etwas vorzubringen, das man zu seinem Nachteil hätte deuten können, und rühmte dagegen seinen Edelmut, seine Freigebigkeit und besonders seine Sittsamkeit im Betragen gegen das weibliche Geschlecht. Alle übrigen Fragen, die an sie geschahen, beantwortete sie mit Klugheit, und als die Baronesse die zunehmende Neigung ihrer schönen Freundin bemerkte, war auch ihr diese Entdeckung sehr willkommen. Denn ihre Verhältnisse zu mehreren Männern, besonders in diesen letzten Tagen zu Jarno, blieben der Gräfin nicht verborgen, deren reine Seele einen solchen Leichtsinn nicht ohne Mißbilligung und ohne sanften Tadel bemerken konnte.

Auf diese Weise hatte die Baronesse sowohl als Philine jede ein besonderes Interesse, unsern Freund der Gräfin näherzubringen, und Philine hoffte noch überdies, bei Gelegenheit wieder für sich zu arbeiten und die verlorne Gunst des jungen Mannes sich womöglich wieder zu erwerben.

Eines Tages, als der Graf mit der übrigen Gesellschaft auf die Jagd geritten war und man die Herren erst den andern Morgen zurückerwartete, ersann sich die Baronesse einen Scherz, der völlig in ihrer Art war; denn sie liebte die Verkleidungen und pflegte die Gesellschaft zu überraschen, bald als Bauermädchen, bald als Page, bald als Jägerbursche zum Vorschein. Sie gab sich dadurch das Ansehn einer kleinen Fee, die überall und gerade da, wo man sie am wenigsten vermutet, gegenwärtig ist. Nichts glich ihrer Freude, wenn sie unerkannt eine Zeitlang die Gesellschaft bedient oder sonst unter ihr gewandelt hatte und sie sich zuletzt auf eine scherzhafte Weise zu entdecken wußte. Gegen Abend ließ sie Wilhelmen auf ihr Zimmer fordern, und da sie eben noch etwas zu tun hatte, sollte Philine ihn vorbereiten.

Er kam und fand, nicht ohne Verwunderung, statt der

gnädigen Frauen das leichtfertige Mädchen im Zimmer. Sie begegnete ihm mit einer gewissen anständigen Freimütigkeit, in der sie sich bisher geübt hatte, und nötigte ihn dadurch gleichfalls zur Höflichkeit.

Zuerst scherzte sie im allgemeinen über das gute Glück, das ihn verfolge und ihn auch, wie sie wohl merke, gegenwärtig hierhergebracht habe; sodann warf sie ihm auf eine angenehme Art sein Betragen vor, womit er sie bisher gequält habe, schalt und beschuldigte sich selbst, gestand, daß sie sonst wohl so seine Begegnung verdient, machte eine so aufrichtige Beschreibung ihres Zustandes, den sie den vorigen nannte, und setzte hinzu: daß sie sich selbst verachten müsse, wenn sie nicht fähig wäre, sich zu ändern und sich seiner Freundschaft wert zu machen.

Wilhelm war über diese Rede betroffen. Er hatte zu wenig Kenntnis der Welt, um zu wissen, daß eben ganz leichtsinnige und der Besserung unfähige Menschen sich oft am lebhaftesten anklagen, ihre Fehler mit großer Freimütigkeit bekennen und bereuen, ob sie gleich nicht die mindeste Kraft in sich haben, von dem Wege zurückzutreten, auf den eine übermächtige Natur sie hinreißt. Er konnte daher nicht unfreundlich gegen die zierliche Sünderin bleiben; er ließ sich mit ihr in ein Gespräch ein und vernahm von ihr den Vorschlag zu einer sonderbaren Verkleidung, womit man die schöne Gräfin zu überraschen gedachte.

Er fand dabei einiges Bedenken, das er Philinen nicht verhehlte; allein die Baronesse, welche in dem Augenblick hereintrat, ließ ihm keine Zeit zu Zweifeln übrig, sie zog ihn vielmehr mit sich fort, indem sie versicherte, es sei eben die rechte Stunde.

Es war dunkel geworden, und sie führte ihn in die Garderobe des Grafen, ließ ihn seinen Rock ausziehen und in den seidnen Schlafrock des Grafen hineinschlüpfen, setzte ihm darauf die Mütze mit dem roten Bande auf, führte ihn ins Kabinett und hieß ihn, sich in den großen Sessel setzen und ein Buch nehmen, zündete die Argandische Lampe selbst an, die vor ihm stand, und unterrichtete ihn, was er zu tun und was er für eine Rolle zu spielen habe.

Man werde, sagte sie, der Gräfin die unvermutete Ankunft ihres Gemahls und seine üble Laune ankündigen; sie werde kommen, einigemal im Zimmer auf und ab gehn, sich alsdann auf die Lehne des Sessels setzen, ihren Arm auf seine Schulter legen und einige Worte sprechen. Er solle seine Ehemannsrolle so lange und so gut als möglich spielen; wenn er sich aber endlich entdecken müßte, so solle er hübsch artig und galant sein.

Wilhelm saß nun unruhig genug in dieser wunderlichen Maske; der Vorschlag hatte ihn überrascht, und die Ausführung eilte der Überlegung zuvor. Schon war die Baronesse wieder zum Zimmer hinaus, als er erst bemerkte, wie gefährlich der Posten war, den er eingenommen hatte. Er leugnete sich nicht, daß die Schönheit, die Jugend, die Anmut der Gräfin einigen Eindruck auf ihn gemacht hatten; allein da er seiner Natur nach von aller leeren Galanterie weit entfernt war und ihm seine Grundsätze einen Gedanken an ernsthaftere Unternehmungen nicht erlaubten, so war er wirklich in diesem Augenblicke in nicht geringer Verlegenheit. Die Furcht, der Gräfin zu mißfallen, ohne ihr mehr als billig zu gefallen, war gleich groß bei ihm.

Jeder weibliche Reiz, der jemals auf ihn gewirkt hatte, zeigte sich wieder vor seiner Einbildungskraft. Mariane erschien ihm im weißen Morgenkleide und flehte um sein Andenken. Philinens Liebenswürdigkeit, ihre schönen Haare und ihr einschmeichelndes Betragen waren durch ihre neueste Gegenwart wieder wirksam geworden; doch alles trat wie hinter den Flor der Entfernung zurück, wenn er sich die edle, blühende Gräfin dachte, deren Arm er in wenig Minuten an seinem Halse fühlen sollte, deren unschuldige Liebkosungen er zu erwidern aufgefordert war.

Die sonderbare Art, wie er aus dieser Verlegenheit sollte gezogen werden, ahnte er freilich nicht. Denn wie groß war sein Erstaunen, ja sein Schrecken, als hinter ihm die Türe sich auftat und er bei dem ersten verstohlnen Blick in den Spiegel den Grafen ganz deutlich erblickte, der mit einem Lichte in der Hand hereintrat. Sein Zweifel, was er zu tun habe, ob er sitzen bleiben oder aufstehen, fliehen, bekennen, leugnen oder um Vergebung bitten solle, dauerte nur einige Augenblicke. Der Graf, der unbeweglich in der Türe stehengeblieben war, trat zurück und machte sie sachte zu. In dem Moment sprang die Baronesse zur Seitentüre herein, löschte die Lampe aus, riß Wilhelmen vom Stuhle und zog ihn nach sich in das Kabinett. Geschwind warf er den Schlafrock ab, der sogleich wieder seinen gewöhnlichen Platz erhielt. Die Baronesse nahm Wilhelms Rock über den Arm und eilte mit ihm durch einige Stuben, Gänge und Verschläge in ihr Zimmer, wo Wilhelm, nachdem sie sich erholt hatte, vernahm: sie sei zu der Gräfin gekommen, um ihr die erdichtete „Nachricht von der Ankunft des Grafen zu bringen. „Ich weiß es schon", sagte die Gräfin: „was mag wohl begegnet sein? Ich habe ihn soeben zum Seitentor hereinreiten sehen." Erschrocken sei die Baronesse sogleich auf des Grafen Zimmer gelaufen, um ihn abzuholen.

„Unglücklicherweise sind Sie zu spät gekommen!" rief Wilhelm aus. „Der Graf war vorhin im Zimmer und hat mich sitzen sehen."

„Hat er Sie erkannt?"

„Ich weiß es nicht. Er sah mich im Spiegel, so wie ich ihn, und eh ich wußte, ob es ein Gespenst oder er selbst war, trat er schon wieder zurück und drückte die Türe hinter sich zu."

Die Verlegenheit der Baronesse vermehrte sich, als ein Bedienter sie zu rufen kam und anzeigte, der Graf befinde sich bei seiner Gemahlin. Mit schwerem Herzen ging sie hin und fand den Grafen zwar still und in sich gekehrt, aber in seinen Äußerungen milder und freundlicher als gewöhnlich. Sie wußte nicht, was sie denken sollte. Man sprach von den Vorfällen der Jagd und den Ursachen seiner früheren Zurückkunft. Das Gespräch ging bald aus. Der Graf ward stille, und besonders mußte der Baronesse auffallen, als er nach Wilhelmen fragte und den Wunsch äußerte, man möchte ihn rufen lassen, damit er etwas vorlese.

Wilhelm, der sich im Zimmer der Baronesse wieder angekleidet und einigermaßen erholt hatte, kam nicht ohne Sorgen auf den Befehl herbei. Der Graf gab ihm ein Buch, aus welchem er eine abenteuerliche Novelle nicht ohne Beklemmung vorlas. Sein Ton hatte etwas Unsicheres, Zitterndes, das glücklicherweise dem Inhalt der Geschichte gemäß war. Der Graf gab einigemal freundliche Zeichen des Beifalls und lobte den besondern Ausdruck der Vorlesung, da er zuletzt unsern Freund entließ.

Wilhelm hatte kaum einige Stücke Shakespeare gelesen, als ihre Wirkung auf ihn so stark wurde, daß er weiter fortzufahren nicht imstande war. Seine ganze Seele geriet in Bewegung. Er suchte Gelegenheit, mit Jarno zu sprechen, und konnte ihm nicht genug für die verschaffte Freude danken.

„Ich habe es wohl vorausgesehen", sagte dieser, „daß Sie gegen die Trefflichkeiten des außerordentlichsten und wunderbarsten aller Schriftsteller nicht unempfindlich bleiben würden."

„Ja", rief Wilhelm aus, „ich erinnere mich nicht, daß ein Buch, ein Mensch oder irgendeine Begebenheit des Lebens so große Wirkungen auf mich hervorgebracht hätte als die köstlichen Stücke, die ich durch Ihre Gütigkeit habe kennenlernen. Sie scheinen ein Werk eines himmlischen Genius zu sein, der sich den Menschen nähert, um sie mit sich selbst auf die gelindeste Weise bekannt zu machen. Es sind keine Gedichte! Man glaubt vor den aufgeschlagenen ungeheuern Büchern des Schicksals zu stehen, in denen der Sturmwind des bewegtesten Lebens saust und sie mit Gewalt rasch hin und wider blättert. Ich bin über die Stärke und Zartheit, über die Gewalt und Ruhe so erstaunt und außer aller Fassung gebracht, daß ich nur mit Sehnsucht auf die Zeit warte, da ich mich in einem Zustand befinden werde, weiterzulesen." – „Bravo", sagte Jarno, indem er unserm Freunde die Hand reichte und sie ihm drückte, „so wollte ich es haben! und die Folgen, die ich hoffe, werden gewiß auch nicht ausbleiben."

„Ich wünschte", versetzte Wilhelm, „daß ich Ihnen alles, was gegenwärtig in mir vorgeht, entdecken könnte. Alle Vorgefühle, die ich jemals über Menschheit und ihre Schicksale gehabt, die mich von Jugend auf, mir selbst unbemerkt, begleiten, finde ich in Shakespeares Stücken erfüllt und entwickelt. Es scheint, als wenn er uns alle Rätsel offenbarte, ohne daß man doch sagen kann: hier oder da ist das Wort der Auflösung. Seine Menschen scheinen natürliche Menschen zu sein, und sie sind es doch nicht. Diese geheimnisvollsten und zusammengesetztesten Geschöpfe der Natur handeln vor uns in seinen Stücken, als wenn sie Uhren wären, deren Zifferblatt und Gehäuse man von Kristall gebildet hätte; sie zeigen nach ihrer Bestimmung den Lauf der Stunden an, und man kann zugleich das Räder- und Federwerk erkennen, das sie treibt. Diese wenigen Blicke, die ich in Shakespeares Welt getan, reizen mich mehr als irgend etwas andres, in der wirklichen Welt schnellere Fortschritte vorwärts zu tun, mich in die Flut der Schicksale zu mischen, die über sie verhängt sind, und dereinst, wenn es mir glücken sollte, aus dem großen Meere der wahren Natur wenige Becher zu schöpfen und sie von der Schaubühne dem lechzenden Publikum meines Vaterlandes auszuspenden."

„Wie freut mich die Gemütsverfassung, in der ich Sie sehe", versetzte Jarno und legte dem bewegten Jüngling die Hand auf die Schulter. „Lassen Sie den Vorsatz nicht fahren, in ein tätiges Leben überzugehen, und eilen Sie, die guten Jahre, die Ihnen gegönnt sind, wacker zu nutzen. Kann ich Ihnen behilflich sein, so geschieht es von ganzem Herzen. Noch habe ich nicht gefragt, wie Sie in diese Gesellschaft gekommen sind, für die Sie weder geboren noch erzogen sein können. So viel hoffe ich und sehe ich, daß Sie sich heraussehen. Ich weiß nichts von Ihrer Herkunft, von Ihren häuslichen Umständen; überlegen Sie, was Sie mir vertrauen wollen. So viel kann ich Ihnen nur sagen, die Zeiten des Krieges, in denen wir leben, können schnelle Wechsel des Glückes hervorbringen; mögen Sie Ihre Kräfte und Talente unserm Dienste widmen, Mühe und, wenn es not tut, Gefahr nicht scheuen, so habe ich jetzo eine Gelegenheit, Sie an einen Platz zu stellen, den ene Zeitlang bekleidet zu haben, Sie in der Folge nicht gereuen wird." – Wilhelm konnte seinen Dank nicht genug ausdrücken und war willig, seinem Freunde und Beschützer die ganze Geschichte seines Lebens zu erzählen.

Sie hatten sich unter diesem Gespräch weit in den Park verloren und waren auf die Landstraße, welche durch denselben ging, gekommen. Jarno stand einen Augenblick still und sagte: „Bedenken Sie meinen Vorschlag, entschließen Sie sich, geben Sie mir in einigen Tagen Antwort und schenken Sie mir Ihr Vertrauen. Ich versichere Sie, es ist mir bisher unbegreiflich gewesen, wie Sie sich solchem Volke haben gemein machen können. Ich habe es oft mit Ekel und Verdruß gesehen, wie Sie, um nur einigermaßen leben zu können, Ihr Herz an einen herumziehenden Bänkelsänger und an ein albernes zwitterhaftes Geschöpf hängen mußten."

Er hatte noch nicht ausgeredet, als ein Offizier zu Pferde eilends herankam, dem ein Reitknecht mit einem Handpferd folgte. Jarno rief ihm einen lebhaften Gruß zu. Der Offizier sprang vom Pferde, beide umarmten sich und unterhielten sich miteinander, indem Wilhelm, bestürzt über die letzten Worte seines kriegerischen Freundes, in sich gekehrt an der Seite stand. Jarno durchblätterte einige Papiere, die ihm der Ankommende überreicht hatte; dieser aber ging auf Wilhelmen zu, reichte ihm die Hand und rief mit Emphase: „Ich treffe Sie in einer würdigen Gesellschaft: folgen Sie dem Rate Ihres Freundes und erfüllen Sie dadurch zugleich die Wünsche eines Unbekannten, der herzlichen Teil an Ihnen nimmt." Er sprach's, umarmte Wilhelmen, drückte ihn mit Lebhaftigkeit an seine Brust. Zu gleicher Zeit trat Jarno herbei und sagte zu dem Fremden: „Es ist am besten, ich reite gleich mit

Ihnen hinein, so können Sie die nötigen Ordres erhalten, und Sie reiten noch vor Nacht wieder fort." Beide schwangen sich darauf zu Pferde und überließen unsern verwunderten Freund seinen eigenen Betrachtungen.

Die letzten Worte Jarnos klangen noch in seinen Ohren. Ihm war unerträglich, das Paar menschlicher Wesen, das ihm unschuldigerweise seine Neigung abgewonnen hatte, durch einen Mann, den er so sehr verehrte, so tief heruntergesetzt zu sehen. Die sonderbare Umarmung des Offiziers, den er nicht kannte machte wenig Eindruck auf ihn, sie beschäftigte seine Neugierde und Einbildungskraft einen Augenblick; aber Jarnos Reden hatten sein Herz getroffen, er war tief verwundet, und nun brach er auf seinem Rückwege gegen sich selbst in Vorwürfe aus, daß er nur einen Augenblick die hartherzige Kälte Jarnos, die ihm aus den Augen heraussehe und aus allen seinen Gebärden spreche, habe verkennen und vergessen mögen. – „Nein", rief er aus, „du bildest dir nur ein, du abgestorbener Weltmann, daß du ein Freund sein könntest! Alles, was du mir anbieten magst, ist der Empfindung nicht wert, die mich an diese Unglücklichen bindet. Welch ein Glück, daß ich noch beizeiten entdecke, was ich von dir zu erwarten hätte!" –

Er schloß Mignon, die ihm eben entgegenkam, in die Arme und rief aus: „Nein, uns soll nichts trennen, du gutes kleines Geschöpf! Die scheinbare Klugheit der Welt soll mich nicht vermögen, dich zu verlassen, noch zu vergessen, was ich dir schuldig bin."

Das Kind, dessen heftige Liebkosungen er sonst abzulehnen pflegte, erfreute sich dieses unerwarteten Ausdrucks der Zärtlichkeit und hing sich so fest an ihn, daß er es nur mit Mühe zuletzt loswerden konnte.

Man hatte zu Ehren des Prinzen, der nun in kurzem abgehen sollte, noch ein großes Gastmahl angestellt. Viele Damen aus der Nachbarschaft waren geladen, und die Gräfin hatte sich beizeiten angezogen. Sie hatte diesen Tag ein reicheres Kleid angelegt, als sie sonst zu tun gewohnt war. Frisur und Aufsatz waren gesuchter; sie war mit allen ihren Juwelen geschmückt. Ebenso hatte die Baronesse das mögliche getan, um sich mit Pracht und Geschmack anzukleiden.

Philine, als sie merkte, daß den beiden Damen in Erwartung ihrer Gäste die Zeit zu lang wurde, schlug vor, Wilhelmen kommen zu lassen, der sein fertiges Manuskript zu überreichen und noch einige Kleinigkeiten vorzulesen wünsche. Er kam und erstaunte im Hereintreten über die Gestalt, über die Anmut der Gräfin, die durch ihren Putz nur sichtbarer geworden waren. Er las nach dem Befehle der Damen, allein zu zerstreut und schlecht, daß, wenn die Zuhörerinnen nicht so nachsichtig gewesen wären, sie ihn gar bald würden entlassen haben.

Sooft er die Gräfin anblickte, schien es ihm, als wenn ein elektrischer Funke sich vor seinen Augen zeigte; er wußte zuletzt nicht mehr, wo er Atem zu seiner Rezitation hernehmen sollte. Die schöne Dame hatte ihm immer gefallen; aber jetzt schien es ihm, als ob er nie etwas Vollkommeneres gesehen hätte, und von den tausenderlei Gedanken, die sich in seiner Seele kreuzten, mochte ungefähr folgendes der Inhalt sein:

Wie töricht lehnen sich doch so viele Dichter und sogenannte gefühlvolle Menschen gegen Putz und Pracht auf und verlangen nur in einfachen, der Natur angemessenen Kleidern die Frauen alles Standes zu sehen. Sie schelten den Putz, ohne zu bedenken, daß es der arme Putz nicht ist, der uns mißfällt, wenn wir eine häßliche oder minder schöne Person reich und sonderbar gekleidet erblicken; aber ich wollte alle Kenner der Welt hier versammeln und sie fragen, ob sie wünschten, etwas von diesen Falten, von diesen Bändern und Spitzen, von diesen Puffen, Locken und leuchtenden Steinen wegzunehmen. Würden sie nicht fürchten, den angenehmen Eindruck zu stören, der ihnen hier so willig und natürlich entgegenkommt? Ja, „natürlich" darf ich wohl sagen! Wenn Minerva ganz gerüstet aus dem Haupte des Jupiter entsprang, so scheinet diese Göttin in ihrem vollen Putze aus irgendeiner Blume mit leichtem Fuße hervorgetreten zu sein.

Er sah sie so oft im Lesen an, als wenn er diesen Eindruck sich auf ewig einprägen wollte, und las einigemal falsch, ohne darüber in Verwirrung zu geraten, ob er gleich sonst über die Verwechslung eines Wortes oder eines Buchstabens als über einen leidigen Schandfleck einer ganzen Vorlesung verzweifeln konnte.

Ein falscher Lärm, als wenn die Gäste angefahren kämen, machte der Vorlesung ein Ende. Die Baronesse ging weg, und die Gräfin, im Begriff, ihren Schreibtisch zuzumachen, der noch offen stand, ergriff ein Ringkästchen und steckte noch einige Ringe an die Finger. „Wir werden uns bald trennen", sagte sie, „indem sie ihre Augen auf das Kästchen heftete; nehmen Sie ein Andenken von einer guten Freundin, die nichts lebhafter wünscht, als daß es Ihnen wohlgehen möge." Sie nahm darauf einen Ring heraus, der unter einem Kristall eines von Haaren geflochtenes Schild zeigte und mit Steinen besetzt war. Sie überreichte ihn Wilhelmen, der, als er ihn annahm, nichts zu sagen und nichts zu tun wußte, sondern wie eingewurzelt in den Boden dastand. Die Gräfin schloß den Schreibtisch zu und setzte sich auf ihr Sofa.

„Und ich soll leer ausgehen", sagte Philine, indem sie zur rechten Hand der Gräfin niederkniete, „seht nur den Menschen, der zur Unzeit so viele Worte im Munde führt und jetzt nicht einmal eine armselige Danksagung herstammeln kann. Frisch, mein Herr, tun Sie wenigstens pantomimisch Ihre Schuldigkeit, und wenn Sie heute selbst nichts zu erfinden wissen, so ahmen Sie mir wenigstens nach."

Philine ergriff die rechte Hand der Gräfin und küßte sie mit Lebhaftigkeit. Wilhelm stürzte auf seine Knie, faßte die linke und drückte sie an seine Lippen. Die Gräfin schien verlegen, aber ohne Widerwillen. „Ach!" rief Philine aus, „so viel Schmuck hab ich wohl schon gesehen, aber noch nie eine Dame, so würdig, ihn zu tragen. Welche Armbänder! aber auch welche Hand! Welcher Halsschmuck! aber auch welche Brust!"

„Stille, Schmeichlerin!" rief die Gräfin.

„Stellt denn das den Herrn Grafen vor?" sagte Philine, indem sie auf ein reiches Medaillon deutete, das die Gräfin an kostbaren Ketten an der linken Seite trug.

„Er ist als Bräutigam gemalt", versetzte die Gräfin.

„War er denn damals so jung?" fragte Philine. „Sie sind ja nur erst, wie ich weiß, wenige Jahre verheiratet."

„Diese Jugend kommt auf die Rechnung des Malers", versetzte die Gräfin.

„Es ist ein schöner Mann", sagte Philine. „Doch sollte wohl niemals", fuhr sie fort, indem sie die Hand auf das Herz der Gräfin legte, in diese verborgene Kapsel sich ein ander Bild eingeschlichen haben?"

„Du bist sehr verwegen, Philine!" rief sie aus, „ich habe dich verzogen. Laß mich so etwas nicht zum zweitenmal hören."

„Wenn Sie zürnen, bin ich unglücklich", rief Philine, sprang auf und eilte zur Türe hinaus.

Wilhelm hielt die schönste Hand noch in seinen Händen. Er sah unverwandt auf das Armschloß, das zu seiner größten Verwunderung die Anfangsbuchstaben seiner Namen in brillantenen Zügen sehen ließ. „Besitz ich", fragte er bescheiden, „in dem kostbaren Ringe denn wirklich Ihre Haare?"

„Ja", versetzte sie mit halber Stimme; dann nahm sie sich zusammen und sagte, indem sie ihm die Hand drückte: „Stehen Sie auf und leben Sie wohl!"

„Hier steht mein Name", rief er aus, „durch den sonderbarsten Zufall!" Er zeigte auf das Armschloß.

„Wie;" rief die Gräfin, „es ist die Chiffer einer Freundin!"

„Es sind die Anfangsbuchstaben meines Namens. Vergessen Sie meiner nicht. Ihr Bild steht unauslöschlich in meinem Herzen. Leben Sie wohl, lassen Sie mich fliehen!"

Er küßte ihre Hand und wollte aufstehn; aber wie im Traum das Seltsamste aus dem Seltsamsten sich entwickelnd uns überrascht, so hielt er, ohne zu wissen, wie es geschah, die Gräfin in seinen Armen, ihre Lippen ruhten auf den seinigen, und ihre wechselseitigen lebhaften Küsse gewährten ihnen eine Seligkeit, die wir nur aus dem ersten aufbrausenden Schaum des frisch eingeschenkten Bechers der Liebe schlürfen.

Ihr Haupt ruhte auf seiner Schulter, und der zerdrückten Locken und Bänder ward nicht gedacht. Sie hatte ihren Arm um ihn geschlungen; er umfaßte sie mit Lebhaftigkeit und drückte sie wiederholend an seine Brust. Oh, daß ein solcher Augenblick nicht Ewigkeiten währen kann, und wehe dem neidischen Geschick, das auch unsern Freunden diese kurzen Augenblicke unterbrach!

Wie erschrak Wilhelm, wie betäubt fuhr er aus einem glücklichen Traume auf, als die Gräfin sich auf einmal mit einem Schrei von ihm losriß und mit der Hand nach ihrem Herzen fuhr.

Er stand betäubt vor ihr da; sie hielt die andere Hand vor die Augen, und rief nach einer Pause: „Entfernen Sie sich, eilen Sie!"

Er stand noch immer.

„Verlassen Sie mich", rief sie, und indem sie die Hand von den Augen nahm und ihn mit einem unbeschreiblichen Blicke ansah, setzte sie mit der lieblichsten Stimme hinzu: „Fliehen Sie mich, wenn Sie mich lieben!"

Wilhelm war aus dem Zimmer und wieder auf seiner Stube, eh er wußte, wo er sich befand.

Die Unglücklichen! welche sonderbare Warnung des Zufalls oder der Schickung riß sie auseinander?

VIERTES BUCH

Laertes stand nachdenklich am Fenster und blickte, auf seinen Arm gestützt, in das Feld hinaus. Philine schlich über den großen Saal herbei, lehnte sich auf den Freund und verspottete sein ernsthaftes Ansehen.

„Lache nur nicht", versetzte er, „es ist abscheulich, wie die Zeit vergeht, wie alles sich verändert und ein Ende nimmt! Sieh nur, hier stand vor kurzem noch ein schönes Lager: wie lustig sahen die Zelte aus! wie lebhaft ging es darin zu! wie sorgfältig bewachte man den ganzen Bezirk! und nun ist alles auf einmal verschwunden. Nur kurze Zeit werden das zertretne Stroh und die eingegrabenen Kochlöcher noch eine Spur zeigen; dann wird alles bald umgepflügt sein, und die Gegenwart so vieler tausend rüstiger Menschen in dieser Gegend wird nur noch in den Köpfen einiger alten Leute spuken."

Philine fing an zu singen und zog ihren Freund zu einem Tanze in den Saal. „Laß uns", rief sie, „da wir der Zeit nicht nachlaufen können, wenn sie vorüber ist, sie wenigstens als eine schöne Göttin, indem sie bei uns vorbeizieht, fröhlich und zierlich verehren."

Sie hatten kaum einige Wendungen gemacht, als Madame Melina durch den Saal ging. Philine war boshaft genug, sie gleichfalls zum Tanze einzuladen und sie dadurch an die Mißgestalt zu erinnern, in welche sie durch ihre Schwangerschaft versetzt war.

„Wenn ich nur", sagte Philine hinter ihrem Rücken, „keine Frau mehr guter Hoffnung sehen sollte!"

„Sie hofft doch", sagte Laertes.

„Aber es kleidet sie so häßlich. Hast du die vordere Wakkelfalte des verkürzten Rocks gesehen, die immer voraus spaziert, wenn sie sich bewegt? Sie hat gar keine Art noch Geschick, sich nur ein bißchen zu mustern und ihren Zustand zu verbergen."

„Laß nur", sagte Laertes, „die Zeit wird ihr schon zu Hilfe kommen."

„Es wäre doch immer hübscher", rief Philine, „wenn man die Kinder von den Bäumen schüttelte."

Der Baron trat herein und sagte ihnen etwas Freundliches im Namen des Grafen und der Gräfin, die ganz früh abgereist waren, und machte ihnen einige Geschenke. Er ging darauf zu Wilhelmen, der sich im Nebenzimmer mit Mignon beschäftigte. Das Kind hatte sich sehr freundlich und zutätig bezeigt, nach Wilhelms Eltern, Geschwistern und Verwandten gefragt und ihn dadurch an seine Pflicht erinnert, den Seinigen von sich einige Nachricht zu geben. Der Baron brachte ihm nebst einem Abschiedsgruße von den Herrschaften die Versicherung, wie sehr der Graf mit ihm, seinem Spiele, seinen poetischen Arbeiten und seinen theatralischen Bemühungen zufrieden gewesen sei. Er zog darauf zum Beweis dieser Gesinnung einen Beutel hervor, durch dessen schönes Gewebe die reizende Farbe neuer Goldstücke durchschimmerte; Wilhelm trat zurück und weigerte sich, ihn anzunehmen.

„Sehen Sie", fuhr der Baron fort, „diese Gabe als einen Ersatz für Ihre Zeit, als eine Erkenntlichkeit für Ihre Mühe, nicht als eine Belohnung Ihres Talents an. Wenn uns dieses einen guten Namen und die Neigung der Menschen verschafft, so ist billig, daß wir durch Fleiß und Anstrengungen zugleich die Mittel erwerben, unsre Bedürfnisse zu befriedigen, da wir doch einmal nicht ganz Geist sind."

Milina hatte Hoffnung, in einer kleinen, aber wohlhabenden Stadt mit seiner Gesellschaft unterzukommen. Schon befanden sie sich an dem Orte, wohin sie die Pferde des Grafen gebracht hatten, und sahen sich nach andern Wagen und Pferden um, mit denen sie weiter zu kommen hofften. Melina hatte den Transport übernommen und zeigte sich, nach seiner Gewohnheit, übrigens sehr karg. Dagegen hatte Wilhelm die schönen Dukaten der Gräfin in der Tasche, auf deren fröhliche Verwendung er das größte Recht zu haben glaubte, und sehr leicht vergaß er, daß er sie in der stattlichen Bilanz, die er den Seinigen zuschickte, schon sehr ruhmredig aufgeführt hatte.

Eine vorzügliche Unterhaltung, mit der sich die Gesellschaft besonders ergötzte, bestand in einem extemporierten Spiel, in welchem sie ihre bisherigen Gönner und Wohltäter nachahmten und durchzogen. Einige unter ihnen hatten sich sehr gut die Eigenheiten des äußeren Anstandes verschiedner vornehmer Personen gemerkt, und die Nachbildung derselben ward von der übrigen Gesellschaft mit dem größten Beifall aufgenommen, und als Philine aus dem geheimen Archiv ihrer Erfahrungen einige besondere Liebeserklärungen, die an sie geschehen waren, vorbrachte, wußte man sich vor Lachen und Schadenfreude kaum zu fassen.

Wilhelm schalt ihre Undankbarkeit; allein man setzte ihm entgegen, daß sie das, was sie dort erhalten, genugsam abverdient und daß überhaupt das Betragen gegen so verdienstvolle Leute, wie sie sich zu sein rühmten, nicht das beste gewesen sei. Nun beschwerte man sich, mit wie wenig Achtung man ihnen begegnet, wie sehr man sie zurückgesetzt habe. Das Spotten, Necken und Nachahmen ging wieder an, und man ward immer bitterer und ungerechter.

„Ich wünschte", sagte Wilhelm darauf, „daß durch eure Äußerungen weder Neid noch Eigenliebe durchschiene, und daß ihr jene Personen und ihre Verhältnisse aus dem rechten Gesichtspunkte betrachtet. Es ist eine eigene Sache, schon durch die Geburt auf einen erhabenen Platz in der menschlichen Gesellschaft gesetzt zu sein. Wem ererbte Reichtümer eine vollkommene Leichtigkeit des Daseins verschafft haben, wer sich, wenn ich mich so ausdrücken darf, von allem Beiwesen der Menschheit von Jugend auf reichlich umgeben findet, gewöhnt sich meist, diese Güter als das Erste und Größte zu betrachten, und der Wert einer von der Natur schön ausgestatteten Menschheit wird ihm nicht so deutlich. Das Betragen der Vornehmen gegen Geringere und auch untereinander ist nach äußern Vorzügen abgemessen; sie erlauben jedem, seinen Titel, seinen Rang, seine Kleider und Equipage, nur nicht, seine Verdienste geltend zu machen!"

Diesen Worten gab die Gesellschaft einen unmäßigen Beifall. Man fand abscheulich, daß der Mann von Verdienst immer zurückstehen müsse, und daß in der großen Welt keine Spur von natürlichem und herzlichem Umgang zu finden sei. Sie kamen besonders über diesen letzten Punkt aus dem Hundertsten ins Tausendste.

„Scheltet sie nicht darüber", rief Wilhelm aus, „bedauert sie vielmehr! Denn von jenem Glück, das wir als das höchste erkennen, das aus dem innern Reichtum der Natur fließt, haben sie selten eine erhöhte Empfindung. Nur uns Armen, die wir wenig oder nichts besitzen, ist es gegönnt, das Glück der Freundschaft in reichem Maße zu genießen. Wir können unsre Geliebten weder durch Gnade erheben noch durch Gunst befördern, noch durch Geschenke beglücken. Wir haben nichts als uns selbst. Dieses ganze Selbst müssen wir hingeben und, wenn es einigen Wert haben soll, dem Freunde das Gut auf ewig versichern. Welch ein Genuß, welch ein Glück für den Geber und Empfänger! In welchen seligen Zustand versetzt uns die Treue! sie gibt dem vorübergehenden Menschenleben eine himmlische Gewißheit; sie macht das Hauptkapital unsers Reichtums aus."

Mignon hatte sich ihm unter diesen Worten genähert, schlang ihre zarten Arme um ihn und blieb mit dem Köpfchen an seine Brust gelehnt stehen. Er legte die Hand auf des Kindes Haupt und fuhr fort: „Wie leicht wird es einem Großen, die Gemüter zu gewinnen! wie leicht eignet er sich die Herzen zu! Ein gefälliges, bequemes, nur einigermaßen menschliches Betragen tut Wunder, und wie viele Mittel hat er, die einmal erworbenen Geister festzuhalten. Und kommt alles seltner, wird alles schwerer, und wie natürlich ist es, daß wir auf das, was wir erben und leisten, einen größern Wert legen. Welche rührende Beispiele von treuen Dienern, die sich für ihre Herren aufopferten! Wie schön hat uns Shakespeare solche geschildert! Die Treue ist, in diesem Falle, ein Bestreben einer edlen Seele, einem Größern gleich zu werden. *Durch fortdauernde Anhänglichkeit und Liebe wird der Diener seinem Herrn gleich, der ihn sonst nur als einen bezahlten Sklaven anzusehen berechtigt ist.* Ja, diese Tugenden sind nur für den geringen Stand; er kann sie nicht entbehren, und sie kleiden ihn schön. Wer sich leicht loskaufen kann, wird so leicht versucht, sich auch der Erkenntlichkeit zu überheben. Ja, in diesem Sinne glaube ich behaupten zu können, daß ein Großer wohl Freunde haben, aber nicht Freund sein könne."

Mignon drückte sich immer fester an ihn.

„Nun gut", versetzte einer aus der Gesellschaft, „wir brauchen ihre Freundschaft nicht und haben sie niemals verlangt. Nur sollten sie sich besser auf Künste verstehen, die sie doch beschützen wollen. Wenn wir am besten gespielt haben, hat uns niemand zugehört; alles war lauter Parteilichkeit. Wem man günstig war, der gefiel, und man war dem nicht günstig, der zu gefallen verdiente. Es war nicht erlaubt, wie oft das Alberne und Abgeschmackte Aufmerksamkeit und Beifall auf sich zog."

„Wenn ich abrechne", versetzte Wilhelm, „was Schadenfreude und Ironie gewesen sein mag, so denk ich: es geht in der Kunst wie in der Liebe. Wie will der Weltmann bei seinem zerstreuten Leben die Innigkeit erhalten, in der ein Künstler bleiben muß, wenn er etwas Vollkommenes hervorzubringen denkt, und die selbst demjenigen nicht fremd sein darf, der einen solchen Anteil am Werke nehmen will, wie der Künstler ihn wünscht und hofft.

Glaubt mir, meine Freunde, es ist mit den Talenten wie mit der Tugend: man muß sie um ihrer selbst willen lieben, oder sie ganz aufgeben. Und doch werden sie beide nicht anders erkannt und belohnt, als wenn man sie, gleich einem gefährlichen Geheimnis, im Verborgnen üben kann."

„Unterdessen, bis ein Kenner uns auffindet, kann man Hungers sterben", rief einer aus der Ecke.

„Nicht eben sogleich", versetzte Wilhelm. „Ich habe gesehen, *solange einer lebt und sich rührt, findet er immer eine Nahrung und wenn sie auch gleich nicht die reichlichste ist.* Und worüber habt ihr euch denn zu beschweren? Sind wir nicht ganz unvermutet, eben da es mit uns am schlimmsten aussah, gut aufgenommen und bewirtet worden? Und jetzt, da es uns noch an nichts gebricht, fällt es uns denn ein, etwas zu unserer Übung zu tun und nur einigermaßen weiterzustreben? Wir treiben fremde Dinge und entfernen, den Schulkindern ähnlich, alles, was uns nur an unsre Lektion erinnern könnte."

„Wahrhaftig", sagte Philine, „es ist unverantwortlich! Laßt uns ein Stück wählen; wir wollen es auf der Stelle spielen. Jeder muß sein möglichstes tun, als wenn er vor dem größten Auditorium stünde."

Man überlegte nicht lange; das Stück ward bestimmt. Es war eines derer, die damals in Deutschland großen Beifall fanden und nun verschollen sind. Einige pfiffen eine Symphonie, jeder besann sich schnell auf seine Rolle, man fing an und spielte mit der größten Aufmerksamkeit das Stück durch, und wirklich über Erwarten gut. Man applaudierte sich wechselweise; man hatte sich selten so wohl gehalten.

Als sie fertig waren, empfanden sie alle ein ausnehmendes Vergnügen, teils über ihre wohlzugebrachte Zeit, teils weil jeder besonders mit sich zufrieden sein konnte. Wilhelm ließ sich weitläufig zu ihrem Lobe heraus, und ihre Unterhaltung war heiter und fröhlich.

„Ihr solltet sehen", rief unser Freund, „wie weit wir kommen müßten, wenn wir unsre Übungen auf diese Art fortsetzten und nicht bloß auf Auswendiglernen, Probieren und Spielen uns mechanisch pflicht- und handwerksmäßig einschränkten. Wieviel mehr Lob verdienen die Tonkünstler, wie sehr ergötzen sie sich, wie genau sind sie, wenn sie gemeinschaftlich ihre Übungen vornehmen! Wie sind sie bemüht, ihre Instrumente übereinzustimmen, wie genau halten sie Takt, wie zart wissen sie die Stärke und Schwäche des Tons auszudrücken! Keinem fällt es ein, sich bei dem Solo eines andern durch ein vorlautes Akkompagnieren Ehre zu machen. Jeder sucht in dem Geist und Sinne des Komponisten zu spielen, und jeder das, was ihm aufgetragen ist, es mag viel oder wenig sein, gut auszudrücken. Sollten wir nicht ebenso genau und ebenso geistreich zu Werke gehen, da wir eine Kunst treiben, die noch viel zarter als jede Art von Musik ist, da wir die gewöhnlichsten und seltensten Äußerungen der Menschheit geschmackvoll und ergötzend darzustellen berufen sind? Kann etwas abscheulicher sein, als in den Proben zu sudeln und sich bei der Vorstellung auf Laune und gut Glück zu verlassen? Wir sollten unser größtes Glück und Vergnügen darein setzen, miteinander übereinzustimmen, um uns wechselweise zu gefallen, und auch nur insofern den Beifall des Publikums zu schätzen, als wir ihn uns gleichsam untereinander schon selbst garantiert hätten. Warum ist der Kapellmeister seines Orchesters gewisser als der Direktor seines Schauspiels? Weil dort jeder sich seines Mißgriffs, der das äußere Ohr beleidigt, schämen muß; aber wie selten hab ich einen Schauspieler verzeihliche und unverzeihliche Mißgriffe, durch die das innere Ohr so schnöde beleidigt wird, anerkennen und sich ihrer schämen sehen! Ich wünschte nur, daß das Theater so schmal wäre als der Draht eines Seiltänzers, damit sich kein Ungeschickter hinaufwagte, anstatt daß jetzo ein jeder in sich Fähigkeit genug fühlt, darauf zu paradieren."

Die Gesellschaft nahm diese Apostrophe gut auf, indem jeder überzeugt war, daß nicht von ihm die Rede sein könne, da er sich noch vor kurzem nebst den übrigen so gut gehalten. Man kam vielmehr überein, daß man in dem Sinne, wie man angefangen, auf dieser Reise und künftig, wenn man zusammenbliebe, eine gesellige Bearbeitung wolle obwalten lassen. Man fand nur, daß, weil dieses eine Sache der guten Laune und des freien Willens sei, so müsse sich eigentlich kein Direktor darein mischen. Man nahm als ausgemacht an, daß unter guten Menschen die republikanische Form die beste sei; man behauptete, das Amt des Direktors müsse herumgehen; er müsse von allen gewählt werden und eine Art von kleinem Senat ihm jederzeit beigesetzt bleiben. Sie waren so von diesem Gedanken eingenommen, daß sie wünschten, ihn gleich ins Werk zu richten.

„Ich habe nichts dagegen", sagte Melina, „wenn ihr auf der Reise einen solchen Versuch machen wollt; ich suspendiere meine Direktorschaft gern, bis wir wieder an Ort und Stelle kommen." Er hoffte, dabei zu sparen und manche Ausgaben der kleinen Republik oder dem Interimsdirektor aufzuwälzen. Nun ging man sehr lebhaft zu Rate, wie man die Form des neuen Staates aufs beste einrichten wolle.

„Es ist ein wanderndes Reich", sagte Laertes; „wir werden wenigstens keine Grenzstreitigkeiten haben."

Man schritt sogleich zur Sache und erwählte Wilhelmen zum ersten Direktor. Der Senat ward bestellt, die Frauen erhielten Sitz und Stimme, man schlug Gesetze vor, man verwarf, man genehmigte. Die Zeit ging unvermerkt unter diesem Spiele vorüber, und weil man sie angenehm zubrachte, glaubte man, auch wirklich etwas Nützliches getan und durch die neue Form eine Aussicht für die vaterländische Bühne eröffnet zu haben.

Wilhelm hoffte nunmehr, da er die Gesellschaft in so guter Disposition sah, sich auch mit ihr über das dichterische Verdienst der Stücke unterhalten zu können.

Man gab der Schilderung lauten Beifall. Jeder nahm sich vor, auch irgend ein Stück auf diese Art zu studieren und den Sinn des Verfassers zu entwickeln.

Nur einige Tage mußte die Gesellschaft an dem Orte liegen bleiben, und sogleich zeigten sich für verschiedene Glieder derselben nicht unangenehme Abenteuer, besonders aber ward Laertes von einer Dame angezielt, die in der Nachbarschaft ein Gut hatte, gegen die er sich aber äußerst kalt, ja unartig betrug und darüber von Philinen viele Spöttereien erdulden mußte. Sie ergriff die Gelegenheit, unserm Freund die unglückliche Liebesgeschichte zu erzählen, über die der arme Jüngling dem ganzen weiblichen Geschlechte feind geworden war. „Wer wird ihm übelnehmen", rief sie aus, „daß er ein Geschlecht haßt, das ihm so übel mitgespielt hat und ihm alle Übel, die sonst Männer von Weibern zu befürchten haben, in einem sehr konzentrierten Tranke zu verschlucken gab? Stellen Sie sich vor: binnen vierundzwanzig Stunden war er Liebhaber, Bräutigam, Ehmann, Hahnrei, Patient und Witwer! Ich wüßte nicht, wie man's einem ärger machen wollte!"

Laertes lief halb lachend, halb verdrießlich zur Stube hinaus, und Philine fing in ihrer allerliebsten Art die Geschichte zu erzählen an, wie Laertes als ein junger Mensch von achtzehn Jahren, eben als er bei einer Theatergesellschaft eingetroffen, ein schönes vierzehnjähriges Mädchen gefunden, die eben mit ihrem Vater, der sich mit dem Direktor entzweit, abzureisen willens gewesen. Er habe sich aus dem Stegreife sterblich verliebt, dem Vater alle möglichen Vorstellungen getan, zu bleiben, und endlich versprochen, das Mädchen zu heiraten. Nach einigen angenehmen Stunden des Brautstandes sei er getraut worden, habe eine glückliche Nacht als Ehmann zugebracht, darauf habe ihn seine Frau des andern Morgens, als er in der Probe gewesen, nach Standesgebühr mit einem Hörnerschmuck beehrt; weil er aber aus allzu großer Zärtlichkeit viel zu früh nach Hause geeilt, habe er leider einen älteren Liebhaber an seiner Stelle gefunden, habe mit unsinniger Leidenschaft dreingeschlagen, Liebhaber und Vater herausgefordert und sei mit einer leidlichen Wunde davongekommen. Vater und Tochter seien darauf noch in der Nacht abgereist, und er sei leider auf eine doppelte Weise verwundet zurückgeblieben. Sein Unglück habe ihn zu dem schlechtesten Feldscher der Welt geführt, und der Arme sei leider mit schwarzen Zähnen und triefenden Augen aus diesem Abenteuer geschieden. Er sei zu bedauern, weil er übrigens der bravste Junge sei, den Gottes Erdboden trüge. Besonders, sagte sie, tut es mir leid, daß der arme Narr nun die Weiber haßt: denn wer die Weiber haßt, wie kann der leben?

Melina unterbrach sie mit der Nachricht, daß alles zum Transport völlig bereit sei, und daß sie morgen früh abfahren könnten. Er überreichte ihnen eine Disposition, wie sie fahren sollten.

„Wenn mich ein guter Freund auf den Schoß nimmt", sagte Philine, „so bin ich zufrieden, daß wir eng und erbärmlich sitzen; übrigens ist mir alles einerlei."

„Es tut nichts", sagte Laertes, der auch herbeikam.

„Es ist verdrießlich", sagte Wilhelm und eilte weg. Er fand für sein Geld noch einen gar bequemen Wagen, den Melina verleugnet hatte. Eine andere Einteilung ward gemacht, und man freute sich, bequem abreisen zu können, als die bedenkliche Nachricht einlief: daß auf dem Wege, den sie nehmen wollten, sich ein Freikorps sehen lasse, von dem man nicht viel Gutes erwartete.

An dem Orte selbst war man sehr auf diese Zeitung aufmerksam, wenn sie gleich nur schwankend und zweideutig war. Nach der Stellung der Armeen schien es unmöglich, daß ein feindliches Korps sich habe durchschleichen, oder daß ein freundliches so weit habe zurückbleiben können. Jedermann war eifrig, unsrer Gesellschaft die Gefahr, die auf sie wartete, recht gefährlich zu beschreiben und ihr einen andern Weg anzuraten.

Die meisten waren darüber in Unruhe und Furcht gesetzt, und als nach der neuen republikanischen Form die sämtlichen Glieder des Staats zusammengerufen wurden, um über diesen außerordentlichen Fall zu beratschlagen, waren sie fast einstimmig der Meinung, daß man das Übel vermeiden und am Orte bleiben, oder ihm ausweichen und einen andern Weg erwählen müsse.

Nur Wilhelm, von Furcht nicht eingenommen, hielt für schimpflich, einen Plan, in den man mit so viel Überlegung eingegangen war, nunmehr auf ein bloßes Gerücht aufzugeben. Er sprach ihnen Mut ein, und seine Gründe waren männlich und überzeugend.

„Noch", sagte er „ist es nichts als ein Gerücht, und wie viele dergleichen entstehen im Kriege! Verständige Leute sagen, daß der Fall höchst unwahrscheinlich, ja beinahe unmöglich sei. Sollten wir uns in einer so wichtigen Sache bloß durch ein so ungewisses Gerede bestimmen lassen? Die Route, welche uns der Herr Graf angegeben hat, auf die unser Paß lautet, ist die kürzeste, und wir finden auf selbiger den besten Weg. Sie führt uns nach der Stadt, wo ihr Bekanntschaften, Freunde vor euch seht und eine gute Aufnahme zu hoffen habt. Der Umweg bringt uns auch dahin, aber in welche schlimmen Wege verwickelt er uns, wie weit führt er uns ab! Können wir Hoffnung haben, uns in der späten Jahrszeit wieder herauszufinden, und was für Zeit und Geld werden wir indessen versplittern!" Er sagte noch viel und trug die Sache von so mancherlei vorteilhaften Seiten vor, daß ihre Furcht sich verringerte und ihr

Mut zunahm. Er wußte ihnen so viel von der Mannszucht der regelmäßigen Truppen vorzusagen und ihnen die Marodeurs und das hergelaufene Gesindel so nichtswürdig zu schildern und selbst die Gefahr so lieblich und lustig darzustellen, daß alle Gemüter aufgeheitert wurden.

Laertes war vom ersten Moment an auf seiner Seite und versicherte, daß er nicht wanken noch weichen wolle. Der alte Polterer fand wenigstens einige übereinstimmende Ausdrücke in seiner Manier, Philine lachte sie alle zusammen aus, und da Madame Melina, die, ihrer hohen Schwangerschaft ungeachtet, ihre natürliche Herzhaftigkeit nicht verloren hatte, den Vorschlag heroisch fand, so konnte Melina, der denn freilich auf dem nächsten Wege, auf den er akkordiert hatte, viel zu sparen hoffte, nicht widerstehen, und man willigte in den Vorschlag von ganzem Herzen.

Nun fing man an, sich auf alle Fälle zur Verteidigung einzurichten. Man kaufte große Hirschfänger und hing sie an wohlgestickten Riemen über die Schultern. Wilhelm steckte noch überdies ein Paar Terzerole in den Gürtel, Laertes hatte ohnedem eine gute Flinte bei sich, und man machte sich mit einer hohen Freudigkeit auf den Weg.

Den zweiten Tag schlugen die Fuhrleute, die der Gegend wohl kundig waren, vor: sie wollten auf einem waldigen Bergplatze Mittagsruhe halten, weil das Dorf weit abgelegen sei und man bei guten Tagen gern diesen Weg nähme.

Die Witterung war schön, und jedermann stimmte leicht in den Vorschlag ein. Wilhelm eilte zu Fuß durch das Gebirge voraus, und über seine sonderbare Gestalt mußte jeder, der ihm begegnete, stutzig werden. Er eilte mit schnellen und zufriedenen Schritten den Wald hinauf, Laertes pfiff hinter ihm drein, nur die Frauen ließen sich in den Wagen fortschleppen. Mignon lief gleichfalls nebenher, stolz auf den Hirschfänger, den man ihr, als die Gesellschaft sich bewaffnete, nicht abschlagen konnte. Um ihren Hut hatte sie die Perlenschnur gewunden, die Wilhelm von Marianens Reliquien übrig behalten hatte. Friedrich der Blonde trug die Flinte des Laertes, der Harfner hatte das friedlichste Ansehen. Sein langes Kleid war in den Gürtel gesteckt, und so ging er freier. Er stützte sich auf einen knotigen Stab, sein Instrument war bei den Wagen zurückgeblieben.

Nachdem sie nicht ganz ohne Beschwerlichkeit die Höhe erstiegen, erkannten sie sogleich den angezeigten Platz an den schönen Buchen, die ihn umgaben und bedeckten. Eine große sanft abhängige Waldwiese lud zum Bleiben ein; eine eingefaßte Quelle bot die lieblichste Erquickung dar, und es zeigte sich an der andern Seite durch Schluchten und Waldrücken eine ferne, schöne und hoffnungsvolle Aussicht. Da lagen Dörfer und Mühlen in den Gründen, Städtchen in der Ebene, und neue in der Ferne eintretende Berge machten die Aussicht noch hoffnungsvoller, indem sie nur wie eine sanfte Beschränkung hereintraten.

Die ersten Ankommenden nahmen Besitz von der Gegend, ruhten im Schatten aus, machten ein Feuer an und erwarteten geschäftig, singend die übrige Gesellschaft, welche nach und nach herbeikam und den Platz, das schöne Wetter, die unaussprechlich schöne Gegend mit e i n e m Munde begrüßte.

Hatte man oft zwischen vier Wänden gute und fröhliche Stunden zusammen genossen, so war man natürlich noch viel aufgeweckter hier, wo die Freiheit des Himmels und die Schönheit der Gegend jedes Gemüt zu reinigen schien. Alle fühlten sich einander näher, alle wünschten in einem so angenehmen Aufenthalt ihr ganzes Leben hinzubringen. Man beneidete die Jäger, Köhler und Holzhauer, Leute, die ihr Beruf an diesen glücklichen Wohnplätzen festhält; über alles aber pries man die reizende Wirtschaft eines Zigeunerhaufens. Man beneidete diese wunderlichen Gesellen, die in seligem Müßiggange alle abenteuerlichen Reize der Natur zu genießen berechtigt sind; man freute sich, ihnen einigermaßen ähnlich zu sein.

Indessen hatten die Frauen angefangen, Erdäpfel zu sieden und die mitgebrachten Speisen auszupacken und zu bereiten. Einige Töpfe standen beim Feuer, gruppenweise lagerte sich die Gesellschaft unter den Bäumen und Büschen. Ihre seltsamen Kleidungen und die mancherlei Waffen gaben ihr ein fremdes Ansehen. Die Pferde wurden beiseite gefüttert, und wenn man die Kutschen hätte verstecken wollen, so wäre der Anblick dieser kleinen Horde bis zur Illusion romantisch gewesen.

Wilhelm genoß ein nie gefühltes Vergnügen. Er konnte hier eine wandernde Kolonie und sich als Anführer derselben denken. In diesem Sinne unterhielt er sich mit einem jeden und bildete den Wahn des Moments so poetisch als möglich aus. Die Gefühle der Gesellschaft erhöhten sich; man aß, trank und jubilierte und bekannte wiederholt, niemals schönere Augenblicke erlebt zu haben.

Nicht lange hatte das Vergnügen zugenommen, als bei den jungen Leuten die Tätigkeit erwachte. Wilhelm und Laertes griffen zu den Rapieren und fingen diesmal in theatralischer Absicht ihre Übungen an. Sie wollten den Zweikampf herstellen, in welchem Hamlet und sein Gegner ein so tragisches Ende nehmen. Beide Freunde waren überzeugt, daß man in dieser wichtigen Szene nicht, wie es wohl auf Theatern zu geschehen pflegt, nur ungeschickt hin und wider stoßen dürfe: sie hofften, ein Muster darzustellen, wie man bei der Aufführung auch dem Kenner der Fechtkunst ein würdiges Schauspiel zu geben habe. Man schloß einen Kreis um sie her; beide fochten mit Eifer und Einsicht, das Interesse der Zuschauer wuchs mit jedem Gange.

Auf einmal aber fiel im nächsten Busche ein Schuß und gleich darauf noch einer, und die Gesellschaft fuhr erschreckt auseinander. Bald erblickte man bewaffnete Leute, die auf den Ort zudrangen, wo die Pferde nicht weit von den bepackten Kutschen ihr Futter einnahmen.

Ein allgemeiner Schrei entfuhr dem weiblichen Geschlechte, unsre Helden warfen die Rapiere weg, griffen nach den Pistolen, eilten den Räubern entgegen und forderten unter lebhaften Drohungen Rechenschaft des Unternehmens.

Als man ihnen lakonisch mit ein paar Musketenschüssen antwortete, drückte Wilhelm seine Pistole auf einen Krauskopf ab, der den Wagen erstiegen hatte und die Stricke des Gepäckes auseinanderschnitt. Wohlgetroffen stürzte er sogleich herunter; Laertes hatte auch nicht fehlgeschossen, und beide Freunde zogen beherzt ihre Seitengewehre, als ein Teil der räuberischen Bande mit Fluchen und Gebrüll auf sie losbrach, einige Schüsse auf sie tat und sich mit blinkenden Säbeln ihrer Kühnheit entgegensetzte. Unsre jungen Helden hielten sich tapfer; sie riefen ihren übrigen Gesellen zu und munterten sie zu einer allgemeinen Verteidigung auf. Bald aber verlor Wilhelm den Anblick des Lichtes und das Bewußtsein dessen, was vorging. Von einem Schuß, der ihn zwischen der Brust und dem linken Arm verwundete, von einem Hiebe, der ihm den Hut spaltete und fast bis auf die Hirnschale durchdrang, betäubt, fiel er nieder und mußte das unglückliche Ende des Überfalls nur erst in der Folge aus der Erzählung vernehmen.

Als er die Augen wieder aufschlug, befand er sich in der wunderbarsten Lage. Das erste, was ihm durch die Dämmerung, die noch vor seinen Augen lag, entgegenblickte, war das Gesicht Philinens, das sich über das seine herüberneigte. Er fühlte sich schwach, und da er, um sich emporzurichten, eine Bewegung machte, fand er sich in Philinens Schoß, in den er auch wieder zurücksank. Sie saß auf dem Rasen, hatte den Kopf des vor ihr ausgestreckten Jünglings leise an sich gedrückt und ihm in ihren Armen, soviel sie konnte, ein sanftes Lager bereitet. Mignon kniete mit zerstreuten blutigen Haaren an seinen Füßen und umfaßte sie mit vielen Tränen.

Als Wilhelm seine blutigen Kleider ansah, fragte er mit gebrochener Stimme, wo er sich befinde, was ihm und den andern begegnet sei. Philine bat ihn, ruhig zu bleiben; die übrigen, sagte sie, seien alle in Sicherheit, und niemand sei als er und Laertes verwundet. Weiter sollte sie nichts erzählen und bat ihn inständig, er möchte sich ruhig halten, weil seine Wunden nur schlecht und in der Eile verbunden seien. Er reichte Mignon die Hand und erkundigte sich nach der Ursache der blutigen Locken des Kindes, das er auch verwundet glaubte.

Um ihn zu beruhigen, erzählte Philine: dieses gutherzige Geschöpf, da es seinen Freund verwundet gesehen, habe sich in der Geschwindigkeit auf nichts besonnen, um das Blut zu stillen; es habe seine eigenen Haare, die um den Kopf geflogen, genommen, um die Wunden zu stopfen, habe aber bald von dem vergeblichen Unternehmen abstehen müssen. Nachher verband man ihn mit Schwamm und Moos, Philine hatte dazu ihr Halstuch hergegeben.

Wilhelm bemerkte, daß Philine mit dem Rücken gegen ihren Koffer saß, der noch ganz wohl verschlossen und unbeschädigt aussah. Er fragte, ob die andern auch so glücklich gewesen, ihre Habseligkeiten zu retten. Sie antwortete mit Achselzucken und einem Blick auf die Wiese, wo zerbrochene Kasten, zerschlagene Koffer, zerschnittene Mantelsäcke und eine Menge kleiner Gerätschaften zerstreut hin und wieder lagen. Kein Mensch war auf dem Platze zu sehen, und die wunderliche Gruppe fand sich in dieser Einsamkeit allein.

Wilhelm erfuhr nun immer mehr, als er wissen wollte: die übrigen Männer, die allenfalls noch Widerstand hätten tun können, waren gleich in Schrecken gesetzt und bald überwältigt; ein Teil floh, ein Teil sah mit Entsetzen dem Unfalle zu. Die Fuhrleute, die sich noch wegen ihrer Pferde am hartnäckigsten gehalten hatten, wurden niedergeworfen und gebunden, und in kurzem war alles rein ausgeplündert und weggeschleppt. Die beängstigten Reisenden fingen, sobald die Sorge für ihr Leben vorüber war, ihren Verlust zu bejammern an, eilten mit möglichster Geschwindigkeit dem benachbarten Dorfe zu, führten den leicht verwundeten Laertes mit sich und brachten nur wenige Trümmer ihrer Besitztümer davon. Der Harfner hatte sein beschädigtes Instrument an einen Baum gelehnt und war mit nach dem Orte geeilt, einen Wundarzt aufzusuchen und seinem für tot zurückgelassenen Wohltäter nach Möglichkeit beizuspringen.

Unsre drei verunglückten Abenteurer blieben indes noch eine Zeitlang in ihrer seltsamen Lage, niemand eilte ihnen zu Hilfe. Der Abend kam herbei, die Nacht drohte hereinzubrechen; Philinens Gleichgültigkeit fing an, in Unruhe überzugehen; Mignon lief hin und wider, und die Ungeduld des Kindes nahm mit jedem Augenblicke zu. Endlich, da ihnen ihr Wunsch gewährt ward und Menschen sich ihnen näherten, überfiel sie ein neuer Schrecken. Sie hörten ganz deutlich einen Trupp Pferde in dem Wege heraufkommen, den auch sie zurückgelegt hatten, und fürchteten, daß abermals eine Gesellschaft ungebetener Gäste diesen Waldplatz besuchen möchte, um Nachlese zu halten.

Wie angenehm wurden sie dagegen überrascht, als ihnen aus den Büschen, auf einem Schimmel reitend, ein Frauenzimmer zu Gesichte kam, die von einem ältlichen Herrn und einigen Kavalieren begleitet wurde; Reitknechte, Bediente und ein Trupp Husaren folgten nach.

Philine, die zu dieser Erscheinung große Augen machte, war eben im Begriff, zu rufen und die schöne Amazone um Hilfe anzuflehen, als diese schon erstaunt ihre Augen nach der wunderbaren Gruppe wendete, sogleich ihr Pferd lenkte, herzuritt und stillehielt. Sie erkundigte sich eifrig nach dem Verwundeten, dessen Lage, in dem Schoße der leichtfertigen Samariterin, ihr höchst sonderbar vorzukommen schien.

„Ist es Ihr Mann?" fragte sie Philinen. — „Er ist nur ein guter Freund", versetzte diese mit einem Ton, der Wilhelmen höchst zuwider war. Er hatte seine Augen auf die sanften, hohen, stillen, teilnehmenden Gesichtszüge der Ankommenden geheftet; er glaubte, nie etwas Edleres noch Liebenswürdigeres gesehen zu haben. Ein weiter

Mannsüberrock verbarg ihm ihre Gestalt; sie hatte ihn, wie es schien, gegen die Einflüsse der kühlen Abendluft von einem ihrer Gesellschafter geborgt.

Die Ritter waren indes auch näher gekommen; einige stiegen ab, die Dame tat ein Gleiches und fragte mit menschenfreundlicher Teilnehmung nach allen Umständen des Unfalls, der die Reisenden betroffen hatte, besonders aber nach den Wunden des hingestreckten Jünglings. Darauf wandte sie sich schnell um und ging mit einem alten Herrn seitwärts nach den Wagen, welche langsam den Berg heraufkamen und auf dem Waldplatze stillehielten.

Nachdem die junge Dame eine kurze Zeit am Schlage der einen Kutsche gestanden und sich mit den Ankommenden unterhalten hatte, stieg ein Mann von untersetzter Gestalt heraus, den sie zu unserm verwundeten Helden führte. An dem Kästchen, das er in der Hand hatte, und an der ledernen Tasche mit Instrumenten erkannte man ihn bald für einen Wundarzt. Seine Manieren waren mehr rauh als einnehmend, doch seine Hand leicht und seine Hilfe willkommen.

Er untersuchte genau, erklärte, keine Wunde sei gefährlich, er wolle sie auf der Stelle verbinden, alsdann könne man den Kranken in das nächste Dorf bringen.

Die Besorgnisse der jungen Dame schienen sich zu vermehren. „Sehen sie nur", sagte sie, nachdem sie einigemal hin und her gegangen war und den alten Herrn wieder herbeiführte, „sehen Sie, wie man ihn zugerichtet hat! Und leidet er nicht um unsertwillen?" Wilhelm hörte diese Worte und verstand sie nicht. Sie ging unruhig hin und wider; es schien, als könnte sie sich nicht von dem Anblick des Verwundeten losreißen, und als fürchtete sie zugleich, den Wohlstand zu verletzen, wenn sie stehen bliebe, zu der Zeit, da man ihn, wiewohl mit Mühe, zu entkleiden anfing. Der Chirurgus schnitt eben den linken Ärmel auf, als der alte Herr hinzutrat und ihr mit einem ernsthaften Tone der Notwendigkeit, ihre Reise fortzusetzen, vorstellte. Wilhelm hatte seine Augen auf sie gerichtet und war von ihren Blicken so eingenommen, daß er kaum fühlte, was mit ihm vorging.

Philine war indessen aufgestanden, um der gnädigen Frau die Hand zu küssen. Als sie nebeneinander standen, glaubte unser Freund, nie einen solchen Abstand gesehn zu haben. Philine war ihm noch nie in einem so ungünstigen Lichte erschienen. Sie sollte, wie es ihm vorkam, sich jener edlen Naturen nicht nahen, noch weniger sie berühren.

Die Dame fragte Philinen verschiedenes, aber leise. Endlich kehrte sie sich zu dem alten Herrn, der noch immer trocken dabei stand, und sagte: „Lieber Oheim, darf ich auf Ihre Kosten freigiebig sein?" Sie zog sogleich den Überrock aus, und ihre Absicht, ihn dem Verwundeten und Unbekleideten hinzugeben, war nicht zu verkennen.

Wilhelm, den der heilsame Blick ihrer Augen bisher festgehalten hatte, war nun, als der Überrock fiel, von ihrer schönen Gestalt überrascht. Sie trat näher herzu und legte den Rock sanft über ihn hin. In diesem Augenblicke, da er den Mund öffnen und einige Worte des Dankes stammeln wollte, wirkte der lebhafte Eindruck ihrer Gegenwart so sonderbar auf seine schon angegriffenen Sinne, daß es ihm auf einmal vorkam, als sei ihr Haupt mit Strahlen umgeben, und über ihr ganzes Bild verbreitete sich nach und nach ein glänzendes Licht. Der Chirurgus berührte ihn eben unsanfter, indem er die Kugel, welche in der Wunde stak, herauszuziehen Anstalt machte. die Heilige verschwand vor den Augen des Hinsinkenden; er verlor alles Bewußtsein, und als er wieder zu sich kam, waren Reiter und Wagen, die Schöne samt ihren Begleitern verschwunden.

Nachdem unser Freund verbunden und angekleidet war, eilte der Chirurgus weg, eben als der Harfenspieler mit einer Anzahl Bauern heraufkam. Sie bereiteten eilig aus abgehauenen Ästen und eingeflochtenem Reisig eine Trage, luden den Verwundeten darauf und brachten ihn unter Anführung eines reitenden Jägers, den die Herrschaft zurückgelassen hatte, sachte den Berg hinunter. Der Harfner, still und in sich gekehrt, trug sein beschädigtes Instrument, einige Leute schleppten Philinens Koffer, sie schlenderte mit einem Bünde nach, Mignon sprang bald voraus, bald zur Seite durch Busch und Wald und blickte sehnlich nach ihrem kranken Beschützer hinüber.

Dieser lag, in seinem warmen Überrock gehüllt, ruhig auf der Bahre. Eine elektrische Wärme schien aus der feinen Wolle in seinen Körper überzugehen; genug, er fühlte sich in die behaglichste Empfindung versetzt. Die schöne Besitzerin des Kleides hatte mächtig auf ihn gewirkt. Er sah noch den Rock von ihren Schultern fallen, die edelste Gestalt, von Strahlen umgeben, vor sich stehen, und seine Seele eilte der Verschwundenen durch Felsen und Wälder auf dem Fuße nach.

Nur mit sinkender Nacht kam der Zug im Dorfe vor dem Wirtshause an, in welchem sich die übrige Gesellschaft befand und verzweiflungsvoll den unersetzlichen Verlust beklagte. Die einzige kleine Stube des Hauses war von Menschen vollgepfropft; einige lagen auf der Streue, andere hatten die Bänke eingenommen, einige sich hinter den Ofen gedruckt, und Frau Melina erwartete in einer benachbarten Kammer ängstlich ihre Niederkunft. Der Schrecken hatte sie beschleunigt, und unter dem Beistande der Wirtin, einer jungen unerfahrenen Frau, konnte man wenig Gutes erwarten.

Als die neuen Ankömmlinge hereingelassen zu werden verlangten, entstand ein allgemeines Murren. Man behauptete nun, daß man allein auf Wilhelms Rat, unter seiner besonderen Anführung, diesen gefährlichen Weg unternommen und sich diesem Unfall ausgesetzt habe. Man warf die Schuld des üblen Ausgangs auf ihn, widersetzte sich an der Türe seinem Eintritt und behauptete: er müsse anderswo unterzukommen suchen. Philinen begegnete man noch schnöder; der Harfenspieler und Mignon mußten auch das Ihrige leiden.

Nicht lange hörte der Jäger, dem die Vorsorge für die Verlaßnen von seiner schönen Herrschaft ernstlich anbefohlen war, dem Streite mit Geduld zu; er fuhr mit Fluchen und Drohen auf die Gesellschaft los, gebot ihnen, zusammenzurücken und den Ankommenden Platz zu machen. Man fing an, sich zu bequemen. Er bereitete Wilhelmen einen Platz auf einem Tische, den er in eine Ecke schob; Philine ließ ihren Koffer daneben stellen und setzte sich drauf. Jeder druckte sich, so gut er konnte, und der Jäger begab sich weg, um zu sehen, ob er nicht ein bequemeres Quartier für das Ehepaar ausmachen könne.

Kaum war er fort, als der Unwille laut zu werden anfing und ein Vorwurf den andern drängte. Jedermann erzählte und erhöhte seinen Verlust; man schalt die Verwegenheit, durch die man so vieles eingebüßt; man verhehlte sogar die Schadenfreude nicht, die man über die Wunden unsers Freundes empfand; man verhöhnte Philinen und wollte ihr die Art und Weise, wie sie ihren Koffer gerettet, zum Verbrechen machen. Aus allerlei Anzüglichkeiten und Stichelreden hätte man schließen sollen, sie habe sich während der Plünderung und Niederlage um die Gunst des Anführers der Bande bemüht und habe ihn, wer weiß, durch welche Künste und Gefälligkeiten vermocht, ihren Koffer freizugeben. Man wollte sie eine ganze Weile vermißt haben. Sie antwortete nichts und klapperte nur mit den großen Schlössern ihres Koffers, um ihre Neider recht von seiner Gegenwart zu überzeugen und die Verzweiflung des Haufens durch ihr eignes Glück zu vermehren.

Wilhelm, ob er gleich durch den starken Verlust des Blutes schwach und nach der Erscheinung jenes hilfreichen Engels mild und sanft geworden war, konnte sich doch zuletzt des Verdrusses über die harten und ungerechten Reden nicht enthalten, welche bei seinem Stillschweigen von der unzufriedenen Gesellschaft immer mehr erneuert wurden. Endlich fühlte er sich gestärkt genug, um sich aufzurichten und ihnen die Unart vorzustellen, mit der sie ihren Freund und Führer beunruhigten. Er hob sein verbundenes Haupt in die Höhe und fing, indem er sich mit einiger Mühe stützte und gegen die Wand lehnte, folgendergestalt zu reden an:

„Ich vergebe dem Schmerze, den jeder über seinen Verlust empfindet, daß ihr mich in einem Augenblick beleidigt, wo ihr mich beklagen solltet, daß ihr mir widersteht und mich von euch stoßt, das erstemal, da ich Hilfe von euch erwarten sollte. Für die Dienste, die ich euch erzeigte, für die Gefälligkeit, die ich euch erwies, habe ich mich durch euren Dank, durch euer freundschaftliches Betragen bisher genugsam belohnt gefunden; verleitet mich nicht, zwingt mein Gemüt nicht, zurückzugehen und zu überdenken, was ich für euch getan habe; diese Berechnung würde mir nur peinlich werden. Der Zufall hat mich zu euch geführt, Umstände und eine heimliche Neigung haben mich bei euch gehalten. Ich nahm an euren Arbeiten, an euren Vergnügungen teil; meine wenigen Kenntnisse waren zu eurem Dienste. Gebt ihr mir jetzt auf eine bittre Weise den Unfall schuld, der uns betroffen hat, so erinnert ihr euch nicht, daß der erste Vorschlag, diesen Weg zu nehmen, von fremden Leuten kam, von euch allen geprüft und so gut von jedem als von mir gebilligt worden ist. Wäre unsre Reise glücklich vollbracht, so würde sich jeder wegen des guten Einfalls loben, daß er diesen Weg angeraten, daß er ihn vorgezogen; er würde sich unsrer Überlegungen und seines ausgeübten Stimmrechts mit Freuden erinnern; jetzo macht ihr mich allein verantwortlich, ihr zwingt mir eine Schuld auf, die ich willig übernehmen wollte, wenn mich das reinste Bewußtsein nicht freispräche, ja wenn ich mich nicht auf euch selbst berufen könnte. Habt ihr gegen mich etwas zu sagen, so bringt es ordentlich vor, und ich werde mich zu verteidigen wissen; habt ihr nichts Gegründetes anzugeben, so schweigt und quält mich nicht."

Statt aller Antwort fingen die Mädchen an, abermals zu weinen und ihren Verlust umständlich zu erzählen. Melina war ganz aus der Fassung; denn er hatte freilich am meisten und mehr, als wir denken können, eingebüßt. Wie ein Rasender stolperte er in dem engen Raume hin und her, stieß den Kopf wider die Wand, fluchte und schalt auf das unziemlichste; und da nun gar zu gleicher Zeit die Wirtin aus der Kammer trat mit der Nachricht, daß seine Frau mit einem toten Kinde niedergekommen, erlaubte er sich die heftigsten Ausbrüche, und einstimmig mit ihm heulte, schrie, brummte und lärmte alles durcheinander.

Wilhelm, der zugleich von mitleidiger Teilnehmung an ihrem Zustande und von Verdruß über ihre niedrige Gesinnung bis in sein Innerstes bewegt war, fühlte ungeachtet der Schwäche seines Körpers die ganze Kraft seiner Seele lebendig. „Fast", rief er aus, „muß ich euch verachten, so beklagenswert ihr auch sein mögt. Kein Unglück berechtigt uns, einen Unschuldigen mit Vorwürfen zu beladen; habe ich teil an diesem falschen Schritte, so büße ich auch mein Teil. Ich liege verwundet hier, und wenn die Gesellschaft verloren hat, so verliere ich das meiste. Was an Garderobe geraubt worden, was an Dekorationen zugrunde gegangen, war mein: denn Sie, Herr Melina, haben mich noch nicht bezahlt, und ich spreche Sie von dieser Forderung hiermit völlig frei".

„Sie haben gut schenken", rief Melina, „was niemand wiedersehen wird. Ihr Geld lag in meiner Frau Koffer, und es ist Ihre Schuld, daß es Ihnen verloren geht. Aber o! wenn das alles wäre!" – Er fing aufs neue zu stampfen, zu schimpfen und zu schreien an. Jedermann erinnerte sich der schönen Kleider aus der Garderobe des Grafen, der Schnallen, Uhren, Dosen, Hüte, welche Melina von dem Kammerdiener so glücklich gehandelt hatte. Jedem fielen seine eigenen, obgleich viel geringeren Schätze dabei wieder ins Gedächtnis; man blickte mit Verdruß auf Philinens Koffer, man gab Wilhelmen zu verstehen, er habe wahrlich nicht übel getan, sich mit dieser Schönen zu assoziieren und durch ihr Glück auch seine Habseligkeiten zu retten.

„Glaubt ihr denn", rief er endlich aus, „daß ich etwas Eignes haben werde, solange ihr darbt, und ist es wohl das erstemal, daß ich in der Not mit euch redlich teile? Man öffne den Koffer, und was mein ist, will ich zum öffentlichen Bedürfnis niederlegen".

„Es ist m e i n Koffer", sagte Philine, „und ich werde ihn nicht eher aufmachen, bis es mir beliebt. Ihre paar Fittiche, die ich Ihnen aufgehoben, können wenig betragen, und wenn sie an die redlichsten Juden verkauft werden. Denken Sie an sich, was Ihre Heilung kosten, was Ihnen in einem fremden Land begegnen kann."

„Sie werden mir, Philine", versetzte Wilhelm, „nichts vorenthalten, was mein ist, und das wenige wird uns aus der ersten Verlegenheit retten. Allein der Mensch besitzt noch manches, womit er seinen Freunden beistehen kann, das eben nicht klingende Münze zu sein braucht. Alles, was in mir ist, soll diesen Umständen gewidmet sein, die gewiß, wenn sie wieder zu sich selbst kommen, ihr gegenwärtiges Betragen bereuen werden. Ja", fuhr er fort, „ich fühle, daß ihr bedürft, und was ich vermag, will ich euch leisten; schenkt mir euer Vertrauen aufs neue, beruhigt euch für diesen Augenblick, nehmet an, was ich euch verspreche! Wer will die Zusage im Namen aller von mir empfangen?"

Hier streckte er seine Hand aus und rief: „Ich verspreche, daß ich nicht eher von euch weichen, euch nicht eher verlassen will, als bis ein jeder seinen Verlust doppelt und dreifach ersetzt sieht, bis ihr den Zustand, in dem ihr euch, durch wessen Schuld es wolle, befindet, völlig vergessen und mit einem glücklichern vertauscht habt."

Er hielt seine Hand noch immer ausgestreckt, und niemand wollte sie fassen. „Ich versprech es noch einmal", rief er aus, indem er auf sein Kissen zurücksank. Alle blieben stille: sie waren beschämt, aber nicht getröstet, und Philine, auf ihrem Koffer sitzend, knackte Nüsse auf, die sie in ihrer Tasche gefunden hatte.

Der Jäger kam mit einigen Leuten zurück und machte Anstalt, den Verwundeten wegzuschaffen. Er hatte den Pfarrer des Orts beredet, das Ehepaar aufzunehmen; Philinens Koffer ward fortgetragen, und sie folgte mit natürlichem Anstand. Mignon lief voraus, und da der Kranke im Pfarrhaus ankam, ward ihm ein weites Ehebette, das schon lange Zeit als Gast- und Ehrenbette bereitgehalten, eingegeben. Hier bemerkte man erst, daß die Wunde aufgegangen war und stark geblutet hatte. Man mußte für einen neuen Verband sorgen. Der Kranke verfiel in Fieber, Philine wartete ihn treulich, und als die Müdigkeit sie übermeisterte, löste sie der Harfenspieler ab; Mignon war, mit dem festen Vorsatz zu wachen, in einer Ecke eingeschlafen.

Des Morgens, als Wilhelm sich ein wenig erholt hatte, erfuhr er von dem Jäger, daß die Herrschaft, die ihnen gestern zu Hilfe gekommen sei, vor kurzem ihre Güter verlassen habe, um den Kriegsbewegungen auszuweichen und sich bis zum Frieden in einer ruhigern Gegend aufzuhalten. Er nannte den ältlichen Herrn und seine Nichte, zeigte den Ort an, wohin sie sich zuerst begeben, erklärte Wilhelmen, wie das Fräulein ihm eingebunden, für die Verlaßnen Sorge zu tragen.

Der hereintretende Wundarzt unterbrach die lebhaften Danksagungen, in welche sich Wilhelm gegen den Jäger ergoß, machte eine umständliche Beschreibung der Wunden, versicherte, daß sie leicht heilen würden, wenn der Patient sich ruhig hielte und sich abwartete.

Nachdem der Jäger weggeritten war, erzählte Philine, daß er ihr einen Beutel mit zwanzig Louisdorn zurückgelassen, da er dem Geistlichen ein Douceur für die Wohnung gegeben und die Kurkosten für den Chirurgus bei ihm niedergelegt habe. Sie gelte durchaus für Wilhelms Frau, introduziere sich ein für allemal bei ihm in dieser Qualität und werde nicht zugeben, daß er sich nach einer andern Wartung umsehe.

„Philine", sagte Wilhelm, „ich bin Ihnen bei dem Unfall, der uns begegnet ist, schon manchen Dank schuldig worden, und ich wünschte nicht, meine Verbindlichkeiten gegen Sie vermehrt zu sehen. Ich bin unruhig, solange Sie um mich sind: denn ich weiß nichts, womit ich Ihnen die Mühe vergelten kann. Geben Sie mir meine Sachen, die Sie in Ihrem Koffer gerettet haben, heraus, schließen Sie sich an die übrige Gesellschaft an, suchen Sie ein ander Quartier, nehmen Sie meinen Dank und die goldne Uhr als eine kleine Erkenntlichkeit; nur verlassen Sie mich: Ihre Gegenwart beunruhigt mich mehr, als Sie glauben."

Sie lachte ihm ins Gesicht, als er geendigt hatte. „Du bist ein Tor", sagte sie, „du wirst nicht klug werden. Ich weiß besser, was dir gut ist; ich werde bleiben, ich werde mich nicht von der Stelle rühren. Auf den Dank der Männer habe ich niemals gerechnet, also auch auf deinen nicht; und wenn ich dich lieb habe, was geht's dich an?"

Sie blieb und hatte sich bald bei dem Pfarrer und seiner Familie eingeschmeichelt, indem sie immer lustig war, jedem etwas zu schenken, jedem nach dem Sinne zu reden wußte und dabei immer tat, was sie wollte.

Eines Morgens, als Wilhelm erwachte, fand er sich mit ihr in einer sonderbaren Nähe. Er war auf seinem weiten Lager in der Unruhe des Schlafs ganz an die hintere Seite gerutscht. Philine lag quer über dem vordern Teil hingestreckt; sie schien auf dem Bette sitzend und lesend eingeschlafen zu sein. Ein Buch war ihr aus der Hand gefallen, sie war zurück und mit dem Kopf nah an seine Brust gesunken, über die sich ihre blonden aufgelösten Haare in Wellen ausbreiteten. Die Unordnung des Schlafs erhöhte mehr als Kunst und Vorsatz ihre Reize; eine kindische lächelnde Ruhe schwebte über ihrem Gesichte. Er sah sie eine Zeitlang an und schien sich selbst über das Vergnügen zu tadeln, womit er sie ansah, und wir wissen nicht, ob er seinen Zustand segnete oder tadelte, der ihm Ruhe und Mäßigung zur Pflicht machte. Er hatte sie eine Zeitlang aufmerksam betrachtet, als sie sich zu regen anfing. Er schloß die Augen sachte zu, doch konnte er nicht unterlassen, zu blinzeln und nach ihr zu sehen, wie sie sich zurechtputzte und wegging, nach dem Frühstück zu fragen.

Nach und nach hatten sich nun die sämtlichen Schauspieler bei Wilhelmen gemeldet, hatten Empfehlungsschreiben und Reisegeld, mehr oder weniger unartig und ungestüm, gefordert und immer mit Widerwillen Philinens erhalten. Vergebens stellte sie ihrem Freunde vor, daß der Jäger auch diesen Leuten eine ansehnliche Summe zurückgelassen, daß man ihn nur zum besten habe. Vielmehr kamen sie darüber in einen lebhaften Zwist, und Wilhelm behauptete nunmehr ein für allemal, daß sie sich gleichfalls an die übrige Gesellschaft anschließen und ihr Glück bei Serlo versuchen sollte.

Nur einige Augenblicke verließ sie ihr Gleichmut, dann erholte sie sich schnell wieder und rief: „Wenn ich nur meinen Blonden wieder hätte, so wollte ich mich um euch alle nichts kümmern." Sie meinte Friedrichen, der sich vom Waldplatze verloren und nicht wieder gezeigt hatte.

Des andern Morgens brachte Mignon die Nachricht ans Bette: daß Philine in der Nacht abgereist sei; im Nebenzimmer habe sie alles, was ihm gehöre, sehr ordentlich zusammengelegt. Er empfand ihre Abwesenheit; er hatte an ihr eine treue Wärterin, eine muntere Gesellschafterin verloren; er war nicht mehr gewohnt, allein zu sein. Allein Mignon füllte die Lücke bald wieder aus.

Seitdem jene leichtfertige Schöne in ihren freundlichen Bemühungen den Verwundeten umgab, hatte sich die Kleine nach und nach zurückgezogen und war stille für sich geblieben; nun aber, da sie wieder freies Feld gewann, trat sie mit Aufmerksamkeit und Liebe hervor, war eifrig, ihm zu dienen, und munter, ihn zu unterhalten.

Mit lebhaften Schritten nahte er sich der Besserung; er hoffte nun, in wenig Tagen seine Reise antreten zu können. Er wollte nicht etwa planlos ein schlenderndes Leben fortsetzen, sondern zweckmäßige Schritte sollten künftig seine Bahn bezeichnen. Zuerst wollte er die hilfreiche Herrschaft aufsuchen, um seine Dankbarkeit an den Tag zu legen, alsdann zu seinem Freunde, dem Direktor, eilen, um für die verunglückte Gesellschaft auf das beste zu sorgen, und zugleich die Handelsfreunde, an die er mit Adressen versehen war, besuchen und die ihm aufgetragenen Geschäfte verrichten. Er machte sich Hoffnung, daß ihm das Glück wie vorher auch künftig beistehen und ihm Gelegenheit verschaffen werde, durch eine glückliche Spekulation den Verlust zu ersetzen und die Lücke seiner Kasse wieder auszufüllen.

Das Verlangen, seine Retterin wiederzusehen, wuchs mit jedem Tage.

Die räuberische Bande nämlich hatte nicht der wandernden Truppe, sondern jener Herrschaft aufgepaßt, bei der sie mit Recht vieles Geld und Kostbarkeiten vermutete und von deren Zug sie genaue Nachricht mußte gehabt haben. Man wußte nicht, ob man die Tat einem Freikorps, ob man sie Marodeurs oder Räubern zuschreiben sollte. Genug, zum Glücke der vornehmen und reichen Karawane waren die Geringen und Armen zuerst auf den Platz gekommen und hatten das Schicksal erduldet, das jenen zubereitet war. Darauf bezogen sich die Worte der jungen Dame, deren sich Wilhelm noch gar wohl erinnerte.

Wenn er nun vergnügt und glücklich sein konnte, daß ein vorsichtiger Genius ihn zum Opfer bestimmt hatte, eine vollkommene Sterbliche zu retten, so war er dagegen nahe an der Verzweiflung, da ihm, sie wiederzufinden, sie wiederzusehen, wenigstens für den Augenblick alle Hoffnung verschwunden war.

Was diese sonderbare Bewegung in ihm vermehrte, war die Ähnlichkeit, die er zwischen der Gräfin und der schönen Unbekannten entdeckt zu haben glaubte. Sie glichen sich, wie sich Schwestern gleichen mögen, deren keine die jüngere noch die ältere genannt werden darf, denn sie scheinen Zwillinge zu sein.

Die Erinnerung an die liebenswürdige Gräfin war ihm unendlich süß. Er rief sich ihr Bild nur allzugern wieder ins Gedächtnis. Aber nun trat die Gestalt der edlen Amazone gleich dazwischen, eine Erscheinung verwandelte sich in die andere, ohne daß er imstand gewesen wäre, diese oder jene festzuhalten.

Wie wunderbar mußte ihm daher die Ähnlichkeit ihrer Handschriften sein! denn er verwahrte ein reizendes Lied von der Hand der Gräfin in seiner Schreibtafel, und in dem Überrock hatte er ein Zettelchen gefunden, worin man sich mit viel zärtlicher Sorgfalt nach dem Befinden eines Oheims erkundigte.

Wilhelm war überzeugt, daß seine Retterin dieses Billett geschrieben, daß es auf der Reise in einem Wirtshause aus einem Zimmer in das andere geschickt und von dem Oheim in die Tasche gesteckt worden sei. Er hielt beide Handschriften gegeneinander, und wenn die zierlich gestellten Buchstaben der Gräfin ihm sonst so sehr gefallen hatten, so fand er in den ähnlichen, aber freieren Zügen der Unbekannten eine unaussprechlich fließende Harmonie. Das Billett enthielt nichts, und schon die Züge schienen ihn, so wie ehemals die Gegenwart der Schönen, zu erheben.

Er verfiel in eine träumende Sehnsucht, und wie einstimmend mit seinen Empfindungen war das Lied, das eben in dieser Stunde Mignon und der Harfner als ein unregelmäßiges Duett mit dem herzlichsten Ausdrucke sangen:

„Nur wer die Sehnsucht kennt,
Weiß, was ich leide!
Allein und abgetrennt
Von aller Freude,
Seh' ich ans Firmament
Nach jener Seite.
Ach! der mich liebt und kennt,
Ist in der Weite,
Es schwindelt mir, es brennt
Mein Eingeweide.
Nur wer die Sehnsucht kennt,
Weiß, was ich leide!"

Die sanften Lockungen des lieben Schutzgeistes, anstatt unsern Freund auf irgendeinen Weg zu führen, nährten und vermehrten die Unruhe, die er vorher empfunden hatte.

Indem er das Vergangene immer wieder durchnahm, ward ihm ein Umstand, je mehr er ihn betrachtete und be-

leuchtete, immer widriger und unerträglicher. Es war seine verunglückte Heerführerschaft, an die er ohne Verdruß nicht denken konnte. Denn ob er gleich am Abend jenes bösen Tages sich vor der Gesellschaft so ziemlich herausgeredet hatte, so konnte er sich doch selbst seine Schuld nicht verleugnen. Er schrieb sich vielmehr in hypochondrischen Augenblicken den Vorfall allein zu.
Die Eigenliebe läßt uns sowohl unsre Tugenden als unsre Fehler viel bedeutender, als sie sind, erscheinen. Er hatte das Vertrauen auf sich rege gemacht, den Willen der übrigen gelenkt und war, von Unerfahrenheit und Kühnheit geleitet, vorangegangen; es ergriff sie eine Gefahr, der sie nicht gewachsen waren. Laute und stille Vorwürfe verfolgten ihn, und wenn er der irregeführten Gesellschaft nach dem empfindlichen Verluste zugesagt hatte, sie nicht zu verlassen, bis er ihnen das Verlorene mit Wucher ersetzt hätte, so hatte er sich über eine neue Verwegenheit zu schelten, womit er ein allgemein ausgeteiltes Übel auf seinen Schultern zu nehmen sich vermaß. Bald verwies er sich, daß er durch Anspannung und Drang des Augenblicks ein solches Versprechen getan hatte; bald fühlte er wieder, daß jenes gutmütige Hinreichen seiner Hand, die niemand anzunehmen würdigte, nur eine leichte Förmlichkeit sei gegen das Gelübde, das sein Herz getan hatte. Er sann auf Mittel, ihnen wohltätig und nützlich zu sein, und fand alle Ursache, seine Reise zu Serlo zu beschleunigen. Er packte nunmehr seine Sachen zusammen und eilte, ohne seine völlige Genesung abzuwarten, ohne auf den Rat des Pastors und Wundarztes zu hören, in der wunderbaren Gesellschaft Mignons und des Alten, der Untätigkeit zu entfliehen, in der ihn sein Schicksal abermals nur zu lange gehalten hatte.
Serlo empfing ihn mit offenen Armen und rief ihm entgegen: „Seh ich Sie? Erkenn ich Sie wieder? Sie haben sich wenig oder nicht geändert. Ist Ihre Liebe zur edelsten Kunst noch immer so stark und lebendig? So sehr erfreu ich mich über Ihre Ankunft, daß ich selbst das Mißtrauen nicht mehr fühle, das Ihre letzten Briefe bei mir erregt haben."
Wilhelm bat betroffen um eine nähere Erklärung.
„Sie haben sich", versetzte Serlo, „gegen mich nicht wie ein alter Freund betragen; Sie haben mich wie einen großen Herrn behandelt, dem man mit gutem Gewissen unbrauchbare Leute empfehlen darf. Unser Schicksal hängt von der Meinung des Publikums ab, und ich fürchte, daß Ihr Herr Melina mit den Seinigen schwerlich bei uns wohl aufgenommen werden dürfte."
Wilhelm wollte etwas zu ihren Gunsten sprechen, aber Serlo fing an, eine so unbarmherzige Schilderung von ihnen zu machen, daß unser Freund sehr zufrieden war, als ein Frauenzimmer in das Zimmer trat, das Gespräch unterbrach und ihm sogleich als Schwester Aurelia von seinem Freunde vorgestellt ward. Sie empfing ihn auf das freundschaftlichste, und ihre Unterhaltung war so angenehm, daß er nicht einmal einen entschiedenen Zug des Kummers gewahr wurde, der ihrem geistreichen Gesicht noch ein besonderes Interesse gab.

Zum erstenmal seit langer Zeit fand sich Wilhelm wieder in seinem Elemente. Bei seinen Gesprächen hatte er sonst nur notdürftig gefällige Zuhörer gefunden, da er gegenwärtig mit Künstlern und Kennern zu sprechen das Glück hatte, die ihn nicht allein vollkommen verstanden, sondern die auch sein Gespräch belehrend erwiderten. Mit welcher Geschwindigkeit ging man die neuesten Stücke durch! mit welcher Sicherheit beurteilte man sie! wie wußte man das Urteil des Publikums zu prüfen und zu schätzen!
Nun mußte sich bei Wilhelms Vorliebe für Shakespearen das Gespräch notwendig auf diesen Schriftsteller lenken. Er zeigte die lebhafteste Hoffnung auf die Epoche, welche diese vortrefflichen Stücke in Deutschland machen müßten, und bald brachte er seinen Hamlet vor, der ihn so sehr beschäftigt hatte.
Serlo versicherte, daß er das Stück längst, wenn es nur möglich gewesen wäre, gegeben hätte, daß er gern die Rolle des Polonius übernehmen wolle. Dann setzte er mit Lächeln hinzu: „Und Ophelien finden sich wohl auch, wenn wir nur erst den Prinzen haben."
Wilhelm bemerkte nicht, daß Aurelien dieser Scherz des Bruders zu mißfallen schien; er ward vielmehr nach seiner Art weitläufig und lehrreich, in welchem Sinne er den Hamlet gespielt haben wolle. Er legte ihnen die Resultate umständlich dar, mit welchen wir ihn oben beschäftigt gesehen, und gab sich alle Mühe, seine Meinung annehmlich zu machen, soviel Zweifel auch Serlo gegen seine Hypothese erregte.
Serlo sah seine Schwester an und sagte: „Habe ich dir ein falsches Bild von unserm Freunde gemacht? Er fängt gut an und wird uns noch manches vorerzählen und viel überreden."
Verschiedene Personen traten herein, die das Gespräch unterbrachen. Es waren Virtuosen, die sich bei Serlo gewöhnlich einmal die Woche zu einem kleinen Konzerte versammelten. Er liebte die Musik sehr und behauptete, daß ein Schauspieler ohne diese Liebe niemals zu einem deutlichen Begriff und Gefühl seiner eigenen Kunst gelangen könne. So wie man viel leichter und anständiger agiere, wenn die Gebärden durch eine Melodie begleitet und geleitet werden, so müsse der Schauspieler sich auch seine prosaische Rolle gleichsam im Sinne komponieren, daß er sie nicht etwa eintönig nach seiner individuellen Art und Weise hinsudele, sondern sie in gehöriger Abwechslung nach Takt und Maß behandle.
Aurelia schien an allem, was vorging, wenig Anteil zu nehmen, vielmehr führte sie zuletzt unsern Freund in ein Seitenzimmer, und indem sie ans Fenster trat und den gestirnten Himmel anschaute, sagte sie zu ihm: „Sie sind uns manches über Hamlet schuldig geblieben; ich will zwar nicht voreilig sein und wünsche, daß mein Bruder auch mit anhören möge, was Sie uns noch zu sagen haben, doch lassen Sie mich Ihre Gedanken über Ophelien hören. – Wenn sie sich verlassen sieht, verstoßen und verschmäht, wenn in der Seele ihres wahnsinnigen Geliebten sich das Höchste zum Tiefsten umwendet, und er ihr statt des sü-

ßen Bechers der Liebe den bittern Kelch der Leiden hinreicht –."
Wilhelm hatte nicht bemerkt, mit welchem Ausdruck Aurelie die Worte aussprach. Nur auf das Kunstwerk, dessen Zusammenhang und Vollkommenheit gerichtet, ahnte er nicht, daß seine Freundin eine ganz andere Wirkung empfand, nicht, daß ein eigner tiefer Schmerz durch diese dramatischen Schattenbilder in ihr lebhaft erregt ward.
Noch immer hatte Aurelie ihr Haupt von ihren Armen unterstützt und ihre Augen, die sich mit Tränen füllten, gen Himmel gewendet. Endlich hielt sie nicht länger ihren verborgnen Schmerz zurück; sie faßte des Freundes beide Hände und rief, indem er erstaunt vor ihr stand: „Verzeihen Sie, verzeihen Sie einem geängstigten Herzen! Die Gesellschaft schnürt und preßt mich zusammen; vor meinem unbarmherzigen Bruder muß ich mich zu verbergen suchen; nun hat Ihre Gegenwart alle Bande aufgelöst. Mein Freund!" fuhr sie fort, „seit einem Augenblicke sind wir erst bekannt, und schon werden Sie mein Vertrauter." Sie konnte die Worte kaum aussprechen und sank an seine Schulter. „Denken Sie nicht übler von mir", sagte sie schluchzend, „daß ich mich Ihnen so schnell eröffne, daß Sie mich so schwach sehen. Sei'n Sie, bleiben Sie mein Freund, ich verdiene es." Er redete ihr auf das herzlichste zu; umsonst! ihre Tränen flossen und erstickten ihre Worte.

In diesem Augenblicke trat Serlo sehr unwillkommen herein, und sehr unerwartet Philine, die er bei der Hand hielt. „Hier ist Ihr Freund", sagte er zu ihr; „er wird sich freun, Sie zu begrüßen."
„Wie!" rief Wilhelm erstaunt, „muß ich Sie hier sehen?" Mit einem bescheidnen, gesetzten Wesen ging sie auf ihn los, hieß ihn willkommen, rühmte Serlos Güte, der sie ohne ihr Verdienst, bloß in Hoffnung, daß sie sich bilden werde, unter seine treffliche Truppe aufgenommen habe. Sie tat dabei gegen Wilhelmen freundlich, doch aus einer ehrerbietigen Entfernung.
Diese Verstellung währte aber nicht länger, als die beiden zugegen waren. Denn als Aurelie, ihren Schmerz zu verbergen, wegging und Serlo abgerufen ward, sah Philinen erst recht genau nach den Türen, ob beide auch gewiß fort seien, dann hüpfte sie wie töricht in der Stube herum, setzte sich an die Erde und wollte vor Kichern und Lachen ersticken. Dann sprang sie auf, schmeichelte unserm Freunde und freute sich über alle Maßen, daß sie so klug gewesen sei, vorauszugehen, das Terrain zu rekognoszieren und sich einzunisten.
„Hier geht es bunt zu", sagte sie, „gerade so, wie mir's recht ist. Aurelie hat einen unglücklichen Liebeshandel mit einem Edelmanne gehabt, der ein prächtiger Mensch sein muß und den ich selbst wohl einmal sehen möchte. Er hat ihr ein Andenken hinterlassen, oder ich müßte mich sehr irren. Es läuft da ein Knabe herum, ungefähr von drei Jahren, schön wie die Sonne; der Papa mag allerliebst sein. Ich kann sonst die Kinder nicht leiden, aber dieser Junge freut mich. Ich habe ihr nachgerechnet. Der Tod ihres Mannes, die neue Bekanntschaft, das Alter des Kindes, alles trifft zusammen.

Nun ist der Freund seiner Wege gegangen; seit einem Jahre sieht er sie nicht mehr. Sie ist darüber außer sich und untröstlich. Die Närrin! – Der Bruder hat unter der Truppe eine Tänzerin, mit der er schön tut, eine Aktricechen, mit der er vertraut ist, in der Stadt noch einige Frauen, denen er aufwartet, und nun steh ich auch auf der Liste. Der Narr! – Vom übrigen Volke sollst du morgen hören. Und nun noch ein Wörtchen von Philinen, die du kennst: die Erznärrin ist in dich verliebt." – Sie schwur, daß es wahr sei, und beteuerte, daß es ein rechter Spaß sei. Sie bat Wilhelmen inständig, er möchte sich in Aurelien verlieben; dann werde die Hetze erst recht angehen: „Sie läuft ihrem Ungetreuen, du, ihr, ich dir, und der Bruder mir nach. Wenn das nicht eine Lust auf ein halbes Jahr gibt, so will ich an der ersten Episode sterben, die sich zu diesem vierfach verschlungenen Romane hinzuwirft." Sie bat ihn, er möchte ihr den Handel nicht verderben und ihr so viel Achtung bezeigen, als sie durch ihr öffentliches Betragen verdienen wolle.

Hierauf gab sie ihrem Freunde zu verstehen, daß sie gewiß überzeugt sei, er werde nunmehr sein Talent nicht länger vergraben, sondern unter Direktion eines Serlo aufs Theater gehen. Sie konnte die Ordnung, den Geschmack, den Geist, der hier herrschte, nicht genug rühmen; sie sprach so schmeichelnd zu unserm Freunde, so schmeichelhaft von seinen Talenten, daß sein Herz und seine Einbildungskraft sich ebensosehr diesem Vorschlage näherten, als sein Verstand und seine Vernunft sich davon entfernten. Er verbarg seine Neigung vor sich selbst und vor Philinen und brachte einen unruhigen Tag zu, an dem er sich nicht entschließen konnte, zu seinen Handelskorrespondenten zu gehen und die Briefe, die dort für ihn liegen möchten, abzuholen. Denn, ob er sich gleich die Unruhe der Seinigen diese Zeit über vorstellen konnte, so scheute er sich doch, ihre Sorgen und Vorwürfe umständlich zu erfahren, umsomehr, da er sich einen großen und reinen Genuß diesen Abend von der Aufführung eines neuen Stückes versprach.
Serlo hatte sich geweigert, ihn bei der Probe zuzulassen. „Sie müssen uns", sagte er, „erst von der besten Seite kennenlernen, eh wir zugeben, daß Sie uns in die Karte sehen."
Mit der größten Zufriedenheit wohnte aber auch unser Freund den Abend darauf der Vorstellung bei. Es war das erstemal, daß er ein Theater in solcher Vollkommenheit sah. Man traute sämtlichen Schauspielern fürtreffliche Gaben, glückliche Anlagen und einen hohen und klaren Begriff von ihrer Kunst zu, und doch waren sie einander nicht gleich; aber sie hielten und trugen sich wechselsweise, feuerten einander an und waren in ihrem ganzen Spiele sehr bestimmt und genau. Man fühlte bald, daß Serlo die Seele des Ganzen war, und er zeichnete sich sehr zu seinem Vorteil aus. Eine heitere Laune, eine gemäßigte Lebhaftigkeit, ein bestimmtes Gefühl des Schicklichen bei

einer großen Gabe der Nachahmung mußte man an ihm, wie er aufs Theater trat, wie er den Mund öffnete, bewundern. Die innere Behaglichkeit seines Daseins schien sich über alle Zuhörer auszubreiten, und die geistreiche Art, mit der er die feinsten Schattierungen der Rollen leicht und gefällig ausdrückte, erweckte um so viel mehr Freude, als er die Kunst zu verbergen wußte, die er sich durch eine anhaltende Übung eigen gemacht hatte.

Seine Schwester Aurelia blieb nicht hinter ihm und erhielt noch größeren Beifall, indem sie die Gemüter der Menschen rührte, die er zu erheitern und zu erfreuen so sehr imstande war.

Nach einigen Tagen, die auf eine angenehme Weise zugebracht wurden, verlangte Aurelia nach unserm Freund. Er eilte zu ihr und fand sie auf dem Kanapee liegen; sie schien an Kopfweh zu leiden, und ihr ganzes Wesen konnte eine fieberhafte Bewegung nicht verbergen. Ihr Auge erheiterte sich, als sie den Hereintretenden ansah. „Vergeben Sie!" rief sie ihm entgegen, „das Zutrauen, das Sie mir einflößten, hat mich schwach gemacht. Bisher konnt ich mich mit meinen Schmerzen im stillen unterhalten, ja sie gaben mir Stärke und Trost; nun haben Sie, ich weiß nicht, wie es zugegangen ist, die Bande der Verschwiegenheit gelöst, und Sie werden nun selbst wider Willen teil an dem Kampfe nehmen, den ich gegen mich selbst streite."

Wilhelm antwortete ihr freundlich und verbindlich. Er versicherte, daß ihr Bild und ihre Schmerzen ihm beständig vor der Seele geschwebt, daß er sie um ihr Vertrauen bitte, daß er sich ihr zum Freund widme.

Indem er so sprach, wurden seine Augen von dem Knaben angezogen, der vor ihr auf der Erde saß und allerlei Spielwerk durcheinanderwarf. Er mochte, wie Philine schon angegeben, ungefähr drei Jahre alt sein, und Wilhelm verstand nun erst, warum das leichtfertige, in ihren Ausdrücken selten erhabene Mädchen den Knaben der Sonne verglichen. Denn um die offnen braunen Augen und das volle Gesicht kräuselten sich die schönsten goldnen Locken, an einer blendend weißen Stirne zeigten sich zarte, dunkle, sanftgebogene Augenbrauen, und die lebhafte Farbe der Gesundheit glänzte auf seinen Wangen.

„Setzen Sie sich zu mir", sagte Aurelie, „Sie sehen das glückliche Kind mit Verwunderung an; gewiß, ich habe es mit Freuden auf meine Arme genommen, ich bewahre es mit Sorgfalt; nur kann ich auch recht an ihm den Grad meiner Schmerzen erkennen, denn sie lassen mich den Wert einer solchen Gabe nur selten empfinden.

Erlauben Sie mir", fuhr sie fort, „daß ich nun auch von mir und meinem Schicksale rede; denn es ist mir sehr daran gelegen, daß Sie mich nicht verkennen. Ich glaubte, einige gelassene Augenblicke zu haben, darum ließ ich Sie rufen; Sie sind nun da, und ich habe meinen Faden verloren. Ein verlaßnes Geschöpf mehr in der Welt! werden Sie sagen. Sie sind ein Mann und denken: wie gebärdet sich bei einem notwendigen Übel, das gewisser als der Tod über einem Weibe schwebt, bei der Untreue eines Mannes, die Törin! – O mein Freund, wäre mein Schicksal gemein, ich wollte gern gemeines Übel ertragen; aber es ist so außerordentlich; warum kann ich's Ihnen nicht im Spiegel zeigen, warum nicht jemand auftragen, es Ihnen zu erzählen! O wäre, wäre ich verführt, überrascht und dann verlassen, dann würde in der Verzweiflung noch Trost sein; aber ich bin weit schlimmer daran, ich habe mich selbst hintergangen, mich selbst wider Wissen betrogen, das ist's, was ich mir niemals verzeihen kann."

„Bei edlen Gesinnungen, wie die Ihrigen sind", versetzte der Freund, „können Sie nicht ganz unglücklich sein."

„Und wissen Sie, wem ich meine Gesinnung schuldig bin?" fragte Aurelie, „der allerschlechtesten Erziehung, durch die jemals ein Mädchen hätte verderbt werden sollen, dem schlimmsten Beispiele, um Sinne und Neigung zu verführen.

Nach dem frühzeitigen Tode meiner Mutter bracht ich die schönsten Jahre der Entwicklung bei einer Tante zu, die sich zum Gesetz machte, die Gesetze der Ehrbarkeit zu verachten. Blindlings überließ sie sich einer jeden Neigung, sie mochte über den Gegenstand gebieten oder sein Sklav' sein, wenn sie nur im wilden Genuß ihrer selbst vergessen konnte.

Was mußten wir Kinder mit dem reinen und deutlichen Blick der Unschuld uns für Begriffe von dem männlichen Geschlechte machen? Wie dumpf, dringend, dreist, ungeschickt war jeder, den sie herbeireizte; wie satt, übermütig, leer und abgeschmackt dagegen, sobald er seiner Wünsche Befriedigung gefunden hatte. So hab ich diese Frau jahrelang unter dem Gebot der schlechtesten Menschen erniedrigt gesehen; was für Begegnungen mußte sie erdulden, und mit welcher Stirne wußte sie sich in ihr Schicksal zu finden, ja mit welcher Art diese schändlichen Fesseln zu tragen!

So lernte ich Ihr Geschlecht kennen, mein Freund, und wie rein haßte ich's, da ich zu bemerken schien, daß selbst leidliche Männer im Verhältnis gegen das unsrige jedem guten Gefühl zu entsagen schienen, zu dem sie die Natur sonst noch mochte fähig gemacht haben!

Leider mußte ich auch bei solchen Gelegenheiten viel traurige Erfahrungen über mein eigen Geschlecht machen, und wahrhaftig, als Mädchen von sechzehn Jahren war ich klüger, als ich jetzt bin, jetzt, da ich mich selbst kaum verstehe. Warum sind wir so klug, wenn wir jung sind, so klug, um immer törichter zu werden!"

Der Knabe machte Lärm, Aurelie ward ungeduldig und klingelte. Ein altes Weib kam herein, ihn wegzuholen. „Hast du noch immer Zahnweh?" sagte Aurelie zu der Alten, die das Gesicht verbunden hatte. „Fast unleidliches", versetzte diese mit dumpfer Stimme, hob den Knaben auf, der gerne mitzugehen schien, und brachte ihn weg.

Kaum war das Kind beiseite, als Aurelie bitterlich zu weinen anfing. „Ich kann nichts als jammern und klagen", rief sie aus, „und ich schäme mich nicht, wie ein armer Wurm vor Ihnen zu liegen. Meine Besonnenheit ist schon weg, und ich kann nicht mehr erzählen." Sie stockte und schwieg. Ihr Freund, der nichts Allgemeines sagen wollte und nichts Besonderes zu sagen wußte, drückte ihre Hand und sah sie eine Zeitlang an. Endlich nahm er in der Verlegenheit ein Buch auf, das er vor sich auf dem Tischchen liegen fand; es waren Shakespeares Werke, und „Hamlet" aufgeschlagen.

„Ich hatte Sie anfangs in Verdacht", sagte Aurelie, „als wollten Sie uns zum besten haben, da sie von den Leuten, die Sie meinem Bruder zugeschickt haben, so manches Gute sagten, wenn ich Ihre Briefe mit den Verdiensten dieser Menschen zusammenhielt."

Die Bemerkung Aureliens, so wahr sie sein mochte, und so gern ihr Freund diesen Mangel bei sich gestand, führte doch etwas Drückendes, ja sogar Beleidigendes mit sich, daß er still ward und sich zusammennahm, teils um keine Empfindlichkeit merken zu lassen, teils in seinem Busen nach der Wahrheit dieses Vorwurfs zu forschen.

„Sie dürfen nicht darüber betreten sein", fuhr Aurelie fort: *„zum Lichte des Verstandes können wir immer gelangen, aber die Fülle des Herzens kann uns niemand geben.* Sind sie zum Künstler bestimmt, so können Sie diese Dunkelheit und Unschuld nicht lange genug bewahren; sie ist die schöne Hülle über der jungen Knospe; Unglücks genug, wenn wir zu früh herausgetrieben werden. Gewiß, es ist gut, wenn wir die nicht immer kennen, für die wir arbeiten.

Oh! ich war auch einmal in diesem glücklichen Zustande, als ich mit dem höchsten Begriff von mir selbst und meiner Nation die Bühne betrat. Was waren die Deutschen nicht in meiner Einbildung, was konnten sie nicht sein! Zu dieser Nation sprach ich, über die mich ein kleines Gerüst erhob, von welcher mich eine Reihe Lampen trennte, deren Glanz und Dampf mich hinderte, die Gegenstände vor mir genau zu unterscheiden. Wie willkommen war mir der Klang des Beifalls, der aus der Menge herauftönte; wie dankbar nahm ich das Geschenk an, das mir einstimmig von so vielen Händen dargebracht wurde! Lange wiegte ich mich so hin; wie ich wirkte, wirkte die Menge wieder auf mich zurück, ich war mit meinem Publikum in dem besten Vernehmen; ich glaubte, eine vollkommene Harmonie zu fühlen und jederzeit die Edelsten und Besten der Nation vor mir zu sehen.

Unglücklicherweise war es nicht die Schauspielerin allein, deren Naturell und Kunst die Theaterfreunde interessierte: sie machten auch Ansprüche an das junge lebhafte Mädchen. Sie gaben mir nicht undeutlich zu verstehen, daß meine Pflicht sei, die Empfindungen, die ich in ihnen rege gemacht, auch persönlich mit ihnen zu teilen. Leider war das nicht meine Sache; ich wünschte, ihre Gemüter zu erheben, aber an das, was sie ihr Herz nannten, hatte ich nicht den mindesten Anspruch; und nun wurden mir alle Stände, Alter und Charakter, einer um den andern, zur Last, und nichts war mir verdrießlicher, als daß ich mich nicht, wie ein anderes ehrliches Mädchen, in mein Zimmer verschließen und so mir manche Mühe ersparen konnte.

Die Männer zeigten sich meist, wie ich sie bei meiner Tante zu sehen gewohnt war, und sie würden mir auch diesmal nur wieder Abscheu erregt haben, wenn mich nicht ihre Eigenheiten und Albernheiten unterhalten hätten. Da ich nicht vermeiden konnte, sie bald auf dem Theater, bald an öffentlichen Orten, bald zu Hause zu sehen, nahm ich mir vor, sie alle auszulauern, und mein Bruder half mir wacker dazu. Und wenn Sie denken, daß vom beweglichen Ladendiener und dem eingebildeten Kaufmannssohne bis zum gewandten abwiegenden Weltmann, dem kühnen Soldaten und dem raschen Prinzen alle nach und nach bei mir vorbeigegangen sind und jeder nach seiner Art seinen Roman anzuknüpfen gedachte, so werden Sie mir verzeihen, wenn ich mir einbildete, mit meiner Nation ziemlich bekannt zu sein.

Den phantastisch aufgestutzten Studenten, den demütigstolz verlegenen Gelehrten, den schwankfüßigen genügsamen Domherrn, den steifen aufmerksamen Geschäftsmann, den derben Landbaron, den freudlich glatt-platten Hofmann, den jungen, aus der Bahn schreitenden Geistlichen, den gelassenen sowie den schnellen und tätig spekulierenden Kaufmann, alle habe ich in Bewegung gesehen, und beim Himmel! wenige fanden sich darunter, die mir nur ein gemeines Interesse einzuflößen imstande gewesen wären; vielmehr war es mir äußerst verdrießlich, den Beifall der Toren im einzelnen mit Beschwerlichkeit und langer Weile einzukassieren, der mir im ganzen so wohl behagt hatte, den ich mir im großen so gerne zueignete.

Wenn ich über mein Spiel ein vernünftiges Kompliment erwartete, wenn ich hoffte, sie sollten einen Autor loben, den ich hochschätzte, so machten sie eine alberne Anmerkung über die andere und nannten ein abgeschmacktes Stück, in welchem sie wünschten mich spielen zu sehen. Wenn ich in der Gesellschaft herumhorchte, ob nicht etwa ein edler, geistreicher, witziger Zug nachklänge und zur rechten Zeit wieder zum Vorschein käme, konnte ich selten eine Spur vernehmen. Ein Fehler, der vorgekommen war, wenn ein Schauspieler sich versprach oder irgendeinen Provinzialismus hören ließ, das waren die wichtigsten Punkte, an denen sie sich festhielten, von denen sie nicht loskommen konnten. Ich wußte zuletzt nicht, wohin ich mich wenden sollte; sie dünkten sich zu klug, sich unterhalten zu lassen, und sie glaubten, mich wundersam zu unterhalten, wenn sie an mir herumtätschelten. Ich fing an, sie alle von Herzen zu verachten, und es war mir eben, als wenn die ganze Nation sich recht vorsätzlich bei mir durch ihre Abgesandten habe prostituieren wollen. Sie kam mir im ganzen so linkisch vor, so übel erzogen, so schlecht unterrichtet, so leer von gefälligem Wesen, so geschmacklos. Oft rief ich aus: ,Es kann doch kein Deutscher einen Schuh zuschnallen, der es nicht von einer fremden Nation gelernt hat!'

Sie sehen, wie verblendet, wie hypochondrisch ungerecht ich war, und je länger es währte, desto mehr nahm meine Krankheit zu. Ich hätte mich umbringen können; allein ich verfiel auf ein ander Extrem: ich verheiratete mich, oder vielmehr ich ließ mich verheiraten. Mein Bruder, der das Theater übernommen hatte, wünschte sehr, einen Gehilfen zu haben. Seine Wahl fiel auf einen jungen

Mann, der mir nicht zuwider war, dem alles mangelte, was mein Bruder besaß: Genie, Leben, Geist und rasches Wesen; an dem sich aber auch alles fand, was jenem abging: Liebe zur Ordnung, Fleiß, eine köstliche Gabe, hauszuhalten und mit Gelde umzugehen.

Er ist mein Mann geworden, ohne daß ich weiß, wie; wir haben zusammen gelebt, ohne daß ich recht weiß, warum. Genug, unsre Sachen gingen gut. Wir nahmen viel ein, davon war die Tätigkeit meines Bruders Ursache; wir kamen gut aus, und das war das Verdienst meines Mannes. Ich dachte nicht mehr an Welt und Nation. Mit der Welt hatte ich nichts zu teilen, und den Begriff von Nation hatte ich verloren. Wenn ich auftrat, tat ich's, um zu leben; ich öffnete den Mund nur, weil ich nicht schweigen durfte, weil ich doch herausgekommen war, um zu reden.

Doch, daß ich es nicht zu arg mache, eigentlich hatte ich mich ganz in die Absicht meines Bruders ergeben; ihm war um Beifall und Geld zu tun; denn, unter uns, er hört sich gerne loben und braucht viel. Ich spielte nun nicht mehr nach meinem Gefühl, nach meiner Überzeugung, sondern wie er mich anwies, und wenn ich es ihm zu Danke gemacht hatte, war ich zufrieden. Er richtete sich nach allen Schwächen des Publikums; es ging Geld ein, er konnte nach seiner Willkür leben, und wir hatten gute Tage mit ihm.

Ich war indessen in einen handwerksmäßigen Schlendrian gefallen. Ich zog meine Tage ohne Freude und Anteil hin, meine Ehe war kinderlos und dauerte nur kurze Zeit. Mein Mann ward krank, seine Kräfte nahmen sichtbar ab, die Sorge für ihn unterbrach meine allgemeine Gleichgültigkeit. In diesen Tagen machte ich eine Bekanntschaft, mit der ein neues Leben für mich anfing, ein neues und schnelleres, denn es wird bald zu Ende sein.

Eben zu der kritischen Zeit, da ich für die Tage meines Mannes besorgt sein mußte, lernt ich ihn kennen. Er war eben aus Amerika zurückgekommen, wo er in Gesellschaft einiger Franzosen mit vieler Distinktion unter den Fahnen der Vereinigten Staaten gedient hatte.

Er begegnete mir mit einem gelaßnen Anstande, mit einer offnen Gutmütigkeit, sprach über mich selbst, meine Lage, mein Spiel, wie ein alter Bekannter, so teilnehmend und so deutlich, daß ich mich zum erstenmal freuen konnte, meine Existenz in einem andern Wesen so klar wiederzuerkennen. Seine Urteile waren richtig, ohne absprechend, treffend, ohne lieblos zu sein. Er zeigte keine Härte, und sein Mutwille war zugleich gefällig. Er schien des guten Glücks bei Frauen gewohnt zu sein, das machte mich aufmerksam; er war keineswegs schmeichelnd und andringend, das machte mich sorglos.

In der Stadt ging er mit wenigen um, war meist zu Pferde, besuchte seine vielen Bekanntschaften in der Gegend und besorgte die Geschäfte seines Hauses. Kam er zurück, so stieg er bei mir ab, behandelte meinem immer kränkern Mann mit warmer Sorge, schaffte dem Leidenden durch einen geschickten Arzt Linderung, und wie er an allem, was mich betraf, teilnahm, ließ er mich auch an seinem Schicksale teilnehmen. Er erzählte mir die Geschichte seiner Kampagne, seiner unüberwindlichen Neigung zum Soldatenstande, seine Familienverhältnisse; er vertraute mir seine gegenwärtigen Beschäftigungen. Genug, er hatte nichts Geheimes vor mir; er entwickelte mir sein Innerstes, ließ mich in die verborgensten Winkel seiner Seele sehen; ich lernte seine Fähigkeiten, seine Leidenschaften kennen. Es war das erstemal in meinem Leben, daß ich eines herzlichen, geistreichen Umgangs genoß. Ich war von ihm angezogen, von ihm hingerissen, eh ich über mich selbst Betrachtungen anstellen konnte.

Inzwischen verlor ich meinen Mann, ungefähr wie ich ihn genommen hatte. Die Last der theatralischen Geschäfte fiel nun ganz auf mich. Mein Bruder, unverbesserlich auf dem Theater, war in der Haushaltung niemals nütze; ich besorgte alles und studierte dabei meine Rollen fleißiger als jemals. Ich spielte wieder wie vor alters, ja mit ganz anderer Kraft und neuem Leben, zwar durch ihn und um seinetwillen, doch nicht immer gelang es mir zum besten, wenn ich meinen edlen Freund im Schauspiel wußte; aber einigemal behorchte er mich, und wie angenehm mich sein unvermuteter Beifall überraschte, können Sie denken.

Gewiß, ich bin ein seltsames Geschöpf. Bei jeder Rolle, die ich spielte, war es mir eigentlich nur immer zumute, als wenn ich ihn lobte und zu seinen Ehren spräche; denn das war die Stimmung meines Herzens, die Worte mochten übrigens sein, wie sie wollten. Wußt ich ihn unter den Zuhörern, so getraute ich mich nicht, mit der ganzen Gewalt zu sprechen, eben als wenn ich ihm meine Liebe, mein Lob nicht geradzu ins Gesicht aufdringen wollte; war er abwesend, dann hatte ich freies Spiel, ich tat mein Bestes mit einer gewissen Ruhe, mit einer unbeschreiblichen Zufriedenheit. Der Beifall freute mich wieder, und wenn ich dem Publikum Vergnügen machte, hätte ich immer zugleich hinunterrufen mögen: ‚Das seid ihr ihm schuldig!'

Ja, mir war wie durch ein Wunder das Verhältnis zum Publikum, zur ganzen Nation verändert. Sie erschien mir auf einmal wieder in dem vorteilhaftesten Lichte, und ich erstaunte recht über meine bisherige Verblendung.

‚Wie unverständig', sagt ich oft zu mir selbst, ‚war es, als du ehemals auf eine Nation schaltest, eben weil es eine Nation ist. Müssen denn, können denn einzelne Menschen so interessant sein? Keineswegs! Es fragt sich, ob unter der großen Masse eine Menge von Anlagen, Kräften und Fähigkeiten verteilt sei, die durch günstige Umstände entwickelt, durch vorzügliche Menschen zu einem gemeinsamen Endzwecke geleitet werden können.' Ich freute mich nun, so wenig hervorstechende Originalität unter meinen Landsleuten zu finden; ich freute mich, daß sie eine Richtung von außen anzunehmen nicht verschmähten; ich freute mich, einen Anführer gefunden zu haben.

Lothar – lassen Sie mich meinen Freund mit seinem geliebten Vornamen nennen – hatte mir immer die Deutschen von der Seite der Tapferkeit vorgestellt und mir gezeigt, daß keine bravere Nation in der Welt sei, wenn sie recht geführt werde, und ich schämte mich, an die erste Eigenschaft eines Volks niemals gedacht zu haben. Ihm war die Geschichte bekannt, und mit den meisten verdienstvollen Männern seines Zeitalters stand er in Verhältnissen. So jung er war, hatte er ein Auge auf die hervorkeimende hoffnungsvolle Jugend seines Vaterlandes, auf die stillen Arbeiten in so vielen Fächern beschäftigter und tätiger Männer. Er ließ mich einen Überblick über Deutschland tun, was es sei und was es sein könne, und ich schämte mich, eine Nation nach der verworrenen Menge beurteilt zu haben, die sich in eine Theatergarderobe drängen mag. Er machte mir's zur Pflicht, auch in meinem Fache wahr, geistreich und belebend zu sein. Nun schien ich mir schelbst inspiriert, sooft ich auf das Theater trat. Mittelmäßige Stellen wurden zu Gold in meinem Munde, und hätte mir ein Dichter zweckmäßig beigestanden, ich hätte die wunderbarsten Wirkungen hervorgebracht.

So lebte die junge Witwe monatelang fort. Er konnte mich nicht entbehren, und ich war höchst unglücklich, wenn er außenblieb. Er zeigte mir die Briefe seiner Verwandten, seiner vortrefflichen Schwester. Er nahm an den kleinsten Umständen meiner Verhältnisse teil; inniger, vollkommener ist keine Einigkeit zu denken. Der Name der Liebe ward nicht genannt. Er ging und kam, kam und ging – und nun, mein Freund, ist es hohe Zeit, daß Sie auch gehen."

Wilhelm konnte nun nicht länger den Besuch bei seinen Handelsfreunden aufschieben. Er ging nicht ohne Verlegenheit dahin; denn er wußte, daß er Briefe von den Seinigen daselbst antreffen werde. Er fürchtete sich vor den Vorwürfen, die sie enthalten mußten; wahrscheinlich hatte man auch dem Handelshause Nachricht von der Verlegenheit gegeben, in der man sich seinetwegen befand. Er scheute sich, nach so vielen ritterlichen Abenteuern, vor dem schülerhaften Ansehen, in dem er erscheinen würde, und nahm sich vor, recht trotzig zu tun und auf diese Weise seine Verlegenheit zu verbergen.

Allein zu seiner großen Verwunderung und Zufriedenheit ging alles sehr gut und leidlich ab. In dem großen lebhaften und beschäftigten Comptoir hatte man kaum Zeit, seine Briefe aufzusuchen; seines längern Außenbleibens ward nur im Vorbeigehn gedacht. Und als er die Briefe seines Vater und seines Freundes Werner eröffnete, fand er sie sämtlich sehr leidlichen Inhalts. Der Alte, in Hoffnung eines weitläufigen Journals, dessen Führung er dem Sohne beim Abschiede sorgfältig empfohlen und wozu er ihm ein tabellarisches Schema mitgegeben, schien über das Stillschweigen der ersten Zeit ziemlich beruhigt, sowie er sich nur über das Rätselhafte des ersten und einzigen vom Schlosse des Grafen noch abgesandten Briefes beschwerte. Werner scherzte nur auf seine Art, erzählte lustige Stadtgeschichten und bat sich Nachricht von Freunden und Bekannten aus.

Nicht ohne das größte Interesse vernahm er stückweise den Lebenslauf Serlos; denn es war nicht die Art dieses seltenen Mannes, vertraulich zu sein und über irgend etwas im Zusammenhange zu sprechen. Er war, man darf sagen, auf dem Theater geboren und gesäugt.

Serlo eröffnete ihm, unter dem Siegel der Verschwiegenheit, seine Lage: wie sein erster Liebhaber Miene mache, ihn bei der Erneuerung des Kontrakts zu steigern, und wie er nicht gesinnt sei, ihm nachzugeben, besonders da die Gunst des Publikums gegen ihn so groß nicht mehr sei. Ließe er diesen gehen, so würde sein ganzer Anhang ihm folgen, wodurch denn die Gesellschaft einige gute, aber auch einige mittelmäßige Glieder verlöre. Hierauf zeigte er Wilhelmen, was er dagegen an ihm, an Laertes, dem alten Polterer und selbst an Frau Melina zu gewinnen hoffe. Ja, er versprach dem armen Pedanten als Juden, Minister und überhaupt als Bösewicht einen entschiedenen Beifall zu verschaffen.

Wilhelm stutzte und vernahm den Vortrag nicht ohne Unruhe, und nur, um etwas zu sagen, versetzte er, nachdem er tief Atem geholt hatte: „Sie sprechen auf eine sehr freundliche Weise nur von dem Guten, was Sie an uns finden und von uns hoffen: wie sieht es denn aber mit den schwachen Stellen aus, die Ihrem Scharfsinne gewiß nicht entgangen sind?"

„Die wollen wir bald durch Fleiß, Übung und Nachdenken zu starken Seiten machen", versetzte Serlo. „Es ist unter euch allen, die ihr denn doch nur Naturalisten und Pfuscher seid, keiner, der nicht mehr oder weniger Hoffnung von sich gäbe; denn soviel ich alle beurteilen kann, so ist kein einziger Stock darunter, und Stöcke allein sind die Unverbesserlichen, sie mögen nun aus Eigendünkel, Dummheit oder Hypochondrie ungelenk und unbiegsam sein."

Serlo legte darauf mit wenigen Worten die Bedingungen dar, die er machen könne und wolle, bat Wilhelmen um schleunige Entscheidung und verließ ihn in nicht geringer Unruhe.

Alles, was in seinem Herzen und seiner Einbildungskraft sich bewegte, wechselte nun auf das lebhafteste gegeneinander ab. Daß er seine Mignon behalten könne, daß er den Harfner nicht zu verstoßen brauche, war kein kleines Gewicht in der Waagschale, und doch schwankte sie noch hin und wider, als er seine Freundin Aurelie gewohnterweise zu besuchen ging.

Er fand sie auf ihrem Ruhebette; sie schien stille. „Glauben Sie noch, morgen spielen zu können?" fragte er. „O ja", versetzte sie lebhaft; sie wissen, daran hindert mich nichts. – Wenn ich nur ein Mittel wüßte, den Beifall unsers Parterres von mir abzulehnen: sie meinen es gut und werden mich noch umbringen. Vorgestern dacht ich, das Herz müßte mir reißen! Sonst konnt ich es wohl leiden, wenn ich mir selbst gefiel; wenn ich lange studiert und mich vorbereitet hatte, dann freute ich mich, wenn das willkommene Zeichen, nun sei es gelungen, von allen Enden widertönte. Jetzo sag ich nicht, was ich will, nicht, wie ich's will; ich werde hingerissen, ich verwirre mich, und mein Spiel macht einen weit größern Eindruck. Der Beifall wird lauter, und ich denke: ‚Wüßtet ihr, was euch entzückt! die dunkeln, heftigen, unbestimmten Anklänge rühren euch, zwingen euch Bewunderung ab, und ihr fühlt nicht, daß es die Schmerzenstöne der Unglücklichen sind, der ihr euer Wohlwollen geschenkt habt.'

Heute früh hab ich gelernt, jetzt wiederholt und versucht. Ich bin müde, zerbrochen, und morgen geht es wieder von vorn an. Morgen abend soll gespielt werden. So schlepp ich mich hin und her; es ist mir langweilig, aufzustehen, und verdrießlich, zu Bette zu gehen. Alles macht einen ewigen Zirkel in mir. Dann treten die leidigen Tröstungen vor mir auf, dann werf ich sie weg und verwünsche sie. Ich will mich nicht ergeben, nicht der Notwendigkeit ergeben – warum soll das notwendig sein, was mich zugrunde richtet? Könnte es nicht auch anders sein? Ich muß es eben bezahlen, daß ich eine Deutsche bin; *es ist der Charakter der Deutschen, daß sie über allem schwer werden, daß alles über ihnen schwer wird.*"

„O meine Freundin", fiel Wilhelm ein, „könnten Sie doch aufhören, selbst den Dolch zu schärfen, mit dem Sie sich unablässig verwunden! Bleibt Ihnen denn nichts? Ist denn Ihre Jugend, Ihre Gestalt, Ihre Gesundheit, sind Ihre Talente nichts? Wenn Sie ein Gut ohne Ihr Verschulden verloren haben, müssen Sie denn alles übrige hinterdrein werfen? Ist das auch notwendig?"

Sie schwieg einige Augenblicke, dann fuhr sie auf: „Ich weiß es wohl, daß es Zeitverderb ist, nichts als Zeitverderb ist die Liebe! Was hätte ich nicht tun können, tun sollen! Nun ist alles rein zu nichts geworden. Ich bin ein armes verliebtes Geschöpf, nichts als verliebt! Haben Sie Mitleiden mit mir, bei Gott, ich bin ein armes Geschöpf!"

Sie versank in sich, und nach einer kurzen Pause rief sie heftig aus: „Ihr seid gewohnt, daß sich euch alles an den Hals wirft. Nein, ihr könnt es nicht fühlen, kein Mann ist imstande, den Wert eines Weibes zu fühlen, das sich zu ehren weiß! Bei allen heiligen Engeln, bei allen Bildern der Seligkeit, die sich ein reines gutmütiges Herz erschafft, es ist nichts Himmlischeres als ein weibliches Wesen, das sich dem geliebten Manne hingibt! Wir sind kalt, stolz, hoch, klar, klug, wenn wir verdienen, Weiber zu heißen; und alle diese Vorzüge legen wir euch zu Füßen, sobald wir lieben, sobald wir hoffen, Gegenliebe zu erwerben. O wie hab ich mein ganzes Dasein so mit Wissen und Willen weggeworfen! Aber nun will ich auch verzweifeln, absichtlich verzweifeln. Es soll kein Blutstropfen in mir sein, der nicht gestraft wird, keine Faser, die ich nicht peinigen will. Lächeln Sie nur, lachen Sie nur über den theatralischen Aufwand von Leidenschaft!"

Fern war von unserm Freunde jede Anwandlung des Lachens. Der entsetzliche, halb natürliche, halb erzwungene Zustand seiner Freundin peinigte ihn nur zu sehr. Er empfand die Foltern der unglücklichen Anspannung mit; sein Gehirn zerrüttete sich, und sein Blut war in einer fieberhaften Bewegung.

Sie war aufgestanden und ging in der Stube hin und wider. „Ich sage mir alles vor", rief sie aus, „warum ich ihn nicht lieben sollte. Ich weiß auch, daß er es nicht wert ist; ich wende mein Gemüt ab, dahin und dorthin, beschäftige mich, wie es nur gehen will. Bald nehm ich eine Rolle vor, wenn ich sie auch nicht zu spielen habe; ich übe die alten, die ich durch und durch kenne, fleißiger und fleißiger, ins einzelne, und übe und übe – mein Freund, mein Vertrauter, welche entsetzliche Arbeit ist es, sich mit Gewalt von sich selbst zu entfernen! Mein Verstand leidet, mein Gehirn ist so angespannt; um mich vom Wahnsinne zu retten, überlaß ich mich wieder dem Gefühle, daß ich ihn liebe. – Ja, ich liebe ihn, ich liebe ihn! rief sie unter tausend Tränen, ich liebe ihn, und so will ich sterben."

Er faßte sie bei der Hand und bat sie auf das inständigste, sich nicht selbst aufzureiben. „Oh", sagte er, „wie sonderbar ist es, daß dem Menschen nicht allein so manches Unmögliche, sondern auch so manches Mögliche versagt ist. Sie waren nicht bestimmt, ein treues Herz zu finden, das Ihre ganze Glückseligkeit würde gemacht haben. Ich war dazu bestimmt, das ganze Heil meines Lebens an eine Unglückliche festzuknüpfen, die ich durch die Schere meiner Treue wie ein Rohr zu Boden zog, ja vielleicht gar zerbrach."

Er hatte Aurelien seine Geschichte mit Marianen vertraut und konnte sich also jetzt darauf beziehen. Sie sah ihm starr in die Augen und fragte: „Können Sie sagen, daß Sie noch niemals ein Weib betrogen, daß Sie keiner mit leichtsinniger Galanterie, mit frevelhafter Beteuerung, mit herzlockenden Schwüren ihre Gunst abzuschmeicheln gesucht?"

„Das kann ich", versetzte Wilhelm, „und zwar ohne Ruhmredigkeit; denn mein Leben war sehr einfach, und ich bin selten in die Versuchung geraten, zu versuchen. Und welche Warnung, meine schöne, meine edle Freundin, ist mir der traurige Zustand, in den ich Sie versetzt sehe! Nehmen Sie ein Gelübde von mir, das meinem Herzen ganz angemessen ist, das durch die Rührung, die Sie mir einflößten, sich bei mir zur Sprache und Form bestimmt und durch diesen Augenblick geheiligt wird: Jeder flüchtigen Neigung will ich widerstehen und selbst die ernstlichsten in meinem Busen bewahren; kein weibliches Geschöpf soll ein Bekenntnis der Liebe von meinen Lippen vernehmen, dem ich nicht mein ganzes Leben widmen kann!"

Sie sah ihn mit einer wilden Gleichgültigkeit an und entfernte sich, als er ihr die Hand reichte, um einige Schritte. „Es ist nichts daran gelegen!" rief sie, „so viel Weibertränen mehr oder weniger, die See wird darum doch nicht wachsen. Doch", fuhr sie fort, „unter Tausenden eine gerettet, das ist doch etwas, unter Tausenden einen Redlichen gefunden, das ist anzunehmen! Wissen Sie auch, was Sie versprechen?"

„Ich weiß es", versetzte Wilhelm lächelnd und hielt seine Hand hin.

„Ich nehm es an", versetzte sie und machte eine Bewegung mit ihrer Rechten, so daß er glaubte, sie würde die seine fassen; aber schnell fuhr sie in die Tasche, riß den Dolch blitzgeschwind heraus und fuhr mit Spitze und

Schneide ihm rasch über die Hand weg. Er zog sie schnell zurück, aber schon lief das Blut herunter.

„Man muß euch Männer scharf zeichnen, wenn ihr merken sollt!" rief sie mit einer wilden Heiterkeit aus, die bald in eine hastige Geschäftigkeit überging. Sie nahm ihr Schnupftuch und umwickelte seine Hand damit, um das erste hervordringende Blut zu stillen. „Verzeihen Sie einer Halbwahnsinnigen", rief sie aus, „und lassen Sie sich diese Tropfen Blut nicht reuen. Ich bin versöhnt, ich bin wieder bei mir selber. Auf meinen Knien will ich Abbitte tun; lassen Sie mir den Trost, Sie zu heilen."

Sie eilte nach ihrem Schranke, holte Leinwand und einiges Gerät, stillte das Blut und besah die Wunde sorgfältig. Der Schnitt ging durch den Ballen gerade unter dem Daumen, teilte die Lebenslinie und lief gegen den kleinen Finger aus. Sie verband ihn still und mit einer nachdenklichen Bedeutsamkeit in sich gekehrt. Er fragte einigemal: „Beste, wie konnten sie Ihren Freund verletzen?"

„Still", erwiderte sie, indem sie den Finger auf den Mund legte, „still!"

Fünftes Buch

So hatte Wilhelm zu seinen zwei kaum geheilten Wunden abermals eine frische dritte, die ihm nicht wenig unbequem war. Aurelie wollte nicht zugeben, daß er sich eines Wundarztes bediente; sie selbst verband ihn unter allerlei wunderlichen Reden, Zeremonien und Sprüchen und setzte ihn dadurch in eine sehr peinliche Lage. Doch nicht er allein, sondern alle Personen, die sich in ihrer Nähe befanden, litten durch ihre Unruhe und Sonderbarkeit, niemand aber mehr als der kleine Felix. Das lebhafte Kind war unter einem solchen Druck höchst ungeduldig und zeigte sich immer unartiger, je mehr sie es tadelte und zurechtwies.

Der Knabe gefiel sich in gewissen Eigenheiten, die man auch Unarten zu nennen pflegt und die sie ihm keineswegs nachzusehen gedachte. Er trank zum Beispiel lieber aus der Flasche als aus dem Glase, und offenbar schmeckten ihm die Speisen aus der Schüssel besser als von dem Teller. Eine solche Unschicklichkeit wurde nicht übersehen, und wenn er nun gar die Türe aufließ oder zuschlug und, wenn ihm etwas befohlen wurde, entweder nicht von der Stelle wich oder ungestüm davonrannte: so mußte er eine große Lektion anhören, ohne daß er darauf je einige Besserung hätte spüren lassen. Vielmehr schien die Neigung zu Aurelien sich täglich mehr zu verlieren; in seinem Tone war nichts Zärtliches, wenn er sie Mutter nannte, er hing vielmehr leidenschaftlich an der alten Amme, die ihm denn freilich allen Willen ließ.

Serlo, ohne selbst Genie zur Musik zu haben oder irgendein Instrument zu spielen, wußte ihren hohen Wert zu schätzen; er suchte sich so oft als möglich diesen Genuß, der mit keinem andern verglichen werden kann, zu verschaffen. Er hatte wöchentlich einmal Konzert, und nun hatte sich ihm durch Mignon, den Harfenspieler und Laertes, der auf der Violine nicht ungeschickt war, eine wunderliche kleine Hauskapelle gebildet.

Er pflegte zu sagen: *„Der Mensch ist so geneigt, sich mit dem Gemeinsten abzugeben, Geist und Sinne stumpfen sich so leicht gegen die Eindrücke des Schönen und Vollkommnen ab, daß man die Fähigkeit, es zu empfinden, bei sich auf alle Weise erhalten sollte. Denn einen solchen Genuß kann niemand ganz entbehren, und nur die Ungewohnheit, etwas Gutes zu genießen, ist Ursache, daß viele Menschen schon am Albernen und Abgeschmackten, wenn es nur neu ist, Vergnügen finden. Man sollte"*, sagte er, *„alle Tage wenigstens ein kleines Lied hören, ein gutes Gedicht lesen, ein treffliches Gemälde sehen und, wenn es möglich zu machen wäre, einige vernünftige Worte sprechen."*

Bei diesen Gesinnungen, die Serlo gewissermaßen natürlich waren, konnte es den Personen, die ihn umgaben, nicht an angenehmer Unterhaltung fehlen. Mitten in diesem vergnüglichen Zustande brachte man Wilhelmen eines Tages einen schwarzgesiegelten Brief. Werners Petschaft deutete auf eine traurige Nachricht, und er erschrak nicht wenig, als er den Tod seines Vaters nur mit einigen Worten angezeigt fand. Nach einer unerwarteten kurzen Krankheit war er aus der Welt gegangen und hatte seine häuslichen Angelegenheiten in der besten Ordnung hinterlassen.

Diese unvermutete Nachricht traf Wilhelmen im Innersten. Er fühlte tief, wie unempfindlich man oft Freunde und Verwandte, solange sie sich mit uns des irdischen Aufenthaltes erfreuen, vernachlässigt und nur dann erst die Versäumnis bereut, wenn das schöne Verhältnis wenigstens für diesmal aufgehoben ist. Auch konnte der Schmerz über das zeitige Absterben des braven Mannes nur durch das Gefühl gelindert werden, daß er auf der Welt wenig geliebt, und durch die Überzeugung, daß er wenig genossen habe.

Wilhelms Gedanken wandten sich nun bald auf seine eigenen Verhältnisse, und er fühlte sich nicht wenig beunruhigt. Der Mensch kann in keine gefährlichere Lage versetzt werden, als wenn durch äußere Umstände eine große Veränderung seines Zustandes bewirkt wird, ohne daß seine Art, zu empfinden und zu denken, darauf vorbereitet ist. Es gibt alsdann eine Epoche ohne Epoche, und es entsteht nur ein desto größerer Widerspruch, je weniger der Mensch bemerkt, daß er zu dem neuen Zustande noch nicht ausgebildet sei.

Wilhelm sah sich in einem Augenblicke frei, in welchem er mit sich selbst noch nicht einig werden konnte. Seine Gesinnungen waren edel, seine Absichten lauter, und seine Vorsätze schienen nicht verwerflich. Das alles durfte er sich mit einigem Zutrauen selbst bekennen; allein er hatte Gelegenheit genug gehabt, zu bemerken, daß es ihm an Erfahrung fehle, und er legte daher auf die Erfahrung anderer und auf die Resultate, die sie daraus mit Überzeugung ableiteten, einen übermäßigen Wert und kam dadurch nur immer mehr in die Irre. Was ihm fehlte, glaubte er am besten zu erwerben, wenn er alles Denkwürdige, was ihm in Büchern und im Gespräch vorkommen mochte, zu erhalten und zu sammeln unternähme. Er schrieb daher fremde und eigene Meinungen und Ideen, ja ganze Gespräche, die ihm interessant waren, auf und hielt leider auf diese Weise das Falsche so gut als das Wahre fest, blieb viel zu lange an einer Idee, ja man möchte sagen: an einer Sentenz, hängen und verließ dabei seine natürliche Denk- und Handelsweise, indem er oft fremden Lichtern als Leitsternen folgte. Aureliens Bitterkeit und seines Freundes Laertes kalte Verachtung der Menschen bestachen öfter, als billig war, sein Urteil: niemand aber war ihm gefährlicher gewesen als Jarno, ein Mann, dessen heller Verstand vo gegenwärtigen Dingen ein richtiges, strenges Urteil fällte, dabei aber den Fehler hatte, daß er diese einzelnen Urteile mit einer Art von Allgemeinheit aussprach, da doch die Aussprüche des Verstandes nur einmal, und zwar in dem bestimmtesten Falle, gelten und schon unrichtig werden, wenn man sie auf den nächsten anwendet.

So entfernte sich Wilhelm, indem er mit sich selbst einig zu werden strebte, immer mehr von der heilsamen Einheit, und bei dieser Verwirrung ward es seinen Leidenschaften um so leichter, alle Zurüstungen zu ihrem Vorteil zu gebrauchen und ihn über das, was er zu tun hatte, nur noch mehr zu verwirren.

Serlo benutzte die Todespost zu seinem Vorteil, und wirklich hatte er auch täglich immer mehr Ursache, an eine andere Einrichtung seines Schauspiels zu denken. Er mußte entweder seine alten Kontrakte erneuern, wozu er keine große Lust hatte, indem mehrere Mitglieder, die sich für unentbehrlich hielten, täglich unleidlicher wurden; oder er mußte, wohin auch sein Wumsch ging, der Gesellschaft eine ganz neue Gestalt geben.

Ohne selbst in Wilhelmen zu dringen, regte er Aurelien und Philinen auf, und die übrigen Gesellen, die sich nach Engagement sehnten, ließen unserm Freunde gleichfalls keine Ruhe, so daß er mit ziemlicher Verlegenheit an einem Scheidewege stand. Wer hätte gedacht, daß ein Brief von Wernern, der ganz im entgegengesetzten Sinne geschrieben war, ihn endlich zu einer Entschließung hindrängen sollte.

So gut dieser Brief geschrieben war und soviel ökonomische Wahrheiten er enthalten mochte, mißfiel er doch Wilhelmen auf mehr als eine Weise. Er überzeugte sich, daß er nur auf dem Theater die Bildung, die er sich zu geben wünschte, vollenden könne, und schien in seinem Entschlusse nur desto mehr bestärkt zu werden, je lebhafter Werner, wie es zu wissen, sein Gegner geworden war. Er faßte darauf alle seine Argumente zusammen und bestätigte bei sich seine Meinung nur um desto mehr, je mehr er Ursache zu haben glaubte, sie dem klugen Werner in einem günstigen Lichte darzustellen, und auf diese Weise entstand eine Antwort.

Dieser Brief war kaum abgeschickt, als Wilhelm auf der Stelle Wort hielt und zu Serlos und der übrigen großen Verwunderung sich auf einmal erklärte, daß er sich zum Schauspieler widme und einen Kontrakt auf billige Bedingungen eingehen wolle. Man war hierüber bald einig; denn Serlo hatte sich schon früher so erklärt, daß Wilhelm und die übrigen damit gar wohl zufrieden sein konnten. Die ganze verunglückte Gesellschaft, mit der wir uns so lange unterhalten haben, ward auf einmal angenommen, ohne daß jedoch, außer etwa Laertes, sich einer gegen Wilhelmen dankbar gezeigt hätte. Wie sie ohne Zutrauen gefordert hatten, so empfanden sie ohne Dank. Die meisten wollten lieber ihre Anstellung dem Einflusse Philinens zuschreiben und richteten ihre Danksagungen an sie. Indessen wurden die ausgefertigten Kontrakte unterschrieben, und durch eine unerklärliche Verknüpfung von Ideen entstand vor Wilhelms Einbildungskraft, im Augenblicke, als er seinen fingierten Namen unterzeichnete, das Bild jenes Waldplatzes, wo er verwundet auf Philinens Schoß gelegen. Auf einem Schimmel kam die liebenswürdige Amazone aus den Büschen, nahte sich ihm und stieg ab. Ihr menschenfreundliches Bemühen hieß sie gehen und kommen; endlich stand sie vor ihm. Das Kleid fiel von ihren Schultern, ihr Gesicht, ihre Gestalt fing an zu glänzen, und sie verschwand. So schrieb er seinen Namen nur mechanisch hin, ohne zu wissen, was er tat, und fühlte erst, nachdem er unterzeichnet hatte, daß Mignon an seiner Seite stand, ihn am Arm hielt und ihm die Hand leise wegzuziehen versucht hatte.

Eine der Bedingungen, unter denen Wilhelm sich aufs Theater begab, war von Serlo nicht ohne Einschränkung zugestanden worden. Jener verlangte, daß Hamlet ganz und unzerstückt aufgeführt werden sollte, und dieser ließ sich das wunderliche Begehren insofern gefallen, als es **möglich** sein würde. Nun hatten sie hierüber bisher manchen Streit gehabt; denn was möglich oder nicht möglich sei, und was man von dem Stück weglassen könne, ohne es zu zerstücken, darüber waren beide sehr verschiedener Meinung.

Wilhelm befand sich noch in den glücklichen Zeiten, da man nicht begreifen kann, daß an einem geliebten Mädchen, an einem verehrten Schriftsteller irgend etwas mangelhaft sein könne. Unsere Empfindung von ihnen ist so ganz, so mit sich selbst übereinstimmend, daß wir uns auch in ihnen eine solche vollkommene Harmonie denken müssen. Serlo hingegen sonderte gern und beinahe zu viel; sein scharfer Verstand wollte in einem Kunstwerke gewöhnlich nur ein mehr oder weniger unvollkommenes Ganze erkennen. Er glaubte, so wie man die Stücke finde, habe man wenig Ursache, mit ihnen so gar bedächtig umzugehen, und so mußte auch Shakespeare, so mußte besonders „Hamlet" vieles leiden.

Wilhelm hatte sich schon lange mit einer Übersetzung Hamlets abgegeben; er hatte sich dabei der geistvollen Wielandschen Arbeit bedient, durch die er überhaupt Shakespearen zuerst kennen lernte. Was in derselben ausgelassen war, fügte er hinzu, und so war er im Besitz eines vollständigen Exemplars in dem Augenblicke, da er mit Serlo über die Behandlung so ziemlich einig geworden war. Er fing nun an, nach seinem Plane auszuheben und einzuschieben, zu trennen und zu verbinden, zu verändern und oft wiederherzustellen; denn so zufrieden er auch mit seiner Idee war, so schien ihm doch bei der Ausführung immer, daß das Original nur verdorben werde.

Sobald er fertig war, las er es Serlo und der übrigen Gesellschaft vor. Sie bezeugten sich sehr zufrieden damit, besonders Serlo machte günstige Bemerkung.

Philine freute sich außerordentlich, daß sie die Herzogin in der kleinen Komödie spielen sollte. „Das will ich so natürlich machen", rief sie aus, „wie man in der Geschwindigkeit einen zweiten heiratet, nachdem man den ersten ganz außerordentlich geliebt hat. Ich hoffe, mir den größten Beifall zu erwerben, und jeder Mann soll wünschen, der dritte zu werden."

Aurelie machte ein verdrießliches Gesicht bei diesen Äußerungen; ihr Widerwille gegen Philinen nahm mit jedem Tage zu.

„Es ist recht schade", sagte Serlo, „daß wir kein Ballett haben; sonst sollten Sie mir mit Ihrem ersten und zweiten Manne ein Pas de deux tanzen, und der Alte sollte nach dem Takt einschlafen, und Ihre Füßchen und Wädchen würden sich dort hinten auf dem Kindertheater ganz allerliebst ausnehmen."

„Von meinen Wädchen wissen Sie ja wohl nicht viel", versetzte sie schnippisch, „und was meine Füßchen betrifft", rief sie, indem sie schnell unter den Tisch reichte, ihre Pantöffelchen heraufholte und nebeneinander vor Serlo hinstellte – „hier sind die Stelzchen, und ich gebe Ihnen auf, niedlichere zu finden."

„Es war Ernst!" sagte er, als er die zierlichen Halbschuhe betrachtete. „Gewiß, man kann nicht leicht etwas Artigers sehen."

Sie waren Pariser Arbeit; Philine hatte sie von der Gräfin zum Geschenk erhalten, einer Dame, deren schöner Fuß berühmt war.

„Ein reizender Gegenstand!" rief Serlo; „das Herz hüpft mir, wenn ich sie ansehe."

„Welche Verzuckungen!" sagte Philine.

„Es geht nichts über ein Paar Pantöffelchen von so feiner schöner Arbeit", rief Serlo; „doch ist ihr Klang noch reizender als ihr Anblick." Er hub sie auf und ließ sie einigemal hintereinander wechselweise auf den Tisch fallen.

„Was soll das heißen? Nur wieder her damit!" rief Philine.

„Darf ich sagen", versetzte er mit verstellter Bescheidenheit und schalkhaftem Ernst, „wir andern Junggesellen, die wir nachts meist allein sind und uns doch wie andre Menschen fürchten und im Dunkeln uns nach Gesellschaft sehnen, besonders in Wirtshäusern und fremden Orten, wo es nicht ganz geheuer ist, wir finden es gar tröstlich, wenn ein gutherziges Kind uns Gesellschaft und Beistand leisten will. Es ist Nacht, man liegt im Bette, es raschelt, man schaudert, die Türe tut sich auf, man erkennt ein liebes pisperndes Stimmchen, es schleicht was herbei, die Vorhänge rauschen, klipp! klapp! die Pantoffeln fallen, und husch! man ist nicht mehr allein. Ach der liebe, der einzige Klang, wenn die Absätzchen auf den Boden aufschlagen! Je zierlicher sie sind, je feiner klingt's. Man spreche mir von Philomelen, von rauschenden Bächen, vom Säuseln der Winde und von allem, was je georgelt und gepfiffen worden ist, ich halte mich an das Klipp! Klapp! – Klipp! Klapp! ist das schönste Thema zu einem Rondeau, das man immer wieder von vorne zu hören wünscht."

Philine nahm ihm die Pantoffeln aus den Händen und sagte: „Wie sie ich krumm getreten habe! Sie sind mir viel zu weit." Dann spielte sie damit und rieb die Sohlen gegeneinander. „Was das heiß wird!" rief sie aus, indem sie die eine Sohle flach an die Wange hielt, dann wieder rieb und sie gegen Serlo hinreichte. Er war gutmütig genug, nach der Wärme zu fühlen, und „klipp! klapp!" rief sie, indem sie ihm einen derben Schlag mit dem Absatz versetzte, daß er schreiend die Hand zurückzog. „Ich will Euch lehren, bei meinen Pantoffeln was anders denken", sagte Philine lachend.

„Und ich will dich lehren, alte Leute wie Kinder anführen!" rief Serlo dagegen, sprang auf, faßte sie mit Heftigkeit und raubte ihr manchen Kuß, deren jeden sie sich mit ernstlichem Widerstreben gar künstlich abzwingen ließ. Über dem Balgen fielen ihre langen Haare herunter und wickelten sich um die Gruppe, der Stuhl schlug an den Boden, und Aurelien, die von diesem Unwesen innerlich beleidigt war, stand mit Verdruß auf.

Wilhelm konnte sich nicht entschließen, die Rolle des lebenden Königs dem Pedanten zu überlassen, damit der Polterer den Geist spielen könne, und meinte vielmehr, daß man noch einige Zeit warten sollte, indem sich doch noch einige Schauspieler gemeldet hätten und sich unter ihnen der rechte Mann finden könnte.

Man kann sich daher denken, wie verwundert Wilhelm war, als er, unter der Adresse seines Theaternamens, abends folgendes Billet mit wunderbaren Zügen versiegelt auf seinem Tische fand:

„Du bist, o sonderbarer Jüngling, wir wissen es, in großer Verlegenheit. Du findest kaum Menschen zu deinem Hamlet, geschweige Geister. Dein Eifer verdient ein Wunder; Wunder können wir nicht tun, aber etwas Wunderbares soll geschehen. Hast du Vertrauen, so soll zur rechten Stunde der Geist erscheinen! Habe Mut und bleibe gefaßt! Es bedarf keiner Antwort, dein Entschluß wird uns bekannt werden!"

Mit diesem seltsamen Blatte eilte er zu Serlo zurück, der es las und wieder las und endlich mit bedenklicher Miene versicherte: „die Sache sei von Wichtigkeit, man müsse wohl überlegen, ob man es wagen dürfe und könne." Sie sprachen vieles hin und wider; Aurelie war still und lächelte von Zeit zu Zeit, und als nach einigen Tagen wieder davon die Rede war, gab sie nicht undeutlich zu verstehen, daß sie es für einen Scherz von Serlo halte. Sie bat

Wilhelmen, völlig außer Sorge zu sein und den Geist geduldig zu erwarten.

Überhaupt war Serlo von dem besten Humor; denn die abgehenden Schauspieler gaben sich alle mögliche Mühe, gut zu spielen, damit man sie ja recht vermissen sollte, und von der Neugierde auf die neue Gesellschaft konnte er auch die beste Einnahme erwarten.

Sogar hatte der Umgang Wilhelms auf ihn einigen Einfluß gehabt. Er fing an, mehr über Kunst zu sprechen, denn er war am Ende doch ein Deutscher, und diese Nation gibt sich gern Rechenschaft von dem, was sie tut.

Die Hauptprobe war vorbei; sie hatte übermäßig lange gedauert. Serlo und Wilhelm fanden noch manches zu besorgen: denn ungeachtet der vielen Zeit, die man zur Vorbereitung verwendet hatte, waren doch sehr notwendige Anstalten bis auf den letzten Augenblick verschoben worden.

So waren zum Beispiel die Gemälde der beiden Könige noch nicht fertig, und die Szene zwischen Hamlet und seiner Mutter, von der man einen so großen Effekt hoffte, sah noch sehr mager aus, indem weder der Geist noch sein gemaltes Ebenbild dabei gegenwärtig war. Serlo scherzte bei dieser Gelegenheit und sagte: „Wir wären doch im Grunde recht übel angeführt, wenn der Geist ausbliebe, die Wache wirklich mit der Luft fechten und unser Souffleur aus der Kulisse den Vortrag des Geistes supplieren müßte."

„Wir wollen den wunderbaren Freund nicht durch unsern Unglauben verscheuchen", versetzte Wilhelm; „er kommt gewiß zur rechten Zeit und wird uns so gut als die Zuschauer überraschen."

„Gewiß", rief Serlo, „ich werde froh sein, wenn das Stück morgen gegeben ist: es macht uns mehr Umstände, als ich geglaubt habe."

„Aber niemand in der Welt wird froher sein als ich, wenn das Stück morgen gespielt ist", versetzte Philine, „so wenig mich meine Rolle drückt. Denn immer und ewig von e i n e r Sache reden zu hören, wobei doch nichts weiter herauskommt als eine Repräsentation, die, wie so viele hundert andere, vergessen werden wird, dazu will meine Geduld nicht hinreichen. Macht doch in Gottesnamen nicht so viel Umstände! Die Gäste, die vom Tische aufstehen, haben nachher an jedem Gerichte was auszusetzen; ja, wenn man sie zu Hause reden hört, so ist es ihnen kaum begreiflich, wie sie eine solche Not haben ausstehen können."

„Lassen Sie mich Ihr Gleichnis zu meinem Vorteile brauchen, schönes Kind", versetzte Wilhelm. „Bedenken Sie, was Natur und Kunst, was Handel, Gewerke und Gewerbe zusammen schaffen müssen, bis ein Gastmahl gegeben werden kann. Wieviel Jahre muß der Hirsch im Walde, der Fisch im Fluß oder Meere zubringen, bis er unsre Tafel zu besetzen würdig ist, und was hat die Hausfrau, die Köchin nicht alles in der Küche zu tun! Mit welcher Nachlässigkeit schlürft man die Sorge des entferntesten Winzers, des Schiffers, des Kellermeisters beim Nachtische hinunter, als müsse es nur so sein. Und sollten deswegen alle diese Menschen nicht arbeiten, nicht schaffen und bereiten, sollte der Hausherr das alles nicht sorgfältig zusammenbringen und zusammenhalten, weil am Ende der Genuß nur vorübergehend ist? Aber kein Genuß ist vorübergehend: denn der Eindruck, den er zurückläßt, ist bleibend, und was man mit Fleiß und Anstrengung tut, teilt dem Zuschauer selbst eine verborgene Kraft mit, von der man nicht wissen kann, wieweit sie wirkt."

„Mir ist alles einerlei", versetzte Philine, „nur muß ich auch diesmal erfahren, daß Männer immer im Widerspruch mit sich selbst sind. Bei all eurer Gewissenhaftigkeit, den großen Autor nicht verstümmeln zu wollen, laßt ihr doch den schönsten Gedanken aus dem Stücke."

„Den schönsten?" rief Wilhelm.

„Gewiß: den schönsten, auf den sich Hamlet selbst was zugute tut."

„Und der wäre?" rief Serlo.

„Wenn Sie eine Perücke aufhätten", versetzte Philine, „würde ich sie Ihnen ganz säuberlich abnehmen: denn es scheint nötig, daß man Ihnen das Verständnis eröffne."

Die andern dachten nach, und die Unterhaltung stockte. Man war aufgestanden, es war schon spät, man schien auseinanderzugehen zu wollen. Als man so unentschlossen dastand, fing Philine ein Liedchen auf eine sehr zierliche und gefällige Melodie zu singen an.

„Singet nicht in Trauertönen
Von der Einsamkeit der Nacht:
Nein, sie ist, o holde Schönen,
Zur Geselligkeit gemacht.

Wie das Weib dem Mann gegeben
Als die schönste Hälfte war,
Ist die Nacht das halbe Leben,
Und die schönste Hälfte zwar.

Könnt ihr euch des Tages freuen,
Der nur Freuden unterbricht?
Er ist gut, sich zu zerstreuen,
Zu was anderm taugt er nicht.

Aber wenn in nächt'ger Stunde
Süßer Lampe Dämmrung fließt
Und vom Mund zum nahen Munde
Scherz und Liebe sich ergießt;

Wenn der rasche lose Knabe,
Der sonst wild und feurig eilt,
Oft bei einer kleinen Gabe
Unter leichten Spielen weilt;

Wenn die Nachtigall Verliebten
Liebevoll ein Liedchen singt,
Das Gefangnen und Betrübten
Nur wie Ach und Wehe klingt:

Mit wie leichtem Herzensregen
Horchet ihr der Glocke nicht,
Die mit zwölf bedächt'gen Schlägen
Ruh und Sicherheit verspricht!

Darum an dem langen Tage
Merke dir es, liebe Brust:
Jeder Tag hat seine Plage,
Und die Nacht hat ihre Lust."

Sie machte eine leichte Verbeugung, als sie geendigt hatte, und Serlo rief ihr ein lautes Bravo zu. Sie sprang zur Tür hinaus und eilte mit Gelächter fort. Man hörte sie die Treppe hinunter singen und mit den Absätzen klappern.
Serlo ging in das Seitenzimmer, und Aurelie blieb vor Wilhelmen, der ihr eine gute Nacht wünschte, noch einige Augenblicke stehen und sagte:
„Wie sie mir zuwider ist! recht meinem innern Wesen zuwider! bis auf die kleinsten Zufälligkeiten. Die rechte braune Augenwimper bei den blonden Haaren, die der Bruder so reizend findet, mag ich gar nicht ansehn, und die Schramme auf der Stirne hat mir so was Widriges, so was Niedriges, daß ich immer zehn Schritte von ihr zurückweichen möchte. Sie erzählte neulich als einen Scherz, ihr Vater habe ihr in ihrer Kindheit einen Teller an den Kopf geworfen, davon sie noch das Zeichen trage. Wohl ist sie recht an Augen und Stirne gezeichnet, daß man sich vor ihr hüten möge."
Wilhelm antwortete nichts, und Aurelie schien mit mehr Unwillen fortzufahren:
„Es ist mir beinahe unmöglich, ein freundliches, höfliches Wort mit ihr zu reden, so sehr hasse ich sie, und doch ist sie so anschmiegend. Ich wollte, wir wären sie los. Auch Sie, mein Freund, haben eine gewisse Gefälligkeit gegen dieses Geschöpf, ein Betragen, das mich in der Seele kränkt, eine Aufmerksamkeit, die an Achtung grenzt und die sie, bei Gott, nicht verdient!"
„Wie sie ist, bin ich ihr Dank schuldig", versetzte Wilhelm; „ihre Aufführung ist zu tadeln, ihrem Charakter muß ich Gerechtigkeit widerfahren lassen."
„Charakter!" rief Aurelie; „glauben Sie, daß so eine Kreatur einen Charakter hat? O ihr Männer, daran erkenne ich euch! Solcher Frauen seid ihr wert!"
„Sollten Sie mich in Verdacht haben, meine Freundin?" versetzte Wilhelm. „Ich will von jeder Minute Rechenschaft geben, die ich mit ihr zugebracht habe."
„Nun, nun", sagte Aurelie, „es ist spät, wir wollen nicht streiten. Alle wie einer, einer wie alle! Gute Nacht, mein Freund! gute Nacht, mein feiner Paradiesvogel!"
Wilhelm fragte, wie er zu diesem Ehrentitel komme.
„Ein andermal", versetzte Aurelie, „ein andermal. Man sagt, Sie hätten keine Füße, Sie schwebten nur in der Luft und nährten sich vom Äther. Es ist aber ein Märchen, fuhr sie fort, eine poetische Fiktion. Gute Nacht, laßt Euch was Schönes träumen, wenn Ihr Glück habt!"

Sie ging in ihr Zimmer und ließ ihn allein; er eilte auf das seinige.
Halb unwillig ging er auf und nieder. Der scherzende, aber entschiedne Ton Aureliens hatte ihn beleidigt: er fühlte tief, wie unrecht sie ihm tat. Philine konnte er nicht widrig, nicht unhold begegnen; sie hatte nichts gegen ihn verbrochen, und dann fühlte er sich so fern von jeder Neigung zu ihr, daß er recht stolz und standhaft vor sich selbst bestehen konnte.
Eben war er im Begriffe, sich auszuziehen, nach seinem Lager zu gehen und die Vorhänge aufzuschlagen, als er zu seiner größten Verwunderung ein Paar Frauenpantoffeln vor dem Bett erblickte; der eine stand, der andere lag. – Es waren Philinens Pantoffel, die er nur zu gut erkannte; er glaubte auch, eine Unordnung an den Vorhängen zu sehen, ja es schien, als bewegten sie sich; er stand und sah mit unverwandten Augen hin.
Eine neue Gemütsbewegung, die er für Verdruß hielt, versetzte ihm den Atem; und nach einer kurzen Pause, in der er sich erholt hatte, rief er gefaßt:
„Stehen Sie auf, Philine! Was soll das heißen? Wo ist Ihre Klugheit, Ihr gutes Betragen? Sollen wir morgen das Märchen des Hauses werden?"
Es rührte sich nichts.
„Ich scherze nicht, fuhr er fort, diese Neckereien sind bei mir übel angewandt."
Kein Laut! Keine Bewegung!
Entschlossen und unmutig ging er endlich auf das Bette zu und riß die Vorhänge voneinander. „Stehen Sie auf", sagte er, „wenn ich Ihnen nicht das Zimmer diese Nacht überlassen soll!"
Mit großem Erstaunen fand er sein Bette leer, die Kissen und Decken in schönster Ruhe. Er sah sich um, suchte nach, suchte alles durch und fand keine Spur von dem Schalk. Hinter dem Bette, dem Ofen, den Schränken war nichts zu sehen; er suchte emsiger und emsiger; ja, ein boshafter Zuschauer hätte glauben mögen, er suche, um zu finden.
Kein Schlaf stellte sich ein; er setzte die Pantoffeln auf seinen Tisch, ging auf und nieder, blieb manchmal bei dem Tische stehen, und ein schelmischer Genius, der ihn belauschte, will versichern: er habe sich einen großen Teil der Nacht mit den allerliebsten Stelzchen beschäftigt; er habe sie mit einem gewissen Interesse angesehen, behandelt, damit gespielt und sich erst gegen Morgen in seinen Kleidern aufs Bette geworfen, wo er unter den seltsamsten Phantasien einschlummerte.
Und wirklich schlief er noch, als Serlo hereintrat und rief: „Wo sind Sie? Noch im Bette? Unmöglich! Ich suchte sie auf dem Theater, wo noch so mancherlei zu tun ist."

Vor- und Nachmittag verflossen eilig. Das Haus war schon voll, und Wilhelm eilte, sich anzuziehen. Nicht mit der Behaglichkeit, mit der er die Maske zum erstenmal anprobierte, konnte er sie gegenwärtig anlegen; er zog sich an, um fertig zu werden. Als er zu den Frauen ins Versammlungszimmer kam, beriefen sie ihn einstimmig, daß nichts recht sitze; der schöne Federbusch sei verschoben, die Schnalle passe nicht; man fing wieder an, aufzutrennen, zu nähen, zusammenzustecken. Die Symphonie ging an, Philine hatte etwas gegen die Krause einzuwenden, Aurelie viel an dem Mantel auszusetzen. „Laßt mich, ihr Kinder", rief er, „diese Nachlässigkeit wird mich erst recht zum Hamlet machen." Die Frauen ließen ihn nicht los und fuhren fort, zu putzen. Die Symphonie hatte aufgehört und das Stück war angegangen. Er besah sich im Spiegel, drückte den Hut tiefer ins Gesicht und erneuerte die Schminke.

In diesem Augenblick stürzte jemand herein und rief: „Der Geist! der Geist!"

Wilhelm hatte den ganzen Tag nicht Zeit gehabt, an die Hauptsorge zu denken, ob der Geist auch kommen werde. Nun war sie ganz weggenommen, und man hatte die wunderlichste Gastrolle zu erwarten. Der Theatermeister kam und fragte über dieses und jenes; Wilhelm hatte nicht Zeit, sich nach dem Gespenst umzusehen, und eilte nur, sich am Throne einzufinden, wo König und Königin schon, von ihrem Hofe umgeben, in aller Herrlichkeit glänzten; er hörte nur noch die letzten Worte des Horatio, der über die Erscheinung des Geistes ganz verwirrt sprach und fast seine Rolle vergessen zu haben schien.

Der Zwischenvorhang ging in die Höhe, und er sah das volle Haus vor sich. Nachdem Horatio seine Rede gehalten und vom König abgefertigt war, drängte sich an Hamlet, und als ob er sich ihm, dem Prinzen, präsentiere, sagte er: „Der Teufel steckt in dem Harnische! Er hat uns alle in Furcht gejagt."

In der Zwischenzeit sah man nur zwei große Männer in weißen Mänteln und Kapuzen in den Kulissen stehen, und Wilhelmen, dem in der Zerstreuung, Unruhe und Verlegenheit der erste Monolog, wie er glaubte, mißglückt war, trat, ob ihn gleich ein lebhafter Beifall beim Abgehen begleitete, in der schauerlichen dramatischen Winternacht wirklich recht unbehaglich auf. Doch nahm er sich zusammen und sprach die so zweckmäßig angebrachte Stelle über das Schmausen und Trinken der Nordländer mit der gehörigen Gleichgültigkeit, vergaß, so wie die Zuschauer, darüber des Geistes und erschrak wirklich, als Horatio ausrief: „Seht her, es kommt!" Er fuhr mit Heftigkeit herum, und die edle große Gestalt, der leise, unhörbare Tritt, die leichte Bewegung in der schwer scheinenden Rüstung machten einen so starken Eindruck auf ihn, daß er wie versteinert dastand und nur mit halber Stimme: „Ihr Engel und himmlischen Geister, beschützt uns!" ausrufen konnte. Er starrte ihn an, holte einigemal Atem und brachte die Anrede an den Geist so verwirrt, zerstückt und gezwungen vor, daß die größte Kunst sie nicht so trefflich hätte ausdrücken können.

Seine Übersetzung dieser Stelle kam ihm sehr zustatten. Er hatte sich nahe an das Original gehalten, dessen Wortstellung ihm die Verfassung eines überraschten, erschreckten, von Entsetzen ergriffenen Gemüts einzig auszudrücken schien.

„Sei du ein guter Geist, sei ein verdammter Kobold, bringe Düfte des Himmels mit dir oder Dämpfe der Hölle, sei Gutes oder Böses dein Beginnen, du kommst in so einer würdigen Gestalt, ja ich rede mit dir, ich nenne dich Hamlet, König, Vater, o antworte mir!"

Man spürte im Publikum die größte Wirkung. Der Geist winkte, der Prinz folgte ihm unter dem lautesten Beifall. Das Theater wandelte sich, und als sie auf den entfernten Platz kamen, hielt der Geist unvermutet inne und wandte sich um; dadurch kam ihm Hamlet etwas zu nahe zu stehen. Mit Verlangen und Neugierde sah Wilhelm sogleich zwischen das niedergelassene Visier hinein, konnte aber nur tiefliegende Augen neben einer wohlgebildeten Nase erblicken. Furchtsam ausspähend stand er vor ihm; allein als die ersten Töne aus dem Helme hervordrangen, als eine wohlklingende, nur ein wenig rauhe Stimme sich in den Worten hören ließ: Ich bin der Geist deines Vaters, trat Wilhelm einige Schritte schaudernd zurück, und das ganze Publikum schauderte. Die Stimme schien jedermann bekannt, und Wilhelm glaubte, eine Ähnlichkeit mit der Stimme seines Vaters zu bemerken. Diese wunderbaren Empfindungen und Erinnerungen, die Neugierde, den seltsamen Freund zu entdecken, und die Sorge, ihn zu beleidigen, selbst die Unschicklichkeit, ihm als Schauspieler in dieser Situation zu nahe zu treten, bewegten Wilhelmen nach entgegengesetzten Seiten. Er veränderte während der langen Erzählung des Geistes seine Stellung so oft, schien so unbestimmt und verlegen, so aufmerksam und so zerstreut, daß sein Spiel eine allgemeine Bewunderung, so wie der Geist ein allgemeines Entsetzen erregte. Dieser sprach mehr mit einem tiefen Gefühl des Verdrusses als des Jammers, aber eines geistigen, langsamen und unübersehlichen Verdrusses. Es war der Mißmut einer großen Seele, die von allem Irdischen getrennt ist und doch unendlichen Leiden unterliegt. Zuletzt versank der Geist, aber auf eine sonderbare Art: denn ein leichter, grauer, durchsichtiger Flor, der wie ein Dampf aus der Versenkung zu steigen schien, legte sich über ihn weg und zog sich mit ihm hinunter. Nun kamen Hamlets Freunde zurück und schwuren auf das Schwert. Da war der alte Maulwurf so geschäftig unter der Erde, daß er ihnen, wo sie auch stehen mochten, immer unter den Füßen rief: „Schwört!" und sie, als ob der Boden unter ihnen brennte, schnell von einem Ort zum andern eilten. Auch erschien da, wo sie standen, jedesmal eine kleine Flamme aus dem Boden, vermehrte die Wirkung und hinterließ bei allen Zuschauern den tiefsten Eindruck.

Nun ging das Stück unaufhaltsam seinen Gang fort, nichts mißglückte, alles geriet; das Publikum bezeigte seine Zufriedenheit; die Lust und der Mut der Schauspieler schien mit jeder Szene zuzunehmen.

Der Vorhang fiel, und der lebhafteste Beifall erscholl aus allen Ecken und Enden. Die vier fürstlichen Leichen sprangen behend in die Höhe und umarmten sich vor Freuden. Polonius und Ophelia kamen auch aus ihren Gräbern hervor und hörten noch mit lebhaftem Vergnügen, wie Horatio, als er zum Ankündigen heraustrat, auf das heftigste beklatscht wurde. Man wollte ihn zu keiner Anzeige eines andern Stücks lassen, sondern begehrte mit ungestüm die Wiederholung des heutigen.

„Nun haben wir gewonnen", rief Serlo, „aber auch heute abend kein vernünftiges Wort mehr! Alles kommt auf den ersten Eindruck an. Man soll ja keinem Schauspieler übelnehmen, wenn er bei seinen Debüts vorsichtig und eigensinnig ist."

Der Kassier kam und überreichte ihm eine schwere Kasse. „Wir haben gut debütiert", rief er aus, „und das Vorurteil wird uns zustatten kommen. Wo ist denn nun das versprochene Abendessen? Wir dürfen es uns heute schmekken lassen!"

Sie hatten ausgemacht, daß sie in ihren Theaterkleidern beisammen bleiben und sich selbst ein Fest feiern wollten. Wilhelm hatte unternommen, das Lokal, und Madame Melina, das Essen zu besorgen.

Ein Zimmer, worin man sonst zu malen pflegte, war aufs beste gesäubert, mit allerlei kleinen Dekorationen umstellt und so herausgeputzt worden, daß es halb einem Garten, halb einem Säulengange ähnlich sah. Beim Hereintreten wurde die Gesellschaft von dem Glanz vieler Lichter geblendet, die einen feierlichen Schein durch den Dampf des süßesten Räucherwerks, das man nicht gespart hatte, über eine wohl geschmückte und bestellte Tafel verbreiteten. Mit Ausrufungen lobte man die Anstalten und nahm wirklich mit Anstand Platz; es schien, als wenn eine königliche Familie im Geisterreiche zusammenkäme. Wilhelm saß zwischen Aurelie und Madame Melina; Serlo zwischen Philinen und Elmiren; niemand war mit sich selbst noch mit seinem Platze unzufrieden.

Die beiden Theaterfreunde, die sich gleichfalls eingefunden hatten, vermehrten das Glück der Gesellschaft. Sie waren einigemal während der Vorstellung auf die Bühne gekommen und konnten nicht genug von ihrer eignen und von des Publikums Zufriedenheit sprechen; nunmehr ging's aber ans Besondere; jedes ward für seinen Teil reichlich belohnt.

Mit einer unglaublichen Lebhaftigkeit ward ein Verdienst nach dem andern, eine Stelle nach der andern herausgehoben. Dem Souffleur, der bescheiden am Ende der Tafel saß, ward ein großes Lob über seinen rauhen Pyrrhus; die Fechtübung Hamlets und Laertes' konnte man nicht genug erheben; Opheliens Trauer war über allen Ausdruck schön und erhaben; von Polonius' Spiel durfte man gar nicht sprechen; jeder Gegenwärtige hörte sein Lob in dem andern und durch ihn.

Aber auch der abwesende Geist nahm seinen Teil Lob und Bewunderung hinweg. Er hatte die Rolle mit einem sehr glücklichen Organ und in einem großen Sinne gesprochen, und man wunderte sich am meisten, daß er von allem, was bei der Gesellschaft vorgegangen war, unterrichtet schien. Er glich völlig dem gemalten Bilde, als wenn er dem Künstler gestanden hätte, und die Theaterfreunde konnten nicht genug rühmen, wie schauerlich es ausgesehen habe, als er unfern von dem Gemälde hervorgetreten und vor seinem Ebenbilde vorbeigeschritten sei. Wahrheit und Irrtum habe sich dabei so sonderbar vermischt, und man habe wirklich sich überzeugt, daß die Königin die eine Gestalt nicht sehe. Madame Melina ward bei dieser Gelegenheit sehr gelobt, daß sie bei dieser Stelle in die Höhe nach dem Bilde gestarrt, indes Hamlet nieder auf den Geist gewiesen.

Man erkundigte sich, wie das Gespenst habe hereinschleichen können, und erfuhr vom Theatermeister, daß zu einer hintern Türe, die sonst immer mit Dekorationen verstellt sei, diesen Abend aber, weil man den gotischen Saal gebraucht, frei geworden, zwei große Figuren in weißen Mänteln und Kapuzen hereingekommen, die man voneinander nicht unterscheiden können, und so seien sie nach geendigtem dritten Akt wahrscheinlich auch wieder hinausgegangen.

Serlo lobte besonders an ihm, daß er nicht so schneidermäßig gejammert und sogar am Ende eine Stelle, die einem so großen Helden besser zieme, seinen Sohn zu befeuern, angebracht habe. Wilhelm hatte sie im Gedächtnis behalten und versprach, sie ins Manuskript nachzutragen.

Man hatte in der Freude des Gastmahls nicht bemerkt, daß die Kinder und der Harfenspieler fehlten; bald aber machten sie eine sehr angenehme Erscheinung. Denn sie traten zusammen herein, sehr abenteuerlich ausgeputzt; Felix schlug den Triangel, Mignon das Tambourin, und der Alte hatte die schwere Harfe umgehangen und spielte sie, indem er sie vor sich trug. Sie zogen um den Tisch und sangen allerlei Lieder. Man gab ihnen zu essen, und die Gäste glaubten, den Kindern eine Wohltat zu erzeigen, wenn sie ihnen so viel süßen Wein gäben, als sie nur trinken wollten; denn die Gesellschaft selbst hatte die köstlichen Flaschen nicht geschont, welche diesen Abend, als ein Geschenk der Theaterfreunde, in einigen Körben angekommen waren. Die Kinder sprangen und sangen fort, und besonders war Mignon ausgelassen, wie man sie niemals gesehen. Sie schlug das Tambourin mit aller möglichen Zierlichkeit und Lebhaftigkeit, indem sie bald mit drückendem Finger auf dem Fell hin und her schnurrte, bald mit dem Rücken der Hand, bald mit den Knöcheln darauf pochte, ja mit abwechselnden Rhythmen das Pergament bald wider die Knie, bald wider den Kopf schlug, bald schüttelnd die Schellen allein klingen ließ und so aus dem einfachsten Instrumente gar verschiedene Töne hervorlockte. Nachdem sie lange gelärmt hatten, setzten sie sich in einen Lehnsessel, der gerade Wilhelmen gegenüber am Tische leer geblieben war.

„Bleibt von dem Sessel weg!" rief Serlo, „er steht vermutlich für den Geist da; wenn er kommt, kann's euch übel gehen."

„Ich fürchte ihn nicht", rief Mignon; „kommt er, so stehen wir auf. Es ist mein Oheim, er tut mir nichts zuleide." Diese Rede verstand niemand, als wer wußte, daß sie ihren vermeintlichen Vater den großen Teufel genannt hatte.

Die Gesellschaft sah einander an und ward noch mehr in

dem Verdacht bestärkt, daß Serlo um die Erscheinung des Geistes wisse. Man schwatzte und trank, und die Mädchen sahen von Zeit zu Zeit furchtsam nach der Türe.

Die Kinder, die, in dem großen Sessel sitzend, nur wie Pulcinellpuppen aus dem Kasten über den Tisch hervorragten, fingen an, auf diese Weise ein Stück aufzuführen. Mignon machte den schnarrenden Ton sehr artig nach, und sie stießen zuletzt die Köpfe dergestalt zusammen und auf die Tischkante, wie es eigentlich nur Holzpuppen aushalten könnten. Mignon ward bis zur Wut lustig, und die Gesellschaft, so sehr sie anfangs über den Scherz gelacht hatte, mußte zuletzt Einhalt tun. Aber wenig half das Zureden, denn nun sprang sie auf und raste, die Schellentrommel in der Hand, um den Tisch herum. Ihre Haare flogen, und indem sie den Kopf zurück und alle ihre Glieder gleichsam in die Luft warf, schien sie einer Mänade ähnlich, deren wilde und beinah unmögliche Stellungen uns auf alten Monumenten noch oft in Erstaunen setzen.

Durch das Talent der Kinder und ihren Lärm aufgereizt, suchte jedermann zur Unterhaltung der Gesellschaft etwas beizutragen. Die Frauenzimmer sangen einige Kanons, Laertes ließ eine Nachtigall hören, und der Pedant gab ein Konzert pianissimo auf der Maultrommel. Indessen spielten die Nachbarn und Nachbarinnen allerlei Spiele, wobei sich die Hände begegnen und vermischen, und es fehlte manchem Paare nicht am Ausdruck einer hoffnungsvollen Zärtlichkeit. Madame Melina besonders schien eine lebhafte Neigung zu Wilhelmen nicht zu verhehlen. Es war spät in der Nacht, und Aurelie, die fast allein noch Herrschaft über sich behalten hatte, ermahnte die übrigen, indem sie aufstand, auseinanderzugehen.

Serlo gab noch zum Abschied ein Feuerwerk, indem er mit dem Munde, auf eine fast unbegreifliche Weise, den Ton der Raketen, Schwärmer und Feuerräder nachzuahmen wußte. Man durfte die Augen nur zumachen, so war die Täuschung vollkommen. Indessen war jedermann aufgestanden und man reichte den Frauenzimmern den Arm, sie nach Hause zu führen. Wilhelm ging zuletzt mit Aurelien. Auf der Treppe begegnete ihnen der Theatermeister und sagte: „Hier ist der Schleier, worin der Geist verschwand. Er ist an der Versenkung hängen geblieben, und wir haben ihn eben gefunden." – „Eine wunderbare Reliquie!" rief Wilhelm und nahm ihn ab.

In dem Augenblicke fühlte er sich am linken Arm ergriffen und zugleich einen sehr heftigen Schmerz. Mignon hatte sich versteckt gehabt, hatte ihn angefaßt und ihn in den Arm gebissen. Sie fuhr an ihm die Treppe hinunter und verschwand.

Als die Gesellschaft in die freie Luft kam, merkte fast jedes, daß man für diesen Abend des Guten zuviel genossen hatte. Ohne Abschied zu nehmen, verlor man sich auseinander.

Wilhelm hatte kaum seine Stube erreicht, als er seine Kleider abwarf und nach ausgelöschtem Licht ins Bett eilte. Der Schlaf wollte sogleich sich seiner bemeistern; allein ein Geräusch, das in seiner Stube hinter dem Ofen zu entstehen schien, machte ihn aufmerksam. Eben schwebte vor seiner erhitzten Phantasie das Bild des geharnischten Königs; er richtete sich auf, das Gespenst anzureden, als er sich von zarten Armen umschlungen, seinen Mund mit lebhaften Küssen verschlossen und eine Brust an der seinigen fühlte, die er wegzustoßen nicht Mut hatte.

Wilhelm fuhr des andern Morgens mit einer unbehaglichen Empfindung in die Höhe und fand sein Bett leer. Von dem nicht völlig ausgeschlafenen Rausche war ihm der Kopf düster, und die Erinnerung an den unbekannten nächtlichen Besuch machte ihn unruhig. Sein erster Verdacht fiel auf Philinen, und doch schien der liebliche Körper, den er in seine Arme geschlossen hatte, nicht der ihrige gewesen zu sein. Unter lebhaften Liebkosungen war unser Freund an der Seite dieses seltsamen, stummen Besuches eingeschlafen, und nun war weiter keine Spur mehr davon zu entdecken. Er sprang auf, und indem er sich anzog, fand er seine Türe, die er sonst zu verriegeln pflegte, nur angelehnt und wußte sich nicht zu erinnern, ob er sie gestern abend zugeschlossen hatte.

Am wunderbarsten aber erschien ihm der Schleier des Geistes, den er auf seinem Bette fand. Er hatte ihn mit heraufgebracht und wahrscheinlich selbst dahin geworfen. Es war ein grauer Flor, an dessen Saum er eine Schrift mit schwarzen Buchstaben gestickt sah. Er entfaltete sie und las die Worte: „Zum ersten und letzten Mal! Flieh! Jüngling, flieh!" Er war betroffen und wußte nicht, was er sagen sollte.

In eben dem Augenblick trat Mignon herein und brachte ihm das Frühstück. Wilhelm erstaunte über den Anblick des Kindes, ja man kann sagen: er erschrak. Sie schien diese Nacht größer geworden zu sein; sie trat mit einem hohen edlen Anstand vor ihn hin und sah ihm sehr ernsthaft in die Augen, so daß er den Blick nicht ertragen konnte. Sie rührte ihn nicht an wie sonst, da sie gewöhnlich ihm die Hand drückte, seine Wange, seinen Mund, seinen Arm oder seine Schulter küßte, sondern ging, nachdem sie seine Sachen in Ordnung gebracht, stillschweigend wieder fort.

Die Zeit einer angesetzten Leseprobe kam nun herbei; man versammelte sich, und alle waren durch das gestrige Fest verstimmt. Wilhelm nahm sich zusammen, so gut er konnte, um nicht gleich anfangs gegen seine so lebhaft gepredigten Grundsätze zu verstoßen. Seine große Übung half ihm durch; denn *Übung und Gewohnheit müssen in jeder Kunst die Lücken ausfüllen, welche Genie und Laune so oft lassen würden.*

Eigentlich aber konnte man bei dieser Gelegenheit die Bemerkung recht wahr finden, daß man keinen Zustand, der länger dauern, ja der eigentlich ein Beruf, eine Lebensweise werden soll, mit einer Feierlichkeit anfangen dürfe. Man feire nur, was glücklich vollendet ist: alle Zeremonien zum Anfange erschöpfen Lust und Kräfte, die das Streben hervorbringen und uns bei einer fortgesetzten Mühe beistehen sollen. Unter allen Festen ist das Hochzeitsfest das unschicklichste; keines sollte mehr in Stille, Demut und Hoffnung begangen werden als dieses.

So schlich der Tag nun weiter, und Wilhelmen war noch keiner jemals so alltäglich vorgekommen. Statt der gewöhnlichen Unterhaltung abends fing man zu gähnen an; das Interesse an Hamlet war erschöpft, und man fand eher unbequem, daß er des folgenden Tages zum zweitenmal vorgestellt werden sollte. Wilhelm zeigte den Schleier des Geistes vor; man mußte daraus schließen, daß er nicht wiederkommen werde. Serlo war besonders dieser Meinung; er schien mit den Ratschlägen der wunderbaren Gestalt sehr vertraut zu sein; dagegen ließen sich aber die Worte: „Flieh! Jüngling, flieh!" nicht erklären. Wie konnte Serlo mit jemandem einstimmen, der den vorzüglichsten Schauspieler seiner Gesellschaft zu entfernen die Absicht zu haben schien.

Notwendig war es nunmehr, die Rolle des Geistes dem Polterer und die Rolle des Königs dem Pedanten zu geben. Beide erklärten, daß sie schon einstudiert seien, und es war kein Wunder, denn bei den vielen Proben und der weitläufigen Behandlung dieses Stücks waren alle so damit bekannt geworden, daß sie sämtlich gar leicht mit den Rollen hätten wechseln können. Doch probierte man einiges in der Geschwindigkeit, und als man spät genug auseinanderging, flüsterte Philine beim Abschiede Wilhelmen leise zu: „Ich muß meine Pantoffeln holen, du schiebst doch den Riegel nicht vor?" Diese Worte setzten ihn, als er auf seine Stube kam, in ziemliche Verlegenheit; denn die Vermutung, daß der Gast der vorigen Nacht Philine gewesen, ward dadurch bestärkt, und wir sind auch genötigt, uns zu dieser Meinung zu schlagen, besonders da wir die Ursachen, welche ihn hierüber zweifelhaft machten und ihm einen andern sonderbaren Argwohn einflößen mußten, nicht entdecken können. Er ging unruhig einigemal in seinem Zimmer auf und ab und hatte wirklich den Riegel noch nicht vorgeschoben.

Auf einmal stürzte Mignon in das Zimmer, faßte ihn an und rief: „Meister! Rette das Haus! Es brennt!" Wilhelm sprang vor die Türe, und ein gewaltiger Rauch drängte sich die obere Treppe herunter ihm entgegen. Auf der Gasse hörte man schon das Feuergeschrei, und der Harfenspieler kam, sein Instrument in der Hand, durch den Rauch atemlos die Treppe herunter. Aurelie stürzte aus ihrem Zimmer und warf den kleinen Felix in Wilhelms Arme.

„Retten Sie das Kind!" rief sie; „wir wollen nach dem übrigen greifen."

Wilhelm, der die Gefahr nicht für so groß hielt, gedachte zuerst nach dem Ursprunge des Brandes hinzudringen, um ihn vielleicht noch im Anfange zu ersticken. Er gab dem Alten das Kind und befahl ihm, die steinerne Wendeltreppe hinunter, die durch ein kleines Gartengewölbe in den Garten führte, zu eilen und mit den Kindern im Freien zu bleiben. Mignon nahm ein Licht, ihm zu leuchten. Wilhelm bat darauf Aurelien, ihre Sachen auf ebendiesem Wege zu retten. Er selbst drang durch den Rauch hinauf; allein vergebens setzte er sich der Gefahr aus. Die Flamme schien von dem benachbarten Hause herüberzudringen und hatte schon das Holzwerk des Bodens und eine leichte Treppe gefaßt; andre, die zur Rettung herbeieilten, litten, wie er, von Qualm und Feuer. Doch sprach er ihnen Mut ein und rief nach Wasser; er beschwor sie, der Flamme nur Schritt vor Schritt zu weichen, und versprach, bei ihnen zu bleiben. In diesem Augenblick sprang Mignon herauf und rief: „Meister! Rette deinen Felix! Der Alte ist rasend! der Alte bringt ihn um!" Wilhelm sprang, ohne sich zu besinnen, die Treppe hinauf, und Mignon folgte ihm an den Fersen.

Auf den letzten Stufen, die ins Gartengewölbe führten, blieb er mit Entsetzen stehen. Große Bündel Stroh und Reisholz, die man daselbst aufgehäuft hatte, brannten mit heller Flamme; Felix lag am Boden und schrie; der Alte stand mit niedergesenktem Haupte seitwärts an der Wand. „Was machst du, Unglücklicher?" rief Wilhelm. Der Alte schwieg, Mignon hatte den Felix aufgehoben und schleppte mit Mühe den Knaben in den Garten, indes Wilhelm das Feuer auseinander zu zerren und zu dämpfen strebte, aber dadurch nur die Gewalt und Lebhaftigkeit der Flamme vermehrte. Endlich mußte er mit verbrannten Augenwimpern und Haaren auch in den Garten fliehen, indem er den Alten mit durch die Flamme riß, der ihm mit versengtem Barte unwillig folgte.

Wilhelm eilte sogleich, die Kinder im Garten zu suchen. Auf der Schwelle eines entfernten Lusthäuschens fand er sie, und Mignon tat ihr möglichstes, den Kleinen zu beruhigen. Wilhelm nahm ihn auf den Schoß, fragte ihn, befühlte ihn und konnte nichts Zusammenhängendes aus beiden Kindern herausbringen.

Indessen hatte das Feuer gewaltsam mehrere Häuser ergriffen und erhellte die ganze Gegend. Wilhelm besah das Kind beim roten Schein der Flamme; er konnte keine Wunde, kein Blut, ja keine Beule wahrnehmen. Er betastete es überall, es gab kein Zeichen von Schmerz von sich, es beruhigte sich vielmehr nach und nach und fing an, sich über die Flamme zu verwundern, ja sich über die schönen, der Ordnung nach, wie eine Illumination, brennenden Sparren und Gebälke zu erfreuen.

Wilhelm dachte nicht an die Kleider und was er sonst verloren haben konnte; er fühlte stark, wie wert ihm diese beiden menschlichen Geschöpfe seien, die er einer so großen Gefahr entronnen sah. Er drückte den Kleinen mit einer ganz neuen Empfindung an sein Herz und wollte auch Mignon mit freundlicher Zärtlichkeit umarmen, die es aber sanft ablehnte, ihn bei der Hand nahm und sie festhielt.

„Meister", sagte sie (noch niemals, als diesen Abend, hatte sie ihm diesen Namen gegeben; denn anfangs pflegte sie ihn Herr und nachher Vater zu nennen), „Meister! wir sind einer großen Gefahr entronnen: dein Felix war am Tode."

Durch viele Fragen erfuhr endlich Wilhelm, daß der Harfenspieler, als sie in das Gewölbe gekommen, ihr das Licht aus der Hand gerissen und das Stroh sogleich angezündet habe. Darauf habe er den Felix niedergesetzt, mit wunderlichen Gebärden die Hände auf des Kindes Kopf gelegt und ein Messer gezogen, als wenn er ihn opfern wolle. Sie sei zugesprungen und habe ihm das Messer aus der Hand gerissen; sie habe geschrien und einer vom Hause, der einige Sachen nach dem Garten zu gerettet, sei ihr zu Hilfe gekommen; der müsse aber in der Verwirrung wieder weggegangen sein und den Alten und das Kind allein gelassen haben.

Zwei bis drei Häuser standen in vollen Flammen. In den Garten hatte sich niemand retten können, wegen des Brandes im Gartengewölbe. Wilhelm war verlegen wegen seiner Freunde, weniger wegen seiner Sachen. Er getraute sich nicht, die Kinder zu verlassen, und sah das Unglück sich immer vergrößern.

Er brachte einige Stunden in einer bänglichen Lage zu. Felix war auf seinem Schoße eingeschlafen, Mignon lag neben ihm und hielt seine Hand fest. Endlich hatten die getroffenen Anstalten dem Feuer Einhalt getan. Die ausgebrannten Gebäude stürzten zusammen, der Morgen kam herbei, die Kinder fingen an zu frieren, und ihm selbst ward in seiner leichten Kleidung der fallende Tau fast unerträglich. Er führte sie zu den Trümmern des zusammengestürzten Gebäudes, und sie fanden neben einem Kohlen- und Aschenhaufen eine sehr behagliche Wärme.

Der anbrechende Tag brachte nun alle Freunde und Bekannte nach und nach zusammen. Jedermann hatte sich gerettet, niemand hatte viel verloren.

Man hatte sich in der Geschwindigkeit nach Quartieren umgesehen, und die Gesellschaft war dadurch sehr zerstreut worden. Wilhelm hatte das Lusthaus in dem Garten, bei dem er die Nacht zugebracht, liebgewonnen; er erhielt leicht die Schlüssel dazu und richtete sich daselbst ein; da aber Aurelie in ihrer neuen Wohnung sehr eng war, mußte er den Felix bei sich behalten, und Mignon wollte den Knaben nicht verlassen.

Die Kinder hatten ein artiges Zimmer in dem ersten Stocke eingenommen, Wilhelm hatte sich in dem untern Saale eingerichtet. Die Kinder schliefen, aber er konnte keine Ruhe finden.

Neben dem anmutigen Garten, den der eben aufgegangene Vollmond herrlich erleuchtete, standen die traurigen Ruinen, von denen hier und da noch Dampf aufstieg; die Luft war angenehm und die Nacht außerordentlich schön. Philine hatte, beim Herausgehen aus dem Theater, ihn mit dem Ellbogen angestrichen und ihm einige Worte zugelispelt, die er aber nicht verstanden hatte. Er war verwirrt und verdrießlich und wußte nicht, was er erwarten oder tun sollte. Philine hatte ihn einige Tage gemieden und ihm nur diesen Abend wieder ein Zeichen gegeben. Leider war nun die Türe verbrannt, die er nicht zuschließen sollte, und die Pantöffelchen waren in Rauch aufgegangen. Wie die Schöne in den Garten kommen wollte, wenn es ihre Absicht war, wußte er nicht. Er wünschte sie nicht zu sehen, und doch hätte er sich gar zu gern mit ihr erklären mögen.

Was ihm aber noch schwerer auf dem Herzen lag, war das Schicksal des Harfenspielers, den man nicht wieder gesehen hatte. Wilhelm fürchtete, man würde ihn beim Aufräumen tot unter dem Schutte finden. Wilhelm hatte gegen jedermann den Verdacht verborgen, den er hegte, daß der Alte schuld an dem Brande sei. Denn er kam ihm zuerst von dem brennenden und rauchenden Boden entgegen, und die Verzweiflung im Gartengewölbe schien die Folge eines solchen unglücklichen Ereignisses zu sein. Doch war es bei der Untersuchung, welche die Polizei sogleich anstellte, wahrscheinlich geworden, daß nicht in dem Hause, wo sie wohnten, sondern in dem dritten davon der Brand entstanden sei, der sich auch sogleich unter den Dächern weggeschlichen hatte.

Wilhelm überlegte das alles, in einer Laube sitzend, als er in einem nahen Gange jemand schleichen hörte. An dem traurigen Gesange, der sogleich angestimmt ward, erkannte er den Harfenspieler. Das Lied, das er sehr wohl verstehen konnte, enthielt den Trost eines Unglücklichen, der sich dem Wahnsinne ganz nahe fühlt. Leider hat Wilhelm davon nur die letzte Strophe behalten:

„An die Türen will ich schleichen,
Still und sittsam will ich stehn,
Fromme Hand wird Nahrung reichen,
Und ich werde weitergehn.
Jeder wird sich glücklich scheinen,
Wenn mein Bild vor ihm erscheint;
Eine Träne wird er weinen,
Und ich weiß nicht, was er weint."

Unter diesen Worten war er an die Gartentüre gekommen, die nach einer entlegenen Straße ging; er wollte, da er sie verschlossen fand, an den Spalieren übersteigen; allein Wilhelm hielt ihn zurück und redete ihn freundlich an. Der Alte bat ihn, aufzuschließen, weil er fliehen wolle und müsse. Wilhelm stellte ihm vor: daß er wohl aus dem Garten, aber nicht aus der Stadt könne, und zeigte ihm, wie sehr er sich durch einen solchen Schritt verdächtig mache; allein vergebens! Der Alte bestand auf seinem Sinne. Wilhelm gab nicht nach und drängte ihn endlich halb mit Gewalt ins Gartenhaus, schloß sich daselbst mit ihm ein und führte ein wunderbares Gespräch mit ihm, das wir aber, um unsere Leser nicht mit unzusammenhängenden Ideen und bänglichen Empfindungen zu quälen, lieber verschweigen als ausführlich mitteilen.

Aus der großen Verlegenheit, worin sich Wilhelm befand, was er mit dem unglücklichen Alten beginnen sollte, der so deutliche Spuren des Wahnsinns zeigte, riß ihn Laertes noch am selbigen Morgen. Dieser, der nach seiner alten Gewohnheit überall zu sein pflegte, hatte auf dem Kaffeehaus einen Mann gesehen, der vor einiger Zeit die heftigsten Anfälle von Melancholie erduldete. Man hatte ihn einem Landgeistlichen anvertraut, der sich ein besonderes Geschäft daraus machte, dergleichen Leute zu behandeln. Auch diesmal war es ihm gelungen; noch war er in der

Stadt, und die Familie der Wiederhergestellten erzeigte ihm große Ehre.

Wilhelm eilte sogleich, den Mann aufzusuchen, vertraute ihm den Fall und ward mit ihm einig. Man wußte unter gewissen Vorwänden ihm den Alten zu übergeben. Die Scheidung schmerzte Wilhelmen tief, und nur die Hoffnung, ihn wiederhergestellt zu sehen, konnte sie ihm einigermaßen erträglich machen, so sehr war er gewohnt, den Mann um sich zu sehen und seine geistreichen und herzlichen Töne zu vernehmen. Die Harfe war mit verbrannt; man suchte eine andere, die man ihm auf die Reise mitgab.

In dem Innern der Gesellschaft gingen indessen allerlei Veränderungen vor. Philine hatte seit jenem Abend nach dem Brande Wilhelmen auch nicht das geringste Zeichen einer Annäherung gegeben. Sie hatte, wie es schien vorsätzlich, ein entfernteres Quartier gemietet, vertrug sich mit Elmiren und kam seltener zu Serlo, womit Aurelie wohl zufrieden war. Serlo, der ihr immer gewogen blieb, besuchte sie manchmal, besonders, da er Elmiren bei ihr zu finden hoffte, und nahm eines Abends Wilhelmen mit sich. Beide waren im Hereintreten sehr verwundert, als sie Philinen in dem zweiten Zimmer in den Armen eines jungen Offiziers sahen, der eine rote Uniform und weiße Unterkleider anhatte, dessen abgewendetes Gesicht sie aber nicht sehen konnten. Philine kam ihren besuchenden Freunden in das Vorzimmer entgegen und verschloß das andere. „Sie überraschen mich bei einem wunderbaren Abenteuer!" rief sie aus.

„So wunderbar ist es nicht", sagte Serlo; „lassen Sie uns den hübschen, jungen, beneidenswerten Freund sehen; Sie haben uns ohnedem schon so zugestutzt, daß wir nicht eifersüchtig sein dürfen."

„Ich muß Ihnen diesen Verdacht noch eine Zeitlang lassen", sagte Philine scherzend; „doch kann ich Sie versichern, daß es nur eine gute Freundin ist, die sich einige Tage unbekannt bei mir aufhalten will. Sie sollen ihre Schicksale künftig erfahren, ja vielleicht das interessante Mädchen selbst kennenlernen, und ich werde wahrscheinlich alsdann Ursache haben, meine Bescheidenheit und Nachsicht zu üben; denn ich fürchte, die Herren werden über ihre neue Bekanntschaft ihre alte Freundin vergessen."

Wilhelm stand versteinert da; denn gleich beim ersten Anblick hatte ihn die rote Uniform an den so sehr geliebten Rock Marianens erinnert; es war ihre Gestalt, es waren ihre blonden Haare, nur schien ihm der gegenwärtige Offizier etwas größer zu sein.

„Um des Himmels willen!" rief er aus, „lassen Sie uns mehr von Ihrer Freundin wissen, lassen Sie uns das verkleidete Mädchen sehen. Wir sind nun einmal Teilnehmer des Geheimnisses; wir wollen versprechen, wir wollen schwören, aber lassen Sie uns das Mädchen sehen!"

„Oh, wie er in Feuer ist!" rief Philine; „nur gelassen, nur geduldig! heute wird einmal nichts draus!"

„So lassen Sie uns nur ihren Namen wissen!" rief Wilhelm.

„Das wäre alsdann ein schönes Geheimnis", versetzte Philine.

„Wenigstens nur den Vornamen."

„Wenn Sie ihn raten, meinetwegen. Dreimal dürfen Sie raten, aber nicht öfter; Sie könnten mich sonst durch den ganzen Kalender durchführen."

„Gut", sagte Wilhelm; „Cäcilie also?"

„Nichts von Cäcilien!"

„Henriette?"

„Keineswegs! Nehmen Sie sich in acht! Ihre Neugierde wird ausschlafen müssen."

Wilhelm zauderte und zitterte; er wollte seinen Mund auftun, aber die Sprache versagte ihm. „Mariane?" stammelte er endlich, „Mariane!"

„Bravo!" rief Philine, „getroffen!" indem sie sich nach ihrer Gewohnheit auf dem Absatze herumdrehte.

Wilhelm konnte kein Wort hervorbringen, und Serlo, der seine Gemütsbewegung nicht bemerkte, fuhr fort, in Philinen zu dringen, daß sie die Türe öffnen sollte.

Wie verwundert waren daher beide, als Wilhelm auf einmal heftig ihre Neckerei unterbrach, sich Philinen zu Füßen warf und sie mit dem lebhaftesten Ausdrucke der Leidenschaft bat und beschwor. „Lassen Sie mich das Mädchen sehen", rief er aus, „sie ist mein, es ist meine Mariane! Sie, nach der ich mich alle Tage meines Lebens gesehnt habe, sie, die mir noch immer statt aller andern Weiber in der Welt ist! Gehen Sie wenigstens zu ihr hinein, sagen Sie ihr, daß ich hier bin, daß der Mensch hier ist, der seine erste Liebe und das ganze Glück seiner Jugend an sie knüpfte. Er will sich rechtfertigen, daß er sie unfreundlich verließ, er will sie um Verzeihung bitten, er will ihr vergeben, was sie auch gegen ihn gefehlt haben mag, er will sogar keine Ansprüche an sie mehr machen, wenn er sie nur noch einmal sehen kann, wenn er nur sehen kann, daß sie lebt und glücklich ist!"

Philine schüttelte den Kopf und sagte: „Mein Freund, reden Sie leise! Betrügen wir uns nicht, und ist das Frauenzimmer wirklich Ihre Freundin, so müssen wir sie schonen; denn sie vermutet keineswegs, Sie hier zu sehen. Ganz andere Angelegenheiten führen sie hierher, und das wissen Sie doch, man möchte oft lieber ein Gespenst als einen alten Liebhaber zur unrechten Zeit vor Augen sehen. Ich will sie fragen, ich will sie vorbereiten, und wir wollen überlegen, was zu tun ist. Ich schreibe Ihnen morgen ein Billett, zu welcher Stunde Sie kommen sollen, oder ob Sie kommen dürfen; gehorchen Sie mir pünktlich, denn ich schwöre: niemand soll gegen meinen und meiner Freundin Willen dieses liebenswürdige Geschöpf mit Augen sehen. Meine Türen werde ich besser verschlossen halten, und mit Axt und Beil werden Sie mich nicht besuchen wollen."

Wilhelm beschwor, Serlo redete ihr zu – vergebens! Beide Freunde mußten zuletzt nachgeben, das Zimmer und das Haus räumen.

Welche unruhige Nacht Wilhelm zubrachte, wird sich jedermann denken. Wie langsam die Stunden des Tags dahinzogen, in denen er Philinens Billett erwartete, läßt sich begreifen. Unglücklicherweise mußte er selbigen Abend spielen; er hatte niemals eine größere Pein ausgestanden. Nach geendigtem Stücke eilte er zu Philinen, ohne nur zu fragen, ob er eingeladen worden. Er fand ihre Türe verschlossen, und die Hausleute sagten: Mademoiselle sei heute früh mit einem jungen Offizier weggefahren; sie habe zwar gesagt, daß sie in einigen Tagen wiederkomme, man glaubte es aber nicht, weil sie alles bezahlt und ihre Sachen mitgenommen habe.

Wilhelm war außer sich über diese Nachricht. Er eilte zu Laertes und schlug ihm vor, ihr nachzusetzen, und, es koste, was es wolle, über ihren Begleiter Gewißheit zu erlangen. Laertes dagegen verwies seinem Freunde seine Leidenschaft und Leichtgläubigkeit. „Ich will wetten", sagte er, „es ist niemand anders als Friedrich. Der Junge ist von gutem Hause, ich weiß es recht wohl; er ist unsinnig in das Mädchen verliebt und hat wahrscheinlich seinen Verwandten so viel Geld abgelockt, daß er wieder eine Zeitlang mit ihr leben kann."

Durch diese Einwendungen ward Wilhelm nicht überzeugt, doch zweifelhaft. Laertes stellte ihm vor, wie unwahrscheinlich das Märchen sei, das Philine ihnen vorgespiegelt hatte, wie Figur und Haar sehr gut auf Friedrichen passe, wie sie bei zwölf Stunden Vorsprung so leicht nicht einzuholen sein würden, und hauptsächlich wie Serlo keinen von ihnen beiden beim Schauspiele entbehren könne.

Durch alle diese Gründe wurde Wilhelm endlich nur so weit gebracht, daß er Verzicht darauf tat, selbst nachzusetzen. Laertes wußte noch in selbiger Nacht einen tüchtigen Mann zu schaffen, dem man den Auftrag geben konnte. Er war ein gesetzter Mann, der mehreren Herrschaften auf Reisen als Kurier und Führer gedient hatte und eben jetzt ohne Beschäftigung stille lag. Man gab ihm Geld, man unterrichtete ihn von der ganzen Sache, mit dem Auftrage, daß er die Flüchtlinge aufsuchen und einholen, sie alsdann nicht aus den Augen lassen und die Freunde sogleich, wo und wie er sie fände, benachrichtigen solle. Er setzte sich in derselbigen Stunde zu Pferde und ritt dem zweideutigen Paare nach, und Wilhelm war durch diese Anstalt wenigstens einigermaßen beruhigt.

Zu eben der Zeit fiel eine allgemeine Trauer ein, wodurch man genötigt ward, das Theater auf einige Wochen zu schließen. Wilhelm ergriff diese Zwischenzeit, um jenen Geistlichen zu besuchen, bei welchem der Harfenspieler in der Kost war. Er fand ihn in einer angenehmen Gegend, und das erste, was er in dem Pfarrhofe erblickte, war der Alte, der einem Knaben auf seinem Instrumente Lektion gab. Er bezeugte viel Freude, Wilhelmen wiederzusehen, stand auf und reichte ihm die Hand und sagte: „Sie sehen, daß ich in der Welt doch noch zu etwas nütze bin; Sie erlauben, daß ich fortfahre, denn die Stunden sind eingeteilt."

Der Geistliche begrüßte Wilhelmen auf das freundlichste und erzählte ihm, daß der Alte sich schon recht gut anlasse und daß man Hoffnung zu seiner völligen Genesung habe. Ihr Gespräch fiel natürlich auf die Methode; Wahnsinnige zu kurieren.

„Außer dem Physischen", sagte der Geistliche, „das uns oft unüberwindliche Schwierigkeiten in den Weg legt und worüber ich einen denkenden Arzt zu Rate ziehe, finde ich die Mittel, vom Wahnsinne zu heilen, sehr einfach. Es sind ebendieselben, wodurch man gesunde Menschen hindert, wahnsinnig zu werden. Man errege ihre Selbsttätigkeit, man gewöhne sie an Ordnung, man gebe ihnen einen Begriff, daß sie ihr Sein und Schicksal mit so vielen gemein haben, daß das außerordentliche Talent, das größte Glück und das höchste Unglück nur kleine Abweichungen von dem Gewöhnlichen sind – so wird sich kein Wahnsinn einschleichen und, wenn er da ist, nach und nach wieder verschwinden. Ich habe des alten Mannes Stunden eingeteilt, er unterrichtet einige Kinder auf der Harfe, er hilft im Garten arbeiten und ist schon viel heiterer. Er wünscht, von dem Kohle zu genießen, den er pflanzt, und wünschte, meinen Sohn, dem er die Harfe auf den Todesfall geschenkt hat, recht emsig zu unterrichten, damit sie der Knabe ja auch brauchen könne. Als Geistlicher suche ich ihm über seine wunderbaren Skrupel nur wenig zu sagen, aber ein tätiges Leben führt so viele Ereignisse herbei, daß er bald fühlen muß, daß jede Art von Zweifel nur durch Wirksamkeit gehoben werden kann. Ich gehe sachte zu Werke; wenn ich ihm aber noch einen Bart und seine Kutte wegnehmen kann, so habe ich viel gewonnen: denn *es bringt uns nichts näher dem Wahnsinn, als wenn wir uns vor andern auszeichnen, und nichts erhält so sehr den gemeinen Verstand, als im allgemeinen Sinne mit vielen Menschen zu leben.* Wie vieles ist leider nicht in unserer Erziehung und in unsern bürgerlichen Einrichtungen, wodurch wir uns und unsere Kinder zur Tollheit vorbereiten."

Wilhelm verweilte bei diesem vernünftigen Manne einige Tage und erfuhr die interessantesten Geschichten, nicht allein von verrückten Menschen sondern auch von solchen, die man für klug, ja für weise zu halten pflegt und deren Eigentümlichkeiten nahe an den Wahnsinn grenzen.

Dreifach belebt aber ward die Unterhaltung, als der Medikus eintrat, der den Geistlichen, seinen Freund, öfters zu besuchen und ihm bei seinen menschenfreundlichen Bemühungen beizustehen pflegte. Es war ein ältlicher Mann, der bei einer schwächlichen Gesundheit viele Jahre in Ausübung der edelsten Pflichten zugebracht hatte. Er war ein großer Freund vom Landleben und konnte fast nicht anders als in freier Luft sein; dabei war er äußerst gesellig und tätig und hatte seit vielen Jahren eine besondere Neigung, mit allen Landgeistlichen Freundschaft zu stiften. Jedem, an dem er eine nützliche Beschäftigung kannte, suchte er auf alle Weise beizustehen; andern, die noch unbestimmt waren, suchte er eine Liebhaberei anzureden, und da er zugleich mit den Edelleuten, Amtmännern und Gerichtshaltern in Verbindung stand, so hatte er in der Zeit von zwanzig Jahren sehr viel im stillen zur Kultur mancher Zweige der Landwirtschaft beigetragen und alles, was dem Felde, Tieren und Menschen ersprießlich ist, in Bewegung gebracht und so die wahrste Aufklärung befördert. „Für den Menschen", sagte er, „sei nur das eine ein Unglück, wenn sich irgendeine Idee bei ihm festsetze, die keinen Einfluß ins tägliche Leben habe oder ihn wohl gar vom tätigen Leben abziehe. Ich habe", sagte er, „gegenwärtig einen solchen Fall an einem vornehmen und reichen Ehepaar, wo mir bis jetzt noch alle Kunst mißglückt ist; fast gehört der Fall in Ihr Fach, lieber Pastor, und dieser junge Mann wird ihn nicht weitererzählen.

In der Abwesenheit eines vornehmen Mannes verkleidete man, mit einem nicht ganz lobenswürdigen Scherze, einen jungen Menschen in die Hauskleidung dieses Herrn. Seine Gemahlin sollte dadurch angeführt werden, und ob man mir es gleich nur als eine Posse erzählt hat, so fürchte ich doch sehr, man hatte die Absicht, die edle, liebenswürdige Dame vom rechten Wege abzuleiten. Der Gemahl kommt unvermutet zurück, tritt in sein Zimmer, glaubt, sich selbst zu sehen, und fällt von der Zeit an in eine Melancholie, in der er die Überzeugung nährt, daß er bald sterben werde.

Er überläßt sich Personen, die ihm mit religiösen Ideen schmeicheln, und ich sehe nicht, wie er abzuhalten ist, mit seiner Gemahlin unter die Herrnhuter zu gehen und den größten Teil seines Vermögens, da er keine Kinder hat, seinen Verwandten zu entziehen."

„Mit seiner Gemahlin?" rief Wilhelm, den diese Erzählung nicht wenig erschreckt hatte, ungestüm aus.

„Und leider", versetzte der Arzt, der in Wilhelms Ausrufung nur eine menschenfreundliche Teilnahme zu hören glaubte, „ist diese Dame mit einem noch tiefern Kummer behaftet, der ihr eine Entfernung von der Welt nicht widerlich macht. Ebendieser junge Mensch nimmt Abschied von ihr; sie ist nicht vorsichtig genug, eine aufkeimende Neigung zu verbergen; er wird kühn, schließt sie in seine Arme und drückt ihr das große mit Brillanten besetzte Porträt ihres Gemahls gewaltsam wider die Brust. Sie empfindet einen heftigen Schmerz, der nach und nach vergeht, erst eine kleine Röte und dann keine Spur zurückläßt. Ich bin als Mensch überzeugt, daß sie sich nichts weiter vorzuwerfen hat; ich bin als Arzt gewiß, daß dieser Druck keine üblen Folgen haben werde, aber sie läßt sich nicht ausreden, es sei eine Verhärtung da, und wenn man ihr durch das Gefühl den Wahn benehmen will, so behauptet sie, nur in diesem Augenblick sei nichts zu fühlen; sie hat sich fest eingebildet, es werde dieses Übel mit einem Krebsschaden endigen, und so sei ihre Jugend, ihre Liebenswürdigkeit für sie und andere völlig verloren."

„Ich Unglückseliger!" rief Wilhelm, indem er sich vor die Stirne schlug und aus der Gesellschaft ins Feld lief. Er hatte sich noch nie in einem solchen Zustand befunden.

Der Arzt und die Geistliche, über diese seltsame Entdeckung höchlich erstaunt, hatten abends genug mit ihm zu tun, als er zurückkam und bei dem umständlichern Bekenntnis dieser Begebenheit sich aufs lebhafteste anklagte. Beide Männer nahmen den größten Anteil an ihm, besonders da er ihnen seine übrige Lage nun auch mit schwarzen Farben der augenblicklichen Stimmung malte.

Den andern Tag ließ sich der Arzt nicht lange bitten, mit ihm nach der Stadt zu gehen, um ihm Gesellschaft zu leisten, um Aurelien, die ihr Freund in bedenklichen Umständen zurückgelassen hatte, womöglich Hilfe zu verschaffen.

Sie fanden sie auch wirklich schlimmer, als sie vermuteten. Sie hatte eine Art von überspringendem Fieber, dem um so weniger beizukommen war, als sie die Anfälle nach ihrer Art vorsätzlich unterhielt und verstärkte. Der Fremde ward nicht als Arzt eingeführt und betrug sich sehr gefällig und klug. Man sprach über den Zustand ihres Körpers und ihres Geistes, und der neue Freund erzählte manche Geschichten, wie Personen, ungeachtet einer solchen Kränklichkeit, ein hohes Alter erreichen könnten; nichts aber sei schädlicher in solchen Fällen als eine vorsätzliche Erneuerung leidenschaftlicher Empfindungen. Besonders verbarg er nicht, daß er diejenigen Personen sehr glücklich gefunden habe, die bei einer nicht ganz herzustellenden kränklichen Anlage wahrhaft religiöse Gesinnungen bei sich zu nähren bestimmt gewesen wären. Er sagte das auf eine sehr bescheidene Weise und gleichsam historisch dabei, seinen neuen Freunden eine sehr interessante Lektüre an einem Manuskript zu verschaffen, das er aus den Händen einer nunmehr abgeschiedenen vortrefflichen Freundin erhalten habe. „,Es ist mir unendlich wert", sagte er, „und ich vertraue Ihnen das Original selbst an. Nur der Titel ist von meiner Hand: ‚Bekenntnisse einer schönen Seele'."

Über diätetische und medizinische Behandlung der unglücklichen aufgespannten Aurelie vertraute der Arzt Wilhelmen noch seinen besten Rat, versprach, zu schreiben und womöglich selbst wiederzukommen.

Zu ebendieser Zeit nahm man „Emilie Galotti" vor. Dieses Stück war sehr glücklich besetzt, und alle konnten in dem beschränkten Kreise dieses Trauerspiels die ganze Mannigfaltigkeit ihres Spieles zeigen. Serlo war als Marinelli an seinem Platze, Odoardo ward sehr gut vorgetragen, Madame Melina spielte die Mutter mit vieler Einsicht, Elmire zeichnete sich in der Rolle Emiliens zu ihrem Vorteil aus, Laertes trat als Appiani mit vielem Anstand auf, und Wilhelm hatte ein Studium von mehreren Monaten auf die Rolle des Prinzen verwendet. Bei dieser Gelegenheit hatte er, sowohl mit sich selbst als mit Serlo und Aurelien, die Frage oft abgehandelt: welch ein Unterschied sich zwischen einem edlen und vornehmen Betragen zeige, und inwiefern jenes in diesem, dieses aber in jenem enthalten zu sein brauche.

Serlo, der selbst als Marinelli den Hofmann rein, ohne Karikatur vorstellte, äußerte über diesen Punkt manchen guten Gedanken. „Der vornehme Anstand", sagte er, „ist schwer nachzuahmen, weil er eigentlich negativ ist und eine lange anhaltende Übung voraussetzt. Denn man soll nicht etwa in seinem Benehmen etwas darstellen, das Würde anzeigt: denn leicht fällt man dadurch in ein förmliches stolzes Wesen; man soll vielmehr nur alles vermeiden, was unwürdig, was gemein ist; man soll sich nie vergessen, immer auf sich und andere achthaben, sich nichts vergeben, andern nicht zu viel, nicht zu wenig tun, durch nichts gerührt scheinen, durch nichts bewegt werden, sich niemals übereilen, sich in jedem Momente zu fassen wissen und so ein äußeres Gleichgewicht erhalten, innerlich mag es stürmen, wie es will. *Der edle Mensch kann sich in Momenten vernachlässigen, der vornehme nie.* Dieser ist wie ein sehr wohlgekleideter Mann: er wird sich nirgends anlehnen, und jedermann wird sich hüten, an ihn zu streichen; er unterscheidet sich vor andern, und doch darf er nicht allein stehen bleiben; denn wie in jeder Kunst, also auch in dieser, soll zuletzt das Schwerste mit Leichtigkeit ausgeführt werden; so soll der Vornehme, ungeachtet aller Absonderung, immer mit andern verbunden scheinen, nirgends steif, überall gewandt sein, immer als der erste erscheinen und sich nie als ein solcher aufdringen.

Man sieht also, daß man, um vornehm zu scheinen, wirklich vornehm sein müsse; man sieht, warum Frauen im Durchschnitt sich eher dieses Ansehen geben können als Männer, warum Hofleute und Soldaten am schnellsten zu diesem Anstande gelangen."

Wilhelm verzweifelte nun fast an seiner Rolle; allein Serlo half ihm wieder auf, indem er ihm über das einzelne die feinsten Bemerkungen mitteilte und ihn dergestalt ausstattete, daß er bei der Aufführung, wenigstens in den Augen der Menge, einen recht feinen Prinzen darstellte.

Serlo hatte versprochen, ihm nach der Vorstellung die Bemerkungen mitzuteilen, die er noch allenfalls über ihn machen würde; allein ein unangenehmer Streit zwischen Bruder und Schwester hinderte jede kritische Unterhaltung. Aurelie hatte die Rolle der Orsina auf eine Weise gespielt, wie man sie wohl niemals wieder sehen wird. Sie war mit der Rolle überhaupt sehr bekannt und hatte sie in den Proben gleichgültig behandelt; bei der Aufführung selbst aber zog sie, möchte man sagen, alle Schleusen ihres individuellen Kummers auf, und es ward dadurch eine Darstellung, wie sie sich kein Dichter in dem ersten Feuer der Empfindung hätte denken können. Ein unmäßiger Beifall des Publikums belohnte ihre schmerzlichen Bemühungen, aber sie lag auch halb ohnmächtig in einem Sessel, als man sie nach der Aufführung aufsuchte.

Serlo hatte schon über ihr übertriebenes Spiel, wie er es nannte, und über die Entblößung ihres innersten Herzens vor dem Publikum, das doch mehr oder weniger mit jener fatalen Geschichte bekannt war, seinen Unwillen zu erkennen gegeben und, wie er es im Zorn zu tun pflegte, mit den Zähnen geknirscht und mit den Füßen gestampft. „Laßt sie", sagte er, als er sie, von den übrigen umgeben, in dem Sessel fand; „sie wird noch ehstens ganz nackt auf das Theater treten und dann wird erst der Beifall recht vollkommen sein."

„Undankbarer!" rief sie aus, „Unmenschlicher! Man wird mich bald nackt dahin tragen, wo kein Beifall mehr zu unsern Ohren kommt!" Mit diesen Worten sprang sie auf und eilte nach der Türe. Die Magd hatte versäumt, ihr den Mantel zu bringen, die Portechaise war nicht da; es hatte geregnet, und ein sehr rauher Wind zog durch die Straßen. Man redete ihr vergebens zu, denn sie war übermäßig erhitzt; sie ging vorsätzlich langsam und lobte die Kühlung, die sie recht begierig einzusaugen schien. Kaum war sie zu Hause, als sie vor Heiserkeit kaum ein Wort mehr sprechen konnte; sie gestand aber nicht, daß sie im Nacken und den Rücken hinab eine völlige Steifigkeit fühlte. Nicht lange, so überfiel sie eine Art von Lähmung der Zunge, so daß sie ein Wort fürs andere sprach; man brachte sie zu Bette; durch häufig angewandte Mittel legte sich ein Übel, indem sich das andere zeigte. Das Fieber ward stark und ihr Zustand gefährlich.

Den andern Morgen hatte sie eine ruhige Stunde. Sie ließ Wilhelm rufen und übergab ihm einen Brief. „Dieses Blatt", sagte sie, „wartet schon lange auf diesen Augenblick. Ich fühle, daß das Ende meines Lebens bald herannaht; versprechen Sie mir, daß Sie es selbst abgeben und daß Sie durch wenige Worte meine Leiden an dem Ungetreuen rächen wollen. Er ist nicht fühllos, und wenigstens soll ihn mein Tod einen Augenblick schmerzen."

Wilhelm übernahm den Brief, indem er sie jedoch tröstete und den Gedanken des Todes von ihr entfernen wollte.

„Nein", versetzte sie, „benehmen Sie mir nicht meine nächste Hoffnung. Ich habe ihn lange erwartet und will ihn freudig in die Arme schließen."

Kurz darauf kam das vom Arzt versprochene Manuskript an. Sie ersuchte Wilhelmen, ihr daraus vorzulesen, und die Wirkung, die es tat, wird der Leser am besten beurteilen können, wenn er sich mit dem folgenden Buche bekannt gemacht hat. Das heftige und trotzige Wesen unsrer armen Freundin ward auf einmal gelinder. Sie nahm den Brief zurück und schrieb einen andern, wie es schien, in sehr sanfter Stimmung; auch forderte sie Wilhelmen auf, ihren Freund, wenn er irgend durch die Nachricht ihres Todes betrübt werden sollte, zu trösten, ihn zu versichern, daß sie ihm verziehen habe und daß sie ihm alles Glück wünsche.

Von dieser Zeit an war sie sehr still und schien sich nur mit wenigen Ideen zu beschäftigen, die sie sich aus dem Manuskript eigen zu machen suchte, woraus ihr Wilhelm von Zeit zu Zeit vorlesen mußte. Die Abnahme ihrer Kräfte war nicht sichtbar, und unvermutet fand sie Wilhelm eines Morgens tot, als er sie besuchen wollte.

Bei der Achtung, die er für sie gehabt, und bei der Gewohnheit, mit ihr zu leben, war ihm ihr Verlust sehr schmerzlich. Sie war die einzige Person, die es eigentlich gut mit ihm meinte, und die Kälte Serlos in der letzten Zeit hatte er nur allzusehr gefühlt. Er eilte daher, die aufgetragene Botschaft auszurichten, und wünschte, sich auf einige Zeit zu entfernen. Von der andern Seite war für Melina diese Abreise sehr erwünscht: denn dieser hatte sich bei der weitläufigen Korrespondenz, die er unterhielt, gleich mit einem Sänger und einer Sängerin eingelassen, die das Publikum einstweilen durch Zwischenspiele zur künftigen Oper vorbereiten sollten. Der Verlust

Aureliens und Wilhelms Entfernung sollten auf diese Weise in der ersten Zeit übertragen werden, und unser Freund war mit allem zufrieden, was ihm seinen Urlaub auf einige Wochen erleichterte.

Er hatte sich eine sonderbar wichtige Idee von seinem Auftrage gemacht. Der Tod seiner Freundin hatte ihn tief gerührt, und da er sie so frühzeitig von dem Schauplatze abtreten sah, mußte er notwendig gegen den, der ihr Leben verkürzt und dieses kurze Leben ihr so qualvoll gemacht, feindselig gesinnt sein.

Ungeachtet der letzten gelinden Worte der Sterbenden nahm er sich doch vor, bei Überreichung des Briefes ein strenges Gericht über den ungetreuen Freund ergehen zu lassen, und da er sich nicht einer zufälligen Stimmung vertrauen wollte, dachte er an eine Rede, die in der Ausarbeitung pathetischer als billig ward. Nachdem er sich völlig von der guten Komposition seines Aufsatzes überzeugt hatte, machte er, indem er ihn auswendig lernte, Anstalt zu seiner Abreise. Mignon war beim Einpacken gegenwärtig und fragte ihn, ob er nach Süden oder nach Norden reise, und als sie das letzte von ihm erfuhr, sagte sie: „So will ich dich hier wieder erwarten." Sie bat ihn um die Perlenschnur Marianens, die er dem lieben Geschöpf nicht versagen konnte; das Halstuch hatte sie schon. Dagegen steckte sie ihm den Schleier des Geistes in den Mantelsack, ob er ihr gleich sagte, daß ihm dieser Flor zu keinem Gebrauch sei.

Melina übernahm die Regie, und seine Frau versprach, auf die Kinder ein mütterliches Auge zu haben, von denen sich Wilhelm ungern losriß. Felix war sehr lustig beim Abschied, und als man ihn fragte, was er wolle mitgebracht haben, sagte er: „Höre! Bringe mir einen Vater mit." Mignon nahm den Scheidenden bei der Hand, und indem sie, auf die Zehen gehoben, ihm einen treuherzigen und lebhaften Kuß, doch ohne Zärtlichkeit, auf die Lippen drückte, sagte sie: „Meister! Vergiß uns nicht und komm bald wieder."

Und so lassen wir unsern Freund unter tausend Gedanken und Empfindungen seine Reise antreten und zeichnen hier noch zum Schlusse ein Gedicht auf, das Mignon mit großem Ausdruck einigemal rezitiert hatte, und das wir früher mitzuteilen, durch den Drang so mancher sonderbaren Ereignisse verhindert wurden.

Heiß mich nicht reden, heiß mich schweigen,
Denn mein Geheimnis ist mir Pflicht;
Ich möchte dir mein ganzes Innre zeigen,
Allein das Schicksal will es nicht.

Zur rechten Zeit vertreibt der Sonne Lauf
Die finstre Nacht, und sie muß sich erhellen;
Der harte Fels schließt seinen Busen auf,
Mißgönnt der Erde nicht die tiefverborgnen Quellen.

Ein jeder sucht im Arm des Freundes Ruh,
Dort kann die Brust in Klagen sich ergießen;
Allein ein Schwur drückt mir die Lippen zu,
Und nur ein Gott vermag sie aufzuschließen.

SECHSTES BUCH

BEKENNTNISSE EINER SCHÖNEN SEELE

Bis in mein achtes Jahr war ich ein ganz gesundes Kind, weiß mich aber von dieser Zeit so wenig zu erinnern als von dem Tage meiner Geburt. Mit dem Anfange des achten Jahres bekam ich einen Blutsturz, und in dem Augenblick war meine Seele ganz Empfindung und Gedächtnis. Die kleinsten Umstände dieses Zufalls stehn mir noch vor Augen, als hätte er sich gestern ereignet. Während des neunmonatigen Krankenlagers, das ich mit Geduld aushielt, ward, so wie mich dünkt, der Grund zu meiner ganzen Denkart gelegt, indem meinem Geiste die ersten Hilfsmittel gereicht wurden, sich nach seiner eigenen Art zu entwickeln.

Ich litt und liebte, das war die eigentliche Gestalt meines Herzens. In dem heftigsten Husten und abmattenden Fieber war ich stille wie eine Schnecke, die sich in ihr Haus zieht; sobald ich ein wenig Luft hatte, wollte ich etwas Angenehmes fühlen, und da mir aller übrige Genuß versagt war, suchte ich mich durch Augen und Ohren schadlos zu halten. Man brachte mir Puppenwerk und Bilderbücher, und wer Sitz an meinem Bette haben wollte, mußte mir etwas erzählen.

Von meiner Mutter hörte ich die biblischen Geschichten gern an; der Vater unterhielt mich mit Gegenständen der Natur. Er besaß ein artiges Kabinett. Davon brachte er gelegentlich eine Schublade nach der andern herunter, zeigte mir die Dinge und erklärte sie mir nach der Wahrheit. Getrocknete Pflanzen und Insekten und manche Arten von anatomischen Präparaten, Menschenhaut, Knochen, Mumien und dergleichen kamen auf das Krankenbette der Kleinen; Vögel und Tiere, die er auf der Jagd erlegte, wurden mir vorgezeigt, ehe sie auf die Küche gingen; und damit doch auch der Fürst der Welt eine Stimme in dieser Versammlung behielte, erzählte mir die Tante Liebesgeschichten und Feenmärchen. Alles ward angenommen, und alles faßte Wurzel. Ich hatte Stunden, in denen ich mich lebhaft mit dem unsichtbaren Wesen unterhielt; ich weiß noch einige Verse, die ich der Mutter damals in die Feder diktierte.

Als ich weiter heranwuchs, las ich, der Himmel weiß was, alles durcheinander; aber die „Römische Oktavia" behielt vor allen den Preis. Die Verfolgungen der ersten Christen, in einen Roman gekleidet, erregten bei mir das lebhafteste Interesse.

Nun fing die Mutter an, über das stete Lesen zu schmälen; der Vater nahm ihr zuliebe mir einen Tag die Bücher aus der Hand und gab sie mir den andern wieder. Sie war klug genug, zu bemerken, daß hier nichts auszurichten war, und drang nur darauf, daß auch die Bibel ebenso fleißig gelesen wurde. Auch dazu ließ ich mich nicht treiben, und ich las die heiligen Bücher mit vielem Anteil. Dabei war meine Mutter immer sorgfältig, daß keine verführerischen Bücher in meine Hände kämen, und ich selbst würde jede schändliche Schrift aus der Hand geworfen haben; denn meine Prinzen und Prinzessinnen waren alle äußerst tugendhaft, und ich wußte übrigens von der natürlichen Geschichte des menschlichen Geschlechts mehr, als ich merken ließ, und hatte es meistens aus der Bibel gelernt. Bedenkliche Stellen hielt ich mit Worten und Dingen, die mir vor Augen kamen, zusammen und brachte bei meiner Wißbegierde und Kombinationsgabe die Wahrheit glücklich heraus. Hätte ich von Hexen gehört, so hätte ich auch mit der Hexerei bekannt werden müssen.

Meiner Mutter und dieser Wißbegierde hatte ich es zu danken, daß ich bei dem heftigen Hang zu Büchern doch kochen lernte; aber dabei war etwas zu sehen. Ein Huhn, ein Ferkel aufzuschneiden, war für mich ein Fest. Dem Vater brachte ich die Eingeweide, und er redete mit mir darüber wie mit einem jungen Studenten und pflegte mich oft mit inniger Freude seinen mißratenen Sohn zu nennen.

Nun war das zwölfte Jahr zurückgelegt. Ich lernte Französisch, Tanzen und Zeichnen und erhielt den gewöhnlichen Religionsunterricht. Bei dem letzten wurden manche Empfindungen und Gedanken rege, aber nichts, was sich auf meinen Zustand bezogen hätte. Ich hörte gern von Gott reden, ich war stolz darauf, besser als meinesgleichen von ihm reden zu können; ich las nun mit Eifer manche Bücher, die mich in den Stand setzten, von Religion zu schwatzen; aber nie fiel es mir ein, zu denken, wie es denn mit mir stehe, ob meine Seele auch so gestaltet sei, ob sie einem Spiegel gleiche, von dem die ewige Sonne widerglänzen könnte; das hatte ich ein für allemal schon vorausgesetzt.

Französisch lernte ich mit vieler Begierde. Mein Sprachmeister war ein wackerer Mann. Er war nicht ein leichtsinniger Empiriker, nicht ein trockner Grammatiker; er hatte Wissenschaften, er hatte die Welt gesehen. Zugleich mit dem Sprachunterrichte sättigte er meine Wißbegierde auf mancherlei Weise. Ich liebte ihn so sehr, daß ich seine Ankunft immer mit Herzklopfen erwartete. Das Zeichnen fiel mir nicht schwer, und ich würde es weiter gebracht haben, wenn mein Meister Kopf und Kenntnisse gehabt hätte; er hatte aber nur Hände und Übung.

Tanzen war anfangs nur meine geringste Freude; mein Körper war zu empfindlich, und ich lernte nur in der Gesellschaft meiner Schwester. Durch den Einfall unsers Tanzmeisters, allen seinen Schülern und Schülerinnen einen Ball zu geben, ward aber die Lust zu dieser Übung ganz anders belebt.

Unter vielen Knaben und Mädchen zeichneten sich zwei Söhne des Hofmarschalls aus: der jüngste so alt wie ich, der andere zwei Jahre älter, Kinder von einer solchen Schönheit, daß man nach dem allgemeinen Geständnis alles übertrafen, was man je von schönen Kindern gesehen hatte. Auch ich hatte sie kaum erblickt, so sah ich niemand mehr vom ganzen Haufen. In dem Augenblicke tanzte ich mit Aufmerksamkeit und wünschte, schön zu tanzen. Wie es kam, daß auch diese Knaben unter allen andern mich vorzüglich bemerkten? – Genug, in der ersten Stunde waren wir die besten Freunde, und die kleine Lustbarkeit ging noch nicht zu Ende, so hatten wir schon ausgemacht, wo wir uns nächstens wiedersehen wollten. Eine große Freude für mich! Aber ganz entzückt war ich, als beide den andern Morgen, jeder in einem galanten Billett, das mit einem Blumenstrauß begleitet war, sich nach meinem Befinden erkundigten. So fühlte ich mich nie mehr, wie ich da fühlte! Artigkeiten wurden mit Artigkeiten, Briefchen mit Briefchen erwidert. Kirche und Promenaden wurden von nun an zu Rendezvous; unsere jungen Bekannten luden uns schon jederzeit zusammen ein, wir aber waren schlau genug, die Sache dergestalt zu verdecken, daß die Eltern nicht mehr davon einsahen, als wir für gut hielten.

Nun hatte ich auf einmal zwei Liebhaber bekommen. Ich war für keinen entschieden; sie gefielen mir beide, und wir standen aufs beste zusammen. Auf einmal ward der Älteste sehr krank; ich war selbst schon oft sehr krank gewesen und wußte den Leidenden durch Übersendung mancher Artigkeiten und für einen Kranken schicklicher Leckerbissen zu erfreuen, daß seine Eltern die Aufmerksamkeit dankbar erkannten, der Bitte des lieben Sohns Gehör gaben und mich samt meinen Schwestern, sobald er nur das Bette verlassen hatte, zu ihm einluden. Die Zärtlichkeit, womit er mich empfing, war nicht kindisch, und von dem Tage an war ich für ihn entschieden. Er warnte mich gleich, vor seinem Bruder geheim zu sein; allein das Feuer war nicht mehr zu verbergen, und die Eifersucht des Jüngsten machte den Roman vollkommen. Er spielte uns tausend Streiche; mit Lust vernichtete er unsre Freude und vermehrte dadurch die Leidenschaft, die er zu zerstören suchte.

Nun hatte ich denn wirklich das gewünschte Schäfchen gefunden, und diese Leidenschaft hatte, wie sonst eine Krankheit, die Wirkung auf mich, daß sie mich still machte und mich von der schwärmenden Freude zurückzog. Ich war einsam und gerührt, und Gott fiel mir wieder ein. Er blieb mein Vertrauter, und ich weiß wohl, mit welchen Tränen ich für den Knaben, der fortkränkelte, zu beten anhielt.

Soviel Kindisches in dem Vorgang war, soviel trug er zur Bildung meines Herzens bei. Unserm französischen Sprachmeister mußten wir täglich, statt der sonst gewöhnlichen Übersetzung, Briefe von unsrer eignen Erfindung schreiben. Ich brachte meine Liebesgeschichte unter dem Namen Phyllis und Damon zu Markte. Der Alte sah bald durch, und um mich treuherzig zu machen, lobte er meine Arbeit gar sehr. Ich wurde immer kühner, ging offenherzig heraus und war bis ins Detail der Wahrheit getreu. Ich weiß nicht mehr, bei welcher Stelle er einst Gelegenheit nahm, zu sagen: „Wie das artig, wie das natürlich ist! Aber die gute Phyllis mag sich in acht nehmen, es kann bald ernsthaft werden."

Mich verdroß, daß er die Sache nicht schon für ernsthaft hielt, und fragte ihn pikiert, was er unter ernsthaft verstehe? Er ließ sich nicht zweimal fragen und erklärte sich so

deutlich, daß ich meinen Schrecken kaum verbergen konnte. Doch da sich gleich darauf bei mir der Verdruß einstellte und ich ihm übelnahm, daß er solche Gedanken hegen könne, faßte ich mich, wollte meine Schöne rechtfertigen und sagte mit feuerroten Wangen: „Aber, mein Herr, Phyllis ist ein ehrbares Mädchen!"
Nun war er boshaft genug, mich mit meiner ehrbaren Heldin aufzuziehen, und indem wir Französisch sprachen, mit dem „honnête" zu spielen, um die Ehrbarkeit der Phyllis durch alle Bedeutungen durchzuführen. Ich fühlte das Lächerliche und war äußerst verwirrt. Er, der mich nicht furchtsam machen wollte, brach ab, brachte aber das Gespräch bei andern Gelegenheiten wieder auf die Bahn. Schauspiele und kleine Geschichten, die ich bei ihm las und übersetzte, gaben ihm oft Anlaß zu zeigen, was für ein schwacher Schutz die sogenannte Tugend gegen die Aufforderungen eines Affekts sei. Ich widersprach nicht mehr, ärgerte mich aber immer heimlich, und seine Anmerkungen wurden mir zur Last.
Mit meinem guten Damon kam ich auch nach und nach aus aller Verbindung. Die Schikanen des Jüngsten hatten unsern Umgang zerrissen. Nicht lange Zeit darauf starben beide blühende Jünglinge. Es tat mir weh, aber bald waren sie vergessen.
Phyllis wuchs nun schnell heran, war ganz gesund und fing an, die Welt zu sehen. Der Erbprinz vermählte sich und trat bald darauf nach dem Tode seines Vaters die Regierung an. Hof und Stadt waren in lebhafter Bewegung. Nun gab es Komödien, Bälle, und was sich daran anschließt, und ob uns gleich die Eltern so viel als möglich zurückhielten, so mußte man doch bei Hof, wo ich eingeführt war, erscheinen. Die Fremden strömten herbei, in allen Häusern war große Welt, an uns selbst waren einige Kavaliere empfohlen und andre introduziert, und bei meinem Oheim waren alle Nationen anzutreffen.
Mein ehrlicher Mentor fuhr fort, mich auf eine bescheidene und doch treffende Weise zu warnen, und ich nahm es ihm immer heimlich übel. Ich war keineswegs von der Wahrheit seiner Behauptung überzeugt, und vielleicht hatte ich auch damals recht, vielleicht hatte er unrecht, die Frauen unter allen Umständen für so schwach zu halten; aber er redete zugleich so zudringlich, daß mir einst bange wurde, er möchte recht haben, da ich denn sehr lebhaft zu ihm sagte: „Weil die Gefahr so groß und das menschliche Herz so schwach ist, so will ich Gott bitten, daß er mich bewahre."
Die naive Antwort schien ihn zu freuen, er lobte meinen Vorsatz; aber es war bei mir nichts weniger als ernstlich gemeint, diesmal war es nur ein leeres Wort: denn die Empfindungen für den Unsichtbaren waren bei mir fast ganz erloschen. Der große Schwarm, mit dem ich umgeben war, zerstreute mich und riß mich wie ein starker Strom mit fort. Es waren die leersten Jahre meines Lebens. Tagelang von nichts zu reden, keinen gesunden Gedanken zu haben und nur zu schwärmen, das war meine Sache. Nicht einmal der geliebten Bücher wurde gedacht.

Die Leute, mit denen ich umgeben war, hatten keine Ahnung von Wissenschaften; es waren deutsche Hofleute, und diese Klasse hatte nicht die mindeste Kultur.
Ein solcher Umgang, sollte man denken, hätte mich an den Rand des Verderbens führen müssen. Ich lebte in sinnlicher Munterkeit nur so hin, ich sammelte mich nicht, ich betete nicht, ich dachte nicht an mich noch an Gott; aber ich seh es als eine Führung an, daß mir keiner von den vielen schönen, reichen und wohlgekleideten Männern gefiel. Sie waren liederlich und versteckten es nicht, das schreckte mich zurück; ihr Gespräch zierten sie mit Zweideutigkeiten, das beleidigte mich, und ich hielt mich kalt gegen sie; ihre Unart überstieg manchmal allen Glauben, und ich erlaubte mir, grob zu sein.
Überdies hatte mir mein Alter einmal vertraulich eröffnet, daß mit den meisten dieser leidigen Burschen nicht allein die Tugend, sondern auch die Gesundheit eines Mädchens in Gefahr sei. Nun graute mir erst vor ihnen, und ich war schon besorgt, wenn mir einer auf irgendeine Weise zu nahe kam. Ich hütete mich vor Gläsern und Tassen, wie vor dem Stuhle, von dem einer aufgestanden war. Auf diese Weise war ich moralisch und physisch sehr isoliert, und alle die Artigkeiten, die sie mir sagten, nahm ich stolz für schuldigen Weihrauch auf.
Unter den Fremden, die sich damals bei uns aufhielten, zeichnete sich ein junger Mann besonders aus, den wir im Scherz Narziß nannten. Er hatte sich in der diplomatischen Laufbahn guten Ruf erworben und hoffte bei verschiedenen Veränderungen, die an unserm neuen Hofe vorgingen, vorteilhaft placiert zu werden. Er ward mit meinem Vater bald bekannt, und seine Kenntnisse und sein Betragen öffneten ihm den Weg in eine geschlossene Gesellschaft der würdigsten Männer. Mein Vater sprach viel zu seinem Lobe, und seine schöne Gestalt hätte noch mehr Eindruck gemacht, wenn sein ganzes Wesen nicht eine Art von Selbstgefälligkeit gezeigt hätte. Ich hatte ihn gesehen, dachte gut von ihm, aber wir hatten uns nie gesprochen.
Auf einem großen Balle, auf dem er sich auch befand, tanzten wir ein Menuett zusammen; auch das ging ohne nähere Bekanntschaft ab. Als die heftigen Tänze angingen, die ich meinem Vater zuliebe, der für meine Gesundheit besorgt war, zu vermeiden pflegte, begab ich mich in ein Nebenzimmer und unterhielt mich mit ältern Freundinnen, die sich zum Spiele gesetzt hatten.
Narziß, der eine Weile mit herumgesprungen war, kam auch einmal in das Zimmer, in dem ich mich befand, und fing, nachdem er sich von einem Nasenbluten, das ihn beim Tanzen überfiel, erholt hatte, mit mir über mancherlei zu sprechen an. Binnen einer halben Stunde war der Diskurs so interessant, ob sich gleich keine Spur von Zärtlichkeit dreinmischte, daß wir nun beide das Tanzen nicht mehr vertragen konnten. Wir wurden bald von den andern darüber geneckt, ohne daß wir uns dadurch irremachen ließen. Den andern Abend konnten wir unser Gespräch wieder anknüpfen und schonten unsre Gesundheit sehr.

Nun war die Bekanntschaft gemacht. Narziß wartete mir und meinen Schwestern auf, und nun fing ich erst wieder an, gewahr zu werden, was ich alles wußte, worüber ich gedacht, was ich empfunden hatte und worüber ich mich im Gespräche auszudrücken verstand. Mein neuer Freund, der von jeher in der ersten Gesellschaft gewesen war, hatte außer dem historischen und politischen Fache, das er ganz übersah, sehr ausgebreitete literarische Kenntnisse, und ihm blieb nichts Neues, besonders was in Frankreich herauskam, unbekannt. Er brachte und sendete mir manch angenehmes und nützliches Buch, doch das mußte geheimer als ein verbotenes Liebesverhältnis gehalten werden. Man hatte die gelehrten Weiber lächerlich gemacht, und man wollte auch die unterrichteten nicht leiden, wahrscheinlich weil man für unhöflich hielt, so viel unwissende Männer beschämen zu lassen. Selbst mein Vater, dem diese neue Gelegenheit, meinen Geist auszubilden, sehr erwünscht war, verlangte ausdrücklich, daß dieses literarische Kommerz ein Geheimnis bleiben sollte.

So währte unser Umgang beinahe Jahr und Tag, und ich konnte nicht sagen, daß Narziß auf irgendeine Weise Liebe oder Zärtlichkeit gegen mich geäußert hätte. Er blieb artig und verbindlich, aber zeigte keinen Affekt; vielmehr schien der Reiz meiner jüngsten Schwester, die damals außerordentlich schön war, ihn nicht gleichgültig zu lassen. Er gab ihr im Scherze allerlei freundliche Namen aus fremden Sprachen, deren mehrere er sehr gut sprach und deren eigentümliche Redensarten er gern ins deutsche Gespräch mischte. Sie erwiderte seine Artigkeiten nicht sonderlich; sie war von einem andern Fädchen gebunden, und da sie überhaupt sehr rasch und er empfindlich war, so wurden sie nicht selten über Kleinigkeiten uneins. Mit der Mutter und den Tanten wußte er sich gut zu halten, und so war er nach und nach ein Glied der Familie geworden.

Wer weiß, wie lange wir noch auf diese Weise fortgelebt hätten, wären durch einen sonderbaren Zufall unsere Verhältnisse nicht auf einmal verändert worden. Ich ward mit meinen Schwestern in ein gewisses Haus gebeten, wohin ich nicht gerne ging. Die Gesellschaft war zu gemischt, und es fanden sich dort oft Menschen, wo nicht vom rohsten, doch vom plattsten Schlage mit ein. Diesmal war Narziß auch mit geladen, und um seinetwillen war ich geneigt, hinzugehen: denn ich war doch gewiß, jemanden zu finden, mit dem ich mich auf meine Weise unterhalten konnte. Schon bei Tafel hatten wir manches auszustehen, denn einige Männer hatten stark getrunken; nach Tische sollten und mußten Pfänder gespielt werden. Es ging dabei sehr rauschend und lebhaft zu. Narziß hatte ein Pfand zu lösen; man gab ihm auf, der ganzen Gesellschaft etwas ins Ohr zu sagen, das jedermann angenehm wäre. Er mochte sich bei meiner Nachbarin, der Frau eines Hauptmanns, zu lange verweilen. Auf einmal gab ihm dieser eine Ohrfeige, daß mir, die ich gleich daran saß, der Puder in die Augen flog. Als ich die Augen ausgewischt und mich vom Schrecken einigermaßen erholt hatte, sah ich beide Männer mit bloßen Degen. Narziß blutete, und der andere, außer sich von Wein, Zorn und Eifersucht, konnte kaum von der ganzen übrigen Gesellschaft zurückgehalten werden. Ich nahm Narzissen beim Arm und führte ihn zur Türe hinaus, eine Treppe hinauf in an-der Zimmer, und weil ich meinen Freund vor seinem tollen Gegner nicht sicher glaubte, riegelte ich die Türe sogleich zu.

Wir hielten beide die Wunde nicht für ernsthaft, denn wir sahen nur einen leichten Hieb über die Hand; bald aber wurden wir einen Strom von Blut, der den Rücken hinunterfloß gewahr, und es zeigte sich eine große Wunde auf dem Kopfe. Nun ward mir bange. Ich eilte auf den Vorplatz, um nach Hilfe zu schicken, konnte aber niemand ansichtig werden; denn alles war unten geblieben, den rasenden Menschen zu bändigen. Endlich kam eine Tochter des Hauses heraufgesprungen, und ihre Munterkeit ängstigte mich nicht wenig, da sie über den tollen Spektakel und über die verfluchte Komödie fast zu Tode lachen wollte. Ich bat sie dringend, mir einen Wundarzt zu schaffen, und sie, nach ihrer wilden Art, sprang gleich die Treppe hinunter, selbst einen zu holen.

Ich ging wieder zu meinem Verwundeten, band ihm mein Schnupftuch um die Hand und ein Handtuch, das an der Türe hing, um den Kopf. Er blutete noch immer heftig, kein Wundarzt kam: der Verwundete erblaßte und schien in Ohnmacht zu sinken. Niemand war in der Nähe, der mir hätte beistehen können; ich nahm ihn sehr ungezwungen in den Arm und suchte ihn durch Streicheln und Schmeicheln aufzumuntern. Es schien die Wirkung eines geistigen Heilmittels zu tun; er blieb bei sich, aber saß totenbleich da.

Nun kam endlich die tätige Hausfrau, und wie erschrak sie, als sie den Freund in dieser Gestalt in meinen Armen liegen und uns alle beide mit Blut überströmt sah: denn niemand hatte sich vorgestellt, daß Narziß verwundet sei; alle meinten, ich habe ihn glücklich hinausgebracht.

Nun war Wein, wohlriechendes Wasser, und was nur erquicken und erfrischen konnte, im Überfluß da, nun kam auch der Wundarzt, und ich hätte wohl abtreten können; allein Narziß hielt mich fest bei der Hand, und wäre, ohne gehalten zu werden, stehengeblieben. Ich fuhr während des Verbandes fort, ihn mit Wein anzustreichen, und achtete es wenig, daß die ganze Gesellschaft nunmehr umherstand. Der Wundarzt hatte geendigt, der Verwundete nahm einen stummen verbindlichen Abschied von mir und wurde nach Hause getragen.

Nun führte mich die Hausfrau in ihr Schlafzimmer; sie mußte mich ganz auskleiden, und ich darf nicht verschweigen, daß ich, da man sein Blut von meinem Körper abwusch, zum erstenmal zufällig im Spiegel gewahr wurde, daß ich mich auch ohne Hülle für schön halten durfte. Ich konnte keines meiner Kleidungsstücke wieder anziehn, und da die Personen im Hause alle kleiner oder stärker waren als ich, so kam ich in einer seltsamen Verkleidung zum größten Erstaunen meiner Eltern nach Hause. Sie waren über mein Schrecken, über die Wunden des Freundes, über den Unsinn des Hauptmanns, über den ganzen Vorfall äußerst verdrießlich. Wenig fehlte, so hätte mein Vater selbst, seinen Freund auf der Stelle zu rächen, den Hauptmann herausgefordert. Er schalt die anwesenden Herrn, daß sie ein solches meuchlerisches Beginnen nicht auf der Stelle geahndet; denn es war nur zu offenbar, daß der Hauptmann sogleich, nachdem er geschlagen, den Degen gezogen und Narzissen von hinten verwundet habe; der Hieb über die Hand war erst geführt worden, als Narziß selbst zum Degen griff. Ich war unbeschreiblich alteriert und affiziert, oder wie soll ich es ausdrücken; der Affekt, der im tiefsten Grunde des Herzens ruhte, war auf einmal losgebrochen, wie eine Flamme, welche Luft bekommt. Und wenn Lust und Freude sehr geschickt sind, die Liebe zuerst zu erzeugen und im stillen zu nähren: so wird sie, die von Natur herzhaft ist, durch den Schrecken am leichtesten angetrieben, sich zu entscheiden und zu erklären. Man gab dem Töchterchen Arznei ein und legte es zu Bette. Mit dem frühesten Morgen eilte mein Vater zu dem verwundeten Freund, der an einem starken Wundfieber recht krank darniederlag.

Mein Vater sagte mir wenig von dem, was er mit ihm geredet hatte, und suchte mich wegen der Folgen, die dieser Vorfall haben könnte, zu beruhigen. Es war die Rede, ob man sich mit einer Abbitte begnügen könne, ob die Sache gerichtlich werden müsse, und was dergleichen mehr war. Ich kannte meinen Vater zu wohl, als daß ich ihm geglaubt hätte, daß er diese Sache ohne Zweikampf geendigt zu sehen wünschte; allein ich blieb still, denn ich hatte von meinem Vater früh gelernt, daß Weiber in solche Händel sich nicht zu mischen hätten. Übrigens schien es nicht, als wenn zwischen den beiden Freunden etwas vorgefallen wäre, das mich betroffen hätte; doch bald vertraute mein Vater den Inhalt seiner weitern Unterredung meiner Mutter. Narziß, sagte er, sei äußerst gerührt von meinem geleisteten Beistand, habe ihn umarmt, sich für meinen ewigen Schuldner erklärt, bezeigt, er verlange kein Glück, wenn er es nicht mit mir teilen sollte; er habe sich die Erlaubnis ausgebeten, ihn als Vater ansehn zu dürfen. Mama sagte mir das alles treulich wieder, hängte aber die wohlmeinende Erinnerung daran, auf so etwas, das in der ersten Bewegung gesagt worden, dürfe man so sehr nicht achten. „Ja freilich", antwortete ich mit angenommener Kälte, und fühlte, der Himmel weiß, was und wieviel dabei.

Narziß blieb zwei Monate krank, konnte wegen der Wunde an der rechten Hand nicht einmal schreiben, bezeigte mir aber inzwischen sein Andenken durch die verbindlichste Aufmerksamkeit. Alle diese mehr als gewöhnlichen Höflichkeiten hielt ich mit dem, was ich von der Mutter erfahren hatte, zusammen, und beständig war mein Kopf voller Grillen. Die ganze Stadt unterhielt sich von der Begebenheit. Man sprach mit mir davon in einem besondern Tone, man zog Folgerungen daraus, die, so sehr ich sie abzulehnen suchte, mir immer sehr nahegingen. Was vorher Tändelei und Gewohnheit gewesen war, ward nun Ernst und Neigung. Die Unruhe, in der ich lebte, war um so heftiger, je sorgfältiger ich sie vor allen Menschen zu verbergen suchte. Der Gedanke, ihn zu verlieren, erschreckte mich, und die Möglichkeit einer nähern Verbindung machte mich zittern. Der Gedanke des Ehestandes hat für ein halbkluges Mädchen gewiß etwas Schreckhaftes.

Durch diese heftigen Erschütterungen ward ich wieder an mich selbst erinnert. Die bunten Bilder eines zerstreuten Lebens, die mir sonst Tag und Nacht vor den Augen schwebten, waren auf einmal weggeblasen. Meine Seele fing wieder an, sich zu regen; allein die sehr unterbrochene Bekanntschaft mit dem unsichtbaren Freunde war so leicht nicht wiederhergestellt. Wir blieben noch immer in ziemlicher Entfernung; es war wieder etwas, aber gegen sonst ein großer Unterschied.

Ein Zweikampf, worin der Hauptmann stark verwundet wurde, war vorüber, ohne daß ich etwas davon erfahren hatte, und die öffentliche Meinung war in jedem Sinne auf der Seite meines Geliebten, der endlich wieder auf dem Schauplatz erschien. Vor allen Dingen ließ er sich mit verbundnem Haupt und eingewickelter Hand in unser Haus tragen. Wie klopfte mir das Herz bei diesem Besuche! Die ganze Familie war gegenwärtig; es blieb auf beiden Seiten nur bei allgemeinen Danksagungen und Höflichkeiten, doch fand er Gelegenheit, mir einige geheime Zeichen seiner Zärtlichkeit zu geben, wodurch meine Unruhe nur zu sehr vermehrt ward. Nachdem er sich völlig wieder erholt, besuchte er uns den ganzen Winter auf ebendem Fuß wie ehemals, und bei allen leisen Zeichen von Empfindung und Liebe, die er mir gab, blieb alles unerörtert.

Auf diese Weise ward ich in steter Übung gehalten. Ich konnte mich keinem Menschen vertrauen, und von Gott war ich zu weit entfernt. Ich hatte diesen während vier wilder Jahre ganz vergessen; nun dachte ich dann und wann wieder an ihn, aber die Bekanntschaft war erkaltet; es waren nur Zeremonienvisiten, die ich ihm machte, und da ich überdies, wenn ich vor ihm erschien, immer schöne Kleider anlegte, meine Tugend, Ehrbarkeit und Vorzüge, die ich vor andern zu haben glaubte, ihm mit Zufriedenheit vorwies, so schien er mich in dem Schmucke gar nicht zu bemerken.

Ein Höfling würde, wenn sein Fürst, von dem er sein Glück erwartet, sich so gegen ihn betrüge, sehr beunruhigt werden: mir aber war nicht übel dabei zumute. Ich hatte, was ich brauchte, Gesundheit und Bequemlichkeit; wollte sich Gott mein Andenken gefallen lassen, so war es gut; wo nicht, so glaubte ich doch, meine Schuldigkeit getan zu haben.

So dachte ich freilich damals nicht von mir; aber es war doch die wahrhafte Gestalt meiner Seele. Meine Gesinnungen zu ändern und zu reinigen, waren aber auch schon Anstalten gemacht.

Der Frühling kam heran, und Narziß besuchte mich unangemeldet zu einer Zeit, da ich ganz allein zu Hause war. Nun erschien er als Liebhaber und fragte mich, ob ich ihm mein Herz und, wenn er eine ehrenvolle, wohlbesoldete Stelle erhielte, auch dereinst meine Hand schenken wollte.

Man hatte ihn zwar in unsre Dienste genommen; allein anfangs hielt man ihn, weil man sich vor seinem Ehrgeiz fürchtete, mehr zurück, als daß man ihn schnell emporgehoben hätte, und ließ ihn, weil er eignes Vermögen hatte, bei einer kleinen Besoldung.

Bei all meiner Neigung zu ihm wußte ich, daß er der Mann nicht war, mit dem man ganz gerade handeln konnte. Ich nahm mich daher zusammen und verwies ihn an meinen Vater, an dessen Einwilligung er nicht zu zweifeln schien und mit mir erst auf der Stelle einig sein wollte. Endlich sagte ich Ja, indem ich die Bestimmung meiner Eltern zur notwendigen Bedingung machte. Er sprach alsdann mit beiden förmlich; sie zeigten ihre Zufriedenheit, man gab sich das Wort auf den bald zu hoffenden Fall, daß man ihn weiter avancieren werde. Schwestern und Tanten wurden davon benachrichtigt und ihnen das Geheimnis auf das strengste anbefohlen.

Nun war aus einem Liebhaber ein Bräutigam geworden. Die Verschiedenheit zwischen beiden zeigte sich sehr groß. Könnte jemand die Liebhaber aller wohldenkenden Mädchen in Bräutigame verwandeln, so wäre es eine große Wohltat für unser Geschlecht, selbst wenn auf dieses Verhältnis keine Ehe erfolgen sollte. Die Liebe zwischen beiden Personen nimmt dadurch nicht ab, aber sie wird vernünftiger. Unzählige kleine Torheiten, alle Koketterien und Launen fallen gleich hinweg. Äußert uns der Bräutigam, daß wir ihm in einer Morgenhaube besser als in dem schönsten Aufsatze gefallen, dann wird einem wohldenkenden Mädchen gewiß die Frisur gleichgültig, und es ist nichts natürlicher, als daß er auch solid denkt und lieber sich eine Hausfrau als der Welt eine Putzdocke zu bilden wünscht. Und so geht es durch alle Fächer durch.

Hat ein solches Mädchen dabei das Glück, daß ihr Bräutigam Verstand und Kenntnisse besitzt, so lernt sie mehr, als hohe Schulen und fremde Länder geben können. Sie nimmt nicht nur alle Bildung gern an, die er ihr gibt, sondern sie sucht sich auch auf diesem Wege so immer weiter zu bringen. *Die Liebe macht vieles Unmögliche möglich,* und endlich geht die dem weiblichen Geschlecht so nötige und anständige Unterwerfung sogleich an; der Bräutigam herrscht nicht wie der Ehemann; er bittet nur, und seine Geliebte sucht ihm abzumerken, was er wünscht, um es noch eher zu vollbringen, als er bittet.

So hat mich die Erfahrung gelehrt, was ich nicht um vieles missen möchte. Ich war glücklich, wahrhaft glücklich, wie man es in der Welt sein kann, das heißt: auf kurze Zeit.

Ein Sommer ging unter diesen stillen Freuden hin. Narziß gab mir nicht die mindeste Gelegenheit zu Beschwerden; er ward mir immer lieber, meine ganze Seele hing an ihm, das wußte er wohl und wußte es zu schätzen. Inzwischen entspann sich aus anscheinenden Kleinigkeiten etwas, das unserm Verhältnis nach und nach schädlich wurde.

Narziß ging als Bräutigam mit mir um, und nie wagte er es, das von mir zu begehren, was uns noch verboten war. Allein über die Grenzen der Tugend und Sittsamkeit waren wir sehr verschiedener Meinung. Ich wollte sicher gehen und erlaubte durchaus keine Freiheit, als welche allenfalls die ganze Welt hätte wissen dürfen. Er, an Näschereien gewöhnt, fand diese Diät sehr streng; hier setzte es nun beständigen Widerspruch; er lobte mein Verhalten und suchte meinen Entschluß zu untergraben.

Mir viel das e r n s t h a f t meines alten Sprachmeisters wieder ein und zugleich das Hilfsmittel, das ich damals dagegen angegeben hatte.

Mit Gott war ich wieder ein wenig bekannter geworden. Er hatte mir so einen lieben Bräutigam gegeben, und dafür wußte ich ihm Dank. Die irdische Liebe selbst konzentrierte meinen Geist und setzte ihn in Bewegung, und meine Beschäftigung mit Gott widersprach ihr nicht. Ganz natürlich klagte ich ihm, was mich bange machte, und bemerkte nicht, daß ich selbst das, was mich bange machte, wünschte und begehrte. Ich kam mir sehr stark vor und betete nicht etwa: „Bewahre mich vor Versuchung" – über die Versuchung war ich meinen Gedanken nach weit hinaus. In diesem losen Flitterschmuck eigner Tugend erschien ich dreist vor Gott; er stieß mich nicht weg, auf die geringste Bewegung zu ihm hinterließ er einen sanften Eindruck in meiner Seele, und dieser Eindruck bewegte mich, ihn immer wieder aufzusuchen.

Die ganze Welt war mir außer Narzissen tot, nichts hatte außer ihm einen Reiz für mich. Selbst meine Liebe zum Putz hatte nur den Zweck, ihm zu gefallen; wußte ich, daß er mich nicht sah, so konnte ich keine Sorgfalt darauf wenden. Ich tanzte gern; wenn er aber nicht dabei war, so schien mir, als wenn ich die Bewegung nicht vertragen könnte. Auf ein brillantes Fest, bei dem er nicht zugegen war, konnte ich mir weder etwas Neues anschaffen, noch das Alte der Mode gemäß aufstutzen. Einer war mir so lieb als der andere, doch möchte ich lieber sagen: einer so lästig als der andere. Ich glaubte, meinen Abend recht gut zugebracht zu haben, wenn ich mir mit ältern Personen ein Spiel ausmachen konnte, wozu ich sonst nicht die mindeste Lust hatte, und wenn ein alter guter Freund mich etwa scherzhaft darüber aufzog, lächelte ich vielleicht das erstemal den ganzen Abend. So ging es mit Promenaden und allen gesellschaftlichen Vergnügungen, die sich nur denken lassen.

Ich hatt ihn einzig mir erkoren;
Ich schien mir nur für ihn geboren,
Begehrte nichts als seine Gunst.

So war ich oft in der Gesellschaft einsam, und die völlige Einsamkeit war mir meistens lieber. Allein mein geschäftiger Geist konnte weder schlafen noch träumen; ich fühlte und dachte und erlangte nach und nach eine Fertigkeit, von meinen Empfindungen und Gedanken mit Gott zu reden. Da entwickelten sich Empfindungen anderer Art in meiner Seele, die jenen nicht widersprachen. Denn meine Liebe zu Narziß war dem ganzen Schöpfungsplane gemäß und stieß nirgend gegen meine Pflichten an. Sie widersprachen sich nicht und waren doch unendlich verschieden. Narziß war das einzige Bild, das mir vorschwebte, auf das sich meine ganze Liebe bezog; aber das andere Gefühl bezog sich auf kein Bild und war unaussprechlich angenehm. Ich habe es nicht mehr und kann es mir nicht mehr geben.

Mein Geliebter, der sonst alle meine Geheimnisse wußte, erfuhr nichts hiervon. Ich merkte bald, daß er anders dachte; er gab mir öfters Schriften, die alles, was man Zusammenhang mit dem Unsichtbaren heißen kann, mit leichten und schweren Waffen bestritten. Ich las die Bücher, weil sie von ihm kamen, und wußte am Ende kein Wort von allem dem, was darin gestanden hatte.

Über Wissenschaften und Kenntnisse ging es auch nicht ohne Widerspruch ab; er machte es wie alle Männer, spottete über gelehrte Frauen und bildete unaufhörlich an mir. Über alle Gegenstände, die Rechtsgelehrsamkeit ausgenommen, pflegte er mit mir zu sprechen, und indem er mir Schriften von allerlei Art beständig zubrachte, wiederholte er oft die bedenkliche Lehre: *daß ein Frauenzimmer sein Wissen heimlicher halten müsse als der Calvinist seinen Glauben im katholischen Lande;* und indem ich wirklich auf eine ganz natürliche Weise vor der Welt mich nicht klüger und unterrichteter als sonst zu zeigen pflegte, war er der erste, der gelegentlich der Eitelkeit nicht widersprechen konnte, von meinen Vorzügen zu sprechen.

Nun war fast ein Jahr unserer Verbindung verstrichen, und mit ihm war auch unser Frühling dahin. Der Sommer kam, und alles wurde ernsthafter und heißer. Durch einige unerwartete Todesfälle waren Ämter erledigt, auf die Narziß Anspruch machen konnte. Der Augenblick war nahe, in dem sich mein ganzes Schicksal entscheiden sollte, und indes Narziß und alle Freunde sich bei Hofe die möglichste Mühe gaben, gewisse Eindrücke, die ihm ungünstig waren, zu vertilgen und ihm den erwünschten Platz zu verschaffen, wendete ich mich mit meinem Anliegen zu dem unsichtbaren Freunde. Ich ward so freundlich aufgenommen, daß ich gern wiederkam. Ganz frei gestand ich meinen Wunsch, Narziß möchte zu der Stelle gelangen; allein meine Bitte war nicht ungestüm, und ich forderte nicht, daß es um meines Gebets willen geschehen sollte.

Die Stelle ward durch einen viel geringeren Konkurrenten besetzt. Ich erschrak heftig über die Zeitung und eilte in mein Zimmer, das ich fest hinter mir zumachte. Der erste Schmerz löste sich in Tränen auf; der nächste Gedanke war: es ist aber doch nicht von ohngefähr geschehen, und sogleich folgte die Entschließung, es mir recht wohl gefallen zu lassen, weil auch dieses anscheinende Übel zu meinem wahren Besten gereichen würde. Nun drangen die sanftesten Empfindungen, die alle Wolken des Kummers zerteilten, herbei; ich fühlte, daß sich mit dieser Hilfe alles ausstehn ließ. Ich ging heiter zu Tische, zum größten Erstaunen meiner Hausgenossen.

Ich fand sehr bald, daß die gerade Richtung meiner Seele durch törichte Zerstreuung und Beschäftigung mit unwürdigen Sachen gestört werde; das Wie und Wo war mir bald klar genug. Nun aber: wie herauskommen in einer Welt, wo alles gleichgültig oder toll ist? Gern hätte ich die Sache an ihren Ort gestellt sein lassen und hätte auf Geratewohl hingelebt wie andere Menschen auch, die ich ganz wohlauf sah; allein ich durfte nicht: mein Inneres widersprach mir zu oft. Wollte ich mich der Gesellschaft entziehen und meine Verhältnisse verändern, so konnte ich nicht. Ich war nun einmal in einen Kreis hineingesperrt; gewisse Verbindungen konnte ich nicht loswerden, und in der mir so angelegenen Sache drängten und häuften sich die Fatalitäten. Ich legte mich oft mit Tränen zu Bett und stand nach einer schlaflosen Nacht auch wieder so auf; ich bedurfte einer kräftigen Unterstützung, und die verlieh mir Gott nicht, wenn ich mit der Schellenkappe herumlief.

Ohne unangenehme Weitläufigkeiten und Wiederholungen würde ich die Bemühungen nicht darstellen können, welche ich anwendete, um jene Handlungen, die mich nun einmal zerstreuten und meinen innern Frieden störten, so zu verrichten, daß dabei mein Herz für die Einwirkungen des unsichtbaren Wesens offen bliebe, und wie schmerzlich ich empfinden mußte, daß der Streit auf diese Weise nicht beigelegt werden könne. Denn sobald ich mich in das Gewand der Torheit kleidete, blieb es nicht bloß bei der Maske, sondern die Narrheit durchdrang mir sogleich durch und durch.

Darf ich hier das Gesetz einer bloß historischen Darstellung überschreiten und einige Betrachtungen über dasjenige machen, was in mir vorging? Was konnte das sein, das meinen Geschmack und meine Sinnesart so änderte, daß ich im zweiundzwanzigsten Jahre, ja früher, kein Vergnügen an Dingen fand, die Leute von diesem Alter unschuldig belustigen können? Warum waren sie mir nicht unschuldig? Ich darf wohl antworten: eben weil sie mir nicht unschuldig waren, weil ich nicht, wie andre meinesgleichen, unbekannt mit meiner Seele war. Nein, ich wußte aus Erfahrungen, die ich ungesucht erlangt hatte, daß es höhere Empfindungen gebe, die uns ein Vergnügen wahrhaftig gewährten, das man vergebens bei Lustbarkeiten sucht, und daß in diesen höhern Freuden zugleich ein geheimer Schatz zur Stärkung im Unglück aufbewahrt sei.

Aber die geselligen Vergnügungen und Zerstreuungen der Jugend mußten doch notwendig einen starken Reiz für mich haben, weil es mir nicht möglich war, sie zu tun, als täte ich sie nicht. Wie manches könnte ich jetzt mit großer Kälte tun, wenn ich nur wollte, was mich damals irremachte, ja Meister über mich zu werden drohte. Hier konnte kein Mittelweg gehalten werden: ich mußte entweder die reizenden Vergnügungen oder die erquickenden innerlichen Empfindungen entbehren.

Aber schon war der Streit in meiner Seele ohne mein eigentliches Bewußtsein entschieden. Wenn auch etwas in mir war, das sich nach den sinnlichen Freuden hinsehnte, so konnte ich sie doch nicht mehr genießen. Wer den Wein noch so sehr liebt, dem wird alle Lust zum Trinken vergehen, wenn er sich bei vollen Fässern in einem Keller befände, in welchem die verdorbene Luft ihn zu ersticken drohte. Reine Luft ist mehr als Wein, das fühlte ich nur zu lebhaft, und es hätte gleich von Anfang an wenig Überlegung bei mir gekostet, das Gute dem Reizenden vorzuziehen, wenn mich die Furcht, Narzissens Gunst zu verlieren, nicht abgehalten hätte. Aber da ich endlich nach tausendfältigem Streit, nach immer wiederholter Betrachtung auch scharfe Blicke auf das Band warf, das mich an ihm festhielt, entdeckte ich, daß es nur schwach war, daß es sich zerreißen lasse. Ich erkannte auf einmal, daß es nur eine Glasglocke sei, die mich in den luftleeren Raum sperrte: nur noch so viel Kraft, sie entzweizuschlagen, und du bist gerettet!

Gedacht, gewagt! Ich zog die Maske ab und handelte jedesmal, wie mir's ums Herz war. Narzissen hatte ich immer zärtlich lieb, aber das Thermometer, das vorher im heißen Wasser gestanden, hing nun an der natürlichen Luft; es konnte nicht höher steigen, als die Atmosphäre warm war.

Unglücklicherweise erkältete sie sich sehr. Narziß fing an, sich zurückzuziehen und fremd zu tun; das stand ihm frei; aber mein Thermometer fiel, sowie er sich zurückzog.

Narziß vermied seit jener Zeit unser Haus, und nun gab mein Vater die wöchentliche Gesellschaft auf, in der sich dieser befand. Die Sache machte Aufsehen bei Hofe und in der Stadt. Man sprach darüber, wie gewöhnlich in solchen Fällen, an denen das Publikum heftigen Teil zu nehmen pflegt, weil es verwöhnt ist, auf die Entschließungen schwacher Gemüter einigen Einfluß zu haben. Ich kannte die Welt genug und wußte, daß man oft von eben den Personen über das getadelt wird, wozu man sich durch sie hat bereden lassen, und auch ohne das würden mir bei meiner Verfassung alle solche vorübergehende Meinungen weniger als nichts gewesen sein.

Dagegen versagte ich mir nicht, meiner Neigung zu Narzissen nachzuhängen. Er war mir unsichtbar geworden, und mein Herz hatte sich nicht gegen ihn geändert. Ich liebte ihn zärtlich, gleichsam auf das neue, und viel gesetzter als vorher. Wollte er meine Überzeugung nicht stören, so war ich die seine; ohne diese Bedingung hätte ich ein Königreich mit ihm ausgeschlagen. Mehrere Monate lang trug ich diese Empfindungen und Gedanken mit mir herum, und da ich mich endlich still und stark genug fühlte, um ruhig und gesetzt zu Werke zu gehen, so schrieb ich ihm ein höfliches, nicht zärtliches Billett und fragte ihn, warum er nicht mehr zu mir komme.

Da ich seine Art kannte, sich selbst in geringern Dingen nicht gern zu erklären, sondern stillschweigend zu tun, was ihm gut deuchte, so drang ich gegenwärtig mit Vorsatz in ihn. Ich erhielt eine lange und, wie mir schien, abgeschmackte Antwort, in einem weitläufigen Stil und unbedeutenden Phrasen: daß er ohne bessere Stellen sich nicht einrichten und mir seine Hand anbieten könne, daß ich am besten wisse, wie hinderlich es ihm bisher gegangen, daß er glaube, ein so lang fortgesetzter fruchtloser Umgang könne meiner Renommée schaden, ich würde ihm erlauben, sich in der bisherigen Entfernung zu halten; sobald er imstande wäre, mich glücklich zu machen, würde ihm das Wort, das er mir gegeben, heilig sein.

Ich antwortete ihm auf der Stelle: da die Sache aller Welt bekannt sei, möge es zu spät sein, meine Renommée zu menagieren, und für diese wären mir mein Gewissen und meine Unschuld die sichersten Bürgen; ihm aber gäbe ich hiermit sein Wort ohne Bedenken zurück und wünschte, daß er dabei sein Glück finden möchte. In eben der Stunde erhielt ich eine kurze Antwort, die im wesentlichen mit der ersten völlig gleichlautend war. Er blieb dabei, daß er nach erhaltener Stelle bei mir anfragen würde, ob ich sein Glück mit ihm teilen wollte.

Mir hieß das nun so viel als nichts gesagt. Ich erklärte meinen Verwandten und Bekannten, die Sache sei abgetan, und sie war es auch wirklich. Denn als er neun Monate hernach auf das erwünschteste befördert wurde, ließ er mir abermals die Hand nochmals antragen, freilich mit der Bedingung, daß ich als Gattin eines Mannes, der ein Haus machen müßte, meine Gesinnungen würde zu ändern haben. Ich dankte höflich und eilte mit Herz und Sinn von dieser Geschichte weg, wie man sich aus dem Schauspielhause heraussieht, wenn der Vorhang gefallen ist. Und da er kurze Zeit darauf, wie es ihm nun sehr leicht war, eine reiche und ansehnliche Partie gefunden hatte und ich ihn nach seiner Art glücklich wußte, so war meine Beruhigung ganz vollkommen.

Ich darf nicht mit Stillschweigen übergehen, daß einigemal, noch eh er eine Bedienung erhielt, auch nachher, ansehnliche Heiratsanträge an mich getan wurden, die ich aber ganz ohne Bedenken ausschlug, so sehr Vater und Mutter mehr Nachgiebigkeit von meiner Seite gewünscht hätten.

Nun schien mir nach einem stürmischen März und April das schönste Maiwetter beschert zu sein. Ich genoß bei einer guten Gesundheit eine unbeschreibliche Gemütsruhe; ich mochte mich umsehn, wie ich wollte, so hatte ich bei meinem Verluste noch gewonnen. Jung und voll Empfindung, wie ich war, deuchte mir die Schöpfung tausendmal schöner als vorher, da ich Gesellschaften und Spiele haben mußte, damit mir die Weile in dem schönen Garten nicht zu lang wurde. Da ich mich einmal meiner Frömmigkeit nicht schämte, so hatte ich Herz, meine Liebe zu Künsten und Wissenschaften nicht zu verbergen. Ich zeichnete, malte, las und fand Menschen genug, die mich unterstützten; statt der großen Welt, die ich verlassen hatte, oder vielmehr, die mich verließ, bildete sich eine kleinere um mich her, die weit reicher und unterhaltender war. Ich hatte eine Neigung zum gesellschaftlichen Leben, und ich leugne nicht, daß mir, als ich meine ältern Bekanntschaften aufgab, vor der Einsamkeit graute. Nun fand ich mich hinlänglich, ja vielleicht zu sehr entschädigt. Meine Bekanntschaften wurden erst recht weitläufig, nicht nur mit Einheimischen, deren Gesinnungen mit den meinigen übereinstimmten, sondern auch mit Fremden. Meine Geschichte war ruchbar geworden, und es waren viele Menschen neugierig, das Mädchen zu sehen, die Gott mehr schätzte als ihren Bräutigam. Es war damals überhaupt eine gewisse religiöse Stimmung in Deutschland bemerkbar. In mehreren fürstlichen und gräflichen Häusern war eine Sorge für das Heil der Seele lebendig. Es fehlte nicht an Edelleuten, die gleiche Aufmerksamkeit hegten, und in den geringern Ständen war durchaus diese Gesinnung verbreitet.

Die gräfliche Familie, deren ich oben erwähnt, zog mich nun näher an sich. Sie hatte sich indessen verstärkt, indem sich einige Verwandte in die Stadt gewendet hatten. Diese schätzbaren Personen suchten meinen Umgang, wie ich den ihrigen. Sie hatten große Verwandtschaft, und ich lernte in diesem Hause einen großen Teil der Fürsten, Grafen und Herren des Reichs kennen. Meine Gesinnungen waren niemandem ein Geheimnis, und man mochte sie ehren oder auch nur schonen, so erlangte ich doch meinen Zweck und blieb ohne Anfechtung.

Noch auf eine andere Weise sollte ich wieder in die Welt geführt werden. Zu ebender Zeit verweilte ein Stiefbruder meines Vaters, der uns sonst nur im Vorbeigehen besucht hatte, länger bei uns. Er hatte die Dienste seines Hofes, wo er geehrt und von Einfluß war, nur deswegen verlassen, weil nicht alles nach seinem Sinne ging. Sein Verstand war richtig und sein Charakter streng, und er war darin meinem Vater sehr ähnlich; nur hatte dieser dabei einen gewissen Grad von Weichheit, wodurch ihm leichter ward, in Geschäften nachzugeben und etwas gegen seine Überzeugung nicht zu tun, aber geschehen zu lassen und den Unwillen darüber alsdann entweder in der Stille für sich oder vertraulich mit seiner Familie zu verkochen. Mein Oheim war um vieles jünger, und seine Selbständigkeit ward durch seine äußern Umstände nicht wenig bestätigt. Er hatte eine sehr reiche Mutter gehabt und hatte von ihren nahen und fernen Verwandten noch ein großes Vermögen zu hoffen; er bedurfte keines fremden Zuschusses, anstatt daß mein Vater bei seinem mäßigen Vermögen durch Besoldung an den Dienst festgeknüpft war.

Noch unbiegsamer war mein Oheim durch häusliches Unglück geworden. Er hatte eine liebenswürdige Frau und einen hoffnungsvollen Sohn früh verloren, und er schien von der Zeit an alles von sich entfernen zu wollen, was nicht von seinem Willen abhing.

In der Familie sagte man sich gelegentlich mit einiger Selbstgefälligkeit in die Ohren, daß er wahrscheinlich nicht wieder heiraten werde und daß wir Kinder uns schon als Erben seines großen Vermögens ansehen könnten. Ich achtete nicht weiter darauf; allein das Betragen der übrigen ward nach diesen Hoffnungen nicht wenig gestimmt. Bei der Festigkeit seines Charakters hatte er sich gewöhnt, in der Unterredung niemand zu widersprechen, vielmehr die Meinung eines jeden freundlich anzuhören und die Art, wie sich jeder eine Sache dachte, noch selbst durch Argumente und Beispiele zu erheben. Wer ihn nicht kannte, glaubte stets mit ihm einerlei Meinung zu sein; denn er hatte einen überwiegenden Verstand und konnte sich in alle Vorstellungsarten versetzen. Mit mir ging es ihm nicht so glücklich; denn hier war von Empfindungen die Rede, von denen er gar keine Ahnung hatte, und so schonend, teilnehmend und verständig er mit mir über meine Gesinnungen sprach, so war es mir doch auffallend, daß er von dem, worin der Grund aller meiner Handlungen lag, offenbar keinen Begriff hatte.

So geheim er übrigens war, entdeckte sich doch der Endzweck seines ungewöhnlichen Aufenthalts bei uns nach einiger Zeit. Er hatte, wie man endlich bemerken konnte, sich unter uns die jüngste Schwester ausersehen, um sie nach seinem Sinne zu verheiraten und glücklich zu machen; und gewiß, sie konnte nach ihren körperlichen und geistigen Gaben, besonders wenn sich ein ansehnliches Vermögen noch mit auf die Schale legte, auf die ersten Partien Anspruch machen. Seine Gesinnungen gegen mich gab er gleichfalls pantomimisch zu erkennen, indem er mir den Platz einer Stiftsdame verschaffte, wovon ich sehr bald auch die Einkünfte zog.

Manchmal mußte ich über die Person, dich ich nun als Stiftsdame, als junge und fromme Stiftsdame, in der Welt spielte, heimlich lächeln. Bei der größten Enthaltsamkeit und der genauesten Diät war ich doch nicht wie sonst Herr von meiner Zeit und meinen Kräften. Nahrung, Bewegung, Aufstehn und Schlafengehn, Ankleiden und Ausfahren hing nicht, wie zu Hause, von meinem Willen und meinem Empfinden ab. Im Laufe des geselligen Kreises darf man nicht stocken, ohne unhöflich zu sein, und alles, was nötig war, leistete ich gern, weil ich es für Pflicht hielt, weil ich wußte, daß es bald vorübergehen würde, und weil ich mich gesünder als jemals fühlte. Dessenungeachtet mußte dieses fremde unruhige Leben auf mich stärker, als ich fühlte, gewirkt haben. Denn kaum war ich zu Hause angekommen und hatte meine Eltern mit einer befriedigenden Erzählung erfreut, so überfiel mich ein Blutsturz, der, ob er gleich nicht gefährlich war und schnell vorüberging, doch lange Zeit eine merkliche Schwäche hinterließ.

Hier hatte ich nun wieder eine neue Lektion aufzusagen. Ich tat es freudig. Nichts fesselte mich an die Welt, und ich war überzeugt, daß ich hier das Rechte niemals finden würde, und so war ich in dem heitersten und ruhigsten Zustande und ward, indem ich Verzicht aufs Leben getan hatte, beim Leben erhalten.

Eine neue Prüfung hatte ich auszustehen, da meine Mutter mit einer drückenden Beschwerde überfallen wurde, die sie noch fünf Jahre trug, ehe sie die Schuld der Natur bezahlte. In dieser Zeit gab es manche Übung.

Ich darf sagen, ich kam nie leer zurück, wenn ich unter Druck und Not Gott gesucht hatte. Es ist unendlich viel gesagt, und doch kann und darf ich nicht mehr sagen. So wichtig jede Erfahrung in dem kritischen Augenblicke für mich war, so matt, so unbedeutend, unwahrscheinlich würde die Erzählung werden, wenn ich einzelne Fälle anführen wollte. Wie glücklich war ich, daß tausend kleine Vorgänge zusammen, so gewiß als das Atemholen Zeichen meines Lebens ist, mir bewiesen, daß ich nicht ohne Gott auf der Welt sei. Er war mir nahe, ich war vor ihm. Das ist's, was ich mit geflissentlicher Vermeidung aller theologischen Systemsprache mit größter Wahrheit sagen kann.

Wie sehr wünschte ich, daß ich mich auch damals ganz ohne System befunden hätte; aber wer kommt früh zu dem Glücke, sich seines eigenen Selbsts, ohne fremde Formen, in reinem Zusammenhange bewußt zu sein! Mir war es ernst mit meiner Seligkeit. Bescheiden vertraute ich fremdem Ansehen; ich ergab mich völlig dem hallischen Bekehrungssystem, und mein ganzes Wesen wollte auf keine Wege hineinpassen.

Nach diesem Lehrplan muß die Veränderung des Herzens mit einem tiefen Schrecken über die Sünde anfangen; das Herz muß in dieser Not, bald mehr, bald weniger, die verschuldete Strafe erkennen und den Vorschmack der Hölle kosten, der die Lust der Sünde verbittert. Endlich muß man eine sehr merkliche Versicherung der Gnade fühlen, die aber im Fortgange sich oft versteckt und mit Ernst wieder gesucht werden muß.

Das alles traf bei mir weder nahe noch ferne zu. Wenn ich Gott aufrichtig suchte, so ließ er sich finden und hielt mir von vergangenen Dingen nichts vor. Ich sah hintennach wohl ein, wo ich unwürdig gewesen, und wußte auch, wo ich es noch war; aber die Erkenntnis meiner Gebrechen war ohne alle Angst. Nicht einen Augenblick ist mir eine Furcht vor der Hölle angekommen, ja die Idee eines bösen Geistes und eines Straf- und Quälortes nach dem Tode konnte keineswegs in dem Kreise meiner Ideen Platz finden. Ich fand die Menschen, die ohne Gott lebten, deren Herz dem Vertrauen und der Liebe gegen den Unsichtbaren zugeschlossen war, schon so unglücklich, daß eine Hölle und äußere Strafen mir eher für sie eine Linderung zu versprechen als eine Schärfung der Strafe zu drohen schienen. Ich durfte nur Menschen auf dieser Welt ansehen, die gehässigen Gefühlen in ihrem Busen Raum geben, die sich gegen das Gute von irgendeiner Art verstecken und sich und andern das Schlechte aufdringen wollen, die lieber bei Tage die Augen zuschließen, um nur behaupten zu können, die Sonne gebe keinen Schein von sich – wie über allen Ausdruck schienen mir diese Menschen elend! Wer hätte eine Hölle schaffen können, um ihren Zustand zu verschlimmern!

Diese Gemütsbeschaffenheit blieb mir, einen Tag wie den andern, zehn Jahre lang. Sie erhielt sich durch viele Proben, auch am schmerzhaften Sterbebette meiner geliebten Mutter. Ich war offen genug, um bei dieser Gelegenheit meine heitere Gemütsverfassung frommen, aber ganz schulgerechten Leuten nicht zu verbergen, und ich mußte darüber manchen freundschaftlichen Verweis erdulden. Man meinte mir eben zur rechten Zeit vorzustellen, welchen Ernst man anzuwenden hätte, um in gesunden Tagen einen guten Grund zu legen.

Am Ernst wollte ich es auch nicht fehlen lassen. Ich ließ mich für den Augenblick überzeugen und wäre um mein Leben gern traurig und voll Schrecken gewesen. Wie verwundert war ich aber, da es ein für allemal nicht möglich war. Wenn ich an Gott dachte, war ich heiter und vergnügt; auch bei meiner lieben Mutter schmerzensvollem Ende graute mir vor dem Tode nicht. Doch lernte ich vieles und ganz andere Sachen, als meine unberufenen Lehrmeister glaubten, in diesen großen Stunden.

In dem Umgange mit dem unsichtbaren Freunde fühlte ich den süßesten Genuß aller meiner Lebenskräfte. Das Verlangen, dieses Glück immer zu genießen, war so groß, daß ich gern unterließ, was diesen Umgang störte, und hierin war die Erfahrung mein bester Lehrmeister. Allein es ging mir wie Kranken, die keine Arznei haben und sich mit der Diät zu helfen suchen. Es tut etwas, aber lange nicht genug.

In der Einsamkeit konnte ich nicht immer bleiben, ob ich gleich in ihr das beste Mittel gegen die mir so eigene Zerstreuung der Gedanken fand. Kam ich nachher in Getümmel, so machte es einen desto größern Eindruck auf mich. Mein eigentlichster Vorteil bestand darin, daß die Liebe zur Stille herrschend war und ich mich am Ende immer dahin wieder zurückzog. Ich erkannte, wie in einer Art von Dämmerung, mein Elend und meine Schwäche, und ich suchte mir dadurch zu helfen, daß ich mich schonte, daß ich mich nicht aussetzte.

Sieben Jahre lang hatte ich meine diätetische Vorsicht ausgeübt. Ich hielt mich nicht für schlimm und fand meinen Zustand wünschenswert. Ohne sonderbare Umstände und Verhältnisse wäre ich auf dieser Stufe stehengeblieben, und ich kam nur auf einem sonderbaren Wege weiter. Gegen den Rat aller meiner Freunde knüpfte ich ein neues Verhältnis an. Ihre Einwendungen machten mich anfangs stutzig. Sogleich wandte ich mich an meinen unsichtbaren Führer, und da dieser es mir vergönnte, ging ich ohne Bedenken auf meinem Wege fort.

Ein Mann von Geist, Herz und Talent hatte sich in der Nachbarschaft angekauft. Unter den Fremden, die ich kennenlernte, war auch er und seine Familie. Wir stimmten in unsern Sitten, Hausverfassungen und Gewohnheiten sehr überein und konnten uns daher bald aneinander anschließen.

Philo, so will ich ihn nennen, war schon in gewissen Jahren und meinem Vater, dessen Kräfte abzunehmen anfingen, in gewissen Geschäften von der größten Beihilfe. Er ward bald der innige Freund unsers Hauses, und da er, wie er sagte, an mir eine Person fand, die nicht das Ausschweifende und Leere der großen Welt, und nicht das

Trockne und Ängstliche der „Stillen im Lande" habe, so waren wir bald vertraute Freunde. Er war mir sehr angenehm und sehr brauchbar.

Philo hatte im ganzen eine entfernte Ähnlichkeit mit Narzissen; nur hatte eine fromme Erziehung sein Gefühl mehr zusammengehalten und belebt. Er hatte weniger Eitelkeit, mehr Charakter, und wenn jener in weltlichen Geschäften fein, genau, anhaltend und unermüdlich war, so war dieser klar, scharf, schnell und arbeitete mit einer unglaublichen Leichtigkeit. Durch ihn erfuhr ich die innersten Verhältnisse fast aller der vornehmen Personen, deren Äußeres ich in der Gesellschaft hatte kennen lernen, und ich war froh, von meiner Warte dem Getümmel von weitem zuzusehen. Philo konnte mir nichts mehr verhehlen, er vertraute mir nach und nach seine äußern und innern Verbindungen. Ich fürchtete für ihn; denn ich sah gewisse Umstände und Verwicklungen voraus, und das Übel kam schneller, als ich vermutet hatte. Denn er hatte mit gewissen Bekenntnissen immer zurückgehalten, und auch zuletzt entdeckte er mir nur so viel, daß ich das Schlimmste vermuten konnte.

Nachdem ich mich lange mit seiner Gemütsverfassung beschäftigt hatte, wendete sich meine Betrachtung auf mich selbst. Der Gedanke: „Du bist nicht besser als er", stieg wie eine kleine Wolke vor mir auf, breitete sich nach und nach aus und verfinsterte meine ganze Seele.

Nun dachte ich nicht mehr bloß: „du bist nicht besser als er"; ich fühlte es, und fühlte es so, daß ich es nicht noch einmal fühlen möchte. Und es war kein schneller Übergang. Mehr als ein Jahr mußte ich empfinden, daß, wenn mich eine unsichtbare Hand nicht umschränkt hätte, ich ein Girard, ein Cartouche, ein Damiens, und welches Ungeheuer man nennen will, hätte werden können: die Anlage dazu fühlte ich deutlich in meinem Herzen. Gott, welche Entdeckung!

Hatte ich nun bisher die Wirklichkeit der Sünde in mir durch die Erfahrung nicht einmal auf das leiseste gewahr werden können, so war mir jetzt die Möglichkeit derselben in der Ahnung aufs schrecklichste deutlich geworden, und doch kannte ich das Übel nicht, ich fürchtete es nur; ich fühlte, daß ich schuldig sein könnte, und hatte mich nicht anzuklagen.

So tief ich überzeugt war, daß eine solche Geistesbeschaffenheit, wofür ich die meinige anerkennen mußte, sich nicht zu einer Vereinigung mit dem höchsten Wesen, die ich nach dem Tode hoffte, schicken könne, so wenig fürchtete ich, in eine solche Trennung zu geraten. Bei allem Bösen, das ich in mir entdeckte, hatte ich i h n lieb und haßte, was ich fühlte, ja ich wünschte, es noch ernstlicher zu hassen, und mein ganzer Wunsch war, von dieser Krankheit und dieser Anlage zur Krankheit erlöst zu werden; und ich war gewiß, daß mir der große Arzt seine Hilfe nicht versagen würde.

Die einzige Frage war: Was heilt diesen Schaden? Tugendübungen? An die konnte ich nicht einmal denken.

Sollte es also wohl eine unvermeidliche Schwäche der Menschheit sein? Müssen wir uns nun gefallen lassen, daß wir irgend einmal die Herrschaft unsrer Neigung empfinden, und bleibt uns bei dem besten Willen nichts andres übrig, als den Fall, den wir getan, zu verabscheuen und bei einer solchen ähnlichen Gelegenheit wieder zu fallen?

Aus der Sittenlehre konnte ich keinen Trost schöpfen. Weder ihre Strenge, wodurch sie unsre Neigung meistern will, noch ihre Gefälligkeit, mit der sie unsre Neigungen zu Tugenden machen möchte, konnte mir genügen. Die Grundbegriffe, die nur der Umgang mit dem unsichtbaren Freunde eingeflößt hatte, hatten für mich schon einen viel entschiedenern Wert.

Indem ich einst die Lieder studierte, welche David nach jener häßlichen Katastrophe gedichtet hatte, war mir sehr auffallend, daß er das in ihm wohnende Böse schon in dem Stoff, woraus er geworden war, erblickte; daß er aber entsündigt sein wollte, und daß er auf das dringendste um ein reines Herz flehte.

Wie nun aber dazu zu gelangen? Die Antwort aus den symbolischen Büchern wußte ich wohl: es war mir auch eine Bibelwahrheit, daß das Blut Jesu Christi uns von allen Sünden reinige. Nun aber bemerkte ich erst, daß ich diesen so oft wiederholten Spruch noch nie verstanden hatte. Die Fragen: Was heißt das? Wie soll das zugehen? arbeiteten Tag und Nacht in mir sich durch. Endlich glaubte ich bei einem Schimmer zu sehen, daß das, was ich suchte, in der Menschwerdung des ewigen Worts, durch das alles und auch wir erschaffen sind, zu suchen sei. Daß der Uranfängliche sich in den Tiefen, in denen wir stecken, die er durchschaut und umfaßt, einstmals als Bewohner begeben habe, durch unser Verhältnis von Stufe zu Stufe, von der Empfängnis und Geburt bis zu dem Grabe durchgegangen sei, daß er durch diesen sonderbaren Umweg wieder zu den lichten Höhen aufgestiegen, wo wir auch wohnen sollten, um glücklich zu sein: das ward mir, wie in einer dämmernden Ferne, offenbart.

O warum müssen wir, um von solchen Dingen zu reden, Bilder gebrauchen, die nur äußere Zustände anzeigen? Wo ist vor ihm etwas Hohes oder Tiefes, etwas Dunkles oder Helles? Wir nur haben ein Oben und Unten, einen Tag und eine Nacht. Und eben darum ist er uns ähnlich geworden, weil wir sonst keinen Teil an ihm haben könnten.

Wie können wir aber an dieser unschätzbaren Wohltat teilnehmen? „Durch den Glauben", antwortet uns die Schrift. Was ist denn Glauben? Die Erzählung einer Begebenheit für wahr halten, was kann mir das helfen? Ich muß mir ihre Wirkungen, ihre Folgen zueignen können. Dieser zueignende Glaube muß ein eigener, dem natürlichen Menschen ungewöhnlicher Zustand des Gemüts sein.

„Nun, Allmächtiger! so schenke mir Glauben", flehte ich einst in dem größten Druck des Herzens. Ich lehnte mich auf einen kleinen Tisch, an dem ich saß, und verbarg mein beträntes Gesicht in meinen Händen. Hier war ich in der Lage, in der man sein muß, wenn Gott auf unser Gebet achten soll, und in der man selten ist.

Ja, wer nur schildern könnte, was ich da fühlte! Ein Zug brachte meine Seele nach dem Kreuze hin, an dem Jesus einst erblaßte; ein Zug war es, ich kann es nicht anders nennen, demjenigen völlig gleich, wodurch unsre Seele zu einem abwesenden Geliebten geführt wird, ein Zunahen, das vermutlich viel wesentlicher und wahrhaftiger ist, als wir vermuten. So nahte meine Seele dem Menschgewordnen und am Kreuz Gestorbnen, und in dem Augenblicke wußte ich, was Glauben war.

„Das ist Glauben!" sagte ich und sprang wie halb erschreckt in die Höhe. Ich suchte nun meiner Empfindung, meines Anschauens gewiß zu werden, und in kurzem war ich überzeugt, daß mein Geist eine Fähigkeit, sich aufzuschwingen, erhalten habe, die ihm ganz neu war.

Bei diesen Empfindungen verlassen uns die Worte. Ich konnte sie ganz deutlich von aller Phantasie unterscheiden; sie waren ganz ohne Phantasie, ohne Bild, und gaben doch eben die Gewißheit eines Gegenstandes, auf den sie sich bezogen, als die Einbildungskraft, indem sie uns die Züge eines abwesenden Geliebten vormalt.

Als das erste Entzücken vorüber war, bemerkte ich, daß mir dieser Zustand der Seele schon vorher bekannt gewesen; allein ich hatte ihn nie in dieser Stärke empfunden. Ich hatte ihn niemals festhalten, nie zu eigen behalten können. Ich glaube überhaupt, daß jede Menschenseele ein und das andere Mal davon etwas empfunden hat. Ohne Zweifel ist e r das, was einem jeden lehrt, daß ein Gott ist.

Mit dieser mich ehemals von Zeit zu Zeit nur anwandelnden Kraft war ich bisher sehr zufrieden gewesen, und wäre mir nicht durch sonderbare Schickung seit Jahr und Tag die unerwartete Plage widerfahren, wäre nicht dabei mein Können und Vermögen bei mir selbst außer allen Kredit gekommen, so wäre ich vielleicht mit jenem Zustande immer zufrieden geblieben.

Nun aber hatte ich seit jenem großen Augenblicke Flügel bekommen. Ich konnte mich über das, was mich vorher bedrohte, aufschwingen, wie ein Vogel singend über den schnellsten Strom ohne Mühe fliegt, vor welchem das Hündchen ängstlich bellend stehenbleibt.

Meine Freude war unbeschreiblich, und ob ich gleich niemand etwas davon entdeckte, so merkten doch die Meinigen eine ungewöhnliche Heiterkeit an mir, ohne begreifen zu können, was die Ursache meines Vergnügens wäre. Hätte ich doch immer geschwiegen und die reine Stimmung in meiner Seele zu erhalten gesucht! Hätte ich mich doch nicht durch Umstände verleiten lassen, mit meinem Geheimnisse hervorzutreten! Dann hätte ich mir abermals einen großen Umweg ersparen können.

Da in meinem vorhergehenden zehnjährigen Christenlauf diese notwendige Kraft nicht in meiner Seele war, so hatte ich mich in dem Fall anderer redlichen Leute auch befunden; ich hatte mir dadurch geholfen, daß ich die Phantasie immer mit Bildern erfüllte, die einen Bezug auf Gott hatten, und auch dieses ist schon wahrhaft nützlich; denn schädliche Bilder und ihre bösen Folgen werden dadurch abgehalten. Sodann ergreift unsre Seele oft ein und das andere von den geistigen Bildern und schwingt sich ein wenig damit in die Höhe, wie ein junger Vogel von einem Zweige auf den anderen flattert. So lange man nichts Besseres hat, ist doch diese Übung nicht ganz zu verwerfen.

Auf Gott zielende Bilder und Eindrücke verschaffen uns kirchliche Anstalten, Glocken, Orgeln und Gesänge, und besonders die Vorträge unsrer Lehrer. Auf sie war ich ganz unsäglich begierig; keine Witterung, keine körperliche Schwäche hielt mich ab, die Kirchen zu besuchen, und nur das sonntägige Geläute konnte mir auf meinem Krankenlager einige Ungeduld verursachen. Unsern Oberhofprediger, der ein trefflicher Mann war, hörte ich mit großer Neigung; auch seine Kollegen waren mir wert, und ich wußte die goldnen Äpfel des göttlichen Wortes auch aus irdenen Schalen unter gemeinem Obste herauszufinden. Den öffentlichen Übungen wurden alle möglichen Privaterbauungen, wie man sie nennt, hinzugefügt und auch dadurch nur Phantasie und feinere Sinnlichkeit genährt. Ich war so an diesen Gang gewöhnt, ich respektierte ihn so sehr, daß mir auch jetzt nichts Höheres einfiel. Denn meine Seele hat nur Fühlhörner und keine Augen; sie tastet nur und sieht nicht; ach, daß sie Augen bekäme und schauen dürfte!

Auch jetzt ging ich voll Verlangen in die Predigten: aber ach, wie geschah mir! Ich fand das nicht mehr, was ich sonst gefunden. Diese Prediger stumpfen sich die Zähne an den Schalen ab, indessen ich den Kern genoß. Ich mußte ihrer nun bald müde werden; aber mich an den allein zu halten, den ich doch zu finden wußte, dazu war ich zu verwöhnt. Bilder wollte ich haben, äußerer Eindrücke bedurfte ich und glaubte, ein reines geistiges Bedürfnis zu fühlen.

Philos Eltern hatten mit der Herrnhutischen Gemeinde in Verbindung gestanden; in seiner Bibliothek fanden sich noch viele Schriften des Grafen. Er hatte mir einigemal sehr klar und billig darüber gesprochen und mich ersucht, einige dieser Schriften durchzublättern, und wäre es auch nur, um ein psychologisches Phänomen kennenzulernen. Ich hielt den Grafen für einen gar zu argen Ketzer; so ließ ich auch das Ebersdorfer Gesangbuch bei mir liegen, das mir der Freund in ähnlicher Absicht gleichsam aufgedrungen hatte.

In dem völligen Mangel aller äußeren Ermunterungsmittel ergriff ich wie von ohngefähr das gedachte Gesangbuch und fand zu meinem Erstaunen wirklich Lieder darin, die, freilich unter sehr seltsamen Formen, auf dasjenige zu deuten schienen, was ich fühlte; die Originalität und Naivität der Ausdrücke zog mich an. Eigene Empfindungen schienen auf eine eigene Weise ausgedrückt; keine Schul-Terminologie erinnerte an etwas Steifes oder Gemeines. Ich ward überzeugt, die Leute fühlten, was ich fühlte, und ich fand mich nun sehr glücklich, ein solches Versehen ins Gedächtnis zu fassen und mich einige Tage damit zu tragen.

Der Oheim hatte seine Pläne auf meine Schwester in der Stille durchgeführt. Er stelle ihr einen jungen Mann von Stande und Vermögen als ihren Bräutigam vor und zeigte sich in einer reichlichen Aussteuer, wie man es von ihm erwarten konnte. Mein Vater willigte mit Freuden ein: die Schwester war frei und vorbereitet und veränderte gerne ihren Stand. Die Hochzeit wurde auf des Oheims Schloß ausgerichtet, Familie und Freunde waren eingeladen, und wir kamen alle mit heiterm Geiste.

Zum erstenmal in meinem Leben erregte mir der Eintritt in ein Haus Bewunderung. Ich hatte wohl oft von des Oheims Geschmack, von seinem italienischen Baumeister, von seinen Sammlungen und seiner Bibliothek reden hören; ich verglich aber das alles mit dem, was ich schon gesehen hatte, und machte mir ein sehr buntes Bild davon in Gedanken. Wie verwundert war ich daher über den ernsten und harmonischen Eindruck, den ich beim Eintritt in das Haus empfand und der sich in jedem Saal und Zimmer verstärkte. Hatten Pracht und Zierat mich sonst nur zerstreut, so fühlte ich mich hier gesammelt und auf mich selbst zurückgeführt. Auch in allen Anstalten zu Feierlichkeiten und Festen erregten Pracht und Würde ein stilles Gefallen, und es war mir ebenso unbegreiflich, daß e i n Mensch das alles hätte erfinden und anordnen können, als daß mehrere sich vereinigen könnten, um in einem so großen Sinne zusammenzuwirken. Und bei dem allen schienen der Wirt und die Seinigen so natürlich; es war keine Spur von Steifheit noch von leerem Zeremoniell zu bemerken.

Die Trauung selbst ward unvermutet auf eine herzliche Art eingeleitet: eine vortreffliche Vokalmusik überraschte uns, und der Geistliche wußte dieser Zeremonie alle Feierlichkeit der Wahrheit zu geben.

Da man mehrere Tage zusammenblieb, hatte der geistreiche und verständige Wirt für die Unterhaltung der Gesellschaft auf das mannigfaltigste gesorgt. Ich wiederholte hier nicht die traurige Erfahrung, die ich so oft in meinem Leben gehabt hatte, wie übel eine große gemischte Gesellschaft sich befinde, die, sich selbst überlassen, zu den allgemeinsten und schalsten Zeitvertreiben greifen muß, damit ja eher die guten als die schlechten Subjekte Mangel der Unterhaltung fühlen.

Ganz anders hatte es der Oheim veranstaltet. Er hatte zwei bis drei Marschälle, wenn ich sie so nennen darf, bestellt; der eine hatte für die Freuden der jungen Welt zu sorgen: Tänze, Spazierfahrten, kleine Spiele waren von seiner Erfindung und standen unter seiner Direktion, und da junge Leute gern im Freien leben und die Einflüsse der Luft nicht scheuen, so war ihnen der Garten und der große Gartensaal übergeben, an den zu diesem Endzwecke noch einige Galerien und Pavillons angebaut waren, zwar nur von Brettern und Leinwand, aber in so edlen Verhältnissen, daß man nur an Stein und Marmor dabei erinnert ward.

Wie selten ist eine Fete, wobei derjenige, der die Gäste zusammenberuft, auch die Schuldigkeit empfindet, für ihre Bedürfnisse und Bequemlichkeiten auf alle Weise zu sorgen!

Jagd- und Spielpartien, kurze Promenaden, Gelegenheiten zu vertraulichen einsamen Gesprächen waren für die ältern Personen bereitet, und derjenige, der am frühesten zu Bette ging, war auch gewiß am weitesten von allem Lärm einquartiert.

Durch diese gute Ordnung schien der Raum, in dem wir uns befanden, eine kleine Welt zu sein, und doch, wenn man es bei nahem betrachtete, war das Schloß nicht groß, und man würde ohne genaue Kenntnis desselben und ohne den Geist des Wirtes wohl schwerlich so viele Leute darin beherbergt und jeden nach seiner Art bewirtet haben.

So angenehm uns der Anblick eines wohlgestalteten Menschen ist, so angenehm ist uns die ganze Einrichtung, aus der uns die Gegenwart eines verständigen, vernünftigen Wesens fühlbar wird. Schon in ein reinliches Haus zu kommen, ist eine Freude, wenn es auch sonst geschmacklos gebaut und verziert ist; denn es zeigt uns die Gegenwart wenigstens von e i n e r Seite gebildeter Menschen. Wie doppelt angenehm ist es uns also, wenn aus einer menschlichen Wohnung uns der Geist einer höhern, obgleich auch nur sinnlichen Kultur entgegenspricht!

Mit vieler Lebhaftigkeit ward mir dieses auf dem Schlosse meines Oheims anschaulich. Ich hatte vieles von Kunst gehört und gelesen; Philo selbst war ein großer Liebhaber von Gemälden und hatte eine schöne Sammlung; auch ich selbst hatte viel gezeichnet, aber teils war ich zu sehr mit meinen Empfindungen beschäftigt und trachtete nur, das eine, was not ist, erst recht ins reine zu bringen; teils schienen doch alle die Sachen, die ich gesehen hatte, mich wie die übrigen weltlichen Dinge zu zerstreuen. Nun war ich zum erstenmal durch etwas Äußerliches auf mich selbst zurückgeführt, und ich lernte den Unterschied zwischen dem natürlichen vortrefflichen Gesang der Nachtigall und einem vierstimmigen Hallelujah aus gefühlvollen Menschenkehlen zu meiner größten Verwunderung erst kennen.

Ich verbarg meine Freude über diese neue Anschauung meinem Oheim nicht, der, wenn alles andere in sein Teil gegangen war, sich mit mir besonders zu unterhalten pflegte. Er sprach mit großer Bescheidenheit von dem, was er besaß und hervorgebracht hatte, mit großer Sicherheit von dem Sinne, in dem es gesammelt und aufgestellt worden war, und ich konnte wohl merken, daß er mit Schonung für mich redete, indem er nach seiner alten Art das Gute, wovon er Herr und Meister zu sein glaubte, demjenigen unterzuordnen schien, was nach meiner Überzeugung das Rechte und Beste war.

„Wenn wir uns", sagte er einmal, „als möglich denken können, daß der Schöpfer der Welt selbst die Gestalt seiner Kreatur angenommen und auf ihre Art und Weise sich eine Zeitlang auf der Welt befunden habe, so muß uns dieses Geschöpf schon unendlich vollkommen erscheinen, weil sich der Schöpfer so innig damit vereinigen konnte. Es muß also in dem Begriff des Menschen kein Widerspruch mit dem Begriff der Gottheit liegen; und wenn wir auch oft eine gewisse Unähnlichkeit und Entfernung von ihr empfinden, so ist es doch um desto mehr unsere Schuldigkeit, nicht immer, wie der Advokat des bösen Geistes, nur auf die Blößen und Schwächen unserer Natur zu sehen, sondern eher alle Vollkommenheiten aufzusuchen, wodurch wir die Ansprüche unsrer Gottähnlichkeit bestätigen können."

Ich lächelte und versetzte: „Beschämen Sie mich nicht zu sehr, lieber Oheim, durch die Gefälligkeit, in meiner Sprache zu reden! Das, was Sie mir zu sagen haben, ist für mich von so großer Wichtigkeit, daß ich es in Ihrer eigensten Sprache zu hören wünschte, und ich will alsdann, was ich mir davon nicht ganz zueignen kann, schon zu übersetzen suchen."

„Ich werde", sagte er darauf, „auch auf meine eigenste Weise, ohne Veränderung des Tons fortfahren können. *Des Menschen größtes Verdienst bleibt wohl, wenn er die Umstände so viel als möglich bestimmt und sich so wenig als möglich von ihnen bestimmen läßt. Das ganze Weltwesen liegt vor uns, wie ein großer Steinbruch vor dem Baumeister, der nur dann den Namen verdient, wenn er aus diesen zufälligen Naturmassen ein in seinem Geiste entsprungenes Urbild mit der größten Ökonomie, Zweckmäßigkeit und Festigkeit zusammenstellt. Alles außer uns ist nur Element, ja ich darf wohl sagen: auch alles an uns; aber tief in uns liegt diese schöpferische Kraft, die das zu erschaffen vermag, was sein soll, und uns nicht ruhen oder rasten läßt, bis wir es außer uns oder an uns, auf eine oder die andere Weise, dargestellt haben.* Sie, liebe Nichte, haben vielleicht das beste Teil erwählt; Sie haben Ihr sittliches Wesen, Ihre tiefe liebevolle Natur mit sich selbst und mit dem höchsten Wesen übereinstimmend zu machen gesucht, indes wir andern wohl auch nicht zu tadeln sind, wenn wir den sinnlichen Menschen, in seinem Umfange zu kennen und tätig in Einheit zu bringen suchen."

Durch solche Gespräche wurden wir nach und nach vertrauter, und ich erlangte von ihm, daß er mit mir ohne Kondeszendenz wie mit sich selbst sprach. „Glauben Sie nicht", sagte der Oheim zu mir, „daß ich Ihnen schmeichle, wenn ich Ihre Art zu denken und zu handeln lobe. Ich verehre den Menschen, der deutlich weiß, was er will, unablässig vorschreitet, die Mittel zu seinem Zwecke kennt und sie zu ergreifen und zu brauchen weiß; inwiefern sein Zweck groß oder klein sei, Lob oder Tadel verdiene, das kommt bei mir erst nachher in Betrachtung. Glauben Sie mir, meine Liebe, *der größte Teil des Unheils und dessen, was man bös in der Welt nennt, entsteht bloß, weil die Menschen zu nachlässig sind, ihre Zwecke recht kennenzulernen und, wenn sie solche kennen, ernsthaft darauflos zu arbeiten.* Sie kommen mir vor wie Leute, die den Begriff haben, es könne und müsse ein Turm gebaut werden, und die doch an den Grund nicht mehr Steine und Arbeit verwenden, als man allenfalls einer Hütte unterschlüge. Hätten Sie, meine Freundin, deren höchstes Bedürfnis war, mit Ihrer innern sittlichen Natur ins reine zu kommen, anstatt der großen und kühlen Aufopferungen, sich zwischen Ihrer Familie, einem Bräutigam, vielleicht einem Gemahl, nur so hin beholfen – Sie würden, in einem ewigen Widerspruch mit sich selbst, niemals einen zufriedenen Augenblick genossen haben."

„Sie brauchen", versetzte ich hier, „das Wort Aufopferung, und ich habe manchmal gedacht, wie wir einer höhern Absicht, gleichsam wie einer Gottheit, das Geringere zum Opfer darbringen, ob es uns schon am Herzen liegt, wie man ein geliebtes Schaf für die Gesundheit eines verehrten Vaters gern und willig zum Altar führen würde."

„Was es auch sei", versetzte er, „der Verstand oder die Empfindung, das uns eins für das andere hingeben, eins vor dem andern wählen heißt, so ist Entschiedenheit und Folge nach meiner Meinung das Verehrungswürdigste am Menschen. Man kann die Ware und das Geld nicht zugleich haben, und der ist ebenso übel daran, dem es immer nach der Ware gelüstet, ohne daß er das Herz hat, das Geld hinzugeben, als der, den der Kauf reut, wenn er die Ware in Händen hat. Aber ich bin weit entfernt, die Menschen deshalb zu tadeln; denn sie sind eigentlich nicht schuld, sondern die verwickelte Lage, in der sie sich befinden und in der sie sich nicht zu regieren wissen. So werden Sie zum Beispiel im Durchschnitt weniger üble Wirte auf dem Lande als in den Städten finden, und wieder in kleinen Städten weniger als in großen, und warum? *Der Mensch ist zu einer beschränkten Lage geboren;* einfache, nahe, bestimmte Zwecke vermag er einzusehen, und er gewöhnt sich, die Mittel zu benutzen, die ihm gleich zur Hand sind; *sobald er aber ins Weite kommt, weiß er weder, was er will, noch was er soll,* und es ist ganz einerlei, ob er durch die Höhe und Würde derselben außer sich gesetzt werde. Es ist immer sein Unglück, wenn er veranlaßt wird, nach etwas zu streben, mit dem er sich durch eine regelmäßige Selbsttätigkeit nicht verbinden kann.

Fürwahr", fuhr er fort, „*ohne Ernst ist in der Welt nichts möglich, und unter denen, die wir gebildete Menschen nennen, ist eigentlich wenig Ernst zu finden;* sie gehen, ich möchte sagen, gegen Arbeiten und Geschäfte, gegen Künste, ja gegen Vergnügungen nur mit einer Art von Selbstverteidigung zu Werke; man lebt, wie man ein Pack Zeitungen liest, nur damit man los werde, und es fällt mir dabei jener junge Engländer in Rom ein, der abends in einer Gesellschaft sehr zufrieden erzählte: daß er doch heute sechs Kirchen und zwei Galerien beiseite gebracht habe. Man will mancherlei wissen und kennen, und gerade das, was einen am wenigsten angeht, und man bemerkt nicht, daß kein Hunger dadurch gestillt wird, wenn man nach der Luft schnappt. *Wenn ich einen Menschen kennen lerne, frage ich sogleich: Womit beschäftigt er sich? Und wie? Und in welcher Folge? und mit der Beantwortung der Frage ist auch mein Interesse an ihm auf zeitlebens entschieden.*"

„Sie sind, lieber Oheim", versetzte ich darauf, vielleicht zu strenge und entziehen manchem guten Menschen, dem Sie nützlich sein könnten, Ihre hilfreiche Hand."

„Ist es dem zu verdenken", antwortete er, „der so lange vergebens an ihnen und um sie gearbeitet hat? Wie sehr leidet man nicht in der Jugend von Menschen, die uns zu einer angenehmen Lustpartie einzuladen glauben, wenn sie uns in die Gesellschaft der Danaiden oder des Sisyphus zu bringen versprechen. Gott sei Dank, ich habe mich von ihnen losgemacht, und wenn einer unglücklicherweise in meinen Kreis kommt, suche ich ihn auf die höflichste Art hinauszukomplimentieren: denn gerade von diesen Leuten hört man die bittersten Klagen über den verworrenen Lauf der Welthändel, über die Seichtigkeit der Wissenschaften, über den Leichtsinn der Künstler, über die Leerheit der Dichter, und was alles noch mehr ist. Sie bedenken am wenigsten, daß eben sie selbst und die Menge, die ihnen gleich ist, gerade das Buch nicht lesen würden, das geschrieben wäre, wie sie es fordern, daß ihnen die echte Dichtung fremd sei, und daß selbst ein gutes Kunstwerk nur durch Vorurteil ihren Beifall erlangen könne. Doch lassen Sie uns abbrechen; es ist hier keine Zeit, zu schelten noch zu klagen."

Er leitete meine Aufmerksamkeit auf die verschiedenen Gemälde, die an der Wand aufgehängt waren; mein Auge hielt sich an die, deren Anblick reizend, oder deren Gegenstand bedeutend war. Er ließ es eine Weile geschehen, dann sagte er: Gönnen sie nun auch dem Genius, der diese Werke hervorgebracht hat, einige Aufmerksamkeit. Gute Gemüter sehen so gerne den Finger Gottes in der Natur; warum sollte man nicht auch der Hand seines Nachahmers einige Betrachtung schenken? Er machte mich sodann auf unscheinbare Bilder aufmerksam und suchte mir begreiflich zu machen, daß eigentlich die Geschichte der Kunst allein uns den Begriff von dem Wert und der Würde eines Kunstwerks geben könne, daß man erst die beschwerlichen Stufen des Mechanismus und des Handwerks, an denen der fähige Mensch sich jahrhundertelang hinaufarbeitet, kennen müsse, um zu begreifen, wie es möglich sei, daß das Genie auf dem Gipfel, bei dessen bloßem Anblick uns schwindelt, sich frei und fröhlich bewege.

Er hatte in diesem Sinne eine schöne Reihe zusammengebracht, und ich konnte mich nicht enthalten, als er mir sie auslegte, die moralische Bildung hier wie im Gleichnisse vor mir zu sehen. Als ich ihm meine Gedanken äußerte, versetzte er: „Sie haben vollkommen recht, und wir sehen daraus, daß man nicht wohl tut, der sittlichen Bildung einsam, in sich selbst verschlossen, nachzuhängen; vielmehr wird man finden, daß derjenige, dessen Geist nach einer moralischen Kultur strebt, alle Ursache hat, seine feinere Sinnlichkeit zugleich mit auszubilden, damit er nicht in Gefahr komme, von seiner moralischen Höhe herabzugleiten, indem er sich den Lockungen einer regellosen Phantasie übergibt und in den Fall kommt, seine edlere Natur durch Vergnügen an geschmacklosen Tändeleien, wo nicht an etwas Schlimmerem herabzuwürdigen."

Ich hatte ihn nicht im Verdacht, daß er auf mich ziele, aber ich fühlte mich getroffen, wenn ich zurückdachte, daß unter den Liedern, die mich erbaut hatten, manches abgeschmackte mochte gewesen sein und daß die Bildchen, die sich an meine geistlichen Ideen anschlossen, wohl schwerlich vor den Augen des Oheims würden Gnade gefunden haben.

Philo hatte sich indessen öfters in der Bibliothek aufgehalten und führte mich nunmehr auch in selbiger ein. Wir bewunderten die Auswahl und dabei die Menge der Bücher. Sie waren in jedem Sinne gesammelt; denn es waren beinahe auch nur solche darin zu finden, die uns zur deutlichen Erkenntnis führen oder uns zur rechtlichen Ordnung anweisen; die uns entweder rechte Materialien geben oder uns von der Einheit unsers Geistes überzeugen.

Ich hatte in meinem Leben unsäglich gelesen, und in gewissen Fächern war mir fast kein Buch unbekannt; um desto angenehmer war mir's hier, von der Übersicht des Ganzen zu sprechen und Lücken zu bemerken, wo ich sonst nur eine beschränkte Verwirrung oder eine unendliche Ausdehnung gesehen hatte.

Zugleich machten wir die Bekanntschaft eines sehr interessanten stillen Mannes. Er war Arzt und Naturforscher und schien mehr zu den Penaten als zu den Bewohnern des Hauses zu gehören. Er zeigte uns das Naturalienkabinett, das, wie die Bibliothek, in verschlossenen Glasschränken zugleich die Wände der Zimmer verzierte und den Raum veredelte, ohne ihn zu verengen. Hier erinnerte ich mich mit Freuden meiner Jugend und zeigte meinem Vater mehrere Gegenstände, die er ehemals auf das Krankenbett seines kaum in die Welt blickenden Kindes gebracht hatte. Dabei verhehlte der Arzt so wenig als bei folgenden Unterredungen, daß er sich mir in Absicht auf religiöse Gesinnungen nähere, lobte dabei den Oheim außerordentlich wegen seiner Toleranz und Schätzung von allem, was den Wert und die Einheit der menschlichen Natur anzeige und befördere; nur verlange er freilich von allen andern Menschen ein gleiches und pflege nichts so sehr als individuellen Dünkel und ausschließende Beschränktheit zu verdammen oder zu fliehen.

Seit der Trauung meiner Schwester sah dem Oheim die Freude aus den Augen, und er sprach verschiedene Male mit mir über das, was er für sie und ihre Kinder zu tun denke. Er hatte schöne Güter, die er selbst bewirtschaftete und die er in dem besten Zustande seinen Neffen zu übergeben hoffte. Wegen des kleinen Gutes, auf dem wir uns befanden, schien er besondere Gedanken zu hegen: „Ich werde es", sagte er, „nur einer Person überlassen, die zu kennen, zu schätzen und zu genießen weiß, was es enthält, und die einsieht, wie sehr ein Reicher und Vornehmer, besonders in Deutschland, Ursache habe, etwas Mustermäßiges aufzustellen."

Der Tod meines lieben Vaters veränderte meine bisherige Lebensart. Aus dem strengsten Gehorsam, aus der größten Einschränkung kam ich in die größte Freiheit, und ich genoß ihrer wie einer Speise, die man lange entbehrt hat. Sonst war ich selten zwei Stunden außer dem Hause; nun verlebte ich kaum einen Tag in meinem Zimmer. Meine Freunde, bei denen ich sonst nur abgerissene Besuche machen konnte, wollten sich meines anhaltenden Umgangs, so wie ich mich des ihrigen, erfreuen; öfters wurde ich zu Tische geladen, Spazierfahrten und kleine Lustreisen kamen hinzu, und ich blieb nirgends zurück. Als aber der Zirkel durchlaufen war, sah ich, daß das unschätzbare Glück der Freiheit nicht darin besteht, daß man alles tut, was man tun mag und wozu uns die Umstände einladen, sondern daß man das ohne Hindernis und Rückhalt auf dem geraden Wege tun kann, was man für recht und schicklich hält, und ich war alt genug, in diesem Falle ohne Lehrgeld zu der schönen Überzeugung zu gelangen.

Wie gerne sah ich nunmehr Gott in der Natur, da ich ihn mit solcher Gewißheit im Herzen trug; wie interessant war mir das Werk seiner Hände, und wie dankbar war ich, daß er mich mit dem Atem seines Mundes hatte beleben wollen!

Wir hofften aufs neue, mit meiner Schwester, auf einen Knaben, dem mein Schwager so sehnlich entgegensah und dessen Geburt er leider nicht erlebte. Der wackere Mann starb an den Folgen eines unglücklichen Sturzes vom Pferde, und meine Schwester folgte ihm, nachdem sie der Welt einen schönen Knaben gegeben hatte. Ihre vier hinterlassenen Kinder konnte ich nur mit Wehmut ansehn. So manche gesunde Person war vor mir, der Kranken, hingegangen: sollte ich nicht vielleicht von diesen hoffnungsvollen Blüten manche abfallen sehen? Ich kannte die Welt genug, um zu wissen, unter wie vielen Gefahren ein Kind, besonders in dem höheren Stande, heraufwächst, und es schien mir, als wenn sie seit der Zeit meiner Jugend sich für die gegenwärtige Welt noch vermehrt hätten. Ich fühlte, daß ich, bei meiner Schwäche, wenig oder nichts für die Kinder zu tun imstande sei; um desto erwünschter war mir des Oheims Entschluß, der natürlich aus seiner Denkungsart entsprang, seine ganze Aufmerksamkeit auf die Erziehung dieser liebenswürdigen Geschöpfe zu verwenden. Und gewiß, sie verdienten es in jedem Sinne: sie waren wohlgebildet und versprachen, bei ihrer großen Verschiedenheit, sämtlich gutartige und verständige Menschen zu werden.

Seitdem mein guter Arzt mich aufmerksam gemacht hatte, betrachtete ich gern die Familienähnlichkeiten in Kindern und Verwandten. Mein Vater hatte sorgfältig die Bilder seiner Vorfahren aufbewahrt, sich selbst und seine Kinder von leidlichen Malern malen lassen, auch war meine Mutter und ihre Verwandten nicht vergessen worden. Wir kannten die Charaktere der ganzen Familie genau, und da wir sie oft untereinander verglichen hatten, so suchten wir nun bei den Kindern die Ähnlichkeiten des Äußern und Innern wieder auf.

Die älteste Tochter hatte meine ganze Neigung gefesselt, und es mochte bald daher kommen, weil sie mir ähnlich sah, und weil sie sich von allen vieren am meisten zu mir hielt. Aber ich kann wohl sagen, je genauer ich sie beobachtete, da sie heranwuchs, desto mehr beschämte sie mich, und ich konnte das Kind nicht ohne Bewunderung, ja ich darf beinahe sagen: nicht ohne Verehrung ansehn. Man sah nicht leicht eine edlere Gestalt, ein ruhiges Gemüt und eine immer gleiche, auf keinen Gegenstand eingeschränkte Tätigkeit. Sie war keinen Augenblick ihres Lebens unbeschäftigt, und jedes Geschäft ward unter ihren Händen zur würdigen Handlung. Alles schien ihr gleich, wenn sie nur das verrichten konnte, was in der Zeit und am Platz war, und ebenso konnte sie ruhig, ohne Ungeduld, bleiben, wenn sich nichts zu tun fand. Diese Tätigkeit ohne Bedürfnis einer Beschäftigung habe ich in meinem Leben nicht wieder gesehen. Unnachahmlich war von Jugend auf ihr Betragen gegen Notleidende und Hilfsbedürftige. Ich gestehe gern, daß ich niemals das Talent hatte, mir aus der Wohltätigkeit ein Geschäft zu machen; ich war nicht karg gegen Arme, ja ich gab oft in meinem Verhältnisse zuviel dahin, aber gewissermaßen kaufte ich mich nur los, und es mußte mir jemand angeboren sein, wenn er mir eine Sorgfalt abgewinnen wollte. Gerade das Gegenteil lobe ich an meiner Nichte. Ich habe sie niemals einem Armen Geld geben sehen, und was sie von mir zu diesem Endzweck erhielt, verwandelte sie immer erst in das nächste Bedürfnis. Niemals erschien sie mir liebenswürdiger, als wenn sie meine Kleider- und Wäscheschränke plünderte; immer fand sie etwas, das ich nicht trug und nicht brauchte, und diese alten Sachen zusammenzuschneiden und sie irgendeinem zerlumpten Kinde anzupassen, war ihre größte Glückseligkeit.

Die Gesinnungen ihrer Schwester zeigten sich schon anders: sie hatte vieles von der Mutter, versprach schon frühe, sehr zierlich und reizend zu werden, und scheint ihr Versprechen halten zu wollen; sie ist sehr mit ihrem Äußern beschäftigt und wußte sich von früher Zeit an auf eine in die Augen fallende Weise zu putzen und zu tragen. Ich erinnere mich noch immer, mit welchem Entzücken sie sich als ein kleines Kind im Spiegel besah, als ich ihr die schönen Perlen, die mir meine Mutter hinterlassen hatte und die sie von ungefähr bei mir fand, umbinden mußte.

Wenn ich diese verschiedenen Neigungen betrachtete, war es mir angenehm, zu denken, wie meine Besitzungen nach meinem Tode unter sie zerfallen und durch sie wieder lebendig werden würden. Ich sah die Jagdflinten meines Vaters schon wieder auf dem Rücken des Neffen im Felde herumwandeln und aus seiner Jagdtasche schon wieder Hühner herausfallen; ich sah meine sämtliche Garderobe bei der Osterkonfirmation, lauter kleinen Mädchen angepaßt, aus der Kirche herauskommen und mit meinen besten Stoffen ein sittsames Bürgermädchen an ihrem Brauttage geschmückt: denn zu Ausstattung solcher Kinder und ehrbarer armer Mädchen hatte Natalie eine besondere Neigung, ob sie gleich, wie ich hier bemerken muß, selbst keine Art von Liebe und, wenn ich so sagen darf, kein Bedürfnis einer Anhänglichkeit an ein sichtbares oder unsichtbares Wesen, wie es sich bei mir in meiner Jugend so lebhaft gezeigt hatte, auf irgendeine Weise merken ließ.

Wenn ich nun dachte, daß die Jüngste an ebendemselben Tage meine Perlen und Juwelen nach Hofe tragen werde, so sah ich mit Ruhe meine Besitzungen, wie meinen Körper, den Elementen wiedergegeben.

Die Kinder wuchsen heran und sind zu meiner Zufriedenheit gesunde, schöne und wackre Geschöpfe. Ich ertrage es mit Geduld, daß der Oheim sie von mir entfernt hält, und sehe sie, wenn sie in der Nähe oder auch wohl gar in der Stadt sind, selten.

Ein wunderbarer Mann, den man für einen französischen Geistlichen hält, ohne daß man recht von seiner Herkunft unterrichtet ist, hat die Aufsicht über die sämtlichen Kinder, welche an verschiedenen Orten erzogen werden und bald hier, bald da in der Kost sind.

Ich konnte anfangs keinen Plan in dieser Erziehung sehn, bis mir mein Arzt zuletzt eröffnete: der Oheim habe sich durch den Abbé überzeugen lassen, daß, *wenn man an der Erziehung des Menschen etwas tun wolle, müsse man sehen, wohin seine Neigungen und Wünsche gehen; sodann müsse man ihn in die Lage versetzen, jene so bald als möglich zu befriedigen, diese so bald als möglich zu erreichen, damit der Mensch, wenn er sich geirrt habe, früh genug seinen Irrtum gewahr werde, und wenn er das getroffen hat, was für ihn paßt, desto eifriger daran halte und sich desto emsiger fortbilde.* Ich wünsche, daß dieser sonderbare Versuch gelingen möge; bei so guten Naturen ist es vielleicht möglich.

Aber das, was ich nicht an diesen Erziehern billigen kann, ist, daß sie alles von den Kindern zu entfernen suchen, was sie zu dem Umgange mit sich selbst und mit dem unsichtbaren, einzigen treuen Freunde führen könne. Ja es verdrießt mich oft von dem Oheim, daß er mich deshalb für die Kinder für gefährlich hält. *Im Praktischen ist doch kein Mensch tolerant! Denn wer auch versichert, daß er jedem seine Art und Wesen gerne lassen wolle, sucht doch immer diejenigen von der Tätigkeit auszuschließen, die nicht so denken wie er.*

Diese Art, die Kinder von mir zu entfernen, betrübt mich desto mehr, je mehr ich von der Realität meines Glaubens überzeugt sein kann. Warum sollte er nicht einen göttlichen Ursprung, nicht einen wirklichen Gegenstand haben, da er sich im Praktischen so wirksam erweist? Werden wir durchs Praktische doch unseres eigenen Daseins selbst erst recht gewiß; warum sollten wir uns nicht auch auf ebendem Wege von jenem Wesen überzeugen können, das uns zu allem Guten die Hand reicht?

Daß ich immer vorwärts, nie rückwärts gehe, daß meine Handlungen immer mehr der Idee ähnlich werden, die ich mir von der Vollkommenheit gemacht habe, daß ich täglich mehr Leichtigkeit fühle, das zu tun, was ich für recht halte, selbst bei der Schwäche meines Körpers, der mir so manchen Dienst versagt: läßt sich das alles aus der menschlichen Natur, deren Verderben ich so tief eingesehen habe, erklären? Für mich nun einmal nicht.

Ich erinnere mich kaum eines Gebotes, nichts erscheint mir in Gestalt eines Gesetzes; es ist ein Trieb, der mich leitet und mich immer recht führt; ich folge mit Freiheit meinen Gesinnungen und weiß so wenig von Einschränkung als von Reue. Gott sei Dank, daß ich erkenne, wem ich dieses Glück schuldig bin, und daß ich an diese Vorzüge nur mit Demut denken darf. *Denn niemals werde ich in Gefahr kommen, auf mein eignes Können und Vermögen stolz zu werden, da ich so deutlich erkannt habe, welch Ungeheuer in jedem menschlichen Busen, wenn eine höhere Kraft uns nicht bewahrt, sich erzeugen und nähren könne.*

Siebentes Buch

Der Frühling war in seiner völligen Herrlichkeit erschienen; ein frühzeitiges Gewitter, das den ganzen Tag gedroht hatte, ging stürmisch an den Bergen nieder, der Regen zog nach dem Lande, die Sonne trat wieder in ihrem Glanze hervor, und auf dem grauen Grunde erschien der herrliche Bogen. Wilhelm ritt ihm entgegen und sah ihn mit Wehmut an. Ach! sagte er zu sich selbst, erscheinen uns denn eben die schönsten Farben des Lebens nur auf dunklem Grunde? Und müssen Tropfen fallen, wenn wir entzückt werden sollen? Ein heiterer Tag ist wie einer grauer, wenn wir ihn ungerührt ansehen, und was kann uns rühren als die stille Hoffnung, daß die angeborne Neigung unsers Herzens nicht ohne Gegenstand bleiben werde? Uns rührt die Erzählung jeder guten Tat, uns rührt das Anschauen jedes harmonischen Gegenstandes; wir fühlen dabei, daß wir nicht ganz in der Fremde sind, und wähnen einer Heimat näher zu sein, nach der unser Bestes, Innerstes ungeduldig hinstrebt.

Inzwischen hatte ihn ein Fußgänger eingeholt, der sich zu ihm gesellte, mit starkem Schritte neben dem Pferde blieb und, nach einigen gleichgültigen Reden, zu dem Reiter sagte: „Wenn ich mich nicht irre, so muß ich Sie irgendwo schon gesehen haben."

„Ich erinnere mich Ihrer auch", versetzte Wilhelm, „haben wir nicht zusammen eine lustige Wasserfahrt gemacht?" – „Ganz recht!" erwiderte der andere.

Wilhelm betrachtete ihn genauer und sagte nach einigem Stillschweigen: „Ich weiß nicht, was für eine Veränderung mit Ihnen vorgegangen sein mag; damals hielt ich Sie für einen lutherischen Landgeistlichen, und jetzt sehen Sie mir eher einem katholischen ähnlich."

„Heute betrügen Sie sich wenigstens nicht", sagte der andere, indem er den Hut abnahm und die Tonsur sehen ließ. „Wo ist denn Ihre Gesellschaft hingekommen? Sind Sie noch lange bei ihr geblieben?"

„Länger als billig: denn leider, wenn ich an jene Zeit zurückdenke, die ich mit ihr zugebracht habe, so glaube ich in ein unendliches Leere zu sehen; es ist mir nichts davon übriggeblieben."

„Darin irren Sie sich; *alles, was uns begegnet, läßt Spuren zurück, alles trägt unmerklich zu unserer Bildung bei; doch es ist gefährlich, sich davon Rechenschaft geben zu wollen. Wir werden dabei entweder stolz und lässig oder niedergeschlagen und kleinmütig, und eins ist für die Folge so hinderlich als das andere. Das Sicherste bleibt immer, nur das Nächste zu tun, was vor uns liegt,* und das ist jetzt", fuhr er mit einem Lächeln fort, „daß wir eilen, ins Quartier zu kommen."

Wilhelm fragte, wie weit noch der Weg nach Lotharios Gut sei. Der andere versetzte, daß es hinter dem Berge liege. „Vielleicht treffe ich Sie dort", fuhr er fort, „ich habe nur in der Nachbarschaft noch etwas zu besorgen. Leben Sie so lange wohl!" Und mit diesen Worten ging er einen steilen Pfad, der schneller über den Berg hinüberzuführen schien.

„Ja, wohl hat er recht!" sagte Wilhelm vor sich, indem er weiter ritt; „an das Nächste soll man denken, und für mich ist wohl jetzt nichts Näheres als der traurige Auftrag, den ich ausrichten soll. Laß sehen, ob ich die Rede noch ganz im Gedächtnis habe, die den grausamen Freund beschämen soll!"

In seine eignen leidenschaftlichen Betrachtungen vertieft, ritt Wilhelm weiter, ohne viel über das, was er sah, nachzudenken, stellte sein Pferd in einem Gasthofe ein und eilte nicht ohne Bewegung nach dem Schlosse zu.

Ein alter Bedienter empfing ihn an der Türe und berichtete ihm mit vieler Gutmütigkeit, daß er heute wohl schwerlich vor den Herren kommen werde; der Herr habe viel Briefe zu schreiben und schon einige seiner Geschäftsleute abweisen lassen. Wilhelm ward dringender, und endlich mußte der Alte nachgeben und ihn melden. Er kam zurück und führte Wilhelmen in einen großen alten Saal. Dort ersuchte er ihn, sich zu gedulden, weil der Herr vielleicht noch eine Zeitlang ausbleiben werde. Wilhelm ging unruhig auf und ab und warf einige Blicke auf die Ritter und Frauen, deren alte Abbildungen an der Wand umherhingen; er wiederholte den Anfang seiner Rede, und sie schien ihm in Gegenwart dieser Harnische und Kragen erst recht am Platz. Sooft er etwas rauschen hörte, setzte er sich in Positur, um seinen Gegner mit Würde zu empfangen, ihm erst den Brief zu überreichen und ihn dann mit den Waffen des Vorwurfs anzufallen. Mehrmals war er schon getäuscht worden und fing wirklich an, verdrießlich und verstimmt zu werden, als endlich aus einer Seitentür ein wohlgebildeter Mann in Stiefeln und einem schlichten Überrocke heraustrat. „Was bringen Sie mir Gutes?" sagte er mit freundlicher Miene zu Wilhelmen; „verzeihen Sie, daß ich Sie habe warten lassen."

Er faltete, indem er dieses sprach, einen Brief, den er in der Hand hielt. Wilhelm, nicht ohne Verlegenheit, überreichte ihm das Blatt Aureliens und sagte: „Ich bringe die letzten Worte einer Freundin, die Sie nicht ohne Rührung lesen werden."

Lothario nahm den Brief und ging sogleich in das Zimmer zurück, wo er, wie Wilhelm recht gut durch die offne Tür sehen konnte, erst noch einige Briefe siegelte und überschrieb, dann Aureliens Brief öffnete und las. Er schien das Blatt einigemal durchgelesen zu haben, und Wilhelm, obgleich seinem Gefühl nach die pathetische Rede zu dem natürlichen Empfang nicht recht passen wolte, nahm sich doch zusammen, ging auf die Schwelle los und wollte seinen Spruch beginnen, als eine Tapetentüre des Kabinetts sich öffnete und der Geistliche hereintrat.

„Ich erhalte die wunderlichste Depesche von der Welt", rief Lothario ihm entgegen; „verzeihen Sie mir", fuhr er fort, indem er sich gegen Wilhelmen wandte, „wenn ich in diesem Augenblick nicht gestimmt bin, mich mit Ihnen weiter zu unterhalten. Sie bleiben heute nacht bei uns! Und Sie sorgen für unsern Gast, Abbé, daß ihm nichts abgeht."

Mit diesen Worten machte er eine Verbeugung gegen Wilhelmen; der Geistliche nahm unsern Freund bei der Hand, der nicht ohne Widerstreben folgte.

Stillschweigend gingen sie durch wunderliche Gänge und kamen in ein gar artiges Zimmer. Der Geistliche führte ihn ein und verließ ihn ohne weitere Entschuldigung. Bald darauf erschien ein munterer Knabe, der sich bei Wilhelmen als seine Bedienung ankündigte und das Abendessen brachte, bei der Aufwartung von der Ordnung des Hauses, wie man zu frühstücken, zu speisen, zu arbeiten und sich zu vergnügen pflegte, manches erzählte und besonders zu Lotharios Ruhm gar vieles vorbrachte.

Der Knabe lud Wilhelmen zum Frühstück ein. Dieser fand den Abbé schon in Saale; Lothario, hieß es, sei ausgeritten; der Abbé war nicht sehr gesprächig und schien eher nachdenklich zu sein, er fragte nach Aureliens Tode und hörte mit Teilnahme der Erzählung Wilhelms zu.

„Ach!" rief er aus, „wem es lebhaft und gegenwärtig ist, welche unendliche Operationen Natur und Kunst machen müssen, bis ein gebildeter Mensch dasteht, wer selbst so viel als möglich an der Bildung seiner Mitbrüder teilnimmt, der möchte verzweifeln, wenn er sieht, *wie freventlich sich oft der Mensch zerstört und so oft in den Fall kommt, mit oder ohne Schuld, zerstört zu werden. Wenn ich das bedenke, so scheint mir das Leben selbst eine so zufällige Gabe, daß ich jeden loben möchte, der sie nicht höher als billig schätzt.*"

Er hatte kaum ausgesprochen, als die Türe mit Heftigkeit sich aufriß, ein junges Frauenzimmer hereinstürzte und den alten Bedienten, der sich ihr in den Weg stellte, zurückstieß. Sie eilte gerade auf den Abbé zu und konnte, indem sie ihn beim Arme faßte, vor Weinen und Schluchzen kaum die wenigen Worte hervorbringen: „Wo ist er? Wo habt ihr ihn? Es ist eine entsetzliche Verräterei! Gesteht nur! Ich weiß, was vorgeht! Ich will ihm nach! Ich will wissen, wo er ist."

„Beruhigen Sie sich, mein Kind", sagte der Abbé mit angenommener Gelassenheit, „kommen Sie auf Ihr Zimmer, Sie sollen alles erfahren; nur müssen Sie hören können, wenn ich Ihnen erzählen soll." Er bot ihr die Hand

371

an, im Sinne, sie wegzuführen. „Ich werde nicht auf mein Zimmer gehen", rief sie aus, „ich hasse die Wände, zwischen denen ihr mich schon so lange gefangen haltet! Und doch habe ich alles erfahren: der Obrist hat ihn herausgefordert, er ist hinausgeritten, seinen Gegner aufzusuchen, und vielleicht jetzt eben in diesem Augenblicke. – Es war mir etlichemal, als hörte ich schießen. Lassen Sie anspannen und fahren Sie mit mir, oder ich fülle das Haus, das ganze Dorf mit meinem Geschrei."

Sie eilte unter den heftigsten Tränen nach dem Fenster, der Abbé hielt sie zurück und suchte vergebens, sie zu besänftigen.

Man hörte einen Wagen fahren, sie riß das Fenster auf: „Er ist tot!" rief sie, „da bringen sie ihn." – „Er steigt aus!" sagte der Abbé. „Sie sehen, er lebt." – „Er ist verwundet", versetzte sie heftig, „sonst käm er zu Pferde! Sie führen ihn! Er ist gefährlich verwundet!" Sie rannte zur Türe hinaus und die Treppe hinunter, der Abbé eilte ihr nach und Wilhelm folgte ihnen; er sah, wie die Schöne ihrem heraufkommenden Geliebten begegnete.

Lothario lehnte sich auf seinen Begleiter, welchen Wilhelm sogleich für seinen alten Gönner Jarno erkannte, sprach dem trostlosen Frauenzimmer gar liebreich und freundlich zu, und indem er sich auch auf sie stützte, kam er die Treppe langsam herauf; er grüßte Wilhelmen und ward in sein Kabinett geführt.

Nicht lange darauf kam Jarno wieder heraus und trat zu Wilhelmen: „Sie sind, wie es scheint", sagte er, „prädestiniert, überall Schauspieler und Theater zu finden; wir sind eben in einem Drama begriffen, das nicht ganz lustig ist.

„Ich freue mich", versetzte Wilhelm, „Sie in diesem sonderbaren Augenblicke wiederzufinden; ich bin verwundert, erschrocken, und Ihre Gegenwart macht mich gleich ruhig und gefaßt. Sagen Sie mir, hat es Gefahr? Ist der Baron schwer verwundet?" – „Ich glaube nicht", versetzte Jarno.

Nach einiger Zeit trat der junge Wundarzt aus dem Zimmer. „Nun, was sagen Sie?" rief ihm Jarno entgegen. – „Das es sehr gefährlich steht", versetzte dieser und steckte einige Instrumente in seine lederne Tasche zusammen.

Wilhelm betrachtete das Band, das von der Tasche herunterhing, er glaubte es zu kennen. Lebhafte, widersprechende Farben, ein seltsames Muster, Gold und Silber in wunderlichen Figuren zeichneten dieses Band vor allen Bändern der Welt aus. Wilhelm war überzeugt, die Instrumententasche des alten Chirurgen vor sich zu sehen, der ihn in jenem Walde verbunden hatte, und die Hoffnung, nach so langer Zeit wieder eine Spur seiner Amazone zu finden, schlug wie eine Flamme durch sein ganzes Wesen.

„Wo haben Sie die Tasche her?" rief er aus. „Wem gehörte sie vor Ihnen? Ich bitte, sagen Sie mir's." – „Ich habe sie in einer Auktion gekauft", versetzte jener; „was kümmert's mich, wem sie angehörte?" Mit diesen Worten entfernte er sich, und Jarno sagte: „Wenn diesem jungen Menschen nur ein wahres Wort aus dem Munde ginge!" – „So hat er also diese Tasche nicht erstanden?" versetzte Wilhelm. – „Sowenig, als es Gefahr mit Lothario hat", antwortete Jarno.

Wilhelm stand in ein vielfaches Nachdenken versenkt, als Jarno ihn fragte, wie es ihm zeither gegangen sei. Wilhelm erzählte seine Geschichte im allgemeinen, und als er zuletzt von Aureliens Tod und seiner Botschaft gesprochen hatte, rief jener aus: „Es ist doch sonderbar, sehr sonderbar!"

Der Abbé trat aus dem Zimmer, winkte Jarno zu, an seiner Statt hineinzugehen, und sagte zu Wilhelmen: „Der Baron läßt Sie ersuchen, hier zu bleiben, einige Tage die Gesellschaft zu vermehren und zu seiner Unterhaltung unter diesen Umständen beizutragen. Haben Sie nötig, etwas an die Ihrigen zu bestellen, so soll Ihr Brief gleich besorgt werden; und damit Sie diese wunderbare Begebenheit verstehen, von der Sie Augenzeuge sind, muß ich Ihnen erzählen, was eigentlich kein Geheimnis ist. Der Baron hatte ein kleines Abenteuer mit einer Dame, das mehr Aufsehen machte, als billig war, weil sie den Triumph, ihn einer Nebenbuhlerin entrissen zu haben, allzu lebhaft genießen wollte. Leider fand er nach einiger Zeit bei ihr nicht die nämliche Unterhaltung, er vermied sie: allein bei ihrer heftigen Gemütsart war es ihr unmöglich, ihr Schicksal mit gesetztem Mute zu tragen. Bei einem Balle gab es einen öffentlichen Bruch: sie glaubte sich äußerst beleidigt und wünschte, gerächt zu werden; kein Ritter fand sich, der sich ihrer angenommen hätte, bis endlich ihr Mann, von dem sie sich lange getrennt hatte, die Sache erfuhr und sich ihrer annahm, den Baron herausforderte und heute verwundete; doch ist der Obrist, wie ich höre noch schlimmer dabei gefahren."

Von diesem Augenblicke an ward unser Freund im Hause, als gehöre er zur Familie, behandelt.

Man hatte einigemal dem Kranken vorgelesen; Wilhelm leistete diesen kleinen Dienst mit Freuden. Lydie kam nicht vom Bette hinweg, ihre Sorgfalt für den Verwundeten verschlang alle ihre übrige Aufmerksamkeit; aber heute schien auch Lothario zerstreut, ja er bat, daß man nicht weiter lesen möchte.

„Ich fühle heute so lebhaft", sagte er, „wie töricht der Mensch seine Zeit verstreichen läßt! Wie manches habe ich mir vorgenommen, wie manches durchdacht, und wie zaudert man selbst bei den besten Vorsätzen! Ich habe die Vorschläge über die Veränderungen gelesen, die ich auf meinen Gütern machen will, und ich kann sagen, ich freue mich vorzüglich dieserwegen, daß die Kugel keinen gefährlichern Weg genommen hat."

Lydie sah ihn zärtlich, ja mit Tränen in den Augen an, als wollte sie fragen, ob denn sie, ob seine Freunde nicht auch Anteil an der Lebensfreude fordern könnten. Jarno dagegen versetzte: „Veränderungen wie Sie vorhaben, werden billig erst von allen Seiten überlegt, bis man sich dazu entschließt."

„Lange Überlegungen", versetzte Lothario, „zeigen gewöhnlich, daß man den Punkt nicht im Auge hat, von dem die Rede ist, übereilte Handlungen, daß man ihn gar nicht kennt. Ich übersehe sehr deutlich, daß ich in vielen Stücken bei der Wirtschaft meiner Güter die Dienste meiner Landleute nicht entbehren kann, und daß ich auf gewissen Rechten strack und streng halten muß; ich sehe aber auch, daß andere Befugnisse mir zwar vorteilhaft, aber nicht ganz unentbehrlich sind, so daß ich davon meinen Leuten auch was gönnen kann. *Man verliert nicht immer, wenn man entbehrt.* Nutze ich nicht meine Güter weit besser als mein Vater? Werde ich meine Einkünfte nicht noch höher treiben? Und soll ich diesen wachsenden Vorteil allein genießen? Soll ich dem, der mit mir und für mich arbeitet, nicht auch in dem Seinigen Vorteile gönnen, die uns erweiterte Kenntnisse, die uns eine vorrückende Zeit darbietet?"

„Der Mensch ist nun einmal so!" rief Jarno, „und ich tadle mich nicht, wenn ich mich auch in dieser Eigenheit ertappe; *der Mensch begehrt, alles an sich zu reißen, um nur nach Belieben damit schalten und walten zu können;* das Geld, das er nicht selbst ausgibt, scheint ihm selten wohl angewendet."

„O ja!" versetzte Lothario, „*wir könnten manches vom Kapital entbehren, wenn wir mit den Interessen weniger willkürlich umgingen.*"

„Das einzige, was ich zu erinnern habe", sagte Jarno, „und warum ich nicht raten kann, daß Sie eben jetzt diese Veränderungen machen, wodurch Sie wenigstens im Augenblicke verlieren, ist, daß Sie selbst noch Schulden haben, deren Abzahlung Sie einengt. Ich würde raten, Ihren Plan aufzuschieben, bis Sie völlig im reinen wären."

„Und indessen einer Kugel oder einem Dachziegel zu überlassen, ob er die Resultate meines Lebens und meiner Tätigkeit auf immer vernichten wollte! Oh, mein Freund!" fuhr Lothario fort, „*das ist ein Hauptfehler gebildeter Menschen, daß sie alles an eine Idee, wenig oder nichts an einen Gegenstand wenden mögen.* Wozu habe ich Schulden gemacht? Warum habe ich mich mit meinem Oheim entzweit, meine Geschwister so lange sich selbst überlassen, als um einer Idee willen? In Amerika glaubte ich zu wirken, über dem Meere glaubte ich nützlich und notwendig zu sein; war eine Handlung nicht mit tausend Gefahren umgeben, so schien es mir nicht bedeutend, nicht würdig. Wie anders seh ich jetzt die Dinge, und wie ist mir das Nächste so wert, so teuer geworden."

„Ich erinnere mich wohl des Briefes", versetzte Jarno, „den ich noch über das Meer erhielt. Sie schrieben mir: Ich werde zurückkehren und in meinem Hause, in meinem Baumgarten, mitten unter den Meinigen sagen: hier, oder nirgend ist Amerika!"

„Ja, mein Freund, und ich wiederhole noch immer dasselbe; und doch schelte ich mich zugleich, daß ich hier nicht so tätig wie dort bin. Zu einer gewissen gleichen, fortdauernden Gegenwart brauchen wir nur Verstand, und wir werden auch nur zu Verstand, so daß wir das Außerordentliche, was jeder gleichgültige Tag von uns fordert, nicht mehr sehen und, wenn wir es erkennen, doch tausend Entschuldigungen finden, es nicht zu tun. *Ein verständiger Mensch ist viel für sich, aber fürs Ganze ist er wenig.*"

„Wir wollen", sagte Jarno, „dem Verstande nicht zu nahe treten und bekennen, daß das Außerordentliche, was geschieht, meistens töricht ist."

„Ja, und zwar ebendeswegen, weil die Menschen das Außerordentliche außer der Ordnung tun. So gibt mein Schwager sein Vermögen, insofern er es veräußern kann, der Brüdergemeine und glaubt, seiner Seele Heil dadurch zu befördern; hätte er einen geringen Teil seiner Einkünfte aufgeopfert, so hätte er viel glückliche Menschen machen und sich und ihnen einen Himmel auf Erden schaffen können. Selten sind unsere Aufopferungen tätig, wir tun gleich Verzicht auf das, was wir weggeben. Nicht entschlossen, sondern verzweifelt entsagen wir dem, was wir besitzen. Diese Tage, ich gesteh es, schwebt mir der Graf immer vor Augen, und ich bin fest entschlossen, das aus Überzeugung zu tun, wozu ihn ein ängstlicher Wahn treibt; ich will meine Genesung nicht abwarten. Hier sind die Papiere, sie dürfen nur ins reine gebracht werden. Nehmen Sie den Gerichtshalter dazu, unser Gast hilft Ihnen auch; Sie wissen so gut als ich, worauf es ankommt, und ich will hier genesend oder sterbend dabei bleiben und ausrufen: ‚Hier, oder nirgend ist Herrnhut!'"

Als Lydie ihren Freund von Sterben reden hörte, stürzte sie vor seinem Bette nieder, hing in seinen Armen und weinte bitterlich. Der Wundarzt kam herein, Jarno gab Wilhelmen die Papiere und nötigte Lydien, sich zu entfernen.

„Ums Himmels willen!" rief Wilhelm, als sie in dem Saal allein waren, „was ist das mit dem Grafen? Welch ein Graf ist das, der sich unter die Brüdergemeine begibt?"

„Den Sie sehr wohl kennen", versetzte Jarno. „Sie sind das Gespenst, das ihn in die Arme der Frömmigkeit jagt, Sie sind der Bösewicht, der sein artiges Weib in einen Zustand versetzt, in dem sie erträglich findet, ihrem Manne zu folgen."

„Und sie ist Lotharios Schwester?" rief Wilhelm.

„Nicht anders."

„Und Lothario weiß –?"

„Alles."

„O lassen Sie mich fliehen!" rief Wilhelm aus, „wie kann ich vor ihm stehen? Was kann er sagen?"

„Daß niemand einen Stein gegen den andern aufheben soll und daß niemand lange Reden komponieren soll, um die Leute zu beschämen, er müßte sie denn vor dem Spiegel halten wollen."

„Auch das wissen Sie?"

„Wie manches andere", versetzte Jarno lächelnd; „doch diesmal", fuhr er fort, „werde ich Sie so leicht nicht wie das vorigemal loslassen, und vor meinem Werbesold haben Sie sich auch nicht mehr zu fürchten. Ich bin kein Soldat mehr, und auch als Soldat hätte ich Ihnen diesen Argwohn nicht einflößen sollen. Seit der Zeit, daß ich Sie nicht gesehen habe, hat sich vieles geändert. Nach dem Tode meines Fürsten, meines einzigen Freundes und Wohltäters, habe ich mich aus der Welt und aus allen weltlichen Verhältnissen herausgerissen. Ich beförderte gern, was vernünftig war, verschwieg nicht, wenn ich etwas abgeschmackt fand, und man hatte immer von meinem unruhigen Kopf und von meinem bösen Maule zu reden. *Das Menschenpack fürchtet sich vor nichts mehr als vor dem Verstande; vor der Dummheit sollen sie sich fürchten, wenn sie begriffen, was fürchterlich ist: aber jener ist unbequem, und man muß ihn beiseite schaffen; diese ist nur verderblich, und das kann man abwarten.* Doch es mag hingehen; ich habe zu leben, und von meinem Plane sollen Sie weiter hören. Sie sollen teil daran nehmen, wenn sie mögen."

Der Chirurgus kam aus dem Kabinett, und auf Befragen, wie sich der Kranke befinde, sagte er mit lebhafter Freundlichkeit: „Recht sehr wohl, ich hoffe, ihn bald völlig wiederhergestellt zu sehen." Sogleich eilte er zum Saal hinaus und erwartete Wilhelms Frage nicht, der schon den Mund öffnete, sich nochmals und dringender nach der Brieftasche zu erkundigen. Das Verlangen, von seiner Amazone etwas zu erfahren, gab ihm Vertrauen zu Jarno; er entdeckte ihm seinen Fall und bat ihn um seine Beihilfe. „Sie wissen so viel", sagte er, „sollten Sie nicht auch das erfahren können?"

Jarno war einen Augenblick nachdenkend, dann sagte er zu seinem jungen Freunde: „Sei'n Sie ruhig und lassen Sie sich weiter nichts merken, wir wollen der Schönen schon auf die Spur kommen. Jetzt beunruhigt mich nur Lotharios Zustand: die Sache steht gefährlich, das sagt mir die Freundlichkeit und der gute Trost des Wundarztes. Ich hätte Lydien schon gerne weggeschafft, denn sie nutzt hier gar nichts, aber ich weiß nicht, wie ich es anfangen soll. Heute abend, hoff ich, soll unser alter Medikus kommen, und dann wollen wir weiter ratschlagen."

Der Medikus kam; es war der gute, alte, kleine Arzt, den wir schon kennen und dem wir die Mitteilung des interessanten Manuskripts verdanken. Er besuchte vor allen Dingen die Verwundeten und schien mit dessen Befinden keineswegs zufrieden. Dann hatte er mit Jarno eine lange Unterredung, doch ließen sie sich nichts merken, als sie abends zu Tisch kamen.

Wilhelm begrüßte ihn aufs freundlichste und erkundigte sich nach seinem Harfenspieler. – „Wir haben noch Hoffnung, den Unglücklichen zurechtzubringen", versetzte der Arzt. – „Dieser Mensch war eine traurige Zugabe zu Ihrem eingeschränkten und wunderlichen Leben", sagte Jarno. „Wie ist es ihm weiter ergangen? Lassen Sie mich es wissen!"

Nachdem man Jarnos Neugierde befriedigt hatte, fuhr der Arzt fort: „Nie habe ich ein Gemüt in einer so sonderbaren Lage gesehen. Seit vielen Jahren hat er an nichts, was außer ihm war, den mindesten Anteil genommen, ja fast auf nichts gemerkt; bloß in sich gekehrt, betrachtete er sein hohles leeres Ich, das ihm als ein unermeßlicher Abgrund erschien."

„Nur durch Mutmaßungen können wir seinem Schicksale näher kommen; ihn unmittelbar zu fragen, würde gegen unsere Grundsätze sein. Da wir wohl merken, daß er katholisch erzogen ist, haben wir geglaubt, ihm durch eine Beichte Linderung zu verschaffen; aber er entfernt sich auf eine sonderbare Weise jedesmal, wenn wir ihm den Geistlichen näher zu bringen suchen. Daß ich aber Ihren Wunsch, etwas von ihm zu wissen, nicht ganz unbefriedigt lasse, will ich Ihnen wenigstens unsere Vermutungen entdecken. Er hat seine Jugend in dem geistlichen Stande zugebracht: daher scheint er sein langes Gewand und seinen Bart erhalten zu wollen. Die Freuden der Liebe blieben ihm die größte Zeit seines Lebens unbekannt. Erst spät mag eine Verirrung mit einem sehr nahe verwandten Frauenzimmer, es mag ihr Tod, der einem unglücklichen Geschöpfe das Dasein gab, sein Gehirn völlig zerrüttet haben.

Sein größter Wahn ist, daß er überall Unglück bringe und daß ihm der Tod durch einen unschuldigen Knaben bevorstehe. Erst fürchtete er sich vor Mignon, eh er wußte, daß es ein Mädchen war; nun ängstigt ihn Felix, und da er das Leben bei all seinem Elend unendlich liebt, scheint seine Abneigung gegen das Kind daher entstanden zu sein."

„Was haben sie denn zu seiner Besserung für Hoffnung?" fragte Wilhelm.

„Es geht langsam vorwärts", versetzte der Arzt, „aber doch nicht zurück. Seine bestimmten Beschäftigungen treibt er fort, und wir haben ihn gewöhnt, die Zeitungen zu lesen, die er jetzt immer mit großer Begierde erwartet."

„Ich bin auf seine Lieder neugierig", sagte Jarno.

„Davon werde ich Ihnen verschiedene geben können", sagte der Arzt. „Der älteste Sohn des Geistlichen, der seinem Vater die Predigten nachzuschreiben gewohnt ist, hat manche Strophen, ohne von dem Alten bemerkt zu werden, aufgezeichnet und mehrere Lieder nach und nach zusammengesetzt."

Den andern Morgen kam Jarno zu Wilhelmen und sagte ihm: „Sie müssen uns einen Gefallen tun: Lydie muß einige Zeit entfernt werden; ihre heftige, und ich darf wohl sagen unbequeme Liebe und Leidenschaft hindert des Barons Genesung. Seine Wunde verlangt Ruhe und Gelassenheit, ob sie gleich bei seiner guten Natur nicht ungefährlich ist. Sie haben gesehen, wie ihn Lydie mit stürmischer Sorgfalt, unbezwinglicher Angst und nie versiegenden Tränen quält, und – genug", setzte er nach einer Pause mit einem Lächeln hinzu, „der Medikus verlangt ausdrücklich, daß sie das Haus auf einige Zeit verlassen solle. Wir haben ihr eingebildet, eine sehr gute Freundin halte sich in der Nähe auf, verlange sie zu sehen und erwarte sie jeden Augenblick. Sie hat sich bereden lassen, zu dem Gerichtshalter zu fahren, der nur zwei Stunden von hier wohnt. Dieser ist unterrichtet und wird herzlich bedauern, daß Fräulein Therese soeben weggefahren sei; er wird wahrscheinlich machen, daß man sie noch einholen könne, Lydie wird ihr nacheilen, und wenn das Glück gut ist, wird sie von einem Orte zum andern geführt werden. Zuletzt, wenn sie drauf besteht, wieder umzukehren, darf man ihr nicht widersprechen; man muß die Nacht zu Hilfe nehmen, der Kutscher ist ein gescheiter Kerl, mit dem man noch Abrede nehmen muß. Sie setzen sich zu ihr in den Wagen, unterhalten sie und dirigieren das Abenteuer."

„Sie geben mir einen sonderbaren und bedenklichen Auftrag", versetzte Wilhelm, „wie ängstlich ist die Gegenwart einer gekränkten treuen Liebe! Und ich soll selbst dazu das Werkzeug sein? Es ist das erstemal in meinem Leben, daß ich jemanden auf diese Weise hintergehe: denn ich habe immer geglaubt, daß es uns zu weit führen könne, wenn wir einmal um des Guten und Nützlichen willen zu betrügen anfangen."

„Können wir doch Kinder nicht anders erziehen als auf diese Weise", versetzte Jarno.

„Dagegen erwartet Sie auch keine geringe Belohnung, indem Sie Fräulein Theresen kennen lernen, ein Frauenzimmer, wie es ihrer wenige gibt; sie beschämt hundert Männer, und ich möchte sie eine wahre Amazone nennen, wenn andere nur als artige Hermaphroditen in dieser zweideutigen Kleidung herumgehen."

Wilhelm war betroffen: er hoffte, in Theresen seine Amazone wiederzufinden, um so mehr, als Jarno, von dem er einige Auskunft verlangte, kurz abbrach und sich entfernte.

Der Wagen stand vor der Türe, Lydie zauderte einen Augenblick, hineinzusteigen. „Grüßt Euren Herrn nochmals", sagte sie zu dem alten Bedienten, „vor Abend bin ich wieder zurück." Tränen standen ihr im Auge, als sie im Fortfahren sich nochmals umwendete. Sie kehrte sich darauf zu Wilhelmen, nahm sich zusammen und sagte: „Sie werden an Fräulein Theresen eine sehr interessante Person finden. Mich wundert, wie sie in diese Gegend kommt: denn Sie werden wohl wissen, daß sie und der Baron sich heftig liebten. Ungeachtet der Entfernung war Lothario oft bei ihr; ich war damals um sie; es schien, als ob sie nur füreinander leben würden. Auf einmal aber zerschlug sich's, ohne daß ein Mensch begreifen konnte, warum. Er hatte mich kennen lernen, und ich leugne nicht, daß ich Theresen herzlich beneidete, daß ich meine Neigung zu ihm kaum verbarg und daß ich ihn nicht zurückstieß, als er auf einmal mich statt Theresen zu wählen schien. Sie betrug sich gegen mich, wie ich es nicht besser wünschen konnte, ob es gleich beinahe scheinen mußte, als hätte ich ihr einen so werten Liebhaber geraubt. Aber auch wieviel tausend Tränen und Schmerzen hat mich diese Liebe schon gekostet! Erst sahen wir uns nur zuweilen am dritten Orte verstohlen, aber lange konnte ich das Leben nicht ertragen; nur in seiner Gegenwart war ich glücklich, ganz glücklich! Fern von ihm hatte ich kein trocknes Auge, keinen ruhigen Pulsschlag. Einst verzog er

mehrere Tage; ich war in Verzweiflung, machte mich auf den Weg und überraschte ihn hier. Er nahm mich liebevoll auf, und wäre nicht dieser unglückselige Handel dazwischen gekommen, so hätte ich ein himmlisches Leben geführt; und was ich ausgestanden habe, seitdem er in Gefahr ist, seitdem er leidet, sag ich nicht, und noch in diesem Augenblicke mache ich mir lebhafte Vorwürfe, daß ich mich nur einen Tag von ihm habe entfernen können."

Wilhelm wollte sich eben näher nach Theresen erkundigen, als sie bei dem Gerichtshalter vorfuhren, der an den Wagen kam und von Herzen bedauerte, daß Fräulein Therese schon abgefahren sei. Er bot den Reisenden ein Frühstück an, sagte aber zugleich, der Wagen würde noch im nächsten Dorfe einzuholen sein. Man entschloß sich, nachzufahren, und der Kutscher säumte nicht; man hatte schon einige Dörfer zurückgelegt und niemand angetroffen. Lydie bestand nun darauf, man solle umkehren; der Kutscher fuhr zu, als verstünde er es nicht. Endlich verlangte sie es mit größter Heftigkeit; Wilhelm rief ihm zu und gab ihm das verabredete Zeichen. Der Kutscher erwiderte: „Wir haben nicht nötig, denselben Weg zurückzufahren; ich weiß einen nähern, der zugleich viel bequemer ist." Er fuhr nun seitwärts durch einen Wald und über lange Triften weg. Endlich, da kein bekannter Gegenstand zum Vorschein kam, gestand der Kutscher, er sei unglücklicherweise irre gefahren, wolle sich aber bald zurechtfinden, indem er dort ein Dorf sehe. Die Nacht kam herbei, und der Kutscher machte seine Sache so geschickt, daß er überall fragte und nirgends Antwort abwartete. So fuhr man die ganze Nacht, Lydie schloß kein Auge; bei Mondschein fand sie überall Ähnlichkeiten, und immer wieder verschwanden sie wieder. Morgens schienen ihr die Gegenstände bekannt, aber desto unerwarteter. Der Wagen hielt vor einem kleinen artig gebauten Landhause stille; ein Frauenzimmer trat aus der Türe und öffnete den Schlag. Lydie sah sie starr an, sah sich um, sah sie wieder an und lag ohnmächtig in Wilhelms Armen.

Wilhelm ward in ein Mansardzimmerchen geführt; das Haus war neu und zu klein, als es beinah nur möglich war, äußerst reinlich und ordentlich. In Theresen, die ihn und Lydien an der Kutsche empfangen hatte, fand er seine Amazone nicht: es war ein anderes, ein himmelweit von ihr unterschiedenes Wesen. Wohlgebaut, ohne groß zu sein, bewegte sie sich mit viel Lebhaftigkeit, und ihren hellen, blauen, offnen Augen schien nichts verborgen zu bleiben, was vorging.

Sie trat in Wilhelms Stube und fragte, ob er etwas bedürfe. Wilhelm fragte nach Lydien, ob er das gute Mädchen nicht sehen und sich bei ihr entschuldigen könne.

„Das wird jetzt bei ihr wirken", versetzte Therese, „die Zeit entschuldigt, wie sie tröstet. Worte sind in beiden Fällen von wenig Kraft. Lydie will Sie nicht sehen. ,Lassen Sie mir ihn ja nicht vor die Augen kommen', rief sie, als ich sie verließ; ich möchte an der Menschheit verzweifeln! So ein ehrlich Gesicht, so ein offenes Betragen und diese heimliche Tücke! Lothario ist ganz bei ihr entschuldigt, auch sagt er in einem Briefe an das gute Mädchen: ‚Meine Freunde beredeten mich, meine Freunde nötigten mich!' Zu diesen rechnet Lydie Sie auch und verdammt Sie mit den übrigen."

„Sie erzeigt mir zu viel Ehre, indem sie mich schilt", versetzte Wilhelm, „ich darf an die Freundschaft dieses trefflichen Mannes noch keinen Anspruch machen und bin diesmal nur ein unschuldiges Werkzeug. Ich will meine Handlung nicht loben; genug, ich konnte sie tun! Es war von der Gesundheit, es war von dem Leben eines Mannes die Rede, den ich höher schätzen muß als irgend jemand, den ich vorher kannte. O welch ein Mann ist das, Fräulein, und welche Menschen umgeben ihn! In dieser Gesellschaft hab ich, so darf ich wohl sagen, zum erstenmal ein Gespräch geführt, zum erstenmal kam mir der eigenste Sinn meiner Worte aus dem Munde eines andern reichhaltiger, voller und in einem größern Umfang wieder entgegen; was ich ahnte, ward mir klar, und was ich meinte, lernte ich anschauen."

Therese hatte unter diesen Worten ihren Gast sehr freundlich angesehen. „Oh, wie süß ist es", rief sie aus, „seine eigne Überzeugung aus einem fremden Munde zu hören! Wie werden wir erst recht wir selbst, wenn uns ein anderer vollkommen recht gibt! Auch ich denke über Lothario vollkommen wie Sie; nicht jedermann läßt ihm Gerechtigkeit widerfahren, dafür schwärmen aber auch alle d i e für ihn, die ihn näher kennen, und das schmerzliche Gefühl, das sich in meinem Herzen zu seinem Andenken mischt, kann mich nicht abhalten, täglich an ihn zu denken."

„Wir haben", sagte sie, „nun das Losungswort unserer Verbindung ausgesprochen; lassen Sie uns so bald als möglich miteinander völlig bekannt werden. *Die Geschiche des Menschen ist sein Charakter.* Ich will Ihnen erzählen, wie es mir ergangen ist; schenken sie mir ein gleiches Vertrauen und lassen Sie uns auch in der Ferne verbunden bleiben. *Die Welt ist so leer, wenn man nur Berge, Flüsse und Städte darin denkt, aber hie und da jemand zu wissen, der mit uns übereinstimmt, mit dem wir auch stillschweigend fortleben, das macht uns dieses Erdenrund erst zu einem bewohnten Garten."*

Sie eilte fort und versprach, ihn bald zum Spaziergange abzuholen.

„Wo ist der Verwalter?" fragte sie, indem sie die Treppe völlig herunterkam. „Der Verwalter gehört meinem neuen Nachbar, der das schöne Gut gekauft hat, das ich in- und auswendig kenne; der gute alte Mann liegt krank am Podagra, seine Leute sind in dieser Gegend neu, und ich helfe ihnen gerne sich einrichten."

Sie machten einen Spaziergang durch Äcker, Wiesen und einige Baumgärten. Therese bedeutete den Verwalter in allem, sie konnte ihm von jeder Kleinigkeit Rechenschaft geben; und Wilhelm hatte Ursache genug, sich über ihre Kenntnis, ihre Bestimmtheit und über die Gewandtheit, wie sie in jedem Falle Mittel anzugeben wußte, zu verwundern. Sie hielt sich nirgends auf, eilte immer zu den bedeutenden Punkten, und so war die Sache bald abgetan. „Grüßt Euren Herrn", sagte sie, als sie den Mann verabschiedete: „ich werde ihn so bald als möglich besuchen und wünsche vollkommene Besserung. – Da könnte ich nun auch", sagte sie mit Lächeln, als er weg war, „bald reich und vielhabend werden; denn mein guter Nachbar wäre nicht abgeneigt, mir seine Hand zu geben."

„Der Alte mit dem Podagra?" rief Wilhelm; „ich wüßte nicht, wie Sie in Ihren Jahren zu so einem verzweifelten Entschluß kommen könnten." „Ich bin auch gar nicht versucht!" versetzte Therese. „*Wohlhabend ist jeder, der dem, was er besitzt, vorzustehen weiß; vielhabend zu sein, ist eine lästige Sache, wenn man es nicht versteht."*

Wilhelm zeigte seine Verwunderung über ihre Wirtschaftskenntnisse. „Entschiedene Neigung, frühe Gelegenheit, äußerer Antrieb und eine fortgesetzte Beschäftigung in einer nützlichen Sache machen in der Welt noch viel mehr möglich", versetzte Therese, „und wenn Sie erst erfahren werden, was mich dazu belebt hat, so werden Sie sich über das sonderbar scheinende Talent nicht mehr wundern."

Sie ließ ihn, als sie zu Hause anlangten, in ihren kleinen Garten, in welchem er sich kaum herumdrehen konnte; so eng waren die Wege und so reichlich war alles bepflanzt. Er mußte lächeln, als er über den Hof zurückkehrte; denn da lag das Brennholz so akkurat gesägt, gespalten und geschränkt, als wenn es ein Teil des Gebäudes wäre und immer so liegen bleiben sollte. Rein standen alle Gefäße an ihren Plätzen, das Häuschen war weiß und rot angestrichen und lustig anzusehen. Was das Handwerk hervorbringen kann, das keine schönen Verhältnisse kennt, aber für Bedürfnis, Dauer und Heiterkeit arbeitet, schien auf dem Platze vereinigt zu sein. Man brachte ihm das Essen auf sein Zimmer, und er hatte Zeit genug, Betrachtungen anzustellen. Besonders fiel ihm auf, daß er nun wieder eine so interessante Person kennenlernte, die mit Lothario in einem nahem Verhältnisse gestanden hatte. „Billig ist es", sagte er zu sich selbst, „daß so ein trefflicher Mann auch treffliche Weiberseelen an sich ziehe! Wie weit verbreitet sich die Wirkung der Männlichkeit und Würde wenn nur andere nicht so sehr dabei zu kurz kämen! Ja, gestehe dir nur deine Furcht! Wenn du dereinst deine Amazone wieder antriffst, die Gestalt aller Gestalten, du findest sie, trotz aller deiner Hoffnungen und Träume, zu deiner Beschämung und Demütigung doch noch am Ende – als seine Braut."

Therese kam auf sein Zimmer und bat um Verzeihung, daß sie ihn störe. „Hier in dem Wandschrank", sagte sie, „steht meine ganze Bibliothek: es sind eher Bücher, die ich nicht wegwerfe, als die ich aufhebe. Lydia verlangt ein geistliches Buch, es findet sich wohl auch eins und das andere darunter. Die Menschen, die das ganze Jahr weltlich sind, bilden sich ein, sie müßten zur Zeit der Not geistlich sein; sie sehen alles Gute und Sittliche wie eine Arznei an, die man mit Widerwillen zu sich nimmt, wenn man sich schlecht befindet; sie sehen in einem Geistlichen, einem Sittenlehrer nur einen Arzt, den man nicht geschwind genug aus dem Hause loswerden kann: ich aber gestehe gern, ich habe vom Sittlichen den Begriff als von einer

Diät, die eben dadurch nur Diät ist, wenn ich sie zur Lebensregel mache, wenn ich sie das ganze Jahr nicht aus den Augen lasse."
Sie suchten unter den Büchern und fanden einige sogenannte Erbauungsschriften. „Die Zuflucht zu diesen Büchern", sagte Therese, „hat Lydie von meiner Mutter gelernt: Schauspiele und Romane waren ihr Leben, solange der Liebhaber treu blieb; seine Entfernung brachte sogleich diese Bücher wieder in Kredit. *Ich kann überhaupt nicht begreifen"*, fuhr sie fort, *„wie man hat glauben können, daß Gott durch Bücher und Geschichten zu uns spreche. Wem die Welt nicht unmittelbar eröffnet, was sie für ein Verhältnis zu ihm hat, wem sein Herz nicht sagt, was er sich und andern schuldig ist, der wird es wohl schwerlich aus Büchern erfahren, die eigentlich nur geschickt sind, unsern Irrtümern Namen zu geben."*
Sie ließ Wilhelmen allein, und er brachte seinen Abend mit Revision der kleinen Bibliothek zu; sie war wirklich bloß durch Zufall zusammengekommen.
Wilhelms Abschied von Theresen war heiter; sie wünschte, ihn bald wiederzusehen. „Sie kennen mich ganz!" sagte sie; „Sie haben mich immer reden lassen, es ist das nächstemal Ihre Pflicht, meine Aufrichtigkeit zu erwidern."
Auf seiner Rückreise hatte er Zeit genug, diese neue helle Erscheinung lebhaft in der Erinnerung zu betrachten. Welch ein Zutrauen hatte sie ihm eingeflößt! Er dachte an Mignon und Felix, wie glücklich die Kinder unter einer solchen Aufsicht werden könnten; dann dachte er an sich selbst und fühlte, welche Wonne es sein müsse, in der Nähe eines so ganz klaren menschlichen Wesens zu leben. Als er sich dem Schloß näherte, fiel ihm der Turm mit den vielen Gängen und Seitengebäuden mehr als sonst auf: er nahm sich vor, bei der nächsten Gelegenheit Jarno oder den Abbé darüber zur Rede zu stellen.

Als Wilhelm nach dem Schlosse kam, fand er den edlen Lothario auf dem Wege der völligen Besserung; der Arzt und der Abbé waren nicht zugegen, Jarno allein war geblieben.
Wilhelm gedachte der guten Mignon neben dem schönen Felix auf das lebhafteste, er zeigte seinen Wunsch, die beiden Kinder aus der Lage, in der sie sich befanden, herauszuziehen.
„Wir wollen damit bald fertig sein", versetzte Lothario. „Das wunderliche Mädchen übergeben wir Theresen, sie kann unmöglich in bessere Hände geraten, und was den Knaben betrifft, den, dächt ich, nehmen Sie selbst zu sich: *denn was sogar die Frauen an uns ungebildet zurücklassen, das bilden die Kinder aus, wenn wir uns mit ihnen abgeben."*
Man ward einig, daß er bald abreisen sollte.
Wilhelm hatte auf seinem Wege nach der Stadt die edlen weiblichen Geschöpfe, die er kannte und von denen er gehört hatte, im Sinne; ihre sonderbaren Schicksale, die wenig Erfreuliches enthielten, waren ihm schmerzlich gegenwärtig! „Ach!" rief er aus, „arme Mariane! was werde ich noch von dir erfahren müssen? Und dich, herrliche Amazone, edler Schutzgeist, dem ich so viel schuldig bin, dem ich überall zu begegnen hoffe und den ich leider nirgends finde, in welchen traurigen Umständen treff ich dich vielleicht, wenn du mir einst wieder begegnest!"
In der Stadt war niemand von seinen Bekannten zu Hause; er eilte auf das Theater, er glaubte, sie in der Probe zu finden; alles war still, das Haus schien leer, doch sah er einen Laden offen. Als er auf die Bühne kam, fand er Aureliens alte Dienerin beschäftigt, Leinwand zu einer neuen Dekoration zusammenzunähen; es fiel nur so viel Licht herein, als nötig war, ihre Arbeit zu erhellen. Felix und Mignon saßen neben ihr auf der Erde, beide hielten ein Buch, und indem Mignon laut las, sagte ihr Felix alle Worte nach, als wenn er die Buchstaben kennte, als wenn er auch zu lesen verstünde.
Die Kinder sprangen auf und begrüßten den Ankommenden; er umarmte sie aufs zärtlichste und führte sie näher zu der Alten. „Bist du es", sagte er zu ihr mit Ernst, „die dieses Kind Aurelien zugeführt hatte?" Sie sah von ihrer Arbeit auf und wendete ihr Gesicht zu ihm; er sah sie in vollem Lichte, erschrak, trat einige Schritte zurück; es war die alte Barbara.
„Wo ist Mariane?" rief er aus. – „Weit von hier", versetzte die Alte.
„Und Felix? –"
„Ist der Sohn dieses unglücklichen, nur allzu zärtlich liebenden Mädchens. Möchten Sie niemals nachempfinden, was Sie uns gekostet haben! Möchte der Schatz, den ich Ihnen überliefere, Sie so glücklich machen, als er uns unglücklich gemacht hat!"
Sie stand auf, um wegzugehen. Wilhelm hielt sie fest. „Ich denke Ihnen nicht zu entlaufen", sagte sie, „lassen Sie mich ein Dokument holen, das Sie erfreuen und schmerzen wird." Sie entfernte sich, und Wilhelm sah den Knaben mit der ängstlichen Freude an; er durfte sich das Kind noch nicht zueignen. „Er ist dein", rief Mignon, „er ist dein!" und drückte das Kind an Wilhelms Knie.
Die Alte kam und überreichte ihm einen Brief. „Hier sind Marianens letzte Worte", sagte sie.
„Sie ist tot!" rief er aus.
„Tot!" sagte die Alte; „möchte ich Ihnen doch alle Vorwürfe ersparen können."
Überrascht und verwirrt erbrach Wilhelm den Brief; er hatte aber kaum die ersten Worte gelesen, als ihn ein bittrer Schmerz ergriff; er ließ den Brief fallen, stürzte auf eine Rasenbank und blieb eine Zeitlang liegen. Mignon bemühte sich um ihn. Indessen hatte Felix den Brief aufgehoben und zerrte seine Gespielin so lange, bis diese nachgab und zu ihm kniete und ihm vorlas. Felix wiederholte die Worte, und Wilhelm war genötigt, sie zweimal zu hören. „Wenn dieses Blatt jemals zu Dir kommt, so bedaure Deine unglückliche Geliebte, Deine Liebe hat ihr den Tod gegeben. Der Knabe, dessen Geburt ich nur wenige Tage überlebe, ist Dein; ich sterbe Dir treu, so sehr der Schein auch gegen mich sprechen mag; mit Dir verlor ich alles, was mich an das Leben fesselte. Ich sterbe zu-

frieden, da man mir versichert, das Kind sei gesund und werde leben. Höre die alte Barbara, verzeih ihr, leb wohl und vergiß mich nicht!"
Welch ein schmerzlicher und noch zu seinem Troste halb rätselhafter Brief! dessen Inhalt ihm erst recht fühlbar ward, da ihn die Kinder stockend und stammelnd vortrugen und wiederholten.

„Da haben Sie es nun!" rief die Alte, ohne abzuwarten, bis er sich erholt hatte; „danken Sie dem Himmel, daß nach dem Verluste eines so guten Mädchens Ihnen noch ein so vortreffliches Kind übrig bleibt. Nichts wird Ihrem Schmerze gleichen, wenn Sie vernehmen, wie das gute Mädchen Ihnen bis ans Ende treu geblieben, wie unglücklich sie geworden ist und was sie Ihnen alles aufgeopfert hat."

„Laß mich den Becher des Jammers und der Freuden", rief Wilhelm aus, „auf einmal trinken! Überzeuge mich, ja überrede mich nur, daß sie ein gutes Mädchen war, daß sie meine Achtung wie meine Liebe verdiente, und überlaß mich dann meinen Schmerzen über ihren unersetzlichen Verlust."

„Es ist jetzt nicht Zeit", versetzte die Alte, „ich habe zu tun und wünschte nicht, daß man uns beisammen fände. Lassen Sie es ein Geheimnis sein, daß Felix Ihnen angehört; ich hätte über meine bisherige Verstellung zu viel Vorwürfe von der Gesellschaft zu erwarten. Mignon verrät uns nicht, sie ist gut und verschwiegen."

„Ich wußte es lange und sagte nichts", versetzte Mignon. –
„Wie ist es möglich?" rief die Alte. „Woher?" fiel Wilhelm ein.

„Der Geist hat mir's gesagt."
„Wie? wo?"
„Im Gewölbe, da der Alte das Messer zog, rief mir's zu: ‚Rufe seinen Vater', und da fielst du mir ein."
„Wer rief denn?"
„Ich weiß nicht, im Herzen, im Kopfe, ich war so angst, ich zitterte, ich betete, da rief's, und ich verstand's."

Wilhelm drückte sie an sein Herz, empfahl ihr Felix und entfernte sich. Er bemerkte erst zuletzt, daß sie viel blässer und magerer geworden war, als er sie verlassen hatte.

Madame Melina fand er von seinen Bekannten zuerst; sie begrüßte ihn aufs freundlichste. „Oh! daß Sie doch alles", rief sie aus, „bei uns finden möchten, wie Sie wünschen!"

„Ich zweifle daran", sagte Wilhelm, „und erwartete es nicht. Gestehen Sie es nur, man hat alle Anstalten gemacht, mich entbehren zu können."

„Warum sind Sie auch weggegangen!" versetzte die Freundin.

Man kann die Erfahrung nicht früh genug machen, wie entbehrlich man in der Welt ist. Welche wichtige Personen glauben wir zu sein! Wir denken allein den Kreis zu beleben, in welchem wir wirken; in unserer Abwesenheit muß, bilden wir uns ein, Leben, Nahrung und Atem stocken – und die Lücke, die entsteht, wird kaum bemerkt, sie füllt sich so geschwind wieder aus, ja, sie wird oft nur der Platz, wo nicht für etwas Besseres, doch für etwas Angenehmeres."

„Und die Leiden unserer Freunde bringen wir nicht in Anschlag?"

„Auch unsere Freunde tun wohl, wenn sie sich bald finden, wenn sie sich sagen: *‚Da, wo du bist, da, wo du bleibst, wirke, was du kannst, sei tätig und gefällig und laß dir die Gegenwart heiter sein'.*"

Mit Ungeduld erwartete er die Alte, die ihm tief in der Nacht ihren sonderbaren Besuch angekündigt hatte. Sie wollte kommen, wenn alles schlief, und verlangte solche Vorbereitungen, eben als wenn das jüngste Mädchen sich zu einem Geliebten schleichen wollte. Er las indes Marianens Brief wohl hundertmal durch, las mit unaussprechlichem Entzücken das Wort T r e u e von ihrer geliebten Hand und mit Entsetzen die Ankündigung ihres Todes, dessen Annäherung sie nicht zu fürchten schien.

Mitternacht war vorbei, als etwas an der halboffnen Türe rauschte und die Alte mit einem Körbchen hereintrat.

„Ich soll Euch", sagte sie, „die Geschichte unserer Leiden erzählen, und ich muß erwarten, daß Ihr ungerührt dabeisitzt, daß Ihr nur, um Eure Neugierde zu befriedigen, mich so sorgsam erwartet und daß Ihr Euch jetzt, wie damals, in Eure kalte Eigenliebe hüllt, wenn uns das Herz bricht. Aber seht her! so brachte ich an jenem glücklichen Abend die Champagnerflasche hervor, so stellte ich drei Gläser auf den Tisch, und so fingt Ihr an, uns mit gutmütigen Kindergeschichten zu täuschen und einzuschläfern, wie ich Euch jetzt mit traurigen Wahrheiten aufklären und wach erhalten muß."

Wilhelm wußte nicht, was er sagen sollte, als die Alte wirklich den Stöpsel springen ließ und die drei Gläser vollschenkte.

„Trinkt!" rief sie, nachdem sie ihr schäumendes Glas schnell ausgeleert hatte, „trinkt! eh der Geist verraucht! Dieses dritte Glas soll zum Andenken meiner unglücklichen Freundin ungenossen verschäumen. Wie rot waren ihre Lippen, als sie Euch damals Bescheid tat! Ach! und nun auf ewig verblaßt und erstarrt!"

„Haben Sie nicht am letzten Abend, als Sie bei uns waren, ein Billett gefunden und mitgenommen?"

„Ich fand das Blatt erst, als ich es mitgenommen hatte; es war in das Halstuch verwickelt, das ich aus inbrünstiger Liebe ergriff und zu mir steckte."

„Was enthielt das Papier?"

„Die Aussichten eines verdrießlichen Liebhabers, in der nächsten Nacht besser als gestern aufgenommen zu werden. Und daß man ihm Wort gehalten hat, habe ich mit eignen Augen gesehen, denn er schlich früh vor Tage aus eurem Hause hinweg."

„Sie können ihn gesehen haben: aber was bei uns vorging, wie traurig Mariane diese Nacht, wie verdrießlich ich sie zubrachte, das werden Sie erst jetzt erfahren. Ich will ganz aufrichtig sein, weder leugnen noch beschönigen, daß ich Marianen beredete, sich einem gewissen Norberg zu ergeben; sie folgte, ja ich kann sagen: sie gehorchte mir mit Widerwillen. Er war reich, er schien verliebt, und ich hoffte, er werde beständig sein. Gleich darauf mußte er eine Reise machen, und Mariane lernte Sie kennen. Was hatte ich da nicht auszustehen! was zu hindern! was zu erdulden! ‚Oh!' rief sie manchmal, ‚hättest du meiner Jugend, meiner Unschuld nur noch vier Wochen geschont, so hätte ich einen würdigen Gegenstand meiner Liebe gefunden, ich wäre seiner würdig gewesen, und die Liebe hätte das mit einem ruhigen Bewußtsein geben dürfen, was ich jetzt wider Willen verkauft habe!' Sie überließ sich ganz ihrer Neigung, und ich darf nicht fragen, ob Sie glücklich waren. Ich hatte eine uneingeschränkte Gewalt über ihren Verstand, denn ich kannte alle Mittel, ihre kleinen Neigungen zu befriedigen; ich hatte keine Macht über ihr Herz, denn niemals billigte sie, was ich für sie tat, wozu ich sie bewegte, wenn ihr Herz widersprach: nur der unbezwinglichen Not gab sie nach, und die Not erschien ihr bald sehr drückend. In den ersten Zeiten ihrer Jugend hatte es ihr an nichts gemangelt; ihre Familie verlor durch eine Verwicklung von Umständen ihr Vermögen, das arme Mädchen war an mancherlei Bedürfnisse gewöhnt, und ihrem kleinen Gemüt waren gewisse gute Grundsätze eingeprägt, die sie unruhig machten, ohne ihr viel zu helfen. Sie hatte nicht die mindeste Gewandtheit in weltlichen Dingen, sie war unschuldig im eigentlichen Sinne; sie hatte keinen Begriff, daß man kaufen könne, ohne zu bezahlen; vor nichts war ihr mehr bange, als wenn sie schuldig war; sie hätte immer lieber gegeben als genommen, und nur eine solche Lage machte es möglich, daß sie genötigt ward, sich selbst hinzugeben, um eine Menge kleiner Schulden loszuwerden."

„Und hättest du", fuhr Wilhelm auf, „sie nicht retten können?"

„O ja", versetzte die Alte, „mit Hunger und Not, mit Kummer und Entbehrung, und darauf war ich niemals eingerichtet."

„Abscheuliche, niederträchtige Kupplerin! so hast du das unglückliche Geschöpf geopfert? so hast du sie deiner Kehle, deinem unersättlichen Heißhunger hingegeben?"

„Ihr tätet besser, Euch zu mäßigen und mit Schimpfreden inne zu halten", versetzte die Alte. „Wenn Ihr schimpfen wollt, so geht in Eure großen vornehmen Häuser, da werdet Ihr Mütter finden, die recht ängstlich besorgt sind, wie sie für ein liebenswürdiges, himmlisches Mädchen den allerabscheulichsten Menschen auffinden wollen, wenn er nur zugleich der reichste ist. Seht das arme Geschöpf vor seinem Schicksale zittern und beben und nirgends Trost finden, als bis ihr irgendeine erfahrene Freundin begreiflich macht, daß sie durch den Ehestand das Recht erwerbe, über ihr Herz und ihre Person künftig nach Gefallen disponieren zu können."

„Schweig!" rief Wilhelm: „glaubst du denn, daß ein Verbrechen durch das andere entschuldigt werden könne? Erzähle, ohne weitere Anmerkungen zu machen!"

„So hören Sie, ohne mich zu tadeln! Mariane ward wider meinen Willen die Ihre. Bei diesem Abenteuer habe ich mir wenigstens nichts vorzuwerfen. Norberg kam zurück, er eilte, Marianen zu sehen, die ihn kalt und verdrießlich aufnahm und ihm nicht einen Kuß erlaubte. Ich brauchte meine ganze Kunst, um ihr Betragen zu entschuldigen; ich ließ ihn merken, daß ein Beichtvater ihr das Gewissen geschärft habe und daß man ein Gewissen, solange es spricht, respektieren müsse. Ich brachte ihn dahin, daß er ging, und ich versprach ihm, mein Bestes zu tun. Er war reich und roh, aber er hatte einen Grund von Gutmütigkeit und liebte Marianen auf das äußerste. Er versprach mir Geduld, und ich arbeitete desto lebhafter, um ihn nicht zu sehr zu prüfen. Ich hatte mit Marianen einen harten Stand; ich überredete sie, ja ich kann sagen: ich zwang sie endlich durch die Drohung, daß ich sie verlassen würde, an ihren Liebhaber zu schreiben, und ihn auf die Nacht einzuladen. S i e kamen und rafften zufälligerweise seine Antwort in dem Halstuch auf. Ihre unvermutete Gegenwart hatte vor allem ein böses Spiel gemacht. Kaum waren Sie weg, so ging die Qual von neuem an: sie schwur, daß sie Ihnen nicht untreu werden könne, und war so leidenschaftlich, so außer sich, daß sie mir ein herzliches Mitleid ablockte. Ich versprach ihr endlich, daß ich auch diese Nacht Norbergen beruhigen und ihn unter allerlei Vorwänden entfernen wollte; ich bat sie, zu Bette zu gehen, allein sie schien mir nicht zu trauen; sie blieb angezogen und schlief zuletzt, bewegt und ausgeweint, wie sie war, in ihren Kleidern ein.

Norberg kam, ich suchte ihn abzuhalten, ich stellte ihm ihre Gewissensbisse, ihre Reue in den schwärzesten Farben vor; er wünschte, sie nur zu sehen, und ich ging in das Zimmer, um sie vorzubereiten; er schritt mir nach, und wir traten beide zu gleicher Zeit vor ihr Bette. Sie erwachte, sprang mit Wut auf und entriß sich unsern Armen; sie beschwor und bat, sie flehte, drohte und versicherte, daß sie nicht nachgeben würde. Sie war unvorsichtig genug, über ihre wahre Leidenschaft einige Worte fallen zu lassen, die der arme Norberg im geistlichen Sinne deuten mußte. Endlich verließ er sie, und sie schloß sich ein. Ich behielt ihn noch lange bei mir und sprach mit ihm über ihren Zustand, daß sie guter Hoffnung sei und daß man das arme Mädchen schonen müsse. Er fühlte sich so stolz auf seine Vaterschaft, er freute sich so sehr auf einen Knaben, daß er alles einging, was sie von ihm verlangte, und daß er versprach, lieber einige Zeit zu verreisen, als seine Geliebte zu ängstigen und ihr durch ihre Gemütsbewegungen zu schaden. Mit diesen Gesinnungen schlich er morgens früh von mir weg, und Sie, mein Herr, wenn Sie Schildwache gestanden haben, so hätte es zu Ihrer Glückseligkeit nichts weiter bedurft, als in den Busen Ihres Nebenbuhlers zu sehen, den Sie so begünstigt, so glücklich hielten und dessen Erscheinung Sie zur Verzweiflung brachte."

„Redest du wahr?" sagte Wilhelm.

„So wahr", sagte die Alte, „als ich noch hoffe, Sie zur Verzweiflung zu bringen.

Ja gewiß, Sie würden verzweifeln, wenn ich Ihnen das Bild unsers nächsten Morgens recht lebhaft darstellen könnte. Wie heiter wachte sie auf! wie freundlich rief sie mich herein! wie lebhaft dankte sie mir! wie herzlich drückte sie mich an ihren Busen! ‚Nun', sagte sie, indem sie lächelnd vor den Spiegel trat, ‚darf ich mich wieder an mir selbst, mich an meiner Gestalt freuen, da ich wieder mir, da ich meinem einzig geliebten Freund angehöre. Wie ist es so süß, überwunden zu haben! Welch eine himmlische Empfindung ist es, seinem Herzen zu folgen! Wie dank ich dir, daß du dich meiner angenommen, daß du deine Klugheit, deinen Verstand auch einmal zu meinem Vorteil angewendet hast! Steh mir bei und ersinne, was mich ganz glücklich machen kann!'

Ich gab ihr nach, ich wollte sie nicht reizen, ich schmeichelte ihrer Hoffnung, und sie liebkoste mich auf das anmutigste. Entfernte sie sich einen Augenblick vom Fenster, so mußte ich Wache stehen: denn S i e sollten nun ein für allemal vorbeigehen, man wollte Sie wenigstens sehen; so ging der ganze Tag unruhig hin. Nachts, zur gewöhnlichen Stunde, erwarteten wir Sie ganz gewiß. Ich paßte schon an der Treppe, die Zeit ward mir lang, ich ging wieder zu ihr hinein. Ich fand sie zu meiner Verwunderung in ihrer Offizierstracht, sie sah unglaublich heiter und reizend aus. ‚Verdien ich nicht', sagte sie, ‚heute in Mannstracht zu erscheinen? Habe ich mich nicht brav gehalten? Mein Geliebter soll mich heute wie das erstemal sehen, ich will ihn so zärtlich und mit mehr Freiheit an mein Herz drücken als damals: denn bin ich jetzt nicht viel mehr die Seine als damals, da mich ein edler Entschluß noch nicht freigemacht hatte. Aber', fügte sie nach einigem Nachdenken hinzu, ‚noch hab ich nicht ganz gewonnen, noch muß ich erst das Äußerste wagen, um seiner wert, um seines Besitzes gewiß zu sein; ich muß ihm alles entdecken, meinen ganzen Zustand offenbaren und ihm alsdann überlassen, ob er mich behalten oder verstoßen will. Diese Szene bereitete ich ihm, bereitete ich mir zu; und wäre sein Gefühl mich zu verstoßen fähig, so würde ich alsdann ganz wieder mir selbst angehören und alles erdulden, was das Schicksal mir auferlegen wollte.'

Mit diesen Gesinnungen, mit diesen Hoffnungen, mein Herr, erwartete Sie das liebenswürdige Mädchen; Sie kamen nicht. Oh! wie soll ich den Zustand des Wartens und Hoffens beschreiben? Ich sehe dich noch vor mir, mit welcher Liebe, mit welcher Inbrunst du von dem Manne sprachst, dessen Grausamkeit du noch nicht erfahren hattest."

„Gute liebe Barbara", rief Wilhelm, indem er aufsprang und die Alte bei der Hand faßte, „es ist nun genug der Verstellung, genug der Vorbereitung! Dein gleichgültiger, dein ruhiger, dein zufriedner Ton hat dich verraten. Gib mir Marianen wieder! sie lebt, sie ist in der Nähe. Wo hast du sie versteckt? Laß s i e, laß mich nicht länger in Ungewißheit! Dein Endzweck ist erreicht. Wo hast du sie verborgen? Komm, daß ich sie mit diesem Licht beleuchte! daß ich wieder ihr holdes Angesicht sehe!"

Er hatte die Alte vom Stuhl aufgezogen, sie sah ihn starr an, die Tränen stürzten ihr aus den Augen, und ein ungeheurer Schmerz ergriff sie. „Welch ein unglücklicher Irrtum", rief sie aus, „läßt Sie noch einen Augenblick hoffen! — Ja, ich habe sie verborgen, aber unter der Erde; weder das Licht der Sonne noch eine vertrauliche Kerze wird ihr holdes Angesicht jemals wieder erleuchten. Führen Sie den guten Felix an ihr Grab und sagen Sie ihm: ‚Da liegt deine Mutter, die dein Vater ungehört verdammt hat.' Das liebe Herz schlägt nicht mehr vor Ungeduld, Sie zu sehen, nicht etwa in einer benachbarten Kammer wartet sie auf den Ausgang meiner Erzählung, oder meines Märchens; die dunkle Kammer hat sie aufgenommen, wohin kein Bräutigam folgt, woraus man keinem Geliebten entgegengeht."

Sie warf sich auf die Erde an einem Stuhle nieder und weinte bitterlich; Wilhelm war zum ersten Male völlig überzeugt, daß Mariane tot sei; er befand sich in einem traurigen Zustande.

Wilhelm schrieb vor seiner Abreise aus der Stadt noch einen weitläufigen Brief an Wernern. Sie hatten zwar einige Briefe gewechselt, aber weil sie nicht einig werden konnten, hörten sie zuletzt auf zu schreiben. Nun hatte sich Wilhelm wieder genähert, er war im Begriff, dasjenige zu tun, was jener so sehr wünschte, er konnte sagen: ich verlasse das Theater und verbinde mich mit Männern, deren Umgang mich in jedem Sinne zu einer reinen und sichern Tätigkeit führen muß. Er erkundigte sich nach seinem Vermögen, und es schien ihm nunmehr sonderbar, daß er so lange sich nicht darum bekümmert hatte. Er wußte nicht, daß es die Art aller der Menschen sei, denen an ihrer innern Bildung viel gelegen ist, daß sie die äußern Verhältnisse ganz und gar vernachlässigen. Wilhelm hatte sich in diesem Falle befunden; er schien nunmehr zum erstenmal zu merken, daß er äußerer Hilfsmittel bedürfe, um nachhaltig zu wirken. Er reiste fort mit einem ganz andern Sinn als das erstemal; die Aussichten, die sich ihm zeigten, waren reizend, und er hoffte, auf seinem Wege etwas Frohes zu erleben.

Als er nach Lotharios Gut zurückkam, fand er eine große Veränderung. Jarno kam ihm entgegen, mit der Nachricht, daß der Oheim gestorben, daß Lothario hingegangen sei, die hinterlassenen Güter in Besitz zu nehmen. „Sie kommen eben zur rechten Zeit", sagte er, „um mir und dem Abbé beizustehn. Lothario hat uns den Handel um wichtige Güter in unserer Nachbarschaft aufgetragen; es war schon lange vorbereitet, und nun finden wir Geld und Kredit eben zur rechten Stunde. Das einzige war dabei bedenklich, daß ein auswärtiges Handelshaus auch schon auf dieselben Güter Absicht hatte; nun sind wir kurz und gut entschlossen, mit jenem gemeine Sache zu machen, denn sonst hätten wir uns ohne Not und Vernunft hinaufgetrieben. Wir haben, so scheint es, mit einem klugen Manne zu tun. Nun machen wir Kalkuls und Anschläge; auch muß ökonomisch überlegt werden, wie wir die Güter teilen können, so daß jeder ein schönes Besitztum erhält." Es wurden Wilhelmen die Papiere vorgelegt; man besah die Felder, Wiesen, Schlösser, und obgleich Jarno und der Abbé die Sache sehr gut zu verstehen schienen, so wünschte Wilhelm doch, daß Fräulein Therese von der Gesellschaft sein möchte.

Sie brachten mehrere Tage mit diesen Arbeiten zu, und Wilhelm hatte kaum Zeit, seine Abenteuer und seine zweifelhafte Vaterschaft den Freunden zu erzählen, die eine ihm so wichtige Begebenheit gleichgültig und leichtsinnig behandelten.

Er hatte bemerkt, daß sie manchmal in vertrauten Gesprächen, bei Tische und auf Spaziergängen, auf einmal innehielten, ihren Worten eine andere Wendung gaben und dadurch wenigstens anzeigten, daß sie unter sich manches abzutun hatten, das ihm verborgen sei. Er erinnerte sich an das, was Lydie gesagt hatte, und glaubte um so mehr daran, als eine ganze Seite des Schlosses vor ihm immer unzugänglich gewesen war. Zu gewissen Galerien und besonders zu dem alten Turm, den er von außen recht gut kannte, hatte er bisher vergebens Weg und Eingang gesucht.

Eines Abends sagte Jarno zu ihm: „Wir können Sie nun so sicher als den Unsern ansehen, daß es unbillig wäre, wenn wir Sie nicht tiefer in unsere Geheimnisse einführten. *Es ist gut, daß der Mensch, der erst in die Welt tritt, viel von sich halte, daß er sich viele Vorzüge zu erwerben denke, daß er alles möglich zu machen suche; aber wenn seine Bildung auf einem gewissen Grade steht, dann ist es vorteilhaft, wenn er sich in einer größern Masse verlieren lernt, wenn er lernt, um anderer willen zu leben und seiner selbst in einer pflichtmäßigen Tätigkeit zu vergessen. Da lernt er erst sich selbst kennen, denn das Handeln eigentlich vergleicht uns mit andern.* Sie sollen bald erfahren, welch eine kleine Welt sich in Ihrer Nähe befindet, und wie gut Sie in dieser kleinen Welt gekannt sind; morgen früh, vor Sonnenaufgang, sei'n Sie angezogen und bereit!"

Jarno kam zur bestimmten Stunde und führte ihn durch bekannte und unbekannte Zimmer des Schlosses, dann durch einige Galerien, und sie gelangten endlich vor eine große alte Türe, die stark mit Eisen beschlagen war. Jarno pochte, die Türe tat sich ein wenig auf, so daß eben ein Mensch hineinschlüpfen konnte. Jarno schob Wilhelmen hinein, ohne ihm zu folgen. Dieser fand sich in einem dunkeln und engen Behältnisse, es war finster um ihn, und als er einen Schritt vorwärts gehen wollte, stieß er schon wider. Eine nicht ganz unbekannte Stimme rief ihm zu: „Tritt herein!" und nun bemerkte er erst, daß die Seiten des Raums, in dem er sich befand, nur mit Teppichen behangen waren, durch welche ein schwaches Licht hindurchschimmerte. „Tritt herein!" rief es nochmals; er hob den Teppich auf und trat hinein.

Der Saal, in dem er sich nunmehr befand, schien ehemals eine Kapelle gewesen zu sein; anstatt des Altars stand ein großer Tisch auf einigen Stufen, mit einem grünen Teppich behangen, darüber schien ein zugezogener Vorhang ein Gemälde zu bedecken, an den Seiten waren schön gearbeitete Schränke, mit feinen Drahtgittern verschlossen, wie man sie in Bibliotheken zu sehen pflegt, nur sah er anstatt der Bücher viele Rollen aufgestellt. Niemand befand sich in dem Saal; die aufgehende Sonne fiel durch die farbigen Fenster Wilhelmen grade entgegen und begrüßte ihn freundlich.

„Setze dich!" rief eine Stimme, die von dem Altare her zu tönen schien. Wilhelm setzte sich auf einen kleinen Armstuhl, der wider den Verschlag des Eingangs stand; es war kein anderer Sitz im ganzen Zimmer, und mußte sich darein ergeben, ob ihn schon die Morgensonne blendete; der Sessel stand fest, er konnte nur die Hand vor die Augen halten.

Indem eröffnete sich, mit einem kleinen Geräusche, der Vorhang über dem Altar und zeigte, innerhalb eines Rahmens, eine leere, dunkle Öffnung. Es trat ein Mann hervor in gewöhnlicher Kleidung, der ihn begrüßte und zu ihm sagte: „Sollten Sie mich nicht wieder erkennen? Sollten Sie, unter andern Dingen, die Sie wissen möchten, nicht auch zu erfahren wünschen, wo die Kunstsammlung Ihres Großvaters sich gegenwärtig befindet? Erinnern Sie sich des Gemäldes nicht mehr, das Ihnen so reizend war? Wo mag der kranke Königssohn wohl jetzo schmachten?" Wilhelm erkannte leicht den Fremden, der in jener bedeutenden Nacht sich mit ihm im Gasthause unterhalten hatte. „Vielleicht", fuhr dieser fort, „können wir jetzt über Schicksal und Charakter eher einig werden!"

Wilhelm wollte eben antworten, als der Vorhang sich wieder rasch zusammenzog. „Sonderbar!" sagte er bei sich selbst, „sollten zufällige Ereignisse einen Zusammenhang haben? Und das, was wir Schicksal nennen, sollte es bloß Zufall sein? Wo mag sich meines Großvaters Sammlung befinden, und warum erinnert man mich in diesen feierlichen Augenblicken daran?"

Er hatte nicht Zeit, weiter zu denken; denn der Vorhang öffnete sich wieder, und ein Mann stand vor seinen Augen, den er sogleich für den Landgeistlichen erkannte, der mit ihm und der lustigen Gesellschaft jene Wasserfahrt gemacht hatte; er glich dem Abbé, ob er gleich nicht dieselbe Person schien. Mit einem heitern Gesichte und einem würdigen Ausdruck fing der Mann an: „*Nicht vor Irrtum zu bewahren, ist die Pflicht des Menschenerziehers, sondern den Irrenden zu leiten, ja ihn seinen Irrtum aus vollen Bechern ausschlürfen zu lassen, das ist die Weisheit der Lehrer.* Wer seinen Irrtum nur kostet, hält lange damit Haus, er freut sich dessen als eines seltenen Glücks; aber wer ihn ganz erschöpft, der muß ihn kennen lernen, wenn er nicht wahnsinnig ist." Der Vorhang schloß sich abermals, und Wilhelm hatte Zeit nachzudenken. „Von welchem Irrtum kann der Mann sprechen?" sagte er zu sich selbst, „als von dem, der mich mein ganzes Leben verfolgt hat: daß ich da Bildung suchte, wo keine zu finden war, daß ich mir einbildete, ein Talent erwerben zu können, zu dem ich nicht die geringste Anlage hatte."

Der Vorhang riß sich schneller auf, ein Offizier trat hervor und sagte nur im Vorbeigehen: „Lernen Sie die Menschen kennen, zu denen man Zutrauen haben kann!" Der Vorhang schloß sich, und Wilhelm brauchte sich nicht lange zu besinnen, um diesen Offizier für denjenigen zu erkennen, der ihn in des Grafen Park umarmt hatte und schuld gewesen war, daß er Jarno für einen Werber hielt. Wie dieser hierher gekommen und wer er sei, war Wilhelmen völlig ein Rätsel. „Wenn so viele Menschen an dir

teilnahmen, deinen Lebensweg kannten und wußten, was darauf zu tun sei, warum führten sie dich nicht strenger, warum nicht ernster? Warum begünstigten sie deine Spiele, anstatt dich davon wegzuführen?"
„Rechte nicht mit uns!" rief eine Stimme: „Du bist gerettet und auf dem Wege zum Ziel. Du wirst keine deiner Torheiten bereuen und keine zurückwünschen, kein glücklicheres Schicksal kann einem Menschen werden."
Der Vorhang riß sich voneinander, und in voller Rüstung stand der alte König von Dänemark in dem Raume. „Ich bin der Geist deines Vaters", sagte das Bildnis, „und scheide getrost, da meine Wünsche für dich, mehr als ich sie selbst begriff, erfüllt sind. Steile Gegenden lassen sich nur durch Umwege erklimmen, auf der Ebene führen gerade Wege von einem Ort zum andern. Lebe wohl, und gedenke mein, wenn du genießest, was ich dir vorbereitet habe."

Wilhelm war äußerst betroffen, er glaubte die Stimme seines Vaters zu hören, und doch war sie es auch nicht; er befand sich durch die Gegenwart und die Erinnerung in der verworrensten Lage.

Nicht lange konnte er nachdenken, als der Abbé hervortrat und sich hinter den grünen Tisch stellte. Treten Sie herbei! rief er seinem verwunderten Freunde zu. Er trat herbei und stieg die Stufen hinan. Auf dem Teppiche lag eine kleine Rolle. „Hier ist Ihr Lehrbrief", sagte der Abbé, „beherzigen Sie ihn, er ist von wichtigem Inhalt."
Wilhelm nahm ihn auf, öffnete ihn und las:

LEHRBRIEF

Die Kunst ist lang, das Leben kurz, das Urteil schwierig, die Gelegenheit flüchtig. Handeln ist leicht, Denken schwer, nach dem Gedachten Handeln unbequem. Aller Anfang ist heiter, die Schwelle ist der Platz der Erwartung. Der Knabe staunt, der Eindruck bestimmt ihn, er lernt spielend, der Ernst überrascht ihn. Die Nachahmung ist uns angeboren, das Nachzuahmende wird nicht leicht erkannt. Selten wird das Treffliche gefunden, seltner geschätzt. Die Höhe reizt uns, nicht die Stufen; den Gipfel im Auge, wandeln wir gerne auf der Ebene. Nur ein Teil der Kunst kann gelehrt werden, der Künstler braucht sie ganz. Wer sie halb kennt, ist immer irre und redet viel; wer sie ganz besitzt, mag nur tun und redet selten oder spät. Jene haben keine Geheimnisse und keine Kraft, ihre Lehre ist wie gebackenes Brot schmackhaft und sättigend für e i n e n Tag; aber Mehl kann man nicht säen, und die Saatfrüchte sollen nicht vermahlen werden. Die Worte sind gut, sie sind aber nicht das Beste. Das Beste wird nicht deutlich durch Worte. Der Geist, aus dem wir handeln, ist das Höchste. Die Handlung wird nur vom Geiste begriffen und wieder dargestellt. Niemand weiß, was er tut, wenn er recht handelt, aber des Unrechten sind wir uns immer bewußt. Wer bloß mit Zeichen wirkt, ist ein Pedant, ein Heuchler oder ein Pfuscher. Es sind ihrer viel, und es wird ihnen wohl zusammen. Ihr Geschwätz hält den Schüler zurück, und ihre beharrliche Mittelmäßigkeit ängstigt die Besten. Des echten Künstlers Lehre schließt den Sinn auf; denn wo die Worte fehlen, spricht die Tat. Der echte Schüler lernt aus dem Bekannten das Unbekannte entwickeln und nähert sich dem Meister.

„Genug!" rief der Abbé; „das übrige zu seiner Zeit. Jetzt sehen Sie sich in jenen Schränken um."
Wilhelm ging hin und las die Aufschriften der Rollen. Er fand mit Verwunderung Lotharios Lehrjahre, Jarnos Lehrjahre und seine eigenen Lehrjahre daselbst aufgestellt, unter vielen andern, deren Namen unbekannt waren.
„Darf ich hoffen, in diese Rollen einen Blick zu werfen?"
„Es ist für Sie nunmehr in diesem Zimmer nichts verschlossen."
„Darf ich eine Frage tun?"
„Ohne Bedenken! und Sie können entscheidende Antwort erwarten, wenn es eine Angelegenheit betrifft, die Ihnen zunächst am Herzen liegt und am Herzen liegen soll."
„Gut denn! Ihr sonderbaren und weisen Menschen, deren Blick in so viele Geheimnisse dringt, könnt ihr mir sagen, ob Felix wirklich mein Sohn sei?"
„Heil Ihnen über diese Frage!" rief der Abbé, indem er vor Freuden die Hände zusammenschlug, „Felix ist Ihr Sohn! Bei dem Heiligsten, was unter uns verborgen liegt, schwör ich Ihnen: Felix ist Ihr Sohn, und der Gesinnung nach war seine abgeschiedne Mutter Ihrer nicht unwert. Empfangen Sie das liebliche Kind aus unsrer Hand, kehren Sie sich um, und wagen Sie es, glücklich zu sein."
Wilhelm hörte ein Geräusch hinter sich, er kehrte sich um und sah ein Kindergesicht schalkhaft durch die Teppiche des Eingangs hervorgucken: es war Felix. Der Knabe versteckte sich sogleich scherzend, als er gesehen wurde.
„Komm hervor!" rief der Abbé. Er kam gelaufen, sein Vater stürzte ihm entgegen, nahm ihn in die Arme und drückte ihn an sein Herz. „Ja, ich fühl's", rief er aus, „du bist mein! Welche Gabe des Himmels habe ich meinen Freunden zu verdanken! Wo kommst du her, mein Kind, gerade in diesem Augenblick?"
„Fragen Sie nicht", sagte der Abbé. „Heil dir, junger Mann! Deine Lehrjahre sind vorüber; die Natur hat dich losgesprochen."

ACHTES BUCH

Felix war in den Garten gesprungen, Wilhelm folgte ihm mit Entzücken, der schönste Morgen zeigte jeden Gegenstand mit neuen Reizen, und Wilhelm genoß den heitersten Augenblick. Felix war neu in der freien und herrlichen Welt, und sein Vater nicht viel bekannter mit den Gegenständen, nach denen der Kleine wiederholt und unermüdet fragte. Sie gesellten sich endlich zum Gärtner, der die Namen und den Gebrauch mancher Pflanzen herzählen mußte; Wilhelm sah die Natur durch ein neues

Organ, und die Neugierde, die Wißbegierde des Kindes ließ ihn erst fühlen, welch ein schwaches Interesse er an den Dingen außer sich genommen hatte, wie wenig er kannte und wußte. An diesem Tage, dem vergnügtesten seines Lebens, schien auch seine eigne Bildung erst anzufangen: er fühlte die Notwendigkeit, sich zu belehren, indem er zu lehren aufgefordert ward.

Wilhelm ließ seinen Felix nicht von der Seite und freute sich um des Knaben willen recht lebhaft des Besitzes, dem man entgegensah. Die Lüsternheit des Kindes nach den Kirschen und Beeren, die bald reif werden sollten, erinnerte ihn an die Zeit seiner Jugend und an die vielfache Pflicht des Vaters, den Seinigen den Genuß vorzubereiten, zu verschaffen und zu erhalten. Mit welchem Interesse betrachtete er die Baumschulen und die Gebäude! Wie lebhaft sann er darauf, das Vernachlässigte wieder herzustellen und das Verfallene zu erneuern! Er sah die Welt nicht mehr wie ein Zugvogel an, ein Gebäude nicht mehr für eine geschwind zusammengestellte Laube, die vertrocknet, ehe man sie verläßt. Alles, was er anzulegen gedachte, sollte dem Knaben entgegenwachsen, und alles, was er herstellte, sollte eine Dauer auf einige Geschlechter haben. In diesem Sinne waren seine Lehrjahre geendigt, und mit dem Gefühl des Vaters hatte er auch alle Tugenden eines Bürgers erworben. Er fühlte es, und seiner Freude konnte nichts gleichen. „Oh, der unnötigen Strenge der Moral!" rief er aus, „da die Natur uns auf ihre liebliche Weise zu allem bildet, was wir sein sollen. Oh, der seltsamen Anforderungen der bürgerlichen Gesellschaft, die uns erst verwirrt und mißleitet und dann mehr als die Natur selbst von uns fordert! Wehe jeder Art von Bildung, welche die wirksamsten Mittel wahrer Bildung zerstört und uns auf das Ende hinweist, anstatt uns auf dem Wege selbst zu beglücken!"

So manches er auch in seinem Leben schon gesehen hatte, so schien ihm doch die menschliche Natur erst durch die Beobachtung des Kindes deutlich zu werden. Das Theater war ihm, wie die Welt, nur als eine Menge ausgeschütteter Würfel vorgekommen, deren jeder einzeln auf seiner Oberfläche bald mehr, bald weniger bedeutet, und die allenfalls zusammengezählt eine Summe machen. Hier im Kinde lag ihm, konnte man sagen, ein einzelner Würfel vor, auf dessen vielfachen Seiten der Wert und der Unwert der menschlichen Natur so deutlich eingegraben war.

Nach oft vergebens wiederholtem Schmerz über den Verlust Marianens fühlte er nur zu deutlich, daß er eine Mutter für den Knaben suchen müsse und daß er sie nicht sicherer als in Therese finden werde. Er kannte dieses vortreffliche Frauenzimmer ganz. Eine solche Gattin und Gehilfin schien die einzige zu sein, der man sich und die Seinen anvertrauen könnte. Ihre edle Neigung zu Lothario machte ihm keine Bedenklichkeit. Sie waren durch ein sonderbares Schicksal auf ewig getrennt, Therese hielt sich für frei und hatte von einer Heirat zwar mit Gleichgültigkeit, doch als von einer Sache gesprochen, die sich von selbst versteht.

Nachdem er lange mit sich zu Rate gegangen war, nahm er sich vor, ihr von sich zu sagen, soviel er nur wußte. Sie sollte ihn kennenlernen, wie er sie kannte, und er fing nun an, seine eigene Geschichte durchzudenken: sie schien ihm an Begebenheiten so leer und im ganzen jedes Bekenntnis so wenig zu seinem Vorteil, daß er mehr als einmal von dem Vorsatz abzustehn im Begriff war. Endlich entschloß er sich, die Rolle seiner Lehrjahre aus dem Turme von Jarno zu verlangen; dieser sagte: „Es ist eben zur rechten Zeit", und Wilhelm erhielt sie.

Es ist eine schauderhafte Empfindung, wenn ein edler Mensch mit Bewußtsein auf dem Punkte steht, wo er über sich selbst aufgeklärt werden soll. Alle Übergänge sind Krisen, und ist eine Krise nicht Krankheit? Wie ungern tritt man nach einer Krankheit vor den Spiegel! Die Besserung fühlt man, und man sieht nur die Wirkung des vergangenen Übels. Wilhelm war indessen vorbereitet genug, die Umstände hatten schon lebhaft zu ihm gesprochen, seine Freunde hatten ihn eben nicht geschont, und wenn er gleich das Pergament mit einiger Hast aufrollte, so ward er doch immer ruhiger, je weiter er las. Er fand die umständliche Geschichte seines Lebens in großen scharfen Zügen geschildert; weder einzelne Begebenheiten, noch beschränkte Empfindungen verwirrten seinen Blick, allgemeine liebevolle Betrachtungen gaben ihm Fingerzeige, ohne ihn zu beschämen, und er sah zum erstenmal sein Bild außer sich, zwar nicht wie im Spiegel, ein zweites Selbst, sondern wie im Porträt, ein anderes Selbst: man bekennt sich zwar nicht zu allen Zügen, aber man freut sich, daß ein denkender Geist uns so hat fassen, ein großes Talent uns so hat darstellen wollen, daß ein Bild von dem, was wir waren, noch besteht und daß es länger als wir selbst dauern kann.

Wilhelm beschäftigte sich nunmehr, indem alle Umstände durch dies Manuskript in sein Gedächtnis zurückkamen, die Geschichte seines Lebens für Theresen aufzusetzen, und er schämte sich fast, daß er gegen ihre großen Tugenden nichts aufzustellen hatte, was eine zweckmäßige Tätigkeit beweisen konnte. So umständlich er in dem Aufsatze war, so kurz faßte er sich in dem Briefe, den er an sie schrieb: er bat sie um ihre Freundschaft, um ihre Liebe, wenn's möglich wäre; er bot ihr seine Hand an und bat sie um baldige Entscheidung.

Kaum war der Brief abgesendet, als Lothario zurückkam. Jedermann freute sich, die vorbereiteten wichtigen Geschäfte abgeschlossen und bald geendigt zu sehen, und Wilhelm erwartete mit Verlangen, wie so viele Fäden teils neu geknüpft, teils aufgelöst und nun sein eignes Verhältnis auf die Zukunft bestimmt werden sollte. Lothario begrüßte sie alle aufs beste: er war völlig wiederhergestellt und heiter, er hatte das Ansehen eines Mannes, der weiß, was er tun soll, und dem in allem, was er tun will, nichts im Wege steht.

Durch allgemeine Betrachtungen wurden ihre besondern Geschäfte nicht aufgehalten, vielmehr beschleunigt. Als sie ziemlich damit zustande waren, sagte Lothario zu Wilhelmen: Ich muß Sie nun an einen Ort schicken, wo Sie nötiger sind als hier; meine Schwester läßt Sie ersuchen, so bald als möglich zu ihr zu kommen. Die arme Mignon scheint sich zu verzehren, und man glaubt, Ihre Gegenwart könnte vielleicht noch dem Übel Einhalt tun. Meine Schwester schickte mir dieses Billett noch nach, woraus Sie sehen können, wieviel ihr daran gelegen ist. Lothario überreichte ihm ein Blättchen.

„Nehmen Sie Felix mit", sagte Lothario, „damit die Kinder sich untereinander aufheitern. Sie müßten morgen früh beizeiten weg; der Wagen meiner Schwester, in welchem meine Leute hergefahren sind, ist noch hier; ich gebe Ihnen Pferde bis auf halben Weg, dann nehmen sie Post. Leben Sie recht wohl und richten viele Grüße von mir aus. Sagen Sie dabei meiner Schwester, ich werde sie bald wiedersehen, und sie soll sich überhaupt auf einige Gäste vorbereiten.

Es war Nacht geworden, der Wagen rasselte in einen Hof hinein und hielt still; ein Bedienter, mit einer Wachsfakkel, trat aus einem prächtigen Portal hervor und kam die breiten Stufen herunter bis an den Wagen. „Sie werden schon lange erwartet", sagte er, indem er das Leder aufschlug. Wilhelm, nachdem er ausgestiegen war, nahm den schlafenden Felix auf den Arm. Er trat in das Haus und fand sich an dem ernsthaftesten, seinem Gefühle nach dem heiligsten Orte, den er je betreten hatte. Eine herabhängende blendende Laterne erleuchtete eine breite sanfte Treppe, die ihm entgegenstand und sich oben beim Umwenden in zwei Teile teilte. Marmorne Statuen und Büsten standen auf Piedestalen und in Nischen geordnet; einige schienen ihm bekannt. Jugendeindrücke verlöschen nicht, auch in ihren kleinsten Teilen. Er erkannte eine Muse, die seinem Großvater gehört hatte, zwar nicht an ihrer Gestalt und an ihrem Wert, doch an einem restaurierten Arme und an den neueingesetzten Stücken des Gewandes. Es war, als wenn er ein Märchen erlebte. Das Kind ward ihm schwer; er zauderte auf den Stufen und kniete nieder, als ob er es bequemer fassen wollte. Eigentlich aber bedurfte er einer augenblicklichen Erholung. Er konnte kaum sich wieder aufheben. Der vorleuchtende Bediente wollte ihm das Kind abnehmen, er konnte es nicht von sich lassen. Darauf trat er in den Vorsaal, und zu seinem noch größern Erstaunen erblickte er das wohlbekannte Bild vom kranken Königssohn an der Wand. Er hatte kaum Zeit, einen Blick darauf zu werfen, der Bediente nötigte ihn durch ein paar Zimmer in ein Kabinett. Dort, hinter einem Lichtschirme, der sie beschattete, saß ein Frauenzimmer und las. „O daß sie es wäre!" sagte er zu sich selbst in diesem entscheidenen Augenblick. Er setzte das Kind nieder, das aufzuwachen schien, und dachte sich der Dame zu nähern, aber das Kind sank schlaftrunken zusammen, das Frauenzimmer stand auf und kam ihm entgegen. Die Amazone war's! Er konnte sich nicht halten, stürzte auf seine Knie und rief aus: „Sie ist's!" Er faßte ihre Hand und küßte sie mit unendlichem Entzücken. Das Kind lag zwischen ihnen beiden auf dem Teppich und schlief sanft.

Felix ward auf das Kanapee gebracht, Natalie setzte sich zu ihm, sie hieß Wilhelmen auf den Sessel sitzen, der zunächst dabei stand. Sie bot ihm einige Erfrischungen an, die er ausschlug, indem er nur beschäftigt war, sich zu versichern, daß sie es sei, und ihre durch den Lichtschirm beschatteten Züge genau wieder zu sehen und sicher wieder zu erkennen. Sie erzählte ihm von Mignons Krankheit im allgemeinen, daß das Kind von wenigen tiefen Empfindungen nach und nach aufgezehrt werde, daß es bei seiner großen Reizbarkeit, die es verberge, von einem Krampf an seinem armen Herzen oft heftig und gefährlich leide, daß dieses erste Organ des Lebens bei unvermuteten Gemütsbewegungen manchmal plötzlich stille stehe und keine Spur der heilsamen Lebensregung in dem Busen des guten Kindes gefühlt werden könne. Sei dieser ängstliche Krampf vorbei, so äußere sich die Kraft der Natur wieder in gewaltsamen Pulsen und ängstige das Kind nunmehr durch Übermaß, wie es vorher durch Mangel gelitten habe.

Wilhelm erinnerte sich einer solchen krampfhaften Szene, und Natalie bezog sich auf den Arzt, der weiter mit ihm über die Sache sprechen und die Ursache, warum man den Freund und Wohltäter des Kindes gegenwärtig herbeigerufen, umständlicher vorlegen würde. Eine sonderbare Veränderung, fuhr Natalie fort, werden Sie an ihr finden: sie geht nunmehr in Frauenkleidern, vor denen sie sonst einen so großen Abscheu zu haben schien.

„Wie haben Sie das erreicht?" fragte Wilhelm.

„Wenn es wünschenswert war, so sind wir es nur dem Zufall schuldig. Hören Sie, wie es zugegangen ist. Sie wissen vielleicht, daß ich immer eine Anzahl junger Mädchen um mich habe, deren Gesinnungen ich, indem sie neben mir aufwachsen, zum Guten und Rechten zu bilden wünsche. Aus meinem Munde hören sie nichts, als was ich selber für wahr halte, doch kann ich und will ich nicht hindern, daß sie nicht auch von andern manches vernehmen, was als Irrtum, als Vorurteil in der Welt gang und gäbe ist. Fragen sie mich darüber, so such ich, soviel nur möglich ist, jene fremden ungehörigen Begriffe irgendwo an einen richtigen anzuknüpfen, um sie dadurch, wo nicht nützlich, doch unschädlich zu machen. Schon seit einiger Zeit hatten meine Mädchen aus dem Munde der Bauernkinder gar manches von Engeln, vom Knechte Ruprecht, vom Heiligen Christ vernommen, die zu gewissen Zeiten in Person erscheinen, gute Kinder beschenken und unartige bestrafen sollten. Sie hatten eine Vermutung, daß es verkleidete Personen sein müßten, worin ich sie denn auch bestärkte und, ohne mich viel auf Deutungen einzulassen, mir vornahm, ihnen bei der ersten Gelegenheit ein solches Schauspiel zu geben. Es fand sich eben, daß der Geburtstag von Zwillingsschwestern, die sich immer sehr gut betragen hatten, nahe war; ich versprach, daß ihnen diesmal ein Engel die kleinen Geschenke bringen sollte, die sie so wohl verdient hätten. Sie waren äußerst gespannt auf diese Erscheinung. Ich hatte mir Mignon zu dieser Rolle

ausgesucht, und sie ward an dem bestimmen Tage in ein langes, leichtes, weißes Gewand anständig gekleidet. Es fehlte nicht an einem goldenen Gürtel um die Brust und an einem gleichen Diadem in den Haaren. Anfangs wollte ich die Flügel weglassen, doch bestanden die Frauenzimmer, die sie anputzten, auf ein Paar große goldne Schwingen, an denen sie recht ihre Kunst zeigen wollten. So trat, mit einer Lilie in der einen Hand und mit einem Körbchen in der andern, die wundersame Erscheinung in die Mitte der Mädchen und überraschte mich selbst. ‚Da kommt der Engel', sagte ich. Die Kinder traten alle wie zurück; endlich riefen sie aus: ‚Es ist Mignon!' und getrauten sich doch nicht, dem wundersamen Bilde näher zu treten.
‚Hier sind eure Gaben', sagte sie und reichte das Körbchen hin. Man versammelte sich um sie, man betrachtete, man befühlte, man befragte sie.
‚Bist du ein Engel?' fragte das eine Kind.
‚Ich wollte, ich wär es', versetzte Mignon.
‚Warum trägst du eine Lilie?'
‚So rein und offen sollte mein Herz sein, dann wär ich glücklich.'
‚Wie ist es mit den Flügeln? Laß sie sehen!'
‚Sie stellen schönere vor, die noch nicht entfaltet sind.'
Und so antwortete sie bedeutend auf jede unschuldige, leichte Frage. Als die Neugierde der kleinen Gesellschaft befriedigt war und der Eindruck dieser Erscheinung stumpf zu werden anfing, wollte man sie wieder auskleiden. Sie verwehrte es, nahm ihre Zither, setzte sich hier auf diesen hohen Schreibtisch hinauf und sang ein Lied mit unglaublicher Anmut:

‚So laßt mich scheinen, bis ich werde,
Zieht mir das weiße Kleid nicht aus!
Ich eile von der schönen Erde
Hinab in jenes feste Haus.

Dort ruh ich eine kleine Stille,
Dann öffnet sich der frische Blick;
Ich lasse dann die reine Hülle,
Den Gürtel und den Kranz zurück.

Und jene himmlischen Gestalten,
Sie fragen nicht nach Mann und Weib,
Und keine Kleider, keine Falten
Umgeben den verklärten Leib.

Zwar lebt ich ohne Sorg und Mühe,
Doch fühlt ich tiefen Schmerz genug;
Vor Kummer altert ich zu frühe –
Macht mich auf ewig wieder jung!'

Ich entschloß mich sogleich", fuhr Natalie fort, „ihr das Kleid zu lassen und ihr noch einige der Art anzuschaffen, in denen sie nun auch geht und in denen, wie es mir scheint, ihr Wesen einen ganz andern Ausdruck hat."

Den andern Morgen, da noch alles still und ruhig war, ging er, sich im Haus umzusehen. Es war die reinste, schönste, würdigste Baukunst, die er gesehen hatte. *„Ist doch wahre Kunst"*, rief er aus, *„wie gute Gesellschaft: sie nötigt uns auf die angenehmste Weise, das Maß zu erkennen, nach dem und zu dem unser Innerstes gebildet ist."* Unglaublich angenehm war der Eindruck, den die Statuen und Büsten seines Großvaters auf ihn machten.

Natalie ließ ihn zum Frühstück einladen. Er trat in ein Zimmer, in welchem verschiedene reinlich gekleidete Mädchen, alle, wie es schien, unter zehn Jahren, einen Tisch zurechtmachten, indem eine ältliche Person verschiedene Arten von Getränken hereinbrachte.

Wilhelm beschaute ein Bild, das über dem Kanapee hing, mit Aufmerksamkeit, er mußte es für das Bild Naliens erkennen, so wenig es ihm genugtun wollte. Natalien trat herein, und die Ähnlichkeit schien ganz zu verschwinden. Zu seinem Troste hatte sie ein Ordenskreuz an der Brust, und er sah ein gleiches an der Brust Naliens.

„Ich habe das Porträt hier angesehen", sagte er zu ihr, „und mich verwundert, wie ein Maler zugleich so wahr und so falsch sein kann. Das Bild gleicht Ihnen, im allgemeinen, recht sehr gut, und doch sind es weder ihre Züge noch Ihr Charakter."

„Es ist vielmehr zu verwundern", versetzte Natalie, „daß es so viel Ähnlichkeit hat; denn es ist gar mein Bild nicht, es ist das Bild einer Tante, die mir noch in ihrem Alter glich, da ich erst ein Kind war. Es ist gemalt, als sie ungefähr meine Jahre hatte, und beim ersten Anblick glaubt jedermann, mich zu sehen. Sie hätten diese treffliche Person kennen sollen. Ich bin ihr so viel schuldig. Eine sehr schwache Gesundheit, vielleicht zu viel Beschäftigung mit sich selbst und dabei eine sittliche und religiöse Ängstlichkeit ließen sie das der Welt nicht sein, was sie unter andern Umständen hätte werden können. Sie war ein Licht, das nur wenigen Freunden und mir besonders leuchtete."

„Wäre es möglich", versetzte Wilhelm, der sich einen Augenblick besonnen hatte, indem nun auf einmal so vielerlei Umstände ihm zusammentreffend erschienen, „wäre es möglich, daß jene schöne herrliche Seele, deren stille Bekenntnisse auch mir mitgeteilt worden sind, Ihre Tante sei?"

„Sie haben das Heft gelesen?" fragte Natalie.

„Ja!" versetzte Wilhelm, „mit der größten Teilnahme und nicht ohne Wirkung auf mein ganzes Leben. Was mir am meisten aus dieser Schrift entgegenleuchtete, war, ich möchte so sagen, die Reinlichkeit des Daseins, nicht allein ihrer selbst, sondern auch alles dessen, was sie umgab, diese Selbständigkeit ihrer Natur und die Unmöglichkeit, etwas in sich aufzunehmen, was mit der edlen, liebevollen Stimmung nicht harmonisch war."

„So sind Sie", versetzte Natalie, „billiger, ja ich darf wohl sagen gerechter gegen diese schöne Natur als manche andere, denen man auch dieses Manuskript mitgeteilt hat. *Jeder gebildete Mensch weiß, wie sehr er an sich und andern mit einer gewissen Roheit zu kämpfen hat, wieviel ihn seine Bildung kostet, und wie sehr er doch in gewissen Fällen nur an sich selbst denkt und vergißt, was er andern schuldig ist. Wie oft macht der gute Mensch sich Vorwürfe, daß er nicht zart genug gehandelt habe; und doch, wenn nun eine schöne Natur sich allzu zart, sich allzu gewissenhaft bildet, ja, wenn man will: sich überbildet, für diese scheint keine Duldung, keine Nachsicht in der Welt zu sein. Dennoch sind die Menschen dieser Art außer uns, was die Ideale im Innern sind, Vorbilder, nicht zum Nachahmen, sondern zum Nachstreben.* Man lacht über die Reinlichkeit der Holländerinnen, aber wäre Freundin Therese, was sie ist, wenn ihr nicht eine ähnliche Idee in ihrem Hauswesen immer vorschwebte?"

Wilhelm hatte indessen schnell überdacht, daß er nun auch von Lotharios Herkunft und früher Jugend unterrichtet sei; die schöne Gräfin erschien ihm als Kind mit den Perlen ihrer Tante um den Hals; auch er war diesen Perlen so nahe gewesen, als ihre zarten liebevollen Lippen sich zu den seinigen heruntereigten; er suchte diese schönen Erinnerungen durch andere Gedanken zu entfernen. Er lief die Bekanntschaften durch, die ihm jene Schrift verschafft hatte. „So bin ich denn", rief er aus, „in dem Hause des würdigen Oheims! Es ist kein Haus, es ist ein Tempel, und Sie sind die würdige Priesterin, ja der Genius selbst; ich werde mich des Eindrucks von gestern abend zeitlebens erinnern, als ich hereintrat und die alten Kunstbilder der frühesten Jugend wieder vor mir standen. Ich erinnere mich der mitleidigen Marmorbilder in Mignons Lied; aber diese Bilder hatten über mich nicht zu trauern, sie sahen mich mit hohem Ernst an und schlossen meine früheste Zeit unmittelbar an diesen Augenblick. Diesen unsern alten Familienschatz, diese Lebensfreude meines Großvaters finde ich hier zwischen so vielen andern würdigen Kunstwerken aufgestellt, und mich, den die Natur zum Liebling dieses guten alten Mannes gemacht hatte, mich Unwürdigen, finde ich nun auch hier, o Gott! in welchen Verbindungen, in welcher Gesellschaft!"

Die weibliche Jugend hatte nach und nach das Zimmer verlassen, um ihren kleinen Beschäftigungen nachzugehn. Wilhelm, der mit Natalien allein geblieben war, mußte ihr seine letzten Worte deutlicher erklären. Die Entdeckung, daß ein schätzbarer Teil der aufgestellten Kunstwerke seinem Großvater angehört hatte, gab eine sehr heitere gesellige Stimmung. So wie er durch jenes Manuskript mit dem Hause bekannt worden war, so fand er sich nun auch gleichsam in seinem Erbteile wieder. Nun wünschte er, Mignon zu sehen; die Freundin bat ihn, sich noch so lange zu gedulden, bis der Arzt, der in die Nachbarschaft gerufen worden, wieder zurückkäme. Man kann leicht denken, daß es derselbe kleine tätige Mann war, den wir schon kennen und dessen auch die „Bekenntnisse einer schönen Seele" erwähnten.

„Da ich mich", fuhr Wilhelm fort, „mitten in jenem Familienkreis befinde, so ist ja wohl der Abbé, dessen jene Schrift erwähnt, auch der wunderbare, unerklärliche Mann, den ich in dem Hause Ihres Bruders, nach den seltsamsten Ereignissen, wiedergefunden habe? Vielleicht geben Sie mir einige nähere Aufschlüsse über ihn?"

Natalie versetzte: „Über ihn wäre vieles zu sagen; wovon ich am genauesten unterrichtet bin, ist der Einfluß, den er auf unsere Erziehung gehabt hat. Er war, wenigstens eine Zeitlang, überzeugt, daß die Erziehung sich nur an die Neigung anschließen müsse; wie er jetzt denkt, kann ich nicht sagen. Er behauptete: das Erste und Letzte am Menschen sei Tätigkeit, und man könne nichts tun, ohne die Anlage dazu zu haben, ohne den Instinkt, der uns dazu treibe. ,Man gibt zu', pflegte er zu sagen, ,*daß Poeten geboren werden, man gibt es bei allen Künsten zu, weil man muß und weil jene Wirkungen der menschlichen Natur kaum scheinbar nachgeäfft werden können; aber wenn man es genau betrachtet, so wird jede, auch nur die geringste Fähigkeit uns angeboren, und es gibt keine unbestimmte Fähigkeit. Nur unsere zweideutige, zerstreute Erziehung macht die Menschen ungewiß; sie erregt Wünsche, statt Triebe zu beleben, und anstatt den wirklichen Anlagen aufzuhelfen, richtet sie das Streben nach Gegenständen, die so oft mit der Natur, die sich nach ihnen bemüht, nicht übereinstimmen. Ein Kind, ein junger Mensch, die auf ihrem eigenen Wege irregehen, sind mir lieber als manche, die auf fremdem Wege recht wandeln.* Finden jene, entweder durch sich selbst oder durch Anleitung, den rechten Weg, das ist den, der ihrer Natur gemäß ist, so werden sie ihn nie verlassen, anstatt daß diese jeden Augenblick in Gefahr sind, ein fremdes Joch abzuschütteln und sich einer unbedingten Freiheit zu übergeben.'"

„Es ist sonderbar", sagte Wilhelm, „daß dieser merkwürdige Mann auch an mir teilgenommen und mich, wie es scheint, nach seiner Weise, wo nicht geleitet, doch wenigstens eine Zeitlang in meinen Irrtümern gestärkt hat. Wie er es künftig verantworten will, daß er, in Verbindung mit mehreren, mich gleichsam zum besten hatte, muß ich wohl mit Geduld erwarten."

„Ich habe mich nicht über diese Grille, wenn sie eine ist, zu beklagen", sagte Natalie: „denn ich bin freilich unter meinen Geschwistern am besten dabei gefahren. Auch seh ich nicht, wie mein Bruder Lothario hätte schöner ausgebildet werden können; nur hätte vielleicht meine gute Schwester, die Gräfin, anders behandelt werden sollen, vielleicht hätte man ihrer Natur etwas mehr Ernst und Stärke einflößen können. Was aus Bruder Friedrich werden soll, läßt sich gar nicht denken; ich fürchte, er wird das Opfer dieser pädagogischen Versuche werden."

„Sie haben noch einen Bruder?" rief Wilhelm.

„Ja!" versetzte Natalie, „und zwar eine sehr lustige, leichtfertige Natur, und da man ihn nicht abgehalten hatte, in der Welt herumzufahren, so weiß ich nicht, was aus diesem losen, lockern Wesen werden soll. Ich habe ihn seit langer Zeit nicht gesehen. Das einzige beruhigt mich, daß der Abbé und überhaupt die Gesellschaft meines Bruders jederzeit unterrichtet sind, wo er sich aufhält und was er treibt."

Wilhelm war eben im Begriff, Nataliens Gedanken sowohl über diese Paradoxen zu erforschen als auch über die geheimnisvolle Gesellschaft von ihr Aufschlüsse zu begehren, als der Medikus hereintrat und nach dem ersten Willkommen sogleich von Mignons Zustande zu sprechen anfing.

Natalie, die darauf den Felix bei der Hand nahm, sagte, sie wolle ihn zu Mignon führen und das Kind auf die Erscheinung seines Freundes vorbereiten.

Der Arzt war nunmehr mit Wilhelm allein und fuhr fort: „Ich habe Ihnen wunderbare Dinge zu erzählen, die Sie kaum vermuten. Natalie läßt uns Raum, damit wir freier von Dingen sprechen können, die, ob ich sie gleich nur durch sie selbst erfahren konnte, doch in ihrer Gegenwart so frei nicht abgehandelt werden dürften. Die sonderbare Natur des guten Kindes, von dem jetzt die Rede ist, besteht beinah nur aus einer tiefen Sehnsucht; das Verlangen, ihr Vaterland wiederzusehen, und das Verlangen nach Ihnen, mein Freund, ist, möchte ich fast sagen, das einzige Irdische an ihr; beides greift nur in eine unendliche Ferne, beide Gegenstände liegen unerreichbar vor diesem einzigen Gemüt. Sie mag in der Gegend von Mailand zu Hause sein und ist in sehr früher Jugend, durch eine Gesellschaft Seiltänzer, ihren Eltern entführt worden. Näheres kann man von ihr nicht erfahren, teils weil sie zu jung war, um Ort und Namen genau angeben zu können, besonders aber, weil sie einen Schwur getan hat, keinem lebendigen Menschen ihre Wohnung und Herkunft näher zu bezeichnen. Denn ebenjene Leute, die sie in der Irre fanden und denen sie ihre Wohnung so genau beschrieb, mit so dringenden Bitten, sie nach Hause zu führen, nahmen sie nur desto eiliger mit sich fort und scherzten nachts in der Herberge, da sie glaubten, das Kind schlafe schon, über den guten Fang und beteuerten, daß es den Weg zurück nicht wiederfinden sollte. Da überfiel das arme Geschöpf eine gräßliche Verzweiflung, in der ihm zuletzt die Mutter Gottes erschien und ihm versicherte, daß sie sich seiner annehmen wolle. Es schwur darauf bei sich selbst einen heiligen Eid, daß es künftig niemand mehr vertrauen, niemand ihre Geschichte erzählen und in der Hoffnung einer unmittelbaren göttlichen Hilfe leben und sterben wolle. Selbst dieses, was ich Ihnen hier erzähle, hat sie Natalien nicht ausdrücklich vertraut; unsere werte Freundin hat es aus einzelnen Äußerungen, aus Liedern und kindlichen Unbesonnenheiten, die gerade das verraten, was sie verschweigen wollen, zusammengereiht."

Wilhelm konnte sich nunmehr manches Lied, manches Wort dieses guten Kindes erklären. Er bat seinen Freund aufs dringendste, ihm ja nicht vorzuenthalten, was ihm von den sonderbaren Gesängen und Bekenntnissen des einzigen Wesens bekannt worden sei.

„Oh!" sagte der Arzt, „bereiten Sie sich auf ein sonderbares Bekenntnis, auf eine Geschichte, an der Sie, ohne sich zu erinnern, viel Anteil haben, die, wie ich fürchte, für Tod und Leben dieses guten Geschöpfs entscheidend ist."

„Lassen sie mich hören", versetzte Wilhelm, „ich bin äußerst ungeduldig."

„Erinnern Sie sich", sagte der Arzt, „eines geheimen, nächtlichen, weiblichen Besuchs nach der Aufführung des Hamlets'?"

„Ja, ich erinnere mich dessen wohl!" rief Wilhelm beschämt, „aber ich glaube nicht, in diesem Augenblick daran erinnert zu werden."

„Wissen Sie, wer es war?"

„Nein! Sie erschrecken mich! Ums Himmels willen doch nicht Mignon? Wer war's? Sagen Sie mir's!"

„Ich weiß es selbst nicht."

„Also nicht Mignon?"

„Nein, gewiß nicht! Aber Mignon war im Begriff, sich zu Ihnen zu schleichen, und mußte aus einem Winkel mit Entsetzen sehen, daß eine Nebenbuhlerin ihr zuvorkam."

„Eine Nebenbuhlerin!" rief Wilhelm aus, „reden Sie weiter, Sie verwirren mich ganz und gar."

„Sei'n Sie froh", sagte der Arzt, „daß Sie diese Resultate so schnell von mir erfahren können. Natalie und ich, die wir doch nur einen entfernten Anteil nehmen, wir waren genug gequält, bis wir den verworrenen Zustand dieses guten Wesens, dem wir zu helfen wünschten, nur so deutlich einsehen konnten. Durch leichtsinnige Reden Philinens und der andern Mädchen, durch ein gewisses Liedchen aufmerksam gemacht, war ihr der Gedanke so reizend geworden, eine Nacht bei dem Geliebten zuzubringen, ohne daß sie dabei etwas weiter als eine vertrauliche, glückliche Ruhe zu denken wußte. Die Neigung für Sie, mein Freund, war in dem guten Herzen schon lebhaft und gewaltsam, in Ihren Armen hatte das gute Kind schon von manchem Schmerz ausgeruht, sie wünschte sich nun dieses Glück in seiner ganzen Fülle. Bald nahm sie sich vor, Sie freundlich darum zu bitten, bald hielt sie ein heimlicher Schauder wieder davon zurück. Endlich gab ihr der lustige Abend und die Stimmung des häufig genossenen Weins den Mut, das Wagestück zu versuchen und sich jene Nacht bei Ihnen einzuschleichen. Schon war sie vorausgelaufen, um sich in der unverschlossenen Stube zu verbergen, allein als sie eben die Treppe hinaufgekommen war, hörte sie ein Geräusch; sie verbarg sich und sah ein weißes, weibliches Wesen in Ihr Zimmer schleichen. Sie kamen selbst bald darauf, und sie hörte den großen Riegel zuschieben.

Mignon empfand unerhörte Qual, alle die heftigen Empfindungen einer leidenschaftlichen Eifersucht mischten sich zu dem unerkannten Verlangen einer dunkeln Begierde und griffen die halb entwickelte Natur gewaltsam an. Ihr Herz, das bisher vor Sehnsucht und Erwartung lebhaft geschlagen hatte, fing auf einmal an zu stocken und drückte wie eine bleierne Last ihren Busen: sie konnte nicht zu Atem kommen, sie wußte sich nicht zu helfen; sie hörte die Harfe des Alten, eilte zu ihm unter das Dach und brachte die Nacht zu seinen Füßen unter entsetzlichen Zuckungen hin."

Der Arzt hielt einen Augenblick inne, und da Wilhelm stille schwieg, fuhr er fort: „Natalie hat mir versichert, es habe sie in ihrem Leben nichts so erschreckt und angegriffen als der Zustand des Kindes bei dieser Erzählung; ja unsere edle Freundin machte sich Vorwürfe, daß sie durch ihre Fragen und Anleitungen diese Bekenntnisse hervor-

gelockt und durch die Erinnerung die lebhaften Schmerzen des guten Mädchens so grausam erneuert habe.
‚Das gute Geschöpf', so erzählte mir Natalie, war kaum auf diesem Punkte seiner Erzählung oder vielmehr seiner Antworten auf meine steigenden Fragen, als es auf einmal vor mir niederstürzte und, mit der Hand am Busen, über den wiederkehrenden Schmerz jener schrecklichen Nacht sich beklagte. Es wand sich wie ein Wurm an der Erde, und ich mußte alle meine Fassung zusammennehmen, um die Mittel, die mir für Geist und Körper unter diesen Umständen bekannt waren, zu denken und anzuwenden."

Natalie kam eben zurück und verlangte, daß Wilhelm ihr zu Mignon folgen sollte. „Sie scheint mit Felix ganz glücklich zu sein und wird den Freund, hoffe ich, gut empfangen." Wilhelm folgte nicht ohne einiges Widerstreben; er war tief gerührt von dem, was er vernommen hatte, und fürchtete eine leidenschaftliche Szene. Als er hineintrat, ergab sich gerade das Gegenteil.

Mignon im langen weißen Frauengewande, teils mit lockigen, teils aufgebundenen, reichen, braunen Haaren, saß, hatte Felix auf dem Schoße und drückte ihn an ihr Herz; sie sah völlig aus wie ein abgeschiedner Geist und der Knabe wie das Leben selbst; es schien, als wenn Himmel und Erde sich umarmten. Sie reichte Wilhelm lächelnd die Hand und sagte: „Ich danke dir, daß du mir das Kind wieder bringst; sie hatten ihn, Gott weiß wie, entführt und ich konnte nicht leben zeither. Solange mein Herz auf der Erde noch etwas bedarf, soll dieser die Lücke ausfüllen."

Die Ruhe, womit Mignon ihren Freund empfangen hatte, versetzte die Gesellschaft in große Zufriedenheit. Der Arzt verlangte, daß Wilhelm sie öfters sehen und daß man sie sowohl körperlich als geistig im Gleichgewicht erhalten sollte. Er selbst entfernte sich und versprach, in kurzer Zeit wiederzukommen.

Wilhelm konnte nun Natalien in ihrem Kreise beobachten; man hätte sich nichts Besseres gewünscht, als neben ihr zu leben. Ihre Gegenwart hatte den reinsten Einfluß auf junge Mädchen und Frauenzimmer von verschiedenem Alter, die teils in ihrem Hause wohnten, teils aus der Nachbarschaft sie mehr oder weniger zu besuchen kamen.

Natalie schrieb nun einen Brief an ihren Bruder; sie lud Wilhelmen ein, einige Worte dazuzusetzen, Therese hatte sie darum gebeten. Man wollte eben siegeln, als Jarno sich unvermutet anmelden ließ. Aufs freundlichste ward er empfangen; auch schien er sehr munter und scherzhaft und konnte endlich nicht unterlassen zu sagen: „Eigentlich komme ich hierher, um Ihnen eine sehr wunderbare, doch angenehme Nachricht zu bringen; sie betrifft unsere Therese. Sie haben uns manchmal getadelt, schöne Natalie, daß wir uns um so vieles bekümmern; nun aber sehen Sie, wie gut es ist, überall seine Spione zu haben."

„Was soll ich sagen", rief er aus, „oder soll ich's sagen? Es kann kein Geheimnis bleiben, die Verwirrung ist nicht zu vermeiden. Also denn Geheimnis gegen Geheimnis! Überraschung gegen Überraschung! Therese ist nicht die Tochter Ihrer Mutter! Das Hindernis ist gehoben: ich komme hierher, Sie zu bitten, das edle Mädchen zu einer Verbindung mit Lothario vorzubereiten."

Jarno sah die Bestürzung der beiden Freunde, welche die Augen zur Erde niederschlugen. „Dieser Fall ist einer von denen", sagte er, „die sich in Gesellschaft am schlechtesten ertragen lassen. Was jedes dabei zu denken hat, denkt es am besten in der Einsamkeit; ich wenigstens erbitte mir auf eine Stunde Urlaub." Er eilte in den Garten.

Sie waren im Garten auf und ab gegangen, Natalie hatte verschiedene Blumen von seltsamer Gestalt gebrochen, die Wilhelmen völlig unbekannt waren und nach deren Namen er fragte.

„Sie vermuten wohl nicht", sagte Natalie, „für wen ich diesen Strauß pflücke? Er ist für meinen Oheim bestimmt, dem wir einen Besuch machen wollen. Die Sonne scheint eben so lebhaft nach dem Saale der Vergangenheit, ich muß Sie diesen Augenblick hineinführen, und ich gehe niemals hin, ohne einige von den Blumen, die mein Oheim besonders begünstigte, mitzubringen. Er war ein sonderbarer Mann und der eigensten Eindrücke fähig. Für gewisse Pflanzen und Tiere, für gewisse Menschen und Gegenden, ja sogar zu einigen Steinarten hatte er eine entschiedene Neigung, die selten erklärlich war. ‚Wenn ich nicht', pflegte er oft zu sagen, ‚mir von Jugend auf so sehr widerstanden hätte, wenn ich nicht gestrebt hätte, meinen Verstand ins Weite und Allgemeine auszubilden, so wäre ich der beschränkteste und unerträglichste Mensch geworden: denn nichts ist unerträglicher als abgeschnittene Eigenheit an demjenigen, von dem man eine reine, gehörige Tätigkeit fordern kann.' Und doch mußte er selbst gestehen, daß ihm gleichsam Leben und Atem ausgehen würde, wenn er sich nicht von Zeit zu Zeit nachsähe und sich erlaubte, das mit Leidenschaft zu genießen, was er eben nicht immer loben und entschuldigen konnte. ‚Meine Schuld ist es nicht', sagte er, ‚wenn ich meine Triebe und meine Vernunft nicht völlig habe in Einstimmung bringen können.' Bei solchen Gelegenheiten pflegte er meist über mich zu scherzen und zu sagen: ‚Natalien kann man bei Leibesleben selig preisen, da ihre Natur nichts fordert, als was die Welt wünscht und braucht.'"

Unter diesen Worten waren sie wieder in das Hauptgebäude gelangt. Sie führte ihn durch einen geräumigen Gang auf eine Tür zu, vor der zwei Sphinxe von Granit lagen. Die Türe selbst war, auf ägyptische Weise, oben ein wenig enger als unten, und ihre ehernen Flügel bereiteten zu einem ernsthaften, ja zu einem schauerlichen Anblick vor. Wie angenehm ward man daher überrascht, als diese Erwartung sich in die reinste Heiterkeit auflöste, indem man in einen Saal trat, in welchem Kunst und Leben jede Erinnerung an Tod und Grab aufhoben. In die Wände waren verhältnismäßige Bogen vertieft, in denen größere Sarkophage standen; in den Pfeilern dazwischen sah man kleinere Öffnungen, mit Aschenkästchen und Gefäßen geschmückt; die übrigen Flächen der Wände und des

Gewölbes sah man regelmäßig abgeteilt und zwischen heitern und mannigfaltigen Einfassungen, Kränzen und Zieraten heitere und bedeutende Gestalten, in Feldern von verschiedener Größe, gemalt. Die architektonischen Glieder waren mit dem schönen gelben Marmor, der ins Rötliche hinüberblickt, bekleidet; hellblaue Streifen von einer glücklichen chemischen Komposition ahmten den Lasurstein nach und gaben, indem sie gleichsam in einem Gegensatz das Auge befriedigten, dem Ganzen Einheit und Verbindung. Alle diese Pracht und Zierde stellte sich in reinen architektonischen Verhältnissen dar, und so schien jeder, der hineintrat, über sich selbst erhoben zu sein, indem er durch die zusammentreffende Kunst erst erfuhr, was der Mensch sei und was er sein könne.

Der Türe gegenüber sah man auf einem prächtigen Sarkophage das Marmorbild eines würdigen Mannes, an ein Polster gelehnt. Er hielt eine Rolle vor sich und schien mit stiller Aufmerksamkeit darauf zu blicken. Sie war so gerichtet, daß man die Worte, die sie enthielt, bequem lesen konnte. Es stand darauf: „Gedenke zu leben."

Natalie, indem sie einen verwelkten Strauß wegnahm, legte den frischen vor das Bild des Oheims: denn er selbst war in der Figur vorgestellt, und Wilhelm glaubte sich noch der Züge des alten Herrn zu erinnern, den er damals im Walde gesehen hatte. – „Hier brachten wir manche Stunde zu", sagte Natalie, „bis dieser Saal fertig war. In seinen letzten Jahren hatte er einige geschickte Künstler an sich gezogen, und seine beste Unterhaltung war, die Zeichnungen und Kartone zu diesen Gemälden aussinnen und bestimmen zu helfen."

Sie wollten eben den Saal verlassen, als sie die Kinder in dem Gange heftig laufen und den Felix rufen hörten: „Nein ich! nein ich!"

Mignon warf sich zuerst zur geöffneten Türe herein, sie war außer Atem und konnte kein Wort sagen. Felix, noch in einiger Entfernung, rief: „Mutter Therese ist da!" Die Kinder hatten, so schien es, die Nachricht zu überbringen, einen Wettlauf angestellt. Mignon lag in Nataliens Armen, ihr Herz pochte gewaltsam.

„Böses Kind", sagte Natalie, „ist dir nicht alle heftige Bewegung untersagt? Sieh, wie dein Herz schlägt!"

„Laß es brechen!" sagte Mignon mit einem tiefen Seufzer, „es schlägt schon zu lange."

Man hatte sich von dieser Verwirrung, von dieser Art von Bestürzung kaum erholt, als Therese hereintrat. Sie flog auf Natalien zu, umarmte sie und das gute Kind. Dann wendete sie sich zu Wilhelmen, sah ihn mit ihren klaren Augen an und sagte: „Nun, mein Freund, wie steht es? Sie haben sich doch nicht irre machen lassen?" Er tat einen Schritt gegen sie, sie sprang auf ihn zu und hing an seinem Halse. „O meine Therese", rief er aus.

„Mein Freund! mein Geliebter! mein Gatte! ja, auf ewig die Deine!" rief sie unter den lebhaftesten Küssen.

Felix zog sie am Rocke und rief: „Mutter Therese, ich bin auch da!" Natalie stand und sah vor sich hin, Mignon fuhr auf einmal mit der linken Hand nach dem Herzen, und indem sie den rechten Arm heftig ausstreckte, fiel sie mit einem Schrei zu Nataliens Füßen für tot nieder.

Der Schrecken war groß: keine Bewegung des Herzens noch des Pulses war zu spüren. Wilhelm nahm sie auf seinen Arm und trug sie eilig hinauf, der schlotternde Körper hing über seine Schultern. die Gegenwart des Arztes gab wenig Trost; er und der junge Wundarzt, den wir schon kennen, bemühten sich vergebens. Das liebe Geschöpf war nicht ins Leben zurückzurufen.

Natalie winkte Theresen. Diese nahm ihren Freund bei der Hand und führte ihn aus dem Zimmer. Er war stumm und ohne Sprache und hatt den Mut nicht, ihren Augen zu begegnen. So saß er neben ihr auf dem Kanapee, auf dem er Natalien zuerst angetroffen hatte. Er dachte mit großer Schnelle eine Reihe von Schicksalen durch, oder vielmehr er dachte nicht, er ließ das auf seine Seele wirken, was er nicht entfernen konnte. *Es gibt Augenblicke des Lebens, in welchen die Begebenheiten, gleich geflügelten Weberschiffchen, vor uns sich hin und wider bewegen und unaufhaltsam ein Gewebe vollenden, das wir mehr oder weniger selbst gesponnen und angelegt haben.* „Mein Freund", sagte Therese, „mein Geliebter", indem sie das Stillschweigen unterbrach und ihn bei der Hand nahm, „laß uns diesen Augenblick fest zusammenhalten, wie wir noch öfters, vielleicht in ähnlichen Fällen, werden zu tun haben. Dies sind die Ereignisse, welche zu ertragen man zu zweien in der Welt sein muß. Bedenke, mein Freund, fühle, daß du nicht allein bist, zeige, daß du deine Therese liebst, zuerst dadurch, daß du deine Schmerzen ihr mitteilst!" Sie umarmte ihn und schloß ihn sanft an ihren Busen; er faßte sie in seine Arme und drückte sie mit Heftigkeit an sich. „Das arme Kind", rief er aus, „suchte in traurigen Augenblicken Schutz und Zuflucht an meinem unsichern Busen; laß die Sicherheit des deinigen mir in dieser schrecklichen Stunde zugute kommen." Sie hielten sich fest umschlossen, er fühlte ihr Herz an seinem Busen schlagen; aber in seinem Geiste war es öde und leer, nur die Bilder Mignons und Nataliens schwebten wie Schatten vor seiner Einbildungskraft.

Es wurden Fremde gemeldet, die, als sie sich zeigten, keineswegs fremd waren. Lothario, Jarno, der Abbé traten herein. Natalie ging ihrem Bruder entgegen, unter den übrigen entstand ein augenblickliches Stillschweigen. Therese sagte lächelnd zu Lothario: „Sie glauben wohl kaum, mich hier zu finden, wenigstens ist es eben nicht rätlich, daß wir uns in diesem Augenblick aufsuchen; indessen sei'n Sie mir, nach einer so langen Abwesenheit, herzlich gegrüßt!"

Lothario reichte ihr die Hand und versetzte: „Wenn wir einmal leiden und entbehren sollen, so mag es immerhin auch in der Gegenwart des geliebten, wünschenswerten Gutes geschehen. Ich verlange keinen Einfluß auf Ihre Entschließung, und mein Vertrauen auf Ihr Herz, auf Ihren Verstand und reinen Sinn ist noch immer so groß, daß ich Ihnen mein Schicksal und das Schicksal meines Freundes gerne in die Hand lege."

Das Gespräch wendete sich sogleich zu allgemeinen, ja man darf sagen zu unbedeutenden Gegenständen. Die Gesellschaft trennte sich bald zum Spazierengehen in einzelne Paare. Natalie war mit Lothario, Therese mit dem Abbé gegangen, und Wilhelm war mit Jarno auf dem Schlosse geblieben.

Die Erscheinung der drei Freunde in dem Augenblick, da Wilhelmen ein schwerer Schmerz auf der Brust lag, hatte, statt ihn zu zerstreuen, seine Laune gereizt und verschlimmert; er war verdrießlich und argwöhnisch und konnte und wollte es nicht verhehlen, als Jarno ihn über sein mürrisches Stillschweigen zur Rede setzte. „Was braucht's da weiter?" rief Wilhem aus. „Lothario kommt mit seinen Beiständen, und es wäre wunderbar, wenn jene geheimnisvollen Mächte des Turms, die immer so geschäftig sind, jetzt nicht auf uns wirken und, ich weiß nicht, was für einen seltsamen Zweck mit und an uns ausführen sollten."

„So möchte ich Ihnen denn doch", sagte Jarno, „indessen, bis wir sehen, wo unsere Geschichten hinauswollen, etwas von dem Turme erzählen, gegen den Sie ein so großes Mißtrauen zu hegen scheinen. Alles, was Sie im Turme gesehen haben, sind eigentlich nur noch Reliquien von einem jugendlichen Unternehmen, bei dem es anfangs den meisten Eingeweihten großer Ernst war, und über das nun alle gelegentlich nur lächeln."

„Also mit diesen würdigen Zeichen und Worten spielt man nur", rief Wilhelm aus, „man führt uns mit Feierlichkeit an einen Ort, der uns Ehrfurcht einflößt, man läßt uns die wunderlichsten Erscheinungen sehen, man gibt uns Rollen voll herrlicher, geheimnisreicher Sprüche, davon wir freilich das wenigste verstehn, man eröffnet uns, daß wir bisher Lehrlinge waren, man spricht uns los, und wir sind so klug wie vorher." — „Haben Sie das Pergament nicht bei der Hand? fragte Jarno; „es enthält viel Gutes: denn jene allgemeinen Sprüche sind nicht aus der Luft gegriffen; freilich scheinen sie demjenigen leer und dunkel, der sich keiner Erfahrung dabei erinnert. Geben Sie mir den sogenannten Lehrbrief doch, wenn er in der Nähe ist." — „Gewiß ganz nah", versetzte Wilhelm, „so ein Amulett sollte man immer auf der Brust tragen." — „Nun", sagte Jarno lächelnd, „wer weiß, ob der Inhalt nicht einmal in Ihrem Kopf und Herzen Platz findet." Jarno blickte hinein und überlief die erste Hälfte mit den Augen. „Diese", sagte er, „bezieht sich auf die Ausbildung des Kunstsinnes, wovon andere sprechen mögen; die zweite handelt vom Leben, und da bin ich besser zu Hause."

Er fing darauf an, Stellen zu lesen, sprach dazwischen und knüpfte Anmerkungen und Erzählungen mit ein. Die Neigung der Jugend zum Geheimnis, zu Zeremonien und großen Worten ist außerordentlich, und oft ein Zeichen einer gewissen Tiefe des Charakters. Man will in diesen Jahren sein ganzes Wesen, wenn auch nur dunkel und unbestimmt, ergriffen und berührt fühlen. Der Jüngling, der vieles ahnt, glaubt in einem Geheimnisse viel zu finden, in ein Geheimnis viel legen und durch dasselbe wirken zu müssen. In diesen Gesinnungen bestärkte der Abbé eine junge Gesellschaft, teils nach seinen Grundsätzen, teils aus Neigung und Gewohnheit, da er wohl ehemals mit einer Gesellschaft in Verbindung stand, die selbst viel im Verborgenen gewirkt haben mochte. Ich konnte mich am wenigsten in dieses Wesen finden. Ich war älter als die andern, ich hatte von Jugend auf klar gesehen und wünschte in allen Dingen nichts als Klarheit; ich hatte kein ander Interesse, als die Welt zu kennen, wie sie war, und steckte mit dieser Liebhaberei die übrigen besten Gefährten an, und fast hätte darüber unsere ganze Bildung eine falsche Richtung genommen: denn wir fingen an, nur die Fehler der andern und ihre Beschränkung zu sehen und uns selbst für treffliche Wesen zu halten. Der Abbé kam uns zu Hilfe und lehrte uns, daß man die Menschen nicht beobachten müsse, ohne sich für ihre Bildung zu interessieren, und daß man sich selbst eigentlich nur in der Tätigkeit zu beobachten und zu erlauschen imstande sei. Er riet uns, jene ersten Formen der Gesellschaft beizubehalten; es blieb daher etwas Gesetzliches in unsern Zusammenkünften, man sah wohl die ersten mystischen Eindrücke auf die Einrichtung des Ganzen, nachher nahm es, wie durch ein Gleichnis, die Gestalt eines Handwerks an, das sich bis zur Kunst erhob. Daher kamen die Benennungen von Lehrlingen, Gehilfen und Meistern. Wir wollten mit eignen Augen sehen und uns ein eigenes Archiv unserer Weltkenntnis bilden; daher entstanden die vielen Konfessionen, die wir teils selbst schrieben, teils wozu wir andere veranlaßten, und aus denen nachher die Lehrjahre zusammengesetzt wurden. Nicht allen Menschen ist es eigentlich um ihre Bildung zu tun, viele wünschen nur so ein Hausmittel zum Wohlbefinden, Rezepte zum Reichtum und zu jeder Art von Glückseligkeit. Alle diese, die nicht auf ihre Füße gestellt sein wollten, wurden mit Mystifikationen und anderm Hokus-Pokus aufgehalten, teils beiseite gebracht. Wir sprachen nach unserer Art nur diejenigen los, die lebhaft fühlten und deutlich bekannten, wozu sie geboren seien, und sich genug geübt hatten, um mit einer gewissen Fröhlichkeit und Leichtigkeit ihren Weg zu verfolgen.

„So haben Sie sich mit mir sehr übereilt", versetzte Wilhelm; „denn was ich kann, will oder soll, weiß ich, gerade seit jenem Augenblick, am allerwenigsten." — „Wir sind ohne Schuld in diese Verwirrung geraten, das gute Glück mag uns wieder heraushelfen; indessen hören Sie nur: derjenige, an dem viel zu entwickeln ist, wird später über sich und die Welt aufgeklärt. Es sind nur wenige, die den Sinn haben und zugleich zur Tat fähig sind. Der Sinn erweitert, aber lähmt; die Tat belebt, aber beschränkt."

„Ich bitte Sie", fiel Wilhelm ein, „lesen Sie mir von diesen wunderlichen Worten nichts mehr! Diese Phrasen haben mich schon verwirrt genug gemacht." — „So will ich bei der Erzählung bleiben", sagte Jarno, indem er die Rolle halb zuwickelte und nur manchmal einen Blick hineintat.

„Ich selbst habe der Gesellschaft und den Menschen am

wenigsten genutzt; ich bin ein sehr schlechter Lehrmeister, es ist mir unerträglich zu sehen, wenn jemand ungeschickte Versuche macht; einem Irrenden muß ich gleich zurufen, und wenn es ein Nachtwandler wäre, den ich in Gefahr sähe, geraden Weges den Hals zu brechen. Darüber hatte ich nun immer meine Not mit dem Abbé, der behauptet, der Irrtum könne nur durch das Irren geheilt werden. Auch über Sie haben wir uns oft gestritten; er hatte Sie besonders in Gunst genommen, und es will schon etwas heißen, in dem hohen Grade seine Aufmerksamkeit auf sich zu ziehen. Sie müssen mir nachsagen, daß ich Ihnen, wo ich Sie antraf, die reine Wahrheit sagte." – „Sie haben mich wenig geschont," sagte Wilhelm, „und Sie scheinen Ihren Grundsätzen treu zu bleiben." – „Was ist denn da zu schonen", versetzte Jarno, „wenn ein junger Mensch von mancherlei guten Anlagen eine ganz falsche Richtung nimmt?" – „Verzeihen Sie", sagte Wilhelm, „Sie haben mir streng genug alle Fähigkeit zum Schauspieler abgesprochen; ich gestehe Ihnen, daß, ob ich gleich dieser Kunst ganz entsagt habe, so kann ich mich doch unmöglich bei mir selbst dazu für ganz unfähig erklären." – „Und bei mir", sagte Jarno, „ist es doch so rein entschieden, daß, wer sich nur selbst spielen kann, kein Schauspieler ist. Wer sich nicht dem Sinn und der Gestalt nach in viele Gestalten verwandeln kann, verdient nicht diesen Namen. So haben Sie zum Beispiel den Hamlet und einige andere Rollen recht gut gespielt, bei denen Ihr Charakter, Ihre Gestalt und die Stimmung des Augenblicks Ihnen zugute kamen. Das wäre nun für ein Liebhabertheater und für einen jeden gut genug, der keinen andern Weg vor sich sähe. Man soll sich", fuhr Jarno fort, indem er auf die Rolle sah, „vor einem Talente hüten, das man in Vollkommenheit auszuüben nicht Hoffnung hat. Man mag es darin so weit bringen, als man will, so wird man doch immer zuletzt, wenn uns einmal das Verdienst des Meisters klar wird, den Verlust von Zeit und Kräften, die man auf eine solche Pfuscherei gewendet hat, schmerzlich bedauern."

„Lesen Sie nichts!" sagte Wilhelm, „ich bitte Sie inständig, sprechen Sie fort, erzählen Sie mir, klären Sie mich auf! Und so hat also der Abbé mir zum Hamlet geholfen, indem er einen Geist herbeischaffte?" – „Ja, denn er versicherte, daß es der einzige Weg sei, Sie zu heilen, wenn Sie heilbar wären." – „Und darum ließ er mir den Schleier zurück und hieß mich fliehen?" – „Ja, er hoffte sogar, mit der Vorstellung des Hamlets sollte Ihre ganze Lust gebüßt sein. Sie würden nachher das Theater nicht wieder betreten, behauptete er; ich glaubte das Gegenteil und behielt recht. Wir stritten noch selbigen Abend nach der Vorstellung darüber." – „Und Sie haben mich also spielen sehen?" – „O gewiß!" – „Und wer stellte denn den Geist vor?" – „Das kann ich selbst nicht sagen, entweder der Abbé oder sein Zwillingsbruder, doch glaub ich dieser, denn er ist um ein weniges größer." – „Sie haben also auch Geheimnisse untereinander?" – „Freunde können und müssen Geheimnisse voreinander haben, sie sind einander doch kein Geheimnis."

„Es verwirrt mich schon das Andenken dieser Verworrenheit. Klären Sie mich auf über diesen Mann, dem ich so viel schuldig bin und dem ich so viel Vorwürfe zu machen habe."

„Was ihn uns so schätzbar macht", versetzte Jarno, „was ihm gewissermaßen die Herrschaft über uns alle erhält, ist der freie und scharfe Blick, den ihm die Natur über alle Kräfte, die im Menschen nur wohnen und wovon sich jede in ihrer Art ausbilden läßt, gegeben hat. Die meisten Menschen, selbst die vorzüglichen, sind nur beschränkt; jeder schätzt gewisse Eigenschaften an sich und andern, nur die begünstigt er, nur die will er ausgebildet wissen. Ganz entgegengesetzt wirkt der Abbé: er hat Sinn für alles, Lust an allem, es zu erkennen und zu befördern. Da muß ich doch wieder in die Rolle sehen!" fuhr Jarno fort. „Nur alle Menschen machen die Menschheit aus, nur alle Kräfte zusammengenommen die Welt. Diese sind unter sich oft im Widerstreit, und indem sie sich zu zerstören suchen, hält sie die Natur zusammen und bringt sie wieder hervor. Von dem geringsten tierischen Handwerkstriebe bis zur höchsten Ausübung der geistigen Kunst, vom Lallen und Jauchzen des Kindes bis zur trefflichsten Äußerung des Redners und Sängers, vom ersten Balgen der Knaben bis zu den ungeheuren Anstalten, wodurch Länder erhalten und erobert werden, vom leichtesten Wohlwollen und der flüchtigsten Liebe bis zur heftigsten Leidenschaft und zum ernstesten Bunde, von dem reinsten Gefühl der sinnlichen Gegenwart bis zu den leisesten Ahnungen und Hoffnungen der entferntesten geistigen Zukunft, alles das und weit mehr liegt im Menschen und muß ausgebildet werden; aber nicht in einem, sondern in vielen. Jede Anlage ist wichtig, und sie muß entwickelt werden. Wenn einer nur das Schöne, der andere nur das Nützliche befördert, so machen beide zusammen erst einen Menschen aus. Das Nützliche befördert sich selbst, denn die Menge bringt es hervor, und alle können's nicht entbehren; das Schöne muß befördert werden, denn wenige stellen's dar, und viele bedürfen's."

„Halten Sie inne!" rief Wilhelm, „ich habe das alles gelesen." – „Nur noch einige Zeilen!" versetzte Jarno, „hier find ich den Abbé ganz wieder: ‚Eine Kraft beherrscht die andere, aber keine kann die andere bilden; in jeder Anlage liegt auch allein die Kraft, sich zu vollenden; das verstehen so wenig Menschen, die doch lehren und wirken wollen.'" – „Und ich verstehe es auch nicht", versetzte Wilhelm. – „Sie werden über diesen Text den Abbé noch oft genug hören, und so lassen Sie uns nur immer recht deutlich sehen und festhalten, was an u n s ist, und was wir a n u n s ausbilden können; lassen Sie uns gegen die andern gerecht sein, denn wir sind nur insofern zu achten, als wir zu schätzen wissen". – „Um Gottes willen! keine Sentenzen weiter! ich fühle, sie sind ein schlechtes Heilmittel für ein verwundetes Herz. Sagen Sie mir lieber, mit Ihrer grausamen Bestimmtheit, was Sie von mir erwarten und wie und auf welche Weise Sie mich aufopfern wollen." – „Jeden Verdacht, ich versichere Sie, werden Sie uns künftig abbitten. Es ist Ihre Sache, zu prüfen und zu wählen, und die unsere, Ihnen beizustehen. Der Mensch ist nicht eher glücklich, als bis sein unbedingtes Streben sich selbst seine Begrenzung bestimmt. Nicht an mich halten Sie sich, sondern an den Abbé; nicht an sich denken Sie, sondern an das, was Sie umgibt. Lernen Sie zum Beispiel Lotharios Trefflichkeit einsehen, wie sein Überblick und seine Tätigkeit unzertrennlich miteinander verbunden sind, wie er immer im Fortschreiten ist, wie er sich ausbreitet und jeden mit fortreißt. Er führt, wo er auch sei, eine Welt mit sich; seine Gegenwart belebt und feuert an. Sehen Sie unsern guten Medikus dagegen! es scheint gerade die entgegengesetzte Natur zu sein. Wenn jener nur ins Ganze und auch in die Ferne wirkt, so richtet dieser seinen hellen Blick nur auf die nächsten Dinge, er verschafft mehr die Mittel zur Tätigkeit, als daß er die Tätigkeit hervorbrächte und belebte; sein Handeln sieht einem guten Wirtschaften vollkommen ähnlich, seine Wirksamkeit ist still, indem er einen jeden in seinem Kreis befördert; sein Wissen ist ein beständiges Sammeln und Ausspenden, ein Nehmen und Mitteilen im kleinen. Vielleicht könnte Lothario in einem Tage zerstören, woran dieser jahrelang gebaut hat; aber vielleicht teilt auch Lothario in einem Augenblick andern die Kraft mit, das Zerstörte hundertfältig wieder herzustellen." – „Es ist ein trauriges Geschäft", sagte Wilhelm, „wenn man über die reinen Vorzüge der andern in einem Augenblicke denken soll, da man sich selbst uneins ist; solche Betrachtungen stehen dem ruhigen Mann wohl an, nicht dem, der von Leidenschaft und Ungewißheit bewegt ist." – „Ruhig und vernünftig zu betrachten, ist zu keiner Zeit schädlich, und indem wir uns gewöhnen, über die Vorzüge anderer zu denken, stellen sich die unsern unvermerkt selbst an ihren Platz, und jede falsche Tätigkeit, wozu uns die Phantasie lockt, wird alsdann gern von uns aufgegeben. Befreien Sie womöglich Ihren Geist von allem Argwohn und aller Ängstlichkeit! Dort kommt der Abbé; sei'n Sie ja freundlich gegen ihn, bis sie noch mehr erfahren, wieviel Dank Sie ihm schuldig sind. Der Schalk! da geht er zwischen Natalien und Theresen; ich wollte wetten, er denkt sich was aus. Sowie er überhaupt gern ein wenig das Schicksal spielt, so läßt er auch nicht von der Liebhaberei, manchmal eine Heirat zu stiften."

Die Gesellschaft hatte sich eben wieder begegnet, und unsere Freunde sahen sich genötigt, das Gespräch abzubrechen. Nicht lange, so ward ein Kurier gemeldet, der einen Brief in Lotharios eigene Hände übergeben wollte.

„Vernehmt nur", sagte Lothario, „die tolle abgeschmackte Botschaft. ,Da unter allen Gästen', so schreibt der Unbekannte, ,ein guter Humor der angenehmste Gast sein soll, wenn er sich einstellt, und ich denselben als Reisegefährten beständig mit mir herumführe, so bin ich überzeugt, der Besuch, den ich Euer Gnaden und Liebden zugedacht habe, wird nicht übel vermerkt werden, vielmehr hoffe ich mit der sämtlichen hohen Familie vollkommener Zufriedenheit anzulangen und gelegentlich mich wieder zu entfernen, der ich mich, und so weiter, Graf von Schneckenfuß.' "

„Das ist eine neue Familie", sagte der Abbé.
„Es mag ein Vikariatsgraf sein", versetzte Jarno.
„Das Geheimnis ist leicht zu erraten", sagte Natalie: „ich wette, es ist Bruder Friedrich, der uns schon seit dem Tode des Oheims mit einem Besuche droht."
„Getroffen! schöne und weise Schwester", rief jemand aus einem nahen Busche, und zugleich trat ein angenehmer, heiterer junger Mann hervor; Wilhelm konnte sich kaum eines Schreis enthalten. „Wie?" rief er, „unser blonder Schelm, der soll mir auch hier noch erscheinen?" Friedrich ward aufmerksam, sah Wilhelmen an und rief: „Wahrlich, weniger erstaunt wär ich gewesen, die berühmten Pyramiden, die doch in Ägypten so feststehen, oder das Grab des Königs Mausolus, das, wie man mir versichert hat, gar nicht mehr existiert, hier in dem Garten meines Oheims zu finden, als Euch, meinen alten Freund und vielfachen Wohltäter. Seid mir besonders und schönstens gegrüßt!"

Da Friedrich außer einigen Späßen, die ihm Jarno erwiderte, keinen Anklang für seine Possen in der Gesellschaft fand, sagte er: „Es bleibt mir nichts übrig, als mit der ernsthaften Familie auch ernsthaft zu werden, und weil mir unter solchen bedenklichen Umständen sogleich meine sämtliche Sündenlast schwer auf die Seele fällt, so will ich mich kurz und gut zu einer Generalbeichte entschließen, wovon ihr aber, meine werten Herren und Damen, nichts vernehmen sollt. Dieser edle Freund hier, dem schon einiges von meinem Leben und Tun bekannt ist, soll es allein erfahren, um so mehr, als er allein darnach zu fragen einige Ursache hat. Wäret Ihr nicht neugierig zu wissen", fuhr er gegen Wilhelm fort, „wie und wo? wer? wann und warum? wie sieht's mit der Konjugation des griechischen Verbi Philéô, Philô und mit den Derivativis dieses allerliebsten Zeitwortes aus?"

Somit nahm er Wilhelmen beim Arme, führte ihn fort, indem er ihn auf alle Weise drückte und küßte.

Kaum war Friedrich auf Wilhelms Zimmer gekommen, als er im Fenster ein Pudermesser liegen fand, mit der Inschrift: „Gedenke mein." „Ihr hebt Eure werten Sachen gut auf", sagte er, „wahrlich, das ist Philinens Pudermesser, das sie Euch jenen Tag schenkte, als ich Euch so gerauft hatte. Ich hoffe, Ihr habt des schönen Mädchens fleißig dabei gedacht, und ich versichere Euch, sie hat Euch auch nicht vergessen, und wenn ich nicht jede Spur von Eifersucht schon lange aus meinem Herzen verbannt hätte, so würde ich Euch nicht ohne Neid ansehen."

„Reden Sie nichts mehr von diesem Geschöpfe", versetzte Wilhelm. „Ich leugne nicht, daß ich den Eindruck ihrer angenehmen Gegenwart lange nicht loswerden konnte, aber das war auch alles."

„Pfui! schämt Euch", rief Friedrich, „wer wird eine Geliebte verleugnen? und Ihr habt sie so komplett geliebt, als man es nur wünschen konnte. Es verging kein Tag, daß Ihr dem Mädchen nicht etwas schenktet, und wenn der Deutsche schenkt, liebt er gewiß. Es blieb mir nichts übrig, als sie Euch zuletzt wegzuputzen, und dem roten Offizierchen ist es denn auch endlich geglückt."

„Wie? Sie waren der Offizier, den wir bei Philinen antrafen, und mit dem sie wegreiste?"
„Ja", versetzte Friedrich, „den Sie für Marianen hielten. Wir haben genug über den Irrtum gelacht."
„Welche Grausamkeit!" rief Wilhelm, „mich in einer solchen Ungewißheit zu lassen."
„Und noch dazu den Kurier, den Sie uns nachschickten, gleich in Dienste zu nehmen!" versetzte Friedrich. „Es ist ein tüchtiger Kerl und ist diese Zeit nicht von unserer Seite gekommen. Und das Mädchen lieb ich noch immer so rasend wie jemals. Mir hat sie's ganz eigens angetan, daß ich mich ganz nahezu in einem mythologischen Falle befinde und alle Tage fürchte, verwandelt zu werden."
„Philine darf sich nicht sehen lassen, sie mag sich selbst nicht sehen, sie ist guter Hoffnung. Unförmlicher und lächerlicher ist nichts in der Welt als sie. Noch kurz ehe ich wegging, kam sie zufälligerweise vor den Spiegel. ‚Pfui Teufel!' sagte sie und wendete das Gesicht ab, ‚die leibhaftige Frau Melina! das garstige Bild! Man sieht doch ganz niederträchtig aus!'"
„Ich muß gestehen", versetzte Wilhelm lächelnd, „daß es ziemlich komisch sein mag, euch als Vater und Mutter beisammen zu sehen."
„Es ist ein recht närrischer Streich", sagte Friedrich, „daß ich noch zuletzt als Vater gelten soll. Sie behauptet's, und die Zeit trifft auch. Anfangs machte mich der verwünschte Besuch, den sie Euch nach dem Hamlet abgestattet hatte, ein wenig irre."
„Was für ein Besuch?"
„Ihr werdet das Andenken daran doch nicht ganz und gar verschlafen haben? Das allerliebste fühlbare Gespenst jener Nacht, wenn Ihr's noch nicht wißt, war Philine. Die Geschichte war mir freilich eine harte Mitgift, doch wenn man sich so etwas nicht mag gefallen lassen, so muß man gar nicht lieben. Die Vaterschaft beruht überhaupt nur auf der Überzeugung: ich bin überzeugt, und also bin ich Vater. Da seht ihr, daß ich die Logik auch am rechten Orte zu brauchen weiß. Und wenn das Kind sich nicht gleich nach der Geburt auf der Stelle zu Tode lacht, so kann es, wo nicht ein nützlicher, doch angenehmer Weltbürger werden."

Einst saßen Natalie, Jarno und Wilhelm zusammen, und Natalie begann: „Sie sind nachdenklich, Jarno, ich kann es Ihnen schon einige Zeit abmerken."
„Ich bin es", versetzte der Freund, „und ich sehe ein wichtiges Geschäft vor mir, das bei uns schon lange vorbereitet ist, und jetzt notwendig angegriffen werden muß. Sie wissen schon etwas im allgemeinen davon, und ich darf wohl vor unserm jungen Freunde davon reden, weil es auf ihn ankommen soll, ob er teil daran zu nehmen Lust hat. Sie werden mich nicht lange mehr sehen, denn ich bin im Begriff, nach Amerika überzuschiffen."
„Nach Amerika?" versetzte Wilhelm lächelnd, „ein solches Abenteuer hätte ich nicht von Ihnen erwartet, noch weniger, daß Sie mich zum Gefährten ausersehen würden."

„Wenn Sie unsern Plan ganz kennen", versetzte Jarno, „so werden Sie ihm einen bessern Namen geben und vielleicht für ihn eingenommen werden. Hören Sie mich an! Man darf nur ein wenig mit den Welthändeln bekannt sein, um zu bemerken, daß uns große Veränderungen bevorstehn und daß die Besitztümer beinah nirgends mehr recht sicher sind."
„Ich habe keinen deutlichen Begriff von den Welthändeln", fiel Wilhelm ein, „und habe mich erst vor kurzem um meine Besitztümer bekümmert. Vielleicht hätte ich wohlgetan, sie mir noch länger aus dem Sinne zu schlagen, da ich bemerken muß, daß die Sorge für ihre Erhaltung so hypochondrisch macht."
„Hören Sie mich aus", sagte Jarno: „die Sorge geziemt dem Alter, damit die Jugend eine Zeitlang sorglos sein könne. Das Gleichgewicht in den menschlichen Handlungen kann leider nur durch Gegensätze hergestellt werden. Es ist gegenwärtig nichts weniger als rätlich, nur an e i n e m Orte zu besitzen, nur e i n e m Platze sein Geld anzuvertrauen, und es ist wieder schwer, an vielen Orten Aufsicht darüber zu führen; wir haben uns deswegen etwas anders ausgedacht: aus unserm alten Turm soll eine Sozietät ausgehen, die sich in alle Teile der Welt ausbreiten, in die man aus jedem Teile der Welt eintreten kann. Wir assekurieren uns untereinander unsere Existenz, auf den einzigen Fall, daß eine Staatsrevolution den einen oder den andern von seinen Besitztümern völlig vertriebe. Ich gehe nun hinüber nach Amerika, um die guten Verhältnisse zu benutzen, die sich unser Freund bei seinem dortigen Aufenthalt gemacht hat. Der Abbé will nach Rußland gehn, und Sie sollen die Wahl haben, wenn Sie sich an uns anschließen wollen, ob Sie Lothario in Deutschland beistehn oder mit mir gehen wollen. Ich dächte, Sie wählten das letzte: denn eine große Reise zu tun, ist für einen jungen Mann äußerst nützlich."
Wilhelm nahm sich zusammen und antwortete: „Der Antrag ist aller Überlegung wert, denn mein Wahlspruch wird doch nächstens sein: ‚je weiter weg, je besser.' Sie werden mich, hoffe ich, mit Ihrem Plane näher bekannt machen."
Natalie schüttelte den Kopf und sagte, indem sie aufstand: „Ich weiß bald nicht mehr, was ich aus euch machen soll, aber mich sollt ihr gewiß nicht irremachen."
Wilhelm, der wohl merkte, daß er länger an sich zu halten nicht imstande sei, da sein Zustand nur durch die Gegenwart Nataliens noch einigermaßen gelindert ward, ließ sich hierauf mit einiger Hast vernehmen: „Man vergönne mir nur noch kurze Bedenkzeit, und ich vermute, es wird sich geschwind entscheiden, ob ich Ursache habe, mich weiter anzuschließen, oder ob nicht vielmehr Herz und Klugheit mir unwiderstehlich gebieten, mich von so mancherlei Banden loszureißen, die mir eine ewige elende Gefangenschaft drohen."
So sprach er mit einem lebhaft bewegten Gemüt. Ein Blick auf Natalien beruhigte ihn einigermaßen, indem sich in diesem leidenschaftlichen Augenblick ihre Gestalt und ihr Wert nur desto tiefer bei ihm eindrückten.

„Ja", sagte er zu sich selbst, indem er sich allein fand, „gestehe dir nur: du liebst sie, und du fühlst wieder, was es heiße, wenn der Mensch mit allen Kräften lieben kann. So liebte ich Marianen und ward so schrecklich an ihr irre; ich liebte Philinen und mußte sie verachten. Aurelien achtete ich und konnte sie nicht lieben; ich verehrte Theresen, und die väterliche Liebe nahm die Gestalt einer Neigung zu ihr an; und jetzt, da in deinem Herzen alle Empfindungen zusammentreffen, die den Menschen glücklich machen sollten, jetzt bist du genötigt zu fliehen! Ach! warum muß sich zu diesen Empfindungen, zu diesen Erkenntnissen das unüberwindliche Verlangen des Besitzes gesellen, und warum richten, ohne Besitz, eben diese Empfindungen, diese Überzeugungen jede andere Art von Glückseligkeit völlig zugrunde? Werde ich künftig der Sonne und der Welt, der Gesellschaft oder irgendeines Glücksgutes genießen? Wirst du nicht immer zu dir sagen: ‚Natalie ist nicht da!' und doch wird leider Natalie dir immer gegenwärtig sein. Schließest du die Augen, so wird sie sich dir darstellen; öffnest du sie, so wird sie vor allen Gegenständen hinschweben wie die Erscheinung, die ein blendendes Bild im Auge zurückläßt. War nicht schon früher die schnell vorübergegangene Gestalt der Amazone deiner Einbildungskraft immer gegenwärtig? und du hattest sie nur gesehen, du kanntest sie nicht. Nun, da du sie kennst, da du ihr so nahe warst, da sie so vielen Anteil an dir gezeigt hat, nun sind ihre Eigenschaften so tief in dein Gemüt geprägt als ihr Bild jemals in deine Sinne. Ängstlich ist es, immer zu suchen, aber viel ängstlicher, gefunden zu haben und verlassen zu müssen. Wornach soll ich in der Welt nun weiter fragen? wornach soll ich mich weiter umsehen? welche Gegend, welche Stadt verwahrt einen Schatz, der diesem gleich ist? und ich soll reisen, um nur immer das Geringere zu finden? Ist denn das Leben bloß wie eine Rennbahn, wo man sogleich schnell wieder umkehren muß, wenn man das äußerste Ende erreicht hat? Und steht das Gute, das Vortreffliche nur wie ein festes, unverrücktes Ziel da, von dem man sich ebenso schnell mit raschen Pferden wieder entfernen muß, als man es erreicht zu haben glaubt? anstatt daß jeder andere, der nach irdischen Waren strebt, sie in den verschiedenen Himmelsgegenden oder wohl gar auf der Messe und dem Jahrmarkt anschaffen kann."

Sein Enschluß, sich zu entfernen, das Kind mit sich zu nehmen, sich an den Gegenständen der Welt zu zerstreuen, war sein fester Vorsatz.

Wilhelm war nun auch völlig reisefertig, und man war um so mehr verlegen, daß keine Nachrichten von dem Arzt kommen wollten; man befürchtete, dem armen Harfenspieler möchte ein Unglück begegnet sein, zu ebender Zeit, als man hoffen konnte, ihn durchaus in einen bessern Zustand zu versetzen. Man schickte den Kurier fort, der kaum weggeritten war, als am Abend der Arzt mit einem Fremden hereintrat, dessen Gestalt und Wesen bedeutend, ernsthaft und auffallend war und den niemand kannte. Beide Ankömmlinge schwiegen eine Zeitlang still; endlich ging der Fremde auf Wilhelmen zu, reichte ihm die Hand und sagte: „Kennen Sie Ihren alten Freund nicht mehr?" Es war die Stimme des Harfenspielers, aber von seiner Gestalt schien keine Spur übriggeblieben zu sein. Er war in der gewöhnlichen Tracht eines Reisenden, reinlich und anständig gekleidet, sein Bart war verschwunden, seinen Locken sah man einige Kunst an, und was ihn eigentlich ganz unkenntlich machte, war, daß an seinem bedeutenden Gesichte die Züge des Alters nicht mehr erschienen. Wilhelm umarmte ihn mit der lebhaftesten Freude; er ward den andern vorgestellt und betrug sich sehr vernünftig und wußte nicht, wie bekannt er der Gesellschaft noch vor kurzem geworden war. „Sie werden Geduld mit einem Menschen haben", fuhr er mit großer Gelassenheit fort, „der, so erwachsen er auch aussieht, nach einem langen Leiden erst wie ein unerfahrnes Kind in die Welt tritt. Diesem wackren Mann bin ich schuldig, daß ich wieder in einer menschlichen Gesellschaft erscheinen kann."

Man hieß ihn willkommen, und der Arzt veranlaßte, sogleich einen Spaziergang, um das Gespräch abzubrechen und ins Gleichgültige zu lenken.

Als man allein war, gab der Arzt folgende Erklärung: „Die Genesung dieses Mannes ist uns durch den sonderbarsten Zufall geglückt. Wir hatten ihn lange nach unserer Überzeugung moralisch und physisch behandelt, es ging auch bis auf einen gewissen Grad ganz gut, allein die Todesfurcht war noch immer groß bei ihm, und seinen Bart und sein langes Kleid wollte er uns nicht aufopfern; übrigens nahm er mehr teil an den weltlichen Dingen, und seine Gesänge scheinen, wie seine Vorstellungsart, wieder dem Leben sich zu nähern. Sie wissen, welch ein sonderbarer Brief des Geistlichen mich von hier abrief. Ich kam, ich fand unsern Mann ganz verändert: er hatte freiwillig seinen Bart hergegeben, er hatte erlaubt, seine Locken in eine hergebrachte Form zuzuschneiden, er verlangte gewöhnliche Kleider und schien auf einmal ein anderer Mensch geworden zu sein. Wir waren neugierig, die Ursache dieser Verwandlung zu ergründen, und wagten doch nicht, uns mit ihm selbst darüber einzulassen; endlich entdeckten wir zufällig die sonderbare Bewandtnis. Ein Glas flüssiges Opium fehlte in der Hausapotheke des Geistlichen, man hielt für nötig, die strengste Untersuchung anzustellen, jedermann suchte sich des Verdachtes zu erwehren, es gab unter den Hausgenossen heftige Szenen. Endlich trat dieser Mann auf und gestand, daß er es besitze; man fragte ihn, ob er davon genommen habe. Er sagte nein, fuhr aber fort: ‚Ich danke diesem Besitz die Wiederkehr meiner Vernunft. Es hängt von euch ab, mir dieses Fläschchen zu nehmen, und ihr werdet mich ohne Hoffnung in meinen alten Zustand wieder zurückfallen sehen. Das Gefühl, daß es wünschenswert sei, die Leiden dieser Erde durch den Tod geendigt zu sehen, brachte mich zuerst auf den Weg der Genesung; bald darauf entstand der Gedanke, sie durch einen freiwilligen Tod zu endigen, und ich nahm in dieser Absicht das Glas hinweg; die Möglichkeit, sogleich die großen Schmerzen auf ewig aufzuheben, gab mir Kraft, die Schmerzen zu ertragen, und so habe ich, seitdem ich den Talisman besitze, mich durch die Nähe des Todes wieder in das Leben zurückgedrängt. Sorgt nicht', sagte er, ,daß ich Gebrauch davon mache, sondern entschließt euch, als Kenner des menschlichen Herzens, mich, indem ihr mir die Unabhängigkeit vom Leben zugesteht, erst vom Leben recht abhängig zu machen.' Nach reiflicher Überlegung drangen wir nicht weiter in ihn, und er führt nun in einem festen, geschliffnen Glasfläschchen dieses Gift als das sonderbarste Gegengift bei sich."

Man unterrichtete den Arzt von allem, was indessen entdeckt worden war, und man beschloß, gegen Augustin, den Harfner, das tiefste Stillschweigen zu beobachten. Der Abbé nahm sich vor, ihn nicht von seiner Seite zu lassen und ihn auf dem guten Wege, den er betreten hatte, fortzuführen.

Der leichtsinnige Friedrich ergriff manche Gelegenheit, um auf eine Neigung Wilhelms gegen Natalien zu deuten. Wie konnte er darauf fallen? Wodurch war er dazu berechtigt? Und mußte nicht die Gesellschaft glauben, daß, weil beide viel miteinander umgingen, Wilhelm ihm eine so unvorsichtige und unglückliche Konfidenz gemacht habe?

Eines Tages waren sie bei einem solchen Scherze heiterer als gewöhnlich, als Augustin auf einmal zur Türe, die er aufriß, mit gräßlicher Gebärde hereinstürzte; sein Angesicht war blaß, sein Auge wild, er schien reden zu wollen, die Sprache versagte ihm. Die Gesellschaft entsetzte sich, Lothario und Jarno, die eine Rückkehr des Wahnsinns vermuteten, sprangen auf ihn los und hielten ihn fest. Stotternd und dumpf, dann heftig und gewaltsam sprach und rief er: „Nicht mich haltet, eilt, helft! Rettet das Kind! Felix ist vergiftet!"

Sie ließen ihn los, er eilte zur Türe hinaus, und voll Entsetzen drängte sich die Gesellschaft ihm nach. Man rief nach dem Arzte, Augustin richtete seine Schritte nach dem Zimmer des Abbés, man fand das Kind, das erschrocken und verlegen schien, als man ihm schon von weitem zurief: „Was hast du angefangen?"

„Lieber Vater!" rief Felix, „ich habe nicht aus der Flasche, ich habe aus dem Glase getrunken, ich war so durstig."

Augustin schlug die Hände zusammen, rief: „Er ist verloren!" drängte sich durch die Umstehenden und eilte davon. Sie fanden ein Glas Mandelmilch auf dem Tische stehen und eine Karaffine daneben, die über die Hälfte leer war; der Arzt kam, er erfuhr, was man wußte, und sah mit Entsetzen das wohlbekannte Fläschchen, worin sich das flüssige Opium befunden hatte, leer auf dem Tische liegen; er ließ Essig herbeischaffen und rief alle Mittel seiner Kunst zu Hilfe.

Natalie ließ den Knaben in ein Zimmer bringen, sie bemühte sich ängstlich um ihn. Der Abbé war fortgerannt, Augustinen aufzusuchen und einige Aufklärungen von ihm zu erdringen. Ebenso hatte sich der unglückliche Vater vergebens bemüht und fand, als er zurückkam, auf allen Gesichtern Bangigkeit und Sorge. Der Arzt hatte indessen die Mandelmilch im Glase untersucht, es entdeckte sich die stärkste Beimischung von Opium; das Kind lag auf dem Ruhebette und schien sehr krank, es bat den Vater, daß man ihm nur nichts mehr einschütten, daß man es nur nicht mehr quälen möchte. Lothario hatte seine Leute ausgeschickt und war selbst weggeritten, um der Flucht Augustins auf die Spur zu kommen. Natalie saß bei dem Kinde; es flüchtete auf ihren Schoß und bat sie flehentlich um ein Stückchen Zucker, der Essig sei gar zu sauer! Der Arzt gab es zu; man müsse das Kind, das in der entsetzlichsten Bewegung war, einen Augenblick ruhen lassen, sagte er: es sei alles Rätliche geschehen, er wolle das Mögliche tun. Der Graf trat mit einigem Unwillen, wie es schien, herbei, er sah ernst, ja feierlich aus, legte die Hände auf das Kind, blickte gen Himmel und blieb einige Augenblicke in dieser Stellung. Wilhelm, der trostlos in einem Sessel lag, sprang auf, warf einen Blick voll Verzweiflung auf Natalien und ging zur Türe hinaus.

Kurz darauf verließ auch der Graf das Zimmer.

„Ich begreife nicht", sagte der Arzt nach einiger Pause, „daß sich auch nicht die geringste Spur eines gefährlichen Zustandes am Kinde zeigt. Auch nur mit einem Schluck muß es eine ungeheure Dosis Opium zu sich genommen haben, und nun finde ich an seinem Pulse keine weitere Bewegung, als die ich meinen Mitteln und der Furcht zuschreiben kann, in die wir das Kind versetzt haben."

Bald trat Jarno mit der Nachricht herein, daß man Augustin auf dem Oberboden in seinem Blute gefunden habe, ein Schermesser habe neben ihm gelegen, wahrscheinlich habe er sich die Kehle abgeschnitten. Der Arzt eilte fort und begegnete den Leuten, welche den Körper die Treppe herunterbrachten. Er ward auf ein Bett gelegt und genau untersucht: der Schnitt war in die Luftröhre gegangen, auf einen starken Blutverlust war eine Ohnmacht gefolgt, doch ließ sich bald bemerken, daß noch Leben, daß noch Hoffnung übrig sei. Der Arzt brachte den Körper in die rechte Lage, fügte die getrennten Teile zusammen und legte den Verband auf. Die Nacht ging allen schlaflos und sorgenvoll vorüber. Das Kind wollte sich nicht von Natalien trennen lassen. Wilhelm saß vor ihr auf einem Schemel; er hatte die Füße des Knaben auf seinem Schoße, Kopf und Brust lagen auf dem ihrigen; so teilten sie die angenehme Last und die schmerzlichen Sorgen und verharrten, bis der Tag anbrach, in der unbequemen und traurigen Lage. Natalie hatte Wilhelmen ihre Hand gegeben, sie sprachen kein Wort, sahen auf das Kind und sahen einander an. Lothario und Jarno saßen am andern Ende des Zimmers und führten ein sehr bedeutendes Gespräch, das wir gern, wenn uns die Begebenheiten nicht zu sehr drängten, unsern Lesern hier mitteilen würden. Der Knabe schlief sanft, erwachte am frühen Morgen ganz heiter, sprang auf und verlangte ein Butterbrot.

Sobald Augustin sich einigermaßen erholt hatte, suchte man einige Aufklärung von ihm zu erhalten. Man erfuhr nicht ohne Mühe und nur nach und nach: daß, als er bei der unglücklichen Dislokation des Grafen in ein Zimmer mit dem Abbé versetzt worden, er ein Manuskript und darin seine Geschichte gefunden habe; sein Entsetzen sei ohnegleichen gewesen, und er habe sich nun überzeugt, daß er nicht länger leben dürfe; sogleich habe er seine gewöhnliche Zuflucht zum Opium genommen, habe es in ein Glas Mandelmilch geschüttet und habe doch, als er es an den Mund gesetzt, geschaudert; darauf habe er es stehen lassen, um nochmals durch den Garten zu laufen und die Welt zu sehen; bei seiner Zurückkunft habe er das Kind gefunden, eben beschäftigt, das Glas, woraus es getrunken, wieder voll zu gießen.

Man bat den Unglücklichen, ruhig zu sein; er faßte Wilhelmen krampfhaft bei der Hand: „Ach!" sagte er, „warum habe ich dich nicht längst verlassen! Ich wußte wohl, daß ich den Knaben töten würde, und er mich." – „Der Knabe lebt!" sagte Wilhelm. – Der Arzt, der aufmerksam zugehört hatte, fragte Augustinen, ob alles Getränke vergiftet gewesen. „Nein!" versetzte er, „nur das Glas." – „So hat durch den glücklichsten Zufall", rief der Arzt, „das Kind aus der Flasche getrunken! Ein guter Genius hat seine Hand geführt, daß es nicht nach dem Tode griff, der so nahe zubereitet stand!" – „Nein! nein!" rief Wilhelm mit einem Schrei, indem er die Hände vor die Augen hielt, „wie fürchterlich ist diese Aussage! Ausdrücklich sagte das Kind, daß es nicht aus der Flasche, sondern aus dem Glase getrunken habe. Seine Gesundheit ist nur ein Schein, es wird uns unter den Händen wegsterben." Er eilte fort; der Arzt ging hinunter und fragte, indem er das Kind liebkoste: „Nicht wahr, Felix, du hast aus der Flasche getrunken, und nicht aus dem Glase?" – Das Kind fing an zu weinen. Der Arzt erzählte Natalien im stillen, wie sich die Sache verhalte; auch sie bemühte sich vergebens, die Wahrheit von dem Kinde zu erfahren; es weinte nur heftiger und so lange, bis es einschlief.

Wilhelm wachte bei ihm, die Nacht verging ruhig. Den andern Morgen fand man Augustinen tot in seinem Bette: er hatte die Aufmerksamkeit seiner Wärter durch eine scheinbare Ruhe betrogen, den Verband still aufgelöst und sich verblutet. Natalie ging mit dem Kinde spazieren, es war munter wie in seinen glücklichsten Tagen. „Du bist doch gut", sagte Felix zu ihr, „du zankst nicht, du schlägst mich nicht; ich will dir's nur sagen, ich habe aus der Flasche getrunken! Mutter Aurelie schlug mich immer auf die Finger, wenn ich nach der Karaffine griff; der Vater sah so bös aus, ich dachte, er würde mich schlagen."

Wilhelm war durch die heftigsten Leidenschaften bewegt und zerrüttet, die unvermuteten und schreckhaften Anfälle hatten sein Innerstes ganz aus aller Fassung gebracht, einer Leidenschaft zu widerstehn, die sich des Herzens so gewaltsam bemächtigt hatte. Felix war ihm wiedergegeben, und doch schien ihm alles zu fehlen; die Briefe von Wernern mit den Anweisungen waren da, ihm mangelte nichts zu seiner Reise als der Mut, sich zu entfernen. Alles drängte ihn zu dieser Reise. Er konnte vermuten, daß Lothario und Therese nur auf seine Entfernung warteten, um sich trauen zu lassen. Jarno war wider seine Gewohnheit still, und man hätte beinahe sagen können, er habe etwas von seiner gewöhnlichen Heiterkeit verloren. Glücklicherweise half der Arzt unserm Freunde einigermaßen aus der Verlegenheit, indem er ihn für krank erklärte und ihm Arznei gab.

Die Gesellschaft kam immer abends zusammen, und Friedrich, der ausgelassene Mensch, der gewöhnlich mehr Wein als billig trank, bemächtigte sich des Gesprächs und brachte nach seiner Art, mit hundert Zitaten und eulenspiegelhaften Anspielungen, die Gesellschaft zum Lachen und setzte sie auch nicht selten in Verlegenheit, indem er laut zu denken sich erlaubte.

Lothario hatte bisher in einer Fenstervertiefung gestanden und sah, ohne sich zu rühren, in den Garten hinunter. Wilhelm war in der schrecklichsten Lage. Selbst da er sich nun mit seinem Freunde allein sah, blieb er eine Zeitlang still; er überlief mit flüchtigem Blick seine Geschichte und sah zuletzt mit Schaudern auf seinen gegenwärtigen Zustand; endlich sprang er auf und rief: „Bin ich schuld an dem, was vorgeht, an dem, was mir und Ihnen begegnet, so strafen sie mich! Zu meinen übrigen Leiden entziehen Sie mir Ihre Freundschaft und lassen Sie mich ohne Trost in die weite Welt hinausgehen, in der ich mich lange hätte verlieren sollen. Sehen sie aber in mir das Opfer einer grausamen zufälligen Verwicklung, aus der ich mich herauszuwinden unfähig war, so geben Sie mir die Versicherung Ihrer Liebe, Ihrer Freundschaft auf eine Reise mit, die ich nicht länger verschieben darf. Es wird eine Zeit kommen, wo ich Ihnen werde sagen können, was diese Tage in mir vorgegangen ist. Vielleicht leide ich eben jetzt diese Strafe, weil ich mich Ihnen nicht früh genug entdeckte, weil ich gezaudert habe, mich Ihnen ganz zu zeigen, wie ich bin; Sie hätten mir beigestanden, Sie hätten mir zur rechten Zeit losgeholfen. Aber und abermal gehen mir die Augen über mich selbst auf, immer zu spät und immer umsonst. Wie sehr verdiente ich die Strafrede Jarnos'! Wie glaubte ich sie gefaßt zu haben, wie hoffte ich sie zu nutzen, ein neues Leben zu gewinnen! Konnte ich's? Sollte ich's? Vergebens klagen wir Menschen uns selbst, vergebens das Schicksal an! Wir sind elend und zum Elend bestimmt, und ist es nicht völlig einerlei, ob eigene Schuld, höherer Einfluß oder Zufall, Tugend oder Laster, Weisheit oder Wahnsinn uns ins Verderben stürzen? Leben Sie wohl, ich werde keinen Augenblick länger in dem Hause verweilen, in welchem ich das Gastrecht, wider meinen Willen, so schrecklich verletzt habe. Die Indiskretion Ihres Bruders ist unverzeihlich, sie treibt mein Unglück auf den höchsten Grad, sie macht mich verzweifeln."

„Und wenn nun", versetzte Lothario, indem er ihn bei der Hand nahm, „Ihre Verbindung mit meiner Schwester die geheime Bedingung wäre, unter welcher sich Therese entschlossen hat, mir ihre Hand zu geben? Eine solche Entschädigung hat Ihnen das edle Mädchen zugedacht; sie schwur, daß dieses doppelte Paar an e i n e m Tag zum Altar gehen sollte. ,Sein Verstand hat mich gewählt', sagte sie, ,sein Herz fordert Natalien, und mein Verstand wird seinem Herzen zu Hilfe kommen.' Wir wurden einig, Natalien und Sie zu beobachten; wir machten den Abbé zu unserm Vertrauten, dem wir versprechen mußten, keinen Schritt zu dieser Verbindung zu tun, sondern alles seinen Gang gehen zu lassen. Wir haben es getan. Die Natur hat gewirkt und der tolle Bruder hat nur die reife Frucht abgeschüttelt. Lassen Sie uns, da wir einmal so wunderbar zusammenkommen, nicht ein gemeines Leben führen; lassen Sie uns zusammen auf eine würdige Weise tätig sein! Unglaublich ist es, was ein gebildeter Mensch für sich und andere tun kann, wenn er, ohne herrschen zu wollen, das Gemüt hat, Vormund von vielen zu sein, sie leitet, dasjenige zur rechten Zeit zu tun, was sie doch alle gern tun möchten, und sie zu ihren Zwecken führt, das sie meist recht gut im Auge haben und nur die Wege dazu verfehlen. Lassen Sie uns hierauf einen Bund schließen; es ist keine Schwärmerei, es ist eine Idee, die recht gut ausführbar ist und die öfters, nur nicht immer mit klarem Bewußtsein, von guten Menschen ausgeführt wird. Meine Schwester Natalie ist hiervon ein lebhaftes Beispiel. Unerreichbar wird immer die Handlungsweise bleiben, welche die Natur dieser schönen Seele vorgeschrieben hat."

Lothario umarmte seinen Freund und führte ihn zu der Schwester; sie kam mit Theresen ihnen entgegen, alles schwieg.

„Nicht gezaudert!" rief Friedrich. „In zwei Tagen könnt ihr reisefertig sein. Wie meint Ihr, Freund", fuhr er fort, indem er sich zu Wilhelmen wendete, „als wir Bekanntschaft machten, als ich Euch den schönen Strauß abforderte, wer konnte denken, daß Ihr jemals eine solche Blume aus meiner Hand empfangen würdet?"

„Erinnern Sie mich nicht in diesem Augenblicke des höchsten Glückes an jene Zeiten!"

„Deren Ihr Euch nicht schämen sollt, sowenig man sich seiner Abkunft zu schämen hat. Die Zeiten waren gut, und ich muß lachen, wenn ich dich ansehe: du kommst mir vor wie Saul, der Sohn Kis', der ausging, seines Vaters Eselinnen zu suchen, und ein Königreich fand."

„Ich kenne den Wert eines Königreichs nicht", versetzte Wilhelm, „aber ich weiß, daß ich ein Glück erlangt habe, das ich nicht verdiene und das ich mit nichts in der Welt vertauschen möchte."

NACHTRÄGLICHES
AUS DEN LEHRJAHREN

Deswegen bieten die Künstler unserer Zeit nur immer an, um niemals zu geben. Sie wollen immer reizen, um niemals zu befriedigen; alles ist nur angedeutet, und man findet nirgends Grund noch Ausführung. Man darf aber auch nur eine Zeitlang ruhig in einer Galerie verweilen und beobachten, nach welchen Kunstwerken sich die Menge zieht, welche gepriesen und welche vernachlässigt werden, so hat man wenig Lust an der Gegenwart und für die Zukunft wenig Hoffnung.

Und so bilden sich Liebhaber und Künstler wechselweise; der Liebhaber sucht nur einen allgemeinen, unbestimmten Genuß; das Kunstwerk soll ihm ungefähr wie ein Natur-

werk behagen, und die Menschen glauben, die Organe, ein Kunstwerk zu genießen, bildeten sich ebenso von selbst aus wie die Zunge und der Gaum, man urteile über ein Kunstwerk wie über eine Speise; sie begreifen nicht, was für einer andern Kultur es bedarf, um sich zum wahren Kunstgenusse zu erheben. Das Schwerste finde ich die Art von Absonderung, die der Mensch in sich selbst bewirken muß, wenn er sich überhaupt bilden will; deswegen finden wir so viel einseitige Kulturen, wovon doch jede sich anmaßt, über das Ganze abzusprechen.

Sobald der Mensch an mannigfaltige Tätigkeit oder mannigfaltigen Genuß Anspruch macht, so muß er auch fähig sein, mannigfaltige Organe an sich, gleichsam unabhängig voneinander, auszubilden. Wer alles und jedes in seiner ganzen Menschheit tun oder genießen will, wer alles außer sich zu einer solchen Art von Genuß verknüpfen will, der wird eine Zeit nur mit einem ewig unbefriedigten Streben hinbringen. Wie schwer ist es, was so natürlich scheint, eine gute Statue, ein treffliches Gemälde an und für sich zu beschauen, den Gesang um des Gesangs willen zu vernehmen, den Schauspieler im Schauspieler zu bewundern, sich eines Gebäudes um seiner eigenen Harmonie und seiner Dauer willen zu erfreuen. Nun sieht man aber meist die Menschen entschiedene Werke der Kunst geradezu behandeln, als wenn es ein weicher Ton wäre. Nach ihren Neigungen, Meinungen und Grillen soll sich der gebildete Marmor sogleich wieder ummodeln, das festgemauerte Gebäude sich ausdehnen oder zusammenziehen, ein Gemälde soll lehren, ein Schauspiel bessern, und alles soll alles werden. Eigentlich aber, weil die meisten Menschen selbst formlos sind, weil sie sich und ihrem Wesen selbst keine Gestalt geben können, so arbeiten sie, den Gegenständen ihre Gestalt zu nehmen, damit ja alles loser und lockrer Stoff werde, wozu sie auch gehören. Alles reduzieren sie zuletzt auf den sogenannten Effekt, alles ist relativ, und so wird auch alles relativ, außer dem Unsinn und der Abgeschmacktheit, die denn auch ganz absolut regiert.

*

Wer nicht im Augenblick hilft, scheint mir nie zu helfen; wer nicht im Augenblicke Rat gibt, nie zu raten. Ebenso nötig scheint es mir, gewisse Gesetze anzusprechen und den Kindern einzuschärfen, die dem Leben einen gewissen Halt geben. Ja, ich möchte beinah behaupten: es sei besser, nach Regeln zu irren, als zu irren, wenn uns die Willkür unserer Natur hin und her treibt; und wie ich die Menschen sehe, scheint mir in ihrer Natur immer eine Lücke zu bleiben, die nur durch ein entschieden ausgesprochenes Gesetz ausgefüllt werden kann.

*

Wenn wir die Menschen nur nehmen, wie sie sind, so machen wir sie schlechter; wenn wir sie behandeln, als wären sie, was sie sein sollten, so bringen wir sie dahin, wohin sie zu bringen sind.

*

Ich habe immer gesehen, daß unsere Grundsätze nur ein Supplement zu unsern Existenzen sind. Wir hängen unsern Fehlern gar zu gern das Gewand eines gültigen Gesetzes um.

AUS
Wilhelm Meisters Wanderjahren
ODER
Die Entsagenden

Erstes Buch

Es ist nichts natürlicher, als daß uns vor einem großen Anblick schwindelt, vor dem wir uns unerwartet befinden, um zugleich unsere Kleinheit und unsere Größe zu fühlen. Aber es ist ja überhaupt kein echter Genuß als da, wo man erst schwindeln muß.

*

Es ist Pflicht, andern nur dasjenige zu sagen, was sie aufnehmen können. Der Mensch versteht nichts, als was ihm gemäß ist. Die Kinder an der Gegenwart festzuhalten, ihnen eine Benennung, eine Bezeichnung zu überliefern, ist das beste, was man tun kann. Sie fragen ohnehin früh genug nach den Ursachen.

*

Mein Freund, wir mußten uns resignieren, wo nicht für immer, doch für eine gute Zeit. Das erste, was einem tüchtigen Menschen unter solchen Umständen einfällt, ist, ein neues Leben zu beginnen. Neue Gegenstände sind ihm nicht genug: diese taugen nur zur Zerstreuung; er fordert ein neues Ganzes und stellt sich gleich in dessen Mitte.

*

Die Menschen wollt ich meiden. Ihnen ist nicht zu helfen, und sie hindern uns, daß man sich selbst hilft. Sie sind glücklich, so soll man sie in ihren Albernheiten gewähren lassen; sind sie unglücklich, so soll man sie retten, ohne diese Albernheiten anzutasten; und niemand fragt jemals, ob du glücklich oder unglücklich bist.

Geologische Studien. Buchstaben mögen eine schöne Sache sein, und doch sind sie unzulänglich, die Töne auszudrücken; Töne können wir nicht entbehren, und doch sind sie bei weitem nicht hinreichend, den eigentlichen Sinn verlauten zu lassen; am Ende kleben wir am Buchstaben und am Ton, und sind nicht besser dran, als wenn wir sie ganz entbehren; was wir mitteilen, was uns überliefert wird, ist immer nur das Gemeinste, der Mühe gar nicht wert.

„Du willst mir ausweichen", sagte der Freund, „denn was soll das zu diesen Felsen und Zacken?"

„Wenn ich nun aber", versetzte jener, „eben diese Spalten und Risse als Buchstaben behandelte, sie zu entziffern suchte, sie zu Worten bildete und sie fertig zu lesen lernte, hättest du etwas dagegen?"

„Nein! aber es scheint mir ein weitläufiges Alphabet."

Enger, als du denkst; man muß es nur kennen lernen wie ein anderes auch. Die Natur hat nur eine Schrift, und ich brauche mich nicht mit so vielen Kritzeleien herumzuschleppen. Hier darf ich nicht fürchten, wie wohl geschieht, wenn ich mich lange und liebevoll mit einem Pergament abgegeben habe, daß ein scharfer Kritikus kommt und mir versichert, das alles sei nur untergeschoben.

*

Es ist nichts schrecklicher als ein Lehrer, der nicht mehr weiß, als die Schüler allenfalls wissen sollen. Wer andere lehren will, kann wohl oft das Beste verschweigen, was er weiß, aber er darf nicht halbwissend sein.

Wo sind denn aber so vollkommene Lehrer zu finden? „Die triffst du sehr leicht", versetzte Montan.

„Wo denn?" sagte Wilhelm mit einigem Unglauben.

„Da, wo die Sache zu Hause ist, die du lernen willst", versetzte Montan. „Den besten Unterricht zieht man aus vollständiger Umgebung. Lernst du nicht fremde Sprachen in den Ländern am besten, wo sie zu Hause sind? Wo nur diese und keine andere dein Ohr berührt?"

„Und so wärst du", fragte Wilhelm, „zwischen den Gebirgen zur Kenntnis der Gebirge gelangt?"

„Das versteht sich."

„Ohne mit Menschen umzugehen?" fragte Wilhelm.

„Wenigstens nur mit Menschen", versetzte jener, „die bergartig waren. Da, wo die Pygmäen, angereizt durch Metalladern, den Fels durchwühlen, das Innere der Erde zugänglich machen und auf alle Weise die schwersten Aufgaben zu lösen suchen, da ist der Ort, wo der wißbegierig Denkende seinen Platz nehmen soll. Er sieht handeln, tun, läßt geschehen und erfreut sich des Geglückten und Mißglückten. Was nützt, ist nur ein Teil des Bedeutenden; um einen Gegenstand ganz zu besitzen, zu beherrschen, muß man ihn um sein selbst willen studieren. Indem ich aber vom Höchsten und Letzten spreche, wozu man sich erst spät durch vieles und reiches Gewahrwerden emporhebt, seh ich die Knaben vor uns, bei denen klingt es ganz anders. Jede Art von Tätigkeit möchte das Kind ergreifen, weil alles leicht aussieht, was vortrefflich ausgeübt wird. Aller Anfang ist schwer! das mag in einem gewissen Sinne wahr sein; allgemeiner aber kann man sagen: Aller Anfang ist leicht und die letzten Stufen werden am schwersten und seltensten erstiegen."

Wilhelm, der indessen nachgedacht hatte, sagte zu Montan: „Solltest du wirklich zu der Überzeugung gegriffen haben, daß die sämtlichen Tätigkeiten, wie in der Ausübung, so auch im Unterricht zu sondern seien?"

„Ich weiß mir nichts anderes noch besseres", erwiderte jener. „Was der Mensch leisten soll, muß sich als ein zweites Selbst von ihm ablösen, und wie könnte das möglich sein, wäre sein erstes Selbst nicht ganz davon durchdrungen!"

„Man hat aber doch eine vielseitige Bildung für vorteilhaft und notwendig gehalten."

„Sie kann es auch sein zu ihrer Zeit", versetzte jener. „Vielseitigkeit bereitet eigentlich nur das Element vor, worin der Einseitige wirken kann, dem eben jetzt genug Raum gegeben ist. Ja, es ist jetzt die Zeit der Einseitigkeiten; wohl dem, der es begreift, für sich und andere in diesem Sinne wirkt! Bei gewissen Dingen versteht sich's durchaus und sogleich. Übe dich zum tüchtigen Violinisten und sei versichert, der Kapellmeister wird dir deinen Platz im Orchester mit Gunst anweisen. Mache ein Organ aus dir und erwarte, was für eine Stelle dir die Menschheit im allgemeinen Leben wohlmeinend zugestehen werde. Laß uns abbrechen! Wer es nicht glauben will, der gehe s e i n e n Weg; auch der gelingt zuweilen"; ich aber sage: „Von unten hinauf zu dienen ist überall nötig. Sich auf ein Handwerk zu beschränken ist das beste. Für den geringsten Kopf wird es immer ein Handwerk, für den bessern eine Kunst, und der beste, wenn er eins tut, tut er alles, oder um weniger paradox zu sein, in dem einen, was er recht tut, sieht er das Gleichnis von allem, was recht getan wird."   *

Ich habe viel in der Welt versucht und immer dasselbe gefunden. In der Gewohnheit ruht das einzige Behagen des Menschen; selbst das Unangenehme, woran wir uns gewöhnten, vermissen wir ungern. Ich quälte mich einmal gar lange mit einer Wunde, die nicht heilen wollte, und als ich endlich genas, war es mir höchst unangenehm, als der Chirurg ausblieb, sie nicht mehr verband und das Frühstück nicht mehr mit mir einnahm.

„Ich möchte aber doch", versetzte Wilhelm, „meinem Sohn einen freiern Blick über die Welt verschaffen, als ein beschränktes Handwerk zu geben vermag. Man umgrenze den Menschen, wie man wolle, so schaut er doch zuletzt in seiner Zeit umher, und wie kann er die begreifen, wenn er nicht einigermaßen weiß, was vorhergegangen ist? Und müßt er nicht mit Erstaunen in jeden Gewürzladen eintreten, wenn er keinen Begriff von den Ländern hätte, woher diese unentbehrlichen Seltsamkeiten bis zu uns gekommen sind?"

„Wozu die Umstände?" versetzte Jarno. „Lese er die Zeitungen wie jeder Philister, und trinke Kaffee, wie jede alte Frau!"

*

Dem Unschuldigen Befreiung und Ersatz, dem Verführten Mitleiden, dem Schuldigen ahnende Gerechtigkeit!

*

Welchen Weg mußte nicht die Menschheit machen, bis sie dahin gelangte, auch gegen Schuldige gelind, gegen Verbrecher schonend, gegen Unmenschen menschlich zu sein! Gewiß waren es Männer göttlicher Natur, die dies zuerst lehrten, die ihr Leben damit zubrachten, die Ausübung möglich zu machen und zu beschleunigen. Des Schönen sind die Menschen selten fähig, öfter des Guten; und wie hoch müssen wir daher diejenigen halten, die dieses mit großen Aufopferungen zu befördern suchen!

*

Aufmerksamkeit ist das Leben!
Vom Nützlichen durchs Wahre zum Schönen!

*

Wir Frauen sind in einem besonderen Zustande. Die Maximen der Männer hören wir immerfort wiederholen, ja wir müssen sie in goldenen Buchstaben über unseren Häuptern sehen, und doch wüßten wir Mädchen im stillen das Ungekehrte zu sagen, das auch gölte, wie es gerade hier der Fall ist. Die Schöne findet Verehrer, auch Freier, und endlich wohl gar einen Mann; dann gelangt sie zum Wahren, das nicht immer höchst erfreulich sein mag, und wenn sie klug ist, widmet sie sich dem Nützlichen, sorgt für Haus und Kinder und verharrt dabei. So hab ich's wenigstens oft gefunden. Wir Mädchen haben Zeit zu beobachten, und da finden wir meist, was wir nicht suchten.

*

Besitz und Gemeingut! Heben sich diese beiden Begriffe nicht auf?

Umschreiben Sie die wenigen Worte, so wird der Sinn alsobald hervorleuchten. Jeder suche den Besitz, der ihm von der Natur, von dem Schicksal gegönnt war, zu würdigen, zu erhalten, zu steigern, er greife mit allen seinen Fertigkeiten so weit umher, als er zu reichen fähig ist; immer aber denke er dabei, wie er andere daran will teilnehmen lassen; denn nur insofern werden die Vermögenden geschätzt, als andere durch sie genießen.

Indem man sich nun nach Beispielen umsah, fand sich der Freund erst in seinem Fache; man wetteiferte, man überbot sich, um jene lakonischen Worte recht wahr zu finden. Warum, hieß es, verehrt man den Fürsten, als weil er einen jeden in Tätigkeit setzen, fördern, begünstigen und seiner absoluten Gewalt gleichsam teilhaft machen kann? Warum schaut alles nach dem Reichen, als weil er, der Bedürftigste, überall Teilnehmer an seinem Überflusse wünscht? Warum beneiden alle Menschen den Dichter? Weil seine Natur die Mitteilung selbst ist. Der Musiker ist glücklicher als der Maler, er spendet willkommene Gaben aus, persönlich unmittelbar, anstatt daß der letzte nur gibt, wenn die Gabe sich von ihm absonderte.

Nun hieß es ferner im allgemeinen: Jede Art von Besitz soll der Mensch festhalten, er soll sich zum Mittelpunkt machen, von dem das Gemeingut ausgehen kann; er muß Egoist sein, um nicht Egoist zu werden, zusammenhalten, damit er spenden könne. Was soll es heißen, Besitz und Gut an die Armen zu geben? Löblicher ist, sich für sie als Verwalter betragen. Dies ist der Sinn der Worte: Besitz und Gemeingut! Das Kapital soll niemand angreifen; die Interessen werden ohnehin im Weltlaufe schon jedermann angehören.

Man hatte, wie sich im Gefolg des Gesprächs ergab, dem Oheim vorgeworfen, daß ihm seine Güter nicht einträgen, was sie sollten. Er versetzte dagegen: Das Mindere der Einnahme betracht ich als Ausgabe, die mir Vergnügen macht, indem ich andern dadurch das Leben erleichtere; ich habe nicht einmal die Mühe, daß diese Spende durch mich durchgeht, und so setzt sich alles wieder ins gleiche.

*

Kurzgefaßte Sprüche jeder Art weiß ich zu ehren, besonders wenn sie mich anregen, das Entgegengesetzte zu überschauen und in Übereinstimmung zu bringen.

*

Was soll man sich viel verstellen gegen die, mit denen man sein Leben zuzubringen hat!

*

Der Mensch ist ein geselliges, gesprächiges Wesen; seine Lust ist groß, wenn er Fähigkeiten ausübt, die ihm gegeben sind, und wenn auch weiter nichts dabei herauskäme. Wie oft beklagt man sich in Gesellschaft, daß einer den andern nicht zum Worte kommen läßt! und ebenso kann man sagen, daß einer den andern nicht zum Schreiben kommen ließe, wenn nicht das Schreiben gewöhnlich ein Geschäft wäre, das man einsam und allein abtun muß.

*

Das Porträt wie die Biographie haben ein ganz eigenes Interesse: der bedeutende Mensch, den man sich ohne Umgebung nicht denken kann, tritt einzeln abgesondert heraus und stellt sich vor uns wie vor einen Spiegel; ihm sollen wir entschiedene Aufmerksamkeit zuwenden, wir sollen uns ausschließlich mit ihm beschäftigen, wie er behaglich vor dem Spiegelglas mit sich beschäftigt ist. Ein Feldherr ist es, der jetzt das ganze Heer repräsentiert, hinter den so Kaiser als Könige, für die er kämpft, ins Trübe zurücktreten. Der gewandte Hofmann steht vor uns, eben als wenn er uns den Hof machte, wir denken nicht an die große Welt, für die er sich eigentlich so anmutig ausgebildet hat.

*

In den Kolonien entwickelte sich die Maxime, daß eine in sich abgeschlossene, in Sitten und Religion übereinstimmende Nation vor aller fremden Einwirkung, aller Neuerung sich wohl zu hüten habe, daß aber da, wo man auf frischem Boden viele Glieder von allen Seiten her zusammenberufen will, möglichst unbedingte Tätigkeit in Erwerb und freier Spielraum der allgemein sittlichen und religiösen Vorstellungen zu vergönnen sei.

Überall bedarf der Mensch Geduld, überall muß er Rücksicht nehmen, und ich will mich doch lieber mit meinem Könige abfinden, daß er mir diese oder jene Gerechtsame zugestehe, lieber mich mit meinen Nachbarn mich vergleichen, daß sie mir gewisse Beschränkungen erlassen, wenn ich ihnen von einer andern Seite nachgebe, als daß ich mich mit den Irokesen herumschlage, um sie zu vertreiben, oder sie durch Kontrakte betrüge, um sie zu verdrängen aus ihren Sümpfen, wo man von Moskitos zu Tode gepeinigt wird.

Wenn aber alles aufs Öffentliche und Gemeinsamsittliche berechnet ist, so bleibt die eigentliche Religion ein Inneres, ja Individuelles; denn sie hat ganz allein mit dem Gewissen zu tun, dieses soll erregt, soll beschwichtigt werden: erregt, wenn es stumpf, untätig, unwirksam dahinbrütet; beschwichtigt, wenn es durch reuige Unruhe das Leben zu verbittern droht; denn es ist ganz nah mit der Sorge verwandt, die in den Kummer überzugehen droht, wenn wir uns oder andern durch eigene Schuld ein Übel zugezogen haben.

*

Der Mensch ist ein beschränktes Wesen: unsere Beschränkung zu überdenken, ist der Sonntag gewidmet. Sind es körperliche Leiden, die wir im Lebenstaumel der Woche vielleicht gering achteten, so müssen wir am Anfang der neuen alsobald den Arzt aufsuchen; ist unsere Beschränkung ökonomisch und sonst bürgerlich, so sind unsere Beamten verpflichtet, ihre Sitzungen zu halten; ist es geistig, sittlich, was uns verdüstert, so haben wir uns an einen Freund, an einen Wohldenkenden zu wenden, dessen Rat, dessen Einwirkung zu erbitten: genug, es ist das Gesetz, daß niemand eine Angelegenheit, die ihn beunruhigt oder quält, in die neue Woche hinübernehmen dürfe. Von drückenden Pflichten kann uns nur die gewissenhafteste Ausübung befreien, und was gar nicht aufzulösen ist, überlassen wir zuletzt Gott als dem allbedingenden und allbefreienden Wesen.

*

Mir will scheinen, daß bei jeder Nation ein anderer Sinn vorwalte, dessen Befriedigung sie allein glücklich macht; und dies bemerkt man ja schon an verschiedenen Menschen. Der eine, der sein Ohr mit vollen, anmutig geregelten Tönen gefüllt, Geist und Seele dadurch angeregt wünscht, dankt er mir's, wenn ich ihm das trefflichste Gemälde vor Augen stelle? Ein Gemäldefreund will schauen: er wird ablehnen, durch Gedicht oder Roman seine Einbildungskraft erregen zu lassen. Wer ist denn so begabt, daß er vielseitig genießen könne?

*

Wo man irgendeine Mißbilligung, einen Tadel, auch nur ein Bedenken aussprechen soll, nehm ich gern die Initiative; ich suche mir eine Autorität, bei welcher ich mich beruhigen kann, indem ich finde, daß mir ein anderer zur Seite steht. Loben tu ich ohne Bedenken; denn warum soll ich verschweigen, wenn mir etwas zusagt? Sollte es auch meine Beschränktheit ausdrücken, so hab ich mich deren nicht zu schämen; tadle ich aber, so kann mir begegnen, daß ich etwas Vortreffliches abweise, und dadurch zieh ich mir die Mißbilligung anderer zu, die es besser verstehen; ich muß mich zurücknehmen, wenn ich aufgeklärt werde.

*

Große Gedanken und ein reines Herz, das ist's, was wir uns von Gott erbitten sollten!

*

Nach einigen Stunden ließ der Astronom seinen Gast die Treppen zur Sternwarte sich hinaufwinden, und zuletzt auf die völlig freie Fläche eines runden, hohen Turmes heraustreten. Die heiterste Nacht, von allen Sternen leuchtend und funkelnd, umgab den Schauenden, welcher zum erstenmal das hohe Himmelsgewölbe in seiner ganzen Herrlichkeit zu erblicken glaubte; denn im gemeinen Leben, abgerechnet die ungünstige Witterung, die uns den Glanzraum des Äthers verbirgt, hindern uns zu Hause bald Dächer und Gipfel, auswärts bald Wälder und Felsen, am meisten aber überall die innern Beunruhigungen des Gemüts, die, uns alle Umsicht mehr als Nebel und Mißwetter zu verdüstern, sich hin und her bewegen.

Ergriffen und erstaunt hielt er sich beide Augen zu. Das Ungeheure hört auf erhaben zu sein; es überreicht unsere Fassungskraft, es droht, uns zu vernichten.

„Was bin ich denn gegen das All?" sprach er zu seinem Geiste, „wie kann ich ihm gegenüber, wie kann ich in seiner Mitte stehen?"

Nach einem kurzen Überdenken jedoch fuhr er fort: „Das Resultat unsres heutigen Abends löst ja auch das Rätsel gegenwärtigen Augenblicks."

Wie kann sich der Mensch gegen das Unendliche stellen, als wenn er alle geistigen Kräfte, die nach vielen Seiten hingezogen werden, in seinem Innersten, Tiefsten versammelt, wenn er sich fragt: Darfst du dich in der Mitte dieser ewig lebenden Ordnung auch nur denken, sobald sich nicht gleichfalls in dir ein herrlich Bewegtes um einen reinen Mittelpunkt kreisend hervortut? Und selbst wenn es dir schwer würde, diesen Mittelpunkt in deinem Busen aufzufinden, so würdest du ihn daran erkennen, daß eine wohlwollende, wohltätige Wirkung von ihm ausgeht und von ihm Zeugnis gibt. Wer soll, wer kann aber auf sein vergangenes Leben zurückblicken, ohne gewissermaßen irre zu werden, da er meistens finden wird, daß sein Wollen richtig, sein Tun falsch, sein Begehren tadelhaft und sein Erlangen dennoch erwünscht gewesen? Wie oft hast du diese Gestirne leuchten gesehen, und haben sie dich nicht jederzeit anders gefunden? Sie aber sind immer dieselbigen und sagen immer dasselbige. Wir bezeichnen, wiederholen sie, durch unsern gesetzmäßigen Gang Tag und Stunde; frage dich auch, wie verhältst du dich zu Tag und Stunde? Und so kann ich denn diesmal antworten: Des gegenwärtigen Verhältnisses hab ich mich nicht zu schämen; meine Absicht ist, einen edeln Familienkreis in allen seinen Gliedern erwünscht verbunden herzustellen; der Weg ist bezeichnet. Ich soll erforschen, was edle Seelen auseinanderhält, soll Hindernisse wegräumen, von welcher Art sie auch seien. Dies darfst du vor diesen himmlischen Heerscharen bekennen; achteten sie deiner, sie würden zwar über deine Beschränktheit lächeln, aber sie ehrten gewiß deinen Vorsatz und begünstigten dessen Erfüllung.

Bei diesen Worten und Gedanken wendete er sich, umherzusehen; da fiel ihm Jupiter in die Augen, das Glücksgestirn, so herrlich leuchtend als je; er nahm das Omen als günstig auf und verharrte freudig in diesem Anschauen eine Zeitlang.

Hierauf sogleich berief ihn der Astronom, herabzukommen, und ließ ihn eben dieses Gestirn durch ein vollkommenes Fernrohr in bedeutender Größe, begleitet von seinen Monden, als ein himmlisches Wunder anschauen.

Als unser Freund lange darin versunken geblieben, wendete er sich um und sprach zu dem Sternfreunde: „Ich weiß nicht, ob ich Ihnen danken soll, daß Sie mir dieses Gestirn so über alles Maß näher gerückt. Als ich es vorhin sah, stand es im Verhältnis zu den übrigen unzähligen des Himmels und zu mir selbst; jetzt aber tritt es in meiner Einbildungskraft unverhältnismäßig hervor, und ich weiß nicht, ob ich die übrigen Scharen gleicherweise heranzuführen wünschen sollte. Sie werden mich einengen, mich beängstigen."

So erging sich unser Freund nach seiner Gewohnheit weiter, und es kam bei dieser Gelegenheit manches Unerwartete zur Sprache. Auf einiges Erwidern des Kunstverständigen versetzte Wilhelm: „Ich begreife recht gut, daß es euch Himmelskundigen die größte Freude gewähren muß, das ungeheure Weltall nach und nach so heranzuziehen, wie ich hier den Planeten sah und sehe. Aber erlauben Sie mir, es auszusprechen, ich habe im Leben überhaupt und im Durchschnitt gefunden, daß diese Mittel, wodurch wir unseren Sinnen zu Hilfe kommen, keine sittlich günstige Wirkung auf den Menschen ausüben. Wer durch Brillen sieht, hält sich für klüger als er ist; denn sein äußerer Sinn wird dadurch mit seiner innern Urteilsfähigkeit außer Gleichgewicht gesetzt; es gehört eine höhere Kultur dazu, deren nur vorzügliche Menschen fähig sind, inneres Wahres mit diesem von außen herangerückten Falschen einigermaßen auszugleichen. So oft ich durch eine Brille sehe, bin ich ein anderer Mensch und gefalle mir selbst nicht, ich sehe mehr, als ich sehen sollte; die schärfer gesehene Welt harmoniert nicht mit meinem Innern, und ich lege die Gläser geschwinder wieder weg, wenn meine Neugierde, wie dieses oder jenes in der Ferne beschaffen sein möchte, befriedigt ist."

Auf einige scherzhafte Bemerkungen des Astronomen fuhr Wilhelm fort: „Wir werden diese Gläser so wenig als irgendein Maschinenwesen aus der Welt bannen, aber dem Sittenbeobachter ist es wichtig, zu erforschen und zu wissen, woher sich manches in die Menschheit eingeschlichen hat, worüber man sich beklagt. So bin ich z. B. überzeugt, daß die Gewohnheit, Annäherungsbrillen zu tragen, an dem Dünkel unserer jungen Leute hauptsächlich Schuld hat."

*

Deshalb machte sie mir's zur Pflicht, einzelne gute Gedanken aufzubewahren, die aus einem geistreichen Gespräch, wie Samenkörner aus einer vielästigen Pflanze, hervorspringen. „Ist man treu", sagte sie, „das Gegenwärtige festzuhalten, so wird man erst Freude an der Überlieferung haben, indem wir den besten Gedanken schon ausgesprochen, das liebenswürdigste Gefühl schon ausgedrückt finden. Hierdurch kommen wir zum Anschauen jener Übereinstimmung, wozu der Mensch berufen ist, wozu er sich oft wider seinen Willen finden muß, da er sich gar zu gern einbildet, die Welt fange mit ihm von vorne an."

Von Natur besitzen wir keinen Fehler, der nicht zur Tugend, keine Tugend, die nicht zum Fehler werden könnte: diese letzten sind gerade die bedenklichsten.

*

Unwahrheit kann uns ebensosehr in Verlegenheit setzen als Wahrheit; und wenn wir abwägen, wie oft uns diese oder jene nutzt, so möchte es doch immer der Mühe wert sein, sich ein für allemal dem Wahren zu ergeben.

*

Der Vater behält immer eine Art von despotischem Verhältnis zu dem Sohn, dessen Tugenden er nicht anerkennt und an dessen Fehlern er sich freut; deswegen die Alten schon zu sagen pflegten, der Helden Söhne werden Taugenichtse.

*

Nachdem sie ihren Weg einige Zeit stillschweigend fortgesetzt, begann Lenardo mit der Betrachtung, daß es die Eigenheit des Menschen sei, von vorn anfangen zu wollen; worauf der Freund erwiderte, dies lasse sich wohl erklären und entschuldigen, weil doch, genau genommen, jeder wirklich von vorn anfängt.

„Sind doch", rief er aus, „keinem die Leiden erlassen, von denen seine Vorfahren gepeinigt wurden! Kann man ihm verdenken, daß er von ihren Freuden nichts wissen will?"

Lenardo versetzte hierauf: „Sie ermutigen mich zu gestehen, daß ich eigentlich auf nichts gerne wirken mag, als auf das, was ich selbst geschaffen habe. Niemals mochte ich einen Diener, den ich nicht vom Knaben heraufgebildet, kein Pferd, das ich nicht selbst zugeritten. In Gefolg dieser Sinnesart will ich denn auch gern bekennen, daß ich unwiderstehlich nach uranfänglichen Zuständen hingezogen werde, daß meine Reisen durch alle hochgebildeten Länder und Völker diese Gefühle nicht abstumpfen können, daß meine Einbildungskraft sich über dem Meer ein Behagen sucht, und daß ein bisher vernachlässigter Familienbesitz in jenen frischen Gegenden mich hoffen läßt, ein im stillen gefaßter, meinem Wünschen gemäß nach und nach heranreifender Plan werde sich endlich ausführen lassen."

„Dagegen wüßte ich nichts einzuwenden", versetzte Wilhelm, „ein solcher Gedanke, ins Neue und Unbestimmte gewendet, hat etwas Eigenes, Großes. Nur bitt ich zu bedenken, daß ein solches Unternehmen nur einer Gesamtheit glücken kann."

*

Als Wilhelm gegen seine sonstige Gewohnheit seine Blicke beobachtend im Zimmer umherschweifen ließ, sagte der gute Alte: „Meine Umgebung erregt Ihre Aufmerksamkeit. Sie sehen hier, wie lange etwas dauern kann! Und man muß doch auch dergleichen sehen, zum Gegengewicht dessen, was in der Welt so schnell wechselt und sich verändert. Dieser Teekessel diente schon meinen Eltern und war ein Zeuge unserer abendlichen Familienversammlungen; dieser kupferne Kaminschirm schützt mich noch immer vor dem Feuer, das diese alte, mächtige Zange anschürt; und so geht es durch alles durch. Anteil und Tätigkeit konnte ich daher auf gar viele andere Gegenstände wenden, weil ich mich mit der Veränderung dieser äußern Bedürfnisse, die so vieler Menschen Zeit und Kräfte wegnimmt, nicht weiter beschäftigte. Eine liebevolle Aufmerksamkeit auf das, was der Mensch besitzt, macht ihn reich, indem er sich einen Schatz der Erinnerungen an gleichgültigen Dingen dadurch anhäuft. Ich habe einen jungen Mann gekannt, der eine Stecknadel dem geliebten Mädchen, Abschied nehmend, entwendete, den Busenstreif täglich damit zusteckte, und diesen gehegten und gepflegten Schatz von einer großen, mehrjährigen Fahrt wieder zurückbrachte. Uns anderen kleinen Menschen ist dies wohl als eine Tugend anzurechnen.

„Die Beharrlichkeit auf den Besitz", fuhr er fort, „gibt uns in manchen Fällen die größte Energie. Diesem Eigensinn bin ich die Rettung meines Hauses schuldig. Als die Stadt brannte, wollte man auch bei mir flüchten und retten. Ich verbot's, befahl Fenster und Türen zuzuschließen, und wandte mich mit mehreren Nachbarn gegen die Flamme. Unserer Anstrengung gelang es, diesen Zipfel der Stadt aufrecht zu erhalten. Den andern Morgen stand alles noch bei mir, wie Sie es sehen, und wie es beinahe seit hundert Jahren gestanden hat."

„Mit alledem", sagte Wilhelm, „werden Sie mir gestehen, daß der Mensch der Veränderung nicht widersteht, welche die Zeit hervorbringt."

„Freilich!" sagte der Alte, „aber doch, der am längsten sich erhält, hat auch was geleistet."

Ja sogar über unser Dasein hinaus sind wir fähig zu erhalten und zu sichern; wir überliefern Kenntnisse, wir übertragen Gesinnungen so gut als Besitz. Und da mir es vorzüglich um den letzten zu tun ist, so habe ich deshalb seit langer Zeit wunderliche Vorsicht gebraucht, auf ganz eigene Vorkehrungen gesonnen; nur spät aber ist mir's gelungen, meinen Wunsch erfüllt zu sehen.

Gewöhnlich zerstreut der Sohn, was der Vater gesammelt hat, sammelt etwas anderes oder auf andere Weise: kann man jedoch den Enkel, die neue Generation abwarten, so kommen dieselben Neigungen, dieselben Ansichten wieder zum Vorschein. Und so habe ich denn endlich durch Sorgfalt unserer pädagogischen Freunde einen tüchtigen jungen Mann erworben, welcher wo möglich noch mehr auf hergebrachten Besitz hält als ich selbst, und eine heftige Neigung zu wunderlichen Dingen empfindet. Mein Zutrauen hat er entschieden durch die gewaltsamen Anstrengungen erworben, womit ihm das Feuer von unserer

Wohnung abzuwehren gelang: doppelt und dreifach hat er den Schatz verdient, dessen Besitz ich ihm zu überlassen gedenke; ja er ist ihm schon übergeben, und seit der Zeit mehrt sich unser Vorrat auf eine wundersame Weise.

*

Allem Leben, allem Tun, aller Kunst muß das Handwerk vorausgehen, welches nur in der Beschränkung erworben wird. Eines recht wissen und ausüben, gibt höhere Bildung als Halbheit im Hundertfältigen. Da, wo ich Sie hinweise, hat man alle Tätigkeiten gesondert; geprüft werden die Zöglinge auf jedem Schritt, dabei erkennt man, wo seine Natur eigentlich hinstrebt, ob er sich gleich mit zerstreuten Wünschen bald da, bald dort hinwendet. Weise Männer lassen den Knaben unter der Hand dasjenige finden, was ihm gemäß ist; sie verkürzen die Umwege, durch welche der Mensch von seiner Bestimmung nur allzugefällig abirren mag.

*

Die Vorsehung hat tausend Mittel, die Gefallenen zu erheben und die Niedergebeugten aufzurichten. Manchmal sieht unser Schicksal aus wie ein Fruchtbaum im Winter: wer sollte bei dem traurigen Ansehen desselben wohl denken, daß diese starren Äste, diese zackigen Zweige im nächsten Frühjahr wieder grünen, blühen, sodann Früchte tragen könnten! Doch wir hoffen's, wir wissen's.

ZWEITES BUCH
DIE PÄDAGOGISCHE PROVINZ

Wenn man dem Menschen gleich und immer sagt, worauf alles ankommt, so denkt er, es sei nichts dahinter. Gewissen Geheimnissen, und wenn sie offenbar wären, muß man durch Verhüllen und Schweigen Achtung erweisen; denn dieses wirkt auf Scham und gute Sitten.

*

Bei uns ist der Gesang der ersten Stufe der Ausbildung: alles andere schließt sich daran, und wird dadurch vermittelt. Der einfachste Genuß, so wie die einfachste Lehre werden bei uns durch Gesang belebt und eingeprägt, ja selbst was wir überliefern von Glaubens- und Sittenbekenntnis, wird auf dem Wege des Gesanges mitgeteilt; andere Vorteile zu selbsttätigen Zwecken verschwistern sich sogleich; denn indem wir die Kinder üben, Töne, welche sie hervorbringen, mit Zeichen auf die Tafel schreiben zu lernen und nach Anlaß dieser Zeichen sodann in ihrer Kehle wieder zu finden, ferner den Text darunter zu fügen, so üben sie zugleich Hand, Ohr und Auge und gelangen schneller zum Recht- und Schönschreiben, als man denkt; und da dieses alles zuletzt nach reinen Maßen, nach genau bestimmten Zahlen ausgeübt und nachgebildet werden muß, so fassen sie den hohen Wert der Meß- und Rechenkunst viel geschwinder als auf jede andere Weise. Deshalb haben wir denn unter allem Denkbaren die Musik zum Element unserer Erziehung gewählt; denn von ihr laufen gleichgebahnte Wege nach allen Seiten.

Wohlgeborene, gesunde Kinder, versetzten jene, bringen viel mit; die Natur hat jedem alles gegeben, was er für Zeit und Dauer nötig hätte; dieses zu entwickeln ist unsere Pflicht, öfters entwickelt sich's besser von selbst. Aber eins bringt niemand mit auf die Welt, und doch ist es das, worauf alles ankommt, damit der Mensch nach allen Seiten zu ein Mensch sei. Könnt ihr es selbst finden, so sprecht es aus.

Wilhelm bedachte sich eine kurze Zeit und schüttelte sodann den Kopf.

Jene, nach einem anständigen Zaudern, riefen: „Ehrfurcht!"

Wilhelm stutzte.

Ehrfurcht! hieß es wiederholt. Allen fehlt sie, vielleicht euch selbst. Dreierlei Gebärde habt ihr gesehen, und wir überliefern eine dreifache Ehrfurcht, die, wenn sie zusammenfließt und ein Ganzes bildet, erst ihre höchste Kraft und Wirkung erreicht. Das erste ist Ehrfurcht vor dem, was über uns ist. Jene Gebärde, die Arme kreuzweis über die Brust, einen freudigen Blick gen Himmel, das ist, was wir unmündigen Kindern auflegen und zugleich das Zeugnis von ihnen verlangen, daß ein Gott da droben sei, der sich in Eltern, Lehrern, Vorgesetzten abbildet und offenbart. Das zweite: Ehrfurcht vor dem, was unter uns ist. Die auf den Rücken gefalteten, gleichsam gebundenen Hände, der gesenkte lächelnde Blick sagen, daß man die Erde wohl und heiter zu betrachten habe; sie gibt Gelegenheit zur Nahrung; sie gewährt unsägliche Freuden; aber unverhältnismäßige Leiden bringt sie. Wenn einer sich körperlich beschädigte, verschuldend oder unschuldig, wenn ihn andere vorsätzlich oder zufällig verletzten, wenn das irdische Willenlose ihm ein Leid zufügte, das bedenk er wohl: denn solche Gefahr begleitet ihn sein Leben lang. Aber aus dieser Stellung befreien wir unsern Zögling baldmöglichst, sogleich wenn wir überzeugt sind, daß die Lehre dieses Grads genugsam auf ihn gewirkt habe; dann aber heißen wir ihn sich ermannen, gegen Kameraden gewendet, nach ihnen sich richten. Nun steht er strack und kühn, nicht etwa selbstisch vereinzelt; nur in Verbindung mit seinesgleichen macht er Front gegen die Welt. Weiter wüßten wir nichts hinzuzufügen.

„Es leuchtet mir ein!" versetzte Wilhelm. „Deswegen liegt die Menge wohl so im argen, weil sie sich nur im Element des Mißwollens und Mißredens behagt; wer sich diesem überliefert, verhält sich gar bald gegen Gott gleichgültig, verachtend gegen die Welt, gegen seinesgleichen gehässig; das wahre, echte, unentbehrliche Selbstgefühl aber zerstört sich in Dünkel und Anmaßung. Erlauben Sie mir dessenungeachtet", fuhr Wilhelm fort, „ein einziges einzuwenden. Hat man nicht von jeher die Furcht roher Völker vor mächtigen Naturerscheinungen und sonst unerklärlichen, ahnungsvollen Ereignissen für den Keim gehalten, woraus ein höheres Gefühl, eine reinere Gesinnung sich stufenweise entwickeln sollte?"

Hierauf erwiderten jene: „Der Natur ist Furcht wohl gemäß, Ehrfurcht aber nicht; man fürchtet ein bekanntes oder unbekanntes mächtiges Wesen; der Starke sucht es zu bekämpfen, der Schwache zu vermeiden; beide wünschen es loszuwerden und fühlen sich glücklich, wenn sie es auf kurze Zeit beseitigt haben, wenn ihre Natur sich zur Freiheit und Unabhängigkeit einigermaßen wiederherstellte. Der natürliche Mensch wiederholt diese Operationen millionenmal in seinem Leben: von der Furcht strebt er zur Freiheit, aus der Freiheit wird er in die Furcht getrieben und kommt um nichts weiter. Sich zu fürchten ist leicht, aber beschwerlich; Ehrfurcht zu hegen ist schwer, aber bequem. Ungern entschließt sich der Mensch zur Ehrfurcht, oder vielmehr entschließt sich nie dazu; es ist ein höherer Sinn, der seiner Natur gegeben werden muß, und der sich nur bei besonders Begünstigten aus sich selbst entwickelt, die man auch deswegen von jeher für Heilige, für Götter gehalten. Hier liegt die Würde, hier das Geschäft aller echten Religionen, deren es auch nur drei gibt, nach den Objekten, gegen welche sie ihre Andacht wenden."

Die Männer hielten inne; Wilhelm schwieg eine Weile nachdenkend; da er in sich aber die Anmaßung nicht fühlte, den Sinn jener sonderbaren Worte zu deuten, so bat er die Würdigen, in ihrem Vortrage fortzufahren, worin sie ihm denn auch sogleich willfahrten.

„Keine Religion, sagten sie, die sich auf Furcht gründet, wird unter uns geachtet. Bei der Ehrfurcht, worin der Mensch in sich walten läßt, kann er, indem er Ehre gibt, seine Ehre behalten; er ist nicht mit sich selbst veruneint, wie in jenem Falle. Die Religion, welche auf Ehrfurcht vor dem, was über uns ist, beruht, nennen wir die ethnische; es ist die Religion der Völker und die erste glückliche Ablösung von einer niedern Furcht; alle sogenannten heidnischen Religionen sind von dieser Art, sie mögen übrigens Namen haben, wie sie wollen. Die zweite Religion, die sich auf jene Ehrfurcht gründet, die wir vor dem haben, was uns gleich ist, nennen wir die philosophische: denn der Philosoph, der sich in die Mitte stellt, muß alles Höhere zu sich herab-, alles Niedere zu sich heraufziehen, und nur in diesem Mittelzustand verdient er den Namen des Weisen. Indem er nun das Verhältnis zu seinesgleichen und also zur ganzen Menschheit, das Verhältnis zu allen übrigen irdischen Umgebungen, notwendigen und zufälligen, durchschaut, lebt er im kosmischen Sinne allein in der Wahrheit. Nun ist aber von der dritten Religion zu sprechen, gegründet auf die Ehrfurcht vor dem, was unter uns ist; wir nennen sie die christliche, weil sich in ihr eine solche Sinnesart am meisten offenbart; es ist ein letztes, wozu die Menschheit gelangen konnte und mußte. Aber was gehörte dazu, die Erde nicht allein unter sich liegen zu lassen und sich auf einen höhern Geburtsort zu berufen, sondern auch Niedrigkeit und Armut, Spott und Verachtung, Schmach und Elend, Leiden und Tod als göttlich anzuerkennen, ja Sünde selbst und Verbrechen nicht als Hindernisse, sondern als Förderungsmittel des Heiligen zu verehren und liebzugewinnen! Hiervon finden sich freilich Spuren durch alle Zeiten; aber Spur ist nicht Ziel, und da dieses einmal erreicht ist, so kann die Menschheit nicht wieder zurück, und man darf sagen, daß die christliche Religion, da sie einmal erschienen ist, nicht wieder verschwinden kann, da sie sich einmal göttlich verkörpert hat, nicht wieder aufgelöst werden mag."

„Zu welcher von diesen Religionen bekennt ihr euch denn insbesondere?" sagte Wilhelm.

„Zu allen dreien", erwiderten jene; „denn sie zusammen bringen eigentlich die wahre Religion hervor; aus diesen drei Ehrfurchten entspringt die oberste Ehrfurcht, die Ehrfurcht vor sich selbst, und jene entwickeln sich abermals aus dieser, so daß der Mensch zum höchsten gelangt, was er zu erreichen fähig ist, daß er sich selbst für das Beste halten darf, was Gott und Natur hervorgebracht haben, ja daß er auf dieser Höhe verweilen kann, ohne durch Dünkel und Selbstheit wieder ins Gemeine gezogen zu werden."

„Ein solches Bekenntnis, auf diese Weise entwickelt, befremdet mich nicht", versetzte Wilhelm, „es kommt mit allem überein, was man im Leben hie und da vernimmt, nur daß euch dasjenige vereinigt, was andere trennt."

Hierauf versetzten jene: „Schon wird dieses Bekenntnis von einem großen Teil der Welt ausgesprochen, doch unbewußt."

„Wie denn und wo?" fragte Wilhelm.

„Im Credo", riefen jene laut, „denn der erste Artikel ist ethnisch, und gehört allen Völkern, der zweite christlich, für die mit Leiden Kämpfenden und in Leiden Verherrlichten; der dritte zuletzt lehrt eine begeisterte Gemeinschaft der Heiligen, welches heißt, der im höchsten Grad Guten und Weisen. Sollten daher die drei göttlichen Personen, unter deren Gleichnis und Namen solche Überzeugungen und Verheißungen ausgesprochen sind, nicht billigermaßen für die höchste Einheit gelten?"

*

Unter allen heidnischen Religionen – denn eine solche ist die Israelitische gleichfalls – hat diese große Vorzüge, wovon ich nur einiger erwähnen will. Vor dem ethnischen Richterstuhle, vor dem Richterstuhl des Gottes der Völker, wird nicht gefragt, ob es die beste, die vortrefflichste Nation sei, sondern nur ob sie daure, ob sie sich erhalten habe. Das israelitische Volk hat niemals viel getaugt, wie es ihm seine Anführer, Richter, Vorsteher, Propheten tausendmal vorgeworfen haben; es besitzt wenig Tugenden und die meisten Fehler anderer Völker; aber an Selbständigkeit, Festigkeit, Tapferkeit, und wenn alles das nicht mehr gilt, an Zähigkeit sucht es seinesgleichen. Es ist das beharrlichste Volk der Erde; es ist, es war, es wird sein, um den Namen Jehovah durch alle Zeiten zu verherrlichen. Wir haben es daher als Musterbild aufgestellt, als Hauptbild, dem die andern nur zum Rahmen dienen.

„Es ziemt sich nicht mit euch zu rechten", versetzte Wilhelm, „da ihr mich zu belehren instande seid. Eröffnet mir daher noch die übrigen Vorteile dieses Volkes, oder vielmehr seiner Geschichte, seiner Religion."

„Ein Hauptvorteil", versetzte jener, „ist die treffliche Sammlung ihrer heiligen Bücher. Sie stehen so glücklich beisammen, daß aus den fremdesten Elementen ein täuschendes Ganzes entgegentritt. Sie sind vollständig genug, um zu befriedigen, fragmentarisch genug, um anzureizen, hinlänglich barbarisch, um aufzufordern, hinlänglich zart, um zu besänftigen; und wie manche andere entgegengesetzte Eigenschaften sind an diesen Büchern, an diesem Buche zu rühmen!

Noch einen Vorteil der israelitischen Religion muß ich hier erwähnen, daß sie ihren Gott in keine Gestalt verkörpert und uns also die Freiheit läßt, ihm eine würdige Menschengestalt zu geben, auch im Gegensatz die schlechte Abgötterei durch Tier- und Untiergestalten zu bezeichnen."

*

Jesus Christus. Das Leben dieses göttlichen Mannes steht mit der Weltgeschichte seiner Zeit in keiner Verbindung; es war ein Privatleben, seine Lehre eine Lehre für die einzelnen. Was Völkermassen und ihren Gliedern öffentlich begegnet, gehört der Weltgeschichte, der Weltreligion, welche wir für die erste halten; was dem einzelnen innerlich begegnet, gehört zur zweiten Religion, zur Religion der Weisen; eine solche war die, welche Christus lehrte und übte, solange er auf der Erde umherging.

*

Durch Wunder und Gleichnisse wird eine neue Welt aufgetan: jene machen das Gemeine außerordentlich, diese das Außerordentliche gemein.

*

Es ist nichts gemeiner und gewöhnlicher als Essen und Trinken; außerordentlich dagegen einen Trank zu veredeln, eine Speise zu vervielfältigen, daß sie für eine Unzahl hinreiche. Es ist nichts gewöhnlicher als Krankheit und körperliche Gebrechen; aber diese durch geistige oder geistigen ähnliche Mittel aufheben, lindern ist außerordentlich, und eben daher entsteht das Wunderbare des Wunders, daß das Gewöhnliche und Außerordentliche, das Mögliche und das Unmögliche eins werde. Bei dem Gleichnisse, bei der Parabel ist das Umgekehrte: hier ist der Sinn, die Einsicht, der Begriff, das Hohe, das Außerordentliche, das Unerreichbare. Wenn dieser sich in einem gemeinen, gewöhnlichen, faßlichen Bilde verkörpert, so daß er uns als lebendig, gegenwärtig, wirklich entgegentritt, daß wir ihn uns zueignen, ergreifen, festhalten, mit ihm wie mit unseresgleichen umgehen können, das ist denn auch eine zweite Art von Wunder und wird billig zu jenen ersten gesellt, ja vielleicht ihnen noch vorgezogen. Hier ist die lebendige Lehre ausgesprochen, die Lehre, die keinen Streit erregt, es ist keine Meinung über das, was Recht oder Unrecht ist; es ist das Rechte oder Unrechte unwidersprechlich selbst!

*

Im Leben erscheint er (Jesus) als ein wahrer Philosoph – stoßt euch nicht an diesem Ausdruck! – als ein Weiser im höchsten Sinne, er steht auf seinem Punkte fest; er wandelt seine Straße unverrückt, und indem er das Niedere zu sich heraufzieht, indem er die Unwissenden, die Armen, die Kranken seiner Weisheit, seines Reichtums, seiner Kraft teilhaftig werden läßt und sich deshalb ihnen gleichzustellen scheint, so verleugnet er nicht von der andern Seite seinen göttlichen Ursprung; er wagt, sich Gott gleichzustellen, ja sich für Gott zu erklären. Auf diese Weise setzt er von Jugend auf seine Umgebung in Erstaunen, gewinnt einen Teil derselben für sich, regt den andern gegen sich auf und zeigt allen, denen es um eine gewisse Höhe im Lehren und Leben zu tun ist, was sie von der Welt zu erwarten haben. Und so ist ein Wandel für den edeln Teil der Menschheit noch belehrender und fruchtbarer als sein Tod; denn zu jenen Prüfungen ist jeder, zu diesem sind nur wenige berufen. Und damit wir alles übergehen, was aus dieser Betrachtung folgt, so betrachtet die rührende Szene des Abendmahls! Hier läßt der Weise, wie immer, die Seinigen ganz eigentlich verwaist zurück, und indem er für die Guten besorgt ist, füttert er zugleich mit ihnen einen Verräter, der ihn und die bessern zu Grunde richten wird.

*

Das Äußere, allgemein Weltliche einem jeden von Jugend auf, das Innere, besonders Geistige und Herzliche nur denen, die mit einiger Besonnenheit heranwachsen.

Wir ziehen einen Schleier über diese Leiden, eben weil wir sie so hoch verehren. Wir halten es für eine verdammungswürdige Frechheit, jenes Martergerüst und den daran leidenden Heiligen dem Anblick der Sonne auszusetzen, die ihr Angesicht verbarg, als eine ruchlose Welt ihr dies Schauspiel aufdrang, mit diesen tiefen Geheimnissen, in welchen die göttliche Tiefe des Leidens verborgen liegt, zu spielen, zu tändeln, zu verzieren und nicht eher zu ruhen, bis das würdigste gemein und abgeschmackt erscheint.

*

Denn an der Farbe der Kleidung läßt sich die Sinnesweise, an dem Schnitt die Lebensweise des Menschen erkennen. Doch macht eine besondere Eigenheit der menschlichen Natur eine genauere Beurteilung gewissermaßen schwierig: es ist der Nachahmungsgeist, die Neigung sich anzuschließen. Doch auch diese Betrachtung bleibt uns nicht unfruchtbar; durch solche Äußerlichkeiten treten sie zu dieser oder jener Partei, sie schließen sich da oder dort an, und so zeichnen sich allgemeinere Gesinnungen aus, wir erfahren, wo jeder sich hinneigt, welchem Beispiel er sich gleichstellt. Nun hat man Fälle gesehen, wo die Gemüter sich ans allgemeine neigten, wo eine Mode sich über alle verbreiten, jede Absonderung sich zur Einheit verlieren wollte. Einer solchen Wendung suchen wir auf gelinde Weise Einhalt zu tun: wir lassen die Vorräte ausgehen; dieses und jenes Zeug, eine und die andere Verzierung ist nicht mehr zu haben; wir schieben etwas Neues, etwas Reizendes herein; durch helle Farben und kurzen knappen Schnitt locken wir die Muntern, durch ernste Schattierungen, bequeme faltenreiche Tracht die Besonnenen, und stellen so nach und nach ein Gleichgewicht her. Denn der Uniform sind wir durchaus abgeneigt; sie verdeckt den Charakter und entzieht die Eigenheiten der Kinder mehr als jede andere Verstellung dem Blicke der Vorgesetzten.

*

Wenn du es recht genau betrachtest, was ist denn das, was man oft als Eitelkeit verrufen möchte? Jeder Mensch soll Freude an sich selbst haben, und glücklich, wer sie hat! Hat er sie aber, wie kann er sich verwehren, dieses angenehme Gefühl merken zu lassen? wie soll er mitten im Dasein verbergen, daß er eine Freude am Dasein habe? Fände die gute Gesellschaft – denn von der ist doch hier allein die Rede – nur alsdann diese Äußerungen tadelhaft, wenn sie zu lebhaft werden, wenn eines Menschen Freude an sich und seinem Wesen die andern hindert, Freude an dem ihrigen zu haben und sie zu zeigen, so wäre nichts dabei zu erinnern, und von diesem Übermaß ist auch wohl der Tadel zuerst ausgegangen. Aber was soll eine wunderlich verneinende Strenge gegen etwas Unvermeidliches? warum will man nicht eine Äußerung läßlich und erträglich finden, die man denn doch mehr oder weniger sich von Zeit zu Zeit selbst erlaubt, ja, ohne die eine gute Gesellschaft gar nicht existieren könnte? Denn das Gefallen an sich selbst, das Verlangen, dieses Selbstgefühl anderen mitzuteilen, macht gefällig, das Gefühl eigener Anmut macht anmutig. Wollte Gott, alle Menschen wären eitel, wären es aber mit Bewußtsein, mit Maß und im rechten Sinne! so würden wir in der gebildeten Welt die glücklichsten Menschen sein. Die Weiber, sagt man, sind eitel von Hause aus; doch es kleidet sie und sie gefallen uns um desto mehr. Wie kann ein junger Mensch sich bilden, der nicht eitel ist? Eine leere, hohle Natur wird sich wenigstens einen äußeren Schein zu geben wissen, und der tüchtige Mensch wird sich bald von außen nach innen zu bilden. Was mich betrifft, so habe ich Ursache, mich auch deshalb für den glücklichsten Menschen zu halten, weil mein Handwerk mich berechtigt, eitel zu sein, und weil ich, je mehr ich es bin, nur desto mehr Vergnügen den Menschen verschaffe. Ich werde gelobt, wo man andere tadelt, und habe gerade auf diesem Wege das Recht und das Glück, noch in einem Alter das Publikum zu ergötzen und zu entzücken, in welchem andere notgedrungen vom Schauplatz abtreten oder nur mit Schmach darauf verweilen.

*

Der Mensch hat gar eine eigene Lust, Proselyten zu machen, dasjenige, was er an sich schätzt, auch außer sich, in anderen, zur Erscheinung zu bringen, sich zu genießen lassen, was er selbst genießt, und sich in ihnen wieder zu finden und darzustellen. Fürwahr, wenn dies auch Egoismus ist, so ist er der liebenswürdigste und lobenswürdigste, derjenige, der uns zum Menschen gemacht hat und uns als Menschen erhält.

*

Den Enthusiasmus für irgend eine Frau muß man einer andern niemals anvertrauen; sie kennen sich untereinander zu gut, um sich einer solchen ausschließlichen Verehrung würdig zu halten. Die Männer kommen ihnen vor wie Käufer im Laden, wo der Handelsmann mit seinen Waren, die er kennt, im Vorteil steht, auch sie in dem besten Lichte vorzuzeigen die Gelegenheit wahrnehmen kann, dahingegen der Käufer immer mit einer Art Unschuld hereintritt; er bedarf der Ware, will und wünscht sie, und versteht gar selten, sie mit Kenneraugen zu betrachten. Jener weiß recht gut, was er gibt, dieser nicht immer, was er empfängt: aber es ist einmal im menschlichen Leben und Umgang nicht zu ändern, ja so löblich als notwendig; denn alles Begehren und Freien, alles Kaufen und Tauschen beruht darauf.

*

Ein Frauenzimmer, das eine andere leidenschaftlich geliebt sieht, bequemt sich gern zu der Rolle einer Vertrauten; sie hegt ein heimlich, kaum bewußtes Gefühl, daß es nicht unangenehm sein müßte, sich an die Stelle der Angebeteten leise gehoben zu sehen.

*

Der Übergang von innerer Wahrheit zum äußern Wirklichen ist im Kontrast immer schmerzlich; und sollte Lieben und Bleiben nicht eben die Rechte haben wie Scheiden und Meiden? Und doch, wenn sich eins vom andern losreißt, entsteht in der Seele eine ungeheure Kluft, in der schon manches Herz zu Grunde ging. Ja der Wahn hat, so lange er dauert, eine unüberwindliche Wahrheit, und nur männliche, tüchtige Geister werden durch Erkennen eines Irrtums erhöht und gestärkt; eine solche Entdeckung hebt sie über sich selbst, sie stehen über sich erhoben und blicken, indem der alte Weg versperrt ist, schnell umher nach einem neuen, um ihn alsofort frisch und mutig anzutreten. Unzählig sind die Verlegenheiten, in welche sich der Mensch in solchen Augenblicken versetzt sieht, unzählig die Mittel, welche eine erfinderische Natur innerhalb ihrer eigenen Kräfte zu entdecken, sodann aber auch, wenn diese nicht auslangen, außerhalb ihres Bereichs freundlich anzudeuten weiß.

*

Jede Absonderung, jede Bedingung, die unseren aufkeimenden Leidenschaften in die Wege tritt, schärft sie, anstatt sie zu dämpfen.

*

Die Künste sind das Salz der Erde; wie dieses zu den Speisen, so verhalten sich jene zu der Technik. Wir nehmen von der Kunst nicht mehr auf, als nur, daß das Handwerk nicht abgeschmackt werde.

*

Wir müssen tun und dürfen ans Bilden nicht denken; aber Gebildete heranzuziehen ist unsere höchste Pflicht.

*

Wir wollen der Hausfrömmigkeit das gebührende Lob nicht entziehen; auf ihr gründet sich die Sicherheit des einzelnen, worauf zuletzt denn auch die Festigkeit und Würde beruhen mag; aber sie reicht nicht mehr hin, wir müssen den Begriff einer Weltfrömmigkeit fassen, unsere redlich menschlichen Gesinnungen in einen praktischen Bezug ins Weite setzen, und nicht nur unsere Nächsten fördern, sondern zugleich die ganze Menschheit mitnehmen.

*

Wilhelm wünschte zu erfahren, worin man die Zöglinge sonst noch zu üben pflege, um zu verhindern, daß bei so wilder, gewissermaßen roher Beschäftigung, Tiere nährend und erziehend, der Jüngling nicht selbst zum Tiere verwildere. Und so war ihm denn sehr lieb zu vernehmen, daß gerade mit dieser gewaltsam und rauh scheinenden Bestimmung die zarteste von der Welt verknüpft sei, Sprachübung und Sprachbildung.

Zu jenen Sprachübungen wurden wir dadurch bestimmt, daß aus allen Weltgegenden Jünglinge sich hier befinden. Um nun zu verhüten, daß sich nicht, wie in der Fremde zu geschehen pflegt, die Landsleute vereinigen und, von den übrigen Nationen abgesondert, Parteien bilden, so suchen wir durch freie Sprachmitteilung sie einander zu nähern. Am notwendigsten aber wird eine allgemeine Sprachübung, weil bei diesem Festmarkte jeder Fremde in seinen eigenen Tönen und Ausdrücken genugsame Unterhaltung, beim Feilschen und Markten aber alle Bequemlichkeit gerne finden mag. Damit jedoch keine babylonische Verwirrung, keine Verderbnis entstehe, so wird das Jahr über monatweise nur eine Sprache im allgemeinen gesprochen, nach dem Grundsatz, daß man nichts lerne außerhalb des Elements, welches bezwungen werden soll. Wir sehen unsere Schüler, sagte der Aufseher, sämtlich als Schwimmer an, welche mit Verwunderung im Elemente, das sie zu verschlingen droht, sich leichter fühlen, von ihm gehoben und getragen sind; und so ist es mit allem, dessen sich der Mensch unterfängt. Zeigt jedoch einer der unsrigen zu dieser oder jener Sprache besondere Neigung, so ist auch mitten in diesem tumultvoll scheinenden Leben, das zugleich sehr viel ruhige, müßig einsame, ja langweilige Stunden bietet, für treuen und gründlichen Unterricht gesorgt. Ihr würdet unsere reitenden Grammatiker, unter welchen sogar einige Pedanten sind, aus diesen bärtigen und unbärtigen Zentauren wohl schwerlich herausfinden.

*

Der bildende Künstler denkt sich zwar immer in Bezug auf alles, was unter den Menschen lebt und webt, aber sein Geschäft ist einsam; und durch den sonderbarsten Widerspruch verlangt vielleicht kein anderes so entschieden lebendige Umgebung.

*

Mit dem Genie haben wir am liebsten zu tun; denn dieses wird eben von dem guten Geiste beseelt, bald zu erkennen, was ihm nutz ist. Es begreift, daß Kunst eben darum Kunst heiße, weil sie nicht Natur ist; es bequemt sich zum Respekt, sogar vor dem, was man konventionell nennen könnte; denn was ist dieses anders, als daß die vorzüglichsten Menschen übereinkamen, das Notwendige, das Unerläßliche für das Beste zu halten? und gereicht es nicht überall zum Glück?

*

Der Wanderer konnte nicht unterlassen hier zu bemerken, daß die Wohnungen der Musiker in der vorigen Region keineswegs an Schönheit und Raum den gegenwärtigen zu vergleichen seien, welche Maler, Bildhauer und Baumeister bewohnen. Man erwiderte ihm, dies liege in der Natur der Sache. Der Musiker müsse immer in sich selbst gekehrt sein, sein Innerstes ausbilden, um es nach außen zu wenden, dem Sinne des Auges hat er nicht zu schmeicheln: das Auge bevorteilt gar leicht das Ohr und lockt den Geist von innen nach außen. Umgekehrt muß der bildende Künstler in der Außenwelt leben und sein Inneres gleichsam unbewußt an und in dem Auswendigen manifestieren. Bildende Künstler müssen wohnen wie Könige und Götter; wie wollten sie denn sonst für Könige und Götter bauen und verzieren? Sie müssen sich zuletzt dergestalt über das Gemeine erheben, daß die ganze Volksgemeine in und an ihren Werken sich veredelt fühle.

*

Ich verdenke dem Schauspieler nicht, wenn er sich zu dem Maler gesellt; der Maler jedoch ist in solcher Gesellschaft verloren. Gewissenlos wird der Schauspieler, was ihm Kunst und Leben darbietet, zu seinen flüchtigen Zwecken verbrauchen, und mit geringem Gewinn; der Maler hingegen, der vom Theater auch wieder seinen Vorteil ziehen möchte, wird sich immer im Nachteil finden, und der Musiker im gleichen Falle sein. Die sämtlichen Künste kommen mir vor wie Geschwister, deren die meisten zu guter Wirtschaft geneigt wären, eins aber, leicht gesinnt, Hab und Gut der ganzen Familie sich zuzueignen und zu verzehren Lust hätte. Das Theater ist in diesem Falle: es hat einen zweideutigen Ursprung, den es nie ganz, weder als Kunst noch Handwerk, noch als Liebhaberei verleugnen kann.

*

Ich habe mich durchaus überzeugt, das Liebste – und das sind doch unsere Überzeugungen – muß jeder im tiefsten Ernst bei sich selbst bewahren: Jeder weiß nur für sich, was er weiß, und das muß er geheimhalten; wie er es ausspricht, sogleich ist der Widerspruch rege, und wie er sich in Streit einläßt, kommt er in sich selbst aus dem Gleichgewicht und sein Bestes wird, wo nicht vernichtet, doch gestört.

Wenn man einmal weiß, worauf alles ankommt, hört man auf, gesprächig zu sein.

Worauf kommt nun aber alles an?

Das ist bald gesagt. Denken und Tun, Tun und Denken, das ist die Summe aller Weisheit, von jeher anerkannt, von jeher geübt, nicht eingesehen von einem jeden. Beides muß wie Aus- und Einatmen sich im Leben ewig fort hin und wider bewegen; wie Frage und Antwort, sollte eins ohne das andere nicht stattfinden. Wer sich zum Gesetz macht, was einem jeden Neugebornen der Genius des Menschenverstandes heimlich ins Ohr flüstert, das Tun am Denken, das Denken am Tun zu prüfen, der kann nicht irren; und irrt er, so wird er sich bald auf den rechten Weg zurückfinden.

*

Die Fähigkeiten, die in dem Menschen liegen, lassen sich einteilen in allgemeine und besondere; die allgemeinen sind anzusehen als gleichgültig ruhende Tätigkeiten, die nach Umständen geweckt und zufällig zu diesem oder jenem Zweck bestimmt werden. Die Nachahmungsgabe des Menschen ist allgemein: er will nachahmen, nachbilden, was er sieht, auch ohne die mindesten inneren und äußeren Mittel zum Zwecke. Natürlich ist es daher immer, daß er leisten will, was er leisten sieht; das natürlichste jedoch wäre, daß der Sohn des Vaters Beschäftigung ergriffe. Hier ist alles beisammen; eine vielleicht im besonderen schon angeborene, in ursprünglicher Richtung entschiedene Tätigkeit, sodann eine folgerecht stufenweis fortschreitende Übung und ein entwickeltes Talent, das uns nötigte, auch alsdann auf dem eingeschlagenen Wege fortzuschreiten, wenn andere Triebe sich in uns entwickeln und uns eine freie Wahl zu einem Geschäft führen dürfte, zu dem uns die Natur weder Anlage von Beharrlichkeit verliehen. Im Durchschnitt sind daher die Menschen am glücklichsten, die ein angeborenes, ein Familientalent im häuslichen Kreise auszubilden Gelegenheit finden. Wir haben solche Malerstammbäume gesehen; darunter waren freilich schwache Talente, indessen lieferten sie doch etwas Brauchbares und vielleicht Besseres, als sie, bei mäßigen Naturkräften, aus eigener Wahl in irgend einem andern Fache geleistet hätten.

*

Und wenn ich hier noch eine Betrachtung anknüpfe, so darf ich wohl bekennen, daß im Laufe des Lebens mir jenes erste Aufblühen der Außenwelt als die eigentliche Originalnatur vorkam, gegen die alles übrige, was uns nachher zu den Sinnen kommt, nur Kopien zu sein scheinen, die bei aller Annäherung an jenes doch des eigentlich ursprünglichen Geistes und Sinnes ermangeln.

*

Wie müßten wir verzweifeln, das Äußere so kalt, so leblos zu erblicken, wenn nicht in unserm Innern sich etwas entwickelte, das auf eine ganz andere Weise die Natur verherrlicht, indem es uns selbst in ihr zu verschönen eine schöpferische Kraft erweist!

*

Er sah die bürgerliche Gesellschaft, welcher Staatsform sie auch untergeordnet wäre, als einen Naturzustand an, der sein Gutes und sein Böses habe, seine gewöhnlichen Lebensläufe, abwechselnd reiche und kümmerliche Jahre, nicht weniger zufällig und unregelmäßig Hagelschlag, Wasserfluten und Brandschäden: das Gute sei zu ergreifen und zu nutzen, das Böse abzuwenden oder zu ertragen; nichts aber, meinte er, sei wünschenswerter, als die Verbreitung des allgemeinen guten Willens, unabhängig von jeder andern Bedingung.

*

Ich sehe dich schon so lange mit Angelegenheiten beschäftigt, die des Menschen Geist, Gemüt, Herz, und wie man das alles nennt, betreffen und sich darauf beziehen; allein was hast du dabei für dich und andere gewonnen? Seelenleiden, in die wir durch Unglück oder eigne Fehler geraten, sie zu heilen vermag der Verstand nichts, die Vernunft wenig, die Zeit viel, entschlossene Tätigkeit hingegen alles. Hier wirkt jeder mit und auf sich selbst; das hast du an dir, hast es an anderen erfahren.

*

Narrenpossen sind eure allgemeine Bildung und alle Anstalten dazu. Daß ein Mensch etwas ganz entschieden verstehe, vorzüglich leiste, wie nicht leicht ein anderer in der nächsten Umgebung, darauf kommt es an.

DRITTES BUCH

Alles, worein der Mensch sich ernstlich einläßt, ist ein Unendliches; nur durch wetteifernde Tätigkeit weiß er sich dagegen zu helfen.

*

Es muß eine Schule geben, und diese wird sich vorzüglich mit Überlieferung beschäftigen; was bisher geschehen ist, soll auch künftig geschehen: das ist gut und mag und soll so sein. Wo aber die Schule stockt, das muß man bemerken und wissen; das Lebendige muß man ergreifen und üben, aber im stillen; sonst wird man gehindert und hindert andere. Sie haben lebendig gefühlt und zeigen es durch Tat: Verbinden heißt mehr als Trennen, Nachbilden mehr als Ansehen.

*

Hieran schloß sich die Betrachtung, daß es eben schön sei zu bemerken, wie Kunst und Technik sich immer gleichsam die Waage halten, und so nah verwandt immer eine zu der andern sich hinneigt, so daß die Kunst nicht sinken kann, ohne in löbliches Handwerk überzugehen, das Handwerk sich nicht steigern, ohne kunstreich zu werden.

*

Jeder Arzt, er mag mit Heilmitteln oder mit der Hand zu Werke gehen, ist nichts ohne die genaueste Kenntnis der äußeren und innern Glieder des Menschen; und es reicht keineswegs hin, auf Schulen flüchtige Kenntnis hiervor genommen, sich von Gestalt, Lage, Zusammenhang der mannigfaltigsten Teile des unerforschlichen Organismus einen oberflächlichen Begriff gemacht zu haben. Täglich soll der Arzt, dem es ernst ist, in der Wiederholung dieses Wissens, dieses Anschauens sich zu üben, sich den Zusammenhang dieses lebendigen Wunders immer vor Geist und Auge zu erneuern alle Gelegenheit suchen. Kennte er seinen Vorteil, er würde, da ihm die Zeit zu solchen Arbeiten ermangelt, einen Anatomen in Sold nehmen, der nach seiner Anleitung, für ihn im stillen beschäftigt, gleichsam in Gegenwart aller Verwicklungen des verflochtensten Lebens, auf die schwierigsten Fragen zugleich zu antworten verstände.

Je mehr man dies einsehen wird, je lebhafter, heftiger, leidenschaftlicher wird das Studium der Zergliederung getrieben werden. Aber in eben dem Maße werden sich die Mittel vermindern; die Gegenstände, die Körper, auf die solche Studien zu gründen sind, sie werden fehlen, seltener, teurer werden, und ein wahrhafter Konflikt zwischen Lebendigen und Toten wird entstehen.

In der alten Welt ist alles Schlendrian, wo man das Neue immer auf die alte, das Wachsende nach starrer Weise behandeln will. Dieser Konflikt, den ich ankündige zwischen Toten und Lebendigen, er wird auf Leben und Tod gehen; man wird erschrecken, man wird untersuchen, Gesetze geben und nichts ausrichten. Vorsicht und Verbot helfen in solchen Fällen nichts; man muß von vorn anfangen.

Der Zeitungsleser findet Artikel interessant und lustig beinah, wenn er von Auferstehungsmännern erzählen hört. Erst stahlen sie die Körper in tiefem Geheimnis; dagegen stellt man Wächter auf: sie kommen mit gewaffneter Schar, um sich ihrer Beute gewaltsam zu bemächtigen. Und das Schlimmste zum Schlimmen wird sich ereignen, ich darf es nicht laut sagen; denn es würde, zwar nicht als Mitschuldiger, aber doch als zufälliger Mitwisser, in die gefährliche Untersuchung verwickelt werden, wo man mich in jedem Fall bestrafen müßte, weil ich die Untat, sobald ich sie entdeckt hatte, den Gerichten nicht anzeigte. Ihnen gesteh ich's, mein Freund, in dieser Stadt hat man gemordet, um den dringenden, gut bezahlenden Anatomen einen Gegenstand zu verschaffen. Der entseelte Körper lag vor uns – ich darf die Szene nicht ausmalen – er entdeckte die Untat, ich aber auch; wir sahen einander an und schwiegen beide; wir sahen vor uns hin und schwiegen und gingen ans Geschäft.

GESETZE DER AUSWANDERER UND DER BLEIBENDEN

Häuslicher Zustand, auf Frömmigkeit gegründet, durch Fleiß und Ordnung belebt und erhalten, nicht zu eng, nicht zu weit, im glücklichsten Verhältnis zu den Fähigkeiten und Kräften. Um sie her bewegt sich ein Kreislauf von Handarbeitenden im reinsten, anfänglichsten Sinne: hier ist Beschränktheit und Wirkung in die Ferne, Umsicht und Mäßigung, Unschuld und Tätigkeit.

*

Betrachten wir, meine Freunde, des festen Landes bewohnteste Provinzen und Reiche, so finden wir überall, wo sich nutzbarer Boden hervortut, denselben bebaut, bepflanzt, geregelt, verschönt und in gleichem Verhältnis gewünscht, in Besitz genommen, befestigt und verteidigt. Da überzeugen wir uns denn von dem hohen Wert des Grundbesitzes, und sind genötigt, ihn als das Erste, das Beste anzusehen, was dem Menschen werden könne. Finden wir nun bei näherer Ansicht Eltern- und Kinderliebe, innige Verbindung der Flur- und Stadtgenossen, somit auch das allgemeine patriotische Gefühl unmittelbar auf den Boden gegründet, dann erscheint uns jenes Ergreifen und Behaupten des Raumes im großen und kleinen immer bedeutender und ehrwürdiger. Ja, so hat es die Natur gewollt! Ein Mensch, auf der Scholle geboren, wird ihr durch Gewohnheit angehörig; beide verwachsen miteinander und zugleich knüpfen sich die schönsten Bande. Wer möchte denn wohl die Grundfeste alles Daseins widerwärtig berühren, Wert und Würde so schöner, einziger Himmelsgabe verkennen?

*

Man hat gesagt und wiederholt: Wo mir's wohlgeht, ist mein Vaterland! Doch wäre dieser tröstliche Spruch noch besser ausgedrückt, wenn es hieße: Wo ich nütze, ist mein Vaterland! Zu Hause kann einer unnütz sein, ohne daß es eben sogleich bemerkt wird; außen in der Welt ist der Unnütze gar bald offenbar. Wenn ich nun sage: Trachte jeder überall sich und anderen zu nutzen! so ist dies nicht etwa Lehre noch Rat, sondern der Ausspruch des Lebens selbst.

*

Suchet überall zu nutzen, überall seid ihr zu Hause!

*

Unsere Gesellschaft aber ist darauf gegründet, daß jeder in seinem Maße nach seinen Zwecken aufgeklärt werde. Hat irgend einer ein Land im Sinne, wohin er seine Wünsche richtet, so suchen wir ihm das einzelne deutlich zu machen, was im Ganzen seiner Einbildungskraft vorschwebte; uns wechselseitig einen Überblick der bewohnten und bewohnbaren Welt zu geben ist die angenehmste, höchst belohnende Unterhaltung.

In solchem Sinne nun dürfen wir uns in einem Weltbunde begriffen ansehen. Einfach groß ist der Gedanke, leicht die Ausführung durch Verstand und Kraft. Einheit ist allmächtig; deshalb keine Spaltung, kein Widerstreit unter uns! Insofern wir Grundsätze haben, sind sie uns allen gemein. Der Mensch, so sagen wir, lerne sich ohne dauernden äußern Bezug zu denken, er suche das Folgerechte nicht an den Umständen, sondern in sich selbst; dort wird er's finden, mit Liebe hegen und pflegen; er wird sich ausbilden und einrichten, daß er überall zu Hause sei. Wer sich dem Notwendigsten widmet, geht überall am sichersten zum Ziel; andere hingegen, das Höhere, Zartere suchend, haben schon in der Wahl des Weges vorsichtiger zu sein. Doch was der Mensch auch ergreife und handhabe, der einzelne ist sich nicht hinreichend; Gesellschaft bleibt eines wackern Mannes höchstes Bedürfnis. Alle brauchbaren Menschen sollen in Bezug untereinander stehen, wie sich der Bauherr nach dem Architekten und dieser nach dem Maurer und Zimmermann umsieht.

Und so ist denn allen bekannt, wie und auf welche Weise unser Bund geschlossen und gegründet sei; niemand sehen wir unter uns, der nicht zweckmäßig seine Tätigkeit jeden Augenblick üben könnte, der nicht versichert wäre, daß er überall, wohin Zufall, Neigung, ja Leidenschaft ihn führen könnte, sich immer wohl empfohlen, aufgenommen und gefördert, ja von Unglücksfällen möglichst wiederhergestellt finden werde.

Zwei Pflichten sodann haben wir aufs strengste übernommen: jeden Gottesdienst in Ehren zu halten; denn sie sind alle mehr oder weniger im Kredo verfaßt; ferner alle Regierungsformen gleichfalls gelten zu lassen, und da sie sämtlich eine zweckmäßige Tätigkeit fordern und befördern, innerhalb einer jeden uns, auf wie lange es auch sei, nach ihrem Willen und Wunsch zu bemühen. Schließlich halten wir's für Pflicht, die Sittlichkeit ohne Pedanterie und Strenge zu üben und zu fördern, wie es die Ehrfurcht vor uns selbst verlangt, welche aus den drei Ehrfurchten entsprießt, zu denen wir uns sämtlich bekennen, auch alle in diese höhere allgemeine Weisheit, einige sogar von Jugend auf, eingeweiht zu sein das Glück und die Freude haben. *

Daß der Mensch ins Unvermeidliche sich füge, darauf dringen alle Religionen, jede sucht auf ihre Weise mit dieser Aufgabe fertig zu werden. Die christliche hilft durch Glauben, Liebe, Hoffnung gar anmutig nach; daraus entsteht denn die Geduld, ein süßes Gefühl, welch eine schätzbare Gabe das Dasein bleibe, auch wenn ihm anstatt des gewünschten Genusses das widerwärtigste Leiden aufgebürdet wird. An dieser Religion halten wir fest, aber auf eine eigene Weise: wir unterrichten unsere Kinder von Jugend auf von den großen Vorteilen, die sie uns gebracht hat; dagegen von ihrem Ursprung, von ihrem Verlauf geben wir zuletzt Kenntnis. Alsdann wird uns der Urheber erst lieb und wert, und alle Nachricht, die sich auf ihn bezieht, wird heilig.

Hiervon ist unsere Sittenlehre ganz abgesondert: sie ist rein tätig und wird in den wenigen Geboten begriffen: Mäßigung im Willkürlichen, Emsigkeit im Notwendigen. Nun mag ein jeder diese lakonischen Worte nach seiner Art im Lebensgange benutzen, und er hat einen ergiebigen Text zu grenzenloser Ausführung.

*

Der größte Respekt wird allen eingeprägt für die Zeit, als für die höchste Gabe Gottes und der Natur und die aufmerksamste Begleiterin des Daseins. Die Uhren sind bei uns vervielfältigt, und deuten sämtlich mit Zeiger und Schlag die Viertelstunden an, und um solche Zeichen möglichst zu vervielfältigen, geben die in unserm Lande errichteten Telegraphen, wenn sie sonst nicht beschädigt sind, den Lauf der Stunden bei Tag und bei Nacht an.

Unsere Sittenlehre, die also ganz praktisch ist, dringt nun hauptsächlich auf Besonnenheit; und diese wird durch Einteilung der Zeit, durch Aufmerksamkeit auf jede Stunde höchlichst gefördert. Etwas muß getan sein in jedem Moment; und wie wollt es geschehen, achtete man nicht auf das Werk wie auf die Stunde?

In Betracht, daß wir erst anfangen, legen wir großes Gewicht auf die Familienkreise. Den Hausvätern und Hausmüttern denken wir große Verpflichtungen zuzuteilen; die Erziehung wird bei uns um so leichter, als jeder für sich selbst Knechte und Mägde, Diener und Dienerinnen stellen muß.

Gewisse Dinge freilich müssen nach einer gewissen gleichförmigen Einheit gebildet werden: Lesen, Schreiben, Rechnen mit Leichtigkeit der Masse zu überliefern, übernimmt der Abbé; seine Methode erinnert an den wechselweisen Unterricht, doch ist sie geistreicher; eigentlich aber kommt alles darauf an, zu gleicher Zeit Lehrer und Schüler zu bilden.

*

Das größte Bedürfnis eines Staats ist das einer mutigen Obrigkeit, und daran soll es dem unsrigen nicht fehlen: wir alle sind ungeduldig, das Geschäft anzutreten, munter und überzeugt, daß man einfach anfangen müsse. So denken wir nicht an Justiz, aber wohl an Polizei. Ihr Grundsatz wird kräftig ausgesprochen: Niemand soll dem andern unbequem sein; wer sich unbequem erweist, wird beseitigt, bis er begreift, wie man sich anstellt, um geduldet zu werden. Ist etwas Lebloses, Unvernünftiges in dem Falle, so wird dies gleichmäßig beiseitegebracht.

In jedem Bezirk sind drei Polizeidirektoren, die alle acht Stunden wechseln, schichtweis, wie im Bergwerk, das auch nicht stillstehen darf, und einer unserer Männer wird bei Nachtzeit vorzüglich bei der Hand sein.

Sie haben das Recht zu ermahnen, zu tadeln, zu schelten und zu beseitigen; finden sie es nötig, so rufen sie mehr oder weniger Geschworene zusammen; sind die Stimmen gleich, so entscheidet der Vorsitzende nicht, sondern es wird das Los gezogen, weil man überzeugt ist, daß bei gegeneinander stehenden Meinungen es immer gleichgültig ist, welche befolgt wird. Wegen der Majorität haben wir ganz eigene Gedanken: wir lassen sie freilich gelten im notwendigen Weltlauf, im höhern Sinne haben wir aber nicht viel Zutrauen auf sie. Doch darüber darf ich mich nicht weiter auslassen.

Fragt man nach der höhern Obrigkeit, die alles lenkt, so findet man sie niemals an einem Orte; sie zieht beständig umher, um Gleichheit in den Hauptsachen zu erhalten und in läßlichen Dingen einem jeden seinen Willen zu gestatten. Ist dies doch schon einmal im Laufe der Geschichte dagewesen; die deutschen Kaiser zogen umher, und diese Einrichtung ist dem Sinne freier Staaten am allergemäßesten. Wir fürchten uns vor einer Hauptstadt, ob wir schon den Punkt in unseren Besitzungen sehen, wo sich die größte Anzahl von Menschen zusammenhalten wird. Dies aber verheimlichen wir; dies mag nach und nach und wird doch früh genug entstehen.

Unsere Strafen sind gelind. Ermahnungen darf sich jeder erlauben, der ein gewisses Alter hinter sich hat, mißbilligen und schelten nur der anerkannte Älteste, bestrafen nur eine zusammenberufene Zahl.

Man bemerkt, daß strenge Gesetze sich sehr bald abstumpfen und nach und nach loser werden, weil die Natur immer ihre Rechte behauptet. Wir haben läßliche Gesetze, um nach und nach strenger werden zu können; unsere Strafen bestehen vorerst in Absonderung von der bürgerlichen Gesellschaft, gelinder, entschiedener, kürzer und länger nach Befund. Wächst nach und nach der Besitz der Staatsbürger, so zwackt man ihnen auch davon ab, weniger oder mehr, wie sie verdienen, daß man ihnen von dieser Seite wehe tue.

Allen Gliedern des Bandes ist davon Kenntnis gegeben und bei angestellten Examen hat sich gefunden, daß jeder von den Hauptpunkten auf sich selbst die schicklichste Anwendung macht. Die Hauptsache bleibt nur immer, daß wir die Vorteile der Kultur mit hinübernehmen und die Nachteile zurücklassen. Branntweinschenken und

Lesebibliotheken werden bei uns nicht geduldet; wie wir uns aber gegen Flaschen und Bücher verhalten, will ich lieber nicht eröffnen: dergleichen Dinge wollen getan sein, wenn man sie beurteilen soll.

Und in eben diesem Sinne hält der Sammler und Ordner dieser Papiere mit anderen Anordnungen zurück, welche unter der Gesellschaft selbst noch als Probleme zirkulieren, und welche zu versuchen man vielleicht an Ort und Stelle nicht rätlich findet; um desto weniger Beifall dürfte man sich versprechen, wenn man derselben hier umständlich erwähnen wollte.

*

Aus meinen Eröffnungen geht hervor, daß in der alten Welt so gut wie in der neuen Räume sind, welche einen bessern Anbau bedürfen, als ihnen bisher zuteil ward. Dort hat die Natur große weite Strecken ausgebreitet, wo sie unberührt und eingewildert liegt, daß man sich kaum getraut, auf sie loszugehen und ihr einen Kampf anzubieten. Und doch ist es leicht für den Entschlossenen, ihr nach und nach die Wüsteneien abzugewinnen und sich eines teilweisen Besitzes zu versichern. In der alten Welt ist es das Umgekehrte. Hier ist überall ein teilweiser Besitz schon ergriffen, mehr oder weniger durch undenkliche Zeit das Recht dazu geheiligt; und wenn dort das Grenzenlose als unüberwindliches Hindernis erscheint, so setzt hier das einfach Begrenzte beinahe noch schwerer zu überwindende Hindernisse entgegen. Die Natur ist durch Emsigkeit der Menschen, durch Gewalt oder Überredung zu nötigen.

Wird der einzelne Besitz von der ganzen Gesellschaft für heilig geachtet, so ist er es dem Besitzer noch mehr. Gewohnheit, jugendliche Eindrücke, Achtung für Vorfahren, Abneigung gegen den Nachbar und hunderterlei Dinge sind es, die den Besitzer starr und gegen jede Veränderung widerwillig machen. Je älter dergleichen Zustände sind, je verflochtener, je geteilter, desto schwieriger wird es, das allgemeine durchzuführen, das, indem es dem einzelnen etwas nähme, dem ganzen und durch Rück- und Mitwirkung auch jenem wieder unerwartet zugute käme.

*

Denn es gehört freilich mehr dazu, seinen Vorteil im großen als im kleinen zu übersehen. Hier zeigt uns immer die Notwendigkeit, was wir zu tun und zu lassen haben, und da ist denn schon genug, wenn wir diesen Maßstab ans Gegenwärtige legen: dort aber sollen wir eine Zukunft erschaffen, und wenn auch ein durchdringlicher Geist den Plan dazu fände, wie kann er hoffen, andere darin einstimmen zu sehen?

Noch würde dies dem einzelnen nicht gelingen; die Zeit, welche die Geister frei macht, öffnet zugleich ihren Blick ins Weitere, und im Weitern läßt sich das Größere leicht erkennen und eins der stärksten Hindernisse menschlicher Handlungen wird leichter zu entfernen. Dieses besteht nämlich darin, daß die Menschen wohl über die Zwecke einig werden, viel seltener aber über die Mittel, dahin zu gelangen. Denn das wahre Große hebt uns über uns selbst hinaus und leuchtet uns vor wie ein Stern; die Wahl der Mittel aber ruft uns in uns selbst zurück, und da wird der einzelne, gerade wie er war, und fühlt sich ebenso isoliert, als hätte er vorher nicht ins Ganze gestimmt. Hier also haben wir zu wiederholen, das Jahrhundert muß uns zu Hilfe kommen, die Zeit an die Stelle der Vernunft treten, und in einem erweiterten Herzen der höhere Vorteil den niedern verdrängen.

*

Die Stufen von Lehrling, Gesell und Meister müssen aufs strengste beobachtet werden; auch können in diesen viele Abstufungen gelten, aber Prüfungen können nicht sorgfältig genug sein. Wer herantritt, weiß, daß er sich einer strengen Kunst ergibt, und er darf keine läßlichen Forderungen von ihr erwarten; ein einziges Glied, das in einer großen Kette bricht, vernichtet das ganze. Bei großen Unternehmen wie bei großen Gefahren muß der Leichtsinn verbannt sein.

*

Wer sich einer strengen Kunst ergibt, muß sich ihr fürs Leben widmen. Bisher nannte man sie Handwerk, ganz angemessen und richtig; die Bekenner sollten mit der Hand wirken, und die Hand, soll sie das, so muß ein eigenes Leben sie beseelen. Sie muß eine Natur für sich sein, ihre eigenen Gedanken, ihren eigenen Willen haben; und das kann sie nicht auf vielerlei Weise.

*

Die religiösen Ausdrücke waren uns trivial geworden; der Kern, den sie enthalten sollten, war uns entfallen. Da ließ er uns die Gefahr unseres Zustandes bemerken, wie bedenklich die Entfernung vom Überlieferten sein müsse, an welches von Jugend auf sich so viel angeschlossen; sie sei höchst gefährlich bei der Unvollständigkeit besonders des eigenen Innern. Freilich eine täglich und stündlich durchgeführte Frömmigkeit werde zuletzt nur Zeitvertreib und wirke wie eine Art von Polizei auf den äußern Anstand, aber nicht mehr auf den tiefen Sinn; das einzige Mittel dagegen sei, aus eigener Brust sittlich gleichgeltende, gleichwirksame, gleichberuhigende Gesinnungen hervorzurufen.

*

Jeder Mensch findet sich von den frühesten Momenten seines Lebens an, erst unbewußt, dann halb, endlich ganz bewußt: immerfort findet er sich bedingt, begrenzt in seiner Stellung; weil aber niemand Zweck und Ziel seines Daseins kennt, vielmehr das Geheimnis desselben von höchster Hand verborgen wird, so tastet er nur, greift zu, läßt fahren, steht stille, bewegt sich, zaudert und übereilt sich, und auf wie mancherlei Weise denn alle Irrtümer entstehen, die uns verwirren.

Sogar der Besonnenste ist im täglichen Weltleben genötigt, klug für den Augenblick zu sein, und gelangt deswegen im allgemeinen zu keiner Klarheit. Selten weiß er sicher, wohin er sich in der Folge zu wenden und was er eigentlich zu tun und zu lassen habe.

Glücklicherweise sind alle diese und noch hundert andere wundersame Fragen durch euern unaufhaltsam tätigen

Lebensgang beantwortet. Fahrt fort in unmittelbarer Beachtung der Pflicht des Tages und prüft dabei die Reinheit eures Herzens und die Sicherheit eures Geistes! Wenn ihr sodann in freier Stunde aufatmet und euch zu erheben Raum findet, so gewinnt ihr euch gewiß eine richtige Stellung gegen das Erhabene, dem wir uns auf jede Weise verehrend hinzugeben, jedes Ereignis mit Ehrfurcht zu betrachten und eine höhere Leitung darin zu erkennen haben.

*

Das überhandnehmende Maschinenwesen quält und ängstigt mich, es wälzt sich heran wie ein Gewitter, langsam, langsam; aber es hat seine Richtung gewonnen, es wird kommen und treffen.

Man denkt daran, man spricht davon, und weder Denken noch Reden kann Hilfe bringen. Und wer möchte sich solche Schrecknisse gern vergegenwärtigen! Denken Sie, daß viele Täler sich durchs Gebirg schlingen, wie das, wodurch Sie herabkamen; noch schwebt Ihnen das hübsche, frohe Leben vor, das Sie diese Tage her dort gesehen, wovon Ihnen die geputzte Menge allseits andringend gestern das erfreulichste Zeugnis gab; denken Sie, wie das nach und nach zusammensinken, absterben, die Öde, durch Jahrhunderte belebt und bevölkert, wieder in ihre uralte Einsamkeit zurückfallen werde.

Hier bleibt nur ein doppelter Weg, einer so traurig wie der andere: entweder selbst das Neue zu ergreifen und das Verderben zu beschleunigen, oder aufzubrechen, die Besten und Würdigsten mit sich fortzuziehen und ein günstigeres Schicksal jenseits der Meere zu suchen. Eins wie das andere hat sein Bedenken; aber wer hilft uns die Gründe abwägen, die uns bestimmen sollen?

*

Bei dem Studieren der Wissenschaften, besonders deren, welche die Natur behandeln, ist die Untersuchung so nötig als schwer, ob das, was uns von alters her überliefert und von unsern Vorfahren für gültig geachtet worden, auch wirklich zuverlässig sei, in dem Grade, daß man darauf fernerhin sicher fortbauen möge? oder ob ein herkömmliches Bekenntnis nur stationär geworden, und deshalb mehr einen Stillstand als einen Fortschritt veranlasse? Ein Kennzeichen fördert diese Untersuchung, wenn nämlich das Angenommene lebendig und in das tätige Bestreben einwirkend und fördernd gewesen und geblieben.

Im Gegensatze steht die Prüfung des Neuen, wo man zu fragen hat, ob das Angenommene wirklicher Gewinn oder nur modische Übereinstimmung sei? denn eine Meinung, von energischen Männern ausgehend, verbreitet sich kontagiös über die Menge, und dann heißt sie herrschend – eine Anmaßung, die für den treuen Forscher gar keinen Sinn ausspricht. Staat und Kirche mögen allenfalls Ursache finden, sich für herrschend zu erklären; denn sie haben es mit der widerspenstigen Masse zu tun, und wenn nur Ordnung gehalten wird, so ist es ganz einerlei, durch welche Mittel; aber in den Wissenschaften ist die absoluteste Freiheit nötig; denn da wirkt man nicht für heut und morgen, sondern für eine undenklich vorschreitende Zeitenreihe.

Gewinnt aber auch in der Wissenschaft das Falsche die Oberhand, so wird doch immer eine Minorität für das Wahre übrig bleiben; und wenn sie sich in einen einzigen Geist zurückzöge, so hätte das nichts zu sagen: es wird im stillen, im Verborgenen fortwaltend wirken, und eine Zeit wird kommen, wo man nach ihm und seinen Überzeugungen fragt, oder wo diese sich bei verbreitetem allgemeinem Licht auch wieder hervorwagen dürfen.

Der eine Freund, um nicht ein Timon zu werden, hatte sich in die tiefsten Klüfte der Erde versenkt und auch dort ward er gewahr, daß in der Menschennatur was Analoges zum Starrsten und Rohesten vorhanden sei; dem andern gab von der Gegenseite der Geist Makariens ein Beispiel, daß, wie dort das Verbleiben, hier das Entfernen wohlbegabten Naturen eigen sei, daß man weder nötig habe, bis zum Mittelpunkt der Erde zu dringen, noch sich über die Grenzen unseres Sonnensystems hinaus zu entfernen, sondern schon genüglich beschäftigt, und vorzüglich auf Tat aufmerksam gemacht und zu ihr berufen werde. An und in dem Boden findet man für die höchsten irdischen Bedürfnisse das Material, eine Welt des Stoffes, den höchsten Fähigkeiten des Menschen zur Bearbeitung übergeben; aber auf jenem geistigen Wege werden immer Teilnahme, Liebe, geregelte freie Wirksamkeit gefunden. Diese beiden Welten gegeneinander zu bewegen, ihre beiderseitigen Eigenschaften in der vorübergehenden Lebenserscheinung zu manifestieren, das ist die höchste Gestalt, wozu sich der Mensch auszubilden hat.

*

Denn das Unglaubliche verliert seinen Wert, wenn man es näher im einzelnen beschauen will.

*

O Männer, o Menschen! werdet ihr denn niemals die Vernunft fortpflanzen? war es nicht an dem Vater genug, der so viel Unheil anrichtete, bedurfte es noch des Sohns, um uns unaufhörlich zu verwirren?

Die Wahlverwandtschaften

Ein Roman

Erster Teil

Eduard – so nennen wir einen reichen Baron im besten Mannesalter – Eduard hatte in seiner Baumschule die schönste Stunde eines Aprilnachmittags zugebracht, um frisch erhaltene Pfropfreiser auf junge Stämme zu bringen. Sein Geschäft war eben vollendet; er legte die Gerätschaften in das Futteral zusammen und betrachtete seine Arbeit mit Vergnügen, als der Gärtner hinzutrat und sich an dem teilnehmenden Fleiße des Herrn ergötzte.

„Hast du meine Frau nicht gesehen?" fragte Eduard, indem er sich weiterzugehen anschickte.

„Drüben in den neuen Anlagen", versetzte der Gärtner. „Die Mooshütte wird heute fertig, die sie an der Felswand, dem Schlosse gegenüber gebaut hat. Alles ist recht schön geworden und muß Ew. Gnaden gefallen. Man hat einen vortrefflichen Anblick: unten das Dorf, ein wenig rechter Hand die Kirche, über deren Turmspitze man fast hinwegsieht; gegenüber das Schloß und die Gärten."

„Ganz recht", versetzte Eduard; „einige Schritte von hier konnte ich die Leute arbeiten sehen."

„Dann", fuhr der Gärtner fort, „öffnet sich rechts das Tal, und man sieht über die reichen Baumwiesen in eine heitere Ferne. Der Steig die Felsen hinauf ist gar hübsch angelegt. Die gnädige Frau versteht es, man arbeitet unter ihr mit Vergnügen."

„Geh zu ihr", sagte Eduard, „und ersuche sie, auf mich zu warten. Sage ihr, ich wünsche die neue Schöpfung zu sehen und mich daran zu erfreuen."

Der Gärtner entfernte sich eilig und Eduard folgte bald.

Dieser stieg nun die Terrassen hinunter, musterte im Vorbeigehen Gewächshäuser und Treibebeete, bis er ans Wasser, dann über einen Steg an den Ort kam, wo sich der Pfad nach den neuen Anlagen in zwei Arme teilte. Den einen, der über den Kirchhof ziemlich gerade nach der Felswand hinging, ließ er liegen, um den anderen einzuschlagen, der sich links etwas weiter durch anmutiges Gebüsch sachte hinaufwand; da wo beide zusammentrafen, setzte er sich für einen Augenblick auf einer wohlangebrachten Bank nieder, betrat sodann den eigentlichen Steig, und sah sich durch allerlei Treppen und Absätze auf dem schmalen, bald mehr, bald weniger steilen Wege endlich zur Mooshütte geleitet.

An der Türe empfing Charlotte ihren Gemahl und ließ ihn dergestalt niedersitzen, daß er durch Türe und Fenster die verschiedenen Bilder, welche die Landschaft gleichsam im Rahmen zeigten, auf einen Blick übersehen konnte. Er freute sich daran, in Hoffnung, daß der Frühling bald alles noch reichlicher beleben würde. „Nur eines habe ich zu erinnern", setzte er hinzu: „die Hütte scheint mir etwas zu eng."

„Für uns beide doch geräumig genug", versetzte Charlotte.

„Nun freilich", sagte Eduard, „für einen Dritten ist auch wohl noch Platz."

„Warum nicht?" versetzte Charlotte, „und auch für ein Viertes. Für größere Gesellschaft wollen wir schon andere Stellen bereiten."

„Da wir denn ungestört hier allein sind", sagte Eduard, „und ganz ruhigen, heitern Sinnes, so muß ich dir gestehen, daß ich schon einige Zeit etwas auf dem Herzen habe, was ich dir vertrauen muß und möchte, und nicht dazu kommen kann."

„Ich habe dir so etwas angemerkt", versetzte Charlotte.

„Und ich will nur gestehen", fuhr Eduard fort, „wenn mich der Postbote morgen früh nicht drängte, wenn wir uns nicht heute entschließen müßten, ich hätte vielleicht noch länger geschwiegen."

„Was ist es denn?" fragte Charlotte, freundlich entgegenkommend.

„Es betrifft unsern Freund, den Hauptmann", antwortete Eduard. „Du kennst die traurige Lage, in die er, wie so mancher andere, ohne sein Verschulden gesetzt ist. Wie schmerzlich muß es einem Manne von seinen Kenntnissen, seinen Talenten und Fertigkeiten sein, sich außer Tätigkeit zu sehen und – ich will nicht lange zurückhalten mit dem, was ich für ihn wünsche: ich möchte, daß wir ihn auf einige Zeit zu uns nähmen."

„Das ist wohl zu überlegen und von mehr als einer Seite zu betrachten", versetzte Charlotte.

„Meine Ansichten bin ich bereit, dir mitzuteilen", entgegnete ihr Eduard. „In seinem letzten Briefe herrscht ein stiller Ausdruck des tiefsten Mißmutes; nicht daß es ihm an irgend einem Bedürfnis fehle – denn er weiß sich durchaus zu beschränken und für das Notwendige habe ich gesorgt –; auch drückt es ihn nicht, etwas von mir anzunehmen – denn wir sind unsere Lebzeit übereinander wechselseitig uns so viel schuldig geworden, daß wir nicht berechnen können, wie unser Kredit und Debet sich gegeneinander verhalte –: daß er geschäftlos ist, das ist eigentlich seine Qual. Das Vielfache, was er an sich ausgebildet hat, zu anderer Nutzen täglich und stündlich zu gebrauchen, ist ganz allein sein Vergnügen, ja seine Leidenschaft. Und nun die Hände in den Schoß zu legen, oder noch weiter zu studieren, sich weitere Geschicklichkeit zu verschaffen, da er das nicht brauchen kann, was er im vollen Maße besitzt – genug, liebes Kind, es ist eine peinliche Lage, deren Qual er doppelt und dreifach in seiner Einsamkeit empfindet."

„Ich dachte doch", sagte Charlotte, „ihm wären von verschiedenen Orten Anerbietungen geschehen. Ich hatte selbst um seinetwillen an manche tätige Freunde und Freundinnen geschrieben, und soviel ich weiß, blieb dies auch nicht ohne Wirkung."

„Ganz recht", versetzte Eduard; „aber selbst diese verschiedenen Gelegenheiten, diese Anerbietungen machen ihm neue Qual, neue Unruhe. Keines von den Verhältnissen ist ihm gemäß; er soll nicht wirken; er soll sich aufopfern, seine Zeit, seine Gesinnungen, seine Art zu sein, und das ist ihm unmöglich. Je mehr ich das alles betrachte, je mehr ich es fühle, desto lebhafter wird der Wunsch, ihn bei uns zu sehen."

„Es ist recht schön und liebenswürdig von dir", versetzte Charlotte, „daß du des Freundes Zustand mit so viel Teilnahme bedenkst; allein erlaube mir, dich aufzufordern, auch deiner, auch unser zu gedenken."

„Das habe ich getan", entgegnete ihr Eduard. „Wir können von seiner Nähe uns nur Vorteil und Annehmlichkeit versprechen. Von dem Aufwande will ich nicht reden, der auf alle Fälle gering für mich wird, wenn er zu uns zieht: besonders wenn ich zugleich bedenke, daß uns seine Gegenwart nicht die mindeste Unbequemlichkeit verursacht. Auf dem rechten Flügel des Schlosses kann er wohnen, und alles andere findet sich. Wie viel wird ihm dadurch geleistet, und wie manches Angenehme wird uns durch seinen Umgang, ja wie mancher Vorteil! Ich hätte längst eine Ausmessung des Gutes und der Gegend gewünscht; er wird sie besorgen und leiten. Diese Absicht ist, selbst die Güter künftig zu verwalten, sobald die Jahre der gegenwärtigen Pächter verflossen sind. Wie bedenklich ist ein solches Unternehmen! Zu wie manchen Vorkenntnissen kann er uns nicht verhelfen! Ich fühle nur zu sehr, daß mir ein Mann dieser Art abgeht. Die Landleute haben die rechten Kenntnisse; ihre Mitteilungen aber sind konfus und nicht ehrlich. Die Studierten aus der Stadt und von den Akademien sind wohl klar und ordentlich, aber es fehlt an der unmittelbaren Einsicht in die Sache. Vom Freunde kann ich mir beides versprechen; und dann entspringen noch hundert andere Verhältnisse daraus, die ich mir alle gern vorstellen mag, die auch auf dich Bezug haben, und wovon ich viel Gutes voraussehe. Nun danke ich dir, daß du mich freundlich angehört hast; jetzt sprich aber auch recht frei und umständlich und sage mir alles was du zu sagen hast; ich will dich nicht unterbrechen."

„Recht gut!" versetzte Charlotte, „so will ich gleich mit einer allgemeinen Bemerkung anfangen. *Die Männer denken mehr auf das Einzelne, auf das Gegenwärtige, und das mit Recht, weil sie zu tun, zu wirken berufen sind; die Weiber hingegen mehr auf das, was im Leben zusammenhängt, und das mit gleichem Rechte, weil ihr Schicksal, das Schicksal ihrer Familien an diesen Zusammenhang geknüpft ist, und auch gerade dieses Zusammenhängende von ihnen gefordert wird.* Laß uns deswegen einen Blick auf unser gegenwärtiges, auf unser vergangenes Leben werfen, und du wirst mir eingestehen, daß die Berufung des Hauptmannes nicht so ganz mit unsern Vorsätzen, unsern Plänen, unsern Einrichtungen zusammentrifft.

Mag ich doch so gern unserer frühesten Verhältnisse gedenken! Wir liebten einander als junge Leute recht herzlich! Wir wurden getrennt, du von mir, weil dein Vater, aus nie zu sättigender Begierde des Besitzes, dich mit einer ziemlich älteren reichen Frau verband; ich von dir, weil ich, ohne sonderliche Aussichten, einem wohlhabenden, nicht geliebten, aber geehrten Mann meine Hand reichen mußte. Wir wurden wieder frei, du früher, indem dich dein Mütterchen im Besitz eines großen Vermögens ließ; ich später, eben zu der Zeit, da du von Reisen zurückkamst. So fanden wir uns wieder. Wir freuten uns der Erinnerung, wir liebten die Erinnerung, wir konnten ungestört zusammen leben. Du drangst auf eine Verbindung; ich willigte nicht gleich ein: denn da wir ungefähr von denselben Jahren sind, so bin ich als Frau wohl älter geworden, du nicht als Mann. Zuletzt wollte ich dir nicht versagen, was du für dein einziges Glück zu halten schienst. Du wolltest von allen Unruhen, die du bei Hof, im Militär, auf Reisen erlebt hattest, dich an meiner Seite erholen, zur Besinnung kommen, des Lebens genießen; aber auch nur mit mir allein. Meine einzige Tochter tat ich in Pension, wo sie freilich mannigfaltiger ausgebildet, als bei einem ländlichen Aufenthalte geschehen konnte; und nicht sie allein, auch Ottilien, meine liebe Nichte, tat ich dorthin, die vielleicht zur häuslichen Gehilfin unter meiner Anleitung am besten herangewachsen wäre. Das alles geschah mit deiner Einstimmung, bloß damit wir uns selbst leben, bloß damit wir das früh so sehnlich gewünschte, endlich spät erlangte Glück ungestört genießen möchten. So haben wir unsern ländlichen Aufenthalt angetreten. Ich übernahm das Innere, du das Äußere und was ins Ganze geht. Meine Einrichtung ist gemacht, dir in allem entgegenzukommen, für dich allein zu leben; laß uns wenigstens eine Zeitlang versuchen, inwiefern wir auf diese Weise miteinander ausreichen!"

„Da das Zusammenhängende, wie du sagst, eigentlich euer Element ist", versetzte Eduard, „so muß man euch freilich nicht in einer Folge reden hören oder sich entschließen, euch recht zu geben, und du sollst auch recht haben bis auf den heutigen Tag. Die Anlage, die wir bis jetzt zu unserem Dasein gemacht haben, ist von guter Art; sollen wir aber nichts weiter darauf bauen, und soll sich nichts weiter daraus entwickeln? Was ich im Garten leiste, du im Park, soll das nur für Einsiedler getan sein?"

„Recht gut!" versetzte Charlotte, „recht wohl! Nur daß wir nichts Hinderndes, Fremdes hereinbringen! Bedenke, daß unsere Vorsätze, auch was die Unterhaltung betrifft, sich gewissermaßen nur auf unser beiderseitiges Zusammensein bezogen. Du wolltest zuerst die Tagebücher deiner Reise mir in ordentlicher Folge mitteilen, bei dieser Gelegenheit so manches dahin gehörige von Papieren in Ordnung bringen, und unter meiner Teilnahme, mit meiner Beihilfe aus diesen unschätzbaren, aber verworrenen Heften und Blättern ein für uns und andere erfreuliches Ganze zusammenstellen. Ich versprach dir an der Abschrift zu helfen, und wir dachten es uns so bequem, so artig, so gemütlich und heimlich, die Welt, die wir zusammen nicht sehen sollten, in der Erinnerung zu durchreisen. Ja, der Anfang ist schon gemacht. Dann hast du die Abende deine Flöte wieder vorgenommen, begleitest mich am Klavier; und an Besuchen aus der Nachbarschaft und in die Nachbarschaft fehlt es uns nicht. Ich wenigstens habe mir aus allem diesem den ersten wahrhaft fröhlichen Sommer zusammengebaut, den ich in meinem Leben zu genießen dachte."

„Wenn mir nur nicht", versetzte Eduard, indem er sich die Stirne rieb, „bei alledem, was du mir so liebevoll und verständig wiederholst, immer der Gedanke beiginge, durch die Gegenwart des Hauptmanns würde nichts gestört, ja vielmehr alles beschleunigt und neu belebt. Auch er hat einen Teil meiner Wanderungen mitgemacht; auch er hat manches, und in verschiedenem Sinne, sich angemerkt: wir benutzen das zusammen, und alsdann würde es erst ein hübsches Ganze werden."

„So laß mich denn dir aufrichtig gestehen", entgegnete Charlotte mit einiger Ungeduld, „daß diesem Vorhaben mein Gefühl widerspricht, daß eine Ahnung mir nichts Gutes weissagt."

„Auf diese Weise wäret ihr Frauen wohl unüberwindlich", versetzte Eduard: „erst verständig, daß man nicht widersprechen kann, liebevoll, daß man sich gern hingibt, gefühlvoll, daß man euch nicht weh tun mag, ahnungsvoll, daß man erschrickt."

„Ich bin nicht abergläubisch", versetzte Charlotte, „und gebe nichts auf diese dunkeln Anregungen, insofern sie nur solche wären; aber es sind meistenteils unbewußte Erinnerungen glücklicher und unglücklicher Folgen, die wir an eigenen oder fremden Handlungen erlebt haben. Nichts ist bedeutender in jedem Zustande, als die Dazwischenkunft eines Dritten. Ich habe Freunde gesehen, Geschwister, Liebende, Gatten, deren Verhältnis durch den zufälligen oder gewählten Hinzutritt einer neuen Person ganz und gar verändert, deren Lage völlig umgekehrt wurde."

„Das kann wohl geschehen", versetzte Eduard, „bei Menschen, die nur dunkel vor sich hin leben, nicht bei solchen, die, schon durch Erfahrung aufgeklärt, sich mehr bewußt sind."

„Das Bewußtsein, mein Liebster", entgegnete Charlotte, „ist keine hinlängliche Waffe, ja manchmal eine gefährliche für den, der sie führt; und aus diesem allen tritt wenigstens so viel hervor, daß wir uns ja nicht übereilen sollen. Gönne mir noch einige Tage; entscheide nicht."

„Wie die Sache steht", erwiderte Eduard, „werden wir uns auch nach mehreren Tagen immer übereilen. Die Gründe für und dagegen haben wir wechselweise vorgebracht; es kommt auf den Entschluß an, und da wär es wirklich das beste, wir gäben ihn dem Los anheim."

„Ich weiß", versetzte Charlotte, „daß du in ernsthaften Fällen gerne wettest oder würfelst; bei einer so ernsthaften Sache hingegen würde ich dies für einen Frevel halten."

„Was soll ich aber dem Hauptmann schreiben?" rief Eduard aus; „denn ich muß mich gleich hinsetzen."

„Einen ruhigen, vernünftigen, tröstlichen Brief", sagte Charlotte.

„Das heißt so viel wie keinen", versetzte Eduard.

„Und doch ist es in manchen Fällen", versetzte Charlotte, „notwendig und freundlich, lieber nichts zu schreiben, als nicht zu schreiben."

Eduard fand sich allein auf seinem Zimmer, und wirklich hatte die Wiederholung seiner Lebensschicksale aus dem Munde Charlottens, die Vergegenwärtigung ihres beiderseitigen Zustandes, ihrer Vorsätze, sein lebhaftes Gemüt angenehm aufgeregt. Er hatte sich in ihrer Nähe, in ihrer Gesellschaft so glücklich gefühlt, daß er sich einen freundlichen, teilnehmenden, aber ruhigen und auf nichts hindeutenden Brief an den Hauptmann ausdachte. Als er aber zum Schreibtisch ging und den Brief des Freundes aufnahm, um ihn nochmals durchzulesen, trat ihm sogleich wieder der traurige Zustand des trefflichen Mannes entgegen: alle Empfindungen, die ihn diese Tage gepeinigt hatten, wachten wieder auf, und es schien ihm unmöglich, seinen Freund einer so ängstlichen Lage zu überlassen.

Sich etwas zu versagen, war Eduard nicht gewohnt. Von Jugend auf das einzige, verzogene Kind reicher Eltern, die ihn zu einer seltsamen, aber höchst vorteilhaften Heirat mit einer viel ältern Frau zu bereden wußten, von dieser auch auf alle Weise verzärtelt, indem sie sein gutes Betragen gegen sie durch die größte Freigebigkeit zu erwidern suchte, nach ihrem baldigen Tode sein eigener Herr, auf Reisen unabhängig, jeder Abwechslung, jeder Veränderung mächtig, nichts Übertriebenes wollend, aber viel und vielerlei wollend, freimütig, wohltätig, brav, ja tapfer im Fall – was konnte in der Welt seinen Wünschen entgegenstehen!

Bisher war alles nach seinem Sinne gegangen, auch zum Besitz Charlottens war er gelangt, den er sich durch eine hartnäckige, ja romanhafte Treue doch zuletzt erworben hatte; und nun fühlte er sich zum erstenmal widersprochen, zum erstenmal gehindert, eben da er seinen Jugendfreund an sich heranziehen, da er sein ganzes Dasein gleichsam beschließen wollte. Er war verdrießlich, ungeduldig, nahm einigemal die Feder und legte sie nieder, weil er nicht einig mit sich werden konnte, was er schreiben sollte. Gegen die Wünsche seiner Frau wollte er nicht, nach ihrem Verlangen konnte er nicht; unruhig, wie er war, sollte er einen ruhigen Brief schreiben; es wäre ihm ganz unmöglich gewesen. Das Natürlichste war, daß er Aufschub suchte. Mit wenig Worten bat er seinen Freund um Verzeihung, daß er diese Tage nicht geschrieben, daß er heut nicht umständlich schreibe, und versprach für nächstens ein bedeutenderes, ein beruhigendes Blatt.

Charlotte benutzte des andern Tags, auf einem Spaziergang nach derselben Stelle, die Gelegenheit, das Gespräch wieder anzuknüpfen, vielleicht in der Überzeugung, *daß man einen Vorsatz nicht sicherer abstumpfen kann, als wenn man ihn öfters durchspricht.*

Eduarden war diese Wiederholung erwünscht. Er äußerte sich nach seiner Weise freundlich und angenehm: denn wenn er, empfänglich wie er war, leicht aufloderte, wenn sein lebhaftes Begehren zudringlich ward, wenn seine Hartnäckigkeit ungeduldig machen konnte; so waren doch alle seine Äußerungen durch eine vollkommene Schonung des andern dergestalt gemildert, daß man ihn immer noch liebenswürdig finden mußte, wenn man ihn auch beschwerlich fand.

Auf eine solche Weise brachte er Charlotten diesen Morgen erst in die heiterste Laune, dann durch anmutige Gesprächswendungen ganz aus der Fassung, so daß sie zuletzt ausrief: „Du willst gewiß, daß ich das, was ich dem Ehemann versagte, dem Liebhaber zugestehen soll."

„Wenigstens, mein Lieber", fuhr sie fort, „sollst du gewahr werden, daß deine Wünsche, die freundliche Lebhaftigkeit, womit du sie ausdrückst, mich nicht ungerührt, mich nicht unbewegt lassen. Sie nötigen mich zu einem Geständnis. Ich habe dir bisher auch etwas verborgen. Ich befinde mich in einer ähnlichen Lage wie du, und habe mir schon eben die Gewalt angetan, die ich nun über dich selbst zumute."

„Das hör ich gern", sagte Eduard. „Ich merke wohl, *im Ehestand muß man sich manchmal streiten, denn dadurch erfährt man was voneinander.*"

„Nun sollst du erfahren", sagte Charlotte, „daß es mir mit Ottilien geht, wie dir mit dem Hauptmann. Höchst ungern weiß ich das liebe Kind in der Pension, wo sie sich in sehr drückenden Verhältnissen befindet. Wenn Luciane, meine Tochter, die für die Welt geboren ist, sich dort für die Welt bildet, wenn sie Sprachen, Geschichtliches, und was sonst von Kenntnissen ihr mitgeteilt wird, sowie ihre Noten und Variationen vom Blatte wegspielt; wenn, bei einer lebhaften Natur und bei einem glücklichen Gedächtnis, sie, man möchte wohl sagen, alles vergißt und im Augenblicke sich an alles erinnert; wenn sie durch Freiheit des Betragens Anmut im Tanze, schickliche Bequemlichkeit des Gesprächs sich vor allen auszeichnet, und durch ein angeborenes herrschendes Wesen sich zur Königin des kleinen Kreises macht; wenn die Vorsteherin dieser Anstalt sie als eine kleine Gottheit ansieht, die nun erst unter ihren Händen recht gedeiht, die ihr Ehre machen, Zutrauen erwerben und einen Zufluß von andern jungen Personen verschaffen wird; wenn die ersten Seiten ihrer Briefe und Monatsberichte immer nur Hymnen sind über die Vortrefflichkeit eines solchen Kindes, die ich denn recht gut in meine Prosa zu übersetzen weiß: so ist dagegen, was sie schließlich von Ottilien erwähnt, nur immer Entschuldigung auf Entschuldigung, daß ein übrigens so schön heranwachsendes Mädchen sich nicht entwickeln, keine Fähigkeiten und keine Fertigkeiten zeigen wolle. Das Wenige, was sie sonst noch hinzufügt, ist gleichfalls für mich kein Rätsel, weil ich in diesem lieben Kinde den ganzen Charakter ihrer Mutter, meiner wertesten Freundin, gewahr werde, die sich neben mir entwickelt hat und deren Tochter ich gewiß, wenn ich Erzieherin oder Aufseherin sein könnte, zu einem herrlichen Geschöpf heraufbilden wollte.

Da es aber einmal nicht in unsern Plan geht, und man an seinen Lebensverhältnissen nicht so viel zupfen und zerren, nicht immer was Neues an sie heranziehen soll, so trag ich das lieber, ja ich überwinde die unangenehme Empfindung, wenn meine Tochter, welche recht gut weiß, daß die arme Ottilie ganz von uns abhängt, sich ihrer Vorteile übermütig gegen sie bedient, und unsere Wohltat dadurch gewissermaßen vernichtet. *Doch wer ist so gebildet, daß er nicht seine Vorzüge gegen andere manchmal auf eine grausame Weise geltend machte?* Wer steht so hoch, daß er unter einem solchen Druck nicht manchmal leiden müßte? Durch diese Prüfungen wächst Ottiliens Wert; aber seitdem ich den peinlichen Zustand recht deutlich einsehe, habe ich mir Mühe gegeben, sie anderwärts unterzubringen. Stündlich soll mir eine Antwort kommen, und alsdann will ich nicht zaudern. So steht es mit mir, mein Bester. Du siehst, wir tragen beiderseits dieselben Sorgen in einem treuen, freundschaftlichen Herzen. Laß uns sie gemeinsam tragen, da sie sich nicht gegeneinander aufheben."

„*Wir sind wunderliche Menschen*", sagte Eduard lächelnd. „*Wenn wir nur etwas, das uns Sorge macht, aus unserer Gegenwart verbannen können, da glauben wir schon, nun sei es abgetan. Im ganzen können wir vieles aufopfern, aber uns im einzelnen herzugeben, ist eine Forderung, der wir selten gewachsen sind.* So war meine Mutter. So lange ich als Knabe oder Jüngling bei ihr lebte, konnte sie der augenblicklichen Besorgnisse nicht los werden. Verspätete ich mich bei einem Ausritt, so mußte mir ein Unglück begegnet sein; durchnetzte mich ein Regenschauer, so war das Fieber mir gewiß. Ich verreiste, ich entfernte mich von ihr, und nun schien ich ihr kaum anzugehören.

Betrachten wir es genauer", fuhr er fort, „so handeln wir beide töricht und unverantwortlich, zwei der edelsten Naturen, die unser Herz so nahe angehen, im Kummer und im Druck zu lassen, nur um uns keiner Gefahr auszusetzen. Wenn dies nicht selbstsüchtig genannt werden soll, was will man so nennen! Nimm Ottilien, laß mir den Hauptmann, und in Gottes Namen sei der Versuch gemacht!"

"Es möchte noch zu wagen sein", sagte Charlotte bedenklich, "wenn die Gefahr für uns allein wäre. Glaubst du denn aber, daß es rätlich sei, den Hauptmann mit Ottilien als Hausgenossen zu sehen, einen Mann ungefähr in deinen Jahren, in den Jahren – daß ich dir dieses Schmeichelhafte nur gerade unter die Augen sage – wo der Mann erst liebefähig und erst der Liebe wert wird, und ein Mädchen von Ottiliens Vorzügen?"

"Ich weiß doch auch nicht", versetzte Eduard, "wie du Ottilien so hoch stellen kannst! Nur dadurch erkläre ich mir's, daß sie deine Neigung zu ihrer Mutter geerbt hat. Hübsch ist sie, das ist wahr, und ich erinnere mich, daß der Hauptmann mich auf sie aufmerksam machte, als wir vor einem Jahr zurückkamen und sie mit dir bei deiner Tante trafen. Hübsch ist sie, besonders hat sie schöne Augen; aber ich wüßte doch nicht, daß sie den mindesten Eindruck auf mich gemacht hätte."

"Das ist löblich an dir", sagte Charlotte; "denn ich war ja gegenwärtig; und ob sie gleich viel jünger ist als ich, so hatte doch die Gegenwart der ältern Freundin so viel Reize für dich, daß du über die aufblühende versprechende Schönheit hinaussahst. Es gehört auch dies zu deiner Art zu sein, deshalb ich so gern das Leben mit dir teile."

Charlotte, so aufrichtig sie zu sprechen schien, verhehlte doch etwas. Sie hatte nämlich damals dem von Reisen zurückkehrenden Eduard Ottilien absichtlich vorgeführt, um dieser geliebten Pflegetochter eine so große Partie zuzuwenden; denn an sich selbst, in bezug auf Eduard, dachte sie nicht mehr. Der Hauptmann war auch angestiftet, Eduarden aufmerksam zu machen; aber dieser, der seine frühe Liebe zu Charlotten hartnäckig im Sinne behielt, sah weder rechts noch links und war nur glücklich in dem Gefühl, daß es möglich sei, eines so lebhaft gewünschten und durch eine Reihe von Ereignissen scheinbar auf immer versagten Gutes endlich doch teilhaftig zu werden.

Eben stand das Ehepaar im Begriff, die neuen Anlagen herunter nach dem Schlosse zu gehen, als ein Bedienter ihnen hastig entgegenstieg und mit lachendem Munde sich schon von unten herauf vernehmen ließ: "Kommen Ew. Gnaden doch ja schnell herüber! Herr Mittler ist in den Schloßhof gesprengt. Er hat uns alle zusammengeschrien, wir sollen Sie aufsuchen, wir sollen Sie fragen, ob es nottue? ,Ob es nottut!' rief er uns nach; ,hört ihr! aber geschwind, geschwind!'"

"Der drollige Mann!" rief Eduard aus; "kommt er nicht gerade zur rechten Zeit, Charlotte? Geschwind zurück!" befahl er dem Bedienten; "sage ihm, es tue not, sehr not! Er soll nur absteigen. Versorgt sein Pferd, führt ihn in den Saal, setzt ihm ein Frühstück vor! wir kommen gleich. Laß uns den nächsten Weg nehmen", sagte er zu seiner Frau, und schlug den Pfad über den Kirchhof ein, den er sonst zu vermeiden pflegte.

Aber wie verwundert war er, als er fand, daß Charlotte auch hier für das Gefühl gesorgt habe. Mit möglichster Schonung der alten Denkmäler hatte sie alles so zu vergleichen und zu ordnen gewußt, daß es ein angenehmer Raum erschien, auf dem das Auge und die Einbildungskraft gerne verweilten.

Auch dem ältesten Stein hatte sie seine Ehre gegönnt. Den Jahren nach waren sie an der Mauer aufgerichtet, eingefügt oder sonst angebracht; der hohe Sockel der Kirche selbst war damit vermannigfaltigt und geziert. Eduard fühlte sich sonderbar überrascht, wie er durch die kleine Pforte hereintrat; er drückte Charlotten die Hand und im Auge stand ihm eine Träne.

Aber der närrische Gast verscheuchte sie gleich: denn dieser hatte keine Ruh im Schloß gehabt, war spornstreichs durchs Dorf bis an das Kirchhoftor geritten, wo er still hielt und seinen Freunden entgegenrief: "Ihr habt mich doch nicht zum besten? Tut's wirklich not, so bleibe ich zu Mittag hier. Haltet mich nicht auf! ich habe heute noch viel zu tun."

"Da ihr euch so weit bemüht habt", rief ihm Eduard entgegen, "so reitet noch vollends herein; wir kommen an einem ernsthaften Orte zusammen, und seht, wie schön Charlotte diese Trauer ausgeschmückt hat."

"Hier herein", rief der Reiter, "komm ich weder zu Pferde, noch zu Wagen, noch zu Fuße. Diese da ruhen in Frieden; mit ihnen habe ich nichts zu schaffen. Gefallen muß ich mir's lassen, wenn man mich einmal, die Füße voran, hineinschleppt. Also ist's Ernst?"

"Ja", rief Charlotte, "recht Ernst! Es ist das erstemal, daß wir neuen Gatten in Not und Verwirrung sind, woraus wir uns nicht zu helfen wissen."

"Ihr seht nicht darnach aus", versetzte er; "doch will ich's glauben. Führt ihr mich an, so laß ich euch künftig stecken. Folgt geschwind nach! meinem Pferde mag die Erholung zugutkommen."

Bald fanden sich die dreie im Saale zusammen; das Essen ward aufgetragen, und Mittler erzählte von seinen heutigen Taten und Vorhaben. Dieser seltsame Mann war früherhin Geistlicher gewesen und hatte sich bei seiner rastlosen Tätigkeit in seinem Amte dadurch ausgezeichnet, daß er alle Streitigkeiten, sowohl die häuslichen als die nachbarlichen, erst der einzelnen Bewohner, sodann ganzer Gemeinden und mehrerer Gutsbesitzer zu stillen und zu schlichten wußte. So lange er im Dienste war, hatte sich kein Ehepaar scheiden lassen, und die Landeskollegien wurden mit keinen Händeln und Prozessen von dorther behelligt. Wie nötig ihm die Rechtskunde sei, ward er zeitig gewahr: er warf sein ganzes Studium darauf, und fühlte sich bald den geschicktesten Advokaten gewachsen. Sein Wirkungskreis dehnte sich wunderbar aus, und man war im Begriff, ihn nach der Residenz zu ziehen, um das von oben herein zu vollenden, was er von unten herauf begonnen hatte, als er einen ansehnlichen Lotteriegewinst tat, sich ein mäßiges Gut kaufte, es verpachtete und zum Mittelpunkt seiner Wirksamkeit machte, mit dem festen Vorsatz, oder vielmehr nach aller Gewohnheit und Neigung, in keinem Hause zu verweilen, wo nichts zu schlichten und nichts zu helfen wäre. Diejenigen, die auf Namensbedeutungen abergläubisch sind, behaupten, der Name Mittler habe ihn genötigt, diese seltsamste aller Bestimmungen zu ergreifen.

Der Nachtisch war aufgetragen, als der Gast seine Wirte ernstlich vermahnte, nicht weiter mit ihren Entdeckungen zurückzuhalten, weil er gleich nach dem Kaffee fort müsse. Die beiden Eheleute machten umständlich ihre Bekenntnisse; aber kaum hatte er den Sinn der Sache vernommen, als er verdrießlich vom Tische auffuhr, ans Fenster sprang und sein Pferd zu satteln befahl.

„Entweder ihr kennt mich nicht", rief er aus, „ihr versteht mich nicht, oder ihr seid sehr boshaft. Ist denn hier ein Streit? ist denn hier eine Hilfe nötig? Glaubt ihr, daß ich in der Welt bin, um *Rat zu geben? Das ist das dümmste Handwerk, das einer treiben kann. Rate sich jeder selbst und tue, was er nicht lassen kann.* Gerät es gut, so freue er sich seiner Weisheit und seines Glücks; läuft's übel ab, dann bin ich bei der Hand. *Wer ein Übel los sein will, der weiß immer, was er will; wer was Besseres will als er hat, der ist ganz starblind* – ja, ja! lacht nur – er spielt Blindekuh, er ertappt's vielleicht; aber was? Tut, was ihr wollt: es ist ganz einerlei! Nehmt die Freunde zu euch, laßt sie weg; alles einerlei! Das Vernünftigste habe ich mißlingen sehen, das Abgeschmackteste gelingen. Zerbrecht euch die Köpfe nicht, und wenn's auf eine oder die andere Weise übel abläuft, zerbrecht sie euch auch nicht! Schickt nur nach mir, und euch soll geholfen sein. Bis dahin euer Diener!"

Und so schwang er sich aufs Pferd, ohne den Kaffe abzuwarten.

„Hier siehst du", sagte Charlotte, „*wie wenig eigentlich ein Dritter fruchtet, wenn es zwischen zwei nah verbundenen Personen nicht ganz im Gleichgewicht steht.* Gegenwärtig sind wir doch wohl verworrner und ungewisser, wenn's möglich ist, als vorher."

Beide Gatten würden auch wohl noch eine Zeitlang geschwankt haben, wäre nicht ein Brief des Hauptmanns im Wechsel gegen Eduards letzten angekommen. Er hatte sich entschlossen, eine der ihm angebotenen Stellen anzunehmen, ob sie ihm gleich keineswegs gemäß war: er sollte mit vornehmen und reichen Leuten die Langeweile teilen, indem man auf ihn das Zutrauen setzte, daß er sie vertreiben würde.

Eduard übersah das ganze Verhältnis recht deutlich und malte es noch recht scharf aus. „Wollen wir unsern Freund in einem solchen Zustande wissen?" rief er. „Du kannst nicht so grausam sein, Charlotte!"

„Der wunderliche Mann, unser Mittler", versetzte Charlotte, „hat am Ende doch recht! Alle solchen Unternehmungen sind Wagestücke: was daraus werden kann, sieht kein Mensch voraus. Solche neue Verhältnisse können fruchtbar sein an Glück und an Unglück, ohne daß wir uns dabei Verdienst oder Schuld sonderlich zurechnen dürfen. Ich fühle mich nicht stark genug, dir länger zu widerstehen. Laß uns den Versuch machen! Das einzige, was ich dich bitte, es sei nur auf kurze Zeit angesehen. Erlaube

mir, daß ich mich tätiger als bisher für ihn verwende, und meinen Einfluß, meine Verbindungen eifrig benutze und aufrege, ihm eine Stelle zu verschaffen, die ihm nach seiner Weise einige Zufriedenheit gewähren kann."

Eduard versicherte seine Gattin auf die anmutigste Weise der lebhaftesten Dankbarkeit. Er eilte mit freiem, frohem Gemüt, seinem Freunde Vorschläge schriftlich zu tun. Charlotte mußte in einer Nachschrift ihren Beifall eigenhändig hinzufügen, ihre freundschaftlichen Bitten mit den seinigen vereinigen. Sie schrieb mit gewandter Feder gefällig und verbindlich, aber doch mit einer Art von Hast, die ihr sonst nicht gewöhnlich war; und was ihr nicht leicht begegnete, sie verunstaltete das Papier zuletzt mit einem Tintenfleck, der sie ärgerlich machte und nur größer wurde, indem sie ihn wegwischen wollte.

Eduard scherzte darüber, und weil noch Platz war, fügte er eine zweite Nachschrift hinzu: der Freund solle aus diesem Zeichen die Ungeduld sehen, womit er erwartet werde, und nach der Eile, womit der Brief geschrieben, die Eilfertigkeit seiner Reise einrichten.

Der Bote war fort, und Eduard glaubte seine Dankbarkeit nicht überzeugender ausdrücken zu können, als indem er aber und abermals darauf bestand, Charlotte sollte sogleich Ottilien aus der Pension holen lassen.

Sie bat um Aufschub und wußte diesen Abend bei Eduard die Lust zu einer musikalischen Unterhaltung aufzuregen. Charlotte spielte sehr gut Klavier, Eduard nicht ebenso bequem die Flöte; denn ob er sich gleich zu Zeiten viel Mühe gegeben hatte, so war ihm doch nicht die Geduld, die Ausdauer verliehen, die zur Ausbildung eines solchen Talentes gehört. Er führte deshalb seine Partie sehr ungleich aus: einige Stellen gut, nur vielleicht zu geschwind; bei anderen wieder hielt er an, weil sie ihm nicht geläufig waren, und so wär es für jeden andern schwer gewesen, ein Duett mit ihm durchzubringen. Aber Charlotte wußte sich dareinzufinden; sie hielt an und ließ sich wieder von ihm fortreißen, und versah also die doppelte Pflicht eines guten Kapellmeisters und einer klugen Hausfrau, die im ganzen immer das Maß zu erhalten wissen, wenn auch die einzelnen Passagen nicht immer im Takt bleiben sollten.

Der Hauptmann kam. Er hatte einen sehr verständigen Brief vorausgeschickt, der Charlotten völlig beruhigte. So viel Deutlichkeit über sich selbst, so viel Klarheit über seinen eigenen Zustand, über den Zustand seiner Familie, gab eine heitere und fröhliche Aussicht.

Die Unterhaltungen der ersten Stunden waren, wie unter Freunden zu geschehen pflegt, die sich eine Zeitlang nicht gesehen haben, lebhaft, ja fast erschöpfend. Gegen Abend veranlaßte Charlotte einen Spaziergang auf die neuen Anlagen. Der Hauptmann gefiel sich sehr in der Gegend, und bemerkte jede Schönheit, welche durch die neuen Wege erst sichtbar und genießbar geworden. Er hatte ein geübtes Auge und dabei ein genügsames; und ob er gleich das Wünschenswerte sehr wohl kannte, machte er doch nicht, wie es öfters zu geschehen pflegt, Personen, die ihn in dem Ihrigen herumführten, dadurch einen übeln

Humor, daß er mehr verlangte, als die Umstände zuließen, oder auch wohl gar an etwas Vollkommeneres erinnerte, das er anderswo gesehen.

Und so gelangte man denn über Felsen, durch Busch und Gesträuch zur letzten Höhe, die zwar keine Fläche, doch fortlaufende, fruchtbare Rücken bildete. Dorf und Schloß hinterwärts waren nicht mehr zu sehen. In der Tiefe erblickte man ausgebreitete Teiche; drüben bewachsene Hügel, an denen sie sich hinzogen; endlich steile Felsen, welche senkrecht den letzten Wasserspiegel entschieden begrenzten und ihre bedeutenden Formen auf der Oberfläche desselben abbildeten. Dort in der Schlucht, wo ein starker Bach den Teichen zufiel, lag eine Mühle halb versteckt, die mit ihren Umgebungen als ein freundliches Ruheplätzchen erschien. Mannigfaltig wechselten im ganzen Halbkreise, den man übersah, Tiefen und Höhen, Büsche und Wälder, deren erstes Grün für die Folge den füllereichsten Anblick versprach. Auch einzelne Baumgruppen hielten an mancher Stelle das Auge fest. Besonders zeichnete zu den Füßen der schauenden Freunde sich eine Masse Pappeln und Platanen zunächst an dem Rande des mittlern Teiches vorteilhaft aus; sie stand in ihrem besten Wachstum, frisch, gesund, empor und in die Breite strebend.

Man kehrte zufrieden und heiter zurück. Dem Gaste ward auf dem rechten Flügel des Schlosses ein freundliches, geräumiges Quartier angewiesen, wo er sehr bald Bücher, Papiere und Instrumente aufgestellt und geordnet hatte, um in seiner gewohnten Tätigkeit fortzufahren. Aber Eduard ließ ihm in den ersten Tagen keine Ruhe; er führte ihn überall herum, bald zu Pferde, bald zu Fuße, und machte ihn mit der Gegend, mit dem Gute bekannt; wobei er ihm zugleich die Wünsche mitteilte, die er zu besserer Kenntnis und vorteilhafterer Benutzung desselben seit langer Zeit bei sich hegte.

„Das erste, was wir tun sollten", sagte der Hauptmann, „wäre, daß ich die Gegend mit der Magnetnadel aufnähme. Es ist das ein leichtes, heiteres Geschäft, und wenn es auch nicht die größte Genauigkeit gewährt, so bleibt es doch immer nützlich und für den Anfang erfreulich; auch kann man es ohne große Beihilfe leisten und weiß gewiß, daß man fertig wird. Denkst du einmal an eine genauere Ausmessung, so läßt sich dazu wohl auch noch Rat finden."

Der Hauptmann war in dieser Art des Aufnehmens sehr geübt. Er hatte die nötige Gerätschaft mitgebracht und fing sogleich an. Er unterrichtete Eduarden, einige Jäger und Bauern, die ihm bei dem Geschäft behilflich sein sollten. Die Tage waren günstig; die Abende und die frühesten Morgen brachte er mit Aufzeichnen und Schraffieren zu. Schnell war auch alles laviert und illuminiert, und Eduard sah seine Besitzungen auf das deutlichste aus dem Papier wie eine neue Schöpfung hervorgewachsen. Er glaubte sie jetzt erst kennenzulernen; sie schienen ihm jetzt erst recht zu gehören.

Es gab Gelegenheit, über die Gegend, über Anlagen zu sprechen, die man nach einer solchen Übersicht viel besser zustande bringe, als wenn man nur einzeln, nach zufälligen Eindrücken an der Natur herumversuche.

„Das müssen wir meiner Frau deutlich machen", sagte Eduard.

„Tue das nicht!" versetzte der Hauptmann, der die Überzeugungen anderer nicht gern mit den seinigen durchkreuzte, den die Erfahrung gelehrt hatte, *daß die Ansichten der Menschen viel zu mannigfaltig sind, als daß sie, selbst durch die vernünftigsten Vorstellungen, auf einen Punkt versammelt werden könnten.* „Tue es nicht!" rief er: „sie dürfte leicht irre werden. Es ist ihr, wie allen denen, die sich nur aus Liebhaberei mit solchen Dingen beschäftigen, mehr daran gelegen, daß sie etwas tue, als daß etwas getan werde. Man tastet an der Natur, man hat Vorliebe für dieses oder jenes Plätzchen, man ist nicht kühn genug, etwas aufzuopfern; man kann sich voraus nicht vorstellen, was entstehen soll; man probiert, es gerät, es mißrät; man verändert, verändert vielleicht, was man lassen sollte, läßt, was man verändern sollte, und so bleibt es zuletzt immer ein Stückwerk, das gefällt und anregt, aber nicht befriedigt."

„Gesteh mir aufrichtig!" sagte Eduard, „du bist mit ihren Anlagen nicht zufrieden."

„Wenn die Ausführung den Gedanken erschöpfte, der sehr gut ist, so wäre nichts zu erinnern. Sie hat sich mühsam durch das Gestein hinaufgequält und quält nun jeden, wenn du willst, den sie hinaufführt. Weder nebeneinander noch hintereinander schreitet man mit einer gewissen Freiheit. Der Takt des Schrittes wird jeden Augenblick unterbrochen; und was ließe sich nicht noch alles einwenden!"

„Wäre es denn leicht anders zu machen gewesen?" fragte Eduard.

„Gar leicht", versetzte der Hauptmann, „sie durfte nur die eine Felsenecke, die noch dazu unscheinbar ist, weil sie aus kleinen Teilen besteht, wegbrechen, so erlangte sie eine schön geschwungene Wendung zum Aufstieg und zugleich überflüssige Steine, um die Stellen heraufzumauern, wo der Weg schmal und verkrüppelt geworden wäre. Doch sei dies im engsten Vertrauen unter uns gesagt; sie wird sonst irre und verdrießlich. Auch muß man, was gemacht ist, bestehen lassen. Will man weiter Geld und Mühe aufwenden, so wäre von der Mooshütte hinaufwärts und über die Anhöhe noch mancherlei zu tun und viel Angenehmes zu leisten."

Hatten auf diese Weise die beiden Freude am Gegenwärtigen manche Beschäftigung, so fehlte es nicht an lebhafter und vergnüglicher Erinnerung vergangener Tage, woran Charlotte wohl teilzunehmen pflegte. Auch setzte man sich vor, wenn nur die nächsten Arbeiten erst getan wären, an die Reisejournale zu gehen und auch auf diese Weise die Vergangenheit hervorzurufen.

Übrigens hatte Eduard mit Charlotten allein weniger Stoff zur Unterhaltung, besonders seitdem er den Tadel ihrer Parkanlagen, der ihm so gerecht schien, auf dem Herzen fühlte. Lange verschwieg er, was ihm der Hauptmann vertraut hatte; aber als er seine Gattin zuletzt beschäftigt sah, von der Mooshütte hinauf zur Anhöhe wieder mit Stüfchen und Pfädchen sich emporzuarbeiten, so hielt er nicht länger zurück, sondern machte sie nach einigen Umschweifen mit seinen neuen Einsichten bekannt.

Charlotte stand betroffen. Sie war geistreich genug, um schnell einzusehen, daß jene recht hatten; aber das Getane widersprach, es war nun einmal so gemacht; sie hatte es recht, sie hatte es wünschenswert gefunden, selbst das Getadelte war ihr in jedem einzelnen Teile lieb; sie widerstrebte der Überzeugung, sie verteidigte ihre kleine Schöpfung, sie schalt auf die Männer, die gleich ins Weite und Große gingen, aus einem Scherz, aus einer Unterhaltung gleich ein Werk machen wollten, nicht an die Kosten denken, die ein erweiterter Plan durchaus nach sich zieht. Sie war bewegt, verletzt, verdrießlich; sie konnte das Alte nicht fahren lassen, das Neue nicht ganz abweisen; aber entschlossen, wie sie war, stellte sie sogleich die Arbeit ein und nahm sich Zeit, die Sache zu bedenken und bei sich reif werden zu lassen.

Indem sie nun auch diese tätige Unterhaltung vermißte, da indes die Männer ihr Geschäft immer geselliger betrieben und besonders die Kunstgärten und Glashäuser mit Eifer besorgten, auch dazwischen die gewöhnlichen ritterlichen Übungen fortsetzten, als Jagen, Pferdekaufen, Tauschen, Bereiten und Einfahren, so fühlte sich Charlotte täglich einsamer. Sie führte ihren Briefwechsel, auch um des Hauptmanns willen, lebhafter und doch gab es manche einsame Stunde. Desto angenehmer und unterhaltender waren ihr die Berichte, die sie aus der Pensionsanstalt erhielt.

Einem weitläufigen Briefe der Vorsteherin, welcher sich wie gewöhnlich über der Tochter Fortschritte mit Behagen verbreitete, war eine kurze Nachschrift hinzugefügt, nebst einer Beilage von der Hand eines männlichen Gehilfen am Institut, die wir beide mitteilen.

NACHSCHRIFT DER VORSTEHERIN

„Von Ottilien, meine Gnädige, hätte ich eigentlich nur zu wiederholen, was in meinen vorigen Berichten enthalten ist. Ich wüßte sie nicht zu schelten, und doch kann ich nicht zufrieden mit ihr sein. Sie ist nach wie vor bescheiden und gefällig gegen andere; aber dieses Zurücktreten, diese Dienstbarkeit will mir nicht gefallen. Ew. Gnaden haben ihr neulich Geld und verschiedene Zeuge geschickt. Das erste hat sie nicht angegriffen; die andern liegen auch noch da, unberührt. Sie hält freilich ihre Sachen sehr reinlich und gut, und scheint nur in diesem Sinn die Kleider zu wechseln. Auch kann ich ihre große Mäßigkeit im Essen und Trinken nicht loben. An unserm Tisch ist kein Überfluß; doch sehe ich nichts lieber, als wenn die Kinder sich an schmackhaften und gesunden Speisen satt essen. Was mit Bedacht und Überzeugung aufgetragen und vorgelegt ist, soll auch aufgegessen werden. Dazu kann ich Ottilien niemals bringen. Ja, sie macht sich irgend ein Geschäft, um eine Lücke auszufüllen, so die Dienerinnen etwas versäumen, nur um eine Speise oder den Nachtisch zu übergehen. Bei diesem allen kommt jedoch in Betrachtung, daß sie manchmal, wie ich erst spät erfahren habe, Kopfweh auf der linken Seite hat, das zwar vorübergeht, aber schmerzlich und bedeutend sein mag. So viel von diesem übrigens so schönen und lieben Kinde."

BEILAGE DES GEHILFEN

„Unsere vortreffliche Vorsteherin läßt mich gewöhnlich die Briefe lesen, in welchen sie Beobachtungen über ihre Zöglinge den Eltern und Vorgesetzten mitteilt. Diejenigen, die an Ew. Gnaden gerichtet sind, lese ich immer mit doppelter Aufmerksamkeit, mit doppeltem Vergnügen; denn indem wir Ihnen zu einer Tochter Glück zu wünschen haben, die alle jene glänzenden Eigenschaften vereinigt, wodurch man in der Welt emporsteigt, so muß ich wenigstens Sie nicht minder glücklich preisen, daß Ihnen in Ihrer Pflegetochter ein Kind beschert ist, das zum Wohl, zur Zufriedenheit anderer und gewiß auch zu seinem eigenen Glück geboren ward. Ottilie ist fast unser einziger Zögling, über den ich mit unserer so sehr verehrten Vorsteherin nicht einig werden kann. Ich verarge dieser tätigen Frau keineswegs, daß sie verlangt, man solle die Früchte ihrer Sorgfalt äußerlich und deutlich sehen; aber es gibt auch verschlossene Früchte, die erst die rechten, kernhaften sind, und die sich früher oder später zu einem schönen Leben entwickeln. Dergleichen ist gewiß Ihre Pflegetochter. So lange ich sie unterrichte, sehe ich sie immer gleichen Schrittes gehen, langsam, langsam vorwärts, nie zurück. Wenn es bei einem Kinde nötig ist, vom Anfange anzufangen, so ist es gewiß bei ihr. Was nicht aus dem Vorhergehenden folgt, begreift sie nicht; sie steht unfähig, ja stöckisch vor einer leicht faßlichen Sache, die für sie mit nichts zusammenhängt; kann man aber die Mittelglieder finden und ihr deutlich machen, so ist ihr das Schwerste begreiflich.

Bei diesem langsamen Vorschreiten bleibt sie gegen ihre Mitschülerinnen zurück, die mit ganz anderen Fähigkeiten immer vorwärts eilen, alles, auch das Unzusammenhängende leicht fassen, leicht behalten und bequem wieder anwenden. So lernt sie, so vermag sie bei einem beschleunigten Lehrvortrage gar nichts; wie es der Fall in einigen Stunden ist, welche von trefflichen, aber raschen und ungeduldigen Lehrern gegeben werden. Man hat über ihre Handschrift geklagt, über ihre Unfähigkeit, die Regeln der Grammatik zu fassen. Ich habe diese Beschwerde näher untersucht. Es ist wahr, sie schreibt langsam und steif, wenn man so will, doch nicht zaghaft und ungestalt. Was ich ihr von der französischen Sprache, die zwar mein Fach nicht ist, schrittweise mitteilte, begriff sie leicht. Freilich ist es wunderbar, sie weiß vieles und recht gut, nur wenn man sie fragt, scheint sie nichts zu wissen. Soll ich mit einer allgemeinen Bemerkung schließen, so möchte ich sagen, sie lernt nicht als eine, die erzogen werden soll, sondern als eine, die erziehen will, nicht als Schülerin, sondern als künftige Lehrerin. Vielleicht kommt es

Ew. Gnaden sonderbar vor, daß ich selbst als Erzieher und Lehrer jemand nicht mehr zu loben glaube, als wenn ich ihn für meinesgleichen erkläre. Ew. Gnaden bessere Einsicht, tiefere Menschen- und Weltkenntnis wird aus meinen beschränkten, wohlgemeinten Worten das Beste nehmen. Sie werden sich überzeugen, daß auch an diesem Kinde viel Freude zu hoffen ist. Ich empfehle mich zu Gnaden und bitte um die Erlaubnis, wieder zu schreiben, sobald ich glaube, daß mein Brief etwas Bedeutendes und Angenehmes enthalten werde."

Charlotte freute sich über dieses Blatt. Sein Inhalt traf ganz nahe mit den Vorstellungen zusammen, welche sie von Ottilien hegte; dabei konnte sie sich eines Lächelns nicht enthalten, indem der Anteil des Lehrers herzlicher zu sein schien, als ihn die Einsicht in die Tugenden eines Zöglings hervorzubringen pflegt. Bei ihrer ruhigen, vorurteilsfreien Denkweise ließ sie auch ein solches Verhältnis, wie so viele andere, vor sich liegen; die Teilnahme des verständigen Mannes an Ottilien hielt sie wert; denn sie hatte in ihrem Leben genugsam einsehen gelernt, wie hoch jede wahre Neigung zu schätzen sei in einer Welt, wo Gleichgültigkeit und Abneigung eigentlich recht zu Hause sind.

Die topographische Karte, auf welcher das Gut in seinen Umgebungen nach einem ziemlich großen Maßstabe, charakteristisch und faßlich durch Federstriche und Farben dargestellt war, und welche der Hauptmann durch einige trigonometrische Messungen sicher zu gründen wußte, war bald fertig; denn weniger Schlaf als dieser tätige Mann bedurfte kaum jemand, so wie sein Tag stets dem augenblicklichen Zwecke gewidmet und deswegen jederzeit am Abende etwas getan war.

„Laß uns nun", sagte er zu seinem Freunde, „an das übrige gehen, an die Gutsbeschreibung, wozu schon genugsame Vorarbeit da sein muß, aus der sich nachher Pachtanschläge und anderes schon entwickeln werden. Nur eines laß uns festsetzen und einrichten: trenne alles, was eigentlich Geschäft ist, vom Leben! *Das Geschäft verlangt Ernst und Strenge, das Leben Willkür; das Geschäft die reinste Folge, dem Leben tut eine Inkonsequenz oft not, ja, sie ist liebenswürdig und erheiternd.* Bist du bei dem einen sicher, so kannst du in dem andern desto freier sein; anstatt daß bei einer Vermischung das Sichere durch das Freie weggerissen und aufgehoben wird."

Eduard fühlte in diesen Vorschlägen einen leisen Vorwurf. Zwar von Natur nicht unordentlich, konnte er doch niemals dazu kommen, seine Papiere nach Fächern abzuteilen. Das, was er mit anderen abzutun hatte, was bloß von ihm selbst abhing, es war nicht geschieden; so wie er auch Geschäfte und Beschäftigung, Unterhaltung und Zerstreuung nicht genugsam voneinander absonderte. Jetzt wurde es ihm leicht, da ein Freund diese Bemühung übernahm, ein zweites Ich die Sonderung bewirkte, in die das eine Ich nicht immer sich spalten mag.

Sie errichteten auf dem Flügel des Hauptmanns eine Repositur für das Gegenwärtige, ein Archiv für das Vergangene, schafften alle Dokumente, Papiere, Nachrichten aus verschiedenen Behältnissen, Kammern, Schränken und Kisten herbei, und auf das geschwindeste war der Wust in eine erfreuliche Ordnung gebracht, lag rubriziert in bezeichneten Fächern. Was man wünschte, ward vollständiger gefunden, als man gehofft hatte. Hierbei ging ihnen ein alter Schreiber sehr an die Hand, der den Tag über, ja einen Teil der Nacht nicht vom Pulte kam, und mit dem Eduard bisher immer unzufrieden gewesen war.

„Ich kenne ihn nicht mehr", sagte Eduard zu seinem Freund, „wie tätig und brauchbar der Mensch ist." „Das macht", versetzte der Hauptmann, „wir tragen ihm nichts Neues auf, als bis er das Alte nach seiner Bequemlichkeit vollendet hat, und so leistet er, wie du siehst, sehr viel; sobald man ihn stört, vermag er gar nichts."

Brachten die Freunde auf diese Weise ihre Tage zusammen zu, so versäumten sie abends nicht, Charlotten regelmäßig zu besuchen. Fand sich keine Gesellschaft von benachbarten Orten und Gütern, welches öfters geschah, so war das Gespräch wie das Lesen meist solchen Gegenständen gewidmet, welche den Wohlstand, die Vorteile und das Behagen der bürgerlichen Gesellschaft vermehren.

So benutzte Charlotte die Kenntnisse, die Tätigkeit des Hauptmanns auch nach ihrem Sinne und fing an, mit seiner Gegenwart völlig zufrieden und über alle Folgen beruhigt zu werden. Sie bereitete sich gewöhnlich vor, manches zu fragen, und da sie gern leben mochte, so suchte sie alles Schädliche, alles Tödliche zu entfernen. Die Bleiglasur der Töpferwaren, der Grünspan kupferner Gefäße hatte ihr schon manche Sorge gemacht. Sie ließ sich hierüber belehren, und natürlicherweise mußte man auf die Grundbegriffe der Physik und Chemie zurückgehen.

Zufälligen, aber immer willkommenen Anlaß zu solchen Unterhaltungen gab Eduards Neigung, der Gesellschaft vorzulesen. Er hatte eine sehr wohlklingende, tiefe Stimme und war früher wegen lebhafter, gefühlter Rezitation dichterischer und rednerischer Arbeiten angenehm und berühmt gewesen. Nun waren es andere Gegenstände, die ihn beschäftigten, andere Schriften, woraus er vorlas, und eben seit einiger Zeit vorzüglich Werke physischen, chemischen und technischen Inhalts.

Eine seiner besonderen Eigenheiten, die er jedoch vielleicht mit mehreren Menschen teilt, war die, daß es ihm unerträglich fiel, wenn jemand ihm beim Lesen in das Buch sah. In früherer Zeit, beim Vorlesen von Gedichten, Schauspielen, Erzählungen war es die natürliche Folge der lebhaften Absicht, die der Vorlesende so gut als der Dichter, der Schauspieler, der Erzählende hat, zu überraschen, Pausen zu machen, Erwartungen zu erregen; da es denn freilich dieser beabsichtigten Wirkung sehr zuwider ist, wenn ihm ein Dritter wissentlich mit den Augen vorspringt. Er pflegte sich auch deswegen in solchem Falle immer so zu setzen, daß er niemand im Rücken hatte. Jetzt zu dreien war diese Vorsicht unnötig; und da es diesmal nicht auf Erregung des Gefühls, auf Überraschung der Einbildungskraft angesehen war, so dachte er selbst nicht daran, sich sonderlich in acht zu nehmen.

Nur eines Abends fiel es ihm auf, als er sich nachlässig gesetzt hatte, daß Charlotte ihm in das Buch sah. Seine alte Ungeduld erwachte und er verwies es ihr gewissermaßen unfreundlich: „Wollte man sich doch solche Unarten, wie so manches andere, was der Gesellschaft lästig ist, ein für allemal abgewöhnen! Wenn ich jemand vorlese, ist es denn nicht, als wenn ich ihm mündlich etwas vortrüge? Das Geschriebene, das Gedruckte tritt an die Stelle meines eigenen Sinnes, meines eigenen Herzens; und würde ich mich wohl zu reden bemühen, wenn ein Fensterchen vor meiner Stirn, vor meiner Brust angebracht wäre, so daß der, dem ich meine Gedanken einzeln zuzählen, meine Empfindungen einzeln zureichen will, immer schon lange vorher wissen könnte, wo es mit mir hinaus wollte? Wenn mir jemand ins Buch sieht, so ist mir immer, als wenn ich in zwei Stücke gerissen würde."

Charlotte, deren Gewandtheit sich in größeren und kleineren Zirkeln besonders dadurch bewies, daß sie jede unangenehme, jede heftige, ja selbst nur lebhafte Äußerung zu beseitigen, ein sich verlängerndes Gespräch zu unterbrechen, ein stockendes anzuregen wußte, war auch diesmal von ihrer guten Gabe nicht verlassen. „Du wirst mir meinen Fehler gewiß verzeihen, wenn ich bekenne, was mir diesen Augenblick begegnet ist. Ich hörte von Verwandtschaften lesen, und da dachte ich eben gleich an meine Verwandten, an ein paar Vettern, die mir gerade in diesem Augenblick zu schaffen machen. Meine Aufmerksamkeit kehrt zu deiner Vorlesung zurück; ich höre, daß von ganz leblosen Dingen die Rede ist, und blicke dir ins Buch, um mich wieder zurechtzufinden."

„Es ist eine Gleichnisrede, die dich verführt und verwirrt hat", sagte Eduard. „Hier wird freilich nur von Erden und Mineralien gehandelt, *aber der Mensch ist ein wahrer Narziß; er bespiegelt sich überall gern selbst; er legt sich als Folie der ganzen Welt unter.*"

„Jawohl!" fuhr der Hauptmann fort, „*so behandelt er alles, was er außer sich findet; seine Weisheit wie seine Torheit, seinen Willen wie seine Willkür leiht er den Tieren, den Pflanzen, den Elementen und den Göttern.*"

„Möchtet ihr mich", versetzte Charlotte, „da ich euch nicht zu weit von dem augenblicklichen Interesse wegführen will, nur kürzlich belehren, wie es eigentlich hier mit den Verwandtschaften gemeint sei."

„Das will ich wohl gerne tun", erwiderte der Hauptmann, gegen den sich Charlotte gewendet hatte; „freilich nur so gut, als ich es vermag, wie ich es etwa vor zehn Jahren gelernt, wie ich es gelesen habe. Ob man in der wissenschaftlichen Welt noch so darüber denkt, ob es zu den neueren Lehren paßt, wüßte ich nicht zu sagen."

„Sein Sie meiner ganzen Aufmerksamkeit versichert!" sagte Charlotte, indem sie ihre Arbeit beiseite legte.

Und so begann der Hauptmann: „An allen Naturwesen, die wir gewahr werden, bemerken wir zuerst, daß sie einen Bezug auf sich selbst haben. Es klingt freilich wunderlich, wenn man etwas ausspricht, was sich ohnehin versteht; doch nur, indem man sich über das Bekannte völlig verständigt hat, kann man miteinander zum Unbekannten fortschreiten."

„Ich dächte", fiel ihm Eduard ein, „wir machten ihr und uns die Sache durch Beispiele bequem. Stelle dir nur das Wasser, das Öl, das Quecksilber vor, so wirst du eine Einigkeit, einen Zusammenhang ihrer Teile finden. Diese Einung verlassen sie nicht, außer durch Gewalt oder sonstige Bestimmung. Ist diese beseitigt, so treten sie gleich wieder zusammen."

„Ohne Frage", sagte Charlotte beistimmend. „Regentropfen vereinigen sich schnell zu Strömen. Und schon als Kinder spielen wir erstaunt mit dem Quecksilber, indem wir es in Kügelchen trennen und es wieder zusammenlaufen lassen."

„Und so darf ich wohl", fügte der Hauptmann hinzu, „eines bedeutenden Punktes im flüchtigen Vorbeigehen erwähnen, daß nämlich dieser völlig reine, durch Flüssigkeit mögliche Bezug sich entschieden und immer durch die Kugelgestalt auszeichnet. Der fallende Wassertropfen ist rund; von den Quecksilberkügelchen haben Sie selbst gesprochen; ja, ein fallendes geschmolzenes Blei, wenn es Zeit hat, völlig zu erstarren, kommt unten in Gestalt einer Kugel an."

„Lassen Sie mich voreilen", sagte Charlotte, „ob ich treffe, wo Sie hinwollen. Wie jedes gegen sich selbst einen Bezug hat, so muß es auch gegen andere ein Verhältnis haben."

„Und das wird nach Verschiedenheit der Wesen verschieden sein", fuhr Eduard eilig fort. „Bald werden sie sich als Freunde und alte Bekannte begegnen, die schnell zusammentreten, sich vereinigen, ohne aneinander etwas zu verändern, wie sich Wein mit Wasser vermischt. Dagegen werden andere fremd nebeneinander verharren und selbst durch mechanisches Mischen und Reiben sich keineswegs verbinden; wie Öl und Wasser, zusammengerüttelt, sich den Augenblick wieder auseinandersondern."

„Es fehlt nicht viel", sagte Charlotte, „so sieht man in diesen einfachen Formen die Menschen, die man gekannt hat; besonders aber erinnert man sich dabei der Sozietäten, in denen man lebte. Die meiste Ähnlichkeit jedoch mit diesen seelenlosen Wesen haben die Massen, die in der Welt sich einander gegenüberstellen, die Stände, die Berufsbestimmungen, der Adel und der dritte Stand, der Soldat und der Zivilist."

„Und doch", versetzte Eduard, „wie diese durch Sitten und Gesetze vereinbar sind, so gibt es auch in unserer chemischen Welt Mittelglieder, dasjenige zu verbinden, was sich einander abweist."

„So verbinden wir", fiel der Hauptmann ein, „das Öl durch Laugensalz mit dem Wasser."

„Nur nicht zu geschwind mit Ihrem Vortrag", sagte Charlotte, „damit ich zeigen kann, daß ich Schritt halte. Sind wir nicht hier schon zu den Verwandtschaften gelangt?"

„Ganz richtig", erwiderte der Hauptmann, „und wir werden sie gleich in ihrer vollen Kraft und Bestimmtheit kennenlernen. Diejenigen Naturen, die sich beim Zusammentreffen einander schnell ergreifen und wechselseitig bestimmen, nennen wir verwandt. An den Alkalien und Säuren, die, obgleich einander entgegengesetzt und vielleicht eben deswegen, weil sie einander entgegengesetzt sind, sich am entschiedensten suchen und fassen, sich modifizieren und zusammen einen neuen Körper bilden, ist diese Verwandtschaft auffallend genug. Gedenken wir nur des Kalks, der zu allen Säuren eine große Neigung, eine entschiedene Vereinigungslust äußert. Sobald unser chemisches Kabinett ankommt, wollen wir Sie verschiedene Versuche sehen lassen, die sehr unterhaltend sind und einen bessern Begriff geben, als Worte, Namen und Kunstausdrücke."

„Lassen Sie mich gestehen", sagte Charlotte, „wenn Sie diese Ihre wunderlichen Wesen verwandt nennen, so kommen sie mir nicht sowohl als Blutsverwandte, vielmehr als Geistes- und Seelenverwandte vor. Auf eben diese Weise können unter Menschen wahrhaft bedeutende Freundschaften entstehen; denn entgegengesetzte Eigenschaften machen eine innigere Vereinigung möglich. Und so will ich denn abwarten, was Sie mir von diesen geheimnisvollen Wirkungen vor die Augen bringen werden. Ich will dich" – sagte sie zu Eduard gewendet „jetzt im Vorlesen nicht weiter stören, und, um so viel besser unterrichtet, deinen Vortrag mit Aufmerksamkeit vernehmen."

„Da du uns einmal aufgerufen hast", versetzte Eduard, „so kommst du so leicht nicht los; denn eigentlich sind die verwickelten Fälle die interessantesten. Erst bei diesen lernt man die Grade der Verwandtschaften, die nähern, stärkern, entferntern, geringern Beziehungen kennen; *die Verwandtschaften werden erst interessant, wenn sie Scheidungen bewirken.*"

„Kommt das traurige Wort", rief Charlotte, „das man leider in der Welt jetzt so oft hört, auch in der Naturlehre vor?"

„Allerdings", erwiderte Eduard. „Es war sogar ein bezeichnender Ehrentitel der Chemiker, daß man sie Scheidekünstler nannte."

„Das tut man also nicht mehr", versetzte Charlotte, „und tut sehr wohl daran. Das Vereinigen ist eine größere Kunst, ein größeres Verdienst. Ein Einungskünstler wäre in jedem Fache der ganzen Welt willkommen. – Nun so laßt mich denn, weil ihr doch einmal im Zuge seid, ein paar solche Fälle wissen."

„So schließen wir uns denn gleich", sagte der Hauptmann, „an dasjenige wieder an, was wir oben schon benannt und besprochen haben. Zum Beispiel was wir Kalkstein nennen, ist eine mehr oder weniger reine Kalkerde, innig mit einer zarten Säure verbunden, die uns in Luftform bekannt geworden ist. Bringt man ein Stück solchen Steines in verdünnte Schwefelsäure, so ergreift diese den Kalk und erscheint mit ihm als Gips; jene zarte, luftige Säure hingegen entflieht. Hier ist eine Trennung, eine neue Zusammensetzung entstanden und man glaubt sich nunmehr berechtigt, sogar das Wort Wahlverwandtschaft anzuwenden, weil es wirklich aussieht, als wenn ein Verhältnis dem andern vorgezogen, eins vor dem andern erwählt würde."

„Verzeihen Sie mir", sagte Charlotte, „wie ich dem Naturforscher verzeihe; aber ich würde hier niemals eine Wahl, eher eine Naturnotwendigkeit erblicken, und diese kaum; denn es ist am Ende vielleicht gar nur die Sache der Gelegenheit. *Gelegenheit macht Verhältnisse, wie sie Diebe macht;* und wenn von Ihren Naturkörpern die Rede ist, so scheint mir die Wahl bloß in den Händen des Chemikers zu liegen, der diese Wesen zusammenbringt. Sind sie aber einmal beisammen, dann gnade ihnen Gott! In dem gegenwärtigen Falle dauert mich nur die arme Luftsäure, die sich wieder im Unendlichen herumtreiben muß."

„Es kommt nur auf sie an", versetzte der Hauptmann, „sich mit dem Wasser zu verbinden und als Mineralquelle Gesunden und Kranken zur Erquickung zu dienen."

„Der Gips hat gut reden", sagte Charlotte, „der ist nun fertig, ist ein Körper, ist versorgt, anstatt jenes ausgetriebene Wesen noch manche Not haben kann, bis es wieder unterkommt."

„Ich müßte sehr irren", sagte Eduard lächelnd, „oder es steckt eine kleine Tücke hinter deinen Reden. Gesteh nur deine Schalkheit! Am Ende bin ich in deinen Augen der Kalk, der vom Hauptmann, als einer Schwefelsäure, ergriffen, deiner anmutigen Gesellschaft entzogen und in einen refraktären Gips verwandelt wird."

„Wenn das Gewissen", versetzte Charlotte, „dich solche Betrachtungen machen heißt, so kann ich ohne Sorge sein. Diese Gleichnisreden sind artig und unterhaltend; und wer spielt nicht gerne mit Ähnlichkeiten? Aber der Mensch ist doch um so manche Stufe über jene Elemente erhöht, und wenn er hier mit den schönen Worten Wahl und Wahlverwandtschaft etwas freigebig gewesen, so tut er wohl, wieder in sich selbst zurückzukehren und den Wert solcher Ausdrücke bei diesem Anlaß recht zu bedenken. Mir sind leider Fälle genug bekannt, wo eine innige, unauflöslich scheinende Verbindung zweier Wesen durch gelegentliche Zugesellung eines Dritten aufgehoben, und eins der erst so schön Verbundenen ins lose Weite hinausgetrieben ward."

„Da sind die Chemiker viel galanter", sagte Eduard; „sie gesellen ein Viertes dazu, damit keines leer ausgehe."

„Jawohl!" versetzte der Hauptmann, „diese Fälle sind allerdings die bedeutendsten und merkwürdigsten, wo man das Anzeichen, das Verwandtsein, dieses Verlassen, dieses Vereinigen gleichsam übers Kreuz wirklich darstellen kann, wo vier, bisher je zwei zu zwei verbundene Wesen, in Berührung gebracht, ihre bisherige Vereinigung verlassen und sich aufs neue verbinden. In diesem Fahrenlassen und Ergreifen, in diesem Fliehen und Suchen glaubt man wirklich eine höhere Bestimmung zu sehen; man traut solchen Wesen eine Art von Wollen und Wählen zu, und hält das Kunstwort ‚Wahlverwandtschaften' für vollkommen gerechtfertigt."

„Beschreiben Sie mir einen solchen Fall!" sagte Charlotte.

„Man sollte dergleichen", versetzte der Hauptmann, „nicht mit Worten abtun. Wie schon gesagt, sobald ich Ihnen die Versuche selbst zeigen kann, wird alles anschaulicher und angenehmer werden. Jetzt müßte ich Sie mit schrecklichen Kunstworten hinhalten, die Ihnen doch keine Vorstellung gäben. Man muß diese totscheinenden und doch zur Tätigkeit innerlich immer bereiten Wesen wirkend vor seinen Augen sehen, mit Teilnahme schauen, wie sie einander suchen, sich anziehen, ergreifen, zerstören, verschlingen, aufzehren und sodann aus der innigsten Verbindung wieder in erneuter, neuer, unerwarteter Gestalt hervortreten: dann traut man ihnen erst ein ewiges Leben, ja wohl gar Sinn und Verstand zu, weil wir unsere Sinne kaum genügend fühlen, sie recht zu beobachten, und unsere Vernunft kaum hinlänglich, sie zu fassen."

„Ich leugne nicht", sagte Eduard, „daß die seltsamen Kunstwörter demjenigen, der nicht durch sinnliches Anschauen, durch Begriffe mit ihnen versöhnt ist, beschwerlich, ja lächerlich werden müssen. Doch könnten wir leicht mit Buchstaben einstweilen das Verhältnis ausdrücken, wovon hier die Rede war."

„Wenn Sie glauben, daß es nicht pedantisch aussieht", versetzte der Hauptmann, „so kann ich wohl in der Zeichensprache mich kürzlich zusammenfassen. Denken sie sich ein A, das mit einem B innig verbunden ist, durch viele Mittel und durch manche Gewalt nicht von ihm zu trennen; denken Sie sich ein C, das sich ebenso zu einem D verhält; bringen Sie nun die beiden Paare in Berührung: A wird sich zu D, C zu B werfen, ohne daß man sagen kann, wer das andere zuerst verlassen, wer sich mit dem andern zuerst wieder verbunden habe."

„Nun denn!" fiel Eduard ein, „bis wir alles dieses mit Augen sehen, wollen wir diese Formel als Gleichnisrede betrachten, woraus wir uns eine Lehre zum unmittelbaren Gebrauch ziehen. Du stellst das A vor, Charlotte, und ich dein B: denn eigentlich hänge ich doch nur von dir ab und folge dir wie dem A das B. Das C ist ganz deutlich der Kapitän, der mich für diesmal dir einigermaßen entzieht. Nun ist es billig, daß, wenn du nicht ins Unbestimmte entweichen sollst, dir für ein D gesorgt werde, und das ist ganz ohne Frage das liebenswürdige Dämchen Ottilie, gegen deren Annäherung du dich nicht länger verteidigen darfst."

„Gut!" versetzte Charlotte. „Wenn auch das Beispiel, wie mir scheint, nicht ganz auf unsern Fall paßt, so halte ich es doch für ein Glück, daß wir heute einmal völlig zusammentreffen, und daß diese Natur- und Wahlverwandtschaften unter uns eine vertrauliche Mitteilung beschleunigen. Ich will es also nur gestehen, daß ich seit diesem Nachmittage entschlossen bin, Ottilien zu berufen; denn meine bisherige treue Beschließerin und Haushälterin wird abziehen, weil sie heiratet. Dies wäre von meiner Seite und um meinetwillen; was mich um Ottiliens willen bestimmt, das wirst du uns vorlesen. Ich will dir nicht ins Blatt sehen, aber freilich ist mir der Inhalt schon bekannt. Doch lies nur, lies!" Mit diesen Worten zog sie einen Brief hervor und reichte ihn Eduarden.

BRIEF DER VORSTEHERIN

„Ew. Gnaden werden verzeihen, wenn ich mich heute ganz kurz fasse: denn ich habe nach vollendeter öffentlicher Prüfung dessen, was wir im vergangenen Jahr an unsern Zöglingen geleistet haben, an die sämtlichen Eltern und Vorgesetzten den Verlauf zu melden; auch darf ich wohl kurz sein, weil ich mit wenigem viel sagen kann. Ihre Fräulein Tochter hat sich in jedem Sinne als die Erste bewiesen. Die beiliegenden Zeugnisse, ihr eigener Brief, der die Beschreibung der Preise enthält, die ihr geworden sind, und zugleich das Vergnügen ausdrückt, das sie über ein so glückliches Gelingen empfindet, wird Ihnen zur Beruhigung, ja zur Freude gereichen. Die meinige wird dadurch einigermaßen gemindert, daß ich voraussehe, wir werden nicht lange mehr Ursache haben, ein so weit vorgeschrittenes Frauenzimmer bei uns zurückzuhalten. Ich empfehle mich zu Gnaden, und nehme mir die Freiheit, nächstens meine Gedanken über das, was ich am vorteilhaftesten für sie halte, zu eröffnen. Von Ottilien schreibt mein freundlicher Gehilfe."

BRIEF DES GEHILFEN

„Von Ottilien läßt mich unsere ehrwürdige Vorsteherin schreiben, teils weil es ihr, nach ihrer Art zu denken, peinlich wäre, dasjenige, was zu melden ist, zu melden, teils auch weil sie selbst einer Entschuldigung bedarf, die sie lieber mir in den Mund legen mag.

Da ich nur allzuwohl weiß, wie wenig die gute Ottilie das zu äußern imstande ist, was in ihr liegt und was sie vermag, so war mir vor der öffentlichen Prüfung einigermaßen bange, umsomehr als überhaupt dabei keine Vorbereitung möglich ist, und auch, wenn es nach der gewöhnlichen Weise sein könnte, Ottilie, auf den Schein nicht vorzubereiten wäre. Der Ausgang hat meine Sorge nur zu sehr gerechtfertigt; sie hat keinen Preis erhalten und ist auch unter denen, die kein Zeugnis empfangen haben. Was soll ich viel sagen? Im Schreiben hatten andere kaum so wohlgeformte Buchstaben, doch viel freiere Züge; im Rechnen waren alle schneller, und an schwierige Aufgaben, welche sie besser löst, kam es bei der Untersuchung nicht. Im Französischen überparlierten und überexponierten sie manche; in der Geschichte waren ihr Namen und Jahrzahlen nicht gleich bei der Hand; bei der Geographie vermißte man Aufmerksamkeit auf die politische Einteilung. Zum musikalischen Vortrag ihrer wenigen bescheidenen Melodien fand sich weder Zeit noch Ruhe. Im Zeichnen hätte sie gewiß den Preis davongetragen: ihre Umrisse waren rein und die Ausführung mit vieler Sorgfalt geistreich; leider hatte sie etwas zu Großes unternommen und war nicht fertig geworden.

Als die Schülerinnen abgetreten waren, die Prüfenden zusammen Rat hielten und uns Lehrern wenigstens einiges

Wort dabei gönnten, merkte ich wohl bald, daß von Ottilien gar nicht, und wenn es geschah, wo nicht mit Mißbilligung, doch mit Gleichgültigkeit gesprochen wurde. Ich hoffte durch eine offene Darstellung ihrer Art zu sein einige Gunst zu erregen, und wagte mich daran mit doppeltem Eifer, einmal weil ich nach meiner Überzeugung sprechen konnte, und sodann weil ich mich in jüngeren Jahren in eben demselben traurigen Fall befunden hatte. Man hörte mich mit Aufmerksamkeit an; doch als ich geendet hatte, sagte mir der vorsitzende Prüfende zwar freundlich, aber lakonisch: *„Fähigkeiten werden vorausgesetzt, sie sollen zu Fertigkeiten werden. Dies ist der Zweck aller Erziehung,* dies ist die laute, deutliche Absicht der Eltern und Vorgesetzten, die stille, nur halbbewußte der Kinder selbst. Dies ist auch der Gegenstand der Prüfung, wobei zugleich Lehrer und Schüler beurteilt werden. Aus dem, was wir vor Ihnen vernehmen, schöpfen wir gute Hoffnung von dem Kinde, und Sie sind allerdings lobenswürdig, indem Sie auf die Fähigkeiten der Schülerinnen genau achtgeben. Verwandeln Sie solche bis übers Jahr in Fertigkeiten, so wird es Ihnen und Ihrer begünstigten Schülerin nicht an Beifall mangeln."

In das, was hierauf folgte, hatte ich mich schon ergeben, aber ein noch Übleres nicht befürchtet, das sich bald darauf zutrug. Unsere gute Vorsteherin, die wie ein guter Hirte auch nicht eins von ihren Schäfchen verloren, oder wie es hier der Fall war, ungeschmückt sehen möchte, konnte, nachdem die Herren sich entfernt hatten, ihren Unwillen nicht bergen und sagte zu Ottilien, die ganz ruhig, indem die andern sich über ihre Preise freuten, am Fenster stand: Aber sagen Sie mir, um Himmels willen, wie kann man so dumm aussehen, wenn man es nicht ist? Ottilie versetzte ganz gelassen: ,Verzeihen Sie, liebe Mutter; ich habe gerade heute wieder mein Kopfweh und ziemlich stark.' ,Das kann niemand wissen!' versetzte die sonst so teilnehmende Frau und kehrte sich verdrießlich um.

Nun ist es wahr, niemand kann es wissen; denn Ottilie verändert das Gesicht nicht, und ich habe auch nicht gesehen, daß sie einmal die Hand nach dem Schlafe zu bewegt hätte.

Das war noch nicht alles. Ihre Fräulein Tochter, gnädige Frau, sonst lebhaft und freimütig, war im Gefühl des heutigen Triumphs ausgelassen und übermütig. Sie sprang mit ihren Preisen und Zeugnissen in den Zimmern herum und schüttelte sie auch Ottilien vor dem Gesicht. ,Du bist heute schlecht gefahren!' rief sie aus. Ganz gelassen antwortete Ottilie: ,Es ist noch nicht der letzte Prüfungstag' – ,Und doch wirst du immer die Letzte bleiben!' rief das Fräulein, und sprang hinweg.

Ottilie schien gelassen für jeden andern, nur nicht für mich. Eine innere, unangenehme, lebhafte Bewegung, der sie widersteht, zeigt sich durch eine ungleiche Farbe des Gesichts: die linke Wange wird auf einen Augenblick rot, indem die rechte bleich wird. Ich sah dies Zeichen, und meine Teilnehmung konnte sich nicht zurückhalten. Ich führte unsere Vorsteherin beiseite, sprach ernsthaft mit ihr über die Sache. Die treffliche Frau erkannte ihren Fehler. Wir berieten, wir besprachen uns lange, und ohne deshalb weitläufig zu sein, will ich Ew. Gnaden unsern Beschluß und unsere Bitte vortragen: Ottilien auf einige Zeit zu sich zu nehmen. Die Gründe werden Sie sich selbst am besten entfalten. Bestimmen Sie sich hinzu, so sage ich mehr über die Behandlung des guten Kindes. Verläßt uns dann Ihre Fräulein Tochter, wie zu vermuten steht, so sehen wir Ottilien mit Freuden zurückkehren.

Noch eins, das ich vielleicht in der Folge vergessen könnte! Ich habe nie gesehen, daß Ottilie etwas verlangt oder gar um etwas dringend gebeten hätte. Dagegen kommen Fälle, wiewohl selten, daß sie etwas abzulehnen sucht, was man von ihr fordert. Sie tut das mit einer Gebärde, die für den, der den Sinn davon gefaßt hat, unwiderstehlich ist. Sie drückt die flachen Hände, die sie in die Höhe hebt, zusammen und führt sie gegen die Brust, indem sie sich nur wenig vorwärts neigt und den dringend Fordernden mit einem solchen Blick ansieht, daß er gern von allem absteht, was er verlangen oder wünschen möchte. Sehen Sie jemals diese Gebärde, gnädige Frau, wie es bei Ihrer Behandlung nicht wahrscheinlich ist, so gedenken Sie meiner und schonen Ottilien."

Eduard hatte diese Briefe vorgelesen, nicht ohne Lächeln und Kopfschütteln. Auch konnte es an Bemerkungen über die Person und über die Lage der Sache nicht fehlen.

„Genug!" rief Eduard endlich aus, „es ist entschieden, sie kommt! Für dich wäre gesorgt, meine Liebe, und wir dürfen nun auch mit unserm Vorschlag hervorrücken. Es wird höchst nötig, daß ich zu dem Hauptmann auf den rechten Flügel hinüberziehe. Sowohl abends als morgens ist erst die rechte Zeit, zusammen zu arbeiten. Du erhältst dagegen für dich und Ottilien auf deiner Seite den schönsten Raum."

Charlotte ließ sich's gefallen, und Eduard schildert ihre künftige Lebensart. Unter anderem rief er aus: „Es ist doch recht zuvorkommend von der Nichte, ein wenig Kopfweh auf der linken Seite zu haben; ich habe es manchmal auf der rechten. Trifft es zusammen und wir sitzen gegeneinander, ich auf den rechten Ellbogen, sie auf den linken gestützt, und die Köpfe nach verschiedenen Seiten in die Hand gelegt, so muß das ein paar artige Gegenbilder geben."

Der Hauptmann wollte das gefährlich finden; Eduard hingegen rief aus: „Nehmen Sie sich nur, lieber Freund, vor dem D in acht! Was sollte B denn anfangen, wenn ihm C entrissen würde?"

„Nun ich dächte doch", versetzte Charlotte, „das verstünde sich von selbst."

„Freilich", rief Eduard, „es kehrte zu seinem A zurück, zu seinem A und O", rief er, indem er aufsprang und Charlotten fest an seine Brust drückte.

Ein Wagen, der Ottilien brachte, war angefahren. Charlotte ging ihr entgegen; das liebe Kind eilte, sich ihr zu nähern, warf sich ihr zu Füßen und umfaßte ihre Knie.

„Wozu die Demütigung!" sagte Charlotte, die einigermaßen verlegen war und sie aufheben wollte. „Es ist so demütig nicht gemeint", versetzte Ottilie, die in ihrer vorigen Stellung blieb. „Ich mag mich nur so gern jener Zeit erinnern, da ich noch nicht höher reichte, als bis an Ihre Knie, und Ihrer Liebe schon so gewiß war."
Sie stand auf, und Charlotte umarmte sie herzlich. Sie ward den Männern vorgestellt und gleich mit besonderer Achtung als Gast behandelt. Schönheit ist überall ein gar willkommener Gast. Sie schien aufmerksam auf das Gespräch, ohne daß sie daran teilgenommen hätte.
Den andern Morgen sagte Eduard zu Charlotten: „Es ist ein angenehmes, unterhaltendes Mädchen."
„Unterhaltend?" versetzte Charlotte mit Lächeln. „Sie hat ja den Mund noch nicht aufgetan."
„So?" erwiderte Eduard, indem er sich zu besinnen schien. „Das wäre doch wunderbar!"
Charlotte gab dem neuen Ankömmling nur wenige Winke, wie es mit dem Hausgeschäfte zu halten sei. Ottilie hatte schnell die ganze Ordnung eingesehen, ja, was noch mehr ist, empfunden. Was sie für alle, für einen jeden insbesondere zu sorgen hatte, begriff sie leicht. Alles geschah pünktlich. Sie wußte anzuordnen, ohne daß sie zu befehlen schien, und wo jemand säumte, verrichtete sie das Geschäft gleich selbst.
Sobald sie gewahr wurde, wieviel Zeit ihr übrig blieb, bat sie Charlotten, ihre Stunden einteilen zu dürfen, die nun genau beobachtet wurden. Sie arbeitete das Vorgesetzte auf eine Art, von der Charlotte durch den Gehilfen unterrichtet war. Man ließ sie gewähren. Nur zuweilen suchte Charlotte sie anzuregen. So schob sie ihr manchmal abgeschriebene Federn unter, um sie auf einen freiern Zug der Handschrift zu leiten; aber auch diese waren bald wieder scharf geschnitten.
Die Frauenzimmer hatten untereinander festgesetzt, französisch zu reden, wenn sie allein wären; und Charlotte beharrte um so mehr dabei, als Ottilie gesprächiger in der fremden Sprache war, indem man ihr die Übung derselben zur Pflicht gemacht hatte. Hier sagte sie oft mehr, als sie zu wollen schien. Besonders ergötzte sich Charlotte an einer zufälligen, zwar genauen, aber doch liebevollen Schilderung der ganzen Pensionsanstalt. Ottilie ward ihr eine liebe Gesellschafterin, und sie hoffte, dereinst an ihr eine zuverlässige Freundin zu finden.
Charlotte nahm indes die älteren Papiere wieder vor, die sich auf Ottilien bezogen, um sich in Erinnerung zu bringen, was die Vorsteherin, was der Gehilfe über das gute Kind geurteilt, um es mit ihrer Persönlichkeit selbst zu vergleichen. Denn Charlotte war der Meinung, man könne nicht geschwind genug mit dem Charakter der Menschen bekannt werden, mit denen man zu leben hat, um zu wissen, was sich von ihnen erwarten, was sich an ihnen bilden läßt, oder was man ihnen ein für allemal zugestehen und verzeihen muß.
Sie fand zwar bei dieser Untersuchung nichts Neues, aber manches Bekannte ward ihr bedeutender und auffallender. So konnte ihr z. B. Ottiliens Mäßigkeit im Essen und Trinken wirklich Sorge machen.
Das nächste, was die Frauen beschäftigte, war der Anzug. Charlotte verlangte von Ottilien, sie solle in Kleidern reicher und mehr ausgesucht erscheinen. Sogleich schnitt das gute, tätige Kind die ihr früher geschenkten Stoffe selbst zu und wußte sie sich, mit geringer Beihilfe anderer, schnell und höchst zierlich anzupassen. Die neuen, modischen Gewänder erhöhten ihre Gestalt; denn indem das Angenehme einer Person sich auch über ihre Hülle verbreitet, so glaubt man sie immer wieder von neuem und anmutiger zu sehen, wenn sie ihre Eigenschaften einer neuen Umgebung mitteilt.
Dadurch ward sie den Männern, wie von Anfang, so immer mehr, daß wir sie nur mit dem rechten Namen nennen, ein wahrer Augentrost. *Denn wenn der Smaragd durch seine herrliche Farbe dem Gesicht wohl tut, ja sogar einige Heilkraft an diesem edeln Sinne ausübt, so wirkt die menschliche Schönheit noch mit weit größerer Gewalt auf den äußern und innern Sinn. Wer sie erblickt, den kann nichts Übels anwehen; er fühlt sich mit sich selbst und mit der Welt in Übereinstimmung.*
Auch manche Weise hatte daher die Gesellschaft durch Ottiliens Ankunft gewonnen. Die beiden Freunde hielten regelmäßiger die Stunden, ja die Minuten der Zusammenkünfte. Sie ließen weder zum Essen, noch zum Tee, noch zum Spaziergang länger als billig auf sich warten. Sie eilten, besonders abends, nicht so bald vom Tische weg. Charlotte bemerkte das wohl und ließ beide nicht unbeobachtet. Sie suchte zu erforschen, ob einer vor dem andern hiezu den Anlaß gäbe: aber sie konnte keinen Unterschied bemerken. Beide zeigten sich überhaupt geselliger. Bei ihren Unterhaltungen schienen sie zu bedenken, was Ottiliens Teilnahme zu erregen geeignet sein möchte, was ihren Einsichten, ihren übrigen Kenntnissen gemäß wäre. Beim Lesen und Erzählen hielten sie inne, bis sie wieder kam. Sie wurden milder und im ganzen mitteilender.
In Erwiderung dagegen wuchs die Dienstbeflissenheit Ottiliens mit jedem Tage. Je mehr sie das Haus, die Menschen, die Verhältnisse kennen lernte, desto lebhafter griff sie ein, desto schneller verstand sie jeden Blick, jede Bewegung, ein halbes Wort, einen Laut. Ihre ruhige Aufmerksamkeit blieb sich immer gleich, sowie ihre gelassene Regsamkeit. Und so war ihr Sitzen, Aufstehen, Gehen, Kommen, Holen, Bringen, Wiederniedersitzen ohne einen Schein von Unruhe, ein ewiger Wechsel, eine ewige angenehme Bewegung. Dazu kam, daß man sie nicht gehen hörte, so leise trat sie auf.
Diese anständige Dienstfertigkeit Ottiliens machte Charlotten viel Freude. Ein Einziges, was ihr nicht ganz angemessen vorkam, verbarg sie Ottilien nicht. „Es gehört", sagte sie eines Tages zu ihr, „unter die lobenswürdigen Aufmerksamkeiten, daß wir uns schnell bücken, wenn jemand etwas aus der Hand fallen läßt, und es eilig aufzuheben suchen. Wir bekennen uns dadurch ihm gleichsam dienstpflichtig; nur ist in der größern Welt dabei zu be-

denken, wem man eine solche Ergebenheit bezeigt. Gegen Frauen will ich dir darüber keine Gesetze vorschreiben. Du bist jung. Gegen Höhere und Ältere ist es Schuldigkeit, gegen deines gleichen Artigkeit, gegen Jüngere und Niedere zeigt man sich dadurch menschlich und gut; nur will es einem Frauenzimmer nicht wohl geziemen, sich Männern auf diese Weise ergeben und dienstbar zu bezeigen."

„Ich will es mir abzugewöhnen suchen", versetzte Ottilie. „Indessen werden Sie mir diese Unschicklichkeit vergeben, wenn ich Ihnen sage, wie ich dazu gekommen bin. Man hat uns die Geschichte gelehrt; ich habe nicht soviel daraus behalten, als ich wohl gesollt hätte; denn ich wußte nicht, wozu ich's brauchen würde. Nur einzelne Begebenheiten sind mir sehr eindrücklich gewesen; so folgende:

Als Karl der Erste von England vor seinen sogenannten Richtern stand, fiel der goldne Knopf des Stöckchens, das er trug, herunter. Gewohnt, daß bei solchen Gelegenheiten sich alles für ihn bemühte, schien er sich umzusehen und zu erwarten, daß ihm jemand auch diesmal den kleinen Dienst erzeigen sollte. Es regte sich niemand; er bückte sich selbst, um den Knopf aufzuheben. Mir kam das so schmerzlich vor, ich weiß nicht, ob mit Recht, daß ich von jenem Augenblick an niemanden kann was aus den Händen fallen sehen, ohne mich danach zu bücken. Da es aber freilich nicht immer schicklich sein mag, und ich", fuhr sie lächelnd fort, „nicht jederzeit meine Geschichte erzählen kann, so will ich mich künftig mehr zurückhalten."

Indessen hatten die guten Anstalten, zu denen sich die beiden Freunde berufen fühlten, ununterbrochenen Fortgang. Ja täglich fanden sie neuen Anlaß, etwas zu bedenken und zu unternehmen.

Als sie eines Tages zusammen durch das Dorf gingen, bemerkten sie mißfällig, wie weit es an Ordnung und Reinlichkeit hinter jenen Dörfern zurückstehe, wo die Bewohner durch die Kostbarkeit des Raums auf beides hingewiesen werden.

„Du erinnerst dich", sagte der Hauptmann, „wie wir auf unserer Reise durch die Schweiz den Wunsch äußerten, eine ländliche sogenannte Parkanlage recht eigentlich zu verschönern, indem wir ein so gelegenes Dorf nicht zur Schweizerbauart, sondern zur Schweizerordnung und Sauberkeit, welche die Benutzung so sehr befördern, einrichteten."

„Ich mag mit Bürgern und Bauern nichts zu tun haben, wenn ich ihnen nicht geradezu befehlen kann", versetzte Eduard.

„Du hast so unrecht nicht", erwiderte der Hauptmann: „denn auch mir machten dergleichen Geschäfte im Leben schon viel Verdruß. *Wie schwer ist es, daß der Mensch recht abwäge, was man aufopfern muß, gegen das, was zu gewinnen ist! wie schwer, den Zweck zu wollen und die Mittel nicht zu verschmähen! Viele verwechseln gar die Mittel und den Zweck, erfreuen sich an jenen, ohne diesen im Auge zu behalten. Jedes Übel soll an der Stelle geheilt werden, wo es zum Vorschein kommt, und man bekümmert sich nicht um jenen Punkt, wo es eigentlich seinen Ursprung nimmt, woher es wirkt. Deswegen ist es so schwer, Rat zu pflegen, besonders mit der Menge, die im Täglichen ganz verständig ist, aber selten weiter sieht als auf morgen. Kommt nun gar dazu, daß die eine bei einer gemeinsamen Anstalt gewinnen, der andere verlieren soll, da ist mit Vergleich nun gar nichts auszurichten. Alles eigentlich gemeinsame Gute muß durch das unumschränkte Majestätsrecht gefördert werden."*

Indem sie standen und sprachen, bettelte sie ein Mensch an, der mehr frech als bedürftig aussah. Eduard, ungern unterbrochen und beunruhigt, schalt ihn, nachdem er ihn einigemal vergebens gelassener abgewiesen hatte; als aber der Kerl sich murrend, ja gegenscheltend, mit kleinen Schritten entfernte, auf die Rechte des Bettlers trotzte, man wohl ein Almosen versagen, ihn aber nicht beleidigen dürfe, weil er so gut wie jeder andere unter dem Schutze Gottes und der Obrigkeit stehe, kam Eduard ganz aus der Fassung.

Der Hauptmann, ihn zu begütigen, sagte darauf: „Laß uns diesen Vorfall als eine Aufforderung annehmen, unsere ländliche Polizei auch hierüber zu erstrecken! Almosen muß man einmal geben; man tut aber besser, wenn man sie nicht selbst gibt, besonders zu Hause. Da sollte man mäßig und gleichförmig in allem sein, auch im Wohltun. Eine allzureichliche Gabe lockt Bettler herbei, anstatt sie abzufertigen; dagegen man wohl auf der Reise, im Vorbeifliegen, einem Armen an der Straße in der Gestalt des zufälligen Glücks erscheinen und ihm eine überraschende Gabe zuwerfen mag. Uns macht die Lage des Dorfes, des Schlosses eine solche Anstalt sehr leicht; ich habe schon früher darüber nachgedacht.

An dem einen Ende des Dorfes liegt das Wirtshaus, an dem andern wohnen ein paar alte, gute Leute, an beiden Orten mußt du eine kleine Geldsumme niederlegen. Nicht der ins Dorf Hereingehende, sondern der Hinausgehende erhält etwas; und da die beiden Häuser zugleich an den Wegen stehen, die zum Schloß führen, so wird auch alles, was sich hinaufwenden wollte, an die beiden Stellen gewiesen."

„Komm", sagte Eduard, „wir wollen das gleich abmachen; das Genauere können wir immer noch nachholen."

Sie gingen zum Wirt und zu dem alten Paare, und die Sache war abgetan.

„Ich weiß recht gut", sagte Eduard, indem sie zusammen den Schloßberg wieder hinaufstiegen, *„daß alles in der Welt ankommt auf einen gescheiten Einfall und auf einen festen Entschluß.* So hast du die Parkanlagen meiner Frau sehr richtig beurteilt, und mir auch schon einen Wink zum Bessern gegeben, den ich ihr, wie ich gar nicht leugnen will, sogleich mitgeteilt habe."

„Ich konnte es vermuten", versetzte der Hauptmann, „aber nicht billigen. Du hast sie irre gemacht; sie läßt alles liegen und trutzt in dieser einzigen Sache mit uns: denn sie vermeidet davon zu reden und hat uns nicht wieder zur

Mooshütte geladen, ob sie gleich mit Ottilien in den Zwischenstunden hinaufgeht."

„Dadurch müssen wir uns", versetzte Eduard, „nicht abschrecken lassen. *Wenn ich von etwas Gutem überzeugt bin, was geschehen könnte und sollte, so habe ich keine Ruhe, bis ich es getan sehe.* Sind wir doch sonst klug, etwas einzuleiten. Laß uns die Englischen Parkbeschreibungen mit Kupfern zur Abendunterhaltung vornehmen, nachher deine Gutskarte. Man mag es erst problematisch und nur wie zum Scherz behandeln; der Ernst wird sich schon finden."

Die Einrichtung war gemacht, die Arbeit rasch angefangen, der Hauptmann immer gegenwärtig, und Charlotte nunmehr fast täglich Zeuge seines ernsten und bestimmten Sinnes. Auch er lernte sie näher kennen, und beiden wurde es leicht, zusammenzuwirken und etwas zustande zu bringen.

Es ist mit den Geschäften, wie mit dem Tanze; Personen, die gleichen Schritt halten, müssen sich unentbehrlich werden; ein wechselseitiges Wohlwollen muß notwendig daraus entspringen, und daß Charlotte dem Hauptmann, seitdem sie ihn näher kennen gelernt, wirklich wohl wollte, davon war ein sicherer Beweis, daß sie ihn einen schönen Ruheplatz, den sie bei ihren ersten Anlagen besonders ausgesucht und verziert hatte, der aber seinen Plane entgegenstand, ganz gelassen zerstören ließ, ohne auch nur die mindeste unangenehme Empfindung dabei zu haben.

Indem nun Charlotte mit dem Hauptmann eine gemeinsame Beschäftigung fand, so war die Folge, daß sich Eduard mehr zu Ottilien gesellte. Für sie sprach ohnehin seit einiger Zeit eine stille, freundliche Neigung in seinem Herzen. Gegen jedermann war sie dienstfertig und zuvorkommend; daß sie es gegen ihn am meisten sei, das wollte seiner Selbstliebe scheinen. Nun war keine Frage: was für Speisen und wie er sie liebte, hatte sie schon genau bemerkt; wie viel er Zucker zum Tee zu nehmen pflegte, und was dergleichen mehr ist, entging ihr nicht. Besonders war sie sorgfältig, alle Zugluft abzuwehren, gegen die er eine übertriebene Empfindlichkeit zeigte, und deshalb mit seiner Frau, der es nicht luftig genug sein konnte, manchmal in Widerspruch geriet. Ebenso wußte sie im Baum- und Blumengarten Bescheid. Was er wünschte, suchte sie zu befördern, was ihn ungeduldig machen konnte, zu verhüten, dergestalt, daß sie in kurzem wie ein freundlicher Schutzgeist ihm unentbehrlich ward, und er anfing, ihre Abwesenheit schon peinlich zu empfinden. Hiezu kam noch, daß sie gesprächiger und offener schien, sobald sie sich allein trafen.

Eduard hatte bei zunehmenden Jahren immer etwas Kindliches behalten, das der Jugend Ottiliens besonders zusagte. Sie erinnerten sich gern früherer Zeiten, wo sie einander gesehen; es stiegen diese Erinnerungen bis in die ersten Epochen der Neigung Eduards zu Charlotten. Ottilie wollte sich der beiden noch als des schönsten Hofpaares erinnern; und wenn Eduard ihr ein solches Gedächtnis aus ganz früher Jugend absprach, so behauptete sie doch besonders einen Fall noch vollkommen gegenwärtig zu haben, wie sie sich einmal, bei seinem Hereintreten, in Charlottens Schoß versteckt, nicht aus Furcht, sondern aus kindischer Überraschung. Sie hätte dazu setzen können, weil er so lebhaften Eindruck auf sie gemacht, weil er ihr gar so wohl gefallen.

Bei solchen Verhältnissen waren manche Geschäfte, welche die beiden Freunde zusammen früher vorgenommen, gewissermaßen ins Stocken geraten, so daß sie für nötig fanden, sich wieder eine Übersicht zu verschaffen, einige Aufsätze zu entwerfen, Briefe zu schreiben. Sie bestellten sich deshalb auf ihre Kanzlei, wo sie den alten Kopisten müßig fanden. Sie gingen an die Arbeit und gaben ihm bald zu tun, ohne zu bemerken, daß sie ihm manches aufbürdeten, was sie sonst selbst zu verrichten gewohnt waren. Gleich der erste Aufsatz wollte dem Hauptmann, gleich der erste Brief Eduarden nicht gelingen. Sie quälten sich eine Zeit lang mit Konzipieren und Umschreiben, bis endlich Eduard, dem es am wenigsten vonstatten ging, nach der Zeit fragte.

Da zeigte sich denn, daß der Hauptmann vergessen hatte, seine chrometrische Sekundenuhr aufzuziehen, das erstemal seit vielen Jahren; und sie schienen, wo nicht zu empfinden, doch zu ahnen, daß die Zeit anfange, ihnen gleichgültig zu werden.

Indem so die Männer einigermaßen in ihrer Geschäftigkeit nachließen, wuchs vielmehr die Tätigkeit der Frauen. Überhaupt nimmt die gewöhnliche Lebensweise einer Familie, die aus den gegebenen Personen und aus notwendigen Umständen entspringt, auch wohl eine außerordentliche Neigung, eine werdende Leidenschaft in sich wie in ein Gefäß auf, und es kann eine ziemliche Zeit vergehen, ehe dieses neue Ingrediens eine merkliche Gärung verursacht und schäumend über den Rand schwillt.

Bei unsern Freunden waren die entstehenden wechselseitigen Neigungen von der angenehmsten Wirkung. Die Gemüter öffneten sich und ein allgemeines Wohlwollen entsprang aus dem besonderen. Jeder Teil fühlte sich glücklich und gönnte dem andern sein Glück.

Ein solcher Zustand erhebt den Geist, indem er das Herz erweitert, und alles, was man tut und vornimmt, hat eine Richtung gegen das Unermeßliche. So waren auch die Freunde nicht mehr in ihrer Wohnung befangen. Ihre Spaziergänge dehnten sich weiter aus, und wenn dabei Eduard mit Ottilien die Pfade zu wählen, die Wege zu bahnen, vorauseilte, so folgte der Hauptmann mit Charlotten in bedeutender Unterhaltung, teilnehmend an manchem neuentdeckten Plätzchen, an mancher unerwarteten Aussicht, geruhig der Spur jener rascheren Vorgänger.

Eines Tages leitete sie ihr Spaziergang durch die Schloßpforte des rechten Flügels hinunter nach dem Gasthofe, über die Brücke gegen die Teiche zu, an denen sie hingingen, so weit man gewöhnlich das Wasser verfolgte, dessen

Ufer sodann, von einem buschigen Hügel und weiterhin von Felsen eingeschlossen, aufhörte gangbar zu sein.
Aber Eduard, dem von seinen Jagdwanderungen her die Gegend bekannt war, drang mit Ottilien auf einem bewachsenen Pfade weiter vor, wohl wissend, daß die alte, zwischen Felsen versteckte Mühle nicht weit abliegen konnte. Allein der wenig betretene Pfad verlor sich bald und sie fanden sich im dichten Gebüsch zwischen moosigem Gestein verirrt, doch nicht lange: denn das Rauschen der Räder verkündigte ihnen sogleich die Nähe des gesuchten Ortes.
Auf eine Klippe vorwärts tretend, sahen sie das alte, schwarze, wunderliche Holzgebäude im Grunde vor sich, von steilen Felsen sowie von hohen Bäumen umschattet. Sie entschlossen sich kurz und gut, über Moos und Felstrümmer hinabzusteigen, Eduard voran; und wenn er nun in die Höhe sah, und Ottilie leicht schreitend, ohne Furcht und Ängstlichkeit, im schönsten Gleichgewicht von Stein zu Stein ihm folgte, glaubte er ein himmlisches Wesen zu sehen, das über ihm schwebte. Und wenn sie nun manchmal an unsicherer Stelle seine ausgestreckte Hand ergriff, ja sich auf seine Schulter stützte, dann konnte er sich nicht verleugnen, daß es das zarteste weibliche Wesen sei, das ihn berührte. Fast hätte er gewünscht, sie möchte straucheln, gleiten, daß er sie in seine Arme auffangen, sie an sein Herz drücken könnte. Doch dies hätte er unter keiner Bedingung getan, aus mehr als einer Ursache: er fürchtete sie zu beleidigen, sie zu beschädigen.

Wie dies gemeint sei, erfahren wir sogleich. Denn als er nun, herabgelangt, ihr unter den hohen Bäumen am ländlichen Tische gegenüber saß, die freundliche Müllerin nach Milch, der bewillkommende Müller Charlotten und dem Hauptmann entgegengesandt war, fing Eduard mit einigem Zaudern zu spreche an.

„Ich habe eine Bitte, liebe Ottilie; verzeihen Sie mir die, wenn Sie mir sie auch versagen! Sie machen kein Geheimnis daraus, und es braucht es auch nicht, daß Sie unter Ihrem Gewand, auf Ihrer Brust ein Miniaturbild tragen. Es ist das Bild ihres Vaters, des braven Mannes, den Sie kaum gekannt und der in jedem Sinne eine Stelle an Ihrem Herzen verdient. Aber vergeben Sie mir, das Bild ist ungeschickt groß, und dieses Metall, dieses Glas macht mir tausend Ängste, wenn Sie ein Kind in die Höhe heben, etwas vor sich hintragen, wenn die Kutsche schwankt, wenn wir durch Gebüsch dringen, eben jetzt, wie wir vom Felsen herabstiegen. Mir ist die Möglichkeit schrecklich, daß irgend ein unvorgesehener Stoß, ein Fall, eine Berührung Ihnen schädlich und verderblich sein könnte. Tun Sie es mir zu Liebe, entfernen Sie das Bild, nicht aus Ihrem Andenken, nicht aus Ihrem Zimmer, ja geben Sie ihm den schönsten, den heiligsten Ort Ihrer Wohnung: nur von Ihrer Brust entfernen Sie etwas, dessen Nähe mir, vielleicht aus übertriebener Ängstlichkeit, so gefährlich scheint."

Ottilie schwieg und hatte, während er sprach, vor sich hingesehen: dann, ohne Übereilung und ohne Zaudern, mit einem Blick mehr gen Himmel als auf Eduard gewendet, löste sie die Kette, zog das Bild hervor, drückte es gegen ihre Stirn und reichte es dem Freunde hin, mit den Worten: „Heben Sie mir es auf, bis wir nach Hause kommen! Ich vermag Ihnen nicht besser zu bezeugen, wie sehr ich Ihre freundliche Sorgfalt zu schätzen weiß."

Der Freund wagte nicht das Bild an seine Lippen zu drücken, aber er faßte ihre Hand und drückte sie an seine Augen. Es waren vielleicht die zwei schönsten Hände, die sich jemals zusammenschlossen. Ihm war, als wenn ihm ein Stein vom Herzen gefallen wäre, als wenn sich eine Scheidewand zwischen ihm und Ottilien niedergelegt hätte.

Vom Müller geführt, langten Charlotte und der Hauptmann auf einem bequemern Pfade herunter. Man begrüßte sich, man erfreute und erquickte sich. Zurück wollte man denselben Weg nicht kehren, und Eduard schlug einen Felspfad auf der andern Seite des Baches vor, auf welchem die Teiche wieder zu Gesicht kamen, indem man ihn mit einiger Anstrengung zurücklegte. Nun durchstrich man abwechselndes Gehölz und erblickte nach dem Lande zu mancherlei Dörfer, Flecken, Meiereien mit ihren grünen und fruchtbaren Umgebungen; zunächst ein Vorwerk, das an der Höhe, mitten im Holze, gar vertraulich lag. Am schönsten zeigte sich der größte Reichtum der Gegend, vor- und rückwärts, auf der sanftstiegenen Höhe, von da man zu einem lustigen Wäldchen gelangte und beim Heraustreten aus demselben sich auf dem Felsen dem Schlosse gegenüber befand.

Wie froh waren sie, als sie daselbst gewissermaßen unvermutet ankamen! Sie hatten eine kleine Welt umgangen; sie standen auf dem Platze, wo das neue Gebäude hinkommen sollte, und sahen wieder in die Fenster ihrer Wohnung.

Man stieg zur Mooshütte hinunter und saß zum erstenmal darin zu vieren. Nichts war natürlicher, als daß einstimmig der Wunsch ausgesprochen wurde, dieser heutige Weg, den sie langsam und nicht ohne Beschwerlichkeit gemacht, möchte dergestalt geführt und eingerichtet werden, daß man ihn gesellig, schlendernd und mit Behaglichkeit zurücklegen könnte. Jedes tat Vorschläge und man berechnete, daß der Weg, zu welchen sie mehrere Stunden gebraucht hatten, wohl gebahnt, in einer Stunde zum Schloß zurückführen müßte. Schon legte man in Gedanken unterhalb der Mühle, wo der Bach in die Teiche fließt, eine wegverkürzende und die Landschaft zierende Brücke an, als Charlotte der erfindenden Einbildungskraft einigen Stillstand gebot, indem sie an die Kosten erinnerte, welche zu einem solchen Unternehmen erforderlich sein würden.

„Hier ist auch zu helfen", versetzte Eduard. „Jenes Vorwerk im Walde, das so schön zu liegen scheint und so wenig einträgt, dürfen wir nur veräußern und das daraus Gelöste zu diesen Anlagen verwenden, so genießen wir vergnüglich auf einem unschätzbaren Spaziergange die Interessen eines wohlangelegten Kapitals, da wir jetzt mit Mißmut bei letzter Berechnung am Schlusse des Jahres eine kümmerliche Einnahme davon ziehen."

Charlotte selbst konnte als gute Haushälterin nicht viel dagegen erinnern. Die Sache war schon früher zur Sprache gekommen. Nun wollte der Hauptmann einen Plan zur Zerschlagung der Grundstücke unter die Waldbauern machen; Eduard aber wollte kürzer und bequemer verfahren wissen. Der gegenwärtige Pächter, der schon Vorschläge getan hatte, sollte es erhalten, terminweise zu zahlen, und so terminweise wollte man die planmäßigen Anlagen von Strecke zu Strecke vornehmen.

So eine vernünftige, gemäßigte Einrichtung mußte durchaus Beifall finden, und schon sah die ganze Gesellschaft im Geiste die neuen Wege sich schlängeln, auf denen und in deren Nähe man noch die angenehmsten Ruhe- und Aussichtsplätze zu entdecken hoffte.

Um sich alles mehr im einzelnen zu vergegenwärtigen, nahm man Abends zu Hause sogleich die neue Karte vor. Man übersah den zurückgelegten Weg, und wie er vielleicht an einigen Stellen noch vorteilhafter zu führen wäre. Alle früheren Vorsätze wurden nochmals durchgesprochen und mit den neuesten Gedanken verbunden, der Platz des neuen Hauses, gegen dem Schloß über, nochmals gebilligt und der Kreislauf der Wege bis dahin abgeschlossen.

Ottilie hatte zu dem allen geschwiegen, als Eduard zuletzt den Plan, der bisher vor Charlotten gelegen, vor sie hinwandte und sie zugleich einlud, ihre Meinung zu sagen, und als sie einen Augenblick anhielt, sie liebevoll ermunterte, doch ja nicht zu schweigen: Alles sei ja noch gleichgültig, alles noch im Werden.

„Ich würde", sagte Ottilie, indem sie den Finger auf die höchste Fläche der Anhöhe setzte, „das Haus hieher bauen. Man sähe zwar das Schloß nicht, denn es wird von dem Wäldchen bedeckt; aber man befände sich auch dafür wie in einer andern und neuen Welt, indem zugleich das Dorf und alle Wohnungen verborgen wären. Die Aussicht auf die Teiche, nach der Mühle, auf die Höhen, in die Gebirge, nach dem Lande zu, ist außerordentlich schön; ich habe es im Vorbeigehen bemerkt."

„Sie hat recht!" rief Eduard. „Wie konnte uns das nicht einfallen? Nicht wahr, so ist es gemeint, Ottilie?" Er nahm einen Bleistift und strich ein längliches Viereck recht stark und derb auf die Anhöhe.

Dem Hauptmann fuhr das durch die Seele; denn er sah einen sorgfältigen, reinlich gezeichneten Plan ungern auf diese Weise verunstaltet; doch faßte er sich nach einer leisen Mißbilligung und ging auf den Gedanken ein. „Ottilie hat recht", sagte er. „Macht man nicht gern eine entfernte Spazierfahrt, um einen Kaffee zu trinken, einen Fisch zu genießen, der uns zu Hause nicht so gut geschmeckt hätte? Wir verlangen Abwechslung und fremde Gegenstände. Das Schloß haben die Alten mit Vernunft hieher gebaut; denn es liegt geschützt vor den Winden und nahe an allen täglichen Bedürfnissen; ein Gebäude hingegen, mehr zum geselligen Aufenthalt als zur Wohnung, wird sich dorthin recht wohl schicken und in der guten Jahrszeit die angenehmsten Stunden gewähren."

Je mehr man die Sache durchsprach, desto günstiger erschien sie, und Eduard konnte seinen Triumph nicht bergen, daß Ottilie den Gedanken gehabt. Er war so stolz darauf, als ob die Erfindung sein gewesen wäre.

Der Hauptmann untersuchte gleich am frühesten Morgen den Platz, entwarf erst einen flüchtigen und, als die Gesellschaft an Ort und Stelle sich nochmals entschieden hatte, einen genauen Riß nebst Anschlag und allem Erforderlichen. Es fehlte nicht an der nötigen Vorbereitung. Jenes Geschäft wegen Verkauf des Vorwerks ward auch sogleich wieder angegriffen. Die Männer fanden zusammen neuen Anlaß zur Tätigkeit.

Der Hauptmann machte Eduarden bemerklich, daß es eine Artigkeit, ja wohl gar eine Schuldigkeit sei, Charlottens Geburtstag durch Legung des Grundsteins zu feiern. Es bedurfte nicht viel, die alte Abneigung Eduards gegen solche Feste zu überwinden; denn es kam ihm schnell in den Sinn, Ottiliens Geburtstag, der später fiel, gleichfalls recht feierlich zu begehen.

Charlotte, der die neuen Anlagen und was deshalb geschehen sollte, bedeutend, ernstlich, ja fast bedenklich vorkamen, beschäftigte sich damit, die Anschläge, Zeit- und Geldeinteilungen nochmals für sich durchzugehen. Man sah des Tages weniger, und mit desto mehr Verlangen suchte man sich des Abends auf.

Ottilie war indessen schon völlig Herrin des Haushaltes, und wie konnte es anders sein bei ihrem stillen und sichern Betragen! Auch war ihre ganze Sinnesweise dem Hause und dem Häuslichen mehr als der Welt, mehr als dem Leben im Freien zugewendet. Eduard bemerkte bald, daß sie eigentlich nur aus Gefälligkeit in die Gegend mitging, daß sie nur aus geselliger Pflicht abends länger draußen verweilte, auch wohl manchmal einen Vorwand häuslicher Tätigkeit suchte, um wieder hineinzugehen. Sehr bald wußte er daher die gemeinschaftlichen Wanderungen so einzurichten, daß man vor Sonnenuntergang wieder zu Hause war, und fing an, was er lange unterlassen hatte, Gedichte vorzulesen, solche besonders, in deren Vortrag der Ausdruck einer reinen, doch leidenschaftlichen Liebe zu legen war.

Gewöhnlich saßen sie abends um einen kleinen Tisch, auf hergebrachten Plätzen: Charlotte auf dem Sofa, Ottilie auf einem Sessel ihr gegenüber, und die Männer nahmen die beiden andern Seiten ein. Ottilie saß Eduarden zur Rechten, wohin er auch das Licht schob, wenn er las. Alsdann rückte sich Ottilie wohl näher, um ins Buch zu sehen: denn auch sie traute ihren eigenen Augen mehr als fremden Lippen; und Eduard gleichfalls rückte zu, um es ihr auf alle Weise bequem zu machen; ja er hielt oft längere Pausen als nötig, damit er nur nicht eher umwendete, bis auch sie zu Ende der Seite gekommen.

Charlotte und der Hauptmann bemerkten es wohl und sahen manchmal einander lächelnd an; doch wurden beide von einem andern Zeichen überrascht, in welchem sich Ottiliens stille Neigung gelegentlich offenbarte.

An einem Abende, welcher der kleinen Gesellschaft durch einen lästigen Besuch zum Teil verloren gegangen, tat Eduard den Vorschlag, noch beisammen zu bleiben. Er fühlte sich aufgelegt, seine Flöte vorzunehmen, welche lange nicht an die Tagesordnung gekommen war. Charlotte suchte nach den Sonaten, die sie zusammen gewöhnlich auszuführen pflegten, und da sie nicht zu finden waren, gestand Ottilie nach einigem Zaudern, daß sie solche mit auf ihr Zimmer genommen.

„Und Sie können, Sie wollen mich auf dem Flügel begleiten?" rief Eduard, dem die Augen vor Freude glänzten. „Ich glaube wohl", versetzte Ottilie, „daß es gehen wird." Sie brachte die Noten herbei und setzte sich ans Klavier. Die Zuhörenden waren aufmerksam und überrascht, wie vollkommen Ottilie das Musikstück für sich selbst eingelernt hatte, aber noch mehr überrascht, wie sie es der Spielart Eduards anzupassen wußte. „Anzupassen wußte", ist nicht der rechte Ausdruck: denn wenn es von Charlottens Geschicklichkeit und freiem Willen abhing, ihrem bald zögernden, bald voreilenden Gatten zu Liebe hier anzuhalten, dort mitzugehen, so schien Ottilie, welche die Sonate von jenen einigemal spielen gehört, sie nur in dem Sinne eingelernt zu haben, wie jener sie begleitete. Sie hatte seine Mängel so zu den ihrigen gemacht, daß daraus wieder eine Art von lebendigem Ganzen entsprang, das sich zwar nicht taktgemäß bewegte, aber doch höchst angenehm und gefällig lautete. Der Komponist selbst hätte seine Freude daran gehabt, sein Werk auf eine so liebevolle Weise entstellt zu sehen.

Auch diesem wundersamen, unerwarteten Begegnis sahen der Hauptmann und Charlotte stillschweigend mit einer Empfindung zu, wie man oft kindische Handlungen betrachtet, die man wegen ihrer besorglichen Folgen gerade nicht billigt und doch nicht schelten kann, ja vielleicht beneiden muß. Denn eigentlich war die Neigung dieser beiden eben so gut im Wachsen, als jene, und vielleicht nur noch gefährlicher dadurch, daß beide ernster, sicherer von sich selbst, sich zu halten fähiger waren.

Schon fing der Hauptmann an zu fühlen, daß eine unwiderstehliche Gewohnheit ihn an Charlotten zu fesseln drohte. Er gewann es über sich, den Stunden auszuweichen, in denen Charlotte nach den Anlagen zu kommen pflegte, indem er schon am frühesten Morgen aufstand, alles anordnete und sich dann zur Arbeit auf seinen Flügel ins Schloß zurückzog. Die ersten Tage hielt es Charlotte für zufällig; sie suchte ihn an allen wahrscheinlichen Stellen; dann glaubte sie ihn zu verstehen und achtete ihn nur um desto mehr.

Vermied nun der Hauptmann mit Charlotten allein zu sein, so war er desto emsiger, zur glänzenden Feier des herannahenden Geburtsfestes die Anlagen zu betreiben und zu beschleunigen: denn indem er von unten hinauf, hinter dem Dorfe her, den bequemen Weg führte, so ließ er, vorgeblich um Steine zu brechen, auch von oben herunter arbeiten, und hatte alles so eingerichtet und berechnet, daß erst in der letzten Nacht die beiden Teile des Weges sich begegnen sollten. Zum neuen Hause oben war auch schon der Keller mehr gebrochen als gegraben, und ein schöner Grundstein mit Fächern und Deckplatten zugehauen.

Die äußere Tätigkeit, diese kleinen, freundlichen, geheimnisvollen Absichten, bei innren mehr oder weniger zurückgedrängten Empfindungen, ließen die Unterhaltung der Gesellschaft, wenn sie beisammen war, nicht lebhaft werden, dergestalt, daß Eduard, der etwas Lückenhaftes empfand, den Hauptmann eines Abends aufrief, seine Violine hervorzunehmen und Charlotten bei dem Klavier zu begleiten. Der Hauptmann konnte dem allgemeinen Verlangen nicht widerstehen, und so führten beide, mit Empfindung, Behagen und Freiheit, eins der schwersten Musikstücke zusammen auf, daß es ihnen und dem zuhörenden Paar zum größten Vergnügen gereichte. Man versprach sich öftere Wiederholung und mehrere Zusammenübung.

„Sie machen es besser als wir, Ottilie!" sagte Eduard. „Wir wollen sie bewundern, aber uns doch zusammen freuen."

Der Geburtstag war herbeigekommen und alles fertig geworden: die ganze Mauer, die den Dorfweg gegen das Wasser zu einfaßte und erhöhte, ebenso der Weg an der Kirche vorbei, wo eine Zeit lang in dem von Charlotten angelegten Pfade fortlief, sich dann die Felsen hinaufwärts schlang, die Mooshütte links über sich, dann nach einer völligen Wendung links unter sich ließ und so allmählich auf die Höhe gelangte.

Es hatte sich diesen Tag viel Gesellschaft eingefunden. Man ging zur Kirche, wo man die Gemeinde im festlichen Schmuck versammelt antraf. Nach dem Gottesdienste zogen Knaben, Jünglinge und Männer, wie es angeordnet war, voraus, dann kam die Herrschaft mit ihrem Besuch und Gefolge; Mädchen, Jungfrauen und Frauen machten den Beschluß.

Bei der Wendung des Weges war ein erhöhter Felsenplatz eingerichtet: dort ließ der Hauptmann Charlotten und die Gäste ausruhen. Hier übersahen sie den ganzen Weg, die hinaufgeschrittene Männerschar, die nachwandelnden Frauen, welche nun vorbeizogen. Es war bei dem herrlichen Wetter ein wunderschöner Anblick. Charlotte fühlte sich überrascht, gerührt, und drückte dem Hauptmann herzlich die Hand.

Man folgte der sachte fortschreitenden Menge, die nun schon einen Kreis um den künftigen Hausraum gebildet hatte. Der Bauherr, die Seinigen und der vornehmsten Gäste wurden eingeladen, in die Tiefe hinabzusteigen, wo der Grundstein, an einer Seite unterstützt, eben zum Niederlassen bereit lag. Ein wohlgeputzter Maurer, die Kelle in der einen, den Hammer in der andern Hand, hielt in Reimen eine anmutige Rede, die wir in Prosa nur unvollkommen wiedergeben können.

„Drei Dinge", fing er an, „sind bei einem Gebäude zu beachten: daß es am rechten Fleck stehe, daß es wohl gegründet, daß es vollkommen ausgeführt sei. Das erste ist eigentlich die Sache des Bauherrn; denn wie in der Stadt nur der Fürst und die Gemeinde bestimmen können, wohin gebaut werden soll, so ist es auf dem Lande das Vorrecht des Grundherrn, daß er sagte: Hier soll meine Wohnung stehen und nirgends anders."

Eduard und Ottilie wagten nicht, bei diesen Worten einander anzusehen, ob sie gleich nahe gegeneinander über standen.

„Das dritte, die Vollendung, ist die Sorge gar vieler Gewerke; ja wenige sind, die nicht dabei beschäftigt wären. Aber das zweite, die Gründung, ist des Maurers Angelegenheit, und daß wir es nur keck heraussagen, die Hauptangelegenheit des ganzen Unternehmens."

Er überreichte hierauf seine Kelle Charlotten, welche damit Kalk über den Stein warf. Mehreren wurde ein gleiches zu tun angesonnen, und der Stein alsobald niedergesenkt; worauf denn Charlotten und den übrigen sogleich der Hammer gereicht wurde, um durch ein dreimaliges Pochen die Verbindung des Steins mit dem Grunde ausdrücklich zu segnen.

„Des Maurers Arbeit", fuhr der Redner fort, „zwar jetzt unter freiem Himmel, geschieht wo nicht immer im Verborgenen, doch zum Verborgenen. Wie jeder, der eine Übeltat begangen, fürchten muß, daß, ungeachtet alles Abwehrens, sie dennoch ans Licht kommen werde, so muß derjenige erwarten, der insgeheim das Gute getan, daß auch dieses ohne seinen Willen an den Tag komme. Deswegen machen wir diesen Grundstein zugleich zum Denkstein. Hier in diese unterschiedlichen gehauenen Vertiefungen soll verschiedenes eingesenkt werden, zum Zeugnis für eine entfernte Nachwelt. Diese metallenen zugelöteten Köcher enthalten schriftliche Nachrichten; auf diese Metallplatten ist allerlei Merkwürdiges eingegraben; in diesen schönen gläsernen Flaschen versenken wir den besten alten Wein, mit Bezeichnung seines Geburtsjahrs; es fehlt nicht an Münzen verschiedener Art, in diesem Jahre geprägt: alles dieses erhielten wir durch die Freigiebigkeit unseres Bauherrn. Auch ist hier noch mancher Platz, wenn irgendein Gast und Zuschauer etwas der Nachwelt zu übergeben Belieben trüge."

Nach einer kleinen Pause sah der Geselle sich um; aber wie es in solchen Fällen zu gehen pflegt, niemand war vorbereitet, jedermann überrascht, bis endlich ein junger, munterer Offizier anfing und sagte: „Wenn ich etwas beitragen soll, das in dieser Schatzkammer noch nicht niedergelegt ist, so muß ich ein paar Knöpfe von der Uniform schneiden, die doch wohl auch verdienen, auf die Nachwelt zu kommen." Gesagt, getan! und nun hatte mancher einen ähnlichen Einfall. Die Frauenzimmer säumten nicht, von ihren kleinen Haarkämmen hineinzulegen; Riechfläschchen und andere Zierden wurden nicht geschont: nur Ottilie zauderte, bis Eduard sie durch ein freundliches Wort aus der Betrachtung aller der beigesteuerten und eingelegten Dinge herausriß. Sie löste darauf die goldene Kette vom Halse, an der das Bild ihres Vaters gehangen hatte, und legte sie mit leiser Hand über die andern Kleinode hin, worauf Eduard mit einiger Hast veranstaltete, daß der wohlgefügte Deckel sogleich aufgestürzt und eingekittet wurde.

Der junge Gesell, der sich dabei am tätigsten erwiesen, nahm seine Rednermiene wieder an und fuhr fort: Wir gründen diesen Stein für ewig, zur Sicherung des längsten Genusses der gegenwärtigen und künftigen Besitzer dieses Hauses. Allein indem wir hier gleichsam einen Schatz vergraben, so denken wir zugleich, bei dem gründlichsten aller Geschäfte, an die Vergänglichkeit der menschlichen Dinge; wir denken uns eine Möglichkeit, daß dieser festversiegelte Deckel wieder aufgehoben werden könnte, welches nicht anders geschehen dürfte, als wenn das alles wieder zerstört wäre, was wir noch nicht einmal aufgeführt haben.

Die Gerüste standen wieder leer, und die leichtesten unter den Gästen stiegen hinauf, sich umzusehen, und konnten die schöne Aussicht nach allen Seiten nicht genugsam rühmen: denn was entdeckt der nicht alles, der auf einem hohen Punkte, nur um ein Geschoß höher steht! Nach dem Innern des Landes zu kamen mehrere neue Dörfer zum Vorschein; den silbernen Streifen des Flusses erblickte man deutlich; ja selbst die Türme der Hauptstadt wollte einer gewahr werden. An der Rückseite, hinter den waldigen Hügeln, erhoben sich die blauen Gipfel eines fernen Gebirges, und die nächste Gegend übersah man im ganzen. „Nun sollten nur noch", rief einer, „die drei Teiche zu einem See vereinigt werden; dann hätte der Anblick alles, was groß und wünschenswert ist."

„Das ließe sich wohl machen", sagte der Hauptmann; „denn sie bildeten schon vor Zeiten einen Bergsee."

„Nur bitte ich meine Platanen- und Pappelgruppe zu schonen", sagte Eduard, „die so schön am mittelsten Teiche steht. Sehen Sie" – wandte er sich zu Ottilien, die er einige Schritte vorführte, indem er hinabwies –, „diese Bäume habe ich selbst gepflanzt."

„Wie lange stehen sie wohl schon?" fragte Ottilie. „Etwa so lange", versetzte Eduard, „als Sie auf der Welt sind. Ja, liebes Kind, ich pflanzte schon, da Sie noch in der Wiege lagen."

Die Gesellschaft begab sich wieder in das Schloß zurück.

Eine innere Geselligkeit mit Neigung, wie sie sich unter unsern Freunden erzeugt hatte, wird durch eine größere Gesellschaft immer nur unangenehm unterbrochen. Alle vier waren zufrieden, sich wieder im großen Saale allein zu finden; doch ward dieses häusliche Gefühl einigermaßen gestört, indem ein Brief, der Eduarden überreicht wurde, neue Gäste auf morgen ankündigte.

„Wie wir vermuteten", rief Eduard Charlotten zu, „der Graf wird nicht ausbleiben, er kommt morgen."

„Da ist also auch die Baronesse nicht weit", versetzte Charlotte.

„Gewiß nicht", antwortete Eduard, „sie wird auch morgen von ihrer Seite anlangen. Sie bitten um ein Nachtquartier und wollen übermorgen zusammen wieder fortreisen."

„Da müssen wir unsere Anstalten beizeiten machen, Ottilie!" sagte Charlotte.

„Wie befehlen Sie die Einrichtung?" fragte Ottilie.

Charlotte gab es im allgemeinen an und Ottilie entfernte sich.

Der Hauptmann erkundigte sich nach dem Verhältnis dieser beiden Personen, das er nur im allgemeinen kannte. Sie hatten früher, beide schon anderwärts verheiratet, sich leidenschaftlich liebgewonnen. Eine doppelte Ehe war nicht ohne Aufsehen gestört; man dachte an Scheidung. Bei der Baronesse war sie möglich geworden, bei dem Grafen nicht. Sie mußten sich zum Scheine trennen, allein ihr Verhältnis blieb; und wenn sie winters in der Residenz nicht zusammensein konnten, so entschädigten sie sich sommers auf Lustreisen und in Bädern. Sie waren beide um etwas älter als Eduard und Charlotte, und sämtlich genaue Freunde aus früher Hofzeit her. Man hatte immer ein gutes Verhältnis erhalten, ob man gleich nicht alles an seinen Freunden billigte. Nur diesmal war Charlotten ihre Ankunft gewissermaßen ganz ungelegen, und wenn sie die Ursache genau untersucht hätte, es war eigentlich um Ottiliens willen. Das gute, reine Kind sollte ein solches Beispiel so früh nicht gewahr werden.

„Sie hätten wohl noch ein paar Tage wegbleiben können", sagte Eduard, als eben Ottilie wieder hereintrat, „bis wir den Vorwerksverkauf in Ordnung gebracht. Der Aufsatz ist fertig; die eine Abschrift habe ich hier; nun fehlt es aber an der zweiten, und unser alter Kanzlist ist recht krank." Der Hauptmann bot sich an, auch Charlotte; dagegen waren einige Einwendungen zu machen. „Geben Sie mir's nur!" rief Ottilie mit einiger Hast.

„Du wirst nicht damit fertig", sagte Charlotte.

„Freilich müßte ich es übermorgen früh haben, und es ist viel", sagte Eduard. „Es soll fertig sein", rief Ottilie, und hatte das Blatt schon in den Händen.

Des andern Morgens, als sie sich aus dem obern Stock nach den Gästen umsahen, denen sie entgegenzugehen nicht verfehlen wollten, sagte Eduard: „Wer reitet denn so langsam durch die Straße her?" Der Hauptmann beschrieb die Figur des Reiters genauer. So ist er's doch!" sagte Eduard, „das Einzelne, das du besser siehst als ich, paßt sehr gut zu dem Ganzen, das ich recht wohl sehe. Es ist Mittler. Wie kommt er aber dazu, langsam und so langsam zu reiten?" – Die Figur kam näher und Mittler war es wirklich. Man empfing ihn freundlich, als er langsam die Treppe heraufstieg. „Warum sind Sie nicht gestern gekommen?" rief ihm Eduard entgegen.

„Laute Feste lieb ich nicht", versetzte jener. „Heute komm ich aber, den Geburtstag meiner Freundin mit euch im stillen nachzufeiern."

„Wie können Sie denn so viel Zeit gewinnen?" fragte Eduard scherzend.

„Meinen Besuch, wenn er euch etwas wert ist, seid ihr einer Betrachtung schuldig, die ich gestern gemacht habe. Ich freute mich recht herzlich den halben Tag in einem Hause, wo ich Frieden gestiftet hatte, und dann hörte ich, daß hier Geburtstag gefeiert werde. Das kann man doch am Ende selbstisch nennen, dachte ich bei mir, daß du dich nur mit denen freuen willst, die du zum Frieden bewogen hast. Warum freust du dich nicht auch einmal mit Freunden, die Frieden halten und hegen? Gesagt, getan! Hier bin ich, wie ich mir vorgenommen hatte."

„Gestern hätten Sie große Gesellschaft gefunden, heute finden Sie nur kleine", sagte Charlotte. „Sie finden den Grafen und die Baronesse, die Ihnen auch schon zu schaffen gemacht haben."

Aus der Mitte der vier Hausgenossen, die den seltsamen, willkommenen Mann umgeben hatten, fuhr er mit verdrießlicher Lebhaftigkeit heraus, indem er sogleich nach Hut und Reitgerte suchte.

„Schwebt doch immer ein Unstern über mir, sobald ich einmal ruhen und mir wohltun will! Aber warum gehe ich aus meinem Charakter heraus! Ich hätte nicht kommen sollen, und nun werd ich vertrieben. Denn mit jenen will ich nicht unter einem Dache bleiben; und nehmt euch in acht, sie bringen nichts als Unheil! Ihr Wesen ist wie ein Sauerteig, der seine Ansteckung fortpflanzt."

Man suchte ihn zu begütigen; aber vergebens. „Wer mir den Ehstand angreift", rief er aus, „wer mir durch Wort, ja durch Tat diesen Grund aller sittlichen Gesellschaft untergräbt, der hat es mit mir zu tun; oder wenn ich nicht sein Herr werden kann, habe ich nichts mit ihm zu tun. *Die Ehe ist der Anfang und der Gipfel aller Kultur. Sie macht den Rohen mild, und der Gebildetste hat keine bessere Gelegenheit, seine Milde zu beweisen. Unauflöslich muß sie sein: denn sie bringt so vieles Glück, daß alles einzelne Unglück dagegen gar nicht zu rechnen ist. Und was will man von Unglück reden? Ungeduld ist es, die den Menschen von Zeit zu Zeit anfällt, und dann beliebt er sich unglücklich zu finden. Lasse man den Augenblick vorübergehen, und man wird sich glücklich preisen; daß ein so lange Bestandenes noch besteht. Sich zu trennen, gibt's gar keinen hinlänglichen Grund. Der menschliche Zustand ist so hoch in Leiden und Freuden gesetzt, daß gar nicht berechnet werden kann, was ein Paar Gatten einander schuldig werden. Es ist eine unendliche Schuld, die nur durch die Ewigkeit abgetragen werden kann. Unbequem mag es manchmal sein, das glaub ich wohl, und das ist eben recht. Sind wir nicht auch mit dem Gewissen verheiratet, das wir oft gerne los sein möchten, weil es unbequemer ist, als uns je ein Mann oder eine Frau werden könnte?"*

So sprach er lebhaft und hätte wohl noch lange fortgesprochen, wenn nicht blasende Postillons die Ankunft der Herrschaften verkündigt hätten, welche wie abgemessen von beiden Seiten zu gleicher Zeit in den Schloßhof hereinfuhren. Als ihnen die Hausgenossen entgegeneilten, versteckte sich Mittler, ließ sich das Pferd an den Gasthof bringen und ritt verdrießlich davon.

Die Gäste waren bewillkommt und eingeführt; sie freuten sich, das Haus, die Zimmer wieder zu betreten, wo sie früher so manchen guten Tag erlebt und die sie eine Zeitlang nicht gesehen hatten. Höchst angenehm war auch den Freunden ihre Gegenwart. Den Grafen sowie die Baronesse konnte man unter jene hohen, schönen Gestalten zählen, die man in einem mittlern Alter fast lieber als in der Jugend sieht: denn wenn ihnen auch etwas von der ersten Blüte abgehen möchte, so erregen sie doch nun mit der Neigung ein entschiedenes Zutrauen. Auch dieses Paar zeigte sich höchst bequem in der Gegenwart. Ihre freie Weise, die Zustände des Lebens zu nehmen und zu behandeln, ihre Heiterkeit und scheinbare Unbefangenheit teilte sich sogleich mit, und ein hoher Anstand begrenzte das Ganze, ohne daß man irgendeinen Zwang bemerkt hätte.

Diese Wirkung ließ sich augenblicks in der Gesellschaft empfinden. Die Neueintretenden, welche unmittelbar aus der Welt kamen, wie man sogar an ihren Kleidern, Gerätschaften und allen Umgebungen sehen konnte, machten gewissermaßen mit unseren Freunden, ihrem ländlichen und heimlich leidenschaftlichen Zustande eine Art von Gegensatz, der sich jedoch sehr bald verlor, indem alte Erinnerungen und gegenwärtige Teilnahme sich vermischten und ein schnelles, lebhaftes Gespräch alle geschwind zusammen verband.

Es währte indessen nicht lange, als schon eine Sonderung vorging. Die Frauen zogen sich auf ihren Flügel zurück und fanden daselbst, indem sie sich mancherlei vertrauten und zugleich die neuesten Formen und Zuschnitte von Frühkleidern, Hüten und dergleichen zu mustern anfingen, genugsame Unterhaltung, während die Männer sich um die neuen Reisewagen mit vorgeführten Pferden beschäftigten und gleich zu handeln und zu tauschen anfingen.

Erst zu Tische kam man wieder zusammen. Die Umkleidung war geschehen, und auch hier zeigte sich das angekommene Paar zu seinem Vorteile. Alles, was sie an sich trugen, war neu und gleichsam ungesehen, und doch schon durch den Gebrauch zur Gewohnheit und Bequemlichkeit eingeweiht.

Das Gespräch war lebhaft und abwechselnd, wie denn in Gegenwart solcher Personen alles und nichts zu interessieren scheint. Man bediente sich der französischen Sprache, um die Aufwartenden von dem Mitverständnis auszuschließen, und schweifte mit mutwilligem Behagen über hohe und mittlere Weltverhältnisse hin. Auf einem einzigen Punkt blieb die Unterhaltung länger als billig haften, indem Charlotte nach einer Jugendfreundin sich erkundigte und mit einiger Befremdung vernahm, daß sie ehestens geschieden werden sollte.

„Es ist unerfreulich", sagte Charlotte, „wenn man seine abwesenden Freunde irgendeinmal geborgen, eine Freundin, die man liebt, versorgt glaubt; eh man sich's versieht, muß man wieder hören, daß ihr Schicksal im Schwanken ist und daß sie erst wieder neue und vielleicht abermals unsichere Pfade des Lebens betreten soll."

„Eigentlich, meine Beste", versetzte der Graf, „sind wir selbst schuld, wenn wir auf solche Weise überrascht werden. Wir mögen uns die irdischen Dinge, und besonders auch die ehelichen Verbindungen, gern so recht dauerhaft vorstellen, und was den letzten Punkt betrifft, so verführen uns die Lustspiele, die wir immer wiederholen sehen, zu solchen Einbildungen, die mit dem Gange der Welt nicht zusammentreffen. *In der Komödie sehen wir eine Heirat als das letzte Ziel eines durch die Hindernisse mehrerer Akte verschobenen Wunsches, und im Augenblick, da es erreicht ist, fällt der Vorhang und die momentane Befriedigung klingt bei uns nach. In der Welt ist es anders; da wird hinten immer fortgespielt, und wenn der Vorhang wieder aufgeht, mag man gern nichts weiter davon sehen noch hören.*"

„Es muß doch so schlimm nicht sein", sagte Charlotte lächelnd, „da man sieht, daß auch Personen, die von diesem Theater abgetreten sind, wohl gern darauf wieder eine Rolle spielen mögen."

„Dagegen ist nichts einzuwenden", sagte der Graf. „Eine neue Rolle mag man gern wieder übernehmen, und wenn man die Welt kennt, so sieht man wohl, auch bei dem Ehestande ist es nur diese entschiedene ewige Dauer zwischen so viel Beweglichem in der Welt, die etwas Ungeschicktes an sich trägt. Einer von meinen Freunden, dessen gute Laune sich meist in Vorschlägen zu neuen Gesetzen hervortat, behauptete, eine jede Ehe solle nur auf fünf Jahre geschlossen werden. ‚Es sei', sagte er, ‚dies eine schöne ungerade heilige Zahl, und ein solcher Zeitraum eben hinreichend, um sich kennenzulernen, einige Kinder heranzubringen, sich zu entzweien und, was das Schönste sei, sich wieder zu versöhnen.' Gewöhnlich rief er aus: ‚Wie glücklich würde die erste Zeit verstreichen! Zwei, drei Jahre wenigstens gingen vergnüglich hin. Dann würde doch wohl dem einen Teil daran gelegen sein, das Verhältnis länger dauern zu sehen, die Gefälligkeit würde wachsen, je mehr man sich dem Termin der Aufkündigung näherte. Der gleichgültige, ja selbst der unzufriedene Teil würde durch ein solches Betragen begütigt und eingenommen. Man vergäße, wie man in guter Gesellschaft die Stunden vergißt, daß die Zeit verfließe, und fände sich aufs angenehmste überrascht, wenn man nach verlaufenem Termin erst bemerkte, daß er schon stillschweigend verlängert sei.'"

So artig und lustig dies klang und so gut man, wie Charlotte wohl empfand, diesem Scherz eine tiefe moralische Deutung geben konnte, so waren ihr dergleichen Äußerungen, besonders um Ottiliens willen, nicht angenehm. Sie wußte recht gut, daß nichts gefährlicher sei als ein allzufreies Gespräch, das einen strafbaren oder halbstrafbaren Zustand als einen gewöhnlichen, gemeinen, ja löblichen behandelt; und dahin gehört doch gewiß alles, was die eheliche Verbindung antastet. Sie suchte daher nach ihrer gewandten Weise das Gespräch abzulenken; da sie es nicht vermochte, tat es ihr leid, daß Ottilie alles so gut eingerichtet hatte, um nicht aufstehen zu dürfen. Das ruhig aufmerksame Kind verstand sich mit dem Haushofmeister durch Blick und Wink, daß alles auf das trefflichste geriet, obgleich ein paar neue, ungeschickte Bediente in der Livree staken.

Und so fuhr der Graf, Charlottens Ablenken nicht empfindend, über diesen Gegenstand sich zu äußern fort. Ihm, der sonst nicht gewohnt war, im Gespräch irgend lästig zu sein, lastete diese Sache zu sehr auf dem Herzen, und die

Schwierigkeiten, sich von seiner Gemahlin getrennt zu sehen, machten ihn bitter gegen alles, was eheliche Verbindung betraf, die er doch selbst mit der Baronesse so eifrig wünschte.

„Jener Freund", so fuhr er fort, „tat noch einen andern Gesetzvorschlag. Eine Ehe sollte nur alsdann für unauflöslich gehalten werden, wenn entweder beide Teile oder wenigstens der eine Teil zum drittenmal verheiratet wäre; denn was eine solche Person betreffe, so bekenne sie unwidersprechlich, daß sie die Ehe für etwas Unentbehrliches halte. Nun sei auch schon bekannt geworden, wie sie sich in ihren früheren Verbindungen betragen, ob sie Eigenheiten habe, die oft mehr zur Trennung Anlaß geben als üble Eigenschaften. Man habe sich also wechselseitig zu erkundigen; man habe eben so gut auf Verheiratete wie auf Unverheiratete acht zu geben, weil man nicht wisse, wie die Fälle kommen können."

„Das würde freilich das Interesse der Gesellschaft sehr vermehren", sagte Eduard: „denn in der Tat jetzt, wenn wir verheiratet sind, fragt niemand weiter mehr nach unseren Tugenden, noch unseren Mängeln."

„Bei einer solchen Einrichtung", fiel die Baronesse lächelnd ein, „hätten unsere lieben Wirte schon zwei Stufen glücklich überstiegen, und könnten sich zu der dritten vorbereiten."

„Ihnen ist's wohl geraten", sagte der Graf: „hier hat der Tod willig getan, was die Konsistorien sonst ungern zu tun pflegen."

„Lassen wir die Toten ruhen!" versetzte Charlotte mit einem halb ernsten Blicke.

„Warum?" versetzte der Graf, „da man ihrer in Ehren gedenken kann. Sie waren bescheiden genug, sich mit einigen Jahren zu begnügen für mannigfaltiges Gute, das sie zurückließen."

„Wenn nur nicht gerade", sagte die Baronesse mit einem verhaltenen Seufzer, „in solchen Fällen das Opfer der besten Jahre gebracht werden müßte."

„Jawohl!" versetzte der Graf: „man müßte darüber verzweifeln, wenn nicht überhaupt in der Welt so weniges eine gehoffte Folge zeigte. *Kinder halten nicht, was sie versprechen; junge Leute sehr selten, und wenn sie Wort halten, hält es ihnen die Welt nicht.*"

Charlotte, welche froh war, daß das Gespräch sich wendete, versetzte heiter: „Nun! wir müssen uns ja ohnehin bald genug gewöhnen, das Gute stück- und teilweise zu genießen."

„Gewiß", versetzte der Graf, „Sie haben beide sehr schöne Zeiten genossen. Wenn ich mir die Jahre zurückerinnere, da Sie und Eduard das schönste Paar bei Hof waren! weder von so glänzenden Zeiten noch so hervorleuchtenden Gestalten ist jetzt die Rede mehr. Wenn Sie beide zusammen tanzten, aller Augen waren auf Sie gerichtet, und wie umworben beide, indem Sie sich nur ineinander bespiegelten!"

„Da sich so manches verändert hat", sagte Charlotte, „können wir wohl so viel Schönes mit Bescheidenheit anhören."

„Eduarden habe ich doch oft im stillen getadelt", sagte der Graf, „daß er nicht beharrlicher war: denn am Ende hätten seine wunderlichen Eltern wohl nachgegeben, und zehn frühe Jahre gewinnen ist keine Kleinigkeit."

„Ich muß mich seiner annehmen", fiel die Baronesse ein. „Charlotte war nicht ganz ohne Schuld, nicht ganz rein von allem Umhersehen, und ob sie gleich Eduarden von Herzen liebte und sich ihn auch heimlich zum Gatten bestimmte, so war ich doch Zeuge, wie sehr sie ihn manchmal quälte, so daß man ihn leicht zu dem unglücklichen Entschluß drängen konnte, zu reisen, sich zu entfernen, sich von ihr zu entwöhnen."

Eduard nickte der Baronesse zu und schien dankbar für ihre Fürsprache.

„Und dann muß ich eins", fuhr sie fort, „zu Charlottens Entschuldigung beifügen: der Mann, der zu jener Zeit um sie warb, hatte sich schon lange durch Neigung zu ihr ausgezeichnet und war, wenn man ihn näher kannte, gewiß liebenswürdiger, als ihr andern gerne zugestehen mögt."

„Liebe Freundin", versetzte der Graf etwas lebhaft, „bekennen wir nur, daß er Ihnen nicht ganz gleichgültig war, und daß Charlotte von Ihnen mehr zu befürchten hatte, als von einer andern. Ich finde das einen sehr hübschen Zug an den Frauen, daß sie ihre Anhänglichkeit an irgendeinen Mann so lange noch fortsetzen, ja durch keine Art von Trennung stören oder aufheben lassen."

„Diese gute Eigenschaft besitzen vielleicht die Männer noch mehr", versetzte die Baronesse; „wenigstens an Ihnen, lieber Graf, habe ich bemerkt, daß niemand mehr Gewalt über Sie hat als ein Frauenzimmer, dem Sie früher geneigt waren. So habe ich gesehen, daß Sie auf die Fürsprache einer solchen sich mehr Mühe gaben, um etwas auszuwirken, als vielleicht die Freundin des Augenblicks von Ihnen erlangt hätte."

„Einen solchen Vorwurf darf man sich wohl gefallen lassen", versetzte der Graf; „doch was Charlottens ersten Gemahl betrifft, so konnte ich ihn deshalb nicht leiden, weil er das schöne Paar auseinander sprengte, ein wahrhaft prädestiniertes Paar, das, einmal zusammengegeben, weder fünf Jahre zu scheuen noch auf eine zweite oder gar dritte Verbindung hinzusehen brauchte."

„Wir wollen versuchen", sagte Charlotte, „wieder einzubringen, was wir versäumt haben."

„Da müssen Sie sich dazuhalten", sagte der Graf. „Ihre ersten Heiraten", fuhr er mit einiger Heftigkeit fort, „waren doch so eigentlich rechte Heiraten von der verhaßten Art; und leider überhaupt die Heiraten – verzeihen Sie mir einen lebhaftern Ausdruck – etwas Tölpelhaftes; sie verderben die zartesten Verhältnisse, und es liegt doch eigentlich nur an der plumpen Sicherheit, auf die sich wenigstens ein Teil etwas zu Gute tut. Alles versteht sich von selbst, und man scheint sich nur verbunden zu haben, damit eins wie das andere nunmehr seiner Wege gehe."

In diesem Augenblick machte Charlotte, die ein für allemal dieses Gespräch abbrechen wollte, von einer kühnen Wendung Gebrauch; es gelang ihr. Die Unterhaltung ward allgemeiner; die beiden Gatten und der Hauptmann konnten daran teilnehmen; selbst Ottilie ward veranlaßt sich zu äußern, und der Nachtisch ward mit der besten Stimmung genossen, woran der in zierlichen Fruchtkörben aufgestellte Obstreichtum, die bunteste, in Prachtgefäßen schön verteilte Blumenfülle den vorzüglichsten Anteil hatte.

Auch die neuen Parkanlagen kamen zur Sprache, die man sogleich nach Tische besuchte. Ottilie zog sich unter dem Vorwande häuslicher Beschäftigung zurück; eigentlich aber setzte sie sich wieder zur Abschrift. Der Graf wurde von dem Hauptmann unterhalten; später gesellte sich Charlotte zu ihm. Als sie oben auf die Höhe gelangt waren und der Hauptmann gefällig hinunter eilte, um den Plan zu holen, sagte der Graf zu Charlotten: „Dieser Mann gefällt mir außerordentlich. Er ist sehr wohl und im Zusammenhang unterrichtet. Eben so scheint seine Tätigkeit sehr ernst und folgerecht. Was er hier leistet, würde in einem höhern Kreise von viel Bedeutung sein."

Charlotte vernahm des Hauptmanns Lob mit innigem Behagen. Sie faßte sich jedoch und bekräftigte das Gesagte mit Ruhe und Klarheit. Wie überrascht war sie aber, als der Graf fortfuhr: „Diese Bekanntschaft kommt mir sehr zu gelegener Zeit. Ich weiß eine Stelle, in die der Mann vollkommen paßt, und ich kann mir durch eine solche Empfehlung, indem ich ihn glücklich mache, einen hohen Freund auf das allerbeste verbinden."

Es war wie ein Donnerschlag, der auf Charlotten herabfiel. Der Graf bemerkte nichts; denn die Frauen, gewohnt, sich jederzeit zu bändigen, behalten in den außerordentlichsten Fällen immer noch eine Art von scheinbarer Fassung. Doch hörte sie schon nicht mehr, was der Graf sagte, indem er fortfuhr: „Wenn ich von etwas überzeugt bin, geht es bei mir geschwind her. Ich habe schon meinen Brief im Kopfe zusammengestellt, und mich drängt's ihn zu schreiben. Sie verschaffen mir einen reitenden Boten, den ich noch heute abend wegschicken kann."

Charlotte war innerlich zerrissen. Von diesen Vorschlägen so wie von sich selbst überrascht, konnte sie kein Wort hervorbringen. Der Graf fuhr glücklicherweise fort von seinen Plänen für den Hauptmann zu sprechen, deren Günstiges Charlotten nun allzusehr in die Augen fiel. Es war Zeit, daß der Hauptmann herauftrat und seine Rolle vor den Grafen entfaltete. Aber mit wie anderen Augen sah sie den Freund an, den sie verlieren sollte! Mit einer notdürftigen Verbeugung wandte sie sich weg und eilte hinunter nach der Mooshütte. Schon auf halbem Wege stürzten ihr die Tränen aus den Augen, und nun warf sie sich in den engen Raum der kleinen Einsiedelei, und überließ sich ganz einem Schmerz, einer Leidenschaft, einer Verzweiflung, von deren Möglichkeit sie wenig Augenblicke vorher auch nicht die leiseste Ahnung gehabt hatte.

Auf der andern Seite war Eduard mit der Baronesse an den Teichen hergegangen. Die kluge Frau, die gern von allem unterrichtet sein mochte, bemerkte bald in einem tastenden Gespräch, daß Eduard sich zu Ottiliens Lobe weitläufig herausließ, und wußte ihn auf eine so natürliche Weise nach und nach in den Gang zu bringen, daß ihr zuletzt kein Zweifel übrig blieb, hier sei eine Leidenschaft nicht auf dem Wege, sondern wirklich angelangt.

Verheiratete Frauen, wenn sie sich auch untereinander nicht lieben, stehen doch stillschweigend miteinander, besonders gegen junge Mädchen im Bündnis. Die Folgen einer solchen Zuneigung stellten sich ihrem weltgewandten Geiste nur allzugeschwind dar. Dazu kam noch, daß sie schon heute früh mit Charlotten über Ottilien gesprochen und den Aufenthalt dieses Kindes auf dem Lande, besonders bei seiner stillen Gemütsart, nicht gebilligt und den Vorschlag getan hatte, Ottilien in die Stadt zu einer Freundin zu bringen, die sehr viel an die Erziehung ihrer einzigen Tochter wende, und sich nur nach einer gutartigen Gespielin umsehe, die an die zweite Kindes Statt eintreten und alle Vorteile mit genießen solle. Charlotte hatte sich's zur Überlegung genommen.

Nun aber brachte der Blick in Eduards Gemüt diesen Vorschlag bei der Baronesse zur vorsätzlichen Festigkeit, und um so schneller dieses in ihr vorging, um desto mehr schmeichelte sie äußerlich Eduards Wünschen. Denn niemand besaß sich mehr als diese Frau, und diese *Selbstbeherrschung in außerordentlichen Fällen gewöhnt uns, sogar einen gemeinen Fall mit Verstellung zu behandeln, macht uns geneigt, indem wir so viel Gewalt über uns selbst üben, unsere Herrschaft auch über die anderen zu verbreiten, um uns durch das, was wir äußerlich gewinnen, für dasjenige, was wir innerlich entbehren, gewissermaßen schadlos zu halten.*

An diese Gesinnung schließt sich meist eine Art heimlicher Schadenfreude über die Dunkelheit der anderen, über das Bewußtlose, womit sie in eine Falle gehen. Wir freuen uns nicht allein über das gegenwärtige Gelingen, sondern zugleich auch auf die künftig überraschende Beschämung. Und so war die Baronesse boshaft genug, Eduarden zur Weinlese auf ihre Güter mit Charlotten einzuladen und die Frage Eduardens, ob sie Ottilien mitbringen dürften, auf eine Weise, die sie beliebig zu seinen Gunsten auslegen konnte, zu beantworten.

Eduard sprach schon mit Entzücken von der herrlichen Gegend, dem großen Flusse, den Hügeln, Felsen und Weinbergen, von alten Schlössern, von Wasserfahrten, von dem Jubel der Weinlese, des Kelterns usw., wobei er in der Unschuld seines Herzens sich schon zum voraus laut über den Eindruck freute, den dergleichen Szenen auf das frische Gemüt Ottiliens machen würden. In diesem Augenblick sah man Ottilien herankommen, und die Baronesse sagte schnell zu Eduarden, er möchte von dieser vorhabenden Herbstreise ja nichts reden: denn gewöhnlich geschehe das nicht, worauf man sich so lange voraus freue. Eduard versprach, nötigte sie aber, Ottilien entgegen geschwinder zu gehen, und eilte ihr endlich, dem lieben Kinde zu, mehrere Schritte voran. Eine herzliche Freude drückte sich in seinem ganzen Wesen aus. Er küßte ihr die Hand, in die er einen Strauß Feldblumen drückte, die er unterwegs zusammengepflückt hatte. Die Baronesse fühlte sich bei diesem Anblick in ihrem Innern fast erbittert. Denn wenn sie auch das, was an dieser Neigung strafbar sein mochte, nicht billigen durfte, so konnte sie das, was daran liebenswürdig und angenehm war, jenem unbedeutenden Neuling von Mädchen keineswegs gönnen.

Als man sich zum Abendessen zusammengesetzt hatte, war eine völlig andere Stimmung in der Gesellschaft verbreitet. Der Graf, der schon vor Tische geschrieben und den Boten fortgeschickt hatte, unterhielt sich mit dem Hauptmann, den er auf eine verständige und bescheidene Weise immer mehr ausforschte, indem er ihn diesen Abend an seine Seite gebracht hatte. Die zur Rechten des Grafen sitzende Baronesse fand von daher wenig Unterhaltung; ebensowenig an Eduarden, der, erst durstig, dann aufgeregt, des Weines nicht schonte und sich sehr lebhaft mit Ottilien unterhielt, die er an sich gezogen hatte, wie er von der andern Seite neben dem Hauptmann Charlotte saß, der es schwer, ja beinahe unmöglich ward, die Bewegungen ihres Innern zu verbergen.

Die Baronesse hatte Zeit genug, Beobachtungen anzustellen. Sie bemerkte Charlottens Unbehagen, und weil sie nur Eduards Verhältnis zu Ottilien im Sinn hatte, so überzeugte sie sich leicht, auch Charlotte sei bedenklich und verdrießlich über ihres Gemahls Benehmen, und überlegte, wie sie nunmehr am besten zu ihren Zwecken gelangen könne.

Auch nach Tische fand sich ein Zwiespalt in der Gesellschaft. Der Graf, der den Hauptmann recht ergründen wollte, brauchte bei einem so ruhigen, keineswegs eiteln und überhaupt lakonischen Manne verschiedene Wendungen, um zu erfahren, was er wünschte. Sie gingen miteinander an der einen Seite des Saals auf und ab, indes Eduard, aufgeregt von Wein und Hoffnung, mit Ottilien an einem Fenster scherzte, Charlotte und die Baronesse aber stillschweigend an der andern Seite des Saals nebeneinander hin und wider gingen. Ihr Schweigen und müßiges Umherstehen brachte denn auch zuletzt eine Stockung in die übrige Gesellschaft. Die Frauen zogen sich zurück auf ihren Flügel, die Männer auf den andern, und so schien dieser Tag abgeschlossen.

Eduard begleitete den Grafen auf sein Zimmer und ließ sich recht gern durchs Gespräch verführen, noch eine Zeit lang bei ihm zu bleiben. Der Graf verlor sich in vorige Zeiten, gedachte mit Lebhaftigkeit an die Schönheit Charlottens, die er als ein Kenner mit vielem Feuer entwickelte. „Ein schöner Fuß ist eine große Gabe der Natur. Diese Anmut ist unverwüstlich. Ich habe sie heute im Gehen beobachtet; noch immer möchte man ihren Schuh küssen, und die zwar etwas barbarische, aber doch tiefgefühlte Ehrenbezeugung der Sarmaten wiederholen, die sich nichts Besseres kennen, als aus dem Schuh einer geliebten und verehrten Person ihre Gesundheit zu trinken."

Die Spitze des Fußes blieb nicht allein der Gegenstand des Lobes unter zwei vertrauten Männern. Sie gingen von der Person auf alte Geschichten und Abenteuer zurück und kamen auf die Hindernisse, die man ehemals den Zusammenkünften dieser beiden Liebenden entgegengesetzt, welche Mühe sie sich gegeben, welche Kunstgriffe sie erfunden, nur um sich sagen zu können, daß sie sich liebten.

„Erinnerst du dich", fuhr der Graf fort, „welche Abenteuer ich dir recht freundschaftlich und uneigennützig bestehen helfen, als unsere höchsten Herrschaften ihren Oheim besuchten und auf dem weitläufigen Schlosse zusammenkamen? Der Tag war in Feierlichkeiten und Feierkleidern hingegangen; ein Teil der Nacht sollte wenigstens unter freiem, liebevollen Gespräch verstreichen."

„Den Hinweg zu dem Quartier der Hofdamen hatten Sie sich wohl gemerkt", sagte Eduard. „Wir gelangten glücklich zu meiner Geliebten". „Die", versetzte der Graf, „mehr an den Anstand als an meine Zufriedenheit gedacht und eine sehr häßliche Ehrenwächterin bei sich behalten hatte; da mir denn, indessen ich euch mit Blicken und Worten sehr gut unterhielt, ein höchst unerfreuliches Los zuteil ward."

„Ich habe mich noch gestern", versetzte Eduard, „als Sie sich anmelden ließen, mit meiner Frau an die Geschichte erinnert, besonders an unsern Rückzug. Wir verfehlten den Weg und kamen an den Vorsaal der Garden. Weil wir uns nun von da recht gut zu finden wußten, so glaubten wir auch hier ganz ohne Bedenken hindurch und an den Posten, wie an den übrigen, vorbeigehen zu können. Aber wie groß war beim Eröffnen der Türe unsere Verwunderung! Der Weg war mit Matratzen verlegt, auf denen die Riesen in mehreren Reihen ausgestreckt lagen und schliefen. Der einzige Wachende auf dem Posten sah uns verwundert an; wir aber im jugendlichen Mut und Mutwillen stiegen ganz gelassen über die ausgestreckten Stiefel weg, ohne daß auch nur einer von diesen schnarchenden Enakskindern erwacht wäre."

„Ich hatte große Lust zu stolpern", sagte der Graf, „damit es Lärm gegeben hätte: denn welch eine seltsame Auferstehung würden wir gesehen haben!"

In diesem Augenblick schlug die Schloßglocke zwölf.

„Es ist hoch Mitternacht", sagte der Graf lächelnd, und „eben gerechte Zeit. Ich muß Sie, lieber Baron, um eine Gefälligkeit bitten: führen Sie mich heute, wie ich Sie damals führte! Ich habe der Baronesse das Versprechen gegeben, sie noch zu besuchen. Wir haben uns den ganzen Tag nicht allein gesprochen, wir haben uns so lange nicht gesehen, und nichts ist natürlicher, als daß man sich nach einer vertraulichen Stunde sehnt. Zeigen Sie mir den Hinweg, den Rückweg will ich schon finden, und auf alle Fälle werde ich über keine Stiefel wegzustolpern haben."

„Ich will Ihnen recht gern diese gastliche Gefälligkeit erzeigen", versetzte Eduard; „nur sind die drei Frauenzimmer drüben zusammen auf dem Flügel. Wer weiß, ob wir sie nicht noch beieinander finden, oder was wir sonst für Händel anrichten, die irgend ein wunderliches Ansehen gewinnen!"

„Nur ohne Sorge!" sagte der Graf; „die Baronesse erwartet mich. Sie ist um diese Zeit gewiß auf ihrem Zimmer und allein."

„Die Sache ist übrigens leicht", versetzte Eduard, und nahm ein Licht, dem Grafen vorleuchtend eine geheime Treppe hinunter, die zu einem langen Gang führte. Am Ende desselben öffnete Eduard eine kleine Türe. Sie erstiegen eine Wendeltreppe; oben auf einem engen Ruheplatz deutete Eduard dem Grafen, dem er das Licht in die Hand gab, nach einer Tapetentüre rechts, die beim ersten Vesuch sogleich sich öffnete, den Grafen aufnahm und Eduard in dem dunkeln Raum zurückließ.
Eine andere Türe links ging in Charlottens Schlafzimmer. Er hörte reden und horchte. Charlotte sprach zu ihrem Kammermädchen: „Ist Ottilie schon zu Bette?" – „Nein", versetzte jene; „sie sitzt noch unten und schreibt." – „So zünde Sie das Nachtlicht an", sagte Charlotte, „und gehe Sie nur hin! es ist spät. Die Kerze will ich selbst auslöschen und für mich zu Bette gehen."
Eduard hörte mit Entzücken, daß Ottilie noch schreibe. Sie beschäftigt sich für mich! dachte er triumphierend. Durch die Finsternis ganz in sich selbst geengt, sah er sie sitzen, schreiben; er glaubte zu ihr zu treten, sie zu sehen, wie sie sich nach ihm umkehrte; er fühlte ein unüberwindliches Verlangen, ihr noch einmal nahe zu sein. Von hier aber war kein Weg in das Halbgeschoß, wo sie wohnte. Nun fand er sich unmittelbar an seiner Frauen Türe; eine sonderbare Verwechslung ging in seiner Seele vor; er suchte die Türe aufzudrehen, er fand sie verschlossen; er pochte leise an; Charlotte hörte nicht.

Sie ging in dem größeren Nebenzimmer lebhaft auf und ab. Sie wiederholte sich aber- und abermals, was sie seit jenem unerwarteten Vorschlag des Grafen oft genug bei sich um und um gewendet hatte. Der Hauptmann schien vor ihr zu stehen. Er füllte noch das Haus, er belebte noch die Spaziergänge und er sollte fort, das alles sollte leer werden! Sie sagte sich alles, was man sich sagen kann, ja sie antizipierte, wie man gewöhnlich pflegt, den leidigen Trost, daß auch solche Schmerzen durch die Zeit gelindert werden. Sie verwünschte die Zeit, die es braucht, um sie zu lindern; sie verwünschte die totenhafte Zeit, wo sie würden gelindert sein.

Da war denn zuletzt die Zuflucht zu den Tränen um so willkommener, als sie bei ihr selten stattfand. Sie warf sich auf das Sofa und überließ sich ganz ihrem Schmerz. Eduard seinerseits konnte von der Türe nicht weg, er pochte nochmals, und zum drittenmal etwas stärker, so daß Charlotte durch die Nachtstille es ganz deutlich vernahm und erschreckt auffuhr. Der erste Gedanke war, es könne, es müsse der Hauptmann sein; der zweite, das sei unmöglich. Sie hielt es für Täuschung; aber sie hatte es gehört, sie wünschte, sie fürchtete gehört zu haben. Sie ging ins Schlafzimmer, trat leise zu der verriegelten Tapetentüre. Sie schalt sich über ihre Furcht; wie leicht kann die Baronesse etwas bedürfen! sagte sie zu sich selbst und rief gefaßt und gesetzt: „Ist jemand da?" Eine leise Stimme antwortete: „Ich bin's." – „Wer?" entgegnete Charlotte, die den Ton nicht unterscheiden konnte. Ihr stand des Hauptmanns Gestalt vor der Türe. Etwas lauter klang es ihr entgegen: „Eduard!" Sie öffnete, und ihr Gemahl stand vor ihr. Er begrüßte sie mit einem Scherz. Es ward ihr möglich, in diesem Tone fortzufahren. Er verwickelte den rätselhaften Besuch in rätselhafte Erklärungen. „Warum ich denn aber eigentlich komme", sagte er zuletzt, „muß ich dir nur gestehen. Ich habe ein Gelübde getan, heute abend noch deinen Schuh zu küssen."
„Das ist dir lange nicht eingefallen", sagte Charlotte.
„Desto schlimmer", versetzte Eduard, „und desto besser!"

Sie hatte sich in einen Sessel gesetzt, um ihre leichte Nachtkleidung seinen Blicken zu entziehen. Er warf sich vor ihr nieder und sie konnte sich nicht erwehren, daß er nicht ihren Schuh küßte, und daß, als dieser ihm in der Hand blieb, er den Fuß ergriff, und ihn zärtlich an seine Brust drückte.

Charlotte war eine von den Frauen, die, von Natur mäßig, im Ehestande ohne Vorsatz und Anstrengung die Art und Weise der Liebhaberinnen fortführen. Niemals reizte sie den Mann, ja seinem Verlangen kam sie kaum entgegen; aber, ohne Kälte und abstoßende Strenge, glich sie immer einer liebevollen Braut, die selbst vor dem Erlaubten noch innige Scheu trägt. Und so fand sie Eduard diesen Abend in doppeltem Sinne. Wie sehnlich wünschte sie den Gatten weg! denn die Luftgestalt des Freundes schien ihr Vorwürfe zu machen. Aber das, was Eduarden hätte entfernen sollen, zog ihn nur mehr an. Eine gewisse Bewegung war an ihr sichtbar. Sie hatte geweint, und wenn weiche Personen dadurch meist an Anmut verlieren, so gewinnen diejenigen dadurch unendlich, die wir gewöhnlich als stark und gefaßt kennen. Eduard war so liebenswürdig, so freundlich, so dringend; er bat sie, bei ihr bleiben zu dürfen, er forderte nicht, bald ernst bald scherzhaft suchte er sie zu bereden, er dachte nicht daran, daß er Rechte habe, und löschte zuletzt mutwillig die Kerze aus.

In der Lampendämmerung sogleich behauptete die innere Neigung, behauptete die Einbildungskraft ihre Rechte über das Wirkliche. Eduard hielt nur Ottilien in seinen Armen; Charlotten schwebte der Hauptmann näher oder ferner vor der Seele, und so verschwebten, wundersam genug, sich Abwesendes und Gegenwärtiges reizend und wonnevoll durcheinander.

Und doch läßt sich die Gegenwart ihr ungeheures Recht nicht rauben. Sie brachten einen Teil der Nacht unter allerlei Gesprächen und Scherzen zu, die um desto freier waren, als das Herz leider keinen Teil daran nahm. Aber als Eduard des andern Morgens an dem Busen seiner Frau erwachte, schien ihm der Tag ahnungsvoll hereinzublicken, die Sonne schien ihm ein Verbrechen zu beleuchten; er schlich sich leise von ihrer Seite, und sie fand sich, seltsam genug, allein, als sie erwachte.

Als die Gesellschaft zum Frühstück wieder zusammenkam, hätte ein aufmerksamer Beobachter an dem Betragen der einzelnen die Verschiedenheit der inneren Gesinnungen und Empfindungen abnehmen können. Der Graf und die Baronesse begegneten sich mit dem heitern Behagen, das ein paar Liebende empfinden, die sich, nach erduldeter Trennung, ihrer wechselseitigen Neigung abermals versichert halten; dagegen Charlotte und Eduard gleichsam beschämt und reuig dem Hauptmann entgegentraten: *denn so ist die Liebe beschaffen, daß sie allein Rechte zu haben glaubt und alle anderen Rechte vor ihr verschwinden.* Ottilie war kindlich heiter: nach ihrer Weise konnte man sie offen nennen. Ernst erschien der Hauptmann; ihm war bei der Unterredung mit dem Grafen, indem dieser alles in ihm aufregte, was einige Zeit geruht und geschlafen hatte, nur zu fühlbar geworden, daß er eigentlich hier seine Bestimmung nicht erfülle, und im Grunde bloß in einem halbtätigen Müßiggang hinschlendere. Kaum hatten sich die beiden Gäste entfernt, als schon wieder neuer Besuch eintraf, Charlotten willkommen, die aus sich selbst herauszugehen, sich zu zerstreuen wünschte; Eduarden ungelegen, der eine doppelte Neigung fühlte, sich mit Ottilien zu beschäftigen; Ottilien gleichfalls unerwünscht, die mit ihrer auf morgen früh so nötigen Abschrift noch nicht fertig war. Und so eilte sie auch, als die Fremden sich spät entfernten, sogleich auf ihr Zimmer.

Es war Abend geworden. Eduard, Charlotte und der Hauptmann, welche die Fremden, ehe sie sich in den Wagen setzten, eine Strecke zu Fuß begleitet hatten, wurden einig, noch einen Spaziergang nach den Teichen zu machen. Ein Kahn war angekommen, den Eduard mit ansehnlichen Kosten aus der Ferne verschrieben hatte. Man wollte versuchen, ob er sich leicht bewegen und lenken lasse.

Er war am Ufer des mittelsten Teiches, nicht weit von einigen alten Eichbäumen angebunden, auf die man schon bei künftigen Anlagen gerechnet hatte. Hier sollte ein Landungsplatz angebracht, unter den Bäumen ein architektonischer Ruhesitz aufgeführt werden, wonach diejenigen, die über den See fahren, zu steuern hätten.

„Wo wird man denn nun drüben die Landung am besten anlegen?" fragte Eduard. „Ich sollte denken bei meinen Platanen."

„Sie stehen ein wenig zu weit rechts", sagte der Hauptmann. „Landet man weiter unten, so ist man dem Schlosse näher; doch muß man es überlegen."

Der Hauptmann stand schon im Hinterteile des Kahns und hatte ein Ruder ergriffen. Charlotte stieg ein, Eduard gleichfalls und faßte das andere Ruder; aber als er eben im Abstoßen begriffen war, gedachte er Ottiliens, gedachte, daß ihn diese Wasserfahrt verspäten, wer weiß erst wann zurückführen würde. Er entschloß sich kurz und gut, sprang wieder ans Land, reichte dem Hauptmann das andere Ruder und eilte, sich flüchtig entschuldigend, nach Hause.

Dort vernahm er, Ottilie habe sich eingeschlossen, sie schreibe. Bei dem angenehmen Gefühle, daß sie für ihn etwas tue, empfand er das lebhafteste Mißbehagen, sie nicht gegenwärtig zu sehen. Seine Ungeduld vermehrte sich mit jedem Augenblicke. Er ging in dem großen Saale auf und ab, versuchte allerlei, und nichts vermochte seine Aufmerksamkeit zu fesseln. Sie wünschte er zu sehen, allein zu sehen, ehe noch Charlotte mit dem Hauptmann zurückkäme. Es ward Nacht, die Kerzen wurden angezündet.

Endlich trat sie herein, glänzend von Liebenswürdigkeit. Das Gefühl, etwas für den Freund getan zu haben, hatte ihr ganzes Wesen über sich selbst gehoben. Sie legte das Original und die Abschrift vor Eduard auf den Tisch. „Wollen wir kollationieren?" sagte sie lächelnd. Eduard wußte nicht, was er erwidern sollte. Er sah sie an, er besah die Abschrift. Die ersten Blätter waren mit der größten Sorgfalt, mit einer zarten weiblichen Hand geschrieben; dann schienen sich die Züge zu verändern, leichter und freier zu werden; aber wie erstaunt war er, als er die letzten Seiten mit den Augen überlief! „Um Gottes willen!" rief er aus, „was ist das? Das ist meine Hand!" Er sah Ottilien an und wieder auf die Blätter; besonders der Schluß war ganz, als wenn er ihn selbst geschrieben hätte. Ottilie schwieg, aber sie blickte ihm mit der größten Zufriedenheit in die Augen. Eduard hob seine Arme empor. „Du liebst mich!" rief er aus. „Ottilie, du liebst mich!" Und sie hielten einander umfaßt. Wer das andere zuerst ergriffen, wäre nicht zu unterscheiden gewesen.

Von diesem Augenblick an war die Welt für Eduarden umgewendet, er nicht mehr, was er gewesen, die Welt nicht mehr, was sie gewesen. Sie standen voreinander, er hielt ihre Hände, sie sahen einander in die Augen, im Begriff, sich wieder zu umarmen.

Charlotte mit dem Hauptmann trat herein. Zu den Entschuldigungen eines längern Außenbleibens lächelte Eduard heimlich. Oh, wieviel zu früh kommt ihr! sagte er zu sich selbst.

Sie setzten sich zum Abendessen. Die Personen des heutigen Besuchs wurden beurteilt. Eduard, liebevoll aufgeregt, sprach gut von einem jeden, immer schonend, oft billigend. Charlotte, die nicht durchaus seiner Meinung war, bemerkte diese Stimmung und scherzte mit ihm, daß er, der sonst über die scheidende Gesellschaft immer das strengste Zungengericht ergehen lasse, heute so mild und nachsichtig sei.

Mit Feuer und herzlicher Überzeugung rief Eduard: *„Man muß nur ein Wesen recht von Grund aus lieben, da kommen einem die übrigen alle liebenswürdig vor!"* Ottilie schlug die Augen nieder, und Charlotte sah vor sich hin.

Der Hauptmann nahm das Wort und sagte: „Mit den Gefühlen der Hochachtung, der Verehrung ist es doch auch etwas Ähnliches. *Man erkennt nur erst das Schätzenswerte in der Welt, wenn man solche Gesinnungen an einem Gegenstande zu üben Gelegenheit findet."*

Charlotte suchte bald in ihr Schlafzimmer zu gelangen, um sich der Erinnerung dessen zu überlassen, was diesen Abend zwischen ihr und dem Hauptmann vorgegangen war.

Als Eduard, ans Ufer springend, den Kahn vom Lande stieß, Gattin und Freund dem schwankenden Element selbst überantwortete, sah nunmehr Charlotte den Mann, um den sie im stillen schon so viel gelitten hatte, in der Dämmerung vor sich sitzen und durch die Führung zweier Ruder das Fahrzeug in beliebiger Richtung fortbewegen.

Sie empfand eine tiefe, selten gefühlte Traurigkeit. Das Kreisen des Kahns, das Plätschern der Ruder, der über den Wasserspiegel hinschauernde Windhauch, das Säuseln der Rohre, das letzte Schweben der Vögel, das Blinken und Wiederblinken der ersten Sterne, alles hatte etwas Geisterhaftes in dieser allgemeinen Stille. Es schien ihr, der Freund führe sie weit weg, um sie auszusetzen, sie allein zu lassen. Eine wunderbare Bewegung war in ihrem Innern, und sie konnte nicht weinen.

Der Hauptmann beschrieb ihr unterdessen, wie nach seiner Absicht die Anlagen werden sollten. Er rühmte die guten Eigenschaften des Kahns, daß er sich leicht mit zwei Rudern von einer Person bewegen und regieren lasse. Sie werde das selbst lernen, es sei eine angenehme Empfindung, manchmal allein auf dem Wasser hinzuschwimmen und sein eigener Fähr- und Steuermann zu sein.

Bei diesen Worten fiel der Freundin die bevorstehende Trennung aufs Herz. Sagte er das mit Vorsatz? dachte sie bei sich selbst. Weiß er schon davon? vermutet er's? oder sagt er es zufällig, so daß er mir bewußtlos mein Schicksal vorausverkündigt? Es ergriff sie eine große Wehmut, eine Ungeduld; sie bat ihn, baldmöglichst zu landen und mit ihr nach dem Schlosse zurückzukehren.

Es war das erstemal, daß der Hauptmann die Teiche befuhr, und ob er gleich im allgemeinen ihre Tiefe untersucht hatte, so waren ihm doch die einzelnen Stellen unbekannt. Dunkel fing es an zu werden; er richtete seinen Lauf dahin, wo er einen bequemen Ort zum Aussteigen vermutete und den Fußpfad nicht entfernt wußte, der nach dem Schlosse führte. Aber auch von dieser Bahn wurde er einigermaßen abgelenkt, als Charlotte mit einer Art von Ängstlichkeit den Wunsch wiederholte, bald am Lande zu sein. Er näherte sich mit erneuten Anstrengungen dem Ufer, aber leider fühlte er sich in einiger Entfernung davon angehalten; er hatte sich festgefahren und seine Bemühungen, wieder los zu kommen, waren vergebens. Was war zu tun? Ihm blieb nichts übrig, als in das Wasser zu steigen, das seicht genug war, um die Freundin an das Land zu tragen. Glücklich brachte er die liebe Bürde hinüber, stark genug, um nicht zu schwanken oder ihr einige Sorge zu geben, aber doch hatte sie ängstlich ihre Arme um seinen Hals geschlungen. Er hielt sie fest und drückte sie an sich. Erst auf einem Rasenabhang ließ er sie nieder, nicht ohne Bewegung und Verwirrung. Sie lag noch an seinem Halse; er schloß sich aufs neue in ihre Arme und drückte einen lebhaften Kuß auf ihre Lippen; aber auch im Augenblick lag er zu ihren Füßen, drückte seinen Mund auf ihre Hand und rief: „Charlotte, werden Sie mir vergeben?"

Der Kuß, den der Freund gewagt, den sie ihm beinahe zurückgegeben, brachte Charlotten wieder zu sich selbst. Sie drückte seine Hand, aber sie hob ihn nicht auf. Doch indem sie sich zu ihm hinunterneigte und eine Hand auf seine Schulter legte, rief sie aus: „Daß dieser Augenblick in unserm Leben Epoche mache, können wir nicht verhindern; aber daß sie unser wert sei, hängt von uns ab. Sie müssen scheiden, lieber Freund, und Sie werden scheiden. Der Graf macht Anstalt, Ihr Schicksal zu verbessern; es freut und schmerzt mich. Ich wollte es verschweigen, bis es gewiß wäre; der Augenblick nötigt mich, dies Geheimnis zu entdecken. Nur insofern kann ich mir verzeihen, wenn wir den Mut haben, unsere Lage zu ändern, da es von uns nicht abhängt, unsere Gesinnung zu ändern." Sie hub ihn auf und ergriff seinen Arm, um sich darauf zu stützen, und so kamen sie stillschweigend nach dem Schlosse.

Nun aber stand sie in ihrem Schlafzimmer, wo sie sich als Gattin Eduards empfinden und betrachten mußte. Ihr kam bei diesen Widersprüchen ihr tüchtiger und durchs Leben mannigfaltig geübter Charakter zu Hilfe. Immer gewohnt, sich ihrer selbst bewußt zu sein, sich selbst zu gebieten, ward es ihr auch jetzt nicht schwer, durch ernste Betrachtung sich dem erwünschten Gleichgewichte zu nähern; ja, sie mußte über sich selbst lächeln, indem sie des wunderlichen Nachtbesuches gedachte. Doch schnell ergriff sie eine seltsame Ahnung, ein freudig bängliches Erzittern, das in fromme Wünsche und Hoffnungen sich auflöste. Gerührt kniete sie nieder, sie wiederholte den Schwur, den sie Eduarden vor dem Altar getan. Freundschaft, Neigung, Entsagen gingen von ihr in heitern Bildern vorüber: sie fühlte sich innerlich wieder hergestellt. Bald ergreift sie eine süße Müdigkeit, und ruhig schläft sie ein.

Eduard von seiner Seite ist in einer ganz verschiedenen Stimmung. Zu schlafen denkt er so wenig, daß es ihm nicht einmal einfällt, sich auszuziehen. Die Abschrift des Dokuments küßt er tausendmal, den Anfang von Ottiliens kindlich schüchterner Hand; das Ende wagt er kaum zu küssen, weil er seine eigene Hand zu sehen glaubt. O daß es ein anderes Dokument wäre! sagt er sich im stillen; und doch ist ihm auch so schon die schönste Versicherung, daß sein höchster Wunsch erfüllt sei. Bleibt es ja doch in seinen Händen, und wird er es nicht immerfort an sein Herz drücken, obgleich entstellt durch die Unterschrift eines Dritten!

Der abnehmende Mond steigt über den Wald hervor. Die warme Nacht lockt Eduarden ins Freie; er schweift umher, er ist der unruhigste und der glücklichste aller Sterblichen. Er wandelt durch die Gärten; sie sind ihm zu enge; er eilt auf das Feld, und es wird ihm zu weit. Nach dem Schlosse zieht es ihn zurück; er findet sich unter Ottiliens Fenster. Dort setzt er sich auf eine Terrassentreppe. Mauern und Riegel, sagt er zu sich selbst, trennen uns jetzt, aber unsere Herzen sind nicht getrennt. Stünde sie vor mir, in meine Arme würde sie fallen, ich in die ihrigen, und was bedarf es weiter als diese Gewißheit! Alles war still um ihn her, kein Lüftchen regte sich; so still war's, daß er das wühlende Arbeiten emsiger Tiere unter der Erde vernehmen konnte, denen Tag und Nacht gleich sind. Er hing ganz seinen glücklichen Träumen nach, schlief endlich ein und erwachte nicht eher wieder, als bis die Sonne mit herrlichem Blick heraufstieg und die frühsten Nebel gewältigte.

Nun fand er sich den ersten Wachenden in seinen Besitzungen. Die Arbeiter schienen ihm zu lange auszubleiben. Sie kamen; es schienen ihm ihrer zu wenig, und die vorgesetzte Tagesarbeit für seine Wünsche zu gering. Er fragte nach mehreren Arbeitern: man versprach sie, und stellte sie im Laufe des Tages. Aber auch diese sind ihm nicht genug, um seine Vorsätze schleunig ausgeführt zu sehen. Das Schaffen macht ihm keine Freude mehr; es soll schon alles fertig sein, und für wen? Die Wege sollen gebahnt sein, damit Ottilie bequem sie gehen, die Sitze schon an Ort und Stelle, damit Ottilie dort ruhen könne. Auch an dem neuen Hause treibt er, was er kann; es soll an Ottiliens Geburtstage gerichtet werden. In Eduards Gesinnungen, wie in seinen Handlungen, ist kein Maß mehr: *das Bewußtsein, zu lieben und geliebt zu werden, treibt ihn ins Unendliche.* Wie verändert ist ihm die Ansicht von allen Zimmern, von allen Umgebungen! Er findet sich in seinem eigenen Hause nicht mehr. Ottiliens Gegenwart verschlingt ihm alles, er ist ganz in ihr versunken; keine andere Betrachtung steigt vor ihm auf, kein Gewissen spricht ihm zu; alles, was in seiner Natur gebändigt war, bricht los, sein ganzes Wesen strömt gegen Ottilien.

Der Hauptmann beobachtet dieses leidenschaftliche Treiben und wünscht den traurigen Folgen zuvorzukommen. Alle diese Anlagen, die jetzt mit einem einseitigen Triebe übermäßig gefördert werden, hatte er auf ein ruhig freundliches Zusammenleben berechnet. Der Verkauf des Vorwerks war durch ihn zustandegebracht, die erste Zahlung geschehen; Charlotte hatte sie der Abrede nach in ihre Kasse genommen. Aber sie muß gleich in der ersten Woche Ernst und Geduld und Ordnung mehr als sonst üben und im Auge haben: denn nach der übereilten Weise wird das Ausgesetzte nicht lange reichen.

Es war viel angefangen und viel zu tun. Wie soll er Charlotten in dieser Lage lassen! Sie beraten sich und kommen überein, man wolle die planmäßigen Arbeiten lieber selbst beschleunigen, zu dem Ende Gelder aufnehmen und zu deren Abtragung die Zahlungstermine anweisen, die vom Vorwerksverkauf zurückgeblieben waren. Es ließ sich fast ohne Verlust durch Zession der Gerechtsame tun; man hatte freiere Hand; man leistete, da alles im Gange, Arbeiter genug vorhanden waren, mehr auf einmal, und gelangte gewiß und bald zum Zweck. Eduard stimmte gern bei, weil es mit seinen Absichten übereintraf.

Im innern Herzen beharrt indessen Charlotte bei dem, was sie bedacht und sich vorgesetzt, und männlich steht ihr der Freund mit gleichem Sinn zur Seite. Aber eben dadurch wird ihre Vertraulichkeit nur vermehrt. Sie erklären sich wechselseitig über Eduards Leidenschaft, sie beraten sich darüber. Charlotte schließt Ottilien näher an sich, beobachtet sie strenger, und je mehr sie ihr eigen Herz gewahr worden, desto tiefer blickt sie in das Herz des Mädchens. Sie sieht keine Rettung, als sie muß das Kind entfernen.

Nun scheint es ihr eine glückliche Fügung, daß Luciane ein so ausgezeichnetes Lob in der Pension erhalten; denn die Großtante, davon unterrichtet, will sie nun ein für allemal zu sich nehmen, sie um sich haben, sie in die Welt einführen. Ottilie konnte in die Pension zurückkehren; der Hauptmann entfernte sich, wohlversorgt; und alles stand wie vor wenigen Monaten, ja um so viel besser. Ihr eigenes Verständnis hoffte Charlotte zu Eduarden bald wieder herzustellen, und sie legte das alles so verständig bei sich zurecht, daß sie sich nur immer mehr in dem Wahn bestärkte, in einen frühern beschränktern Zustand könne man zurückkehren, ein gewaltsam Entbundenes lasse sich wieder ins Enge bringen.

Eduard empfand indessen die Hindernisse sehr hoch, die man ihm in den Weg legte. Er bemerkte gar bald, daß man ihn und Ottilien auseinanderhielt, daß man ihm erschwerte, sie allein zu sprechen, ja sich ihr zu nähern, außer in Gegenwart von mehreren; und indem er hierüber verdrießlich war, ward er es über manches andere. Konnte er Ottilien flüchtig sprechen, so war es nicht nur, sie seiner Liebe zu versichern, sondern sich über seine Gattin, über den Hauptmann zu beschweren. Er fühlte nicht, daß er selbst durch sein heftiges Treiben die Kasse zu erschöpfen auf dem Wege war; er tadelte bitter Charlotten und den Hauptmann, daß sie bei dem Geschäft gegen die erste Abrede handelten, und doch hatte er in die zweite Abrede gewilligt, ja er hatte sie selbst veranlaßt und notwendig gemacht.

Der Haß ist parteiisch, aber die Liebe ist es noch mehr. Auch Ottilie entfremdete sich einigermaßen von Charlotten und dem Hauptmann. Als Eduard sich einst gegen Ottilien über den letzteren beklagte, daß er als Freund und in einem solchen Verhältnisse nicht ganz aufrichtig handle, versetzte Ottilie unbedachtsam: „Es hat mir schon früher mißfallen, daß er nicht ganz redlich gegen Sie ist. Ich hörte ihn einmal zu Charlotten sagen: ‚Wenn uns nur Eduard mit seiner Flötendudelei verschonte! es kann daraus nichts werden und ist für die Zuhörer so lästig.‘ Sie können denken, wie mich das geschmerzt hat, da ich Sie so gern akkompagniere."

Kaum hatte sie es gesagt, als ihr schon der Geist zuflüsterte, daß sie hätte schweigen sollen; aber es war heraus. Eduards Gesichtszüge verwandelten sich. Nie hatte ihn etwas mehr verdrossen; er war in seinen liebsten Forderungen angegriffen, er war sich eines kindlichen Strebens ohne die mindeste Anmaßung bewußt. Was ihn unterhielt, was ihn erfreute, sollte doch mit Schonung von Freunden behandelt werden. Er dachte nicht, wie schrecklich es für einen Dritten sei, sich die Ohren durch ein unzulängliches Talent verletzen zu lassen; er war beleidigt, wütend, um nicht wieder zu vergeben; er fühlte sich von allen Pflichten losgesprochen.

Die Notwendigkeit, mit Ottilien zu sein, sie zu sehen, ihr etwas zuzuflüstern, ihr zu vertrauen, wuchs mit jedem Tage. Er entschloß sich, ihr zu schreiben, sie um einen geheimen Briefwechsel zu bitten. Das Streifchen Papier, worauf er dies lakonisch genug getan hatte, lag auf dem Schreibtisch und ward vom Zugwind heruntergeführt, als der Kammerdiener hereintrat, ihm die Haare zu kräuseln.

Gewöhnlich, um die Hitze des Eisens zu versuchen, bückte sich dieser nach Papierschnitzeln auf der Erde; diesmal ergriff er das Billett, zwickte es eilig und es war versengt. Eduard, den Mißgriff bemerkend, riß es ihm aus der Hand. Bald darauf setzte er sich hin, es noch einmal zu schreiben; es wollte nicht ganz so zum zweitenmal aus der Feder; er fühlte einiges Bedenken, einige Besorgnis, die er jedoch überwand. Ottilien wurde das Blättchen in die Hand gedrückt, den ersten Augenblick, wo er sich ihr nähern konnte.

Ottilie versäumte nicht, ihm zu antworten. Ungelesen steckte er das Zettelchen in die Weste, die, modisch kurz, es nicht gut verwahrte; es schob sich heraus und fiel, ohne von ihm bemerkt zu werden, auf den Boden. Charlotte sah es und hob es auf, und reichte es ihm mit einem flüchtigen Überblick. „Hier ist etwas von deiner Hand", sagte sie, das du vielleicht ungern verlörest.

Er war betroffen. Verstellt sie sich? dachte er. Ist sie den Inhalt des Blättchens gewahr geworden, oder irrt sie sich an der Ähnlichkeit der Hände? Er hoffte, er dachte das letztere. Er war gewarnt, doppelt gewarnt, aber diese sonderbaren zufälligen Zeichen, durch die ein höheres Wesen mit uns zu sprechen scheint, waren seiner Leidenschaft unverständlich; vielmehr, indem sie ihn immer weiterführte, empfand er die Beschränkung, in der man ihn zu halten schien, immer unangenehmer. Die freundliche Geselligkeit verlor sich. Sein Herz war verschlossen, und wenn er mit Freund und Frau zusammen zu sein genötigt war, so gelang es ihm nicht, seine frühere Neigung zu ihnen in seinem Busen wieder aufzufinden, zu beleben. Der stille Vorwurf, den er sich selbst hierüber machen mußte, war ihm unbequem, und er suchte sich durch eine Art von Humor zu helfen, der aber, weil er ohne Liebe war, auch der gewohnten Anmut ermangelte.

Über alle diese Prüfungen half Charlotte ihr inneres Gefühl hinweg. Sie war sich ihres ernsten Vorsatzes bewußt, auf eine so schöne, edle Neigung Verzicht zu tun.

Wie sehr wünschte sie jenen beiden auch zu Hilfe zu kommen! Entfernung, fühlte sie wohl, wird nicht allein hinreichend sein, ein solches Übel zu heilen. Sie nimmt sich vor, die Sache gegen das gute Kind zur Sprache zu bringen, aber sie vermag es nicht; die Erinnerung ihres eigenen Schwankens steht ihr im Wege. Sie sucht sich darüber im allgemeinen auszudrücken; das allgemeine paßt auch auf ihren eigenen Zustand, den sie auszusprechen scheut. Ein jeder Wink, den sie Ottilien geben will, deutet zurück in ihr eigenes Herz. Sie will warnen, und fühlt, daß sie wohl selbst noch einer Warnung bedürfen könnte.

Schweigend hält sie daher die Liebenden noch immer auseinander, und die Sache wird dadurch nicht besser. Leise Andeutungen, die ihr manchmal entschlüpfen, wirken auf Ottilien nicht: denn Eduard hatte diese von Charlottens Neigung zum Hauptmann überzeugt, sie überzeugt, daß Charlotte selbst eine Scheidung wünsche, die er nun auf eine anständige Weise zu bewirken denke.

Ottilie, getragen, durch das Gefühl ihrer Unschuld, auf dem Wege zu dem erwünschtesten Glück, lebt nur für Eduarden. Durch die Liebe zu ihm in allem Guten gestärkt, um seinetwillen freudiger in ihrem Tun, aufgeschlossener gegen andere, findet sie sich in einem Himmel auf Erden.

So setzen alle zusammen, jeder auf seine Weise, das tägliche Leben fort, mit und ohne Nachdenken; alles scheint seinen gewöhnlichen Gang zu gehen, wie man auch in ungeheuern Fällen, wo alles auf dem Spiele steht, noch immer so fortlebt, als wenn von nichts die Rede wäre.

Von dem Grafen war indessen ein Brief an den Hauptmann angekommen, und zwar ein doppelter, einer zum Vorzeigen, der sehr schöne Aussichten in die Ferne darwies, der andere hingegen, der ein entschiedenes Anerbieten für die Gegenwart enthielt, eine bedeutende Hof- und Geschäftsstelle, den Charakter als Major, ansehnlichen Gehalt und andere Vorteile, sollte wegen verschiedener Nebenumstände noch geheimgehalten werden. Auch unterrichtete der Hauptmann seine Freunde nur von jenen Hoffnungen, und verbarg, was so nahe bevorstand.

Indessen setzte er die gegenwärtigen Geschäfte lebhaft fort, und machte in der Stille Einrichtungen, wie alles in seiner Abwesenheit ungehinderten Fortgang haben könnte. Es ist ihm nun selbst daran gelegen, daß für manches ein Termin bestimmt werde, daß Ottiliens Geburtstag manches beschleunige. Nun wirken die beiden Freunde, obschon ohne ausdrückliches Einverständnis, gerne zusammen. Eduard ist nun recht zufrieden, daß man durch das Vorauserheben der Gelder die Kasse verstärkt hat; die ganze Anstalt rückt auf das rascheste vorwärts.

Die drei Teiche in einen See zu verwandeln, hätte jetzt der Hauptmann am liebsten ganz widerraten. Der untere Damm war zu verstärken, die mittleren abzutragen und die Sache in mehr als einem Sinne wichtig und bedenklich. Beide Arbeiten aber, wie sie ineinander wirken konnten, waren schon angefangen, und hier kam ein junger Architekt, ein ehemaliger Zögling des Hauptmanns sehr erwünscht, der teils mit Anstellung tüchtiger Meister, teils mit Verdingen der Arbeit, wo sich's tun ließ, die Sache förderte und dem Werke Sicherheit und Dauer versprach, wobei sich der Hauptmann im stillen freute, daß man seine Entfernung nicht fühlen würde; denn er hatte den Grundsatz, aus einem übernommenen, unvollendeten Geschäft nicht zu scheiden, bis er seine Stelle genugsam ersetzt sehe; ja, er verachtete diejenigen, die, um ihren Abgang fühlbar zu machen, erst noch Verwirrung in ihrem Kreise anrichten, indem sie als ungebildete Selbstler das zu zerstören wünschen, wobei sie nicht mehr fortwirken sollen.

So arbeitete man immer mit Anstrengung, um Ottiliens Geburtstag zu verherrlichen, ohne daß man es aussprach, oder sich's recht aufrichtig bekannte. Nach Charlottens obgleich neidlosen Gesinnungen konnte es doch kein entschiedenes Fest werden. Die Jugend Ottiliens, ihre

Glücksumstände, das Verhältnis zur Familie berechtigten sie nicht, als Königin eines Tages zu erscheinen, und Eduard wollte nicht davon gesprochen haben, weil alles wie von selbst entspringen, überraschen und natürlich erfreuen sollte.

Alle kamen daher stillschweigend in dem Vorwande überein, als wenn an diesem Tage, ohne weitere Beziehung, jenes Lusthaus gerichtet werden sollte, und bei diesem Anlaß konnte man dem Volke sowie den Freunden ein Fest ankündigen.

Eduards Neigung war aber grenzenlos. Wie er sich Ottilien zuzueignen begehrte, so kannte er auch kein Maß des Hingebens, Schenkens, Versprechens. Zu einigen Gaben, die er Ottilien an diesem Tage verehren wollte, hatte ihm Charlotte viel zu ärmliche Vorschläge getan. Er sprach mit seinem Kammerdiener, der seine Garderobe besorgte und mit Handelsleuten und Modehändlern in beständigem Verhältnis blieb; dieser, nicht unbekannt sowohl mit den angenehmsten Gaben selbst als mit der besten Art, sie zu überreichen, bestellte sogleich in der Stadt den niedlichsten Koffer, mit rotem Saffian überzogen, mit Stahlnägeln beschlagen, und angefüllt mit Geschenken, einer solchen Schale würdig.

Noch einen andern Vorschlag tat er Eduarden. Es war ein kleines Feuerwerk vorhanden, da man immer abzubrennen versäumt hatte: dies konnte man leicht verstärken und erweitern. Eduard ergriff den Gedanken, und jener versprach, für die Ausführung zu sorgen. Die Sache sollte ein Geheimnis bleiben.

Endlich leuchtete Eduarden der sehnlich erwartete Morgen, und nach und nach stellten viele Gäste sich ein; denn man hatte die Einladungen weit umher geschickt, und manche, die das Legen des Grundsteins versäumt hatten, wovon man so viel Artiges erzählte, wollten diese zweite Feierlichkeit umsoweniger verfehlen.

Vor Tafel erschienen die Zimmerleute mit Musik im Schloßhofe, ihren reichen Kranz tragend, der aus vielen stufenweise übereinander schwankenden Laub- und Blumenstreifen zusammengesetzt war. Sie sprachen ihren Gruß und erbaten sich zur gewöhnlichen Ausschmückung seidene Tücher und Bänder von dem schönen Geschlecht. Indes die Herrschaft speiste, setzten sie ihren jauchzenden Zug weiter fort, und nachdem sie sich eine Zeitlang im Dorf aufgehalten und daselbst Frauen und Mädchen gleichfalls um manches Band gebracht, so kamen sie endlich, begleitet und erwartet von einer großen Menge, auf die Höhe, wo das gerichtete Haus stand.

Charlotte hielt nach der Tafel die Gesellschaft einigermaßen zurück; sie wollte keinen feierlichen, förmlichen Zug, und man fand sich daher in einzelnen Partien, ohne Rang und Ordnung, auf dem Platz gemächlich ein. Charlotte zögerte mit Ottilien, und machte dadurch die Sache nicht besser: denn weil Ottilie wirklich die Letzte war, die herantrat, so schien es, als wenn Trompeten und Pauken nur auf sie gewartet hätten, als wenn die Feierlichkeit bei ihrer Ankunft nun gleich beginnen müßte.

Dem Hause das rohe Ansehen zu nehmen, hatte man es mit grünem Reisig und Blumen, nach Angaben des Hauptmanns, architektonisch ausgeschmückt, allein und ohne dessen Mitwissen hatte Eduard den Architekten veranlaßt, in dem Gesims das Datum mit Blumen zu bezeichnen. Das mochte noch hingehen; allein zeitig genug langte der Hauptmann an, um zu verhindern, daß nicht auch der Name Ottiliens im Giebelfelde glänzte. Er wußte dieses Beginnen auf eine geschickte Weise abzulehnen und die schon fertigen Blumenbuchstaben beiseite zu bringen.

Der Kranz war aufgesteckt und weit umher in der Gegend sichtbar. Bunt flatterten die Bänder und Tücher in der Luft, und eine kurze Rede verscholl zum größten Teil im Winde. Die Feierlichkeit war zu Ende; der Tanz auf dem geebneten und mit Lauben umkreisten Platze vor dem Gebäude sollte nun angehen. Ein schmucker Zimmergeselle führte Eduarden ein flinkes Bauernmädchen zu, und forderte Ottilien auf, welche daneben stand. Die beiden Paare fanden sogleich ihre Nachfolger, und bald genug wechselte Eduard, indem er Ottilien ergriff und mit ihr die Runde machte. Die jüngere Gesellschaft mischte sich fröhlich in den Tanz des Volks, indes die Älteren beobachteten.

Sodann, ehe man sich auf den Spaziergängen zerstreute, ward abgeredet, daß man sich mit Untergang der Sonne bei den Platanen wieder versammeln wolle. Eduard fand sich zuerst ein, ordnete alles und nahm Abrede mit dem Kammerdiener, der auf der andern Seite, in Gesellschaft des Feuerwerkers, die Lustererscheinungen zu besorgen hatte.

Der Hauptmann bemerkte die dazu getroffenen Vorrichtungen nicht mit Vergnügen; er wollte wegen des zu erwartenden Andrangs der Zuschauer mit Eduard sprechen, als ihn dieser etwas hastig bat, er möge ihm diesen Teil der Feierlichkeiten doch allein überlassen.

Schon hatte sich das Volk auf die oberwärts abgestochenen und vom Rasen entblößten Dämme gedrängt, wo das Erdreich uneben und unsicher war. Die Sonne ging unter, die Dämmerung trat ein, und in Erwartung größerer Dunkelheit wurde die Gesellschaft unter den Platanen mit Erfrischungen bedient. Man fand den Ort unvergleichlich und freute sich in Gedanken, künftig von hier die Aussicht auf einen weiten und so mannigfaltig begrenzten See zu genießen.

Ein ruhiger Abend, eine vollkommene Windstille versprachen das nächtliche Fest zu begünstigen, als auf einmal ein entsetzliches Geschrei entstand. Große Schollen hatten sich vom Damme losgetrennt, man sah mehrere Menschen ins Wasser stürzen; das Erdreich hatte nachgegeben unter dem Drängen und Treten der immer zunehmenden Menge. Jeder wollte den besten Platz haben, und nun konnte niemand vorwärts noch zurück.

Jedermann sprang auf und hinzu, mehr um zu schauen als zu tun: denn was war da zu tun, wo niemand hinreichen konnte? Nebst einigen Entschlossenen eilte der Hauptmann, trieb sogleich die Menge von dem Damm herunter nach den Ufern, um den Hilfreichen freie Hand zu geben, welche die Versinkenden herauszuziehen suchten. Schon waren alle, teils durch eignes, teils durch fremdes Bestreben, wieder auf dem Trockenen, bis auf einen Knaben, der durch allzu ängstliches Bemühen, statt sich dem Damm zu nähern, sich davon entfernt hatte. Die Kräfte schienen ihn zu verlassen; nur einige Mal kam noch eine Hand, ein Fuß in die Höhe. Unglücklicherweise war der Kahn auf der andern Seite mit Feuerwerk gefüllt; nur langsam konnte man ihn ausladen, und die Hilfe verzögerte sich. Des Hauptmanns Entschluß war gefaßt, er warf die Oberkleider weg; aller Augen richteten sich auf ihn, und seine tüchtige, kräftige Gestalt flößte jedermann Zutrauen ein; aber ein Schrei der Überraschung drang aus der Menge hervor, als er sich ins Wasser stürzte. Jedes Auge begleitete ihn, der als geschickter Schwimmer den Knaben bald erreichte und ihn, jedoch für tot, an den Damm brachte.

Indessen ruderte der Kahn herbei; der Hauptmann bestieg ihn und forschte genau von den Abwesenden, ob denn auch wirklich alle gerettet seien. Der Chirurgus kommt und übernimmt den totgeglaubten Knaben; Charlotte tritt hinzu, sie bittet den Hauptmann, nun für sich zu sorgen, nach dem Schlosse zurückzukehren und die Kleider zu wechseln. Er zaudert, bis ihm gesetzte, verständige Leute, die ganz nahe gegenwärtig gewesen, die selbst zur Rettung der einzelnen beigetragen, auf das heiligste versichern, daß alle gerettet seien.

Charlotte sieht ihn nach Hause gehen, sie denkt, daß Wein und Tee, und was sonst nötig wäre, verschlossen ist, daß in solchen Fällen die Menschen gewöhnlich verkehrt handeln; sie eilte durch die zerstreute Gesellschaft, die sich noch unter den Platanen befindet. Eduard ist beschäftigt, jedermann zuzureden, man soll bleiben; in kurzem gedenkt er das Zeichen zu geben und das Feuerwerk soll beginnen. Charlotte tritt hinzu und bittet ihn, ein Vergnügen zu verschieben, das jetzt nicht am Platze sei, das in dem gegenwärtigen Augenblick nicht genossen werden könne; sie erinnert ihn, was man dem Geretteten und dem Retter schuldig sei. „Der Chirurgus wird schon seine Pflicht tun", versetzte Eduard. „Er ist mit allem versehen, und unser Zudringen wäre nur eine hinderliche Teilnahme."

Charlotte bestand auf ihrem Sinne und winkte Ottilien, die sich sogleich zum Weggehen anschickte. Eduard ergriff ihre Hand und rief: „Wir wollen diesen Tag nicht im Lazarett endigen! Zur barmherzigen Schwester ist sie zu gut. Auch ohne uns werden die Scheintoten erwachen und die Lebendigen sich abtrocknen."

Charlotte schwieg und ging. Einige folgten ihr, andere diesen; endlich wollte niemand der letzte sein, und so folgten alle. Eduard und Ottilie fanden sich allein unter den Platanen. Er bestand darauf zu bleiben, so dringend, so ängstlich sie ihn auch bat, mit ihr nach dem Schlosse zurückzukehren. „Nein, Ottilie!" rief er: „das Außerordentliche geschieht nicht auf glattem, gewöhnlichem Wege. Dieser überraschende Vorfall von heute Abend bringt uns schneller zusammen. Du bist die Meine! Ich habe dir's schon so oft gesagt und geschworen; wir wollen es nicht mehr sagen und schwören, nun soll es werden."

Der Kahn von der andern Seite schwamm herüber. Es war der Kammerdiener, der verlegen anfragte, was nunmehr mit dem Feuerwerk werden sollte. „Brennt es ab!" rief er ihm entgegen. „Für dich allein war es bestellt, Ottilie, und nun sollst du es auch allein sehen! Erlaube mir, an deiner Seite sitzend, es mit zu genießen." Zärtlich bescheiden setzte er sich neben sie, ohne sie zu berühren. Raketen rauschten auf, Kanonenschläge donnerten, Leuchtkugeln stiegen, Schwärmer schlängelten und platzten, Räder gischten, jedes erst einzeln, dann gepaart, dann alle zusammen, und immer gewaltsamer hintereinander und zusammen. Eduard, dessen Busen brannte, verfolgte mit lebhaft zufriedenem Blick diese feurigen Erscheinungen. Ottiliens zartem, aufgeregtem Gemüt war dieses rauschende, blitzende Entstehen und Verschwinden eher ängstlich als angenehm. Sie lehnte sich schüchtern an Eduarden, dem diese Annäherung, dieses Zutrauen das volle Gefühl gab, daß sie ihm ganz angehöre.

Die Nacht war kaum in ihre Rechte wieder eingetreten, als der Mond aufging und die Pfade der beiden Rückkehrenden beleuchtete. Eine Figur, den Hut in der Hand, vertrat ihnen den Weg und sprach sie um ein Almosen an, da er an diesem festlichen Tage versäumt worden sei. Der Mond schien ihm ins Gesicht und Eduard erkannte die Züge jenes zudringlichen Bettlers. Aber so glücklich, wie er war, konnte er nicht ungehalten sein, konnte es ihm nicht einfallen, daß besonders für heute das Betteln höchlich verpönt worden sei. Er forscht nicht lange in der Tasche und gab ein Goldstück hin; er hätte jeden gern glücklich gemacht, da sein Glück ohne Grenzen schien.

Zu Hause war indes alles erwünscht gelungen. Die Tätigkeit des Chirurgen, die Bereitschaft alles Nötigen, der Beistand Charlottens, alles wirkte zusammen, und der Knabe ward wieder zum Leben hergestellt. Die Gäste zerstreuten sich, sowohl um noch etwas vom Feuerwerk aus der Ferne zu sehen, als auch um nach solchen verworrenen Szenen ihr ruhige Heimat wieder zu betreten.

Auch hatte der Hauptmann, geschwind umgekleidet, an der nötigen Vorsorge tätigen Anteil genommen: alles war beruhigt, und er fand sich mit Charlotten allein. Mit zutraulicher Freundlichkeit erklärte er nun, daß seine Abreise nahe bevorstehe. Sie hatte diesen Abend so viel erlebt, daß diese Entdeckung wenig Eindruck auf sie machte; sie hatte gesehen, wie der Freund sich aufopferte, wie er rettete und selbst gerettet war. Diese wunderbaren Ereignisse schienen ihr eine bedeutende Zukunft, aber keine unglückliche, zu weissagen.

Eduarden, der mit Ottilien hereintrat, wurde die bevorstehende Abreise des Hauptmanns gleichfalls angekündigt. Er argwohnte, daß Charlotte früher um das Nähere gewußt habe, war aber viel zu sehr mit sich und seinen Absichten beschäftigt, als daß er es hätte übel empfinden sollen. Im Gegenteil vernahm er aufmerksam und zufrieden die gute und ehrenvolle Lage, in die der Hauptmann versetzt werden solle. Unbändig drangen seine geheimen Wünsche den Begebenheiten vor. Schon sah er jenen mit Charlotten verbunden, sich mit Ottilien. Man hätte ihm zu diesem Fest kein größeres Geschenk machen können. Aber wie erstaunt war Ottilie, als sie auf ihr Zimmer trat und den köstlichen kleinen Koffer auf ihrem Tische fand! Sie säumte nicht, ihn zu eröffnen: da zeigte sich alles so schön gepackt und geordnet, daß sie es nicht auseinanderzunehmen, ja kaum zu lüften wagte. Musselin, Battist, Seide, Shawls und Spitzen wetteiferten an Feinheit, Zierlichkeit und Kostbarkeit. Auch war der Schmuck nicht vergessen. Sie begriff wohl die Absicht, sie mehr als einmal vom Kopf bis auf den Fuß zu kleiden: es war aber alles so kostbar und fremd, daß sie sich's in Gedanken nicht zuzueignen getraute.

Des andern Morgens war der Hauptmann verschwunden und ein dankbar gefühltes Blatt an die Freunde von ihm zurückgeblieben. Er und Charlotte hatten abends vorher schon halben und einsilbigen Abschied genommen. Sie empfand eine ewige Trennung und ergab sich darein: denn in dem zweiten Briefe des Grafen, den ihr der Hauptmann zuletzt mitteilte, war auch von einer Aussicht auf eine vorteilhafte Heirat die Rede; und obgleich er diesem Punkt keine Aufmerksamkeit schenkte, so hielt sie doch die Sache schon für gewiß und entsagte ihm rein und völlig.

Dagegen glaubte sie nun auch die Gewalt, die sie über sich selbst ausgeübt, von anderen fordern zu können; ihr war es nicht unmöglich gewesen, anderen sollte das gleiche möglich sein. In diesem Sinne begann sie das Gespräch mit ihrem Gemahl umsomehr offen und zuversichtlich, als sie emfand, daß die Sache ein für allemal abgetan werden müsse.

„Unser Freund hat uns verlassen", sagte sie, „wir sind nun wieder gegeneinander über wie vormals, und es käme nun wohl auf uns an, ob wir wieder völlig in den alten Zustand zurückkehren wollten."

Eduard, der nichts vernahm, als was seiner Leidenschaft schmeichelte, glaubte, daß Charlotte durch diese Worte den früheren Witwenstand bezeichnen und, obgleich auf unbestimmte Weise, zu einer Scheidung Hoffnung machen wolle. Er antwortete deshalb mit Lächeln: „Warum nicht? Es käme nur darauf an, daß man sich verständigte." Er fand sich daher gar sehr betrogen, als Charlotte versetzte: „Auch Ottilien in eine andere Lage zu bringen, haben wir gegenwärtig nur zu wählen; denn es findet sich eine doppelte Gelegenheit, ihr Verhältnisse zu geben, die für sie wünschenswert sind. Sie kann in die Pension zurückkehren, da meine Tochter zur Großtante gezogen ist; sie kann in ein angesehenes Haus aufgenommen werden, um mit einer einzigen Tochter alle Vorteile einer standesmäßigen Erziehung zu genießen."

„Indessen", versetzte Eduard ziemlich gefaßt, „hat Ottilie sich in unserer freundlichen Gesellschaft so verwöhnt, daß ihr eine andere wohl schwerlich willkommen sein möchte."

„Wir haben uns alle verwöhnt", sagte Charlotte, „und du nicht zum letzten. Indessen ist es eine Epoche, die uns zur Besinnung auffordert, die uns ernstlich ermahnt, an das Beste sämtlicher Mitglieder unseres kleinen Zirkels zu denken und auch irgendeine Aufopferung nicht zu versagen."

„Wenigstens finde ich es nicht billig", versetzte Eduard, „daß Ottilie aufgeopfert werde, und das geschähe doch, wenn man sie gegenwärtig unter fremde Menschen hinunterstieße. Den Hauptmann hat sein gutes Geschick hier aufgesucht; wir dürfen ihn mit Ruhe, ja mit Behagen von uns wegscheiden lassen. Wer weiß, was Ottilien bevorsteht? Warum sollten wir uns übereilen?"

„Was uns bevorsteht, ist ziemlich klar", versetzte Charlotte mit einiger Bewegung, und da sie die Absicht hatte, ein für allemal sich auszusprechen, fuhr sie fort: „Du liebst Ottilien, du gewöhnst dich an sie. Neigung und Leidenschaft entspringt und nährt sich auch von ihrer Seite. Warum sollen wir nicht mit Worten aussprechen, was uns jede Stunde gesteht und bekennt? Sollen wir nicht so viel Vorsicht haben, uns zu fragen, was das werden wird?"

„Wenn man auch sogleich darauf nicht antworten kann", versetzte Eduard, der sich zusammennahm, „so läßt sich doch so viel sagen, daß man eben alsdann sich am ersten entschließt, abzuwarten, was uns die Zukunft lehren wird, wenn man gerade nicht sagen kann, was aus einer Sache werden soll."

„Hier vorauszusehen", versetzte Charlotte, „bedarf es wohl keiner großen Weisheit, und so viel läßt sich auf alle Fälle gleich sagen, daß wir beide nicht mehr jung genug sind, um blindlings dahin zu gehen, wohin man nicht möchte oder nicht sollte. Niemand kann mehr für uns sorgen; wir müssen unsere eigenen Freunde sein, unsere eigenen Hofmeister. Niemand erwartet von uns, daß wir uns in ein Äußerstes verlieren werden, niemand erwartet, uns tadelnswert oder gar lächerlich zu finden."

„Kannst du mir's verdenken", versetzte Eduard, der die offene, reine Sprache seiner Gattin nicht zu erwidern vermochte, „kannst du mich schelten, wenn mir Ottiliens Glück am Herzen liegt? und nicht etwa ein künftiges, das immer nicht zu berechnen ist, sondern ein gegenwärtiges. Denke dir, aufrichtig und ohne Selbstbetrug, Ottilien aus unserer Gesellschaft gerissen und fremden Menschen untergeben! – Ich wenigstens fühle mich nicht grausam genug, ihr eine solche Veränderung zuzumuten."

Charlotte ward gar wohl die Entschlossenheit ihres Gemahls hinter seiner Verstellung gewahr. Erst jetzt fühlte sie, wie weit er sich von ihr entfernt hatte. Mit einiger Bewegung rief sie aus: „Kann Ottilie glücklich sein, wenn sie uns entzweit! wenn sie mir einen Gatten, seinen Kindern einen Vater entreißt".

„Für unsere Kinder, dächte ich, wäre gesorgt", sagte Eduard lächelnd und kalt; etwas freundlicher aber fügte er hinzu: „Wer wird auch sogleich das Äußerste denken!"

„Das Äußerste liegt der Leidenschaft zu allernächst", bemerkte Charlotte. „Lehne, so lange es noch Zeit ist, den guten Rat nicht ab, nicht die Hilfe, die ich uns biete! In trüben Fällen muß derjenige wirken und helfen, der am klarsten sieht. Diesmal bin ich's. Lieber, liebster Eduard, laß mich gewähren! Kannst du mir zumuten, daß ich auf mein wohlerworbenes Glück, auf die schönsten Rechte, auf dich so geradehin Verzicht leisten soll?"

„Wer sagt das?" versetzte Eduard mit einiger Verlegenheit.

„Du selbst", versetzte Charlotte: „indem du Ottilien in der Nähe behalten willst, gestehst du nicht alles zu, was daraus entspringen muß? Ich will nicht in dich dringen; aber wenn du dich nicht überwinden kannst, so wirst du wenigstens dich nicht lange mehr betrügen können."

Eduard fühlte, wie recht sie hatte. *Ein ausgesprochenes Wort ist fürchterlich, wenn es das auf einmal ausspricht, was das Herz lange sich erlaubt hat;* und um nur für den Augenblick auszuweichen, erwiderte Eduard: „Es ist mir ja noch nicht einmal klar, was du vorhast."

„Meine Absicht war", versetzte Charlotte, „mit dir die beiden Vorschläge zu überlegen. Beide haben viel Gutes. Die Pension würde Ottilien am gemäßesten sein, wenn ich betrachte, wie das Kind jetzt ist. Jene größere und weitere Lage verspricht aber mehr, wenn ich bedenke, was sie werden soll." Sie legte darauf umständlich ihrem Gemahl die beiden Verhältnisse dar und schloß mit den Worten: „Was meine Meinung betrifft, so würde ich das Haus jener Dame der Pension vorziehen aus mehreren Ursachen, besonders aber auch, weil ich die Neigung, ja die Leidenschaft des jungen Mannes, den Ottilie dort für sich gewonnen, nicht vermehren will."

Eduard schien ihr Beifall zu geben, nur aber um einigen Aufschub zu suchen. Charlotte, die darauf ausging, etwas Entscheidendes zu tun, ergriff sogleich die Gelegenheit, als Eduard nicht unmittelbar widersprach, die Abreise Ottiliens, zu der sie schon alles im stillen vorbereitet hatte, auf die nächsten Tage festzusetzen.

Eduard schauderte; er hielt sich für verraten und die liebevolle Sprache seiner Frau für ausgedacht, künstlich und planmäßig, um ihn auf ewig von seinem Glücke zu trennen. Er schien ihr die Sache ganz zu überlassen; allein schon war innerlich sein Entschluß gefaßt. Um nur zu Atem zu kommen, um das bevorstehende unabsehliche Unheil der Entfernung Ottiliens abzuwenden, entschied er sich, sein Haus zu verlassen, und zwar nicht ganz ohne Vorbewußt Charlottens, die er jedoch durch die Einleitung zu täuschen verstand, daß er bei Ottiliens Abreise nicht gegenwärtig sein, ja sie von diesem Augenblick an nicht mehr sehen wolle. Charlotte, die gewonnen zu haben glaubte, tat ihm allen Vorschub. Er befahl seine Pferde, gab dem Kammerdiener die nötige Anweisung, was einpacken und wie er ihm folgen solle, und so, wie schon im Stegreife, setzte er sich hin und schrieb.

EDUARD AN CHARLOTTEN

„Das Übel, meine Liebe, das uns befallen hat, mag heilbar sein oder nicht, dies nur fühl ich, wenn ich im Augenblicke nicht verzweifeln soll, so muß ich Aufschub finden für mich, für uns alle. Indem ich mich aufopfere, kann ich fordern. Ich verlasse mein Haus und kehre nur unter günstigeren, ruhigeren Aussichten zurück. Du sollst es indessen besitzen, aber mit Ottilien. Bei dir will ich sie wissen, nicht unter fremden Menschen. Sorge für sie, behandle sie wie sonst, wie bisher, ja nur immer liebevoller, freundlicher und zarter! Ich verspreche, kein heimliches Verhältnis zu Ottilien zu suchen. Laßt mich lieber eine Zeit lang ganz unwissend, wie ihr lebt: ich will mir das Beste denken. Denkt auch so von mir. Nur, was ich dich bitte, auf das innigste, auf das lebhafteste, mache keinen Versuch, Ottilien sonst irgendwo unterzugeben, in neue Verhältnisse zu bringen! Außer dem Bezirk deines Schlosses, deines Parks, fremden Menschen anvertraut, gehört sie mir, und ich werde mich ihrer bemächtigen. Ehrst du aber meine Neigung, meine Wünsche, meine Schmerzen, schmeichelst du meinem Wahn, meinen Hoffnungen, so will ich auch der Genesung nicht widerstreben, wenn sie sich mir anbietet."

Diese letzte Wendung floß ihm aus der Feder, nicht aus dem Herzen. Ja, wie er sie auf dem Papier sah, fing er bitterlich zu weinen an. Er sollte auf irgendeine Weise dem Glück, ja dem Unglück, Ottilien zu lieben, entsagen! Jetzt erst fühlte er, was er tat. Er entfernte sich, ohne zu wissen, was daraus entstehen konnte. Er sollte sie wenigstens jetzt nicht wiedersehen; ob er sie je wiedersehe, welche Sicherheit konnte er sich darüber versprechen? Aber der Brief war geschrieben, die Pferde standen vor der Türe, jeden Augenblick mußte er fürchten, Ottilien irgendwo zu erblicken und zugleich seinen Entschluß vereitelt zu sehen. Er faßte sich; er dachte, daß es ihm doch möglich sei, jeden Augenblick zurückzukehren und durch die Entfernung gerade seinen Wünschen näher zu kommen. Im Gegenteil stellte er sich Ottilien vor, aus dem Hause gedrängt, wenn er bliebe. Er siegelte den Brief, eilte die Treppe hinab und schwang sich aufs Pferd.

Als er beim Wirtshause vorbeiritt, sah er den Bettler in der Laube sitzen, den er gestern Nacht so reichlich beschenkt hatte. Dieser saß behaglich an seinem Mittagsmahle, stand auf und neigte sich ehrerbietig, ja anbetend vor Eduarden. Eben diese Gestalt war ihm gestern erschienen, als er Ottilien am Arm führte; nun erinnerte sie ihn schmerzlich an die glücklichste Stunde seines Lebens. Seine Leiden vermehrten sich; das Gefühl dessen, was er zurückließ, war ihm unerträglich; nochmals blickte er nach dem Bettler. „O du Beneidenswerter!" rief er aus: „du kannst noch am gestrigen Almosen zehren, und ich nicht mehr am gestrigen Glücke!"

Ottilie trat ans Fenster, als sie jemand wegreiten hörte, und sah Eduarden noch im Rücken. Es kam ihr wunderbar vor, daß er das Haus verließ, ohne sie gesehen, ohne ihr einen Morgengruß geboten zu haben. Sie ward unruhig und immer nachdenklicher, als Charlotte sie auf einen weiten Spaziergang mit sich zog und von mancherlei Gegenständen sprach, aber des Gemahls, und wie es schien, vorsätzlich nicht erwähnte. Doppelt betroffen war sie daher, bei ihrer Zurückkunft den Tisch nur mit zwei Gedecken besetzt zu finden.

Wir vermissen ungern geringscheinende Gewohnheiten, aber schmerzlich empfinden wir erst ein solches Entbehren in bedeutenden Fällen. Eduard und der Hauptmann fehlten; Charlotte hatte seit langer Zeit zum erstenmal den Tisch selbst angeordnet, und es wollte Ottilien scheinen, als wenn sie abgesetzt wäre. Die beiden Frauen saßen einander gegenüber; Charlotte sprach ganz unbefangen von der Anstellung des Hauptmanns und von der wenigen Hoffnung, ihn bald wieder zu sehen. Das einzige tröstete Ottilien in ihrer Lage, daß sie glauben konnte, Eduard sei, um den Freund noch eine Strecke zu begleiten, ihm nachgeritten.

Allein da sie von Tische aufstanden, sahen sie Eduards Reisewagen unter dem Fenster, und als Charlotte einigermaßen unwillig fragte, wer ihn hieher bestellt habe, so antwortete man ihr, es sei der Kammerdiener, der hier noch einiges aufpacken wolle. Ottilie brauchte ihre ganze Fassung, um ihre Verwunderung und ihren Schmerz zu verbergen.

Der Kammerdiener trat herein und verlangte noch einiges; es war eine Mundtasse des Herrn, ein paar silberne Löffel und mancherlei, was Ottilien auf eine weitere Reise, auf ein längeres Außenbleiben zu deuten schien. Charlotte verwies ihm sein Begehren ganz trocken: sie verstehe nicht, was er damit sagen wolle; denn er habe alles, was sich auf den Herrn beziehe, selbst im Beschluß. Der gewandte Mann, dem es freilich nur darum zu tun war, Ottilien zu sprechen, und sie deswegen unter irgendeinem Vorwande aus dem Zimmer zu locken, wußte sich zu entschuldigen und auf seinem Verlangen zu beharren, das ihm Ottilie auch zu gewähren wünschte; allein Charlotte lehnte es ab, der Kammerdiener mußte sich entfernen, und der Wagen rollte fort.

Es war für Ottilien ein schrecklicher Augenblick. Sie verstand es nicht, sie begriff es nicht; aber daß ihr Eduard auf geraume Zeit entrissen war, konnte sie fühlen. Charlotte fühlte den Zustand mit und ließ sie allein. Wir wagen nicht, ihren Schmerz, ihre Tränen zu schildern; sie litt unendlich. Sie bat nur Gott, daß er ihr nur über diesen Tag weghelfen möchte; sie überstand den Tag und die Nacht, und als sie sich wiedergefunden, glaubte sie ein anderes Wesen anzutreffen.

Sie hatte sich nicht gefaßt, sich nicht ergeben, aber sie war, nach so großem Verluste, noch da, und hatte noch mehr zu befürchten. Ihre nächste Sorge, nachdem das Bewußtsein wiedergekehrt, war sogleich, sie möchte nun, nach Entfernung der Männer, gleichfalls entfernt werden. Sie ahnte nichts von Eduards Drohungen, wodurch ihr der Aufenthalt neben Charlotten gesichert war; doch diente ihr das Betragen Charlottens zu einiger Beruhigung. Diese suchte das gute Kind zu beschäftigen, und ließ sie nur selten, nur ungern von sich; und ob sie gleich wohl wußte, daß man mit Worten nicht viel gegen eine entschiedene Leidenschaft zu wirken vermag, so kannte sie doch die Macht der Besonnenheit, des Bewußtseins, und brachte daher manches zwischen sich und Ottilien zur Sprache.

Zu einer eigentlichen offenen Übereinstimmung mit Charlotten konnte es auch wohl nicht wieder gebracht werden: denn freilich war der Zustand beider Frauen sehr verschieden. Wenn alles beim alten blieb, wenn man in das Gleis des gesetzmäßigen Lebens zurückkehrte, gewann Charlotte an gegenwärtigem Glück, und eine frohe Aussicht in die Zukunft öffnete sich ihr; Ottilie hingegen verlor alles, man kann wohl sagen, alles: denn sie hatte zuerst Leben und Freude in Eduarden gefunden, und in dem gegenwärtigen Zustande fühlte sie eine unendliche Leere, wovon sie früher kaum etwas geahnt hatte. *Denn ein Herz, das sucht, fühlt wohl, daß ihm etwas mangle, ein Herz, das verloren hat, fühlt, daß es entbehre.* Sehnsucht verwandelt sich in Unmut und Ungeduld, und ein weibliches Gemüt, zum Erwarten und Abwarten gewöhnt, möchte nun aus seinem Kreise herausschreiten, tätig werden, unternehmen und auch etwas für sein Glück tun.

Ottilie hatte Eduarden nicht entsagt. Wie konnte sie es auch, obgleich Charlotte klug genug, gegen ihre eigene Überzeugung, die Sache für bekannt annahm, und als entschieden voraussetzte, daß ein freundschaftliches, ruhiges Verhältnis zwischen ihrem Gatten und Ottilien möglich sei! Wie oft aber lag diese nachts, wenn sie sich eingeschlossen, auf den Knieen vor dem eröffneten Koffer und betrachtete die Geburtstagsgeschenke, von denen sie noch nichts gebraucht, nichts zerschnitten, nichts gefertigt! Wie oft eilte das gute Mädchen mit Sonnenaufgang aus dem Hause, in dem sie sonst alle ihre Glückseligkeit gefunden hatte, ins Freie hinaus, in die Gegend, die sie sonst nicht ansprach! Auch auf dem Boden mochte sie nicht verweilen. Sie sprang in den Kahn und ruderte sich bis mitten in den See; dann zog sie eine Reisebeschreibung hervor, ließ sich von den bewegten Wellen schaukeln, las, träumte sich in die Fremde und immer fand sie dort ihren Freund; seinem Herzen war sie noch immer nahe geblieben, er dem ihrigen.

Daß jener wunderlich tätige Mann, den wir bereits kennengelernt, daß Mittler, nachdem er von dem Unheil, das unter diesen Freunden ausgebrochen, Nachricht erhalten, obgleich kein Teil noch seine Hilfe angerufen, in diesem Falle seine Freundschaft, seine Geschicklichkeit zu beweisen, zu üben geneigt war, läßt sich denken. Doch schien es ihm rätlich, erst eine Weile zu zaudern; denn *er wußte nur zu wohl, daß es schwerer sei, gebildeten Menschen bei sittlichen Verworrenheiten zu Hilfe zu kommen, als ungebildeten.* Er überließ sie deshalb eine Zeit lang sich selbst; allein zuletzt konnte er es nicht mehr aushalten, und eilte Eduarden aufzusuchen, dem er schon auf die Spur gekommen war.

Sein Weg führte ihn zu einem angenehmen Tal, dessen anmutig grünen, baumreichen Wiesengrund die Wasserfülle eines immer lebendigen Baches bald durchschlängelte, bald durchrauschte. Auf den sanften Anhöhen zogen sich fruchtbare Felder und wohlbestandene Obstbaumpflanzungen hin. Die Dörfer lagen nicht zu nah aneinander; das Ganze hatte einen friedlichen Charakter, und die einzelnen Partien, wenn auch nicht zum Malen, schienen doch zum Leben vorzüglich geeignet zu sein.

Ein wohlerhaltenes Vorwerk mit einem reinlichen, bescheidenen Wohnhause, von Gärten umgeben, fiel ihm endlich in die Augen. Er vermutete, hier sei Eduards gegenwärtiger Aufenthalt, und er irrte nicht.

Von diesem einsamen Freunde können wir so viel sagen, daß er sich im stillen dem Gefühl seiner Leidenschaft ganz überließ und dabei mancherlei Pläne sich ausdachte, mancherlei Hoffnungen nährte. Er konnte sich nicht leugnen, daß er Ottilien hier zu sehen wünsche, daß er wünsche, sie hierher zu führen, zu locken, und was er sich sonst noch Erlaubtes und Unerlaubtes zu denken nicht verwehrte. Dann schwankte seine Einbildungskraft in allen Möglichkeiten herum. Sollte er sie hier nicht besitzen, nicht rechtmäßig besitzen können, so wollte er ihr den Besitz des Gutes zueignen. Hier sollte sie still für sich, unabhängig leben; sie sollte glücklich sein, und wenn ihn eine selbstquälerische Einbildungskraft noch weiter führte, vielleicht mit einem andern glücklich sein.

So verflossen ihm seine Tage in einem ewigen Schwanken zwischen Hoffnung und Schmerz, zwischen Tränen und Heiterkeit, zwischen Vorsätzen, Vorbereitungen und Verzweiflung. Der Anblick Mittlers überraschte ihn nicht: er hatte dessen Ankunft längst erwartet, und so war er ihm auch halb willkommen. Glaubte er ihn von Charlotten gesendet, so hatte er sich schon auf allerlei Entschuldigungen und Verzögerungen und sodann auf entscheidendere Vorschläge bereitet; hoffte er nun aber von Ottilien wieder etwas zu vernehmen, so war ihm Mittler so lieb als ein himmlischer Bote.

Verdrießlich daher und verstimmt war Eduard, als er vernahm, Mittler komme nicht von dorther, sondern aus eigenem Antriebe. Sein Herz verschloß sich und das Gespräch wollte sich anfangs nicht einleiten. Doch wußte Mittler nur zu gut, daß ein liebevoll beschäftigtes Gemüt das dringende Bedürfnis hat, sich zu äußern, das, was in ihm vorgeht, vor einem Freunde auszuschütten, und ließ sich daher gefallen, nach einigem Hin- und Widerreden, diesmal aus seiner Rolle herauszugehen, und statt des Vermittlers den Vertrauten zu spielen.

Als er hiernach, auf eine freundliche Weise, Eduarden wegen seines einsamen Lebens tadelte, erwiderte dieser: „Oh, ich wüßte nicht, wie ich meine Zeit angenehmer zubringen sollte! Immer bin ich mit ihr beschäftigt, immer in ihrer Nähe. Ich habe den unschätzbaren Vorteil, mir denken zu können, wo sich Ottilie befindet, wo sie geht, wo sie steht, wo sie ausruht. Ich sehe sie vor mir tun und handeln, wie gewöhnlich, schaffen und vornehmen, freilich immer das, was m i r am meisten schmeichelt. Dabei bleibt es aber nicht: denn wie kann ich fern von ihr glücklich sein! Nun arbeitet meine Phantasie durch, was Ottilie tun sollte, sich mir zu nähern. Ich schreibe süße, zutrauliche Briefe in ihrem Namen an mich; ich antworte ihr und verwahre die Blätter zusammen. Ich habe versprochen, keinen Schritt gegen sie zu tun, und das will ich halten. Aber was bindet sie, daß sie sich nicht zu mir wendet? Hat etwa Charlotte die Grausamkeit gehabt, Versprechen und Schwur von ihr zu fordern, daß sie mir nicht schreiben, keine Nachricht von sich geben wolle? Es ist natürlich, es ist wahrscheinlich, und doch finde ich es unerhört, unerträglich. Wenn sie mich liebt, wie ich glaube, wie ich weiß, warum entschließt sie sich nicht, warum wagt sie es nicht, zu fliehen und sich in meine Arme zu werfen; Sie sollte es, denke ich manchmal, sie könnte das. Wenn sich etwas auf dem Vorsaale regt, sehe ich gegen die Türe. Sie soll hereintreten! denk ich, hoff ich. Ach! und da das Mögliche unmöglich ist, bilde ich mir ein, das Unmögliche müsse möglich werden. Nachts, wenn ich aufwache, die Lampe einen unsichern Schein durch das Schlafzimmer wirft, da sollte ihre Gestalt, ihr Geist, eine Ahnung von dir, vorüberschweben, herantreten, mich ergreifen, nur einen Augenblick, daß ich eine Art von Versicherung hätte, sie denke mein, sie sei mein!

Eine einzige Freude bleibt mir noch. Da ich ihr nahe war, träumte ich nie von ihr; jetzt aber in der Ferne sind wir im Traume zusammen, und sonderbar genug, seit ich andere liebenswürdige Personen hier in der Nachbarschaft kennengelernt, jetzt erst erscheint mir ihr Bild im Traum, als wenn sie mir sagen wollte: Siehe nur hin und her! du findest doch nichts Schöneres und Lieberes als mich. Und so mischt sich ihr Bild in jeden meiner Träume. Alles, was mir mit ihr begegnet, schiebt sich durch- und übereinander. Bald unterschreiben wir einen Kontrakt; da ist ihre Hand und die meinige, ihr Name und der meinige, beide löschen einander aus, beide verschlingen sich. Auch nicht ohne Schmerz sind diese wonnevollen Gaukeleien der Phantasie. Manchmal tut sie etwas, das die reine Idee beleidigt, die ich von ihr habe; dann fühl ich erst, wie sehr ich sie liebe, indem ich über alle Beschreibung geängstet bin. Manchmal neckt sie mich ganz gegen ihre Art und quält mich; aber sogleich verändert sich ihr Bild, ihr schönes, rundes himmlisches Gesichtchen verlängert sich: es ist eine andere. Aber ich bin doch gequält, unbefriedigt und zerrüttet.

Lächeln Sie nicht, lieber Mittler, oder lächeln Sie auch! Oh, ich schäme mich nicht dieser Anhänglichkeit, dieser wenn Sie wollen, törichten, rasenden Neigung. Nein, ich habe noch nie geliebt; jetzt erfahre ich erst, was das heißt. Bisher war alles in meinem Leben nur Vorspiel, nur Hinhalten, nur Zeitvertreib, nur Zeitverderb, bis ich sie kennenlernte, bis ich sie liebte und ganz und eigentlich liebte. Man hat mir, nicht gerade ins Gesicht, aber doch wohl im Rücken, den Vorwurf gemacht, ich pfusche, ich stümpere nur in den meisten Dingen. Es mag sein, aber ich hatte das noch nicht gefunden, worin ich mich als Meister zeigen kann. Ich will den sehen, der mich im Talent des Liebens übertrifft.

Zwar es ist ein jammervolles, ein schmerzen-, ein tränenreiches; aber ich finde es mir so natürlich, so eigen, daß ich es wohl schwerlich je wieder aufgebe."

Durch diese lebhaften, herzlichen Äußerungen hatte sich Eduard wohl erleichtert, aber es war ihm auch auf einmal jeder einzelne Zug seines wunderlichen Zustandes deutlich vor die Augen getreten, daß er, vom schmerzlichen Widerstreit überwältigt, in Tränen ausbrach, die um so reicher flossen, als sein Herz durch Mitteilung weich geworden war.

Mittler, der sein rasches Naturell, seinen unerbittlichen Verstand um so weniger verleugnen konnte, als er sich durch diesen schmerzlichen Ausbruch der Leidenschaft Eduards weit von dem Ziel seiner Reise verschlagen sah, äußerte aufrichtig und derb seine Mißbilligung. Eduard – hieß es – solle sich ermannen, solle bedenken, was er seiner Manneswürde schuldig sei; solle nicht vergessen, daß dem Menschen zur höchsten Ehre gereiche, im Unglück sich zu fassen, den Schmerz mit Gleichmut und Anstand zu ertragen, um höchlich geschätzt, verehrt und als Muster aufgestellt zu werden.

Aufgeregt, durchdrungen von den peinlichsten Gefühlen, wie Eduard war, mußten ihm diese Worte hohl und nichtig vorkommen. „Der Glückliche, der Behagliche hat gut reden", fuhr Eduard auf, „aber schämen würde er sich, wenn er einsähe, wie unerträglich er dem Leidenden wird. Eine unendliche Geduld soll es geben; einen unendlichen Schmerz will der starre Behagliche nicht anerkennen. Es gibt Fälle, ja es gibt deren, wo jeder Trost niederträchtig und Verzweiflung Pflicht ist! Verschmäht doch ein edler Grieche, der auch Helden zu schildern weiß, keineswegs, die Seinigen bei schmerzlichem Drange weinen zu lassen. Selbst im Sprichwort sagt er: ‚Tränenreiche Männer sind gut.' Verlasse mich jeder, der trockenen Herzens, trockener Augen ist! Ich verwünsche die Glücklichen, denen der Unglückliche nur zum Spektakel dienen soll. Er soll sich in der grausamsten Lage körperlicher und geistiger Bedrängnis noch edel gebärden, um ihren Beifall zu erhalten, und damit sie beim Verscheiden noch applaudieren, wie ein Gladiator mit Anstand vor ihren Augen umkommen. Lieber Mittler, ich danke Ihnen für Ihren Besuch; aber Sie erzeigten mir eine große Liebe, wenn Sie sich im Garten, in der Gegend umsähen. Wir kommen wieder zusammen. Ich suche gefaßter und Ihnen ähnlicher zu werden."

Mittler mochte lieber einlenken, als die Unterhaltung abbrechen, die er so leicht nicht wieder anknüpfen konnte. Auch Eduarden war es ganz gemäß, das Gespräch weiter fortzusetzen, das ohnehin zu seinem Ziele abzulaufen strebte.

„Freilich", sagte Eduard, „hilft das Hin- und Widerdenken, das Hin- und Widerreden zu nichts; doch unter diesem Reden bin ich mich selbst gewahr worden, habe ich erst entschieden gefühlt, wozu ich mich entschließen sollte, wozu ich entschlossen bin. Ich sehe mein gegenwärtiges, mein zukünftiges Leben vor mir: nur zwischen Elend und Genuß habe ich zu wählen. Bewirken Sie, bester Mann, eine Scheidung, die so notwendig, die schon geschehen ist; schaffen Sie mir Charlottens Einwilligung! Ich will nicht weiter ausführen, warum ich glaube, daß sie zu erlangen sein wird. Gehen Sie hin, lieber Mann, beruhigen Sie uns alle, machen Sie uns glücklich!"

Mittler stockte. Eduard fuhr fort: „Mein Schicksal und Ottiliens ist nicht zu trennen, und wir werden nicht zu Grunde gehen. Sehen Sie dieses Glas! Unsere Namenszüge sind darein geschnitten, ich trinke nun täglich daraus, um mich täglich zu überzeugen, daß alle Verhältnisse unzerstörlich sind, die das Schicksal beschlossen hat."

„O wehe mir", rief Mittler, „was muß ich nicht mit meinen Freunden für Geduld haben! Nun begegnet mir noch gar der Aberglaube, der mir als das Schädlichste, was bei den Menschen einkehren kann, verhaßt bleibt. *Wir spielen mit Voraussagungen, Ahnungen und Träumen, und machen dadurch das alltägliche Leben bedeutend.* Aber wenn das Leben nun selbst bedeutend wird, wenn alles um uns sich bewegt und braust, dann wird das Gewitter durch jene Gespenster nur noch fürchterlicher."

„Lassen Sie in dieser Ungewißheit des Lebens", rief Eduard, „zwischen diesem Hoffen und Bangen, dem bedürftigen Herzen doch nur eine Art von Leitstern, nach welchem es hinblicke, wenn es auch nicht darnach steuern kann!"

„Ich ließ mir's wohl gefallen", versetzte Mittler, „wenn dabei nur einige Konsequenz zu hoffen wäre; aber ich habe immer gefunden, *auf die warnenden Symptome achtet kein Mensch, auf die schmeichelnden und versprechenden allein ist die Aufmerksamkeit gerichtet, und der Glaube für sie ganz allein lebendig.*"

Da sich nun Mittler sogar in die dunkeln Regionen geführt sah, in denen er sich immer unbehaglicher fühlte, je länger er darin verweilte, so nahm er den dringenden Wunsch Eduards, der ihn zu Charlotten gehen ließ, etwas billiger auf. Denn was wollte er überhaupt Eduarden in diesem Augenblicke noch entgegensetzen? Zeit zu gewinnen, zu erforschen, wie es um die Frauen stehe, das war es, was ihm selbst nach seinen eigenen Gesinnungen zu tun übrigblieb.

Er eilte zu Charlotten, die er wie sonst gefaßt und heiter fand. Sie unterrichtete ihn gerne von allem, was vorgefallen war; denn aus Eduards Reden konnte er nur die Wirkung abnehmen. Er trat von seiner Seite behutsam heran, konnte es aber nicht über sich gewinnen, das Wort Scheidung auch nur im Vorbeigehen auszusprechen. Wie verwundert, erstaunt und, nach seiner Gesinnung, erheitert war er daher, als Charlotte ihm, in Gefolg so manches Unerfreulichen, endlich sagte: „Ich muß glauben, ich muß hoffen, daß sich wieder geben, daß Eduard sich wieder nähern werde. Wie kann es auch wohl anders sein, da Sie mich in guter Hoffnung finden?"

„Versteh ich Sie recht?" fiel Mittler ein. – „Vollkommen", versetzte Charlotte. „Tausendmal gesegnet sei mir diese Nachricht!" rief er, die Hände zusammenschlagend. „Ich kenne die Stärke dieses Arguments auf ein männliches Gemüt. Wieviele Heiraten sah ich dadurch beschleunigt, befestigt, wieder hergestellt! Mehr als tausend Worte wirkt eine solche gute Hoffnung, die fürwahr die beste Hoffnung ist, die wir haben können. Doch", fuhr er fort, „was mich betrifft, so hätte ich alle Ursache, verdrießlich zu sein. In diesem Falle sehe ich wohl, wird meiner Eigenliebe nicht geschmeichelt. Bei euch kann meine Tätigkeit keinen Dank verdienen. Ich komme mir vor, wie jener Arzt, mein Freund, dem alle Kuren gelangen, die er um Gottes willen an Armen tat, der aber selten einen Reichen heilen konnte, der es gut bezahlen wollte. Glücklicherweise hilft sich hier die Sache von selbst, da meine Bemühungen, mein Zureden fruchtlos geblieben wären."

Charlotte verlangte nun von ihm, er solle die Nachricht Eduarden bringen, einen Brief von ihr mitnehmen und sehen, was zu tun, was herzustellen sei. Er wollte das nicht eingehen. „Alles ist schon getan," rief er aus. „Schreiben Sie! ein jeder Bote ist so gut als ich. Muß ich doch meine Schritte hinwenden, wo ich nötiger bin. Ich komme nur wieder, um Glück zu wünschen, ich komme zur Taufe."

Charlotte war diesmal, wie schon öfters, über Mittlern unzufrieden. Sein rasches Wesen brachte manches Gute hervor, aber seine Übereilung war schuld an manchem Mißlingen. Niemand war abhängiger von augenblicklich vorgefaßten Meinungen als er.

Charlottens Bote kam zu Eduarden, der ihn mit halbem Schrecken empfing. Der Brief konnte eben so gut für Nein als für Ja entscheiden. Er wagte lange nicht, ihn aufzubrechen, und wie stand er betroffen, als er das Blatt gelesen, versteinert bei folgender Stelle, womit es sich endigte:

„Gedenke jener nächtlichen Stunden, in denen du deine Gattin abenteuerlich als Liebender besuchtest, sie unwiderstehlich an dich zogst, sie als eine Geliebte, als eine Braut in die Arme schlossest. Laß uns in dieser seltsamen Zufälligkeit eine Fügung des Himmels verehren, die für ein neues Band unserer Verhältnisse gesorgt hat, in dem Augenblick, da das Glück unseres Lebens auseinanderzufallen und zu verschwinden droht."

Was von dem Augenblick an in der Seele Eduards vorging, würde schwer zu schildern sein. In einem solchen Gedränge treten zuletzt alte Gewohnheiten, alte Neigungen wieder hervor, um die Zeit zu töten und den Lebensraum auszufüllen. Jagd und Krieg sind eine solche für den Edelmann immer bereite Aushilfe. Eduard sehnte sich nach äußerer Gefahr, um der innerlichen das Gleichgewicht zu halten. Er sehnte sich nach dem Untergang, weil ihm das Dasein unerträglich zu werden drohte; ja es war ihm ein Trost zu denken, daß er nicht mehr sein werde und eben dadurch seine Geliebten, seine Freunde glücklich machen könne. Niemand stellte seinem Willen ein Hindernis entgegen, da er seinen Entschluß verheimlichte. Mit allen Förmlichkeiten setzte er sein Testament auf: es war ihm eine süße Empfindung, Ottilien das Gut vermachen zu können. Für Charlotten, für das Ungeborne, für den Hauptmann, für seine Dienerschaft war gesorgt. Der wieder ausgebrochene Krieg begünstigte sein Vorhaben. Militärische Halbheiten hatten ihm in seiner Jugend viel zu schaffen gemacht, er hatte deswegen den Dienst verlassen; nun war es ihm eine herrliche Empfindung, mit einem Feldherrn zu ziehen, von dem er sich sagen konnte: Unter seiner Anführung ist der Tod wahrscheinlich und der Sieg gewiß.

Ottilie, nachdem auch ihr Charlottens Geheimnis bekannt geworden, betroffen wie Eduard, und mehr, ging in sich zurück. Sie hatte nichts weiter zu sagen. Hoffen konnte sie nicht und wünschen durfte sie nicht. Einen Blick jedoch in ihr Inneres gewährt uns ihr Tagebuch, aus dem wir einiges mitzuteilen gedenken.

ZWEITER TEIL

Im gemeinen Leben begegnet uns oft, was wir in der Epopöe als Kunstgriff des Dichters zu rühmen pflegen, daß nämlich, wenn die Hauptfiguren sich entfernen, verbergen, sich der Untätigkeit hingeben, gleich sodann schon ein zweiter, dritter bisher kaum Bemerkter den Platz füllt und, indem er seine ganze Tätigkeit äußert, uns gleichfalls der Aufmerksamkeit, der Teilnahme, ja des Lobes und Preises würdig erscheint.

So zeigte sich gleich nach der Entfernung des Hauptmanns und Eduards jener Architekt täglich bedeutender, von welchem die Anordnung und Ausführung so manches Unternehmens allein abhing, wobei er sich genau, verständig und tätig erwies, und zugleich den Damen auf mancherlei Art beistand und in stillen langwierigen Stunden sie zu unterhalten wußte. Schon sein Äußeres war von der Art, daß es Zutrauen einflößte und Neigung erweckte. Ein Jüngling im vollen Sinne des Wortes, wohlgebaut, schlank, eher ein wenig zu groß, bescheiden, ohne ängstlich, zutraulich, ohne zudringend zu sein. Freudig übernahm er jede Sorge und Bemühung, und weil er mit großer Leichtigkeit rechnete, so war ihm bald das ganze Hauswesen kein Geheimnis, und überall hin verbreitete sich sein günstiger Einfluß. Die Fremden ließ man ihn gewöhnlich empfangen, und er wußte einen unerwarteten Besuch entweder abzulehnen, oder die Frauen wenigstens dergestalt darauf vorzubereiten, daß ihnen keine Unbequemlichkeit daraus entsprang.

Auch auf die Kirche sollte sich seine Sorgfalt erstrecken, auf ein Gebäude, das gleich anfänglich seine Aufmerksamkeit an sich gezogen hatte.

Diese Kirche stand seit mehreren Jahrhunderten, nach deutscher Art und Kunst, in guten Maßen errichtet und auf eine glückliche Weise verziert. Das Gebäude wirkte noch immer ernst und angenehm auf den Betrachter, obgleich die innere neue Einrichtung zum protestantischen Gottesdienste ihm etwas von seiner Ruhe und Majestät genommen hatte.

Dem Architekten fiel es nicht schwer, sich von Charlotten eine mäßige Summe zu erbitten, wovon er das Äußere sowohl als das Innere im altertümlichen Sinne herzustellen und mit dem davor liegenden Auferstehungsfelde zur Übereinstimmung zu bringen gedachte. Er hatte selbst viel Handgeschick, und einige Arbeiter, die noch am

Hausbau beschäftigt waren, wollte man gern so lange beibehalten, bis auch dieses fromme Werk vollendet wäre.

Es ist eine so angenehme Empfindung, sich mit etwas zu beschäftigen, was man nur halb kann, daß niemand den Dilettanten schelten sollte, wenn er sich mit einer Kunst abgibt, die er nie lernen wird, noch den Künstler tadeln dürfte, wenn er, über die Grenze seiner Kunst hinaus, in einem benachbarten Felde sich zu ergehen Lust hat.

Mit so billigen Gesinnungen betrachten wir die Anstalten des Architekten zum Ausmalen der Kapelle. Die Farben waren bereitet, die Maße genommen, die Kartone gezeichnet; allen Anspruch auf Erfindung hatte er aufgegeben; er hielt sich an seine Umrisse: nur die sitzenden und schwebenden Figuren geschickt auszuteilen, den Raum damit geschmackvoll auszuzieren, war seine Sorge.

Das Gerüst stand, die Arbeit ging vorwärts, und da schon einiges, was in die Augen fiel, erreicht war, konnte es ihm nicht zuwider sein, daß Charlotte mit Ottilien ihn besuchte. Die lebendigen Engelsgesichter, die lebhaften Gewänder auf dem blauen Himmelsgrunde erfreuten das Auge, indem ihr stilles, frommes Wesen das Gemüt zur Sammlung berief und eine sehr zarte Wirkung hervorbrachte.

Die Frauen waren zu ihm aufs Gerüst gestiegen, und Ottilie bemerkte kaum, wie abgemessen leicht und bequem das alles zuging, als sich in ihr das durch frühern Unterricht Empfangene mit einmal zu entwickeln schien, sie nach Farbe und Pinsel griff und auf erhaltene Anweisung ein faltenreiches Gewand mit so viel Reinlichkeit als Geschicklichkeit anlegte.

Charlotte, welche gern sah, wenn Ottilie sich auf irgendeine Weise beschäftigte und zerstreute, ließ die beiden gewähren und ging, um ihren eigenen Gedanken nachzuhängen, um ihre Betrachtungen und Sorgen, die sie niemand mitteilen konnte, für sich durchzuarbeiten.

Wenn gewöhnliche Menschen, durch gemeine Verlegenheiten des Tags zu einem leidenschaftlich ängstlichen Betragen aufgeregt, uns ein mitleidiges Lächeln abnötigen, so betrachten wir dagegen mit Ehrfurcht ein Gemüt, in welchem die Saat eines großen Schicksals ausgesät worden, das die Entwicklung dieser Empfängnis abwarten muß, und weder das Gute noch das Böse, weder das Glückliche noch das Unglückliche, was daraus entspringen soll, beschleunigen darf und kann.

Eduard hatte durch Charlottens Boten, den sie ihm in seine Einsamkeit gesendet, freundlich und teilnehmend, aber doch eher ernst als zutraulich und liebevoll, geantwortet. Kurz darauf war Eduard verschwunden, und seine Gattin konnte zu keiner Nachricht von ihm gelangen; bis sie endlich von ungefähr seinen Namen in den Zeitungen fand, wo er unter denen, die sich bei einer bedeutenden Kriegsgelegenheit hervorgetan hatten, mit Auszeichnung genannt war. Sie wußte nun, welchen Weg er genommen hatte, sie erfuhr, daß er großen Gefahren entronnen war; allein sie überzeugte sich zugleich, daß er größere aufsuchen würde, und sie konnte sich daraus nur allzusehr deuten, daß er in jedem Sinne schwerlich zum Äußersten würde zurückzuhalten sein. Sie trug diese Sorgen für sich allein immer in Gedanken, und mochte sie hin und wider legen, wie sie wollte, so konnte sie doch bei keiner Ansicht Beruhigung finden.

Ottilie, von alledem nichts ahnend, hatte indessen zu jener Arbeit die größte Zuneigung gefaßt und von Charlotten gar leicht die Erlaubnis erhalten, regelmäßig darin fortfahren zu dürfen. Nun ging es rasch weiter, und der azurne Himmel war bald mit würdigen Bewohnern bevölkert. Durch eine anhaltende Übung gewannen Ottilie und der Architekt bei den letzten Bildern mehr Freiheit, sie wurden zusehends besser. Auch die Gesichter, welche dem Architekten zu malen allein überlassen war, zeigten nach und nach eine ganz besondere Eigenschaft: sie fingen sämtlich an, Ottilien zu gleichen. Die Nähe des schönen Kindes mußte wohl in die Seele des jungen Mannes, der noch keine natürlich oder künstlerische Physiognomie vorgefaßt hatte, einen so lebhaften Eindruck machen, daß ihm nach und nach, auf dem Wege vom Auge zur Hand, nichts verlorenging, ja daß beide zuletzt ganz gleichstimmig arbeiteten. Genug, eins der letzten Gesichtchen glückte vollkommen, so daß es schien, als wenn Ottilie selbst aus den himmlischen Räumen heruntersähe.

Übrigens waren diese Tage zwar nicht reich an Begebenheiten, doch voller Anlässe zu ernsthafter Unterhaltung. Wir nehmen daher Gelegenheit, von demjenigen, was Ottilie sich daraus in ihren Heften angemerkt, einiges mitzuteilen, wozu wir keinen schicklicheren Übergang finden als durch ein Gleichnis, das sich uns beim Betrachten ihrer liebenswürdigen Blätter aufdringt.

Wir hören von einer besonderen Einrichtung bei der englischen Marine. Sämtliche Tauwerke der königlichen Flotte, vom stärksten bis zum schwächsten, sind dergestalt gesponnen, daß ein roter Faden durch das Ganze durchgeht, den man nicht herauswinden kann, ohne alles aufzulösen, und woran auch die kleinsten Stücke kenntlich sind, daß sie der Krone gehören. Ebenso zieht sich durch Ottiliens Tagebuch ein Faden der Neigung und Anhänglichkeit, der alles verbindet und das Ganze bezeichnet. Dadurch werden diese Bemerkungen, Betrachtungen, ausgezogenen Sinnsprüche, und was sonst vorkommen mag, der Schreibenden ganz besonders eigen und für sie von Bedeutung. Selbst jede einzelne von uns ausgewählte und mitgeteilte Stelle gibt davon das entschiedenste Zeugnis.

AUS OTTILIENS TAGEBUCH

„Eine Bemerkung des jungen Künstlers muß ich aufzeichnen: ,*Wie am Handwerker, so am bildenden Künstler kann man auf das deutlichste gewahr werden, daß der Mensch sich das am wenigsten zuzueignen vermag, was ihm ganz eigens angehört. Seine Werke verlassen ihn, so wie die Vögel das Nest, worin sie ausgebrütet worden.*'

Der Baukünstler vor allen hat hierin das wunderlichste Schicksal. Wie oft wendet er seinen ganzen Geist, seine ganze Neigung auf, um Räume hervorzubringen, von denen er sich selbst ausschließen muß! Die königlichen Säle sind ihm ihre Pracht schuldig, deren größte Wirkung er nicht mitgenießt. In den Tempeln zieht er eine Grenze zwischen sich und dem Allerheiligsten; er darf die Stufen nicht mehr betreten, die er zur herzerhebenden Feierlichkeit gründete, so wie der Goldschmied die Monstranz nur von fern anbetet, deren Schmelz und Edelsteine er zusammengeordnet hat. Dem Reichen übergibt der Baumeister mit dem Schlüssel des Palastes alle Bequemlichkeit und Behäbigkeit, ohne irgend etwas davon mitzugenießen. Muß sich nicht allgemach auf diese Weise die Kunst von dem Künstler entfernen, wenn das Werk, wie ein ausgestattetes Kind, nicht mehr auf den Vater zurückwirkt? Und wie sehr mußte die Kunst sich selbst befördern, als sie fast allein mit dem Öffentlichen, mit dem, was allen und also auch dem Künstler gehörte, sich zu beschäftigen bestimmt war!

Eine Vorstellung der alten Völker ist ernst und kann furchtbar scheinen. Sie dachten sich ihre Vorfahren in großen Höhlen rings umher auf Thronen sitzend in stummer Unterhaltung. Dem Neuen, der hereintrat, wenn er würdig genug war, standen sie auf und neigten ihm einen Willkommen. Gestern, als ich in der Kapelle saß und meinem geschnitzten Stuhle gegenüber noch mehrere umhergestellt sah, erschien mir jener Gedanke gar freundlich und anmutig. Warum kannst du nicht sitzen bleiben? dachte ich bei mir selbst – still und in dich gekehrt sitzen bleiben, lange, lange, bis endlich die Freunde kämen, denen du aufstündest und ihren Platz mit freundlichem Neigen anwiesest. Die farbigen Scheiben machen den Tag zur ernsten Dämmerung, und jemand müßte eine ewige Lampe stiften, damit auch die Nacht nicht ganz finster bliebe.

Man mag sich stellen, wie man will, und man denkt sich immer sehend. Ich glaube, der Mensch träumt nur, damit er nicht aufhöre zu sehen. Es könnte wohl sein, daß das innere Licht einmal aus uns heraustrete, so daß wir keines andern mehr bedürften.

Das Jahr klingt ab. Der Wind geht über die Stoppeln und findet nichts mehr zu bewegen; nur die roten Beeren jener schlanken Bäume scheinen uns noch an etwas Munteres erinnern zu wollen, so wie uns der Taktschlag des Dreschers den Gedanken erweckt, daß in der abgesichelten Ähre so viel Nährendes und Lebendiges verborgen liegt."

Wie seltsam mußte nach solchen Ereignissen, nach diesem aufgedrungenen Gefühl von Vergänglichkeit und Hinschwinden, Ottilie durch die Nachricht getroffen werden, die ihr nicht länger verborgen bleiben konnte, daß Eduard sich dem wechselnden Kriegsglück überliefert habe. Es entging ihr, leider! keine von den Betrachtungen, die sie dabei zu machen Ursache hatte. *Glücklicherweise kann der Mensch nur einen gewissen Grad des Unglücks fassen; was darüber hinausgeht, vernichtet ihn oder läßt ihn gleichgültig.* Es gibt Lagen, in denen Furcht und Hoffnung eins werden, sich einander wechselseitig aufheben und in eine dunkle Fühllosigkeit verlieren. Wie könnten wir sonst die entfernten Geliebtesten in stündlicher Gefahr wissen und dennoch unser tägliches, gewöhnliches Leben immer so forttreiben!

Es war daher, als wenn ein guter Geist für Ottilien gesorgt hätte, indem er auf einmal in diese Stille, in der sie einsam und unbeschäftigt zu versinken schien, ein wildes Heer hereinbrachte, das, indem es ihr von außen genug zu schaffen gab und sie aus sich selbst führte, zugleich in ihr das Gefühl eigener Kraft anregte.

Charlottens Tochter, Luciane, war kaum aus der Pension in die große Welt getreten, hatte kaum in dem Hause ihrer Tante sich von zahlreicher Gesellschaft umgeben gesehen, als ihr Gefallenwollen wirklich Gefallen erregte, und ein junger, sehr reicher Mann gar bald eine heftige Neigung empfand, sie zu besitzen. Sein ansehnliches Vermögen gab ihm ein Recht, das Beste jeder Art sein eigen zu nennen, und es schien ihm nichts weiter abzugehen als eine vollkommne Frau, um die ihn die Welt so wie um das übrige zu beneiden hätte.

Diese Familienangelegenheit war es, welche Charlotten bisher sehr viel zu tun gab, der sie ihre ganze Überlegung, ihre Korrespondenz widmete, insofern diese nicht darauf gerichtet war, von Eduard nähere Nachricht zu erhalten; deswegen auch Ottilie mehr als sonst in der letzten Zeit allein blieb. Diese wußte zwar um die Ankunft Lucianens; im Hause hatte sie deshalb die nötigsten Vorkehrungen getroffen; allein so nahe stellte man sich den Besuch nicht vor. Man wollte vorher noch schreiben, abreden, näher bestimmen, als der Sturm auf einmal über das Schloß und Ottilien hereinbrach.

Angefahren kamen nun Kammerjungfern und Bediente, Brancards mit Koffern und Kisten; man glaubte schon eine doppelte und dreifache Herrschaft im Hause zu haben: aber nun erschienen erst die Gäste selbst, die Großtante mit Lucianen und einigen Freundinnen, der Bräutigam, gleichfalls nicht unbegleitet. Da lag das Vorhaus voll Vachen, Mantelsäcke und anderer lederner Gehäuse. Mit Mühe sonderte man die vielen Kästchen und Futterale auseinander. Des Gepäckes und Geschleppes war kein Ende. Dazwischen regnete es mit Gewalt, woraus manche Unbequemlichkeit entstand. Diesem ungestümen Treiben begegnete Ottilie mit gleichmütiger Tätigkeit, ja ihr heiteres Geschick erschien im schönsten Glanze: denn sie hatte in kurzer Zeit alles untergebracht und angeordnet. Jedermann war logiert, jedermann nach seiner Art bequem, und glaubte gut bedient zu sein, weil er nicht gehindert war, sich selbst zu bedienen.

Nun hätten alle gern, nach einer höchst beschwerlichen Reise, einige Ruhe genossen; der Bräutigam hätte sich seiner Schwiegermutter gern genähert, um ihr seine Liebe, seinen guten Willen zu beteuern; aber Luciane konnte nicht rasten. Sie war nun einmal zu dem Glücke gelangt, ein Pferd besteigen zu dürfen. Der Bräutigam hatte schöne Pferde, und sogleich mußte man aufsitzen. Wetter und Wind, Regen und Sturm kamen nicht in Anschlag; es war, als wenn man nur lebte, um naß zu werden und sich wieder zu trocknen. Fiel es ihr ein, zu Fuße auszugehen, so fragte sie nicht, was für Kleider sie anhatte und wie sie beschuht war: sie mußte die Anlagen besichtigen, von denen sie vieles gehört hatte. Was nicht zu Pferde geschehen konnte, wurde zu Fuß durchrannt. Bald hatte sie alles gesehen und abgeurteilt. Bei der Schnelligkeit ihres Wesens war ihr nicht leicht zu widersprechen. Die Gesellschaft hatte manches zu leiden, am meisten aber die Kammermädchen, die mit Waschen und Bügeln, Auftrennen und Annähen nicht fertig werden konnten.

Kaum hatte sie das Haus und die Gegend erschöpft, als sie sich verpflichtet fühlte, rings in der Nachbarschaft Besuch abzulegen. Weil man sehr schnell ritt und fuhr, so reichte die Nachbarschaft ziemlich fern umher. Das Schloß ward mit Gegenbesuchen überschwemmt und, damit man sich ja nicht verfehlen möchte, wurden bald bestimmte Tage angesetzt.

Indessen Charlotte mit der Tante und dem Geschäftsträger des Bräutigams die innern Verhältnisse festzustellen bemüht war und Ottilie mit ihren Untergebenen dafür zu sorgen wußte, daß es an nichts bei so großem Zudrang fehlen möchte, da denn Jäger und Gärtner, Fischer und Krämer in Bewegung gesetzt wurden, zeigte sich Luciane immer wie ein brennender Kometenstern, der einen langen Schweif nach sich zieht. Die gewöhnlichen Besuchsunterhaltungen dünkten ihr bald ganz unschmackhaft. Kaum daß sie den ältesten Personen eine Ruhe am Spieltisch gönnte; wer noch einigermaßen beweglich war – und wer ließ sich nicht durch ihre reizenden Zudringlichkeiten in Bewegung setzen? – mußte herbei, wo nicht zum Tanze, doch zum lebhaften Pfand-, Straf- und Vexierspiel. Und obgleich das alles, so wie hernach die Pfänderlösung, auf sie selbst berechnet war, so ging doch von der andern Seite niemand, besonders kein Mann, er mochte von einer Art sein, von welcher er wollte, ganz leer aus; ja es glückte ihr, einige ältere Personen von Bedeutung ganz für sich zu gewinnen, indem sie ihre eben einfallenden Geburts- und Namenstage ausgeforscht hatte und besondern feierte. Dabei kam ihr ein ganz eigenes Geschick zustatten, so daß, indem alle sich begünstigt sahen, jeder sich für den am meisten Begünstigten hielt, eine Schwachheit, deren sich sogar der Älteste in der Gesellschaft am allermerklichsten schuldig machte.

Schien es bei ihr Plan zu sein, Männer, die etwas vorstellten, Rang, Ansehen, Ruhm oder sonst etwas Bedeutendes für sich hatten, für sich zu gewinnen, Weisheit und Besonnenheit zuschanden zu machen und ihrem wilden, wunderlichen Wesen selbst bei der Bedächtlichkeit Gunst zu erwerben, so kam der Jugend doch dabei nicht zu kurz: Jeder hatte sein Teil, seinen Tag, seine Stunde, in der sie ihn zu entzücken und zu fesseln wußte.

Nicht umsonst hatte sie so vieles Gepäck mitgebracht, ja es war ihr noch manches gefolgt. Sie hatte sich auf eine unendliche Abwechselung in Kleidern vorgesehen. Wenn es ihr Vergnügen machte, sich des Tages drei-, viermal umzuziehen und mit gewöhnlichen, in der Gesellschaft üblichen Kleidern vom Morgen bis in die Nacht zu wechseln, so erschien sie dazwischen wohl auch einmal im wirklichen Maskenkleid, als Bäuerin und Fischerin, als Fee und Blumenmädchen. Sie verschmähte nicht, sich als alte Frau zu verkleiden, um desto frischer ihr junges Gesicht aus der Kutte hervorzuziehen; und wirklich verwirrte sie dadurch das Gegenwärtige und das Eingebildete dergestalt, daß man sich mit der Saalnixe verwandt und verschwägert zu sein glaubte. Wozu sie aber diese Verkleidungen hauptsächlich benutzte, waren pantomimische Stellungen und Tänze, in denen sie verschiedene Charaktere auszudrükken gewandt war. Ein Kavalier aus ihrem Gefolge hatte sich eingerichtet, auf dem Flügel ihre Gebärden mit der wenigen nötigen Musik zu begleiten; es bedurfte nur einer kurzen Abrede, so waren sie sogleich in Einstimmung.

Um diese Zeit finden sich in Ottiliens Tagebuch Ereignisse seltener angemerkt, dagegen häufiger auf das Leben bezügliche und vom Leben abgezogene Maximen und Sentenzen. Weil aber die meisten derselben wohl nicht durch ihre eigene Reflexion entstanden sein können, so ist es wahrscheinlich, daß man ihr irgendein Heft mitgeteilt, aus dem sie sich, was ihr gemütlich war, ausgeschrieben. Manches Eigene von innigerm Bezug wird an dem roten Faden wohl zu erkennen sein.

AUS OTTILIENS TAGEBUCHE

„Wir blicken so gern in die Zukunft, weil wir das Ungefähre, was sich in ihr hin und her bewegt, durch stille Wünsche so gern zu unseren Gunsten heranleiten möchten."

„Wir befinden uns nicht leicht in großer Gesellschaft, ohne zu denken, der Zufall, der so viele zusammenbringt, solle uns auch unsere Freunde herbeiführen."

„Man mag noch so eingezogen leben, so wird man, ehe man sich's versieht, ein Schuldner oder ein Gläubiger."

„Begegnet uns jemand, der uns Dank schuldig ist, gleich fällt es uns ein. Wie oft können wir jemand begegnen, dem wir Dank schuldig sind, ohne daran zu denken!"

„Sich mitzuteilen ist Natur; Mitgeteiltes aufzunehmen, wie es gegeben wird, ist Bildung."

„Niemand würde viel in Gesellschaften sprechen, wenn er sich bewußt wäre, wie oft er die andern mißversteht."

„Man verändert fremde Reden beim Wiederholen wohl darum so sehr, weil man sie nicht verstanden hat."

„Wer vor anderen lange allein spricht, ohne den Zuhörern zu schmeicheln, erregt Widerwillen."

„Jedes ausgesprochene Wort erregt den Gegensinn."

„Widerspruch und Schmeichelei machen beide ein schlechtes Gespräch."

„Die angenehmsten Gesellschaften sind die, in welchen eine heitere Ehrerbietung der Glieder gegeneinander obwaltet."

„Durch nichts bezeichnen die Menschen mehr ihren Charakter, als durch das, was sie lächerlich finden."

„Das Lächerliche entspringt aus einem sittlichen Kontrast, der auf eine unschädliche Weise für die Sinne in Verbindung gebracht wird."

„Der sinnliche Mensch lacht oft, wo nichts zu lachen ist. Was ihn auch anregt, sein inneres Behagen kommt zum Vorschein."

"Der Verständige findet fast alles lächerlich, der Vernünftige fast nichts."

"Einem bejahrten Manne verdachte man, daß er sich noch um junge Frauenzimmer bemühte. ‚Es ist das einzige Mittel', versetzte er, ‚sich zu verjüngen, und das will doch jedermann.'"

"Man läßt sich seine Mängel vorhalten, man läßt sich strafen, man leidet manches um ihrer willen mit Geduld; aber ungeduldig wird man, wenn man sie ablegen soll."

"Gewisse Mängel sind notwendig zum Dasein des einzelnen. Es würde uns unangenehm sein, wenn alte Freunde gewisse Eigenheiten ablegten."

"Man sagt: ‚Er stirbt bald', wenn einer etwas gegen seine Art und Weise tut."

"Was für Mängel dürfen wir behalten, ja an uns kultivieren? Solche, die den anderen eher schmeicheln als sie verletzen."

"Die Leidenschaften sind Mängel oder Tugenden, nur gesteigerte."

"Unsere Leidenschaften sind wahre Phönixe: wie der alte verbrennt, steigt der neue sogleich wieder aus der Asche hervor."

"Große Leidenschaften sind Krankheiten ohne Hoffnung. Was sie heilen könnte, macht sie erst recht gefährlich."

"Die Leidenschaft erhöht und mildert sich durchs Bekennen. In nichts wäre die Mittelstraße vielleicht wünschenswerter als im Vertrauen und Verschweigen gegen die, die wir lieben."

So peitschte Luciane den Lebensrausch im geselligen Strudel immer vor sich her. Ihr Hofstaat vermehrte sich täglich, teils weil ihr Treiben so manchen anregte und anzog, teils weil sie sich andere durch Gefälligkeit und Wohltun zu verbinden wußte. Mitteilend war sie im höchsten Grade: denn da ihr durch die Neigung der Tante und des Bräutigams so viel Schönes und Köstliches auf einmal zugeflossen war, so schien sie nichts Eigenes zu besitzen und den Wert der Dinge nicht zu kennen, die sich um sie gehäuft hatten. So zauderte sie nicht einen Augenblick, einen kostbaren Shawl abzunehmen und ihn einem Frauenzimmer umzuhängen, das ihr gegen die übrigen zu ärmlich gekleidet schien, und sie tat das auf eine so neckische, geschickte Weise, daß niemand eine solche Gabe ablehnen konnte. Einer von ihrem Hofstaat hatte stets eine Börse und den Auftrag, in den Orten, wo sie einkehrten, sich nach den Ältesten und Kränksten zu erkundigen, und ihren Zustand wenigstens für den Augenblick zu erleichtern. Dadurch entstand ihr in der ganzen Gegend ein Name von Vortrefflichkeit, der ihr doch auch manchmal unbequem ward, weil er allzuviel lästige Notleidende an sie heranzog.

Durch nichts aber vermehrte sie so sehr ihren Ruf, als durch ein auffallendes gutes, beharrliches Benehmen gegen einen unglücklichen jungen Mann, der die Gesellschaft floh, weil er, übrigens schön und wohlgebildet, seine rechte Hand, obgleich rühmlich, in der Schlacht verloren hatte. Diese Verstümmelung erregte ihm einen solchen Mißmut, es war ihm so verdrießlich, daß jede neue Bekanntschaft sich auch immer mit seinem Unfall bekanntmachen sollte, daß er sich lieber versteckte, sich dem Lesen und anderen Studien ergab und ein für allemal mit der Gesellschaft nichts wollte zu schaffen haben.

Das Dasein dieses jungen Mannes blieb ihr nicht verborgen. Er mußte herbei, erst in kleiner Gesellschaft, dann in größerer, dann in der größten. Sie benahm sich anmutiger gegen ihn als gegen irgendeinen andern, besonders wußte sie durch zudringliche Dienstfertigkeit ihm seinen Verlust wert zu machen, indem sie beschäftigt war, ihn zu ersetzen. Bei Tafel mußte er neben ihr seinen Platz nehmen, sie schnitt ihm vor, so daß er nur die Gabel gebrauchen durfte. Nahmen Ältere, Vornehmere ihm ihre Nachbarschaft weg, so erstreckte sie ihre Aufmerksamkeit über die ganze Tafel hin, und die eilenden Bedienten mußten das ersetzen, was ihm die Entfernung zu rauben drohte. Zuletzt munterte sie ihn auf, mit der linken Hand zu schreiben: er mußte alle seine Versuche an sie richten, und so stand sie, entfernt oder nahe, immer mit ihm in Verhältnis. Der junge Mann wußte nicht, wie ihm geworden war, und wirklich fing er von diesem Augenblick ein neues Leben an.

Vielleicht sollte man denken, ein solches Betragen wäre dem Bräutigam mißfällig gewesen; allein es fand sich das Gegenteil. Er rechnete ihr diese Bemühungen zu großem Verdienst an, und war um so mehr darüber ganz ruhig, als er ihre fast übertriebenen Eigenheiten kannte, wodurch sie alles, was im mindesten verfänglich schien, von sich abzulehnen wußte. Sie wollte mit jedermann nach Belieben umspringen, jeder war in Gefahr, von ihr einmal angestoßen, gezerrt oder sonst geneckt zu werden; niemand aber durfte sich gegen sie ein Gleiches erlauben, niemand sie nach Willkür berühren, niemand, auch nur im entferntesten Sinne, eine Freiheit, die sie sich nahm, erwidern; und so hielt sie die andern in den strengsten Grenzen der Sittlichkeit gegen sich, die sie gegen andere jeden Augenblick zu übertreten schien.

Überhaupt hätte man glauben können, es sei bei ihr Maxime gewesen, sich dem Lobe und dem Tadel, der Neigung und der Abneigung gleichmäßig auszusetzen. Denn wenn sie die Menschen auf mancherlei Weise für sich zu gewinnen suchte, so verdarb sie es wieder mit ihnen gewöhnlich durch eine böse Zunge, die niemanden schonte. So wurde kein Besuch in der Nachbarschaft abgelegt, nirgends sie und ihre Gesellschaft in Schlössern und Wohnungen freundlich aufgenommen, ohne daß sie bei der Rückkehr auf das ausgelassenste merken ließ, wie sie alle menschlichen Verhältnisse nur von der lächerlichen Seite zu nehmen geneigt sei. Da waren drei Brüder, welche unter lauter Komplimenten, wer zuerst heiraten sollte, das Alter übereilt hatte; hier eine kleine junge Frau mit einem großen alten Manne; dort umgekehrt ein kleiner munterer Mann und eine unbehilfliche Riesin. In dem einen Hause stolperte man bei jedem Schritt über ein Kind; das andere wollte ihr bei der größten Gesellschaft nicht voll erscheinen, weil keine Kinder gegenwärtig waren. Alte Gatten sollten sich nur schnell begraben lassen, damit doch wieder einmal jemand im Hause zum Lachen käme, da ihnen keine Noterben gegeben waren. Junge Eheleute sollten reisen, weil das Haushalten sie nicht kleide. Und wie mit den Personen, so machte sie es auch mit den Sachen, mit den Gebäuden, wie mit dem Haus- und Tischgeräte. Besonders alle Wandverzierungen reizten sie zu lustigen Bemerkungen. Von dem ältesten Hautelisseteppich bis zu der neuesten Papiertapete, vom ehrwürdigsten Familienbilde bis zum frivolsten neuen Kupferstich, eins wie das andere mußte leiden, eins wie das andere wurde durch ihre spöttischen Bemerkungen gleichsam aufgezehrt, so daß man sich hätte verwundern sollen, wie fünf Meilen umher irgend etwas nur noch existierte.

Eigentliche Bosheit war vielleicht nicht in diesem verneinenden Bestreben; ein selbstischer Mutwille mochte sie gewöhnlich anreizen: aber eine wahrhafte Bitterkeit hatte sich in ihrem Verhältnis zu Ottilien erzeugt. Auf die ruhige, ununterbrochene Tätigkeit des lieben Kindes, die von jedermann bemerkt und gepriesen wurde, sah sie mit Verachtung herab, und als zur Sprache kam, wie sehr sich Ottilie der Gärten und der Treibhäuser annehme, spottete sie nicht allein darüber, indem sie, uneingedenk des tiefen Winters, in dem man lebte, sich zu verwundern schien, daß man weder Blumen noch Früchte gewahr werde, sondern sie ließ auch von nun an so viel Grünes, so viel Zweige, und was nur irgend keimte, herbeiholen und zu täglichen Zierde der Zimmer und des Tisches verschwenden, daß Ottilie und der Gärtner nicht wenig gekränkt waren, ihre Hoffnungen für das nächste Jahr und vielleicht auf längere Zeit zerstört zu sehen.

Ebenso wenig gönnte sie Ottilien die Ruhe des häuslichen Ganges, worin sie sich mit Bequemlichkeit fortbewegte. Ottilie sollte mit auf die Lust- und Schlittenfahrten; sie sollte mit auf die Bälle, die in der Nachbarschaft veranstaltet wurden; sie sollte weder Schnee noch Kälte noch gewaltsame Nachtstürme scheuen, da ja so viel andere nicht davon stürben. Das zarte Kind litt nicht wenig darunter, aber Luciane gewann nichts dabei: denn obgleich Ottilie sehr einfach gekleidet ging, so war sie doch, oder so schien sie wenigstens den Männern immer die Schönste.

Indessen je tiefer der Winter sich senkte, je wilderes Wetter, je unzugänglicher die Wege, desto anziehender schien es, in so guter Gesellschaft die abnehmenden Tage zuzubringen. Nach kurzen Ebben überflutete die Menge von Zeit zu Zeit das Haus. Offiziere von entfernteren Garnisonen, die gebildeten zu ihrem großen Vorteil, die roheren zur Unbequemlichkeit der Gesellschaft, zogen sich herbei; am Zivilstande fehlte es auch nicht.

Nun sollte man scheiden, aber das konnte nicht auf eine gewöhnliche Weise geschehen. Man scherzte einmal ziemlich laut, daß Charlottens Wintervorräte nun bald aufgezehrt seien, als ein Ehrenmann, von Lucianens Vorzügen hingerissen, denen er nun schon so lange huldigte, unbedachtsam ausrief: So lassen Sie uns auf polnische Art halten! Kommen Sie nun und zehren mich auch auf! Und so geht es dann weiter in der Runde herum. Gesagt, getan! Luciane schlug ein. Den andern Tag ward gepackt und der Schwarm warf sich auf ein anderes Besitztum. Dort hatte man auch Raum genug, aber weniger Bequemlichkeit und Einrichtung. Daraus entstand manches Unschickliche, das erst Lucianen recht glücklich machte. Das Leben wurde immer wüster und wilder. Treibjagden im tiefsten Schnee, und was man sonst nur Unbequemes auffinden konnte, wurde veranstaltet. Frauen so wenig als Männer durften sich ausschließen, und so zog man, jagend und reitend, schlittenfahrend und lärmend, von einem Gute zum andern, bis man sich endlich der Residenz näherte, da denn die Nachrichten und Erzählungen, wie man sich bei Hofe und in der Stadt vergnüge, der Einbildungskraft eine andere Wendung gaben, und Luciane mit ihrer sämtlichen Begleitung, indem die Tante schon vorausgegangen war, unaufhaltsam in einen andern Lebenskreis hineinzogen.

AUS OTTILIENS TAGEBUCH

„Man nimmt in der Welt jeden, wofür er sich gibt; aber er muß sich auch für etwas geben. Man erträgt die Unbequemen lieber, als man die Unbedeutenden duldet."

„Man kann der Gesellschaft alles aufdringen, nur nicht was eine Folge hat."

„Wir lernen die Menschen nicht kennen, wenn sie zu uns kommen: wir müssen zu ihnen gehen, um zu erfahren, wie es mit ihnen steht."

„Ich finde es beinahe natürlich, daß wir an Besuchenden mancherlei auszusetzen haben, daß wir sogleich, wenn sie weg sind, über sie nicht zum liebevollsten urteilen: denn wir haben sozusagen ein Recht, sie nach unserm Maßstabe zu messen. Selbst verständige und billige Menschen enthalten sich in solchen Fällen kaum einer scharfen Zensur."

„Wenn man dagegen bei andern gewesen ist und hat sie mit ihren Umgebungen, Gewohnheiten, in ihren notwendigen, unausweichlichen Zuständen gesehen, wie sie um sich wirken, oder sie sie sich fügen, sie gehört schon Unverstand und böser Wille dazu, um das lächerlich zu finden, was uns in mehr als einem Sinne ehrwürdig scheinen müßte."

„Durch das, was wir Betragen und gute Sitten nennen, soll das erreicht werden, was außerdem nur durch Gewalt, oder auch nicht einmal durch Gewalt zu erreichen ist."

„Der Umgang mit Frauen ist das Element guter Sitten."

„Wie kann der Charakter, die Eigentümlichkeit des Menschen, mit der Lebensart bestehen?"

„Das Eigentümliche müßte durch die Lebensart erst recht hervorgehoben werden. Das Bedeutende will jedermann, nur soll es nicht unbequem sein."

„Die größten Vorteile im Leben überhaupt wie in der Gesellschaft hat ein gebildeter Soldat."

„Rohe Kriegsleute gehen wenigstens nicht aus ihrem Charakter, und weil doch meist hinter der Stärke eine Gutmütigkeit verborgen liegt, so ist im Notfall auch mit ihnen auszukommen."

„Niemand ist lästiger als ein täppischer Mensch vom Zivilstande. Von ihm könnte man die Feinheit fordern, da er sich mit nichts Rohem zu beschäftigen hat."

„Wenn wir mit Menschen leben, die ein zartes Gefühl für das Schickliche haben, so wird es uns Angst um ihretwillen, wenn etwas Ungeschicktes begegnet. So fühle ich immer für und mit Charlotten, wenn jemand mit dem Stuhle schaukelt, weil sie das in den Tod nicht leiden kann."

„Es käme niemand mit der Brille auf der Nase in ein vertrauliches Gemach, wenn er wüßte, daß uns Frauen sogleich die Lust vergeht, ihn anzusehen und uns mit ihm zu unterhalten."

„Zutraulichkeit an der Stelle der Ehrfurcht ist immer lächerlich. Es würde niemand den Hut ablegen, nachdem er kaum das Kompliment gemacht hat, wenn er wüßte, wie komisch das aussieht."

„Es gibt kein äußeres Zeichen der Höflichkeit, das nicht einen tiefen sittlichen Grund hätte. Die rechte Erziehung wäre, welche dieses Zeichen und den Grund zugleich überlieferte."

„Das Betragen ist ein Spiegel, in welchem jeder sein Bild zeigt."

„Es gibt eine Höflichkeit des Herzens; sie ist der Liebe verwandt. Aus ihr entspringt die bequemste Höflichkeit des äußern Betragens."

„Freiwillige Abhängigkeit ist der schönste Zustand, und wie wäre der möglich ohne Liebe!"

„Wir sind nie entfernter von unseren Wünschen, als wenn wir uns einbilden, das Gewünschte zu besitzen."

„Niemand ist mehr Sklave, als der sich für frei hält, ohne es zu sein."

„Es darf sich einer nur für frei erklären, so fühlt er sich den Augenblick als bedingt. Wagt er es, sich für bedingt zu erklären, so fühlt er sich frei."

„Gegen große Vorzüge eines andern gibt es kein Rettungsmittel als die Liebe."

„Es ist etwas Schreckliches um einen vorzüglichen Mann, auf den sich die Dummen was zu Gute tun."

„Es gibt, sagt man, für den Kammerdiener keinen Helden. Das kommt aber bloß daher, weil der Held nur vom Helden anerkannt werden kann. Der Kammerdiener wird aber wahrscheinlich seinesgleichen zu schätzen wissen."

„Es gibt keinen größern Trost für die Mittelmäßigkeit, als daß das Genie nicht unsterblich sei."

„Die größten Menschen hängen immer mit ihrem Jahrhundert durch eine Schwachheit zusammen."

„Man hält die Menschen gewöhnlich für gefährlicher als sie sind."

„Toren und gescheite Leute sind gleich unschädlich. Nur die Halbnarren und Halbweisen, das sind die Gefährlichsten."

„Man weicht der Welt nicht sicherer aus als durch die Kunst, und man verknüpft sich nicht sicherer mit ihr als durch die Kunst."

„Selbst im Augenblick des höchsten Glücks und der höchsten Not bedürfen wir des Künstlers."

„Die Kunst beschäftigt sich mit dem Schweren und Guten."

„Das Schwierige leicht behandelt zu sehen, gibt uns das Anschauen des Unmöglichen."

„Die Schwierigkeiten wachsen, je näher man dem Ziele kommt."

„Säen ist nicht so beschwerlich als ernten."

Die große Unruhe, welche Charlotten durch diesen Besuch erwuchs, ward ihr dadurch vergütet, daß sie ihre Tochter völlig begreifen lernte, worin ihr die Bekanntschaft mit der Welt sehr zu Hilfe kam. Es war nicht zum erstenmal, daß ihr ein so seltsamer Charakter begegnete, ob er ihr gleich noch niemals auf dieser Höhe erschien. Und doch hatte sie aus der Erfahrung, daß solche Personen, durchs Leben, doch mancherlei Ereignisse, durch elterliche Verhältnisse gebildet, eine sehr angenehme und liebenswürdige Reife erlangen können, indem die Selbständigkeit gemildert wird, und die schwärmende Tätigkeit eine entschiedene Richtung erhält. Charlotte ließ als Mutter sich um desto eher eine für andere vielleicht unangenehme Erscheinung gefallen, als es ihrer Eltern wohl geziemt, da zu hoffen, wo Fremde nur zu genießen wünschen oder wenigstens nicht belästigt sein wollen.

Auf eine eigene und unerwartete Weise jedoch sollte Charlotte nach ihrer Tochter Abreise getroffen werden, indem diese nicht sowohl durch das Tadelnswerte in ihrem Betragen, als durch das, was man daran lobenswürdig hätte finden können, eine üble Nachrede hinter sich gelassen hatte. Luciane schien sich's zum Gesetz gemacht zu haben, nicht allein mit den Fröhlichen fröhlich, sondern auch mit den Traurigen traurig zu sein, und um den Geist des Widerspruchs recht zu üben, manchmal die Fröhlichen verdrießlich und die Traurigen heiter zu machen. In allen Familien, wo sie hinkam, erkundigte sie sich nach den Kranken und Schwachen, die nicht in Gesellschaft erscheinen konnten: sie besuchte sie auf ihren Zimmern, machte den Arzt und drang einem jeden aus ihrer Reiseapotheke, die sie beständig im Wagen mit sich führte, energische Mittel auf: da denn eine solche Kur, wie sich vermuten läßt, gelang oder mißlang, wie es der Zufall herbeiführte.

In dieser Art von Wohltätigkeit war sie ganz grausam und ließ sich gar nicht einreden, weil sie fest überzeugt war, daß sie vortrefflich handle. Allein es mißriet ihr auch ein Versuch von der sittlichen Seite, und dieser war es, der Charlotten viel zu schaffen machte, weil er Folgen hatte und jedermann darüber sprach. Erst nach Lucianens Abreise hörte sie davon; Ottilie, die gerade jene Partie mitgemacht hatte, mußte ihr umständlich davon Rechenschaft geben.

Eine der Töchter eines angesehenen Hauses hatte das Unglück gehabt, an dem Tod eines ihrer jüngeren Geschwister schuld zu sein und sich darüber nicht beruhigen, noch wiederfinden können. Sie lebte auf ihrem Zimmer beschäftigt und still, und ertrug selbst den Anblick der Ihrigen nur, wenn sie einzeln kamen; denn sie argwohnte sogleich, wenn mehrere beisammen waren, daß man untereinander über sie und ihren Zustand reflektierte. Gegen jedes allein äußerte sie sich vernünftig und unterhielt sich stundenlang mit ihm.

Luciane hatte davon gehört und sich sogleich im stillen vorgenommen, wenn sie in das Haus käme, gleichsam ein Wunder zu tun und das Frauenzimmer der Gesellschaft wiederzugeben. Sie betrug sich dabei vorsichtiger als sonst, wußte sich allein bei der Seelenkranken einzuführen, und so viel man merken konnte, durch Musik ihr Vertrauen zu gewinnen. Nur zuletzt versah sie es: denn eben weil sie Aufsehen erregen wollte, so brachte sie das schöne, blasse Kind, das sie genug vorbereitet wähnte, eines Abends plötzlich in die bunte glänzende Gesellschaft; und vielleicht wäre auch das noch gelungen, wenn nicht die Sozietät selbst, aus Neugierde und Apprehension, sich ungeschickt benommen, sich um die Kranke versammelt, sie wieder gemieden, sie durch Flüstern, Köpfezusammenstecken irre gemacht und aufgeregt hätte. Die zart Empfindende ertrug das nicht. Sie entwich unter fürchterlichem Schreien, das gleichsam ein Entsetzen vor einem eindringenden Ungeheuer auszudrücken schien. Erschreckt fuhr die Gesellschaft nach allen Seiten auseinander, und Ottilie war unter denen, welche die völlig Ohnmächtige wieder auf ihr Zimmer begleiteten.

Indessen hatte Luciane eine starke Strafrede nach ihrer Weise an die Gesellschaft gehalten, ohne im mindesten daran zu denken, daß sie allein alle Schuld haben, und ohne sich durch dieses und anderes Mißlingen von ihrem Tun und Treiben abhalten zu lassen.

Der Zustand der Kranken war seit jener Zeit bedenklicher geworden, ja das Übel hatte sich so gesteigert, daß die Eltern das arme Kind nicht im Hause behalten konnten, sondern einer öffentlichen Anstalt überantworten mußten. Charlotten blieb nichts übrig, als durch ein besonders zartes Benehmen gegen jene Familie den von ihrer Tochter verursachten Schmerz einigermaßen zu lindern. Auf Ottilien hatte die Sache einen tiefen Eindruck gemacht: sie bedauerte das arme Mädchen um so mehr, als sie überzeugt war, wie sie auch gegen Charlotten nicht leugnete, daß bei einer konsequenten Behandlung die Kranke gewiß herzustellen gewesen wäre.

Die Weihnachtsfeiertage nahten sich, und es wurde dem Architekten auf einmal klar, daß eigentlich jene Gemäldedarstellungen durch runde Figuren von dem sogenannten Präsepe ausgegangen, von der frommen Vorstellung, die man in dieser heiligen Zeit der göttlichen Mutter und dem Kinde widmete, wie sie in ihrer scheinbaren Niedrigkeit erst von Hirten, bald darauf von Königen verehrt werden.

Er hatte sich die Möglichkeit eines solchen Bildes vollkommen vergegenwärtigt. Ein schöner frischer Knabe war gefunden; an Hirten und Hirtinnen konnte es auch nicht fehlen; aber ohne Ottilien war die Sache nicht auszuführen. Der junge Mann hatte sie in diesem Sinne zur Mutter Gottes erhoben.

Der Architekt arbeitete Tag und Nacht, damit am Weihnachtsabend nichts fehlen möge. Und zwar Tag und Nacht im eigentlichen Sinne. Er hatte ohnehin wenig Bedürfnisse, und Ottiliens Gegenwart schien ihm statt alles Labsals zu sein; indem er um ihretwillen arbeitete, war es, als wenn er keines Schlafs, indem er sich um sie beschäftigte, keiner Speise bedürfte. Zur feierlichen Abendstunde war deshalb alles fertig und bereit. Es war ihm möglich gewesen, wohltönende Blasinstrumente zu versammeln, welche die Einleitung machten und die gewünschte Stimmung hervorzubringen wußten. Als der Vorhang sich hob, war Charlotte wirklich überrascht. Das Bild, das sich ihr vorstellte, war so oft in der Welt wiederholt, daß man kaum einen neuen Eindruck davon erwarten sollte. Aber hier hatte die Wirklichkeit als Bild ihre besondern Vorzüge. Der ganze Raum war eher nächtlich als dämmernd, und doch nichts undeutlich im einzelnen der Umgebung. Den unübertrefflichen Gedanken, daß alles Licht vom Kinde ausgehe, hatte der Künstler durch einen klugen Mechanismus der Beleuchtung auszuführen gewußt, der durch die beschatteten, nur von Streiflichtern erleuchteten Figuren im Vordergrunde zugedeckt wurde. Frohe Mädchen und Knaben standen umher, die frischen Gesichter scharf von unten beleuchtet. Auch an Engeln fehlte es nicht, deren eigener Schein vor dem göttlichen verdunkelt, deren ätherischer Leib vor dem göttlichmenschlichen verdichtet und lichtbedürftig schien.

Ottiliens Gestalt, Gebärde, Miene, Blick übertraf aber alles, was je ein Maler dargestellt hat. Der gefühlvolle Kenner, der diese Erscheinung gesehen hätte, wäre in Furcht geraten, es möge sich nur irgend etwas bewegen, er wäre in Sorge gestanden, ob ihm jemals wieder etwas so gefallen könne. Unglücklicherweise war niemand da, der diese ganze Wirkung aufzufassen vermocht hätte. Der Architekt allein, der als langer, schlanker Hirt von der Seite über die Knienden hereinsah, hatte obgleich nicht in dem genauesten Standpunkt, noch den größten Genuß. Und wer beschreibt auch die Miene der neugeschaffenen Himmelskönigin? Die reinste Demut, das liebenswürdigste Gefühl von Bescheidenheit bei einer großen, unverdient erhaltenen Ehre, einem unbegreiflich unermeßlichen Glück bildete sich in ihren Zügen, sowohl sich ihre eigene Empfindung, als indem sich die Vorstellung ausdrückte, die sie sich von dem machen konnte, was sie spielte.

Charlotten erfreute das schöne Gebilde, doch wirkte hauptsächlich das Kind auf sie. Ihre Augen strömten von Tränen und sie stellte sich auf das lebhafteste vor, daß sie ein ähnliches liebes Geschöpf bald auf ihrem Schoße zu hoffen habe.

Man hatte den Vorhang niedergelassen, teils um den Vorstellenden einige Erleichterung zu geben, teils um eine Veränderung in dem Dargestellten anzubringen. Der Künstler hatte sich vorgenommen, das erste Nacht- und Niedrigkeitsbild in ein Tag- und Glorienbild zu verwandeln, und deswegen von allen Seiten eine unmäßige Erleuchtung vorbereitet, die in der Zwischenzeit angezündet wurde.

Ottilien war in ihrer halb theatralischen Lage bisher die größte Beruhigung gewesen, daß außer Charlotten und wenigen Hausgenossen niemand dieser frommen Kunstmummerei zugesehen. Sie wurde daher einigermaßen betroffen, als sie in der Zwischenzeit vernahm, es sei ein Fremder angekommen, im Saale von Charlotten freundlich begrüßt. Wer es war, konnte man ihr nicht sagen. Sie ergab sich darein, um keine Störung zu verursachen. Lichter und Lampen brannten, und eine ganz unendliche Hellung umgab sie. Der Vorhang ging auf, für die Zuschauenden ein überraschender Anblick: das ganze Bild war alles Licht, und statt des völlig aufgehobenen Schattens blieben nur die Farben übrig, die bei der klugen Auswahl eine liebliche Mäßigung hervorbrachten. Unter ihren langen Augenwimpern hervorblickend, bemerkte Ottilie eine Mannsperson neben Charlotten sitzend. Sie erkannte ihn nicht, aber sie glaubte die Stimme des Gehilfen zu hören. Eine wunderbare Empfindung ergriff sie. Wie vieles war begegnet, seitdem sie die Stimme dieses treuen Lehrers nicht vernommen! Wie im zackigen Blitz fuhr die Reihe ihrer Freuden und Leiden schnell vor ihrer Seele vorbei, und regte die Frage auf: „Darfst du ihm alles bekennen und gestehen? Und wie wenig wert bist du, unter dieser heiligen Gestalt vor ihm zu erscheinen, und wie seltsam muß es ihm vorkommen, dich, die er nur natürlich gesehen, als Maske zu erblicken?" Mit einer Schnelligkeit, die keinesgleichen hat, wirkten Gefühl und Betrachtung in ihr gegeneinander. Ihr Herz war befangen, ihre Augen füllten sich mit Tränen, indem sie sich zwang, immerfort als ein starres Bild zu erscheinen; und wie froh war sie, als der Knabe sich zu regen anfing und der Künstler sich genötigt sah, das Zeichen zu geben, daß der Vorhang wieder fallen sollte!

Insofern der Architekt seinen Gönnerinnen das Beste wünschte, war es ihm angenehm, da er doch endlich scheiden mußte, sie in der guten Gesellschaft des schätzbaren Gehilfen zu wissen; indem er jedoch ihre Gunst auf sich selbst bezog, empfand er es einigermaßen schmerzhaft, sich so bald, und wie es seiner Bescheidenheit dünken mochte, so gut, ja vollkommen ersetzt zu sehen. Er hatte noch immer gezaudert, nun aber drängte es ihn hinweg: denn was er sich nach seiner Entfernung mußte gefallen lassen, das wollte er wenigstens gegenwärtig nicht erleben.

Zu großer Erheiterung dieser halb traurigen Gefühle machten ihm die Damen beim Abschiede noch ein Geschenk mit einer Weste, an der er sie beide lange Zeit hatte sticken sehen, mit einem stillen Neid über den unbekannten Glücklichen, dem sie dereinst werden könnte. Eine solche Gabe ist die angenehmste, die ein liebender, verehrender Mann erhalten mag: denn wenn er dabei des unermüdlichen Spiels der schönen Finger gedenkt, so kann er nicht umhin sich zu schmeicheln, das Herz werde bei einer so anhaltenden Arbeit doch auch nicht ganz ohne Teilnahme geblieben sein.

Die Frauen hatten nun einen neuen Mann zu bewirten, dem sie wohlwollten, und dem es bei ihnen wohl werden sollte. *Das weibliche Geschlecht hegt ein eigenes inneres, unwandelbares Interesse, von dem sie nichts in der Welt abtrünnig macht; im äußern geselligen Verhältnis hingegen lassen sie sich gern und leicht durch den Mann bestimmen, der sie eben beschäftigt, und so, durch Abweisen wie durch Empfänglichkeit, durch Beharren und Nachgiebigkeit, führen sie eigentlich das Regiment, dem sich in der gesitteten Welt kein Mann zu entziehen wagt.*

Hatte der Architekt, gleichsam nach eigener Lust und Belieben, seine Talente vor den Freundinnen zum Vergnügen und zu den Zwecken derselben geübt und bewiesen, war Beschäftigung und Unterhaltung in diesem Sinne und nach solchen Absichten eingerichtet, so machte sich kurze Zeit durch die Gegenwart des Gehilfen eine andere Lebensweise. Seine große Gabe war, gut zu sprechen, und menschliche Verhältnisse, besonders in bezug auf Bildung der Jugend, in der Unterredung zu behandeln. Und so entstand gegen die bisherige Art zu leben ein ziemlich fühlbarer Gegensatz, um so mehr, als der Gehilfe nicht ganz dasjenige billigte, womit man sich die Zeit über ausschließlich beschäftigt hatte.

Von dem lebendigen Gemälde, das ihn bei seiner Ankunft empfing, sprach er gar nicht. Als man ihm hingegen Kirche, Kapelle und was sich darauf bezog, mit Zufriedenheit sehen ließ, konnte er seine Meinung, seine Gesinnungen darüber nicht zurückhalten. „Was mich betrifft", sagte er, „so will mir diese Annäherung, diese Vermischung des Heiligen zu und mit dem Sinnlichen keineswegs gefallen, nicht gefallen, daß man sich gewisse besondere Räume widmet, weiht und aufschmückt, um erst dabei ein Gefühl der Frömmigkeit zu heben und zu unterhalten. *Keine Umgebung, selbst die gemeinste nicht, soll in uns das Gefühl des Göttlichen stören, das uns überallhin begleiten und jede Stätte zu einem Tempel einweihen kann. Ich mag gern einen Hausgottesdienst in dem Saale gehalten sehen, wo man zu speisen, sich gesellig zu versammeln, mit Spiel und Tanz zu ergötzen pflegt. Das Höchste, das Vorzüglichste am Menschen ist gestaltlos, und man soll sich hüten, es anders als in edler Tat zu gestalten."*

Charlotte, die seine Gesinnungen schon im ganzen kannte und sie noch mehr in kurzer Zeit erforschte, brachte ihn gleich in seinem Fache zur Tätigkeit, indem sie ihre Gartenknaben, welche der Architekt vor seiner Abreise eben gemustert hatte, in dem großen Saal aufmarschieren ließ; da sie sich denn in ihren heitern, reinlichen Uniformen, mit gesetzlichen Bewegungen und einem natürlichen, lebhaften Wesen sehr gut ausnahmen. Der Gehilfe prüfte sie nach seiner Weise, und hatte durch mancherlei Fragen und Wendungen gar bald die Gemütsarten und Fähigkeiten der Kinder zu Tage gebracht, und ohne daß es so schien, in Zeit von weniger als einer Stunde, sie wirklich bedeutend unterrichtet und gefördert.

„Wie machen Sie das nur?" sagte Charlotte, indem die Knaben wegzogen. „Ich habe sehr aufmerksam zugehört; es sind nichts als ganz bekannte Dinge vorgekommen, und doch wüßte ich nicht, wie ich es anfangen sollte, sie in so kurzer Zeit, bei so vielem Hin- und Widerreden, in solcher Folge zur Sprache zu bringen."

„Vielleicht sollte man", versetzte der Gehilfe, „aus den Vorteilen seines Handwerks ein Geheimnis machen.

Doch kann ich Ihnen die ganz einfache Maxime nicht verbergen, nach der man dieses und noch viel mehr zu leisten vermag. Fassen Sie einen Gegenstand, eine Materie, einen Begriff, wie man es nennen will, halten Sie ihn recht fest, machen Sie sich ihn in allen seinen Teilen recht deutlich, und dann wird es Ihnen leicht sein, gesprächsweise an einer Masse Kinder zu erfahren, was sich davon in ihnen entwickelt hat, was noch anzuregen, zu überliefern ist. Die Antworten auf Ihre Fragen mögen noch so ungehörig sein, mögen noch so sehr ins Weite gehen, wenn nur sodann Ihre Gegenfrage Geist und Sinn wieder hereinwärts zieht, wenn Sie sich nicht von Ihrem Standpunkte verrükken lassen, so müssen die Kinder zuletzt denken, begreifen, sich überzeugen nur von dem, was und wie es der Lehrende will. Sein größter Fehler ist der, wenn er sich von den Lernenden mit ins Weite reißen läßt, wenn er sie nicht auf dem Punkte festzuhalten weiß, den er eben jetzt behandelt. Machen Sie nächstens einen Versuch, und es wird zu Ihrer großen Unterhaltung dienen."

„Das ist artig", sagte Charlotte: *„die gute Pädagogik ist also gerade das Umgekehrte von der guten Lebensart. In der Gesellschaft soll man auf nichts verweilen, und bei dem Unterricht wäre das höchste Gebot, gegen alle Zerstreuung zu arbeiten."*

„Abwechslung ohne Zerstreuung wäre für Lehre und Leben der schönste Wahlspruch, wenn dieses löbliche Gleichgewicht nur so leicht zu erhalten wäre!" sagte der Gehilfe, und wollte weiter fortfahren, als ihn Charlotte aufrief, die Knaben nochmals zu betrachten, deren munterer Zug sich soeben über den Hof bewegte. Er bezeigte seine Zufriedenheit, daß man die Kinder in Uniform zu gehen anhalte. „Männer" so sagte er, „sollten von Jugend auf Uniform tragen, weil sie sich gewöhnen müssen, zusammen zu handeln, sich unter ihresgleichen zu verlieren, in Masse zu gehorchen und ins Ganze zu arbeiten. Auch befördert jede Art von Uniform einen militärischen Sinn, sowie ein knapperes, strackeres Betragen, und alle Knaben sind ja ohnehin geborene Soldaten: man sehe nur ihre Kampf- und Streitspiele, ihr Erstürmen und Erklettern."

„So werden Sie mich dagegen nicht tadeln", versetzte Ottilie, „daß ich meine Mädchen nicht überein kleide. Wenn ich sie Ihnen vorführe, hoffe ich Sie durch ein buntes Gemisch zu ergötzen."

„Ich billige das sehr", versetzte jener. *„Frauen sollten durchaus mannigfaltig gekleidet gehen, jede nach eigener Art und Weise, damit eine jede fühlen lernte, was ihr eigentlich gut stehe und wohl zieme. Eine wichtige Ursache ist noch die, weil sie bestimmt sind, ihr ganzes Leben allein zu stehen und allein zu handeln."*

„Das scheint mir sehr paradox", versetzte Charlotte; „sind wir doch niemals für uns."

„O ja!" versetzte der Gehilfe, „in Absicht auf andere Frauen ganz gewiß. Man betrachte ein Frauenzimmer als Liebende, als Braut, als Frau, Hausfrau und Mutter, immer steht sie isoliert, immer ist sie allein, und will allein sein. Ja, die Eitle selbst ist in dem Falle. Jede Frau schließt die andere aus, ihrer Natur nach: denn von jeder wird alles gefordert, was dem ganzen Geschlechte zu leisten obliegt. Nicht so verhält es sich mit den Männern. *Der Mann verlangt den Mann; er würde sich einen zweiten erschaffen, wenn es keinen gäbe: eine Frau könnte eine Ewigkeit leben, ohne daran zu denken, sich ihresgleichen hervorzubringen."*

„Man darf", sagte Charlotte, *„das Wahre nur wunderlich sagen, so scheint zuletzt das Wunderliche auch wahr.* Wir wollen uns aus Ihren Bemerkungen das Beste herausnehmen und doch als Frauen mit Frauen zusammenhalten, und auch gemeinsam wirken, um den Männern nicht allzu große Vorzüge über uns einzuräumen. Ja, Sie werden uns eine kleine Schadenfreude nicht übelnehmen, die wir künftig um desto lebhafter empfinden müssen, wenn sich die Herren untereinander auch nicht sonderlich vertragen."

Mit vieler Sorgfalt untersuchte der verständige Mann nunmehr die Art, wie Ottilie ihre kleinen Zöglinge behandelte, und bezeigte darüber seinen entschiedenen Beifall. „Sehr richtig heben Sie", sagte er, Ihre Untergebenen nur zur nächsten Brauchbarkeit heran. *Reinlichkeit veranlaßt die Kinder, mit Freuden etwas auf sich selbst zu halten und alles ist gewonnen, wenn sie das, was sie tun, mit Munterkeit und Selbstgefühl zu leisten angeregt sind."*

Übrigens fand er zu seiner großen Befriedigung nichts auf den Schein und nach außen getan, sondern alles nach innen und für die unerläßlichen Bedürfnisse. „Mit wie wenig Worten", rief er aus, „ließe sich das ganze Erziehungsgeschäft aussprechen, wenn jemand Ohren hätte zu hören!"

„Mögen Sie es nicht mit mir versuchen?" sagte freundlich Ottilie.

„Recht gern", versetzte jener, „nur müssen Sie mich nicht verraten. *Man erziehe die Knaben zu Dienern und die Mädchen zu Müttern, so wird es überall wohl stehen."*

„Zu Müttern", versetzte Ottilie, „das könnten die Frauen noch hingehen lassen, da sie sich, ohne Mütter zu sein, doch immer einrichten müssen, Wärterinnen zu werden; aber freilich zu Dienern würden unsere jungen Männer viel zu gut halten, da man jedem leicht ansehen kann, daß er sich zum Gebieten fähiger dünkt."

„Deswegen wollen wir es ihnen verschweigen", sagte der Gehilfe. *„Man schmeichelt sich ins Leben hinein, aber das Leben schmeichelt uns nicht.* Wieviel Menschen mögen denn das freiwillig zugestehen, was sie am Ende doch müssen? Lassen wir aber diese Betrachtungen, die uns hier nicht berühren!"

„Ich preise Sie glücklich, daß Sie bei ihren Zöglingen ein richtiges Verfahren anwenden können. Wenn Ihre kleinsten Mädchen sich mit Puppen herumtragen und einige Läppchen für sie zusammenflicken, wenn ältere Geschwister alsdann für die jüngeren sorgen, und das Haus sich in sich selbst bedient und aufhilft, dann ist der weitere Schritt ins Leben nicht groß, und ein solches Mädchen findet bei ihrem Gatten, was sie bei ihren Eltern verließ.

Aber in den gebildeten Ständen ist die Aufgabe sehr verwickelt. Wir haben auf höhere, zartere, feinere, besonders auf gesellschaftliche Verhältnisse Rücksicht zu nehmen. Wir anderen sollen daher unsere Zöglinge nach außen bilden; es ist notwendig, es ist unerläßlich und möchte recht gut sein, wenn man dabei nicht das Maß überschritte: *denn indem man die Kinder für einen weitern Kreis zu bilden gedenkt, treibt man sie leicht ins Grenzenlose, ohne im Auge zu behalten, was denn eigentlich die innere Natur fordert.* Hier liegt die Aufgabe, welche mehr oder weniger von den Erziehern gelöst oder verfehlt wird. Bei manchem, womit wir unsere Schülerinnen in der Pension ausstatten, wird mir bange, weil die Erfahrung mir sagt, von wie geringem Gebrauch es künftig sein werde. Was wird nicht gleich abgestreift, was nicht gleich der Vergessenheit überantwortet, sobald ein Frauenzimmer sich im Stande der Hausfrau, der Mutter befindet! Indessen kann ich mir den frommen Wunsch nicht versagen, da ich mich einmal diesem Geschäft gewidmet habe, daß es mir dereinst in Gesellschaft einer treuen Gehilfin gelingen möge, an meinen Zöglingen dasjenige rein auszubilden, was sie bedürfen, wenn sie in das Feld eigener Tätigkeit und Selbständigkeit hinüberschreiten; daß ich mir sagen könnte: in diesem Sinne ist an ihnen die Erziehung vollendet. Freilich schließt sich eine andere immer wieder an, die beinahe mit jedem Jahr unseres Lebens, wo nicht von uns selbst, doch von den Umständen veranlaßt wird."

Wie wahr fand Ottilie diese Bemerkung! Was hatte nicht eine ungeahnte Leidenschaft im vergangenen Jahr an ihr erzogen! was sah sie nicht alles für Prüfungen vor sich schweben, wenn sie nur aufs Nächste, aufs Nächstkünftige hinblickte!

Der junge Mann hatte nicht ohne Vorbedacht einer Gehilfin, einer Gattin erwähnt: denn bei aller seiner Bescheidenheit konnte er nicht unterlassen, seine Absichten auf eine entfernte Weise anzudeuten; ja er war durch mancherlei Umstände und Vorfälle aufgeregt worden, bei diesem Besuch einige Schritte seinem Ziele näher zu tun.

Die Vorsteherin der Pension war bereits in Jahren, sie hatte sich unter ihren Mitarbeitern und Mitarbeiterinnen schon lange nach einer Person umgesehen, die eigentlich mit ihr in Gesellschaft träte, und zuletzt dem Gehilfen, dem sie zu vertrauen höchlich Ursache hatte, den Antrag getan, er solle mit ihr die Lehranstalt fortführen, darin als in dem Seinigen mitwirken und nach ihrem Tode als Erbe und einziger Besitzer eintreten. Die Hauptsache schien hiebei, daß er eine einstimmende Gattin finden müsse. Er hatte im stillen Ottilien vor Augen und im Herzen: allein es regten sich mancherlei Zweifel, die wieder durch günstige Ereignisse einiges Gegengewicht erhielten. Luciane hatte die Pension verlassen, Ottilie konnte freier zurückkehren; von dem Verhältnisse zu Eduard hatte zwar etwas verlautet, allein man nahm die Sache, wie ähnliche Vorfälle mehr, gleichgültig auf, und selbst dieses Ereignis konnte zu Ottiliens Rückkehr beitragen. Doch wäre man zu keinem Entschluß gekommen, kein Schritt wäre geschehen, hätte nicht ein unvermuteter Besuch auch hier eine besondere Anregung gegeben; wie denn die Erscheinung von bedeutenden Menschen in irgendeinem Kreise niemals ohne Folgen bleiben kann.

Der Graf und die Baronesse, welche so oft in den Fall kamen, über den Wert verschiedener Pensionen befragt zu werden, weil fast jedermann um die Erziehung seiner Kinder verlegen ist, hatten sich vorgenommen, diese besonders kennenzulernen, von der so viel Gutes gesagt wurde, und konnten nunmehr in ihren neuen Verhältnissen zusammen eine solche Untersuchung anstellen. Allein die Baronesse beabsichtigte noch etwas anderes. Während ihres letzten Aufenthalts bei Charlotten hatte sie mit dieser alles umständlich durchgesprochen, was sich auf Eduarden und Ottilien bezog. Sie bestand aber- und abermals darauf, Ottilie müsse entfernt werden. Sie suchte Charlotten hiezu Mut einzusprechen, welche sich vor Eduards Drohungen noch immer fürchtete. Man sprach über die verschiedenen Auswege, und bei Gelegenheit der Pension war auch von der Neigung des Gehilfen die Rede, und die Baronesse entschloß sich um so mehr zu dem gedachten Besuch.

Sie kommt an, lernt den Gehilfen kennen; man beobachtet die Anstalt und spricht von Ottilien. Der Graf selbst unterhält sich gern über sie, indem er sie bei dem neulichen Besuch genauer kennengelernt. Sie hatte sich ihm genähert, ja sie ward von ihm angezogen, weil sie durch sein gehaltvolles Gespräch dasjenige zu sehen und zu kennen glaubte, was ihr bisher ganz unbekannt geblieben war. Und wie sie in dem Umgange mit Eduard die Welt vergaß, so schien ihr an der Gegenwart des Grafen die Welt erst recht wünschenswert zu sein. Jede Anziehung ist wechselseitig. Der Graf empfand eine Neigung für Ottilien, daß er sie gern als seine Tochter betrachtete. Auch hier war sie der Baronesse zum zweitenmal und mehr als das erstemal im Wege. Wer weiß, was diese in Zeiten lebhafter Leidenschaft gegen sie angestiftet hätte! Jetzt war es ihr genug, sie durch eine Verheiratung den Ehefrauen unschädlicher zu machen.

Sie regte daher den Gehilfen auf eine leise, doch wirksame Art klüglich an, daß er sich zu einer kleinen Exkursion auf das Schloß einrichten und seinen Plänen und Wünschen, von denen er der Dame kein Geheimnis gemacht, sich ungesäumt nähern solle.

Mit vollkommener Beistimmung der Vorsteherin trat er daher seine Reise an, und hegte in seinem Gemüt die besten Hoffnungen. Er weiß, Ottilie ist ihm nicht ungünstig, und wenn zwischen ihnen einiges Mißverhältnis des Standes war, so glich sich dieses gar leicht durch die Denkart der Zeit. Auch hatte die Baronesse ihn wohl fühlen lassen, daß Ottilie immer ein armes Mädchen bleibe. Mit einem reichen Hause verwandt zu sein, hieß es, kann niemand helfen: denn man würde sich, selbst bei dem größten Vermögen, ein Gewissen daraus machen, denjenigen eine ansehnliche Summe zu entziehen, die dem nähern Grade nach ein vollkommeneres Recht auf ein Besitztum zu haben scheinen. Und gewiß bleibt es wunderbar, daß der Mensch das große Vorrecht, nach seinem Tode noch über seine Habe zu disponieren, sehr selten zugunsten seiner Lieblinge gebraucht, und, wie es scheint, aus Achtung für das Herkommen, nur diejenigen begünstigt, die nach ihm sein Vermögen besitzen würden, wenn er auch selbst keinen Willen hätte.

Sein Gefühl setzte ihn auf der Reise Ottilien völlig gleich. Eine gute Aufnahme erhöhte seine Hoffnungen. Zwar fand er gegen sich Ottilien nicht ganz so offen wie sonst; aber sie war auch erwachsener, gebildeter und, wenn man will, im allgemeinen mitteilender, als er sie gekannt hatte. Vertraulich ließ man ihn in manches Einsicht nehmen, was sich besonders auf sein Fach bezog. Doch wenn er seinem Zwecke sich nähern wollte, so hielt ihn immer eine gewisse innere Scheu zurück.

Einst gab ihm jedoch Charlotte hiezu Gelegenheit, indem sie, in Beisein Ottiliens, zu ihm sagte: „Nun, Sie haben alles, was in meinem Kreise heranwächst, so ziemlich geprüft; wie finden Sie denn Ottilien? Sie dürfen es wohl in ihrer Gegenwart aussprechen."

Der Gehilfe bezeichnete hierauf, mit sehr viel Einsicht und ruhigem Ausdruck, wie er Ottilien in Absicht eines freiern Betragens, einer bequemern Mitteilung, eines höhern Blicks in die weltlichen Dinge, der sich mehr in ihren Handlungen als in ihren Worten betätigte, sehr zu ihrem Vorteil verändert finde, daß er aber doch glaube, es könne ihr sehr zum Nutzen gereichen, wenn sie auf einige Zeit in die Pension zurückkehre, um das in einer gewissen Folge gründlich und für immer sich zuzueignen, was die Welt nur stückweise und eher zur Verwirrung als zur Befriedigung, ja manchmal nur allzuspät überliefere. Er wolle darüber nicht weitläufig sein: Ottilie wisse selbst am besten, aus was für zusammenhängenden Lehrvorträgen sie damals herausgerissen worden.

Ottilie konnte das nicht leugnen, aber sie konnte nicht gestehen, was sie bei diesen Worten empfand, weil sie sich es kaum selbst auszulegen wußte. Es schien ihr in der Welt nichts mehr unzusammenhängend, wenn sie an den geliebten Mann dachte, und sie begriff nicht, wie ohne ihn noch irgend etwas zusammenhängen könne.

Charlotte beantwortete den Antrag mit kluger Freundlichkeit. Sie sagte, daß sowohl sie als Ottilie eine Rückkehr nach der Pension längst gewünscht hätten. In dieser Zeit nur sei ihr die Gegenwart einer so lieben Freundin und Helferin unentbehrlich gewesen; doch wolle sie in der Folge nicht hinderlich sein, wenn es Ottiliens Wunsch bliebe, wieder auf so lange dorthin zurückzukehren, bis sie das Angefangene geendet und das Unterbrochene sich vollständig zugeeignet.

Der Gehilfe nahm diese Anerbietung freudig auf; Ottilie durfte nichts dagegen sagen, ob es ihr gleich vor dem Gedanken schauderte. Charlotte hingegen dachte Zeit zu gewinnen; sie hoffte, Eduard sollte sich erst als glücklicher Vater wiederfinden und einfinden; dann, war sie überzeugt, würde sich alles geben, und auch für Ottilien auf die eine oder die andere Weise gesorgt werden.

Nach einem bedeutenden Gespräch, über welches alle Teilnehmende nachzudenken haben, pflegt ein gewisser Stillstand einzutreten, der einer allgemeinen Verlegenheit ähnlich sieht. Man ging im Saale auf und ab; der Gehilfe blätterte in einigen Büchern, und kam endlich an den Folioband, der noch von Lucianens Zeiten her liegen geblieben war. Als er sah, daß darin nur Affen enthalten waren, schlug er ihn gleich wieder zu. Dieser Vorfall mag jedoch zu einem Gespräch Anlaß gegeben haben, wovon wir die Spuren in Ottiliens Tagebuch finden.

AUS OTTILIENS TAGEBUCHE

„Wie man es nur über das Herz bringen kann, die garstigen Affen so sorgfältig abzubilden! Man erniedrigt sich schon, wenn man sie nur als Tiere betrachtet; man wird aber wirklich bösartiger, wenn man dem Reize folgt, bekannte Menschen unter dieser Maske aufzusuchen."

„Es gehört durchaus eine gewisse Verschrobenheit dazu, um sich gern mit Karikaturen und Zerrbildern abzugeben. Unserm guten Gehilfen danke ich's, daß ich nicht mit der Naturgeschichte gequält worden bin; ich konnte mich mit den Würmern und Käfern niemals befreunden."

„Diesmal gestand er mir, daß es ihm ebenso gehe. Von der Natur, sagte er, sollten wir nichts kennen, als was uns unmittelbar lebendig umgibt. Mit den Bäumen, die um uns blühen, grünen, Frucht tragen, mit jeder Staude, an der wir vorbeigehen, mit jedem Grashalm, über den wir hinwandeln, haben wir ein wahres Verhältnis, sie sind unsere echten Kompatrioten. Die Vögel, die auf unseren Zweigen hin und wider hüpfen, die in unserm Laube singen, gehören uns an, sie sprechen zu uns von Jugend auf, und wir lernen ihre Sprache verstehen. Man frage sich, ob nicht ein jedes fremde, aus seiner Umgebung gerissene Geschöpf einen gewissen ängstlichen Eindruck auf uns macht, der nur durch Gewohnheit abgestumpft wird. Es gehört schon ein buntes, geräuschvolles Leben dazu, um Affen, Papageien und Mohren um sich zu ertragen."

„Manchmal, wenn mich ein neugieriges Verlangen nach solchen abenteuerlichen Dingen anwandelte, habe ich den Reisenden beneidet, der solche Wunder mit anderen Wundern in lebendiger, alltäglicher Verbindung sieht. Aber auch e r wird ein anderer Mensch. Es wandelt niemand ungestraft unter Palmen, und die Gesinnungen ändern sich gewiß in einem Lande, wo Elefanten und Tiger zu Hause sind."

„Nur der Naturforscher ist verehrungswert, der uns das Fremdeste, Seltsamste mit seiner Lokalität, mit aller Nachbarschaft, jedesmal in dem eigensten Elemente zu schildern und darzustellen weiß. Wie gern möchte ich nur einmal Humboldten erzählen hören!"

„Ein Naturalienkabinett kann uns vorkommen wie eine ägyptische Grabstätte, wo die verschiedenen Tier- und Pflanzengötzen balsamiert umherstehen. Einer Priesterkaste geziemt es wohl, sich damit in geheimnisvollem Halbdunkel abzugeben; aber in den allgemeinen Unterricht sollte dergleichen nicht einfließen, um so weniger, als etwas Näheres und Würdigeres sich dadurch leicht verdrängt sieht."

„Ein Lehrer, der das Gefühl an einer einzigen guten Tat, an einem einzigen guten Gedicht erwecken kann, leistet mehr als einer, der uns ganze Reihen untergeordneter Naturbildungen der Gestalt und dem Namen nach überliefert: denn das ganze Resultat davon ist, was wir ohnedies wissen können, daß das Menschengebild am vorzüglichsten und einzigsten das Gleichnis der Gottheit an sich trägt."

„Dem Einzelnen bleibe die Freiheit, sich mit dem zu beschäftigen, was ihn anzieht, was ihm Freude macht, was ihm nützlich däucht; aber das eigentliche Studium der Menschheit ist der Mensch."

Charlottens Niederkunft nahte heran. Sie hielt sich mehr in ihren Zimmern. Die Frauen, die sich um sie versammelt hatten, waren ihre geschlossenere Gesellschaft. Ottilie besorgte das Hauswesen, indem sie kaum daran denken durfte, was sie tat. Sie hatte sich zwar völlig ergeben, sie wünschte für Charlotten, für das Kind, für Eduarden sich auch noch ferner auf das dienstlichste zu bemühen, aber sie sah nicht ein, wie es möglich werden wollte. Nichts konnte sie vor völliger Verworrenheit retten, als daß sie jeden Tag ihre Pflicht tat.

Ein Sohn war glücklich zur Welt gekommen, und die Frauen versicherten sämtlich, es sei der ganze leibhafte Vater. Nur Ottilie konnte es im stillen nicht finden, als sie der Wöchnerin Glück wünschte und das Kind auf das herzlichste begrüßte. Schon bei den Anstalten zur Verheiratung ihrer Tochter war Charlotten die Abwesenheit ihres Gemahls höchst fühlbar gewesen; nun sollte der Vater auch bei der Geburt des Sohnes nicht gegenwärtig sein; er sollte den Namen nicht bestimmen, bei dem man ihn künftig rufen würde.

Der erste von allen Freunden, die sich glückwünschend sehen ließen, war Mittler, der seine Kundschafter ausgestellt hatte, um von diesem Ereignis sogleich Nachricht zu erhalten. Er fand sich ein und zwar sehr behaglich. Kaum daß er seinen Triumph in Gegenwart Ottiliens verbarg, so sprach er sich gegen Charlotten laut aus, und war der Mann, alle Sorgen zu heben und alle augenblicklichen Hindernisse bei Seite zu bringen. Die Taufe sollte nicht lange aufgeschoben werden. Der alte Geistliche, mit einem Fuß schon im Grabe, sollte durch seinen Segen das Vergangene mit dem Zukünftigen zusammenknüpfen; Otto sollte das Kind heißen: es konnte keinen andern Namen führen als den Namen des Vaters und des Freundes.

Der Frühling war gekommen, später, aber auch rascher und freudiger als gewöhnlich. Ottilie fand nun im Garten die Frucht ihres Vorsehens: Alles keimte, grünte und blühte zur rechten Zeit; manches, was hinter wohlangelegten Glashäusern und Beeten vorbereitet worden, trat nun sogleich der endlich von außen wirkenden Natur entgegen, und alles was zu tun und zu besorgen war, blieb nicht bloß hoffnungsvolle Mühe, wie bisher, sondern ward zum heitern Genusse.

Sie hatte vorzüglich die Sorge für das Kind übernommen, dessen unmittelbare Pflegerin sie um so mehr werden konnte, als man es keiner Amme übergeben, sondern mit Milch und Wasser aufzuziehen sich entschieden hatte. Es sollte in jener schönen Zeit der freien Luft genießen; und so trug sie es am liebsten selbst heraus, trug das schlafende, unbewußte zwischen Blumen und Blüten her, die dereinst seiner Kindheit so freundlich entgegen lachen sollten, zwischen jungen Sträuchern und Pflanzen, die mit ihm in die Höhe zu wachsen durch ihre Jugend bestimmt schienen. Wenn sie um sich her sah, so verbarg sie sich nicht, zu welchem großen, reichen Zustande das Kind geboren sei: denn fast alles, wohin das Auge blickte, sollte dereinst ihm gehören. Wie wünschenswert war es zu diesem allen, daß es vor den Augen des Vaters, der Mutter aufwüchse, und eine erneute frohe Verbindung bestätigte!

Ottilie fühlte dies alles so rein, daß sie sichs als entschieden wirklich dachte, und sich selbst dabei gar nicht empfand. Unter diesem klaren Himmel, bei diesem hellen Sonnenschein ward es ihr auf einmal klar, daß ihre Liebe, um sich zu vollenden, völlig uneigennützig werden müsse; ja in manchen Augenblicken glaubte sie diese Höhe schon erreicht zu haben. Sie wünschte nur das Wohl ihres Freundes, sie glaubte sich fähig, ihm zu entsagen, sogar ihn niemals wieder zu sehen, wenn sie ihn nur glücklich wisse. Aber ganz entschieden war sie für sich, niemals einem andern anzugehören.

Daß der Herbst eben so herrlich würde wie der Frühling, dafür war gesorgt. Alle sogenannten Sommergewächse, alles, was im Herbst mit Blühen nicht enden kann, und sich der Kälte noch keck entgegenentwickelt, Astern besonders waren in der größten Mannigfaltigkeit gesät und sollten nun, überallhin verpflanzt, einen Sternhimmel über die Erde bilden.

AUS OTTILIENS TAGEBUCHE

„Einen guten Gedanken, den wir gelesen, etwas Auffallendes, das wir gehört, tragen wir wohl in unser Tagebuch. Nehmen wir uns aber zugleich die Mühe, aus den Briefen unserer Freunde eigentümliche Bemerkungen, originelle Ansichten, flüchtige geistreiche Worte auszuzeichnen, so würden wir sehr reich werden. Briefe hebt man auf, um sie nie wieder zu lesen; man zerstört sie zuletzt einmal aus Diskretion, und so verschwindet der schönste unmittelbarste Lebenshauch undwiederbringlich für uns und andere. Ich nehme mir vor, dieses Versäumnis wieder gutzumachen."

„So wiederholt sich denn abermals das Jahresmärchen von vorn. Wir sind nun wieder, Gott sei Dank! an seinem artigsten Kapitel. Veilchen und Maiblumen sind wie Überschriften oder Vignetten dazu. Es macht uns immer einen angenehmen Eindruck, wenn wir sie in dem Buche des Lebens wieder aufschlagen."

„Wir schelten die Armen, besonders die Unmündigen, wenn sie sich an den Straßen herumlegen und betteln. Bemerken wir nicht, daß sie gleich tätig sind, sobald es was zu tun gibt? Kaum entfaltet die Natur ihre freundlichen Schätze, so sind die Kinder dahinterher, um ein Gewerbe zu eröffnen; keines bettelt mehr, jedes reicht dir einen Strauß! es hat ihn gepflückt, ehe du vom Schlaf erwachtest, und das Bittende sieht dich so freundlich an wie die Gabe. Niemand sieht erbärmlich aus, der sich einiges Recht fühlt, fordern zu dürfen."

„Warum nur das Jahr manchmal so kurz, manchmal so lang ist, warum es so kurz scheint und so lang in der Erinnerung! Mir ist es mit dem vergangenen so, und nirgends auffallender als im Garten, wie Vergängliches und Dauerndes ineinandergreift. Und doch ist nichts so flüchtig, das nicht eine Spur, das nicht seinesgleichen zurücklasse."

„Man läßt sich den Winter auch gefallen. Man glaubt sich freier auszubreiten, wenn die Bäume so geisterhaft, so durchsichtig vor uns stehen. Sie sind nichts, aber sie decken auch nichts zu. Wie aber einmal Knospen und Blüten kommen, dann wird man ungeduldig, bis das volle Laub hervortritt, bis die Landschaft sich verkörpert und der Baum sich als eine Gestalt uns entgegendrängt."

Alles Vollkommene in seiner Art muß über seine Art hinausgehen, es muß etwas anderes, Unvergleichbares werden. In manchen Tönen ist die Nachtigall noch Vogel, dann steigt sie über ihre Klasse hinüber und scheint jedem Gefiederten andeuten zu wollen, was eigentlich singen heiße."

„Ein Leben ohne Liebe, ohne die Nähe des Geliebten, ist nur eine Comédie à tiroir, ein schlechtes Schubladenstück. Man schiebt eine nach der andern heraus und wieder hinein und eilt zur folgenden. Alles, was auch Gutes und Bedeutendes vorkommt, hängt nur kümmerlich zusammen. Man muß überall von vorn anfangen und möchte überall enden."

Charlotte von ihrer Seite befindet sich munter und wohl. Sie freut sich an dem tüchtigen Knaben, dessen vielversprechende Gestalt ihr Auge und Gemüt stündlich beschäftigt. Sie erhält durch ihn einen neuen Bezug auf die Welt und auf den Besitz; ihre alte Tätigkeit regt sich wieder; sie erblickt, wo sie auch hinsieht, im vergangenen Jahre vieles getan und empfindet Freude am Getanen. Von einem eigenen Gefühl belebt, steigt sie zur Mooshütte mit Ottilien und dem Kinde, und indem sie dieses auf den kleinen Tisch, als auf einen häuslichen Altar niederlegt, und noch zwei Plätze leer sieht, gedenkt sie der vorigen Zeiten, und eine neue Hoffnung für sie und Ottilien dringt hervor.

Junge Frauenzimmer sehen sich bescheiden vielleicht nach diesem oder jenem Jüngling um, mit stiller Prüfung, ob sie ihn wohl zum Gatten wünschten; wer aber für eine Tochter oder einen weiblichen Zögling zu sorgen hat, schaut in einem weitern Kreise umher. So ging es auch in diesem Augenblick Charlotten, der eine Verbindung des Hauptmanns mit Ottilien nicht unmöglich schien, wie sie doch auch schon ehemals in dieser Hütte nebeneinander gesessen hatten. Ihr war nicht unbekannt geblieben, daß jene Aussicht auf eine vorteilhafte Heirat wieder verschwunden sei.

Charlotte stieg weiter und Ottilie trug das Kind. Jene überließ sich mancherlei Betrachtungen. Auch auf dem festen Land gibt es wohl Schiffbruch; sich davon auf das schnellste zu erholen und herzustellen, ist schön und preiswürdig. *Ist doch das Leben nur auf Gewinn und Verlust berechnet.* Wer macht nicht irgendeine Anlage und wird darin zerstört! Wie oft schlägt man einen Weg ein und wird davon abgeleitet! Wie oft werden wir von einem scharf ins Auge gefaßten Ziele abgelenkt, um ein höheres zu erreichen! Der Reisende bricht unterwegs zu seinem höchsten Verdruß ein Rad und gelangt durch diesen unangenehmen Zufall zu den erfreulichsten Bekanntschaften und Verbindungen, die auf sein ganzes Leben Einfluß haben. *Das Schicksal gewährt uns unsere Wünsche, aber auf seine Weise, um uns etwas über unsere Wünsche geben zu können.*

Diese und ähnliche Betrachtungen waren es, unter denen Charlotte zum neuen Gebäude auf der Höhe gelangte, wo sie vollkommen bestätigt wurden. Denn die Umgebung war viel schöner, als man sich's hatte denken können. Alles Störende, Kleinliche war rings umher entfernt; alles Gute der Landschaft, was die Natur, was die Zeit daran getan hatte, trat reinlich hervor und fiel ins Auge, und schon grünten die jungen Pflanzungen, die bestimmt waren, einige Lücken auszufüllen und die abgesonderten Teile angenehm zu verbinden.

Das Haus selbst war nahezu bewohnbar, die Aussicht, besonders aus den oberen Zimmern, höchst mannigfaltig. Je länger man sich umsah, desto mehr Schönes entdeckte man. Was wußten nicht hier die verschiedenen Tageszeiten, was Mond und Sonne für Wirkungen hervorbringen! Hier zu verweilen war höchst wünschenswert, und wie schnell ward die Lust zu bauen und zu schaffen in Charlotten erweckt, da alle grobe Arbeit getan fand! Ein Tischler, ein Tapezierer, ein Maler, der mit Patronen und leichter Vergoldung sich zu helfen wußte, nur dieser bedurfte man, und in kurzer Zeit war das Gebäude imstande. Keller und Küche wurden schnell eingerichtet: denn in der Entfernung vom Schlosse mußte man alle Bedürfnisse um sich versammeln. So wohnten die Frauenzimmer mit dem Kinde nun oben, und von diesem Aufenthalt, als von einem neuen Mittelpunkt, eröffneten sich ihnen unerwartete Spaziergänge. Sie genossen vergnüglich in einer höhern Region der freien, frischen Luft bei dem schönsten Wetter.

Ottiliens liebster Weg, teils allein, teils mit dem Kinde, ging herunter nach den Platanen auf einem bequemen Fußsteig; der sodann zu dem Punkte leitete, wo einer der Kähne angebunden war, mit denen man überzufahren pflegte. Sie erfreute sich manchmal einer Wasserfahrt, allein ohne das Kind, weil Charlotte deshalb einige Besorgnis zeigte. Doch verfehlte sich nicht, täglich den Gärtner im Schloßgarten zu besuchen und an seiner Sorgfalt für die vielen Pflanzenzöglinge, die nun alle der freien Luft genossen, freundlich teilzunehmen.

In dieser schönen Zeit kam Charlotten der Besuch eines Engländers sehr gelegen, der Eduarden auf Reisen kennengelernt, einigemal getroffen hatte und nunmehr neugierig war, die schönen Anlagen zu sehen, von denen er so viel Gutes erzählen hörte. Er brachte ein Empfehlungsschreiben vom Grafen mit und stellte zugleich einen stillen, aber sehr gefälligen Mann als seinen Begleiter vor. Indem er nun bald mit Charlotten und Ottilien, bald mit Gärtnern und Jägern, öfters mit seinem Begleiter, und manchmal allein die Gegend durchstrich, so konnte man seinen Bemerkungen wohl ansehen, daß er ein Liebhaber und Kenner solcher Anlagen war, der wohl auch manche dergleichen selbst ausgeführt hatte. Obgleich in Jahren, nahm er auf eine heitere Weise an allem teil, was dem Leben zur Zierde gereichen und es bedeutend machen kann.

Charlotte benutzte nunmehr die schönen Tage, um in der Nachbarschaft ihre Gegenbesuche zu enden, womit sie kaum fertig werden konnte, indem sich die ganze Landschaft umher, einige wahrhaft teilnehmend, andere bloß der Gewohnheit wegen, bisher fleißig um sie bekümmert hatten. Zu Hause belebte sie der Anblick des Kindes; es war gewiß jeder Liebe, jeder Sorgfalt wert. Man sah in ihm ein wunderbares, ja ein Wunderkind, höchst erfreulich dem Anblick an Größe, Ebenmaß, Stärke und Gesundheit, und was noch mehr in Verwunderung setzte, war jene doppelte Ähnlichkeit, die sich immer mehr entwickelte. Den Gesichtszügen und der ganzen Form nach glich das Kind immer mehr dem Hauptmann; die Augen ließen sich immer weniger von Ottiliens Augen unterscheiden.

Durch diese sonderbare Verwandtschaft und vielleicht noch mehr durch das schöne Gefühl der Frauen geleitet, welche das Kind eines geliebten Mannes auch von einer andern mit zärtlicher Neigung umfangen, ward Ottilie dem heranwachsenden Geschöpf so viel als eine Mutter, oder vielmehr eine andere Art von Mutter. Entfernte sich Charlotte, so blieb Ottilie mit dem Kinde und der Wärterin allein. Nanny hatte sich seit einiger Zeit, eifersüchtig auf den Knaben, dem ihre Herrin alle Neigung zuzuwenden schien, trotzig von ihr entfernt, und war zu ihren Eltern zurückgekehrt. Ottilie fuhr fort, das Kind in die freie Luft zu tragen, und gewöhnte sich an immer weitere Spaziergänge. Sie hatte das Milchfläschchen bei sich, um dem Kinde, wenn es nötig, seine Nahrung zu reichen. Selten unterließ sie dabei, ein Buch mitzunehmen, und so bildete sie, das Kind auf dem Arm, lesend und wandelnd, eine gar anmutige Penserosa.

Der Hauptzweck des Feldzuges war erreicht und Eduard, mit Ehrenzeichen geschmückt, rühmlich entlassen. Er begab sich sogleich wieder auf jenes kleine Gut, wo er genaue Nachrichten von den Seinigen fand, die er, ohne daß sie es bemerkten und wußten, scharf hatte beobachten lassen. Sein stiller Aufenthalt blickte ihm aufs freundlichste entgegen: denn man hatte indessen nach seiner Anordnung manches eingerichtet, gebessert und gefördert, so daß die Anlagen und Umgebungen, was ihnen an Weite und Breite fehlte, durch das Innere und zunächst Genießbare ersetzten.

Eduard, durch einen raschern Lebensgang an entschiedenere Schritte gewöhnt, nahm sich nunmehr vor, dasjenige auszuführen, was er lange genug zu überdenken Zeit gehabt hatte. Vor allen Dingen berief er den Major. Die Freude des Wiedersehens war groß. Jugendfreundschaften wie Blutsverwandtschaften haben den bedeutenden Vorteil, daß ihnen Irrungen und Mißverständnisse, von welcher Art sie auch seien, niemals von Grund aus schaden und die alten Verhältnisse sich nach einiger Zeit wiederherstellen.

Zum frohen Empfang erkundigte sich Eduard nach dem Zustande des Freundes und vernahm, wie vollkommen nach seinen Wünschen ihn das Glück begünstigt habe. Halbscherzend vertraulich fragte Eduard sodann, ob nicht auch eine schöne Verbindung im Werke sei. Der Freund verneinte es mit bedeutendem Ernst.

„Ich kann und darf nicht hinterhaltig sein", fuhr Eduard fort: „ich muß dir meine Gesinnungen und Vorsätze sogleich entdecken. Du kennst meine Leidenschaft für Ottilien und hast längst begriffen, daß sie es ist, die mich in diesen Feldzug gestürzt hat. Ich leugne nicht, daß ich gewünscht hatte, ein Leben loszuwerden, das mir ohne sie nichts weiter nütze war; allein zugleich muß ich dir gestehen, daß ich es nicht über mich gewinnen konnte, vollkommen zu verzweifeln. Das Glück mit ihr war so schön, so wünschenswert, daß es mir unmöglich blieb, völlig Verzicht darauf zu tun. So manche tröstliche Ahnung, so manches heitere Zeichen hatte mich in dem Glauben, in dem Wahn bestärkt, Ottilie könne die Meine werden. Ein Glas, mit unserm Namenszug bezeichnet, bei der Grundsteinlegung in die Lüfte geworfen, ging nicht zu Trümmern; es ward aufgefangen und ist wieder in meinen Händen. ,So will ich mich denn selbst', rief ich mir zu, als ich an diesem einsamen Orte so viel zweifelhafte Stunden verlebt hatte, ,mich selbst will ich an die Stelle des Glases zum Zeichen machen, ob unsere Verbindung möglich sei oder nicht. Ich gehe hin und suche den Tod, nicht als ein Rasender, sondern als einer, der zu leben hofft. Ottilie soll der Preis sein, um den ich kämpfe; sie soll es sein, die ich hinter jeder feindlichen Schlachtordnung, in jeder Verschanzung, in jeder belagerten Festung zu gewinnen, zu erobern hoffe. Ich will Wunder tun, mit dem Wunsche, verschont zu bleiben, im Sinne, Ottilien zu gewinnen, nicht zu verlieren.' Diese Gefühle haben mich geleitet, sie haben mir durch alle Gefahren beigestanden; aber nun finde ich mich auch wie einen, der zu seinem Ziele gelangt ist, der alle Hindernisse überwunden hat, dem nun nichts mehr im Wege steht. Ottilie ist mein, und was noch zwischen diesem Gedanken und der Ausführung liegt, kann ich nur für nichtsbedeutend ansehen."

„Du löschest", versetzte der Major, „mit wenig Zügen alles aus, was man dir entgegensetzen könnte und sollte; und doch muß es wiederholt werden. Das Verhältnis zu deiner Frau in seinem ganzen Werte dir zurückzurufen, überlasse ich dir selbst; aber du bist es ihr, du bist es dir schuldig, dich hierüber nicht zu verdunkeln. Wie kann ich aber nur gedenken, daß euch ein Sohn gegeben ist, ohne zugleich auszusprechen, daß ihr einander auf immer angehört, daß ihr um dieses Wesens willen schuldig seid, vereint zu leben, damit ihr vereint für seine Erziehung und für sein künftiges Wohl sorgen möget!"

„Es ist bloß ein Dünkel der Eltern, versetzte Eduard, *wenn sie sich einbilden, daß ihr Dasein für die Kinder so nötig sei. Alles, was lebt, findet Nahrung und Beihilfe, und wenn der Sohn, nach dem frühen Tode des Vaters, keine so bequeme, so begünstigte Jugend hat, so gewinnt er vielleicht eben deswegen an schnellerer Bildung für die Welt, durch zeitiges Anerkennen, daß er sich in andere schicken muß; was wir denn doch früher oder später alle lernen müssen.* Und hievon ist ja die Rede gar nicht; wir sind reich genug, um mehrere Kinder zu versorgen, und es ist keineswegs Pflicht noch Wohltat, auf ein Haupt so viele Güter zu häufen."

Als der Major mit einigen Zügen Charlottens Wert und Eduards lange bestandenes Verhältnis zu ihr anzudeuten gedachte, fiel ihm Eduard hastig in die Rede: „Wir haben eine Torheit begangen, die ich nur allzuwohl einsehe. *Wer in einem gewissen Alter frühere Jugendwünsche und Hoffnungen realisieren will, betrügt sich immer; denn jedes Jahrzehnt des Menschen hat sein eigenes Glück, seine eigenen Hoffnungen und Aussichten. Wehe dem Menschen, der vorwärts oder rückwärts zu greifen durch Umstände oder durch Wahn veranlaßt wird!* Wir haben eine Torheit begangen; soll sie es denn fürs ganze Leben sein? Sollen wir uns, aus irgendeiner Art von Bedenklichkeit, dasjenige versagen, was uns die Sitten der Zeit nicht absprechen? In wie vielen Dingen nimmt der Mensch seinen Vorsatz, seine Tat zurück, und hier gerade sollte es nicht geschehen, wo vom Ganzen und nicht vom Einzelnen, wo nicht von dieser oder jener Bedingung des Lebens, wo vom ganzen Komplex des Lebens die Rede ist!"

Der Major verfehlte nicht, auf eine ebenso geschickte als nachdrückliche Weise Eduarden die verschiedenen Bezüge zu seiner Gemahlin, zu den Familien, zu der Welt, zu seinen Besitzungen vorzustellen; aber es gelang ihm nicht, irgendeine Teilnahme zu erregen.

„Alles dieses, mein Freund", erwiderte Eduard, „ist mir vor der Seele vorbeigegangen, mitten im Gewühl der Schlacht, wenn die Erde vom anhaltenden Donner bebte, wenn die Kugeln sausten und pfiffen, rechts und links die Gefährten niederfielen, mein Pferd getroffen, mein Hut durchlöchert; es hat mir vorgeschwebt beim stillen nächtlichen Feuer unter dem gestirnten Gewölbe des Himmels. Dann traten mir alle meine Verbindungen vor die Seele; ich habe sie durchgemacht, durchgefühlt; ich habe mir zugeeignet, ich habe mich abgefunden, zu wiederholten Malen, und nun für immer. In solchen Augenblicken, wie kann ich dir's verschweigen, warst auch du mir gegenwärtig, auch du gehörtest in meinen Kreis; und gehören wir denn nicht schon lange zueinander? Wenn ich dir etwas schuldig geworden, so komme ich jetzt in den Fall, dir es mit Zinsen abzutragen; wenn du mir je etwas schuldig geworden, so siehst du dich nun imstande, mir es zu vergelten. Ich weiß, du liebst Charlotten, und sie verdient es; ich weiß, du bist ihr nicht gleichgültig, und warum sollte sie deinen Wert nicht erkennen! Nimm sie von meiner Hand! führe mir Ottilien zu! und wir sind die glücklichsten Menschen auf der Erde."

„Eben weil du mich mit so hohen Gaben bestechen willst", versetzte der Major, „muß ich desto vorsichtiger, desto strenger sein. Anstatt daß dieser Vorschlag, den ich still verehre, die Sache erleichtern möchte, erschwert er sie vielmehr. Es ist, wie von dir, nun auch von mir die Rede, und so wie von dem Schicksal, so auch von dem guten Namen, von der Ehre zweier Männer, die, bis jetzt unbescholten, durch diese wunderliche Handlung, wenn wir sie auch nicht anders nennen wollen, in Gefahr kommen, vor der Welt in einem höchst seltsamen Lichte zu erscheinen."

„Eben daß wir unbescholten sind", versetzte Eduard, „gibt uns das Recht, uns auch einmal schelten zu lassen. Wer sich sein ganzes Leben als einen zuverlässigen Mann bewiesen, der macht eine Handlung zuverlässig, die bei anderen zweideutig werden würde. Was mich betrifft, ich fühle mich durch die letzten Prüfungen, die ich mir auferlegt, durch die schwierigen, gefahrvollen Taten, die ich für andere getan, berechtigt, auch etwas für mich zu tun. Was dich und Charlotten betrifft, so sei es der Zukunft anheim gegeben; mich aber wirst du, wird niemand von meinem Vorsatze zurückhalten. Will man mir die Hand bieten, so bin ich auch wieder zu allem erbötig; will man mich mir selbst überlassen oder mir wohl gar entgegen sein, so muß ein Extrem entstehen, es werde auch, wie es wolle."

Der Major hielt es für seine Pflicht, dem Vorsatz Eduards so lange als möglich Widerstand zu leisten, und er bediente sich nun gegen seinen Freund einer klugen Wendung, indem er nachzugeben schien und nur die Form, den Geschäftsgang zur Sprache brachte, durch welche man diese Trennung, diese Verbindungen erreichen sollte. Da trat denn so manches Unerfreuliche, Beschwerliche, Unschickliche hervor, daß sich Eduard in die schlimmste Laune versetzt fühlte.

„Ich sehe wohl", rief dieser endlich, „nicht allein von Feinden, sondern auch von Freunden muß, was man wünscht, erstürmt werden. Das, was ich will, was mir unentbehrlich ist, halte ich fest im Auge; ich werde es ergreifen und gewiß bald und behende. Dergleichen Verhältnisse, weiß ich wohl, heben sich nicht auf und bilden sich nicht, ohne daß manches falle, was steht, ohne daß manches weiche, was zu beharren Lust hat. Durch Überlegung wird so etwas nicht geendet; *vor dem Verstande sind alle Rechte gleich,* und auf die steigende Waagschale läßt sich immer wieder ein Gegengewicht legen. Entschließe dich also, mein Freund, für mich, für dich zu handeln, für mich, für dich diese Zustände zu entwirren, aufzulösen, zu verknüpfen! Laß dich durch keine Betrachtungen abhalten! Wir haben die Welt ohnehin schon von uns reden machen, sie wird noch einmal von uns reden, uns sodann, wie alles übrige, was aufhört neu zu sein, vergessen und uns gewähren lassen, wie wir können, ohne weitern Teil an uns zu nehmen."

Völlig fremde und gegeneinander gleichgültige Menschen, wenn sie eine Zeitlang zusammen leben, kehren ihr Inneres wechselseitig heraus, und es muß eine gewisse Vertraulichkeit entstehen. Um so mehr läßt sich erwarten, daß unseren beiden Freunden, indem sie wieder nebeneinander wohnten, täglich und stündlich zusammen umgingen, gegenseitig nichts verborgen blieb. Sie wiederholten das Andenken ihrer früheren Zustände, und der Major verhehlte nicht, daß Charlotte Eduarden, als er von Reisen zurückgekommen, Ottilien zugedacht, daß sie ihm das schöne Kind in der Folge zu vermählen gemeint habe. Eduard, bis zur Verwirrung entzückt über diese Entdeckung, sprach ohne Rückhalt von der gegenseitigen Neigung Charlottens und des Majors, die er, weil es ihm gerade bequem und günstig war, mit lebhaften Farben ausmalte.

Ganz leugnen konnte der Major nicht und nicht ganz eingestehen; aber Eduard befestigte, bestimmte sich nur mehr. Er dachte sich alles nicht als möglich, sondern als schon geschehen. Alle Teile brauchten nun in das zu willigen, was sie wünschten; eine Scheidung war gewiß zu erlangen; eine baldige Verbindung sollte folgen, und Eduard wollte mit Ottilien reisen. Unter allem, was die Einbildungskraft sich Angenehmes ausmalt, ist vielleicht nichts Reizenderes, als wenn Liebende, wenn junge Gatten ihr neues frisches Verhältnis in einer neuen, frischen Welt zu genießen, und einen dauernden Bund an so viel wechselnden Zuständen zu prüfen und zu bestätigen hoffen. Der Major und Charlotte sollten unterdessen unbeschränkte Vollmacht haben, alles, was sich auf Besitz, und die irdischen wünschenswerten Einrichtungen bezieht, dergestalt zu ordnen und nach Recht und Billigkeit einzuleiten, daß alle Teile zufrieden sein könnten. Worauf jedoch Eduard am allermeisten zu fußen, wovon er sich den größten Vorteil zu versprechen schien, war dies. Da das Kind bei der Mutter bleiben sollte, so würde der Major den Knaben erziehen, ihn nach seinen Einsichten leiten, seine Fähigkeiten entwickeln können. Nicht umsonst hatte man ihm dann in der Taufe ihren beiderseitigen Namen Otto gegeben.

Das alles war bei Eduarden so fertig geworden, daß er keinen Tag länger anstehen mochte, der Ausführung näher zu treten. Sie gelangten auf ihrem Wege nach dem Gute zu einer kleinen Stadt, in der Eduard ein Haus besaß, wo er verweilen und die Rückkunft des Majors abwarten wollte. Doch konnte er sich nicht überwinden, daselbst sogleich abzusteigen, und begleitete den Freund noch durch den Ort. Sie waren beide zu Pferde und, in bedeutendem Gespräch verwickelt, ritten sie zusammen weiter.

Auf einmal erblickten sie in der Ferne das neue Haus auf der Höhe, dessen rote Ziegel sie zum erstenmal blinken sahen. Eduarden ergreift eine unwiderstehliche Sehnsucht; es soll noch diesen Abend alles abgetan sein. In einem ganz nahen Dorfe will er sich verborgen halten; der Major soll die Sache Charlotten dringend vorstellen, ihre Vorsicht überraschen und durch den unerwarteten Antrag sie zu freier Eröffnung ihrer Gesinnung nötigen. Denn Eduard, der seine Wünsche auf sie übergetragen hat, glaubte nicht anders, als daß er ihren entschiedenen Wünschen entgegenkomme, und hoffte eine so schnelle Einwilligung von ihr, weil er keinen andern Willen haben konnte.

Er sah den glücklichen Ausgang freudig vor Augen, und damit dieser dem Lauernden schnell verkündigt würde, sollten einige Kanonenschläge losgebrannt werden, und, wäre es Nacht geworden, einige Raketen steigen.

Der Major ritt nach dem Schlosse zu. Er fand Charlotten nicht, sondern erfuhr vielmehr, daß sie gegenwärtig oben auf dem neuen Gebäude wohne, jetzt aber einen Besuch in der Nachbarschaft ablege, von welchem sie heute wahrscheinlich nicht so bald nach Hause komme. Er ging in das Wirtshaus zurück, wohin er sein Pferd gestellt hatte.

Eduard indessen, von unüberwindlicher Ungeduld getrieben, schlich aus seinem Hinterhalte durch einsame Pfade, nur Jägern und Fischern bekannt, nach seinem Park, und fand sich gegen Abend im Gebüsch in der Nachbarschaft des Sees, dessen Spiegel er zum erstenmal vollkommen und rein erblickte.

Ottilie hatte diesen Nachmittag einen Spaziergang an den See gemacht. Sie trug das Kind und las im Gehen nach ihrer Gewohnheit; so gelangte sie zu den Eichen bei der Überfahrt. Der Knabe war eingeschlafen; sie setzte sich, legte ihn neben sich nieder und fuhr fort zu lesen. Das Buch war eins von denen, die ein zartes Gemüt an sich ziehen und nicht wieder loslassen. Sie vergaß Zeit und Stunde und dachte nicht, daß sie zu Lande noch einen weiten Rückweg nach dem neuen Gebäude habe; aber sie saß, versenkt in ihr Buch, in sich selbst, so liebenswürdig anzusehen, daß die Bäume, die Sträuche rings umher hätten belebt, mit Augen begabt sein sollen, um sie zu bewundern und sich an ihr zu erfreuen. Und eben fiel ein rötliches Streiflicht der sinkenden Sonne hinter ihr her und vergoldete Wange und Schulter.

Eduard, dem es bisher gelungen war, unbemerkt so weit vorzudringen, der seinen Park leer, die Gegend einsam fand, wagte sich immer weiter. Endlich bricht er durch das Gebüsch bei den Eichen, er sieht Ottilien, sie ihn; er fliegt auf sie zu und liegt zu ihren Füßen. Nach einer langen, stummen Pause, in der sich beide zu fassen suchen, erklärt er ihr mit wenig Worten, warum und wie er hieher gekommen. Er habe den Major an Charlotten abgesendet; ihr gemeinsames Schicksal werde vielleicht in diesem Augenblick entschieden. Nie habe er an ihrer Liebe gezweifelt, sie gewiß auch nie an der seinigen. Er bitte sie um ihre Einwilligung. Sie zauderte, er beschwur sie; er wollte seine alten Rechte geltend machen und sie in seine Arme schließen; sie deutete auf das Kind hin.

Eduard erblickt es und staunt. „Großer Gott!" ruft er aus: „wenn ich Ursache hätte an meiner Frau, an meinem Freunde zu zweifeln, so würde diese Gestalt fürchterlich gegen sie zeugen. Ist dies nicht die Bildung des Majors? Solch ein Gleichen habe ich nie gesehen."

„Nicht doch!" versetzte Ottilie, „alle Welt sagt, es gleiche mir." – „Wär es möglich?" versetzte Eduard, und in dem Augenblick schlug das Kind die Augen auf, zwei große, schwarze, durchdringende Augen, tief und freundlich. Der Knabe sah die Welt schon so verständig an; er schien die beiden zu kennen, die vor ihm standen. Eduard warf sich bei dem Kinde nieder, er kniete zweimal vor Ottilien. „Du bist's!" rief er aus: „deine Augen sind's. Ach! aber laß mich nur in die deinigen schauen! Laß mich einen Schleier werfen über jene unselige Stunde, die diesem Wesen das Dasein gab! Soll ich deine reine Seele mit dem unglücklichen Gedanken erschrecken, daß Mann und Frau entfremdet sich einander ans Herz drücken und einen gesetzlichen Bund durch lebhafte Wünsche entheiligen können! Oder ja, da wir einmal so weit sind, da mein Verhältnis zu Charlotten getrennt werden muß, da du die Meinige sein wirst, warum soll ich es nicht sagen! Warum soll ich das harte Wort nicht aussprechen! Dies Kind ist aus einem doppelten Ehebruch erzeugt! es trennt mich von meiner Gattin und meine Gattin von mir, wie es uns hätte verbinden sollen. Mag es denn gegen mich zeugen, mögen diese herrlichen Augen den deinigen sagen, daß ich in den Armen einer andern dir gehörte; mögest du fühlen, Ottilie, recht fühlen, daß ich jenen Fehler, jenes Verbrechen nur in deinen Armen abbüßen kann!

„Horch!", rief er aus, indem er aufsprang und einen Schuß zu hören glaubte, als das Zeichen, das der Major geben sollte. Es war ein Jäger, der im benachbarten Gebirge geschossen hatte. Es erfolgte nichts weiter; Eduard war ungeduldig.

Nun erst sah Ottilie, daß die Sonne sich hinter die Berge gesenkt hatte. Noch zuletzt blinkte sie von den Fenstern des obern Gebäudes zurück. „Entferne dich, Eduard!" rief Ottilie. „So lange haben wir entbehrt, so lange geduldet. Bedenke, was wir beide Charlotten schuldig sind! Sie muß unser Schicksal entscheiden; laß uns ihr nicht vorgreifen! Ich bin die Deine, wenn sie es vergönnt; wo nicht, so muß ich dir entsagen. Da du die Entscheidung so nahe glaubst, so laß uns erwarten! Geh in das Dorf zurück, wo der Major dich vermutet. Wie manches kann vorkommen, das eine Erklärung fordert! Ist es wahrscheinlich, daß ein roher Kanonenschlag dir den Erfolg seiner Unterhandlungen verkünde? Vielleicht sucht er dich auf in diesem Augenblick. Er hat Charlotten nicht getroffen, das weiß ich: er kann ihr entgegengegangen sein; denn man wußte, wo sie hin war. Wie vielerlei Fälle sind möglich! Laß mich! Jetzt muß sie kommen. Sie erwartet mich mit dem Kinde dort oben."

Ottilie sprach in Hast. Sie rief sich alle Möglichkeiten zusammen. Sie war glücklich in Eduards Nähe und fühlte, daß sie ihn jetzt entfernen müsse. „Ich bitte, ich beschwöre dich, Geliebter!" rief sie aus; „kehre zurück und erwarte den Major!" – „Ich gehorche deinen Befehlen", rief Eduard, indem er sie erst leidenschaftlich anblickte und sie dann fest in seine Arme schloß. Sie umschlang ihn mit den ihrigen und drückte ihn auf das zärtlichste an ihre Brust. Die Hoffnung fuhr wie ein Stern, der vom Himmel fällt, über ihre Häupter weg. Sie wähnten, sie glaubten einander anzugehören; sie wechselten zum ersten Mal entschiedene, freie Küsse und trennten sich gewaltsam und schmerzlich.

Die Sonne war untergegangen, und es dämmerte schon und duftete feucht um den See. Ottilie stand verwirrt und bewegt; sie sah nach dem Berghause hinüber und glaubte Charlottens weißes Kleid auf dem Altan zu sehen. Der Umweg war groß am See hin! sie kannte Charlottens ungeduldiges Harren nach dem Kinde. Die Platanen sieht sie gegen sich über; nur ein Wasserarm trennt sie von dem Pfade, der sogleich zu dem Gebäude hinaufführt. Mit Gedanken ist sie schon drüben wie mit den Augen. Die Bedenklichkeit mit dem Kinde sich aufs Wasser zu wagen, verschwindet in diesem Drange. Sie eilt nach dem Kahn, sie fühlt nicht, daß ihr Herz pocht, daß ihre Füße schwanken, daß ihr die Sinne zu vergehen drohen. Sie springt in den Kahn, ergreift das Ruder und stößt ab. Sie muß Gewalt brauchen, sie wiederholt den Stoß, der Kahn schwankt und gleitet eine Strecke seewärts. Auf dem linken Arme das Kind, in der linken Hand das Buch, in der rechten das Ruder, schwankt auch sie und fällt in den Kahn. Das Ruder entfährt ihr nach der einen Seite und, wie sie sich erhalten will, Kind und Buch nach der andern, alles ins Wasser. Sie ergreift noch des Kindes Gewand; aber ihre unbequeme Lage hindert sie selbst am Aufstehen. Die freie rechte Hand ist nicht hinreichend, sich umzuwenden, sich aufzurichten; endlich gelingt's, sie zieht das Kind aus dem Wasser, aber seine Augen sind geschlossen, es hat aufgehört zu atmen.

In dem Augenblicke kehrt ihre ganze Besonnenheit zurück, aber um desto größer ist ihr Schmerz. Der Kahn treibt fast in der Mitte des Sees, das Ruder schwimmt fern, sie erblickt niemanden am Ufer und auch was hätte es ihr geholfen, jemand zu sehen! Von allem abgesondert, schwebt sie auf dem treulosen unzugänglichen Elemente. Sie sucht Hilfe bei sich selbst. So oft hatte sie von Rettung der Ertrunkenen gehört. Noch am Abend ihres Geburtstages hatte sie es erlebt. Sie entkleidet das Kind und trocknet's mit ihrem Musselingewand. Sie reißt ihren Busen auf und zeigt ihm zum ersten Mal dem freien Himmel; zum ersten Mal drückt sie ein Lebendiges an ihre reine, nackte Brust, ach! und kein Lebendiges! Die kalten Glieder des unglücklichen Geschöpfs verkälten ihren Busen bis ins innerste Herz. Unendliche Tränen entquellen ihren Augen und erteilen der Oberfläche des Erstarrten einen Schein von Wärme und Leben. Sie läßt nicht nach, sie überhüllt es mit ihrem Shawl, und durch Streicheln, Andrücken, Anhauchen, Küssen, Tränen glaubt sie jene Hilfsmittel zu ersetzen, die ihr in dieser Abgeschnittenheit versagt sind.

Alles vergebens! Ohne Bewegung liegt das Kind in ihren Armen, ohne Bewegung steht der Kahn auf der Wasserfläche, aber auch hier läßt ihr schönes Gemüt sie nicht hilflos. Sie wendet sich nach oben: kniend sinkt sie in dem Kahn nieder und hebt das erstarrte Kind mit beiden Armen über ihre unschuldige Brust, die an Weiße und leider auch an Kälte dem Marmor gleicht. Mit feuchtem Blick sieht sie empor und ruft Hilfe von daher, wo ein zartes Herz die größte Fülle zu finden hofft, wenn es überall mangelt. Auch wendet sie sich nicht vergebens zu den Sternen, die schon einzeln hervorzublicken anfangen. Ein sanfter Wind erhebt sich und treibt den Kahn nach den Platanen.

Sie eilt nach dem neuen Gebäude, sie ruft den Chirurgus hervor, sie übergibt ihm das Kind. Der auf alles gefaßte Mann behandelt den zarten Leichnam stufenweise nach gewohnter Art. Ottilie steht ihm in allem bei; sie schafft, sie bringt, sie sorgt, zwar wie in einer andern Welt wandelnd: *denn das höchste Unglück, wie das höchste Glück verändert die Ansicht aller Gegenstände;* und nur, als nach allen durchgegangenen Versuchen der wackere Mann den Kopf schüttelt, auf ihre hoffnungsvollen Fragen erst schweigend, dann mit einem leisen Nein antwortet, verläßt sie das Schlafzimmer Charlottens, worin dies alles geschehen, und kaum hat sie das Wohnzimmer betreten, so fällt sie, ohne den Sofa erreichen zu können, erschöpft aufs Angesicht über den Teppich hin.

Eben hört man Charlotten vorfahren. Der Chirurg bittet die Umstehenden dringend zurückzubleiben, er will ihr entgegen, sie vorbereiten, aber schon betritt sie ihr Zimmer. Sie findet Ottilien an der Erde, und ein Mädchen des Hauses stürzt ihr mit Geschrei und Weinen entgegen. Der Chirurg tritt herein, und sie erfährt alles auf einmal. Wie sollte sie aber jede Hoffnung mit einmal aufgeben! Der erfahrene, kunstreiche, kluge Mann bittet sie, nur das Kind nicht zu sehen; er entfernt sich, sie mit neuen Anstalten zu täuschen. Sie hat sich auf ihr Sofa gesetzt. Ottilie liegt noch an der Erde, aber an der Freundin Knie herangehoben, über die ihr schönes Haupt hingesenkt ist. Der ärztliche Freund geht ab und zu; er scheint sich um das Kind zu bemühen, er bemüht sich um die Frauen. So kommt die Mitternacht herbei; die Totenstille wird immer tiefer. Charlotte verbirgt sich's nicht mehr, daß das Kind nie wieder ins Leben zurückkehre; sie verlangt es zu sehen. Man läßt es, in warme wollene Tücher reinlich eingehüllt, in einen Korb gelegt, den man neben sie auf den Sofa setzt; nur das Gesichtchen ist frei; ruhig und schön liegt es da.

Von dem Unfall war das Dorf bald erregt worden, und die Kunde sogleich bis nach dem Gasthof erschollen. Der Major hatte sich die bekannten Wege hinaufbegeben; er ging um das Haus herum, und indem er einen Bedienten anhielt, der in dem Angebäude etwas zu holen lief, verschaffte er sich nähere Nachricht und ließ den Chirurgen herausrufen. Dieser kam, erstaunt über die Erscheinung seines alten Gönners, berichtete ihm die gegenwärtige Lage und übernahm es, Charlotten auf seinen Anblick vorzubereiten. Er ging hinein, fing ein ableitendes Gespräch an und führte die Einbildungskraft von einem Gegenstand auf den andern, bis er endlich den Freund Charlotten vergegenwärtigte, dessen gewisse Teilnahme, dessen Nähe dem Geiste, der Gesinnung nach, die er denn bald in eine wirkliche übergehen ließ. Genug, sie erfuhr, der Freund stehe vor der Tür, er wisse alles, und wünsche eingelassen zu werden.

Der Major trat herein; ihn begrüßte Charlotten mit einem schmerzlichen Lächeln. Er stand vor ihr. Sie hob die grünseidene Decke auf, die den Leichnam verbarg, und bei dem dunkeln Schein einer Kerze erblickte er, nicht ohne geheimes Grausen, sein erstarrtes Ebenbild. Charlotte deutete auf einen Stuhl, und so saßen sie gegeneinander über, schweigend die Nacht hindurch. Ottilie lag noch ruhig auf den Knien Charlottens; sie atmete sanft, sie schlief oder schien zu schlafen.

Der Morgen dämmerte, das Licht verlosch; beide Freunde schienen aus einem dumpfen Traum zu erwachen. Charlotte blickte den Major an und sagte gefaßt: „Erklären Sie mir, mein Freund, durch welche Schickung kommen Sie hierher, um teil an dieser Trauerszene zu nehmen?"

„Es ist hier", antwortete der Major ganz leise, wie sie gefragt hatte – als wenn sie Ottilien nicht aufwecken wollten – „es ist hier nicht Zeit noch Ort, zurückzuhalten, Einleitungen zu machen und sachte heran zu treten. Der Fall, in dem ich Sie finde, ist so ungeheuer, daß das Bedeutende selbst, weshalb ich komme, dagegen seinen Wert verliert."

Er gestand ihr darauf, ganz ruhig und einfach, den Zweck seines Kommens, insofern sein freier Wille, sein eigenes Interesse dabei war. Er trug beides sehr zart, doch aufrichtig vor; Charlotte hörte gelassen zu und schien weder darüber zu staunen noch unwillig zu sein.

Als der Major geendigt hatte, antwortete Charlotte mit ganz leiser Stimme, so daß er genötigt war, seinen Stuhl heranzurücken: „In einem Falle, wie dieser ist, habe ich mich noch nie befunden; aber in ähnlichen habe ich mir immer gesagt: ‚Wie wird es morgen sein?' Ich fühle recht wohl, daß das Los von mehreren jetzt in meinen Händen liegt; und was ich zu tun habe, ist bei mir außer Zweifel und bald ausgesprochen. Ich willige in die Scheidung. Ich hätte mich früher dazu entschließen sollen; durch mein Zaudern, mein Widerstreben, habe ich das Kind getötet. *Es sind gewisse Dinge, die sich das Schicksal hartnäckig vornimmt. Vergebens, daß Vernunft und Tugend, Pflicht und alles Heilige sich ihm in den Weg stellen, es soll etwas geschehen, was ihm recht ist, was uns nicht recht scheint; und so greift es zuletzt durch, wir mögen uns gebärden, wie wir wollen.*

Doch was sag ich! Eigentlich will das Schicksal meinen eigenen Wunsch, meinen eigenen Vorsatz, gegen die ich unbedachtsam gehandelt, wieder in den Weg bringen. Habe ich nicht selbst schon Ottilien und Eduarden mir als das schicklichste Paar zusammengedacht? Habe ich nicht selbst beide einander zu nähern gesucht? Waren Sie nicht selbst, mein Freund, Mitwisser dieses Planes? Und warum konnt ich den Eigensinn eines Mannes nicht von wahrer Liebe unterscheiden? Warum nahm ich seine Hand an, da ich als Freundin ihn und eine andere Gattin glücklich gemacht hätte? Und betrachten Sie nur diese unglückliche Schlummernde! Ich zittere vor dem Augenblicke, wenn sie aus ihrem halben Totenschlafe zum Bewußtsein erwacht. Wie soll sie leben, wie soll sie sich trösten, wenn sie nicht hoffen kann, durch ihre Liebe Eduarden das zu ersetzen, was sie ihm, als Werkzeug des wunderbarsten Zufalls geraubt hat? Und sie kann ihm alles wiedergeben, nach der Neigung, nach der Leidenschaft, mit der sie ihn liebt. *Vermag die Liebe alles zu dulden, so vermag sie noch viel mehr alles zu ersetzen.* An mich darf in diesem Augenblick nicht gedacht werden.

Entfernen Sie sich in der Stille, lieber Major! Sagen Sie Eduarden, daß ich in die Scheidung willige, daß ich ihm, Ihnen, Mittlern die ganze Sache einzuleiten überlasse; daß ich um meine künftige Lage unbekümmert bin und es in jedem Sinne sein kann. Ich will jedes Papier unterschreiben, das man mir bringt; aber man verlange nur nicht von mir, daß ich mitwirke, daß ich bedenke, daß ich berate."

Der Major stand auf. Sie reichte ihm ihre Hand über Ottilien weg; er drückte seine Lippen auf diese liebe Hand. „Und für mich, was darf ich hoffen?" lispelte er leise.

„Lassen Sie mich Ihnen die Antwort schuldig bleiben!" versetzte Charlotte. „Wir haben nicht verschuldet, unglücklich zu werden; aber auch nicht verdient, zusammen glücklich zu sein."

Der Major entfernte sich, Charlotten tief im Herzen beklagend, ohne jedoch das arme abgeschiedene Kind bedauern zu können. Ein solches Opfer schien ihm nötig zu ihrem allseitigen Glück. Er dachte sich Ottilien mit einem eigenen Kind auf dem Arm, als den vollkommensten Ersatz für das, was sie Eduarden geraubt; er dachte sich einen Sohn auf dem Schoße, der mit mehrerem Recht sein Ebenbild trüge, als der Abgeschiedene.

So schmeichelnde Hoffnungen und Bilder gingen ihm durch die Seele, als er auf dem Rückwege nach dem Gasthofe Eduarden fand, der die ganze Nacht im Freien den Major erwartet hatte, da ihm kein Feuerzeichen, kein Donnerlaut ein glückliches Gelingen verkünden wollte. Er wußte bereits von dem Unglück, und auch er, anstatt das arme Geschöpf zu bedauern, sah diesen Fall, ohne sich's ganz gestehen zu wollen, als eine Fügung an, wodurch jedes Hindernis an seinem Glück auf einmal beseitigt wäre. Gar leicht ließ er sich daher durch den Major bewegen, der ihm schnell den Entschluß seiner Gattin verkündigte, wieder nach jenem Dorfe, und sodann nach der kleinen Stadt zurückzukehren, wo sie das nächste überlegen und einleiten wollten.

Charlotte saß, nachdem der Major sie verlassen hatte, nur wenige Minuten in ihre Betrachtungen versenkt: denn sogleich richtete Ottilie sich auf, ihre Freundin mit großen Augen anblickend. Erst erhob sie sich von dem Schoße, dann von der Erde und stand vor Charlotte.

„Zum zweiten Mal" – so begann das herrliche Kind mit einem unüberwindlichen anmutigen Ernst – „zum zweiten Mal widerfährt mir dasselbige. Du sagtest mir einst, es begegne den Menschen in ihrem Leben oft Ähnliches auf ähnliche Weise, und immer in bedeutenden Augenblicken. Ich finde nun die Bemerkung wahr und bin gedrungen, dir ein Bekenntnis zu machen. Kurz nach meiner Mutter Tode, als ein kleines Kind, hatte ich meinen Schemel an dich gerückt: du saßest auf dem Sofa wie jetzt; mein Haupt lag auf deinen Knien, ich schlief nicht, ich wachte nicht; ich schlummerte. Ich vernahm alles was um mich vorging, besonders alle Reden sehr deutlich; und doch konnte ich mich nicht regen, mich nicht äußern, und wenn ich auch gewollt hätte, nicht andeuten, daß ich meiner selbst mich bewußt fühlte. Damals sprachst du mit einer Freundin über mich; du bedauertest mein Schicksal, als eine arme Waise in der Welt geblieben zu sein; du schildertest meine abhängige Lage, und wie mißlich es um mich stehen könne, wenn nicht ein besonderer Glücksstern über mich walte. Ich faße alles wohl und genau, vielleicht zu streng, was du für mich zu wünschen, was du von mir zu fordern schienst. Ich machte mir nach beschränkten Einsichten hierüber Gesetze; nach diesen habe ich lange gelebt, nach ihnen war mein Tun und Lassen eingerichtet, zu der Zeit, da du mich liebtest, für mich sorgtest, da du mich in dein Haus aufnahmst und auch noch eine Zeit hernach.

Aber ich bin aus meiner Bahn geschritten, ich habe meine Gesetze gebrochen, ich habe sogar das Gefühl derselben verloren und nach einem schrecklichen Ereignis klärst du mich wieder über meinen Zustand auf, der jammervoller ist als der erste. Auf deinem Schoße ruhend, halb erstarrt, wie aus einer fremden Welt, vernehm ich abermals deine leise Stimme über meinem Ohr; ich vernehme, wie es mit mir selbst aussieht; ich schaudere über mich selbst; aber wie damals habe ich auch diesmal in meinem halben Totenschlaf mir meine neue Bahn vorgezeichnet.

Ich bin entschlossen, wie ich's war; und wozu ich entschlossen bin, mußt du gleich erfahren. Eduards werd ich nie! Auf eine schreckliche Weise hat Gott mir die Augen geöffnet, in welchem Verbrechen ich befangen bin. Ich will es büßen; und niemand gedenke, mich von meinem Vorsatz abzubringen! Darnach, Liebe, Beste, nimm deine Maßregeln! Laß den Major zurückkommen! schreibe ihm, daß keine Schritte geschehen! Wie ängstlich war mir, daß ich mich nicht rühren und regen konnte als er ging! Ich wollte auffahren, aufschreien: du solltest ihn nicht mit so frevelhaften Hoffnungen entlassen."

Charlotte sah Ottiliens Zustand, sie empfand ihn; aber sie hoffte, durch Zeit und Vorstellungen etwas über sie zu gewinnen. Doch als sie einige Worte aussprach, die auf eine Zukunft, auf eine Milderung des Schmerzes, auf

Hoffnung deuteten: „Nein!" rief Ottilie mit Erhebung, „sucht mich nicht zu bewegen, nicht zu hintergehen! In dem Augenblick, in dem ich erfahre, du habest in die Scheidung gewilligt, büße ich in demselbigen See mein Vergehen, mein Verbrechen."

Wenn sich in einem glücklichen, friedlichen Zusammenleben Verwandte, Freunde, Hausgenossen mehr als nötig und billig ist, von dem unterhalten, was geschieht oder geschehen soll; wenn sie sich einander ihre Vorsätze, Unternehmungen, Beschäftigungen wiederholt mitteilen und ohne gerade wechselseitigen Rat anzunehmen, doch immer das ganze Leben gleichsam ratschlagend behandeln; so findet man dagegen in wichtigen Momenten, eben da wo es scheinen sollte, der Mensch bedürfe fremden Beistandes, fremder Bestätigung am allermeisten, daß sich die einzelnen auf sich selbst zurückziehen, jedes für sich zu handeln, jedes auf seine Weise zu wirken strebt, und indem man sich einander die einzelnen Mittel verbirgt, nur erst der Ausgang, die Zwecke, das Erreichte wieder zum Gemeingut werden.

Nach so viel wundervollen und unglücklichen Ereignissen war denn auch ein gewisser stiller Ernst über die Freundinnen gekommen, der sich in einer liebenswürdigen Schonung äußerte. Ganz in der Stille hatte Charlotte das Kind nach der Kapelle gesendet. Es ruhte dort als das erste Opfer eines ahnungsvollen Verhängnisses.

Charlotte kehrte sich, so viel es ihr möglich war, gegen das Leben zurück und hier fand sie Ottilien zuerst, die ihres Beistandes bedurfte. Sie beschäftigte sich vorzüglich mit ihr, ohne es jedoch merken zu lassen. Sie wußte, wie sehr das himmlische Kind Eduarden liebte; sie hatte nach und nach die Szene, die dem Unglück vorhergegangen war, herausgeforscht, und jeden Umstand, teils von Ottilien selbst, teils durch Briefe des Majors erfahren.

Ottilie von ihrer Seite erleichterte Charlotten sehr das augenblickliche Leben. Sie war offen, ja gesprächig, aber niemals war von dem Gegenwärtigen oder kurz Vergangenen die Rede. Sie hatte stets aufgemerkt, stets beobachtet, sie wußte viel; das kam jetzt alles zum Vorschein. Sie unterhielt, sie zerstreute Charlotten, die noch immer die stille Hoffnung nährte, ein ihr so wertes Paar verbunden zu sehen.

Allein bei Ottilien hing es anders zusammen. Sie hatte das Geheimnis ihres Lebensganges der Freundin entdeckt; sie war von ihrer frühen Einschränkung, von ihrer Dienstbarkeit entbunden: durch ihre Reue, durch ihren Entschluß fühlte sie sich auch befreit von der Last jenes Vergehens, jenes Mißgeschicks. Sie bedurfte keiner Gewalt mehr über sich selbst; sie hatte sich in der Tiefe ihres Herzens nur unter der Bedingung des völligen Entsagens verziehen, und diese Bedingung war für alle Zukunft unerläßlich.

So verfloß einige Zeit und Charlotte fühlte, wie sehr Haus und Park, Seen, Felsen und Baumgruppen nur traurige Empfindungen täglich in ihnen beiden erneuerten. Daß man den Ort verändern müsse, war allzudeutlich; wie es geschehen sollte, nicht so leicht zu entscheiden.

Sollten die beiden Frauen zusammenbleiben? Eduards früherer Wille schien es zu gebieten, seine Erklärung, seine Drohung es nötig zu machen: allein wie war es zu verkennen, daß beide Frauen, mit allem guten Willen, mit aller Vernunft, mit aller Anstrengung, sich in einer peinlichen Lage nebeneinander befanden! Ihre Unterhaltungen waren vermeidend. Manchmal mochte man gern etwas nur halb verstehen, öfters wurde aber doch ein Ausdruck, wo nicht durch den Verstand, wenigstens durch die Empfindung mißdeutet. Man fürchtete sich, zu verletzen, und gerade die Furcht war am ersten verletzbar und verletzte am ersten.

Wollte man den Ort verändern und sich zugleich, wenigstens auf einige Zeit, von einander trennen, so trat die alte Frage wieder hervor, wo sich Ottilie hinbegeben solle? Jenes große, reiche Haus hatte vergebliche Versuche gemacht, einer hoffnungsvollen Erbtochter unterhaltende und wetteifernde Gespielinnen zu verschaffen. Schon bei der letzten Anwesenheit der Baronesse und neuerlich durch Briefe war Charlotte aufgefordert worden, Ottilien dorthin zu senden; jetzt brachte sie es abermals zur Sprache. Ottilie verweigerte aber ausdrücklich dorthin zu gehen, wo sie dasjenige finden würde, was man große Welt zu nennen pflegt.

„Lassen Sie mich, liebe Tante", sagte sie, „damit ich nicht eingeschränkt und eigensinnig erscheine, dasjenige aussprechen, was zu verschweigen, zu verbergen in einem andern Falle Pflicht wäre! Ein seltsam unglücklicher Mensch, und wenn er auch schuldlos wäre, ist auf eine fürchterliche Weise gezeichnet. Seine Gegenwart erregt in allen, die ihn sehen, die ihn gewahr werden, eine Art von Entsetzen. Jeder will das Ungeheure ihm ansehen, was ihm auferlegt ward; jeder ist neugierig und ängstlich zugleich. So bleibt ein Haus, eine Stadt, worin eine ungeheure Tat geschehen, jedem furchtbar, der sie betritt. Dort leuchtet das Licht des Tages nicht so hell und die Sterne scheinen ihren Glanz zu verlieren.

Wie groß, und doch vielleicht zu entschuldigen, ist gegen solche Unglückliche die Indiskretion der Menschen, ihre alberne Zudringlichkeit und ungeschickte Gutmütigkeit! Verzeihen Sie mir, daß ich so rede! aber ich habe unglaublich mit jenem armen Mädchen gelitten, als es Luciane aus den verborgenen Zimmern des Hauses hervorzog, sich freundlich mit ihm beschäftigte, es in der besten Absicht zu Spiel und Tanz nötigen wollte. Als das arme Kind, bang und immer bänger, zuletzt floh und in Ohnmacht sank, ich es in meine Arme faßte, die Gesellschaft erschreckt aufgeregt und jeder erst recht neugierig auf die Unglückselige ward: da dachte ich nicht, daß mir ein gleiches Schicksal bevorstehe; aber mein Mitgefühl, so wahr und lebhaft, ist noch lebendig. Jetzt kann ich mein Mitleiden gegen mich selbst wenden und muß mich hüten, daß ich nicht zu ähnlichen Auftritten Anlaß gebe."

„Du wirst aber, liebes Kind", versetzte Charlotte, „dem Anblick der Menschen dich nirgends entziehen können. Klöster haben wir nicht, in denen sonst eine Freistatt für solche Gefühle zu finden war."

„Die Einsamkeit macht nicht die Freistatt, liebe Tante", versetzte Ottilie. *„Die schätzenswerteste Freistatt ist da zu suchen, wo wir tätig sein können. Alle Büßungen, alle Entbehrungen sind keineswegs geeignet, uns einem ahnungsvollen Geschick zu entziehen, wenn es uns zu verfolgen entschieden ist.* Nur wenn ich im müßigsten Zustande der Welt zur Schau dienen soll, dann ist sie mir widerwärtig und ängstigt mich. Findet man mich aber freudig bei der Arbeit, unermüdet in meiner Pflicht, dann kann ich die Blicke eines jeden aushalten, weil ich die göttlichen nicht zu scheuen brauche."

„Ich müßte mich sehr irren", versetzte Charlotte, „wenn deine Neigung dich nicht zur Pension zurückzöge."

„Ja", versetzte Ottilie, „ich leugne es nicht; ich denke es mir als eine glückliche Bestimmung, andere auf dem gewöhnlichen Wege zu erziehen, wenn wir auf dem sonderbarsten erzogen worden. Und sehen wir nicht in der Geschichte, daß Menschen, die wegen großer sittlicher Unfälle sich in die Wüsten zurückzogen, dort keineswegs, wie sie hofften, verborgen und gedeckt waren! Sie wurden zurückgerufen in die Welt, um die Verirrten auf den rechten Weg zu führen; und wer konnte es besser als die in den Irrgängen des Lebens schon Eingeweihten! Sie wurden berufen, den Unglücklichen beizustehen; und wer vermochte das eher als sie, denen kein irdisches Unheil mehr begegnen konnte!"

„Du wählst eine sonderbare Bestimmung", versetzte Charlotte. „Ich will dir nicht widerstreben; es mag sein, wenn auch nur, wie ich hoffe, auf kurze Zeit."

„Wie sehr danke ich Ihnen", sagte Ottilie, „daß Sie mir diesen Versuch, diese Erfahrungen gönnen wollen! Schmeichle ich mir nicht zu sehr, so soll es mir glücken. An jenem Orte will ich mich erinnern, wie manche Prüfungen ich ausgestanden, und wie klein, wie nichtig sie waren gegen die, die ich nachher erfahren mußte! Wie heiter werde ich die Verlegenheiten der jungen Aufschößlinge betrachten, bei ihren kindlichen Schmerzen lächeln und sie mit leiser Hand aus allen kleinen Verirrungen herausführen! *Der Glückliche ist nicht geeignet, Glücklichen vorzustehen; es liegt in der menschlichen Natur, immer mehr von sich und von anderen zu fordern, je mehr man empfangen hat. Nur der Unglückliche, der sich erholt, weiß für sich und andere das Gefühl zu nähren, daß auch ein mäßiges Gute mit Entzücken genossen werden soll.*"

„Laß mich gegen deinen Vorsatz", sagte Charlotte zuletzt nach einigem Bedenken, „noch einen Einwurf anführen, der mir der wichtigste scheint. Es ist nicht von dir, es ist von einem Dritten die Rede. Die Gesinnungen des guten, vernünftigen, frommen Gehilfen sind dir bekannt; auf dem Wege, den du gehst, wirst du ihm jeden Tag werter und unentbehrlicher sein. Da er schon jetzt, seinem Gefühl nach, nicht gern ohne dich leben mag, so wird er auch künftig, wenn er einmal deine Mitwirkung gewohnt ist, ohne dich sein Geschäft nicht mehr verwalten können. Du wirst ihm anfangs darin beistehen, um es ihm hernach zu verleiden."

„Das Geschick ist nicht sanft mit mir verfahren", versetzte Ottilie; „und wer mich liebt, hat vielleicht nicht viel Besseres zu erwarten. So gut und verständig als der Freund ist, eben so, hoffe ich, wird sich in ihm auch die Empfindung eines reinen Verhältnisses zu mir entwickeln; er wird in mir eine geweihte Person erblicken, die nur dadurch ein ungeheures Übel für sich und andere vielleicht aufzuwiegen vermag, wenn sie sich dem Heiligen widmet, das, uns unsichtbar umgebend, allein gegen die ungeheuern zudringenden Mächte beschirmen kann."

Charlotte nahm alles, was das liebe Kind so herzlich geäußert, zur stillen Überlegung. Sie hatte verschiedentlich, obgleich auf das leiseste, angeforscht, ob nicht eine Annäherung Ottiliens zu Eduard denkbar sei; aber auch nur die leiseste Erwähnung, die mindeste Hoffnung, der kleinste Verdacht schien Ottilien aufs tiefste zu rühren; ja sie sprach sich einst, da sie es nicht umgehen konnte, hierüber ganz deutlich aus.

Nun aber schwebte Charlotten immer noch jene Drohung Eduards vor der Seele, daß er Ottilien nur so lange entsagen könne, als sie sich von Charlotten nicht trennte. Es hatten sich zwar seit der Zeit die Umstände verändert, es war so mancherlei vorgefallen, daß jenes vom Augenblick ihm aufgedrungene Wort gegen die folgenden Ereignisse für aufgehoben zu achten war; dennoch wollte sie auch im entferntesten Sinne weder etwas wagen, noch etwas vornehmen, das ihn verletzen könnte; und so sollte Mittler in diesem Falle Eduards Gesinnungen erforschen. Mittler hatte seit dem Tode des Kindes Charlotten öfters, obgleich nur auf Augenblicke, besucht. Dieser Unfall, der ihm die Wiedervereinigung beider Gatten höchst unwahrscheinlich machte, wirkte gewaltsam auf ihn; aber, immer nach seiner Sinnesweise hoffend und strebend, freute er sich nun im stillen über den Entschluß Ottiliens: er vertraute der lindernden vorüberziehenden Zeit, dachte noch immer die beiden Gatten zusammenzuhalten und sah diese leidenschaftlichen Bewegungen nur als Prüfungen ehelicher Liebe und Treue an.

Charlotte hatte gleich anfangs den Major von Ottiliens erster Erklärung schriftlich unterrichtet, ihn auf das inständigste gebeten, Eduarden dahin zu vermögen, daß keine weiteren Schritte geschähen, daß man sich ruhig verhalte, daß man abwarte, ob das Gemüt des schönen Kindes sich wieder herstelle. Auch von den späteren Ereignissen und Gesinnungen hatte sie das Nötige mitgeteilt, und nun war freilich Mittlern die schwierige Aufgabe übertragen, auf eine Veränderung des Zustandes Eduarden vorzubereiten. Mittler aber, wohl wissend, daß man das Geschehene sich eher gefallen läßt, als daß man in ein noch zu Geschehendes einwilligt, überredete Charlotten, es sei das beste, Ottilien gleich nach der Pension zu schicken.

Deshalb wurden, sobald er weg war, Anstalten zur Reise gemacht. Ottilie packte zusammen, aber Charlotte sah wohl, daß sie weder das schöne Köfferchen, noch irgend etwas daraus mitzunehmen sich anschickte. Die Freundin schwieg und ließ das schweigende Kind gewähren. Der Tag der Abreise kam herbei; Charlottens Wagen sollte

Ottilien den ersten Tag bis in ein bekanntes Nachtquartier, den zweiten bis in die Pension bringen; Nanny sollte sie begleiten und ihre Dienerin bleiben. Das leidenschaftliche Mädchen hatte sich gleich nach dem Tode des Kindes wieder an Ottilien zurückgefunden, und hing nun an ihr wie sonst durch Natur und Neigung; ja sie schien durch unterhaltende Redseligkeit das bisher Versäumte wieder nachbringen und sich ihrer geliebten Herrin völlig widmen zu wollen. Ganz außer sich war sie nun über das Glück, mitzureisen, fremde Gegenden zu sehen, da sie noch niemals außer ihrem Geburtsort gewesen war, und rannte vom Schlosse ins Dorf, zu ihren Eltern, Verwandten, um ihr Glück zu verkündigen und Abschied zu nehmen. Unglücklicherweise traf sie dabei in die Zimmer der Maserkranken und empfand sogleich die Folgen der Ansteckung. Man wollte die Reise nicht aufschieben; Ottilie drang selbst darauf; sie hatte den Weg schon gemacht, sie kannte die Wirtsleute, bei denen sie einkehren sollte, der Kutscher vom Schlosse führte sie, es war nichts zu besorgen.

Charlotte widersetzte sich nicht; auch sie eilte schon in Gedanken aus diesen Umgebungen weg, nur wollte sie noch das Zimmer, das Ottilie im Schloß bewohnt hatte, wieder für Eduarden einrichten, gerade so wie sie vor der Ankunft des Hauptmanns gewesen. Die Hoffnung, ein altes Glück wieder herzustellen, flammt immer einmal wieder in dem Menschen auf, und Charlotte war zu solchen Hoffnungen abermals berechtigt, ja genötigt.

Als Mittler gekommen war, sich mit Eduarden über die Sache zu unterhalten, fand er ihn allein, den Kopf in die rechte Hand gelehnt, den Arm auf den Tisch gestemmt. Er schien sehr zu leiden. „Plagt Ihr Kopfweh Sie wieder?" fragte Mittler. „Es plagt mich", versetzte jener, „und doch kann ich es nicht hassen: denn es erinnert mich an Ottilien. Vielleicht leidet auch sie jetzt, denk ich, auf ihren linken Arm gestützt, und leidet wohl mehr als ich. Und warum soll ich es nicht tragen, wie sie? Diese Schmerzen sind mir heilsam, sind mir, ich kann beinahe sagen, wünschenswert: denn nur mächtiger, deutlicher, lebhafter schwebt mir das Bild ihrer Geduld, von allen ihren übrigen Vorzügen begleitet, vor der Seele; *nur im Leiden empfinden wir recht vollkommen alle die großen Eigenschaften, die nötig sind, um es zu ertragen.*"

Als Mittler den Freund in diesem Grade resigniert fand, hielt er mit seinen Anbringen nicht zurück, das er jedoch stufenweise, wie der Gedanke bei den Frauen entsprungen, wie er nach und nach zum Vorsatz gereift war, historisch vortrug. Eduard äußerte sich kaum dagegen. Aus dem Wenigen, was er sagte, schien hervorzugehen, daß er jenen alles überlasse; sein gegenwärtiger Schmerz schien ihn gegen alles gleichgültig gemacht zu haben.

Kaum aber war er allein, so stand er auf und ging in dem Zimmer hin und wieder. Er fühlte seinen Schmerz nicht mehr, er war ganz außer sich beschäftigt. Schon unter Mittlers Erzählung hatte die Einbildungskraft des Liebenden sich lebhaft ergangen. Er sah Ottilien allein oder so gut als allein, auf wohlbekanntem Wege, in einem gewohnten Wirtshause, dessen Zimmer er so oft betreten; er dachte, er überlegte, oder vielmehr er dachte, er überlegte nicht; er wünschte, er wollte nur. Er mußte sie sehen, sie sprechen. Wozu? warum? was daraus entstehen sollte? davon konnte die Rede nicht sein. Er widerstand nicht, er mußte.

Der Kammerdiener ward ins Vertrauen gezogen und erforschte sogleich Tag und Stunde, wann Ottilie reisen würde. Der Morgen brach an; Eduard säumte nicht, unbegleitet sich zu Pferde dahin zu begeben, wo Ottilie übernachten sollte. Er kam nur allzuzeitig dort an; die überraschte Wirtin empfing ihn mit Freuden: sie war ihm ein großes Familienglück schuldig geworden. Er hatte ihrem Sohn, der als Soldat sich sehr brav gehalten, ein Ehrenzeichen verschafft, indem er dessen Tat, wobei er allein gegenwärtig gewesen, heraushob, mit Eifer bis vor den Feldherrn brachte und die Hindernisse einiger Mißwollenden überwand. Sie wußte nicht, was sie ihm alles zuliebe tun sollte. Sie räumte schnell in ihrer Putzstube, die freilich auch zugleich Garderobe und Vorratskammer war, möglichst zusammen; allein er kündigte ihr die Ankunft eines Frauenzimmers an, die hier hereinziehen sollte, und ließ für sich eine Kammer hinten auf dem Gange notdürftig einrichten. Der Wirtin erschien die Sache geheimnisvoll, und es war ihr angenehm, ihrem Gönner, der sich dabei sehr interessiert und tätig zeigte, etwas Gefälliges zu erweisen. Und er, mit welcher Empfindung brachte er die lange Zeit bis zum Abend hin! Er betrachtete das Zimmer rings umher, indem er sie sehen sollte; es schien ihm in seiner ganzen häuslichen Seltsamkeit ein himmlischer Aufenthalt. Was dachte er sich nicht alles aus, ob er Ottilien überraschen, ob er sie vorbereiten sollte! Endlich gewann die letztere Meinung Oberhand; er setzte sich hin und schrieb. Dies Blatt sollte sie empfangen.

EDUARD AN OTTILIEN

„Indem du diesen Brief liesest, Geliebteste, bin ich in deiner Nähe. Du mußt nicht erschrecken, dich nicht entsetzen; du hast von mir nichts zu befürchten. Ich werde mich nicht zu dir drängen. Du siehst mich nicht eher, als du es erlaubst.

Bedenke vorher deine Lage, die meinige! Wie sehr danke ich dir, daß du keinen entscheidenden Schritt zu tun vorhast; aber bedeutend genug ist er; tu ihn nicht! Hier, auf einer Art von Scheideweg, überlege nochmals: Kannst du mein sein, willst du mein sein? Oh, du erzeigst uns allen eine große Wohltat und mir eine überschwengliche!

Laß mich dich wiedersehen, dich mit Freuden wiedersehen! Laß mich die schöne Frage mündlich tun, und beantworte sie mir mit deinem schönen Selbst! An meine Brust, Ottilie! hieher, wo du manchmal geruht hast und wo du immer hingehörst!"

Indem er schrieb, ergriff ihn das Gefühl, sein Höchstersehntes nahe sich, es werde nun gleich gegenwärtig sein.

Zu dieser Türe wird sie hereintreten, diesen Brief wird sie lesen, wirklich wird sie wie sonst vor mir dastehen, deren Erscheinung ich mich so oft herbeisehnte. Wird sie noch dieselbe sein? Hat sich ihre Gestalt, haben sich ihre Gesinnungen verändert? Er hielt die Feder noch in der Hand, er wollte schreiben, wie er dachte; aber der Wagen rollte in den Hof. Mit flüchtiger Feder setzte er noch hinzu: ,,Ich höre dich kommen. Auf einen Augenblick leb wohl!"

Er faltete den Brief, überschrieb ihn; zum Siegeln war es zu spät. Er sprang in die Kammer, durch die er nachher auf den Gang zu gelangen wußte, und augenblicks fiel ihm ein, daß er die Uhr mit dem Petschaft noch auf dem Tisch gelassen. Sie sollte diese nicht zuerst sehen; er sprang zurück und holte sie glücklich weg. Vom Vorsaal her vernahm er schon die Wirtin, die auf das Zimmer losging, um es dem Gast anzuweisen. Er eilte gegen die Kammertüre, aber sie war zugefahren. Den Schlüssel hatte er beim Hereinspringen heruntergeworfen; der lag inwendig, das Schloß war zugeschnappt und er stand gebannt. Heftig drängte er an der Türe; sie gab nicht nach. Oh, wie hätte er gewünscht, als ein Geist durch die Spalten zu schlüpfen! Vergebens! Er verbarg sein Gesicht an den Türpfosten. Ottilie trat herein, die Wirtin, als sie ihn erblickte, zurück. Auch Ottilien konnte er nicht einen Augenblick verborgen bleiben. Er wendete sich gegen sie, und so standen die Liebenden abermals auf die seltsamste Weise gegeneinander. Sie sah ihn ruhig und ernsthaft an, ohne vor- oder zurückzugehen, und als er eine Bewegung machte, ihr zu nähern, trat sie einige Schritte zurück bis an den Tisch. Auch er trat wieder zurück. ,,Ottilie", rief er aus, ,,laß mich das furchtbare Schweigen brechen! Sind wir nur Schatten, die einander gegenüber stehen? Aber vor allen Dingen höre! es ist Zufall, daß du mich gleich jetzt hier findest! Neben dir liegt ein Brief, der dich vorbereiten sollte. Lies, ich bitte dich, lies ihn! und dann beschließe, was du kannst!"

Sie blickte herab auf den Brief, und nach einigem Besinnen nahm sie ihn auf, erbrach und las ihn. Ohne die Miene zu verändern, hatte sie ihn gelesen, und so legte sie ihn leise weg: dann drückte sie die flachen, in die Höhe gehobenen Hände zusammen, führte sie gegen die Brust, indem sie sich nur wenig vorwärts neigte, und sah den dringend Fordernden mit einem solchen Blick an, daß er von allem abzustehen genötigt war, was er verlangen und wünschen mochte. Diese Bewegung zerriß ihm das Herz. Er konnte den Anblick, er konnte die Stellung Ottiliens nicht ertragen. Es sah völlig aus, als würde sie in die Knie sinken, wenn er beharrte. Er eilte verzweifelt zur Türe hinaus und schickte die Wirtin zu der Einsamen.

Er ging auf dem Vorsaal auf und ab. Es war Nacht geworden, im Zimmer blieb es stille. Endlich trat die Wirtin heraus und zog den Schlüssel ab. Die gute Frau war gerührt, war verlegen, sie wußte nicht, was sie tun sollte; zuletzt im Weggehen bot sie den Schlüssel Eduarden an, der ihn ablehnte. Sie ließ das Licht stehen und entfernte sich.

Eduard im tiefsten Kummer warf sich auf Ottiliens Schwelle, die er mit seinen Tränen benetzte. Jammervoller brachten kaum jemals in solcher Nähe Liebende eine Nacht zu.

Der Tag brach an; der Kutscher trieb, die Wirtin schloß auf und trat in das Zimmer. Sie fand Ottilien angekleidet eingeschlafen, sie ging zurück, und winkte Eduarden mit einem teilnehmenden Lächeln. Beide traten vor die Schlafende; aber auch diesen Anblick vermochte Eduard nicht auszuhalten. Die Wirtin wagte nicht das ruhende Kind zu wecken, sie setzte sich gegenüber. Endlich schlug Ottilie die schönen Augen auf und richtete sich auf ihre Füße. Sie lehnt das Frühstück ab, und nun tritt Eduard vor sie. Er bittet sie inständig, nur ein Wort zu reden, ihren Willen zu erklären; er wolle allen ihren Willen, schwört er; aber sie schweigt. Nochmals fragt er sie liebevoll und dringend, ob sie ihm angehören wolle? Wie lieblich bewegt sie, mit niedergeschlagenen Augen, ihr Haupt zu einem sanften Nein! Er fragt, ob sie nach der Pension wolle? Gleichgültig verneint sie das. Aber als er fragt, ob er sie zu Charlotten zurückführen dürfe? bejaht sie's mit einem getrosten Neigen des Hauptes. Er eilt ans Fenster, dem Kutscher Befehle zu geben; aber hinter ihm weg ist sie wie der Blitz zur Stube hinaus, die Treppe hinab in den Wagen. Der Kutscher nimmt den Weg nach dem Schlosse zurück: Eduard folgt zu Pferde in einiger Entfernung.

Wie höchst überrascht war Charlotte, als sie Ottilien vorfahren und Eduarden zu Pferde sogleich in den Schloßhof hineinsprengen sah! Sie eilte bis zur Türschwelle: Ottilie steigt aus und nähert sich mit Eduarden. Mit Eifer und Gewalt faßt sie die Hände beider Ehegatten, drückt sie zusammen und eilt auf ihr Zimmer. Eduard wirft sich Charlotten um den Hals und zerfließt in Tränen; er kann sich nicht erklären, bittet, Geduld mit ihm zu haben, Ottilien beizustehen, ihr zu helfen. Charlotte eilt auf Ottiliens Zimmer, und ihr schaudert, da sie hineintritt: es war schon ganz ausgeräumt, nur die leeren Wände standen da. Es erschien so weitläufig als unerfreulich. Man hatte alles weggetragen, nur das Köfferchen, unschlüssig, wo man es hinstellen sollte, in der Mitte des Zimmers stehen gelassen. Ottilie lag auf dem Boden, Arme und Haupt über den Koffer gestreckt. Charlotte bemüht sich um sie, fragt, was vorgegangen, und erhält keine Antwort.

Sie läßt ihr Mädchen, das mit Erquickungen kommt, bei Ottilien und eilt zu Eduarden. Sie findet ihn im Saal; auch er belehrt sie nicht. Er wirft sich vor ihr nieder, er badet ihre Hände in Tränen, er flieht auf sein Zimmer, und als sie ihm nachfolgen will, begegnet ihr der Kammerdiener, der sie aufklärt, so weit er vermag. Das übrige denkt sie sich zusammen, und dann sogleich mit Entschlossenheit an das, was der Augenblick fordert. Ottiliens Zimmer ist aufs baldigste wieder eingerichtet. Eduard hat die seinigen angetroffen, bis auf das letzte Papier, wie er sie verlassen. Die drei scheinen sich wieder gegeneinander zu finden; aber Ottilie fährt fort zu schweigen, und Eduard vermag nichts als seine Gattin um Geduld zu bitten, die ihm selbst zu fehlen scheint. Charlotte sendet Boten an Mittlern und an den Major. Jener war nicht anzutreffen; dieser kommt. Gegen ihn schüttet Eduard sein Herz aus, ihm gesteht er jeden kleinsten Umstand, und so erfährt Charlotte, was begegnet, was die Lage so sonderbar verändert, was die Gemüter aufgeregt.

Sie spricht aufs liebevollste mit ihrem Gatten; sie weiß keine andere Bitte zu tun als nur, daß man das Kind gegenwärtig nicht bestürmen möge. Eduard fühlt den Wert, die Liebe, die Vernunft seiner Gattin; aber seine Neigung beherrscht ihn ausschließlich. Charlotte macht ihm Hoffnung, verspricht ihm, in die Scheidung zu willigen. Er traut nicht; er ist so krank, daß ihn Hoffnung und Glaube abwechselnd verlassen: er dringt in Charlotten, sie soll dem Major ihre Hand zusagen; eine Art von wahnsinnigem Unmut hat ihn ergriffen. Charlotte, ihn zu besänftigen, ihn zu erhalten, tut, was er fordert: sie sagt dem Major ihre Hand zu, auf den Fall, daß Ottilie sich mit Eduarden verbinden wolle, jedoch unter ausdrücklicher Bedingung, daß die beiden Männer für den Augenblick zusammen eine Reise machen. Der Major hat für seinen Hof ein auswärtiges Geschäft, und Eduard verspricht, ihn zu begleiten. Man macht Anstalten und man beruhigt sich einigermaßen, indem wenigstens etwas geschieht.

Unterdessen kann man bemerken, daß Ottilie kaum Speise noch Trank zu sich nimmt, indem sie immerfort bei ihrem Schweigen verharrt. Man redet ihr zu, sie wird ängstlich; man unterläßt es: denn haben wir nicht meistenteils die Schwäche, daß wir jemanden auch zu seinem Besten nicht gern quälen mögen! Charlotte sann alle Mittel durch; endlich geriet sie auf den Gedanken, jenen Gehilfen aus der Pension kommen zu lassen, der über Ottilien viel vermochte, der wegen ihres unvermuteten Außenbleibens sich sehr freundlich geäußert, aber keine Antwort erhalten hatte.

Man spricht, um Ottilien nicht zu überraschen, von diesem Vorsatz in ihrer Gegenwart. Sie scheint nicht einzustimmen; sie bedenkt sich; endlich scheint ein Entschluß in ihr zu reifen, sie eilt nach ihrem Zimmer, und sendet noch vor Abend an die Versammelten folgendes Schreiben.

OTTILIE DEN FREUNDEN

„Warum soll ich ausdrücklich sagen, meine Geliebten, was sich von selbst versteht! Ich bin aus meiner Bahn geschritten, und ich soll nicht wieder hinein. Ein feindseliger Dämon, der Macht über mich gewonnen, scheint von außen zu hindern, hätte ich mich auch mit mir selbst wieder zur Einigkeit gefunden.

Ganz rein war mein Vorsatz, Eduarden zu entsagen, mich von ihm zu entfernen. Ihm hofft ich nicht wieder zu begegnen. Es ist anders geworden; er stand selbst gegen seinen eigenen Willen vor mir. Mein Versprechen, mich mit ihm in keine Unterredung einzulassen, habe ich vielleicht zu buchstäblich genommen und gedeutet. Nach Gefühl und Gewissen des Augenblicks schwieg ich, verstummt ich vor dem Freunde, und nun habe ich nichts mehr zu sagen. Ein strenges Ordensgelübde, welches den, der es mit Überlegung eingeht, vielleicht unbequem ängstigt, habe ich zufällig, vom Gefühl gedrungen, über mich genommen. Laßt mich darin beharren, so lange mir das Herz gebietet! Beruft keine Mittelsperson! Dringt nicht in mich, daß ich reden, daß ich mehr Speise und Trank genießen soll, als ich höchstens bedarf! Helft mir durch Nachsicht und Geduld über diese Zeit hinweg! Ich bin jung; die Jugend stellt sich unversehens wieder her. Duldet mich in eurer Gegenwart, erfreut mich durch eure Liebe, belehrt mich durch eure Unterhaltung, aber mein Inneres überlaßt mir selbst!"

Die längst vorbereitete Abreise der Männer unterblieb, weil jenes auswärtige Geschäft des Majors sich verzögerte: wie erwünscht für Eduarden! Nun durch Ottiliens Blatt aufs neue angeregt, durch ihre trostvollen, Hoffnung gebenden Worte wieder ermutigt und zu standhaftem Ausharren berechtigt, erklärte er auf einmal, er werde sich nicht entfernen. „Wie töricht!" rief er aus, „das Unentbehrlichste, Notwendigste vorsätzlich, voreilig wegzuwerfen, das, wenn uns auch der Verlust bedroht, vielleicht noch zu erhalten wäre! Und was soll es heißen, daß der Mensch ja scheine wollen, wählen zu können. So habe ich oft, beherrscht von solchem albernen Dünkel, Stunden, ja Tage zu früh mich von Freunden losgerissen, um nur nicht von dem letzten unausweichlichen Termin entschieden gezwungen zu werden. Diesmal aber will ich bleiben. Warum soll ich mich entfernen? Ist sie nicht schon von mir entfernt? Es fällt mir nicht ein, ihre Hand zu fassen, sie an mein Herz zu drücken; sogar darf ich es nicht denken, es schaudert mir: „sie hat sich nicht von mir, sie hat sich über mich weggehoben."

Und so blieb er, wie er wollte, wie er mußte. Aber auch dem Behagen glich nichts, wenn er sich mit ihr zusammenfand. Und so war auch ihr dieselbe Empfindung geblieben; auch sie konnte sich dieser seligen Notwendigkeit nicht entziehen. Nach wie vor übten sie eine unbeschreibliche, fast magische Anziehungskraft gegeneinander aus. Sie wohnten unter einem Dache; aber selbst ohne gerade aneinander zu denken, mit anderen Dingen beschäftigt, von der Gesellschaft hin und her gezogen, näherten sie sich einander. Fanden sie sich in einem Saale, so dauerte es nicht lange und sie standen, sie saßen nebeneinander. Nur die nächste Nähe konnte sie beruhigen, aber auch völlig beruhigen, und diese Nähe war genug; nicht eines Blickes, nicht eines Wortes, keiner Gebärde, keiner Berührung bedurfte es, nur des reinen Zusammenseins: dann waren es nicht zwei Menschen, es war nur ein Mensch, im bewußtlosen, vollkommenen Behagen, mit sich selbst zufrieden und mit der Welt; ja hätte man eins von beiden am letzten Ende der Wohnung festgehalten, das andere hätte sich nach und nach von selbst, ohne Vorsatz, zu ihm hinbewegt. Das Leben war ihnen ein Rätsel, dessen Auflösung sie nur miteinander fanden.

Ottilie war durchaus heiter und gelassen, so daß man sich über sie völlig beruhigen konnte. Sie entfernte sich wenig aus der Gesellschaft, nur hatte sie es erlangt, allein zu speisen; niemand als Nanny bediente sie.

Was einem jeden Menschen gewöhnlich begegnet, wiederholt sich, mehr als man glaubt, weil seine Natur hiezu die nächste Bestimmung gibt. Charakter, Individualität, Neigung, Richtung, Örtlichkeit, Umgebungen und Gewohnheiten bilden zusammen ein Ganzes, in welchem jeder Mensch, wie in einem Elemente, in einer Atmosphäre, schwimmt, worin es ihm allein bequem und behaglich ist. Und so finden wir die Menschen, über deren Verändertheit so viele Klage geführt wird, nach vielen Jahren zu unserm Erstaunen unverändert, und nach äußeren und inneren unendlichen Anregungen unveränderlich.

So bewegte sich auch in dem täglichen Zusammenleben unserer Freunde fast alles wieder in dem alten Gleise. Noch immer äußerte Ottilie stillschweigend durch manche Gefälligkeit ihr zuvorkommendes Wesen; und so jedes nach seiner Art. Auf diese Weise zeigte sich der häusliche Zirkel als ein Scheinbild des vorigen Lebens, und der Wahn, als ob noch alles beim alten sei, war verzeihlich.

Die herbstlichen Tage, an Länge jenen Frühlingstagen gleich, riefen die Gesellschaft um eben die Stunde aus dem Freien ins Haus zurück. Der Schmuck an Früchten und Blumen, der dieser Zeit eigen ist, ließ glauben, als wenn es der Herbst jenes ersten Frühlings wäre; die Zwischenzeit war ins Vergessen gefallen: denn nun blühten die Blumen, dergleichen man in jenen ersten Tagen auch gesät hatte; nun reiften Früchte an den Bäumen, die man damals blühen gesehen.

Der Major ging ab und zu; auch Mittler ließ sich öfter sehen. Die Abendsitzungen waren meistens regelmäßig. Eduard las wie gewöhnlich, lebhafter, gefühlvoller, besser, ja sogar heiterer, wenn man will, als jemals. Es war, als wenn er, so gut durch Fröhlichkeit als durch Gefühl, Ottiliens Erstarren wieder beleben, ihr Schweigen wieder auflösen wollte. Er setzte sich wie vormals, daß sie ihm ins Buch sehen konnte, ja er ward unruhig, zerstreut, wenn sie nicht hineinsah, wenn er nicht gewiß war, daß sie seinen Worten mit ihren Augen folgte.

Jedes unerfreuliche, unbequeme Gefühl der mittlern Zeit war ausgelöscht, keines trug mehr dem andern etwas nach; jede Art von Bitterkeit war verschwunden. Der Major begleitete mit der Violine das Klavierspiel Charlottens, sowie Eduards Flöte mit Ottiliens Behandlung des Saiteninstruments wieder wie vormals zusammentraf. So rückte man dem Geburtstage Eduards näher, dessen Feier man vor einem Jahr nicht erreicht hatte. Er sollte ohne Festlichkeit in stillem, freundlichem Behagen diesmal gefeiert werden. So war man, halb stillschweigend, halb ausdrücklich, miteinander übereingekommen. Doch je näher diese Epoche heranrückte, vermehrte sich das Feierliche in Ottiliens Wesen, das man bisher nicht empfunden als bemerkt hatte. Sie schien im Garten oft die Blumen zu mustern; sie hatte dem Gärtner angedeutet, die Sommergewächse aller Art zu schonen, und sich besonders bei den Astern aufgehalten, die gerade dieses Jahr in unmäßiger Menge blühten.

Das Bedeutendste jedoch, was die Freunde mit stiller Aufmerksamkeit beobachteten, war, daß Ottilie den Koffer zum erstenmal ausgepackt und daraus Verschiedenes gewählt und abgeschnitten hatte, was zu einem einzigen, aber ganzen und vollen Anzug hinreichte. Als sie das übrige mit Beihilfe Nannys wieder einpacken wollte, konnte sie kaum damit zustande kommen; der Raum war übervoll, obgleich schon ein Teil herausgenommen war. Das junge, habgierige Mädchen konnte sich nicht satt sehen, besonders da sie auch für alle kleineren Stücke des Anzugs gesorgt fand: Schuhe, Strümpfe, Strumpfbänder mit Devisen, Handschuhe und so manches andere war noch übrig. Sie bat Ottilien, ihr nur etwas davon zu schenken; diese verweigerte es, zog aber sogleich die Schublade einer Kommode heraus und ließ das Kind wählen, das hastig und ungeschickt zugriff, und mit der Beute gleich davonlief, um den übrigen Hausgenossen ihr Glück zu verkünden und vorzuzeigen.

Zuletzt gelang es Ottilien, alles sorgfältig wieder einzuschichten; sie öffnete hierauf ein verborgenes Fach, das im Deckel angebracht war. Dort hatte sie kleine Zettelchen und Briefe Eduards, mancherlei aufgetrocknete Blumenerinnerungen früherer Spaziergänge, eine Locke ihres Geliebten, und was sonst noch verborgen. Noch eins fügte sie hinzu – es war das Porträt ihres Vaters – und verschloß das Ganze, worauf sie den zarten Schlüssel an dem goldenen Kettchen wieder um den Hals an ihre Brust hing.

Mancherlei Hoffnungen waren indes in dem Herzen der Freunde rege geworden. Charlotte war überzeugt, Ottilie werde auf jenen Tag wieder zu sprechen anfangen: denn sie hatte bisher eine heimliche Geschäftigkeit bewiesen, eine Art von heiterer Selbstzufriedenheit, ein Lächeln, wie es demjenigen auf dem Gesichte schwebt, der Geliebten etwas Gutes und Erfreuliches verbirgt. Niemand wußte, daß Ottilie gar manche Stunde in großer Schwachheit hinbrachte, aus der sie nur für die Zeiten, wo sie erschien, durch Geisteskraft emporhielt.

Mittler hatte sich diese Zeit öfter sehen lassen, und war länger geblieben als sonst gewöhnlich. Der hartnäckige Mann wußte nur zu wohl, daß es einen gewissen Moment gibt, wo allein das Eisen zu schmieden ist. Ottiliens Schweigen, sowie ihre Weigerung legte er zu seinen Gunsten aus. Es war bisher kein Schritt zur Scheidung des Gatten geschehen; er hoffte das Schicksal des guten Mädchens auf irgendeine andere günstige Weise zu bestimmen; er horchte, er gab nach, er gab zu verstehen, und führte sich nach seiner Weise klug genug auf. Allein überwältigt war er stets, sobald er Anlaß fand, sein Räsonnement über Materien zu äußern, denen er eine große Wichtigkeit beilegte. Er lebte viel in sich, und wenn er mit anderen war, so verhielt er sich gewöhnlich nur handelnd gegen sie. Brach nun einmal unter Freunden seine Rede los, wie wir schon öfter gesehen haben, so rollte sie ohne Rücksicht fort, verletzte oder heilte, nutzte oder schadete, wie es sich gerade fügen mochte.

Den Abend vor Eduards Geburtstage saßen Charlotte und der Major, Eduarden, der ausgeritten war, erwartend, beisammen; Mittler ging im Zimmer auf und ab; Ottilie war auf dem ihrigen geblieben, den morgenden Schmuck auseinander legend und ihrem Mädchen manches andeutend, welches sie vollkommen verstand und die stummen Anordnungen geschickt befolgte.

Mittler war gerade auf eine seiner Lieblingsmaterien gekommen. *Er pflegte gern zu behaupten, daß sowohl bei der Erziehung der Kinder als bei der Leitung der Völker nichts ungeschickter und barbarischer sei als Verbote, als verbietende Gesetze und Anordnungen.* „Der Mensch ist von Hause aus tätig", sagte er, „und wenn man ihm zu gebieten versteht, so fährt er gleich dahinter her, handelt und richtet aus. Ich für meine Person mag lieber in meinem Kreise Fehler und Gebrechen so lange dulden, bis ich die entgegengesetzte Tugend gebieten kann, als daß ich den Fehler los würde und nichts Rechtes an seiner Stelle sähe. Der Mensch tut recht gern das Gute, das Zweckmäßige, wenn er nur dazu kommen kann; er tut es, damit er was zu tun hat, und sinnt darüber nicht weiter nach als über alberne Streiche, die er aus Müßiggang und langer Weile vornimmt.

Wie verdrießlich ist mir's oft, mit anzuhören, wie man die zehn Gebote in der Kinderlehre wiederholen läßt! Das vierte ist noch ein ganz hübsches, vernünftiges, gebietendes Gebot: ‚Du sollst Vater und Mutter ehren!' Wenn sich die die Kinder recht in den Sinn schreiben, so haben sie den ganzen Tag daran auszuüben. Nun aber das fünfte, was soll man dazu sagen? ‚Du sollst nicht töten!' Als wenn irgend ein Mensch im mindesten Lust hätte, den andern totzuschlagen! Man haßt einen, man erzürnt sich, man übereilt sich, und in Gefolg von dem und manchem andern kann es wohl kommen, daß man gelegentlich einen totschlägt. Aber ist es nicht eine barbarische Anstalt, den Kindern Mord und Totschlag zu verbieten; Wenn es hieße: ‚Sorge für des andern Leben, entferne, was ihm schädlich sein kann, rette ihn mit deiner eigenen Gefahr! Wenn du ihn beschädigst', denke, daß du dich selbst beschädigst! das sind Gebote, wie sie unter gebildeten, vernünftigen Völkern statthaben, und die man bei der Katechismuslehre nur kümmerlich in dem ‚Was ist das?' nachschleppt.

Und nun gar das sechste, das finde ich ganz abscheulich! Was? die Neugierde vorahnender Kinder auf gefährliche Mysterien reizen, ihre Einbildungskraft zu wunderlichen Bildern und Vorstellungen aufregen, die gerade das, was man entfernen will, mit Gewalt heranbringen! Weit besser wäre es, daß dergleichen von einem heimlichen Gericht willkürlich bestraft würde, als daß man vor Kirch und Gemeinde davon plappern läßt."

In dem Augenblick trat Ottilie herein. „Du sollst nicht ehebrechen!" fuhr Mittler fort; „wie grob, wie unanständig! Klänge es nicht ganz anders, wenn es hieße: ‚Du sollst Ehrfurcht haben vor der ehelichen Verbindung; wo du Gatten siehst, die sich lieben, sollst du dich darüber freuen und Teil daran nehmen, wie an dem Glück eines heitern Tages. Sollte sich irgend in ihrem Verhältnis etwas trüben, so sollst du suchen, es aufzuklären; du sollst suchen, sie zu begütigen, sie zu besänftigen, ihnen ihre wechselseitigen Vorteile deutlich zu machen und mit schöner Uneigennützigkeit das Wohl der andern fördern, indem du ihnen fühlbar machst, was für ein Glück aus jeder Pflicht, und besonders aus dieser entspringt, welche Mann und Weib unauflöslich verbindet.'"

Charlotte saß wie auf Kohlen, und der Zustand war ihr um so ängstlicher, als sie überzeugt war, daß Mittler nicht wußte, was und wo er's sagte, und ehe sie ihn noch unterbrechen konnte, sah sie schon Ottilien, deren Gestalt sich verwandelt hatte, aus dem Zimmer gehen.

„Sie erlassen uns wohl das siebente Gebot", sagte Charlotte mit erzwungenem Lächeln. „Alle die übrigen", versetzte Mittler, „wenn ich nur das rette, worauf die andern beruhen."

Mit entsetzlichem Schrei hereinstürzend, rief Nanny: „Sie stirbt! Das Fräulein stirbt! Kommen Sie! Kommen Sie!"

Als Ottilie nach ihrem Zimmer schwankend zurückgekommen war, lag der morgende Schmuck auf mehreren Stühlen völlig ausgebreitet, und das Mädchen, das betrachtend und bewundernd daran hin- und herging, rief jubelnd aus: Sehen Sie nur, liebstes Fräulein, das ist ein Brautschmuck, ganz Ihrer wert!

Ottilie vernahm diese Worte und sank auf das Sofa. Nanny sieht ihre Herrin erblassen, erstarren: sie läuft zu Charlotten; man kommt. Der ärztliche Hausfreund eilt herbei; es scheint ihm nur eine Erschöpfung. Er läßt etwas Kraftbrühe bringen; Ottilie weist sie mit Abscheu weg, ja sie fällt fast in Zuckungen, als man die Tasse dem Munde nähert. Er fragt mit Ernst und Hast, wie es ihm der Umstand eingab, was Ottilie heute genossen habe? Das Mädchen stockt; er wiederholt seine Frage, das Mädchen bekennt, Ottilie habe nichts genossen.

Nanny erscheint ihm ängstlicher als billig. Er reißt sie in ein Nebenzimmer; Charlotte folgt, das Mädchen wirft sich auf die Knie, sie gesteht, daß Ottilie schon lange so gut wie nichts genieße. Auf Andringen Ottiliens habe sie die Speisen an ihrer statt genossen; verschwiegen habe sie es wegen bittender und drohender Gebärden ihrer Gebieterin, und auch, setzte sie unschuldig hinzu, weil es ihr gar so gut geschmeckt.

Der Major und Mittler kamen heran; sie fanden Charlotte tätig in Gesellschaft des Arztes. Das bleiche, himmlische Kind saß, sich selbst bewußt, wie es schien, in der Ecke des Sofas. Man bittet sie, sich niederzulegen; sie verweigert's, winkt aber, daß man das Köfferchen herbeibringe. Sie setzt ihre Füße darauf, und findet sich in einer halbliegenden Stellung. Sie scheint Abschied nehmen zu wollen; ihre Gebärden drücken den Umstehenden die zarteste Anhänglichkeit aus, Liebe, Dankbarkeit, Abbitte und das herzlichste Lebewohl.

Eduard, der vom Pferde steigt, vernimmt den Zustand, er stürzt in das Zimmer, er wirft sich an ihrer Seite nieder, faßt ihre Hand und überschwemmt sie mit stummen Tränen. So bleibt er lange. Endlich ruft er aus: „Soll ich deine Stimme nicht wieder hören? Wirst du nicht mit einem Wort für mich ins Leben zurückkehren? Gut, gut! ich folge dir hinüber: da werden wir mit anderen Sprachen reden!"

Sie drückt ihm kräftig die Hand, sie blickt ihn lebevoll und liebevoll an, und nach einem tiefen Atemzug, nach einer himmlischen, stummen Bewegung der Lippen: „Versprich mir zu leben!" ruft sie aus, mit holder, zärtlicher Anstrengung, doch gleich sinkt sie zurück. „Ich versprech es!" rief er ihr entgegen, doch er rief es ihr nur nach; sie war schon abgeschieden.

Nach einer tränenvollen Nacht fiel die Sorge, die geliebten Reste zu bestatten, Charlotten anheim. Der Major und Mittler standen ihr bei. Eduards Zustand war zu bejammern. Wie er sich aus seiner Verzweiflung nur hervorheben und einigermaßen besinnen konnte, bestand er darauf. Ottilie sollte nicht aus dem Schlosse gebracht, sie sollte gewartet, gepflegt, als eine Lebende behandelt werden; denn sie sei nicht tot, sie könne nicht tot sein. Man tat ihm seinen Willen, insofern man wenigstens das unterließ, was er verboten hatte. Er verlangte nicht, sie zu sehen.

Noch ein anderer Schreck ergriff, noch eine andere Sorge beschäftigte die Freunde. Nanny, von dem Arzt heftig gescholten, durch Drohungen zum Bekenntnis genötigt, und nach dem Bekenntnis mit Vorwürfen überhäuft, war entflohen. Nach langem Suchen fand man sie wieder; sie schien außer sich zu sein. Ihre Eltern nahmen sie zu sich; die beste Begegnung schien nicht anzuschlagen; man mußte sie einsperren, weil sie wieder zu entfliehen drohte. Stufenweise gelang es, Eduarden der heftigsten Verzweiflung zu entreißen, aber nur zu seinem Unglück: denn es war ihm deutlich, es ward ihm gewiß, daß er das Glück seines Lebens für immer verloren habe. Man wagte es, ihm vorzustellen, daß Ottilie, in jener Kapelle beigesetzt, noch immer unter den Lebendigen bleiben und einer freundlichen, stillen Wohnung nicht entbehren würde. Es fiel schwer, seine Einwilligung zu erhalten, und nur unter der Bedingung, daß sie im offenen Sarge hinausgetragen, und in dem Gewölbe allenfalls nur mit einem Glasdeckel zugedeckt und eine immerbrennende Lampe gestiftet werden sollte, ließ er sich's zuletzt gefallen, und schien sich in alles ergeben zu haben.

Man kleidete den holden Körper in jenen Schmuck, den sie sich selbst vorbereitet hatte; man setzte ihr einen Kranz von Asterblumen auf das Haupt, die wie traurige Gestirne ahnungsvoll glänzten. Die Bahre, die Kirche, die Kapelle zu schmücken, wurden alle Gärten ihres Schmucks beraubt. Sie lagen verödet, als wenn bereits der Winter alle Freude aus den Beeten weggetilgt hätte. Beim frühsten Morgen wurde sie im offenen Sarge aus dem Schloß getragen, und die aufgehende Sonne rötete nochmals das himmlische Gesicht. Die Begleitenden drängten sich um die Träger; niemand wollte vorausgehen, niemand folgen, jedermann sie umgeben, jedermann noch zum letztenmal ihre Gegenwart genießen. Knaben, Männer und Frauen, keins blieb ungerührt. Untröstlich waren die Mädchen, die ihren Verlust am unmittelbarsten empfanden.

Nanny fehlte. Man hatte sie zurückgehalten oder vielmehr man hatte ihr den Tag und die Stunde des Begräbnisses verheimlicht. Man bewachte sie bei ihren Eltern in einer Kammer, die nach dem Garten ging. Als sie aber die Glocken läuten hörte, ward sie nur allzubald inne, was vorging, und da ihre Wächterin, aus Neugierde, den Zug zu sehen, sie verließ, entkam sie zum Fenster hinaus auf einen Gang und von da, weil sie alle Türen verschlossen fand, auf den Oberboden.

Eben schwankte der Zug den reinlichen, mit Blättern bestreuten Weg durchs Dorf hin. Nanny sah ihre Gebieterin deutlich unter sich, deutlicher, vollständiger, schöner als alle, die dem Zuge folgten. Überirdisch wie auf Wolken oder Wogen getragen, schien sie ihrer Dienerin zu winken und diese, verworren, schwankend, taumelnd, stürzte hinab.

Auseinander fuhr die Menge mit einem entsetzlichen Schrei nach allen Seiten. Vom Drängen und Getümmel waren die Träger genötigt, die Bahre niederzusetzen. Das Kind lag ganz nahe daran; es schien an allen Gliedern zerschmettert. Man hob es auf, und zufällig oder aus besonderer Fügung lehnte man es über die Leiche, ja es schien selbst noch mit dem letzten Lebensrest seine geliebte Herrin erreichen zu wollen. Kaum aber hatten ihre schlotternden Glieder Ottiliens Gewand, ihre kraftlosen Finger Ottiliens gefaltete Hände berührt, als das Mädchen aufsprang, Arme und Augen zuerst gen Himmel erhob, dann auf die Knie vor dem Sarge niederstürzte und andächtig entzückt zu der Herrin hinauf staunte.

Endlich sprang sie wie begeistert auf und rief mit heiliger Freude: „Ja, sie hat mir vergeben! Was mir kein Mensch, was ich mir selbst nicht vergeben konnte, vergibt mir Gott durch ihren Blick, ihre Gebärde, ihren Mund. Nun ruht sie wieder so still und sanft: aber ihr habt gesehen, wie sie sich aufrichtete und mit entfalteten Händen mich segnete, wie sie mich freundlich anblickte! Ihr habt es alle gehört, ihr seid Zeugen, daß sie zu mir sagte: ‚Dir ist vergeben!' – Ich bin nun keine Mörderin mehr unter euch; sie hat mir verziehen, Gott hat mir verziehen, und niemand kann mir mehr etwas anhaben."

Umhergedrängt stand die Menge; sie waren erstaunt, sie horchten und sahen hin und wider, und kaum wußte jemand, was er beginnen sollte. „Tragt sie nun zur Ruhe!" sagte das Mädchen: „sie hat das Ihrige getan und gelitten und kann nicht mehr unter uns wohnen." Die Bahre bewegte sich weiter; Nanny folgte zuerst und man gelangte zur Kirche, zur Kapelle.

So stand nun der Sarg Ottiliens, zu ihren Häupten der Sarg des Kindes, zu ihren Füßen das Köfferchen, in ein starkes, eichenes Behältnis eingeschlossen. Man hatte für eine Wächterin gesorgt, welche in der ersten Zeit des Leichnams wahrnehmen sollte, der unter seiner Glasdecke gar liebenswürdig dalag. Aber Nanny wollte sich dieses Amt nicht nehmen lassen; sie wollte allein, ohne Gesellin bleiben und der zum erstenmal angezündeten Lampe fleißig warten. Sie verlangte dies so eifrig und hartnäckig, daß man ihr nachgab, um ein größeres Gemütsübel, das sich befürchten ließ, zu verhüten.

Aber sie blieb nicht lange allein: denn gleich mit sinkender Nacht, als das schwebende Licht sein volles Recht ausübend, einen hellern Schein verbreitete, öffnete sich die Türe und es trat der Architekt in die Kapelle, deren fromm verzierte Wände, bei so mildem Schimmer, altertümlicher und ahnungsvoller, als er je hätte glauben können, ihm entgegendrangen.

Nanny saß an der einen Seite des Sarges: sie erkannte ihn gleich; aber schweigend deutete sie auf die verblichene Herrin. Und so stand er auf der andern Seite, in jugendlicher Kraft und Anmut, auf sich selbst zurückgewiesen, starr, in sich gekehrt, mit niedergesenkten Armen, gefalteten, mitleidig gerungenen Händen, Haupt und Blick nach der Entseelten hingeneigt.

Der Jüngling schwieg, auch das Mädchen eine Zeit lang; als sie ihm aber die Tränen häufig aus dem Auge quellen sah, als er sich im Schmerz ganz aufzulösen schien, sprach sie mit so viel Wahrheit und Kraft, mit so viel Wohlwollen und Sicherheit zu ihm, daß er, über den Fluß ihrer Rede erstaunt, sich zu fassen vermochte und seine schöne Freundin ihm, in einer höhern Region lebend und wirkend vorschwebte. Seine Tränen trockneten, seine Schmerzen linderten sich, knieend nahm er von Ottilien, mit einem herzlichen Händedruck von Nanny Abschied, und noch in der Nacht ritt er vom Orte weg, ohne weiter jemand gesehen zu haben.

Der Wundarzt war die Nacht über, ohne des Mädchens Wissen, in der Kirche geblieben und fand, als er sie des Morgens besuchte, sie heiter und getrosten Mutes. Er war auf mancherlei Verirrungen gefaßt; er dachte schon, sie werde ihm von nächtlichen Unterredungen mit Ottilien und von anderen solchen Erscheinungen sprechen: aber sie war natürlich, ruhig und sich völlig selbstbewußt. Sie erinnerte sich vollkommen aller früherer Zeiten, aller Zustände mit großer Genauigkeit, und nichts in ihren Reden schritt aus dem gewöhnlichen Gange des Wahren und Wirklichen heraus, als nur die Begebenheit beim Leichenbegängnis, die sie mit Freudigkeit oft wiederholte, wie Ottilie sich aufgerichtet, sie gesegnet, ihr verziehen und sie dadurch für immer beruhigt habe.

Der fortdauernd schöne, mehr schlaf- als totenähnliche Zustand Ottiliens zog mehrere Menschen herbei. Die Bewohner und Anwohner wollten sie noch sehen, und jeder mochte gern aus Nannys Munde das Unglaubliche hören; manche, um darüber zu spotten, die meisten, um daran zu zweifeln, und wenige, um sich glaubend dagegen zu verhalten.

Jedes Bedürfnis, dessen wirkliche Befriedigung versagt ist, nötigt zum Glauben. Die vor den Augen aller Welt zerschmetterte Nanny war durch Berührung des frommen Körpers wieder gesund geworden: warum sollte nicht auch ein ähnliches Glück hier anderen bereitet werden? Zärtliche Mütter brachten zuerst heimlich ihre Kinder, die von irgend einem Übel behaftet waren, und sie glaubten eine plötzliche Besserung zu spüren. Das Zutrauen vermehrte sich, und zuletzt war niemand so alt und so schwach, der sich nicht an dieser Stelle eine Erquickung und Erleichterung gesucht hätte. Der Zudrang wuchs, und man sah sich genötigt, die Kapelle, ja, außer den Stunden des Gottesdienstes, die Kirche zu verschließen. Eduard wagte sich nicht wieder zu der Abgeschiedenen. Er lebte nur vor sich hin, er schien keine Tränen mehr zu haben, keines Schmerzes weiter fähig zu sein. Seine Teilnahme an der Unterhaltung, sein Genuß von Speise und Trank vermindert sich mit jedem Tage.

Aber von Zeit zu Zeit überfällt ihn eine Unruhe; er verlangt wieder etwas zu genießen, er fängt wieder an zu sprechen. „Ach!" sagte er einmal zu dem Major, der ihm wenig von der Seite kam, „was bin ich unglücklich, daß mein ganzes Bestreben nur immer eine Nachahmung, ein falsches Bemühen bleibt! Was ihr Seligkeit gewesen, wird mir Pein; und doch, um dieser Seligkeit willen, bin ich genötigt, diese Pein zu übernehmen. Ich muß ihr nach, auf diesem Wege nach; aber meine Natur hält mich zurück und mein Versprechen. Es ist eine schreckliche Aufgabe, das Unnachahmliche nachzuahmen. Ich fühle wohl, Bester, es gehört Genie zu allem, auch zum Märtyrertum."

Was sollen wir, bei diesen hoffnungslosen Zustande der ehegattlichen, freundschaftlichen, ärztlichen Bemühungen gedenken, in welchen sich Eduards Angehörige eine Zeit lang hin- und herwogten? Endlich fand man ihn tot. Mittler machte zuerst diese traurige Entdeckung. Er berief den Arzt und beobachtete nach seiner gewöhnlichen Fassung genau die Umstände, in denen man den Verblichenen angetroffen hatte. Charlotte stürzte herbei: ein Verdacht des Selbstmordes regte sich in ihr; sie wollte sich, sie wollte die anderen einer unverzeihlichen Unvorsichtigkeit anklagen. Doch der Arzt aus natürlichen und Mittler aus sittlichen Gründen wußten sie bald vom Gegenteil zu überzeugen. Ganz deutlich war Eduard von seinem Ende überrascht worden. Er hatte, was er bisher sorgfältig zu verbergen pflegte, das ihm von Ottilien Übriggebliebene in einem stillen Augenblick vor sich aus einem Kästchen, aus einer Brieftasche ausgebreitet, eine Locke, Blumen, in glücklicher Stunde gepflückt, alle Blättchen, die sie ihm geschrieben, von jenem ersten an, das ihm seine Gattin so zufällig ahnungsreich übergeben hatte. Das alles konnte er nicht einer ungefähren Entdeckung mit Willen preisgeben. Und so lag denn auch dieses vor kurzem zu unendlicher Bewegung aufgeregte Herz in unstörbarer Ruhe; und wie er in Gedanken an die Heilige eingeschlafen war, so konnte man ihn wohl selig nennen. Charlotte gab ihm seinen Platz neben Ottilien, und verordnete, daß niemand weiter in diesem Gewölbe beigesetzt werde. Unter dieser Bedingung machte sie für Kirche und Schule, für den Geistlichen und den Schullehrer ansehnliche Stiftungen.

So ruhen die Liebenden nebeneinander. Friede schwebt über ihrer Stätte, heitere verwandte Engelsbilder schauen vom Gewölbe auf sie herab, und welch ein freundlicher Augenblick wird es sein, wenn sie dereinst wieder zusammen erwachen!

LYRIK

Unsterbliches Gedicht

Das Veilchen

Ein Veilchen auf der Wiese stand,
Gebückt in sich und unbekannt;
Es war ein herziges Veilchen.
Da kam eine junge Schäferin
Mit leichtem Schritt und munterm Sinn
Daher, daher,
Die Wiese her, und sang.

Ach! denkt das Veilchen, wär ich nur
Die schönste Blume der Natur,
Ach, nur ein kleines Veilchen,
Bis mich das Liebchen abgepflückt
Und an dem Busen matt gedrückt!
Ach nur, ach nur
Ein Viertelstündchen lang!

Ach! aber ach! das Mädchen kam
Und nicht inacht das Veilchen nahm,
Ertrat das arme Veilchen.
Es sank und starb und freut sich noch:
Und sterb ich denn, so sterb ich doch
Durch sie, durch sie,
Zu ihren Füßen doch.

Gefunden

Ich ging im Walde
So für mich hin,
Und nichts zu suchen,
Das war mein Sinn.

Im Schatten sah ich
Ein Blümchen stehn,
Wie Sterne leuchtend,
Wie Äuglein schön.

Ich wollt es brechen,
Da sagt es fein:
Soll ich zum Welken
Gebrochen sein?

Ich grub's mit allen
Den Würzlein aus,
Zum Garten trug ich's
Am hübschen Haus.

Und pflanzt' es wieder
Am stillen Ort;
Nun zweigt es immer
Und blüht so fort.

Rastlose Liebe

Dem Schnee, dem Regen,
Dem Wind entgegen,
Im Dampf der Klüfte,
Durch Nebeldüfte,
Immer zu! Immer zu!
Ohne Rast und Ruh!

Lieber durch Leiden
Möcht ich mich schlagen,
Als so viel Freuden
Des Lebens ertragen.
Alle das Neigen
Von Herzen zu Herzen,
Ach, wie so eigen
Schaffet das Schmerzen!

Wie soll ich fliehen?
Wälderwärts ziehen?
Alles vergebens!
Krone des Lebens,
Glück ohne Ruh,
Liebe, bist du!

Wonne der Wehmut

Trocknet nicht, trocknet nicht,
Tränen der ewigen Liebe!
Ach, nur dem halbgetrockneten Auge
Wie öde, wie tot die Welt ihm erscheint!
Trocknet nicht, trocknet nicht,
Tränen unglücklicher Liebe!

BEHERZIGUNG

Ach, was soll der Mensch verlangen?
Ist es besser ruhig bleiben?
Klammernd fest sich anzuhangen?
Ist es besser, sich zu treiben?
Soll er sich ein Häuschen bauen?
Soll er unter Zelten leben?
Soll er auf die Felsen trauen?
Selbst die festen Felsen beben.
Eines schickt sich nicht für alle!
Sehe jeder, wie er's treibe,
Sehe jeder, wo er bleibe,
Und wer steht, daß er nicht falle!

HOFFNUNG

Schaff das Tagwerk meiner Hände,
Hohes Glück, das ich's vollende!
Laß, o laß mich nicht ermatten!
Nein, es sind nicht leere Träume:
Jetzt nur Stangen, diese Bäume
Geben einst noch Frucht und Schatten.

*

Feiger Gedanken
Bängliches Schwanken,
Weibisches Zagen,
Ängstliches Klagen
Wendet kein Elend,
Macht dich nicht frei.

Allen Gewalten
Zum Trutz sich erhalten,
Nimmer sich beugen,
Kräftig sich zeigen
Rufet die Arme
Der Götter herbei.

*

Geh! Gehorche meinen Winken,
Nutze deine jungen Tage,
Lerne zeitig klüger sein.
Auf des Glückes großer Waage
Steht die Zunge selten ein;
Du mußt steigen oder sinken,
Du mußt herrschen und gewinnen,
Oder dienen und verlieren,
Leiden oder triumphieren,
Amboß oder Hammer sein.

*

Alles geben die Götter, die unendlichen,
Ihren Lieblingen ganz:
Alle Freuden, die unendlichen,
Alle Schmerzen, die unendlichen, ganz.

WANDERERS NACHTLIED

Der du von dem Himmel bist,
Alles Leid und Schmerzen stillest,
Den, der doppelt elend ist,
Doppelt mit Erquickung füllest,
Ach, ich bin des Treibens müde!
Was soll all der Schmerz und Lust?
Süßer Friede,
Komm, ach, komm in meine Brust!

MIGNON

Heiß mich nicht reden, heiß mich schweigen,
Denn mein Geheimnis ist mir Pflicht;
Ich möchte dir mein ganzes Innre zeigen,
Allein das Schicksal will es nicht.

Zur rechten Zeit vertreibt der Sonne Lauf
Die finstre Nacht, und sie muß sich erhellen;
Der harte Fels schließt seinen Busen auf,
Mißgönnt der Erde nicht die tiefverborgnen Quellen.

Ein jeder sucht im Arm des Freundes Ruh,
Dort kann die Brust in Klagen sich ergießen;
Allein ein Schwur drückt mir die Lippen zu,
Und nur ein Gott vermag sie aufzuschließen.

*

Nur wer die Sehnsucht kennt,
Weiß, daß ich leide!
Allein und abgetrennt
Von aller Freude,
Seh ich ans Firmament
Nach jener Seite.
Ach! der mich liebt und kennt,
Ist in der Weite.
Es schwindelt mir, es brennt
Mein Eingeweide.
Nur wer die Sehnsucht kennt,
Weiß, was ich leide!

*

So laßt mich scheinen, bis ich werde,
Zieht mir das weiße Kleid nicht aus!
Ich eile von der schönen Erde
Hinab in jenes feste Haus.

Dort ruh ich eine kleine Stille,
Dann öffnet sich der frische Blick;
Ich lasse dann die reine Hülle,
Den Gürtel und den Kranz zurück.

Und jene himmlischen Gestalten,
Sie fragen nicht nach Mann und Weib,
Und keine Kleider, keine Falten
Umgeben den verklärten Leib.

HARFENSPIELER

Wer sich der Einsamkeit ergibt,
Ach! der ist bald allein;
Ein jeder lebt, ein jeder liebt
Und läßt ihn seiner Pein.

Ja! laßt mich meiner Qual!
Und kann ich nur einmal
Recht einsam sein,
Dann bin ich nicht allein.

Es schleicht ein Liebender lauschend sacht,
Ob seine Freundin allein?
So überschleicht bei Tag und Nacht
Mich Einsamen die Pein,
Mich Einsamen die Qual.
Ach, werd ich erst einmal
Einsam im Grabe sein,
Da läßt sie mich allein!

*

Wer nie sein Brot mit Tränen aß,
Wer nie die kummervollen Nächte
Auf seinem Bette weinend saß,
Der kennt euch nicht, ihr himmlischen Mächte!

Ihr führt ins Leben uns hinein,
Ihr laßt den Armen schuldig werden,
Dann überlaßt ihr ihn der Pein;
Denn alle Schuld rächt sich auf Erden.

ZUEIGNUNG

Der Morgen kam; es scheuchten seine Tritte
Den leisen Schlaf, der mich gelind umfing,
Daß ich, erwacht, aus meiner stillen Hütte
Den Berg hinauf mit frischer Seele ging;
Ich freute mich bei einem jeden Schritte
Der neuen Blume, die voll Tropfen hing;
Der junge Tag erhob sich mit Entzücken,
Und alles war erquickt, mich zu erquicken.

Und wie ich stieg, zog von dem Fluß der Wiesen
Ein Nebel sich in Streifen sacht hervor.
Er wich und wechselte, mich zu umfließen,
Und wuchs geflügelt mir ums Haupt empor:
Des schönen Blicks sollt ich nicht mehr genießen,
Die Gegend deckte mir ein trüber Flor;
Bald sah ich mich von Wolken wie umgossen,
Und mit mir selbst in Dämmrung eingeschlossen.

Auf einmal schien die Sonne durchzudringen,
Im Nebel ließ sich eine Klarheit sehn.
Hier sank er leise sich hinabzuschwingen;
Hier teilt' er steigend sich um Wald und Höhn.
Wie hofft ich ihr den ersten Gruß zu bringen!
Sie hofft ich nach der Trübe doppelt schön.
Der luftge Kampf war lange nicht vollendet,
Ein Glanz umgab mich, und ich stand geblendet.

Bald machte mich, die Augen aufzuschlagen,
Ein innrer Trieb des Herzens wieder kühn,
Ich konnt es nur mit schnellen Blicken wagen,
Denn alles schien zu brennen und zu glühn.
Da schwebte mit den Wolken hergetragen
Ein göttlich Weib vor meinen Augen hin,
Kein schöner Bild sah ich in meinem Leben;
Sie sah mich an und blieb verweilend schweben.

Kennst du mich nicht? sprach sie mit einem Munde,
Dem aller Lieb und Treue Ton entfloß:
Erkennst du mich, die ich in manche Wunde
Des Lebens dir den reinsten Balsam goß?
Du kennst mich wohl, an die, zu ewgem Bunde,
Dein strebend Herz sich fest und fester schloß.
Sah ich dich nicht mit heißen Herzenstränen
Als Knabe schon nach mir dich eifrig sehnen?

Ja! rief ich aus, indem ich selig nieder
Zur Erde sank, lang hab ich dich gefühlt:
Du gabst mir Ruh, wenn durch die jungen Glieder
Die Leidenschaft sich rastlos durchgewühlt;
Du hast mir wie mit himmlischem Gefieder
Am heißen Tag die Stirne sanft gekühlt;
Du schenktest mir der Erde beste Gaben,
Und jedes Glück will ich durch dich nur haben!

Dich nenn ich nicht. Zwar hör ich dich von vielen
Gar oft genannt, und jeder heißt dich s e i n,
Ein jedes Auge glaubt auf dich zu zielen,
Fast jedem Auge wird dein Strahl zur Pein.
Ach, da ich irrte, hatt ich viel Gespielen,
Da ich dich kenne, bin ich fast allein;
Ich muß mein Glück nur mit mir selbst genießen,
Dein holdes Licht verdecken und verschließen.

Sie lächelte, sie sprach: Du siehst, wie klug,
Wie nötig war's, euch wenig zu enthüllen!
Kaum bist du sicher vor dem gröbsten Trug,
Kaum bist du Herr vom ersten Kinderwillen,
So glaubst du dich schon Übermensch genug,
Versäumst die Pflicht des Mannes zu erfüllen!
Wie viel bist du von andern unterschieden?
Erkenne dich, leb mit der Welt in Frieden!

Verzeih mir, rief ich aus, ich meint es gut!
Soll ich umsonst die Augen offen haben?
Ein froher Wille lebt in meinem Blut,
Ich kenne ganz den Wert von deinen Gaben.
Für andre wächst in mir das edle Gut,
Ich kann und will das Pfund nicht mehr vergraben!

Warum sucht ich den Weg so sehnsuchtsvoll,
Wenn ich ihn nicht den Brüdern zeigen soll?

Und wie ich sprach, sah mich das hohe Wesen
Mit einem Blick mitleidger Nachsicht an;
Ich konnte mich in ihrem Auge lesen,
Was ich verfehlt und was ich recht getan.
Sie lächelte, da war ich schon genesen,
Zu neuen Freuden stieg mein Geist heran:
Ich konnte nun mit innigem Vertrauen
Mich zu ihr nahn und ihre Nähe schauen.

Da reckte sie die Hand aus in die Streifen
Der leichten Wolken und des Dufts umher;
Wie sie ihn faßte, ließ er sich ergreifen,
Er ließ sich ziehn, es war kein Nebel mehr.
Mein Auge konnt im Tale wieder schweifen,
Gen Himmel blickt ich, er war hell und hehr.
Nur sah ich sie den reinsten Schleier halten,
Er floß um sie und schwoll in tausend Falten.

Ich kenne dich, ich kenne deine Schwächen,
Ich weiß, was Gutes in dir lebt und glimmt!
– So sagte sie, ich hör sie ewig sprechen, –
Empfange hier, was ich dir lang bestimmt! –
Dem Glücklichen kann es an nichts gebrechen,
Der dies Geschenk mit stiller Seele nimmt:
Aus Morgenduft gewebt und Sonnenklarheit,
Der Dichtung Schleier aus der Hand der Wahrheit.

Und wenn es dir und deinen Freunden schwüle
Am Mittag wird, so wirf ihn in die Luft!
Sogleich umsäuselt Abendwindes Kühle,
Umhaucht euch Blumen-Würzgeruch und Duft.
Es schweigt das Wehen banger Erdgefühle,
Zum Wolkenbette wandelt sich die Gruft,
Besänftiget wird jede Lebenswelle,
Der Tag wird lieblich und die Nacht wird helle.

So kommt denn, Freunde, wenn auf euren Wegen
Des Lebens Bürde schwer und schwerer drückt,
Wenn eure Bahn ein frischerneuter Segen
Mit Blumen ziert, mit goldnen Früchten schmückt,
Wir gehn vereint dem nächsten Tag entgegen!
So leben wir, so wandeln wir beglückt.
Und dann auch soll, wenn Enkel um uns trauern,
Zu ihrer Lust noch unsre Liebe dauern.

MEINE GÖTTIN

Welcher Unsterblichen
Soll der höchste Preis sein?
Mit niemand streit ich,
Aber ich geb ihn
Der ewig beweglichen,
Immer neuen,
Seltsamsten Tochter Jovis,
Seinem Schoßkinde,
Der Phantasie.

Denn ihr hat er
Alle Launen,
Die er sonst nur allein
Sich vorbehält,
Zugestanden
Und hat seine Freude
An der Törin.

Sie mag rosenbekränzt
Mit dem Lilienstengel
Blumentäler betreten,
Sommervögeln gebieten
Und leichtnährenden Tau
Mit Bienenlippen
Von Blüten saugen –

Oder sie mag
Mit fliegendem Haar
Und düsterm Blicke
Im Winde sausen
Um Felsenwände
Und tausendfarbig
Wie Morgen und Abend,
Immer wechselnd
Wie Mondesblicke
Den Sterblichen scheinen.

Laßt uns alle
Den Vater preisen!
Den alten, hohen,
Der solch eine schöne
Unverwelkliche Gattin
Dem sterblichen Menschen
Gesellen mögen!

Denn uns allein
Hat er sie verbunden
Mit Himmelsband,
Und ihr geboten,
In Freud und Elend
Als treue Gattin
Nicht zu entweichen.

Alle die andern
Armen Geschlechter
Der kinderreichen
Lebendigen Erde
Wandeln und weiden
In dunklem Genuß
Und trüben Schmerzen
Des augenblicklichen
Beschränkten Lebens,
Gebeugt vom Joche
Der Notdurft.

Uns aber hat er
Seine gewandteste,
Verzärtelte Tochter,
Freut euch! gegönnt.
Begegnet ihr lieblich,

Wie einer Geliebten!
Laßt ihr die Würde
Der Frauen im Haus!

Und daß die alte
Schwiegermutter Weisheit
Das zarte Seelchen
Ja nicht beleidge!

Doch kenn ich ihre Schwester,
Die ältere, gesetztere,
Meine stille Freundin –
O daß die erst
Mit dem Lichte des Lebens
Sich von mir wende,
Die edle Treiberin,
Trösterin: Hoffnung!

MAHOMETS-GESANG

Seht den Felsenquell,
Freudehell,
Wie ein Sternenblick!
Über Wolken
Nährten seine Jugend
Gute Geister
Zwischen Klippen im Gebüsch.

Jünglingfrisch
Tanzt er aus der Wolke
Auf die Marmorfelsen nieder,
Jauchzet wieder
Nach dem Himmel.

Durch die Gipfelgänge
Jagt er bunten Kieseln nach,
Und mit frühem Führertritt
Reißt es seine Bruderquellen
Mit sich fort.

Drunten werden in dem Tal
Unter seinem Fußtritt Blumen,
Und die Wiese
Lebt von seinem Hauch.

Doch ihn hält kein Schattental,
Keine Blumen,
Die ihm seine Knie umschlingen,
Ihm mit Liebesaugen schmeicheln:
Nach der Ebne dringt sein Lauf,
Schlangenwandelnd.

Bäche schmiegen
Sich gesellig an. Nun tritt er
In die Ebne silberprangend,
Und die Ebne prangt mit ihm,
Und die Flüsse von der Ebne
Und die Bäche von den Bergen
Jauchzen ihm und rufen: Bruder!

Bruder, nimm die Brüder mit,
Mit zu deinem alten Vater,
Zu dem ewgen Ozean,
Der mit ausgespannten Armen
Unser wartet,
Die sich, ach! vergebens öffnen,
Seine Sehnenden zu fassen:
Denn uns frißt in öder Wüste
Gierger Sand, die Sonne droben
Saugt an unserm Blut, ein Hügel
Hemmet uns zum Teiche! Bruder,
Nimm die Brüder von der Ebne,
Nimm die Brüder von den Bergen
Mit, zu deinem Vater mit!

Kommt ihr alle! –
Und nun schwillt er
Herrlicher: ein ganz Geschlechte
Trägt den Fürsten hoch empor!
Und im rollenden Triumphe
Gibt er Ländern Namen, Städte
Werden unter seinem Fuß.

Unaufhaltsam rauscht er weiter,
Läßt der Türme Flammengipfel,
Marmorhäuser, eine Schöpfung
Seiner Fülle, hinter sich.

Zedernhäuser trägt der Atlas
Auf den Riesenschultern; sausend
Wehen über seinem Haupte
Tausend Flaggen durch die Lüfte,
Zeugen seiner Herrlichkeit.

Und so trägt er seine Brüder,
Seine Schätze, seine Kinder
Dem erwartenden Erzeuger
Freudebrausend an das Herz.

VERMÄCHTNIS

Kein Wesen kann zu Nichts zerfallen!
Das Ewge regt sich fort in allen,
Am Sein erhalte dich beglückt!
Das Sein ist ewig: denn Gesetze
Bewahren die lebendgen Schätze,
Aus welchen sich das All geschmückt.

Das Wahre war schon längst gefunden,
Hat edle Geisterhand verbunden;
Das alte Wahre, faß es an!
Verdank es, Erden-Sohn, dem Weisen,
Der ihr, die Sonne zu umkreisen,
Und dem Geschwister wies die Bahn.

Sofort nun wende dich nach innen:
Das Zentrum findest du da drinnen,
Woran kein Edler zweifeln mag.
Wirst keine Regel da vermissen,

Denn das selbständige Gewissen
Ist Sonne deinem Sittentag.

Den Sinnen hast du dann zu trauen:
Kein Falsches lassen sie dich schauen,
Wenn dein Verstand dich wach erhält.
Mit frischem Blick bemerke freudig
Und wandle, sicher wie geschmeidig,
Durch Auen reichbegabter Welt.

Genieße mäßig Füll und Segen;
Vernunft sei überall zugegen,
Wo Leben sich des Lebens freut.
Dann ist Vergangenheit beständig,
Das Künftige voraus lebendig –
Der Augenblick ist Ewigkeit.

Und war es endlich dir gelungen,
Und bist du vom Gefühl durchdrungen:
Was furchtbar ist, allein ist wahr –
Du prüfst das allgemeine Walten,
Es wird nach seiner Weise schalten,
Geselle dich zur kleinsten Schar.
Und wie von alters her, im stillen,

Ein Liebeswerk nach eignem Willen
Der Philosoph, der Dichter schuf,
So wirst du schönste Gunst erzielen:
Denn edlen Seelen vorzufühlen
Ist wünschenswertester Beruf.

BALLADEN

DER SÄNGER

Was hör ich draußen vor dem Tor,
Was auf der Brücke schallen?
Laß den Gesang vor unserm Ohr
Im Saale widerhallen!
Der König sprach's, der Page lief;
Der Knabe kam, der König rief:
Laßt mir herein den Alten!

Gegrüßet seid mir, edle Herrn,
Gegrüßt ihr, schöne Damen!

Welch reicher Himmel! Stern bei Stern!
Wer kennet ihre Namen?
Im Saal voll Pracht und Herrlichkeit
Schließt, Augen, euch; hier ist nicht Zeit,
Sich staunend zu ergötzen.

Der Sänger drückt' die Augen ein
Und schlug in vollen Tönen;
Die Ritter schauten mutig drein,
Und in den Schoß die Schönen.
Der König, dem das Lied gefiel,
Ließ, ihn zu ehren für sein Spiel,
Eine goldne Kette reichen.

Die goldne Kette gib mir nicht,
Die Kette gib den Rittern,
Vor deren kühnem Angesicht
Der Feinde Lanzen splittern.
Gib sie dem Kanzler, den du hast,
Und laß ihn noch die goldne Last
Zu andern Lasten tragen.

Ich singe, wie der Vogel singt,
Der in den Zweigen wohnet;
Das Lied, das aus der Kehle dringt,
Ist Lohn, der reichlich lohnet;
Doch darf ich bitten, bitt ich eins:
Laß mir den besten Becher Weins
In purem Golde reichen.

Er setzt' ihn an, er trank ihn aus:
O Trank voll süßer Labe!
Oh! wohl dem hochbeglückten Haus,
Wo das ist kleine Gabe!
Ergeht's euch wohl, so denkt an mich,
Und danket Gott so warm, als ich
Für diesen Trunk euch danke.

DER KÖNIG IN THULE

Es war ein König in Tuhle
Gar treu bis an das Grab,
Dem sterbend seine Buhle
Einen goldenen Becher gab.

Es ging ihm nichts darüber,
Er leert' ihn jeden Schmaus;
Die Augen gingen ihm über,
So oft er trank daraus.

Und als er kam zu sterben,
Zählt er seine Städt im Reich,
Gönnt alles seinem Erben,
Den Becher nicht zugleich.

Er saß beim Königsmahle,
Die Ritter um ihn her,
Auf hohem Vätersaale
Dort auf dem Schloß am Meer.

Dort stand der alte Zecher,
Trank letzte Lebensglut,
Und warf den heilgen Becher
Hinunter in die Flut.

Er sah ihn stürzen, trinken
Und sinken tief ins Meer.
Die Augen täten ihm sinken,
Trank nie einen Tropfen mehr.

HOCHZEITSLIED

Wir singen und sagen vom Grafen so gern,
Der hier in dem Schlosse gehauset,
Da, wo ihr den Enkel des seligen Herrn,
Den heute vermählten, beschmauset.
Nun hatte sich jener im heiligen Krieg
Zu Ehren gestritten durch mannigen Sieg.
Und als er zu Hause vom Rösselein stieg,
Da fand er sein Schlösselein oben;
Doch Diener und Habe zerstoben.

Da bist du nun, Gräflein, da bist du zu Haus,
Das Heimische findest du schlimmer!
Zum Fenster da ziehen die Winde hinaus,
Sie kommen durch alle die Zimmer.
Was wäre zu tun in der herbstlichen Nacht?
So hab ich doch manche noch schlimmer vollbracht,
Der Morgen hat alles wohl besser gemacht.
Drum rasch bei der mondlichen Helle
Ins Bett, in das Stroh, ins Gestelle!

Und als er im willigen Schlummer so lag,
Bewegt es sich unter dem Bette.
Die Ratte, die raschle, solange sie mag!
Ja, wenn sie ein Bröselein hätte!
Doch siehe! da steht ein winziger Wicht,
Ein Zwerglein so zierlich mit Ampelenlicht,
Mit Rednergebärden und Sprechergewicht,
Zum Fuß des ermüdeten Grafen,
Der, schläft er nicht, möcht er doch schlafen.

Wir haben uns Feste hier oben erlaubt,
Seitdem du die Zimmer verlassen,
Und weil wir dich weit in der Ferne geglaubt,
So dachten wir eben zu prassen.
Und wenn du vergönnest und wenn dir nicht graut,
So schmausen die Zwerge, behaglich und laut,
Zu Ehren der reichen, der niedlichen Braut.
Der Graf im Behagen des Traumes:
Bedienet euch immer des Raumes!

Da kommen drei Reiter, sie reiten hervor,
Die unter dem Bette gehalten;
Dann folgt ein singendes, klingendes Chor
Possierlicher kleiner Gestalten;
Und Wagen auf Wagen mit allem Gerät,
Daß einem so Hören als Sehen vergeht,
Wie's nur in den Schlössern der Könige steht;
Zuletzt auf vergoldetem Wagen
Die Braut und die Gäste getragen.

So rennet nun alles in vollem Galopp
Und kürt sich im Saale sein Plätzchen,
Zum Drehen und Walzen und lustigen Hopp
Erkieset sich jeder ein Schätzchen.
Da pfeift es und geigt es und klinget und klirrt,
Da ringelt's und schleift es und rauschet und wirrt,
Da pispert's und knistert's und flistert's und schwirrt:
Das Gräflein, es blicket hinüber,
Es dünkt ihn, als läg er im Fieber.

Nun dappelt's und rappelt's und klappert's im Saal
Von Bänken und Stühlen und Tischen,
Da will nun ein jeder am festlichen Mahl
Sich neben dem Liebchen erfrischen;
Sie tragen die Würste, die Schinken so klein
Und Braten und Fisch und Geflügel herein,
Es kreiset beständig der köstliche Wein:
Das toset und koset so lange,
Verschwindet zuletzt mit Gesange.

Und sollen wir singen, was weiter geschehn,
So schweige das Toben und Tosen.
Denn was er so artig im Kleinen gesehn,
Erfuhr er, genoß er im Großen.
Trompeten und klingender, singender Schall
Und Wagen und Reiter und bräutlicher Schwall,
Sie kommen und zeigen und neigen sich all,
Unzählige, selige Leute.
So ging es und geht es noch heute.

RITTER CURTS BRAUTFAHRT

Mit des Bräutigams Behagen
Schwingt sich Ritter Curt aufs Roß;
Zu der Trauung soll's ihn tragen,
Auf der edlen Liebsten Schloß;
Als am öden Felsenorte
Drohend sich ein Gegner naht;
Ohne Zögern, ohne Worte
Schreiten sie zu rascher Tat.

Lange schwankt des Kampfes Welle,
Bis sich Curt im Siege freut;
Er entfernt sich von der Stelle,
Überwinder und gebleut.
Aber was er bald gewahret
In des Busches Zitterschein!
Mit dem Säugling still gepaaret,
Schleicht ein Liebchen durch den Hain.

Und sie winkt ihn auf das Plätzchen:
„Lieber Herr, nicht so geschwind!
Habt Ihr nichts an Euer Schätzchen,
Habt Ihr nichts für Euer Kind?"

Ihn durchglühet süße Flamme,
Daß er nicht vorbei begehrt,
Und er findet nun die Amme,
Wie die Jungfrau liebenswert.

Doch er hört die Diener blasen,
Denket nun der hohen Braut,
Und nun wird auf seinen Straßen
Jahresfest und Markt so laut,
Und er wählet in den Buden
Manches Pfand zu Lieb und Huld;
Aber ach! Da kommen Juden
Mit dem Schein vertagter Schuld.

Und nun halten die Gerichte
Den behenden Ritter auf.
„O verteufelte Geschichte!
Heldenhafter Lebenslauf!
Soll ich heute mich gedulden?
Die Verlegenheit ist groß.
Widersacher, Weiber, Schulden,
Ach! Kein Ritter wird sie los."

WIRKUNG IN DIE FERNE

Die Königin steht im hohen Saal,
Da brennen der Kerzen so viele,
Sie spricht zum Pagen: „Du läufst einmal
Und holst mir den Beutel zum Spiele.

Er liegt zur Hand
Auf meines Tisches Rand."
Der Knabe, der eilt so behende,
War bald an Schlosses Ende.

Und neben der Königin schlürft zur Stund
Sorbet die schönste der Frauen.
Da brach ihr die Tasse so hart an dem Mund,
Es war ein Greuel zu schauen.
Verlegenheit! Scham!
Ums Prachtkleid ist's getan!
Sie eilt und fliegt so behende
Entgegen des Schlosses Ende.

Der Knabe zurück zu laufen kam
Entgegen der Schönen in Schmerzen.
Es wußt es niemand, doch beide zusamm,
Sie hegten einander im Herzen,
Und, o des Glücks,
Des günstgen Geschicks!
Sie warfen mit Brust sich zu Brüsten
Und herzten und küßten nach Lüsten.

Doch endlich beide sich reißen los;
Sie eilt in ihre Gemächer;
Der Page drängt sich zur Königin groß
Durch alle die Degen und Fächer.
Die Fürstin entdeckt das Westchen befleckt:
Für sie war nichts unerreichbar
Der Königin von Saba vergleichbar.
Und sie die Hofmeisterin rufen läßt:

„Wir kamen doch neulich zu Streite,
Und Ihr behauptet steif und fest,
Nicht reiche der Geist in die Weite,
Die Gegenwart nur,
Die lasse wohl Spur,
Doch niemand wirk in die Ferne,
Sogar nicht die himmlischen Sterne.

Nun seht! Soeben ward mir zur Seit
Der geistige Süßtrank verschüttet,
Und gleich darauf hat er dort hinten so weit
Dem Knaben die Weste zerrüttet. –
Besorg dir sie neu!
Und weil ich mich freu,
Daß sie mir zum Beweise gegolten,
Ich zahl sie! sonst wirst du gescholten."

DER GETREUE ECKART

O wären wir weiter, o wär ich zu Haus!
Sie kommen. Da kommt schon der nächtliche Graus;
Sie sinds, die unholdigen Schwestern.
Sie streifen heran, und sie finden uns hier,
Sie trinken das mühsam geholte, das Bier
Und lassen nur leer uns die Krüge.

So sprechen die Kinder und drücken sich schnell;
Da zeigt sich vor ihnen ein alter Gesell:
Nur stille, Kind! Kinderlein, stille!
Die Hulden, sie kommen von durstiger Jagd,
Und laßt ihr sie trinken, wie's jeder behagt,
Dann sind sie euch hold, die Unholden.

Gesagt so geschehn! und da naht sich der Graus
Und siehet so grau und so schattenhaft aus,
Doch schlürft es und schlampt es aufs beste.
Das Bier ist verschwunden, die Krüge sind leer;
Nun saust es und braust es, das wütige Heer,
Ins weite Getal und Gebirge.

Die Kinderlein ängstlich gen Hause so schnell,
Gesellt sich zu ihnen der fromme Gesell:
Ihr Püppchen, nur seid mir nicht traurig. –
Wir kriegen nun Schelten und Streich bis aufs Blut. –
Nein keineswegs, alles geht herrlich und gut,
Nur schweigt und horchet wie Mäuslein.

Und der es euch anrät und der es befiehlt,
Er ist es, der gern mit den Kindelein spielt,
Der alte Getreue, der Eckart.
Vom Wundermann hat man euch immer erzählt;
Nur hat die Bestätigung jedem gefehlt,
Die habt ihr nun köstlich in Händen.

Sie kommen nach Hause, sie setzen den Krug
Ein jedes den Eltern bescheiden genug
Und harren der Schläg und der Schelten.
Doch siehe, man kostet: ein herrliches Bier!
Man trinkt in die Runde schon dreimal und vier,
Und noch nimmt der Krug nicht ein Ende.

Das Wunder, es dauert zum morgenden Tag;
Doch fraget, wer immer zu fragen vermag:
Wie ist's mit den Krügen ergangen?
Die Mäuslein, sie lächeln, im stillen ergetzt;
Sie stammeln und stottern und schwatzen zuletzt,
Und gleich sind vertrocknet die Krüge.

Und wenn euch, ihr Kinder, mit treuem Gesicht
Ein Vater, ein Lehrer, ein Aldermann spricht,
So horchet und folget ihm pünktlich!
Und liegt auch das Zünglein in peinlicher Hut,
Verplaudern ist schädlich, verschweigen ist gut;
Dann füllt sich das Bier in den Krügen.

DIE WANDELNDE GLOCKE

Es war ein Kind, das wollte nie
Zur Kirche sich bequemen,
Und sonntags fand es stets ein Wie,
Den Weg ins Feld zu nehmen.

Die Mutter sprach: Die Glocke tönt,
Und so ist dir's befohlen,
Und hast du dich nicht hingewöhnt,
Sie kommt und wird dich holen.

Das Kind, es denkt: Die Glocke hängt
Da droben auf dem Stuhle.
Schon hat's den Weg ins Feld gelenkt,
Als lief es aus der Schule.

Die Glocke, Glocke tönt nicht mehr,
Die Mutter hat gefackelt.
Doch welch ein Schrecken! hinterher
Die Glocke kommt gewackelt.

Sie wackelt schnell, man glaubt es kaum!
Das arme Kind im Schrecken,
Es lauft, es kommt als wie ein Traum:
Die Glocke wird es decken.

Doch nimmt es richtig seinen Husch,
Und mit gewandter Schnelle
Eilt es durch Anger, Feld und Busch
Zur Kirche, zur Kapelle.

Und jeden Sonn- und Feiertag
Gedenkt es an den Schaden,
Läßt durch den ersten Glockenschlag,
Nicht in Person sich laden.

DER RATTENFÄNGER

Ich bin der wohlbekannte Sänger,
Der vielgereiste Rattenfänger,
Den diese altberühmte Stadt
Gewiß besonders nötig hat;
Und wären's Ratten noch so viele,
Und wären Wiesel mit im Spiele;
Von allen säub'r ich diesen Ort,
Sie müssen miteinander fort.

Dann ist der gutgelaunte Sänger
Mitunter auch ein Kinderfänger,
Der selbst die wildesten bezwingt,
Wenn er die goldnen Märchen singt.
Und wären Knaben noch so trutzig,
Und wären Mädchen noch so stutzig,
In meine Saiten greif ich ein,
Sie müssen alle hinterdrein.

Dann ist der vielgewandte Sänger
Gelegentlich ein Mädchenfänger;
In keinem Städtchen langt er an,
Wo er's nicht mancher angetan.
Und wären Mädchen noch so blöde,
Und wären Weiber noch so spröde,
Doch allen wird so liebebang
Bei Zaubersaiten und Gesang.

DER SCHATZGRÄBER

Arm am Beutel, krank am Herzen,
Schleppt ich meine langen Tage.
Armut ist die größte Plage,
Reichtum ist das höchste Gut!
Und, zu enden meine Schmerzen,
Ging ich einen Schatz zu graben.
Meine Seele sollst du haben!
Schrieb ich hin mit eignem Blut.

Und so zog ich Kreis um Kreise,
Stellte wunderbare Flammen,
Kraut und Knochenwerk zusammen:
Die Beschwörung war vollbracht.
Und auf die gelernte Weise
Grub ich nach dem alten Schatze
Auf dem angezeigten Platze;
Schwarz und stürmisch war die Nacht.

Und ich sah ein Licht von weiten,
Und es kam gleich einem Sterne
Hinten aus der fernsten Ferne,
Eben als es zwölfe schlug.
Und da galt kein Vorbereiten:
Heller ward's mit einem Male
Von dem Glanz der vollen Schale,
Die ein schöner Knabe trug.

Holde Augen sah ich blinken
Unter dichtem Blumenkranze;
In des Trankes Himmelsglanze
Trat er in den Kreis herein.
Und er hieß mich freundlich trinken,
Und ich dacht: es kann der Knabe

Mit der schönen lichten Gabe
Wahrlich nicht der Böse sein.

Trinke Mut des reinen Lebens!
Dann verstehst du die Belehrung,
Kommst, mit ängstlicher Beschwörung,
Nicht zurück an diesen Ort.
Grabe hier nicht mehr vergebens!
Tages Arbeit, abends Gäste!
Saure Wochen, frohe Feste!
Sei dein künftig Zauberwort.

DER TOTENTANZ

Der Türmer, der schaut zu Mitten der Nacht
Hinab auf die Gräber in Lage;
Der Mond, der hat alles ins Helle gebracht,
Der Kirchhof, er liegt wie am Tage.
Da regt sich ein Grab und ein anderes dann:
Sie kommen hervor, ein Weib da, ein Mann,
In weißen und schleppenden Hemden.

Das reckt nun, es will sich ergötzen sogleich,
Die Knöchel zur Runde zum Kranze,
So arm und so jung, und so alt und so reich;
Doch hindern die Schleppen am Tanze.
Und weil hier die Scham nun nicht weiter gebeut,
Sie schütteln sich alle, da liegen zerstreut
Die Hemdelein über den Hügeln.

Nun hebt sich der Schenkel, nun wackelt das Bein,
Gebärden da gibt es vertrackte;
Dann klippert's und klappert's mitunter hinein,
Als schlüg man die Hölzlein zum Takte.
Das kommt nun dem Türmer so lächerlich vor;
Da raunt ihm der Schalk, der Versucher, ins Ohr:
„Geh! hole dir einen der Laken."

Getan wie gedacht! und er flüchtet sich schnell
Nun hinter geheiligte Türen.
Der Mond, und noch immer er scheinet so hell
Zum Tanz, den sie schauderlich führen.
Doch endlich verlieret sich dieser und der,
Schleicht eins nach dem anderen gekleidet einher,
Und husch! ist es unter dem Rasen.

Nur einer, der trippelt und stolpert zuletzt
Und tappet und grapst an den Grüften;
Doch hat kein Geselle so schwer ihn verletzt;
Er wittert das Tuch in den Lüften.
Er rüttelt die Turmtür, sie schlägt ihn zurück,
Geziert und gesegnet, dem Türmer zum Glück;
Sie blinkt von metallenen Kreuzen.

Das Hemd muß er haben, da rastet er nicht,
Da gilt auch kein langes Besinnen,
Den gotischen Zierat ergreift nun der Wicht
Und klettert von Zinne zu Zinnen.
Nun ist's um den Armen, den Türmer, getan!

Es ruckt sich von Schnörkel zu Schnörkel hinan!
Langbeinigen Spinnen vergleichbar.

Der Türmer erbleichet, der Türmer erbebt,
Gern gäb er ihn wieder, den Laken.
Da häkelt – jetzt hat er am längsten gelebt –
Den Zipfel ein eiserner Zacken.
Schon trübet der Mond sich verschwindenden Scheins,
Die Glocke, sie donnert ein mächtiges Eins,
Und unten zerschellt das Gerippe.

ZIGEUNERLIED

Im Nebelgeriesel im tiefen Schnee,
Im wilden Wald, in der Winternacht,
Ich hörte der Wölfe Hungergeheul,
Ich hörte der Eulen Geschrei.
    Wille wau wau wau!
    Wille wo wo wo!
    Wito hu!

Ich schoß einmal eine Katze am Zaun,
Der Anne, der Hex, ihre schwarze liebe Katz.
Da kamen des Nachts sieben Werwölf zu mir,
Waren sieben sieben Weiber vom Dorf.
    Wille wau wau wau!
    Wille wo wo wo!
    Wito hu!

Ich kannte sie all, ich kannte sie wohl,
Die Anne, die Ursel, die Käth,
Die Liese, die Barbe, die Ev, die Beth,
Sie heulten im Kreise mich an.
    Wille wau wau wau!
    Wille wo wo wo!
    Wito hu!

Da nannt ich sie alle bei Namen laut:
Was willst du, Anne? was willst du, Beth?
Da rüttelten sie sich, da schüttelten sie sich
Und liefen und heulten davon.
    Wille wau wau wau!
    Wille wo wo wo!
    Wito hu!

DER UNTREUE KNABE

Es war ein Knabe frech genung,
War erst aus Frankreich kommen,
Der hatt ein armes Mädel jung
Gar oft in Arm genommen
Und liebgekost und liebgeherzt
Als Bräutigam herumgescherzt
Und endlich sie verlassen.

Das braune Mädel das erfuhr,
Vergingen ihr die Sinnen,

Sie lacht' und weint' und bet't und schwur:
So fuhr die Seel von hinnen.
Die Stund, da sie verschieden war,
Wird bang dem Buben, graust sein Haar,
Es treibt ihn fort zu Pferde.

Er gab die Sporen kreuz und quer
Und ritt auf alle Seiten,
Herüber, hinüber, hin und her,
Kann keine Ruh erreiten,
Reit't sieben Tag und sieben Nacht;
Es blitzt und donnert, stürmt und kracht,
Die Fluten reißen über.

Und reit't in Blitz und Wetterschein
Gemäuerwerk entgegen,
Bind't 's Pferd hauß' an und kriecht hinein
Und duckt sich vor dem Regen.
Und wie er tappt, und wie er fühlt,
Sich unter ihm die Erd erwühlt;
Er stürzt wohl hundert Klafter.

Und als er sich ermannt vom Schlag,
Sieht er drei Lichtlein schleichen.
Er rafft sich auf und krabbelt nach,
Die Lichtlein ferne weichen,
Irrführen ihn, die Quer und Läng,
Treppauf, treppab, durch enge Gäng,
Verfallne wüste Keller.

Auf einmal steht er hoch im Saal,
Sieht sitzen hundert Gäste,
Hohläugig grinsen allzumal
Und winken ihm zum Feste.
Er sieht sein Schätzel untenan
Mit weißen Tüchern angetan,
Die wend't sich –

VOR GERICHT

Von wem ich's habe, das sag ich euch nicht,
das Kind in meinem Leib.
Pfui! speit ihr aus: die Hure da!
Bin doch ein ehrlich Weib.

Mit wem ich mich traute, das sag ich euch nicht,
Mein Schatz ist lieb und gut,
Trägt er eine goldne Kett am Hals,
Trägt er einen strohernen Hut.

Soll Spott und Hohn getragen sein,
Trag ich allein den Hohn.
Ich kenn ihn wohl, er kennt mich wohl,
Und Gott weiß auch davon.

Herr Pfarrer und Herr Amtmann hier,
Ich bitt, laßt mich in Ruh!
Es ist mein Kind und bleibt mein Kind,
Ihr gebt mir ja nichts dazu.

PARIA

DES PARIA GEBET

Großer Brahma, Herr der Mächte!
Alles ist von deinem Samen,
Und so bist du der Gerechte!
Hast du denn allein die Brahmen,
Nur die Rajas und die Reichen,
Hast du sie allein geschaffen?
Oder bist auch du's, der Affen
Werden ließ und unsres gleichen?

Edel sind wir nicht zu nennen:
Denn das Schlechte, das gehört uns,
Und was andre tödlich kennen,
Das alleine, das vermehrt uns.
Mag dies für die Menschen gelten,
Mögen sie uns doch verachten;
Aber du, du sollst uns achten,
Denn du könntest alle schelten.

Also, Herr, nach diesem Flehen,
Segne mich zu deinem Kinde;
Oder eines laß entstehen,
Das auch mich mit dir vervinde!
Denn du hast den Bajaderen
Eine Göttin selbst erhoben;
Auch wir andern, dich zu loben,
Wollen solch ein Wunder hören.

LEGENDE

Wasser holen geht die reine,
Schöne Frau des hohen Brahmen,
Des verehrten, fehlerlosen,
Ernstester Gerechtigkeit.
Täglich von dem heiligen Flusse
Holt sie köstliches Erquicken; –
Aber wo ist Krug und Eimer?
Sie bedarf derselben nicht.
Seligem Herzen, frommen Händen
Ballt sich die bewegte Welle
Herrlich zu kristallner Kugel;
Diese trägt sie, frohen Busens,
Reiner Sitte, holden Wandelns,
Vor den Gatten in das Haus.

Heute kommt die morgendliche
Im Gebet zu Ganges' Fluten,
Beugt sich zu der klaren Fläche –
Plötzlich überraschend spiegelt,
Aus des höchsten Himmels Breiten,
Über ihr vorübereilend,
Allerlieblichste Gestalt
Hehren Jünglings, den des Gottes
Uranfänglich schönes Denken
Aus dem ewgen Busen schuf;
Solchen schauend, fühlt ergriffen

Von verwirrenden Gefühlen
Sie das innere tiefste Leben,
Will verharren in dem Anschaun,
Weist es weg, da kehrt es wieder,
Und verworren strebt sie flutwärts,
Mit unsichrer Hand zu schöpfen;
Aber, ach! sie schöpft nicht mehr!
Denn des Wassers heilige Welle
Scheint zu fliehn, sich zu entfernen,
Sie erblickt nur hoher Wirbel
Grause Tiefen unter sich.

Arme sinken, Tritte straucheln,
Ist's denn auch der Pfad nach Hause?
Soll sie zaudern? soll sie fliehen?
Will sie denken, wo Gedanke,
Rat und Hilfe gleich versagt? –
Und so tritt sie vor den Gatten:
Er erblickt sie, Blick ist Urteil,
Hohen Sinns ergreift das Schwert er,
Schleppt sie zu dem Totenhügel,
Wo Verbrecher büßend bluten.
Wüßte sie zu widerstreben?
Wüßte sie sich zu entschuldgen,
Schuldig, keiner Schuld bewußt?

Und er kehrt mit blutgem Schwerte
Sinnend zu der stillen Wohnung;
Da entgegnet ihm der Sohn:
„Wessen Blut ist's? Vater! Vater!" –
Der Verbrecherin! – „Mit nichten!
Denn es starret nicht am Schwerte
Wie verbrecherische Tropfen;
Fließt wie aus der Wunde frisch.
Mutter! Mutter! tritt heraus her!
Ungerecht war nie der Vater,
Sage, was er jetzt verübt."
Schweige! Schweige! 's ist das ihre! –
„Wessen ist es?" – Schweige! Schweige! –
„Wäre meiner Mutter Blut!!!
Was geschehen? was verschuldet?
Her das Schwert! ergriffen hab ich's;
Deine Gattin magst du töten,
Aber meine Mutter nicht!
In die Flammen folgt die Gattin
Ihrem einzig Angetrauten,
Seiner einzig teuren Mutter
In das Schwert der treue Sohn."

Halt, o halte, rief der Vater!
Noch ist Raum, enteil, enteile!
Füge Haupt dem Rumpfe wieder;
Du berührest mit dem Schwerte,
Und lebendig folgt sie dir.

Eilend, atemlos erblickt er
Staunend zweier Frauen Körper
Überkreuzt und so die Häupter;
Welch Entsetzen! welche Wahl!

Dann der Mutter Haupt erfaßt er,
Küßt es nicht, das tot erblaßte,
Auf des nächsten Rumpfes Lücke
Setz er's eilig, mit dem Schwerte
Segnet er das fromme Werk.

Aufersteht ein Riesenbildnis;
Von der Mutter teuren Lippen,
Göttlich-unverändert-süßen,
Tönt das grauenvolle Wort:
Sohn, o Sohn! Welch Übereilen!
Deiner Mutter Leichnam dorten,
Neben ihm das freche Haupt
Der Verbrecherin, des Opfers
Waltender Gerechtigkeit!
Mich nun hast du ihrem Körper
Eingeimpft auf ewige Tage;
Weisen Wollens, wilden Handelns
Werd ich unter Göttern sein.
Ja, des Himmelsknaben Bildnis
Webt so schön vor Stirn und Auge;
Senkt sich's in das Herz herunter,
Regt es tolle Wutbegier.
Immer wird es wiederkehren,
Immer steigen, immer sinken,
Sich verdüstern, sich verklären,
So hat Brahma dies gewollt.
Er gebot ja buntem Fittig,
Klarem Antlitz, schlanken Gliedern,
Göttlich-einzigem Erscheinen,
Mich zu prüfen, zu verführen;
Denn von oben kommt Verführung,
Wenn's den Göttern so beliebt.
Und so soll ich, die Brahmane,
Mit dem Haupt im Himmel weilend,
Fühlen, Paria, dieser Erde
Niederziehende Gewalt.

Sohn, ich sende dich dem Vater!
Tröste! – Nicht ein traurig Büßen,
Stumpfes Harren, stolz Verdienen
Halt euch in der Wildnis fest;
Wandert aus durch alle Welten,
Wandelt hin durch alle Zeiten
Und verkündet auch Geringstem:
Daß ihn Brahma droben hört!

Ihm ist keiner der Geringste –
Wer sich mit gelähmten Gliedern,
Sich mit wild zerstörtem Geiste,
Düster, ohne Hilf und Rettung,
Sei er Brahme, sei er Paria,
Mit dem Blick nach oben kehrt,
Wird's empfinden, wird's erfahren:
Dort erglühen tausend Augen,
Ruhend lauschen tausend Ohren,
Denen nichts verborgen bleibt.

Heb ich mich zu seinem Throne,
Schaut er mich, die Grausenhafte,
Die er gräßlich umgeschaffen,
Muß er ewig mich bejammern,
Euch zugute komme das.
Und ich werd ihn freundlich mahnen,
Und ich werd ihm wütend sagen,
Wie es mir der Sinn gebietet,
Wie es mir im Busen schwellet.
Was ich denke, was ich fühle –
Ein Geheimnis bleibe das.

DANK DES PARIA

Großer Brahma! nun erkenn ich,
Daß du Schöpfer bist der Welten!
Dich als meinen Herrscher nenn ich,
Denn du lässest alle gelten.

Und verschließest auch dem Letzten
Keines von den tausend Ohren;
Uns, die tief Herabgesetzten,
Alle hast du neu geboren.

Wendet euch zu dieser Frauen,
Die der Schmerz zur Göttin wandelt!
Nun beharr ich, anzuschauen
Den, der einzig wirkt und handelt.

LEGENDE

Als noch verkannt und sehr gering,
Unser Herr auf der Erde ging
Und viele Jünger sich zu ihm fanden,
Die sehr selten sein Wort verstanden,
Liebt er sich gar über die Maßen,
Seinen Hof zu halten auf der Straßen,
Weil unter des Himmels Angesicht
Man immer besser und freier spricht.
Er ließ sie da die höchsten Lehren
Aus seinem heiligen Munde hören;
Besonders durch Gleichnis und Exempel
Macht er einen jeden Markt zum Tempel.

So schlendert' er in Geistes Ruh
Mit ihnen einst einem Städtchen zu,
Sah etwas blinken auf der Straß,
Das ein zerbrochen Hufeisen was.
Er sagte zu Sankt Peter drauf:
„Heb doch einmal das Eisen auf!"
Sankt Peter war nicht aufgeräumt,
Er hatte soeben im Gehen geträumt,
So was vom Regiment der Welt,
Was einem jeden wohlgefällt:
Denn im Kopf hat das keine Schranken;
Das waren so seine liebsten Gedanken.
Nun war der Fund ihm viel zu klein,
Hätte müssen Kron und Zepter sein;

Aber wie sollt er seinen Rücken
Nach einem halben Hufeisen bücken?
Er also sich zur Seite kehrt
Und tut, als hätt er's nicht gehört.

Der Herr, nach seiner Langmut, drauf
Hebt selber das Hufeisen auf
Und tut auch weiter nichts dergleichen.
Als sie nun bald die Stadt erreichen,
Geht er vor eines Schmiedes Tür,
Nimmt von dem Mann drei Pfennig dafür.
Und als sie über den Markt nun gehen,
Sieht er daselbst schöne Kirschen stehen,
Kauft ihrer, so wenig oder so viel,
Als man für einen Dreier geben will,
Die er sodann nach seiner Art
Ruhig im Ärmel aufbewahrt.
Nun ging's zum andern Tor hinaus,
Durch Wies und Felder ohne Haus.
Auch war der Weg von Bäumen bloß:
Die Sonne schien, die Hitz war groß,
So daß man viel an solcher Stätt
Für einen Trunk Wasser gegeben hätt.
Der Herr geht immer voraus vor allen,
Läßt unversehens eine Kirsche fallen.
Sankt Peter war gleich dahinter her,
Als wenn es ein goldener Apfel wär;
Das Beerlein schmeckte seinem Gaum.
Der Herr, nach einem kleinen Raum,
Ein ander Kirschlein zur Erde schickt,
Wornach Sankt Peter schnell sich bückt.
So läßt der Herr ihn seinen Rücken
Gar vielmal nach den Kirschen bücken.
Das dauert eine ganze Zeit.
Dann sprach der Herr mit Heiterkeit:
„Tät'st du zur rechten Zeit dich regen,
Hättst du's bequemer haben mögen.
Wer geringe Ding wenig acht't,
Sich um geringere Mühe macht."

ERKLÄRUNG EINES ALTEN HOLZSCHNITTES,
VORSTELLEND
HANS SACHSENS
POETISCHE SENDUNG

In seiner Werkstatt Sonntags früh
Steht unser teurer Meister hie:
Sein schmutzig Schurzfell abgelegt,
Ein sauber Feierwams er trägt,
Läßt Pechdraht, Hammer und Kneipe rasten,
Die Ahl steckt an den Arbeitskasten;
Er ruht nun auch am siebenten Tag
Von manchem Zug und manchem Schlag.

Wie er die Frühlingssonne spürt,
Die Ruh ihm neue Arbeit gebiert:
Er fühlt, daß er eine kleine Welt
In seinem Gehirne brütend hält,
Daß die fängt an zu wirken und leben,
Daß er sie gern möcht von sich geben.
Er hätt ein Auge treu und klug
Und wär auch liebevoll genug,
Zu schauen manches klar und rein
Und wieder alles zu machen sein;
Hätt auch eine Zunge, die sich ergoß
Und leicht und fein in Worte floß.
Des täten die Musen sich erfreuen,
Wollten ihn zum Meistersänger weihen.

Da tritt herein ein junges Weib
Mit voller Brust und rundem Leib;
Kräftig sie auf den Füßen steht,
Grad, edel vor sich hin sie geht,
Ohne mit Schlepp und Steiß zu schwänzen,
Noch mit 'n Augen 'rum zu scharlenzen.
Sie trägt einen Maßstab in ihrer Hand,
Ihr Gürtel ist ein güldin Band,
Hätt auf dem Haupt ein'n Kornährkranz,
Ihr Aug war lichten Tages Glanz:
Man nennt sie *tätig* E h r b a r k e i t ,
Sonst auch G r o ß m u t , *Rechtfertigkeit*.
Die tritt mit gutem Gruß herein.
Er drob nicht mag verwundert sein:
Denn wie sie ist, so gut und schön,
Meint er, er hätt sie schon lang gesehn.

Die spricht: ,,Ich hab dich auserlesen
Vor vielen in dem Weltwirr-Wesen,
Daß du sollst haben klare Sinnen,
Nichts Ungeschicklichs magst beginnen.
Wenn andre durcheinander rennen,
Sollst du's mit treuem Blick erkennen;
Wenn andre bärmlich sich beklagen,
Sollst schwankweis deine Sach fürtragen;
Sollst halten über Ehr und Recht,
In allem Ding sein schlicht und schlecht;
Frummkeit und Tugend bieder preisen,
Das Böse mit seinem Namen heißen,
Nichts verlindert und nichts verwitzelt,
Nichts verzierlicht und nichts verkritzelt;
Sondern die Welt soll vor dir stehn,
Wie Albrecht Dürer sie hat gesehn,
Ihr festes Leben und Männlichkeit,
Ihre innre Kraft und Ständigkeit.

Der Natur Genius an der Hand
Soll dich führen durch alle Land,
Soll dir zeigen alles Leben,
Der Menschen wunderliches Weben,
Ihr Wirren, Suchen, Stoßen und Treiben,
Schieben, Reißen, Drängen und Reiben,

Wie kunterbunt die Wirtschaft tollert,
Der Ameishauf durcheinanderkollert;
Mag dir aber bei allem geschehn,
Als tätst in einen Zauberkasten sehn.
Schreib *das* dem Menschenvolk auf Erden,
Ob's ihm möcht eine Witzung werden."
Da macht sie ihm ein Fenster auf,
Zeigt ihm draußen viel bunten Hauf,
Unter dem Himmel allerlei Wesen,
Wie ihr's mögt in seinen Schriften lesen.

Wie nun der liebe Meister sich
An der Natur freut wunniglich,
Da seht ihr an der andern Seiten
Ein altes Weiblein zu ihm gleiten;
Man nennet sie Historia,
Mythologia, Fabula;
Sie ist rumpfet, schrumpfet, bucklet und krumb,
Aber eben ehrwürdig darumb.
Sie schleppt mit keichend-wankenden Schritten
Eine große Tafel in Holz geschnitten;
Darauf seht ihr mit weiten Ärmeln und Falten
Gott Vater Kinderlehre halten,
Adam, Eva, Paradies und Schlang,
Sodom und Gomorras Untergang,
Könnt auch die zwölf durchlauchtigen Frauen
Da in einem Ehrenspiegel schauen;
Dann allerlei Blutdurst, Frevel und Mord,
Der zwölf Thyrannen Schandenport,
Auch allerlei Lehr und gute Weis.
Könnt sehn Sankt Peter mit der Geiß,
Über der Welt Regiment unzufrieden,
Von unserm Herrn zu Recht beschieden.
Auch war bemalt der weite Raum
Ihres Kleids und Schlepps und auch der Saum
Mit weltlich Tugend und Laster-Geschicht.

Unser Meister all das ersicht
Und freut sich dessen wundersam;
Denn es dient sehr wohl in seinen Kram.
Von wannen er sich eignet sehr
Gut Exempel und gute Lehr,
Erzählt das eben fix und treu,
Als wär er selbst gesin dabei.
Sein Geist war ganz dahin gebannt,
Er hätt kein Aug davon verwandt,
Hätt er nicht hinter seinem Rucken
Hören mit Klappern und Schellen spuken.
Da tät er einen Narren spüren
Mit Bocks- und Affensprüng hofieren,
Und ihm mit Schwank und Narreteiden
Ein lustig Zwischenspiel bereiten.
Schleppt hinter sich an einer Leinen
Alle Narren, groß und kleinen,
Dick und hager, gestreckt und krumb,
Allzu witzig und allzu dumb.
Mit einem großen Farrenschwanz
Regiert er sie wie ein'n Affentanz.

Bespöttet eines jeden Fürm,
Treibt sie ins Bad, schneid't ihnen die Würm
Und führt gar bitter viel Beschwerden,
Daß ihrer doch nicht wollen wen'ger werden.

Wie er sich sieht so um und um,
Kehrt ihm das fast den Kopf herum,
Wie er wollt Worte zu allem finden?
Wie er möcht so viel Schwall verbinden?
Wie er möcht immer mutig bleiben,
So fort zu singen und zu schreiben?
Da steigt auf einer Wolke Saum
Herein zu's Oberfensters Raum
Die Muse, heilig anzuschauen,
Wie ein Bild Unsrer Lieben Frauen.
Die umgibt ihn mit ihrer Klarheit
Immer kräftig wirkender Wahrheit.
Sie spricht: „Ich komm, um dich zu weihn,
Nimm meinen Segen und Gedeihn!
Das heilig Feuer, das in dir ruht,
Schlag aus in hohe lichte Glut!
Doch daß das Leben, das dich treibt,
Immer bei holden Kräften bleibt,
Hab ich deinem innern Wesen
Nahrung und Balsam auserlesen,
Daß deine Seel sei wonnereich,
Einer Knospe im Taue gleich."

Da zeigt sie ihm hinter seinem Haus
Heimlich zur Hintertür hinaus
In dem eng umzaunten Garten
Ein h o l d e s M ä g d l e i n sitzend warten
Am Bächlein, beim Holunderstrauch;
Mit abgesenktem Haupt und Aug
Sitzt's unter einem Apfelbaum
Und spürt die Welt rings um sich kaum,
Hat Rosen in ihrn Schoß gepflückt
Und bindet ein Kränzlein gar geschickt,
Mit hellen Knospen und Blättern drein.
Für wen mag wohl das Kränzel sein?
So sitzt sie in sich selbst geneigt,
In Hoffnungsfüll ihr Busen steigt;
Ihr Wesen ist so ahndevoll,
Weiß nicht, was sie sich wünschen soll,
Und unter vieler Grillen Lauf
Steigt wohl einmal ein Seufzer auf.

Warum ist deine Stirn so trüb?
Das, was dich dränget, süße Lieb,
Ist volle Wonn und Seligkeit,
Die einem in dir ist bereit,
Der manches Schicksal wirrevoll
An deinem Aug sich lindern soll,
Der durch manch wunniglichen Kuß
Wiedergeboren werden muß.
Wie er den schlanken Leib umfaßt,
Von aller Müh er findet Rast,
Wie er ins runde Ärmlein sinkt,
Neue Lebenstäg und Kräfte trinkt;
Und dir kehrt süßes Jugendglück,
Deine Schalkheit kehret dir zurück.
Mit Necken und manchen Schelmerein
Wirst ihn bald nagen, bald erfreun:
So wird die Liebe nimmer alt,
Und wird der Dichter nimmer kalt!

Weil er so heimlich glücklich lebt,
Da droben in den Wolken schwebt
Ein Eichenkranz, ewig jung belaubt,
Den setzt die Nachwelt ihm aufs Haupt.
In Froschpfuhl all das Volk verbannt,
Das seinen Meister je verkannt!

WEITERE AUSWAHL

NATUR – LIEBE

DIE SCHÖNE NACHT

Nun verlaß ich diese Hütte,
Meiner Liebsten Aufenthalt,
Wandle mit verhülltem Schritte
Durch den öden, finstern Wald;
Luna bricht durch Busch und Eichen,
Zephyr meldet ihren Lauf,
Und die Birken streun mit Neigen
Ihr den süßten Weihrauch auf.

Wie ergötz ich mich im Kühlen
Dieser schönen Sommernacht!
O wie still ist hier zu fühlen,
Was die Seele glücklich macht!
Läßt sich kaum die Wonne fassen,
Und doch wollt ich Himmel, dir
Tausend solcher Nächte lassen,
Gäb mein Mädchen e i n e mir.

WECHSEL

Auf Kieseln im Bache, da lieg ich, wie helle!
Verbreite die Arme der kommenden Welle,
Und buhlerisch drückt sie die sehnende Brust.
Dann führt sie der Leichtsinn im Strome darnieder,
Es naht sich die zweite, sie streichelt mich wieder:
So fühl ich die Freuden der wechselnden Lust.

Und doch, und so traurig, verschleifst du vergebens
Die köstlichen Stunden des eilenden Lebens,
Weil dich das geliebteste Mädchen vergißt!
O ruf sie zurücke, die vorigen Zeiten!
Es küßt dich so süße die Lippe der Zweiten,
Als kaum sich die Lippe der Ersten geküßt.

WAHRER GENUSS

Umsonst, daß du, ein Herz zu lenken,
Des Mädchens Schoß mit Golde füllst,
Der Liebe Freuden laß dir schenken,
Wenn du sie wahr empfinden willst.

Gold kauft die Stimme großer Haufen,
Kein einzig Herz erwirbt es dir,
Doch willst du dir ein Mädchen kaufen,
So geh und gib dich selbst dafür.

Soll dich kein heilig Band umgeben,
O Jüngling, schränke selbst dich ein!
Man kann in wahrer Freiheit leben
Und doch nicht ungebunden sein.
Laß nur für Eine dich entzünden;
Und ist ihr Herz von Liebe voll,
So laß die Zärtlichkeit dich binden,
Wenn dich die Pflicht nicht binden soll.

Empfinde Jüngling! und dann wähle
Ein Mädchen dir, sie wähle dich,
Von Körper schön und schön von Seele,
Und dann bist du beglückt wie ich.
Ich, der ich diese Kunst verstehe,
Ich habe mir ein Kind gewählt,
Daß uns zum Glück der schönsten Ehe
Allein des Priesters Segen fehlt.

Für nichts besorgt als meine Freude,
Für mich nur schön zu sein bemüht,
Wollüstig nur an meiner Seite,
Und sittsam, wenn die Welt sie sieht,
Daß unsrer Glut die Zeit nicht schade,
Räumt sie kein Recht aus Schwachheit ein,
Und ihre Gunst bleibt immer Gnade,
Und ich muß immer dankbar sein.

Ich bin genügsam und genieße
Schon da, wenn sie nur zärtlich lacht,
Wenn sie bei Tisch des Liebsten Füße
Zum Schemel ihrer Füße macht,
Den Apfel, den sie angebissen,
Das Glas, woraus sie trank, mir reicht
Und mir bei halb geraubten Küssen
Den sonst verdeckten Busen zeigt.

Und wenn in stillgesellger Stunde
Sie einst mit mir von Liebe spricht,
Wünsch ich nur Worte von dem Munde,
Nur Worte, Küsse wünsch ich nicht.

Welch ein Verstand, der sie beseelet,
Mit immer neuem Reiz umgibt!
Sie ist vollkommen, und sie fehlet
Darin allein, daß sie mich liebt.

Die Ehrfurcht wirft mich ihr zu Füßen,
Die Sehnsucht mich an ihre Brust.
Sieh, Jüngling! dieses heißt genießen,
Sei klug und suche diese Lust.
Der Tod führt einst von ihrer Seite
Dich auf zum englischen Gesang,
Dich zu des Paradieses Freude,
Und du fühlst keinen Übergang.

BRAUTNACHT

Im Schlafgemach, entfernt vom Feste,
Sitzt Amor dir getreu und bebt,
Daß nicht die List mutwillger Gäste
Des Brautbetts Frieden untergräbt.
Es blinkt mit mystisch heilgem Schimmer
Vor ihm der Flammen blasses Gold;
Ein Weihrauchswirbel füllt das Zimmer,
Damit ihr recht genießen sollt.

Wie schlägt dein Herz beim Schlag der Stunde,
Der deiner Gäste Lärm verjagt;
Wie glühst du nach dem schönen Munde,
Der bald verstummt und nichts versagt!
Du eilst, um alles zu vollenden,
Mit ihr ins Heiligtum hinein;
Das Feuer in des Wächters Händen
Wird, wie ein Nachtlicht, still und klein.

Wie bebt vor deiner Küsse Menge
Ihr Busen und ihr voll Gesicht!
Zum Zittern wird nun ihre Strenge,
Denn deine Kühnheit wird zur Pflicht.
Schnell hilft dir Amor sie entkleiden
Und ist nicht halb so schnell als du;
Dann hält er schalkhaft und bescheiden
Sich fest die beiden Augen zu.

CHRISTEL

Hab oft einen dumpfen düstern Sinn,
Ein gar so schweres Blut!
Wenn ich bei meiner Christel bin,
Ist alles wieder gut.
Ich seh sie dort, ich seh sie hier
Und weiß nicht auf der Welt,
Und wie und wo und wann sie mir,
Warum sie mir gefällt.

Das schwarze Schelmenaug dadrein,
Die schwarze Braue drauf,
Seh ich ein einzig Mal hinein,
Die Seele geht mir auf.
Ist eine, die so lieben Mund,
Liebrunde Wänglein hat?
Ach, und es ist noch etwas rund,
Da sieht kein Aug sich satt!

Und wenn ich sie dann fassen darf
Im luftgen deutschen Tanz,
Das geht herum, das geht so scharf,
Da fühl ich mich so ganz!
Und wenn's ihr taumlig wird und warm,
Da wieg ich sie sogleich
An meiner Brust, in meinem Arm:
's ist mir ein Königreich!

Und wenn sie liebend nach mir blickt
Und alles rund vergißt,
Und dann an meine Brust gedrückt
Und weidlich eins geküßt,
Das läuft mir durch das Rückenmark
Bis in die große Zeh!
Ich bin so schwach, ich bin so stark,
Mir ist so wohl, so weh!

Da möcht ich mehr und immer mehr,
Der Tag wird mir nicht lang –
Wenn ich die Nacht auch bei ihr wär,
Davor wär mir nicht bang.
Ich denk, ich halte sie einmal
Und büße meine Lust;
Und endigt sich nicht meine Qual,
Sterb ich an ihrer Brust.

JÄGERS ABENDLIED

Im Felde schleich ich still und wild,
Gespannt mein Feuerrohr,
Da schwebt so licht dein liebes Bild,
Dein süßes Bild mir vor.

Du wandelst jetzt wohl still und mild
Durch Feld und liebes Tal,
Und ach, mein schnell verrauschend Bild,
Stellt sich dir's nicht einmal?

Des Menschen, der die Welt durchstreift
Voll Unmut und Verdruß,
Nach Osten und nach Westen schweift,
Weil er dich lassen muß.

Mir ist es, denk ich nur an dich,
Als in den Mond zu sehn;
Ein stiller Friede kommt auf mich,
Weiß nicht, wie mir geschehn.

GEISTESGRUSS

Hoch auf dem alten Turme steht
Des Helden edler Geist,
Der, wie das Schiff vorübergeht,
Es wohl zu fahren heißt.

„Sieh, diese Senne war so stark,
Dies Herz so fest und wild,
Die Knochen voll von Rittermark,
Der Becher angefüllt;

Mein halbes Leben stürmt ich fort,
Verdehnt die Hälft in Ruh,
Und du, du Menschen-Schifflein dort,
Fahr immer, immer zu!"

EINSCHRÄNKUNG

Ich weiß nicht, was mir hier gefällt,
In dieser engen kleinen Welt
Mit holdem Zauberband mich hält.
Vergeß ich doch, vergeß ich gern,
Wie seltsam mich das Schicksal leitet;
Und, ach, ich fühle, nah und fern
Ist mir noch manches zubereitet.
Oh, wäre doch das rechte Maß getroffen!
Was bleibt mir nun, als, eingehüllt,
Von holder Lebenskraft erfüllt,
In stiller Gegenwart die Zukunft zu erhoffen!

NACHTGEDANKEN

Euch bedaur ich, unglückselige Sterne,
Die ihr schön seid und so herrlich scheinet,
Dem bedrängten Schiffer gerne leuchtet,
Unbelohnt von Göttern und von Menschen:
Denn ihr liebt nicht, kanntet nie die Liebe!
Unaufhaltsam führen ewge Stunden
Eure Reihen durch den weiten Himmel.
Welche Reise habt ihr schon vollendet,
Seit ich, weilend in dem Arm der Liebsten,
Euer und der Mitternacht vergessen.

MENSCHENGEFÜHL

Ach, ihr Götter! große Götter
In dem weiten Himmel droben!
Gäbet ihr uns auf der Erde
Festen Sinn und guten Mut:
O wir ließen euch, ihr Guten,
Euren weiten Himmel droben!

LIEBEBEDÜRFNIS

Wer vernimmt mich? ach, wem soll ich's klagen?
Wer's vernähme, würd er mich bedauern?
Ach, die Lippe, die so manche Freude
Sonst genossen hat und sonst gegeben,
Ist gespalten und sie schmerzt erbärmlich.
Und sie ist nicht etwa wund geworden,
Weil die Liebste mich zu wild ergriffen,
Hold mich angebissen, daß sie fester
Sich des Freunds versichernd ihn genösse:
Nein, das zarte Lippchen ist gesprungen,
Weil nun über Reif und Frost die Winde
Spitz und scharf und lieblos mir begegnen.

Und nun soll mir Saft der edlen Traube,
Mit dem Saft der Bienen bei dem Feuer
Meines Herds vereinigt, Lindrung schaffen.
Ach, was will das helfen, mischt die Liebe
Nicht ein Tröpfchen ihres Balsams drunter?

PHILINE

Singet nicht mit Trauertönen
Von der Einsamkeit der Nacht;
Nein, sie ist, o holde Schönen,
Zur Geselligkeit gemacht.

Wie das Weib dem Mann gegeben
Als die schönste Hälfte war,
Ist die Nacht das halbe Leben,
Und die schönste Hälfte zwar.

Könnt ihr euch des Tages freuen,
Der nur Freuden unterbricht?
Es ist gut, sich zu zerstreuen,
Zu was anderm taugt er nicht.

Aber wenn in nächtger Stunde
Süßer Lampe Dämmrung fließt,
Und vom Mund zum nahen Munde
Scherz und Liebe sich ergießt;

Wenn der rasche lose Knabe,
Der sonst wild und feurig eilt,
Oft bei einer kleinen Gabe
Unter leichten Spielen weilt;

Wenn die Nachtigall Verliebten
Liebevoll ein Liedchen singt,
Das Gefangnen und Betrübten
Nur wie Ach und Wehe klingt:

Wie mit leichtem Herzensregen
Horchet ihr der Glocke nicht,
Die mit zwölf bedächtgen Schlägen
Ruh und Sicherheit verspricht!

Darum an dem langen Tage
Merke dir es, liebe Brust:
Jeder Tag hat seine Plage,
Und die Nacht hat ihre Lust.

AN DIE ENTFERNTE

So hab ich wirklich dich verloren?
Bist du, o Schöne, mir entflohn?
Noch klingt in den gewohnten Ohren
Ein jedes Wort, ein jeder Ton.

So wie des Wandrers Blick am Morgen
Vergebens in die Lüfte dringt,
Wenn, in dem blauen Raum verborgen,
Hoch über ihm die Lerche singt:

So dringet ängstlich hin und wieder
Durch Feld und Busch und Wald mein Blick;
Dich rufen alle meine Lieder:
O komm, Geliebte, mir zurück!

MORGENKLAGEN

O du loses, leidigliebes Mädchen,
Sag mir an: womit hab ich's verschuldet,
Daß du mich auf diese Folter spanntest,
Daß du dein gegeben Wort gebrochen?

Drücktest doch so freundlich gestern abend
Mir die Hände, lispeltest so lieblich:
Ja, ich komme, komme gegen Morgen
Ganz gewiß, mein Freund, auf deine Stube.

Angelehnet ließ ich meine Türe:
Hatte wohl die Angeln erst geprüfet
Und mich recht gefreut, daß sie nicht knarrten.

Welche Nacht des Wartens ist vergangen!
Wacht ich doch und zählte jedes Viertel;
Schlief ich ein auf wenig Augenblicke,
War mein Herz beständig wach geblieben,
Weckte mich von meinem leisen Schlummer.

Ja, da segnet ich die Finsternisse,
Die so ruhig alles überdeckten,
Freute mich der allgemeinen Stille,
Horchte lauschend immer in die Stille,
Ob sich nicht ein Laut bewegen möchte.

„Hätte sie Gedanken, wie ich denke,
Hätte sie Gefühle, wie ich empfinde,
Würde sie den Morgen nicht erwarten,
Würde schon in dieser Stunde kommen."

Hüpft ein Kätzchen oben übern Boden,
Knisterte das Mäuschen in der Ecke,
Regte sich, ich weiß nicht was, im Hause –
Immer hofft ich deinen Schritt zu hören,
Immer glaubt ich deinen Tritt zu hören.

Und so lag ich lang und immer länger,
Und es fing der Tag schon an zu grauen,
Und es rauschte hier und rauschte dorten.

„Ist es ihre Türe? Wär's die meine!"
Saß ich aufgestemmt in meinem Bette,
Schaute nach der halberhellten Türe,
Ob sie nicht sich wohl bewegen möchte.
Angelehnet blieben beide Flügel
Auf den leisen Angeln ruhig hangen.

Und der Tag ward immer hell und heller;
Hört ich schon des Nachbars Türe gehen,
Der das Taglohn zu gewinnen eilet,
Hört ich bald darauf die Wagen rasseln,
War das Tor der Stadt nun auch eröffnet,
Und es regte sich der ganze Plunder
Des bewegten Marktes durcheinander.

Ward nun in dem Haus ein Gehn und Kommen
Auf und ab die Stiegen, hin und wieder
knarrten Türen, klapperten die Tritte;
Und ich konnte wie vom schönen Leben
Mich noch nicht von meiner Hoffnung scheiden.

Endlich, als die ganz verhaßte Sonne
Meine Fenster traf und meine Wände,
Sprang ich auf und eilte nach dem Garten,
Meinen heißen, sehnsuchtsvollen Atem
Mit der kühlen Morgenluft zu mischen,
Dir vielleicht im Garten zu begegnen:
Und nun bist du weder in der Laube
Noch im hohen Lindengang zu finden.

SEHNSUCHT

Was zieht mir das Herz so?
Was zieht mich hinaus?
Und windet und schraubt mich
Aus Zimmer und Haus?
Wie dort sich die Wolken
Um Felsen verziehn!
Da möcht ich hinüber,
Da möcht ich wohl hin!

Nun wiegt sich der Raben
Geselliger Flug;
Ich mische mich drunter
Und folge dem Zug.
Und Berg und Gemäuer
Umfittigen wir;
Sie weilet da drunten,
Ich spähe nach ihr.

Da kommt sie und wandelt;
Ich eile sobald,
Ein singender Vogel,
Zum buschigen Wald.
Sie weilet und horchet
Und lächelt mit sich:
„Er singet so lieblich
Und singt es an mich."

Die scheidende Sonne
Verguldet die Höhn;
Die sinnende Schöne,
Sie läßt es geschehn.
Sie wandelt am Bache
Die Wiesen entlang,
Und finster und finstrer
Umschlingt sie der Gang.

Auf einmal erschein ich,
Ein blinkender Stern.
„Was glänzet da droben,
So nah und so fern?"
Und hast du mit Staunen
Das Leuchten erblickt;
Ich lieg dir zu Füßen,
Da bin ich beglückt!

AN DIE ERWÄHLTE

Hand in Hand! und Lipp auf Lippe!
Liebes Mädchen, bleibe treu!
Lebe wohl! und manche Klippe
Fährt dein Liebster noch vorbei;
Aber wenn er einst den Hafen
Nach dem Sturme wieder grüßt,
Mögen ihn die Götter strafen,
Wenn er ohne dich genießt.

Frisch gewagt ist schon gewonnen,
Halb ist schon mein Werk vollbracht!
Sterne leuchten mir wie Sonnen,
Nur dem Feigen ist es Nacht.
Wär ich müßig dir zur Seite,
Drückte noch der Kummer mich;
Doch in aller dieser Weite
Wirk ich rasch und nur für dich.

Schon ist mir das Tal gefunden,
Wo wir einst zusammen gehn
Und den Strom in Abendstunden
Sanft hinunter gleiten sehn.
Diese Pappeln auf den Wiesen,
Diese Buchen in dem Hain!
Ach! und hinter allen diesen
Wird doch auch ein Hüttchen sein.

NÄHE DES GELIEBTEN

Ich denke dein, wenn mir der Sonne Schimmer
    Vom Meere strahlt;
Ich denke dein, wenn sich des Mondes Flimmer
    In Quellen malt.
Ich sehe dich, wenn auf dem fernen Wege
    Der Staub sich hebt;
In tiefer Nacht, wenn auf dem schmalen Stege
    Der Wandrer bebt.
Ich höre dich, wenn dort mit dumpfem Rauschen
    Die Welle steigt;
Im stillen Haine geh ich oft zu lauschen,
    Wenn alles schweigt.
Ich bin bei dir, du seist auch noch so ferne,
    Du bist mir nah!
Die Sonne sinkt, bald leuchten mir die Sterne.
    O wärst du da!

MEERES STILLE

Tiefe Stille herrscht im Wasser,
Ohne Regung ruht das Meer,
Und bekümmert sieht der Schiffer
Glatte Fläche ringsumher.
Keine Luft von keiner Seite:
Todesstille fürchterlich:
In der ungeheuren Weite
Reget keine Welle sich.

GLÜCKLICHE FAHRT

Die Nebel zerreißen,
Der Himmel ist helle,
Und Äolus löset
Das ängstliche Band.
Es säuseln die Winde,
Es rührt sich der Schiffer.
Geschwinde! Geschwinde;
Es naht sich die Ferne,
Schon seh ich das Land!

ERINNERUNG

Willst du immer weiter schweifen?
Sieh, das Gute liegt so nah.
Lerne nur das Glück ergreifen,
Denn das Glück ist immer da.

FRÜHZEITIGER FRÜHLING

Tage der Wonne,
Kommt ihr so bald?
Schenkt mir die Sonne
Hügel und Wald?

Reichlicher fließen
Bächlein zumal.
Sind es die Wiesen?
Ist es das Tal?

Bläuliche Frische!
Himmel und Höh!
Goldene Fische
Wimmeln im See.

Buntes Gefieder
Rauschet im Hain,
Himmlische Lieder
Schallen darein.

Unter des Grünen
Blühender Kraft
Naschen die Bienen
Summend am Saft.

Leise Bewegung
Bebt in der Luft,
Reizende Regung,
Schläfernder Duft.

Mächtiger rühret
Bald sich ein Hauch,
Doch er verlieret
Gleich sich im Strauch.

Aber zum Busen
Kehrt er zurück:
Helfet, ihr Musen,
Tragen das Glück!

Saget, seit gestern
Wie mir geschah?
Liebliche Schwestern,
Liebchen ist da!

MÄRZ

Es ist ein Schnee gefallen,
Denn es ist noch nicht Zeit,
Daß von den Blümlein allen,
Daß von den Blümlein allen
Wir werden hocherfreut.

Der Sonnenblick betrüget
Mit mildem, falschem Schein,
Die Schwalbe selber lüget,
Die Schwalbe selber lüget,
Warum? Sie kommt allein!

Sollt ich mich einzeln freuen,
Wenn auch der Frühling nah?
Doch kommen wir zu zweien,
Doch kommen wir zu zweien,
Gleich ist der Sommer da.

MAI

Leichte Silberwolken schweben
Durch die erst erwärmten Lüfte,
Mild, von Schimmer sanft umgeben,
Blickt die Sonne durch die Düfte.
Leise wallt und drängt die Welle
Sich am reichen Ufer hin;
Und wie reingewaschen helle,
Schwankend hin und her und hin,
Spiegelt sich das junge Grün.

Still ist Luft und Lüftchen stille;
Was bewegt mir das Gezweige?
Schwüle Liebe dieser Fülle,
Von den Bäumen durchs Gesträuche.
Nun der Blick auf einmal helle,
Sieh! der Bübchen Flatterschar,
Das bewegt und regt so schnelle,
Wie der Morgen sie gebar,
Flügelhaft sich Paar und Paar.

Fangen an, das Dach zu flechten –
Wer bedürfte dieser Hütte? –
Und wie Zimmrer, die gerechten,
Bank und Tischchen in der Mitte!
Und so bin ich noch verwundert,
Sonne sinkt, ich fühl es kaum;
Und nun führen aberhundert
Mir das Liebchen in den Raum –
Tag und Abend, welch ein Traum!

WANDERLIED

Von dem Berge zu den Hügeln,
Niederab das Tal entlang,
Da erklingt es wie von Flügeln,
Da bewegt sich's wie Gesang;
Und dem unbedingten Triebe
Folget Freude, folget Rat;
Und dein Streben, sei's in Liebe,
Und dein Leben sei die Tat!

Denn die Bande sind zerrissen,
Das Vertrauen ist verletzt;
Kann ich sagen, kann ich wissen,
Welchem Zufall ausgesetzt
Ich nun scheiden, ich nun wandern,
Wie die Witwe trauervoll,
Statt dem einen, mit dem andern
Fort und fort mich wenden soll!

Bleibe nicht am Boden heften,
Frisch gewagt und frisch hinaus!
Kopf und Arm mit heitern Kräften,
Überall sind sie zu Haus;
Wo wir uns der Sonne freuen,
Sind wir jede Sorge los.
Daß wir uns in ihr zerstreuen,
Darum ist die Welt so groß.

Sorge

Kehre nicht in diesem Kreise
Neu und immer neu zurück!
Laß, o laß mir meine Weise,
Gönn, o gönne mir mein Glück!
Soll ich fliehen? Soll ich's fassen?
Nun, gezweifelt ist genug.
Willst du mich nicht glücklich lassen,
Sorge, nun so mach mich klug.

Eigentum

Ich weiß, daß mir nichts angehört
Als der Gedanke, der ungestört
Aus meiner Seele will fließen,
Und jeder günstige Augenblick,
Den mich ein liebendes Geschick
Von Grund aus läßt genießen.

Chinesisch-Deutsche Jahres- und Tageszeiten

Dämmrung senkte sich von oben,
Schon ist alle Nähe fern;
Doch zuerst emporgehoben
Holden Lichts der Abendstern!
Alles schwankt ins Ungewisse,
Nebel schleichen in die Höh,
Schwarzvertiefte Finsternisse
Widerspiegelnd ruht der See.

Nun am östlichen Bereiche
Ahn ich Mondenglanz und -glut,
Schlanker Weiden Haargezweige
Scherzen auf der nächsten Flut.
Durch bewegter Schatten Spiele
Zittert Lunas Zauberschein,
Und durchs Auge schleicht die Kühle
Sänftigend ins Herz hinein.

*

Nun weiß man erst, was Rosenknospe sei,
Jetzt, da die Rosenzeit vorbei;
Ein Spätling noch am Stocke glänzt
Und ganz allein die Blumenwelt ergänzt.

Die stille Freude wollt ihr stören?
Laßt mich bei meinem Becher Wein!
Mit andern kann man sich belehren,
Begeistert wird man nur allein.

Ungeduld

Immer wieder in die Weite,
Über Länder an das Meer,
Phantasieen in die Breite,
Schwebt am Ufer hin und her!
Neu ist immer die Erfahrung:
Immer ist dem Herzen bang,
Schmerzen sind der Jugend Nahrung,
Tränen seliger Lobgesang.

Sehnsucht

Dies wird die letzte Trän nicht sein,
Die glühend herzauf quillet,
Das mit unsäglich neuer Pein
Sich schmerzverzehrend stillet.

O laß doch immer hier und dort
Mich ewig Liebe fühlen;
Und möcht der Schmerz auch also fort
Durch Nerv und Adern wühlen!

Könnt ich doch ausgefüllt einmal
Von dir, o Ew'ger, werden –
Ach, diese lange, tiefe Qual,
Wie dauert die auf Erden!

Um Mitternacht

Um Mitternacht ging ich, nicht eben gerne,
Klein, kleiner Knabe, jenen Pfarrhof hin
Zu Vaters Haus, des Pfarrers; Stern am Sterne,
Sie leuchteten doch alle gar zu schön;
    Um Mitternacht.

Wenn ich dann ferner in des Lebens Weite
Zur Liebsten mußte, mußte, weil sie zog,
Gestirn und Nordschein über mir im Streite,
Ich gehend, kommend Seligkeiten sog;
    Um Mitternacht.

Bis dann zuletzt des vollen Mondes Helle
So klar und deutlich mir ins Finstre drang,
Auch der Gedanke willig, sinnig, schnelle
Sich ums Vergangne wie ums Künftige schlang,
    Um Mitternacht.

DEM AUFGEHENDEN VOLLMOND

Dornburg, 25. August 1828

Willst du mich sogleich verlassen?
Warst im Augenblick so nah!
Dich umfinstern Wolkenmassen
Und nun bist du gar nicht da.

Doch du fühlst, wie ich betrübt bin,
Blickt dein Rand herauf als Stern!
Zeugest mir, daß ich geliebt bin,
Sei das Liebchen noch so fern.

So hinan denn! hell und heller,
Reiner Bahn, in voller Pracht!
Schlägt mein Herz auch schmerzlich schneller,
Überselig ist die Nacht.

Dornburg, September 1828

Früh, wenn Tal, Gebirg und Garten
Nebelschleiern sich enthüllen
Und dem sehnlichsten Erwarten
Blumenkelche bunt sich füllen;

Wenn der Äther, Wolken tragend,
Mit dem klaren Tage streitet
Und ein Ostwind, sie verjagend,
Blaue Sonnenbahn bereitet;

Dankst du dann, am Blick dich weidend,
Reiner Brust der Großen, Holden,
Wird die Sonne rötlich scheidend,
Rings den Horizont vergolden.

ST. NEPOMUKS VORABEND

Lichtlein schwimmen auf dem Strome,
Kinder singen auf der Brücken,
Glocken, Glöckchen fügt vom Dome
Sich der Andacht, dem Entzücken.

Lichtlein schwinden, Sterne schwinden!
Also löste sich die Seele
Unsres Heilgen, nicht verkünden
Durft er anvertraute Fehle.

Lichtlein, schwimmet! spielt, ihr Kinder!
Kinderchor, o singe, singe!
Und verkündiget nicht minder,
Was den Stern zu Sternen bringe!

ZWISCHEN BEIDEN WELTEN

Einer Einzigen angehören,
Einen Einzigen verehren,
Wie vereint es Herz und Sinn!
Lida! Glück der nächsten Nähe,
William! Stern der schönsten Höhe,
Euch verdank ich, was ich bin.
Tag und Jahre sind verschwunden,
Und doch ruht auf jenen Stunden
Meines Wertes Vollgewinn.

FÜR EWIG

Denn was der Mensch in seinen Erdenschranken
Von hohem Glück mit Göttemamen nennt,
Die Harmonie der Treue, die kein Wanken,
Der Freundschaft, die nicht Zweifelsorge kennt,
Das Licht, das Weisen nur zu einsamen Gedanken,
Das Dichtern nur in schönen Bildern brennt,
Das hatt ich all in meinen besten Stunden
In ihr entdeckt und es für mich gefunden.

WELT – ANSCHAUUNG

Weite Welt und breites Leben,
Langer Jahre redlich Streben,
Stets geforscht und stets gegründet,
Nie geschlossen, oft gerundet,
Ältestes bewahrt mit Treue,
Freundlich aufgefaßtes Neue,
Heitern Sinn und reine Zwecke:
Nun, man kommt wohl eine Strecke.

PROŒMION

Im Namen dessen, der Sich selbst erschuf,
Von Ewigkeit in schaffendem Beruf;
In Seinem Namen, der den Glauben schafft,
Vertrauen, Liebe, Tätigkeit und Kraft;
In Jenes Namen, der, so oft genannt,
Dem Wesen nach blieb immer unbekannt:

So weit das Ohr, so weit das Auge reicht,
Du findest nur Bekanntes, das Ihm gleicht,
Und deines Geistes höchster Feuerflug
Hat schon am Gleichnis, hat am Bild genug;
Es zieht dich an, es reißt dich heiter fort,
Und wo du wandelst, schmückt sich Weg und Ort.
Du zählst nicht mehr, berechnest keine Zeit,
Und jeder Schritt ist Unermeßlichkeit.

*

Was wär ein Gott, der nur von außen stieße,
Im Kreis das All am Finger laufen ließe!
Ihm ziemt's, die Welt im Innern zu bewegen,
Natur in sich, sich in Natur zu hegen,
So daß, was in ihm lebt und webt und ist,
Nie seine Kraft, nie seinen Geist vermißt.

*

Im Innern ist ein Universum auch,
Daher der Völker löblicher Gebrauch,
Daß jeglicher das Beste, was er kennt,
Er Gott, ja, seinen Gott benennt,
Ihm Himmel und Erden übergibt,
Ihn fürchtet und wo möglich liebt.

WEISSAGUNGEN DES BAKIS

Nicht Zukünftiges nur verkündet Bakis, auch jetzt noch
   Still Verborgenes zeigt er als ein Kundiger an.
Wünschelruten sind hier: sie zeigen am Stamm nicht die Schätze;
   Nur in der fühlenden Hand regt sich das magische Reis.

*

Mauern seh ich gestürzt, und Mauern seh ich errichtet,
   Hier Gefangne, dort auch der Gefangenen viel.
Ist vielleicht nur die Welt ein großer Kerker? und frei ist
   Wohl der Tolle, der sich Ketten zu Kränzen erkiest.

*

Mächtig bist du! gebildet zugleich, und alles verneigt sich,
   Wenn du mit herrlichem Zug über den Markt dich bewegst.
Endlich ist er vorüber. Da lispelt fragend ein jeder:
   War die Gerechtigkeit denn auch in der Tugenden Zug?

*

Auch Vergangnes zeigt euch Bakis, denn selbst das Vergangne
   Ruht, verblendete Welt, oft als ein Rätsel vor dir.
Wer das Vergangne kennte, der wüßte das Künftige; beides
   Schließt an heute sich rein, als ein Vollendetes, an.

*

Hast du die Welle gesehn, die über das Ufer einherschlug?
   Siehe die zweite, sie kommt! rollt sich sprühend schon aus.
Gleich erhebt sich die dritte! Fürwahr, du erwartest vergebens,
   Daß die letzte sich heut ruhig zu Füßen dir legt.

*

Was erschrickst du? – „Hinweg, hinweg mit diesen Gespenstern!
   Zeige die Blume mir doch, zeig mir ein Menschengesicht!
Ja, nun seh ich die Blumen, ich sehe die Menschengesichter." –
   Aber ich sehe dich nun selbst als betrognes Gespenst.

*

Einer rollet daher, es stehen ruhig die Neune:
   Nach vollendetem Lauf liegen die Viere gestreckt.
Helden finden es schön, gewaltsam treffend zu wirken;
   Denn es vermag nur ein Gott, Kegel und Kugel zu sein.

*

Sprich, wie werd ich die Sperlinge los? so sagte der Gärtner,
   Und die Raupen dazu, ferner das Käfergeschlecht,
Maulwurf, Erdfloh, Wespe, die Würmer, das Teufelsgezüchte? –
   Laß sie nur alle, so frißt einer den anderen auf.

*

Klingeln hör ich, es sind die lustigen Schlittengeläute.
   Wie sich die Torheit doch selbst in der Kälte noch rührt!
„Klingeln hörst du? Mich däucht, es ist die eigene Kappe,
   Die sich am Ofen dir leis um die Ohren bewegt."

*

Ein beweglicher Körper erfreut mich, ewig gewendet
   Erst nach Norden und dann ernst nach der Tiefe hinab.
Doch ein andrer gefällt mir nicht so, er gehorchet den Winden,
   Und sein ganzes Talent löst sich in Bücklingen auf.

VIER JAHRESZEITEN

Das ist die wahre Liebe, die immer und immer sich gleich bleibt,
Wenn man ihr alles gewährt, wenn man ihr alles versagt.

*

Leben muß man und lieben, es endet Leben und Liebe.
Schnittest du, Parze, doch nur beiden die Fäden zugleich.

*

Kennst du das herrliche Gift der unbefriedigten Liebe?
Es versengt und erquickt, zehret am Mark und erneut's.

*

Kennst du die herrliche Wirkung der endlich befriedigten Liebe?
Körper verbindet sie schön, wenn sie die Geister befreit.

*

Freunde, treibet nur alles mit Ernst und Liebe, die beiden
Stehen dem Deutschen so schön, den, ach! so vieles entstellt.

*

Immer strebe zum Ganzen, und kannst du selber kein Ganzes
Werden, als dienendes Glied schließ an ein Ganzes dich an.

*

Selbst erfinden ist schön, doch glücklich von andern Gefundnes
Fröhlich erkannt und geschätzt, nennst du das weniger dein?

*

Halte das Bild der Würdigen fest! Wie leuchtende Sterne
Teilte sie aus die Natur durch den unendlichen Raum.

*

Wer ist der glücklichste Mensch? Der fremdes Verdienst zu empfinden
Weiß und an fremdem Genuß sich wie an eignem zu freun.

*

Wem zu glauben ist, redlicher Freund, das kann ich dir sagen:
Glaube dem Leben, es lehrt besser als Redner und Buch.

*

Schädliche Wahrheit, ich ziehe sie vor dem nützlichen Irrtum.
Wahrheit heilet den Schmerz, den sie vielleicht uns erregt.

*

Irrtum verläßt uns nie; doch ziehet ein höher Bedürfnis
Immer den strebenden Geist leise zur Wahrheit hinan.

*

Gleich sei keiner dem andern, doch gleich sei jeder dem Höchsten.
Wie das zu machen? Es sei jeder vollendet in sich.

*

Fortzupflanzen die Welt sind alle vernünftigen Diskurse
Unvermögend; durch sie kommt auch kein Kunstwerk hervor.

*

Welchen Leser ich wünsche? Den unbefangensten, der mich,
Sich und die Welt vergißt und in dem Buche nur lebt.

Der ist mir der Freund, der mit mir Strebenden wandelt;
Lädt er zum Sitzen mich ein, stehl ich für heute mich weg.

*

Preise dem Kinde die Puppen, wofür es begierig die Groschen
Hinwirft, wahrlich, du wirst Krämern und Kindern ein Gott.

*

Was in Frankreich vorbei ist, das spielen Deutsche noch immer,
Denn der stolzeste Mann schmeichelt dem Pöbel und kriecht.

*

„Pöbel, wagst du zu sagen! wo ist Pöbel?" Ihr machtet,
Ging es nach eurem Sinn, gerne die Völker dazu.

*

„Jene machen Partei, welch unerlaubtes Beginnen!
Aber unsre Partei, freilich, versteht sich von selbst."

*

Wer ist der edlere Mann in jedem Stande? Der stets sich
Neiget zum Gleichgewicht, was er auch habe voraus.

*

Was ist heilig? Das ist's, was viele Seelen zusammen
Bindet, bänd es auch nur leicht, wie die Binse den Kranz.

*

Was ist das Heiligste? Das, was heut und ewig die Geister,
Tiefer und tiefer gefühlt, immer nur einiger macht.

*

Fehlet die Einsicht von oben, der gute Wille von unten,
Führt sogleich die Gewalt, oder sie endet den Streit.

*

Republiken hab ich gesehn, und das ist die beste,
Die dem regierenden Teil Lasten, nicht Vorteil, gewährt.

*

Bald, es kenne nur jeder den eigenen, gönne dem andern
Seinen Vorteil, so ist ewiger Friede gemacht.

*

Keiner bescheidet sich gern mit dem Teile, der ihm gebühret,
Und so habt ihr den Stoff immer und ewig zum Krieg.

*

Zweierlei Arten gibt es, die treffende Wahrheit zu sagen:
Öffentlich immer dem Volk, immer dem Fürsten geheim.

*

Nur die Fläche bestimmt die kreisenden Bahnen des Lebens;
Ist sie glatt, so vergißt jeder die nahe Gefahr.

*

Fallen ist der Sterblichen Los. So fällt hier der Schüler,
Wie der Meister, doch stürzt dieser gefährlicher hin.

*

Stürzt der rüstigste Läufer der Bahn, so lacht man am Ufer,
Wie man bei Bier und Tabak über Besiegte sich hebt.

Dieses Geschlecht ist hinweg, zerstreut die bunte Gesellschaft;
Schiffern und Fischern gehört wieder die wallende Flut.

*

Schwimme, du mächtige Scholle, nur hin! und kommst du als Scholle
Nicht hinunter, so kommst doch wohl als Tropfen ins Meer.

AUS DEN XENIEN

DER TELEOLOG
Welche Verehrung verdient der Weltenschöpfer, der gnädig,
   Als er den Korkbaum schuf, gleich auch die Stöpsel erfand!

NEUESTE SCHULE
Ehmals hatte man einen Geschmack. Nun gibt es Geschmäcke,
   Aber sagt mir, wo sitzt dieser Geschmäcke Geschmack?

GOLDENES ZEITALTER
Ob die Menschen im Ganzen sich bessern? Ich glaub es, denn einzeln,
   Suche man, wie man auch will, sieht man doch gar nichts davon.

DEUTSCHER NATIONALCHARAKTER
Zur *Nation* euch zu bilden, ihr hofft es, Deutsche vergebens;
   Bildet, ihr könnt es, dafür freier zu Menschen euch aus.

VERNÜNFTIGE BETRACHTUNG
Warum plagen wir einer den andern? Das Leben zerrinnet,
   Und es versammelt uns nur e i n m a l wie heute die Zeit.

DIE MÖGLICHKEIT
Liegt der Irrtum nur erst, wie ein Grundstein, unten im Boden,
   Immer baut man darauf, nimmermehr kommt er an Tag.

WIEDERHOLUNG
Hundertmal werd ich's euch sagen und tausendmal:
                              [Irrtum ist Irrtum!
   Ob ihn der größte Mann, ob ihn der kleinste beging.

DIE WEIDTASCHE
Reget sich was, gleich schießt der Jäger, ihm scheinet die Schöpfung,
   Wie lebendig sie ist, nur für den Schnappsack gemacht.

DAS MOTTO
Wahrheit sag ich euch, Wahrheit und immer Wahrheit,
                               [versteht sich:
   Meine Wahrheit; denn sonst ist mir auch keine bekannt.

VERSCHIEDENE DRESSUREN
Aristokratische Hunde, sie knurren auf Bettler,
   Ein echter demokratischer Spitz klafft nach dem seidenen Strumpf.

DER PATRIOT
Daß Verfassung sich überall bilde: Wie sehr ist's zu wünschen,
   Aber ihr Schwätzer verhelft uns zu Verfassungen nicht!

DIE HAUPTSACHE
Jedem Besitzer das Seine! und jedem Regierer den Rechtsinn,
   Das ist zu wünschen, doch ihr, beides verschafft ihr uns nicht!

EINS UND ALLES

Im Grenzenlosen sich zu finden,
Wird gern der einzelne verschwinden,
Da löst sich aller Überdruß;
Statt heißem Wünschen, wildem Wollen,
Statt lästgem Fordern, strengem Sollen,
Sich aufzugeben, ist Genuß.

Weltseele, komm, uns zu durchdringen!
Dann mit dem Weltgeist selbst zu ringen,
Wird unsrer Kräfte Hochberuf.
Teilnehmend führen gute Geister,
Gelinde leitend, höchste Meister,
Zu dem, der alles schafft und schuf.

Und umzuschaffen das Geschaffne,
Damit sich's nicht zum Starren waffne,
Wirkt ewiges, lebendges Tun.
Und was nicht war, nun will es werden
Zu reinen Sonnen, farbgen Erden;
In keinem Falle darf es ruhn.

Es soll sich regen, schaffend handeln,
Erst sich gestalten, dann verwandeln,
Nur scheinbar steht's Momente still.
Das Ewge regt sich fort in allem,
Denn alles muß in Nichts zerfallen,
Wenn es im Sein beharren will.

DAUER IM WECHSEL

Hielte diesen frühen Segen,
Ach, nur eine Stunde fest!
Aber vollen Blütenregen
Schüttelt schon der blaue West.
Soll ich mich des Grünen freuen,
Dem ich Schatten erst verdankt?
Bald wird Sturm auch das zerstreuen,
Wenn es falb im Herbst geschwankt.

Willst du nach den Früchten greifen,
Eilig nimm dein Teil davon!
Diese fangen an zu reifen,
Und die andern keimen schon;
Gleich, mit jedem Regengusse,
Ändert sich dein holdes Tal,
Ach, und in demselben Flusse
Schwimmst du nicht zum zweitenmal.

Du nun selbst! Was felsenfeste
Sich vor dir hervorgetan,
Mauern siehst du, siehst Paläste
Stets mit andern Augen an.
Weggeschwunden ist die Lippe,
Die im Kusse sonst genas,
Jener Fuß, der an der Klippe
Sich mit Gemsenfreche maß.

Jene Hand, die gern und milde
Sich bewegte, wohlzutun,
Das gegliederte Gebilde,
Alles ist ein andres nun.
Und was sich an jener Stelle,
Nun mit deinem Namen nennt,
Kam herbei wie eine Welle,
Und so eilt's zum Element.

Laß den Anfang mit dem Ende
Sich in Eins zusammenziehn!
Schneller als die Gegenstände
Selber dich vorüberfliehn!
Danke, daß die Gunst der Musen
Unvergängliches verheißt:
Den Gehalt in deinem Busen
Und die Form in deinem Geist.

SYMBOLUM

Des Maurers Wandeln,
Es gleicht dem Leben,
Und sein Bestreben,
Es gleicht dem Handeln
Der Menschen auf Erden.
Die Zukunft decket
Schmerzen und Glücke.
Schrittweis dem Blicke,
Doch ungeschrecket
Dringen wir vorwärts.
Und schwer und ferne
Hängt eine Hülle
Mit Ehrfurcht. Stille
Ruhn oben die Sterne
Und unten die Gräber.
Betracht sie genauer!
Und siehe, so melden
Im Busen der Helden
Sich wandelnde Schauer
Und ernste Gefühle.
Doch rufen von drüben
Die Stimmen der Geister,
Die Stimmen der Meister:
Versäumt nicht, zu üben
Die Kräfte des Guten!
Hier flechten sich Kronen
In ewiger Stille,
Die sollen mit Fülle
Die Tätigen lohnen!
Wir heißen euch hoffen.

TRAUERLOGE

In dem öden Strand des Lebens,
Wo sich Dün auf Düne häuft,
Wo der Sturm im Finstern träuft,

Setze dir ein Ziel des Strebens.
Unter schon verloschnen Siegeln
Tausend Väter hingestreckt,
Ach, von neuen, frischen Hügeln
Freund an Freunden überdeckt.
Hast du so dich abgefunden,
Werde Nacht und Äther klar,
Und der ewgen Sterne Schar
Deute dir belebte Stunden,
Wo du hier mit Ungetrübten,
Treulich wirkend, gern verweilst
Und auch treulich den geliebten
Ewigen entgegeneilst.

ZUR LOGENFEIER

Lasset fahren hin das Allzuflüchtige!
Ihr sucht bei ihm vergebens Rat;
In dem Vergangnen lebt das Tüchtige,
Verewigt sich in schöner Tat.

Und so gewinnt sich das Lebendige
Durch Folg aus Folge neue Kraft;
Denn die Gesinnung, die Beständige,
Sie macht allein den Menschen dauerhaft.

So löst sich jene große Frage
Nach unserm zweiten Vaterland;
Denn das Beständige der irdschen Tage
Verbürgt uns ewigen Bestand.

NATUR UND KUNST

Natur und Kunst, sie scheinen sich zu fliehen,
Und haben sich, eh man es denkt, gefunden;
Der Widerwille ist auch mir verschwunden,
Und beide scheinen gleich mich anzuziehen.

Es gilt wohl nur ein redliches Bemühen!
Und wenn wir erst in abgemeßnen Stunden
Mit Geist und Fleiß uns an die Kunst gebunden,
Mag frei Natur im Herzen wieder glühen.

So ist's mit aller Bildung auch beschaffen:
Vergebens werden ungebundne Geister
Nach der Vollendung reiner Höhe streben.

Wer Großes will, muß sich zusammenraffen;
In der Beschränkung zeigt sich erst der Meister,
Und das Gesetz nur kann uns Freiheit geben.

PARABASE

Freudig war vor vielen Jahren
Eifrig so der Geist bestrebt,
Zu erforschen, zu erfahren,
Wie Natur im Schaffen lebt.

Und es ist das ewig Eine,
Das sich vielfach offenbart;
Klein das Große, groß das Kleine,
Alles nach der eignen Art.
Immer wechselnd, fest sich haltend,
Nah und fern und fern und nah;
So gestaltend, umgestaltend –
Zum Erstaunen bin ich da.

EPIRRHEMA

Müsset im Naturbetrachten
Immer eins wie alles achten;
Nichts ist drinnen, nichts ist draußen;
Denn was innen, das ist außen.
so ergreifet ohne Säumnis
Heilig öffentlich Geheimnis.

*

Freut euch des wahren Scheins,
Euch des ernsten Spieles:
Kein Lebendges ist ein Eins,
Immer ist's ein Vieles.

ANTEPIRRHEMA

So schauet mit bescheidnem Blick
Der ewigen Weberin Meisterstück,
Wie e i n Tritt tausend Fäden regt,
Die Schifflein hinüber herüber schießen,
Die Fäden sich begegnend fließen,
E i n Schlag tausend Verbindungen schlägt;
Das hat sie nicht zusammengebettelt,
Sie hat's von Ewigkeit angezettelt,
Damit der ewige Meistermann
Getrost den Einschlag werfen kann.

WOLKENFORMEN

STRATUS
Wenn von dem stillen Wasserspiegel-Plan
Ein Nebel hebt den flachen Teppich an,
Der Mond, dem Wallen des Erscheins vereint,
Als Gespenst Gespenster bildend scheint,
Dann sind wir alle, das gestehn wir nur,
Erquickt', erfreute Kinder, o Natur!

Dann hebt sich's wohl am Berge, sammelnd breit
An Streife Streifen, so umdüstert's weit
Die Mittelhöhe, beidem gleich geneigt,
Ob's fallend wässert oder luftig steigt.

CUMULUS
Und wenn darauf zu höhrer Atmosphäre
Der tüchtige Gehalt berufen wäre,

Steht Wolke hoch, zum Herrlichsten geballt,
Verkündet, festgebildet, Machtgewalt,
Und, was ihr fürchtet und auch wohl erlebt,
Wie's oben drohet, so es unten bebt.

CIRRUS
Doch immer höher steigt der edle Drang!
Erlösung ist ein himmlisch leichter Zwang.
Ein Aufgehäuftes, flockig löst sich's auf,
Wie Schäflein trippelnd, leicht gekämmt zu Hauf.
So fließt zuletzt, was unten leicht entstand,
Dem Vater oben still in Schoß und Hand.

NIMBUS
Nun läßt auch niederwärts, durch Erdgewalt
Herabgezogen, was sich hoch geballt,
In Donnerwettern wütend sich ergehn,
Heerscharen gleich entrollen und verwehn! –

Der Erde tätig-leidendes Geschick! –
Doch mit dem Bilde hebet euren Blick:
Die Rede geht herab, denn sie beschreibt,
Der Geist will aufwärts, wo er ewig bleibt.

SCHWEBENDER GENIUS

über der Erdkugel
mit der einen Hand nach unten, mit der andern nach oben deutend

Zwischen oben, zwischen unten
Schweb ich hin zu muntrer Schau;
Ich ergötze mich am Bunten,
Ich erquicke mich im Blau.

*

Und wenn mich am Tag die Ferne
Blauer Berge sehnlich zieht,
Nachts das Übermaß der Sterne
Prächtig mir zu Häupten glüht.

Alle Tag und alle Nächte
Rühm ich so des Menschen Los;
Denkt er ewig sich ins Rechte,
Ist er ewig schön und groß.

WÄCHTERLIED

des Türmers Lynkeus aus Faust II

Zum Sehen geboren,
Zum Schauen bestellt,
Dem Turme geschworen,
Gefällt mir die Welt.
Ich blick in die Ferne,
Ich seh in der Näh
Den Mond und die Sterne,
Den Wald und das Reh.
So seh ich in allen

Die ewige Zier,
Und wie mir's gefallen,
Gefall ich auch mir.
Ihr glücklichen Augen,

Was je ihr gesehn,
Es sei, wie es wolle,
Es war doch so schön!

GESELLIGES – KÜNSTLERLEBEN

TISCHLIED

Mich ergreift, ich weiß nicht wie,
Himmlisches Behagen.
Will mich's etwa gar hinauf
Zu den Sternen tragen?
Doch ich bleibe lieber hier,
Kann ich redlich sagen,
Beim Gesang und Glase Wein
Auf den Tisch zu schlagen.

Wundert euch, ihr Freunde, nicht,
Wie ich mich gebärde;
Wirklich ist es allerliebst
Auf der lieben Erde;
Darum schwör ich feierlich
Und ohn alle Fährde,
Daß ich mich nicht freventlich
Wegbegeben werde.

Da wir aber allzumal
So beisammen weilen,
Dächt ich, klänge der Pokal
Zu des Dichters Zeilen.
Gute Freunde ziehen fort,
Wohl ein hundert Meilen,
Darum soll man hier am Ort
Anzustoßen eilen.

Lebe hoch, wer Leben schafft!
Das ist meine Lehre.
Unser König denn voran,
Ihm gebührt die Ehre.
Gegen inn- und äußern Feind
Setzt er sich zur Wehre;
Uns Erhalten denkt er zwar,
Mehr noch, wie er mehre.

Nun begrüß ich sie sogleich,
Sie, die einzig Eine.
Jeder denke ritterlich
Sich dabei das Seine.
Merket auch ein schönes Kind,
Wen ich eben meine,
Nun, so nicke sie mir zu:
Leb auch so der Meine!

Freunden gilt das dritte Glas,
Zweien oder dreien,
Die mit uns am guten Tag
Sich im stillen freuen
Und der Nebel trübe Nacht
Leis und leicht zerstreuen;
Diesen sei ein Hoch gebracht,
Alten oder neuen.

Breiter wallet nun der Strom,
Mit vermehrten Wellen.
Leben jetzt im hohen Ton
Redliche Gesellen!
Die sich mit gedrängter Kraft
Brav zusammenstellen
In des Glückes Sonnenschein
Und in schlimmen Fällen!

Wie wir nun zusammen sind,
Sind zusammen viele.
Wohl gelingen denn, wie uns,
Andern ihre Spiele!
Von der Quelle bis ans Meer
Mahlet manche Mühle,
Und das Wohl der ganzen Welt
Ist's, worauf ich ziele.

GEWOHNT, GETAN

Ich habe geliebet, nun lieb ich erst recht!
Erst war ich der Diener, nun bin ich der Knecht.
Erst war ich der Diener von allen;
Nun fesselt mich diese scharmante Person.
Sie tut mir auch alles zur Liebe, zum Lohn,
Sie kann nur allein mir gefallen.

Ich habe geglaubet, nun glaub ich erst recht!
Und geht es auch wunderlich, geht es auch schlecht,
Ich bleibe beim gläubigen Orden:
So düster es oft und so dunkel es war
In drängenden Nöten, in naher Gefahr,
Auf einmal ist's lichter geworden.

Ich habe gespeiset, nun speis ich erst gut!
Bei heiterem Sinne, mit fröhlichem Blut
Ist alles an Tafel vergessen.
Die Jugend verschlingt nur, dann sauset sie fort;
Ich liebe zu tafeln am lustigen Ort,
Ich kost und ich schmecke beim Essen.

Ich habe getrunken, nun trink ich erst gern!
Der Wein, er erhöht uns, er macht uns zum Herrn
Und löset die sklavischen Zungen.
Ja, schonet nur nicht das erquickende Naß!
Denn schwindet der älteste Wein aus dem Faß,
So altern dagegen die jungen.

Ich gabe getanzt und dem Tanze gelobt!
Und wird auch kein Schleifer, kein Walzer getobt,
So drehn wir ein sittliches Tänzchen.
Und wer sich der Blumen recht viele verflicht,
Und hält auch die ein und die andere nicht,
Ihm bleibet ein munteres Kränzchen.

Drum frisch nur aufs neue! Bedenke dich nicht!
Denn wer sich die Rosen, die blühenden, bricht,
Den kitzeln fürwahr nur die Dornen.
So heute wie gestern, es flimmert der Stern;
Nur halte von hängenden Köpfen dich fern
Und lebe dir immer von vornen.

GENERALBEICHTE

Lasset heut im edeln Kreis
Meine Warnung gelten!
Nehmt die ernste Stimmung wahr,
Denn sie kommt so selten.
Manches habt ihr vorgenommen,
Manches ist euch schlecht bekommen,
Und ich muß euch schelten.

Reue soll man doch einmal
In der Welt empfinden!
So bekennt, vertraut und fromm,
Eure größten Sünden!
Aus des Irrtums falschen Weiten
Sammelt euch und sucht beizeiten
Euch zurechtzufinden.

Ja, wir haben, sei's bekannt,
Wachend oft geträumet,
Nicht geleert das frische Glas,
Wenn der Wein geschäumet;
Manche rasche Schäferstunde,
Flüchtgen Kuß vom lieben Munde
Haben wir versäumet.

Still und maulfaul saßen wir,
Wenn Philister schwätzten,
Über göttlichen Gesang
Ihr Geklatsche schätzten,
Wegen glücklicher Momente,
Deren man sich rühmen könnte,
Uns zur Rede setzten.

Willst du Absolution
Deinen Treuen geben,
Wollen wir nach deinem Wink
Unabläßlich streben,
Uns vom Halben zu entwöhnen
Und im Ganzen, Guten, Schönen
Resolut zu leben,

Den Philistern allzumal
Wohlgemut zu schnippen,
Jenen Perlenschaum des Weins
Nicht nur flach zu nippen,
Nicht zu liebeln leis mit Augen,
Sondern fest uns anzusaugen
An geliebte Lippen.

VANITAS! VANITATUM VANITAS!

Ich hab mein Sach auf Nichts gestellt.
    Juchhe!
Drum ist's so wohl mir in der Welt.
    Juchhe!
Und wer will mein Kamerade sein,
Der stoße mit an, der stimme mit ein
Bei dieser Neige Wein.

Ich stellt mein Sach auf Geld und Gut.
    Juchhe!
Darüber verlor ich Freud und Mut.
    O weh!
Die Münze rollte hier und dort,
Und hascht ich sie an einem Ort,
Am andern war sie fort.

Auf Weiber stellt ich nun mein Sach.
    Juchhe!
Daher mir kam viel Ungemach.
    O weh!
Die Falsche sucht' sich ein ander Teil,
Die Treue macht mir Langeweil,
Die Beste war nicht feil.

Ich stell mein Sach auf Reis' und Fahrt.
    Juchhe!
Und ließ meine Vaterlandesart.
    O weh!
Und mir behagt es nirgends recht,
Die Kost war fremd, das Bett war schlecht,
Niemand verstand mich recht.

Ich stellt mein Sach auf Ruhm und Ehr.
    Juchhe!
Und sieh! gleich hatt ich andrer mehr.
    O weh!
Wie ich mich hatt hervorgetan,
Da sahen die Leute scheel mich an,
Hatte keinem recht getan.

Ich setzt mein Sach auf Kampf und Krieg.
    Juchhe!
Und uns gelang so mancher Sieg.
    Juchhe!
Wir zogen in Feindes Land hinein,
Dem Freunde sollt's nicht viel besser sein,
Und ich verlor ein Bein.

Nun hab ich mein Sach auf Nichts gestellt.
    Juchhe!
Und mein gehört die ganze Welt.
    Juchhe!
Zu Ende geht nun Sang und Schmaus.
Nur trinkt mir alle Neigen aus;
Die letzte muß heraus!

ERGO BIBAMUS!

Hier sind wir versammelt zu löblichem Tun,
    Drum, Brüderchen, Ergo bibamus!
Die Gläser sie klingen, Gespräche sie ruhn,
    Beherziget Ergo bibamus!
Das heißt noch ein altes, ein tüchtiges Wort,
Es passet zum ersten und passet so fort,
Und schallet ein Echo vom festlichen Ort,
    Ein herrliches Ergo bibamus!

Ich hatte mein freundliches Liebchen gesehn,
    Da dacht ich mir: Ergo bibamus!
Und nahte mich traulich, da ließ sie mich stehn,
    Ich half mir und dachte: Bibamus!
Und wenn sie versöhnet euch herzet und küßt,
Und wenn ihr das Herzen und Küssen vermißt,
So bleibet nur, bis ihr was Besseres wißt,
    Beim tröstlichen Ergo bibamus!

Mich ruft das Geschick von den Freunden hinweg:
    Ihr Redlichen! Ergo bibamus!
Ich scheide von hinnen mit leichtem Gepäck,
    Drum doppeltes Ergo bibamus!
Und was auch der Filz von dem Leibe sich schmorgt,
So bleibt für den Heitren doch immer gesorgt,
Weil immer dem Frohen der Fröhliche borgt:
    Nun, Brüderchen, Ergo bibamus!

Was sollen wir sagen zum heutigen Tag?
    Ich dächte nur: Ergo bibamus!
Er ist nun einmal von besonderem Schlag,
    Drum immer aufs neue: Bibamus!
Er führet die Freude durchs offene Tor,
Es glänzen die Wolken, es teilt sich der Flor,
Da leuchtet ein Bildchen, ein göttliches, vor!
    Wir klingen und singen: Bibamus!

BUNDESLIED

In allen guten Stunden,
Erhöht von Lieb und Wein,
Soll dieses Lied verbunden
Von uns gesungen sein!
Uns hält der Gott zusammen,
Der uns hierher gebracht,
Erneuert unsre Flammen,
Er hat sie angefacht.

So glühet fröhlich heute,
Seid recht von Herzen eins!
Auf, trinkt erneuter Freude
Dies Glas des echten Weins!
Auf, in der holden Stunde
Stoßt an und küsset treu
Bei jedem neuen Bunde
Die alten wieder neu!

Wer lebt in unserm Kreise,
Und lebt nicht selig drin?
Genießt die freie Weise
Und treuen Brudersinn!
So bleibt durch alle Zeiten
Herz Herzen zugekehrt;
Von keinen Kleinigkeiten
Wird unser Bund gestört.

Uns hat ein Gott gesegnet
Mit freiem Lebensblick,
Und alles, was begegnet,
Erneuert unser Glück.
Durch Grillen nicht gedränget,
Verknickt sich keine Lust;
Durch Zieren nicht geenget,
Schlägt freier unsre Brust.

EPIPHANIAS

Die heilgen drei König mit ihrem Stern,
Sie essen, sie trinken und bezahlen nicht gern;
Sie essen gern, sie trinken gern,
Sie essen, trinken und bezahlen nicht gern.

Die heilgen drei König sind kommen allhier,
Es sind ihrer drei und sind nicht ihrer vier;
Und wenn zu dreien der vierte wär,
So wär ein heilger drei König mehr.

Ich erster bin der weiß' und auch der schön',
Bei Tage sollt ihr erst mich sehn!
Doch ach, mit allen Spezerein
Werd ich sein Tag kein Mädchen mir erfrein.

Ich aber bin der braun' und bin der lang',
Bekannt bei Weibern wohl und bei Gesang.
Ich bringe Gold statt Spezerein,
Da werd ich überall willkommen sein.

Ich endlich bin der schwarz' und bin der klein'
Und mag auch wohl einmal recht lustig sein.
Ich esse gern, ich trinke gern,
Ich esse, trinke und bedanke mich gern.

Die heilgen drei König sind wohlgesinnt,
Sie suchen die Mutter und das Kind;
Der Joseph fromm sitzt auch dabei,
Der Ochs und Esel liegen auf der Streu.

Wir bringen Myrrhen, wir bringen Gold,
Dem Weihrauch sind die Damen hold;
Und haben wir Wein von gutem Gewächs,
So trinken wir drei so gut als ihrer sechs.

Da wir nun hier schöne Herrn und Fraun,
Aber keine Ochsen und Esel schaun,
So sind wir nicht am rechten Ort
Und ziehen unsers Weges weiter fort.

DER MUSENSOHN

Durch Feld und Wald zu schweifen,
Mein Liedchen wegzupfeifen,
So geht's von Ort zu Ort!
Und nach dem Takte reget,
Und nach dem Maß beweget
Sich alles an mir fort.

Ich kann sie kaum erwarten,
Die erste Blum im Garten,
Die erste Blüt am Baum.
Sie grüßen meine Lieder,
Und kommt der Winter wieder,
Sing ich noch jenen Traum.

Ich sing ihn in der Weite,
Auf Eises Läng und Breite,
Da blüht der Winter schön!
Auch diese Blüte schwindet,
Und neue Freude findet
Sich auf bebauten Höhn.

Denn wie ich bei der Linde
Das junge Völkchen finde,
Sogleich erreg ich sie.
Der stumpfe Bursche bläht sich,
Das steife Mädchen dreht sich
Nach meiner Melodie.

Ihr gebt den Sohlen Flügel
Und treibt durch Tal und Hügel
Den Liebling weit von Haus.
Ihr lieben holden Musen,
Wann ruh ich ihr am Busen
Auch endlich wieder aus?

FRECH UND FROH

Mit Mädchen sich vertragen,
Mit Männern 'rumgeschlagen,
Und mehr Kredit als Geld:
So kommt man durch die Welt.

Mit vielem läßt sich schmausen,
Mit wenig läßt sich hausen;
Daß wenig vieles sei,
Schafft nur die Luft herbei!

Will sie sich nicht bequemen,
So müßt ihr's eben nehmen;
Will einer nicht von Ort,
So jagt ihn grade fort.

Laßt alle nur mißgönnen,
Was sie nicht nehmen können,
Und seid von Herzen froh:
Das ist das A und O.

So fahret fort zu dichten,
Euch nach der Welt zu richten;
Bedenkt nicht Wohl und Weh,
Dies goldne ABC.

KÜNSTLERLIED

Zu erfinden, zu beschließen,
Bleibe, Künstler, oft allein!
Deines Wirkens zu genießen,
Eile freudig zum Verein!
Dort im Ganzen schau, erfahre
Deinen eignen Lebenslauf
Und die Taten mancher Jahre
Gehn dir in dem Nachbar auf.

Der Gedanke, das Entwerfen,
Die Gestalten, ihr Bezug,
Eines wird das andre schärfen,
Und am Ende sei's genug!
Wohl erfunden, klug ersonnen,
Schön gebildet, zart vollbracht,
So von jeher hat gewonnen
K ü n s t l e r kunstreich deine M a c h t.

Wie Natur im Vielgebilde
Einen Gott nur offenbart,
So im weiten Kunstgefilde
Webt ein Sinn der ewgen Art;
Dieses ist der Sinn der Wahrheit,
Der sich nur mit Schönem schmückt
Und getrost der höchsten Klarheit
Hellsten Tags entgegenblickt.

Wie beherzt in Reim und Prose
Redner, Dichter sich ergehn,
Soll des Lebens heitre Rose
Frisch auf Malertafel stehn,
Mit Geschwistern reich umgeben,
Mit des Herbstes Frucht umlegt,
Daß sie von geheimem Leben
Offenbaren Sinn erregt.

Tausendfach und schön entfließe
Form aus Formen deiner Hand,
Und im Menschenbild genieße,
Daß ein Gott sich hergewandt.
Welch ein Werkzeug ihr gebrauchet,
Stellet euch als Brüder dar:
Und gesangweis flammt und rauchet
Opfersäule vom Altar.

AMOR ALS LANDSCHAFTSMALER

Saß ich früh auf einer Felsenspitze,
Sah mit starren Augen in den Nebel,
Wie ein grau grundiertes Tuch gespannet,
Deckt er alles in die Breit und Höhe.

Stellt ein Knabe sich mir an die Seite,
Sagte: Lieber Freund, wie magst du starrend
Auf das leere Tuch gelassen schauen?
Hast du denn zum Malen und zum Bilden
Alle Lust auf ewig wohl verloren?

Sah ich an das Kind und dachte heimlich:
Will das Bübchen doch den Meister machen!

Willst du immer trüb und müßig bleiben,
Sprach der Knabe, kann nichts Kluges werden;
Sieh, ich will dir gleich ein Bildchen malen,
Dich ein hübsches Bildchen malen lehren.

Und er richtete den Zeigefinger,
Der so rötlich war wie eine Rose,
Nach dem weiten ausgespannten Teppich,
Fing mit seinem Finger an zu zeichnen:

Oben malt er eine schöne Sonne,
Die mir in die Augen mächtig glänzte,
Und den Saum der Wolken macht er golden,
Ließ die Strahlen durch die Wolken dringen;
Malte dann die zarten leichten Wipfel
Frisch erquickter Bäume, zog die Hügel,
Einen nach dem andern, frei dahinter;
Unten ließ er's nicht an Wasser fehlen,
Zeichnete den Fluß so ganz natürlich,
Daß er schien im Sonnenschein zu glitzern,
Daß er schien am hohen Rand zu rauschen.

Ach, da standen Blumen an dem Flusse,
Und da waren Farben auf der Wiese,
Gold und Schmelz und Purpur und ein Grünes,
Alles wie Smaragd und wie Karfunkel!
Hell und rein lasiert' er drauf den Himmel
Und die blauen Berge fern und ferner,
Daß ich, ganz entzückt und neugeboren,
Bald den Maler, bald das Bild beschaute.

Hab ich doch, so sagt er, dir bewiesen,
Daß ich dieses Handwerk gut verstehe;
Doch es ist das Schwerste noch zurücke.
Zeichnete darnach mit spitzem Finger
Und mit großer Sorgfalt an dem Wäldchen,
Grad ans Ende, wo die Sonne kräftig
Von dem hellen Boden widerglänzte,
Zeichnete das allerliebste Mädchen,
Wohlgebildet, zierlich angekleidet,
Frische Wangen unter braunen Haaren,
Und die Wangen waren von der Farbe
Wie das Fingerchen, das sie gebildet.

O du Knabe! rief ich, welch ein Meister
Hat in seine Schule dich genommen,
Daß du so geschwind und so natürlich
Alles klug beginnst und gut vollendest?

Da ich noch so rede, sieh, da rühret
Sich ein Windchen und bewegt die Gipfel,
Kräuselt alle Wellen auf dem Flusse,

Füllt den Schleier des vollkommnen Mädchens,
Und, was mich Erstaunten mehr erstaunte,
Fängt das Mädchen an, den Fuß zu rühren,
Geht, zu kommen, nähert sich dem Orte,
Wo ich mit dem losen Lehrer sitze.

Da nun alles, alles sich bewegte,
Bäume, Fluß und Blumen und der Schleier
Und der zarte Fuß der Allerschönsten,
Glaubt ihr wohl, ich sei auf meinem Felsen
Wie ein Felsen still und fest geblieben?

SCHLUSSPOETIK

Sage, Muse, sag dem Dichter
Wie er denn es machen soll?
Denn der wunderlichsten Richter
Ist die liebe Welt so voll.

Immer hab ich doch den rechten
Klaren Weg im Lied gezeigt,
Immer war es doch den schlechten
Düstern Pfaden abgeneigt.

Aber was die Herren wollten,
Ward mir niemals ganz bekannt,
Wenn sie wüßten, was sie sollten,
Wär es auch wohl bald genannt.

„Willst du dir ein Maß bereiten,
Schaue, was den Edlen mißt,
Was ihn auch entstellt zu Zeiten,
Wenn der Leichsinn sich vergißt.

Solch ein Inhalt deiner Sänge,
Der erbauet, der gefällt,
Und im wüstesten Gedränge
Dankt's die stille beßre Welt.

Frage nicht nach anderm Titel,
Reinem Willen bleibt sein Recht!
Und die Schurken laß dem Büttel
Und die Narren dem Geschlecht."

KOPHTISCHES LIED

Lasset Gelehrte sich zanken und streiten,
Streng und bedächtig die Lehrer auch sein!
Alle die Weisesten aller Zeiten
Lächeln und winken und stimmen mit ein:
Töricht, auf Beßrung der Toren zu harren!
Kinder der Klugheit, o habet die Narren
Eben zum Narren auch, wie sich's gehört!

Merlin der Alte im leuchtenden Grabe,
Wo ich als Jüngling gesprochen ihn habe,
Hat mich mit ähnlicher Antwort belehrt:
Töricht, auf Beßrung der Toren zu harren!
Kinder der Klugheit, o habet die Narren
Eben zum Narren auch, wie sich's gehört!

Und auf den Höhen der indischen Lüfte
Und in den Tiefen ägyptischer Grüfte
Hab ich das heilige Wort nur gehört:
Töricht, auf Beßrung der Toren zu harren!
Kinder der Klugheit, o habet die Narren
Eben zum Narren auch, wie sich's gehört.

KÜNSTLERS ABENDLIED

Ach, daß die innre Schöpfungskraft
Durch meinen Sinn erschölle!
Daß eine Bildung voller Saft
Aus meinen Fingern quölle!

Ich zittre nur, ich stottre nur,
Und kann es doch nicht lassen;
Ich fühl, ich kenne dich, Natur,
Und so muß ich dich fassen.

Bedenk ich dann, wie manches Jahr
Sich schon mein Sinn erschließet,
Wie er, wo dürre Heide war,
Nun Freudenquell genießet;

Wie sehn ich mich, Natur, nach dir,
Dich treu und lieb zu fühlen!
Ein lustger Springbrunn, wirst du mir
Aus tausend Röhren spielen.

Wirst alle meine Kräfte mir
In meinem Sinn erheitern
Und dieses enge Dasein hier
Zur Ewigkeit erweitern.

VERMISCHTES – ERLESENES

WERT DES WORTES

Worte sind der Seele Bild –
Nicht ein Bild! sie sind ein Schatten!
Sagen herbe, deuten mild,
Was wir haben, was wir hatten. –
Was wir hatten, wo ist's hin?
Und was ist's denn, was wir haben? –
Nun, wir sprechen! Rasch im Fliehn
Haschen wir des Lebens Gaben.

GEDICHTE

Gedichte sind gemalte Fensterscheiben!
Sieht man vom Markt in die Kirche hinein,
Da ist alles dunkel und düster;
Und so sieht's auch der Herr Philister:

Der mag denn wohl verdrießlich sein
Und lebenslang verdrießlich bleiben.

Kommt aber nur einmal herein,
Begrüßt die heilige Kapelle!
Da ist's auf einmal farbig helle,
Geschicht und Zierat glänzt in Schnelle,
Bedeutend wirkt ein edler Schein;
Dies wird euch Kindern Gottes taugen,
Erbaut euch und ergötzt die Augen!

GUTER RAT

Geschieht wohl, daß man einen Tag
Weder sich noch andre leiden mag,
Will nichts dir nach dem Herzen ein;
Sollt's in der Kunst wohl anders sein?
Drum hetze dich nicht zu schlimmer Zeit,
Denn Füll und Kraft sind nimmer weit:
Hast in der bösen Stund geruht,
Ist dir die gute doppelt gut.

MONOLOG DES LIEBHABERS

Was nutzt die glühende Natur
Vor deinen Augen dir,
Was nutzt dir das Gebildete
Der Kunst rings um dich her,
Wenn liebevolle Schöpfungskraft
Nicht deine Seele füllt
Und in den Fingerspitzen dir
Nicht wieder bildend wird?

SENDSCHREIBEN AN J. H. MERCK VOM DEZ. 1774

Sieh, so ist Natur ein Buch lebendig,
Unverstanden, doch nicht unvergänglich;
Denn dein Herz hat viel und groß Begehr,
Was wohl in der Welt für Freude wär,
Allen Sonnenschein und alle Bäume,
Alles Meergestad und alle Träume
In dein Herz zu sammeln miteinander,
Wie die Welt durchwühlend Banks, Solander.

Und wie muß dir's werden, wenn du fühlest,
Daß du alles in dir selbst erzielest,
Freude hast an deiner Frau und Hunden,
Als noch keiner in Elysium gefunden,
Als er da mit Schatten lieblich schweifte
Und an goldne Gottgestalten streifte.
Nicht in Rom, in Magna Gräcia –
Dir im Herzen ist die Wonne da!

Wer mit seiner Mutter, der Natur, sich hält,
Find't im Stengelglas wohl eine Welt.

POLITIKA

Und als die Fische gesotten waren,
Bereitet man große Feste;
Ein jeder brachte sein Schüsselein mit,
Groß war die Zahl der Gäste;
Ein jeder drängte sich herbei,
Hier gab es keine Faule;
Die Gröbsten aber schlugen sich durch
Und fraßens's den andern vom Maule.

*

Am jüngsten Tag vor Gottes Thron
Stand endlich Held Napoleon.
Der Teufel hielt ein großes Register
Gegen denselben und seine Geschwister,
War ein wundersam verruchtes Wesen:
Satan fing an, es zu ablesen.

Gott Vater, oder Gott der Sohn,
Einer von beiden sprach vom Thron,
Wenn nicht etwa gar der heilige Geist
Das Wort genommen allermeist:

Wiederhol's nicht vor göttlichen Ohren!
Du sprichst wie die deutschen Professoren.
Wir wissen alles, mach es kurz!
Am jüngsten Tage ist's nur ein Furz.
Getraust du dich ihn anzugreifen,
So magst du ihn nach der Hölle schleifen.

BETRACHTENDES – GEDENKEN

SELBSTBILDNIS

Vom Vater hab ich die Statur,
Des Lebens ernstes Führen,
Vom Mütterchen die Frohnatur
Und Lust zu fabulieren.
Urahnherr war der Schönsten hold,
Das spukt so hin und wieder;
Urahnfrau liebte Schmuck und Gold,
Das zuckt wohl durch die Glieder.
Sind nun die Elemente nicht
Aus dem Komplex zu trennen,
Was ist denn an dem ganzen Wicht
Original zu nennen?

LAUF DER WELT

Als ich ein junger Geselle war,
Lustig und guter Dinge,
Da hielten die Maler offenbar
Mein Gesicht für viel zu geringe;

Dafür war mir manch schönes Kind
Dazumal vom Herzen treu gesinnt.

Nun ich hier als Altmeister sitz,
Rufen sie mich aus auf Straßen und Gassen;
Zu haben bin ich, wie der alte Fritz
Auf Pfeifenköpfen und Tassen.
Doch die schönen Kinder, die bleiben fern;
O Traum der Jugend! O goldner Stern!

GRABSCHRIFT

Als Knabe verschlossen und trutzig,
Als Jüngling anmaßend und stutzig,
Als Mann zu Taten willig,
Als Greis leichtsinnig und grillig! –
Auf deinem Grabstein wird man lesen:
Das ist fürwahr ein Mensch gewesen!

EUPHROSYNE

Auch von des höchsten Gebirgs beeisten, zackigen Gipfeln
   Schwindet Purpur und Glanz scheidender Sonne hinweg.
Lange verhüllt schon Nacht das Tal und die Pfade des Wandrers,
   Der, am tosenden Strom, auf zu der Hütte sich sehnt,
Zu dem Ziele des Tags, der stillen hirtlichen Wohnung;
   Und der göttliche Schlaf eilet gefällig voraus,
Dieser holde Geselle des Reisenden. Daß er auch heute
   Segnend kränze das Haupt mir mit dem heiligen Mohn!
Aber was leuchtet mir dort vom Felsen glänzend herüber,
   Und erhellet den Duft schäumender Ströme so hold?
Strahlt die Sonne vielleicht durch heimliche Spalten und Klüfte?
   Denn kein irdischer Glanz ist es, der wandelnde, dort.
Näher wälzt sich die Wolke, sie glüht. Ich staune dem Wunder!
   Wird der rosige Strahl nicht ein bewegtes Gebild?
Welche Göttin nahet sich mir? Und welche der Musen
   Suchet den treuen Freund selbst in dem grausen Geklüft?
Schöne Göttin! enthülle dich mir und täusche, verschwindend,
   Nicht den begeisterten Sinn, nicht das gerührte Gemüt.
Nenne, wenn du es darfst vor einem Sterblichen, deinen
   Göttlichen Namen; wo nicht, rege bedeutend mich auf,
Daß ich fühle, welche du seist von den ewigen Töchtern
   Zeus', und der Dichter sogleich preise dich würdig im Lied.
„Kennst du mich, Guter, nicht mehr? Und käme diese Gestalt dir,
   Die du doch sonst geliebt, schon als ein fremdes Gebild?
Zwar der Erde gehör ich nicht mehr, und trauernd entschwang sich
   Schon der schaudernde Geist jugendlich frohem Genuß;
Aber ich hoffte mein Bild noch fest in des Freundes Erinnrung
   Eingeschrieben, und noch schön durch die Liebe verklärt.
Ja, schon sagt mir gerührt dein Blick, mir sagt es die Träne:
   Euphrosyne, sie ist noch von dem Freunde gekannt.
Sieh, die Scheidende zieht durch Wald und grauses Gebirge,
   Sucht den wandernden Mann, ach! in der Ferne noch auf;
Sucht den Lehrer, den Freund, den Vater, blicket noch einmal
   Nach dem leichten Gerüst irdischer Freuden zurück.
Laß mich der Tage gedenken, da mich, das Kind, du dem Spiele
   Jener täuschenden Kunst reizender Musen geweiht.
Laß mich der Stunde gedenken, und jedes kleineren Umstands;
   Ach, wer ruft nicht so gern Unwiederbringliches an!
Jenes süße Gedränge der leichtesten irdischen Tage,
   Ach, wer schätzt ihn genug, diesen vereilenden Wert!
Klein erscheinet es nun, doch ach! nicht kleinlich dem Herzen:
   Macht die Liebe, die Kunst jegliches Kleine doch groß.
Denkst du der Stunde noch wohl, wie auf dem Brettergerüste
   Du mich der höheren Kunst ernstere Stufen geführt?

Knabe schien ich, ein rührendes Kind, du nanntest mich Arthur,
    Und belebtest in mir britisches Dichtergebild',
Drohtest mit grimmiger Glut den armen Augen und wandtest
    Selbst den tränenden Blick, innig getäuschet, hinweg.
Ach! da warst du so hold und schütztest ein trauriges Leben,
    Das die verwegene Flucht endlich dem Knaben entriß.
Freundlich faßtest du mich, den Zerschmetterten, trugst mich von
    [dannen,
    Und ich heuchelte lang, dir an dem Busen, den Tod.
Endlich schlug die Augen ich auf und sah dich, in ernste,
    Stille Betrachtung versenkt, über den Liebling geneigt.
Kindlich strebt ich empor und küßte die Hände dir dankbar,
    Reichte zum reinen Kuß dir den gefälligen Mund,
Fragte: Warum, mein Vater, so ernst? und hab ich gefehlet,
    Oh! so zeige mir an, wie mir das Bess're gelingt!
Keine Mühe verdrießt mich bei dir, und alles und jedes
    Wiederhol ich so gern, wenn du mich leitest und lehrst.
Aber du faßtest mich stark und drücktest mich fester im Arme,
    Und es schauderte mir tief in dem Busen das Herz.
Nein, mein liebliches Kind! so riefst du, alles und jedes,
    Wie du es heute gezeigt, zeig es auch morgen der Stadt.
Rühre sie alle, wie mich du gerührt, und es fließen zum Beifall
    Dir von dem trockensten Aug herrliche Tränen herab.
Aber am tiefsten trafst du doch mich, den Freund, der im Arm dich
    Hält, den selber der Schein früherer Leiche geschreckt.
Ach, Natur, wie sicher und groß in allem erscheinst du!
    Himmel und Erde befolgt ewiges, festes Gesetz;
Jahre folgen auf Jahre, dem Frühling reichet der Sommer,
    Und dem reichlichen Herbst traulich der Winter die Hand.
Felsen stehen gegründet, es stürzt sich das ewige Wasser
    Aus der bewölkten Kluft schäumend und brausend hinab.
Fichten grünen so fort, und selbst die entlaubten Gebüsche
    Hegen, im Winter schon, heimliche Knospen am Zweig.
Alles entsteht und vergeht nach Gesetz; doch über des Menschen
    Leben, dem köstlichen Schatz, herrschet ein schwankendes Los.
Nicht dem Blühenden nickt der willig scheidende Vater,
    Seinem trefflichen Sohn, freundlich vom Rande der Gruft;
Nicht der Jüngere schließt dem Älteren immer das Auge,
    Das sich willig gesenkt, kräftig dem Schwächeren zu.
Öfter, ach! verkehrt das Geschick die Ordnung der Tage;
    Hilflos klaget ein Greis Kinder und Enkel umsonst,
Steht, ein beschädigter Stamm, dem rings zerschmetterte Zweige
    Um die Seiten umher strömende Schloßen gestreckt.
Und so, liebliches Kind, durchdrang mich die tiefe Betrachtung,
    Als du zur Leiche verstellt über die Arme mir hingst;
Aber freudig seh ich dich mir in dem Glanze der Jugend,
    Vielgeliebtes Geschöpf, wieder am Herzen belebt.
Springe fröhlich dahin, verstellter Knabe! Das Mädchen
    Wächst zur Freude der Welt, mir zum Entzücken heran.
Immer strebe so fort, und deine natürlichen Gaben
    Bilde bei jeglichem Schritt steigenden Lebens die Kunst.
Sei mir lange zur Lust, und eh mein Auge sich schließet,
    Wünsch ich, dein schönes Talent glücklich vollendet zu sehn. –
Also sprachst du, und nie vergaß ich der wichtigen Stunde!
    Deutend entwickelt ich mich an dem erhabenen Wort.
Oh, wie sprach ich so gerne zum Volk die rührenden Reden,
    Die du, voller Gehalt, kindlichen Lippen vertraut!

Oh, wie bildet ich mich an deinen Augen, und suchte
  Dich im tiefen Gedräng staunender Hörer heraus!
Doch dort wirst du nun sein und stehn, und nimmer bewegt sich
  Euphrosyne hervor, dir zu erheitern den Blick.
Du vernimmst sie nicht mehr, die Töne des wachsenden Zöglings,
  Die du zu liebendem Schmerz frühe, so frühe! gestimmt.
Andre kommen und gehn; es werden dir andre gefallen,
  Selbst dem großen Talent drängt sich ein größeres nach.
Aber du, vergesse mich nicht! Wenn eine dir jemals
  Sich im verworrnen Geschäft heiter entgegenbewegt,
Deinem Winke sich fügt, an deinem Lächeln sich freuet
  Und am Platze sich nur, den du bestimmtest, gefällt;
Wenn sie Mühe nicht spart noch Fleiß, wenn tätig der Kräfte,
  Selbst bis zur Pforte des Grabs, freudiges Opfer sie bringt –
Guter! dann gedenkest du mein und rufest auch spät noch:
  Euphrosyne, sie ist wieder erstanden vor mir.
Vieles sagt ich noch gern: doch ach! die Scheidende weilt nicht,
  Wie sie wollte: mich führt streng ein gebietender Gott.
Lebe wohl! schon zieht mich's dahin in schwankendem Eilen.
  Einen Wunsch nur vernimm, freundlich gewähre mir ihn:
Laß nicht ungerühmt mich zu den Schatten hinabgehn!
  Nur die Muse gewährt einiges Leben dem Tod.
Denn gestaltlos schweben umher in Persephoneias
  Reiche, massenweis, Schatten vom Namen getrennt;
Wen der Dichter aber gerühmt, der wandelt, gestaltet,
  Einzeln, gesellet dem Chor aller Heroen sich zu.
Freudig tret ich einher, von deinem Liede verkündet,
  Und der Göttin Blick weilet gefällig auf mir.
Mild empfängt sie mich dann und nennt mich; es winken die hohen
  Göttlichen Frauen mich an, immer die nächsten am Thron.
Penelopeia redet zu mir, die treuste der Weiber,
  Auch Euadne, gelehnt auf den geliebten Gemahl.
Jüngere nahen sich dann, zu früh herunter gesandte,
  Und beklagen mit mir unser gemeines Geschick.
Wenn Antigone kommt, die schwesterlichste der Seelen,
  Und Polyxena, trüb noch von dem bräutlichen Tod,
Seh ich als Schwestern sie an und trete würdig zu ihnen:
  Denn der tragischen Kunst holde Geschöpfe sind sie.
Bildete doch ein Dichter auch mich! Und seine Gesänge,
  Ja, sie vollenden an mir, was mir das Leben versagt." –
Also sprach sie, und noch bewegte der liebliche Mund sich,
  Weiter zu reden; allein schwirrend versagte der Ton.
Denn aus dem Purpurgewölk, dem schwebenden, immer bewegten,
  Trat der herrliche Gott, Hermes, gelassen hervor.
Mild erhob er den Stab und deutete: wallend verschlangen
  Wachsende Wolken, im Zug, beide Gestalten vor mir.
Tiefer liegt die Nacht um mich her, die stürzenden Wasser
  Brausen gewaltiger nun neben dem schlüpfrigen Pfad.
Unbezwingliche Trauer befällt mich, entkräftender Jammer,
  Und ein moosiger Fels stützet den Sinkenden nur.
Wehmut reißt durch die Saiten der Brust, die nächtlichen Tränen
  Fließen, und über dem Wald kündet der Morgen sich an.

SPRÜCHE IN REIMEN

GOTT, GEMÜT UND WELT

Wird nur erst der Himmel heiter,
Tausend zählt ihr und noch weiter.

Wer Gott vertraut,
Ist schon auferbaut.

*

Das u n s e r V a t e r ein schön Gebet,
Es dient und hilft in allen Nöten;
Wenn einer auch V a t e r u n s e r fleht,
In Gottes Namen, laß ihn beten!

*

Willst du ins Unendliche schreiten,
Geh nur im Endlichen nach allen Seiten.

*

Willst du dich am Ganzen erquicken,
So mußt du das Ganze im Kleinsten erblicken.

*

Soll dein Kompaß dich richtig leiten,
Hüte dich vor Magnetstein', die dich begleiten.

SPRICHWÖRTLICH

Lebst im Volke, sei gewohnt,
Keiner je des andern schont.

Im neuen Jahre Glück und Heil!
Auf Weh und Wunden gute Salbe!
Auf groben Klotz ein grober Keil!
Auf einen Schelmen anderthalbe!

*

Nicht jeder wandelt nur gemeine Stege;
Du siehst, die Spinnen bauen lustge Wege.

*

Willst du dir aber das Beste tun,
So bleib nicht auf dir selber ruhn,
Sondern folg eines Meisters Sinn,
Mit ihm zu irren ist Gewinn.

Benutze redlich deine Zeit!
Willst was begreifen, suchs nicht weit.

*

Die Tinte macht uns wohl gelehrt,
Doch ärgert sie, wo sie nicht hingehört.
Geschrieben Wort ist Perlen gleich,
Ein Tintenklex ein böser Streich.

*

Mit einem Herren steht es gut,
Der, was er befohlen, selber tut.

*

Tu nur das Rechte in deinen Sachen;
Das andre wird sich von selber machen.

*

Glaube nur, du hast viel getan,
Wenn dir Geduld gewöhnest an.

*

Wer sich nicht nach der Decke streckt,
Dem bleiben die Füße unbedeckt.

*

Welche Frau hat einen guten Mann,
Der sieht man's am Gesichte an.

*

Eine Frau macht oft ein bös Gesicht,
Der gute Mann verdient's wohl nicht.

*

Ein braver Mann! Ich kenn ihn ganz genau:
Erst prügelt er, dann kämmt er seine Frau.

*

Es ließe sich alles trefflich schlichten,
Könnte man die Sachen zweimal verrichten.

*

Nur heute, heute nur laß dich nicht fangen,
So bist du hundertmal entgangen.

*

Züchtge den Hund, den Wolf magst du peitschen;
Graue Haare sollst du nicht reizen.

Tausend Fliegen hatt ich am Abend erschlagen,
Doch weckte mich e i n e beim frühesten Tagen.

*

Das wär dir ein schönes Gartengelände,
Wo man den Weinstock mit Würsten bände.

*

Wer aber recht bequem ist und faul,
Flög d e m eine gebratne Taube ins Maul,
Er würde höchlich sich's verbitten,
Wär sie nicht auch geschickt zerschnitten.

*

Freigiebig ist d e r mit seinen Schritten,
Der kommt von der Katze Speck zu erbitten.

*

Das sind mir allzu böse Bissen,
an denen die Gäste würgen müssen.

*

Das ist eine von den großen Taten,
Sich in seinem eignen Fett zu braten.

*

Wohl unglückselig ist der Mann,
Der unterläßt d a s , was er kann,
Und unterfängt sich, was er nicht versteht;
Kein Wunder, daß er zu Grunde geht.

*

Du trägst sehr leicht, wenn du nichts hast;
Aber Reichtum ist eine leichtere Last.

*

Alles in der Welt läßt sich ertragen,
Nur nicht eine Reihe von schönen Tagen.

*

Laß Neid und Mißgunst sich verzehren,
Das Gute werden sie nicht wehren.
Denn, Gott sei Dank! es ist ein alter Brauch:
So weit die Sonne scheint, so weit erwärmt sie auch.

*

Was fragst du viel: Wo will's hinaus,
Wo oder wie kann's enden?
Ich dächte, Freund, du bliebst zu Haus
Und sprächst mit deinen Wänden.

*

Viele Köche versalzen den Brei,
Bewahr uns Gott vor vielen Dienern!
Wir aber sind, gesteht es frei,
Ein Lazarett von Medizinern.

Noch spukt der Babylonische Turm,
Sie sind nicht zu vereinen!
Ein jeder Mann hat seinen Wurm,
Kopernikus den seinen.

*

Laß nur die Sorge sein,
Das gibt sich alles schon,
Und fällt der Himmel ein,
Kommt doch eine Lerche davon.

*

Du bist sehr eilig, meiner Treu!
Du suchst die Tür und läufst vorbei.

*

Über ein Ding wird viel geplaudert,
Viel beraten und lange gezaudert,
Und endlich gibt ein böses Muß
Der Sache widrig den Beschluß.

*

Der Mensch erfährt, er sei auch, wer er mag,
Ein letztes Glück und einen letzten Tag.

*

Suche nicht vergebne Heilung!
Unsrer Krankheit schwer Geheimnis
Schwankt zwischen Übereilung
Und zwischen Versäumnis.

*

Wer dem Publikum dient, ist ein armes Tier;
Er quält sich ab, niemand bedankt sich dafür.

*

Gleich zu sein unter gleichen,
Das läßt sich schwer erreichen:
Da müßtest ohne Verdrießen
Wie der Schlechteste zu sein dich entschließen.

*

Gleich ist alles versöhnt;
Wer redlich ficht wird gekrönt.

*

Du wirkest nicht, alles bleibt so stumpf.
Sei guter Dinge!
Der Stein im Sumpf
Macht keine Ringe.

*

Was ich mir gefallen lasse?
Zuschlagen muß die Masse,
Dann ist sie respektabel;
Urteilen gelingt ihr miserabel.

Draußen zu wenig oder zu viel,
Zu Hause nur ist Maß und Ziel.

*

„Immer denk ich: mein Wunsch ist erreicht,
Und gleich geht's wieder anders her!"
Zerstückle das Leben, du machst dir's leicht,
Vereinige es, und du machst es dir schwer.

*

Macht's einander nur nicht sauer!
Hier sind wir gleich, Baron und Bauer!

*

Was ich nicht weiß,
Macht mich nicht heiß.
Und was ich weiß,
Machte mich heiß,
Wenn ich nicht wüßte,
Wie's werden müßte.

*

Oft, wenn dir jeder Trost entflieht,
Mußt du im stillen dich bequemen.
Nur dann, wenn dir Gewalt geschieht,
Wird die Menge an dir Anteil nehmen;
Ums Unrecht, das dir widerfährt,
Kein Mensch den Blick zur Seite kehrt.

*

Was ärgerst du dich über fälschlich Erhobene!
Wo gäb es denn nicht Eingeschobene?

*

Eigenheiten, die werden schon haften;
Kultiviere deine Eigenschaften.

*

Viel Gewohnheiten darfst du haben,
Aber keine Gewohnheit!
Dies Wort unter des Dichters Gaben
Halte nicht für Torheit.

*

Ihrer viele wissen viel,
Von der Weisheit sind sie weit entfernt.
Andre Leute sind euch ein Spiel;
Sich selbst hat niemand ausgelernt.

*

Nicht größern Vorteil wüßt ich zu nennen,
Als des Feindes Verdienst zu erkennen.

*

Was soll ich viel lieben, was soll ich viel hassen?
Man lebt nur vom Lebenlassen.

Sprichwort bezeichnet Nationen;
Mußt aber erst unter ihnen wohnen.

*

Verweile nicht und sei dir selbst ein Traum,
Und wie du reisest danke jedem Raum;
Bequeme dich dem Heißen wie dem Kalten:
Dir wird die Welt, du wirst ihr nie veralten.

*

Ohne Umschweife
Begreife,
Was dich mit der Welt entzweit:
Nicht will sie Gemüt, will Höflichkeit.

*

Nichts taugt Ungeduld,
Noch weniger Reue:
Jene vermehrt die Schuld,
Diese schafft neue.

*

Der entschließt sich doch gleich,
Den heiß ich brav und kühn!
Er springt in den Teich,
Dem Regen zu entfliehn.

*

Daß Glück ihm günstig sei,
Was hilft's dem Stöffel?
Denn regnet's Brei,
Fehlt ihm der Löffel.

*

Die Welt ist nicht aus Brei und Mus geschaffen,
Deswegen haltet euch nicht wie Schlaraffen,
Harte Bissen gibt es zu kauen:
Wir müssen erwürgen oder sie verdauen.

*

Was hat dir das arme Glas getan?
Sieh deinen Spiegel nicht so häßlich an.

*

Diese Worte sind nicht alle in Sachsen,
Noch auf meinem eignen Mist gewachsen,
Doch, was für Samen die Fremde bringt,
Erzog ich im Lande gut gedüngt.

PARABOLISCH

REZENSENT

Da hatt ich einen Kerl zu Gast,
Er war mir eben nicht zur Last;
Ich hatt just mein gewöhnlich Essen,
Hat sich der Kerl pumpsatt gefressen,

Zum Nachtisch, was ich gespeichert hatt.
Und kaum ist mir der Kerl so satt,
Tut ihn der Teufel zum Nachbar führen,
Über mein Essen zu räsonieren:
„Die Supp hätt können gewürzter sein,
Der Braten brauner, firner der Wein."
Der Tausendsakerment!
Schlagt ihn tot, den Hund! Es ist ein Rezensent.

KLÄFFER

Wir reiten in die Kreuz und Quer
Nach Freuden und Gschäften;
Doch immer kläfft es hinterher
Und billt aus allen Kräften.
So will der Spitz aus unserm Stall
Uns immerfort begleiten,
Und seines Bellens lauter Schall
Beweist nur, daß wir reiten.

DIE FRÖSCHE

Ein großer Teich war zugefroren;
Die Fröschlein, in der Tiefe verloren,
Durften nicht ferner quaken noch springen,
Versprachen sich aber, im halben Traum,
Fänden sie nur da oben Raum,
Wie Nachtigallen wollten sie singen.
Der Tauwind kam, das Eis zerschmolz,
Nun ruderten sie und landeten stolz
Und saßen am Ufer weit und breit
Und quakten wie vor alter Zeit.

EPIGRAMMATISCH

STOSSEUFZER

Ach, man sparte viel,
Seltner wäre verruckt das Ziel,
Wär weniger Dumpfheit, vergebenes Sehnen,
Ich könnte viel glücklicher sein –
Gäb's nur keinen Wein
Und keine Weibertränen!

*

Der größte Mensch bleibt stets ein Menschenkind,
Die größten Köpfe sind das nur, was andre sind.
Allein das merkt, sie sind es umgekehrt:
Sie wollen nicht mit andern Erdentröpfen
Auf ihren Füßen gehn, sie gehn auf ihren Köpfen;
Verachten, was ein jeder ehrt,
Und was gemeinen Sinn empört,
Das ehren unbefangne Weisen.
Doch brauchen sie's nicht allzuweit.
Ihr Nonplusultra jederzeit
war: Gott zu lästern und den Dreck zu preisen.

HYPOCHONDER

Der Teufel hol das Menschengeschlecht!
Man möchte rasend werden!
Da nehm ich mir so eifrig vor:
Will niemand weiter sehen,
Will all das Volk Gott und sich selbst
Und dem Teufel überlassen!
Und kaum seh ich ein Menschengesicht,
So hab ich's wieder lieb.

GESELLSCHAFT

Aus einer großen Gesellschaft heraus
Ging einst ein stiller Gelehrter zu Haus.
Man fragte: Wie seid ihr zufrieden gewesen?
„Wären's Bücher", sagte er, „ich würd sie nicht
[lesen."

DEN ORIGINALEN

Ein Quidam sagt: „Ich bin von keiner Schule!
Kein Meister lebt, mit dem ich buhle;
Auch bin ich weit davon entfernt,
Daß ich von Toten was gelernt."
Das heißt, wenn ich ihn recht verstand:
„Ich bin ein Narr auf eigne Hand."
Trüge gern noch länger des Lehrers Bürden
Wenn Schüler nur nicht gleich Lehrer würden.

SPRUCH, WIDERSPRUCH

Ihr müßt mich nicht durch Widerspruch verwirren!
Sobald man spricht, beginnt man schon zu irren.

DEMUT

Seh ich die Werke der Meister an,
So seh ich das, was sie getan;
Betracht ich meine Siebensachen,
Seh ich, was ich hätt sollen machen.

KEINS VON ALLEN

Wenn du dich selber machst zum Knecht,
Bedauert dich niemand, geht's dir schlecht;
Machst du dich aber selber zum Herrn,
Die Leute sehn es auch nicht gern;
Und bleibst du endlich wie du bist,
So sagen sie, daß nichts an dir ist.

LEBENSART

Über Wetter- und Herrenlaunen
Runzle niemals die Augenbraunen;
Und bei den Grillen der hübschen Frauen
Mußt du immer vergnüglich schauen.

VERGEBLICHE MÜH

Willst du der getreue Eckart sein
Und jedermann vor Schaden warnen,
's ist auch eine Rolle, sie trägt nichts ein:
Sie laufen dennoch nach den Garnen.

DAS BESTE

Wenn dir's in Kopf und Herzen schwirrt,
Was willst du Beßres haben!
Wer nicht mehr liebt und nicht mehr irrt,
Der lasse sich begraben.

MEINE WAHL

Ich liebe mir den heitern Mann
Am meisten unter meinen Gästen:
Wer sich nicht selbst zum besten haben kann,
Der ist gewiß nicht von den Besten.

EIN ANDRES

Mußt nicht widerstehn dem Schicksal,
Aber mußt es auch nicht fliehen!
Wirst du ihm entgegen gehen,
Wird's dich freundlich nach sich ziehen.

LEBENSREGEL

Willst du dir ein hübsch Leben zimmern,
Muß dich ums Vergangne nicht bekümmern.
Das Wenigste muß dich verdrießen;
Mußt stets die Gegenwart genießen,
Besonders keinen Menschen hassen
Und die Zukunft Gott überlassen.

FRISCHES EI, GUTES EI

Enthusiasmus vergleich ich gern
Der Auster, meine lieben Herrn,
Die, wenn ihr sie nicht frisch genößt,
Wahrhaftig ist eine schlechte Kost.
Begeisterung ist keine Heringsware,
Die man einpökelt auf einige Jahre.

DIE JAHRE

Die Jahre sind allerliebste Leut:
Sie brachten gestern, sie bringen heut,
Und so verbringen wir Jüngern eben
Das allerliebste Schlaraffen-Leben.
Und dann fällt's den Jahren auf einmal ein,
Nicht mehr, wie sonst, bequem zu sein;
Wollen nicht mehr schenken, wollen nicht mehr
  [borgen,
Sie nehmen heute, sie nehmen morgen.

DAS ALTER

Das Alter ist ein höflich Mann,
Einmal übers andre klopft er an,
Aber nun sagt niemand: Herein!
Und vor der Türe will er nicht sein.
Da klinkt er auf, tritt ein so schnell,
Und nun heißt's, er sei ein grober Gesell.

BEISPIEL

Wenn ich mal ungeduldig werde,
Denk ich an die Geduld der Erde,
Die, wie man sagt, sich täglich dreht
Und jährlich so wie jährlich geht.
Bin ich denn für was andres da? –
Ich folge der lieben Frau Mama.

FÜRSTENREGEL

Sollen die Menschen nicht denken und dichten,
Müßt ihr ihnen ein lustig Leben errichten;
Wollt ihr ihnen aber wahrhaft nützen,
So müßt ihr sie scheren und sie beschützen.

LUG ODER TRUG?

Darf man das Volk betrügen?
Ich sage nein!
Doch willst du sie belügen,
So mach es nur nicht fein.

EGALITÉ

Das Größte will man nicht erreichen,
Man beneidet nur seinesgleichen;
Der schlimmste Neidhart ist in der Welt,
Der jeden für seinesgleichen hält.

WIE DU MIR, SO ICH DIR

Mann mit zugeknöpften Taschen,
Dir tut niemand was zulieb:
Hand wird nur von Hand gewaschen;
Wenn du nehmen willst, so gib!

ZEIT UND ZEITUNG

A: Sag mir, warum dich keine Zeitung freut?
B: Ich liebe sie nicht, sie dienen der Zeit.

KOMMT ZEIT, KOMMT RAT

Wer will denn alles gleich ergründen!
Sobald der Schnee schmilzt, wird sich's finden.

*

Hier hilft nun weiter kein Bemühn!
Sind's Rosen, nun, sie werden blühn.

GRUNDBEDINGUNG

Sprichst du von Natur und Kunst,
Habe beide stets vor Augen:
Denn was will die Rede taugen
Ohne Gegenwart und Gunst!

Eh du von der Liebe sprichst,
Laß sie erst im Herzen leben,
Eines holden Angesichts
Phosphorglanz dir Feuer geben.

GENUG

Immer niedlich, immer heiter,
Immer lieblich und so weiter,
Stets natürlich, aber klug:
Nun, das, dächt ich, wär genug.

VIELRAT

Spricht man mit jedermann,
Da hört man keinen,
Stets wird ein andrer Mann
Auch anders meinen.
Was wäre Rat sodann
Vor unsern Ohren?
Kennst du nicht Mann für Mann:
Du bist verloren.

ZAHME XENIEN

Ille, velut fidis arcana sodalibus, olim
Credebat libris; neque, si male cesserat, unquam
Decurrens alio; neque si bene: quo fit, ut omnis
Votiva pateat veluti descripta tabella
Vita senis.
Horat. Sat. II, I. v. 30 etc.

Ein alter Mann ist stets ein König Lear! –
Was Hand in Hand mitwirkte, stritt,
Ist längst vorbeigegangen;
Was mit und an dir liebte, litt,
Hat sich wo anders angehangen.
Die Jugend ist um ihretwillen hier;
Es wäre töricht, zu verlangen:
Komm, ältle du mit mir.

*

Mit dieser Welt ist's keiner Wege richtig;
Vergebens bist du brav, vergebens tüchtig,
Sie will uns zahm, sie will sogar uns nichtig.

*

Hast du es so lange wie ich getrieben,
Versuch wie ich, das Leben zu lieben.

*

Ich hör es gern, wenn auch die Jugend plappert;
Das Neue klingt, das Alte klappert.

*

„Wie doch, betrügerischer Wicht,
Verträgst du dich mit allen?"
Ich leugne die Talente nicht,
Wenn sie mir auch mißfallen.

*

Wo recht viel Widersprüche schwirren,
Mag ich am liebsten wandern;
Niemand gönnt dem andern –
Wie lustig! – das Recht, zu irren.

*

„Da reiten sie hin, wer hemmt den Lauf?"
Wer reitet denn? „Stolz und Unwissenheit."
Laß sie reiten: da ist gute Zeit!
Schimpf und Schade sitzen hinten auf.

*

Was willst du mit den alten Tröpfen!
Es sind Knöpfe, die nicht mehr knöpfen.

*

Laß im Irrtum sie gebettet,
Suche weislich zu entfliehn:
Bist ins Freie du gerettet,
Niemand sollst du nach dir ziehn.

Über alles, was begegnet,
Froh, mit reinem Jugendsinn,
Sei belehrt, es sei gesegnet!
Und das bleibe dir Gewinn.

*

Ins Sichere willst du dich betten!
Ich liebe mir inneren Streit:
Denn, wenn wir die Zweifel nicht hätten,
Wo wäre denn frohe Gewißheit?

*

Weißt du, worin der Spaß des Lebens liegt?
Sei lustig! – geht es nicht, so sei vergnügt.

*

Wie das Gestirn,
Ohne Hast,
Aber ohne Rast,
Drehe sich jeder
Um die eigene Last.

*

Ja, das ist das rechte Gleis,
Daß man nicht weiß,
Was man denkt,
Wenn man denkt,
Alles ist als wie geschenkt.

*

„Manches können wir nicht verstehn."
Lebt nur fort, es wird schon gehn.

*

Die Deutschen sind ein gut Geschlecht,
Ein jeder sagt: will nur, was recht;
Recht aber soll vorzüglich heißen,
Was ich und meine Gevattern preisen;
Das übrige ist ein weitläufig Ding,
Das schätz ich lieber gleich gering.

*

Ich habe gar nichts gegen die Menge;
Doch kommt sie einmal ins Gedränge,
So ruft sie, um den Teufel zu bannen,
Gewiß die Schelme, die Thyrannen.

*

Was euch die heilige Preßfreiheit
Für Frommen, Vorteil und Früchte beut?
Davon habt ihr gewisse Erscheinung:
Tiefe Verachtung öffentlicher Meinung.

Dummes Zeug kann man viel reden,
Kann es auch schreiben,
Wird weder Leib noch Seele töten,
Es wird alles beim alten bleiben.
Dummes aber, vors Auge gestellt,
Hat ein magisches Recht:
Weil es die Sinne gefesselt hält,
Bleibt der Geist ein Knecht.

*

„Gib eine Norm zur Bürgerführung!"
Hinieden
Im Frieden
Kehre jeder vor seiner Türe;
Bekriegt,
Besiegt,
Vertrage man sich mit der Einquartierung.

*

Hätte Gott mich anders gewollt,
So hätt er mich anders gebaut;
Da er mir aber Talente gezollt,
Hat er mir viel vertraut.
Ich brauch es zur Rechten und Linken
Weiß nicht, was drauß kommt;
Wenn's nicht mehr frommt,
Wird er schon winken.

*

Die echte Konversation
Hält weder früh noch abends Stich;
In der Jugend sind wir monoton,
Im Alter wiederholt man sich.

*

Was mich tröstet in solcher Not:
Gescheite Leute, sie finden ihr Brot,
Tüchtige Männer erhalten das Land,
Hübsche Mädchen verschlingen das Band;
Wird dergleichen noch ferner geschehn,
So kann die Welt nicht untergehn.

*

Lieb und Leidenschaft können verfliegen,
Wohlwollen aber wird ewig siegen.

*

All unser redlichstes Bemühn
Glückt nur im unbewußten Momente.
Wie möchte denn die Rose blühn,
Wenn sie der Sonne Herrlichkeit erkennte!

*

Wär nicht das Auge sonnenhaft,
Die Sonne könnt es nicht erblicken;
Läg nicht in uns des Gottes eigne Kraft,
Wie könnt uns Göttliches entzücken?

Was auch als Wahrheit oder Fabel
In tausend Büchern dir erscheint,
Das alles ist ein Turm zu Babel
Wenn es die Liebe nicht vereint.

*

Sie schelten einander Egoisten;
Will jeder doch nur sein Leben fristen.
Wenn der und der ein Egoist,
So denke, daß du es selber bist.
Du willst nach deiner Art bestehn,
Mußt selbst auf deinen Nutzen sehn!
Dann werdet ihr das Geheimnis besitzen,
Euch sämtlich untereinander zu nützen;
Doch den laßt nicht zu euch herein,
Der andern schadet um etwas zu sein.

*

Was lassen sie denn übrig zuletzt,
Jene unbescheidnen Besen?"
Behauptet doch H e u t e steif und fest,
G e s t e r n sei nicht gewesen.

*

Es mag sich Feindliches ereignen,
Du bleibe ruhig, bleibe stumm;
Und wenn sie dir Bewegung leugnen,
Geh ihnen vor der Nas herum.

*

„Wer ist ein unbrauchbarer Mann?"
Der nicht befehlen und auch nicht gehorchen kann.

*

Wie einer ist, so ist sein Gott;
Darum ward Gott so oft zum Spott.

*

Mit seltsamen Gebärden
Gibt man sich viele Pein,
Kein Mensch will etwas werden,
Ein jeder will schon was sein.

*

Grenzenlose Lebenspein
Fast, fast erdrückt sie mich!
Das wollen alle Herren sein,
Und keiner ist Herr von sich.

*

Und wenn man auch den Tyrannen ersticht,
Ist immer noch viel zu verlieren.
Sie gönnten Caesarn das Reich nicht
Und wußten's nicht zu regieren.

*

Wenn ich dumm bin, lassen sie mich gelten;
Wenn ich recht hab, wollen sie mich schelten.

„Wohin wir bei unsern Gebresten
Uns im Augenblick richten sollen?"
Denke nur immer an die Besten,
Sie mögen stecken wo sie wollen.

*

Gern hören wir allerlei gute Lehr,
Doch Schmähen und Schimpfen noch viel mehr.

*

Nehmt nur mein Leben hin in Bausch
Und Bogen, wie ich's führe:
Andre verschlafen ihren Rausch,
Meiner steht auf dem Papiere.

*

Erlauchte Bettler hab ich gekannt,
Künstler und Philosophen genannt;
Doch wüßt ich niemand, ungeprahlt,
Der seine Zeche besser bezahlt.

*

Man könnt erzogne Kinder gebären,
Wenn die Eltern erzogen wären.

*

Wirst du die frommen Wahrheitswege gehn,
Dich selbst und andre trügst du nie.
Die Frömmelei läßt Falsches auch bestehn,
Derwegen haß ich sie.

*

Halte dich im stillen rein
Und laß es um dich wettern;
Je mehr du fühlst ein Mensch zu sein,
Desto ähnlicher bist du den Göttern.

*

Jedem redlichen Bemühn
Sei Beharrlichkeit verliehn.

*

Das Opfer, das die Liebe bringt,
Es ist das Teuerste von allen;
Doch, wer sein Eigenstes bezwingt,
Dem ist das schönste Los gefallen.

*

Wer mit dem Leben spielt,
Kommt nie zurecht;
Wer sich nicht selbst befiehlt,
Bleibt immer Knecht.

*

G u t verloren — etwas verloren!
Mußt rasch dich besinnen
Und neues gewinnen.
E h r e verloren — viel verloren!

Mußt Ruhm gewinnen,
Da werden die Leute sich anders besinnen.
M u t verloren – alles verloren!
Da wär es besser, nicht geboren.

*

„Was ist denn die Wissenschaft?"
Sie ist nur des Lebens Kraft.
Ihr erzeuget nicht das Leben,
Leben erst muß Leben geben.

*

Sollen dich die Dohlen nicht umschrein,
Mußt nicht Knopf auf dem Kirchturm sein.

*

Die Jugend ist vergessen
Aus geteilten Interessen;
Das Alter ist vergessen
Aus Mangel an Interessen.

*

Verständige Leute kannst du irren sehen,
In Sachen nämlich, die sie nicht verstehen.

*

Jeder solcher Lumpenhunde
Wird vom zweiten abgetan;
Sei nur brav zu jeder Stunde,
Niemand hat dir etwas an.

*

Komm her! wir setzen uns zu Tisch;
Wen möchte solche Narrheit rühren!
Die Welt geht auseinander wie ein fauler Fisch,
Wir wollen sie nicht balsamieren.

*

Das ist doch nur der alte Dreck;
Werdet doch gescheiter!
Tretet nicht immer denselben Fleck,
So geht doch weiter!

*

Sie täten gern große Männer verehren,
Wenn diese nur auch zugleich Lumpe wären.

*

„So sei doch höflich!" – Höflich mit dem Pack?
Mit Seide näht man keinen groben Sack.

*

Wie sind die Vielen doch beflissen!
Und es verwirrt sie nur der Fleiß.
Sie möchten's gerne anders wissen
Als einer, der das Rechte weiß.

*

Anstatt daß ihr bedächtig steht,
Versucht's zusammen eine Strecke:
Wißt ihr auch nicht, wohin es geht,
So kommt ihr wenigstens vom Flecke.

*

Was waren das für schöne Zeiten:
In Ecclesia mulier taceat!
Jetzt, da eine Jegliche Stimme hat,
Was will Ecclesia bedeuten?

*

Was die Weiber lieben und hassen,
Das wollen wir ihnen gelten lassen;
Wenn sie aber urteilen und meinen,
Da will's oft wunderlich erscheinen.

*

Was Alte lustig sungen,
Das zwitschern muntre Jungen;
Was tüchtige Herren taten,
Wird Knechten auch geraten;
Was einer kühn geleistet,
Gar mancher sich erdreistet.

*

Glaubt nicht, daß ich fasele, daß ich dichte;
Geht hin und findet mir andre Gestalt!
Es ist die ganze Kirchengeschichte
Mischmasch von Irrtum und von Gewalt.

*

Ich habe nichts gegen die Frömmigkeit,
Sie ist zugleich Bequemlichkeit.
Wer ohne Frömmigkeit will leben,
Muß großer Mühe sich ergeben:

*

Auf seine eigne Hand zu wandern,
Sich selbst genügen und den andern
Und freilich auch dabei vertraun;
Gott werde wohl auf ihn niederschaun.

*

Wer Wissenschaft und Kunst besitzt,
Hat auch Religion;
Wer jene beiden nicht besitzt,
Der habe Religion.

*

„Warum denn aber bei unsern Sitzen
Bist du so selten gegenwärtig?"
Mag nicht für Langerweile schwitzen,
Der Mehrheit bin ich immer gewärtig.

*

Mir ist das Volk zur Last,
Meint es doch dies und das:
Weil es die Fürsten haßt,
Denkt es, es wäre was.

Ich kann mich nicht bereden lassen,
Macht mir den Teufel nur nicht klein:
Ein Kerl, den alle Menschen hassen,
Der muß was sein!

*

Trage dein Übel wie du magst,
Klage niemand dein Mißgeschick;
Wie du dem Freunde ein Unglück klagst,
Gibt er dir gleich ein Dutzend zurück!

*

Wie fruchtbar ist der kleinste Kreis,
Wenn man ihn wohl zu pflegen weiß!

*

Der Philosoph, dem ich zumeist vertraue,
Lehrt, wo nicht gegen alle, doch die meisten,
Daß unbewußt wir das Beste leisten:
Das glaubt man gern und lebt nun frisch ins Blaue.

*

Zu unsres Lebens oft getrübten Tagen
Gab uns ein Gott Ersatz für alle Plagen,
Daß unser Blick sich himmelwärts gewöhne –
Den Sonnenschein, die Tugend und das Schöne.

*

Es ist nichts in der Haut,
Was nicht im Knochen ist.

*

Wer hätte auf deutsche Blätter acht,
Morgens, Mittag, Abend und Mitternacht,
Der wär um alle seine Zeit gebracht,
Hätte weder Stunde, noch Tag, noch Nacht
Und wär ums ganze Jahr gebracht;
Das hätt ich ihm gar sehr verdacht.

*

Die Franzosen verstehn uns nicht;
Drum sagt man ihnen deutsch ins Gesicht,
Was ihnen wär verdrießlich gewesen,
Wenn sie es hätten französisch gelesen.

*

Ein Kranz ist gar viel leichter binden,
Als ihm ein würdig Haupt zu finden.

*

Es wäre schön, was Gut's zu kauen,
Müßte man es nicht nur auch verdauen;
Es wäre herrlich, genug zu trinken,
Tät einem nur nicht Kopf und Knie sinken;
Hinüber zu schießen, das wären Possen.
Würde nicht wieder herübergeschossen;
Und jedes Mädchen wäre gern bequem,
Wenn nur eine andre ins Kindbett käm.

*

Frömmigkeit verbindet sehr;
Aber Gottlosigkeit noch viel mehr.

*

Was ist ein Philister?
Ein hohler Darm,
Mit Furcht und Hoffnung ausgefüllt,
Daß Gott erbarm!

*

Wenn auch der Held genug ist,
Verbunden geht es doch geschwinder;
Und wenn der Überwundne klug ist,
Gesellt er sich zum Überwinder.

*

Hör auf doch, mit Weisheit zu prahlen, zu prangen,
Bescheidenheit würde dir löblicher stehn:
Kaum hast du die Fehler der Jugend begangen,
So mußt du die Fehler des Alters begehn.

*

Ihr Gläubigen, rühmt nur nicht euren Glauben
Als einzigen! wir glauben auch wie ihr.
Der Forscher läßt sich keineswegs berauben
Des Erbteils, aller Welt gegönnt – und mir.

*

Im Auslegen seid frisch und munter!
Legt ihr's nicht aus, so legt was unter.

*

Kirschkerne wird niemand kauen,
Man kann sie verschlucken, doch nicht verdauen.

*

Langeweile ist ein böses Kraut,
Aber auch eine Würze, die viel verdaut.

*

Lasset walten, lasset gelten,
Was ich wunderlich verkündigt!
Dürftet ihr den Guten schelten,
Der mit seiner Zeit gesündigt?

*

Liebe schwärmt auf allen Wegen;
Treue wohnt für sich allein.
Liebe kommt euch rasch entgegen;
Aufgesucht will Treue sein.

*

Manches Herrliche der Welt
Ist in Krieg und Streit zerronnen:
Wer beschützet und erhält,
Hat das schönste Los gewonnen.

Nichts leichter, als dem Dürftigen schmeicheln;
Wer mag aber ohne Vorteil heucheln?

*

Nichts vom Vergänglichen,
Wie's auch geschah!
Uns zu verewigen,
Sind wir ja da.

*

Ob ich liebe, ob ich hasse!
Nur soll ich nicht schelten.
Wenn ich die Leute gelten lasse,
Läßt man mich gelten.

*

Sonst, wie die Alten sungen,
So zwitscherten die Jungen;
Jetzt, wie die Jungen singen,
Soll's bei den Alten klingen.
Bei solchem Lied und Reigen
Das Beste – ruhn und schweigen.

*

„Sprich! Wie du dich immer und immer erneust?"
Kannst's auch, wenn du immer am Großen dich freust.
Das Große bleibt frisch, erwärmend, belebend;
Im Kleinlichen fröstelt der Kleinliche bebend.

*

Ursprünglich eignen Sinn
Laß dir nicht rauben!
Woran die Menge glaubt,
Ist leicht zu glauben.

*

Natürlich mit Verstand
Sei du beflissen;
Was der Gescheite weiß,
Ist schwer zu wissen.

*

Von heiligen Männern und von weisen
Ließ ich mich recht gern unterweisen,
Aber es müßte kurz geschehn,
Langes Reden will mir nicht anstehn:
Wonach soll man am Ende trachten?
Die Welt zu kennen und sie nicht verachten.

*

„Warum denn wie mit einem Besen
Wird so ein König ausgekehrt?"
Wären's Könige gewesen,
Sie stünden alle noch unversehrt.

*

„Warum nur die hübschen Leute
Mir nicht gefallen sollen?"
Manchen hält man für fett,
Er ist aber nur geschwollen.

*

„Was hast du denn? Unruhig bist du nicht,
Und auch nicht ruhig; machst mir ein Gesicht,
Als schwanktest du, magnetischen Schlaf zu ahnen."
Der Alte schlummert wie das Kind,
Und wie wir eben Menschen sind,
Wir schlafen sämtlich auf Vulkanen.

*

Was hieße wohl die Natur ergründen?
Gott ebenso außen als innen zu finden.

*

Umstülpen führt nicht ins Weite:
Wir kehren frank und froh
Den Strumpf auf die linke Seite
Und tragen ihn so.

*

Wer bescheiden ist, muß dulden,
Und wer frech ist, der muß leiden;
Also wirst du gleich verschulden,
Ob du frech seist, ob bescheiden.

*

Wer lebenslang dir wohlgetan,
Verletzung rechne dem nicht an.

*

„Wer will der Menge widerstehn?"
Ich widerstreb ihr nicht, ich laß sie gehn:
Sie schwebt und webt und schwankt und schwirrt,
Bis sie endlich wieder Einheit wird.

*

Wie einer denkt, ist einerlei,
Was einer tut, ist zweierlei;
Macht er's gut, so ist es recht,
Gerät es nicht, so bleibt es schlecht.

*

Wie Kirschen und Beeren behagen,
Mußt du Kinder und Sperlinge fragen.

*

Wisse, daß mir sehr mißfällt
Wenn so viele singen und reden!
Wer treibt die Dichtkunst aus der Welt?
Die Poeten!

*

Zwischen heut und morgen
Liegt eine lange Frist.
Lerne schnell besorgen,
Da du noch munter bist.

*

Ein jeder denkt in seinem Dunst,
Andrer Verdienst sei winzig klein.
Bewahre jeder die Vergunst,
auf seine Weise toll zu sein.

Die geschichtlichen Symbole –
Töricht, wer sie wichtig hält;
Immer forschet er ins Hohle
Und versäumt die reiche Welt.

*

Mit Narren leben wird dir gar nicht schwer,
Versammle nur ein Tollhaus um dich her.
Bedenke dann – das macht dich gleich gelind –
Daß Narrenwärter selbst auch Narren sind.

*

Stämme wollen gegen Stämme pochen;
Kann doch einer was der andre kann!
Steckt doch Mark in jedem Knochen,
Und in jedem Hemde steckt ein Mann.

RHEIN UND MAIN

Zu des Rheins gestreckten Hügeln,
Hochgesegneten Gebreiten,
Auen, die den Fluß bespiegeln,
Weingeschmückten Landesweiten
Möget mit Gedankenflügeln
Ihr den treuen Freund begleiten.

*

Erst Empfindung, dann Gedanken,
Erst ins Weite, dann zu Schranken;
Aus dem Wilden hold und mild
Zeigt sich dir das wahre Bild.

*

Wenn ihr's habt und wenn ihr's wißt,
Wißt ihr denn, wer es vermißt?
Bleibet eurem Sinne treu!
Neu ist alt und alt ist neu.

*

Nicht ist alles Gold, was gleißt,
Glück nicht alles, was so heißt,
Nicht alles Freude, was so scheint;
Damit hab ich gar manches gemeint.

DIE SPRACHREINIGER

Gott Dank! daß uns so wohl geschah,
Der Tyrann sitzt auf Helena!
Doch ließ sich nur der eine bannen;
Wir haben jetzo hundert Tyrannen,
Die schmieden uns gar unbequem,
Ein neues Kontinentalsystem.
Deutschland soll rein sich isolieren,
Einen Pestkordon um die Grenze führen,
Daß nicht einschleiche fort und fort
Kopf, Körper und Schwanz vom fremden Wort.
Wir sollen auf unsern Lorbeern ruhn,
Nichts weiter denken, als was wir tun.

LÄNDLICH

Die Nachtigall, sie war entfernt,
Der Frühling lockt sie wieder;
Was Neues hat sie nicht gelernt,
Singt alte, liebe Lieder.

DER AUTOR

Was wär ich
Ohne dich,
Freund Publikum!
All mein Empfinden Selbstgespräch,
All meine Freude stumm.

BÜRGERPFLICHT

Ein jeder k e h r e vor seiner Tür,
Und rein ist jedes Stadtquartier.
Ein jeder ü b e seine Lektion,
So wird es gut im Rate stohn!

DEM SYMBOLIKER

Suche nicht verborgne Weihe!
Unterm Schleier laß das Starre!
Willst du leben, guter Narre,
Sieh nur hinter dich ins Freie!

Anschaun, wenn es dir gelingt,
Daß es erst ins Innre dringt,
Dann nach außen wiederkehrt,
Bist am herrlichsten belehrt.

PILGERNDE KÖNIGE

Wenn was irgend ist geschehen,
Hört man's noch in späten Tagen;
Innen klingend wird es wehen,
Wenn die Glock ist angeschlagen.
Und so laßt von diesem Schalle
Euch erheitern, viele, viele!
Denn am Ende sind wir alle
Pilgernd Könige zum Ziele.

AN DIE T... UND D...

Verfluchtes Volk! kaum bist du frei,
So brichst du dich in dir selbst entzwei.
War nicht der Not, des Glücks genug?
Deutsch oder teutsch, du wirst nicht klug.

Vermischte Sprüche

In das Stammbuch meinem lieben Enkel Walter von Goethe unter folgende Worte Jean Pauls:

> *Der Mensch hat dritthalb Minuten; eine zu lächeln,*
> *eine zu seufzen und eine halbe zu lieben, denn*
> *mitten in dieser Minute stirbt er.*

Ihrer sechzig hat die Stunde,
Über tausend hat der Tag,
Söhnchen, werde dir die Kunde
Was man alles leisten mag!

In August von Goethes Stammbuch

Fest bewahre der Würdigen Bild! Wie leuchtende Sterne
Säte sie aus die Natur durch den unendlichen Raum.

In das Stammbuch des Fritz von Stein

Unglück bildet den Menschen und zwingt ihn, sich selber zu kennen,
    Leiden gibt dem Gemüt doppeltes Streben und Kraft.
Uns lehrt eigener Schmerz, der anderen Schmerzen zu teilen,
    Eigener Fehler erhält Demut und billigen Sinn.
Mögest du, glücklicher Knabe, nicht dieser Schule bedürfen
    Und nur Fröhlichkeit dich führen die Wege des Rechts.

*

Vorspruch zu den Noten und Abhandlungen zu besserem
Verständnis des West-östlichen Diwans

Wer das Dichten will verstehn,
Muß ins Land der Dichtung gehn;
Wer den Dichter will verstehn,
Muß in Dichters Lande gehn.

Aus dem Fragment „Der ewige Jude"

O Freund, der Mensch ist nur ein Tor,
Stellt er sich Gott als seinesgleichen vor.

*

Willst du immer weiter schweifen?
Sieh, das Gute liegt so nah.
Lerne nur das Glück ergreifen,
Denn das Glück ist immer da.

Den Vereinigten Staaten

Amerika, du hast es besser
Als unser Kontinent, das alte,
Hast keine verfallenen Schlösser
Und keine Basalte.
Dich stört nicht im Innern
Zu lebendiger Zeit
Unnützes Erinnern
Und vergeblicher Streit.

Benutzt die Gegenwart mit Glück!
Und wenn nun eure Kinder dichten,
Bewahre sie ein gut Geschick
Vor Ritter-, Räuber- und Gespenstergeschichten.

REINEKE FUCHS

Pfingsten, das liebliche Fest, war gekommen; es grünten und blühten
Feld und Wald; auf Hügeln und Höhn, in Büschen und Hecken
Übten ein fröhliches Lied die neu ermunterten Vögel;
Jede Wiese sproßte von Blumen in duftenden Gründen,
Festlich heiter glänzte der Himmel und farbig die Erde.
  Nobel, der König, versammelt den Hof; und seine Vasallen
Eilen gerufen herbei mit großem Gepränge; da kommen
Viele stolze Gesellen von allen Seiten und Enden,
Lütke, der Kranich, und Markart, der Häher, und alle die Besten.
Denn der König gedenkt mit allen seinen Baronen
Hof zu halten in Feier und Pracht; er läßt sie berufen
Alle miteinander, so gut die Großen als Kleinen.
Niemand sollte fehlen! und dennoch fehlte der e i n e ,
Reineke Fuchs, der Schelm! der viel begangenen Frevels
Halben des Hofs sich enthielt. So scheuet das böse Gewissen
Licht und Tag, es scheute der Fuchs die versammelten Herren.
Alle hatten zu klagen, er hatte sie alle beleidigt,
Und nur Grimbart, der Dachs, den Sohn des Bruders, verschont' er.
  Isegrim aber, der Wolf, begann die Klage; von allen
Seinen Vettern und Gönnern, von allen Freunden begleitet,
Trat er vor den König und sprach die gerichtlichen Worte:
„Gnädigster König und Herr! vernehmet meine Beschwerden.
Edel seid ihr und groß und ehrenvoll, jedem erzeigt ihr
Recht und Gnade: so laßt euch denn auch des Schadens erbarmen,
Den ich von Reineke Fuchs mit großer Schande gelitten.
Aber vor allen Dingen erbarmt euch, daß er mein Weib so
Freventlich öfters verhöhnt und meine Kinder verletzt hat.
Ach! er hat sie mit Unrat besudelt, mit ätzendem Unflat,
Daß mir zu Hause noch drei in bittrer Blindheit sich quälen.
Zwar ist alle der Frevel schon lange zur Sprache gekommen,
Ja, ein Tag war gesetzt, zu schlichten solche Beschwerden;
Er erbot sich zum Eide, doch bald besann er sich anders
Und entwischte behend nach seiner Feste. Das wissen
Alle Männer zu wohl, die hier und neben mir stehen.
Herr! ich könnte die Drangsal, die mir der Bube bereitet,
Nicht mit eilenden Worten in vielen Wochen erzählen.
Würde die Leinwand von Gent, soviel auch ihrer gemacht wird,
Alle zu Pergament, sie faßte die Streiche nicht alle,
Und ich schweige davon. Doch meines Weibes Entehrung
Frißt mir das Herz; ich räche sie auch, es werde, was wolle."
  Als nun Isegrim so mit traurigem Mute gesprochen,
Trat ein Hündchen hervor, hieß Wackerlos, red'te französisch
Vor dem König: wie arm es gewesen und nichts ihm geblieben,
Als ein Stückchen Wurst in einem Wintergebüsche;

Reineke hab auch das ihm genommen! Jetzt sprang auch der Kater
Hinze zornig hervor und sprach: „Erhabner Gebieter,
Niemand beschwere sich mehr, daß ihm der Bösewicht schade,
Denn der König allein! Ich sag euch, in dieser Gesellschaft
Ist hier niemand, jung oder alt, er fürchtet den Frevler
Mehr als euch! Doch Wackerlos' Klage will wenig bedeuten,
Schon sind Jahre vorbei, seit diese Händel geschehen;
Mir gehörte die Wurst! Ich sollte mich damals beschweren.
Jagen war ich gegangen: auf meinem Wege durchsucht ich
Eine Mühle zu Nacht; es schlief die Müllerin; sachte
Nahm ich ein Würstchen, ich will es gestehen; doch hatte zu dieser
Wackerlos irgend ein Recht, so dankt er's meiner Bemühung."

 Und der Panther begann: „Was helfen Klagen und Worte!
Wenig richten sie aus; genug, das Übel ist ruchtbar.
Er ist ein Dieb, ein Mörder! Ich darf es kühnlich behaupten,
Ja, es wissen's die Herren, er übet jeglichen Frevel.
Möchten doch alle die Edlen, ja selbst der erhabene König
Gut und Ehre verlieren; er lachte, gewänn er nur etwa
Einen Bissen dabei von einem fetten Kapaune.
Laßt euch erzählen, wie er so übel an Lampen, dem Hasen,
Gestern tat; hier steht er! der Mann, der keinen verletzte.
Reineke stellte sich fromm und wollt ihn allerlei Weisen
Kürzlich lehren und was zum Kaplan noch weiter gehöret,
Und sie setzten sich gegeneinander, begannen das Kredo.
Aber Reineke konnte die alten Tücken nicht lassen;
Innerhalb unsers Königes Fried' und freiem Geleite
Hielt er Lampen gefaßt mit seinen Klauen und zerrte
Tückisch den redlichen Mann. Ich kam die Straße gegangen,
Hörte beider Gesang, der, kaum begonnen, schon wieder
Endete. Horchend wundert ich mich, doch als ich hinzukam,
Kannt ich Reineken stracks, er hatte Lampen beim Kragen;
Ja, er hätt ihm gewiß das Leben genommen, wofern ich
Nicht zum Glücke des Wegs gekommen wäre. Da steht er!
Seht die Wunden an ihm, dem frommen Manne, den keiner
Zu beleidigen denkt. Und will es unser Gebieter,
Wollt ihr Herren es leiden, daß so des Königes Friede,
Sein Geleit und Brief von einem Diebe verhöhnt wird;
O so wird der König und seine Kinder noch späten
Vorwurf hören von Leuten, die Recht und Gerechtigkeit lieben."

 Isegrimm sagte darauf: „So wird es bleiben, und leider
Wird uns Reineke nie was Gutes erzeigen. O! läg er
Lange tot; das wäre das beste für friedliche Leute;
Aber wird ihm diesmal verziehn, so wird er in kurzem
Etliche kühnlich berücken, die nun es am wenigsten glauben."

 Reinekens Neffe, der Dachs, nahm jetzt die Rede, und mutig
Sprach er zu Reinekens Bestem, so falsch auch dieser bekannt war.
„Alt und wahr, Herr Isegrim!" sagt' er, „beweist sich das Sprichwort:
Feindes Mund frommt selten. So hat auch wahrlich mein Oheim
Eurer Worte sich nicht zu getrösten. Doch ist es ein leichtes.
Wär er hier am Hofe so gut als ihr und erfreut' er
Sich des Königes Gnade, so möcht es euch sicher gereuen,
Daß ihr so hämisch gesprochen und alte Geschichten erneuert.
Aber was ihr Übels an Reineken selber verübet,
Übergeht ihr; und doch, es wissen es manche der Herren,
Wie ihr zusammen ein Bündnis geschlossen und beide versprochen,
Als zwei gleiche Gesellen zu leben. Das muß ich erzählen;
Denn im Winter einmal erduldet' er große Gefahren

Euretwegen. Ein Fuhrmann, er hatte Fische geladen,
Fuhr die Straße; ihr spürtet ihn aus und hättet um alles
Gern von der Ware gegessen; doch fehlt' es euch leider am Gelde.
Da beredetet ihr den Oheim, er legte sich listig
Grade für tot in den Weg. Es war beim Himmel ein kühnes
Abenteuer! Doch merket, was ihm für Fische geworden.
Und der Fuhrmann kam und sah im Geleise den Oheim,
Hastig zog er sein Schwert, ihm eins zu versetzen; der Kluge
Rührt' und regte sich nicht, als wär er gestorben; der Fuhrmann
Wirft ihn auf seinen Karrn und freut sich des Balges im voraus.
Ja, das wagte mein Oheim für Isegrim; aber der Fuhrmann
Fuhr dahin, und Reineke warf von den Fischen herunter.
Isegrim kam von ferne geschlichen, verzehrte die Fische.
Reineken mochte nicht länger zu fahren belieben; er hub sich,
Sprang vom Karren und wünschte nun auch, von der Beute zu speisen.
Aber Isegrim hatte sie alle verschlungen; er hatte
Über Not sich beladen, er wollte bersten. Die Gräten
Ließ er allein zurück und bot dem Freunde den Rest an.
Noch ein anderes Stückchen! auch dies erzähl ich euch wahrhaft.
Reineken war es bewußt, bei einem Bauer am Nagel
Hing ein gemästetes Schwein, erst heute geschlachtet; das sagt' er
Treu dem Wolfe; sie gingen dahin, Gewinn und Gefahren
Redlich zu teilen. Doch Müh und Gefahr trug jener alleine.
Denn er kroch zum Fenster hinein und warf mit Bemühen
Die gemeinsame Beute dem Wolf herunter; zum Unglück
Waren Hunde nicht fern, die ihn im Hause verspürten
Und ihm wacker das Fell zerzausten. Verwundet entkam er,
Eilig sucht' er Isegrim auf und klagt' ihm sein Leiden
Und verlangte sein Teil. Da sagte jener: ‚Ich habe
Dir ein köstliches Stück verwahrt; nun mache dich drüber
Und benage mir's wohl; wie wird das Fette dir schmecken!'
Und er brachte das Stück; das Krummholz war es, der Schlächter
Hatte daran das Schwein gehängt; der köstliche Braten
War vom gierigen Wolfe, dem ungerechten, verschlungen.
Reineke konnte vor Zorn nicht reden, doch was er sich dachte,
Denkt euch selbst. Herr König, gewiß, daß hundert und drüber
Solcher Stückchen der Wolf an meinem Oheim verschuldet!
Edler Gebieter, ich darf es bemerken! Ihr habet, es haben
Diese Herren gehört, wie töricht Isegrims Rede
Seinem eignen Weibe und ihrer Ehre zu nahe tritt,
Die er mit Leib und Leben beschützen sollte. Denn freilich
Sieben Jahre sind's her und drüber, da schenkte mein Oheim
Seine Lieb und Treue zum guten Teil der schönen
Frauen Gieremund, solches geschah beim nächtlichen Tanze;
Isegrim war verreist, ich sag es, wie mir's bekannt ist.
Freundlich und höflich ist sie ihm oft zu Willen geworden.
Und was ist es denn mehr? Sie bracht es niemals zur Klage,
Ja, sie lebt und befindet sich wohl, was macht er für Wesen?
Wär er klug, so schwieg er davon; es bringt ihm nur Schande."
Weiter fragte der Dachs: „Nun kommt das Märchen vom Hasen:
Eitel leeres Gewäsche! Den Schüler sollte der Meister
Etwa nicht züchtigen, wenn er nicht merkt und übel bestehet?
Sollte man nicht die Knaben bestrafen und ginge der Leichtsinn,
Ginge die Unart so hin, wie sollte die Jugend erwachsen?
Nun klagt Wackerlos, wie er ein Würstchen im Winter verloren
Hinter der Hecke; das sollt er nun lieber im stillen verschmerzen;
Denn wir hören es ja, sie war gestohlen; zerronnen

Wie gewonnen; und wer kann meinem Oheim verargen,
Daß er gestohlenes Gut dem Diebe genommen? Es sollen
Edle Männer von hoher Geburt sich gehässig den Dieben
Und gefährlich erzeigen. Ja, hätt er ihn damals gehangen,
War es verzeihlich. Doch ließ er ihn los, den König zu ehren;
Denn am Leben zu strafen, gehört dem König alleine.
Aber wenigen Danks kann sich mein Oheim getrösten,
So gerecht er auch sei und Übeltaten verwehret.
Denn seitdem des Königs Friede verkündiget worden,
Hält sich niemand wie er. Er hat sein Leben verändert,
Speiset nur einmal des Tags, lebt wie ein Klausner, kasteit sich,
Trägt ein härenes Kleid auf bloßem Leibe und hat schon
Lange von Wildbret und zahmem Fleische, sich gänzlich enthalten,
Wie mir noch gestern einer erzählte, der bei ihm gewesen.
Malepartus, sein Schloß, hat er verlassen und baut sich
Eine Klause zur Wohnung. Wie er so mager geworden,
Bleich von Hunger und Durst und andern strengeren Bußen,
Die er reuig erträgt, das werdet ihr selber erfahren.
Denn was kann es ihm schaden, daß hier ihn jeder verklaget?
Kommt er hieher, so führt er sein Recht aus und macht sie zuschanden."
    Als nun Grimbart geendigt, erschien zu großem Erstaunen
Henning, der Hahn, mit seinem Geschlecht. Auf trauriger Bahre,
Ohne Hals und Kopf, ward eine Henne getragen,
Kratzefuß war es, die beste der Eier legenden Hennen.
Ach, es floß ihr Blut und Reineke hatt es vergossen!
Jetzo sollt es der König erfahren. Als Henning, der wackre,
Vor dem König erschien, mit höchstbetrübter Gebärde,
Kamen mit ihm zwei Hähne, die gleichfalls trauerten. Kreyant
Hieß der eine, kein besserer Hahn war irgend zu finden
Zwischen Holland und Frankreich; der andre durft ihm zur Seite
Stehen, Kantart genannt, ein stracker, kühner Geselle;
Beide trugen ein brennendes Licht: sie waren die Brüder
Der ermordeten Frau. Sie riefen über den Mörder
Ach und Weh! Es trugen die Bahr zwei jüngere Hähne,
Und man konnte von fern die Jammerklage vernehmen.
Henning sprach: „Wir klagen den unersetzlichen Schaden,
Gnädigster Herr und König! Erbarmt euch, wie ich verletzt bin,
Meine Kinder und ich. Hier seht ihr Reinekens Werke!
Als der Winter vorbei und Laub und Blumen und Blüten
Uns zur Fröhlichkeit riefen, erfreut ich mich meines Geschlechtes,
Das so munter mit mir die schönen Tage verlebte!
Zehen junge Söhne, mit vierzehn Töchtern, sie waren
Voller Lust zu leben; mein Weib, die treffliche Henne,
Hatte sie alle zusammen in einem Sommer erzogen.
Alle waren so stark und wohl zufrieden; sie fanden
Ihre tägliche Nahrung an wohlgesicherter Stätte.
Reichen Mönchen gehörte der Hof, uns schirmte die Mauer,
Und sechs große Hunde, die wackern Genossen des Hauses,
Liebten meine Kinder und wachten über ihr Leben;
Reineken aber, den Dieb, verdroß es, daß wir in Frieden
Glückliche Tage verlebten und seine Ränke vermieden.
Immer schlich er bei Nacht um die Mauer und lauschte beim Tore;
Aber die Hunde bemerkten's; da mocht er laufen! Sie faßten
Wacker ihn endlich einmal und ruckten das Fell ihm zusammen;
Doch er rettete sich und ließ uns ein Weilchen in Ruhe.
Aber nun höret mich an! Es währte nicht lange, so kam er
Als ein Klausner und brachte mir Brief und Siegel. Ich kannt es:

Euer Siegel sah ich am Briefe; da fand ich geschrieben,
Daß ihr festen Frieden so Tieren als Vögeln verkündigt.
Und er zeigte mir an, er sei ein Klausner geworden,
Habe strenge Gelübde getan, die Sünden zu büßen,
Deren Schuld er leider bekenne. Da habe nun keiner
Mehr vor ihm sich zu fürchten. Er habe heilig gelobet,
Nimmermehr Fleisch zu genießen. Er ließ mich die Kutte beschauen,
Zeigte sein Skapulier. Daneben wies er ein Zeugnis,
Das ihm der Prior gestellt, und, um mich sicher zu machen,
Unter der Kutte ein härenes Kleid. Dann ging er und sagte:
‚Gott dem Herren seid mir befohlen! Ich habe noch vieles
Heute zu tun! ich habe die Sext und die None zu lesen
Und die Vesper dazu.' Er las im Gehen und dachte
Vieles Böse sich aus, er sann auf unser Verderben.
Ich mit erheitertem Herzen erzählte geschwinde den Kindern
Eures Briefes fröhliche Botschaft; es freuten sich alle.
Da nun Reineke Klausner geworden, so hatten wir weiter
Keine Sorge, noch Furcht. Ich ging mit ihnen zusammen
Vor die Mauer hinaus, wir freuten uns alle der Freiheit.
Aber leider bekam es uns übel. Er lag im Gebüsche
Hinterlistig; da sprang er hervor und verrannt uns die Pforte;
Meiner Söhne schönsten ergriff er und schleppt' ihn von dannen,
Und nun war kein Rat, nachdem er sie einmal gekostet;
Immer versucht' er es wieder; und weder Jäger noch Hunde
Konnten vor seinen Ränken bei Tag und Nacht uns bewahren.
So entriß er mir nun fast alle Kinder; von zwanzig
Bin ich auf fünfe gebracht, die andern raubt' er mir alle.
O, erbarmt euch des bittern Schmerzes! Er tötete gestern
Meine Tochter, es haben die Hunde den Leichnam gerettet.
Seht, hier liegt sie! Er hat es getan, o! nehmt es zu Herzen!"
    Und der König begann: ,,Kommt näher, Grimbart und sehet,
Also fastet der Klausner, und so beweist er die Buße!
Leb ich noch aber ein Jahr, so soll es ihn wahrlich gereuen!
Doch was helfen die Worte! Vernehmt, trauriger Henning:
Eurer Tochter ermangl' es an nichts, was irgend den Toten
Nur zu Rechte geschieht. Ich laß ihr Vigilie singen,
Sie mit großer Ehre zur Erde bestatten; dann wollen
Wir mit diesen Herren des Mordes Strafe bedenken."
    Da gebot der König, man solle Vigilie singen.
Domino placebo begann die Gemeine, sie sangen
Alle Verse davon. Ich könnte ferner erzählen,
Wer die Lektion gesungen und wer die Responsen;
Aber es währte zu lang, ich laß es lieber bewenden.
In ein Grab ward die Leiche gelegt und drüber ein schöner
Marmorstein, poliert wie ein Glas, gehauen im Viereck,
Groß und dick, und oben drauf war deutlich zu lesen:
,,Kratzefuß, Tochter Hennings, des Hahns, die beste der Hennen,
Legte viel Eier ins Nest und wußte klüglich zu scharren.
Ach, hier liegt sie! durch Reinekens Mord den Ihren genommen.
Alle Welt soll erfahren, wie bös und falsch er gehandelt,
Und die Tote beklagen." So lautete, was man geschrieben.
    Und es ließ der König darauf die Klügsten berufen,
Rat mit ihnen zu halten, wie er den Frevel bestrafte,
Der so klärlich vor ihn und seine Herren gebracht war.
Und sie rieten zuletzt, man habe dem listigen Frevler
Einen Boten zu senden, daß er um Liebes und Leides
Nicht sich entzöge, er solle sich stellen am Hofe des Königs

An dem Tage der Herren, wenn sie zunächst sich versammeln;
Braun, den Bären, ernannte man aber zum Boten. Der König
Sprach zu Braun, dem Bären: „Ich sag es, euer Gebieter,
Daß ihr mit Fleiß die Botschaft verrichtet! Doch rat ich zur Vorsicht:
Denn es ist Reineke falsch und boshaft, allerlei Listen
Wird er gebrauchen, er wird euch schmeicheln, er wird euch belügen,
Hintergehen, wie er nur kann." – „Mit nichten", versetzte
Zuversichtlich der Bär, „bleibt ruhig! Sollt er sich irgend
Nur vermessen und mir zum Hohne das mindeste wagen,
Seht, ich schwör es bei Gott! der möge mich strafen, wofern ich
Ihm nicht grimmig vergölte, daß er zu bleiben nicht wüßte."

*

Also wandelte Braun, auf seinem Weg zum Gebirge,
Stolzen Mutes dahin, durch eine Wüste, die groß war,
Lang und sandig und breit; und als er sie endlich durchzogen,
Kam er gegen die Berge, wo Reineke pflegte zu jagen;
Selbst noch Tages zuvor hatt er sich dorten erlustigt;
Aber der Bär ging weiter nach Malepartus; da hatte
Reineke schöne Gebäude. Von allen Schlössern und Burgen,
Deren ihm viele gehörten, war Malepartus die beste.
Reineke wohnte daselbst, sobald er Übels besorgte.
Braun erreichte das Schloß und fand die gewöhnliche Pforte
Fest verschlossen. Da trat er davor und besann sich ein wenig;
Endlich rief er und sprach: „Herr Oheim, seid ihr zu Hause?
Braun, der Bär, ist gekommen, des Königs gerichtlicher Bote.
Denn es hat der König geschworen, ihr sollet bei Hofe
Vor Gericht euch stellen, ich soll euch holen, damit ihr
Recht zu nehmen und Recht zu geben keinem verweigert,
Oder es soll euch das Leben kosten; denn bleibt ihr dahinten,
Ist mit Galgen und Rad euch gedroht. Drum wählet das Beste,
Kommt und folget mir nach, sonst möcht es euch übel bekommen."
Reineke hörte genau vom Anfang zum Ende die Rede,
Lag und lauerte still und dachte: „Wenn es gelänge,
Daß ich dem plumpen Kumpan die stolzen Worte bezahlte?
Laßt uns die Sache bedenken." Er ging in die Tiefe der Wohnung,
In die Winkel des Schlosses, denn künstlich war es gebauet.
Löcher fanden sich hier und Höhlen mit vielerlei Gängen,
Eng und schmal, und mancherlei Türen zum Öffnen und Schließen,
Wie es Zeit war und Not. Erfuhr er, daß man ihn suchte
Wegen schelmischer Tat, da fand er die beste Beschirmung.
Auch aus Einfalt hatten sich oft in diesen Mäandern
Arme Tiere gefangen, willkommene Beute dem Räuber.
Reineke hatte die Worte gehört, doch fürchtet' er klüglich,
Andre möchten noch neben dem Boten im Hinterhalt liegen.
Als er sich aber versichert, der Bär sei einzeln gekommen,
Ging er listig hinaus und sagte: „Wertester Oheim,
Seid willkommen! Verzeiht mir! ich habe Vesper gelesen,
Darum ließ ich euch warten. Ich dank euch, daß ihr gekommen,
Denn es nutzt mir gewiß bei Hofe, so darf ich es hoffen.
Seid zu jeglicher Stunde, mein Oheim, willkommen! Indessen
Bleibt der Tadel für den, der euch die Reise befohlen,
Denn sie ist weit und beschwerlich. O Himmel, wie ihr erhitzt seid!
Eure Haare sind naß und euer Odem beklommen.
Hatte der mächtige König sonst keinen Boten zu senden,
Als den edelsten Mann, den er am meisten erhöht?
Aber so sollt es wohl sein zu meinem Vorteil; ich bitte,

Helft mir am Hofe des Königs, allwo man mich übel verleumdet.
Morgen setzt ich mir vor, trotz meiner mißlichen Lage,
Frei nach Hofe zu gehen, und so gedenk ich noch immer;
Nur für heute bin ich zu schwer, die Reise zu machen.
Leider hab ich zu viel von einer Speise gegessen,
Die mir übel bekommt; sie schmerzt mich gewaltig im Leibe."
Braun versetzte darauf: „Was war es, Oheim?" Der andre
Sagte dagegen: „Was könnte es euch helfen, und wenn ich's erzählte.
Kümmerlich frist ich mein Leben; ich leid es aber geduldig.
Ist ein armer Mann doch kein Graf! und findet zuweilen
Sich für uns und die Unsern nichts Besseres, müssen wir freilich
Honigscheiben verzehren, die sind wohl immer zu haben.
Doch ich esse sie nur aus Not; nun bin ich geschwollen.
Wider Willen schluckt ich das Zeug, wie sollt es gedeihen?
Kann ich es immer vermeiden, so bleibt mir's ferne vom Gaumen."
   „Ei! was hab ich gehört!" versetzte der Braune, „Herr Oheim!
Ei! verschmähet ihr so den Honig, den mancher begehret?
Honig, muß ich euch sagen, geht über alle Gerichte,
Wenigstens mir; o schafft mir davon, es soll euch nicht reuen!
Dienen werd ich euch wieder." – „Ihr spottet", sagte der andre.
„Nein, wahrhaftig!" verschwur sich der Bär, „es ist ernstlich gesprochen."
„Ist dem also", versetzte der Rote, „da kann ich euch dienen,
Denn der Bauer Rüsteviel wohnt am Fuße des Berges.
Honig hat er! Gewiß mit allem eurem Geschlechte
Saht ihr niemal so viel beisammen." Da lüstet' es Braunen
Übermäßig nach dieser geliebten Speise. „O führt mich",
Rief er, „eilig dahin! Herr Oheim, ich will es gedenken,
Schafft mir Honig und wenn ich auch nicht gesättiget werde."
„Gehen wir", sagte der Fuchs, „es soll an Honig nicht fehlen,
Heute bin ich zwar schlecht zu Fuße; doch soll mir die Liebe,
Die ich euch lange gewidmet, die sauern Tritte versüßen.
Denn ich kenne niemand von allen meinen Verwandten,
Den ich verehrte wie euch! Doch kommt! Ihr werdet dagegen
An des Königs Hof am Herren-Tage mir dienen,
Daß ich der Feinde Gewalt und ihre Klagen beschäme.
Honigsatt mach ich euch heute, soviel ihr immer nur tragen
Möget." – Es meinte der Schalk die Schläge der zornigen Bauern.
   Reineke lief ihm zuvor und blindlings folgte der Braune.
„Will mir's gelingen", so dachte der Fuchs, „ich bringe dich heute
Noch zu Markte, wo dir ein bitterer Honig zuteil wird."
Und sie kamen zu Rüsteviels Hofe; das freute den Bären,
Aber vergebens, wie Toren sich oft mit Hoffnung betrügen.
   Abend war es geworden, und Reineke wußte, gewöhnlich
Liege Rüsteviel nun in seiner Kammer zu Bette,
Der ein Zimmermann war, ein tüchtiger Meister. Im Hofe
Lag ein eichener Stamm; er hatte, diesen zu trennen,
Schon zwei tüchtige Keile hineingetrieben, und oben
Klaffte gespalten der Baum fast ellenweit. Reineke merkt es,
Und er sagt: „Mein Oheim, in diesem Baume befindet
Sich des Honigs mehr, als ihr vermutet; nun stecket
Eure Schnauze hinein, so tief ihr möget. Nur rat ich,
Nehmet nicht gierig zu viel, es möcht euch übel bekommen."
„Meint ihr", fragte der Bär, „ich sei ein Vielfraß? mitnichten!
Maß ist überall gut, bei allen Dingen." Und also
Ließ der Bär sich betören und steckte den Kopf in die Spalte
Bis an die Ohren hinein und auch die vordersten Füße.
Reineke machte sich dran, mit vielem Ziehen und Zerren

Bracht' er die Keile heraus; nun war der Braune gefangen,
Haupt und Füße geklemmt; es half kein Schelten noch Schmeicheln.
Vollauf hatte der Braune zu tun, so stark er und kühn war,
Und so hielt der Neffe mit List den Oheim gefangen.
Heulend plärrte der Bär, und mit den hintersten Füßen
Scharrt er grimmig und lärmte so sehr, daß Rüsteviel aufsprang.
Was es wäre? dachte der Meister und brachte sein Beil mit,
Daß man bewaffnet ihn fände, wenn jemand zu schaden gedächte.
    Braun befand sich indes in großen Ängsten; die Spalte
Klemmt ihn gewaltig, er zog und zerrte brüllend vor Schmerzen.
Aber mit alle der Pein war nichts gewonnen; er glaubte
Nimmer von dannen zu kommen; so meinte auch Reineke freudig.
Als er Rüsteviel sah von ferne schreiten, da rief er:
„Braun, wie steht es? Mäßigt euch und schonet des Honigs!
Sagt, wie schmeckt es? Rüsteviel kommt und will euch bewirten;
Nach der Mahlzeit bringt er ein Schlückchen, es mag euch bekommen!"
Da ging Reineke wieder nach Malepartus, der Feste.
Aber Rüsteviel kam, und als er den Bären erblickte,
Lief er, die Bauern zu rufen, die noch in der Schenke beisammen
Schmauseten. „Kommt!" so rief er, „in meinem Hofe gefangen
Hat sich ein Bär, ich sage die Wahrheit." Sie folgten und liefen,
Jeder bewehrte sich eilig, so gut er konnte. Der eine
Nahm die Gabel zur Hand, und seinen Rechen der andre,
Und der dritte, der vierte, mit Spieß und Hacke bewaffnet,
Kamen gesprungen, der fünfte mit einem Pfahle gerüstet.
Ja, der Pfarrer und der Küster, sie kamen mit ihrem Geräte.
Auch die Köchin des Pfaffen (sie hieß Frau Jutte, sie konnte
Grütze bereiten und kochen wie keine) blieb nicht dahinten,
Kam mit dem Rocken gelaufen, bei dem sie am Tage gesessen,
Dem unglücklichen Bären den Pelz zu waschen. Der Braune
Hörte den wachsenden Lärm in seinen schrecklichen Nöten,
Und er riß mit Gewalt das Haupt aus der Spalte; da blieb ihm
Haut und Haar des Gesichts bis zu den Ohren im Baume.
Nein! kein kläglicher Tier hat jemand gesehen! Es rieselt
Über die Ohren das Blut. Was half ihm das Haupt befreien?
Denn es blieben die Pfoten im Baume stecken; da riß er
Hastig sie ruckend heraus, er raste sinnlos; die Klauen
Und von den Füßen das Fell blieb in der klemmenden Spalte.
Leider schmeckte dies nicht nach süßem Honig, wozu ihm
Reineke Hoffnung gemacht; die Reise war übel geraten,
Eine sorgliche Fahrt war Braunen geworden. Es blutet
Ihm der Bart und die Füße dazu, er konnte nicht stehen,
Konnte nicht kriechen, noch gehn. Und Rüsteviel eilte zu schlagen,
Alle fielen ihn an, die mit dem Meister gekommen;
Ihn zu töten, war ihr Begehr. Es führte der Pater
Einen langen Stab in der Hand und schlug ihn von ferne.
Kümmerlich wandt' er sich hin und her, es drängt' ihn der Haufen,
Einige hier mit Spießen, dort andre mit Beilen, es brachte
Hammer und Zange der Schmied, es kamen andre mit Schaufeln,
Andre mit Spaten, sie schlugen drauf los und riefen und schlugen,
Alle setzten ihm zu, es blieb auch keiner dahinten.
Der krummbeinige Schloppe mit dem breitnasigen Ludolf
Waren die schlimmsten, und Gerold bewegte den hölzernen Flegel
Zwischen den krummen Fingern; ihm stand sein Schwager zur Seite,
Kückelrei war es, der dicke, die beiden schlugen am meisten.
Abel Quack und Frau Jutte dazu, sie ließen's nicht fehlen;
Talke Lorden Quacks traf mit der Butte den Armen.

Und nicht diese Genannten allein, denn Männer und Weiber,
Alle liefen herzu und wollten daß Leben des Bären.
Nun sprang Rüsteviels Bruder hervor und schlug mit dem langen,
Dicken Knüttel den Bären aufs Haupt, daß Hören und Sehen
Ihm verging; doch fuhr er empor vom mächtigen Schlage.
Rasend fuhr er unter die Weiber, die untereinander
Taumelten, fielen und schrien, und einige stürzten ins Wasser,
Und das Wasser war tief. Da rief der Pater und sagte:
„Sehet, da unten schwimmt Frau Jutte, die Köchin, im Pelze,
Und der Rocken ist hier! O helft, ihr Männer! Ich gebe
Bier zwei Tonnen zum Lohn und großen Ablaß und Gnade."
Alle ließen für tot den Bären liegen und eilten
Nach den Weibern ans Wasser, man zog aufs Trockne die fünfe.
Da indessen die Männer am Ufer beschäftigt waren,
Kroch der Bär ins Wasser vor großem Elend und brummte
Vor entsetzlichem Weh. Er wollte lieber sich ersäufen,
Als die Schläge so schändlich erdulden. Er hatte zu schwimmen
Nie versucht und hoffte sogleich das Leben zu enden.
Wider Vermuten fühlt er sich schwimmen, und glücklich getragen
Ward er vom Wasser hinab; es sahen ihn alle die Bauern,
Riefen: „Das wird uns gewiß zur ewigen Schande gereichen!"
Und sie waren verdrießlich und schalten über die Weiber.
　　Als der König den Bären in seinem Elend erblickte,
Rief er: „Gnädiger Gott! Erkenn ich Braunen? Wie kommt er
So geschändet?" Und Braun versetzte: „Leider erbärmlich
Ist das Ungemach, das ihr erblickt; so hat mich der Frevler
Reineke schändlich verraten!" Da sprach der König entrüstet:
„Rächen will ich gewiß ohn alle Gnad den Frevel.
Solch einen Herrn wie Braun, den sollte Reineke schänden?
Ja, bei meiner Ehre, bei meiner Krone! das schwör ich,
Alles soll Reineke büßen, was Braun zu Rechte begehrt.
Halt ich mein Wort nicht, so trag ich kein Schwert mehr, ich will es geloben!"
　　Und der König gebot, es sollte der Rat sich versammlen,
Überlegen und gleich der Frevel Strafe bestimmen.
Alle rieten darauf, wofern es dem König beliebte,
Solle man Reineken abermals fordern, er solle sich stellen,
Gegen Anspruch und Klage sein Recht zu wahren. Es könne
Hinze, der Kater, sogleich die Botschaft Reineken bringen,
Weil er klug und gewandt sei. So rieten sie alle zusammen.
　　Und es vereinigte sich der König mit seinen Genossen,
Sprach zu Hinzen: „Merket mir recht die Meinung der Herren!
Ließ er sich aber zum drittenmal fordern, so soll es ihm selbst und
Seinem ganzen Geschlechte zum ewigen Schaden gereichen;
Ist er klug, so komm er inzeiten. Ihr schärft ihm die Lehre;
Andre verachtet er nur, doch eurem Rate gehorcht er."
　　Aber Hinze versetzte: „Zum Schaden oder zum Frommen
Mag es gereichen, komm ich zu ihm, wie soll ich's beginnen?
Meinetwegen tut oder laßt es, aber ich dächte,
Jeden andern zu schicken ist besser, da ich so klein bin.
Braun, der Bär ist so groß und stark, und konnt ihn nicht zwingen,
Welcherweise soll ich es enden? O! habt mich entschuldigt."
　　„Du beredest mich nicht", versetzte der König; „man findet
Manchen kleinen Mann voll List und Weisheit, die manchem
Großen fremd ist. Seid ihr auch gleich kein Riese gewachsen,
Seid ihr doch klug und gelehrt." Da gehorchte der Kater und sagte:
„Euer Wille geschehe! und kann ich ein Zeichen erblicken
Rechter Hand am Wege, so wird die Reise gelingen."

*

Nun war Hinze, der Kater, ein Stückchen Weges gegangen;
Einen Martinsvogel erblickt er von weitem, da rief er:
„Edler Vogel! Glück auf! o wende die Flügel und fliege
Her zu meiner Rechten!" Es flog der Vogel und setzte
Sich zur Linken des Katers, auf einem Baume zu singen.
Hinze betrübte sich sehr, er glaubte sein Unglück zu hören,
Doch er machte nun selber sich Mut, wie mehrere pflegen.
Immer wandert er fort nach Malepartus, da fand er
Vor dem Hofe Reineke sitzen, er grüßt' ihn und sagte:
„Gott, der reiche, der gute, bescher euch glücklichen Abend!
Euer Leben bedrohet der König, wofern ihr euch weigert,
Mit nach Hofe zu kommen; und ferner läßt er euch sagen:
Stehet den Klägern zu Recht, sonst werden's die Eurigen büßen."
Reineke sprach: „Willkommen dahier, geliebtester Neffe!
Möget ihr Segen von Gott nach meinem Wunsche genießen."
Aber er dachte nicht so in seinem verräterischen Herzen;
Neue Tücke sann er sich aus, er wollte den Boten
Wieder geschändet nach Hofe senden. Er nannte den Kater
Immer seinen Neffen und sagte: „Neffe, was setzt man
Euch für Speise nur vor? Man schläft gesättigt besser;
Einmal bin ich der Wirt, wir gingen dann morgen am Tage
Beide nach Hofe: so dünkt es mich gut. Von meinen Verwandten
Ist mir keiner bekannt, auf den ich mich lieber verließe.
Denn der gefräßige Bär war trotzig zu mir gekommen.
Er ist grimmig und stark, daß ich um vieles nicht hätte
Ihm zur Seite die Reise gewagt. Nun aber versteht sich's,
Gerne geh ich mit euch. Wir machen uns frühe des Morgens
Auf den Weg: so scheinet es mir das beste geraten."
Hinze versetzte darauf: „Es wäre besser, wir machten
Gleich uns fort nach Hofe, so wie wir gehen und stehen.
Auf der Heide scheinet der Mond, die Wege sind trocken."
Reineke sprach: „Ich finde bei Nacht das Reisen gefährlich.
Mancher grüßt uns freundlich bei Tage, doch käm er im Finstern
Uns in den Weg, es möchte wohl kaum zum besten geraten."
Aber Hinze versetzte: „So laß mich wissen, mein Neffe,
Bleib ich hier, was sollen wir essen?" Und Reineke sagte:
„Ärmlich behelfen wir uns; doch wenn ihr bleibet, so bring ich
Frische Honigscheiben hervor, ich wähle die klärsten."
„Niemals eß ich dergleichen", versetzte murrend der Kater;
„Fehlet euch alles im Hause, so gebt eine Maus her! Mit dieser
Bin ich am besten versorgt, und sparet den Honig für andre."
„Eßt ihr Mäuse so gern?" sprach Reineke; „redet mir ernstlich;
Damit kann ich euch dienen. Es hat mein Nachbar, der Pfaffe,
Eine Scheun im Hofe, darin sind Mäuse, man führe
Sie auf keinem Wagen hinweg; ich höre den Pfaffen
Klagen, daß sie bei Tag und Nacht ihm lästiger werden."
Unbedächtigt sagte der Kater: „Tut mir die Liebe,
Bringet mich hin zu den Mäusen! denn über Wildbret und alles
Lob ich mir Mäuse, die schmecken am besten." Und Reineke sagte:
„Nun wahrhaftig, ihr sollt mir ein herrliches Gastmahl genießen.
Da mir bekannt ist, womit ich euch diene, so laßt uns nicht zaudern."
   Hinze glaubt' ihm und folgte; sie kamen zur Scheune des Pfaffen,
Zu der lehmernen Wand. Die hatte Reineke gestern
Klug durchgraben und hatte durchs Loch dem schlafenden Pfaffen
Seiner Hähne den besten entwendet. Das wollte Martinchen
Rächen, des geistlichen Herrn geliebtes Söhnchen; er knüpfte
Klug vor die Öffnung den Strick mit einer Schlinge; so hofft er,

Seinen Hahn zu rächen am wiederkehrenden Diebe.
Reineke wußt und merkte sich das, und sagte: „Geliebter
Neffe, kriechet hinein gerade zur Öffnung; ich halte
Wache davor, indessen ihr mauset; ihr werdet zu Haufen
Sie im Dunkeln erhaschen. O höret, wie munter sie pfeifen!
Seid ihr satt, so kommt nur zurück, ihr findet mich wieder.
Trennen dürfen wir nicht uns diesen Abend, denn morgen
Gehen wir früh und kürzen den Weg mit muntern Gesprächen."
„Glaubt ihr", sagte der Kater, „es sei hier sicher zu kriechen?
Denn es haben mitunter die Pfaffen auch Böses im Sinne."
Da versetzte der Fuchs, der Schelm: „Wer konnte das wissen!
Seid ihr so blöde? Wir gehen zurück: es soll euch mein Weibchen
Gut und mit Ehren empfangen, ein schmackhaft Essen bereiten;
Wenn es auch Mäuse nicht sind, so laßt es uns fröhlich verzehren."
Aber Hinze, der Kater, sprang in die Öffnung, er schämte
Sich vor Reinekens spottenden Worten und fiel in die Schlinge.
Also empfanden Reinekens Gäste die böse Bewirtung.

   Da nun Hinze den Strick an seinem Halse verspürte,
Fuhr er ängstlich zusammen und übereilte sich furchtsam,
Denn er sprang mit Gewalt; da zog der Strick sich zusammen.
Kläglich rief er Reineken zu, der außer dem Loche
Horchte, sich hämisch erfreute und so zur Öffnung hineinsprach:
„Hinze, wie schmecken die Mäuse? Ihr findet sie, glaub ich, gemästet.
Wüßte Martinchen doch nur, daß ihr sein Wildbret verzehret,
Sicher brächt er euch Senf: er ist ein höflicher Knabe.
Singet man so bei Hofe zum Essen? Es klingt mir bedenklich.
Wüßt ich Isegrim nur in diesem Loch, so wie ich
Euch zu Falle gebracht; er sollte mir alles bezahlen,
Was er mir Übels getan!" Und so ging Reineke weiter.

   Lasset uns aber zurück nach Hinzen sehen. Der Arme,
Da er gefangen sich fühlte, beklagte nach Weise der Kater
Sich erbärmlich: das hörte Martinchen und sprang aus dem Bette.
„Gott sei Dank! Ich habe den Strick zur glücklichen Stunde
Vor die Öffnung geknüpft; der Dieb ist gefangen! Ich denke,
Wohl bezahlen soll er den Hahn!" so jauchzte Martinchen,
Zündete hurtig ein Licht an (im Hause schliefen die Leute);
Weckte Vater und Mutter darauf und alles Gesinde;
Rief: „Der Fuchs ist gefangen! wir wollen ihm dienen." Sie kamen
Alle, groß und klein, ja selbst der Pater erhub sich,
Warf ein Mäntelchen um; es lief mit doppelten Lichtern
Seine Köchin voran, und eilig hatte Martinchen
Einen Knüttel gefaßt und machte sich über den Kater,
Traf ihm Haut und Haupt und schlug ihm grimmig ein Aug aus.
Alle schlugen auf ihn; es kam mit zackiger Gabel
Hastig der Pater herbei und glaubte den Räuber zu fällen.
Hinze dachte zu sterben; da sprang er wütend entschlossen
Zwischen die Schenkel des Pfaffen und biß und kratzte gefährlich,
Schändete grimmig den Mann und rächte grausam das Auge.
Schreiend stürzte der Pater und fiel ohnmächtig zur Erden.
Unbedachtsam schimpfte die Köchin, es habe der Teufel
Ihr zum Possen das Spiel selbst angerichtet. Und doppelt,
Dreifach schwur sie, wie gern verlöre sie, wäre das Unglück
Nicht dem Herren begegnet, ihr bißchen Habe zusammen.
Ja, sie schwur: ein Schatz von Golde, wenn sie ihn hätte,
Sollte sie wahrlich nicht reuen, sie wollt ihn missen. So jammert
Sie die Schande des Herrn und seine schwere Verwundung.
Endlich brachten sie ihn mit vielen Klagen zu Bette,

Ließen Hinzen am Strick und hatten seiner vergessen.
  Als nun Hinze der Kater in seiner Not sich allein sah,
Schmerzlich geschlagen und übel verwundet, so nahe dem Tode,
Faßt er aus Liebe zum Leben den Strick und nagt ihn behende.
„Sollt ich mich etwa erlösen vom großen Übel?" so dacht er.
Und es gelang ihm, der Strick zerriß. Wie fand er sich glücklich!
Eilte, dem Ort zu entfliehen, wo er so vieles erduldet.
Hastig sprang er zum Loche heraus und eilte die Straße
Nach des Königes Hof, den er des Morgens erreichte.
Ärgerlich schalt er sich selbst: „So mußte dennoch der Teufel
Dich durch Reinekens List, des bösen Verräters, bezwingen!
Kommst du doch mit Schande zurück, am Auge geblendet
Und mit Schlägen schmerzlich beladen, wie mußt du dich schämen!"
  Aber des Königs Zorn entbrannte heftig, er dräute
Dem Verräter den Tod ohn alle Gnade. Da ließ er
Seine Räte versammeln; es kamen seine Baronen.
Seine Weisen zu ihm, er fragte, wie man den Frevler
Endlich brächte zu Recht, der schon so vieles verschuldet?
Als nun viele Beschwerden sich über Reineken häuften,
Redete Grimbart, der Dachs: „Es mögen in diesem Gerichte
Viele Herren auch sein, die Reineken Übels gedenken,
Doch wird niemand die Rechte des freien Mannes verletzen.
Nun zum drittenmal muß man ihn fordern. Ist dieses geschehen,
Kommt er dann nicht, so möge das Recht ihn schuldig erkennen."
Da versetzte der König: „Ich fürchte, keiner von allen
Ginge, dem tückischen Manne die dritte Ladung zu bringen.
Wer hat ein Auge zu viel? wer mag verwegen genug sein,
Leib und Leben zu wagen um diesen bösen Verräter?
Seine Gesundheit aufs Spiel setzen und dennoch am Ende
Reineken nicht zu stellen? Ich denke, niemand versucht es."
  Überlaut versetzte der Dachs: „Herr König, begehret
Ihr es von mir, so will ich sogleich die Botschaft verrichten,
Sei es, wie es auch sei. Wollt ihr mich öffentlich senden,
Oder geh ich, als käm ich von selber? Ihr dürft nur befehlen."
Da beschied ihn der König: „So geht dann! Alle die Klagen
Habt ihr sämtlich gehört, und geht nur weislich zu Werke;
Denn es ist ein gefährlicher Mann." Und Grimbart versetzte:
„Einmal muß ich es wagen und hoff ihn dennoch zu bringen."
So betrat er den Weg nach Malepartus, der Feste;
Reineken fand er daselbst mit Weib und Kindern und sagte:
„Oheim Reineke, seid mir gegrüßt! Ihr seid ein gelehrter,
Weiser, kluger Mann, wir müssen uns alle verwundern,
Wie ihr des Königs Ladung verachtet, ich sage, verspottet.
Deucht euch nicht, es wäre nun Zeit? Es mehren sich immer
Klagen und böse Gerüchte von allen Seiten. Ich rat euch,
Kommt nach Hofe mit mir, es hilft kein längeres Zaudern.
Viele, viele Beschwerden sind vor den König gekommen."
  Grimbart hatte gesprochen, und Reineke sagte dagegen:
„Oheim, ihr ratet mir wohl, daß ich zu Hofe mich stelle,
Meines Rechtes selber zu wahren. Ich hoffe, der König
Wird mir Gnade gewähren; er weiß, wie sehr ich ihm nütze;
Aber er weiß auch, wie sehr ich deshalb den andern verhaßt bin.
Ohne mich kann der Hof nicht bestehen. Und hätt ich noch zehnmal
Mehr verbrochen, so weiß ich es schon, sobald mir's gelinget,
Ihm in die Augen zu sehen und ihn zu sprechen, so fühlt er
Seinen Zorn im Busen bezwungen. Denn freilich begleiten
Viele den König und kommen in seinem Rate zu sitzen;

Aber es geht ihm niemals zu Herzen; sie finden zusammen
Weder Rat noch Sinn. Doch bleibet an jeglichem Hofe,
Wo ich immer auch sei, der Ratschluß meinem Verstande.
Denn versammeln sich König und Herren, in kitzlichen Sachen
Klugen Rat zu ersinnen, so muß ihn Reineke finden.
Das mißgönnen mir viele. Die hab ich leider zu fürchten,
Denn sie haben den Tod mir geschworen, und grade die Schlimmsten
Sind am Hofe versammelt, das macht mich eben bekümmert.
Über zehen und Mächtige sind's, wie kann ich alleine
Vielen widerstehn? Drum hab ich immer gezaudert.
Gleichwohl find ich es besser, mit euch nach Hofe zu wandeln,
Meine Sache zu wahren; das soll mehr Ehre mir bringen,
Als durch Zaudern mein Weib und meine Kinder in Ängsten
Und Gefahren zu stürzen; wir wären alle verloren.
Denn der König ist mir zu mächtig, und was es auch wäre,
Müßt ich tun, sobald er's befiehlt. Wir können versuchen,
Gute Verträge vielleicht mit unsern Feinden zu schließen."

   Also schied er von dannen mit Grimbart, seinem Begleiter,
Ließ Frau Ermelyn dort mit beiden Söhnen und eilte;
Unberaten ließ er sein Haus; das schmerzte die Füchsin.

   Beide waren noch nicht ein Stündchen Weges gegangen,
Als zu Grimbart Reineke sprach: „Mein teuerster Oheim,
Wertester Freund, ich muß euch gestehn, ich bebe vor Sorgen.
Ich entschlage mich nicht des ängstlichen bangen Gedankens,
Daß ich wirklich dem Tod entgegengehe. Da seh ich
Meine Sünden vor mir, soviel ich deren begangen,
Ach! Ihr glaubet mir nicht die Unruh, die ich empfinde.
Laßt mich beichten! höret mich an! kein anderer Pater
Ist in der Nähe zu finden; und hab ich alles vom Herzen,
Werd ich nicht schlimmer darum vor meinem Könige stehen."
Grimbart sagte: „Verredet zuerst das Rauben und Stehlen,
Allen bösen Verrat und andre gewöhnliche Tücken,
Sonst kann euch die Beichte nicht helfen." – „Ich weiß es", versetzte
Reineke; „darum laßt mich beginnen und höret bedächtig."

   „Confiteor tibi Pater et Mater, daß ich der Otter,
Daß ich dem Kater und manchen gar manche Tücke versetzte,
Ich bekenn es und lasse mir gern die Buße gefallen."
„Redet deutsch", versetzte der Dachs, „damit ich's verstehe."
Reineke sagte: „Ich habe mich freilich, wie sollt ich es leugnen!
Gegen alle Tiere, die jetzo leben, versündigt.
Meinen Oheim, den Bären, den hielt ich im Baume gefangen;
Blutig ward ihm sein Haupt, und viele Prügel ertrug er.
Hinzen führt ich nach Mäusen, allein am Strick gehalten,
Mußt er vieles erdulden und hat sein Auge verloren.
Und so klaget auch Henning mit Recht, ich raubt' ihm die Kinder,
Groß und kleine, wie ich sie fand, und ließ sie mir schmecken.
Selbst verschont ich des Königs nicht, und mancherlei Tücken
Übt ich kühnlich an ihm und an der Königin selber;
Spät verwindet sie's nur. Und weiter muß ich bekennen:
Isegrim hab ich, den Wolf, mit allem Fleiße geschändet;
Alles zu sagen fänd ich nicht Zeit. So hab ich ihn nur
Scherzend Oheim genannt, und wir sind keine Verwandte."

   Grimbart wußte sich schon in solchen Fällen zu nehmen,
Brach ein Reislein am Wege, dann sprach er: „Oheim, nun schlagt euch
Dreimal über den Rücken mit diesem Reischen und legt es
Wie ich's euch zeige, zur Erde, und springet dreimal darüber;
Dann mit Sanftmut küsset das Reis und zeigt euch gehorsam.

Solche Buße leg ich euch auf und spreche von allen
Sünden und Strafen euch los und ledig, vergeb euch
Alles im Namen des Herrn, soviel ihr immer begangen."
  Und als Reineke nun die Buße willig vollendet,
Sagte Grimbart: „Lasset an guten Werken, mein Oheim,
Eure Besserung spüren und leset Psalmen, besuchet
Fleißig die Kirchen und fastet an rechten gebotenen Tagen;
Wer euch fraget, dem weiset den Weg und gebet den Armen
Gern und schwöret mir zu, das böse Leben zu lassen,
Alles Rauben und Stehlen, Verrat und böse Verführung!
Und so ist es gewiß, daß ihr zu Gnaden gelanget."
Reineke sprach: „So will ich es tun, so sei es geschworen!"
  Und so war die Beichte vollendet. Da gingen sie weiter
Nach des Königes Hof. Der fromme Grimbart und jener
Kamen durch schwärzliche fette Gebreite; sie sahen ein Kloster
Rechter Hand des Weges, es dienten geistliche Frauen,
Spat und früh, dem Herren daselbst und nährten im Hofe
Viele Hühner und Hähne, mit manchem schönen Kapaune,
Welche nach Futter zuweilen sich außer der Mauer zerstreuten.
Reineke pflegte sie oft zu besuchen. Da sagt' er zu Grimbart:
„Unser kürzester Weg geht an der Mauer vorüber."
Aber er meinte die Hühner, wie sie im Freien spazierten.
Seinen Beichtiger führt er dahin, sie nahten den Hühnern;
Da verdrehte der Schalk die gierigen Augen im Kopfe.
Ja, vor allem gefiel ihm ein Hahn, der jung und gemästet
Hinter den andern spazierte, den faßt er treulich ins Auge,
Hastig sprang er hinter ihm drein; es stoben die Federn.
  Aber Grimbart, entrüstet, verwies ihm den schändlichen Rückfall.
„Handelt ihr so, unseliger Oheim? und wollt ihr schon wieder
Um ein Huhn in Sünde geraten, nachdem ihr gebeichtet?
Schöne Reue heiß ich mir das!" Und Reineke sagte:
„Hab ich es doch in Gedanken getan! O teuerster Oheim,
Bittet zu Gott, er möge die Sünde mir gnädig vergeben.
Nimmer tu ich es wieder und laß es gerne." Sie kamen
Um das Kloster herum in ihre Straße, sie mußten
Über ein schmales Brückchen hinüber und Reineke blickte
Wieder nach den Hühnern zurück; er zwang sich vergebens.
Hätte jemand das Haupt ihm abgeschlagen, es wäre
Nach den Hühnern geflogen; so heftig war die Begierde.
  Grimbart sah es und rief: „Wo laßt ihr, Neffe, die Augen
Wieder spazieren? Fürwahr, ihr seid ein häßlicher Vielfraß!"
Reineke sagte darauf: „Das macht ihr übel, Herr Oheim!
Übereilet euch nicht und stört nicht meine Gebete;
Laßt ein Paternoster mich sprechen. Die Seelen der Hühner
Und der Gänse bedürfen es wohl, so viel ich den Nonnen,
Diesen heiligen Frauen, durch meine Klugheit entrissen."
Grimbart schwieg, und Reineke Fuchs verwandte das Haupt nicht
Von den Hühnern, solang er sie sah. Doch endlich gelangten
Sie zur rechten Straße zurück und nahten dem Hofe.
Und als Reineke nun die Burg des Königs erblickte,
Ward er innig betrübt; denn heftig war er beschuldigt.

*

  Als man bei Hofe vernahm, es komme Reineke wirklich,
Drängte sich jeder hinaus, ihn zu sehen, die Großen und Kleinen,
Wenige freundlich gesinnt, faßt alle hatten zu klagen.
Aber Reineken deuchte, das sei von keiner Bedeutung;

Wenigstens stellt' er sich so, da er mit Grimbart, dem Dachse,
Jetzo dreist und zierlich die hohe Straße daherging.
Mutig kam er heran und gelassen, als wär er des Königs
Eigener Sohn und frei und ledig von allen Gebrechen.
Ja, so trat er vor Nobel, den König, und stand im Palaste
Mitten unter den Herren; er wußte sich ruhig zu stellen.

„Edler König, gnädiger Herr!" begann er zu sprechen:
„Edel seid ihr und groß, von Ehren und Würden der Erste;
Darum bitt ich von euch, mich heute rechtlich zu hören.
Keinen treueren Diener hat eure fürstliche Gnade
Je gefunden als mich, das darf ich kühnlich behaupten.
Viele weiß ich am Hofe, die mich darüber verfolgen.
Eure Freundschaft würd ich verlieren, woferne die Lügen
Meiner Feinde, wie sie es wünschen, euch glaublich erschienen;
Aber glücklicherweise bedenkt ihr jeglichen Vortrag,
Hört den Beklagten so gut als den Kläger; und haben sie vieles
Mir im Rücken gelogen, so bleib ich ruhig und denke:
Meine Treue kennt ihr genug, sie bringt mir Verfolgung."

„Schweiget!" versetzte der König, „es hilft kein Schwätzen und Schmeicheln,
Euer Frevel ist laut, und euch erwartet die Strafe.
Habt ihr den Frieden gehalten, den ich den Tieren geboten?
Den ich geschworen? Da steht der Hahn! Ihr habt ihm die Kinder,
Falscher, leidiger Dieb, eins nach dem andern entrissen.
Und wie lieb ihr mich habt, das wollt ihr, glaub ich, beweisen,
Wenn ihr mein Ansehen schmäht und meine Diener beschädigt.
Seine Gesundheit verlor der arme Hinze! Wie langsam
Wird der verwundete Braun von seinen Schmerzen genesen!
Aber ich schelt euch nicht weiter. Denn hier sind Kläger die Menge,
Viele bewiesene Taten. Ihr möchtet schwerlich entkommen."

„Bin ich, gnädiger Herr, deswegen strafbar?" versetzte
Reineke, „kann ich davor, wenn Braun mit blutiger Platte
Wieder zurückkehrt? Wagt er sich doch und wollte vermessen
Rüsteviels Honig verzehren; und kamen die tölpischen Bauern
Ihm zu Leibe, so ist er ja stark und mächtig an Gliedern;
Schlugen und schimpften sie ihm, eh er ins Wasser gekommen,
Hätt er als rüstiger Mann die Schande billig gerochen.
Und wenn Hinze, der Kater, den ich mit Ehren empfangen,
Nach Vermögen bewirtet, sich nicht vom Stehlen enthalten,
In die Wohnung des Pfaffen, so sehr ich ihn treulich verwarnte,
Sich bei Nacht geschlichen und dort was Übles erfahren:
Hab ich Strafe verdient, weil jene töricht gehandelt?
Eurer fürstlichen Krone geschähe das wahrlich zu nahe!
Doch ihr möget mit mir nach eurem Willen verfahren,
Und so klar auch die Sache sich zeigt, beliebig verfügen:
Mag es zum Nutzen, mag es zum Schaden auch immer gereichen.
Soll ich gesotten, gebraten, geblendet oder gehangen
Werden oder geköpft, so mag es eben geschehen.
Alle sind wir in eurer Gewalt, ihr habt uns in Händen.
Mächtig seid ihr und stark, was widerstünde der Schwache?
Wollt ihr mich töten, das würde fürwahr ein geringer Gewinn sein.
Doch es komme, was will; ich stehe redlich zu Rechte!"

Da begann der Widder Bellyn: „Die Zeit ist gekommen,
Laßt uns klagen!" Und Isegrim kam mit seinen Verwandten,
Hinze, der Kater, und Braun, der Bär, und Tiere zu Scharen.
Auch der Esel Boldewyn kam und Lampe, der Hase,
Wackerlos kam, das Hündchen, und Ryn, die Dogge, die Ziege
Metke, Hermen, der Bock, dazu das Eichhorn, die Wiesel

Und das Hermelin. Auch waren der Ochs und das Pferd nicht
Außen geblieben; daneben ersah man die Tiere der Wildnis,
Als den Hirsch und das Reh und Bokert, den Biber, den Marder,
Das Kaninchen, den Eber, und alle drängten einander.
Bartolt, der Storch, und Markat, der Häher, und Lütke, der Kranich,
Flogen herüber; es meldeten sich auch Tybbke, die Ente,
Alheid, die Gans, und andere mehr mit ihren Beschwerden.
Henning, der traurige Hahn, mit seinen wenigen Kindern
Klagte heftig; es kamen herbei unzählige Vögel
Und der Tiere so viel, wer wüßte die Menge zu nennen!
Alle gingen dem Fuchs zu Leibe, sie hofften, die Frevel
Nun zur Sprache zu bringen und seine Strafe zu sehen.
Vor den König drängten sie sich mit heftigen Reden,
Häuften Klagen auf Klagen, und alt' und neue Geschichten
Brachten sie vor. Man hatte noch nie an e i n e m G e r i c h t s t a g
Vor des Königs Thron so viele Beschwerden gehöret.
Reineke stand und wußte darauf gar künstlich zu dienen;
Denn ergriff er das Wort, so floß die zierliche Rede
Seiner Entschuldigung her, als wär es lautere Wahrheit.
Alles wußt er beiseite zu lehnen und alles zu stellen.
Hörte man ihn, man wunderte sich und glaubt' ihn entschuldigt,
Ja, er hatte noch übriges Recht und vieles zu klagen.
Aber es standen zuletzt wahrhaftige, redliche Männer
Gegen Reineken auf, die wider ihn zeugten, und alle
Seine Frevel fanden sich klar. Nun war es geschehen!
Denn im Rate des Königs mit e i n e r Stimme beschloß man,
Reineke Fuchs sei schuldig des Todes! So soll man ihn fahen,
Soll ihn binden und hängen an seinem Halse, damit er
Seine schweren Verbrechen mit schmählichem Tode verbüße.
    Jetzt gab Reineke selbst das Spiel verloren; es hatten
Seine klugen Worte nur wenig geholfen. Der König
Sprach das Urteil selber. Da schwebte dem losen Verbrecher,
Als sie ihn fingen und banden, sein klägliches Ende vor Augen.
    Wie nun nach Urteil und Recht gebunden Reineke dastand,
Seine Feinde sich regten, zum Tod ihn eilend zu führen,
Standen die Freunde betroffen und waren schmerzlich bekümmert,
Martin, der Affe, mit Grimbart und vielen aus Reinekens Sippschaft.
Ungern hörten sie an das Urteil und trauerten alle.
Mehr, als man dächte. Denn Reineke war der ersten Baronen
Einer und stand nun entsetzt von allen Ehren und Würden
Und zum schmählichen Tode verdammt. Wie mußte der Anblick
Seine Verwandten empören! Sie nahmen alle zusammen
Urlaub vom Könige, räumten den Hof, so viele sie waren.
    Aber dem Könige ward es verdrießlich, daß ihn so viele
Ritter verließen. Es zeigte sich nun die Menge Verwandten,
Die sich, mit Reinekens Tod sehr unzufrieden, entfernten.
Und der König sprach zu einem seiner Vertrauten:
„Freilich ist Reineke boshaft, allein man sollte bedenken,
Viele seiner Verwandten sind nicht zu entbehren am Hofe."
    Aber Isegrim, Braun und Hinze, der Kater, sie waren
Um den Gebundnen geschäftig, sie wollten die schändliche Strafe,
Wie es der König gebot, an ihrem Feinde vollziehen.
Führten ihn hastig hinaus und sahen den Galgen von ferne.
    Und der König erhob sich mit allen Herren des Hofes,
Um das Urteil vollstrecken zu sehn; es schloß an den Zug sich
Auch die Königin an, von ihren Frauen begleitet;
Hinter ihnen strömte die Menge der Armen und Reichen,

Alle wünschten Reinekens Tod und wollten ihn sehen.
 Ängstlich dachte Reineke nun: „Oh, möcht ich in diesen
Großen Nöten geschwind was glücklich Neues ersinnen,
Vieles hab ich verschuldet und hoffte dennoch, mein Unglück
Wieder zu wenden. Gelänge mir's nur, zum Worte zu kommen,
Wahrlich, sie hingen mich nicht; ich lasse die Hoffnung nicht fahren."
 Und er wandte darauf sich von der Leiter zum Volke,
Rief: „Ich sehe den Tod vor meinen Augen und werd ihm
Nicht entgehen. Nur bitt ich euch alle, soviele mich hören,
Um ein weniges nur, bevor ich die Erde verlasse.
Gerne möcht ich vor euch in aller Wahrheit die Beichte
Noch zum letztenmal öffentlich sprechen und redlich bekennen
Alles Übel, das ich getan, damit nicht ein andrer
Etwa dieses und jenes, von mir im stillen begangnen,
Unbekannten Verbrechens dereinst bezichtigt werde;
So verhüt ich zuletzt noch manches Übel, und hoffen
Kann ich, es werde mir's Gott in allen Gnaden gedenken."
 Viele jammerte das. Sie sprachen untereinander:
„Klein ist die Bitte, gering nur die Frist!" Sie baten den König,
Und der König vergönnt' es. Da wurd es Reineken wieder
Etwas leichter ums Herz, er hoffte glücklichen Ausgang;
Gleich benutzt er den Raum, der ihm gegönnt war, und sagte:
 „Spiritus Domini helfe mir nun! Ich sehe nicht e i n e n
Unter der großen Versammlung, den ich nicht irgend beschädigt.
Erst, ich war noch ein kleiner Kompan und hatte die Brüste
Kaum zu saugen verlernt, da folgt ich meinen Begierden
Unter die jungen Lämmer und Ziegen, die neben der Herde
Sich im Freien zerstreuten; ich hörte die blökenden Stimmen
Gar zu gerne, da lüstete mich nach leckerer Speise,
Lernte hurtig sie kennen. Ein Lämmchen biß ich zu Tode,
Leckte das Blut; es schmeckte mir köstlich! und tötete weiter
Vier der jüngsten Ziegen und aß sie und übte mich ferner;
Sparte keine Vögel, noch Hühner, noch Enten, noch Gänse,
Wo ich sie fand, und habe gar manches im Sande vergraben,
Was ich geschlachtet und was mir nicht alles zu essen beliebte.
 Dann begegnet' es mir: in einem Winter am Rheine
Lernt ich Isegrim kennen, er lauerte hinter den Bäumen.
Gleich versichert' er mir, ich sei aus seinem Geschlechte,
Ja, er wußte mir gar die Grade der Sippschaft am Finger
Vorzurechnen. Ich ließ mir's gefallen; wir schlossen ein Bündnis
Und gelobten einander, als treue Gesellen zu wandern;
Leider sollt ich dadurch mir manches Übel bereiten.
Wir durchstrichen zusammen das Land. Da stahl er das Große,
Stahl ich das Kleine. Was wir gewonnen, das sollte gemein sein;
Aber es war nicht gemein, wie billig; er teilte nach Willkür;
Niemals empfing ich die Hälfte. Ja Schlimmeres hab ich erfahren.
Wenn er ein Kalb sich geraubt, sich einen Widder erbeutet,
Wenn ich im Überfluß sitzen ihn fand, er eben die Ziege,
Frisch geschlachtet, verzehrte, ein Bock ihm unter den Klauen
Lag und zappelte, grinst' er mich an und stellte sich grämlich,
Trieb mich knurrend hinweg; so war mein Teil ihm geblieben.
Aber Gott sei gedankt, ich litt deswegen nicht Hunger;
Heimlich nährt' ich mich wohl von meinem herrlichen Schatze,
Von dem Silber und Golde, das ich an sicherer Stätte
Heimlich verwahrte; des hab ich genug. Es schafft mir wahrhaftig
Ihn kein Wagen hinweg, und wenn er siebenmal führe."
 Und es horchte der König, da von dem Schatze gesagt ward,

Neigte sich vor und sprach: „Von wannen ist er euch kommen?
Saget an! ich meine den Schatz." Und Reineke sagte:
„Dieses Geheimnis verhehl ich euch nicht; was könnt es mir helfen?
Denn ich nehme nichts mit von diesen köstlichen Dingen.
Aber wie ihr befehlt, will ich euch alles erzählen;
Denn es muß nun einmal heraus; um Liebes und Leides
Möcht ich wahrhaftig das große Geheimnis nicht länger verhehlen:
Denn der Schatz war gestohlen. Es hatten sich viele verschworen,
Euch, Herr König, zu morden, und wurde zur selbigen Stunde
Nicht der Schatz mit Klugheit entwendet, so war es geschehen.
Merket es, gnädiger Herr! denn euer Leben und Wohlfahrt
Hing an dem Schatz. Und daß man ihn stahl, das brachte denn leider
Meinen eigenen Vater in große Nöten, es bracht ihn
Frühe zur traurigen Fahrt, vielleicht zu ewigem Schaden;
Aber, gnädiger Herr, zu eurem Nutzen geschah es!"
Und die Königin hörte bestürzt die gräßliche Rede,
Das verworrene Geheimnis von ihres Gemahles Ermordung,
Von dem Verrat, vom Schatz und was er alles gesprochen.
„Ich vermahn euch, Reineke", rief sie, „bedenket! Die lange
Heimfahrt steht euch bevor, entladet reuig die Seele;
Saget die lautere Wahrheit und redet mir deutlich vom Morde."
Und der König setzte hinzu: „Ein jeglicher schweige!
Reineke komme nun wieder herab und trete mir näher;
Denn es betrifft die Sache mich selbst, damit ich sie höre."
  Reineke, der es vernahm, stand wieder getröstet, die Leiter
Stieg er zum großen Verdruß der Feindlichgesinnten herunter;
Und er nahte sich gleich dem König und seiner Gemahlin,
Die ihn eifrig befragten, wie diese Geschichte begegnet.
Da bereitet' er sich zu neuen gewaltigen Lügen.

*

  Nun vernehmet die List und wie der Fuchs sich gewendet,
Seine Frevel wieder zu decken und andern zu schaden.
Bodenlose Lügen ersann er, beschimpfte den Vater
Jenseit der Grube, beschwerte den Dachs mit großer Verleumdung,
Seinen redlichsten Freund, der ihm beständig gedienet.
So erlaubt' er sich alles, damit er seiner Erzählung
Glauben schaffte, damit er an seinen Verklägern sich rächte.
  „Mein Herr Vater", sagt' er darauf, „war so glücklich gewesen,
König Emmrichs, des Mächtigen, Schatz auf verborgenen Wegen
Einst zu entdecken; doch bracht ihm der Fund gar wenigen Nutzen.
Denn er überhub sich des großen Vermögens und schätzte
Seinesgleichen von nun an nicht mehr, und seine Gesellen
Achtet' er viel zu gering; er suchte sich höhere Freunde.
Hinze, den Kater, sendet er ab in die wilden Ardennen,
Braun, den Bären, zu suchen, dem sollt' er Treue versprechen,
Sollt' ihn laden, nach Flandern zu kommen und König zu werden.
  „Als nun Braun das Schreiben gelesen, erfreut' es ihn herzlich;
Unverdrossen und kühn begab er sich eilig nach Flandern;
Denn er hatte schon lange so was in Gedanken getragen.
Meinen Vater fand er daselbst, der sah ihn mit Freuden,
Sendete gleich nach Isegrim aus und nach Grimbart, dem Weisen;
Und die vier verhandelten dann die Sache zusammen;
Doch der fünfte dabei war Hinze, der Kater. Ein Dörfchen
Liegt allda, wird Ifte genannt, und grade da war es,
Zwischen Ifte und Gent, wo sie zusammen gehandelt.
Eine lange düstere Nacht verbarg die Versammlung;

Nicht mit Gott! es hatte der Teufel, es hatte mein Vater
Sie in seiner Gewalt mit seinem leidigen Golde.
Sie beschlossen des Königes Tod, beschworen zusammen
Festen, ewigen Bund, und also schwuren die fünfe
Sämtlich auf Isegrims Haupt, sie wollten Braunen, den Bären,
Sich zum Könige wählen, und auf dem Stuhle zu Aachen
Mit der goldnen Krone das Reich ihm festlich versichern.

 König und Königin hatten indes, den Schatz zu gewinnen,
Große Begierde gefühlt; sie traten seitwärts und riefen
Reineken, ihn besonders zu sprechen, und fragten behende:
„Saget an, wo habt ihr den Schatz? Wir möchten es wissen."
Reineke ließ sich dagegen vernehmen: „Was könnt es mir helfen,
Zeigt ich die herrlichen Güter dem Könige, der mich verurteilt?
Glaubet er meinen Feinden doch mehr, den Dieben und Mördern,
Die euch mit Lügen beschweren, mein Leben mir abzugewinnen."

 „Nein", versetzte die Königin, „nein! so soll es nicht werden!
Leben läßt euch mein Herr, und das Vergangne vergißt er.
Er bezwingt sich und zürnet nicht mehr. Doch möget ihr künftig
Klüger handeln und treu und gewärtig dem Könige bleiben."

 Reineke sagte: „Gnädige Frau, vermöget den König,
Mir zu geloben vor euch, daß er mich wieder begnadigt,
Daß er mir alle Verbrechen und Schulden und alle den Unmut,
Den ich ihm leider erregt, auf keine Weise gedenket,
So besitzet gewiß in unsern Zeiten kein König
Solchen Reichtum, als er durch meine Treue gewinnet;
Groß ist der Schatz; ich zeige den Ort, ihr werdet erstaunen."

 „Glaubet ihm nicht", versetzte der König: „doch wenn er von Stehlen,
Lügen und Rauben erzählet, das möget ihr allenfalls glauben;
Denn ein größerer Lügner ist wahrlich niemals gewesen."

 Und die Königin sprach: „Fürwahr, sein bisheriges Leben
Hat ihm wenig Vertrauen erworben; doch jetzo bedenket,
Seinen Oheim, den Dachs, und seinen eigenen Vater
Hat er diesmal bezichtigt und ihre Frevel verkündigt.
Wollt er, so konnt er sie schonen und konnte von anderen Tieren
Solche Geschichten erzählen; er wird so töricht nicht lügen."

 „Meinet ihr so", versetzte der König, „und denkt ihr, es wäre
Wirklich zum besten geraten, daß nicht ein größeres Übel
Draus entstünde, so will ich es tun und diese Verbrechen
Reinekens über mich nehmen und seine verwundete Sache.
Einmal trau ich, zum letztenmal noch! das mag er bedenken:
Denn ich schwör es ihm zu bei meiner Krone! wofern er
Künftig frevelt und lügt, es soll ihn ewig gereuen;
Alles, wär es ihm nur verwandt im zehenten Grade,
Wer sie auch wären, sie sollen's entgelten, und keiner entgeht mir,
Sollen in Unglück und Schmach und schwere Prozesse geraten!"

 Als nun Reineke sah, wie schnell sich des Königs Gedanken
Wendeten, faßt' er ein Herz und sagte: „Sollt ich so töricht
Handeln, gnädiger Herr, und euch Geschichten erzählen,
Deren Wahrheit sich nicht in wenig Tagen bewiese?"

 Und der König glaubte den Worten, und alles vergab er,
Erst des Vaters Verrat, dann Reinekens eigne Verbrechen.
Über die Maßen freute sich der; zur glücklichen Stunde.
War er der Feinde Gewalt und seinem Verhängnis entronnen.

 „Höret! im Osten von Flandern ist eine Wüste, darinnen
Liegt ein einzelner Busch, heißt Hüsterlo, merket den Namen!
Dann ist ein Brunn, der Krekelborn heißt, ihr werdet verstehen,
Beide nicht weit auseinander. Es kommt in selbige Gegend

Weder Weib noch Mann im ganzen Jahre. Da wohnet
Nur die Eul und der Schuhu, und dort begrub ich die Schätze.
Krekelborn heißt die Stätte, das merket und nützet das Zeichen."
    Und der König versetzte darauf: „Ihr müßt mich begleiten,
Denn wie will ich allein die Stelle treffen? Ich habe
Wohl von Aachen gehört, wie auch von Lübeck und Köllen
Und von Paris; doch Hüsterlo hört ich im Leben nicht einmal
Nennen, ebensowenig als Krekelborn; sollt ich nicht fürchten,
Daß du uns wieder belügst und solche Namen erdichtest?"
    Reineke hörte nicht gern des Königs bedächtige Rede,
Sprach: „So weis' ich euch doch nicht fern von hinnen, als hättet
Ihr am Jordan zu suchen. Wie schien ich euch jetzo verdächtig?
Nächst, ich bleibe dabei, ist alles in Flandern zu finden.
Laßt uns einige fragen; es mag es ein andrer versichern.
Krekelborn! Hüsterlo! sagt' ich, und also heißen die Namen."
Lampen rief er darauf, und Lampe zauderte bebend.
Reineke rief: „So kommt nur getrost, der König begehrt euch,
Will, ihr sollt bei Eid und bei Pflicht, die ihr neulich geleistet,
Wahrhaft reden; so zeiget denn an, wofern ihr es wisset,
Sagt, wo Hüsterlo liegt und Krekelborn? Lasset uns hören!"
    Lampe sprach: „Das kann ich wohl sagen. Es liegt in der Wüste.
Krekelborn nahe bei Hüsterlo. Hüsterlo nennen die Leute
Jenen Busch, wo Simonet lange, der Krumme, sich aufhielt,
Falsche Münze zu schlagen mit seinen verwegnen Gesellen.
Vieles hab ich daselbst von Frost und Hunger gelitten,
Wenn ich vor Rynen, dem Hund, in großen Nöten geflüchtet."
Reineke sagte darauf: „Ihr könnt euch unter die andern
Wieder stellen; ihr habet dem König genugsam berichtet."
Und der König sagte zu Reineke: „Seid mir zufrieden,
Daß ich hastig gewesen und eure Worte bezweifelt;
Aber seht nun zu, mich an die Stelle zu bringen."
    Reineke sprach: „Wie schätzt ich mich glücklich, geziemt es mir heute,
Mit dem König zu gehn und ihm nach Flandern zu folgen;
Aber es müßt euch zur Sünde gereichen. So sehr ich mich schäme,
Muß es heraus, wie gern ich es auch noch länger verschwiege.
Isegrim ließ vor einiger Zeit zum Mönche sich weihen,
Zwar nicht etwa dem Herren zu dienen, er diente dem Magen;
Zehrte das Kloster fast auf, man reicht' ihm für sechse zu essen,
Alles war ihm zu wenig; er klagte mir Hunger und Kummer,
Endlich erbarmet' es mich, als ich ihn mager und krank sah,
Half ihm treulich davon, er ist mein naher Verwandter.
Und nun hab ich darum den Bann des Papstes verschuldet,
Möchte nun ohne Verzug, mit eurem Wissen und Willen,
Meine Seele beraten und morgen mit Aufgang der Sonne,
Gnad und Ablaß zu suchen, nach Rom mich als Pilger begeben,
Und von dannen über das Meer; so werden die Sünden
Alle von mir genommen, und kehr ich wieder nach Hause,
Darf ich mit Ehren neben euch gehn. Doch tät ich es heute,
Würde jeglicher sagen: ‚Wie treibt es jetzo der König
Wieder mit Reineken, den er vor kurzem zum Tode verurteilt,
Und der über alles im Bann des Papstes verstrickt ist!'
Gnädiger Herr, ihr seht es wohl ein, wir lassen es lieber."
    „Wahr", versetzte der König darauf, „das konnt ich nicht wissen.
Bist du im Banne, so wär mir's ein Vorwurf, dich mit mir zu führen.
Lampe kann mich, oder ein andrer, zum Borne begleiten.
Aber, Reineke, daß du vom Banne dich suchst zu befreien,
Find ich nützlich und gut. Ich gebe dir gnädigen Urlaub,

Morgen beizeiten zu gehn; ich will die Wallfahrt nicht hindern.
Denn mir scheint, ihr wollt euch bekehren vom Bösen zum Guten.
Gott gesegne den Vorsatz und laß euch die Reise vollbringen!"

*

So gelangte Reineke wieder zur Gnade des Königs.
Und es trat der König hervor auf erhabene Stätte,
Sprach vom Steine herab und hieß die sämtlichen Tiere
Stille schweigen; sie sollten ins Gras nach Stand und Geburt sich
Niederlassen; und Reineke stand an der Königin Seite.
Aber der König begann mit großem Bedachte zu sprechen:
„Schweigt und höret mich an, zusammen Vögel und Tiere,
Arm und Reiche, höret mich an, ihr Großen und Kleinen,
Meine Baronen und meine Genossen des Hofes und Hauses!
Reineke steht hier in meiner Gewalt; man dachte vor kurzem,
Ihn zu hängen, doch hat er bei Hofe so manches Geheimnis
Dargetan, daß ich ihm glaube und wohlbedächtlich die Huld ihm
Wieder schenke. So hat auch die Königin, meine Gemahlin,
Sehr gebeten für ihn, so daß ich ihm günstig geworden,
Mich ihm völlig versöhnet und Leib und Leben und Güter
Frei ihm gegeben. Es schützt ihn fortan und schirmt ihn mein Friede.
Nun sei allen zusammen bei Leibesleben geboten:
Reineken sollt ihr überall ehren mit Weib und mit Kindern,
Wo sie euch immer bei Tag oder Nacht hinkünftig begegnen.
Ferner hör ich von Reinekens Dingen nicht weitere Klage;
Hat er Übels getan, so ist es vorüber; er wird sich
Bessern und tut es gewiß. Denn morgen wird er beizeiten
Stab und Ränzel ergreifen, als frommer Pilger nach Rom gehn
Und von dannen über das Meer; auch kommt er nicht wieder,
Bis er vollkommenen Ablaß der sündigen Taten erlangt hat."
So veränderte sich in dieser Stunde die Sache
Reinekens völlig. Er machte sich los und seine Verkläger
Wurden zu Schanden; er wußte sogar es tückisch zu lenken,
Daß man dem Bären ein Stück von seinem Felle herabzog,
Fußlang, fußbreit, daß auf die Reise daraus ihm ein Ränzel
Fertig würde; so schien zum Pilger ihm wenig zu fehlen.
Aber die Königin bat er, auch Schuh ihm zu schaffen und sagte:
„Ihr erkennt mich, gnädige Frau, nun einmal für euren
Pilger; helfet mir nun, daß ich die Reise vollbringe.
Isegrim hat vier tüchtige Schuhe, da wär es wohl billig,
Daß er ein Paar mir davon zu meinem Wege verließe;
Schafft mir sie, gnädige Frau, durch meinen Herren, den König.
Auch entbehrte Frau Gieremund wohl ein Paar von den ihren,
Denn als Hausfrau bleibt sie doch meist in ihrem Gemache."
Diese Forderung fand die Königin billig. „Sie können
Jedes wahrlich ein Paar entbehren!" sagte sie gnädig.
Reineke dankte darauf und sagte mit freudiger Beugung:
„Krieg ich doch nun vier tüchtige Schuhe, da will ich nicht zaudern.
Alles Guten, was ich sofort als Pilger vollbringe,
Werdet ihr teilhaft gewiß, ihr und mein gnädiger König!
Auf der Wallfahrt sind wir verpflichtet, für alle zu beten,
Die uns irgend geholfen. Es lohne Gott euch die Milde!"
An den vorderen Füßen verlor Herr Isegrim also
Seine Schuhe bis an die Knorren; desgleichen verschonte
Man Frau Gieremund nicht, sie mußte die hintersten lassen.
So verloren sie beide die Haut und Klauen der Füße,
Lagen erbärmlich mit Braunen zusammen und dachten zu sterben;

Aber der Heuchler hatte die Schuh und das Ränzel gewonnen,
Trat herzu und spottete noch besonders der Wölfin:
„Liebe, Gute!" sagt' er zu ihr, „da sehet, wie zierlich
Eure Schuhe mir stehn, ich hoffe, sie sollen auch dauern.
Manche Mühe gabt ihr euch schon zu meinem Verderben,
Aber ich habe mich wieder bemüht; es ist mir gelungen.
Habt ihr Freude gehabt, so kommt nun endlich die Reihe
Wieder an mich; so pflegt es zu gehn, man weiß sich zu fassen.
Wenn ich nun reise, so kann ich mich täglich der lieben Verwandten
Dankbar erinnern: Ihr habt mir die Schuhe gefällig gegeben,
Und es soll euch nicht reuen; was ich an Ablaß verdiene,
Teil ich mit euch, ich hol ihn zu Rom und über dem Meere."

Und so hatte denn Reineke wieder die Liebe des Königs
Völlig gewonnen und ging mit großen Ehren von Hofe,
Schien mit Ränzel und Stab nach dem heiligen Grabe zu wallen,
Hatt er dort gleich so wenig zu tun als ein Maibaum in Aachen.
Ganz was anders führt' er im Schilde. Nun war ihm gelungen,
Einen flächsenen Bart und eine wächserne Nase
Seinem König zu drehen; es mußten ihm alle Verkläger
Folgen, da er nun ging, und ihn mit Ehren begleiten.
Und er konnte die Tücke nicht lassen und sagte noch scheidend:
„Sorget, gnädiger Herr, daß euch die beiden Verräter
Nicht entgehen und haltet sie wohl im Kerker gebunden.
Würden sie frei, sie ließen nicht ab mit schändlichen Werken.
Eurem Leben drohet Gefahr. Herr König, bedenkt es!"

Und so ging er dahin mit stillen, frommen Gebärden,
Mit einfältigem Wesen, als wüßt er's eben nicht anders.
Drauf erhub sich der König zurück zu seinem Palaste,
Sämtliche Tiere folgten dahin. Nach seinem Befehle
Hatten sie Reineken erst ein Stückchen Weges begleitet;
Und es hatte der Schelm sich ängstlich und traurig gebärdet,
Daß er manchen gutmütigen Mann zum Mitleid bewegte.
Lampe, der Hase, besonders war sehr bekümmert. „Wir sollen,
Lieber Lampe", sagte der Schelm, „und sollen wir scheiden?
Möcht es euch und Bellyn, dem Widder heute belieben,
Meine Straße mit mir noch ferner zu wandeln! Ihr würdet
Mir durch eure Gesellschaft die größte Wohltat erzeigen.
Ihr seid angenehme Begleiter und redliche Leute,
Jedermann redet nur Gutes von euch, das brächte mir Ehre;
Geistlich seid ihr und heiliger Sitte. Ihr lebet gerade,
Wie ich als Klausner gelebt. Ihr laßt euch mit Kräutern begnügen,
Pfleget mit Laub und Gras den Hunger zu stillen und fraget
Nie nach Brot oder Fleisch, noch andrer besonderer Speise."
Also konnt er mit Lob der beiden Schwäche betören;
Beide gingen mit ihm zu seiner Wohnung und sahen
Malepartus, die Burg, und Reineke sagte zum Widder:
„Bleibet hieraußen, Bellyn, und laßt die Gräser und Kräuter
Nach Belieben euch schmecken; es bringen diese Gebirge
Manche Gewächse hervor, gesund und guten Geschmackes.
Lampen nehm ich mit mir; doch bittet ihn, daß er mein Weib mir
Trösten möge, die schon sich betrübt; und wird sie vernehmen,
Daß ich nach Rom als Pilger verreise, so wird sie verzweifeln."
Süße Worte brauchte der Fuchs, die zwei zu betrügen.
Lampen führt' er hinein, da fand er die traurige Füchsin
Liegen neben den Kindern, von großer Sorge bezwungen;
Denn sie glaubte nicht mehr, daß Reineke sollte von Hofe
Wiederkehren. Nun sah sie ihn aber mit Ränzel und Stabe;

Wunderbar kam es ihr vor, und sagte: „Reinhart, mein Lieber,
Saget mir doch, wie ist's euch gegangen? Was habt ihr erfahren?"
Und er sprach: „Schon war ich verurteilt, gefangen, gebunden,
Aber der König bezeigte sich gnädig, befreite mich wieder,
Und ich zog als Pilger hinweg; es blieben zu Bürgen
Braun und Isegrim beide zurück. Dann hat mir der König
Lampen zur Sühne gegeben, und was wir nur wollen, geschieht ihm.
Denn es sagte der König zuletzt mit gutem Bescheide:
Lampe war es, der dich verriet. So hat er wahrhaftig
Große Strafe verdient und soll mir alles entgelten."
Aber Lampe vernahm erschrocken die drohenden Worte,
War verwirrt und wollte sich retten und eilte zu fliehen.
Reineke schnell vertrat ihm das Tor, es faßte der Mörder
Bei dem Halse den Armen, der laut und gräßlich um Hilfe
Schrie: „O helfet, Bellyn! Ich bin verloren! Der Pilger
Bringt mich um!" Doch schrie er nicht lange; denn Reineke hatt' ihm
Bald die Kehle zerbissen. Und so empfing er den Gastfreund.

  Ungeduldig begann Bellyn am Tore zu schmälen:
„Lampe, wollt ihr nicht fort? So kommt doch! lasset uns gehen!"
Reineke hört' es und eilte hinaus und sagte: „Mein Lieber,
Lampe bittet euch sehr ihm zu vergeben, er freut sich
Drin mit seiner Frau Muhme, das werdet ihr, sagt er, ihm gönnen.
Gehet sachte voraus. Denn Ermelyn, seine Frau Muhme,
Läßt ihn sobald nicht hinweg; ihr werdet die Freude nicht stören."

  Da versetzte Bellyn: „Ich hörte schreien, was war es?
Lampen hört' ich, er rief mir: ‚Bellyn! zu Hilfe! zu Hilfe!'
Habt ihr ihm etwas Übels getan?" Da sagte der kluge
Reineke: „Höret mich recht! Ich sprach von meiner gelobten
Wallfahrt; da wollte mein Weib darüber völlig verzweifeln,
Es befiel sie ein tödlicher Schrecken, sie lag uns in Ohnmacht.
Lampe sah das und fürchtete sich, und in der Verwirrung
Rief er: ‚Helfet, Bellyn, Bellyn! o säumet nicht lange,
Meine Muhme wird mir gewiß nicht wieder lebendig!' "
„So viel weiß ich", sagte Bellyn, „er hat ängstlich gerufen."
„Nicht ein Härchen ist ihm verletzt!" verschwur sich der Falsche;
„Lieber möchte mir selbst als Lampen was Böses begegnen.
Hörtet ihr!" sagte Reineke drauf, „es bat mich der König
Gestern, käm ich nach Hause, da sollt ich in einigen Briefen
Über wichtige Sachen ihm meine Gedanken vermelden.
Lieber Neffe, nehmet sie mit; ich habe sie fertig.
Schöne Dinge sah ich darin und rat ihm das Klügste.
Lampe war über die Maßen vergnügt, ich hörte mit Freuden
Ihn mit seiner Frau Muhme sich alter Geschichten erinnern.
Wie sie schwatzten! sie wurden nicht satt! Sie aßen und tranken;
Freuten sich übereinander; indessen schrieb ich die Briefe."

  „Lieber Reinhart", sagte Bellyn, „ihr müßt nur die Briefe
Wohl verwahren; es fehlt, sie einzustecken, ein Täschchen.
Wenn ich die Siegel zerbräche, das würde mir übel bekommen."
Reineke sagte: „Das weiß ich zu machen. Ich denke, das Ränzel,
Das ich aus Braunens Felle bekam, wird eben sich schicken;
Es ist dicht und stark, darin verwahr ich die Briefe.
Und es wird euch dagegen der König besonders belohnen;
Er empfängt euch mit Ehren, ihr seid ihm dreimal willkommen."
„Gott sei mit euch!" sagte Bellyn, „so will ich denn gehen."
Und er eilete fort! Um Mittag gelangt er nach Hofe.
Als ihn der König ersah und zugleich das Ränzel erblickte,
Sprach er: „Saget, Bellyn, von wannen kommt ihr? und wo ist

Reineke blieben? Ihr traget das Ränzel, was soll das bedeuten?
Da versetzte Bellyn: „Er bat mich, gnädigster König,
Euch zwei Briefe zu bringen, wir haben sie beide zusammen
Ausgedacht. Ihr findet subtil die wichtigsten Sachen
Abgehandelt, und was sie enthalten, das hab ich geraten;
Hier im Ränzel finden sie sich; er knüpfte den Knoten."
　Und es ließ der König sogleich dem Biber gebieten,
Der Notarius war und Schreiber des Königs, man nannt ihn
Bokert. Es war sein Geschäft, die schweren wichtigen Briefe
Vor dem König zu lesen, denn manche Sprache verstand er.
Auch nach Hinzen schickte der König, er sollte dabei sein.
Als nun Bokert den Knoten mit Hinze, seinem Gesellen,
Aufgelöset, zog er das Haupt des ermordeten Hasen
Mit Erstaunen hervor und rief: „Das heiß ich mir Briefe!
Seltsam genug! Wer hat sie geschrieben? Wer kann es erklären?
Dies ist Lampens Kopf, es wird ihn niemand verkennen."
　Und es erschraken König und Königin. Aber der König
Senkte sein Haupt und sprach: „O Reineke, hätt ich dich wieder!"
König und Königin beide betrübten sich über die Maßen.
„Reineke hat mich betrogen!" so rief der König. „O hätt ich
Seinen schändlichen Lügen nicht Glauben gegeben!" so rief er,
Schien verworren, mit ihm verwirrten sich alle die Tiere.
　Aber Lupardus begann, des Königs naher Verwandter:
„Traun! ich sehe nicht ein, warum ihr also betrübt seid
Und die Königin auch. Entfernet diese Gedanken;
Fasset Mut! es möcht euch vor allen zur Schande gereichen.
Seid ihr nicht Herr? Es müssen euch alle, die hier sind, gehorchen."
　„Eben deswegen", versetzte der König, „so laßt euch nicht wundern,
Daß ich im Herzen betrübt bin. Ich habe mich leider vergangen.
Denn mich hat der Verräter mit schändlicher Tücke bewogen,
Meine Freunde zu strafen. Es liegen beide geschändet,
Braun und Isegrim; sollte mich's nicht von Herzen gereuen?
Ehre bringt es mir nicht, daß ich den besten Baronen
Meines Hofes so übel begegnet und daß ich dem Lügner
So viel Glauben geschenkt und ohne Vorsicht gehandelt.
Meiner Frauen folg ich zu schnell. Sie ließ sich betören,
Bat und flehte für ihn; o wär ich nur fester geblieben!
Nun ist die Reue zu spät, und aller Rat ist vergebens."
　Und es sagte Lupardus: „Herr König, höret die Bitte,
Trauert nicht länger! Was Übels geschehen ist, läßt sich vergleichen.
Gebet dem Bären, dem Wolfe der Wölfin zur Sühne den Widder;
Denn es bekannte Bellyn gar offen und kecklich, er habe
Lampens Tod geraten; das mag er nun wieder bezahlen!
Und wir wollen hernach zusammen auf Reineken losgehn,
Werden ihn fangen, wenn es gerät; da hängt man ihn eilig;
Kommt er zum Worte, so schwätzt er sich los und wird nicht gehangen.
Aber ich weiß es gewiß, es lassen sich jene versöhnen."
　Also war die Sühne beschlossen; sie mußte der Widder
Mit dem Halse bezahlen und alle seine Verwandten
Werden noch immer verfolgt von Isegrims mächtiger Sippschaft.
So begann der ewige Haß. Nun fahren die Wölfe
Ohne Scheu und Scham auf Lämmer und Schafe zu wüten
Fort, sie glauben das Recht auf ihrer Seite zu haben;
Keines verschonet ihr Grimm, sie lassen sich nimmer versöhnen.
Aber um Brauns und Isegrims willen und ihnen zu Ehren
Ließ der König den Hof zwölf Tage verlängern; er wollte
Öffentlich zeigen, wie ernst es ihm sei, die Herrn zu versöhnen.

Und nun sah man den Hof gar herrlich bestellt und bereitet;
Manche Ritter kamen dahin; den sämtlichen Tieren
Folgten unzählige Vögel, und alle zusammen verehrten
Braun und Isegrim hoch, die ihrer Leiden vergaßen.
Da ergötzte sich festlich die beste Gesellschaft, die jemals
Nur beisammen gewesen; Trompeten und Pauken erklangen,
Und den Hoftanz führte man auf mit guten Manieren.
Überflüssig war alles bereitet, was jeder begehrte.
Boten auf Boten gingen ins Land und luden die Gäste,
Vögel und Tiere machten sich auf; sie kamen zu Paaren,
Reiseten hin bei Tag und bei Nacht und eilten zu kommen.
   Aber Reineke Fuchs lag auf der Lauer zu Hause,
Dachte nicht nach Hofe zu gehn, der verlogne Pilger;
Wenig Dankes erwartet' er sich. Nach altem Gebrauche
Seine Tücke zu üben, gefiel am besten dem Schelme.
Und man hörte bei Hof die allerschönsten Gesänge;
Speis und Trank ward über und über den Gästen gereichet;
Und man sah turnieren und fechten. Es hatte sich jeder
Zu den Seinen gesellt, da ward getanzt und gesungen,
Und man hörte Pfeifen dazwischen und hörte Schalmeien.
Freundlich schaute der König von seinem Saale hernieder;
Ihm behagte das große Getümmel, er sah es mit Freuden.
   Und acht Tage waren vorbei (es hatte der König
Sich zu Tafel gesetzt mit seinen ersten Baronen;
Neben der Königin saß er), und blutig kam das Kaninchen
Vor den König getreten und sprach mit traurigem Sinne:
„Herr, Herr König und alle zusammen, erbarmet euch meiner!
Denn ihr habt so argen Verrat und mördrische Taten,
Wie ich von Reineken diesmal erduldet, nur selten vernommen.
Gestern morgen fand ich ihn sitzen, es war um die sechste
Stunde, da ging ich die Straße vor Malepartus vorüber,
Und ich dachte den Weg in Frieden zu ziehen. Er hatte,
Wie ein Pilger verkleidet, als läs er Morgengebete,
Sich vor seine Pforte gesetzt. Da wollt ich behende
Meines Weges vorbei, zu eurem Hofe zu kommen.
Als er mich sah, erhub er sich gleich und trat mir entgegen,
Und ich glaubt, er wollte mich grüßen; da faßt er mich aber
Mit den Pfoten gar mörderlich an, und zwischen den Ohren
Fühlt ich die Klauen und dachte wahrhaftig das Haupt zu verlieren;
Wer mag reisen? wer mag an eurem Hofe sich finden,
Wenn der Räuber die Straße belegt und alle beschädigt?"
   Und er endigte kaum, da kam die gesprächige Krähe,
Merkenau, sagte: „Würdiger Herr und gnädiger König!
Traurige Märe bring ich vor euch; ich bin nicht imstande,
Viel zu reden vor Jammer und Angst, ich fürchte, das bricht mir
Noch das Herz: so jämmerlich Ding begegnet mir heute.
Scharfenebbe, mein Weib, und ich, wir gingen zusammen
Heute früh, und Reineke lag für tot auf der Heide.
Wie sie nun traurig und ohne Besorgnis dem Munde des Schelmen
Ihren Schnabel näher gebracht, bemerkt es der Unhold,
Schnappte grimmig nach ihr und riß das Haupt ihr herunter.
Wär ich nicht so behende gewesen, er hätte mich gleichfalls
Festgehalten; mit Not entkam ich den Klauen des Mörders;
Eilend erreicht ich den Baum! O, hätt ich mein trauriges Leben
Nicht gerettet! ich sah mein Weib in des Bösewichts Klauen,
Ach, er hatte die Gute gar bald gegessen. Er schien mir
So begierig und hungrig, als wollt er noch einige speisen;

Nicht ein Beinchen ließ er zurück, kein Knöchelchen übrig.
Ach erbarmt euch, gnädiger Herr! denn solltet ihr diesmal
Diesen Verräter verschonen, gerechte Rache verzögern,
Eurem Frieden und eurem Geleite nicht Nachdruck verschaffen,
Vieles würde darüber gesprochen, es würd euch mißfallen.
Denn man sagt: Der ist schuldig der Tat, der zu strafen Gewalt hat,
Und nicht strafet; es spielet alsdann ein jeder den Herren.
Eurer Würde ging es zu nah, ihr mögt es bedenken."
   Also hatte der Hof die Klage des guten Kanichens
Und der Krähe vernommen. Da zürnte Nobel, der König,
Rief: „So sei es geschworen bei meiner ehlichen Treue,
Diesen Frevel bestraf ich, man soll es lange gedenken!
Nun zusammen, ihr Herren, wie wir ihn fahen und richten!
Greifen wir ernstlich dazu, so wird die Sache gelingen."
   Also dachte der König und seine Genossen die Feste
Malepartus zu stürmen, den Fuchs zu strafen. Doch Grimbart,
Der im Rate gewesen, entfernte sich heimlich und eilte,
Reineken aufzusuchen und ihm die Nachricht zu bringen.
„Seid mir, Neffe, willkommen vor allen meines Geschlechtes!
Warum lauft ihr so sehr? Ihr keuchet! bringt ihr was Neues?"
Ihm erwiderte Grimbart: „Die Zeitung, die ich vermelde,
Klingt nicht tröstlich, ihr seht, ich komm in Ängsten gelaufen;
Leben und Gut ist alles verloren! Ich habe des Königs
Zorn gesehen; er schwört, euch zu fahen und schändlich zu töten.
   „Weiter nichts?" versetzte der Fuchs. „Das ficht mich nun alles
Keinen Pfifferling an. Und hätte der König mit seinem
Ganzen Rate doppelt und dreifach gelobt und geschworen;
Komm ich nur selber dahin, ich hebe mich über sie alle,
Denn sie raten und raten und wissen es nimmer zu treffen.
Morgen geh ich nach Hofe mit euch; da hoff ich, ihr werdet,
Lieber Neffe, mir helfen, so wie es Verwandten geziemet."

*

   Weiter gingen sie nun zusammen über die Heide,
Grimbart und Reineke, gerade den Weg zum Schlosse des Königs.
Aber Reineke sprach: „Es falle, wie es auch wolle,
Diesmal ahnet es mir, die Reise führet zum Besten.
Lieber Neffe, höret mich nun! Seitdem ich zum letzten
Euch gebeichtet, verging ich mich wieder in sündigem Wesen;
Höret Großes und Kleines und was ich damals vergessen.
   Von dem Leibe des Bären und seinem Felle verschafft ich
Mir ein tüchtiges Stück; es ließen der Wolf und die Wölfin
Ihre Schuhe mir ab; so hab ich mein Mütchen gekühlet.
Meine Lüge verschaffte mir das; ich wußte den König
Aufzubringen und hab ihn dabei entsetzlich betrogen:
Denn ich erzählt ihm ein Märchen, und Schätze wußt ich zu dichten.
Ja, ich hatte daran nicht genug, ich tötete Lampen,
Ich bepackte Bellyn mit dem Haupt des Ermordeten; grimmig
Sah der König auf ihn, er mußte die Zeche bezahlen.
Und das Kaninchen, ich drückt es gewaltig hinter die Ohren,
Daß es beinah das Leben verlor, und war mir verdrießlich,
Daß es entkam. Auch muß ich bekennen, die Krähe beklagt sich
Nicht mit Unrecht, ich habe Frau Scharfenebbe, sein Weibchen,
Aufgegessen. Das hab ich begangen, seitdem ich gebeichtet.
   Grimbart sprach: „Ich find euch von neuem mit Sünden beladen.
Doch es werden die Toten nicht wieder lebendig; es wäre
Freilich besser, wenn sie noch lebten. So will ich, mein Oheim,

In Betrachtung der schrecklichen Stunde, der Nähe des Todes,
Der euch droht, die Sünde vergeben als Diener des Herren:
Denn sie streben euch nach mit Gewalt, ich fürchte das Schlimmste,
Und man wird euch vor allem das Haupt des Hasen gedenken!
Große Dreistigkeit war es, gesteht's, den König zu reizen,
Und es schadet euch mehr, als euer Leichtsinn gedacht hat."
  „Nicht ein Haar!" versetzte der Schelm, „und daß ich euch sage,
Durch die Welt sich zu helfen, ist ganz was Eignes; man kann sich
Nicht so heilig bewahren als wie im Kloster, das wißt ihr.
Handelt einer mit Honig, er leckt zuweilen die Finger.
Lampe reizte mich sehr: er sprang herüber, hinüber,
Mir vor den Augen herum, sein fettes Wesen gefiel mir,
Und ich setzte die Liebe beiseite. So gönnt ich Bellynen
Wenig Gutes. Sie haben den Schaden; ich habe die Sünde.
Aber sie sind zum Teil auch so plump, in jeglichen Dingen
Grob und stumpf. Ich sollte noch viel Zeremonien machen?
  Raubt der König ja selbst so gut als einer, wir wissen's;
Was er selber nicht nimmt, das läßt er Bären und Wölfe
Holen und glaubt, es geschähe mit Recht. Da findet sich keiner,
Der sich getraut, ihm die Wahrheit zu sagen, so weit hinein ist es
Böse, kein Beichtiger, kein Kaplan; sie schweigen! Warum das?
Sie genießen es mit, und wär nur ein Rock zu gewinnen.
Komme dann einer und klage! der haschte mit gleichem Gewinne
Nach der Luft, er tötet die Zeit und beschäftigte besser
Sich mit neuem Erwerb. Denn fort ist fort, und was einmal
Dir ein Mächtiger nimmt, das hast du besessen. Der Klage
Gibt man wenig Gehör, und sie ermüdet am Ende.
Unser Herr ist der Löwe, und alles an sich zu reißen,
Hält er seiner Würde gemäß. Er nennt uns gewöhnlich
Seine Leute. Fürwahr, das Unsre, scheint es, gehört ihm!
  Darf ich reden, mein Oheim? Der edle König, er liebt sich
Ganz besonders Leute, die bringen und die nach der Weise,
Die er singt, zu tanzen verstehn; man sieht es zu deutlich.
Daß der Wolf und der Bär zum Rate wieder gelangen,
Schadet noch manchem. Sie stehlen und rauben; es liebt sie der König;
Jeglicher sieht es und schweigt: er denkt, an die Reihe zu kommen.
Mehr als vier befinden sich so zur Seite des Herren,
Ausgezeichnet vor allen, sie sind die Größten am Hofe.
Nimmt ein armer Teufel, wie Reineke, irgend ein Hühnchen,
Wollen sie alle gleich über ihn her, ihn suchen und fangen,
Und verdammen ihn laut mit einer Stimme zum Tode.
Kleine Diebe hängt man so weg, es haben die großen
Starken Vorsprung, mögen das Land und die Schlösser verwalten.
Sehet, Oheim, bemerk ich nun das und sinne darüber,
Nun, so spiel ich halt auch mein Spiel und denke daneben
Öfters bei mir: es muß ja wohl recht sein; tun's doch so viele!
Freilich regt sich dann auch das Gewissen und zeigt mir von ferne
Gottes Zorn und Gericht und läßt mich das Ende bedenken.
Ungerecht Gut, so klein es auch sei, man muß es erstatten.
Und da fühl ich denn Reu im Herzen; doch währt es nicht lange.
Ja, was hilft dich's, der Beste zu sein, es bleiben die Besten
Doch nicht unberedet in diesen Zeiten vom Volke.
Denn es weiß die Menge genau nach allem zu forschen,
Niemand vergessen sie leicht, erfinden dieses und jenes;
Wenig Gutes ist in der Gemeine, und wirklich verdienen
Wenige drunter auch gute, gerechte Herren zu haben.
Denn sie singen und sagen vom Bösen immer und immer,

Auch das Gute wissen sie zwar von großen und kleinen
Herren, doch schweigt man davon, und selten kommt es zur Sprache.
Doch das Schlimmste find ich den Dünkel des irrigen
 Wahnes,
Der die Menschen ergreift: es könne jeder im
 Taumel
Seines heftigen Wollens die Welt beherrschen
 und richten.
Hielte doch jeder sein Weib und seine Kinder in Ordnung,
Wüßte sein trotzig Gesinde zu bändigen, könnte sich stille,
Wenn die Toren verschwenden, in mäßigem Leben erfreuen.
Aber wie sollte die Welt sich verbessern? Es läßt
 sich ein jeder
Alles zu und will mit Gewalt die andern bezwingen.
Und so sinken wir tiefer und immer tiefer ins Arge.
Afterreden, Lug und Verrat und Diebstahl und
 falscher
Eidschwur, Rauben und Morden, man hört nichts
 anders erzählen.
Falsche Propheten und Heuchler betrügen schändlich
 die Menschen.
 Jeder lebt nur so hin! und will man sie treulich ermahnen,
Nehmen sie's leicht und sagen auch wohl: Ei, wäre die Sünde
Groß und schwer, wie hier und dort uns manche Gelehrte
Predigen, würde der Pfaffe die Sünde selber vermeiden.
Sie entschuldigen sich mit bösem Exempel und gleichen
Gänzlich dem Affengeschlecht, das, nachzuahmen geboren,
Weil es nicht denket und wählt, empfindlichen Schaden erduldet.
 Freilich sollten die geistlichen Herren sich besser betragen!
Manches könnten sie tun, wofern sie es heimlich vollbrächten;
Aber sie schonen uns nicht, uns andre Laien, und treiben
Alles, was ihnen beliebt, vor unsern Augen, als wären
Wir mit Blindheit geschlagen; allein wir sehen zu deutlich,
Ihre Gelübde gefallen den guten Herren so wenig,
Als sie dem sündigen Freunde der weltlichen Werke behagen.
 Selten findet man fürstliche Lande, worin nicht die Pfaffen
Zölle und Zinsen erhüben und Dörfer und Mühlen benutzten.
Diese verkehren die Welt, es lernt die Gemeine das Böse:
Denn man sieht, so hält es der Pfaffe, da sündiget jeder,
Und vom Guten leitet hinweg ein Blinder den andern.
Ja, wer merkte denn wohl die guten Werke der frommen
Priester, und wie sie die heilige Kirche mit gutem Exempel
Auferbauen? Wer lebt nun darnach? Man stärkt sich im Bösen.
So geschieht es im Volke, wie sollte die Welt sich verbessern?
 Aber höret mich weiter. Ist einer unrecht geboren,
Sei er ruhig darüber, was kann er weiter zur Sache?
Denn ich meine nur so, versteht mich. Wird sich ein solcher
Nur mit Demut betragen und nicht durch eitles Benehmen
Andre reizen, so fällt es nicht auf, und hätte man unrecht,
Über dergleichen Leute zu reden. Es macht die Geburt uns
 Weder edel noch gut, noch kann sie zur Schande
 gereichen.
Aber Tugend und Laster, sie unterscheiden die
 Menschen.
Gute, gelehrte geistliche Männer, man hält sie, wie billig,
Hoch in Ehren, doch geben die bösen ein böses Exempel.
Predigt so einer das Beste, so sagen doch endlich die Laien:

Spricht er das Gute und tut er das Böse, was soll man erwählen?
Auch der Kirche tut er nichts Gutes, er prediget jedem:
‚Leget nur aus und bauet die Kirche; das rat ich, ihr Lieben,
Wollt ihr Gnade verdienen und Ablaß!' so schließt er die Rede,
Und er legt wohl wenig dazu, ja gar nichts, und fiele
Seinetwegen die Kirche zusammen. So hält er denn weiter
Für die beste Weise zu leben, sich köstlich zu kleiden.
Lecker zu essen. Und hat sich so einer um weltliche Sachen
Übermäßig bekümmert, wie will er beten und singen?
Gute Priester sind täglich und stündlich im Dienste des Herren
Fleißig begriffen und üben das Gute; der heiligen Kirche
Sind sie nütze; sie wissen die Laien durch gutes Exempel
Auf dem Wege des Heils zur rechten Pforte zu leiten.
Aber ich kenne denn auch die Bekappten; sie plärren und plappern
Immer zum Scheine so fort und suchen immer die Reichen;
Wissen den Leuten zu schmeicheln und gehn am liebsten zu Gaste.
Bittet man einen, so kommt auch der zweite; da finden sich weiter
Noch zu diesen zwei oder drei. Und wer in dem Kloster
Gut zu schwätzen versteht, der wird im Orden erhoben,
Wird zum Lesemeister, zum Kustos oder zum Prior.
Andre stehen beiseite. Die Schüsseln werden gar ungleich
Aufgetragen. Denn einige müssen des Nachts in dem Chore
Singen, lesen, die Gräber umgehen; die anderen haben
Guten Vorteil und Ruh und essen die köstlichen Bissen.
Und die Legaten des Papsts, die Äbte, Pröpste, Prälaten,
Die Beguinen und Nonnen, da wäre vieles zu sagen!
Überall heißt es: Gebt mir das Eure und laßt mir das Meine.
Wenige finden sich wahrlich, nicht sieben, welche der Vorschrift
Ihres Ordens gemäß ein heiliges Leben beweisen.
Und so ist der geistliche Stand gar schwach und gebrechlich."

„Oheim!" sagte der Dachs, „ich find es besonders, ihr beichtet
Fremde Sünden. Was will es euch helfen? Mich dünket, es wären
Eurer eignen genug. Und sagt mir, Oheim, was habt ihr
Um die Geistlichkeit euch zu bekümmern, und dieses und jenes?
Seine Bürde mag jeglicher tragen, und jeglicher gebe
Red und Antwort, wie er in seinem Stande die Pflichten
Zu erfüllen strebt; dem soll sich niemand entziehen,
Weder Alte noch Junge, hier außen oder im Kloster.
Doch ihr redet zu viel von allerlei Dingen und könntet
Mich zuletzt zum Irrtum verleiten. Ihr kennet vortrefflich,
Wie die Welt nun besteht und alle Dinge sich fügen;
Niemand schickte sich besser zum Pfaffen. Ich käme mit andern
Schafen zu beichten bei euch und eurer Lehre zu horchen,
Eure Weisheit zu lernen; denn freilich muß ich gestehen:
Stumpf und grob sind die meisten von uns, und hätten's von nöten."

Also hatten sie sich dem Hofe des Königs genähert.
Reineke sagte: „So ist es gewagt!" und nahm sich zusammen.
Und sie begegneten Martin, dem Affen, der hatte sich eben
Aufgemacht und wollte nach Rom; er grüßte die beiden.
„Lieber Oheim, fasset ein Herz!" so sprach er zum Fuchse,
Fragt' ihn dieses und jenes, obschon ihm die Sache bekannt war.
„Ach, wie ist mir das Glück in diesen Tagen entgegen!"
Sagte Reineke drauf; „da haben mich etliche Diebe
Wieder beschuldigt, wer sie auch sind, besonders die Krähe
Mit dem Kaninchen; sein Weib verlor das eine, dem andern
Fehlt ein Ohr. Was kümmert mich das? Und könnt ich nur selber
Mit dem Könige reden, sie beide sollten's empfinden.

Aber mich hindert am meisten, daß ich im Banne des Papstes
Leider noch bin. Nun hat in der Sache der Dompropst die Vollmacht,
Der beim Könige gilt. Und in dem Banne befind ich
Mich um Isegrims willen, der einst ein Klausner geworden,
Aber dem Kloster entlief, von Elkmar, wo er gewohnet.
Und er schwur, so könnt er nicht leben, man halt ihn zu strenge,
Lange könn er nicht fasten und könne nicht immer so lesen.
Damals half ich ihm fort. Es reut mich; denn er verleumdet
Mich beim Könige nun und sucht mir immer zu schaden.
Soll ich nach Rom? Wie werden indes zu Hause die Meinen
In Verlegenheit sein! Denn Isegrim kann es nicht lassen,
Wo er sie findet, beschädigt er sie. Auch sind noch so viele,
Die mir Übels gedenken und sich an die Meinigen halten.
Wär ich aus dem Banne gelöst, so hätt ich es besser,
Könnte gemächlich mein Glück bei Hofe wieder versuchen."
   Martin versetzte: ,,Dann kann ich euch helfen, es trifft sich! Soeben
Geh ich nach Rom und nütz euch daselbst mit künstlichen Stücken.
Unterdrücken laß ich euch nicht! Als Schreiber des Bischofs,
Dünkt mich, versteh ich das Werk. Ich schaffe, daß man den Dompropst
Grade nach Rom zitiert, da will ich gegen ihn fechten.
Seht nur, Oheim, ich treibe die Sache und weiß sie zu leiten;
Exequiren laß ich das Urteil, ihr werdet mir sicher
Absolviert, ich bring es euch mit; es sollen die Feinde
Übel sich freun und ihr Geld zusamt der Mühe verlieren:
Denn ich kenne den Gang der Dinge zu Rom und verstehe,
Was zu tun und zu lassen. Da ist Herr Simon, mein Oheim,
Angesehen und mächtig; er hilft den guten Bezahlern.
Schalkefund, das ist ein Herr! und Doktor Greifzu und andre,
Wendemantel und Losefund hab ich alle zu Freunden.
Meine Gelder schick ich voraus; denn, seht nur, so wird man
Dort am besten bekannt. Sie reden wohl von Zitieren,
Aber das Geld begehren sie nur. Und wäre die Sache
Noch so krumm, ich mache sie grad mit guter Bezahlung.
Bringst du Geld, so findest du Gnade; sobald es dir mangelt,
Schließen die Türen sich zu. Ihr bleibet ruhig im Lande;
Eurer Sache nehm ich mich an, ich löse den Knoten.
Geht nur nach Hofe, ihr werdet daselbst Frau Rückenau finden,
Meine Gattin; es liebt sie der König, unser Gebieter,
Und die Königin auch, sie ist behenden Verstandes.
Sprecht sie an, sie ist klug, verwendet sich gerne für Freunde.
Viele Verwandte findet ihr da. Es hilft nicht immer,
Recht zu haben. Ihr findet da bei ihr zwei Schwestern, und meiner
Kinder sind drei, daneben noch manche von eurem Geschlechte,
Euch zu dienen bereit, wie ihr es immer begehret.
Und versagte man euch das Recht, so sollt ihr erfahren,
Was ich vermag. Und wenn man euch drückt, berichtet mir's eilig!
Und ich lasse das Land in Bann tun, den König und alle
Weiber und Männer und Kinder. Ein Interdikt will ich senden,
Singen soll man nicht mehr, noch Messe lesen, noch taufen,
Noch begraben, was es auch sei. Des tröstet euch, Neffe!
   Denn der Papst ist alt und krank und nimmt sich der Dinge
Weiter nicht an, man achtet ihn wenig. Auch hat nun am Hofe
Kardinal Ohnegenüge die ganze Gewalt, der ein junger
Rüstiger Mann ist, ein feuriger Mann von schnellem Entschlusse.
Dieser liebt ein Weib, das ich kenne, sie soll ihm ein Schreiben
Bringen, und was sie begehrt, das weiß sie trefflich zu machen.
Und sein Schreiber Johannes Partei, der kennt aufs genauste

Alte und neue Münze; dann Horchegenau, sein Geselle,
Ist ein Hofmann; Schleifenundwenden ist Notarius,
Bakkalaureus beider Rechte, und bleibt er nur etwa
Noch ein Jahr, so ist er vollkommen in praktischen Schriften.
Dann sind noch zwei Richter daselbst, die heißen Moneta
Und Donarius; sprechen sie ab, so bleibt es gesprochen.
  So verübt man in Rom gar manche Listen und Tücken,
Die der Papst nicht erfährt. Man muß sich Freunde verschaffen!
Denn durch sie vergibt man die Sünden und löset die Völker
Aus dem Banne. Verlaßt euch darauf, mein wertester Oheim;
Denn es weiß der König schon lang, ich laß euch nicht fallen;
Eure Sache führ ich hinaus, und bin es vermögend.
Ferner mag er bedenken, es sind gar viele den Affen
Und den Füchsen verwandt, die ihn am besten beraten,
Und das hilft euch gewiß, es gehe, wie es auch wolle."
  Reineke sprach: „Das tröstet mich sehr; ich denk' es euch wieder.
Komm ich diesmal nur los." Und einer empfahl sich dem andern.
Ohne Geleit ging Reineke nun mit Grimbart, dem Dachse,
Nach dem Hofe des Königs, wo man ihm übel gesinnt war.

                              *

  Reineke war nach Hofe gelangt, er dachte, die Klagen
Abzuwenden, die ihn bedrohten. Doch als er die vielen
Feinde beisammen erblickte, wie alle standen und alle
Sich zu rächen begehrten und ihn am Leben zu strafen,
Fiel ihm der Mut; er zweifelte nun, doch ging er mit Kühnheit
Grade durch alle Baronen, und Grimbart ging ihm zur Seite.
Sie gelangten zum Throne des Königs, da lispelte Grimbart:
„Seid nicht furchtsam, Reineke, diesmal; gedenket: dem Blöden
Wird das Glück nicht zu teil, der Kühne sucht die Gefahr auf
Und erfreut sich mit ihr; sie hilft ihm wieder entkommen."
Reineke sprach: „Ihr sagt mir die Wahrheit, ich danke zum schönsten
Für den herrlichen Trost, und komm ich wieder in Freiheit,
Werd ich's gedenken." Er sah nun umher, und viele Verwandte
Fanden sich unter der Schar, doch wenige Gönner, den meisten
Pflegt' er übel zu dienen; ja unter den Ottern und Bibern,
Unter Großen und Kleinen trieb er sein schelmisches Wesen.
Doch entdeckt' er noch Freunde genug im Saale des Königs.
  Reineke kniete vorm Throne zur Erden bedächtig:
„Gott, dem alles bekannt ist, und der in Ewigkeit mächtig
Bleibt, bewahr euch, mein Herr und König, bewahre nicht minder
Meine Frau, die Königin, immer, und beiden zusammen
Geb er Weisheit und gute Gedanken, damit sie besonnen
Recht und Unrecht erkennen; denn viele Falschheit ist jetzo
Unter den Menschen im Gange. Da scheinen viele von außen,
Was sie nicht sind. O hätte doch jeder am Vorhaupt geschrieben,
Wie er gedenkt, und säh es der König! da würde sich zeigen,
Daß ich nicht lüge und daß ich euch immer zu dienen bereit bin.
Zwar verklagen die Bösen mich heftig; sie möchten mir gerne
Schaden und eurer Huld mich berauben, als wär ich derselben
Unwert. Aber ich kenne die strenge Gerechtigkeitsliebe
Meines Königs und Herrn, denn ihn verleitete keiner,
Je die Wege des Rechtes zu schmälern; so wird es auch bleiben."
  Alles kam und drängte sich nun, ein jeglicher mußte
Reinekens Kühnheit bewundern, es wünscht ihn jeder zu hören;
Seine Verbrechen waren bekannt, wie wollt er entrinnen?
  „Reineke, Bösewicht!" sagte der König; „für diesmal erretten

Deine losen Worte dich nicht, sie helfen nicht länger,
Lügen und Trug verkleiden, nun bist du ans Ende gekommen.
Denn du hast die Treue zu mir, ich glaube, bewiesen
Am Kaninchen und an der Krähe! Das wäre genugsam.
Aber du übest Verrat an allen Orten und Enden;
Deine Streiche sind falsch und behende, doch werden sie nicht mehr
Lange dauern, denn voll ist das Maß, ich schelte nicht länger."
    Reineke dachte: „Wie wird es mir gehn? O hätt ich nur wieder
Meine Behausung erreicht! Wo will ich Mittel ersinnen?
Wie es auch geht, ich muß nun hindurch, versuchen wir alles!"
    „Mächtiger König, edelster Fürst!" so ließ er sich hören;
„Meint ihr, ich habe den Tod verdient, so habt ihr die Sache
Nicht von der rechten Seite betrachtet; drum bitt ich, ihr wollet
Erst mich hören. Ich habe ja sonst euch nützlich geraten,
In der Not bin ich bei euch geblieben, wenn etliche wichen,
Die sich zwischen uns beide nun stellen zu meinem Verderben
Und die Gelegenheit nützen, wenn ich entfernt bin. Ihr möget,
Edler König, hab ich gesprochen, die Sache dann schlichten;
Werd ich schuldig befunden, so muß ich es freilich ertragen.
Eben stand ich, Wache zu halten; da brachte mein Oheim
Mir die Zeitung, ich solle nach Hof. Ich hatte von neuem,
Wie ich dem Bann mich entzöge, gedacht, darüber mit Martin
Vieles gesprochen, und er gelobte mir heilig, er wolle
Mich von dieser Bürde befreien. ‚Ich werde nach Rom gehn',
Sagt' er, ‚und nehme die Sache von nun an völlig auf meine
Schultern, geht nur nach Hofe, des Bannes werdet ihr ledig.'
Sehet, so hat mir Martin geraten, er muß es verstehen,
Denn der vortreffliche Bischof, Herr Ohnegrund, braucht ihn beständig;
Schon fünf Jahre dient er demselben in rechtlichen Sachen.
Und so kam ich hieher und finde Klagen auf Klagen.
Das Kaninchen, der Äugler, verleumdet mich; aber es steht nun
Reineke hier: so tret er hervor mir unter die Augen!
Denn es ist freilich was Leichtes, sich über Entfernte beklagen,
Aber man soll den Gegenteil hören, bevor man ihn richtet.
Diese falschen Gesellen, bei meiner Treue! Sie haben
Gutes genossen von mir, die Krähe mit dem Kaninchen:
Denn vorgestern am Morgen in aller Frühe begegnet'
Mir das Kaninchen und grüßte mich schön; ich hatte soeben
Vor mein Schloß mich gestellt und las die Gebete des Morgens.
Und er zeigte mir an, er gehe nach Hofe; da sagt ich:
‚Gott begleit euch!' Er klagte darauf: ‚Wie hungrig und müde
Bin ich geworden!' Da fragt ich ihn freundlich: ‚Begehrt ihr zu essen?'
‚Dankbar nehm ich es an', versetzt er. Aber ich sagte:
‚Geb ich's doch gerne.' So ging ich mit ihm und bracht ihm behende
Kirschen und Butter: ich pflege kein Fleisch am Mittwoch zu essen.
Und er sättigte sich mit Brot und Butter und Früchten.
Aber es trat mein Söhnchen, das jüngste, zum Tische, zu sehen,
Ob was übrig geblieben, denn Kinder lieben das Essen;
Und der Knabe haschte danach. Da schlug das Kaninchen
Hastig ihn über das Maul, es bluteten Lippen und Zähne.
Reinhart, mein andrer, sah die Begegnung und faßte den Äugler
Grad an der Kehle, spielte sein Spiel und rächte den Bruder.
Das geschah, nicht mehr und nicht minder. Ich säumte nicht lange,
Lief und strafte die Knaben und brachte mit Mühe die beiden
Auseinander. Kriegt' er was ab, so mag er es tragen,
Denn er hatte noch mehr verdient; auch wären die Jungen,
Hätt ich es übel gemeint, mit ihm wohl fertig geworden.

Und so dankt er mir nun! Ich riß ihm, sagt er, ein Ohr ab;
Ehre hat er genossen und hat ein Zeichen behalten.
　Ferner kam die Krähe zu mir und klagte, die Gattin
Hab er verloren, sie habe sich leider zu Tode gegessen,
Einen ziemlichen Fisch mit allen Gräten verschlungen.
Wo es geschah, das weiß er am besten. Nun sagt er, ich habe
Sie gemordet; er tat es wohl selbst, und würde man ernstlich
Ihn verhören, dürft ich es tun, er spräche wohl anders.
Denn sie fliegen, es reichet kein Sprung so hoch, in die Lüfte.
　Will nun solcher verbotenen Taten mich jemand bezichten,
Tu er's mit redlichen, gültigen Zeugen; denn also gehört sich's,
Gegen edle Männer zu rechten; ich müßt es erwarten.
Aber finden sich keine, so gibt's ein anderes Mittel.
Hier! ich bin zum Kampfe bereit! man setze den Tag an
Und den Ort. Es zeige sich dann ein würdiger Gegner,
Gleich mit mir von Geburt, ein jeder führe sein Recht aus.
Wer dann Ehre gewinnt, dem mag sie bleiben. So hat es
Immer zu Rechte gegolten, und ich verlang es nicht besser."
　Alle standen und hörten und waren über die Worte
Reinekens höchst verwundert, die er so trotzig gesprochen.
Und es erschraken die beiden, die Krähe mit dem Kaninchen,
Räumten den Hof und trauten nicht weiter ein Wörtchen zu sprechen;
Gingen und sagten untereinander, es wäre nicht ratsam,
Gegen ihn weiter zu rechten. „Wir möchten alles versuchen
Und wir kämen nicht aus. Wer hat's gesehen? Wir waren
Ganz allein mit dem Schelm; wer sollte zeugen? Am Ende
Bleibt der Schaden uns doch. Für alle seine Verbrechen
Warte der Henker ihm auf und lohn ihm, wie er's verdiente!
Kämpfen will er mit uns? das möcht uns übel bekommen.
Nein, fürwahr, wir lassen es lieber. Denn falsch und behende,
Lose und tückisch kennen wir ihn. Es wären ihm wahrlich
Unser fünfe zu wenig, wir müßten es teuer bezahlen."
　Isegrim aber und Braunen war übel zumute; sie sahen
Ungern die beiden von Hofe sich schleichen. Da sagte der König:
„Hat noch jemand zu klagen, der komme! Laßt uns vernehmen!
Gestern drohten so viele, hier steht der Beklagte! wo sind sie?"
　„Höre mich", sagte der König darauf, „du loser Verräter!
Sage, was trieb dich dazu, daß du mir Lampen, den treuen,
Der mir die Briefe zu tragen pflegte, so schmählich getötet?"
　Reineke sagte: „Was hör ich? Ist Lampe tot? und Bellynen
Find ich nicht mehr? Was wird nun aus mir? Oh, wär ich gestorben!
Ach, mit beiden geht mir ein Schatz, der größte, verloren!
Denn ich sandt euch durch sie Kleinode, welche nicht besser
Über der Erde sich finden. Wer sollte glauben, der Widder
Würde Lampen ermorden und euch der Schätze berauben?
Hüte sich einer, wo niemand Gefahr und Tücke vermutet."
　Zornig hörte der König nicht aus, was Reineke sagte,
Wandte sich weg nach seinem Gemach und hatte nicht deutlich
Reinekens Rede vernommen; er dacht ihn am Leben zu strafen;
Und er fand die Königin eben in seinem Gemache
Mit Frau Rückenau stehn. Es war die Äffin besonders
König und Königin lieb; das sollte Reineken helfen.
Unterrichtet war sie und klug und wußte zu reden;
Wo sie erschien, sah jeder auf sie und ehrte sie höchlich.
　Da erhub sich der König, herauszutreten; es stunden
Alle zusammen und warteten sein; er sah in dem Kreise
Viele von Reinekens nächsten Verwandten; sie waren gekommen,

Ihren Vetter zu schützen, sie wären schwerlich zu nennen.
Und er sah das große Geschlecht, er sah auf der andern
Seite Reinekens Feinde; es schien der Hof sich zu teilen.
   Da begann der König: ,,So höre mich, Reineke! Kannst du
Solchen Frevel entschulden, daß du mit Hilfe Bellynens
Meinen frommen Lampe getötet? und daß ihr Verwegnen
Mir sein Haupt ins Ränzel gesteckt, als wären es Briefe?
Mich zu höhnen tatet ihr das; ich habe den einen
Schon bestraft, es büßte Bellyn; erwarte das gleiche."
   ,,Weh mir!" sagte Reineke drauf; ,,oh, wär ich gestorben!
Höret mich an, und wie es sich findet, so mag es geschehen.
Bin ich schuldig, so tötet mich gleich, ich werde doch nimmer
Aus der Not und Sorge mich retten, ich bleibe verloren.
Denn der Verräter Bellyn, er unterschlug mir die größten
Schätze, kein Sterblicher hat dergleichen jemals gesehen.
Ach, sie kosteten Lampen das Leben! Ich hatte sie beiden
Anvertraut, nun raubte Bellyn die köstlichen Sachen.
Ließen sie sich doch wieder erforschen! Allein ich befürchte,
Niemand findet sie mehr, sie bleiben auf immer verloren."
   Aber die Äffin versetzte darauf: ,,Wer wollte verzweifeln?
Sind sie nur über der Erde, so ist noch Hoffnung zu schöpfen.
Früh und späte wollen wir gehn und Laien und Pfaffen
Emsig fragen; doch zeiget uns an, wie waren die Schätze?"
   Reineke sagte: ,,Sie waren so köstlich, wir finden sie nimmer;
Nun erfindet man Lügen auf mich und will mich verklagen;
Doch ich verfechte mein Recht, erwarte das Urteil, und werd ich
Losgesprochen, so reis' ich umher durch Länder und Reiche,
Suche die Schätze zu schaffen und sollt ich mein Leben verlieren."

*

   So staffierte Reineke klug Erzählung und Worte.
Jedermann glaubt' ihm; er hatte die Schätze so zierlich beschrieben,
Sich so ernstlich betragen; er schien die Wahrheit zu reden.
Ja, man sucht' ihn zu trösten. Und so betrog er den König,
Dem die Schätze gefielen; er hätte sie gerne besessen.
Sagte zu Reineken: ,,Gebt euch zufrieden, ihr reiset und suchet
Weit und breit, das Verlorne zu finden, das Mögliche tut ihr;
Wenn ihr meiner Hilfe bedürft, sie steht euch zu Diensten."
   ,,Dankbar", sagte Reineke drauf, ,,erkenn ich die Gnade;
Diese Worte richten mich auf und lassen mich hoffen.
Raub und Mord zu bestrafen, ist eure höchste Behörde.
Dunkel bleibt mir die Sache, doch wird sich's finden; ich sehe
Mit dem größten Fleiße danach und werde des Tages
Emsig reisen und nachts und alle Leute befragen."
   Gerne hört' es der König und fiel in allem und jedem
Reineken bei, der hatte die Lüge so künstlich geflochten.
Alle die anderen glaubten es auch; er durfte nun wieder
Reisen und gehen, wohin ihm gefiel und ohne zu fragen.
   Aber Isegrim konnte sich länger nicht halten, und knirschend
Sprach er: ,,Gnädiger Herr! So glaubt ihr wieder dem Diebe,
Der euch zwei- und dreifach belog. Wen sollt es nicht wundern!
Seht ihr nicht, daß der Schalk euch betrügt und uns alle beschädigt?
Wahrheit redet er nie, und eitel Lügen ersinnt er.
Aber ich laß ihn so leicht nicht davon! Ihr sollt es erfahren,
Daß er ein Schelm ist und falsch. Ich weiß drei große Verbrechen,
Die er begangen; er soll nicht entgehn, und sollten wir kämpfen."

*

Isegrim klagte, der Wolf, und sprach: „Ihr werdet verstehen!
Reineke, gnädiger König, so wie er immer ein Schalk war,
Bleibt er es auch und steht und redet schändliche Dinge,
Mein Geschlecht zu beschimpfen und mich. So hat er mir immer,
Meinem Weibe noch mehr, empfindliche Schande bereitet."
„Ja", versetzte der Wolf, „was braucht es weiter Beweise!
Niemand verletzte mich mehr als dieser böse Verräter."
 Reineke sagte darauf vor allen Herren des Hofes:
„Isegrim redet verwirrt, er scheint nicht völlig bei Sinnen."
 Isegrim sprach entschlossen dagegen: „Wir machen wahrhaftig
Diesen Streit mit Worten nicht aus: Was sollen wir keifen?
Recht bleibt Recht, und wer es auch hat, es zeigt sich am Ende.
Trotzig, Reineke, tretet ihr auf, so mögt ihr es haben!
Wo ihr stehet, spottet ihr mein und redet verwegen
Meiner Ehre zu nah. Ihr habt mit schändlichen Lügen
Mich verdächtig gemacht, als hätt ich böse Verschwörung
Gegen den König im Sinne gehabt und hätte sein Leben
Ihm zu rauben gewünscht; ihr aber prahltet dagegen
Ihm von Schätzen was vor; er möchte schwerlich sie finden!
Schmählich behandeltet ihr mein Weib und sollt es mir büßen.
Dieser Sachen klag ich euch an! ich denke zu kämpfen
Über Altes und Neues und wiederhol es: ein Mörder,
Ein Verräter seid ihr, ein Dieb; und Leben um Leben
Wollen wir kämpfen, es endige nun das Keifen und Schelten.
Einen Handschuh biet ich euch an, sowie ihn zu Rechte
Jeder Fordernde reicht; ihr mögt ihn zum Pfande behalten,
Und wir finden uns bald. Der König hat es vernommen,
Alle die Herren haben's gehört! ich hoffe, sie werden
Zeugen sein des rechtlichen Kampfes. Ihr sollt nicht entweichen,
Bis die Sache sich endlich entscheidet, dann wollen wir sehen."
 Reineke dachte bei sich: „Das geht um Vermögen und Leben!
Groß ist er, ich aber bin klein, und könnt es mir diesmal
Etwa mißlingen, so hätten mir alle die listigen Streiche
Wenig geholfen. Doch warten wir's ab. Denn, wenn ich's bedenke,
Bin ich im Vorteil; verlor er ja schon die vordersten Klauen!
Ist der Tor nicht kühler geworden, so soll er am Ende
Seinen Willen nicht haben, es koste, was es auch wolle."
 Reineke sagte zum Wolfe darauf: „Ihr mögt mir wohl selber
Ein Verräter, Isegrim, sein, und alle Beschwerden,
Die ihr auf mich zu bringen gedenkt, sind alle gelogen.
Wollt ihr kämpfen? ich wag es mit euch und werde nicht wanken.
Lange wünscht ich mir das! hier ist mein Handschuh dagegen."
 So empfing der König die Pfänder, es reichten sie beide
Kühnlich. Er sagte darauf: „Ihr sollt mir Bürgen bestellen,
Daß ihr morgen zum Kampfe nicht fehlt; denn beide Parteien
Find ich verworren, wer mag die Reden alle verstehen?"
Isegrims Bürgen wurden sogleich der Bär und der Kater,
Braun und Hinze; für Reineken aber verbürgten sich gleichfalls
Vetter Moneke, Sohn von Märtenaffe, mit Grimbart.
 „Reineke", sagte Frau Rückenau drauf, „nun bleibet gelassen,
Klug von Sinnen! Es lehrte mein Mann, der jetzo nach Rom ist,
Euer Oheim, mich einst ein Gebet; es hatte dasselbe
Abt von Schluckauf gesetzt und gab es meinem Gemahle,
Dem er sich günstig erwies, auf einem Zettel geschrieben.
Dieses Gebet, so sagte der Abt, ist heilsam den Männern,
Die ins Gefecht sich begeben; man muß es nüchtern des Morgens
Überlesen, so bleibt man des Tags von Not und Gefahren

Völlig befreit, vorm Tode geschützt, vor Schmerzen und Wunden.
Tröstet euch, Neffe, ich will es morgen beizeiten
Über euch lesen, so geht ihr getrost und ohne Besorgnis."
„Liebe Muhme", versetzte der Fuchs, „ich danke von Herzen:
Ich gedenk es euch wieder. Doch muß mir immer am meisten
Meiner Sache Gerechtigkeit helfen und meine Gewandtheit."

    Reinekens Freunde blieben beisammen die Nacht durch und scheuchten
Seine Grillen durch muntre Gespräche. Frau Rückenau aber
War vor allen besorgt und geschäftig, sie ließ ihn behende
Zwischen Kopf und Schwanz und Brust und Bauche bescheren
Und mit Fett und Öle bestreichen; es zeigte sich aber
Reineke fett und rund und wohl zu Fuße. Daneben
Sprach sie: „Höret mich an, bedenket, was ihr zu tun habt,
Höret den Rat verständiger Freunde, das hilft euch am besten.
Trinket nur brav und haltet das Wasser, und kommt ihr des Morgens
In den Kreis, so macht es gescheit, benetzet den rauhen
Wedel über und über und sucht den Gegner zu treffen;
Könnt ihr die Augen ihm salben, so ist's am besten geraten,
Sein Gesicht verdunkelt sich gleich. Es kommt euch zustatten,
Und ihn hindert es sehr. Auch müßt ihr anfangs euch furchtsam
Stellen und gegen den Wind mit flüchtigen Füßen entweichen.
Wenn er euch folget, erregt nur den Staub, auf daß ihr die Augen
Ihm mit Unrat und Sande verschließt. Dann springet zur Seite,
Paßt auf jede Bewegung, und wenn er die Augen sich auswischt,
Nehmet des Vorteils gewahr und salbt ihm aufs neue die Augen
Mit dem ätzenden Wasser, damit er völlig erblinde.
Nicht mehr wisse, wo aus noch ein, und der Sieg euch verbleibe.
Lieber Neffe, schlaft nur ein wenig, wir wollen euch wecken,
Wenn es Zeit ist. Doch will ich sogleich die heiligen Worte
Über euch lesen, von welchen ich sprach, auf daß ich euch stärke."
Und sie legt ihm die Hand aufs Haupt und sagte die Worte:
„Nekräst negibuäl geid sum namteflih dnudna mein tedachs!
Nun Glück auf! nun seid ihr verwahrt! Das nämliche sagte
Oheim Grimbart; dann führten sie ihn und legten ihn schlafen.
Ruhig schlief er. Die Sonne ging auf; da kamen die Otter
Und der Dachs, den Vetter zu wecken. Sie grüßten ihn freundlich,
Und sagten: „Bereitet euch wohl!" Da brachte die Otter
Eine junge Ente hervor und reicht' sie ihm, sagend:
„Eßt, ich habe sie euch mit manchem Sprunge gewonnen
An dem Damme bei Hünerbrot; laßt's euch belieben, mein Vetter."
    „Gutes Handgeld ist das", versetzte Reineke munter,
„So was verschmäh ich nicht leicht. Das möge Gott euch vergelten,
Daß ihr meiner gedenkt!" Er ließ das Essen sich schmecken
Und das Trinken dazu und ging mit seinen Verwandten
In den Kreis, auf den ebenen Sand, da sollte man kämpfen.

    *

Als der König Reineken sah, wie dieser am Kreise
Glatt geschoren sich zeigte, mit Öl und schlüpfrigem Fette
Über und über gesalbt, da lacht' er über die Maßen.
„Fuchs! wer lehrte dich das?" so rief er. „Mag man doch billig
Reineke Fuchs dich heißen, du bist beständig der Lose!
Allerorten kennst du ein Loch und weißt dir zu helfen."
    Reineke neigte sich tief vor dem Könige, neigte besonders
Vor der Königin sich und kam mit mutigen Sprüngen
In den Kreis. Da hatte der Wolf mit seinen Verwandten
Schon sich gefunden; sie wünschten dem Fuchs ein schmähliches Ende,

Manches zornige Wort und manche Drohung vernahm er.
Aber Lynx und Lupardus, die Wärter des Kreises, sie brachten
Nun die Heilgen hervor, und beide Kämpfer beschwuren,
Wolf und Fuchs, mit Bedacht die zu behauptende Sache.
　Isegrim schwur mit heftigen Worten und drohenden Blicken:
Reineke sei ein Verräter, ein Dieb, ein Mörder und aller
Missetat schuldig, er sei auf Gewalt und Ehrbruch betreten,
Falsch in jeglicher Sache; das gelte Leben um Leben!
Reineke schwur zur Stelle dagegen; er seie sich keiner
Dieser Verbrechen bewußt, und Isegrim lüge wie immer,
Schwöre falsch wie gewöhnlich, doch soll es ihm nimmer gelingen,
Seine Lüge zur Wahrheit zu machen, am wenigsten diesmal.
　Isegrim zeigte sich wild und grimmig, reckte die Tatzen,
Kam daher mit offenem Maul und gewaltigen Sprüngen.
Reineke, leichter als er, entsprang dem stürmenden Gegner,
Und benetzte behende den rauhen Wedel mit seinem
Ätzenden Wasser und schleift' ihn im Staube, mit Sand ihn zu füllen.
Isegrim dachte, nun hab er ihn schon! da schlug ihm der Lose
Über die Augen den Schwanz, und Hören und Sehen verging ihm.
Nicht das erstemal übt' er die List, schon viele Geschöpfe
Hatten die schädliche Kraft des ätzenden Wassers erfahren.
Isegrims Kinder blendet' er so, wie anfangs gesagt ist.
Und nun dacht er, den Vater zu zeichnen. Nachdem er dem Gegner
So die Augen gesalbt, entsprang er seitwärts und stellte
Gegen den Wind sich, rührte den Sand und jagte des Staubes
Viel in die Augen des Wolfs, der sich mit Reiben und Wischen
Hastig und übel benahm und seine Schmerzen vermehrte.
Reineke wußte dagegen geschickt den Wedel zu führen,
Seinen Gegner aufs neue zu treffen und gänzlich zu blenden.
Blutend verzagte der Wolf, und sein verlorenes Auge
Macht' ihn rasend, der sprang, vergessend, Wunden und Schmerzen,
Gegen Reineken los und drückt' ihn nieder zu Boden.
Übel befand sich der Fuchs, und wenig half ihm die Klugheit.
Einen der vorderen Füße, die er als Hände gebrauchte,
Faßt' ihm Isegrim schnell und hielt ihn zwischen den Zähnen.
　Reineke dachte: „Nun geht es mir schlimm, was soll ich beginnen?
Geb ich mich nicht, so bringt er mich um, und wenn ich mich gebe,
Bin ich auf ewig beschimpft. Ja, ich verdiene die Strafe,
Denn ich hab ihn zu übel behandelt, zu gröblich beleidigt."
Süße Worte versucht' er darauf, den Gegner zu mildern.
„Lieber Oheim!" sagt' er zu ihm, „ich werde mit Freuden
Euer Lehnsmann sogleich, mit allem, was ich besitze.
Gerne geh ich als Pilger für euch zum heiligen Grabe,
In das heilige Land, in alle Kirchen, und bringe,
Ablaß genug von dannen zurück. Es gereichet derselbe
Eurer Seele zu Nutz und soll für Vater und Mutter
Übrigbleiben, damit sich auch die im ewigen Leben
Dieser Wohltat erfreun; wer ist nicht ihrer bedürftig?
Ich verehr euch, als wärt ihr der Papst, und schwöre den teuern
Heiligen Eid, von jetzt auf alle künftige Zeiten
Ganz der Eure zu sein mit allen meinen Verwandten.
Alle sollen euch dienen zu jeder Stunde. So schwör ich!"
　„Falscher Fuchs!" versetzte der Wolf, „wie wärst du so gerne
Wieder los! Doch wäre die Welt von Golde geschaffen,
Und du bötest sie mir in deinen Nöten, ich würde
Dich nicht lassen. Du hast mir so oft vergeblich geschworen,
Falscher Geselle! Gewiß, nicht Eierschalen erhielt ich,

Ließ ich dich los. Ich achte nicht viel auf deine Verwandten;
Ich erwarte, was sie vermögen, und denke so ziemlich
Ihre Feindschaft zu tragen. Du Schadenfroher! wie würdest
Du nicht spotten, gäb ich dich frei auf deine Beteuerung."
    Also sagte der Wolf. Indessen hatte der Lose
Zwischen die Schenkel des Gegners die andre Tatze geschoben.
Bei den empfindlichsten Teilen ergriff er denselben und ruckte,
Zerrt' ihn grausam, ich sage nicht mehr. – Erbärmlich zu schreien
Und zu heulen begann der Wolf mit offenem Munde.
Reineke zog die Tatze behend aus den klemmenden Zähnen,
Hielt mit beiden den Wolf nun immer fester und fester,
Kneipt und zog; da heulte der Wolf und schrie so gewaltig,
Daß er Blut zu speien begann; es brach ihm vor Schmerzen
Über und über der Schweiß durch seine Zotten; er löste
Sich vor Angst. Das freute den Fuchs, nun hofft' er zu siegen,
Hielt ihn immer mit Händen und Zähnen, und große Bedrängnis,
Große Pein kam über den Wolf, er gab sich verloren.
Blut rann über sein Haupt, aus seinen Augen, er stürzte
Nieder betäubt. Es hätte der Fuchs des Goldes die Fülle
Nicht für diesen Augenblick genommen; so hielt er ihn immer
Fest und schleppte den Wolf und zog, daß alle das Elend
Sahen, und kneipt' und druckt' und biß und klaute den Armen,
Der mit dumpfem Geheul im Staub und eigenen Unrat
Sich mit Zuckungen wälzte, mit ungebärdigem Wesen.

    Seine Freunde jammerten laut, sie baten den König,
Aufzunehmen den Kampf, wenn es ihm also beliebte.
Und der König versetzte: „Sobald euch allen bedünket,
Allen lieb ist, daß es geschehe, so bin ich's zufrieden."

    Und der König gebot, die beiden Wärter des Kreises,
Lynx und Lupardus, sollten zu beiden Kämpfern hineingehn.
Und sie traten darauf in die Schranken und sprachen dem Sieger
Reineke zu, es sei nun genug; es wünsche der König
Aufzunehmen den Kampf, den Zwist geendigt zu sehen.
„Er verlangt", so fuhren sie fort, „ihr mögt ihm den Gegner
Überlassen, das Leben dem Überwundenen schenken:
Denn wenn einer getötet in diesem Zweikampf erläge,
Wär es schade auf jeglicher Seite. Ihr habt ja den Vorteil!
Alle sahen es, Klein' und Große. Auch fallen die besten
Männer euch bei, ihr habt sie für euch auf immer gewonnen."

Reineke sprach: „Ich werde dafür mich dankbar beweisen!
Gerne folg ich dem Willen des Königs, und was sich gebühret,
Tu ich gern; ich habe gesiegt und Schöners verlang ich
Nichts zu erleben! Es gönne mir nur der König das e i n e,
Daß ich meine Freunde befrage." Da riefen die Freunde
Reinekens alle: „Es dünket uns gut, den Willen des Königs
Gleich zu erfüllen." Sie kamen zu Scharen zum Sieger gelaufen,
Alle Verwandte, der Dachs und der Affe und Otter und Biber.
Seine Freunde waren nun auch der Marder, die Wiesel,
Hermelin und Eichhorn und viele, die ihn befeindet,
Seinen Namen zuvor nicht nennen mochten, sie liefen
Alle zu ihm. Da fanden sich auch, die sonst ihn verklagten,
Seine Verwandten anjetzt, und brachten Weiber und Kinder,
Große, mittlere, kleine, dazu die kleinsten; es tat ihm
Jeglicher schön, sie schmeichelten ihm und konnten nicht enden.

In der Welt geht's immer so zu. Dem Glücklichen
          sagt man:
Bleibet lange gesund! er findet Freunde die
          Menge.
Aber wem es übel gerät, der mag sich gedulden!
Ebenso fand es sich hier. Ein jeglicher wollte der nächste
Neben dem Sieger sich blähn. Die einen flöteten, andre
Sangen, bliesen Posaunen und schlugen Pauken dazwischen.
Reinekens Freunde sprachen zu ihm: „Erfreut euch, ihr habet
Euch und euer Geschlecht in dieser Stunde gehoben!
Sehr betrübten wir uns, euch unterlegen zu sehen;
Doch es wandte sich bald, es war ein treffliches Stückchen."
Reineke sprach: „Es ist mir geglückt"; und dankte den Freunden.
Also gingen sie hin mit großem Getümmel, vor allen
Reineke mit den Wärtern des Kreises; und so gelangten
Sie zum Throne des Königs, da kniete Reineke nieder.
Aufstehn hieß ihn der König und sagte vor allen den Herren:
„Euren Tag bewahrtet ihr wohl; ihr habet mit Ehren
Eure Sache vollführt, deswegen sprech ich euch ledig;
Alle Strafe hebet sich auf, ich werde darüber
Nächstens sprechen im Rat mit meinen Edlen, sobald nur
Isegrim wieder geheilt ist; für heute schließ ich die Sache."
  „Eurem Rate, gnädiger Herr", versetzte bescheiden
Reineke drauf, „ist heilsam zu folgen. Ihr wißt es am besten.
Als ich hierher kam, klagten so viele, sie logen dem Wolfe,
Meinem mächtigen Feinde, zulieb, der wollte mich stürzen,
Hatte mich fast in seiner Gewalt, da riefen die andern:
‚Kreuzige!' klagten mit ihm, nur mich aufs letzte zu bringen,
Ihm gefällig zu sein; denn alle konnten bemerken:
Besser stand er bei euch als ich, und keiner gedachte
Weder ans Ende noch wie sich vielleicht die Wahrheit verhalte.
Jenen Hunden verglich ich sie wohl, die pflegten in Menge
Vor der Küche zu stehn und hofften, es werde wohl ihrer
Auch der günstige Koch mit einigen Knochen gedenken.
Herr, die Gierigen mein ich hiermit. Solange sie mächtig
Sind, verlangt sie ein jeder zu seinem Freunde zu haben.
Stündlich sieht man sie an, sie tragen das Fleisch in dem Munde.
Wer sich nicht nach ihnen bequemt, der muß es entgelten,
Loben muß man sie immer, so übel sie handeln, und also
Stärkt man sie nur in sträflicher Tat. So tut es ein jeder,
Der nicht das Ende bedenkt. Doch werden solche Gesellen
Öfters gestraft, und ihre Gewalt nimmt ein trauriges Ende.
Niemand leidet sie mehr; so fallen zur Rechten und Linken
Ihnen die Haare vom Leibe. Das sind die vorigen Freunde,
Groß und klein, sie fallen nun ab und lassen sie nackend.
  Gnädiger Herr, ihr werdet verstehn, von Reineken soll man
Nie so reden, es sollen die Freunde sich meiner nicht schämen.
Euer Gnaden dank ich aufs beste, und könnt ich nur immer
Euren Willen erfahren, ich würd ihn gerne vollbringen."
  „Viele Worte helfen uns nichts", versetzte der König;
„Alles hab ich gehört und, was ihr meinet, verstanden.
Euch, als edlen Baron, euch will ich im Rate wie vormals
Wieder sehen, ich mach euch zur Pflicht, zu jeglicher Stunde
Meinen geheimen Rat zu besuchen. So bring ich euch wieder
Völlig zu Ehren und Macht, und ihr verdient es, ich hoffe.
Helfet alles zum besten wenden. Ich kann euch am Hofe
Nicht entbehren, und wenn ihr die Weisheit mit Tugend verbindet

So wird niemand über euch gehn und schärfer und klüger
Rat und Wege bezeichnen. Ich werde künftig die Klagen
Über euch weiter nicht hören. Und ihr sollt immer an meiner
Stelle reden und handeln als Kanzler des Reiches. Es sei euch
Also mein Siegel befohlen, und was ihr tuet und schreibet,
Bleibe getan und geschrieben." – So hat nun Reineke billig
Sich zu großen Gunsten geschwungen, und alles befolgt man,
Was er rät und beschließt, zu Frommen oder zu Schaden.
    Reineke zog mit seinem Geschlecht, mit vierzig Verwandten,
Stolz von Hofe, sie waren geehrt und freuten sich dessen.
Als ein Herr trat Reineke vor, es folgten die andern.
Frohen Mutes erzeigt' er sich da, es war ihm der Wedel
Breit geworden, er hatte die Gunst des Königs gefunden,
War nun wieder im Rat und dachte, wie er es nutzte.
„Wen ich liebe, dem frommt's, und meine Freunde genießen's;"
Also dacht er: „die Weisheit ist mehr als Gold zu verehren."
    So begab sich Reineke fort, begleitet von allen
Seinen Freunden, den Weg nach Malepartus, der Feste.
Allen zeigt' er sich dankbar, die sich ihm günstig erwiesen,
Die in bedenklicher Zeit an seiner Seite gestanden.
    Hochgeehrt ist Reineke nun! Zur Weisheit bekehre
Bald sich jeder und meide das Böse, verehre die Tugend!
Dieses ist der Sinn des Gesangs, in welchem der Dichter
Fabel und Wahrheit gemischt, damit ihr das Böse vom Guten
Sondern möget und schätzen die Weisheit, damit auch die Käufer
Dieses Buches vom Laufe der Welt sich täglich belehren.
Denn so ist es beschaffen, so wird es bleiben, und also
Endigt sich unser Gedicht von Reinekens Wesen und Taten.
Uns verhelfe der Herr zur ewigen Herrlichkeit! Amen.

Hinweise zu Entstehung und Veröffentlichung der Werke

DRAMEN

Götz von Berlichingen Die Beschäftigung mit dem Stoff, nämlich der 1731 erschienenen Autobiographie „Lebensbeschreibung des Herrn Götz von Berlichingen" sowie verschiedenen rechtsgeschichtlichen Werken, insbesondere über das Faustrecht und den Landfrieden, läßt sich bis zu Goethes Straßburger Aufenthalt ab April 1770 zurückverfolgen. Die erste Fassung, der sogenannte „Ur-Götz" ohne Akteinteilung, ist nach der Rückkehr nach Frankfurt im November und Dezember 1771 entstanden und wurde erstmals 1832 in der „Ausgabe letzter Hand" veröffentlicht unter dem Titel „Geschichte Gottfriedens von Berlichingen mit der eisernen Hand, dramatisiert". Wohl schon Ende 1771 begann Goethe mit einer Bearbeitung, die 1773 anonym unter dem Titel „Götz von Berlichingen mit der eisernen Hand. Ein Schauspiel" im Selbstverlag von Goethes Freund Johann Heinrich Merck erschienen ist. In jeweils für die Bühne bearbeiteter, insbesondere gekürzter Fassung wurde das Drama 1774 und 1775 auf verschiedenen Bühnen (Berlin, Hamburg, Breslau) aufgeführt, in den achtziger Jahren folgten Inszenierungen etwa in Leipzig, Frankfurt am Main, Wien und Mannheim. Die erste von Goethe autorisierte Bühnenfassung entstand 1804 unter Mitwirkung Schillers und wurde am 22. September desselben Jahres in Weimar uraufgeführt; bei den folgenden Weimarer Aufführungen wurde das Schauspiel in zwei Teilen sowie in gekürzten Fassungen geboten. Der 1809 gefaßte Plan, das Drama zu zwei selbständigen „Ritterschauspielen" mit den Titeln „Adelbert von Weislingen" und „Götz von Berlichingen" umzuarbeiten, kam nicht zur Ausführung.

Clavigo Den Stoff entnahm Goethe einer im Februar 1774 in Paris erschienenen Denkschrift („Mémoire") von Pierre Augustin Caron de Beaumarchais. Die Niederschrift des Dramas, in dem Goethe seine im „Götz" begonnene „poetische Beichte" fortsetzte (Schicksal der Marie von Berlichingen und der Marie von Beaumarchais), erfolgte im Mai 1774; Erstveröffentlichung spätestens Mitte Juli desselben Jahres in Leipzig unter dem Titel „Clavigo. Ein Trauerspiel von Göthe". Die Uraufführung fand am 23. August 1774 in Hamburg statt. In demselben Monat fand in Augsburg eine Aufführung in Anwesenheit von Beaumarchais statt; unter Goethes Leitung wurde das Drama 1792 in Weimar aufgeführt.

Egmont Die Beschäftigung mit dem Stoff reicht möglicherweise bis in das Jahr 1773 zurück. Bei der Übersiedlung nach Weimar Anfang November 1775 führte Goethe Entwürfe und einzelne Niederschriften zu seiner freien Bearbeitung der historischen Gestalt des Grafen Egmont mit sich. Eine intensive Arbeit an dem Drama ist für die Jahre 1780 und 1782 belegt, doch erfolgte die Fertigstellung erst im Herbst 1787 in Italien. Erstveröffentlichung 1788 im 5. Band der bei Georg Joachim Göschen erscheinenden „Schriften" Goethes. Die Uraufführung fand am 31. März 1791 in Weimar statt; ihr folgte 1796 eine Inszenierung des Dramas in der Bühnenbearbeitung Schillers für das Weimarer Theater, auf dem das Stück ab 1806 in einer erneuten, von Goethe selbst vorgenommenen Bearbeitung geboten wurde.

Iphigenie auf Tauris Die entsprechende Tragödie des Euripides las Goethe Ende der siebziger Jahre. Die Niederschrift der ersten Fassung, und zwar in Prosa, erfolgte im Februar und März 1779; Uraufführung am 6. April desselben Jahres (mit Goethe in der Rolle des Orest); Erstausgabe 1854 in „Die drei ältesten Bearbeitungen von Goethes Iphigenie" von Heinrich Düntzer. Zwei Umarbeitungen der ersten Prosafassung, ebenfalls in Prosa, nahm Goethe 1780 und 1781 vor. Die erste Versfassung, und zwar in freien Jamben, stammt aus dem Jahr 1780 (Erstveröffentlichung 1883 in „Goethes Iphigenie auf Tauris in vierfacher Gestalt"); eine Bearbeitung dieser Fassung nahm Goethe 1786 mit auf die Reise nach Italien. Hier entstand die endgültige Fassung in fünffüßigen Jamben, die Goethe am 13. Januar 1787 an Herder nach Weimar sandte mit der Bitte um Korrektur und Drucklegung; sie erschien im selben Jahr als 3. Band der „Schriften" und als Einzeldruck, 1802 kam sie in einer Bühnenbearbeitung Schillers auf die Weimarer Bühne.

Torquato Tasso Die Hauptquellen bilden die Tasso-Biographien von Giovanni Battista Manso (Neapel 1619) und Pierantonio Serassi (1785); Tassos Hauptwerk „Das befreite Jerusalem" war Goethe von seiner Jugendzeit her vertraut, autobiographische Bezugspunkte sind die Beziehung zu Frau von Stein sowie der Konflikt zwischen politischer Pflicht und Dichtertum. Die erste auf die Arbeit an dem Drama bezogene Tagebucheintragung datiert vom 30. März 1780. Eine die ersten beiden Akte umfassende Ausarbeitung in Prosa hatte Goethe in Italien bei sich; ihre Umarbeitung in Jamben und Fertigstellung erfolgte von 1787 bis 1789. Erstdruck 1790 im 6. Band der „Schriften"; die Uraufführung fand am 16. Februar 1807 in Weimar statt.

Faust Goethes Beschäftigung mit seiner Faust-Dichtung reicht von etwa 1770 bis zu seinem Lebensende. Um 1775 lag der „Urfaust" vor, der in einer Abschrift des Weimarer Hoffräuleins Luise von Göchhausen überliefert ist (erstmals veröffentlicht 1887). In Italien entstand eine Bearbeitung, die als neue Szene die „Hexenküche" bringt, jedoch bereits nach der Domszene endet und somit weder die Walpurgisnacht noch die gleichfalls im „Urfaust" schon enthaltene Kerkerszene enthält; sie erschien 1790 als 7. Band der „Schriften" unter dem Titel „Faust, ein Fragment" sowie als Einzelausgabe. 1808 folgte die endgültige Fassung von „Faust. Erster Teil" mit den vorangestellten Teilen „Zueignung", „Vorspiel auf dem Theater" und „Prolog im Himmel". Zeugnisse für die Weiterarbeit liegen insbesondere aus dem Jahre 1816 und ab 1825 vor. Der III. Akt von „Faust II" („Helena-Akt") erschien 1827 im 4. Band der „Ausgabe letzter Hand" unter dem Titel „Helena, classisch-romantische Phantasmagorie. Zwischenspiel zu Faust"; 1828 folgte im 12. Band derselben Ausgabe der Großteil des I. Aktes unter dem Titel „Faust, zweyter Teil" mit der Angabe „Ist fortzusetzen". 1831 wurde der zweite Teil abgeschlossen und versiegelt, doch nahm sich Goethe das Werk Anfang 1832 noch einmal vor. Es erschien 1832 postum als erster Nachlaß-Band der „Ausgabe letzter Hand" (41. Band) sowie 1833 als Einzelausgabe. Einzelne Szenen aus „Faust I" wurden erstmals am 24. Mai 1819 im Schloß Monbijou bei Berlin aufgeführt; die erste vollständige Aufführung von „Faust I" fand am 19. Januar 1829 in Braunschweig statt. Die Uraufführung von „Faust II" erfolgte am 4. April 1854 in Hamburg. Beide Teile wurden erstmals am 6. und 7. Mai 1876 am Großherzoglichen Hoftheater in Weimar aufgeführt.

PROSA

Wilhelm Meisters Lehrjahre Als erste Fassung entstand in den Jahren 1777 bis 1785 der nach dem VI. Buch abbrechende, auf zwölf Bücher angelegte Roman „Wilhelm Meisters theatralische Sendung", der zu Goethes Lebzeiten unveröffentlicht blieb und lange Zeit als verschollen galt; 1910 wurde das Manuskript in der Schweiz entdeckt. Mit der Arbeit an der zweiten Fassung begann Goethe 1794; sie erschien 1795/1796 in vier Bänden (mit je zwei Büchern) unter dem Titel „Wilhelm Meisters Lehrjahre. Ein Roman". Die vorliegende Textwiedergabe ist gekürzt und verzichtet auf die Kapiteleinteilung.

Wilhelm Meisters Wanderjahre Die 1807 begonnene Arbeit wurde von Goethe nach längerer Unterbrechung 1820 wieder aufgenommen; 1821 erschienen 18 Kapitel ohne Bucheinteilung unter dem Titel „Wilhelm Meisters Wanderjahre oder Die Entsagenden. Erster Teil". 1829 folgte das vollständige Werk als 21. bis 23. Band der „Ausgabe letzter Hand". Die vorliegende Wiedergabe beschränkt sich auf Textbeispiele.

Die Wahlverwandtschaften Der Titel des Romans bezog sich ursprünglich auf eine der für „Wilhelm Meisters Wanderjahre" geplanten Novellen (Goethes Tagebucheintrag vom 11. April 1808); das Werk erschien im Herbst des folgenden Jahres. Die vorliegende Textwiedergabe ist gekürzt.

LYRIK

Balladen Einen Höhepunkt im Balladenschaffen Goethes bildete die Zusammenarbeit mit Schiller im „Balladenjahr 1797". So gehört zu den in Schillers „Musen-Almanach für das Jahr 1798" veröffentlichten Balladen Goethes neben „Die Braut von Korinth", „Der Gott und die Bajadere" und „Der Zauberlehrling" (vgl. in „Die großen Klassiker. Literatur der Welt in Bildern, Texten, Daten" den zweiten Goethe-Band) auch die Ballade „Der Schatzgräber". Zu den frühen Balladen gehört „Der König in Thule", entstanden 1774. Die im „Taschenbuch auf das Jahr 1804" (herausgegeben von Goethe und Wieland) enthaltenen Balladen sind „Der Rattenfänger", „Hochzeitslied" und „Ritter Curts Brautfahrt". Aus den Jahren 1809 bis 1816 stammen „Johanna Sebus" (veranlaßt durch den Tod der 17jährigen Johanna Sebus beim Bruch des Dammes von Cleverham am 13. Januar 1809), „Der getreue Eckart", „Der Totentanz" und „Ballade" (von Goethe kommentiert in „Über Kunst und Altertum" III,1, 1821).

Reineke Fuchs Die unmittelbare Textvorlage bildete eine von Gottsched 1752 veröffentlichte Prosaübersetzung der (anonymen) niederdeutschen Volksdichtung „Reynke de vos" (1498), die ihrerseits in einer bis ins frühe Mittelalter zurückreichenden Tradition steht. Goethe arbeitete an seinem in zwölf Gesänge gegliederten Versepos während des Rückzugs nach der Kanonade von Valmy (1792) und der Belagerung von Mainz (1793). Die Erstveröffentlichung erfolgte als Teildruck 1793 in Herders „Zerstreuten Blättern" sowie im zweiten Band der „Neuen Schriften" (1794).

Alphabetisches Verzeichnis der Titel und Anfänge aller Gedichte und Sprüche

A

Ach, daß die innre Schöpfungskraft 518
Ach, ihr Götter! große Götter 501
Ach, man sparte viel 526
Ach, was soll der Mensch verlangen 484
Alles geben die Götter 484
Alles in der Welt läßt sich ertragen 524
All unser redlichstes Bemühn 529
Als ich ein junger Geselle war 519
Als Knabe verschlossen und trutzig 520
Als noch verkannt und sehr gering 495
Amerika, du hast es besser 535
Am jüngsten Tag vor Gottes Thron 519
Amor als Landschaftsmaler 517
An die Entfernte 502
An die Erwählte 503
An die T... und D... 534
Anstatt, daß ihr bedächtig steht 531
Antepirrhema 512
Arm am Beutel, krank am Herzen 491
Aristokratische Hunde, sie knurren 510
Auch Vergangnes zeigt euch Bakis 507
Auch von des höchsten Gebirgs 520
Auf Kieseln im Bache, da lieg ich, wie helle! 499
Auf seine eigne Hand zu wandern 531
Aus einer großen Gesellschaft heraus 526

B

Bald, es kenne nur jeder 509
Beherzigung 484
Beispiel 527
Benutze redlich deine Zeit 523
Brautnacht 500
Bundeslied 515
Bürgerpflicht 534

C

Chinesisch-deutsche Jahres- und Tageszeiten 505
Christel 500
Cirrus 513
Cumulus 512

D

Da hatt ich einen Kerl zu Gast 525
Dämmrung senkte sich von oben 505
Darf man das Volk betrügen 527
Da reiten sie hin 528
Das Alter 527
Das Alter ist ein höflich Mann 527
Das Beste 527
Das Größte will man nicht erreichen 527
Das ist die wahre Liebe 508
Das ist doch nur der alte Dreck 531
Das ist eine von den großen Taten 524
Das Opfer, das die Liebe bringt 530
Daß Glück ihm günstig sei 525
Das sind mir allzu böse Bissen 524
Das unser Vater ein schön Gebet 523
Das Veilchen 483
Daß Verfassung sich überall bilde 510
Das wär dir ein schönes Gartengelände 524
Dauer im Wechsel 511
Dem aufgehenden Vollmond 506
Dem Schnee, dem Regen, dem Wind entgegen 483
Dem Symboliker 534

Demut 526
Denn was der Mensch 506
Den Originalen 526
Den Vereinigten Staaten 535
Der Autor 534
Der du von dem Himmel bist 484
Der entschließt sich doch gleich 525
Der Erde tätig-leidendes Geschick 513
Der getreue Eckart 490
Der größte Mensch bleibt stets 526
Der ist mir der Freund 509
Der König in Thule 488
Der Mensch erfährt, er sei auch, wer er mag 524
Der Morgen kam 485
Der Musensohn 516
Der Philosoph, dem ich zumeist vertraue 532
Der Rattenfänger 491
Der Sänger 488
Der Schatzgräber 491
Der Teufel hol das Menschengeschlecht 526
Der Totentanz 492
Der Türmer, der schaut 492
Der untreue Knabe 492
Des Maurers Wandeln, es gleicht dem Leben 511
Die Deutschen sind ein gut Geschlecht 529
Die echte Konversation hält weder früh 529
Die Franzosen verstehn uns nicht 532
Die Frösche 526
Die geschichtlichen Symbole – töricht, wer 534
Die heilgen drei König mit ihrem Stern 516
Die Jahre 527
Die Jahre sind allerliebste Leut 527
Die Jugend ist vergessen 531
Die Königin steht im hohen Saal 490
Die Nachtigall, sie war entfernt 534
Die Nebel zerreißen 503

Die schöne Nacht 499
Dieses Geschlecht ist hinweg 510
Diese Worte sind nicht alle in Sachsen 525
Die Sprachreiniger 534
Dies wird die letzte Trän nicht sein 505
Die Tinte macht uns wohl gelehrt 523
Die wandelnde Glocke 491
Die Welt ist nicht aus Brei 525
Doch immer höher steigt 513
Draußen zu wenig oder zu viel 525
Du bist sehr eilig 524
Dummes Zeug kann man viel reden 529
Durch Feld und Wald zu schweifen 516
Du trägst sehr leicht 524
Du wirkest nicht 524

E

Egalité 527
Ehmals hatte man einen Geschmack 510
Eigenheiten, die werden schon haften 525
Eigentum 505
Ein alter Mann ist stets ein König Lear 528
Ein andres 527
Ein beweglicher Körper erfreut mich 507
Ein braver Mann, ich kenn ihn ganz genau 523
Eine Frau macht oft ein bös Gesicht 523
Einer Einzigen angehören 506
Einer rollet daher 507
Ein großer Teich war zugefroren 526
Ein jeder denkt in seinem Dunst 533
Ein jeder kehre vor seiner Tür 534
Ein Kranz ist gar viel leichter binden 532
Ein Quidam sagt 526
Einschränkung 501
Eins und alles 511
Ein Veilchen auf der Wiese stand 483
Enthusiasmus vergleich ich gern 527
Epirrhema 512
Epiphanias 516
Ergo bibamus 515
Erinnerung 503

Erklärung eines alten Holzschnittes, vorstellend Hans Sachsens poetische Sendung 495
Erlauchte Bettler hab ich gekannt 530
Es ist ein Schnee gefallen 504
Es ist nichts in der Haut 532
Es ließe sich alles trefflich schlichten 523
Es mag sich Feindliches ereignen 530
Es war ein Kind 491
Es war ein Knabe frech genug 492
Es war ein König in Thule 488
Es wäre schön, was Gut's zu kauen 532
Euch bedaur ich, unglückselige Sterne 501
Euphrosyne 520

F

Fallen ist der Sterblichen Los 509
Fehlet die Einsicht von oben 509
Feiger Gedanken 484
Fest bewahre der Würdigen Bild 535
Fortzupflanzen die Welt 508
Frech und froh 516
Freigiebig ist der mit seinen Schritten 524
Freudig war vor vielen Jahren 512
Freunde, treibet nur alles mit Ernst 508
Freut euch des wahren Scheins 512
Frisches Ei, gutes Ei 527
Frömmigkeit verbindet sehr 532
Früh, wenn Tal, Gebirg und Garten 506
Frühzeitiger Frühling 504
Für ewig 506
Fürstenregel 527

G

Gedichte 518
Gedichte sind gemalte Fensterscheiben 518
Gefunden 483
Geh! Gehorche meinen Winken 484
Geistesgruß 501
Generalbeichte 514
Genug 528
Gern hören wir allerlei gute Lehr 530
Geschieht wohl, daß man einen Tag 519
Gesellschaft 526

Gewohnt, getan 514
Gib eine Norm zur Bürgerführung 529
Glaube nur, du hast viel getan 523
Glaubt nicht, daß ich fasele 531
Gleich ist alles versöhnt 524
Gleich sei keiner dem andern 508
Gleich zu sein unter gleichen 524
Glückliche Fahrt 503
Gott Dank, daß uns so wohl geschah 534
Grabschrift 520
Grenzenlose Lebenspein 530
Großer Brahma, Herr der Mächte! 493
Grundbedingung 528
Guter Rat 519
Gut verloren – etwas verloren 530

H

Hab oft einen dumpfen düstern Sinn 500
Halte das Bild der Würdigen fest 508
Halte dich im stillen rein 530
Hand in Hand 503
Harfenspieler 485
Hast du die Welle gesehn 507
Hast du es so lange wie ich getrieben 528
Hätte Gott mich anders gewollt 529
Heiß mich nicht reden 484
Hielte diesen frühen Segen 511
Hier hilft nun weiter kein Bemühn 528
Hier sind wir versammelt 515
Hoch auf dem alten Turme steht 501
Hochzeitslied 489
Hoffnung 484
Hör auf doch, mit Weisheit zu prahlen 532
Hundertmal werd ich's euch sagen 510
Hypochonder 526

I

Ich bin der wohlbekannte Sänger 491
Ich denke dein 503
Ich ging im Walde 483
Ich habe gar nichts gegen die Menge 529
Ich habe geliebet, nun lieb ich 514
Ich habe nichts gegen die Frömmigkeit 531

Ich hab mein Sach auf Nichts gestellt 515
Ich hör es gern, wenn auch die Jugend 528
Ich kann mich nicht bereden lassen 532
Ich liebe mir den heitern Mann 527
Ich weiß, daß mir nichts angehört 505
Ich weiß nicht, was mir hier gefällt 501
Ihrer sechzig hat die Stunde 535
Ihrer viele wissen viel 525
Ihr Gläubigen, rühmt nur nicht 532
Ihr müßt mich nicht durch Widerspruch verwirren 526
Im Auslegen seid frisch und munter 532
Im Felde schleich ich still 500
Im Grenzenlosen sich zu finden 511
Im Innern ist ein Universum auch 506
Immer denk ich: mein Wunsch ist erreicht 525
Immer niedlich, immer heiter 528
Immer strebe zum Ganzen 508
Immer wieder in die Weite 505
Im Namen dessen, der Sich selbst erschuf 506
Im Nebelgeriesel, im tiefen Schnee 492
Im neuen Jahre Glück und Heil 523
Im Schlafgemach, entfernt vom Feste 500
In allen guten Stunden 515
In dem öden Strand 511
In seiner Werkstatt Sonntags früh 495
Ins Sichere willst du dich betten 529
Irrtum verläßt uns nie 508

J

Ja, das ist das rechte Gleis 529
Jägers Abendlied 500
Jedem Besitzer das Seine 510
Jedem redlichen Bemühn 530
Jeder solcher Lumpenhunde 531
Jene machen Partei 509

K

Kehre nicht in diesem Kreise 505
Kennst du das herrliche Gift 508
Kennst du die herrliche Wirkung 508

Keiner bescheidet sich gern 509
Kein Wesen kann zu Nichts zerfallen 487
Keins von allen 526
Kirschkerne wird niemand kauen 532
Kläffer 526
Klingeln hör ich 507
Komm her! wir setzen uns zu Tisch 531
Kommt Zeit, kommt Rat 528
Kophtisches Lied 518
Künstlerlied 517
Künstlers Abendlied 518

L

Ländlich 534
Langeweile ist ein böses Kraut 532
Lasset fahren hin das Allzuflüchtige 512
Lasset Gelehrte sich zanken 518
Lasset heut im edeln Kreis 514
Lasset walten, lasset gelten 532
Laß im Irrtum sie gebetet 528
Laß Neid und Mißgunst 524
Laß nur die Sorge sein 524
Lauf der Welt 519
Leben muß man 508
Lebensart 527
Lebensregel 527
Lebst im Volke, sei gewohnt 523
Legende 495
Leichte Silberwolken schweben 504
Liebebedürfnis 501
Liebe schwärmt auf allen Wegen 532
Lieb und Leidenschaft können verfliegen 529
Lichtlein schwimmen auf dem Strome 506
Liegt der Irrtum nur erst 510
Lug oder Trug 527

M

Macht's einander nur nicht sauer 525
Mächtig bist du 507
Mahomets Gesang 487
Mai 504
Manches Herrliche der Welt 532
Manches können wir nicht verstehen 529
Man könnt erzogne Kinder gebären 530
Mann mit zugeknöpften Taschen 528
März 504

Mauern seh ich gestürzt 507
Meeres Stille 503
Meine Göttin 486
Meine Wahl 527
Menschengefühl 501
Mich ergreift, ich weiß nicht wie 513
Mignon 484
Mir ist das Volk zur Last 531
Mit des Bräutigams Behagen 489
Mit dieser Welt ist's keiner Wege richtig 528
Mit einem Herren steht es gut 523
Mit Mädchen sich vertragen 516
Mit Narren leben wird dir gar nicht schwer 534
Mit seltsamen Gebärden 530
Monolog des Liebhabers 519
Morgenklagen 502
Müsset im Naturbetrachten 512
Mußt nicht widerstehn dem Schicksal 527

N

Nachtgedanken 501
Nähe des Geliebten 503
Natur und Kunst, sie scheinen sich zu fliehen 512
Natürlich mit Verstand 533
Nehmt nur mein Leben hin 530
Nicht größern Vorteil wüßt ich 525
Nicht jeder wandelt nur gemeine Stege 523
Nichts leichter, als dem Dürftigen 533
Nichts taugt Ungeduld 525
Nichts vom Vergänglichen 533
Nicht Zukünftiges nur verkündet Bakis 507
Nimbus 513
Noch spukt der babylonische Turm 524
Nun läßt auch niederwärts 513
Nun verlaß ich diese Hütte 499
Nur die Fläche bestimmt 509
Nur heute, heute nur laß dich nicht fangen 523
Nur wer die Sehnsucht kennt 484

O

Ob die Menschen im Ganzen sich bessern 510
Ob ich liebe, ob ich hasse 533
O du loses, leidigliebes Mädchen 502
O Freund, der Mensch ist nur ein Tor 535

Oft, wenn dir jeder Trost entflieht 525
Ohne Umschweife begreife 525
O wären wir weiter, o wär ich zu Haus 490

P

Parabase 512
Paria 493
Philine 501
Pilgernde Könige 534
Pöbel, wagst du zu sagen 509
Politika 519
Preise dem Kinde die Puppen 509
Procemion 506

R

Rastlose Liebe 483
Reget sich was 510
Republiken hab ich gesehn 509
Rezensent 525
Rhein und Main 534
Ritter Curts Brautfahrt 489

S

Sage, Muse, sag dem Dichter 518
Sag mir, warum dich keine Zeitung freut 528
Saß ich früh auf einer Felsenspitze 517
Schädliche Wahrheit, ich ziehe sie vor 508
Schaff das Tagwerk meiner Hände 484
Schlußpoetik 518
Schwebender Genius 513
Schwimme, du mächtige Scholle 510
Seh ich die Werke der Meister an 526
Sehnsucht 502, 505
Seht den Felsenquell, freudehell 487
Selbstbildnis 519
Selbst erfinden ist schön 508
Sendschreiben an J. H. Merck 519
Sieh, so ist Natur ein Buch lebendig 519
Sie schelten einander Egoisten 530
Sie täten gern große Männer verehren 531
Singet nicht mit Trauertönen 501
So hab ich wirklich dich verloren 502

So laßt mich scheinen, bis ich werde 484
Soll dein Kompaß dich richtig leiten 523
Sollen dich die Dohlen nicht umschrein 531
Sollen die Menschen nicht denken 527
Sonst, wie die Alten sungen 533
Sorge 505
So schauet mit bescheidnem Blick 512
So sei doch höflich 531
Sprichst du von Natur und Kunst 528
Spricht man mit jedermann 528
Sprich! Wie du dich immer erneust 533
Sprich, wie werd ich die Sperlinge los 507
Sprichwort bezeichnet Nationen 525
Spruch, Widerspruch 526
Stämme wollen gegen Stämme pochen 534
St. Nepomuks Vorabend 506
Stoßseufzer 526
Stratus 512
Stürzt der rüstigste Läufer der Bahn 509
Suche nicht verborgne Weihe 534
Suche nicht vergebne Heilung 524
Symbolum 511

T

Tage der Wonne, kommt ihr so bald 504
Tausend Fliegen hatt ich am Abend erschlagen 524
Tiefe Stille herrscht im Wasser 503
Tischlied 513
Trage dein Übel wie du magst 532
Trauerloge 511
Trocknet nicht, trocknet nicht 483
Tu nur das Rechte in deinen Sachen 523

U

Über alles, was begegnet, froh 529
Über ein Ding wird viel geplaudert 524
Über Wetter- und Herrenlaunen 527
Um Mitternacht 505

Um Mitternacht ging ich 505
Umsonst, daß du, ein Herz zu lenken 499
Umstülpen führt nicht ins Weite 533
Und als die Fische gesotten waren 519
Und wenn darauf zu höhrer Atmosphäre 512
Und wenn man auch den Tyrannen ersticht 530
Und wenn mich am Tag die Ferne 513
Ungeduld 505
Unglück bildet den Menschen 535
Ursprünglich eignen Sinn 533

V

Vanitas, vanitatum vanitas 515
Verfluchtes Volk! kaum bist du frei 534
Vergebliche Müh 527
Vermächtnis 487
Verständige Leute kannst du irren sehen 531
Verweile nicht und sei dir selbst ein Traum 525
Viele Köche versalzen den Brei 524
Viel Gewohnheiten darfst du haben 525
Vielrat 528
Vier Jahreszeiten 508
Vom Vater hab ich die Statur 519
Von dem Berge zu den Hügeln 504
Von heiligen Männern und von weisen 533
Von wem ich's habe, das sag ich euch nicht 493
Vor Gericht 493

W

Wächterlied 513
Wahrer Genuß 499
Wahrheit sag ich euch 510
Wanderers Nachtlied 484
Wanderlied 504
Wär nicht das Auge sonnenhaft 529
Warum denn aber bei unsern Sitzen 531
Warum denn wie mit einem Besen 533
Warum nur die hübschen Leute 533
Warum plagen wir einer den andern 510

Was Alte lustig sungen 531
Was ärgerst du dich 525
Was auch als Wahrheit oder Fabel 530
Was die Weiber lieben und hassen 531
Was erschrickst du 507
Was euch die heilige Preßfreiheit 529
Was fragst du viel 524
Was hast du denn 533
Was hat dir das arme Glas getan 525
Was hieße wohl die Natur ergründen 533
Was hör ich draußen vor dem Tor 488
Was ich mir gefallen lasse 524
Was ich nicht weiß 525
Was in Frankreich vorbei ist 509
Was ist das Heiligste 509
Was ist denn die Wissenschaft 531
Was ist ein Philister 532
Was ist heilig 509
Was lassen sie denn übrig zuletzt 530
Was mich tröstet in solcher Not 529
Was nützt die glühende Natur 519
Was soll ich viel lieben 525
Was wär ein Gott 506
Was wär ich ohne dich, Freund Publikum? 534
Was waren das für schöne Zeiten 531
Was willst du mit den alten Tröpfen 528
Was zieht mir das Herz so 502
Wechsel 499
Weissagungen des Bakis 507
Weißt du, worin der Spaß des Lebens 529
Welche Frau hat einen guten Mann 523
Welchen Leser ich wünsche 508
Welcher Unsterblichen 486
Welche Verehrung verdient der Weltenschöpfer 510
Wem zu glauben ist, redlicher Freund 508
Wenn auch der Held genug ist 532

Wenn dir's in Kopf und Herzen schwirrt 527
Wenn du dich selber machst zum Knecht 526
Wenn ich dumm bin 530
Wenn ich mal ungeduldig werde 527
Wenn von dem stillen Wasserspiegel 512
Wenn was irgend ist geschehen 534
Wer aber recht bequem ist und faul 524
Wer bescheiden ist, muß dulden 533
Wer das Dichten will verstehn 535
Wer dem Publikum dient 524
Wer Gott vertraut 523
Wer hätte auf deutsche Blätter acht 532
Wer ist der edlere Mann 509
Wer ist der glücklichste Mensch 508
Wer ist ein unbrauchbarer Mann 530
Wer lebenslang dir wohlgetan 533
Wer mit dem Leben spielt 530
Wer nie sein Brot mit Tränen aß 485
Wer sich der Einsamkeit ergibt 485
Wer sich nicht nach der Decke streckt 523
Wert des Wortes 518
Wer vernimmt mich? 501
Wer will denn alles gleich ergründen 528
Wer will der Menge widerstehn 533
Wer Wissenschaft und Kunst besitzt 531
Wie das Gestirn, ohne Hast 529
Wie du mir, so ich dir 528
Wie doch, betrügerischer Wicht 528
Wie einer denkt, ist einerlei 533
Wie einer ist, so ist sein Gott 530
Wie fruchtbar ist der kleinste Kreis 532
Wie Kirschen und Beeren behagen 533
Wie sind die Vielen doch beflissen 531

Willst du der getreue Eckart sein 527
Willst du dich am Ganzen erquikken 523
Willst du dir aber das Beste tun 523
Willst du dir ein hübsch Leben zimmern 527
Willst du immer weiter schweifen 503, 535
Willst du ins Unendliche schreiten 523
Willst du mich sogleich verlassen 506
Wirkung in die Ferne 490
Wir reiten in die Kreuz und Quer 526
Wir singen und sagen 489
Wirst du die frommen Wahrheitswege 530
Wisse, daß mir sehr mißfällt 533
Wohin wir bei unsern Gebresten 530
Wohl unglückselig ist der Mann 524
Wolkenformen 512
Wonne der Wehmut 483
Wo recht viel Widersprüche schwirren 528
Worte sind der Seele Bild 518

Z

Zeit und Zeitung 528
Zigeunerlied 492
Züchtge den Hund 523
Zu des Rheins gestreckten Hügeln 534
Zueignung 485
Zu erfinden, zu beschließen 517
Zum Sehen geboren 513
Zur Logenfeier 512
Zur Nation euch zu bilden 510
Zu unsres Lebens oft getrübten Tagen 532
Zweierlei Arten gibt es 509
Zwischen beiden Welten 506
Zwischen heut und morgen 533
Zwischen oben, zwischen unten 513

Egmont

Hermann und Dorothea

Briefe aus der Schweiz
Stockalperpalast in Brig

Italienische Reise
Tempelfront in Assis
Juno Ludovisi